PwC-Studien zum Unternehmens- und Internationalen Steuerrecht

Band 10

Reihe herausgegeben von

Klaus Dieter Drüen, Ludwig Maximilian University of Munich, München, Deutschland

Dietmar Gosch, Christian-Albrecht-Universität zu Kiel, Vorsitzender Richter am Bundesfinanzhof a. D., Hamburg, Deutschland

Jürgen Lüdicke, Universität Hamburg, Hamburg, Deutschland

Arne Schnitger, Wirtschaftsprüfungsgesellschaft, PricewaterhouseCoopers AG, Berlin, Deutschland

Unternehmenssteuerrecht und Internationales Steuerrecht befinden sich in einem steten Wandel. Neue Probleme und Fragestellungen beschäftigen die Praxis, Rechtsfragen erfordern Entscheidungen der Rechtsprechung. Die vorliegende Reihe hat zum Ziel, einen Beitrag zur (rechts-)wissenschaftlichen Diskussion auf diesem Gebiet zu leisten. In ihr werden von den Herausgebern ausgesuchte Dissertationen, Habilitationsschriften und sonstige wissenschaftliche Arbeiten zum Unternehmens- und Internationalen Steuerrecht veröffentlicht.

Reihe herausgegeben von:

Prof. Dr. Klaus Dieter Drüen
Ludwig-Maximilians-Universität
München

Prof. Dr. Jürgen Lüdicke
PricewaterhouseCoopers AG
Universität Hamburg

Prof. Dr. Dietmar Gosch
Vorsitzender Richter
am Bundesfinanzhof a. D.
Christian-Albrecht-Universität zu Kiel
Hamburg

Dr. Arne Schnitger
PricewaterhouseCoopers AG
Berlin/Hamburg

Weitere Bände in der Reihe http://www.springer.com/series/13333

Solvejg Glatz

Abgrenzungsmaßstäbe im Abkommensrecht

Veranlassungsprinzip und
Fremdvergleich bei der
Betriebsstättengewinnabgrenzung

 Springer Gabler

Solvejg Glatz
Karlsruhe, Deutschland

Dissertation Christian-Albrechts-Universität zu Kiel, 2020

u. d. T. „Abgrenzungsmaßstäbe im Abkommensrecht – Die Rolle des Veranlassungsprinzips und dessen Verhältnis zum Fremdvergleich im nationalen und internationalen
Steuerrecht unter besonderer Berücksichtigung der abkommensrechtlichen Betriebsstättengewinnabgrenzung vor und nach Einführung des Authorized OECD Approach"

ISSN 2570-432X   ISSN 2570-4338 (electronic)
PwC-Studien zum Unternehmens- und Internationalen Steuerrecht
ISBN 978-3-658-34005-6   ISBN 978-3-658-34006-3   (eBook)
https://doi.org/10.1007/978-3-658-34006-3

Die Deutsche Nationalbibliothek verzeichnet diese Publikation in der Deutschen Nationalbiblio-
grafie; detaillierte bibliografische Daten sind im Internet über http://dnb.d-nb.de abrufbar.

Planung/Lektorat: Anna Pietras
Springer Gabler ist ein Imprint der eingetragenen Gesellschaft Springer Fachmedien Wiesbaden
GmbH und ist ein Teil von Springer Nature.
Die Anschrift der Gesellschaft ist: Abraham-Lincoln-Str. 46, 65189 Wiesbaden, Germany

Vorwort

Die vorliegende Arbeit ist in den Jahren 2016 bis 2018 parallel zu meiner Tätigkeit als Syndikusrechtsanwältin in der Grundsatzabteilung bei PwC entstanden. Sie wurde der rechtswissenschaftlichen Fakultät der Christian-Albrechts-Universität zu Kiel im Oktober 2019 als Dissertationsschrift vorgelegt, die Disputation fand am 4. Juni 2020 statt. Die Arbeit befindet sich auf dem Stand von August 2018; seitdem ergangene Rechtsprechung und Literatur wurden lediglich vereinzelt berücksichtigt.

Das Kernthema der Abgrenzungsmaßstäbe in der abkommensrechtlichen Betriebsstättengewinnabgrenzung wurde mir von meinem Doktorvater, Prof. Dr. Dietmar Gosch vorgeschlagen und im Verlauf des Promotionsvorhabens um verschiedene (einfachrechtliche) Anknüpfungs- und Umsetzungsaspekte ergänzt. Für seine herausragende Betreuung dieser „großen Reise", seine großzügige Bereitschaft zu intensiven, inspirierenden und ergebnisoffenen Diskussionen und die wohlwollende Würdigung der Ergebnisse in seinem umfassenden Gutachten gilt ihm mein höchster Dank. Ebenfalls danken möchte ich Herrn Prof. Dr. Michael Stöber für seine zeitnahe Erstellung des Zweitgutachtens.

Die Promotionsphase fiel mit meinem juristischen Berufseinstieg zusammen, weswegen ich für die Perspektive der „angewandten Steuerrechtswissenschaft", die mir Prof. Dr. Jürgen Lüdicke in seiner Abteilung bei PwC geboten hat, besonders dankbar bin. Die Diskussionen promotionsnaher Fragestellungen mit ihm in der täglich Mandatsarbeit waren Inspiration und Ermunterung zugleich, durch „Kontrollüberlegungen" auch die Strukturen hinter dem Einzelfall zu suchen und zu finden. Dass mir dieses promotionsfreundliche Umfeld auch nach seinem Ausscheiden erhalten blieb, habe ich Herrn Dr. Arne Schnitger sowie sämtlichen ehemaligen Kollegen bei „TaxTechnical" zu verdanken. Mein besonderer Dank für ihre Diskussionsbereitschaft gilt dabei Herrn Björn Bodewaldt, Herrn Stephan Buchholz sowie Herrn Dr. Dirk Nitzschke.

Weiter danke ich meinen Freunden und meiner Familie für ihre Geduld, ihren Zuspruch und ihre freundlichen Gesten während dieser so freizeitarmen Zeit. „Last, but certainly not least" danke ich meinen Eltern für ihre liebevolle Unterstützung nicht nur während der Promotionszeit, sondern auch auf dem Weg dorthin. Ihnen ist diese Arbeit gewidmet.

Solvejg Glatz

Inhaltsverzeichnis

Teil V   Betriebsstättengewinnabgrenzung unter dem AOA

12   Vorangegangener Theorienstreit in der Literatur 397

13   Historische Genese auf OECD-Ebene 415

Abkürzungsverzeichnis

a. A.	andere Ansicht
a. a. O.	am angegebenen Ort
ABl EU	Amtsblatt der Europäischen Union
e. E.	am Ende
AEAStG	Grundsätze zur Anwendung des Außensteuergesetzes (Anwendungserlass)
a. F.	alte Fassung
AG	Aktiengesellschaft
AktG	Aktiengesetz
AO	Abgabenordnung
AOA	Authorized OECD Approach
Art.	Artikel
AStG	Außensteuergesetz
Aufl.	Auflage
BB	Betriebs-Berater
BBK	Buchführung Bilanzierung Kostenrechnung (NWB Rechnungswesen)
Bd.	Band
BFH	Bundesfinanzhof
BFHE	Sammlung der Entscheidungen des Bundesfinanzhofs
BFH/NV	Zeitschrift der nicht amtlich veröffentlichten Entscheidungen des Bundesfinanzhofs
BGB	Bürgerliches Gesetzbuch
BGBl	Bundesgesetzblatt
BGH	Bundesgerichtshof

BGHZ	Sammlung der Entscheidungen des Bundesgerichtshofs in Zivilsachen
BMF	Bundesministerium der Finanzen
BR-Drs.	Bundesratsdrucksache
BsGaV	Verordnung zur Anwendung des Fremdvergleichsgrundsatzes auf Betriebsstätten nach § 1 Absatz 5 des Außensteuergesetzes (Betriebsstättengewinnaufteilungsverordnung)
bspw.	beispielsweise
BStBl	Bundessteuerblatt
BT-Drs.	Bundestagsdrucksache
BVerfG	Bundesverfassungsgericht
BVerfGE	Sammlung der Entscheidungen des Bundesverfassungsgerichts
C.V.	Commanditairevennotschap (niederländische Kommanditgesellschaft)
DB	Der Betrieb
DBA	Doppelbesteuerungsabkommen
d. h.	das heißt
D/P/M	Dötsch/Pung/Möhlenbrock
DStR	Deutsches Steuerrecht
DStZ	Deutsche Steuer-Zeitung
engl.	englisch
EStG	Einkommensteuergesetz
EuGH	Gerichtshof der Europäischen Union
f.	folgende Seite
ff.	folgende Seiten
FG	Finanzgericht
FG	Festgabe
FGO	Finanzgerichtsordnung
FinVerw	Finanzverwaltung
Fn.	Fußnote
FR	FinanzRundschau
frz.	französisch
FS	Festschrift
FVerlV	Verordnung zur Anwendung des Fremdvergleichsgrundsatzes nach § 1 Abs. 1 des Außensteuergesetzes in Fällen grenzüberschreitender Funktionsverlagerungen (Funktionsverlagerungsverordnung)
F/W/B/S	Flick/Wassermeyer/Baumhoff/Schönfeld

F/W/K	Flick/Wassermeyer/Kempermann
GbR	Gesellschaft bürgerlichen Rechts
GG	Grundgesetz
GmbH	Gesellschaft mit beschränkter Haftung
GmbHG	Gesetz betreffend die Gesellschaften mit beschränkter Haftung
GmbHR	Die GmbH-Rundschau
Grds.	Grundsatz
grds.	grundsätzlich
GS	Gedächtnisschrift
HGB	Handelsgesetzbuch
H/H/R	Herrmann/Heuer/Raupach
H/H/Sp	Hübschmann/Hepp/Spitaler
h. M.	herrschende Meinung
Hs.	Halbsatz
i. d. F.	in der Fassung
i. e. S.	im engeren Sinne
i. d. R.	in der Regel
i. E.	im Ergebnis
ifst	Institut Finanzen und Steuern
i. F. v.	in Form von
INF	Die Information für Steuerberater und Wirtschaftsprüfer
IRC	Internal Revenue Code
i. S. d.	im Sinne des
ISR	Internationale Steuer-Rundschau
IStR	Internationales Steuerrecht
i. V. m.	in Verbindung mit
IWB	Internationale Wirtschafts-Briefe (NWB Internationales Steuer- und Wirtschaftsrecht)
i. w. S.	im weiteren Sinne
JbFSt	Jahrbuch der Fachanwälte für Steuerrecht
KStG	Körperschaftsteuergesetz
L/B/P	Littmann/Bitz/Pust
MüKo	Münchner Kommentar
m. w. N.	mit weiteren Nachweisen
n. F.	neue Fassung
Nr.	Nummer
N.V.	Naamlozevennootschap(belgische Kapitalgesellschaft)
NWB	Neue Wirtschafts-Briefe (NWB Steuer- und Wirtschaftsrecht)

OECD	Organisation für wirtschaftliche Zusammenarbeit und Entwicklung
OECD-MA	OECD-Musterabkommen
OECD-MK	OECD-Musterkommentar
o. g.	oben genannt
PIStB	Praxis Internationale Steuerberatung
RFH	Reichsfinanzhof
RIW	Recht der internationalen Wirtschaft
Rn.	Randnummer
S.	Seite
SBV	Sonderbetriebsvermögen
SEStEG	Gesetz über steuerliche Begleitmaßnahmen zur Einführung der Europäischen Gesellschaft und zur Änderung weiterer steuerrechtlicher Vorschriften vom 7.12.2006, BGBl I 2006, 2782
Slg I	Sammlung der Rechtsprechung des Gerichtshofs der Europäischen Union
StbJb	Steuerberater-Jahrbuch
st. Rspr	ständige Rechtsprechung
StuB	Steuern und Bilanzen (NWB Unternehmensteuern und Bilanzen)
StuW	Steuer und Wirtschaft
StVergAbG	Gesetz zum Abbau von Steuervergünstigungen und Ausnahmeregelungen vom 16.5.2003, BGBl I 2003, 660
SWI	Steuer und Wirtschaft International – Tax and Business Review
T/K	Tipke/Kruse
u. a.	unter anderem
Ubg	Die Unternehmensbesteuerung
u. d. T.	unter dem Titel
UMAG	Gesetz zur Unternehmensintegrität und Modernisierung des Anfechtungsrechts vom 22. September 2005, BGBl I 2005, 2802
UntStRefG 2008	Unternehmensteuerreformgesetz 2008 vom 14. August 2007, BGBl I 2007, 1912
Urt.	Urteil
u. U.	unter Umständen
Tz.	Textziffer
v.	vom

v. a.	vor allem
vE	verdeckte Einlage
vGA	verdeckte Gewinnausschüttung
vgl.	vergleiche
VWG BsGa	Grundsätze für die Anwendung des Fremdvergleichsgrundsatzes auf die Aufteilung der Einkünfte zwischen einem inländischen Unternehmen und seiner ausländischen Betriebsstätte und auf die Ermittlung der Einkünfte der inländischen Betriebsstätte eines ausländischen Unternehmens nach § 1 Absatz 5 des Außensteuergesetzes und der Betriebsstättengewinnaufteilungsverordnung (Verwaltungsgrundsätze Betriebsstättengewinnaufteilung – VWG BsGa)

Einleitung

1

Seit *Ritter* die Betriebsstätte in seinem Vortrag auf der Steuerrechtlichen Jahrestagung 1976 als „unbekanntes Wesen" bezeichnet hat,[1] wurde die fortwährende „Unbekanntheit" sporadisch immer wieder von verschiedenen Stimmen der Literatur diskutiert.[2]

Dabei dürfte die Ungewissheit, die von der Betriebsstätte ausgeht, weniger mit dem eigentlichen Betriebsstättenbegriff zusammenhängen – obgleich auch dieser von Zeit zu Zeit gewissen Anpassungen unterlegen hat und weiter unterliegt. Vielmehr betrifft die Ungewissheit die an die Existenz der Betriebsstätte anknüpfende steuerrechtliche Konsequenz – nämlich die Frage der Zurechnung des auf die Betriebsstätte entfallenden Gewinns, die sog. Betriebsstättengewinnabgrenzung.

Sowohl das innerstaatliche Recht wie auch das Abkommensrecht haben sich zu der konkreten Durchführung dieser Abgrenzung lange Zeit eher bedeckt gehalten. § 49 und § 34d EStG setzen sie implizit voraus und das OECD-Musterabkommen operierte mit einer Selbstständigkeitsfiktion, dessen Reichweite auch international höchst umstritten war.[3] Die Rechtsprechung schloss diese Regelungslücke durch die Übertragung des allgemeinen innerstaatlichen Abgrenzungsmaßstabs, des Veranlassungsprinzips, auch auf die Betriebsstättengewinnabgrenzung.

Gleichwohl hat auch diese veranlassungsbasierte Herangehensweise die Betriebsstättengewinnabgrenzung nicht *per se* „fassbarer" gemacht. Denn auch

---

[1] *Ritter*, in: JbFSt 1976/77, S. 288, 289.

[2] So ausdrücklich *Wassermeyer*, FS Kruse, S. 589; *A. Weber/Werra*, FS Ritter, S. 285; ähnlich auch *Becker*, DB 1989, 10 („eigenartige Gebilde"); *Kumpf*, in: Haarmann/Crezelius, Forum Int Besteuerung Bd. 2, S. 27 („*ziemlich anspruchsvolles Pflänzlein*").

[3] *OECD*, Betriebsstättenbericht 2008, Preface Tz. 2 ff.

S. Glatz, *Abgrenzungsmaßstäbe im Abkommensrecht*, PwC-Studien zum Unternehmens- und Internationalen Steuerrecht 10, https://doi.org/10.1007/978-3-658-34006-3_1

das (innerstaatliche) Veranlassungsprinzip gehört keineswegs zu den steuerlichen Grundprinzipien, über die bis ins letzte Detail Einigkeit besteht. Vielmehr wurde das Unbekannte nur durch einen „vertrauteren" unbestimmten Begriff – die Veranlassung – ersetzt.

Ziel der vorliegenden Arbeit ist es, hinsichtlich dieser Themenkreise etwas Licht ins Dunkel zu bringen.

Nach einem Grundlagenteil (Teil I) widmet sich die vorliegende Arbeit daher zunächst dem Veranlassungsbegriff als Grundgedanken innerstaatlicher Zuordnung (Teil II). Dazu werden die verschiedenen Veranlassungstheorien in der Literatur und die Genese der konkreten Anwendung des Veranlassungsprinzips durch die Rechtsprechung genauer beleuchtet und in Kontext zu anderen Zuordnungs- und Abgrenzungsfragen des innerstaatlichen Steuerrechts gesetzt.

Der sich daran anschließende Abschnitt (Teil III) analysiert die Übertragung dieses Grundprinzips einer veranlassungsbasierten Zuordnung auf die abkommensrechtliche Betriebsgewinnabgrenzung vor der Einführung des sog. „Authorized OECD Approach" (AOA) anhand der zur Betriebsstättengewinnabgrenzung ergangenen Urteile des Bundesfinanzhofs sowie ausgewählter Problempunkte. Einen Schwerpunkt der Untersuchung bildet dabei der Vergleich des Veranlassungsprinzips mit dem in den sog. (abkommensrechtlichen) „Betriebsstättenvorbehalten" angeordneten Maßstab der „tatsächlichen Zugehörigkeit".

Nach einem weiteren Teil der „rückkoppelnden Kontrollüberlegung", ob sich das veranlassungsbasierte Abgrenzungskonzept auch mit dem *„dealing at arm's length"*-Postulat der abkommensrechtlichen Abgrenzung vereinbaren lässt, und einem darin enthaltenen Exkurs zum Fremdvergleichsgrundsatz (Teil IV), befasst sich der letzte Teil der Arbeit mit den Änderungen, die sich aus der Einführung des AOA auf abkommensrechtlicher Ebene und dessen Umsetzung ins innerstaatliche Recht ergeben (Teil V). Neben der detaillierten Analyse der Betriebsstättengewinnabgrenzung unter dem AOA, bei der auch die bereits diskutierten Problemfelder wieder aufgegriffen und um neue Aspekte ergänzt werden, steht dabei insbesondere im Vordergrund, inwieweit diese Betriebsstättengewinnabgrenzung unter dem AOA noch veranlassungsbasierte Züge trägt. Daneben werden Änderungsvorschläge für die innerstaatliche Umsetzungsvorschrift zum Zweck einer „abkommensgerechteren" Umsetzung des AOA erarbeitet.

Den Abschluss bildet schließlich eine thesenartige Zusammenfassung der Ergebnisse (Teil VI).

Doppelbesteuerungsabkommen

2

2.1 Anlass und Rechtsnatur von Doppelbesteuerungsabkommen

Das deutsche Steuerrecht unterscheidet bei der subjektiven Steuerpflicht im Wesentlichen[1] zwischen unbeschränkter (§ 1 Abs. 1 bis 3 EStG; § 1 KStG) und beschränkter Steuerpflicht (§ 1 Abs. 4 EStG; § 2 KStG). Dabei knüpft die unbeschränkte Steuerpflicht grundsätzlich an den Wohnsitz oder den gewöhnlichen Aufenthalt (§ 1 Abs. 1 EStG) bzw. einen inländischen Ort der Geschäftsleitung oder Sitz (§ 1 KStG) an. Nach dem sog. Welteinkommensprinzip erstreckt sich die objektive Steuerpflicht des unbeschränkt Steuerpflichtigen auf sämtliche Einkünfte,[2] die der Steuerpflichtige im Veranlagungszeitraum erzielt hat. Die unbeschränkte Steuerpflicht knüpft damit an die Person des Steuerpflichtigen,[3] nicht hingegen die erzielten Einkünfte an. Insbesondere werden nach dem Welteinkommensprinzip auch Einkünfte des unbeschränkt Steuerpflichtigen aus ausländischen Quellen der inländischen Besteuerung unterworfen.

Beschränkte Steuerpflicht liegt hingegen gemäß § 1 Abs. 4 EStG bzw. § 2 KStG vor, wenn eine natürliche Person bzw. eine Körperschaft weder ihren Wohnsitz noch ihren gewöhnlichen Aufenthalt bzw. weder ihre Geschäftsleitung noch ihren Sitz in Deutschland hat und inländische Einkünfte im Sinne des § 49 EStG erzielt. Mit der in § 49 Abs. 1 EStG enthaltenen Aufzählung der inländischen

---

[1] Die verschiedenen Unterkategorien der unbeschränkten Steuerpflicht können hierbei unberücksichtigt bleiben.

[2] Für Körperschaften so ausdrücklich in § 1 Abs. 2 KStG.

[3] *Lampert*, in: Gosch, KStG, § 12 Rn. 2.

© Der/die Autor(en), exklusiv lizenziert durch Springer Fachmedien Wiesbaden GmbH, ein Teil von Springer Nature 2021
S. Glatz, *Abgrenzungsmaßstäbe im Abkommensrecht*, PwC-Studien zum Unternehmens- und Internationalen Steuerrecht 10,
https://doi.org/10.1007/978-3-658-34006-3_2

Einkünfte werden die „territorialen Anknüpfungspunkte"[4] enumerativ[5] aufgezählt, die zu einer beschränkten Steuerpflicht führen. Da es ausschließlich auf den inländischen Anknüpfungspunkt ankommt (sog. Quellenprinzip[6]) und persönliche Merkmale des beschränkt Steuerpflichtigen außer Acht bleiben, trägt die beschränkte Steuerpflicht objektsteuerartige Züge.[7] Die objektive Steuerpflicht ist damit Bedingung für die subjektive – beschränkte – Steuerpflicht.

Mit der Anknüpfung an die Ansässigkeit des Steuerpflichtigen einerseits und die inländischen Einkünfte andererseits werden die persönlichen bzw. sachlichen Bezugspunkte zum deutschen Staat hergestellt, mit denen der deutsche Fiskus seinen Besteuerungszugriff rechtfertigt. Insoweit dieser Besteuerungszugriff grenzüberschreitende Sachverhalte erfasst, d. h. entweder ausländische Quellen oder ausländische Personen der inländischen Besteuerung unterworfen werden, ist ein derartiger *„genuine link"* zwischen dem Besteuerungsobjekt und dem besteuernden Staat in persönlicher oder territorialer Hinsicht auch erforderlich[8], um den Besteuerungszugriff völkerrechtlich zu rechtfertigen.

Ein derartiges Nebeneinander von Welteinkommensprinzip (bei unbeschränkter Steuerpflicht) und Quellenprinzip (bei beschränkter Steuerpflicht) ist kein Spezifikum des deutschen Steuerrechts, sondern findet sich auch in anderen Steuerrechtsordnungen.[9] Dies führt dazu, dass ein grenzüberschreitender Sachverhalt regelmäßig nach dem Welteinkommensprinzip von der unbeschränkten Steuerpflicht im Ansässigkeitsstaat und nach dem Quellenprinzip von der beschränkten Steuerpflicht im Quellenstaat erfasst wird. Die Hauptursache der rechtlichen Doppelbesteuerung ist damit das Aufeinandertreffen des Quellenprinzips im Quellenstaat und des Welteinkommensprinzips im Ansässigkeitsstaat.[10]

---

[4] *Wied*, in: Blümich, EStG/KStG/GewStG, § 49 EStG Rn. 2; *Bärsch*, in: H/H/R, EStG/KStG, § 49 EStG Rn. 5.

[5] *Loschelder*, in: Schmidt, EStG, § 49 Rn. 10; *Bärsch*, in: H/H/R, EStG/KStG, § 49 EStG Rn. 111; *Gosch*, in: Kirchhof, EStG, § 49 Rn. 1.

[6] Teilweise wird in diesem Kontext auch von „Territorialprinzip" gesprochen. Dieser Begriff wird jedoch in der Literatur nicht einheitlich verwendet (vgl. die Ausführungen von *K. Vogel*, in: Vogel/Lehner, DBA (5. Aufl.), Einl Rn. 2).

[7] *Loschelder*, in: Schmidt, EStG, § 49, Rn. 1; *Gosch*, in: Kirchhof, EStG, § 49 Rn. 1.

[8] Vgl. *Schön*, StuW 2012, 213, 216; *Bayer*, StuW 1981, 61, 69, 74; *Lehner*, FS Wassermeyer, S. 241, 244; *Kippenberg*, FG Wassermeyer, S. 195, 198; so auch das *BVerfG*, Beschluss v. 22.3.1983 – 2 BvR 475/78, *BVerfGE* 63, 343 unter B.II.4.b).

[9] Vgl. *Debatin*, AWD 1966, 313; *Kippenberg*, FG Wassermeyer, S. 195, 195 f.

[10] Es kollidieren quasi die beschränkte Steuerpflicht im Quellenstaat und die unbeschränkte Steuerpflicht im Wohnsitzstaat, vgl. hierzu auch *Kluge*, StuW 1975, 294, 296; *Wassermeyer*,

Diese „Kollision" aufzulösen, ist Aufgabe der Doppelbesteuerungsabkommen. Doppelbesteuerungsabkommen sind bilaterale völkerrechtliche Verträge im Sinne des Art. 59 Abs. 2 GG. Um innerstaatlich Geltung zu entfalten, bedürfen sie der Umsetzung durch ein Zustimmungsgesetz.[11] Von der innerstaatlichen Geltung des Doppelbesteuerungsabkommens zu unterscheiden ist dessen unmittelbare Anwendbarkeit: „Self-executing"[12] sind die Abkommensregelungen nur dann, „wenn sie auch ihrem Wortlaut nach so hinreichend bestimmt sind, dass sie unmittelbar vom Adressaten ohne weitere nationale Vollzugsregelungen angewendet werden können"[13].

Soweit die Regelungen der Doppelbesteuerungsabkommen unmittelbar anwendbares Recht geworden sind – d. h. soweit sie entweder ausnahmsweise unmittelbar wirken oder durch innerstaatliches Recht umgesetzt wurden[14] –, gehen sie gemäß § 2 Abs. 1 AO den Steuergesetzen vor. Indes ist dieser Vorrang nicht im Sinne eines höheren Gesetzesranges des Doppelbesteuerungsabkommens gegenüber den Steuergesetzen zu verstehen.[15] So steht es dem Gesetzgeber frei, die Regelungen der Doppelbesteuerungsabkommen durch eine dem Zustimmungsgesetz nachfolgende innerstaatliche „lex posterior" zu überschreiben. Von dieser Möglichkeit des „treaty overriding" hat der Gesetzgeber in den letzten Jahren auch rege Gebrauch gemacht.[16]

2.2 Aufbau und Systematik von Doppelbesteuerungsabkommen

Der Aufbau und die Systematik eines Doppelbesteuerungsabkommens sollen im Folgenden exemplarisch am Beispiel des OECD-Musterabkommens (OECD-MA) dargestellt werden. Das OECD-Musterabkommen dient als Vorlage. Es entfaltet

in: Wassermeyer, DBA, Vor Art. 1 MA Rn. 5; *K. Vogel*, in: Vogel/Lehner, DBA (5. Aufl.), Einl Rn.2.

[11]Zu dem Theorienstreit zwischen der monistischen (Vollzugs-)Theorie und der dualistischen (Transformations-)Theorie vgl. *Wassermeyer*, in: Wassermeyer, DBA, Vor Art. 1 MA Rn. 10; *Debatin*, DStR-Beih 1992, 1 f.

[12]Zur Frage der *self-executing* Wirkung einer Abkommensbestimmung im Allgemeinen sowie im Fall des Art. 7 OECD-MA, siehe auch unten unter 15.1.1 und 15.1.2.

[13]Vgl. *Pieper*, in: BeckOK GG, Art. 59 GG Rn. 42 m. w. N.

[14]Denn erst dann gelten sie als „unmittelbar anwendbares Recht" i. S. d. § 2 Abs. 1 AO, vgl. *Gersch*, in: Klein, AO, § 2 Rn. 3.

[15]Vgl. *BVerfG*, Beschluss v. 15.12.2015 – 2 BvL 1/12, *BVerfGE* 141, 1.

[16]Vgl. die Übersicht bei *Gosch*, IStR 2008, 413, 414 ff.

selbst keinerlei Rechtswirkung.[17] Ein Großteil der international abgeschlossenen Doppelbesteuerungsabkommen baut jedoch auf dieser Vorlage auf. Auch die deutsche Verhandlungsgrundlage für Doppelbesteuerungsabkommen basiert auf dem OECD- Musterabkommen, so dass die Aussagen zu dem Musterabkommen in der Regel auch auf die deutsche Abkommenspraxis übertragen werden können.

Das OECD- Musterabkommen gliedert sich im Wesentlichen in vier Teile: Geltungsbereich und Begriffsbestimmungen (Art. 1 bis 5 OECD-MA), Verteilungsartikel (Art. 6 bis 22 OECD-MA), Methodenartikel (Art. 23 A und 23B OECD-MA) sowie Verfahrens- und Schlussbestimmungen (Art. 24-bis 31 OECD-MA).

2.2.1 Geltungsbereich und Abkommensauslegung

Der erste Teil enthält neben dem personellen (Art. 1 OECD-MA) und dem sachlichen Geltungsbereich des Abkommens (Art. 2 OECD-MA) vor allem abkommenseigene Begriffsbestimmungen in Art. 3 OECD-MA. Dabei gelten bei der Auslegung von Doppelbesteuerungsabkommen die folgenden Auslegungsgrundsätze:[18] Grundsätzlich ist das Doppelbesteuerungsabkommen aus sich selbst heraus auszulegen. Das bedeutet, dass insbesondere den im Abkommen enthaltenen Definitionen Vorrang gegenüber innerstaatlichen Begriffsbestimmungen einzuräumen ist. Ferner ist auch der sich aus dem Abkommen ergebende Sinnzusammenhang der verschiedenen Abkommensvorschriften zueinander zu berücksichtigen. Lediglich subsidiär ist das innerstaatliche Recht zur Abkommensauslegung heranzuziehen.[19]

Bei der konkreten Auslegung eines Abkommens, das auf dem OECD-Musterabkommen aufbaut, können sowohl das OECD-Musterabkommen selbst als auch der OECD-Musterkommentar zur Auslegung herangezogen werden.

---

[17]Vgl. *Mellinghoff*, FG Wassermeyer, S. 35, 35 f.; *Wassermeyer*, in: Wassermeyer, DBA, Vor Art. 1 MA Rn. 34; *Borstell*, in: Vögele/Borstell/Engler, Verrechnungspreise, Kap. B Rn. 9.

[18]Vgl. *BFH*, Urt. v. 18.5.1983 – I R 5/82, *BFHE* 138, 548 unter II.

[19]*Schönfeld/Häck*, in: Schönfeld/Ditz, DBA, Systematik DBA Rn. 78; *Wassermeyer/Drüen*, in: Wassermeyer, DBA, Vor Art 6–22 MA Rn. 9; vgl. zur Abkommensauslegung auch ausführlich *Lehner*, in: Vogel/Lehner, DBA, Grundlagen des Abkommensrechts Rn. 113a ff.; *Debatin*, FS Scherpf, S. 305, 316.

Dabei ist jedoch zu beachten, dass sowohl dem Musterabkommen als auch dem Musterkommentar nach der in der Literatur[20] und Rechtsprechung[21] herrschenden Meinung lediglich die Funktion einer ergänzenden Auslegungshilfe zukommt.[22] Sie können als Auslegungshilfen eine aus dem Abkommenstext gewonnene Auslegung stützen. Zur Widerlegung des Vertragstextes können sie indes nicht herangezogen werden.[23]

Überdies ist bei der Heranziehung des Musterkommentars bei der Abkommensauslegung stets auf den Musterkommentar in seiner jeweiligen Fassung bei Abkommensabschluss abzustellen (sog. „statische" Auslegung).[24] Der sog. „dynamischen" Auslegung[25] hat der BFH eine Absage erteilt.[26] Sie verstieße auch gegen den Grundsatz der Gewaltenteilung.[27]

---

[20] *Gosch*, SWI 2015, 505, 506; *Gosch*, ISR 2013, 87, 91; *Gosch*, IStR 2014, 698, 699; etwas weniger streng *Lang*, IWB 2011, 281, 285; wohl auch *Mellinghoff*, FG Wassermeyer, S. 35, 39.

[21] *BFH*, Urt. v. 16.1.2014 – I R 30/12, BFHE 244, 354 unter II.2.d.cc); Urt. v. 25.5.2011 – I R 95/10, BFHE 234, 60 unter II.2.a.bb); Urt. v. 10.6.2015 – I R 79/13, BFHE 250, 110 unter B.II.3.b); Urt. v. 26.6.2013 – I R 48/12, BFHE 242, 195 unter II.2.b.cc.bbb); Urt. v. 23.9.2008 – I R 57/07, BFH/NV 2009, 390 unter II.2.b.bb.ccc).

[22] Gleiches gilt im Übrigen für die von der OECD herausgegebenen „Reports" (vgl. *BFH*, Urt. v. 25.5.2011 – I R 95/10, BFHE 234, 60 unter II.2.a.bb); *Wassermeyer*, IStR 2007, 413) sowie für die einschlägigen Anweisungen des jeweiligen anderen Vertragsstaats wie bspw. die *US Technical Explanations* (vgl. *BFH*, Urt. v. 26.6.2013 – I R 48/12, BFHE 242, 195 unter II.2.b.cc.bbb); *Gosch*, ISR 2013, 87, 92).

[23] Dabei kommt dem OECD-Musterkommentar auch weder die Qualität einer „späteren Übereinkunft" i. S. d. Art. 31 Abs. 3 lit. a WÜRV noch eine „zwischenstaatlichen Übung" i. S. d. Art. 31 Abs. 3 lit. b WÜRV zu; er spiegelt lediglich das „Meinungsbild der beteiligten Fisci" wider, *BFH*, Urt. v. 16.1.2014 – I R 30/12, BFHE 244, 354 unter II.2.d.cc); *Gosch*, ISR 2013, 87, 92; vgl. auch *Lang*, IWB 2011, 281, 286.

[24] Zustimmend *Gosch*, SWI 2015, 505, 506; *Gosch*, ISR 2013, 87, 92; *Gosch*, IStR 2014, 698, 699; *Lang*, IWB 2011, 281, 286.

[25] OECD-MK, Einf. zum MA Nr. 33; *Wichmann*, in: Lüdicke/Fuest, Forum Int Besteuerung Bd. 46, S. 103, 104 ff.; vgl. auch *Lampert*, IStR 2012, 513.

[26] *BFH*, Urt. v. 9.2.2011 – I R 54-55/10, BFHE 232, 476 unter II.3.b); Urt. v. 25.5.2011 – I R 95/10, BFHE 234, 60 unter II.2.a.bb); Beschluss v. 8.12.2010 – I R 92/09, BFHE 232, 137 unter II.2.a.bb); Urt. v. 23.9.2008 – I R 57/07, BFH/NV 2009, 390 unter II.2.b.bb.ccc).

[27] Anders als das Musterabkommen, das in den meisten Rechtsordnungen zumindest einer parlamentarischen Zustimmung bedarf (vgl. *Lang*, IWB 2011, 281, 284) wird der Musterkommentar – ohne Beteiligung der Legislative – zumeist durch Vertreter der beteiligten Steuerverwaltungen aktualisiert. Zu dem sonst drohenden Demokratiedefizit vgl. auch *Gosch*, ISR 2013, 87, 92; *Mellinghoff*, FG Wassermeyer, S. 35, 37.

2.2.2 Verteilungsartikel

Der darauffolgende Teil der Verteilungsartikel (Art. 6 bis 22 OECD-MA) bestimmt, welchem Vertragsstaat das Besteuerungsrecht an den Einkünften aus den verschiedenen abkommensrechtlichen Einkünftekategorien zufällt.

Hierbei ist zu beachten, dass sich die „abkommensrechtliche Aufteilung der Besteuerungshoheit [...] in erster Linie an der Art der Einkunftserzielung [ausrichtet] und [...] der systematischen Einordnung der Einkünfte im nationalen Recht insoweit nur eine Hilfsfunktion zuweist."[28] Damit ist in Übereinstimmung mit Art. 3 Abs. 2 OECD-MA die Einkünftequalifikation nach innerstaatlichem Recht nur dann maßgeblich, soweit sich aus dem Zusammenhang des Abkommens nichts anderes ergibt. Eine grundsätzliche Begriffsidentität besteht nicht.[29] Erfüllt ein Lebenssachverhalt die Tatbestandsmerkmale zweier Verteilungsartikel und handelt es sich bei einem der beiden Artikel um Art. 7 OECD-MA (Unternehmensgewinne), so sind der sog. Spezialitätenvorrang des Art. 7 Abs. 4 OECD-MA 2010 (bzw. Art. 7 Abs. 7 OECD-MA 2000), der den spezielleren anderen Verteilungsartikeln den Vorrang einräumt, und dessen Rückausnahmen in Art. 10 Abs. 4, Art. 11 Abs. 4 und Art. 12 Abs. 3 OECD-MA zu beachten:[30]

> *„[D]ie spezielleren Einkunftsarten sind [gemäß dem Spezialitätenvorrang] gegenüber den Unternehmensgewinnen vorrangig, es sei denn, jene Einkünfte unterfallen infolge ihrer tatsächlichen Zugehörigkeit zu einer im anderen Vertragstaat belegenen Betriebstätte wiederum den Unternehmensgewinnen."*[31]

Dabei knüpfen die Verteilungsartikel die Zuweisung des Besteuerungsrechts im Rahmen der jeweiligen Einkünftekategorie im Einzelnen an bestimmte Bezugspunkte zu dem jeweiligen Vertragsstaat an (beispielsweise den Belegenheitsort des unbeweglichen Vermögens im Vertragsstaat, die im Vertragsstaat gelegene Betriebsstätte, den im Vertragsstaat befindlichen Ort der tatsächlichen Geschäftsleitung, die Ansässigkeit des Dividendenempfängers im Vertragsstaat etc.).[32] Bei der Auslegung dieser Bezugspunktbegriffe sind wiederum die o. g. Auslegungsgrundsätze zu beachten.

---

[28]*BFH*, Urt. v. 28.4.2010 – I R 81/09, *BFHE* 229, 252 unter II.2.b.dd).

[29]*Wassermeyer/Drüen*, in: Wassermeyer, DBA, Vor Art 6-22 MA Rn. 1; *Schönfeld/Häck*, in: Schönfeld/Ditz, DBA, Systematik DBA Rn. 37.

[30]Vgl. hierzu auch im Detail 3.2.3 und 3.3.1.

[31]Vgl. *BFH*, Urt. v. 28.4.2010 – I R 81/09, *BFHE* 229, 252 unter II.2.b.dd).

[32]*Wassermeyer/Drüen*, in: Wassermeyer, DBA, Vor Art. 6-22 MA Rn. 14 f.

Auf Rechtsfolgenebene ist zwischen zwei verschiedenen Regelungsanordnungen zu differenzieren:[33] Einige Verteilungsartikel-Regelungen weisen das Besteuerungsrecht ausschließlich einem der beiden Vertragsstaaten zu („*können nur ... besteuert werden*"). Andere treffen hingegen lediglich Aussagen dazu, dass (auch) der bezeichnete Vertragsstaat, in der Regel der Quellenstaat, die jeweiligen Einkünfte besteuern darf („*können ... besteuert werden*"). Die Zuweisung der Besteuerungsrechte ermöglicht es dem bezeichneten Vertragsstaat lediglich, die jeweiligen Lebenssachverhalte zu besteuern. Eine Pflicht zur Besteuerung oder ein originärer Steueranspruch des bezeichneten Vertragsstaats ergibt sich hieraus hingegen nicht.[34]

2.2.3 Methodenartikel

Während der Adressat der Verteilungsartikel in erster Linie der Quellenstaat ist,[35] bestimmt der Methodenartikel (nach dem Muster von Art. 23 A bzw. 23B OECD-MA), auf welche Art und Weise der Ansässigkeitsstaat die Doppelbesteuerung für den Fall vermeidet, dass dem Quellenstaat ein Besteuerungsrecht zusteht. Der Methodenartikel regelt üblicherweise für jeden Vertragsstaat separat, ob er die rechtliche Doppelbesteuerung im Wege der Freistellung der dem anderen Vertragsstaat zugewiesenen Einkünfte oder aber durch Anrechnung der im anderen Vertragsstaat angefallenen Steuern vermeidet. Die deutsche Verhandlungsgrundlage für Doppelbesteuerungsabkommen[36] (DE-VG) enthält in ihrem Methodenartikel bei der Vermeidung der Doppelbesteuerung durch die Bundesrepublik Deutschland zudem weitergehende Sonderregelungen in Form sog. „*Switch over*"-Klauseln, die unter bestimmten Voraussetzungen dazu führen, dass statt der eigentlich angeordneten Freistellungsmethode die Anrechnungsmethode Anwendung findet. Einen derartigen Wechsel der Methode sieht beispielsweise der sog. Aktivitätsvorbehalt in Art. 22 Abs. 1 Nr. 4 DE-VG vor, wonach die eigentlich freizustellenden Einkünfte im Sinne der Art. 7[37], Art. 10 und Art. 13 Abs. 2 DE-VG der Anrechnungsmethode zu unterwerfen sind, soweit sie weder

---

[33] *Wassermeyer/Drüen*, in: Wassermeyer, DBA, Vor Art. 6-22 MA Rn. 12.

[34] Vgl. hierzu auch unten 2.3.

[35] *Wassermeyer/Drüen*, in: Wassermeyer, DBA, Vor Art. 6-22 MA Rn. 12.

[36] BMF, Schreiben v. 17.4.2013, IV B 2 – S 1301/10/10022-32.

[37] Zu der Frage, wie sich die Umqualifizierung spezieller Einkünfte im Rahmen des Betriebsstättenvorbehalts auf die anwendbare Methode zur Vermeidung der Doppelbesteuerung auswirkt, vgl. unten 9.2.1.4.

durch Herstellung, Bearbeitung, Verarbeitung oder Montage von Gütern oder Waren, Aufsuchen und Gewinnung von Bodenschätzen, Bank- und Versicherungsgeschäfte, Handel oder Erbringung von Dienstleistungen erzielt werden noch wirtschaftlich diesen Tätigkeiten zuzurechnen sind. Zusätzliche Voraussetzung für die Anwendung der Freistellung in diesen Fällen ist ein dem Geschäftszweck angemessen eingerichteter Geschäftsbetrieb.

Weitere Fälle des *Switch Over* enthält Art. 22 Abs. 1 Nr. 5 DE-VG für Konstellationen bereit, in denen es sonst zu einer Doppel- oder Keinmalbesteuerung kommt (Nr. 1), der andere Vertragsstaat das ihm zugebilligte Besteuerungsrecht tatsächlich nicht ausübt (sog. „*subject-to-tax*"-Klausel, Nr. 2) oder es sich um sog. notifizierte Einkünften handelt (Nr. 3).

2.2.4 Diskriminierungsverbote und Verfahrensbestimmungen

Der letzte Teil der Doppelbesteuerungsabkommen enthält in der Regel verschiedene eher verfahrensrechtliche Bestimmungen (beispielsweise zum Verständigungsverfahren Art. 25 OECD-MA, zum Informationsaustausch Art. 26 OECD-MA, zur Amtshilfe Art. 27 OECD-MA oder zum Inkrafttreten Art. 30 OECD-MA bzw. zur Kündigung des Abkommens Art. 31 OECD-MA). Materiell-rechtliche Bedeutung kommt hingegen dem Art. 24 OECD-MA zu, der verschiedene Gleichbehandlungsregelungen aufstellt. Davon sollen hier nur die Regelung des Art. 24 Abs. 1 OECD-MA, die ungeachtet ihrer abkommensrechtlichen Ansässigkeit die Diskriminierung von Staatsangehörigen des einen Vertragsstaates im anderen Vertragsstaat untersagt, sowie die Regelung des Art. 24 Abs. 3 OECD-MA, die ein Betriebsstättendiskriminerungsverbot enthält (d. h. dem Betriebsstättenstaat eine ungünstigere Besteuerung der Betriebsstätte im Vergleich zu der Besteuerung von dort ansässigen Unternehmen verbietet), Erwähnung finden.

2.3 Verhältnis zum innerstaatlichen Recht: Schrankenwirkung und Regelungsgegenstand

Insoweit das Doppelbesteuerungsabkommen nicht ausnahmsweise *self-executing* wirkt, entfalten seine Regelungen gegenüber dem innerstaatlichen Recht lediglich Schrankenwirkung.[38] Das bedeutet, dass Doppelbesteuerungsabkommen grundsätzlich nur das nationale Besteuerungsrecht beschränken, nicht hingegen nationale Besteuerungsrechte – ohne zusätzliche nationale Grundlage – begründen können. Hierzu sowie zu der Art und Weise der Gewinnermittlung führte der BFH in seinem Urteil vom 24. März 1999[39] Folgendes aus:

> *„Die Art und Weise, in der die Einkünfte der im Inland ansässigen Steuerpflichtigen zu ermitteln sind, bestimmt sich ausschließlich nach inländischem Recht. Das Abkommensrecht befaßt sich „nur" mit der Vermeidung einer Doppelbesteuerung (vgl. Art. 1 Abs. 1 DBA-Österreich). Nicht zum Regelungsgegenstand der DBA gehören grundsätzlich die Zurechnung der Einkünfte (BFH v. 29. 10. 1997, I R 35/96, [...]), die Einkunftsermittlung (vgl. BFH v. 16. 2. 996, I R 43/95, [...] m. Anm.; v. 22. 5. 1991, I R 32/90, [...]) und die inländische (subjektive oder objektive) Steuerpflicht (vgl. BFH v. 21. 5. 1997, I R 79/96, [...]). DBA begründen, soweit sie nicht ausdrückliche gegenteilige Regelungen enthalten, kein nach inländischem Recht nicht bestehendes Besteuerungsrecht. Sie führen nicht zur Erfassung von Einkünften, die nach inländischem Steuerrecht beim Steuerpflichtigen nicht zu erfassen sind (BFHE 171, 293, BStBl II 1993, 714 zum DBA-Frankreich)."*[40]

Die abkommensrechtliche Gewinnabgrenzung vollzieht sich daher in einem Zusammenspiel von nationalem Recht und Abkommensrecht.[41] Das innerstaatliche Recht bestimmt die Gewinnermittlungsregelungen, das Abkommensrecht regelt hingegen die Grundsätze der Gewinnabgrenzung.[42]

Die Tatsache, dass die Gewinnermittlung dem innerstaatlichen Recht vorbehalten ist, zieht naturgemäß teilweise sehr unterschiedlichen Gewinnermittlungsregimen in den Vertragsstaaten nach sich. Dies führt wiederum dazu, dass sich unterschiedliche Einordnungen der Lebenssachverhalte, Überschneidungen und

---

[38] *Lehner*, in: Vogel/Lehner, DBA, Grundlagen des Abkommensrechts Rn.66, 44; differenzierend zum Begriff der Schrankenwirkung *Wassermeyer*, in: Wassermeyer, DBA, Art. 1 MA Rn. 9.

[39] *BFH*, Urt. v. 24.3.1999 – I R 114/97, *BFHE* 188, 315.

[40] Vgl. *BFH*, Urt. v. 24.3.1999 – I R 114/97, *BFHE* 188, 315 unter IV.1.e.aa).

[41] Zum Zusammenspiel der innerstaatlichen Gewinnermittlungs- und der abkommensrechtlichen Gewinnabgrenzungsebene, vgl. unten unter 4.4.

[42] Zu den Begriffen vgl. unten unter 4.1.1 bzw. 4.1.2.

damit einhergehende wirtschaftliche Doppelerfassungen eben dieser Lebenssachverhalte nicht gänzlich vermeiden lassen.[43] Ebenso wenig kann eine doppelte Nichterfassung steuermindernder Merkmale aufgrund unterschiedlicher Gewinnermittlungsregime ausgeschlossen werden.[44] Diese Form der Doppelerfassung zu vermeiden ist nicht Gegenstand der Doppelbesteuerungsabkommen.

Hiervon zu unterschieden ist die abkommensrechtliche Wirkrichtung, die ursprünglich die Vermeidung schon der „virtuellen" Doppelbesteuerung, nicht aber die Vermeidung „weißer Einkünfte" beinhaltete.[45] Inzwischen enthalten die „jüngeren" Doppelbesteuerungsabkommen auch umfassende *„subject-to-tax"*-Klauseln, die den Abkommenszweck auch auf die doppelte Nichtbesteuerung ausdehnen.[46]

---

[43]Vgl. *BFH*, Urt. v. 16.2.1996 – I R 43/95, *BFHE* 180, 286 unter II.4.d).
[44]Vgl. *BFH*, Urt. v. 16.2.1996 – I R 43/95, *BFHE* 180, 286 unter II.4.d).
[45]*BFH*, Urt. v. 19.5.1993 – I R 64/92, *BFH/NV* 1994, 11 unter 4.
[46]Vgl. die Präambel und Art. 22 Abs. 1 Nr. 5 lit. a und insbesondere lit. b DE-VG.

Das Betriebsstättenprinzip als Hauptproblem der abkommensrechtlichen Gewinnabgrenzung

3

Als einer der Hauptproblemfälle der abkommensrechtlichen Gewinnabgrenzung gilt die Betriebsstättengewinnabgrenzung nach dem sog. Betriebsstättenprinzip des Art. 7 Abs. 1 und 2 OECD-MA. Um sich der dahinterliegenden Problematik zu nähern, bedarf es zunächst einer Klärung des Betriebsstättenbegriffs (3.1) als Bezugspunkt der Abgrenzungsfrage. Sodann soll die Systematik des Art. 7 OECD-MA beleuchtet werden, um das Betriebsstättenprinzip in den gesamten Abkommenskontext einzuordnen (3.2). Das Kapitel schließt mit einem Exkurs zu weiteren abkommensrechtlichen Verteilungsartikeln, die für die Zwecke der Gewinnabgrenzung auf die Betriebsstätte Bezug nehmen (3.3).

3.1 Begriff der Betriebsstätte

Bei der Bestimmung des Betriebsstättenbegriffs ist zunächst zwischen dem innerstaatlichen Recht und dem Abkommensrecht zu differenzieren. Beide Bereiche pflegen ein eigenes und zumindest teilweise auch unterschiedliches Verständnis von dem Betriebsstättenbegriff.[1] Da das Betriebsstättenprinzip nach Art. 7 Abs. 1 und 2 OECD-MA abkommensrechtlicher Natur ist, widmet sich dieses Kapitel vornehmlich dem abkommensrechtlichen Betriebsstättenbegriff im Sinne des Art. 5 OECD-MA (3.1.1). Aufgrund der Verschränkung von Abkommens- und innerstaatlichem Recht wird daran anschließend auch auf den innerstaatlichen Betriebsstättenbegriff gemäß § 12 AO eingegangen (3.1.2).

---

[1] *Buciek*, DStZ 2003, 139.

© Der/die Autor(en), exklusiv lizenziert durch Springer Fachmedien Wiesbaden GmbH, ein Teil von Springer Nature 2021
S. Glatz, *Abgrenzungsmaßstäbe im Abkommensrecht*, PwC-Studien zum Unternehmens- und Internationalen Steuerrecht 10,
https://doi.org/10.1007/978-3-658-34006-3_3

3.1.1 Der abkommensrechtliche Betriebsstättenbegriff im Sinne des Art. 5 OECD-MA

Gemäß Art. 5 Abs. 1 OECD-MA bedeutet der Ausdruck „Betriebsstätte" eine feste Geschäftseinrichtung, durch die die Geschäftstätigkeit eines Unternehmens ganz oder teilweise ausgeübt wird. Während Art. 5 OECD-MA in Absatz 2 einige Regelbeispiele[2] für eine Betriebsstätte bereithält (Ort der Leitung, Zweigniederlassung, Geschäftsstelle, Fabrikationsstätte, Werkstätte, etc.), sind in Absatz 4 Negativkriterien aufgelistet, bei deren Vorliegen die Existenz einer Betriebsstätte zu verneinen ist.

Der Hintergrund des Betriebsstättenprinzips ist der Verwurzelungsgedanke:[3] Demnach begründet die Betriebsstätte in ihrem Belegenheitsstaat eine derartige, nicht lediglich vorübergehende örtliche Verwurzelung, die einen „*genuine link*"[4] im völkerrechtlichen Sinne darstellt, der einen Besteuerungszugriff des Betriebsstättenstaats auf den der Betriebsstätte zuzurechnenden Gewinn rechtfertigt.[5]

Dementsprechend enthält der Betriebsstättenbegriff in seiner Grundform des Art. 5 Abs. 1 OECD-MA im Wesentlichen zwei Elemente:

- Es muss sich um eine „feste" Geschäftseinrichtung handeln (3.1.1.1).
- Die Geschäftstätigkeit des Unternehmens muss „durch" die Betriebsstätte ausgeübt werden (3.1.1.2).

3.1.1.1 Die feste Geschäftseinrichtung im Sinne des Art. 5 Abs. 1 OECD-MA

Das Tatbestandmerkmal der festen Geschäftseinrichtung lässt sich wiederum in drei Bestandteile unterteilen: ein örtliches Moment (3.1.1.1.1), ein zeitliches Moment (3.1.1.1.2) sowie das (nicht unumstrittene) Erfordernis der Verfügungsmacht (3.1.1.1.3).

---

[2]Auch in den in Absatz 2 aufgelisteten Fällen müssen die Voraussetzungen des Art. 5 Abs. 1 OECD-MA erfüllt sein, vgl. OECD-MK, Art. 5 Nr. 12; *Wassermeyer/Kaeser*, in: Wassermeyer, DBA, Art. 5 MA Rn. 61; *Görl*, in: Vogel/Lehner, DBA, Art. 5 Rn. 37; *Hruschka*, in: Schönfeld/Ditz, DBA, Art. 5 (2014) Rn. 86 f.

[3]*BFH*, Urt. v. 3.2.1993 – I R 80-81/91, *BFHE* 170, 263 unter II.C.3.e); *Kaeser*, FS Endres, S. 179, S. 179; *Görl*, in: Vogel/Lehner, DBA, Art. 5 Rn. 2; *Buciek*, DStZ 2003, 139.

[4]Vgl. *Lehner*, in: Vogel/Lehner, DBA, Grundlagen des Abkommensrechts Rn. 11; *Lehner*, FS Wassermeyer, S. 241, 244.

[5]*BFH*, Urt. v. 3.2.1993 – I R 80-81/91, *BFHE* 170, 263 unter II.C.3.e); Urt. v. 4.6.2008 – I R 30/07, *BFHE* 222, 14 unter II.2.a.bb).

3.1.1.1.1 Das örtliche Moment

In dem Merkmal der Geschäftseinrichtung manifestiert sich der *„genuine link"* in örtlicher Hinsicht. Dabei ist unter einer Geschäftseinrichtung eine Sachgesamtheit von körperlichen Gegenständen zu verstehen, die geeignet sind, Grundlage einer Unternehmenstätigkeit zu sein.[6] Dabei kann, aber muss es sich nicht um Räumlichkeiten oder Teile davon handeln; auch Flächen oder andere Einrichtungen (wie Bergwerke oder Pumpstationen) können Geschäftseinrichtungen darstellen.[7] Es muss sich jedoch um einen oder mehrere körperliche Gegenstände handeln; immaterielle Wirtschaftsgüter oder Rechtspositionen sind nicht hinreichend.[8]

Die Geschäftseinrichtung gilt als „fest" in örtlicher Hinsicht, wenn sie in einer Beziehung zu einem bestimmten Punkt der Erdoberfläche steht; eine mechanische Verbindung (beispielsweise durch Verankerung) mit der Erdoberfläche ist nicht erforderlich.[9]

3.1.1.1.2 Das zeitliche Moment

Zudem muss der *„genuine link"* auch in zeitlicher Hinsicht bestehen, d. h. auf ein dauerhaftes Bestehen ausgerichtet sein. Dieses Erfordernis wird allgemein ebenfalls aus dem Attribut „fest" abgeleitet.[10] Dabei bezieht sich die geforderte

---

[6]*BFH*, Urt. v. 3.2.1993 – I R 80-81/91, *BFHE* 170, 263 unter II.C.3.a); *Wassermeyer/Kaeser*, in: Wassermeyer, DBA, Art. 5 MA Rn. 30; *Häck*, in: F/W/K, DBA-Schweiz, Art. 5 Rn. 19; *Hruschka*, in: Schönfeld/Ditz, DBA, Art. 5 (2014) Rn. 48; *Görl*, in: Vogel/Lehner, DBA, Art. 5 Rn. 13; *Fresch/Strunk*, in: Strunk/Kaminski/Köhler, AStG/DBA, Art. 5 MA Rn. 47.

[7]So *BFH*, Beschluss v. 12.1.1983 – I B 53/82, juris; Beschluss v. 15.7.1983 – III B 43/82, juris zu einer mit einer unterirdischen Rohrleitung verbundenen inländischen Pumpstation; *Wassermeyer/Kaeser*, in: Wassermeyer, DBA, Art. 5 MA Rn. 30, 32 f.; *Hruschka*, in: Schönfeld/Ditz, DBA, Art. 5 (2014) Rn. 48; zweifelnd bzgl. einer aus dem Ausland ferngesteuerten Pipeline *BFH*, Urt. v. 12.10.1977 – I R 226/75, *BFHE* 123, 500; Beschluss v. 12.1.1983 – I B 53/82, juris; Beschluss v. 15.7.1983 – III B 43/82, juris.

[8]*Wassermeyer/Kaeser*, in: Wassermeyer, DBA, Art. 5 MA Rn. 30; *Häck*, in: F/W/K, DBA-Schweiz, Art. 5 Rn. 17; *Görl*, in: Vogel/Lehner, DBA, Art. 5 Rn. 13; *Fresch/Strunk*, in: Strunk/Kaminski/Köhler, AStG/DBA, Art. 5 MA Rn. 47.

[9]*BFH*, Urt. v. 9.10.1974 – I R 128/73, *BFHE* 114, 47 unter Rn. 2; *Wassermeyer/Kaeser*, in: Wassermeyer, DBA, Art. 5 MA Rn. 37; *Häck*, in: F/W/K, DBA-Schweiz, Art. 5 Rn. 24; *Hruschka*, in: Schönfeld/Ditz, DBA, Art. 5 (2014) Rn. 51; *Görl*, in: Vogel/Lehner, DBA, Art. 5 Rn. 14.

[10]*BFH*, Urt. v. 3.2.1993 – I R 80-81/91, *BFHE* 170, 263 unter II.C.3.c); *Wassermeyer/Kaeser*, in: Wassermeyer, DBA, Art. 5 MA Rn. 37a; *Häck*, in: F/W/K, DBA-Schweiz, Art. 5 Rn. 25; *Görl*, in: Vogel/Lehner, DBA, Art. 5 Rn. 19; *Fresch/Strunk*, in: Strunk/Kaminski/Köhler, AStG/DBA, Art. 5 MA Rn. 52.

Dauerhaftigkeit nicht nur auf die Geschäftseinrichtung, sondern auch auf die Ausübung der Unternehmenstätigkeit durch die Geschäftseinrichtung.[11] Eine gesetzliche Mindestfrist lässt sich Art. 5 Abs. 1 OECD-MA nicht entnehmen.[12] Insbesondere lässt sich die für Bauausführungen und Montagen in Art. 5 Abs. 3 OECD-MA genannte Frist nicht einfach auf die Grunddefinition des Art. 5 Abs. 1 OECD-MA übertragen. Vielmehr entnimmt die Literatur Art. 5 Abs. 3 OECD-MA im Umkehrschluss, dass grundsätzlich auch eine weniger als 12 Monate bestehende Geschäftseinrichtung geeignet ist, eine Betriebsstätte zu begründen.[13]

Zudem wird gefordert, hinsichtlich der Dauer der Geschäftseinrichtung auf die Absicht des Unternehmensträgers und nicht auf den tatsächlichen Zeitraum der Existenz der Geschäftseinrichtung abzustellen.[14] Als Orientierungshilfe im Sinne einer „widerlegbaren Vermutung" für die Dauerhaftigkeit der Geschäftseinrichtung zieht die h. M. eine Mindestdauer von 6 Monaten heran.[15]

3.1.1.1.3 Das Erfordernis der Verfügungsmacht

Vor dem Hintergrund des genannten Verwurzelungsgedankens ist auch das von der Rechtsprechung postulierte Erfordernis der Verfügungsmacht über die Geschäftseinrichtung zu betrachten. Von einer derartigen Verfügungsmacht ging die Rechtsprechung zunächst aus, wenn der Steuerpflichtige eine Rechtsposition innehatte, die ihm ohne seine Mitwirkung nicht mehr ohne Weiteres entzogen

---

[11]*BFH*, Urt. v. 3.2.1993 – I R 80-81/91, *BFHE* 170, 263, II.C.3.c); *Häck*, in: F/W/K, DBA-Schweiz, Art. 5 Rn. 25; *Hruschka*, in: Schönfeld/Ditz, DBA, Art. 5 (2014) Rn. 56; *Görl*, in: Vogel/Lehner, DBA, Art. 5 Rn. 19.

[12]*Hruschka*, in: Schönfeld/Ditz, DBA, Art. 5 (2014) Rn. 56.

[13]*Wassermeyer/Kaeser*, in: Wassermeyer, DBA, Art. 5 MA Rn. 37a; *Häck*, in: F/W/K, DBA-Schweiz, Art. 5 Rn. 25; *Hruschka*, in: Schönfeld/Ditz, DBA, Art. 5 (2014) Rn. 56; *Görl*, in: Vogel/Lehner, DBA, Art. 5 Rn. 19.

[14]*Häck*, in: F/W/K, DBA-Schweiz, Art. 5 Rn. 25; *Fresch/Strunk*, in: Strunk/Kaminski/Köhler, AStG/DBA, Art. 5 MA Rn. 53; *Wassermeyer/Kaeser*, in: Wassermeyer, DBA, Art. 5 MA Rn. 37a.

[15]*BFH*, Beschluss v. 27.4.1954 – I B 136/53 U, *BFHE* 58, 705; Urt. v. 19.5.1993 – I R 80/92, *BFHE* 171, 297 unter II.2.b.aa); Urt. v. 28.6.2006 – I R 92/05, *BFHE* 214, 295 unter II.3.a); *Wassermeyer/Kaeser*, in: Wassermeyer, DBA, Art. 5 MA Rn. 37a unter Verweis auf Art. 15 Abs. 2 lit. a und Art. 4 Abs. 1 OECD-MA; *Häck*, in: F/W/K, DBA-Schweiz, Art. 5 Rn. 25; *Hruschka*, in: Schönfeld/Ditz, DBA, Art. 5 (2014) Rn. 56; kritisch *Fresch/Strunk*, in: Strunk/Kaminski/Köhler, AStG/DBA, Art. 5 MA Rn. 56 ff.; hingegen die Frist des Art. 5 Abs. 3 OECD-MA als Orientierungswert heranziehend *Görl*, in: Vogel/Lehner, DBA, Art. 5 Rn. 19.

oder die ohne seine Mitwirkung nicht ohne Weiteres verändert werden konnte.[16] Die bloße Berechtigung zur Nutzung eines Raumes oder einer Grundstücksfläche im Interesse eines anderen sowie die bloße tatsächliche Mitbenutzung eines Raumes bzw. einer Grundstücksfläche begründeten für sich genommen noch keine Betriebsstätte.[17]

In Fortentwicklung dieser Rechtsprechung durch das Urteil vom 3. Februar 1993[18] führte der BFH sodann das Erfordernis der Verfügungsmacht auf den Verwurzelungsgedanken zurück: Für die Annahme einer Betriebsstätte sei letztlich entscheidend, dass eine bestimmte unternehmerische Tätigkeit durch eine Geschäftseinrichtung mit fester örtlicher Bindung ausgeübt werde und sich in der Bindung eine gewisse „Verwurzelung" des Unternehmens mit dem Ort der Ausübung der unternehmerischen Tätigkeit ausdrücke. Daher könne aus dem Begriff der Betriebsstätte nicht abgeleitet werden, dass die Verwurzelung des Steuerpflichtigen notwendigerweise rechtlich abgesichert sein müsse.[19] Eine „*allgemeine* rechtliche Absicherung" genüge daher für die Annahme einer Betriebsstätte, wenn aus tatsächlichen Gründen anzunehmen sei, dass dem Steuerpflichtigen zumindest ein bestimmter Raum zur ständigen Nutzung zur Verfügung gestellt und seine Verfügungsmacht darüber nicht bestritten werde.[20]

Diese Anforderungen konkretisierte der BFH weiter mit seiner Entscheidung vom 14. Juli 2004[21]. Demnach müsse die Rechtsposition weder ausdrücklich vereinbart noch auf einen bestimmten Raum oder Arbeitsplatz bezogen sein. Es genüge, wenn aus tatsächlichen Gründen anzunehmen sei, dass dem Unternehmer irgendein für seine Tätigkeit geeigneter Raum zur ständigen Nutzung zur Verfügung gestellt werde.[22] In der Literatur[23] wurde dies teilweise mit dem Begriff

---

[16]*BFH*, Urt. v. 17.3.1982 – I R 189/79, *BFHE* 136, 120 unter II.1.b); bestätigt durch Urt. v. 11.10.1989 – I R 77/88, *BFHE* 158, 499 unter II.3.a); Urt. v. 16.5.1990 – I R 113/87, *BFHE* 161, 358 unter II.2.b.aa); Urt. v. 3.2.1993 – I R 80-81/91, *BFHE* 170, 263 unter II.C.3.e).

[17]*BFH*, Urt. v. 16.5.1990 – I R 113/87, *BFHE* 161, 358 unter II.2.b.aa); Urt. v. 11.10.1989 – I R 77/88, *BFHE* 158, 499 unter II.3.a); ähnlich auch schon Urt. v. 29.4.1987 – I R 118/83, *BFHE* 149, 508 unter II.5.a); Urt. v. 17.3.1982 – I R 189/79, *BFHE* 136, 120 unter II.1.b).

[18]*BFH*, Urt. v. 3.2.1993 – I R 80-81/91, *BFHE* 170, 263.

[19]*BFH*, Urt. v. 3.2.1993 – I R 80-81/91, *BFHE* 170, 263 unter II.C.3.e); bestätigt durch Beschluss v. 10.11.1998 – I B 80/97, *BFH/NV* 1999, 665 unter II.2.b).

[20]*BFH*, Urt. v. 3.2.1993 – I R 80-81/91, *BFHE* 170, 263 unter II.C.3.e); bestätigt durch Beschluss v. 10.11.1998 – I B 80/97, *BFH/NV* 1999, 665 unter II.2.b).

[21]*BFH*, Urt. v. 14.7.2004 – I R 106/03, *BFH/NV* 2005, 154.

[22]*BFH*, Urt. v. 14.7.2004 – I R 106/03, *BFH/NV* 2005, 154 unter II.2.b).

[23]*Häck*, in: F/W/K, DBA-Schweiz, Art. 5 Rn. 21 f.; *Hruschka*, in: Schönfeld/Ditz, DBA, Art. 5 (2014) Rn. 64.

der „faktischen Verfügungsmacht" umschrieben. Zudem setze Verfügungsmacht
nicht das Recht oder die Möglichkeit zu einer alleinigen Nutzung der betreffenden
Einrichtung voraus.[24] Ein Recht zur Mitbenutzung sei insofern ausreichend.[25]
Das Konzept der faktischen Verfügungsmacht erfuhr sodann in einer späteren Entscheidung vom 4. Juni 2008[26] jedoch wieder eine Einschränkung. Danach
genüge das bloße Tätigwerden in Räumlichkeiten des Vertragspartners für sich
genommen nicht. Dies gelte selbst dann, wenn die Tätigkeit wiederholt oder dauerhaft erbracht werde. Denn neben der zeitlichen Komponente müssten vor dem
Hintergrund des Verwurzelungsgedankens zusätzliche Umstände auf eine örtliche
Verwurzelung schließen lassen.[27]

Unter den Literaturstimmen, die dem Erfordernis der Verfügungsmacht zustim-
men, herrscht weitgehend Einigkeit, dass der Begriff der Verfügungsmacht im
Betriebsstättenkontext nicht streng zivilrechtlich zu verstehen sei.[28] Stattdessen
wird vorgeschlagen, den Begriff eher im Sinne einer tatsächlichen Sachherrschaft
aufzufassen.[29]

Wassermeyer zweifelt indes die Rechtsgrundlage für die Zusatzvoraussetzung
der Verfügungsmacht an,[30] da sie sich weder aus dem Wortlaut noch aus dem
Zweck des Art. 5 OECD-MA ableiten lasse.[31] Das Merkmal der Festigkeit
der Geschäftseinrichtung drücke lediglich das Erfordernis der Dauerhaftigkeit
aus.[32] Die Betriebsstättenfrage sei daher schwerpunktmäßig über die Dauer der
Tätigkeitsausübung in der Geschäftseinrichtung zu beantworten.

---

[24] *BFH*, Urt. v. 14.7.2004 – I R 106/03, *BFH/NV* 2005, 154 unter II.2.c).

[25] *Görl*, in: Vogel/Lehner, DBA, Art. 5 Rn. 18; a. A. *Fresch/Strunk*, in:
Strunk/Kaminski/Köhler, AStG/DBA, Art. 5 MA Rn. 74, die die reine *Möglichkeit* zur
Mitbenutzung nicht ausreichen lassen; so auch noch *BFH*, Urt. v. 18.3.1976 – IV R 168/72,
BFHE 118, 404 unter 2.b).

[26] *BFH*, Urt. v. 4.6.2008 – I R 30/07, *BFHE* 222, 14.

[27] *BFH*, Urt. v. 4.6.2008 – I R 30/07, *BFHE* 222, 14 unter II.2.b.aa).

[28] *Häck*, in: F/W/K, DBA-Schweiz, Art. 5 Rn. 21; *Hruschka*, in: Schönfeld/Ditz, DBA, Art. 5
(2014) Rn. 64; so wohl auch *Görl*, in: Vogel/Lehner, DBA, Art. 5 Rn. 16.

[29] *Häck*, in: F/W/K, DBA-Schweiz, Art. 5 Rn. 20; zustimmend *Hruschka*, in: Schönfeld/Ditz,
DBA, Art. 5 (2014) Rn. 61 ff.

[30] Vgl. *Wassermeyer*, FS Kruse, S. 589, 594 ff.

[31] *Wassermeyer/Kaeser*, in: Wassermeyer, DBA, Art. 5 MA Rn. 42; zum fehlenden Wortlaut-
bezug vgl. auch *Richter/John*, FR 2015, 142, 144.

[32] *Wassermeyer/Kaeser*, in: Wassermeyer, DBA, Art. 5 MA Rn. 42a; ähnlich *Buciek*, DStZ
2003, 139, 140. Das Merkmal der Dauerhaftigkeit scheint auch der OECD-Musterkommentar
als maßgeblich anzusehen. Denn während Nr. 4.2 zu Art. 5 Anklänge eines Verfügungsmach-
terfordernisses enthält, fehlen diese gänzlich in Nr. 4.5 zu Art. 5, so dass insoweit keine
einheitliche Linie erkennbar ist.

In dem Großteil der Fälle dürften die beiden Ansichten kaum zu unterschiedlichen Ergebnissen gelangen. Der Grund dafür liegt in dem zweiten Tatbestandsmerkmal „Ausübung der Geschäftstätigkeit durch die Betriebsstätte", das mit dem Merkmal der „festen Geschäftseinrichtung" über das Erfordernis der Verfügungsgewalt verklammert wird.

3.1.1.2 Ausübung der Geschäftstätigkeit durch die Betriebsstätte

Das Tatbestandsmerkmal der „Ausübung der Geschäftstätigkeit durch die Betriebsstätte" unterteilt sich begrifflich wiederum in die Ausübung der Geschäftstätigkeit (3.1.1.2.1) und das Erfordernis, dass diese „durch" die Betriebsstätte (3.1.1.2.2) erfolgen muss.

3.1.1.2.1 Ausübung der Geschäftstätigkeit

Der Voraussetzung der Ausübung der *Geschäfts*tätigkeit lässt sich zunächst ein gewisser Bezug zum Geschäft des Unternehmens entnehmen. Dieser Bezug ist weit zu verstehen. Geschäftstätigkeit ist damit grundsätzlich jede Tätigkeit, die dem Unternehmenszweck dient und diesen im weitesten Sinne fördert.[33] Gleichzeitig betont der Begriff Geschäfts*tätigkeit* aber auch das Tätigkeitserfordernis für eine Betriebsstätte[34] und wirkt dadurch begriffsbeschränkend. Die Geschäftseinrichtung muss „Handlungssubjekt" in dem Sinne sein, dass sie einen aktiven Beitrag zur originären Unternehmenstätigkeit liefert und diese nicht lediglich passiv geschehen lässt.[35] Zwar muss die Geschäftstätigkeit der Geschäftseinrichtung bei isolierender Betrachtung nicht selbstständig alle Merkmale eines Gewerbebetriebs im Sinne des § 15 Abs. 2 EStG erfüllen.[36] Auch müssen die Geschäftstätigkeiten nicht „aktive" Tätigkeiten im Sinne des § 8 AStG darstellen.[37] Aber dennoch ist mit Blick auf den Negativkatalog des Art. 5 Abs. 4 OECD-MA eine gewisse Mindestaktivität zu fordern.[38] Die Geschäftstätigkeit

---

[33] *Görl*, in: Vogel/Lehner, DBA, Art. 5 Rn. 24; *Hruschka*, in: Schönfeld/Ditz, DBA, Art. 5 (2014) Rn. 70.

[34] *Görl*, in: Vogel/Lehner, DBA, Art. 5 Rn. 24.

[35] *Hruschka*, in: Schönfeld/Ditz, DBA, Art. 5 (2014) Rn. 71.

[36] *Hruschka*, in: Schönfeld/Ditz, DBA, Art. 5 (2014) Rn. 70; vgl. auch *Wassermeyer/Kaeser*, in: Wassermeyer, DBA, Art. 5 MA Rn. 53, die beispielsweise darauf hinweisen, dass insbesondere eine eigene Gewinnerzielungsabsicht der Geschäftseinrichtung nicht erforderlich ist. Vgl. auch *BFH*, Beschluss v. 12.1.1983 – I B 53/82, juris.

[37] *Görl*, in: Vogel/Lehner, DBA, Art. 5 Rn. 25; *Wassermeyer/Kaeser*, in: Wassermeyer, DBA, Art. 5 MA Rn. 53.

[38] *Hruschka*, in: Schönfeld/Ditz, DBA, Art. 5 (2014) Rn. 70, vgl. *Wassermeyer/Kaeser*, in: Wassermeyer, DBA, Art. 5 MA Rn. 10.

muss so nah an der originär unternehmerischen Tätigkeit des Gesamtunternehmens sein, dass sie nicht als Neben-, Hilfs- oder vorbereitende Tätigkeit
einzustufen ist.

3.1.1.2.2 „Durch" die Betriebsstätte

Damit schlägt Art. 5 Abs. 4 OECD-MA in gewisser Weise auch die Brücke
zu dem zweiten Teil des Tatbestandsmerkmals. Denn der Katalog des Art. 5
Abs. 4 OECD-MA konkretisiert quasi durch Negativ-Regelbeispiele, wann die
Geschäftätigkeit nicht die Schwelle zur Ausübung „durch" die Betriebsstätte
überschreitet. In diesem Aspekt unterscheidet sich der Betriebsstättenbegriff
maßgeblich von dem des § 12 AO.[39]

Denn eine Tätigkeit gilt nur dann als „durch" die Geschäftseinrichtung
ausgeübt, wenn zwischen der Geschäftseinrichtung und der Unternehmenstätigkeit ein innerer Zusammenhang besteht, der über das bloße Dienen im Sinne
eines „Dem-Unternehmenszweck-allgemein-förderlich-Seins" hinausgeht.[40] *Wassermeyer* und *Kaeser* differenzieren in diesem Kontext sehr anschaulich danach,
wie die Geschäftseinrichtung für den unternehmerischen Zweck eingesetzt werden kann oder tatsächlich eingesetzt wird:[41] Ist die Geschäftseinrichtung für die
originäre aktive Unternehmenstätigkeit erforderlich, weil sich diese in ihr vollzieht oder von ihr bzw. durch sie ausgeübt wird,[42] so ist von einem Ausüben
durch die Geschäftseinrichtung und damit von einer Betriebsstätte im Abkommenssinne auszugehen. Hat die Geschäftseinrichtung hingegen lediglich eine
allgemein den Unternehmenszweck fördernde Funktion, ist dies zu verneinen.
Die Schwelle zwischen den beiden Kategorien dürfte dabei dem Mindestmaß an
aktiver Geschäftätigkeit in Abgrenzung zum lediglich passiven Geschehenlassen
entsprechen.[43]

Dieser sich an der Unternehmenstätigkeit orientierende Ansatz trägt bereits
Züge der (Personal-)Funktionsorientierung, die der Betriebsstättengewinnabgrenzung nach dem AOA zugrunde liegt.[44] Für die Frage, ob sich die Ausübung der

---

[39]Vgl. hierzu auch 3.1.2.

[40]*Hruschka*, in: Schönfeld/Ditz, DBA, Art. 5 (2014) Rn. 70; vgl. auch *Häck*, in: F/W/K, DBA-
Schweiz, Art. 5 Rn. 30, der von einem „erkennbaren impulsgebenden Tätigkeitsbezug" zum
Vertragsstaat der Geschäftseinrichtung spricht.

[41]*Wassermeyer/Kaeser*, in: Wassermeyer, DBA, Art. 5 MA Rn. 54.

[42]So *Häck*, in: F/W/K, DBA-Schweiz, Art. 5 Rn. 30.

[43]Vgl. hierzu 3.1.1.2.1.

[44]Vgl. hierzu Teil V und insbesondere 15.2.2.1.1.

Geschäftstätigkeit durch die Betriebsstätte von Menschenhand vollziehen muss, wird auf den separaten Abschnitt verwiesen.[45]

3.1.1.2.3 Konsequenzen für das Erfordernis von Verfügungsmacht

Die Frage, ob der Betriebsstättenbegriff zudem Verfügungsmacht des Unternehmens über die Geschäftseinrichtung voraussetzt, ist damit letztlich eine Zuordnungsfrage. Während durch das Tatbestandsmerkmal der „festen Geschäftseinrichtung" ein hinreichender Nexus zu dem Betriebsstättenstaat hergestellt werden soll, ist diesem Merkmal keine Aussage hinsichtlich der Zuordnung der Geschäftseinrichtung zu einem Unternehmen zu entnehmen. Dieser Aspekt ist insbesondere dann relevant, wenn ein Unternehmensträger mehrere Unternehmen betreibt und daher zu klären ist, welchem dieser Unternehmen die Geschäftseinrichtung zuzuordnen ist.

Gemäß den zuvor gemachten Ausführungen wird dieser Zusammenhang zwischen der Geschäftseinrichtung und dem maßgeblichen Unternehmen vordergründig über die Unternehmenstätigkeit ermittelt. Eine Geschäftseinrichtung ist einem bestimmten Unternehmen zuzuordnen, wenn die durch sie ausgeübte Geschäftstätigkeit ganz oder teilweise der Geschäftstätigkeit des Unternehmens entspricht. Dafür erscheint die Frage der (rechtlichen) Verfügungsmacht zunächst nicht maßgeblich zu sein.[46]

Betrachtet man aber die Grenzfälle, d. h. die Fälle, in denen zweifelsfrei eine Geschäftstätigkeit in oder vermöge einer Geschäftseinrichtung ausgeübt wird, über die das Unternehmen selbst keine tatsächliche Sachherrschaft innehat, so wirft dies die Frage auf, ob die fehlende (im Sinne einer tatsächlichen Sachherrschaft verstandene) Verfügungsmacht der Ausübung der Geschäftstätigkeit „durch" die Geschäftseinrichtung entgegensteht.

Die Antwort auf diese Frage hängt davon ab, wie eng man den über das bloße Dienen hinausgehenden, funktionalen Zusammenhang[47] zwischen der Geschäftseinrichtung und der Unternehmenstätigkeit ziehen will. Hat ein Unternehmen über eine Geschäftseinrichtung keinerlei tatsächliche Sachherrschaft inne, so ist wohl regelmäßig davon auszugehen, dass dies mit einer geringen funktionalen Bedeutung dieser Geschäftseinrichtung für die Unternehmenstätigkeit einhergeht. Denn es erscheint unwahrscheinlich, dass sich das Unternehmen

---

[45]Vgl. hierzu 3.1.3.

[46]So *Wassermeyer/Kaeser*, in: Wassermeyer, DBA, Art. 5 MA Rn. 54.

[47]Vgl. *Wassermeyer/Kaeser*, in: Wassermeyer, DBA, Art. 5 MA Rn. 42a bzw. 54, die von einem „Instrumentalzusammenhang" bzw. einer „spezifischen Funktion" sprechen.

hinsichtlich einer zentralen Funktion für die Unternehmenstätigkeit der Aus-
schlussbefugnis eines Dritten aussetzt. Vielmehr ist davon auszugehen, dass
die Geschäftseinrichtung, die zur Ausübung der Geschäftstätigkeit genutzt wird,
lediglich unterstützende oder allgemein fördernde Funktion hat. Demnach wäre
allerdings eine Ausübung der Geschäftstätigkeit „durch" die Betriebsstätte zu
verneinen.

Die reine Anknüpfung an ein örtlich gebundenes Tätigwerden von gewisser
Dauer, wie *Wassermeyer* es vorschlägt,[48] würde die allgemeine Betriebsstättendefinition des Art. 5 Abs. 1 OECD-MA hingegen der bloßen Dienstleistungsbetriebsstätte annähern.[49] Obgleich dies der auf Ebene der *OECD* zunehmend zu
beobachtenden Tendenz entsprechen mag,[50] ist *Kroppen* zuzustimmen, der darin
eine uferlose Ausdehnung des Betriebsstättenbegriffs sieht und die Herabstufung
des Betriebsstättenprinzips zu einem reinen Tätigkeitsprinzip befürchtet.[51]

Die ausschließlich tätigkeitsbezogene Betrachtungsweise ergibt sich dabei
auch nicht aus der personalfunktionsbasierten Sichtweise, die dem AOA zugrunde
liegt.[52] Denn im Fall der mangelnden Verfügungsmacht erscheint es aufgrund
der bereits genannten Gründe zweifelhaft, dass die aus den jeweiligen Tätigkeiten resultierenden Personalfunktionen die für eine Zuordnung erforderliche
Maßgeblichkeitsschwelle überschreiten.[53]

Unter Berücksichtigung des Sinns des Betriebsstättenprinzips,[54] nur diejenigen Unternehmensgewinne einer Besteuerung im Betriebsstättenstaat zu unterwerfen, die über die örtliche Verwurzelung eine hinreichende Verbindung zu
diesem Staat aufweisen, erscheint es daher sachgerechter, mit der Rechtsprechung und der h. M. zusätzlich eine im Sinne von tatsächlicher Sachherrschaft
verstandene Verfügungsmacht des Unternehmens über die Geschäftseinrichtung
zu fordern. Das Erfordernis der Verfügungsmacht verklammert die beiden Tat-
bestandselemente des abkommensrechtlichen Betriebsstättenbegriffs und findet

---

[48] *Wassermeyer/Kaeser*, in: Wassermeyer, DBA, Art. 5 MA Rn. 42a; vgl. auch *Wassermeyer*,
FS Kruse, S. 589, 593.

[49] Dem gegenüber kritisch auch *Wassermeyer/Kaeser*, in: Wassermeyer, DBA, Art. 5 MA
Rn. 10a.

[50] Vgl. hierzu die Ausführungen bei *Wassermeyer/Kaeser*, in: Wassermeyer, DBA, Art. 5 MA
Rn. 10a unter Verweis u. a. auf OECD-MK, Art. 5 Nr. 4.5.

[51] *Kroppen*, FS Wassermeyer, S. 691, 694 f.

[52] So wohl *Wassermeyer*, IStR 2015, 37, 39.

[53] Zu dem Prinzip der Personalfunktionen als maßgebliches Zuordnungskriterium vgl. unten
15.2.2.1.1.

[54] Vgl. auch *Kroppen*, FS Wassermeyer, S. 691, 695.

seine Rechtsgrundlage daher auch in Art. 5 Abs. 1 OECD-MA:[55] Der durch
die örtliche Verwurzelung in Gestalt der festen Geschäftseinrichtung begründete
Nexus zum Betriebsstättenstaat wird einem Unternehmen (und damit auch einem
Unternehmensträger als Abkommenssubjekt) zugeordnet. Dabei wird das zweite
Tatbestandsmerkmal der „Ausübung der Geschäftstätigkeit durch die Betriebsstätte" durch das Kriterium der Verfügungsmacht konkretisiert und an die örtliche
Verwurzelung gekoppelt. Nur so gelingt eine dem Zweck des Betriebsstättenprinzips Rechnung tragende Abgrenzung der allgemeinen Betriebsstättendefinition zur
nicht unumstrittenen Dienstleistungsbetriebsstätte.

3.1.2 Innerstaatlicher Betriebsstättenbegriff im Sinne des § 12 AO

Der dargestellte abkommensrechtliche Betriebsstättenbegriff ist sauber von dem
innerstaatlichen Betriebsstättenverständnis nach § 12 AO zu unterscheiden.
Gemeinsamkeiten ergeben sich hinsichtlich des Tatbestandsmerkmals der festen
Geschäftseinrichtung.[56] Zwar erwähnt § 12 AO auch die Anlage. Dies dürfte aber
nicht zu einer Ausdehnung des Betriebsstättentatbestands führen, da die „Anlage"
nach h. M. einen Unterfall der Geschäftseinrichtung darstellt.[57]

Unterschiede ergeben sich hingegen hinsichtlich des zweiten Tatbestandsmer-
mals und hinsichtlich der Behandlung von Hilfs- und Nebentätigkeiten.[58] Anders
als Art. 5 Abs. 1 OECD-MA fordert § 12 Satz 1 AO nicht, dass die Geschäftstätigkeit durch die Betriebsstätte ausgeübt wird, sondern lässt es genügen, dass
die Geschäftseinrichtung „der Tätigkeit des Unternehmens dient". Mangels einer
Art. 5 Abs. 4 OECD-MA entsprechenden Regelung sind zudem Hilfs- und
Nebentätigkeiten nicht von den eine Betriebsstätte nach § 12 AO begründenden

---

[55] *Kroppen*, FS Wassermeyer, S. 691, 694; a. A. *Wassermeyer*, FS Kruse, S. 589, 594.

[56] *BFH*, Urt. v. 30.10.1996 – II R 12/92, *BFHE* 181, 356 unter II.1.b); Urt. v. 3.2.1993 – I R 80-81/91, *BFHE* 170, 263 unter II.C.5; *Häck*, in: F/W/K, DBA-Schweiz, Art. 5 Rn. 18.

[57] *Drüen*, in: Tipke/Kruse, AO/FGO, § 12 AO Rn. 4; *Musil*, in: H/H/Sp, AO/FGO, § 12 AO Rn. 8; *Koenig*, in: Koenig, AO, § 12 Rn. 6; *Wassermeyer/Kaeser*, in: Wassermeyer, DBA, Art. 5 MA Rn. 31; *Puls*, Betriebsstätte 2005, S. 41.

[58] *Drüen*, in: Tipke/Kruse, AO/FGO, § 12 AO Rn. 41; *Hruschka*, in: Schönfeld/Ditz, DBA, Art. 5 (2014) Rn. 35; *Wassermeyer/Kaeser*, in: Wassermeyer, DBA, Art. 5 MA Rn. 9 f.; *Gersch*, in: Klein, AO, § 12 Rn. 19.

Tätigkeiten ausgenommen. Die Betriebsstättendefinition des § 12 AO ist insoweit weiter als die des Art. 5 Abs. 1 OECD-MA.[59]

Dass der Unterschied in den Betriebsstättenbegriffen gerade korrespondierend diese beiden Aspekte betrifft, erscheint konsequent. Denn sie sind inhaltlich miteinander verknüpft. Hilfs- und Nebentätigkeiten zeichnen sich dadurch aus, dass sie dem allgemeinen Unternehmenszweck zwar dienen, aber nicht das Mindestmaß an aktiver Unternehmenstätigkeit erreichen, dass erforderlich ist, um von einer „Ausübung der Geschäftstätigkeit durch die Betriebsstätte" auszugehen.[60] Lässt man somit bereits die allgemein dienende Funktion einer Geschäftseinrichtung für die Begründung einer Betriebsstätte ausreichen, so führt dies konsequenterweise dazu, dass auch Hilfs- und Nebentätigkeiten „betriebsstättenbegründend" werden.

Versteht man mit der hier vertretenen Auffassung das Erfordernis der Verfügungsmacht als eine Verklammerung der beiden Tatbestandsmerkmale der festen Geschäftseinrichtung und der Ausübung der Geschäftstätigkeit durch die Betriebsstätte, so stellt sich die Anschlussfrage, wie sich die Ausweitung des zweiten Tatbestandsmerkmal in der innerstaatlichen Betriebsstättendefinition auf das Erfordernis der Verfügungsmacht auswirkt.

Denn die an das „Dienen" (statt das „Ausüben") anknüpfende Definition des § 12 AO erweitert nicht nur den Betriebsstätten begründenden Tätigkeitskreis, sondern setzt damit auch die Schwelle für den funktionalen Zusammenhang zwischen der Geschäftseinrichtung und der Unternehmenstätigkeit herab. Auch funktionsschwächere Geschäftseinrichtungen können der Tätigkeit des Unternehmens dienen. Konsequenterweise würde dies aber dazu führen, dass es für die Begründung einer Betriebsstätte im Sinne des § 12 AO – abweichend von der ständigen Rechsprechung des BFH[61] und der ganz herrschenden Auffassung in

---

[59]*BFH*, Urt. v. 30.10.1996 – II R 12/92, *BFHE* 181, 356 unter II.1.b); Urt. v. 3.2.1993 – I R 80-81/91, *BFHE* 170, 263 unter II.C.5; *Häck*, in: F/W/K, DBA-Schweiz, Art. 5 Rn. 30; a. A. wohl *Buciek*, in: Gosch, AO/FGO, § 12 AO Rn. 18.1.

[60]Vgl. hierzu bereits die Ausführungen oben unter 3.1.1.2.1. An diesem Unterschied „krankt" letztlich auch das Pipeline-Urteil *BFH*, Urt. v. 30.10.1996 – II R 12/92, *BFHE* 181, 356, insoweit es das Abkommensrecht betrifft. Denn die reine Transportfunktion nach der Stilllegung der inländischen Pumpstationen dürfte nicht mehr die erforderliche Aktivitätsschwelle überschreiten.

[61]*BFH*, Urt. v. 11.10.1989 – I R 77/88, *BFHE* 158, 499 unter II.3.a); Urt. v. 3.2.1993 – I R 80-81/91, *BFHE* 170, 263 unter II.C.3.e); Urt. v. 30.10.1996 – II R 12/92, *BFHE* 181, 356 unter II.1.a); Urt. v. 17.9.2003 – I R 12/02, *BFHE* 203, 400 unter II.2; Urt. v. 14.7.2004 – I R 106/03, *BFH/NV* 2005, 154 unter II.2.b); Urt. v. 2.4.2014 – I R 68/12, *BFHE* 245, 98 unter II.3.d).

der Literatur[62] – nicht auf das Kriterium der Verfügungsmacht ankommt. Denn ein über das bloße Dienen hinausgehender (funktionaler) Zusammenhang wird hier ja gerade nicht benötigt.

3.1.3 Das Erfordernis menschlicher Tätigkeit

Umstritten ist indes, inwieweit der (abgaben- oder abkommensrechtliche) Betriebsstättenbegriff voraussetzt, dass die Geschäftstätigkeit, der die Betriebsstätte dient bzw. die in der Betriebsstätte ausgeübt wird, von Menschenhand ausgeführt wird. Auch hier ist zwischen Betriebsstätten im Sinne des § 12 AO und solchen im Sinne des Art. 5 OECD-MA zu unterscheiden.

3.1.3.1 Betriebstätten im Sinne des § 12 AO

Der BFH hat sich mit dieser Frage vor allem in seiner Pipeline-Rechtsprechung befasst: In einer seiner früheren Entscheidungen vom 12. Oktober 1977[63] entschied der I. Senat, dass das bloße Durchführen von Rohrleitungen eines Ölunternehmens durch das Gebiet einer Gemeinde nur Transportfunktion habe und mangels Ausübung eines stehenden Gewerbes daher keine Betriebsstätte begründe.[64] Eine maßgebliche Rolle für diese Entscheidung spielte dabei die Regelung des § 16 Abs. 4 StAnpG, wonach ein Versorgungsunternehmen keine Betriebsstätten in den Gemeinden hat, durch die nur eine Zuleitung geführt, in denen aber keine Versorgungsgüter abgegeben werden.

An diese Entscheidung knüpften sodann Beschlüsse des I. und des III. Senats aus dem Jahr 1983 an:[65] Beide Beschlüsse betrafen jeweils sowohl Streitjahre vor als auch nach der Ablösung des Steueranpassungsgesetzes durch die Abgabenordnung am 1. Januar 1977. Den Orientierungssätzen der jeweils nicht veröffentlichten Entscheidungen ist dabei zu entnehmen, dass der BFH für die Bejahung einer Betriebsstätte im Sinne des § 12 AO (bzw. § 16 StAnpG) maßgeblich darauf abstellte, ob das Rohrsystem über eine inländische Pumpstation verfügte. War dies der Fall, so war der Betriebsstättencharakter selbst dann nicht ernstlich zweifelhaft, wenn die Pumpstation aus dem Ausland ferngesteuert wurde. Es schien so, als würde der BFH der Pumpstation das notwendige

---

[62] *Musil*, in: H/H/Sp, AO/FGO, § 12 AO Rn. 16; *Drüen*, in: Tipke/Kruse, AO/FGO, § 12 AO Rn. 11; *Koenig*, in: Koenig, AO, § 12 Rn. 11; *Gersch*, in: Klein, AO, § 12 Rn. 5.

[63] *BFH*, Urt. v. 12.10.1977 – I R 226/75, *BFHE* 123, 500.

[64] *BFH*, Urt. v. 12.10.1977 – I R 226/75, *BFHE* 123, 500 unter 2.b).

[65] *BFH*, Beschluss v. 12.1.1983 – I B 53/82, juris; Beschluss v. 15.7.1983 – III B 43/82, juris.

„aktive" Element der Geschäftstätigkeitsausübung entnehmen.[66] Denn bei einer
aus dem Ausland ferngesteuerten inländischen Rohrleitung mit lediglich ausländischer Pumpstation erachtete er es als ernstlich zweifelhaft, dass diese eine
Betriebsstätte darstellte.

In seinem Urteil vom 30. Oktober 1996[67] fasste der II. Senat den Betriebsstättenbegriff indes deutlich weiter. Statt des Tätigkeitselements betonte er die dienende Funktion der Rohrleitung für die Unternehmenstätigkeit. Danach diene eine
feste Geschäftseinrichtung der Tätigkeit eines Unternehmens, wenn der Unternehmer diese für eine gewisse Dauer zu unternehmerischen Zwecken benutze.
Eine derartige Benutzung zu unternehmerischen Zwecken bedeute ein unterneh-
mensbezogenes Tätigwerden „in, an oder mit der Geschäftseinrichtung"[68]. Den
Einsatz von Personen in oder an der Geschäftseinrichtung erachtete der II. Senat
ausdrücklich für nicht erforderlich.[69] Der aufgrund von § 16 Abs. 4 StAnpG in
dem Urteil vom 12. Oktober 1977[70] vorgenommenen Einschränkung des Betriebsstättenbegriffs erteilte er unter Verweis auf den Wegfall dieser Regelung eine
Absage.

Vor dem Hintergrund des weiter gefassten Anwendungsbereichs des § 12
AO ist dem II. Senat zuzustimmen. Dabei sind zwei Aspekte zu unterscheiden. Zunächst bestätigt der BFH das besagte weite Begriffsverständnis, indem er
die dienende Funktion in Gestalt der Benutzung zu unternehmerischen Zwecken
betont, wonach grundsätzlich auch ein Tätigwerden an der Geschäftseinrichtung
genüge. Erst in einem zweiten Schritt erläutert er, dass für diese Benutzung
der Geschäftseinrichtung kein menschliches Tätigwerden erforderlich sei, sondern
dass insbesondere bei vollautomatisch arbeitenden Einrichtungen das Unternehmen auch „mit" den Geschäftseinrichtungen tätig werden könne.[71]

Diese Differenzierung ist insofern relevant, weil die Literatur die beiden
Aspekte teilweise kausal miteinander verknüpft und die Möglichkeit der perso-
nallos agierenden Betriebsstätte aus der weiter gefassten Definition des Dienens

---

[66]Vgl. hierzu auch *BFH*, Urt. v. 16.12.2009 – I R 56/08, *BFHE* 228, 356 unter B.II.1.b).

[67]*BFH*, Urt. v. 30.10.1996 – II R 12/92, *BFHE* 181, 356.

[68]*BFH*, Urt. v. 30.10.1996 – II R 12/92, *BFHE* 181, 356 unter II.1.a.dd); bestätigt durch Urt.
v. 16.12.2009 – I R 56/08, *BFHE* 228, 356 unter B.II.1.b).

[69]*BFH*, Urt. v. 30.10.1996 – II R 12/92, *BFHE* 181, 356 unter II.1.a.dd).

[70]*BFH*, Urt. v. 12.10.1977 – I R 226/75, *BFHE* 123, 500.

[71]*BFH*, Urt. v. 30.10.1996 – II R 12/92, *BFHE* 181, 356 unter II.1.a.dd); zustimmend Drüen
in T/K, AO/FGO, 148. EL 4/2017, § 12 AO Rn. 20; *Koenig*, in: Koenig, AO, § 12 Rn. 18;
Gersch, in: Klein, AO, § 12 Rn. 6.

ableitet.[72] Dabei hat der Umfang der dienenden Funktion *a priori* nichts mit der Frage zu tun, ob eine Betriebsstätte menschliches Tätigwerden voraussetzt. Denn bevor sich die Frage der dienenden Funktion stellt, muss zunächst ihr Bezugsobjekt, nämlich die Geschäftstätigkeit selbst, umrissen werden. Die Frage nach der Möglichkeit von personallosen Betriebsstätten hängt damit vielmehr von der Vorfrage nach der Geschäftstätigkeit ab.

Hierbei dürfen die Anforderungen an die Geschäftstätigkeit im Rahmen des Betriebsstättenbegriffs nicht weiter gefasst werden, als bei dem Gewerbebetriebsbegriff. Ist eine „Aktivität" somit Teil eines Sachverhalts, der den Tatbestand der gewerblichen Einkünfte erfüllt, so kann es nicht darauf ankommen, ob dieser Teil von Menschenhand ausgeübt wird. Dies würde sonst zu dem fragwürdigen Ergebnis führen, dass eine menschliche Tätigkeit, die im Wege der fortschreitenden Automatisierung durch einen maschinellen Prozess ersetzt wird, aus der Gewinnabgrenzung herausfiele, obwohl sie zu dem gleichen (Zwischen-)Resultat wie die ehemals von Menschenhand ausgeübte Tätigkeit führt. Daher ist der Auffassung zuzustimmen, die davon ausgeht, dass die Geschäftstätigkeit im Sinne des § 12 AO kein menschliches Tätigwerden voraussetzt.[73] Dies gilt sowohl für die Geschäftstätigkeit an sich wie auch den Impuls, der diese in Gang setzt. So macht die Differenzierung nach dem Ort der Pumpstation in den Beschlüssen des I. und III. Senats[74] anschaulich deutlich, dass es abweichend von der von *Puls* vertretenen Auffassung[75] für die unternehmerische Betätigung richtigerweise nicht zwangsläufig eines menschlichen „Impetus" bedarf.

3.1.3.2 Betriebsstätten im Sinne des Art. 5 OECD-MA

Aus den genannten Gründen ist auch nicht ersichtlich, warum die Literatur der personallosen Betriebsstätte im Fall des Art. 5 OECD-MA wesentlich kritischer gegenübersteht als im Fall des § 12 AO.[76] Denn die unterschiedlichen Formulierungen des § 12 AO und des Art. 5 OECD-MA im Zusammenhang mit der Geschäftstätigkeit betreffen erneut nicht die Frage, ob deren Ausübung Personal

---

[72] *Häck*, in: F/W/K, DBA-Schweiz, Art. 5 Rn. 31; ähnlich auch *Buciek*, in: Gosch, AO/FGO, § 12 AO Rn. 18; *Musil*, in: H/H/Sp, AO/FGO, § 12 AO Rn. 22.

[73] *Hruschka*, in: Schönfeld/Ditz, DBA, Art. 5 (2014) Rn. 72; *Buciek*, in: Gosch, AO/FGO, § 12 AO Rn. 18.

[74] *BFH*, Beschluss v. 12.1.1983 – I B 53/82, juris; Beschluss v. 15.7.1983 – III B 43/82, juris.

[75] Vgl. *Puls,* Betriebsstätte 2005, S. 84, der fordert, dass die unternehmerische Tätigkeit von Menschenhand in Gang gesetzt, überwacht oder funktionsfähig gehalten wird.

[76] *Häck*, in: F/W/K, DBA-Schweiz, Art. 5 Rn. 31, der fordert, dass die „aktive" Tätigkeit durch eigenes Personal in der Geschäftseinrichtung ausgeübt werden muss; kritisch auch *Drüen*, in: Tipke/Kruse, AO/FGO, § 12 AO Rn. 20.

voraussetzt.[77] Auch hängt es stark von dem jeweiligen Unternehmensgegenstand ab, ob personallose Betriebsstätten nur Hilfsbetriebsstätten im Sinne des Art. 5 Abs. 4 OECD-MA sind; zwingend ist dies indes nicht.[78] Denn obgleich Art. 5 Abs. 1 OECD-MA durch das Tatbestandsmerkmal der „Ausübung der Geschäftätigkeit durch die Betriebsstätte" die Anforderungen an die Mindestaktivität der Geschäftstätigkeit im Vergleich zu § 12 AO erhöht, so schließt dies nicht von vornherein personallose Geschäftsmodelle von seiner Anwendung aus.[79] Die Anerkennung der personallosen Betriebsstätte betrifft die Geschäftätigkeit dem Grunde nach; die Frage nach der Mindestaktivität bezieht sich auf deren Umfang. Dabei ist *Wassermeyer* und *Kaeser* zuzustimmen, dass die Wartung der Geschäftseinrichtung durch Menschen lediglich Indiz für deren aktive Einbindung in die Unternehmensaktivitäten, nicht aber Voraussetzung für die Anerkennung der personallosen Betriebsstätte ist.[80]

3.1.4 Die rechtliche (Un-)Selbstständigkeit von Betriebsstätten

Eine Betriebsstätte kann, aber muss nicht zwingend rechtlich unselbstständig sein. Das Bedürfnis für ihre separate abkommensrechtliche Erwähnung ergibt sich vor allem daraus, dass die Betriebsstätte selbst kein eigenes Steuersubjekt ist und daher keinen eigenen steuerlichen Gewinn ermittelt. So werden beispielsweise gewerblich oder sonst selbstständig tätige Personengesellschaften bzw. Mitunternehmerschaften abkommensrechtlich als Betriebsstätten der Unternehmen im abkommensrechtlichen Sinne ihrer Gesellschafter bzw. Mitunternehmer angesehen, soweit sie der Vertragsstaat nicht als eigenständige Steuersubjekte behandelt.

---

[77]Vgl. dazu bereits die Ausführungen unter 3.1.3.1. Aus diesem Grund hätte sich der BFH in der Entscheidung *BFH*, Urt. v. 30.10.1996 – II R 12/92, *BFHE* 181, 356 auch nicht vor dem Hintergrund des fehlenden menschlichen Tätigkeitsbeitrags, sondern in Bezug auf die erforderliche Mindestaktivität der Geschäftstätigkeit mit den unterschiedlichen Formulierungen auseinandersetzen müssen, vgl. *Wassermeyer/Kaeser*, in: Wassermeyer, DBA, Art. 5 MA Rn. 10.

[78]A. A. wohl *Drüen*, in: Tipke/Kruse, AO/FGO, § 12 AO Rn. 20.

[79]So auch *Wassermeyer/Kaeser*, in: Wassermeyer, DBA, Art. 5 MA Rn. 10b, 51 u. a. unter Verweis auf die engl. und frz. Sprachfassung des OECD-MA; ähnlich auch *Hruschka*, in: Schönfeld/Ditz, DBA, Art. 5 (2014) Rn. 72; *Görl*, in: Vogel/Lehner, DBA, Art. 5 Rn. 28; *Fresch/Strunk*, in: Strunk/Kaminski/Köhler, AStG/DBA, Art. 5 MA Rn. 48; a. A. *Häck*, in: F/W/K, DBA-Schweiz, Art. 5 Rn. 31.

[80]*Wassermeyer/Kaeser*, in: Wassermeyer, DBA, Art. 5 MA Rn. 10b, 51; a. A. wohl *Görl*, in: Vogel/Lehner, DBA, Art. 5 Rn. 28.

Im Fall der rechtlich unselbstständigen Betriebsstätte (wie beispielsweise einer Verkaufsniederlassung oder einer Produktionsstätte) kommt hinzu, dass mangels Rechtssubjektqualität die Betriebsstätte keine rechtlichen Beziehungen zu dem übrigen Unternehmen eingehen kann, die als Grundlage der Gewinnabgrenzung herangezogen werden könnten.

Nach der Rechtsprechung des BFH hat jedes Unternehmen stets mindestens eine Betriebsstätte in Gestalt der sog. Geschäftsführerbetriebsstätte, in der die wenngleich auch gegebenenfalls geringfügigen Geschäftsleitungstätigkeiten für das Unternehmen erbracht werden.[81]

3.2   Systematik des Art. 7 OECD-MA

Ausweislich seiner Überschrift befasst sich der Verteilungsartikel Art. 7 OECD-MA mit den Besteuerungsrechten für Unternehmensgewinne.

3.2.1 Unternehmensgewinne

Für das Verständnis dieses Verteilungsartikels ist zunächst zu klären, was unter „Unternehmensgewinnen" im Sinne des Art. 7 OECD-MA zu verstehen ist. Gemäß den dargestellten abkommensrechtlichen Auslegungsregeln ist daher zu überprüfen, inwieweit sich aus dem Abkommenstext oder dem Zusammenhang des Abkommens eine abkommensspezifische Bedeutung der „Unternehmensgewinne" ableiten lässt. Im Fall des OECD-Musterabkommens enthalten die Begriffsbestimmungen des Art. 3 Abs. 1 OECD-MA keine eigene Definition des Begriffs „Unternehmensgewinne".[82] Dennoch lassen sich aus der Begriffsdefinition „Unternehmen" Rückschlüsse für eine Auslegung der „Unternehmensgewinne" aus dem Zusammenhang des OECD-Musterabkommens ableiten.[83] So bezieht sich der Ausdruck „Unternehmen" gemäß Art. 3 Abs. 1 lit. c OECD-MA auf die Ausübung einer Geschäftstätigkeit. Der Ausdruck „Geschäftstätigkeit" schließt

---

[81]*BFH*, Urt. v. 26.2.1992 – I R 85/91, *BFHE* 168, 52 unter II.3.c.bb); wenngleich zum Betriebsstättenbegriff des § 12 AO so auch *Wassermeyer*, FS Kruse, S. 589, 591.

[82]Es gibt aber Abkommen, die eine solche Definition enthalten, vgl. bspw. Art. III Abs. 5 DBA-USA 1954/65 zu „gewerblichen Gewinnen". Der uneinheitliche Umfang der im Abkommenstext definierten Begriffe verdeutlicht, dass die Auslegung eines DBA stets abkommensspezifisch unter Heranziehung des jeweiligen Abkommenstextes zu erfolgen hat.

[83]Zweifelnd *Leidel*, IStR 2017, 348.

dabei wiederum auch die Ausübung einer freiberuflichen oder sonstigen selbständigen Tätigkeit ein, vgl. Art. 3 Abs. 1 lit. h OECD-MA. Unternehmensgewinne
sind damit im Abkommenszusammenhang als die Gewinne aus der Ausübung
einer Geschäftstätigkeit zu verstehen. Das abkommensrechtliche Verständnis von
Unternehmensgewinnen ist somit tätigkeitsbezogen.

Über dieses Erfordernis einer ausgeübten Tätigkeit hinaus enthält das Abkommen keine weitere Spezifizierung des Begriffs der Unternehmensgewinne. Insoweit, d. h. insbesondere unter der einschränkenden Berücksichtigung des genannten tätigkeitsbezogenen Verständnisses des abkommensrechtlichen Begriffs der
Unternehmensgewinne, ist daher gemäß Art. 3 Abs. 2 OECD-MA auf das
innerstaatliche Recht zurückzugreifen.[84]

Innerstaatlicher Ausgangspunkt der abkommensrechtlichen Auslegung des
Begriffs der Unternehmensgewinne sind daher die Einkünfte aus Gewerbebetrieb
im Sinne des § 15 EStG. Die tätigkeitsbezogene Definition des Gewerbebetriebs
in § 15 Abs. 2 EStG lässt sich ohne Weiteres mit dem tätigkeitsbezogenen Verständnis der abkommensrechtlichen Unternehmensgewinne vereinbaren, so dass
insoweit keine Abweichungen von der innerstaatlichen Auslegung aufgrund des
Abkommenszusammenhangs erforderlich sind.[85] Insbesondere beschränkt sich
der Unternehmensbegriff nicht lediglich auf die „aktive" Ausübung von unternehmerischen Tätigkeiten im Sinne der abkommensrechtlichen Aktivitätsvorbehalte,
sondern erfasst sämtliche Lebenssachverhalte, die den Tatbestand des § 15 Abs. 2
EStG erfüllen.[86]

Anders verhält es sich hingegen bei den innerstaatlichen Fiktionen des § 15
Abs. 3 EStG.[87] Diese werden nicht von dem abkommensrechtlichen Unterneh-
mensgewinnverständnis umfasst. So entschied der BFH mit Urteil vom 28. April
2010[88] für eine gewerblich geprägte Personengesellschaft im Sinne des § 15
Abs. 3 Nr. 2 EStG:

---

[84]*Ditz*, in: Schönfeld/Ditz, DBA, Art. 7 (2008) Rn. 61 f.

[85]Vgl. *BFH*, Urt. v. 28.4.2010 – I R 81/09, *BFHE* 229, 252 unter II.2.b.dd); Urt. v. 20.12.2017
– I R 98/15, *BFHE* 260, 169 unter B.II.2.d.cc).

[86]Gegen die Beschränkung auf „aktive" Geschäftstätigkeiten im Sinne der Aktivitätsvorbehalte spricht bereits deren Existenz. Wären von vornhinein nur aktive Tätigkeiten erfasst, so
wären die Aktivitätsvorbehalte obsolet. Zustimmend wohl auch (wenngleich mit anderem
Ergebnis hinsichtlich der Gewerblichkeitsfiktionen) *Wolff*, FS Wassermeyer, S. 647, 653.

[87]Vgl. auch *Wassermeyer/Drüen*, in: Wassermeyer, DBA, Vor Art. 6-22 MA Rn. 28; a. A.
Wolff, FS Wassermeyer, S. 647, 653.

[88]*BFH*, Urt. v. 28.4.2010 – I R 81/09, *BFHE* 229, 252.

„Denn wenn ein Abkommen zur Vermeidung der Doppelbesteuerung wie Art. 7 Abs. 1 DBA-USA 1989 a. F. von „gewerblichen Gewinnen eines Unternehmens" spricht, meint es damit erkennbar Einkünfte aus einer ihrer Art nach „unternehmerischen" Tätigkeit. In diesem Zusammenhang mag es der Anweisung in Art. 3 Abs. 2 DBA-USA 1989 a. F. entsprechen, für Zwecke der deutschen Besteuerung an die Definition der „Einkünfte aus Gewerbebetrieb" in § 15 Abs. 2 EStG 1990 anzuknüpfen. Doch umfasst der abkommensrechtliche Begriff „gewerbliche Gewinne eines Unternehmens" nicht Einkünfte aus einer Tätigkeit, die inhaltlich zum Bereich der Vermögensverwaltung gehört und im innerstaatlichen Recht nur im Wege einer Fiktion dem Bereich der Gewerblichkeit zugewiesen wird. Insoweit fordert vielmehr der in Art. 3 Abs. 2 DBA-USA 1989 a. F. genannte abkommensspezifische „Zusammenhang" eine vom nationalen Recht losgelöste Einordnung."[89]

In einer späteren Entscheidung übertrug er diese Rechtsprechung auch auf die gewerblich "infizierten" Einkünfte der sog. Besitzgesellschaft nach Maßgabe einer Betriebsaufspaltung.[90] Gleiches dürfte für die „infizierten" Einkünfte im Sinne des § 15 Abs. 3 Nr. 1 EStG gelten: Hier ist jenseits der „Bagatellgrenze"[91] eine Aufteilung in unternehmerische und nichtunternehmerische Einkünfte bzw. – sofern eine Aufteilung nicht möglich ist – eine Schwerpunktbetrachtung vorzunehmen.[92]

Hinsichtlich der eigentlichen abkommensrechtlichen Qualifizierung der „Sonderbereichstätigkeit" eines Mitunternehmers, d. h. des Lebenssachverhalts, der dem zu der Personengesellschaft gehörigen Sonderbetrieb zuzuordnen ist und daher zu Sondervergütungen (§ 15 Abs. 1 Satz 1 Nr. 2 Satz 1 Hs. 2 EStG), Sonderbetriebseinnahmen oder Sonderbetriebsausgaben führt, hat sich der BFH nicht ausdrücklich geäußert. Soweit dem Herauslösungsgedanken in seiner Rechtsprechung zur tatsächlichen Zugehörigkeit im Rahmen der Betriebsstättenvorbehalte[93] aber zu entnehmen ist, dass die „Sonderbereichstätigkeit" dem innerstaatlichen Recht folgend zunächst als originäre Unternehmenstätigkeit im Sinne des Art. 7

---

[89]*BFH*, Urt. v. 28.4.2010 – I R 81/09, *BFHE* 229, 252 unter II.2.b.dd).

[90]*BFH*, Urt. v. 25.5.2011 – I R 95/10, *BFHE* 234, 60 unter II.2.b).

[91]Vgl. *Wassermeyer*, in: Wassermeyer, DBA, Art. 7 MA (2000) Rn. 36.

[92]Vgl. *BFH*, Urt. v. 21.8.1990 – VIII R 271/84, *BFHE* 162, 256 unter 2.b.bb). Für eine entsprechende Aufteilung auch *Buciek*, in: F/W/K, DBA-Schweiz, Art. 7 Rn. 816; *Ditz*, in: Schönfeld/Ditz, DBA, Art. 7 (2008) Rn. 56; wohl auch *Wassermeyer*, in: Wassermeyer, DBA, Art. 7 MA (2000) Rn. 43, 36; *Hruschka*, IStR 2016, 437, 438 f.; vgl. auch *Wacker*, in: Schmidt, EStG, § 15 Rn. 173, 192; *Löwenstein/Looks/Heinsen*, Betriebsstättenbesteuerung 2011, Rn. D546.

[93]Vgl. hierzu ausführlich unten 9.2.

OECD-MA einzustufen und erst im Konkurrenzwege über den Spezialitätenvorrang auszusondern sei, ist dieser Auffassung nicht zuzustimmen.[94] Denn die Tatsache allein, dass die Sonderbetriebstätigkeit dem Betrieb oder der Beteiligung des Mitunternehmers dient, genügt für die abkommensrechtliche Qualifikation nicht.[95] Denn diese knüpft in Art. 3 Abs. lit. c OECD-MA ja gerade an die „Ausübung einer Geschäftstätigkeit" an. Der Mitunternehmer übt seine „Sonderbereichstätigkeiten" aber nicht als Geschäftstätigkeiten der Personengesellschaft aus. Im Fall der Sondervergütungen wird er vielmehr entgeltlich gegenüber der Personengesellschaft tätig. Hinsichtlich der Tätigkeitsausübung unterscheidet er sich dabei nicht von einem anderen Dritten, auf dessen vertragliche Leistungen die Personengesellschaft im Rahmen ihrer Geschäftstätigkeit gegen Entgelt zurückgreift.

Ebenso sind die Lebenssachverhalte, die zu Sonderbetriebseinnahmen und -ausgaben führen, vorrangig keine Geschäftstätigkeiten im abkommensrechtlichen Sinne. Diese Tätigkeiten sind vielmehr Teil der privaten oder (wenn der Mitunternehmer die Personengesellschaftsbeteiligung in einem anderen Betriebsvermögen hält) der betrieblichen Ausstattungs- oder Finanzierungsentscheidung, die der Mitunternehmer für seine Personengesellschaft trifft. Als solche sind sie vorrangig der privaten oder anderen betrieblichen Sphäre zuzuordnen. Der Vorrang des Sonderbetriebs, der in der innerstaatlich angestrebten Gleichstellung des Mitunternehmers mit dem Einzelunternehmer wurzelt, lässt sich gerade nicht auf das Abkommensrecht übertragen. Etwas anderes ergibt sich erst auf Ebene des innerstaatlichen Rechts durch die „abkommensüberschreibende"[96] Regelung des § 50d Abs. 10 EStG.[97]

Ein derartiges (im Vergleich zum innerstaatlichen Recht engeres) Verständnis der abkommensrechtlichen Unternehmensgewinne hat auch nicht zur Konsequenz, dass der Spezialitätenvorrang für gewerblich tätige Personengesellschaften leerliefe. Denn er erfasst immer noch die Einkünfte, die durch die originäre gewerbliche Tätigkeit der Personengesellschaft veranlasst wurden, aber nach

---

[94] So wohl auch *Ditz*, in: Schönfeld/Ditz, DBA, Art. 7 (2008) Rn. 62; vgl. auch *Wassermeyer*, in: Wassermeyer, DBA, Art. 7 MA (2000), Rn. 99 ff.

[95] A. A. wohl *BFH*, Urt. v. 12.6.2013 – I R 47/12, *BFHE* 242, 107, der i. R. d. Art. 7 OECD-MA auch einen allgemeinen wirtschaftlichen Zusammenhang genügen lassen will. Vgl. auch die Ausführungen unter 8.2.

[96] *BFH*, Vorlagebeschluss v. 11.12.2013 – I R 4/13, *BFHE* 244, 1 unter B.II.1; *Gosch*, ISR 2013, 87, 95; *Gosch*, in: Kirchhof, EStG, § 50d Rn. 44b; *Martin Klein/Hagena*, in: H/H/R, EStG/KStG, § 50d EStG Rn. 131; *K. J. Wagner*, in: Blümich, EStG/KStG/GewStG, § 50d EStG Rn. 129; a. A. der Gesetzgeber vgl. BT-Drs. 16/11108, S. 23.

[97] Vgl. hierzu die Ausführungen unter 9.3.14.

innerstaatlichem Recht lediglich aufgrund der Subsidiaritätsregelungen in anderen Einkunftsarten[98] in den Einkünften aus Gewerbebetrieb „gepoolt" wurden.[99]

Im Ergebnis beschränken sich die Unternehmensgewinne im Sinne des Art. 7 OECD-MA unter Einbeziehung des innerstaatlichen „Unternehmensverständnisses" damit zunächst auf Gewinne, die aus der originären gewerblichen Tätigkeit im Sinne des § 15 Abs. 2 EStG (bzw. vor dem Hintergrund des Art. 3 Abs. 1 lit. h OECD-MA aus freiberuflicher Tätigkeit im Sinne des § 18 Abs. 1 Nr. 1 EStG) stammen.[100] Über den „Treaty Override" in § 50d Abs. 10 EStG werden die Gewinne auch auf Sondervergütungen und (bestimmte) Sonderbetriebseinnahmen und -ausgaben ausgeweitet. Jegliche über den Sonderbetrieb hinausgehende Erweiterungen des Gewerbebetriebs, die auf innerstaatlichen rechtlichen Fiktionen beruhen, bleiben hingegen weiterhin abkommensrechtlich außer Betracht.

Aus diesem Grund erscheint auch der Kreis der tatsächlichen Umstände, die eine sog. Mitunternehmerbetriebsstätte im abkommensrechtlichen Sinne begründen, sehr gering. Nach *Wassermeyer* verbirgt sich hinter dem Begriff der Mitunternehmerbetriebsstätte eine Betriebsstätte, in der Sonderbetriebsvermögen verwaltet wird.[101] Die Verwaltung von Sonderbetriebsvermögen dürfte aber (mit der möglichen Ausnahme des eigenkapitalbezogenen passiven Sonderbetriebsvermögens II)[102] keine originär unternehmerische Tätigkeit darstellen, so dass mangels Ausübung einer unternehmerischen Geschäftstätigkeit im Abkommenssinne schon keine abkommensrechtliche Betriebsstätte existiert.

Auf die im Zusammenhang mit den abkommensrechtlichen Unternehmensgewinnen zu stellende Frage, ob die gemäß § 8 Abs. 2 KStG erfolgte einheitliche Qualifizierung als gewerbliche Einkünfte auf die Einstufung als Unternehmensgewinne für die Zwecke der Gewinnabgrenzung nach Art. 7 OECD-MA durchschlägt, kann hier aus Gründen des Umfangs nicht näher eingegangen werden. In Anbetracht der Regelung des Art. 7 Abs. 4 OECD-MA n. F. erscheint dies entgegen der gängigen Praxis aber keineswegs zwingend.

---

[98]Bspw. § 20 Abs. 8, § 21 Abs. 3, § 23 Abs. 2 EStG, § 8 Abs. 2 KStG.

[99]Vgl. die Ausführungen unter 3.2.3.

[100]Vgl. auch *Hruschka*, IStR 2016, 437, 438.

[101]*Wassermeyer/Kaeser*, in: Wassermeyer, DBA, Art. 5 MA Rn. 34.

[102]Vgl. zu dieser Ausnahme unten 6.2.4.

3.2.2 Zuweisung des Besteuerungsrechts: Grundregel und Ausnahme

Gemäß Art. 7 Abs. 1 Satz 1 OECD-MA können die Gewinne eines Unternehmens eines Vertragsstaats nur in diesem Staat besteuert werden, es sei denn, das Unternehmen übt seine Geschäftstätigkeit im anderen Vertragsstaat durch eine dort gelegene Betriebsstätte aus.

Da der Ausdruck „Unternehmen eines Vertragsstaats" gemäß Art. 3 Abs. 1 lit. d OECD-MA ein Unternehmen meint, das von einer in diesem Vertragsstaat ansässigen Person betrieben wird, besagt die Grundregel des Art. 7 Abs. 1 OECD-MA damit, dass das ausschließliche Besteuerungsrecht für Unternehmensgewinne grundsätzlich bei dem Ansässigkeitsstaat liegt. Bei einer Kapitalgesellschaft, die als juristische Person selbst abkommensberechtigt ist (Art. 3 Abs. 1 lit. a und b OECD-MA), ist dies in der Regel der Staat, in dem sich der Ort ihrer Geschäftsleitung befindet (Art. 4 Abs. 1 OECD-MA). Bei in der Regel nicht abkommensberechtigten Personengesellschaften bestimmt sich der Ansässigkeitsstaat hingegen jeweils nach der Ansässigkeit der Mitunternehmer. Jeder Gesellschafter einer gewerblich tätigen Personengesellschaft unterhält über seinen Gesellschaftsanteil für Zwecke des Abkommensrechts ein selbständiges Unternehmen in seinem (d. h. des Gesellschafters) Ansässigkeitsstaat.[103]

Eine Ausnahme von dieser grundsätzlichen Zuweisung des Besteuerungsrechts für Unternehmensgewinne an den Ansässigkeitsstaat besteht gemäß Art. 7 Abs. 1 Satz 1 Hs. 2, Satz 2 OECD-MA für die Gewinne, die einer Betriebsstätte zugerechnet werden, durch die das Unternehmen seine Geschäftstätigkeit im anderen Vertragsstaat ausübt. Dahinter steht das Verständnis, dass durch die Betriebsstätte das Unternehmen derart nachhaltig in dem anderen Vertragsstaat verwurzelt ist, dass ein hinreichender Nexus („*genuine link*"[104]) für einen Besteuerungszugriff durch den Betriebsstättenstaat besteht.

Art. 7 Abs. 2 OECD-MA konkretisiert die Grundsätze, nach denen die Betriebsstättengewinnabgrenzung zu erfolgen hat, sodann weiter durch eine Selbstständigkeitsfiktion. Danach sind die Gewinne, die der Betriebsstätte zuzurechnen sind, diejenigen Gewinne, die sie hätte erzielen können, insbesondere im Verkehr mit anderen Teilen des Unternehmens, dessen Betriebsstätte sie ist, wenn sie als selbstständiges und unabhängiges Unternehmen eine gleiche oder ähnliche Geschäftstätigkeit unter gleichen oder ähnlichen Bedingungen ausgeübt hätte. Dabei sind die vom Unternehmen durch die Betriebsstätte und durch

---

[103]Vgl. bspw. *BFH*, Urt. v. 26.2.1992 – I R 85/91, *BFHE* 168, 52 unter II.3.c.bb).
[104]Vgl. Fn. 3 und 4.

andere Unternehmensteile ausgeübten Funktionen, eingesetzten Wirtschaftsgüter und übernommenen Risiken zu berücksichtigen.

Ähnlich wie bei Art. 9 Abs. 1 OECD-MA, nach dessen Vorbild die aktuelle Fassung des Art. 7 Abs. 2 OECD-MA gestaltet wurde,[105] ist Art. 7 Abs. 1 i. V. m. Abs. 2 OECD-MA damit Erlaubnisnorm und Schrankennorm zugleich.[106] Sie gestattet zunächst einmal die Fiktion von „Innentransaktionen" zwischen der Betriebsstätte und dem Unternehmen, dem sie angehört, und deren Bewertung mit dem Fremdvergleichspreis. Gleichzeitig beschränkt sie die Berücksichtigung der unternehmensinternen Transaktionen auf den funktionsorientierten Ansatz und schließt eine von dem Fremdvergleichspreis abweichende Bewertung aus.

Anders als Art. 9 Abs. 1 OECD-MA betrifft Art. 7 OECD-MA sowohl die Gewinnabgrenzung dem Grunde nach (Fiktion von Innentransaktionen, sog. „dealings") als auch die Gewinnabgrenzung der Höhe nach, indem sie eine fremdvergleichskonforme Bewertung anordnet.

3.2.3 Der Spezialitätenvorrang des Art. 7 Abs. 4 OECD-MA (Art. 7 Abs. 7 OECD-MA a. F.)

Darüber hinaus enthält Art. 7 Abs. 4 OECD-MA eine Regelung, nach der das Besteuerungsrecht für Einkünfteteile der Unternehmensgewinne, die in anderen Abkommensartikeln behandelt werden, nicht nach Art. 7 OECD-MA, sondern vorrangig nach diesen anderen Abkommensartikeln zugewiesen wird. Einkünfte bzw. Teile von ihnen werden in anderen Abkommensartikeln „behandelt", wenn sie in den Anwendungsbereich dieser Abkommensartikel fallen und sie deren Rechtfolge auslösen.[107]

Anders als nach der innerstaatlichen Einkünftequalifikation, nach der die Subsidiaritätsklauseln der § 20 Abs. 8, § 21 Abs. 3, § 23 Abs. 2 EStG bzw. die Regelung des § 8 Abs. 2 KStG dazu führen, dass die Überschusseinkunftsarten hinter den gewerblichen (bzw. selbstständigen) Einkünften zurücktreten, werden

---

[105] OECD, Betriebsstättenbericht 2008, Preface Tz. 3; OECD, Discussion Draft 2001, Preface Tz. 3; OECD, Discussion Draft 2004, Preface Tz. 3.

[106] Wassermeyer, in: Piltz/Schaumburg, Forum Int Besteuerung Bd. 20, S. 25, 30; vgl. hierzu auch BFH, Urt. v. 11.10.2012 – I R 75/11, BFHE 239, 242 unter II.2.a); Urt. v. 17.12.2014 – I R 23/13, BFHE 248, 170 unter II.2.b.cc.bbb).

[107] So wohl auch Wassermeyer, in: Wassermeyer, DBA, Art. 7 MA (2000) Rn. 355; Buciek, in: F/W/K, DBA-Schweiz, Art. 7 Rn. 803; i. E. wohl auch M. Lang, FS Raupach, S. 601, 607 f.

diese abkommensrechtlichen Unternehmensgewinne im Rahmen der abkommensrechtlichen Einkünftequalifikation wegen des Spezialitätenvorrangs des Art. 7
Abs. 4 OECD-MA in ihre einzelnen Bestandteile zerlegt[108] und sodann separat
„verteilt".[109]
Dabei ist die konkrete Wirkungsweise des Spezialitätenvorrangs nicht abschließend geklärt. So steht einer Lösung der Konkurrenzfrage zwischen Art. 7
OECD-MA und den anderen Verteilungsartikeln auf Tatbestandsebene die rechts-
folgenorientierte Lösung gegenüber.[110] Eine Lösung auf Tatbestandsebene hätte
zur Konsequenz, dass die spezielleren Einkünfte nicht zugleich Unternehmensgewinne im Sinne des Art. 7 OECD-MA sein könnten. Die Lösung im Rechts-
folgenbereich würde die Einkünfte, die zugleich Unternehmensgewinne und
speziellere Einkünfte wären, lediglich der spezielleren Rechtsfolge der Art. 6, 8 ff.
OECD-MA unterwerfen.

Die Haltung des BFH scheint dabei in Richtung einer Lösung auf Tatbestandsebene zu tendieren. So seien Zinsen und Lizenzen nur unter bestimmten
Voraussetzungen „Unternehmensgewinne i. S. des Art. 7"[111]. Auch verdeutlicht
die in der Entscheidung 23. Oktober 1996[112] getroffene Aussage, Einkünfte,
die im Rahmen einer unternehmerischen Tätigkeit anfielen, die aber abkommensrechtlich unter eine andere Einkünftekategorie zu subsumieren seien, seien
grundsätzlich keine Gewinne im Sinne des Art. 7 OECD-MA, dass der BFH im
Anwendungsbereich der spezielleren Verteilungsartikel bereits dem Grunde nach
das gleichzeitige Vorliegen von Unternehmensgewinnen verneint.

Dies wird einerseits verstärkt durch den Verweis[113] des BFH auf die Entscheidungen vom 31. Mai 1995[114] und 27. Februar 1991[115], in denen die Zinseinkünfte
nach dem DBA-USA 1954/65 anders als nach innerstaatlichem Recht bereits nicht
unter die abkommensrechtlichen „gewerbliche Gewinne eines Unternehmens"
gefasst wurden. Gleichzeitig liefert dieser Verweis auch das Gegenargument
gegen die tatbestandsbasierte Konkurrenzlösung. Denn das den zitierten Entscheidungen zugrunde liegende Doppelbesteuerungsabkommen wies die Besonderheit

---

[108] *Piltz* spricht in diesem Kontext von einer „Atomisierung" der Einkünfte aus Gewerbebetrieb, *Piltz*, in: Lüdicke, Forum Int Besteuerung Bd. 25, S. 137, 150.

[109] Zu dem vom innerstaatlichen Subsidiaritätsgrundsatz abweichenden Spezialitätenvorrang
im Abkommensrecht vgl. auch *Wassermeyer*, FS Ruppe, S. 681, 684; *Günkel/Lieber*, FR
2000, 853, 854.

[110] Vgl. *Wassermeyer*, FS Ruppe, S. 681, 684.

[111] *BFH*, Urt. v. 30.8.1995 – I R 112/94, *BFHE* 179, 48 unter II.5.

[112] *BFH*, Urt. v. 23.10.1996 – I R 10/96, *BFHE* 182, 51.

[113] Vgl. *BFH*, Urt. v. 23.10.1996 – I R 10/96, *BFHE* 182, 51 unter II.1.b).

[114] *BFH*, Urt. v. 31.5.1995 – I R 74/93, *BFHE* 178, 74.

[115] *BFH*, Urt. v. 27.2.1991 – I R 15/89, *BFHE* 164, 38.

auf, dass es abweichend vom OECD-Musterabkommen in Art. III Abs.
5 DBA-USA 1954/65 eine abkommensrechtliche Definition der „gewerblichen Gewinne"
enthielt, die die Zinseinkünfte ausdrücklich vom Anwendungsbereich des Verteilungsartikels für gewerbliche Gewinne ausnahm. Anders als der Spezialitätenvorrang des Art. 7 Abs. 4 (Abs. 7 a. F.) OECD-MA löst Art. II Abs. 5 DBA-USA
1954/65 die Konkurrenzfrage durch die Anknüpfung an ein Tatbestandsmerkmal ausdrücklich auf Tatbestandsebene. Damit können die daraus gezogenen
Schlussfolgerungen aber gerade nicht auf Abkommen übertragen werden, deren
Spezialitätsvorrang dem Art. 7 Abs. 4 (Abs. 7 a. F.) OECD-MA entspricht.[116]

Denn der Wortlaut des Art. 7 Abs. 4 OECD-MA knüpft eben nicht an die Tatbestandsvoraussetzungen des Art. 7 Abs. 1 OECD-MA an, sondern besagt, dass
die Bestimmungen der anderen Artikel „unberührt" bleiben.[117] Da die Vorschrift
damit nicht regelt, dass die betreffenden Gewinne nicht auch Unternehmensgewinne sein können, ist mit dem Großteil der Literatur[118] der Auffassung
zuzustimmen, die die Wirkung des Spezialitätengrundsatzes als *lex specialis*
auf die Rechtsfolgenebene beschränken will. Denn nur insoweit gebietet der
abkommensrechtliche Zusammenhang (vgl. Art. 3 Abs. 2 OECD-MA) eine
Einschränkung des innerstaatlichen Subsidiaritätsgrundsatzes.

Schließlich ist auch das Verhältnis von Art. 21 OECD-MA zu dem Spezialitätenvorrang umstritten. Zur Vermeidung von Wiederholungen wird an dieser Stelle
auf die Ausführungen im Kapitel zu dem Maßstab der tatsächlichen Zugehörigkeit
im Rahmen der Betriebsstättenvorbehalte verwiesen.[119]

Die Verweisung im Spezialitätenvorrang auf die spezielleren Verteilungsartikel
ist indes nicht definitiv. So beinhalten die sog. Betriebsstättenvorbehalte (Art. 10
Abs. 4, 11 Abs. 4, 12 Abs. 3 und 21 Abs. 2 OECD-MA) unter den dort genannten
Voraussetzungen eine Rückverweisung auf Art. 7 OECD-MA (dazu sogleich).[120]

---

[116]So auch *Buciek*, in: F/W/K, DBA-Schweiz, Art. 7 Rn. 811; vgl. auch *Wassermeyer*, in:
Wassermeyer, DBA, Art. 7 MA (2000) Rn. 356 unter Verweis auf *BFH*, Urt. v. 17.12.1997
– I R 34/97, *BFHE* 185, 216.

[117]Ähnlich *Wolff*, FS Wassermeyer, S. 647, 653, der es als Tatbestandsvoraussetzung des
Spezialitätenvorrangs ansieht, dass Unternehmensgewinne vorliegen.

[118]*Wassermeyer*, in: Wassermeyer, DBA, Art. 7 MA (2000) Rn. 356; *Wassermeyer*, FS Ruppe,
S. 681, 684 f.; *Hemmelrath*, in: Vogel/Lehner, DBA, Art. 7 Rn. 168; *Buciek*, in: F/W/K, DBA-
Schweiz, Art. 7 Rn. 811; *Günkel/Lieber*, FR 2000, 853, 854; a. A. *Niehaves*, in: Haase,
AStG/DBA, Art. 7 MA Rn. 206; *Wolff*, in: Wassermeyer, DBA, Art. 7 DBA-USA Rn. 7, 259;
Wolff, FS Wassermeyer, S. 647, 648 f.; vgl. auch *Kluge*, FS Wassermeyer, S. 663, 673 ff.,
der in Abgrenzung von *Kleineidam*, IStR 2004, 1, 3 noch zwischen Rechtsfolgenvorrang und
Spezialität differenziert.

[119]Vgl. unten 9.3.8.

[120]Vgl. zu den Betriebsstättenvorbehalten unten 3.3.1.

3.3 Die Betriebsstätte als Zuordnungskriterium in anderen Verteilungsartikeln

Neben Art. 7 OECD-MA knüpfen auch andere Verteilungsartikel an die Existenz einer Betriebsstätte an. Aufgrund des in Art. 7 Abs. 4 OECD-MA verankerten Spezialitätenvorrangs gehen diese Verteilungsartikel dem Art. 7 OECD-MA grundsätzlich vor. Dabei ist hinsichtlich der Art und Weise, in der diese spezielleren Verteilungsartikel auf die Betriebsstätte Bezug nehmen, zu differenzieren: Während einige lediglich zu einem vom Grundfall des jeweiligen Verteilungsartikels abweichenden Zuordnungsergebnis kommen (vgl. Art. 13 Abs. 2, Art. 15 Abs. 2 lit. c OECD-MA), manifestiert sich dieses abweichende Zuordnungsergebnis bei anderen Verteilungsartikeln auf besondere Weise, nämlich in einer Gegenausnahme vom Spezialitätenvorrang des Art. 7 Abs. 4 OECD-MA. Diese sog. „Betriebsstättenvorbehalte" verweisen für die Zuordnungsfrage wieder auf Art. 7 OECD-MA zurück (vgl. Art. 10 Abs. 4, Art. 11 Abs. 4, Art. 12 Abs. 3, Art. 21 Abs. 2 OECD-MA).

3.3.1 Betriebsstättenvorbehalte

Gemäß Art. 10 Abs. 4, Art. 11 Abs. 4, Art. 12 Abs. 3 und Art. 21 Abs. 2 OECD-MA sind die Einkünfte aus Dividenden, Zinsen, Lizenzen oder aus anderen Einkünften im Sinne des Art. 21 OECD-MA[121] abweichend von den in diesen Artikeln in Abs. 1 (und ggf. Abs. 2) aufgestellten Grundregeln der Anwendung des Art. 7 OECD-MA zu unterwerfen, wenn die diesen Einkünften zugrunde liegenden Einkunftsquellen, d. h. die Stammrechte (Beteiligungen, Darlehensforderungen, Patente etc.) oder Vermögensgegenstände, „tatsächlich" zu einer Betriebsstätte in dem Vertragsstaat gehören, der nicht zugleich Ansässigkeitsstaat ist.[122]

---

[121]Zu dem Betriebsstättenvorbehalt bei Art. 21 OECD-MA vgl. aber auch 9.3.8.

[122]Nach der Rechtsprechung des BFH ist dabei von einem einheitlichen Maßstab für die Betriebsstättenvorbehalte auszugehen, *BFH*, Urt. v. 10.8.2006 – II R 59/05, *BFHE* 214, 518 unter II.8.c.bb); Beschluss v. 20.12.2006 – I B 47/05, *BFHE* 216, 276 unter II.10.c.cc); Beschluss v. 19.12.2007 – I R 66/06, *BFHE* 220, 173 unter II.2.c.cc.bbb); Urt. v. 17.10.2007 – I R 5/06, *BFHE* 219, 518 unter II.1.b.cc.aaa.cccc). Daher wird der i. R. d. tatsächlichen Zugehörigkeit geforderte Zusammenhang zwischen dem den spezielleren Einkünften zugrunde liegenden Stammrecht und der unternehmerischen Haupttätigkeit auch dann gefordert, wenn der Abkommenstext dem Wortlaut nach keine „tatsächliche Zugehörigkeit" verlangt, vgl. auch 9.3.6.

Einkünfte, die in den Anwendungsbereich der Betriebsvorbehalte fallen und der Voraussetzung der tatsächlichen Zugehörigkeit genügen[123], durchlaufen damit auf der Ebene der Verteilungsartikel einen dreistufigen Prozess:[124] Als Teil der in der Regel entsprechend Art. 3 Abs. 2 OECD-MA zu bestimmenden Unternehmensgewinne werden sie zuerst von dem Anwendungsbereich des Art. 7 OECD-MA erfasst, aus dem sie sodann jedoch – vorbehaltlich etwaiger Sonderregelungen für Sondervergütungen – über den Spezialitätenvorrang des Art. 7 Abs. 4 (Abs. 7 a. F.) OECD-MA wieder ausgesondert werden, wenn sie zugleich in anderen Verteilungsartikeln des Abkommens behandelt werden. Diese anderen, „spezielleren" Verteilungsartikel gehen dem Art. 7 OECD-MA grundsätzlich[125] vor. Soweit die Unternehmensgewinne jedoch von den genannten Betriebsvorbehalten erfasst werden, richtet sich die Zuordnung des dazugehörigen Besteuerungsrechts wiederum nach Art. 7 OECD-MA.

Rein formal sind die Betriebsstättenvorbehalte angesichts der in ihnen enthaltenen Rechtsgrundverweisungen auf Art. 7 OECD-MA somit Qualifikationsnormen. Anders als das Merkmal der „tatsächlichen Zugehörigkeit" auf den ersten Blick suggerieren könnte, treffen sie keine Entscheidung über die Zurechnung der aus den tatsächlich zugehörigen Wirtschaftsgütern fließenden Einkünfte. Diese richtet sich vielmehr allein nach Art. 7 OECD-MA. Faktisch dürfte die Zuordnung nach Art. 7 OECD-MA der tatsächlichen Zugehörigkeit folgen.

Neben der Hauptfrage, nach welchem Maßstab sich die tatsächliche Zugehörigkeit bestimmt und wie sich dieser Maßstab zu anderen innerstaatlichen wie abkommensrechtlichen Zuordnungsmaßstäben verhält,[126] stellen sich zusätzlich zwei weitere Folgefragen: Zum einen ist zu klären, an wen – Ansässigkeitsstaat, Quellenstaat oder beide – sich dieser Anwendungsbefehl richtet. Zum anderen stellt sich die Frage nach dem sachlichen Umfang des Verweises, d. h. sind alle oder nur einzelne Absätze des Art. 7 OECD-MA von dem Verweis auf Art. 7 OECD-MA erfasst.

3.3.1.1 Adressat & Reichweite des Betriebsstättenvorbehalts

Die Diskussion zum Adressatenkreis lässt sich auf eine zuerst von *Wassermeyer* vertretene Lesart des Betriebsstättenvorbehalts zurückführen.

---

[123]Zu der hierzu ergangenen Rechtsprechung des BFH vgl. unten 9.2.

[124]Vgl. hierzu auch *Boller/Eilinghoff/Schmidt*, IStR 2009, 109, 110.

[125]Eine Ausnahme hiervon bilden bspw. die Sonderregelungen für Sondervergütungen, vgl. 3.3.2.

[126]Siehe hierzu 9.3.9.

3.3.1.1.1 Der Ansatz von *Wassermeyer*

Nach der von *Wassermeyer* vertretenen Auffassung richtet sich der Anwendungsbefehl des Betriebsstättenvorbehalts, das Besteuerungsrecht an den spezielleren Einkünften gemäß Art. 7 OECD-MA zu verteilen, nur an den Quellenstaat. Der Ansässigkeitsstaat müsse hingegen eine „isolierende Betrachtungsweise"[127] vornehmen und die betreffenden Einkünfte im Rahmen des Methodenartikels weiterhin als speziellere Einkünfte im Sinne der Art. 10, 11 oder 12 OECD-MA behandeln.

Als Begründung für diese unterschiedliche Vorgehensweise im Quellenstaat einerseits und im Ansässigkeitsstaat andererseits führt *Wassermeyer* den Wortlaut der Betriebsstättenvorbehalte an. Danach werde in Art. 10 Abs. 4, Art. 11 Abs. 4 und Art. 12 Abs. 3 OECD-MA nur die Nichtanwendung der Absätze 1 und 2 (bzw. im Fall des Art. 12 OECD nur des Absatzes 1) angeordnet; der Nichtanwendungsbefehl umfasse aber gerade nicht den Definitionsabsatz Art. 10 Abs. 3, Art. 11 Abs. 3 oder Art. 12 Abs. 2 OECD-MA.

Dies führe dazu, dass Art. 10 Abs. 3, Art. 11 Abs. 3 bzw. Art. 12 Abs. 2 OECD-MA, auch wenn die Voraussetzungen des Betriebsstättenvorbehalts vorliegen, aus Sicht des Ansässigkeitsstaats im Rahmen des Methodenartikels uneingeschränkt anwendbar bleiben und dass entsprechend die für Dividenden, Zinsen oder Lizenzen geltenden Methoden zur Vermeidung der Doppelbesteuerung Anwendung fänden.

Gosch, der sich nach anfänglicher Skepsis für die Ansicht *Wassermeyers* aussprach,[128] geht davon aus, dass die Dividenden, Zinsen und Lizenzen unbeschadet ihrer über die Betriebsstättenvorbehalte veränderten Besteuerungszuordnung isoliert betrachtet weiterhin Dividenden, Zinsen und Lizenzen blieben und für Zwecke des Methodenartikels eben nicht zu Unternehmensgewinnen würden.[129] Daher würden diese auch unter den Voraussetzungen des Betriebsstättenvorbehalts weiterhin nach Maßgabe der Art. 10, 11 und 12 OECD-MA verteilt, allerdings erfolge die Zuweisung in Verbindung mit Art. 7 OECD-MA. Da der jeweilige Verteilungsartikel (Art. 10, 11 oder 12 OECD-MA) für den Ansässigkeitsstaat nur insoweit relevant sei, als sich aus ihm die anzuwendende Methode zur Vermeidung der Doppelbesteuerung ergebe, bleibe es wegen der Fortgeltung der

---

[127] *BFH,* Urt. v. 24.8.2011 – I R 46/10, *BFHE* 234, 339 unter II.2.c); *Gosch,* FS Wassermeyer, S. 263, 276 ff.; vgl. auch *Wassermeyer,* FS Ruppe, S. 681, 684; *Piltz,* in: Lüdicke, Forum Int Besteuerung Bd. 25, S. 137, 149.

[128] Vgl. *Gosch,* FS Wassermeyer, S. 263, 281 ff.

[129] *Gosch,* FS Wassermeyer, S. 263, 281.

Definitionsabsätze bei den spezielleren Einkünften. Im Fall der Dividenden und Zinsen sei deshalb Art. 23 A Abs. 2 und nicht Abs. 1 OECD-MA anwendbar.[130] *Kluge,* der sich im Ergebnis ebenfalls *Wassermeyer* anschloss, vertrat hingegen die Ansicht, die Betriebsstättenvorbehalte bezögen sich auf Einkünfte, die einerseits Dividenden[131] und andererseits Unternehmensgewinne seien.[132] Sowohl der Spezialitätenvorrang als Erstverweisung als auch die Betriebsstättenvorbehalte als Rückverweisung ließen die Qualifikation der Einkünfte unberührt und beträfen nur die Rechtsfolge. Deswegen komme es auf den Nichtausschluss des Art. 10 Abs. 3 OECD-MA auch nicht an. Die Fortgeltung des Art. 10 Abs. 3 OECD-MA besage hingegen nur, dass auch bei der Anwendung des Betriebsstättenvorbehalts zunächst die Dividendeneigenschaft im Sinne der Dividendendefinition geprüft werden müsse.[133] Wenngleich es danach unter dem Betriebsstättenvorbehalt nicht zu einem „tatbestandlichen Ausschluss" der Einkünfte als Dividenden komme, stehe der Aussonderung solcher Einkünfte aus den freigestellten Betriebsstätteneinkünften bei der Anwendung des Methodenartikels durch den Ansässigkeitsstaat gleichwohl nichts im Wege.[134]

3.3.1.1.2 Die Gegenauffassung
Obwohl sich einige Stimmen der Literatur der Auffassung *Wassermeyers* angeschlossen haben,[135] ist diese größtenteils auf Kritik gestoßen.[136]

---

[130] *Gosch,* FS Wassermeyer, S. 263, 282; vgl. auch *M. Lang,* FS Raupach, S. 601, 604 f.

[131] Auf andere Betriebsstättenvorbehalte als Art. 10 Abs. 4 OECD-MA ging *Kluge* ausdrücklich nicht ein, vgl. *Kluge,* FS Wassermeyer, S. 663, 663.

[132] *Kluge,* FS Wassermeyer, S. 663, 676; a. A. *Kleineidam,* IStR 2004, 1, 3, der dem Betriebsstättenvorbehalt ein Konkurrenzverhältnis nicht zwischen zwei Verteilungsnormen, sondern zwischen deren Rechtsfolgen entnahm und folgerichtig zu dem Ergebnis kam, dass deshalb aus den Unternehmensgewinnen nicht durch den Spezialitätenvorrang des Art. 7 Abs. 7 OECD-MA a. F. Dividenden würden. Dementsprechend sei wegen der vorrangigen Rechtsfolge des Betriebsstättenvorbehalts auch im Rahmen des Methodenartikels von „andersartigen, weil dividendengleich" zu behandelnden Unternehmensgewinnen auszugehen. Im Ergebnis kam somit auch er zu dem gleichen Ergebnis wie *Wassermeyer. Kleineidam* ließ dabei offen, wie sich eine Rechtsfolgenkonkurrenz ergeben solle, wenn auf Tatbestandsebene nicht zwei Verteilungsartikel gleichzeitig einschlägig seien.

[133] *Kluge,* FS Wassermeyer, S. 663, 677.

[134] *Kluge,* FS Wassermeyer, S. 663, 678.

[135] *Kluge,* FS Wassermeyer, S. 663, 663; wohl auch *Gosch,* FS Wassermeyer, S. 263, 263; i. E. (wenngleich mit anderer Begründung) auch *Kleineidam,* IStR 2004, 1.

[136] *M. Lang,* FS Raupach, S. 601, 605 f.; *Lang,* SWI 2003, 319, 322; *Görl,* in: Vogel/Lehner, DBA, Vor Art 10 bis 12 Rn. 32; *Wagner,* IWB 2003, 699, 702 f.; *Strunk/Kaminski,* IStR 2003, 181, 185 f.

Lang räumt zwar ein, dass Art. 23 Abs. 2 OECD-MA, wenn man mit *Gosch* zwischen Einkünften, die über den Betriebsstättenvorbehalt zwar „in Verbindung mit", aber nicht unmittelbar nach Art. 7 OECD-MA erfasst würden, und solchen, die unmittelbar unter Art. 7 OECD-MA fielen, unterscheide, so ausgelegt werden könne, dass er *Wassermeyers* Ansicht tragen könne. Er stellt aber fest, dass die überzeugenderen Argumente dagegensprächen.[137]

So bleibe die sich an dem Umfang des Ausschlusses der spezielleren Verteilungsartikel orientierende Argumentation eine Erklärung dafür schuldig, warum die Betriebsstättenvorbehalte nicht nur von der Anwendung der Art. 10 Abs. 2 und Art. 11 Abs. 2 OECD-MA, die das Besteuerungsrecht dem Quellenstaat zuweisen, sondern auch von der Anwendung der Art. 10 Abs. 1, Art. 11 Abs. 1 und Art. 12 Abs. 1 ausnähmen, die ihrerseits die Zuweisung des Besteuerungsrechts an den Ansässigkeitsstaat betreffen.[138] Denn wenn sich der Betriebsstättenvorbehalt ausschließlich an den Quellenstaat richte, sei nicht ersichtlich, warum er eine den Ansässigkeitsstaat betreffende Regelung ausschließe.[139]

Vielmehr sei der Nichtausschluss der Definitionsabsätze damit zu erklären, dass von diesen keine Rechtsfolge ausgehe, die das Besteuerungsrecht im Quellenstaat beschränke oder ausschließe, und somit mangels Regelungswirkung kein Bedürfnis für einen Ausschluss bestehe.[140] Andere Stimmen der Literatur schlossen sich dieser Auffassung an und sahen in den Definitionsabsätzen lediglich allgemeine Begriffsbestimmungen, die im gesamten Abkommen einheitlich auszulegen seien.[141]

Auch sei es systemwidrig, wenn Einkünfte, die die Voraussetzungen eines Betriebsstättenvorbehalts erfüllen, für die Zwecke des Verteilungsartikels einer anderen Qualifizierung als für Zwecke des Methodenartikels unterworfen würden.[142] Denn dann würde der intendierte Zweck, eine Doppelbesteuerung zu vermeiden, gerade nicht erreicht.[143]

---

[137] *M. Lang,* FS Raupach, S. 601, 605.

[138] *M. Lang,* FS Raupach, S. 601, 605 f.; *Lang,* SWI 2003, 319, 322.

[139] Vgl. *M. Lang,* FS Raupach, S. 601, 606; *Lang,* SWI 2003, 319, 322.

[140] *M. Lang,* FS Raupach, S. 601, 607; *Lang,* SWI 2003, 319, 321 f.

[141] *Wagner,* IWB 2003, 699, 702 f.; *Schaumburg,* Internationales Steuerrecht 2011, Rn. 16.531; so auch (wenngleich mit letztlich anderem Ergebnis) *Kleineidam,* IStR 2004, 1, 3.

[142] *Schaumburg,* Internationales Steuerrecht 2011, Rn. 16.531, 16.543; *Lang,* SWI 2003, 319, 323; *Strunk/Kaminski,* IStR 2003, 181; *Wagner,* IWB 2003, 699, 703; so auch *Kluge,* FS Wassermeyer, S. 663, 670 als Vertreter des *Wassermeyerschen* Ansatzes; a. A. *Gosch,* FS Wassermeyer, S. 263, 282, der angesichts der fehlenden, aber hierfür erforderlichen ausdrücklichen abkommensrechtlichen Anordnung keinen Anlass für eine Qualifikationsverkettung sieht.

[143] Vgl. *Schaumburg,* Internationales Steuerrecht 2011, Rn. 16.531.

Schließlich zieht die Gegenauffassung im „erst-recht"-Schluss Art. 21 Abs. 2 OECD-MA heran.[144] Nach h. M. erfasse Art 21 OECD-MA insbesondere Dividenden, Zinsen und Lizenzgebühren, die aus Drittstaaten oder dem Ansässigkeitsstaat selbst stammten und deswegen nicht den Verteilungsregelungen in Art. 10 bis 12 OECD-MA unterfielen.[145] Erfüllten diese die Voraussetzungen des Betriebsstättenvorbehalts des Art. 21 Abs. 2 OECD-MA, so sei Art. 7 OECD-MA anzuwenden.[146] Dies habe zur Konsequenz, dass der Ansässigkeitsstaat oder der Drittstaat in keiner Weise zur Erhebung einer Quellensteuer berechtigt sind.[147]

Könne aber selbst der Ansässigkeitsstaat, in dem sich der Schuldner befindet, keine Quellensteuer auf derartige Dividenden-, Zins- oder Lizenzzahlungen erheben, so sei dies dem Quellenstaat erst recht in den „normalen" Betriebsstättenvorbehaltskonstellationen der Art. 10 Abs. 4, Art. 11 Abs. 4 und Art. 12 Abs. 3 OECD-MA zu verwehren.[148]

3.3.1.1.3 Die Rechtsprechung

Der BFH hat eine explizite Stellungnahme zu der diskutierten Frage lange Zeit vermieden. Einzelne Urteilspassagen[149] ließen aber bereits vermuten, dass der BFH grundsätzlich von einem „Durchschlagen" der Betriebsstättenvorbehalte auch auf den Methodenartikel ausging. Einschränkungen dieses Grundsatzes nahm der BFH lediglich an, wenn die Freistellung des Betriebsstättengewinns an zusätzliche Voraussetzungen (wie beispielsweise einen Aktivitätsvorbehalt) geknüpft war.[150] Mit dem Urteil vom 24. August 2011[151] hat sich der BFH schließlich zu der Frage geäußert und entschieden, dass die Freistellung der

---

[144] *M. Lang*, FS Raupach, S. 601, 608 ff.; *Lang*, SWI 2003, 319, 323; vgl. auch *Wassermeyer*, FS Ruppe, S. 681, 687.

[145] *Wassermeyer/Kaeser*, in: Wassermeyer, DBA, Art. 21 MA Rn. 19; *Rust*, in: Vogel/Lehner, DBA, Art. 21 Rn. 4, 44; *Tcherveniachki*, in: Schönfeld/Ditz, DBA, Art. 21 Rn. 74; *M. Lang*, FS Raupach, S. 601, 608; *Lang*, SWI 2003, 319, 323.

[146] Das von *Gosch*, FS Wassermeyer, S. 263, 283 hiergegen angeführte Argument, der Verweis auf Art. 7 OECD-MA umfasse auch den Spezialitätenvorrang, dürfte sich vor dem Hintergrund der insoweit „klarstellenden" Rechtsprechung (*BFH*, Vorlagebeschluss v. 11.12.2013 – I R 4/13, *BFHE* 244, 1 unter B.I.3.b.aa) nicht mehr halten lassen.

[147] *M. Lang*, FS Raupach, S. 601, 608 ff.; *Tcherveniachki*, in: Schönfeld/Ditz, DBA, Art. 21 Rn. 79; *Wassermeyer/Kaeser*, in: Wassermeyer, DBA, Art. 21 MA Rn. 64.

[148] *M. Lang*, FS Raupach, S. 601, 609 f.; *Lang*, SWI 2003, 319, 323.

[149] *BFH*, Urt. v. 30.8.1995 – I R 112/94, *BFHE* 179, 48 unter II.3; Urt. v. 29.11.2000 – I R 84/99, juris unter II.3.

[150] Vgl. die Ausführungen zu *BFH*, Urt. v. 7.8.2002 – I R 10/01, *BFHE* 199, 547 unter 9.2.1.4.

[151] *BFH*, Urt. v. 24.8.2011 – I R 46/10, *BFHE* 234, 339.

Betriebsstätteneinkünfte auch Dividenden erfasst, die aufgrund eines Betriebsstättenvorbehalts im Quellenstaat als Unternehmensgewinne zu behandeln sind. Der BFH begründete dies damit, dass die Besteuerung der Betriebsstätteneinkünfte in ihrer Gesamtheit, d. h. einschließlich der von dem Betriebsstättenvorbehalt umfassten Dividenden, spiegelbildlich die Freistellung der betreffenden Einkünfte im Ansässigkeitsstaat auslöst.[152] Das Urteil wird im Rahmen der Diskussion der Rechtsprechung zur Betriebsstättengewinnabgrenzung besprochen. Zur Vermeidung von Wiederholungen wird daher auf diesen Abschnitt verwiesen.[153]

3.3.1.1.4 Ergänzende eigene Stellungnahme

Der Auffassung der Rechtsprechung ist zuzustimmen. Ergänzend zu den von der Gegenauffassung und der Rechtsprechung vorgetragenen Argumenten spricht auch die Rückverweisungssystematik durch die Betriebsstättenvorbehalte gegen die *Wassermeyersche* These. Denn die von den Betriebsstättenvorbehalten angeordnete Rückverweisung auf den Art. 7 OECD-MA kann nicht losgelöst von der vorrangegangenen Verweisung des Spezialitätenvorrangs auf die „spezielleren" Verteilungsartikel betrachtet werden.

Wenn man die Prämisse akzeptiert, dass die Dividendeneinkünfte auch nach der Rückverweisung auf den Art. 7 OECD-MA Dividenden bleiben,[154] erscheint es nicht nachvollziehbar, diese Überlegung nicht auch auf die vorgeschaltete Verweisung durch den Spezialitätenvorrang zu übertragen. Demnach blieben aber die Unternehmensgewinne, die vom Spezialitätenvorrang erfasst werden, auch nach dem Verweis auf die spezielleren Verteilungsartikel „Unternehmensgewinne". Dies hätte zur Konsequenz, dass die von den Betriebsstättenvorbehalten erfassten Einkünfte tatbestandlich sowohl die Voraussetzungen des Art. 7 OECD-MA wie auch des jeweiligen (spezielleren) Verteilungsartikels erfüllten[155] und der Rückverweis lediglich die anwendbare Rechtsfolge determiniere.[156]

3.3.1.2 Umfang des Verweises

Die zweite Frage betrifft den Umfang des Verweises auf Rechtsfolgenseite. Die Betriebsstättenvorbehalte beinhalten eine Rechtsgrundverweisung. Dies ergibt sich zwar nicht unmittelbar aus dem Wortlaut des Verweises „In diesem Fall

---

[152]*BFH*, Urt. v. 24.8.2011 – I R 46/10, *BFHE* 234, 339 unter II.2.c).
[153]Vgl. unten 9.2.1.4.
[154]*Gosch*, FS Wassermeyer, S. 263, 281 f.
[155]So auch *Kluge*, FS Wassermeyer, S. 663, 674.
[156]Vgl. bereits oben 3.2.3.

ist Artikel 7 anzuwenden." Es entspricht aber der Rechtsprechung des BFH,[157] die den Betriebsstättenvorbehalten unterfallenden Einkünfte den Vertragsstaaten unter den Voraussetzungen des Art. 7 OECD-MA zur Besteuerung zuzuweisen. Spiegelbildlich zum Spezialitätenvorrang regeln die Betriebsstättenvorbehalte durch die enthaltenen Umqualifizierungen[158] lediglich das Konkurrenzverhältnis der Verteilungsnormen für ‚speziellere' Einkünfte zu der Verteilungsnorm für die ‚allgemeinen' Unternehmensgewinne.

Die Annahme einer Rechtsgrundverweisung ist auch aus systematischen Gründen nachvollziehbar. Denn die ‚spezielleren' Unternehmensgewinne, die erst über die Betriebsstättenvorbehalte auch auf Rechtsfolgenseite wieder wie die übrigen Unternehmensgewinne behandelt werden, dürfen nicht nach anderen Kriterien als diese übrigen Unternehmensgewinne zugeordnet werden. Dieser Gleichlauf ist insbesondere für die Betriebsstättengewinnabgrenzung nach dem AOA relevant, da sie auch für die ‚spezielleren' Einkünfte eine fremdvergleichskonforme Korrektur nach Art. 7 Abs. 2 OECD-MA (und damit auch nicht lediglich in den Grenzen des Art. 11 Abs. 6 OECD-MA oder Art. 12 Abs. 4 OECD-MA) gestattet.

Darüber hinaus hatte der BFH eine Zeitlang noch offengelassen,[159] ob sich die Rückverweisung in den Betriebsstättenvorbehalten nur auf die Absätze 1 und 2 oder auf den gesamten Art. 7 OECD-MA und damit insbesondere auch auf den Art. 7 Abs. 4 (Abs. 7 a. F.) OECD-MA erstreckt. Letzteres würde letztlich zu einem „Zirkelschluss"[160] zurück in die Betriebsstättenvorbehalte führen und damit in ein Verweis-Karussell münden. Aus diesem Grund hat der BFH dem vollumfänglichen Verweis inzwischen eine Absage erteilt, da dieser den „mit der Regelung beabsichtigte[n] Zweck mit einer letztlich formal-strikten Spitzfindigkeit auf den Kopf stellen"[161] würde. Im Wege der teleologischen Auslegung bezieht der BFH die Rückverweisung in den Betriebsstättenvorbehalten nunmehr ausschließlich auf Art. 7 Abs. 1 und 2 OECD-MA.[162]

---

[157]Zuletzt *BFH*, Urt. v. 21.1.2016 – I R 49/14, *BFHE* 253, 115 unter II.2.b.aa); vgl. auch Vorlagebeschluss v. 11.12.2013 – I R 4/13, *BFHE* 244, 1 unter B.I.3.b.aa).

[158]*BFH*, Vorlagebeschluss v. 11.12.2013 – I R 4/13, *BFHE* 244, 1 unter B.I.3.b.aa).

[159]*BFH*, Urt. v. 8.9.2010 – I R 74/09, *BFHE* 231, 84 unter III.2.b.aa) und III.2.b.bb).

[160]*BFH*, Vorlagebeschluss v. 11.12.2013 – I R 4/13, *BFHE* 244, 1 unter B.I.3.b.aa); Urt. v. 8.9.2010 – I R 74/09, *BFHE* 231, 84 unter III.2.b.aa).

[161]*BFH*, Vorlagebeschluss v. 11.12.2013 – I R 4/13, *BFHE* 244, 1 unter B.I.3.b.aa).

[162]*BFH*, Vorlagebeschluss v. 11.12.2013 – I R 4/13, *BFHE* 244, 1 unter B.I.3.b.aa) und Rn. B.I.3.b.bb); zustimmend *Frotscher*, IStR 2009, 593, 594 f.

3.3.1.3 Erfordernis einer abkommensrechtlichen Betriebsstätte im Quellenstaat

Die Anwendung des Betriebsstättenvorbehalts setzt zudem die Existenz einer abkommensrechtlichen Betriebsstätte im Betriebsstättenstaat voraus.[163] Nach den vorangegangenen Ausführungen zu der abkommensrechtlichen Betriebsstättendefinition[164] untergliedert sich dieses Erfordernis zum einen in eine feste Geschäftseinrichtung und zum anderen in die (zumindest teilweise) Ausübung der Geschäftstätigkeit eines Unternehmens.

Angesichts des tätigkeitsbezogenen abkommensrechtlichen Betriebsstättenverständnisses muss diese Tätigkeit unmittelbar unternehmerisch sein. Mangels abkommenseigener Definition ist dabei in der Regel auf die tätigkeitsbezogene Definition des Gewerbebetriebs in § 15 Abs. 2 EStG zurückzugreifen.

Dementsprechend scheiterte die Anwendung des Betriebsstättenvorbehalts des Art. 11 Abs. 3 DBA-USA 1989 in dem der Entscheidung vom 28. April 2010[165] zugrunde liegenden Fall an der fehlenden „gewerblichen Tätigkeit" einer US-amerikanischen Personengesellschaft, die lediglich vermögensverwaltend – durch Vermietung und Verpachtung von in den USA gelegenen Immobilien – tätig war. Insbesondere waren die Einkünfte nicht bereits deshalb als solche aus gewerblicher Tätigkeit zu qualifizieren, da die Personengesellschaft aus Sicht des deutschen Steuerrechts „gewerblich geprägt" war. Vielmehr müssen Einkünfte „aus einer ihrer Art nach unternehmerischen Tätigkeit" stammen, damit sie abkommensrechtlich als „gewerbliche Einkünfte eines Unternehmens" einzustufen sind. Die reine Fiktion nach innerstaatlichem Recht genügt hierzu nicht.[166] Der abkommensrechtliche Zusammenhang fordere gemäß Art. 3 Abs. 2 DBA-USA 1989 insoweit eine vom nationalen Recht losgelöste Einordnung. Zur Begründung führte der BFH aus:

„Dafür spricht zum ersten, dass die abkommensrechtliche Aufteilung der Besteuerungshoheit sich in erster Linie an der Art der Einkunftserzielung ausrichtet und der systematischen Einordnung der Einkünfte im nationalen Recht insoweit nur eine Hilfsfunktion zuweist. Zum zweiten trägt nur ein derartiges Verständnis der in Art. 7 Abs. 6

---

[163] *Kaeser/Wassermeyer*, in: Wassermeyer, DBA, Art. 10 MA Rn. 161; *Wassermeyer/Kaeser*, in: Wassermeyer, DBA, Art. 11 MA Rn. 107; *Wassermeyer*, in: Wassermeyer, DBA, Art. 12 MA Rn. 101.

[164] Vgl. oben 3.1.1.

[165] *BFH*, Urt. v. 28.4.2010 – I R 81/09, *BFHE* 229, 252.

[166] Vgl. hierzu bereits die Ausführungen oben unter 3.2.1.

DBA-USA 1989 a. F. bestimmten prinzipiellen Subsidiarität von Art. 7 Abs. 1 DBA-USA 1989 a. F. gegenüber den spezielleren Art. 10, 11 und 12 DBA-USA 1989 a. F. Rechnung; die spezielleren Einkunftsarten sind danach gegenüber den Unternehmensgewinnen vorrangig, es sei denn, jene Einkünfte unterfallen infolge ihrer tatsächlichen Zugehörigkeit zu einer im anderen Vertragstaat belegenen Betriebstätte wiederum den Unternehmensgewinnen. Letzteres ist bei fiktiven gewerblichen Einkünften nach Maßgabe des § 15 Abs. 3 Nr. 2 EStG 1990 jedoch nicht der Fall. Schließlich --und drittens-- würde ein anderes Verständnis ohne hinreichenden Grund die Gefahr fördern, dass das Abkommen in den einzelnen Vertragstaaten unterschiedlich ausgelegt wird, und damit der im Grundsatz angestrebten Entscheidungsharmonie entgegenwirken. "[167]

In ähnlicher Weise scheiterte die Anwendbarkeit des streitentscheidenden Betriebsstättenvorbehalts des Art. VII Abs. 3 DBA-USA 1954/1965 in dem dem Urteil 17. Dezember 1997[168] zugrunde liegenden Fall nicht an der „tatsächlichen Zugehörigkeit", sondern bereits an dem abkommensspezifischen Unternehmens- und dem darauf basierenden Betriebsstättenbegriff.

So definierte Art. II Abs. 1 lit. d und f DBA-USA 1954/1965 „Unternehmen" als eine gewerbliche Unternehmung, die von einer natürlichen Person mit Wohnsitz in Deutschland ausgeübt wurde, während Art. III Abs. 5 DBA-USA 1954/65 ergänzend vorsah, dass die für die Zurechnung von Unternehmensgewinnen relevanten „gewerblichen Gewinne" bereits definitionsgemäß Einkünfte aus der „aktiven Ausübung einer gewerblichen Tätigkeit" voraussetzten und die spezielleren abkommensrechtlichen Einkunftsarten gerade nicht erfassten. Ein Rückgriff auf die Einkünftequalifikation des innerstaatlichen Rechts war daher aufgrund des vorrangigen abkommensrechtlichen Begriffsverständnisses unzulässig. Dementsprechend ließ der BFH auch in besagtem Urteil vom 17. Dezember 1997[169] die Anwendung des Betriebsstättenvorbehalts bereits an der mangelnden Existenz der Betriebsstätte scheitern, da die dem Urteil zugrunde liegende amerikanische Limited lediglich Vermögensverwaltung betrieben und keine aktiven gewerblichen Einkünfte, sondern nur Zinsen erzielt hatte.

Angesichts der abkommenseigenen Unternehmensdefinition und insbesondere in Anbetracht der gesonderten Definition des Begriffs der „gewerblichen Gewinne" dürfte die letztgenannte Entscheidung jedoch nicht auf die Abkommensauslegung allgemein, sondern allenfalls auf die Auslegung von Doppelbesteuerungsabkommen mit ähnlichen abkommenseigenen Begriffsdefinitionen übertragbar sein.

---

[167]*BFH*, Urt. v. 28.4.2010 – I R 81/09, *BFHE* 229, 252 unter II.2.b.dd); vgl. hierzu auch bereits 3.2.1.

[168]*BFH*, Urt. v. 17.12.1997 – I R 34/97, *BFHE* 185, 216.

[169]*BFH*, Urt. v. 17.12.1997 – I R 34/97, *BFHE* 185, 216.

3.3.2 Besondere Verteilungsnormen für Sondervergütungen (Art. 7 Abs. 7 DBA-Schweiz bzw. Art. 7 Abs. 7 DBA-Österreich)

Der Großteil der höchstrichterlichen Entscheidungen zum Betriebsstättenvorbehalt befasst sich mit der Frage, ob oder inwieweit Sondervergütungen oder Sonderbetriebseinnahmen im Sinne des § 15 Abs. 1 Satz 1 Nr. 2 Satz 1 Hs. 2 EStG von den abkommensrechtlichen Betriebsstättenvorbehalten erfasst werden.[170]

Diese Frage erübrigt sich jedenfalls, soweit das Abkommen besondere Verteilungsnormen für diese Sondervergütungen enthält. Angesichts des „Exotenstatus", den das Konzept der Sondervergütungen international genießt, betrifft dies v. a. Art. 7 Abs. 7 Satz 2 DBA-Schweiz und Art. 7 Abs. 7 Satz 2 DBA-Österreich.[171]

Gemäß diesen Regelungen erstreckt sich der Artikel für Unternehmensgewinne auch auf Vergütungen, die ein Gesellschafter einer Personengesellschaft von der Gesellschaft für seine Tätigkeit im Dienst der Gesellschaft, für die Gewährung von Darlehen oder für die Überlassung von Wirtschaftsgütern bezieht, wenn diese Vergütungen nach dem Steuerrecht des (Betriebsstätten-)Vertragsstaates den Einkünften des Gesellschafters aus dieser Betriebsstätte zugerechnet werden.

Diese besondere Qualifikationsnorm[172] ist *lex specialis* zum Spezialitätenvorrang.[173] Art. 7 Abs. 7 Satz 2 DBA-Schweiz bzw. DBA-Österreich wird von Art. 7 Abs. 8 besagter Abkommen nicht erfasst. Dem steht – anders als teilweise vertreten[174] – auch nicht die zu § 50d Abs. 10 EStG ergangene Rechtsprechung

---

[170]Siehe hierzu die Ausführungen in Kapitel 9.

[171]Daneben enthalten die deutschen Doppelbesteuerungsabkommen mit Algerien (2007), Belarus, Ghana, Kasachstan, Liechtenstein (2011), Singapur (2004), Syrien (2010), Tadschikistan, Türkei (2011), Ungarn (2011), Uruguay (2010), Usbekistan und Zypern (2011) Sonderregelungen für die abkommensrechtliche Behandlung von Sondervergütungen.

[172]Zu der Frage, ob es sich bei Art. 7 Abs. 7 Satz 2 DBA-Schweiz lediglich um eine Qualifikations- oder auch um eine Zurechnungsnorm handelt, vgl. die Ausführungen unter 9.2.2.1. Im Urteil *BFH*, Urt. v. 17.10.1990 – I R 16/89, *BFHE* 163, 38 ergab sich die Zuordnung zu der inländischen Betriebsstätte bereits aus der Tatsache, dass der Sachverhalt keine Betriebsstätten außerhalb Deutschlands erwähnt und damit sämtliche Unternehmensgewinne gemäß der vom BFH vertretenen „No floating income"-Theorie (vgl. die Ausführungen unter 9.3.7) der (einzigen) inländischen Betriebsstätte zuzuordnen waren.

[173]*BFH*, Urt. v. 17.10.1990 – I R 16/89, *BFHE* 163, 38 unter 3; *Schuch/Fürnsinn*, in: Wassermeyer, DBA, Art. 7 DBA-Österreich Rn. 12; *Hamminger*, in: Wassermeyer, DBA, Art. 7 DBA-Schweiz Rn. 415; *Franz/Voulon*, BB 2011, 1111, 1112; *Müller*, BB 2009, 751, 755.

[174]*Pohl*, IWB 2012, 120, 121.

entgegen, nach der § 50d Abs. 10 EStG nicht zu einer Suspendierung des Spezialitätenvorrangs führe.[175] Denn anders als bei dem zunächst[176] unvollständigen Treaty Override in Gestalt der innerstaatlichen Regelung des § 50d Abs. 10 EStG, lässt sich hinsichtlich des Verhältnisses von Art. 7 Abs. 7 Satz 2 DBA-Schweiz und Art. 7 Abs. 8 DBA-Schweiz mit der Systematik des Abkommens[177] argumentieren.[178] Nichts anderes hatte der BFH in seinem Urteil vom 17. Oktober 1990[179] gemacht:

> *„Art. 7 Abs. 8 DBA-Schweiz bezieht sich nicht auf die in Art. 7 Abs. 7 Satz 2 angesprochenen Vergütungen, die ein Gesellschafter einer Personengesellschaft von der Gesellschaft für die Gewährung von Darlehen erhält. Es ist ausgeschlossen, daß das Abkommen die in einem Absatz eines Artikels getroffene Regelung im nächsten Absatz wieder aufhebt."*[180]

Demnach stellte sich in diesem Urteil die Frage der „tatsächlichen Zugehörigkeit" gar nicht erst. Denn mangels Anwendung des Spezialitätenvorrangs kam es erst gar nicht zu einer Herauslösung der spezielleren Zinseinkünfte aus den Unternehmensgewinnen, so dass der Anwendungsbereich des betreffenden Betriebsstättenvorbehalts gar nicht erst eröffnet war.[181]

---

[175] *BFH*, Urt. v. 8.9.2010 – I R 74/09, *BFHE* 231, 84 unter III.2.b.aa). Genau genommen konnte der BFH die Beantwortung dieser Frage in der genannten Entscheidung noch offenlassen. In einer späteren Entscheidung beschränkte er den Rückverweis in den Betriebsstättenvorbehalten dann auf die Absätze 1 und 2 des Art. 7 OECD-MA, um den sonst drohenden Zirkelschluss zu vermeiden, Vorlagebeschluss v. 11.12.2013 – I R 4/13, *BFHE* 244, 1 unter B.I.3.b.aa).

[176] In der (ursprünglichen) Fassung des JStG 2009 (BGBl I 2008, 2794) war § 50d Abs. 10 EStG lediglich als Qualifikations-, nicht aber zugleich als Zurechnungsnorm ausgestaltet, vgl. *BFH*, Urt. v. 8.9.2010 – I R 74/09, *BFHE* 231, 84 unter III.2.b.bb).

[177] Dieses abkommenssystematische Argument gilt jedoch nur für die Konkurrenzregelungen i. R. d. Art. 7 DBA-Schweiz. Übergeordnete Konkurrenzregelungen wie bspw. der grundsätzliche Vorrang des Belegenheitsprinzips vor dem Betriebsstättenprinzip bleiben von der Sonderregelung des Art. 7 Abs. 7 Satz DBA-Schweiz unberührt, vgl. auch *Müller*, BB 2009, 751, 755 unter Verweis auf *BFH*, Urt. v. 14.7.1993 – I R 71/92, *BFHE* 172, 422.

[178] A. A. *Pohl*, IWB 2012, 120, 123, der allein dem Umstand, dass § 50d Abs. 10 EStG anders als Art. 7 Abs. 7 Satz 2 DBA-Schweiz nicht im DBA enthalten sei, keine Rechtfertigung für eine abweichende abkommensrechtliche Behandlung entnehmen wollte.

[179] *BFH*, Urt. v. 17.10.1990 – I R 16/89, *BFHE* 163, 38.

[180] *BFH*, Urt. v. 17.10.1990 – I R 16/89, *BFHE* 163, 38 unter 3.

[181] *BFH*, Urt. v. 17.10.1990 – I R 16/89, *BFHE* 163, 38 unter 3.

In der Entscheidung vom 26. Februar 1992[182] war eine direkte Lösung über Art. 7 Abs. 7 Satz 2 DBA-Schweiz hingegen nicht möglich, da die streitgegenständlichen Dividenden als Sonderbetriebseinnahmen aus Sonderbetriebsvermögen II keine ‚Vergütungen' im Sinne des Art. 7 Abs. 7 Satz 2 DBA-Schweiz darstellen. Der BFH nahm daher den Umweg über den Betriebsstättenvorbehalt des Art. 10 Abs. 7 DBA-Schweiz (entspricht im Wesentlichen Art. 10 Abs. 4 OECD-MA).[183] Da der BFH die Ausnahme von dem Spezialitätenvorrang in seiner Entscheidung vom 17. Oktober 1990 zunächst auf Art. 7 Abs. 7 Satz 2 DBA-Schweiz beschränkt hatte,[184] lässt sich dieser Umweg über den Betriebsstättenvorbehalt des Art. 10 Abs. 7 DBA-Schweiz nur dahingehend interpretieren, dass der Spezialitätenvorrang des Art. 7 Abs. 8 DBA-Schweiz grundsätzlich auch für Einkünfte im Sinne des Art. 7 Abs. 7 Satz 1 DBA-Schweiz gilt, solange diese nicht gleichzeitig die Voraussetzungen des Art. 7 Abs. 7 Satz 2 DBA-Schweiz erfüllen.[185] Denn würden auch die Einkünfte im Sinne des Art. 7 Abs. 7 Satz 1 DBA-Schweiz pauschal vom Spezialitätenvorrang ausgenommen, so wäre dieser Umweg nicht erforderlich gewesen, da es wie im Urteil vom 17. Oktober 1990 gar nicht erst zu einer Herauslösung der Einkünfte aus den Unternehmensgewinnen gekommen wäre.

Geht man daher mit dem BFH davon aus, dass nur Art. 7 Abs. 7 Satz 2 DBA-Schweiz von dem Anwendungsbereich des Spezialitätenvorrangs ausgenommen ist, so kommt dem Art. 7 Abs. 7 Satz 1 DBA-Schweiz nur deklaratorische Wirkung zu.[186] Denn die gleiche Qualifikation hätte sich im Fall der Rückverweisung auch gemäß dem sonst anwendbaren Art. 7 Abs. 1 DBA-Schweiz ergeben.

Vor diesem Hintergrund überraschen die Ausführungen des BFH zur Auslegung des Art. 7 Abs. 7 Satz 1 DBA-Schweiz in der Entscheidung vom 26. Februar 1992[187]. Demnach erfasst die Rückverweisung des Betriebsstättenvorbehalts die „Einkünfte aus der Beteiligung an einer Personengesellschaft"[188]. Mangels abkommensrechtlicher Definition richte sich dieser Begriff nach dem deutschen Steuerrecht und umfasse damit auch die

---

[182]*BFH*, Urt. v. 26.2.1992 – I R 85/91, *BFHE* 168, 52.

[183]*BFH*, Urt. v. 26.2.1992 – I R 85/91, *BFHE* 168, 52 unter II.3.c).

[184]*BFH*, Urt. v. 17.10.1990 – I R 16/89, *BFHE* 163, 38 unter 3; so auch *Hamminger*, in: Wassermeyer, DBA, Art. 7 DBA-Schweiz Rn. 415.

[185]A. A. *Pohl*, IWB 2012, 120, 125 unter Verweis auf *BFH*, Urt. v. 17.10.1990 – I R 16/89, *BFHE* 163, 38.

[186]*Franz/Voulon*, BB 2011, 1111, 1112; *Buciek*, in: F/W/K, DBA-Schweiz, Art. 7 Rn. 693.

[187]*BFH*, Urt. v. 26.2.1992 – I R 85/91, *BFHE* 168, 52.

[188]*BFH*, Urt. v. 26.2.1992 – I R 85/91, *BFHE* 168, 52 unter II.3.d).

im Streitfall betroffenen Sonderbetriebseinnahmen aus Sonderbetriebsvermögen II. Betrachtet man aber mit dem BFH Art. 7 Abs. 7 Satz 2 DBA-Schweiz als dieser Auffassung nicht entgegenstehend, sondern nur als ein Beispiel für die unter Satz 1 fallenden Einkünfte („Die Vorschrift regelt nur, was auch zu den Einkünften aus der Beteiligung an einer Personengesellschaft gehört"[189]), so verwundert das dargelegte, der Entscheidung ebenfalls zu entnehmende unterschiedliche Verhältnis der beiden Sätze des Absatzes 7 zu Absatz 8. Ein solcher Unterschied ließe sich allenfalls dadurch erklären, dass man Art. 7 Abs. 7 Satz 1 DBA-Schweiz lediglich als Qualifikationsnorm, Satz 2 hingegen auch als Zurechnungsnorm auffasst.[190]

Das hier zu Art. 7 OECD-MA vertretene Begriffsverständnis von Unternehmensgewinnen lässt sich damit nicht auf das DBA-Schweiz bzw. das DBA-Österreich übertragen. Denn die Formulierung des Art. 7 Abs. 7 Satz 1 DBA-Schweiz würde bei dieser Lesart den Begriff der Unternehmensgewinne über die Qualifikationsnorm des Art. 7 Abs. 7 Satz 1 DBA-Schweiz jedenfalls auch auf die Sondervergütungen ausweiten. Statt lediglich des Gewinns aus originär gewerblicher Tätigkeit wäre der gesamte Gewinn, der nach innerstaatlichem Recht unter § 15 Abs. 1 Satz 1 Nr. 2 EStG fiele, über die Sonderregelung des Art. 7 Abs. 7 Satz 1 DBA-Schweiz von dem Begriff der Unternehmensgewinne erfasst. Verfolgt man diesen an dem innerstaatlichen Recht orientierten Ansatz konsequent, dann müsste man unter den Begriff der „Einkünfte aus der Beteiligung an einer Personalgesellschaft" aber auch solche im Sinne des § 15 Abs. 3 EStG fassen. Ob eine derartige Ausweitung des Unternehmensbegriffs indes vom BFH beabsichtigt ist, erscheint angesichts der auf dem Urteil vom 28. April 2010[191] basierenden Rechtsprechungslinie zumindest zweifelhaft.[192]

Nicht zuletzt spricht gegen eine derartige Auslegung des Art. 7 Abs. 7 Satz 1 OECD-MA, dass diese sich schlecht mit der Existenz des Art. 7 Abs. 7 Satz 2 DBA-Schweiz vereinbaren lässt. Denn die Formulierung dieser Regelung („auch") spricht für einen zusätzlichen Regelungsgehalt, nicht aber für ein (Regel-)

---

[189]*BFH*, Urt. v. 26.2.1992 – I R 85/91, *BFHE* 168, 52 unter II.3.d).

[190]Ob der BFH dies genauso sieht, ist indes fraglich. Denn der Tatsache, dass er sich i. R. seiner Ausführungen zu Art. 7 Abs. 7 Satz 1 DBA-Schweiz nicht mehr separat zu der Zurechnungsfrage äußert, könnte darauf hindeuten, dass er auch diesen Aspekt von der Regelung der Sonderregelung umfasst sieht.

[191]*BFH*, Urt. v. 28.4.2010 – I R 81/09, *BFHE* 229, 252.

[192]Die bisherigen Urteile zu gewerblich geprägten Personengesellschaften ergingen allesamt zu Abkommen ohne Sonderregelungen für Sondervergütungen wie in Art. 7 Abs. Satz 1 DBA-Schweiz.

Beispiel. Zudem wäre schwer zu erklären, warum ausgerechnet für Sonderver-gütungen die zusätzliche Voraussetzung aufgestellt wird, dass die Vergütungen nach dem Recht des Betriebsstättenstaats den Einkünften aus der Betriebsstätte zugerechnet werden müssen. Im Ergebnis sprechen daher die besseren Gründe für eine lediglich deklaratorische Wirkung des Art. 7 Abs. 7 Satz 1 DBA-Schweiz, die das Verständnis der Unternehmensgewinne nicht über die Gewinne aus originär unternehmerischer (gewerblicher) Tätigkeit hinaus erweitert.

Anders verhält es sich bei Art. 7 Abs. 7 Satz 2 DBA-Schweiz. Dieser wirkt jedenfalls im Verhältnis zum Spezialitätenvorrang konstitutiv in den Fällen, in denen die Einkunftsquellen, aus denen „speziellere Einkünfte" im Sinne des Art. 7 Abs. 8 DBA-Schweiz stammen, nicht „tatsächlich" zu der Betriebsstätte gehören, sondern nur über die genannten Sondervergütungen rechtlich mit den Unternehmensgewinnen verbunden sind. In diesen Fällen ordnet Art. 7 Abs. 7 Satz 2 DBA-Schweiz an, dass sämtliche Sondervergütungen allein qua ihrer inner-staatlichen rechtlichen Verknüpfung und ungeachtet der Frage ihrer „tatsächlichen Zugehörigkeit" als Unternehmensgewinne nach Art. 7 DBA-Schweiz zuzuordnen sind.[193] Auf die Frage, ob sich diese Zuordnung nach Art. 7 Abs. 1 OECD-MA richtet, weil Art. 7 Abs. 7 Satz 2 DBA-Schweiz lediglich als Qualifikationsnorm einzustufen ist, oder ob Art. 7 Abs. 7 Satz 2 DBA-Schweiz als Zurechnungsnorm bereits selbst eine Zurechnung zu der Betriebsstätte anordnet, wird an anderer Stelle eingegangen. Zur Vermeidung von Wiederholungen wird auf die dortigen Ausführungen verwiesen.[194]

Im Ergebnis führen Sonderreglungen wie Art. 7 Abs. 7 DBA-Schweiz nur dann zu einer ausgeglichenen Zuordnung, wenn beide Vertragsstaaten die Son-dervergütungen nach ihrem innerstaatlichen Recht den Unternehmensgewinnen zuordnen.[195] Ansonsten fällt das Besteuerungsrecht für die Sondervergütungen in Inbound-, wie auch in Outboundkonstellationen stets Deutschland zu.

---

[193]Die Existenz von Art. 7 Abs. 7 DBA-Schweiz geht darauf zurück, dass die Schweiz Sondervergütungen in den Fällen mangelnder tatsächlicher Zugehörigkeit nämlich entspre-chend dem Spezialitätsgrundsatz des Art. 7 Abs. 8 DBA-Schweiz gemäß dieser „spezielleren" Verteilungsartikel behandeln wollte, vgl. *Debatin*, BB 1992, 1181, 1185.

[194]Vgl. hierzu auch unten 9.2.2.1.

[195]*Franz/Voulon*, BB 2011, 1111, 1113.

Gewinnermittlung vs. Gewinnabgrenzung

4

4.1 Begrifflichkeiten

Bei der Durchführung der Betriebsstättengewinnabgrenzung ist strikt zwischen der Gewinnermittlung und der Gewinnabgrenzung zu trennen.[1]

4.1.1 Gewinnermittlung

Die Gewinnermittlung richtet sich stets nach dem innerstaatlichen Steuerrecht.[2] Ziel der Gewinnermittlung ist die Bestimmung der steuerlichen Bemessungsgrundlage. Sie widmet sich der Frage, ob ein Sachverhalt überhaupt der Besteuerung unterworfen wird (das „Ob" der Besteuerung), wie der Gewinn der Höhe nach zu berechnen ist (das „Wie" der Besteuerung) und welche Ereignisse die konkrete Besteuerung auslösen (das „Wann" der Besteuerung).[3] Dabei wird allgemein zwischen der 1. Stufe der Gewinnermittlung und der 2. Stufe der Gewinnermittlung differenziert.[4] Für die Zwecke dieser Betrachtung wird die Gewinnermittlung nach § 4 Abs. 3 EStG außer Betracht gelassen.

---

[1] Vgl. *Debatin*, DB 1989, 1692, 1695.

[2] *Hemmelrath*, in: Vogel/Lehner, DBA, Art. 7 Rn. 21; *Schaumburg*, Internationales Steuerrecht 2011, Rn. 18.17; *Ditz*, IStR 2005, 37, 38.

[3] Vgl. *Ditz*, Intl Gewinnabgrenzung 2004, S. 49 f.; *Debatin*, DB 1989, 1692, 1696; *Debatin*, DStR-Beih 1992, 1, 2.

[4] Vgl. bspw. *Wied*, in: Blümich, EStG/KStG/GewStG, § 4 EStG Rn. 109; *Wassermeyer*, in: Kessler/Albers, Konzernsteuerrecht, Rn. 299; *Wassermeyer*, IStR 2001, 633, 634; kritisch *Bareis*, BB 2005, 354.

Die 1. Stufe der Gewinnermittlung umfasst die Ermittlung des steuerbilanziellen Unterschiedsbetrags. Im Zuge dessen werden alle Lebenssachverhalte, die grundsätzlich der innerstaatlichen Besteuerung unterworfen werden (das „Ob" der Besteuerung), bilanziell erfasst. Da mit dem Zeitpunkt der bilanziellen Erfassung auch mittelbar über den Zeitpunkt der Besteuerung des betreffenden Lebenssachverhalts entschieden wird, umfasst de 1. Stufe der Gewinnermittlung zugleich auch das „Wann" der Besteuerung.[5] Die 1. Stufe der Gewinnermittlung ist daher auf einer Art „Erfassungsebene" anzusiedeln. Maßstab für die 1. Stufe der Gewinnermittlung ist das aus § 4 Abs. 4 EStG allgemeine Veranlassungsprinzip.[6] Dem für die weitere Betriebsstättengewinnabgrenzung relevanten Fremdvergleichsgrundsatz (*"dealing at arm's length"*-Prinzip)[7] kommt auf dieser Ebene noch keine Bedeutung zu.[8] Die 1. Stufe der Gewinnermittlung bestimmt sich dabei praktisch vornehmlich auf Basis der zivilrechtlichen Vereinbarungen und Verhältnisse des Steuerpflichtigen mit und zu seiner Umwelt, die sich als Betriebsvermögensumschichtungen oder -veränderungen in der Steuerbilanz niederschlagen.[9] Der am Ende der 1. Stufe der Gewinnermittlung stehende Unterschiedsbetrag ist Ausgangspunkt der Ermittlung der steuerrechtlichen Bemessungsgrundlage.

Die 2. Stufe der Gewinnermittlung bestimmt sodann abschließend, in welcher Höhe die erfassten Lebenssachverhalte bei der Bestimmung der Bemessungsgrundlage Berücksichtigung finden (das „Wie" der Besteuerung).[10] Dazu werden die Angaben aus der Steuerbilanz in den gesetzlich vorgesehenen Fällen gewissen außerbilanziellen Korrekturen unterworfen (vgl. beispielsweise § 3, § 3c, § 4 Abs. 5 EStG, § 8 Abs. 3 Sätze 2 und 3 KStG, § 1 Abs. 1 AStG).[11]

In der rein innerstaatlichen Gewinnermittlung folgen die beiden Gewinnermittlungsschritte unmittelbar aufeinander. So erschöpft sich die 1. Stufe der Gewinnermittlung meist darin, dass bei einem Lebenssachverhalt der Veranlassungszusammenhang bejaht wird und dieser Sachverhalt sodann in die Steuerbilanz des Steuerpflichtigen Eingang findet (vgl. § 4 Abs. 1, § 5 EStG). Ausgehend von dem Unterschiedsbetrag erfolgen sodann auf der 2. Stufe der

---

[5]Vgl. *Ditz,* Intl Gewinnabgrenzung 2004, S. 49 f.

[6]Vgl. auch *Kuckhoff*, FS Wassermeyer, S. 681, 682 f.; *Hruschka/Lüdemann*, IStR 2005, 76.

[7]Vgl. unten 4.1.2.

[8]Vgl. *Kuckhoff*, FS Wassermeyer, S. 681, 683; *Schaumburg,* Internationales Steuerrecht 2011, Rn. 18.25; *Schaumburg*, ISR 2013, 197.

[9]Vgl. *Falterbaum,* Buchführung 2015 unter 3.1.

[10]Vgl. *Ditz,* Intl Gewinnabgrenzung 2004, S. 49. Soweit keine außerbilanziellen Korrekturen vorgenommen werden, wird bereits durch den Steuerbilanzansatz über das „Wie" mitentschieden.

[11]*Wassermeyer*, FS Raupach, S. 565, 567 mit weiteren Beispielen.

Gewinnermittlung die gegebenenfalls erforderlichen außerbilanziellen Korrekturen. Gleichzeitig entscheidet der bilanzbasierte Zeitpunkt der Gewinnrealisierung über den Zeitpunkt der Besteuerung. In grenzüberschreitenden Fällen ist die Differenzierung zwischen der 1. Stufe der Gewinnermittlung und der 2. Stufe der Gewinnermittlung hingegen hilfreich, da sie erlaubt, Gewinnermittlung und Gewinnabgrenzung zueinander ins Verhältnis zu setzen.[12]

4.1.2 Gewinnabgrenzung

Die Gewinnabgrenzung[13] betrifft die Aufteilung der Einkünfte bzw. des Gewinns in grenzüberschreitenden Sachverhalten auf die verschiedenen Fisci.[14] Gegenstand der abkommensrechtlichen Gewinnabgrenzung sind bei genauer Betrachtung nicht der Gewinn bzw. die Einkünfte. Denn diese bestimmen sich ausschließlich nach innerstaatlichem Recht. Vielmehr geht es darum, die für die Besteuerung relevanten Lebenssachverhalte anhand bestimmter Bezugspunkte, dem jeweiligen Fiscus zur Besteuerung zuzuweisen.[15]

Im Kontext der Betriebsstättengewinnabgrenzung gilt es beispielsweise, die Betriebsstätte von dem des restlichen Unternehmens abzugrenzen, um so den Lebenssachverhalt zu bestimmen, auf den der Betriebsstättenstaat sein innerstaatliches Steuerrecht anwenden darf bzw. der vom Ansässigkeitsstaat des Unternehmens steuermindernd – sei es aufgrund eines Doppelbesteuerungsabkommens oder nach rein innerstaatlichem Recht – berücksichtigt wird.[16]

---

[12]Vgl. unten 4.4.1.

[13]Statt „Gewinnabgrenzung" sind auch die in der Literatur synonym verwendeten Begriffe „Gewinnaufteilung", „Gewinnzuordnung" oder „Gewinnzurechnung" (vgl. *Haiß*, Gewinnabgrenzung 2000, S. 25) sowie „Einkunftsabgrenzung", „Einkünfteabgrenzung", „Einkommensabgrenzung", „Ergebniszurechnung" und „Erfolgszuordnung" (vgl. *Mutscher*, Kapitalstruktur von Betriebsstätten 1997, S. 5) gebräuchlich, vgl. auch *Hansen*, Zuordnung von Wirtschaftsgütern 2014, S. 56.

[14]*Ditz*, IStR 2005, 37, 38; *Becker*, DB 1990, 392.

[15]Der BFH sprach in diesem Kontext von der „Verteilung von Steuerquellen" (*BFH*, Urt. v. 5.2.1965 – IV 334/63 U, *BFHE* 82, 290) bzw. der „Zuteilung eines Steuerguts" (*BFH*, Urt. v. 4.8.1976 – I R 152-153/74, *BFHE* 119, 470), *Vogel* sprach von der „Bestimmung eines Ausschnitts aus den steuerpflichtbegründenden Elementen des Objekttatbestands" zitiert nach *Lehner*, in: Vogel/Lehner, DBA, Grundlagen des Abkommensrechts Rn. 79.

[16]Vgl. *Debatin*, DB 1989, 1692, 1695.

Dabei ist bei der praktischen Durchführung der Gewinnabgrenzung zwischen Außen- und Innentransaktionen (d. h. Transaktionen zwischen Einheitsunternehmen und rechtlich selbstständigen dritten Rechtspersönlichkeiten einerseits und solchen zwischen Stammhaus und Betriebsstätte andererseits) zu unterscheiden. Die Außentransaktionen werden nach dem allgemeinen innerstaatlichen Zuordnungsgrundsatz, dem allgemeinen Veranlassungsprinzip, zu den in den Verträgen vereinbarten Bedingungen den jeweiligen Unternehmensteilen zugeordnet.[17] Soweit die Außentransaktionen zwischen verbundenen Unternehmen stattfinden, ist zusätzlich § 1 Abs. 1 AStG ggf. unter der Schrankenwirkung von Art. 9 OECD-MA[18] zu beachten.[19]

Bei den Innentransaktionen ist, soweit ihre Berücksichtigung nach innerstaatlichem Recht zulässig ist,[20] ein weiterer Zwischenschritt erforderlich. Da die Betriebsstätte – jedenfalls soweit sie unselbstständig ist – keine eigene Rechtspersönlichkeit besitzt, kann für die Ermittlung des relevanten Lebenssachverhalts nicht auf zivilrechtliche Vereinbarungen (wie beispielsweise Verträge) oder andere Rechtsverhältnisse (wie beispielsweise Eigentum) zurückgegriffen werden.[21]

Daher bedient sich die Gewinnabgrenzung für steuerliche Zwecke – und zwar ausschließlich für diese Zwecke[22] – gewisser Fiktionen, die die steuerlich relevanten Lebenssachverhalte für die Zuordnung zu der Betriebsstätte bzw. dem

---

[17] Das innerstaatliche Recht kennt mit wenigen Ausnahmen (vgl. bspw. § 50 Abs. 1 Satz 1 EStG) keine ausdrücklichen Gewinnabgrenzungsvorschriften für grenzüberschreitende Sachverhalte, vgl. *Haiß*, Gewinnabgrenzung 2000, S. 26. Insoweit wird auf das allgemeine Veranlassungsprinzip als innerstaatliches Grundprinzip der Zuordnung zurückgegriffen, vgl. *Schaumburg*, Internationales Steuerrecht 2011, Rn. 18.14. Vgl. zum Veranlassungsprinzip auch detailliert Kapitel 9.

[18] Vgl. *BFH*, Urt. v. 11.10.2012 – I R 75/11, *BFHE* 239, 242 unter II.2.a).

[19] Dem Wortlaut nach erfasst § 1 Abs. 5 AStG nur Innentransaktionen (a. A. die FinVerw, vgl. § 1 Abs. 2 Nr. 5, § 9 BsGaV). Nach den Ausführungen der *OECD* ist Art. 9 Abs. 1 OECD-MA auch auf die der Betriebsstätte zuzuordnenden Außentransaktionen mit verbundenen Unternehmen anwendbar, vgl. *OECD*, Betriebsstättenbericht 2010, Part I Tz. 98.

[20] So führte nach älterer Rechtsprechung die Überführung eines Wirtschaftsguts in einen ausländischen Unternehmensteil als sog. finale Entnahme unter bestimmten Voraussetzungen zu einer Aufdeckung der stillen Reserven (vgl. auch die Ausführungen unter 12.1). Zudem sprachen sich einige Stimmen auch schon vor der Einführung des AOA für die Anerkennung von unternehmensinternen Leistungsbeziehungen aus, wenn die Leistung Gegenstand der ordentlichen Geschäftstätigkeit des leistenden Unternehmensteils war., vgl. bspw. BMF, Schreiben v. 24.12.1999, BStBl I 1999, 1076, Tz. 3.1.2.

[21] Vgl. *Ditz*, ISR 2012, 48, 51; *Wassermeyer*, DB 2006, 1176, 1177.

[22] *Kuckhoff*, FS Wassermeyer, S. 681, 683.

restlichen Unternehmen qualifizieren und quantifizieren. Diese Fiktionen sind ihrerseits meist (mindestens) zweistufig angelegt.

Auf der ersten Stufe (Gewinnabgrenzung dem Grunde nach) müssen die Lebenssachverhalte identifiziert und bei dem jeweiligen Zuordnungssubjekt (Stammhaus oder Betriebsstätte) erfasst werden. Soweit erforderlich und nach innerstaatlichem Recht zulässig[23] sind hierzu auch Leistungsbeziehungen zwischen dem Stammhaus und der Betriebsstätte dem Grunde nach zu fingieren. Auch bei diesen fingierten Beziehungen sind gegebenenfalls bestehende Einschränkungen durch die Vorschriften der 1. Stufe der Gewinnermittlung zu berücksichtigen.[24] Die Zuordnung dieser Lebenssachverhalte erfolgt grundsätzlich nach dem (innerstaatlichen) allgemeinen Veranlassungsprinzip,[25] sofern nicht ein Doppelbesteuerungsabkommen einschlägig ist, das einen abweichenden Maßstab vorsieht.[26]

Mangels wirksamer zivilrechtlicher Vereinbarungen o. ä. kann bei der Erfassung in der fiktiven Erfolgsrechnung der Betriebsstätte nicht auf vertragsmäßig vereinbarte Entgelte zurückgegriffen werden. Daher sind diese zuvor fingierten Beziehungen für den fiktiven „Bilanzansatz" auf der zweiten Stufe (Gewinnabgrenzung der Höhe nach) sodann einer Bewertung zu unterwerfen. Dabei wird in der Regel der Fremdvergleichsgrundsatz zugrunde gelegt.[27] Dieser Bewertungsschritt ersetzt die mangels vertraglicher Vereinbarungen nicht vorhandenen Vertragsentgelte, die normalerweise den bilanziellen Ausgangspunkt

---

[23] Im Rahmen des AOA bzw. § 1 Abs. 5 AStG werden dabei *„dealings"* bzw. „anzunehmende schuldrechtliche Beziehungen" fingiert. Aber auch bereits vor Einführung des AOA wurden in begrenztem Umfang Leistungen zwischen Stammhaus und Betriebsstätte (vgl. *BFH*, Urt. v. 20.7.1988 – I R 49/84, *BFHE* 154, 465) für Zwecke der Gewinnabgrenzung anerkannt und damit letztlich Rechtsbeziehungen zwischen den beiden Teilen des Einheitsunternehmens fingiert (vgl. *Kramer*, StuW 1991, 151, 153 f.).

[24] Vgl. auch *Wassermeyer*, DB 2008, 430, 431; *Wassermeyer*, IStR 2004, 733; in Grundzügen bereits *BFH*, Urt. v. 20.7.1988 – I R 49/84, *BFHE* 154, 465.

[25] *Hruschka/Lüdemann*, IStR 2005, 76, 78; *Wassermeyer*, IStR 2004, 733, 734.

[26] *Schaumburg*, Internationales Steuerrecht 2011, Rn. 18.16.

[27] Im Rahmen der Betriebsstättengewinnabgrenzung nach rein innerstaatlichem Recht folgt die Anwendung des Fremdvergleichsgrundsatzes aus der vorangegangenen Anwendung des Veranlassungsprinzips. Der Fremdvergleichsgrundsatz ist insoweit Ausprägung des Veranlassungsprinzips, *Gosch*, in: Gosch, KStG, § 8 Rn. 285 ff.; *Kuckhoff*, FS Wassermeyer, S. 681, 688; *Wassermeyer*, IStR 2005, 84, 85; *Wassermeyer*, FS Offerhaus, S. 405, 409 f., wohl a. A. *Hruschka/Lüdemann*, IStR 2005, 76, 78. Wenn ein Doppelbesteuerungsabkommen existiert, ordnet dies den Fremdvergleichsgrundsatz in der Regel als Maßstab für die Gewinnabgrenzung der Höhe nach an, vgl. Art. 7 Abs. 2, 9 Abs. 1 OECD-MA, *BFH*, Urt. v. 17.12.2014 – I R 23/13, *BFHE* 248, 170 unter II.2.b.cc.bbb).

bilden würden. Dabei bleiben die jeweiligen innerstaatlichen Korrekturvorschriften der Vertragsstaaten noch außer Betracht. Diese betreffen die 2. Stufe der
Gewinnermittlung.[28]

Im Ergebnis betrifft damit auch die Gewinnabgrenzung dem Grunde und der
Höhe nach die „Erfassungsebene", da sie bestimmt, welche Lebenssachverhalte
– aufgrund rechtlicher oder fiktiver Beziehungen – sowohl die Voraussetzungen der Gewinnermittlung dem Grunde nach erfüllen als auch der Betriebsstätte
bzw. dem Stammhaus zuzuordnen sind. Sie kreiert damit quasi den Eintrag in
der fiktiven Gewinnabgrenzungsbilanz der Betriebsstätte.[29] Die Gewinnabgrenzung dem Grunde nach richtet sich grundsätzlich nach dem innerstaatlichen
Grundmaßstab der Zurechnung, dem allgemeinen Veranlassungsprinzip, soweit
nicht ein Doppelbesteuerungsabkommen einen anderen Zuordnungsmaßstab vor-
gibt (vgl. Art. 3 Abs. 2 OECD-MA); die Gewinnabgrenzung der Höhe nach
bestimmt sich hingegen nach dem Fremdvergleichsgrundsatz als Ausprägung des
Veranlassungsprinzips.[30]

4.2   Methoden der Gewinnabgrenzung

Zu der Frage, wie die Gewinnabgrenzung in der Praxis durchzuführen sei, wurden
bislang im Wesentlichen zwei Auffassungen vertreten:

4.2.1   Direkte Methode

Die direkte Methode baut auf einer fiktiven Trennung von Betriebsstätte und
Stammhaus auf (sog. Trennungsprinzip).[31] In der Regel von einer (fiktiven)
Betriebsstättenbuchführung[32] ausgehend wird dabei der Betriebsstättengewinn

---

[28] Vgl. oben unter 4.1.1.

[29] In den nationalen Umsetzungsvorschriften des AOA (§ 1 Abs. 5 und 6 AStG i. V. m.
BsGaV) wird diese Gewinnabgrenzungsbilanz als Hilfs- und Nebenrechnung bezeichnet,
vgl. § 3 BsGaV.

[30] *Gosch*, in: Gosch, KStG, § 8 Rn. 285 ff.; *Girlich/Philipp*, Ubg 2012, 150, 152; *Wassermeyer*,
IStR 2005, 84; *Wassermeyer*, FS Offerhaus, S. 405, 409 f.

[31] *Schaumburg*, Internationales Steuerrecht 2011, Rn. 18.23; *Kramer*, StuW 1991, 151, 153.

[32] Vgl. *Becker*, DB 1989, 10, 11; a. A. *Debatin*, DB 1989, 1692, 1696, der die Betriebsstättenbuchführung nicht als Voraussetzung für die Anwendung der direkten Methode ansieht,
sondern auch die Gewinnzuordnung im Schätzungswege für mit der direkten Methode

gesondert ermittelt, als sei die Betriebsstätte ein separates Unternehmen.[33] Dazu werden insbesondere Innen- und Außentransaktionen einbezogen und fremdvergleichskonform bewertet.[34] Hierbei kann es zu Problemen kommen, wenn über die konkrete Anwendung des Fremdvergleichsgrundsatzes Uneinigkeiten bestehen.[35] Die Zuordnung selbst erfolgt nach dem Veranlassungsprinzip.[36] Da die Gewinnabgrenzung rechnerisch betrachtet „additiven" Charakter hat, ist es bei dieser Methode auch denkbar, dass der Betriebsstätte ein Verlust zugerechnet wird, während das Gesamtunternehmen insgesamt einen Gewinn erzielt.[37]

Die Schwierigkeit der direkten Methode besteht darin, die fiktive Trennung von Betriebsstätte und Stammhaus einerseits mit deren rechtlicher Unternehmenseinheit in Einklang zu bringen.[38] Dies gilt umso mehr, je weniger klar abgrenzbar die Geschäftstätigkeiten der einzelnen Unternehmensteile sind.[39]

4.2.2 Indirekte Methode

Die indirekte Methode folgt hingegen dem Einheitsprinzip.[40] Danach ist zunächst der Gewinn des Gesamtunternehmens zu bestimmen, um diesen dann nach Maßgabe eines Zerlegungsschlüssels auf die einzelnen Unternehmensteile aufzuteilen. Die indirekte Methode geht dabei von relativ homogenen Verhältnissen in den einzelnen Unternehmensteilen aus.[41] Je weniger diese vorliegen, desto eher kommt es im Rahmen der indirekten Methode zu einer „Ergebnis-Nivellierung"[42]. Aufgrund der rechnerisch mit der Division vergleichbaren Zerlegungsmethode ist

---

vereinbar erachtet, „solange diese darauf ausgerichtet ist, in direkter Betrachtung des Geschäftsgebarens der Betriebsstätte den ihr zuzurechnenden Gewinn zu bestimmen".

[33] *Kahle/Kindich*, in: Lübbehüsen/Kahle, Brennpunkte Betriebsstätte 2016, Rn. 4.21; *Förster/Naumann/Rosenberg*, IStR 2005, 617, 618.

[34] Vgl. *Kahle/Kindich*, in: Lübbehüsen/Kahle, Brennpunkte Betriebsstätte 2016, Rn. 4.21.

[35] *Kahle/Kindich*, in: Lübbehüsen/Kahle, Brennpunkte Betriebsstätte 2016, Rn. 4.21.

[36] *Schaumburg*, Internationales Steuerrecht 2011, Rn. 18.23.

[37] *Kahle/Kindich*, in: Lübbehüsen/Kahle, Brennpunkte Betriebsstätte 2016, Rn. 4.22.

[38] *Debatin*, DB 1989, 1692, 1696.

[39] *Debatin*, DB 1989, 1692, 1696.

[40] *Schaumburg*, Internationales Steuerrecht 2011, Rn. 18.23; *Kahle/Kindich*, in: Lübbehüsen/Kahle, Brennpunkte Betriebsstätte 2016, Rn. 4.14.

[41] Vgl. *Kahle/Kindich*, in: Lübbehüsen/Kahle, Brennpunkte Betriebsstätte 2016, Rn. 4.18.

[42] Vgl. *Debatin*, DB 1989, 1692, 1696.

es nach der indirekten Methode nicht möglich, der Betriebsstätte einen Verlust zuzurechnen, wenn das Gesamtunternehmen einen Gewinn erwirtschaftet.[43]

Die größte Herausforderung bei der Anwendung der indirekten Methode ist die Bestimmung eines angemessenen Zerlegungsmaßstabs.[44] Angesichts der Tatsache, dass der Zerlegungsmaßstab den Beitrag zum Erfolg des Gesamtunternehmens wiedergeben soll,[45] ist er quasi Voraussetzung und Ergebnis der Betriebsstättengewinnabgrenzung zugleich. Da die indirekte Methode zudem auch ein Mindestmaß an Harmonisierung der Gewinnermittlungsvorschriften voraussetzt,[46] um die Erfolgsbeträge adäquat abzubilden, ist davon auszugehen, dass ihre Anwendung in der Praxis in der Regel nicht zu einer veranlassungsgerechten Zuordnung führt.[47] Denn je mehr sich die beteiligten Gewinnermittlungssysteme dem Grunde nach unterscheiden, desto weniger kann dem Grunde nach – veranlassungsgerecht – abgegrenzt werden und desto mehr muss über den Zerlegungsfaktor der Höhe nach „korrigiert" werden. Die Gewinnabgrenzung nach der indirekten Methode trägt dann eher die Züge einer Bewertungskorrektur, als dass sie an die Abgrenzung von Besteuerungssphären erinnert.

Gesetzlich war lange Zeit weder die direkte noch die indirekte Methode zur Betriebsstättengewinnabgrenzung vorgegeben.[48] Die Rechtsprechung gab der direkten Methode im Rahmen der abkommensrechtlichen Betriebsstättengewinnabgrenzung unter Verweis auf die (eingeschränkte) Selbstständigkeitsfiktion der

---

[43] Vgl. hierzu *Debatin*, DB 1989, 1692, 1696; *Kahle/Kindich*, in: Lübbehüsen/Kahle, Brennpunkte Betriebsstätte 2016, Rn. 4.22.

[44] *Kahle/Kindich*, in: Lübbehüsen/Kahle, Brennpunkte Betriebsstätte 2016, Rn. 4.17; *Schaumburg*, Internationales Steuerrecht 2011, Rn. 18.24.

[45] *Kahle/Kindich*, in: Lübbehüsen/Kahle, Brennpunkte Betriebsstätte 2016, Rn. 4.17.

[46] *Kahle/Kindich*, in: Lübbehüsen/Kahle, Brennpunkte Betriebsstätte 2016, Rn. 4.19.

[47] *Kahle/Kindich*, in: Lübbehüsen/Kahle, Brennpunkte Betriebsstätte 2016, Rn. 4.19.

[48] Mit der Pflicht zur Erstellung einer Hilfs- und Nebenrechnung (§ 1 Abs. 5 und 6 AStG i. V. m. § 3 BsGaV) hat der Gesetzgeber nun die Anwendung der direkten Methode als verpflichtend festgelegt. Gleichzeitig trägt aber auch die BsGaV noch Spuren der indirekten Methode, vgl. § 14 Abs. 2 und 3, § 15 Abs. 2 und 3 BsGaV.

Betriebsstätte den Vorzug,[49] erachtete die indirekte Methode aber nicht grundsätzlich für unzulässig.[50] Seit 1963 war die indirekte Methode auch in Art. 7 Abs. 4 OECD-MA a. F. zugelassen.[51] Mit der Überarbeitung des OECD-MA im Jahr 2010 wurde dieser Absatz der Vorschrift ersatzlos gestrichen.[52] In der praktischen Anwendung werden häufig Elemente aus beiden Ansätzen kombiniert.[53]

4.3 Die Rolle von Doppelbesteuerungsabkommen

Die bisherigen Ausführungen gelten grundsätzlich auch dann, wenn zwischen den beiden Staaten, in denen Stammhaus bzw. Betriebsstätte angesiedelt sind, kein Doppelbesteuerungsabkommen besteht. Denn auch in diesen Fällen, in denen sich die Gewinnabgrenzung mangels Doppelbesteuerungsabkommen ausschließlich nach innerstaatlichem Recht bestimmt, ist die Gewinnabgrenzung für die Anwendung des § 49 Abs. 1 Nr. 2 lit. a EStG (Inbound-Konstellationen) bzw. des § 34c i. V. m. § 34d Nr. 2 lit. a EStG (Outbound-Konstellationen) bei der Abgrenzung der inländischen von den ausländischen Einkünften relevant.[54]

Besteht zwischen den beteiligten Staaten ein Doppelbesteuerungsabkommen, richtet sich die Gewinnabgrenzung nach diesem Abkommen. Die Abkommensregelungen verdrängen insoweit die innerstaatlichen Gewinnabgrenzungsregelungen, die sich – jedenfalls vor der Einführung des AOA – im Wesentlichen in dem Veranlassungsprinzip erschöpft haben. Traditionell regeln die Doppelbesteuerungsabkommen als Verteilungs- und Vermeidungsnormen ausschließlich die Gewinnabgrenzung und lassen die Gewinnermittlung nach innerstaatlichem

---

[49]Vgl. bspw. *BFH*, Urt. v. 27.7.1965 – I 110/63 S, *BFHE* 84, 69; Urt. v. 21.1.1972 – III R 57/71, *BFHE* 104, 471, Urt. v. 28.3.1985 – IV R 80/82, *BFHE* 143, 284; Urt. v. 25.6.1986 – II R 213/83, *BFHE* 147, 264; Urt. v. 29.7.1992 – II R 39/89, *BFHE* 168, 431; Urt. v. 18.9.1996 – I R 59/95, *BFHE* 181, 419; zustimmend *Kumpf,* in: StbJb 1988/89, S. 399, 410 f.; *Becker,* DB 1989, 10, 12.

[50]Vgl. *Wassermeyer,* in: Wassermeyer, DBA, Art. 7 MA (2000) Rn. 190, der die Zulässigkeit der Anwendung der indirekten Methode im konkreten Einzelfall an die Vereinbarkeit mit dem Fremdvergleichsgrundsatz knüpft.

[51]*Wassermeyer,* in: Wassermeyer, DBA, Art. 7 MA (2000) Rn. 10.

[52]Vgl. *OECD,* 2010 Update, Rn. 20 (Article 7), Nr. 41.

[53]*Schaumburg,* Internationales Steuerrecht 2011, Rn. 18.24; *Förster/Naumann/Rosenberg,* IStR 2005, 617, 619; von einer „gemischten Methode" sprechend *Wassermeyer,* in: Wassermeyer, DBA, Art. 7 MA (2000) Rn. 191.

[54]Vgl. *Mutscher,* Kapitalstruktur von Betriebsstätten 1997, S. 8.

Recht dabei unberührt.[55] Lediglich insoweit sich die konkrete Gewinnermittlung in Widerspruch zu den Regelungen eines Doppelbesteuerungsabkommens setzt, wird sie durch die abkommensrechtliche Schrankenwirkung dem Grunde und der Höhe nach begrenzt.[56]

4.4 Verhältnis von Gewinnermittlung und abkommensrechtlicher Gewinnabgrenzung

4.4.1 Systematisches Verhältnis

Das Verhältnis von Gewinnermittlung und Gewinnabgrenzung und insbesondere, wie diese Prinzipien im abkommensrechtlichen Kontext bei der Rechtsanwendung ineinandergreifen, kann nicht als geklärt angesehen werden.[57] Dabei dürfte die Frage nach dem Verhältnis in erster Linie akademischer Natur sein, da es in den meisten Fällen nicht auf das Verhältnis der Wirkungsebenen zueinander ankommt. Gleichwohl sind diese systematischen Überlegungen vereinzelt, beispielsweise für die konkrete Durchführung der Betriebsstättengewinnabgrenzung oder ihr Verhältnis zur Entstrickungsbesteuerung von Interesse, weswegen sich dieser Abschnitt mit dem systematischen Verhältnis von Gewinnermittlung und Gewinnabgrenzung befasst. Zu der Reihenfolge der beiden Wirkungsebenen stehen sich im Wesentlichen zwei Argumentationslinien diametral gegenüber.

4.4.1.1 These: Gewinnermittlung vor Gewinnabgrenzung

Die eine Ansicht, zu deren Vertretern *Wassermeyer*[58], *Schaumburg*[59] und *Buciek*[60] gehören, vertritt die Auffassung, die Gewinnermittlung sei der Gewinnabgrenzung vorgelagert. Diese Auffassung verkörpert den Gedanken, dass nur abgegrenzt werden könne, was bereits ermittelt sei.[61] Der Charme dieser Auffassung ist, dass sie die Schrankenwirkung von Doppelbesteuerung herausstellt.

---

[55] Vgl. *Schaumburg*, Internationales Steuerrecht 2011, Rn. 18.17.

[56] Vgl. *BFH*, Urt. v. 24.6.2015 – I R 29/14, *BFHE* 250, 386; Urt. v. 17.12.2014 – I R 23/13, *BFHE* 248, 170; Urt. v. 11.10.2012 – I R 75/11, *BFHE* 239, 242; siehe auch 4.4.2.

[57] *Ditz,* Intl Gewinnabgrenzung 2004, S. 51.

[58] Vgl. *Wassermeyer*, IStR 2005, 84; *Wassermeyer*, FS Loukota, S. 651, 653 f.

[59] *Schaumburg,* Internationales Steuerrecht 2011, Rn. 18.17.

[60] *Buciek,* in: Piltz/Schaumburg, Forum Int Besteuerung Bd. 20, S. 43, 53.

[61] *Kahle/Kindich*, in: Lübbehüsen/Kahle, Brennpunkte Betriebsstätte 2016, Rn. 4.10 m. w. N.

Danach ist im Fall der unbeschränkten Steuerpflicht Ausgangspunkt das inner-staatliche Steuerrecht, das dem Welteinkommensprinzip des § 1 Abs. 1, § 2 Abs. 1 EStG entsprechend das gesamte nach innerstaatlichem Recht ermittelte Einkom-men der Besteuerung unterwirft, soweit nicht das Doppelbesteuerungsabkommen Teile der Einkünfte im Wege der Gewinnabgrenzung dem anderen Vertragsstaat zur Besteuerung zuweist.

Auch der BFH scheint – ausgehend von seinem üblichen Urteilsaufbau – eher dieser Auffassung zu folgen. So beginnen die Urteile in der Regel mit Ausführungen zum innerstaatlichen Steueranspruch gefolgt von Ausführungen zu der Beschränkung dieses Anspruchs durch das Abkommensrecht.[62] Jeden-falls in den Fällen, in denen das DBA nicht zur Schaffung innerstaatlicher Besteuerungsrechte ermächtigt,[63] ist diese Reihenfolge auch sehr effizient in der Herangehensweise: Besteht nämlich bereits kein nationaler Steueranspruch, so kann die Frage der Abgrenzung angesichts der lediglich beschränkenden Wirkung von Doppelbesteuerungsabkommen dahinstehen.[64]

Das Prinzip der der Gewinnermittlung nachgelagerten Gewinnabgrenzung stößt aber dort an seine Grenzen, wo die abkommensrechtliche Gewinnabgren-zung zu einer Erweiterung des Besteuerungsrechts führt, den Vertragsstaaten also das Besteuerungsrecht für Lebenssachverhalte zugewiesen wird, die ihre Gewin-nermittlungsregime in dieser Form dem Grunde nach, d. h. losgelöst von der Gewinnabgrenzungsfrage nicht erfassen. Denn diese Fälle, für die dann auch in der Regel eigene nationale Gewinnabgrenzung(umsetzungs-)vorschriften erforder-lich sind, sollen ihrerseits nicht ungeachtet der quantitativen Beschränkungen, die von den Vorschriften der innerstaatlichen Gewinnermittlung (2. Stufe) ausgehen, Einzug in den abgegrenzten Gewinn erhalten. Ist aber die Gewinnermittlung der Gewinnabgrenzung vorgelagert, so werden diese im Zuge der Gewinnabgrenzung zu berücksichtigenden Lebenssachverhalte bei der Gewinnermittlung der Höhe nach nicht berücksichtigt, da die Gewinnermittlung bereits abgeschlossen ist.

Diese Reihenfolge muss sich ferner die Kritik gefallen lassen, dass durch die vorgelagerte Gewinnermittlung nach innerstaatlichem Recht schon eine Entschei-dung getroffen wird, welche Einkünfte dem Grunde und der Höhe nach überhaupt

---

[62] Vgl. bspw. *BFH*, Urt. v. 12.6.2013 – I R 47/12, *BFHE* 242, 107; Urt. v. 24.8.2011 – I R 46/10, *BFHE* 234, 339; Beschluss v. 19.12.2007 – I R 66/06, *BFHE* 220, 173; Urt. v. 17.10.2007 – I R 5/06, *BFHE* 219, 518.

[63] So kann die Betriebsstättengewinnabgrenzung nach Art. 7 Abs. 1 Satz 2, Abs. 2 OECD-MA 2010 zu der Begründung bzw. Erweiterung von Besteuerungsrechten führen. Mangels *self-executing* Wirkung der Abkommensnorm sind hierfür aber innerstaatliche Rechtsgrundlagen erforderlich, vgl. *Kaeser/Hilsebein/Kröner*, in: Wassermeyer, DBA, Art. 7 (2010) Rn. 690.

[64] *Debatin*, DStR-Beih 1992, 1, 2.

Eingang in die Gewinnabgrenzung finden. Sie trägt damit stets das „Manko" des innerstaatlichen Bias als Ausgangspunkt der Betrachtung in sich. Nicht mehr der Lebenssachverhalt an sich ist danach Ausgangsgröße der Gewinnabgrenzung, sondern die durch das innerstaatliche Gewinnermittlungsrecht quantifizierte Perspektive auf diesen Lebenssachverhalt wird der Gewinnabgrenzung zugrunde gelegt.

4.4.1.2 Antithese: Gewinnabgrenzung vor Gewinnermittlung

Die Gegenansicht, zu deren Vertretern u. a. *Debatin*[65] und *Becker*[66] gehören, ist umgekehrt der Meinung, die Gewinnermittlung sei der Gewinnabgrenzung nachgelagert. Grund dafür sei, dass ein Lebenssachverhalt zunächst zugeordnet werden müsse, bevor der sich daraus nach innerstaatlichem Recht ergebende steuerliche Gewinn ermittelt werden könne.[67] Diese Ansicht betont die Tatsache, dass die Gewinnermittlung letztlich Sache des innerstaatlichen Steuerrechts sei, und die Gewinnabgrenzung somit als Vorfrage des anwendbaren Rechts geklärt sein muss, damit die Gewinnermittlung stattfinden könne.

Diese Auffassung muss sich jedoch entgegenhalten lassen, dass sie keine eindeutige Antwort darauf hat, auf welcher Basis die vorgelagerte Gewinnabgrenzung stattfinden soll, wenn nicht zuvor die steuerlich relevanten Einkünfte identifiziert worden sind. Sie läuft insbesondere Gefahr, den ersten Schritt der Gewinnabgrenzung in der Praxis ausufern zu lassen, da mangels vorangegangener Einschränkung durch das innerstaatliche Gewinnermittlungsrecht keinerlei Eingrenzung der abzugrenzenden Lebenssachverhalte stattgefunden hat. So erscheint die uneingeschränkte Ausgangsgröße der Gewinnabgrenzung zwar auf den ersten Blick eindeutig umrissen, da sie eben „alles" umfasst. Bei genauer und vor allem anwendungsorientierter Betrachtung wird man dieses „alles" aber eher im Sinne von „alles steuerrechtlich Relevante" verstehen müssen. Was aber jeweils steuerrechtlich relevant ist, bestimmt sich letztlich durch die „nationale Brille" des innerstaatlichen Gewinnermittlungsregimes.

Gelänge hingegen eine unvoreingenommene Bestimmung der abzugrenzenden Lebenssachverhalte, so hätte diese Ansicht den Vorteil, dass die Gewinnabgrenzung gerade nicht mit einem innerstaatlichen Bias behaftet wäre und damit einheitlich für beide Staaten stattfinden könnte.

---

[65]Vgl. *Debatin*, DB 1989, 1692, 1695; *Debatin*, DStR-Beih 1992, 1, 2.

[66]Vgl. *Becker*, DB 1990, 392, 394.

[67]*Haiß* spricht sogar davon, dass die abkommensrechtliche Gewinnabgrenzung „erst die Voraussetzungen für eine Gewinnermittlung" schaffe, vgl. *Haiß*, Gewinnabgrenzung 2000, S. 26.

4.4.1.3 Synthese: Keine feststehende Reihenfolge bzw. Verschränkung von Gewinnermittlung und Gewinnabgrenzung

Ditz entschied sich weder zugunsten der einen noch der anderen Argumentationslinie, sondern verfolgte einen Mittelweg, wonach mangels unmittelbar feststehender Rangfolge zwischen Gewinnermittlung und Gewinnabgrenzung auch keine genaue Aussage über deren Reihenfolge möglich sei.[68] Dabei hänge das Zusammenspiel der beiden Wirkungsebenen auch von der gewählten Gewinnabgrenzungsmethode[69] ab.[70] Demnach sei bei Anwendung der indirekten Methode die Gewinnermittlung vor die Gewinnabgrenzung zu ziehen, während die Anwendung der direkten Methode in der Regel zu einer umgekehrten Anwendungsreihenfolge führe. Letzteres gelte insbesondere dann, wenn für die Prüfung einzelner Aspekte der Gewinnermittlung (wie beispielsweise das Vorliegen einer Betriebsausgabe) zunächst eine Zuordnungsentscheidung getroffen werden müsse.[71]

Diese Ansicht betraf jedoch noch die alte Abkommenslage, in der der inzwischen abgeschaffte Art. 7 Abs. 4 OECD-MA a. F. die indirekte Methode noch als subsidiär zulässige Gewinnabgrenzungsmethode ansah. Nach dessen ersatzloser Streichung im Zuge der Novelle des OECD-Musterabkommens im Jahr 2010 stellt sich die Frage, ob *Ditz* nunmehr stets die Gewinnabgrenzung als der Gewinnermittlung vorgelagert ansehen würde. Da *Ditz* in bestimmten Konstellationen auch von einer Verschränkung der beiden Wirkungsebenen auszugehen scheint,[72] ist diese Schlussfolgerung nicht zwingend.

Ein weiterer Vertreter, der einen Mittelweg einschlägt, ist *Mutscher*. Er geht von einer Verschränkung der beiden Prinzipien der Gestalt aus, dass die „Einkunftsermittlung der internationalen Einkunftsabgrenzung sowohl vor- als auch nachgelagert"[73] sei. Im Ergebnis kommt er damit zu einem dreistufigen Prozess der Gewinnermittlung und -abgrenzung: Zunächst sei demnach die Gewinnermittlung dem Grunde nach vorzunehmen, indem der Frage nachgegangen wird, ob ein Sachverhalt einen innerstaatlichen Einkünftetatbestand erfüllt.[74] In einem zweiten Schritt sei dann die Gewinnabgrenzung vorzunehmen und zu entscheiden,

---

[68]*Ditz,* Intl Gewinnabgrenzung 2004, S. 52.

[69]Zu den verschiedenen Gewinnabgrenzungsmethoden vgl. oben 4.2.

[70]*Ditz,* Intl Gewinnabgrenzung 2004, S. 52 f.

[71]Vgl. *Hansen,* Zuordnung von Wirtschaftsgütern 2014, S. 55 unter Verweis auf *Ditz,* Intl Gewinnabgrenzung 2004, S. 52 f.

[72]Vgl. *Ditz,* Intl Gewinnabgrenzung 2004, S. 53.

[73]*Mutscher,* Kapitalstruktur von Betriebsstätten 1997, S. 9 f.

[74]*Mutscher,* Kapitalstruktur von Betriebsstätten 1997, S. 9.

welche Aufwendungen und Erträge den jeweiligen Unternehmensteilen zuzuordnen sind.[75] Diese Zwischenergebnisse flössen sodann in dem dritten und letzten Schritt in die Gewinnermittlung der Höhe nach gemäß innerstaatlichem Recht ein.[76] Dabei soll dieses Modell sowohl auf die Inbound- wie auch die Outbound-Konstellationen der Betriebsstättengewinnabgrenzung gleichermaßen angewandt werden.[77]

4.4.1.4 Eigene Stellungnahme

Das *Zusammenspiel* von Gewinnermittlung und Gewinnabgrenzung ist wesentlich für die praktische Durchführung der Betriebsstättengewinnabgrenzung. Vor diesem Hintergrund erscheint eine auf dem von *Mutscher* vorgestellten Modell basierende, diese aber leicht modifizierende Verschränkung von Gewinnermittlung und Gewinnabgrenzung am interessengerechtesten, da sie die Vorteile der beiden dargestellten Ansichten in sich vereint. Nach dieser Verschränkung dockt die Gewinnabgrenzung an die laufende Buchführung und damit an den Ausgangspunkt auch der 1. Stufe der Gewinnermittlung[78] an. Ausgehend von der laufenden Buchführung des Gesamtunternehmens wird eine Gewinnabgrenzungsrechnung erstellt,[79] in der sich die Gewinnabgrenzung widerspiegelt. Der Ansatz der Wirtschaftsgüter in der Gewinnabgrenzungsrechnung folgt allein schon vor dem Hintergrund des Art. 24 Abs. 3 OECD-MA den Regelungen der §§ 4 ff. EStG, soweit sich nicht aus der Natur der Gewinnabgrenzung etwas anderes ergibt.[80] Im Einzelnen bedeutet dies, dass vor allem die in der Steuerbilanz des Gesamtunternehmens geführten Wirtschaftsgüter sowie die ertragswirksamen Außentransaktionen den einzelnen Unternehmensteilen zugeordnet werden. Die für die Steuerbilanz geltenden Bilanzierungsverbote und -beschränkungen (wie beispielsweise § 5 Abs. 2 EStG) gelten für die Gewinnabgrenzungsrechnung entsprechend. Zusätzlich werden – soweit nach innerstaatlichem Recht zulässig – „ertragswirksame" Vorfälle, die sich aus der unternehmensinternen Interaktion der Betriebsstätte mit dem übrigen Unternehmen ergeben, dem Grunde nach identifiziert und unter Ansatz des Fremdvergleichspreises

---

[75] *Mutscher,* Kapitalstruktur von Betriebsstätten 1997, S. 10.

[76] *Mutscher,* Kapitalstruktur von Betriebsstätten 1997, S. 10.

[77] *Mutscher,* Kapitalstruktur von Betriebsstätten 1997, S. 10 f.

[78] Die Anknüpfung an die laufende Buchführung dürfte sehr nah an *Mutschers* Konzept der (vorgelagerten) Gewinnermittlung dem Grunde nach liegen. Denn die laufende Buchführung dürfte alle steuerlich relevanten Lebenssachverhalte abbilden.

[79] Eine solche (wenngleich verselbstständigte, vgl. Kapitel 18) Gewinnabgrenzungsrechnung ist auch die Hilfs- und Nebenrechnung im Sinne des § 3 BsGaV.

[80] Vgl. hierzu für die innerstaatliche Gewinnabgrenzung insbesondere, aber nicht abschließend die Regelung § 50 Abs. 1 EStG.

in der Gewinnabgrenzungsrechnung berücksichtigt. Sowohl auf den Unterschiedsbetrag der Steuerbilanz wie auch den der Gewinnabgrenzungsrechnung werden sodann – parallel – die jeweils einschlägigen außerbilanziellen Korrekturvorschriften der 2. Stufe der Gewinnermittlung angewendet.[81] Welche Vorschriften der 2. Stufe der Gewinnermittlung im Einzelnen auf den Unterschiedsbetrag der Gewinnabgrenzungsbilanz Anwendung finden, hängt zum einen davon ab, ob es sich um die Gewinnabgrenzung nach innerstaatlichem Recht oder um die abkommensrechtliche Gewinnabgrenzung handelt.[82] Zum anderen können einige Korrekturvorschriften von den insoweit spezielleren Gewinnabgrenzungsregelungen verdrängt werden.[83]

Die Parallelität der 1. Stufe der Gewinnermittlung und der Gewinnabgrenzung auf Basis der laufenden Buchführung überzeugt, da beide Schritte die Sachverhalts- oder Erfassungsebene betreffen, indem sie festlegen, welche Lebenssachverhalte dem Grunde nach bei der Besteuerung berücksichtigt werden. Durch die Anknüpfung an die laufende Buchführung wird gewährleistet, dass der Gegenstand der Gewinnabgrenzung schon aus der Perspektive des maßgeblichen Gewinnermittlungsregimes erfolgt und somit keine Sachverhalte in der Gewinnabgrenzung zugeordnet werden müssen, die ohnehin schon dem Grunde nach bei der Gewinnermittlung außer Acht bleiben. Diese klare Umgrenzung des Abgrenzungsgegenstands ist nicht zuletzt aus praktischen Effizienzgründen vorteilhaft.

Durch die Wahl der laufenden Buchführung als Ausgangspunkt der Betriebsstättengewinnabgrenzung ist eine einheitliche, d. h. für beide Staaten dem Grunde nach identische Gewinnabgrenzung nicht möglich. Denn die Ausgangsbasis der Gewinnabgrenzung ist durch den innerstaatlichen „Gewinnermittlungs-Bias" vorbestimmt.[84] Dabei ist jedoch zu beachten, dass die Gewinnabgrenzung keinen Selbstzweck hat. Sie soll vielmehr dem Betriebsstättenstaat ermöglichen, sein auf dem Territorialitätsprinzip beruhendes Besteuerungsrecht unter den ggf. bestehenden abkommensrechtlichen Schranken auszuüben. Der Ansässigkeitsstaat des Unternehmens soll wiederum in die Lage versetzt werden, den Umfang, in dem er die ausländischen (Betriebsstätten-)Einkünfte steuermindernd berücksichtigen muss, zu quantifizieren. Dieser Zweck wird weiterhin erfüllt.

---

[81] Aufgrund dieser Anwendung der Vorschriften der 2. Stufe der Gewinnermittlung könnte man in gewisser Weise auch von einer fortdauernden Verschränkung der Gewinnermittlung und der Gewinnabgrenzung sprechen.

[82] Vgl. zur abkommensrechtlichen Schrankenwirkung oben 2.3.

[83] Dies gilt bspw. für die Ent- und Verstrickungsregelungen, vgl. hierzu auch die „de lege ferenda"-Ausführungen in Kapitel 19.

[84] Zur Korrespondenz der Gewinnabgrenzung durch die beiden Staaten vgl. auch 4.4.2.

Die dargestellte Methode führt zwar dazu, dass der Prozess der Betriebsstättengewinnabgrenzung in jedem Staat separat durchgeführt werden muss. Dies steht dem Zweck eines Doppelabkommens aber nicht entgegen. Denn selbst insoweit dies aufgrund der abweichenden innerstaatlichen Gewinnermittlungsausgangsbasis zu einer Doppel- bzw. doppelten Nichterfassung von Einkünften führt, ist es Ausdruck der nationalen Souveränität im Bereich der Gewinnermittlung, nicht aber der rechtlichen Doppelbesteuerung.[85] Aber vornehmlich die Vermeidung letzterer ist Aufgabe eines Doppelbesteuerungsabkommens.[86] Überdies erscheint es unwahrscheinlich, dass sich ein Vertragsstaat uneingeschränkt auf die nach dem Recht des anderen Vertragsstaats durchgeführte Gewinnabgrenzung ein- und verlassen würde, so dass das praktische Bedürfnis für eine einmalig durchgeführte Gewinnabgrenzung gering sein dürfte.

Eine weitere geringfügige Anpassung des von *Mutscher* vorgestellten Prozesses wäre für Inbound-Fälle angebracht. *Mutscher* will diese genau so behandeln wie die Outbound-Konstellationen und damit im Rahmen der Gewinnermittlung dem Grunde nach für das gesamte ausländische Unternehmen überprüfen, für welche Einkünfte ein Einkünftetatbestand erfüllt ist.[87] Soweit *Mutscher* hiermit meint, für das gesamte ausländische Unternehmen eine Gewinnermittlung dem Grunde nach in Übereinstimmung mit dem deutschen Steuerrecht durchzuführen, greift diese Herangehensweise zu weit. Vielmehr kann auf die 1. Stufe der Gewinnermittlung in Inbound-Konstellationen gänzlich verzichtet werden, weil diese angesichts des objektsteuerartigen Charakters der beschränkten Steuerpflicht[88] in diesen Fällen mit der innerstaatlichen Gewinnabgrenzung zusammenfällt. Die Gewinnermittlungspflicht ist in Inbound-Konstellationen *a priori* auf den abzugrenzenden Betriebsstättenanteil begrenzt.[89] Ein Bedürfnis für eine separate Gewinnabgrenzungsrechnung kann sich lediglich in den Fällen ergeben, in denen die abkommensrechtliche von der innerstaatlichen Gewinnabgrenzung abweicht. Darüber hinaus dürfte die Ermittlung des gesamten Unternehmensgewinns des im Ausland ansässigen Unternehmens auch mit unverhältnismäßig hohem Aufwand verbunden sein.[90] Das Ergebnis der Gewinnabgrenzung, d. h.

---

[85]Vgl. *Debatin*, DB 1989, 1692, 1695.

[86]OECD-MK 2014, Einleitung Nr. 1, 3. Daneben dienen einige Abkommensartikel (bspw. Art. 9 Abs. 1, 10 Abs. 2 OECD-MA) auch der Vermeidung der wirtschaftlichen Doppelbesteuerung, vgl. *Wassermeyer*, in: Wassermeyer, DBA, Vor Art. 1 MA Rn. 1, 3.

[87]*Mutscher,* Kapitalstruktur von Betriebsstätten 1997, S. 10 f.

[88]Vgl. *Loschelder*, in: Schmidt, EStG, § 49 Rn. 1.

[89]Vgl. *Kumpf/Roth*, FS Raupach, S. 579, 585.

[90]Allenfalls im Kontext der Berücksichtigung von finalen ausländischen Verlusten kann die Ergebnisermittlung des gesamten ausländischen Unternehmens nach deutschem Recht für

der „außerbilanziellen" Korrekturen unterworfene Unterschiedsbetrag der Gewinn-
nabgrenzungsrechnung für die Betriebsstätte wird im DBA-Outbound-Fall zum
Abzugsposten („Freistellung gemäß DBA") auf der 2. Stufe der allgemeinen
Gewinnermittlung.[91]
Für die Verortung der 2. Stufe der Gewinnermittlung am Ende des Prozesses spricht ferner, dass diese im Outbound-Fall in der Regel freizustellenden
Betriebsstättengewinne im Rahmen der Gewinnabgrenzung bereits ermittelt worden sind und somit für deren Korrektur auf der 2. Stufe der Gewinnermittlung[92]
ein Selbstbezug bzw. jedenfalls eine Inzidenzprüfung vermieden wird.

Daraus ergibt sich folgendes Zusammenspiel der Gewinnermittlungs- und -
abgrenzungsschritte:

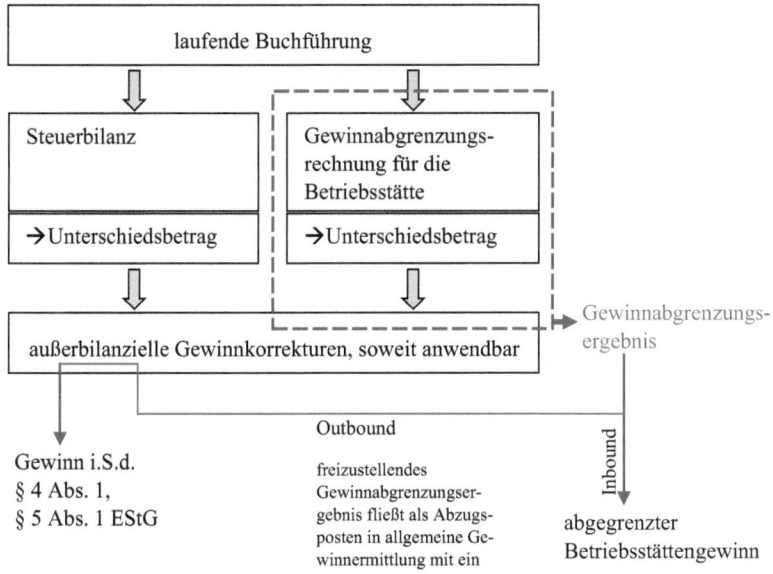

die Bestimmung des nach deutschen Vorschriften (vgl. für den Outbound-Fall *BFH*, Urt. v.
9.6.2010 – I R 107/09, *BFHE* 230, 35) bestehenden finalen Verlustes im Einzelfall geboten
sein.

[91] Dieser Abzugsposten („Freistellung gemäß DBA") ist von dem ebenfalls außerbilanziellen
Korrekturposten nach § 1 Abs. 5 AStG zu unterscheiden, dessen Anwendung die Gewinnabgrenzung voraussetzt und der das ermittelte Gewinnabgrenzungsergebnis ggf. einseitig
zugunsten des deutschen Fiskus korrigiert, vgl. hierzu ausführlicher unten Kapitel 16.

[92] *Wied*, in: Blümich, EStG/KStG/GewStG, § 4 EStG Rn. 40; *Prinz*, FR 2010, 917, 921.

Für das Beispiel der Betriebsstättengewinnabgrenzung beinhaltet dies im Einzelnen die folgenden Schritte:

	Outbound-Konstellation (unbeschr. Steuerpflicht)	Inbound-Konstellation (beschr. Steuerpflicht)	Maßstab
Ausgangspunkt	Laufende Buchführung für das Gesamtunternehmen (Welteinkommensprinzip)	Laufende Buchführung nur für die Betriebsstätte (Territorial-/Quellenprinzip)	
1. Stufe der Gewinnermittlung	Unterschiedsbetrag laut Steuerbilanz des Gesamtunternehmens	(fällt faktisch mit innerstaatlicher Gewinnabgrenzung zusammen)	Veranlassungsprinzip
Gewinnabgrenzung dem Grunde nach	Zuordnung der bereits erfassten Außentransaktionen dem Grunde nach zu der Betriebsstätte, wenn (Grds)/soweit (Ausnahme) diese der Betriebsstätte nach allg. Veranlassungsprinzip zuzuordnen sind	Erstmalige Erfassung der Außentransaktionen dem Grunde nach zu der Betriebsstätte, soweit diese der Betriebsstätte nach allg. Veranlassungsprinzip zuzuordnen sind und die steuerbilanziellen Vorschriften der Gewinnermittlung nicht entgegenstehen	Abkommensrechtlicher Maßstab (sofern *self-executing* oder innerstaatlich umgesetzt), i.Ü. innerstaatliches Veranlassungsprinzip
	Zuordnung der Wirtschaftsgüter	Zuordnung der Wirtschaftsgüter	
	Fiktion von Innentransaktionen, soweit nach innerstaatlichem Recht zulässig	Fiktion von Innentransaktionen, soweit nach innerstaatlichem Recht zulässig	
Gewinnabgrenzung der Höhe nach	Erfassung der Außentransaktionen mit dem zivilrechtlich vereinbarten Wert; ggf. anteilige Aufteilung, wo nach innerstaatlichem Recht zulässig	Erfassung der Außentransaktionen mit dem zivilrechtlich vereinbarten Wert; ggf. anteilige Aufteilung, wo nach innerstaatlichem Recht zulässig	Entsprechend Steuerbilanzansatz
	Erfassung der Innentransaktionen mit fingierten fremdvergleichskonformen Entgelten	Erfassung der Innentransaktionen mit fingierten fremdvergleichskonformen Entgelten	Fremdvergleich (als Schranke oder durch innerstaatl. Vorschrift); ggf. Einschränkungen durch innerstaatl. steuerbilanzrechtliche Vorschrift
2. Stufe der Gewinnermittlung	ggf. Korrektur des Unterschiedsbetrags (einschließlich Gewinnabgrenzungsergebnis als Abzugsposten)	ggf. Korrektur des Unterschiedsbetrags (entsprechende Anwendung der §§ 4 ff. EStG auf Betriebsstätteneinkünfte nach BFH Rspr)	Innerstaatliche Bewertungs- und Korrekturvorschriften

4.4.2 Quantitatives Verhältnis

Neben dem systematischen Verhältnis der beiden Wirkungsebenen stellt sich die Frage, inwieweit die Betriebsstättengewinnabgrenzung zwischen den beteiligten Staaten bei bestehendem Doppelbesteuerungsabkommen quantitativ korrespondiert.

Die Antwort auf diese Frage folgt im Wesentlichen der abkommensrechtlichen Regelungswirkung. Soweit die durch das Abkommen geregelte Gewinnabgrenzung betroffen ist, gilt das Gebot der übereinstimmenden Gewinnzurechnung.[93] Das heißt, der (zum Fremdvergleichspreis) abgegrenzte Lebenssachverhalt, der dem Gewinn der Betriebsstätte zugeordnet wurde, entspricht dem Lebenssachverhalt, den der Ansässigkeitsstaat des Stammhauses im Wege der Freistellung oder Anrechnung steuermindernd berücksichtigen wird.

Dies steht auch nicht im Widerspruch zu den Ausführungen zum systematischen Verhältnis von Gewinnermittlung und Gewinnabgrenzung, in dessen Kontext daraufhin gewiesen wurde, dass angesichts der vorgeschalteten Gewinnermittlung dem Grunde nach, die Gewinnabgrenzung aus Sicht der beteiligten Staaten jeweils nicht identisch ablaufe. Jene Aussage ist nämlich das Resultat der unterschiedlichen Gewinnermittlungsregime. Das Gebot der übereinstimmenden Gewinnzurechnung betrifft hingegen die Sachverhaltsebene und ist transaktionsbezogen zu verstehen.[94] Das heißt, jeder Lebenssachverhalt wird isoliert betrachtet und einem der beiden oder anteilig beiden Unternehmensteilen zugerechnet. Soweit einer oder beide der beteiligten Staaten den Sachverhalt schon nicht nach ihren innerstaatlichen Gewinnermittlungsvorschriften von der Besteuerung ausnehmen, korrespondiert die Gewinnabgrenzung hinsichtlich dieses Sachverhalts dem Grunde und der Höhe nach. Nimmt einer der Staaten den Sachverhalt schon dem Grunde nach von der Besteuerung aus, so taucht der Sachverhalt auch in dessen Gewinnabgrenzungsschritten nicht auf. Die Abweichung von der Gewinnabgrenzung des anderen Vertragsstaates ist aber letztlich in der innerstaatlichen Gewinnermittlung begründet.[95]

---

[93] Vgl. *Debatin*, DB 1989, 1692, 1695.

[94] Das liegt bereits daran, dass die Steuerbilanz, auf die Gewinnabgrenzung aufsetzt, ihrerseits transaktionsbezogene Züge trägt, vgl. den Grundsatz der Einzelbewertung in § 6 Abs. 1 EStG i. V. m. § 240 Abs. 1, § 253 Abs. 1 Nr. 3 HGB.

[95] Im Fall einer *subject-to-tax*-Rückfallklausel ergibt sich selbst in diesen Fällen keine Abweichung, da das Besteuerungsrecht für Einkünfte, die im Betriebsstättenstaat nicht berücksichtigt werden, dann an den Freistellungsstaat zurückfällt. Bei Verlusten wird das Symmetriekonzept hingegen nicht immer einheitlich umgesetzt, vgl. *Heinsen/Wendland*, GmbHR 2014, 1033, 1036.

Betragsmäßige Unterschiede zwischen dem im Betriebsstättenstaat zu versteuernden Betriebsstättengewinn und dem im Ansässigkeitsstaat im Rahmen der Freistellung oder Anrechnung steuermildernd zu berücksichtigenden Betrag ergeben sich daher stets aus den jeweiligen Unterschieden im innerstaatlichen Gewinnermittlungsrecht.[96]

Von dieser zwischenstaatlichen Korrespondenz ist das innerstaatliche Komplementärverhältnis im Outbound-Fall[97] zu unterscheiden. So sind die dem inländischen Stammhaus zugeordneten inländischen Einkünfte stets komplementär zu den der bzw. den ausländischen Betriebsstätte(n) zugeordneten ausländischen Einkünften. Da beide Gewinnanteile nach innerstaatlichem Recht ermittelt werden und aus dem Gewinnermittlungsregime resultierende Unterschiede damit gerade nicht existieren, sind sie (über die Totalperiode betrachtet) auch der Höhe nach komplementär. Die Summe des Betriebsstättengewinns und des Stammhausgewinns entspricht also über die Totalperiode dem Gewinn des Gesamtunternehmens. Auf den Veranlagungszeitraum bezogen kann es auch hier zu Abweichungen kommen.[98]

4.4.3   Kollision von innerstaatlichem Gewinnermittlungsrecht und abkommensrechtlichen Gewinnabgrenzungsregelungen

Abschließend ist noch zu untersuchen, wie eine Kollision zwischen dem innerstaatlichen Gewinnermittlungsrecht und den abkommensrechtlichen Gewinnabgrenzungsregelungen aufzulösen ist. Dabei ist zwischen den verschiedenen Kollisionsszenarien zu unterscheiden.

Weichen die Gewinnabgrenzungsregelungen *dem Grunde nach zugunsten des Anwendungsstaates* von dessen innerstaatlichen Gewinnermittlungsvorschriften ab, d. h. gewähren sie dem Anwenderstaat ein Besteuerungsrecht für Lebenssachverhalte, die dessen innerstaatliches Gewinnermittlungsrecht nicht erfasst, so kommt es darauf an, ob die abkommensrechtliche Regelung *self-executing* ist oder

---

[96]*Debatin*, DB 1989, 1692, 1695.

[97]Im Inbound-Fall erstreckt sich die Gewinnermittlung von vornherein nur auf den Gewinnanteil, der auf die inländische Betriebsstätte entfällt.

[98]So führt eine fiktive Veräußerung eines Wirtschaftsguts von dem inländischen Stammhaus an die ausländische Betriebsstätte im Jahr der Überführung zu fiktiven Betriebseinnahmen bei dem Stammhaus. Auf Betriebsstättenseite schlägt sich der – insgesamt korrespondierende – Aufwand lediglich verteilt über die verbleibende Nutzungsdauer als AfA nieder.

nicht. In den meisten Fällen wird dies zu verneinen sein, so dass sich im Einzelfall das engere Gewinnermittlungsrecht durchsetzt. Grund hierfür ist der Zweck des Doppelbesteuerungsabkommens, Besteuerungsrechte der Anwenderstaaten zu beschränken, aber nicht über deren rein innerstaatlichen Steueranspruch hinaus zu erweitern.[99] Hat eine Regelung ausnahmsweise *self-executing* Wirkung, so geht sie gemäß § 2 Abs. 1 AO den innerstaatlichen Gewinnermittlungsvorschriften vor.

Wirken sich die Abweichungen der Gewinnabgrenzungsregelungen gegenüber den Gewinnermittlungsvorschriften *dem Grunde nach zulasten des Anwenderstaates* aus, d. h. beschränken die abkommensrechtlichen Gewinnabgrenzungsregelungen das dem Grunde nach gemäß innerstaatlichem Gewinnermittlungsrecht (sowie dem innerstaatlichen Gewinnabgrenzungsrecht) bestehende Besteuerungsrecht bzgl. eines bestimmten Lebenssachverhalts, so führt die Schrankenwirkung des Abkommens dazu, dass sich die dem Grunde nach engere abkommensrechtliche Gewinnabgrenzungsvorschrift durchsetzt.[100]

Entsprechend verhält es sich, wenn die abkommensrechtlichen Gewinnabgrenzungsregelungen *der Höhe nach* von dem innerstaatlichen Gewinnermittlungsrecht (oder dem innerstaatlichen Gewinnabgrenzungsrecht) abweichen. Diese Situation kann beispielsweise im Rahmen der Art. 7 Abs. 2, 9 Abs. 1, Art. 10 Abs. 2, 11 Abs. 2 OECD-MA eintreten. Bei Abweichungen zugunsten des Anwenderstaates setzt sich das engere Gewinnermittlungsrecht durch. Im umgekehrten Fall entfaltet das Abkommen zulasten des Anwenderstaates Schrankenwirkung.

Für den hierfür vorzunehmenden Vergleich der abkommensrechtlichen mit der innerstaatlichen Reichweite ist es unerheblich, auf welcher dogmatischen Ebene (beispielsweise innerstaatliches Gewinnermittlungsrecht vs. innerstaatliches Gewinnabgrenzungsrecht) die innerstaatliche Vorschrift zu verorten ist.[101] Für die Auflösung der Kollision ist ausschließlich relevant, wie das innerstaatliche Recht im Ergebnis wirkt, d. h. ob und ggf. in welcher Höhe ein konkreter Lebenssachverhalt der Besteuerung durch den Anwenderstaat unterworfen wird.

---

[99] Vgl. *Wassermeyer*, DB 2006, 1176, 1177; *Debatin*, DStR-Beih 1992, 1, 2 f.; *Strunk/Kaminski*, in: Strunk/Kaminski/Köhler, AStG/DBA, Einführung OECD-MA Rn. 25.

[100] Vgl. Fn. 56.

[101] Vgl. *Wassermeyer*, in: Wassermeyer, DBA, Art. 7 MA (2000) Rn. 316.

4.5   Zwischenfazit

Bei der Betriebsstättengewinnabgrenzung ist sauber zwischen Gewinnermittlung und Gewinnabgrenzung zu trennen. Während die Gewinnabgrenzung bei bestehendem Doppelbesteuerungsabkommen durch das Abkommen geregelt wird und nur dann einer innerstaatlichen Rechtsgrundlage bedarf, wenn das Doppelbesteuerungsabkommen das Besteuerungsrecht des Anwendungsstaates erweitert, bleibt die Gewinnermittlung ausschließlich dem innerstaatlichen Recht vorbehalten. Von den beiden gängigen Abgrenzungsmethoden hat die Rechtsprechung unter Verweis auf die Selbstständigkeitsfiktion der Betriebsstätte stets der direkten Methode den Vorzug gegeben. Mit der ersatzlosen Streichung des Art. 7 Abs. 4 OECD-MA 2000 durch das Update 2010 ist die weitere Anwendung allein der indirekten Methode jedenfalls auf Doppelbesteuerungsabkommen, die auf OECD-MA 2010 aufbauen, wohl nicht mehr zulässig.[102]

Das Zusammenspiel der beiden Wirkungsebenen ist nicht abschließend geklärt. Insbesondere ist es nicht gesetzlich vorgegeben. Gleichwohl spricht vieles für eine vermittelnde Ansicht zwischen den beiden Hauptansichten, die über den parallelen Rückgriff auf die laufende Buchführung eine Art „verschränkende Parallelität" der beiden Wirkungsebenen vorsieht. Innerhalb der Gewinnabgrenzung gilt transaktionsbezogen das Gebot der übereinstimmenden Gewinnzurechnung. Wegen der Einflüsse des innerstaatlichen Gewinnermittlungsrechts können sich insgesamt aber – sowohl auf Ebene der Gewinnabgrenzung wie auch hinsichtlich des letztlich zugerechneten Gewinns der Höhe nach – Unterschiede ergeben.

---

[102] *Kahle/Mödinger*, IStR 2010, 757, 758; a. A. *Kaeser*, in: Wassermeyer, DBA, Art. 7 MA (2010) Rn. 693, der angesichts der Verortung der nationalen Umsetzungsvorschrift (§ 1 Abs. 5 AStG) auf der Korrekturebene davon ausgeht, dass sich auf Gewinnabgrenzungsebene nichts ändert, die indirekte Methode damit grundsätzlich zulässig bleibt, ggf. aber auf der 2. Stufe der Gewinnermittlung einer Korrektur gemäß § 1 Abs. 5 AStG unterliegt.

Teil II

Innerstaatliche Abgrenzungsmaßstäbe

Der BFH greift in seiner Rechtsprechung zur abkommensrechtlichen Zurechnung vorbehaltlich speziellerer abkommensrechtlicher Maßstäbe (vgl. Art. 3 Abs. 2 OECD-MA) auf das Veranlassungsprinzip als Grundprinzip (vgl. *Weber*, StuW 2009, 184; *Stapperfend*, FS Kruse, S. 533, 537) der innerstaatlichen Zurechnung zurück. Vor diesem Hintergrund sollen Genese und Grundzüge dieses innerstaatlichen Zurechnungsmaßstabs im Folgenden in gebotener Kürze dargestellt (Kapitel 5) und sodann die Übertragbarkeit des Veranlassungsprinzips auf die Zuordnung von Wirtschaftsgütern kritisch beleuchtet werden (Kapitel 6). Vor dem Hintergrund der Wechselwirkung von Veranlassungsprinzip und Fremdvergleichsgrundsatz (vgl. hierzu detailliert Kapitel 11) folgt im Anschluss ein Exkurs zum Veranlassungsprinzip im Kontext der verdeckten Gewinnausschüttung (Kapitel 7), bevor dieser Teil zu den innerstaatlichen Abgrenzungsmaßstäben mit einem Kapitel zur grenzüberschreitenden Gewinnzurechnung nach innerstaatlichem Recht schließt (Kapitel 8).

Das allgemeine Veranlassungsprinzip als Ausgangspunkt und Grundprinzip der Gewinnabgrenzung

5

Das Veranlassungsprinzip ist gesetzlich in § 4 Abs. 4 EStG verankert.[1] Dort heißt es:

> *„Betriebsausgaben sind Aufwendungen, die durch den Betrieb veranlasst sind."*

Zweck dieser Norm ist die Abgrenzung der Erwerbs- von der Privatsphäre.[2] Es gilt, die Einkommenserzielung von der Einkommensverwendung zu unterscheiden, da letztere das Einkommen selbst nicht mindern darf.[3] Zum Zwecke dieser Abgrenzung bedient sich der Gesetzgeber des Kriteriums der Veranlassung.

---

[1] Vgl. *Prinz*, StuW 1996, 267, 268.

[2] *Weber*, StuW 2009, 184; Prinz StuW 1996, 267, 270, *Söhn*, in: Söhn, DStJG Bd. 3, S. 13, 25.

[3] *Wassermeyer*, StuW 1979, 209, 213, 215; vgl. auch *Tipke*, StuW 1979, 193, 194.

5.1   Die verschiedenen Veranlassungstheorien der Literatur

Wie der Veranlassungsbegriff zu verstehen ist, ist in der Literatur umstritten.[4] Ziel der Bestimmung des Veranlassungsbegriffs ist die Erfassung der Beziehung zwischen den (im Fall des § 4 Abs. 4 EStG) in Frage stehenden Aufwendungen und ihrer Ursache bzw. dem sie auslösenden Moment. Dabei konzentriert sich die Diskussion des Veranlassungsprinzips im Wesentlichen auf zwei Fragen:

1. Was ist Veranlassung?
2. Wie ist mit „Veranlassungspluralität" umzugehen?

5.1.1   Der Veranlassungsbegriff

Die Literatur diskutiert den Veranlassungsbegriff auf zwei verschiedenen Ebenen, die sie teilweise auch vermengt.[5] Zum einen versucht sie, das Veranlassungsprinzip zwischen den beiden „Polen" Kausalität und Finalität einzuordnen.[6]

Dabei postulieren die Vertreter der Kausaltheorien eine Begriffsidentität der Verursachung und der Veranlassung[7] und begründen dies damit, dass das Gesetz keinen Anhaltspunkt[8] enthalte, wonach bewusst zwischen Verursachung einerseits und Veranlassung andererseits unterschieden werde.[9] Maßgeblich sei danach, ob

---

[4]Vgl. hierzu die verschiedenen Beiträge zu dem Thema auf der Jahrestagung der DStJG 1979, im Einzelnen *Söhn,* in: Söhn, DStJG Bd. 3, S. 13; *Ruppe,* in: Söhn, DStJG Bd. 3, S. 103; *von Bornhaupt,* in: Söhn, DStJG Bd. 3, S. 149; *Kirchhof,* in: Söhn, DStJG Bd. 3, S. 201; *Wassermeyer,* in: Söhn, DStJG Bd. 3, S. 315; sowie auch *Tiedtke,* FR 1978, 493; *Tipke,* StuW 1979, 193; *Offerhaus,* BB 1979, 617; *Wassermeyer,* StuW 1982, 352; *Kröner,* StuW 1985, 115; *Wanner,* StuW 1987, 302; *Weber,* StuW 2009, 184.

[5]*Kröner,* StuW 1985, 115, 118, 126 f. So werden „final" und „subjektiv" einerseits und „kausal" und „objektiv" häufig synonym gebraucht.

[6]*Wanner,* StuW 1987, 302; *Stapperfend,* in: H/H/R, EStG/KStG, § 4 EStG Rn. 790; vgl. auch *Ruppe,* in: Söhn, DStJG Bd. 3, S. 103, 126.

[7]Vgl. *Söhn,* in: Söhn, DStJG Bd. 3, S. 13, 23 f.

[8]*Söhn* führt die Formulierung des § 4 Abs. 4 EStG 1934 auf *RFH,* Urt. v. 9.2.1927 – VI A 60/27, RFHE, 208 zurück und betont, dass die Rechtsprechung vor 1934 aber keine gewollte Unterscheidung zwischen „veranlassen" und „verursachen" erkennen lasse, vgl. *Söhn,* in: Söhn, DStJG Bd. 3, S. 13, 23.

[9]*Stapperfend,* FS Kruse, S. 533, 539; *Stapperfend,* in: H/H/R, EStG/KStG, § 4 EStG Rn. 790.

der Betrieb bzw. die Betriebstätigkeit die logisch-naturwissenschaftliche Ursache für die in Frage stehenden Aufwendungen darstelle.[10]

Die Vertreter der Finaltheorien gehen hingegen davon aus, dass die Begriffe Veranlassung und Verursachung nicht gleichzusetzen sind.[11] Während die Verursachung den logisch-naturwissenschaftlichen Verursachungszusammenhang beschreibe,[12] beziehe sich die Veranlassung auf das auslösende Moment, das als „äußerer Anstoß"[13] auch subjektive Elemente enthalte.[14] Die Notwendigkeit eines subjektiven Elements im Rahmen der Finaltheorien ergebe sich auch daraus, dass der Begriff der Veranlassung zwingend eine menschliche Handlung voraussetzt, da nur der Mensch etwas veranlassen könne.[15] Während die Vertreter der Finaltheorie den Wortlaut des § 4 Abs. 4 EStG auf ihrer Seite haben, lässt sich dagegen zugleich anführen, dass sich die Rechtsprechung bei anderen Aspekten der Zuordnungsdebatte, nämlich der Gleichstellung von Werbungskosten und Betriebsausgaben, durch teleologische Auslegung des Gesetzestextes auch problemlos über den eigentlich entgegenstehenden Wortlaut hinweggeholfen hat.[16]

Zum anderen widmet sich die Diskussion des Veranlassungsprinzips der Frage, ob die Veranlassung ausschließlich einen objektiven Zusammenhang,[17] ausschließlich ein subjektives Element[18] oder gar eine Kombination von objektiver und subjektiver Komponente[19] erfordere.

---

[10] *Stapperfend*, FS Kruse, S. 533, 539; *Wanner*, StuW 1987, 302, 314.

[11] Vgl. *von Bornhaupt*, in: Söhn, DStJG Bd. 3, S. 149, 180; *Offerhaus*, BB 1979, 617, 620.

[12] Vgl. *Weber*, StuW 2009, 184, 186; *Stapperfend*, FS Kruse, S. 533, 539 f.; *Wassermeyer*, StuW 1982, 352, 359.

[13] *Weber*, StuW 2009, 184, 187; *Stapperfend*, FS Kruse, S. 533, 540; *Offerhaus*, BB 1979, 617, 620.

[14] Vgl. *Weber*, StuW 2009, 184, 186; *Stapperfend*, FS Kruse, S. 533, 539 f.; *Wassermeyer*, StuW 1982, 352, 359; *Offerhaus*, BB 1979, 617, 620.

[15] *Weber*, StuW 2009, 184, 188; *Stapperfend*, in: H/H/R, EStG/KStG, § 4 EStG Rn. 790.

[16] *Ruppe*, in: Söhn, DStJG Bd. 3, S. 103, 126 f.

[17] *Söhn*, in: Söhn, DStJG Bd. 3, S. 13, 28; *Söhn*, StuW 1983, 193, 194 ff.; *Lange*, DB 1978, 1854, 1857.

[18] *Tipke*, StuW 1979, 193, 199; *Prinz*, FR 1986, 397, 405; *Wassermeyer*, StuW 1981, 245, 251; *Wassermeyer*, DStR 1982, 557, 558; *Wassermeyer*, StuW 1982, 352, 353, 359, 363; *Weber*, StuW 2009, 184, 191.

[19] *Offerhaus*, BB 1979, 617, 621; *von Bornhaupt*, in: Söhn, DStJG Bd. 3, S. 149, 180 f.; *von Bornhaupt*, FR 1982, 313, 314; *Görlich*, DB 1979, 711, 712; *Kreft*, Erwerbsaufwendungen 2000, S. 66 ff.

Bevor man sich aber der diskutierten Zuordnungsmaßstäbe annimmt, ist es zuvor erforderlich, die Bezugspunkte dieser Zuordnungsmaßstäbe zu identifizieren.[20] Dabei erscheint eine einheitliche Gesamtbetrachtung des Veranlassungszusammenhangs, d. h. des Prozesses von der Ursache bzw. dem auslösenden Moment bis zur Aufwendung, als zu grobmaschig. Vielmehr bietet sich eine Aufteilung dieses Prozesses in seine Einzelbestandteile an. Dementsprechend lässt sich auch den meisten Veranlassungstheorien – ausdrücklich[21] oder jedenfalls implizit[22] – ein mehrstufiger Zuordnungsprozess entnehmen.

Grob abstrahiert[23] tauchen in diesen Veranlassungstheorien die folgenden vier Elemente auf:

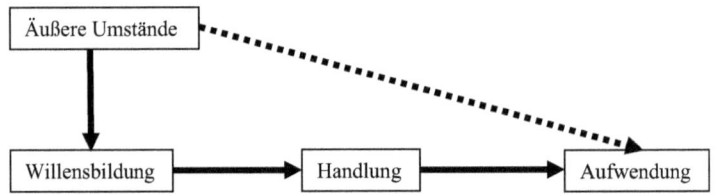

Die äußeren Umstände können einerseits in Gestalt von beispielsweise Naturereignissen oder Einwirkungen Dritter direkt zu Aufwendungen im weiteren Sinne, nämlich in Gestalt von Substanzverlusten oder Untergang des Wirtschaftsguts,[24] führen. *Kröner* spricht bei diesen der Einflusssphäre des Steuerpflichtigen

---

[20] *Weber*, StuW 2009, 184, 186; *Kröner*, StuW 1985, 115, 120; *Wassermeyer*, StuW 1982, 352, 355.

[21] *Weber*, StuW 2009, 184, 186; *Kröner*, StuW 1985, 115, 126 ff.; *Tipke*, StuW 1979, 193, 199 ff.; *Tipke,* in: Söhn, DStJG Bd. 3, S. 1, 7.

[22] *Merten*, FR 1979, 365, 370; *Kröger*, StuW 1978, 289, 291; *Tiedtke*, FR 1978, 493.

[23] Für eine detaillierte Aufstellung der einzelnen Literaturmeinungen vgl. *Wanner*, StuW 1987, 302.

[24] *Wassermeyer* zieht zum Zweck der Unterscheidung zwischen Aufwendungen i. w. S. und Aufwendungen i. e. S. den Ausgabenbegriff heran. Danach betreffen Ausgaben Vermögensabflüsse, die auf eine entsprechende Vermögensverfügung zurückgehen. Die hier als Aufwendungen i. w. S. bezeichneten Vermögensschäden und Wertverluste erfasst er gerade nicht, *Wassermeyer*, StuW 1982, 352, 358. Auch *Söhn*, in: Söhn, DStJG Bd. 3, S. 13, 33 sieht vom Aufwendungsbegriff des § 4 Abs. 4 EStG nur Ausgaben i. S. von Wertabgaben umfasst, ohne dies an das Erfordernis einer Vermögensverfügung zu knüpfen. Gleichwohl will er den betrieblich verursachten Werteverzehr (Aufwand), wegen seines mit den Aufwendungen (i. e. S.) vergleichbaren gewinnmindernden Zwecks nach gleichen Prinzipien zuordnen, a. a. O., S. 34.

entzogenen Tatsachen von „äußeren Auslösern"[25]. Andererseits – und das dürfte der weitaus häufigere Fall sein – können äußere Umstände auf die bewusste oder unbewusste Willensbildung des Steuerpflichtigen einwirken,[26] die sich dann nach außen in einer Handlung des Steuerpflichtigen manifestiert, die ihrerseits zu der Aufwendung im engeren Sinne, also einem Mittelabfluss,[27] führt. Diese Auslöser bezeichnet *Kröner* unter Bezug auf das eigengesteuerte Handeln des Steuerpflichtigen als die sog. „inneren Auslöser".[28]

Hinsichtlich der Aufwendungen aufgrund „äußerer Auslöser" (gestrichelter Pfeil in der obigen Grafik) besteht weitestgehend Einigkeit[29] dahingehend, dass die Aufwendungen dann steuerrechtlich anzuerkennen seien, wenn die vom Substanzverlust oder Untergang betroffenen Wirtschaftsgüter im Zeitpunkt des Einwirkens der äußeren Umstände zum Betriebsvermögen gehört haben. Eine für diese Maßgeblichkeit der Betriebszugehörigkeit sehr einleuchtende Erklärung liefert *Wassermeyer*,[30] der den Substanzverlust oder Untergang für steuerliche Zwecke als Absetzungen für außergewöhnliche Abnutzung einordnet, die nach § 7 EStG an die Betriebsvermögenszugehörigkeit anknüpfen.

Diese betriebsvermögenorientierte Betrachtungsweise gilt auch für Aufwendungen in Verbindung mit passiven Wirtschaftsgütern des Betriebsvermögens. So wäre es lebensfremd, bei der Erfüllung von betrieblichen Verbindlichkeiten auf einen Willensbildungsprozess beim Steuerpflichtigen abzustellen. Ebenso wie

---

[25] *Kröner*, StuW 1985, 115, 121. Daneben ergänzt er die Kategorie der „äußeren Auslöser" um die Ausnahmen des erzwungenen Handelns und der Reflexe des Steuerpflichtigen, da diese Fälle fremdbestimmten Handelns darstellten, vgl. *Kröner*, StuW 1985, 115, 121 f.

[26] Vgl. *Merten*, FR 1979, 365, 371; *Kröger*, StuW 1978, 289, 291.

[27] Vgl. *Wassermeyer*, StuW 1982, 352, 358 (Ausgaben i. e. S.); *Söhn*, in: Söhn, DStJG Bd. 3, S. 13, 34 (Ausgaben); *von Bornhaupt*, in: Söhn, DStJG Bd. 3, S. 149, 154 ff.

[28] *Kröner*, StuW 1985, 115, 121. Auch diese Kategorie ergänzt *Kröner* um eine Ausnahme, in dem er unter die „inneren Auslöser" auch das dem Steuerpflichtigen zuzurechnende Handeln seines Vertreters fasst, *Kröner*, StuW 1985, 115, 121 f.; zustimmend *Wassermeyer*, StuW 1981, 245, 252.

[29] *Wassermeyer*, StuW 1982, 352, 360; *Tipke*, StuW 1979, 193, 201 f.; *Kröner*, StuW 1985, 115, 122; *Lange*, BB 1971, 405, 407 m. w. N.; grundsätzlich wohl auch *Weber*, StuW 2009, 184, 189; etwas unklar *Stapperfend*, der einerseits die betriebliche „Widmung" des betroffenen Wirtschaftsguts als ausreichende Konkretisierung des für den Begriff der Veranlassung erforderlichen subjektiven Elements ansieht, andererseits aber davon ausgeht, dass es in diesen Fällen maßgeblich auf den objektiven Zusammenhang ankommt, vgl. *Stapperfend*, FS Kruse, S. 533, 543 f. A. A. *Söhn*, in: Söhn, DStJG Bd. 3, S. 13, 33, der diesen Aufwand durch Wertverzehr auf die neben der Erwerbs- bzw. der Privatsphäre existierende Kategorie der „sonstigen außerbetrieblichen Ursachen" zurückführt und den Aufwand entsprechend der Nutzung aufteilen will (a. a. O., S. 92).

[30] Vgl. *Wassermeyer*, StuW 1982, 352, 360.

der Ersatz eines untergegangenen Wirtschaftsguts des Aktivvermögens ist die Leistung auf eine bereits passivierte betriebliche Verbindlichkeit lediglich Konsequenz und Fortführung des ursprünglichen Willensbildungsprozesses, der zur Aufnahme des passiven Wirtschaftsgutes in das Betriebsvermögen geführt hat.[31] Die Annahme einer erneuernden Willensbildung zu vertragsgetreuem Verhalten wäre eine künstliche Vervielfachung des Willensbildungsprozesses.

Da die Zugehörigkeit zum Betriebsvermögen[32] in ihrem Grundfall ihrerseits durch eine Anschaffungs- bzw. Herstellungshandlung des Steuerpflichtigen „veranlasst" wird, die wiederum Ergebnis eines Willensbildungsprozesses ist, lassen sich somit grundsätzlich[33] auch die Aufwendungen durch „äußere Auslöser" auf Handlungen des Steuerpflichtigen zurückführen.[34] Abstrakt lassen sich daher alle für das Veranlassungsprinzip relevanten Fälle darauf reduzieren, dass der Steuerpflichtige einen Willen bildet (innerer Auslöser), der sich nach außen in einer Handlung manifestiert, die ihrerseits (ggf. mittelbar) zu den Aufwendungen führt. Dieser Prozess entspricht in der obigen Grafik der durchgezogenen Pfeilkette.[35]

Ausgehend von konkreten Aufwendungen[36] sind für deren Zuordnung nach dem Veranlassungsprinzip grundsätzlich zwei Zuordnungsfragen[37] und damit einhergehend zwei Zuordnungsmaßstäbe zu klären:[38]

---

[31] Vgl. für den Fall des Abflusses von Schuldzinsen *Kröner*, StuW 1985, 115, 124 f.

[32] Zur Zuordnung von Wirtschaftsgütern zum Betriebsvermögen siehe unten Kapitel 6.

[33] In den Fällen der „reflexartigen" Erweiterung des Betriebsvermögensbegriffs infolge der rechtlichen Erweiterung des Gewerbebetriebsbegriffs (vgl. hierzu unten 6.2) ist auch die Abzugsfähigkeit des mit diesen Wirtschaftsgütern verbundenen Aufwands rechtlicher Reflex besagter Erweiterung.

[34] Vgl. *Weber*, StuW 2009, 184, 189; *Tipke*, StuW 1979, 193, 202; *Stapperfend*, FS Kruse, S. 533, 542 f. Davon zu unterscheiden ist die Frage, in welcher Höhe bei gemischter Nutzung des Wirtschaftsguts ein Betriebsausgabenabzug gewährt wird. *Tipke* (a. a. O.) spricht sich lediglich für einen anteiligen Abzug i. H. d. tatsächlichen Nutzungsanteils aus.

[35] Die Benennung einer konkreten für den Betriebsausgabenabzug relevanten Handlung beantwortet zugleich die Frage der Anknüpfung der nachgelagerten Zuordnungsfrage. Das von *Ruppe* aufgeworfene Problem, bei der Äquivalenztheorie sei unklar, was genau hinweg gedacht werden müsse (*Ruppe,* in: Söhn, DStJG Bd. 3, S. 103, 129), entsteht so erst gar nicht.

[36] Für die Klärung der Zuordnungsfrage wird der oben dargestellte Prozess in der Reihenfolge umgekehrt. Zur Umkehrung vgl. auch *Kröner*, StuW 1985, 115, 127.

[37] Vgl. *Weber*, StuW 2009, 184, 186; *Tipke*, StuW 1979, 193; *Kröner*, StuW 1985, 115, 126, der angesichts der Relevanz von Auslöser, Handlung und Wertveränderung von einer dreistufigen Betrachtung ausgeht; von verschiedenen Ansatzpunkten sprechend *Kirchhof*, in: Söhn, DStJG Bd. 3, S. 201, 209.

[38] *Tipke* durchläuft diesen zweistufigen Prozess in umgekehrter Reihenfolge, vgl. *Tipke*, StuW 1979, 193, 201, *Tipke,* in: Söhn, DStJG Bd. 3, S. 1, 6 f., indem er zunächst die sphärische

1. Welche Handlung hat zu der in Frage stehenden Aufwendung geführt?
2. Welcher Sphäre ist diese Handlung zuzuordnen?

Auf beiden Ebenen stellt sich die Frage, nach welchen Kriterien die Zuordnung zu erfolgen hat. Hinsichtlich der ersten Abgrenzungsfrage wird diese Debatte unter der Abgrenzung von Kausalität und Finalität geführt, bezüglich der zweiten Frage konzentriert sich die Diskussion darauf, ob der subjektiv intendierte und/oder der objektiv-erkennbare Zusammenhang für die Zuordnung maßgeblich ist.[39]

Dabei nehmen nicht alle Veranlassungstheorien ausdrücklich diese Aufteilung vor oder befassen sich gleichermaßen mit beiden Ebenen.[40] Die erste Ebene wird häufig auch nur implizit vorausgesetzt.[41] Ausdrücklich thematisieren die

---

Zuordnung der finalen Handlung vornimmt und im Anschluss daran ermittelt, ob diese Handlung für die Aufwendung kausal war. Diese Reihenfolge entspricht der historisch korrekten Reihenfolge. Gleichwohl entspricht die umgekehrte Reihenfolge, wie sie beispielsweise bei *Weber*, StuW 2009, 184, 186 zu finden ist, eher der praktischen Anwendung. So gilt es meist, ausgehend von einer konkret in Frage stehenden Aufwendung, die Quelle dieser Aufwendung zurückzuverfolgen, um deren Veranlassung für steuerliche Zwecke zu ermitteln. Dazu wird der Veranlassungsprozess in historisch umgekehrter Reihenfolge wieder „aufgerollt".

[39] Vgl. *Weber*, StuW 2009, 184, 186.

[40] Ausdrücklich erwähnen nur *Tipke*, StuW 1979, 193, 199 ff.; *Tipke,* in: Söhn, DStJG Bd. 3, S. 1, 6 f., *Weber*, StuW 2009, 184, 186 ff., *Kröner*, StuW 1985, 115, 126 ff. und auch *Merten*, FR 1979, 365, 370 die Zweistufigkeit des Veranlassungsprozesses. Eine ähnliche Ansicht, die aber ebenfalls zwei Bezugspunkte enthält, vertritt *Kirchhof*: Dieser unterscheidet zwischen dem Bewirken (der zur Aufwendung führenden Handlung) und der Wirkung (bspw. der Mehrung des Betriebsvermögens), die durch die Aufwendung verbunden werden, *Kirchhof,* in: Söhn, DStJG Bd. 3, S. 201, 209.

[41] Vgl. bspw. *Wassermeyer*, StuW 1982, 352, 358, der zwischen der Zustandsveränderung als solcher und dem sie auslösenden Moment differenziert und mit seinem Veranlassungsbegriff unmittelbar vor Beginn der Zustandsveränderung ansetzt. Wenn er somit kein zweistufiges Veranlassungsmodell verfolgt, so betrifft sein Veranlassungsbegriff nur die zweite der o. g. Ebenen. Auch *Kröger* stellt formal ein einstufiges Veranlassungsmodell vor, indem er den Willensentschluss als das direkt zwischen den äußeren Umständen und den Aufwendungen vermittelnde Element versteht, vgl. *Kröger*, StuW 1978, 289, 291. Dabei scheint das Element der „Handlung" als Bezugspunkt der Veranlassung aber dennoch durchzuscheinen, wenn *Kröger* davon spricht, dass die Betrachtung der Veranlassung von Aufwendungen erst an dem Punkt ansetze, wo ihre Wurzeln offen zutage träten, vgl. *Kröger*, StuW 1978, 289, 291. Diese Manifestation des Willensentschlusses dürfte nämlich der Handlung des Steuerpflichtigen entsprechen. Auch *Prinz*, der die „konkrete, der Einkunftserzielung dienende Erwerbsleistung" als Teil der Veranlassung sieht, weil dadurch die Steuerverstrickung der Aufwendungen begründet werde, scheint die erste Zuordnungsfrage jedenfalls implizit in seinen Veranlassungsbegriff mit aufgenommen zu haben, vgl. *Prinz*, StuW 1996, 267, 270. Schließlich scheint auch *Söhn,* in: Söhn, DStJG Bd. 3, S. 13, 25 f. implizit von einem zweistufigen Prozess auszugehen, wenn er die Abgrenzung der Betriebsausgaben von den Privatausgaben als Frage

Frage beispielsweise *Tipke* und *Weber*.[42] Auch *Tiedtke* befasste sich im Rahmen der Handhabung von mehreren Handlungen mit dem Zuordnungsmaßstab zwischen der Handlung des Steuerpflichtigen und der darauf zurückzuführenden Aufwendung.[43] Eine Befassung mit dem eigentlichen Zuordnungsmaßstab über die Frage der Handhabung von Handlungspluralität hinaus findet jedoch auf der ersten Ebene kaum statt. *Tipke* konstatiert lediglich das (kausale) Ursachenverhältnis von Handlung und Aufwand.[44] Auch *Kröner* bemerkt schlicht, dass „nur eine technisch kausale Abfolge von […] Handlung und resultierender Wertveränderung betrachtet werden" kann, da diese Beziehung der Verantwortung des Steuerpflichtigen entzogen sei.[45] Letztlich spricht sich auch *Weber* zugunsten einer kausalen Verbindung zwischen Handlung und Aufwand aus. Soweit er die Unterscheidung zwischen Finalität und Kausalität auf der ersten Stufe als „rein begrifflicher Natur" bezeichnet, da auch die Kausalfaktoren einer wertenden Auswahl unterlägen,[46] bezieht sich diese „Einschränkung" des Kausalprinzips auf den hier unter 5.1.2 dargestellten Fall der Handlungspluralität.

Das Kausalprinzip als Ausgangspunkt der Betrachtung auf der ersten Stufe scheint damit „gesetzt":[47] Es herrscht weitgehend Einigkeit darüber, dass die Auswahl der für die Veranlassungsfrage heranzuziehenden Handlung nach Kausalitätsfragen zu erfolgen hat.[48] Dies überzeugt auch. Die Frage, ob aus einer Handlung Aufwendungen resultieren, ist eine Frage nach Ursache und Wirkung, die sich allein nach naturwissenschaftlich-logischen Kausalitätszusammenhängen ergibt.[49] Raum für eine willensgesteuerte Zweckbestimmung (Finalität) besteht hier nicht. Stehen mehrere Handlungen (oder auf zweiter Stufe mehrere Auslöser) zur Diskussion, so ist auch anerkannt, dass diese einer wertenden Auswahl unterworfen werden müssen.[50]

Die Mehrzahl der Veranlassungstheorien konzentriert sich daher auf die zweite Stufe der Zuordnung, nämlich den Aspekt der sphärischen Zuordnung der für

---

der Zuordnung der tatsächlichen Ursachen von Aufwendungen (1. Stufe, a. a. O., S. 19 ff.) zur betrieblichen oder privaten Sphäre (2. Stufe, a. a. O., S. 24 ff.) bezeichnet.

[42] *Tipke*, StuW 1979, 193, 200; *Weber*, StuW 2009, 184, 186 ff.

[43] *Tiedtke*, FR 1978, 493 ff.

[44] *Tipke*, StuW 1979, 193, 199 f.

[45] *Kröner*, StuW 1985, 115, 127.

[46] *Weber*, StuW 2009, 184, 187.

[47] So auch *Merten*, FR 1979, 365, 370; *Tipke*, StuW 1979, 193, 199 f.

[48] *Söhn*, in: Söhn, DStJG Bd. 3, S. 13, 25 f.; *Tipke*, StuW 1979, 193, 199 f.

[49] *Merten* bezeichnet die Ausgabe als „Erfolg einer Handlung", *Merten*, FR 1979, 365, 370.

[50] Vgl. hierzu die Ausführungen unter 5.1.2.

die Aufwendung ursächlichen Handlung des Steuerpflichtigen. Dabei geht es vornehmlich um die Frage, inwieweit für die Zuordnung zur Betriebs- oder zur Privatsphäre auf objektive[51] oder subjektive[52] Zusammenhänge oder eine Kombination[53] der beiden abzustellen ist.

Die alleinige Maßgeblichkeit eines objektiven Zusammenhangs zur Betriebstätigkeit wird von den meisten Vertretern der Literatur unter Verweis auf die grundsätzlich unangefochtene steuerliche Anerkennung von unüblichen, unnötigen oder unangemessenen Aufwendungen verneint.[54] Denn stellte man hier auf einen objektiven Zusammenhang mit dem Betrieb ab, so müsste jedenfalls das Kriterium der Üblichkeit als Maßstab für den objektiven Zusammenhang herangezogen werden; ein Abzug unüblicher Aufwendungen schiede damit aus.[55]

Eine hiervon abweichende Auffassung vertritt vor allem *Söhn,* der den objektiven Zusammenhang als maßgeblich, subjektive Kriterien hingegen als nicht begriffswesentlich einstuft.[56] Denn nur das Handeln selbst sei final gesteuert; die Frage der Zuordnung beantworte sich hingegen allein anhand ihrer objektiven Verursachung.[57] Demnach folge aus dem objektiven Nettoprinzip, dass Aufwendungen die in einem objektiven (wirtschaftlichen) Zusammenhang mit der beruflichen bzw. betrieblichen Tätigkeit stehen, Werbungskosten bzw. Betriebsausgaben sein müssten, selbst wenn der Steuerpflichtige subjektiv Privatausgaben tätigen will (und umgekehrt).[58] Das subjektive Merkmal sei daher nur ein Indiz

---

[51] Siehe Fn. 17.

[52] Siehe Fn. 18.

[53] Siehe Fn. 19.

[54] *Weber,* StuW 2009, 184, 190 f.; *Wassermeyer,* StuW 1982, 352, 353; vgl. auch *Offerhaus,* BB 1979, 617, 621; a. A. *Söhn,* der maßgeblich auf den objektiven Zusammenhang abstellt, vgl. *Söhn,* StuW 1983, 193, 196; *Söhn,* in: Söhn, DStJG Bd. 3, S. 13, 25 ff.

[55] *Weber,* StuW 2009, 184, 191; *Wassermeyer,* StuW 1982, 352, 353; a. A. *Söhn,* in: Söhn, DStJG Bd. 3, S. 13, 28, der in diesem Kontext dem subjektiven Merkmal ausnahmsweise eine mitentscheidende Funktion beimisst, und die Zuordnung über die Negativabgrenzung zum Privatvermögen vornimmt, vgl. auch *Söhn,* StuW 1983, 193, 197.

[56] Vgl. *Söhn,* in: Söhn, DStJG Bd. 3, S. 13, 24 ff.

[57] *Söhn,* in: Söhn, DStJG Bd. 3, S. 13, 28.

[58] *Söhn,* StuW 1983, 193, 196.

für die Veranlassung, dem allenfalls im Rahmen von Entscheidungsspielräumen Bedeutung zukomme.[59] Dabei wird nicht immer deutlich, inwieweit *Söhn* zwischen dem „Objektiven" und dem „Tatsächlichen" unterscheidet.[60]

Demgegenüber spricht sich die große Mehrzahl der Stimmen für die Berücksichtigung eines subjektiven Elements aus.[61] Da einer menschlichen Handlung stets ein finaler Willensbildungsprozess vorausgehe, könne auch die Zuordnung der durch menschliche Handlungen verursachten Aufwendungen nur anhand dieses subjektiven Motivs erfolgen.[62] Maßgeblich für die Zuordnung sei daher, was der Steuerpflichtige tatsächlich mit der für die Aufwendung ursächlichen Handlung bezweckt habe.[63] Zwar räumt *Wassermeyer* ein, dass der von äußeren Umständen ausgehende Zwang dem Steuerpflichtigen in gewissen Situationen keinen Raum für eine eigentliche Willensbildung mehr lasse; gleichwohl vollziehe sich die Veranlassung formal im subjektiven Bereich.[64]

---

[59] *Söhn*, in: Söhn, DStJG Bd. 3, S. 13, 28 f.

[60] So nimmt *Söhn* in dem von *Wassermeyer* gebildeten Beispiel eines Arztes, der ausschließlich auf einen Ärztekongress nach Davos fährt, um sich dort zu *erholen*, an, dass die Aufwendungen für die Fahrt, Unterkunft und Verpflegung in einem objektiven Zusammenhang mit der Privatsphäre stünden, da die subjektiven Absichten des Arztes den objektiven Zusammenhang mit der Privatsphäre indizierten, vgl. *Söhn*, StuW 1983, 193, 196. Dieses Verständnis eines objektiven Zusammenhangs trägt starke Anklänge eines tatsächlichen Maßstabs. Im Ergebnis unterscheiden sich die Ansichten *Wassermeyers* (vgl. *Wassermeyer*, StuW 1982, 352, 362), der auf die subjektiven Momente abstellt, und *Söhns*, der den objektiven Zusammenhang als von dem subjektiven Moment indiziert ansieht, nicht.

[61] Vgl. *Weber*, StuW 2009, 184, 191; *Wassermeyer*, StuW 1982, 352, 359; *Wassermeyer*, in: Söhn, DStJG Bd. 3, S. 315, 323; *Tipke*, StuW 1979, 193, 199; *Kröger*, StuW 1978, 289, 290 ff.; *Merten*, FR 1979, 365, 371. A. A. *Söhn*, der „Veranlassung" i. S. e. „Verursachung" versteht und die Zuordnung der Aufwendungen anhand tatsächlich objektiver Merkmale vornehmen will (*Söhn*, in: Söhn, DStJG Bd. 3, S. 13, 25 ff., wobei subjektive Merkmale für den Veranlassungszusammenhang nicht begriffswesentlich seien (a. a. O., S. 100, *Söhn*, StuW 1983, 193, 194, 196). Einen dritten Weg schlägt *Ruppe*, in: Söhn, DStJG Bd. 3, S. 103, 138 ein, der die Zuordnung über den wirtschaftlichen Zusammenhang vornimmt, der seinerseits im Einzelfall anhand objektiver und/oder subjektiver Kriterien zu bestimmen sei.

[62] *Kröner*, StuW 1985, 115, 128; *Tipke*, StuW 1979, 193, 199; *Görlich*, DB 1979, 711, 712; vgl. auch *Stapperfend*, FS Kruse, S. 533, 540 f.; *Merten*, FR 1979, 365, 370.

[63] *Weber*, StuW 2009, 184, 190; *Tipke* geht dabei insbesondere davon aus, dass für steuerliche Zwecke Motiv (*causa movens*) und Zweck (*causa finalis*) übereinstimmen, *Tipke*, StuW 1979, 193, 199. *Offerhaus* und *Merten* sprechen von den fließenden Grenzen zwischen Anlass und Zweck, *Offerhaus*, BB 1979, 617, 621; *Merten*, FR 1979, 365, 371. Beides entspricht letztlich der Vorstellung, dass die äußeren Umstände das zweckgerichtete Handeln steuern, vgl. hierzu auch *Kröger*, StuW 1978, 289, 291.

[64] *Wassermeyer*, StuW 1982, 352, 359.

Umstritten ist hingegen, welche Rolle das Erfordernis des objektiven Zusammenhangs neben dem subjektiven Element spielt. Eine Strömung der Literatur misst dem objektiven Zusammenhang lediglich Beweisfunktion bei.[65] Der nach außen sichtbare tatsächliche und wirtschaftliche Zusammenhang zum Betrieb sei lediglich Beweisanzeichen für die nicht nach außen in Erscheinung tretenden, aber dennoch beweisbedürftigen inneren Tatsachen.[66]

Die Gegenströmung betrachtet das Erfordernis des objektiven Zusammenhangs hingegen als eigenständiges Tatbestandsmerkmal der Veranlassung.[67] Im Verhältnis zu dem subjektiven Element komme ihm die „Aufgabe eines Korrektivs" zu, um die Abzugsfähigkeit von Aufwendungen nicht in die Disposition des Steuerpflichtigen zu stellen.[68] Nach dieser Auffassung dürften dann Tatsachen wie die Unzweckmäßigkeit, Unangemessenheit, Ungeeignetheit oder Unüblichkeit aber auch als Indizien für eine private Veranlassung gewertet werden.[69]

Eine von einzelnen Stimmen vertretene Auffassung erachtet die Unterscheidung zwischen objektiven und subjektiven Merkmalen bzw. zwischen Kausalität und Finalität als lediglich begrifflicher Natur.[70] Letztlich seien die in Betracht

---

[65] *Weber*, StuW 2009, 184, 190; *Wassermeyer*, StuW 1982, 352, 363; *Wassermeyer*, StuW 1981, 245, 251; *Wassermeyer*, in: Söhn, DStJG Bd. 3, S. 315, 323; *Tipke*, StuW 1979, 193, 199, 207; *Merten*, FR 1979, 365, 371; *Kröger*, StuW 1978, 289, 292; *Schuck,* Veranlassungszusammenhang 1991, S. 104 ff.

[66] *Offerhaus*, BB 1979, 617, 621; *Merten*, FR 1979, 365, 371; *Weber*, StuW 2009, 184, 190; vgl. auch *Wassermeyer*, in: Söhn, DStJG Bd. 3, S. 315, 326 f.; *Görlich*, DB 1979, 711, 712; *Kröger*, StuW 1978, 289, 292.

[67] *Von Bornhaupt*, in: Söhn, DStJG Bd. 3, S. 149, 181.

[68] *Stapperfend*, in: H/H/R, EStG/KStG, § 4 EStG Rn. 793; *Stapperfend*, FS Kruse, S. 533, 543 f.; *Görlich*, DB 1979, 711, 712; unter Verweis auf ein sonst „manipulierbares" objektives Nettoprinzip auch *Söhn*, StuW 1983, 193, 196; wohl auch *Offerhaus*, der sich zwar der Rechtsprechung anschließt, die den objektiven Zusammenhang bereits auf materiell-rechtlicher Ebene fordert, aber den Sinn dieser Voraussetzung ausschließlich in der Kontroll- und Indizfunktion für den subjektiven Zusammenhang beschreibt, vgl. *Offerhaus*, BB 1979, 617, 621. Ebenfalls der Rechtsprechung folgend *von Bornhaupt*, der neben der subjektiven Förderungsabsicht ein objektiven Zusammenhang wirtschaftlicher Art fordert, *von Bornhaupt*, in: Söhn, DStJG Bd. 3, S. 149, 180 f. Über die Korrektivfunktion hinaus kommt es laut *Stapperfend* auf den objektiven Zusammenhang in den Fällen an, in denen die Aufwendungen nicht durch einen Willensentschluss des Steuerpflichtigen, sondern durch Naturereignisse oder die Einwirkungen Dritter ausgelöst wurden, *Stapperfend*, FS Kruse, S. 533, 544. Diese Aussage überrascht, da *Stapperfend* an anderer Stelle (a. a. O., S. 543) die „Widmung" des von den Einwirkungen betroffenen Wirtschaftsguts zum Betriebsvermögen als Konkretisierung des für den Veranlassungsbegriff erforderlichen subjektiven Elements bezeichnet hat.

[69] *Ruppe*, in: Söhn, DStJG Bd. 3, S. 103, 135.

[70] *Weber*, StuW 2009, 184, 187; *Ruppe*, in: Söhn, DStJG Bd. 3, S. 103, 128.

kommenden Kausalfaktoren einer wertenden Betrachtung zu unterziehen.[71] Diese wertende Betrachtung habe sich an der mit der Sphärenabgrenzung im Steuerrecht bezweckten Verwirklichung des Leistungsfähigkeitsprinzips zu orientieren.[72] Aber auch diese Auffassungen greifen letztlich über die Einbeziehung des „auslösenden Moments"[73] oder den „wirtschaftlichen Zusammenhang"[74] wieder auf die bereits bekannten Elemente der dargestellten Hauptströmungen der Veranlassungstheorien zurück.

Im Ergebnis dürfte sich die unterschiedliche Verortung des objektiven Zusammenhangs dennoch kaum auswirken. Denn selbst wenn man dem objektiven Zusammenhang der Handlung mit dem Betrieb lediglich eine Beweisfunktion beimisst, so dürfte eine objektiv nicht mit dem Betrieb zusammenhängende Handlung wohl als Beweisanzeichen für eine durch die private Sphäre ausgelöste Willensbildung gesehen werden. Die daraus folgende Indizwirkung wäre bei einem gänzlich fehlenden objektiven Zusammenhang zum Betrieb allenfalls abstrakt widerlegbar. Dies entspricht dem Ergebnis, zu dem die Auffassung gelangt, die den objektiven Zusammenhang als eigenständiges Tatbestandsmerkmal einstuft. Die beiden Auffassungen gelangen damit nur dann zu abweichenden Ergebnissen, wenn die von dem objektiven Zusammenhang ausgehende Beweisvermutung nicht nur abstrakt, sondern auch konkret widerlegbar ist.

Wie genau dieser objektive Zusammenhang der Handlung zu dem Betrieb auszusehen hat, bestimmt die Literatur hingegen nur abstrakt. Die weitaus häufigste Konkretisierung besteht darin, dass der geforderte Zusammenhang durch die Attribute „wirtschaftlich" und/oder „tatsächlich" weiter ausgeformt wird. Die Betonung des tatsächlichen Elements verdeutlicht, dass sich die Veranlassungsprüfung an dem Ist- und nicht hingegen an dem Soll-Zustand auszurichten hat.[75] Maßgeblich sind die tatsächlichen Verhältnisse und nicht etwaige, dem Steuerrecht grundsätzlich fremde, Soll-Betrachtungen.

Darüber hinaus soll es sich um einen wirtschaftlichen Zusammenhang handeln.[76] Dieses Erfordernis erinnert bereits begrifflich an die Tatbestandsmerkmale

---

[71] Vgl. *Weber*, StuW 2009, 184, 187.

[72] *Weber*, StuW 2009, 184, 192; *Ruppe*, in: Söhn, DStJG Bd. 3, S. 103, 126 ff., 131 f.

[73] *Weber*, StuW 2009, 184, 187.

[74] *Ruppe*, in: Söhn, DStJG Bd. 3, S. 103, 128.

[75] Vgl. *Weber*, StuW 2009, 184, 190; vgl. auch *Schuck*, Veranlassungszusammenhang 1991, S. 75 unter Verweis auf *BFH*, Beschluss v. 4.7.1990 – GrS 2-3/88, BFHE 161, 290.

[76] Vgl. *Söhn*, in: Söhn, DStJG Bd. 3, S. 13, 26; *von Bornhaupt*, in: Söhn, DStJG Bd. 3, S. 149, 181; *Görlich*, DB 1979, 711, 712; *Offerhaus*, BB 1979, 617, 621. Auch *Ruppe*, in: Söhn, DStJG Bd. 3, S. 103, 128 stellt maßgeblich auf den wirtschaftlichen Zusammenhang ab, wobei dieser seiner Ansicht nach sowohl durch objektive als auch durch subjektive Momente

der § 3c Abs. 1 bzw. Abs. 2, § 34 Abs. 1 Satz 4 und § 50 Abs. 1 Satz 1 EStG.[77] Es ist wiederum nicht im Sinne eines betriebswirtschaftlichen Zusammenhangs zu verstehen. Vielmehr respektiert das Steuerrecht den umfassenden Entscheidungsspielraum des Steuerpflichtigen[78] und versteht den wirtschaftlichen (= tatsächlichen) Zusammenhang als Gegenpol zu dem rechtlichen (= formalen) Zusammenhang einerseits und dem rein äußeren (= zufälligen) Zusammenhang andererseits.[79]

Besteht eine innere[80] Verbindung zu dem „Betrieb als wirtschaftlichem Organismus"[81], so ist der Veranlassungszusammenhang nicht allein deswegen zu verneinen, weil der Verbindung kein Rechtsverhältnis zugrunde liegt. Der tatsächliche Zusammenhang hilft über den fehlenden formalen Nexus hinweg. Umgekehrt ist die Anknüpfung an die tatsächlichen Verhältnisse nicht derart auszudehnen, dass sie auch Handlungen erfasst, die allein äußerlich mit dem Betrieb zusammenhängen und nur „anlässlich" des Betriebs vorgenommen werden.[82]

Als konkreten Anknüpfungspunkt für den geforderten Zusammenhang wird die betriebliche (bzw. bei Überschusseinkünften die berufliche) Tätigkeit gesehen. Dieses „tätigkeitsbezogene" Verständnis des Zusammenhangs ergebe sich aus § 2 Abs. 1 EStG, wo der Zusammenhang zwischen Erwerbstätigkeit und Einkünften festgeschrieben ist.[83] Besteuerungsgegenstand sei die ausgeübte Tätigkeit oder Leistung.[84] Der Betrieb sei daher begrifflich als ein „Inbegriff von Handlungen"[85] zu verstehen. Daher ist der Zusammenhang der in Rede stehenden Handlung zum Betrieb zu bejahen, wenn die die Aufwendung verursachende Handlung Teil der Erwerbstätigkeit im weiteren Sinne ist.[86] Dies wird angenommen, wenn die Handlung in einem funktionalen Zusammenhang zu der Erwerbstätigkeit steht, d. h. die

---

hergestellt werden kann (a. a. O., S. 138). Der wirtschaftliche Zusammenhang nach *Ruppe* ist insoweit äquivalent mit dem Veranlassungsbegriff (a. a. O., S. 128).

[77]Zur Begriffsäquivalenz von wirtschaftlichem Zusammenhang und Veranlassungsprinzip siehe auch 8.2.

[78]*Offerhaus*, BB 1979, 617, 621.

[79]*Söhn*, in: Söhn, DStJG Bd. 3, S. 13, 26; *Ruppe*, in: Söhn, DStJG Bd. 3, S. 103, 132; *Offerhaus*, BB 1979, 617, 621.

[80]*Söhn*, in: Söhn, DStJG Bd. 3, S. 13, 26; *Ruppe*, in: Söhn, DStJG Bd. 3, S. 103, 131 f.

[81]*Görlich*, DB 1979, 711, 712.

[82]Vgl. das Beispiel bei *Ruppe*, in: Söhn, DStJG Bd. 3, S. 103, 132.

[83]*Weber*, StuW 2009, 184, 186.

[84]Vgl. *Wassermeyer*, StuW 1982, 352, 356 f. unter Verweis auf *Ruppe*, in: Tipke, DStJG Bd. 1, S. 7.

[85]*Merten*, FR 1979, 365, 370.

[86]Vgl. *Offerhaus*, BB 1979, 617, 620.

Handlung in irgendeiner Weise der Erwerbstätigkeit „dient".[87] Dabei wird auch ein mittelbarer Zusammenhang als ausreichend angesehen.[88]

Die Anknüpfung an die Erwerbstätigkeit gestattet auch die steuerliche Anerkennung vorab entstandener oder vorweggenommener Betriebsausgaben, bevor der Steuerpflichtige die jeweilige Erwerbstätigkeit aufgenommen hat.[89] Dies setzt voraus, dass der Steuerpflichtige bereits den endgültigen und ernsthaften Entschluss gefasst hat, eine auf Gewinnerzielung ausgerichtete Tätigkeit im Sinne des § 2 Abs. 1 EStG aufzunehmen, und dass die betreffenden Aufwendungen in einem klar erkennbaren objektiven wirtschaftlichen Zusammenhang mit der geplanten Erwerbstätigkeit stehen.[90]

Dabei genügt es, wenn sich die Aufwendungen auf eine konkrete geplante Erwerbstätigkeit beziehen; ein Bezug auf eine konkrete Einkunftsart ist in diesem Stadium hingegen noch nicht erforderlich.[91] Der Grund hierfür liegt wiederum in dem tätigkeitsbezogenen Betriebsbegriff, dessen Erwerbstätigkeit – und nicht dessen steuerrechtliche Klassifikation – den Anknüpfungspunkt für die Zuordnung der die Aufwendung auslösenden Handlung bildet.[92] Insoweit überzeugt *Wassermeyer*[93] nicht, wenn er die Anerkennung vorab entstandener Betriebsausgaben an der (noch) mangelnden Existenz der *Einkunftsquelle* scheitern lässt.

---

[87] *Tipke*, StuW 1979, 193, 199; *Heinicke*, in: Schmidt, EStG, § 4 Rn. 481; vgl. auch *Woerner*, BB 1976, 220, 221.

[88] Gerade die Literaturstimmen, die die subjektive Komponente des Veranlassungsbegriffs betonen, verstehen den mittelbaren Zusammenhang dabei als eine Frage der Beweisbarkeit, vgl. *Schuck*, Veranlassungszusammenhang 1991, S. 159 f.

[89] *Stapperfend*, in: H/H/R, EStG/KStG, § 4 EStG Rn. 816; *Stapperfend*, FS Kruse, S. 533, 544 ff. Dabei weist *Stapperfend* zu Recht darauf hin, dass das Konzept der vorab entstandenen Betriebsausgaben jedenfalls i. R. d. Gewinneinkünfte für die einkommensteuerrechtliche Beurteilung unerheblich sei. Denn anders als im Gewerbesteuerrecht beginne die betriebliche Tätigkeit i. R. d. Gewinneinkünfte nicht erst mit der eigentlichen Aufnahme der werbenden Tätigkeit, sondern bereits mit der ersten Vorbereitungshandlung.

[90] *Stapperfend*, in: H/H/R, EStG/KStG, § 4 EStG Rn. 817; *Stapperfend*, FS Kruse, S. 533, 547; *Wied*, in: Blümich, EStG/KStG/GewStG, § 4 Rn. 590; *Weber*, StuW 2009, 184, 189. Zu den Anforderungen an diesen Zusammenhang vgl. *Stapperfend*, FS Kruse, S. 533, 547 m. w. N. Das Erfordernis eines objektiven Zusammenhangs wohl verneinend *Wassermeyer*, StuW 1982, 352, 362. Dabei übersieht *Wassermeyer*, dass auch in dem von ihm geschilderten Beispiel ein objektiver Zusammenhang zwischen dem Bausspardarlehen und der Finanzierung des Kaufpreises bestand. Nach den Sachverhaltsschilderungen wurde der Bausparvertrag nämlich bereits vor dem Abschluss des Kaufvertrags diesem zugeteilt.

[91] *Stapperfend*, in: H/H/R, EStG/KStG, § 4 EStG Rn. 817; *Stapperfend*, FS Kruse, S. 533, 547.

[92] *Stapperfend*, in: H/H/R, EStG/KStG, § 4 EStG Rn. 817.

[93] *Wassermeyer*, StuW 1981, 245, 250 f.

Denn jedenfalls das spätere Steuersubjekt existiert im Entstehungszeitpunkt der Aufwendungen bereits.[94]

Nachträgliche Betriebsausgaben sind hingegen nur in Ausnahmenfällen steuerlich zu berücksichtigen. Die betriebliche Veranlassung wird hier auch nach der Betriebsbeendigung bejaht, wenn die Aufwendungen auf Verbindlichkeiten beruhen, die noch während des Bestehens des Betriebs entstanden sind und nicht durch Einsatz des bei Betriebsbeendigung bestehenden Aktivvermögens getilgt werden konnten.[95]

5.1.2   Die Auswahl bei Veranlassungspluralität

Unabhängig davon, welcher Veranlassungstheorie man folgt, so führen die dargestellten Theorien zumeist allesamt weitgehend problemlos zu den gleichen Ergebnissen, wenn die betreffende Aufwendung ausschließlich betrieblich oder ausschließlich privat veranlasst war.[96] Komplizierter wird es hingegen, wenn Veranlassungspluralitäten, sei es in Form von Handlungspluralitäten[97] oder in Gestalt von Auslöserpluralitäten[98], auftreten.[99] Denn diese machen eine Auswahl der maßgeblichen Handlung bzw. des maßgeblichen Auslösers erforderlich.

Dabei herrscht weitgehende Einigkeit, dass sich die Kausalitätstheorien anderer Rechtsgebiete jedenfalls nicht ohne Anpassungen auf die Auswahl des einen maßgeblichen von *mehreren Auslösern* für steuerrechtliche Zwecke übertragen lassen.[100]

---

[94]Zu der Problematik der Zurechnung von vorab entstandenen Betriebsausgaben i. R. d. Betriebsstättengewinnabgrenzung vgl. auch unten 9.3.12.

[95]*Stapperfend*, in: H/H/R, EStG/KStG, § 4 EStG Rn. 822; *Heinicke*, in: Schmidt, EStG, § 4 Rn. 486.

[96]*Wassermeyer*, StuW 1981, 245, 246.

[97]In Anlehnung an die Grafik auf S. 82 liegt Handlungspluralität vor, wenn die Aufwendung (oder allgemein der Zuordnungsgegenstand) auf mehrere Handlungen zurückverfolgt werden kann. In der Diktion der Rechtsprechungsformel (vgl. unten 5.2) entspricht dies einer Mehrheit von auslösenden Momenten.

[98]Auslöserpluralität liegt hingegen vor, wenn sich die maßgebliche Handlung mehreren Zuordnungssphären zuordnen lässt (weil sich bspw. die für die Aufwendung maßgebliche Handlung sowohl der betrieblichen als auch der privaten Sphäre zuordnen lässt).

[99]*Kröner*, StuW 1985, 115, 127. Vgl. auch *Wassermeyer*, StuW 1982, 352, 363 f.

[100]Vgl. *Weber*, StuW 2009, 184, 191 f.; *Prinz*, StuW 1996, 267, 270; *Söhn*, in: Söhn, DStJG Bd. 3, S. 13, 71; *Offerhaus*, BB 1979, 617, 621; *Tipke*, StuW 1979, 193, 198, 200 f.; *Tiedtke*, FR 1978, 493, 497 f.

Die aus dem Strafrecht stammende Äquivalenztheorie (oder Bedingungstheorie), die auf die rein logisch-naturwissenschaftliche Kausalität abstellt, sei im Rahmen des Steuerrechts ungeeignet, da die ihr zugrunde liegende Annahme der Gleichwertigkeit aller Teilursachen bei Mehrfachursachen mit dem Leistungsfähigkeitsprinzip kollidiere.[101] Denn so sei das Abzugsverbot für Lebensführungskosten Ausdruck des Leistungsfähigkeitsprinzips.[102] Stammten die Ursachen sowohl aus der betrieblichen wie aus der privaten Sphäre, so lasse sich eine gleichberechtigte Behandlung der Ursachen aber gerade nicht mit einem solchen Abzugsverbot vereinbaren.[103] Anders als im Strafrecht lasse sich im Steuerrecht auch nicht das Verschulden als wertendes Auswahlkriterium unter den gleichwertigen Kausalursachen heranziehen.[104] Betrachte man die Frage der naturwissenschaftlichen Kausalität als Ausgangsbasis für die veranlassungsbasierte Zuordnung, so bedürfe es jedenfalls einer steuerrechtlichen Modifikation der Äquivalenztheorie mit einem dem Leistungsfähigkeitsprinzip entsprechenden wertenden Auswahlkriterium.[105]

Durch die zivilrechtliche Adäquanztheorie soll die zivilrechtliche Haftung des Schädigers auf die „billigerweise zumutbaren und zurechenbaren Folgen" beschränkt werden.[106] Damit enthalte sie eine Beschränkung auf die Üblichkeit, die dem Steuerrecht grundsätzlich fremd ist.[107] Hinzu komme, dass eine auf Adäquanzzusammenhänge beschränkte Zuordnung zur betrieblichen Sphäre ungeachtet der tatsächlichen Ursachen immer dann eine betriebliche Veranlassung bejahen würde, wenn andere Unternehmer die Aufwendungen ebenso getätigt hätten.[108]

---

[101] Vgl. *Söhn*, in: Söhn, DStJG Bd. 3, S. 13, 65. Zur Ungeeignetheit der Äquivalenztheorie vgl. auch *Ruppe*, in: Söhn, DStJG Bd. 3, S. 103, 130; *Tipke*, StuW 1979, 193, 201; a. A. *Tiedtke*, FR 1978, 493, 498, der an der reinen Bedingungstheorie festhält.

[102] Zu dem Verhältnis von Abzugsverbot und Leistungsfähigkeitsprinzip, vgl. *Söhn*, in: Söhn, DStJG Bd. 3, S. 13, 73.

[103] Vgl. *Söhn*, in: Söhn, DStJG Bd. 3, S. 13, 65.

[104] *Lange*, BB 1971, 405, 406.

[105] Vgl. *Söhn*, in: Söhn, DStJG Bd. 3, S. 13, 73 f.; *Tipke*, StuW 1979, 193, 198; *Lange*, BB 1971, 405, 407.

[106] *Weber*, StuW 2009, 184, 192; *Söhn*, in: Söhn, DStJG Bd. 3, S. 13, 30 m. w. N.; *Ruppe*, in: Söhn, DStJG Bd. 3, S. 103, 132; vgl. auch *Lange*, BB 1971, 405, 406 f.

[107] *Weber*, StuW 2009, 184, 192; *Söhn*, in: Söhn, DStJG Bd. 3, S. 13, 30; *Ruppe*, in: Söhn, DStJG Bd. 3, S. 103, 132; *Lange*, BB 1971, 405, 407; kritisch auch *Schuck*, Veranlassungszusammenhang 1991, S. 160 ff.

[108] *Lange*, BB 1971, 405, 407.

Als am ehesten geeignet für eine Übertragung in das Steuerrecht wird die aus dem Unfallversicherungsrecht stammende Theorie der wesentlichen Bedingung wahrgenommen.[109] Diese stellt bei mehreren Ursachenketten auf die für den Erfolg ‚wesentliche' Ursache ab. Aber auch diese Theorie bedürfe einer Anpassung an die steuerrechtlichen Besonderheiten: Während das Unfallversicherungsrecht darauf gerichtet sei, Risikosphären voneinander abzugrenzen und zugleich zu begrenzen, um die Haftung der Versicherungskassen und damit die Belastung für die Allgemeinheit zu begrenzen, gehe es im Steuerrecht um die Quantifizierung der individuellen wirtschaftlichen Leistungsfähigkeit.[110] Da das Steuerrecht anders als das Unfallversicherungsrecht zudem Massenrecht sei, müsse die steuerliche Anpassung der Theorie der wesentlichen Bedingung einer schematischen Regelung zugänglich sein.[111] Ungeachtet der Frage der Übertragbarkeit sei es zudem schwierig, eine abstrakte Formel zu Ermittlung der wesentlichen Ursache anzubieten, weswegen auch die Rechtsprechung des Bundessozialgerichts in diesem Bereich durch ein hohes Maß an Kasuistik gekennzeichnet sei.[112]

Hinsichtlich der Auswahl der einen maßgeblich *von mehreren* für die Aufwendung ursächlichen *Handlungen* erweist sich die Übernahme der genannten Kausaltheorien als akzeptierter. Während *Tiedtke* sich ausdrücklich zu einer reinen Bedingungstheorie im Sinne der Äquivalenztheorie bekennt,[113] tendiert *Tipke* bei der Bewertung und Selektion der verschiedenen kausalen Handlungen zu der vom BFH für steuerrechtliche Zwecke modifizierten Theorie der wesentlichen Bedingung.[114] Der Grund für erhöhte Akzeptanz der (rechtsgebietsfremden) Kausaltheorien im Fall von Handlungspluralität dürfte hauptsächlich darin liegen, dass sich die Zuordnung auf der ersten Stufe wie dargestellt ausschließlich

---

[109] *Weber*, StuW 2009, 184, 192; *Tipke*, StuW 1979, 193, 201; vgl. auch *Ruppe*, in: Söhn, DStJG Bd. 3, S. 103, 136; a. A. *Tiedtke*, FR 1978, 493, 497 f. mit der Begründung, dass der zur Beschränkung der Kausalität angeführte Schutzzweck der Norm für das Steuerrecht unmaßgeblich sei.

[110] Vgl. *Söhn*, in: Söhn, DStJG Bd. 3, S. 13, 71; *Tipke*, StuW 1979, 193, 198; vgl. auch *Kirchhof*, in: Söhn, DStJG Bd. 3, S. 201, 204. So zieht *Ruppe* sehr überzeugend die Parallele zu der vor dem Hintergrund des Leistungsfähigkeitsprinzips ebenso verfehlten Argumentation, bestimmte Aufwendungen (wie beispielsweise Geldbußen) könnten deshalb nicht gewinnmindernd berücksichtigt werden, weil die Aufwendungen damit auf die Allgemeinheit abgewälzt würden, *Ruppe*, in: Söhn, DStJG Bd. 3, S. 103, 136.

[111] *Tiedtke*, FR 1978, 493, 494.

[112] *Ruppe*, in: Söhn, DStJG Bd. 3, S. 103, 136.

[113] Vgl. *Tiedtke*, FR 1978, 493, 498.

[114] Vgl. *Tipke*, StuW 1979, 193, 201. Zum Veranlassungsprinzip in der Rechtsprechung des BFH vgl. unten 5.2.

nach Kausalitätsgrundsätzen vollzieht und die den anderen Rechtsgebieten fremde subjektiven Elemente gerade keine Rolle spielen.

Anders verhält es sich hingegen bei Veranlassungspluralität auf der zweiten Stufe: In den Fällen, in denen *mehrere Auslöser* für die (maßgebliche) Handlung existierten, berief sich die Literatur lange Zeit auf das in § 12 Nr. 1 Satz 2 EStG enthaltene Aufteilungs- und Abzugsverbot.[115] Demnach führte jeglicher, nicht gänzlich unwesentliche private (Mit-)Auslöser zu einer vollumfänglichen Verneinung der betrieblichen Veranlassung.[116] Die private Mitveranlassung wurde – jenseits einer Bagatellgrenze[117] – zu einem negativen Tatbestandsmerkmal der Veranlassungsprüfung.[118] Ausnahmen bestanden lediglich bei bestimmten Fallgruppen oder, wenn eine Aufteilung anhand objektiver Merkmale und entsprechender Dokumentation zutreffend und leicht nachprüfbar war.[119] Die Frage der Veranlassung konzentrierte sich im Grundfall aber darauf, ob neben betrieblichen Auslösern auch irgendwelche wesentlichen privaten Auslöser existierten. In diesen Fällen konnte eine betriebliche Veranlassung pauschal verneint werden. Jedenfalls mit der Rechtsprechungsänderung zu § 12 Nr. 1 EStG durch den Beschluss des Großen Senats vom 21. September 2009[120] dürfte diese Auffassung jedoch als überholt gelten.

Trotz der weitgehenden Berücksichtigung des Aufteilungs- und Abzugsverbots des § 12 Nr. 1 Satz 2 EStG in den Veranlassungstheorien der Literatur, war das Aufteilungs- und Abzugsverbots auch schon vor der Rechtsprechungsänderung nicht unumstritten. Die Mehrzahl der Stimmen sprachen sich gegen eine derartige Interpretation des § 12 Nr. 1 Satz 2 EStG aus.[121] Sie plädierten für eine Umkehr

---

[115]Teilweise wurde bei objektiver Teilbarkeit der Aufwendungen auch eine Pflicht zur Aufteilung der Aufwendungen in einen betrieblich veranlassten und einen privat veranlassten Teil postuliert, vgl. *Söhn,* in: Söhn, DStJG Bd. 3, S. 13, 35, der aufteilbare Aufwendungen nicht von § 12 Nr. 1 EStG erfasst sah, a. a. O., S. 61.

[116]Vgl. *Wassermeyer,* StuW 1982, 352, 363 f. *Söhn* bezeichnet dies auch als eine „Nichtberücksichtigung oder Verdrängung einer unwesentlichen Mitveranlassung", *Söhn,* in: Söhn, DStJG Bd. 3, S. 13, 67.

[117]*Söhn* sprach diesbzgl. von einer „qualitativ unwesentlichen Mitverursachung" und griff damit doch die Theorie von der wesentlichen Bedingung wieder auf, *Söhn,* in: Söhn, DStJG Bd. 3, S. 13, 75, 101 f.

[118]*Söhn,* in: Söhn, DStJG Bd. 3, S. 13, 38.

[119]*BFH,* Urt. v. 13.3.1964 – IV 158/61 S, *BFHE* 79, 605 unter 1.b); kritisch, aber derartige Ausnahmen mit Blick auf die Rechtssicherheit anerkennend, Beschluss v. 19.10.1970 – GrS 2/70, *BFHE* 100, 309 unter II.5, II.6, II.8.

[120]*BFH,* Beschluss v. 21.9.2009 – GrS 1/06, *BFHE* 227, 1. Vgl. auch unten 5.2.

[121]Vgl. die umfangreichen Nachweise bei *BFH,* Beschluss v. 21.9.2009 – GrS 1/06, *BFHE* 227, 1 unter C.II.

des Regel-Ausnahmeverhältnisses hinsichtlich der Aufteilung von gemischt veranlassten Aufwendungen und begründeten dies mit Steuergerechtigkeit und der möglichst genauen Umsetzung des Leistungsfähigkeitsprinzips.[122]

5.2 Das innerstaatliche Veranlassungsprinzip in der Rechtsprechung des BFH

Der BFH hat sich keiner der in der Literatur vertretenen Meinungen ausdrücklich angeschlossen.[123] Der Rechtsprechung lässt sich jedoch entnehmen, dass der „Auslegung des [Veranlassungsbegriffs] nicht allein durch Heranziehung der im Strafrecht angewendeten Bedingungstheorie oder der im bürgerlichen Recht anerkannten Adäquanztheorie Rechnung getragen werden [könne]", sondern für die steuerrechtliche Zurechnung ein eigenständiger Maßstab zugrunde zu legen sei. Sie verwies gleichzeitig auf die „Berührungspunkte" der steuerlichen „Verkehrsunfall"-Rechtsprechung mit der aus dem Unfallversicherungsrecht stammenden Theorie der wesentlichen Bedingung.[124]

In seiner früheren Rechtsprechung hatte der BFH die Zuordnung der Aufwendungen unter Verweis auf die Gleichmäßigkeit der Besteuerung vorwiegend anhand objektiver Merkmale vorgenommen: Die Abzugsfähigkeit von Aufwendungen dürfe nicht in das Ermessen des Steuerpflichtigen gestellt werden, weswegen das Anknüpfen an innere Vorgänge ausscheide.[125] Dieses objektive Merkmal konkretisierte der BFH dann in seiner nachfolgenden Rechtsprechung dahingehend, dass die betriebliche Veranlassung einen objektiven wirtschaftlichen oder tatsächlichen Zusammenhang der Aufwendungen zum Betrieb voraussetze.[126]

---

[122]*Weber*, StuW 2009, 184, 192 ff., der sogar unaufteilbare Aufwendungen durch Schätzung aufteilen wollte. Auch *Söhn* ging von einer Beschränkung des Anwendungsbereichs von § 12 Nr. 1 Satz 2 EStG auf unaufteilbare Aufwendungen aus, *Söhn*, in: Söhn, DStJG Bd. 3, S. 13, 49 ff.; zustimmend *Ruppe*, in: Söhn, DStJG Bd. 3, S. 103, 124, 141; vgl. auch *Schuck*, Veranlassungszusammenhang 1991, 127 ff, 150 f.

[123]*Stapperfend*, in: H/H/R, EStG/KStG, § 4 EStG Rn. 791.

[124]*BFH*, Urt. v. 16.2.1970 – VI R 254/68, *BFHE* 99, 300 unter 1; vgl. auch Beschluss v. 28.11.1977 – GrS 2-3/77, *BFHE* 124, 43 unter B.II.3.a).

[125]Vgl. *BFH*, Urt. v. 4.9.1956 – I 63/56 U, *BFHE* 63, 277; Urt. v. 13.10.1960 – IV 196/59 S, *BFHE* 71, 699; später auch Beschluss v. 4.7.1990 – GrS 2-3/88, *BFHE* 161, 290 unter C. II.3.a); zu der Rolle der subjektiven Merkmale i. R. eines Massenverfahrens vgl. auch Urt. v. 24.2.1961 – VI 84/60 U, *BFHE* 72, 515.

[126]Vgl. *BFH*, Urt. v. 11.11.1987 – I R 7/84, *BFHE* 152, 84 unter 1; Urt. v. 6.5.1976 – IV R 79/73, *BFHE* 119, 156 unter 2.

Der inneren Verwandtschaft zwischen Betriebsausgaben und Werbungskosten sowie der Gleichmäßigkeit der Besteuerung Rechnung tragend, übertrug die Rechtsprechung diese Überlegungen zum Verlassungsprinzip bei den Betriebsausgaben auch auf die Werbungskosten.[127] Der BFH stützte diese Gleichstellung auch auf die Rechtsprechung des RFH, der den Werbungskostenbegriff seinerseits veranlassungsbezogen verstanden habe und von dessen ständiger Rechtsprechung der Gesetzgeber nicht durch die Neufassung des EStG 1934 habe abweichen wollen.[128] Die Abgrenzung zwischen Erwerbs- und Privatsphäre erfolgte fortan für Gewinn- wie auch für Überschusseinkünfte nach einheitlichem Maßstab.[129]

Eine wesentliche Rolle in der Rechtsprechung zum Veranlassungsprinzip nahm die „Verkehrsunfall"-Rechtsprechung ein: Anfangs berücksichtigte der BFH für die Frage der betrieblichen Veranlassung von unfallbedingten Aufwendungen, die infolge eines Unfalls auf einer betrieblich bedingten Fahrt entstanden waren, noch, ob der Steuerpflichtige den Unfall mindestens grob fahrlässig verursacht hatte. Wurde dies im Einzelfall bejaht, so sah die Rechtsprechung es als Indiz für eine private Veranlassung, hinter der der ursprünglich betriebliche Anlass für die Unfallfahrt zurücktrat.[130] Anderes galt bei lediglich durch leichte Fahrlässigkeit des Steuerpflichtigen verursachten Unfällen.[131]

Die „Verkehrsunfall"-Rechtsprechung wurde in der Literatur zum Teil deutlich kritisiert.[132] Mit Beschluss vom 28. November 1977[133] gab der BFH diese Rechtsprechung auf. Angesichts der Wertungsneutralität des Steuerrechts seien „auf das Verschulden, die Strafbarkeit oder das moralische Verhalten des Steuerpflichtigen abzielende Wertungen [...] für die Einordnung der Unfallkosten [...] ungeeignet".[134] Die Entscheidung ist ferner bemerkenswert, da der BFH quasi *en*

---

[127] *BFH*, Urt. v. 16.12.1960 – VI 166/60 U, *BFHE* 72, 169.

[128] Vgl. *BFH*, Urt. v. 2.3.1962 – VI 79/60 S, *BFHE* 74, 513 unter C.1.

[129] Vgl. *BFH*, Beschluss v. 28.11.1977 – GrS 2-3/77, *BFHE* 124, 43 unter B.II.1; Urt. v. 21.7.1967 – VI R 307/66, *BFHE* 89, 520; Urt. v. 2.3.1962 – VI 79/60 S, *BFHE* 74, 513 unter C.2.

[130] Vgl. *BFH*, Urt. v. 21.2.1969 – VI R 113/66, *BFHE* 95, 104; Urt. v. 21.7.1967 – VI R 307/66, *BFHE* 89, 520; Urt. v. 2.3.1962 – VI 79/60 S, *BFHE* 74, 513 unter C.5.

[131] Vgl. *BFH*, Urt. v. 16.2.1970 – VI R 254/68, *BFHE* 99, 300 unter 1.

[132] Vgl. *Tiedtke*, FR 1978, 493 m. w. N.; *Lange*, BB 1971, 405 m. w. N.; vgl. auch *Lange*, DB 1978, 1854. Streng genommen hat der BFH dabei die Durchbrechung der ursprünglich betrieblichen Kausalkette nicht in dem Verschulden selbst, sondern vielmehr in dem mit dem Verschulden einhergehenden Anscheinsbeweis für eine private Veranlassung gesehen.

[133] *BFH*, Beschluss v. 28.11.1977 – GrS 2-3/77, *BFHE* 124, 43.

[134] *BFH*, Beschluss v. 28.11.1977 – GrS 2-3/77, *BFHE* 124, 43 unter B.II.3.c).

passant erwähnt, dass im Rahmen des Veranlassungsprinzips auch die Motivation und mithin subjektive Merkmale eine Rolle spielen.[135]

Zwar hatte der BFH bereits in seiner Entscheidung vom 15. Januar 1970[136] verdeutlicht, dass der Veranlassungsbegriff sowohl kausal als auch final verstanden werden könne, hatte dies damals aber nicht weiter begründet.[137] In dem Beschluss des Großen Senats vom 27. November 1978[138] betonte der BFH dann jedoch wiederum die Maßgeblichkeit objektiver Merkmale für die Abgrenzung und legte die Negativabgrenzung zu den Aufwendungen für die Lebensführung des Steuerpflichtigen als zusätzliche Voraussetzung für eine betriebliche Veranlassung fest.[139] Dabei sei es nicht von Bedeutung, ob die Aufwendungen notwendig, üblich oder zweckmäßig seien.[140] Diese Aussage ist insbesondere vor dem Hintergrund bemerkenswert, dass der BFH in seiner späteren Rechtsprechung zur Konkretisierung des objektiven Veranlassungszusammenhangs häufig die Kriterien der Üblichkeit, der Notwendigkeit sowie der Zweckmäßigkeit bemühte und dabei auf die Typizität der Aufwendungen abstellte.[141]

Eine positive Definition des Veranlassungsbegriffs lieferte der BFH dann in seinem Urteil vom 20. November 1979[142]:

> *„Eine solche Veranlassung liegt vor, wenn ein objektiver Zusammenhang mit dem Beruf besteht und wenn subjektiv die Aufwendungen zur Förderung des Berufs getätigt werden. Ein Werbungskostenabzug kommt jedoch grundsätzlich dann nicht in Betracht, wenn die Aufwendungen zwar den Beruf fördern, daneben aber auch der Lebensführung dienen, es sei denn, daß der den Beruf fördernde Teil der Aufwendungen sich nach objektiven Maßstäben zutreffend und in leicht nachprüfbarer Weise abgrenzen läßt und nicht nur von untergeordneter Bedeutung ist. An diesem von der Rechtsprechung des Großen Senats des BFH entwickelten (vgl. insbesondere GrS 2/70) und von ihm im Beschluß vom 27. November 1978 GrS 8/77 (BFHE 126, 533, BStBl II 1979, 213)*

---

[135] *BFH*, Beschluss v. 28.11.1977 – GrS 2-3/77, *BFHE* 124, 43 unter B.II.3.f).

[136] *BFH*, Urt. v. 15.1.1970 – IV R 32/69, *BFHE* 98, 343.

[137] Mit *BFH*, Urt. v. 16.12.1981 – I R 140/81, *BFHE* 135, 278 wiederholte der BFH diese Aussage. Auch hier bleib er eine Begründung schuldig und musste auf den Meinungsstreit mangels Entscheidungserheblichkeit nicht eingehen, vgl. a. a. O. unter 2.a).

[138] *BFH*, Beschluss v. 27.11.1978 – GrS 8/77, *BFHE* 126, 533.

[139] *BFH*, Beschluss v. 27.11.1978 – GrS 8/77, *BFHE* 126, 533 unter C.I.

[140] *BFH*, Beschluss v. 27.11.1978 – GrS 8/77, *BFHE* 126, 533 unter C.I.

[141] Vgl. hierzu ausführlich und zwischen der Rechtsprechung der unterschiedlichen BFH-Senate differenzierend, *Schuck*, Veranlassungszusammenhang 1991, S. 83 ff. m. w. N.

[142] *BFH*, Urt. v. 20.11.1979 – VI R 25/78, *BFHE* 129, 149.

erneut bestätigten sog. Aufteilungs- und Abzugsverbot des § 12 Nr. 1 Satz 2 EStG[143]
hält der Senat fest. Hierbei kommt es für die Frage, ob und inwieweit Aufwendungen
(auch) der Lebensführung dienen, auf den tatsächlichen Verwendungszweck an. Der
objektive Charakter der Aufwendungen oder des angeschafften Wirtschaftsgutes spielt
(erst) bei der Feststellung des Verwendungszwecks eine – dann allerdings bedeutende
– Rolle."[144]

An der in dem ersten Satz des Auszugs enthaltenen Definition hält der BFH
seither fest.[145] Die letzten beiden Sätze verdeutlichen aber auch, dass der BFH
im Grunde von einem finalen Verständnis des Veranlassungsbegriffs ausgeht,[146]
und lassen vermuten, dass er den objektiven Zusammenhang eher auf Beweis-
ebene („Feststellung des Verwendungszwecks") ansiedelt.[147] Gegen eine reine
Reduzierung auf ein Beweisanzeichen spricht aber die Rolle, die die Rechtsprechung dem objektiven Zusammenhang bei unfreiwilligen Ausgaben und
Zwangsaufwendungen zuspricht: In diesen Fällen wird der objektive Zusammenhang als zwingendes, das subjektive Merkmal hingegen keineswegs als
notwendiges Merkmal betrachtet.[148]

Dabei sei auch nicht erforderlich, dass der objektive Zusammenhang
zwischen den Aufwendungen und der Berufstätigkeit unmittelbarer Natur
sei.[149] Ein mittelbarer Zusammenhang wird grundsätzlich als ausreichend

---

[143] Bis zum *BFH*, Beschluss v. 21.9.2009 – GrS 1/06, *BFHE* 227, 1 ging der BFH in ständiger
Rechtsprechung davon aus, dass § 12 Nr. 1 Satz 2 EStG ein allgemeines Aufteilungs- und
Abzugsverbot für gemischt veranlasste Aufwendungen zu entnehmen sei. Wegen der besonderen Relevanz der gemischt veranlassten Aufwendungen für die Abgrenzung der Erwerbs- von
der Privatsphäre bestand damals auch eine gewisse thematische Nähe des § 12 Nr. 1 Satz EStG
zum Veranlassungsprinzip. Durch den Beschluss v. 21.9.2009 – GrS 1/06, *BFHE* 227, 1, mit
dem sich der BFH gegen ein allgemeines Aufteilungs- und Abzugsverbot ausgesprochen hat,
wurde diese faktische Verbindung der beiden Diskussionen aufgehoben.

[144] *BFH*, Urt. v. 20.11.1979 – VI R 25/78, *BFHE* 129, 149 unter a).

[145] Vgl. bspw. *BFH*, Beschluss v. 21.11.1983 – GrS 2/82, *BFHE* 140, 50; Urt. v. 20.11.1979
– VI R 25/78, *BFHE* 129, 149 unter a); Urt. v. 28.11.1980 – VI R 193/77, *BFHE* 132, 431;
Urt. v. 29.2.1980 – VI R 165/78, *BFHE* 130, 282; Urt. v. 23.3.1984 – VI R 182/81, *BFHE*
141, 18 unter 1; Urt. v. 14.5.1991 – VI R 48/88, *BFHE* 164, 431; Urt. v. 17.7.1992 – VI R
125/88, *BFHE* 169, 148; Urt. v. 27.4.1990 – VI R 54/88, *BFH/NV* 1991, 85; Urt. v. 8.3.1990
– IV R 108/88, *BFH/NV* 1991, 436 unter 1.

[146] Vgl. auch *Stapperfend*, in: H/H/R, EStG/KStG, § 4 EStG Rn. 791.

[147] So wohl auch *BFH*, Urt. v. 28.7.1994 – IV R 80/92, *BFH/NV* 1995, 288 unter 2.

[148] Vgl. *BFH*, Urt. v. 28.11.1980 – VI R 193/77, *BFHE* 132, 431; Urt. v. 20.12.1988 – VI
R 55/84, *BFH/NV* 1990, 23 unter 1; Urt. v. 9.5.1984 – VI R 63/80, *BFHE* 141, 50; Urt. v.
7.8.1981 – VI R 113/78, juris.

[149] Dabei hat der BFH bspw. genügen lassen, dass die streitgegenständlichen Reisekosten, die
dem Steuerpflichtigen durch Sitzungen und Tagungen einer Gewerkschaft entstanden waren,

angesehen.[150] Der mittelbare Zusammenhang darf jedoch nicht zu „lose und entfernt"[151] sein. Die Aufwendungen müssten zumindest in einem „wirtschaftlichen Zusammenhang mit der auf Einnahmeerzielung gerichteten Tätigkeit stehen"[152] und die Erwerbstätigkeit „im weitesten Sinne fördern"[153] Die Maßgeblichkeit des *wirtschaftlichen* Zusammenhangs zwischen Aufwendungen und Betriebs- bzw. Berufstätigkeit[154] griff der BFH sodann auch in seinem sog. Kontokorrentbeschluss vom 4. Juli 1990[155] wieder auf:

> *„Nach dem Regelungsziel des Einkommensteuergesetzes sind Aufwendungen dann als durch eine Einkunftsart veranlaßt anzusehen, wenn sie hierzu in einem steuerrechtlich anzuerkennenden wirtschaftlichen Zusammenhang stehen. Maßgeblich dafür, ob ein solcher Zusammenhang besteht, ist zum einen die – wertende – Beurteilung*

der er angehörte, „nicht unmittelbar und allein auf dessen eigentliche berufliche Bedingungen, sondern nur mittelbar durch die Arbeit der Gemeinschaft auf die Verhältnisse sämtlicher betroffener Mitglieder des Berufsverbands einwirken können", *BFH*, Urt. v. 28.11.1980 – VI R 193/77, *BFHE* 132, 431.

[150]*BFH*, Urt. v. 8.4.2014 – IX R 45/13, *BFHE* 244, 442 unter II.4.c); Urt. v. 17.7.2007 – IX R 2/05, *BFHE* 218, 353 unter II.1.a); Beschluss v. 13.10.2005 – X B 96/05, *BFH/NV* 2006, 112 unter 3.b); Urt. v. 22.7.1993 – VI R 122/92, *BFHE* 171, 558 unter 2; Urt. v. 18.9.1984 – VIII R 324/82, *BFHE* 142, 251unter 1.a.bb); Urt. v. 19.3.1982 – VI R 25/80, *BFHE* 135, 479; Urt. v. 1.10.1982 – VI R 192/79, *BFHE* 136, 488; Urt. v. 28.11.1980 – VI R 193/77, *BFHE* 132, 431.

[151]*BFH*, Urt. v. 1.10.1982 – VI R 192/79, *BFHE* 136, 488. Vgl. auch *Schuck,* Veranlassungszusammenhang 1991, S. 159 f., der die fehlende Klarheit bei der Erfassung des Kontextes der mittelbaren Veranlassung bemängelt.

[152]*BFH*, Urt. v. 1.10.1982 – VI R 192/79, *BFHE* 136, 488; vgl. auch Urt. v. 8.4.2014 – IX R 45/13, *BFHE* 244, 442unter II.4.c); Urt. v. 17.7.2007 – IX R 2/05, *BFHE* 218, 353 unter II.2.

[153]*BFH*, Urt. v. 28.7.2011 – VI R 5/10, *BFHE* 234, 262 unter II.1; Urt. v. 17.12.2002 – VI R 137/01, *BFHE* 201, 211 unter II.3.b); Urt. v. 4.12.2002 – VI R 120/01, *BFHE* 201, 156 unter II.3.b); Urt. v. 4.3.1986 – VIII R 188/84, *BFHE* 146, 151 unter II.3.b).

[154]Genau genommen spricht der BFH von einem wirtschaftlichen Zusammenhang zwischen Aufwendungen und Einkunftsart (*BFH*, Beschluss v. 4.7.1990 – GrS 2-3/88, *BFHE* 161, 290 unter C.II.2.b.bb). Angesichts des tätigkeitsbezogenen Verständnisses, dass der BFH von der Verwirklichung der Besteuerungstatbestände hat, vgl. Urt. v. 13.5.1980 – VIII R 63/79, *BFHE* 131, 212 unter 1, wonach die Einkünfte der verschiedenen Einkunftsarten des § 2 Abs. 1 EStG von demjenigen erzielt werden, der den Einkünftetatbestand durch seine oder eine ihm zuzurechnende Tätigkeit erfüllt, ist allerdings davon auszugehen, dass dieses Verständnis begriffsidentisch mit einem wirtschaftlichen Zusammenhang zwischen Aufwendungen und Betriebs- bzw. Berufstätigkeit ist. Dementsprechend stellt der BFH an anderer Stelle auch explizit auf den Zusammenhang zwischen den Aufwendungen und der Berufstätigkeit ab, vgl. Urt. v. 19.3.1982 – VI R 25/80, *BFHE* 135, 479; Urt. v. 1.10.1982 – VI R 192/79, *BFHE* 136, 488; Urt. v. 28.11.1980 – VI R 193/77, *BFHE* 132, 431.

[155]*BFH*, Beschluss v. 4.7.1990 – GrS 2-3/88, *BFHE* 161, 290.

des die betreffenden Aufwendungen „auslösenden Moments" [...], zum anderen die Zuweisung dieses maßgeblichen Bestimmungsgrundes zur einkommensteuerrechtlich relevanten Erwerbssphäre. Ergibt diese Prüfung, daß die Aufwendungen nicht oder in nur unbedeutendem Maße auf privaten, der Lebensführung des Steuerpflichtigen zuzurechnenden Umständen beruhen, so sind sie als Betriebsausgaben oder Werbungskosten anzuerkennen und – vorbehaltlich einer entgegenstehenden gesetzlichen Regelung – abziehbar. Andernfalls greifen die von der Rechtsprechung des BFH zu § 12 EStG entwickelten Grundsätze ein. "[156]*

Das Zusammenhangsverständnis des BFH – mit der wertenden Beurteilung des „auslösenden Moments" einerseits und der Sphärenzuweisung andererseits – trägt die Züge des oben dargestellten zweistufigen Zurechnungsmodells.[157]

Die auf der ersten Stufe hinsichtlich der Auswahl des auslösenden Moments vorzunehmende „Wertung" ist im Sinne einer den Besonderheiten des Steuerrechts Rechnung tragenden Einschränkung der reinen Kausalitätslehre zu verstehen. Sie ist nur erforderlich, wenn aufgrund mehrerer auslösender Momente mehrere mögliche Ursachenketten zur Auswahl stehen, und dürfte – mit Rücksicht auf die bisherige Rechtsprechung des BFH[158] – eine gewisse Nähe zur Theorie der wesentlichen Bedingung des Unfallversicherungsrechts aufweisen. Was wesentlich ist, ist gerade Gegenstand der „wertenden" Betrachtung. Das resultierende maßgebliche auslösende Moment kann, aber muss nicht zwingend willentlich gesteuert sein.[159]

Auch die Sphärenzuweisung auf der zweiten Stufe enthält, soweit eine Auswahl zwischen den in Betracht kommenden Erwerbssphären erforderlich wird, ein wertendes Element. Diese Wertung ist jedoch nicht im Sinne einer (betriebs-)wirtschaftlichen Gesamtbetrachtung zu verstehen.[160] Stattdessen ist auf die tatsächlichen Verhältnisse abzustellen. Dies verdeutlichte der Große Senat, indem er sich – unter Verweis auf die veranlassungsbezogene Zuordnung von Verbindlichkeiten gemäß der Maßgeblichkeit der (tatsächlichen) Mittelverwendung – nicht vollständig der vom I. Senat[161] damals befürworteten wirtschaftlichen

---

[156]*BFH*, Beschluss v. 4.7.1990 – GrS 2-3/88, *BFHE* 161, 290 unter C.II.2.b.bb).

[157]Vgl. oben 5.1.1.

[158]*BFH*, Beschluss v. 28.11.1977 – GrS 2-3/77, *BFHE* 124, 43 unter B.II.3.d); vgl. auch Urt. v. 16.2.1970 – VI R 254/68, *BFHE* 99, 300.

[159]Vgl. *BFH*, Urt. v. 25.10.1989 – X R 69/88, *BFH/NV* 1990, 553 unter I.2; Beschluss v. 11.3.2008 – X B 259/07, *BFH/NV* 2008, 958 unter 3.

[160]Vgl. hierzu auch die Ausführungen zum unmittelbaren wirtschaftlichen Zusammenhang i. R. d. § 3c EStG, *BFH*, Urt. v. 29.5.1996 – I R 15/94, *BFHE* 180, 410 unter II.2.

[161]*BFH*, Urt. v. 17.4.1985 – I R 101/81, *BFHE* 143, 563 unter 2.e); Urt. v. 5.6.1985 – I R 289/81, *BFHE* 144, 57 unter 6.

Umschuldung anschloss: Nach der Auffassung des I. Senats sollte eine private Darlehensschuld aufgrund des Umstandes, dass der Betrieb über entnahmefähige Mittel in entsprechender Höhe verfügte, als betrieblicher Kredit anzusehen sein, vorausgesetzt, dass die Absicht der Umschuldung z. B. durch eine entsprechende Bilanzierung hinreichend klar zum Ausdruck kam.[162]

Der Große Senat folgte dieser Auffassung nicht vollumfänglich, da er sie „mit der Zuordnung von Verbindlichkeiten zum Betriebs- oder Privatvermögen nach dem Veranlassungsprinzip, d. h. der Maßgeblichkeit der Mittelverwendung, [für] unvereinbar" hielt.[163] Gleichwohl erkannte er in demselben Beschluss in einem *obiter dictum* das sog. Zwei-Kontenmodell an. Danach sei es dem Steuerpflichtigen unbenommen, zwei Kontokorrentkonten zu unterhalten, und die betrieblich sowie die außerbetrieblich veranlassten Auszahlungen über jeweils unterschiedliche Kontokorrentkonten abzuwickeln:

> *„Das der Abwicklung der außerbetrieblichen Auszahlungen dienende Kontokorrentkonto gehört dann regelmäßig zum Privatvermögen, während das dem betrieblichen Zahlungsverkehr gewidmete Kontokorrentkonto dem Betriebsvermögen zuzuordnen ist. Unter dieser Voraussetzung sind die auf dem betrieblichen Kontokorrentkonto anfallenden Schuldzinsen regelmäßig auch dann Betriebsausgaben, wenn Beträge vom betrieblichen auf das private Kontokorrentkonto überwiesen werden, dadurch auf dem privaten Kontokorrentkonto Verbindlichkeiten getilgt werden und ein negatives betriebliches Kontokorrentkonto entsteht. Bei den Überweisungen vom betrieblichen auf das private Kontokorrentkonto handelt es sich um Entnahmen[164] aus dem Betriebsvermögen [...], die die betriebliche Veranlassung des dadurch ausgelösten Mittelbedarfs grundsätzlich nicht berühren."[165]*

Diese Maßgeblichkeit des tatsächlichen Verwendungszwecks der Aufwendungen griff der Große Senat einige Jahre später in seinem Beschluss vom 8. Dezember 1997[166] wieder auf:

---

[162]*BFH*, Beschluss v. 4.7.1990 – GrS 2-3/88, *BFHE* 161, 290 unter C.I.1.b) und C.II.5.f).

[163]*BFH*, Beschluss v. 4.7.1990 – GrS 2-3/88, *BFHE* 161, 290 unter C.II.5.f).

[164]In seinem Beschluss vom 8.12.1997 konkretisierte der Große Senat diese Aussage dahingehend, dass eine solche Entnahme-Überweisung das bisher ausschließlich betriebliche Kontokorrentkonto zu einem gemischten Kontokorrentkonto werden lasse, bei dem der durch die Privatentnahme ausgelöste Zinsanteil nach der sog. Zinsstaffelmethode zu ermitteln sei, vgl. *BFH*, Beschluss v. 8.12.1997 – GrS 1-2/95, *BFHE* 184, 7 unter B.I.3.

[165]*BFH*, Beschluss v. 4.7.1990 – GrS 2-3/88, *BFHE* 161, 290 unter C.II.5.i).

[166]*BFH*, Beschluss v. 8.12.1997 – GrS 1-2/95, *BFHE* 184, 7.

„Der Steuerpflichtige ist berechtigt, z. B. die Kasseneinnahmen auf ein Konto einzuzahlen, das nur private Auszahlungen dient. Dies berührt die betriebliche Veranlassung des durch private Auszahlungen ausgelösten betrieblichen Mittelbedarfs nicht. Betriebliche Auszahlungen von dem dem betrieblichen Zahlungsverkehr gewidmeten Kontokorrentkonto und die damit einhergehende Erhöhung des Schuldsaldos sind ungeachtet der Tatsache, daß der Finanzierungsbedarf durch die Barentnahmen ausgelöst worden ist, ausschließlich betrieblich veranlaßt. Die damit zusammenhängenden Schuldzinsen sind als Betriebsausgaben abziehbar.[167] *[...]*

Wie bereits ausgeführt [...], ist die Kontokorrentschuld des betrieblichen Ausgabenkontos eine betrieblich veranlaßte Schuld, wenn nur betrieblicher Aufwand über dieses Konto beglichen wird. Wird diese Kontokorrentschuld durch einen langfristigen Kredit abgelöst, so ist auch dieses langfristige Darlehen eine Betriebsschuld; die hierfür anfallenden Schuldzinsen sind Betriebsausgaben. Dies hat der Große Senat ebenfalls bereits im Kontokorrentkontobeschluß (s. C.II.3. d der Gründe) dargelegt.

An dieser Rechtsfolge ändert sich nichts dadurch, daß der langfristige Kredit ursprünglich für andere Zwecke eingesetzt werden sollte. Entscheidend ist, daß die Kreditmittel tatsächlich zur Ablösung einer Betriebsschuld (betriebliche Kontokorrentschuld) verwendet werden. Das maßgebliche Kriterium der tatsächlichen Verwendung von Kreditmitteln wird auch nicht durch die Art des Ablösungskredits oder durch die Art der dafür hingegebenen Sicherheiten eingeschränkt (BFH v. 29. 5. 1996, I R 15/94, BFHE 180, 410, BStBl II 1997, 57, DStR 1996, 1164).[168]"

Etwas anderes ergebe sich laut Aussage des Großen Senats nur, wenn das Darlehen nicht zur Finanzierung betrieblicher Aufwendungen, sondern tatsächlich zur Finanzierung einer Entnahme verwendet werde. Dies sei insbesondere dann zu bejahen, wenn dem Betrieb keine entnahmefähigen Barmittel zur Verfügung stünden und die Entnahme von Barmitteln erst dadurch möglich werde, dass die Darlehensmittel in das Unternehmen flössen.[169]

Des Weiteren griff der BFH in diesem Beschluss auch die vom I. Senat steuerlich anerkannte wirtschaftliche Umschuldung[170] wieder auf. Unter Verweis auf den bereits dargestellten Kontokorrentbeschluss[171] wiederholte der BFH, dass die steuerliche Anerkennung der wirtschaftlichen Umschuldung ausscheide, da sie mit

---

[167]*BFH*, Beschluss v. 8.12.1997 – GrS 1-2/95, *BFHE* 184, 7 unter B.I.3.

[168]*BFH*, Beschluss v. 8.12.1997 – GrS 1-2/95, *BFHE* 184, 7 unter B.I.5.

[169]*BFH*, Beschluss v. 8.12.1997 – GrS 1-2/95, *BFHE* 184, 7 unter B.I.6 unter Verweis auf das Urt. v. 5.3.1991 – VIII R 93/84, *BFHE* 164, 46.

[170]Hierunter ist eine Umschuldung zu verstehen, die sich nicht aus der tatsächlichen Durchführung einer Umschuldung, sondern aus der gedanklichen Verrechnung der entnahmefähigen Mittel mit einer Privatschuld ergibt, vgl. auch OFD Berlin, Schreiben vom 11.6.1998, St 444-S 2144-1/98.

[171]*BFH*, Beschluss v. 4.7.1990 – GrS 2-3/88, *BFHE* 161, 290 unter C.II.5.f).

dem für die Zuordnung maßgeblichen Kriterium der tatsächlichen Verwendung nicht vereinbar sei.[172] Werde allerdings tatsächlich ein Privatdarlehen gekündigt und aus liquiden Mitteln zurückgeführt sowie ein neues Darlehen aufgenommen und für betriebliche Zwecke eingesetzt, so sei diese tatsächliche durchgeführte Umschuldung auch steuerlich anzuerkennen.[173]

Auch bei Gestaltungen mit identischem (betriebs-)wirtschaftlichen Ergebnis stellt der Große Senat maßgeblich auf die tatsächliche Mittelverwendung ab. Für diese Handhabung spricht nicht zuletzt die erleichterte Nachweisbarkeit und die daraus resultierende erhöhte Rechtssicherheit.

Wie der Kontokorrentkontobeschluss und der Beschluss zum Zweikonten- modell verdeutlichen, darf der zur Konkretisierung des Veranlassungsbegriffs herangezogene Begriff des wirtschaftlichen Zusammenhangs nicht im Sinne einer betriebswirtschaftlichen Betrachtungsweise verstanden werden. Sehr aufschluss- reich sind in diesem Zusammenhang die Ausführungen, die der BFH in seinem Urteil vom 28. Februar 2013[174] im Anschluss an die Beschlüsse vom 4. Juli 1990[175] und vom 21. September 2009[176] zur Spezifizierung des wirtschaftlichen Zusammenhangs gemacht hat. Denn sie konkretisieren die Sphärenzuweisung der zweiten Stufe:

„Ob und inwieweit Aufwendungen in wirtschaftlichem Zusammenhang mit einer Ein- kunftsart stehen, hängt von den Gründen ab, aus denen der Steuerpflichtige die Aufwendungen vornimmt. Die Gründe bilden das „auslösende Moment", das den Steu- erpflichtigen bewogen hat, die Kosten zu tragen (z.B. Beschluss des Großen Senats des BFH vom 21. September 2009 GrS 1/06, BFHE 227, 1, BStBl II 2010, 672, unter C.III.1.a und C.III.2. der Gründe). Dies gilt nicht nur für die Abgrenzung der erwerbsbedingten Aufwendungen zu solchen der Lebensführung, sondern auch für die Abgrenzung von Aufwendungen, die durch voll steuerpflichtige Einnahmen veran- lasst sind, zu solchen, die durch teilweise steuerfreie Einnahmen veranlasst sind (vgl. BFH-Urteil vom 7. Dezember 2005 I R 34/05, BFH/NV 2006, 1068).

Besteht ein wirtschaftlicher Zusammenhang der Aufwendungen zu mehreren Ein- kunftsarten, entscheidet nach ständiger Rechtsprechung der engere und wirtschaftlich vorrangige Veranlassungszusammenhang. Danach sind Aufwendungen der Einkunfts- art zuzuordnen, die im Vordergrund steht und die Beziehungen zu den anderen Einkünften verdrängt. Maßgebend sind insoweit die Gesamtumstände des jeweiligen Einzelfalls (z. B. BFH-Urteile vom 16. November 2011 VI R 97/10, BFHE 236, 61,

---

[172]*BFH*, Beschluss v. 8.12.1997 – GrS 1-2/95, *BFHE* 184, 7 unter B.II.1.

[173]*BFH*, Beschluss v. 8.12.1997 – GrS 1-2/95, *BFHE* 184, 7 unter B.II.2.

[174]*BFH*, Urt. v. 28.2.2013 – IV R 4/11, *BFH/NV* 2013, 1081.

[175]*BFH*, Beschluss v. 4.7.1990 – GrS 2-3/88, *BFHE* 161, 290.

[176]*BFH*, Beschluss v. 21.9.2009 – GrS 1/06, *BFHE* 227, 1.

BStBl II 2012, 343; vom 25. November 2010 VI R 34/08, BFHE 232, 86, BStBl II 2012, 24; vom 7. Februar 2008 VI R 75/06, BFHE 220, 407, BStBl II 2010, 48; vom 5. April 2006 IX R 111/00, BFHE 213, 341, BStBl II 2006, 654; vom 30. März 1999 VIII R 70/96, BFH/NV 1999, 1323). Dies gilt gleichermaßen, wenn es darum geht, ob Aufwendungen vorrangig mit (voll) steuerpflichtigen Einnahmen oder mit (teilweise) steuerfreien Einnahmen in wirtschaftlichem Zusammenhang stehen (vgl. BFH-Urteil in BFH/NV 2006, 1068). "[177]*

Nach diesen Ausführungen bestimmt sich der wirtschaftliche Zusammenhang also nach dem die Aufwendungen auslösenden Moment. Der BFH wählt in seinem Modell der zweistufigen Veranlassungsprüfung auf der zweiten Stufe augenscheinlich geringfügig andere Bezugspunkte für die Sphärenzuweisung als die Literatur: Er macht nicht die Handlung, sondern das sie auslösende Moment, also die Willensbildung zum Gegenstand der Zuordnung.[178] Dennoch läuft die Zuordnungsprüfung auf der zweiten Stufe im Wesentlichen identisch ab: Während der BFH für die Zuweisung direkt an das (innere oder äußere) auslösende Moment anknüpft, gelangt die Literatur, die die maßgebliche Handlung als Bezugspunkt der Zuordnung ansieht, letztlich zu der gleichen Zuordnungsfrage. Denn für die Frage, welcher Sphäre die maßgebliche Handlung zuzuordnen ist, ist auch nach der herrschenden Auffassung der Literatur auf den inneren Auslöser der Handlung abzustellen. Umgekehrt bedient sich der BFH bei der Durchführung seiner Veranlassungsprüfung auch des Umwegs über die Handlung: So unterscheidet er bei dem einschlägigen Zuordnungsmaßstab (objektiv/subjektiv vs. nur objektiv) jedenfalls implizit danach, ob die Aufwendung auf eine willensgesteuerte Handlung zurückzuführen ist oder nicht.[179] Denn die nach außen erkennbare willensgesteuerte Beziehung des Steuerpflichtigen zu dem Mittelabfluss (Ausgabe) manifestiert sich stets in einer Handlung. Fehlt ein derartiger Willensbildungsprozess, so kann ausschließlich auf objektive Kriterien zurückgegriffen werden.

Sind diese auslösenden Momente mehreren Einkunftsarten (oder allgemein: mehreren Sphären) zuzuordnen, so ist eine Vorrangigkeitsanalyse vorzunehmen. Anhand der Gesamtumstände des Einzelfalls ist dazu zu bestimmen, welche Einkunftsart (oder allgemein: welche Sphäre) bezogen auf die Aufwendungen

---

[177]*BFH*, Urt. v. 28.2.2013 – IV R 4/11, *BFH/NV* 2013, 1081 unter B.I.2.a).

[178]Beruht die Aufwendung nicht auf einer freien Willensentscheidung des Steuerpflichtigen, so dürfte das auslösende Moment i. S. d. Rechtsprechung dem „äußeren Auslöser" i. S. d. Literatur entsprechen.

[179]*BFH*, Urt. v. 25.10.1989 – X R 69/88, *BFH/NV* 1990, 553 unter I.2 m. w. N.; Beschluss v. 11.3.2008 – X B 259/07, *BFH/NV* 2008, 958 unter 3.

als Zuordnungsobjekt im Vordergrund steht und daher die Beziehungen zu den anderen Sphären verdrängt.[180]

Neben der Spezifizierung des wirtschaftlichen Zusammenhangs im Rahmen des Veranlassungsprinzips des § 4 Abs. 4 EStG dehnte der BFH den dargestellten Zurechnungsmaßstab auch allgemein auf andere (veranlassungsbezogene) Abgrenzungsfragen aus und erklärte das Veranlassungsprinzip damit zu einem übergreifenden Zurechnungsmaßstab des nationalen Steuerrechts.

5.3 Zusammenfassung

Der BFH hat den in der Literatur geführten Meinungsstreit nicht ausdrücklich entschieden. Eine pauschale Ablehnung der Berücksichtigung subjektiver bzw. finaler Elemente lässt sich der Rechtsprechung aber ebenso wenig entnehmen.[181] In mittlerweile ständiger Rechtsprechung stellt der BFH für den Veranlassungsbegriff darauf ab, ob die Aufwendungen (oder allgemein: das Zuordnungsobjekt) mit der Einkünfteerzielung (oder allgemein: der Zuordnungssphäre) objektiv zusammenhängen und ihr subjektiv zu dienen bestimmt sind. Dabei versteht er den objektiven Zusammenhang als zwingende Voraussetzung, während er das subjektive Moment insbesondere im Kontext von unfreiwilligen und Zwangsaufwendungen, die nicht auf einem Willensbildungsprozess des Steuerpflichtigen beruhen, als fakultativ erachtet.

Daneben führt der BFH aber zusätzlich den Begriff des wirtschaftlichen Zusammenhangs als maßgebliche Konkretisierung des Veranlassungsbegriffs ein und schlägt damit die begriffliche Brücke zu anderen Zurechnungstatbeständen des EStG (wie beispielsweise § 3c Abs. 1 und Abs. 2, § 34c Abs. 1 Satz 4 oder § 50 Abs. 1 Satz 1 EStG).[182]

Nach den Ausführungen des BFH ist dieser wirtschaftliche Zusammenhang in einem ersten Schritt im Wege einer wertenden Beurteilung der die Aufwendungen (bzw. Zuordnungsobjekte) „auslösenden Momente" zu bestimmen. Die „wertende

---

[180]Ein Beispiel für eine derartige Vorrangigkeitsprüfung findet sich bspw. in *BFH*, Urt. v. 20.9.2006 – I R 59/05, *BFHE* 215, 130, wo der BFH einen lediglich mittelbaren und entfernteren Zusammenhang mit einer möglichen späteren Anstellung hinter dem unmittelbaren Zusammenhang mit einer anstehenden Anstellung hat zurücktreten lassen, vgl. a. a. O. unter II.4.

[181]Vgl. *BFH*, Urt. v. 15.1.1970 – IV R 32/69, *BFHE* 98, 343.

[182]Vgl. *Wassermeyer*, FS Offerhaus, S. 405, 408. Zu dem Begriff des wirtschaftlichen Zusammenhangs siehe auch 8.2.

Beurteilung" beschränkt sich auf dieser Stufe damit auf die Reduzierung sämtlicher Kausalursachen auf die eine maßgebliche (das maßgebliche auslösende Moment) und kann in gewisser Weise als steuerrechtliche Modifizierung der aus dem Unfallversicherungsrecht stammenden Theorie der wesentlichen Bedingung betrachtet werden. Existieren mehrere auslösende Momente, so ist zu fragen, welches davon für das Zuordnungsobjekt vorrangig ist und daher die Beziehung des Zuordnungsobjekts zu den anderen auslösenden Momenten verdrängt. Beachtet man nun, dass der BFH ausdrücklich auch unfreiwillige und Zwangsaufwendungen zum Betriebsausgabenabzug zulassen will, so bedeutet dies, dass für die Bestimmung der auslösenden Momente auf der ersten Stufe eine Kausalbeziehung ausreichend sein muss.

Die Einbeziehung möglicher (aber nicht zwingenderweise vorauszusetzender) subjektiver Momente spielt sich damit lediglich auf der zweiten Stufe ab. Auf dieser Stufe ist das maßgebliche auslösende Moment den Zuordnungssphären zuzuordnen:[183] Dabei dürfen die objektiv nach außen erkennbaren Zusammenhänge nicht den vorgetragenen subjektiven Momenten widersprechen. Auch wenn einige Entscheidungen dem objektiven Zusammenhang lediglich Beweisfunktion beimessen, so ist er (als gedachte Manifestation der inneren Vorgänge) im Zweifel für die Zuordnung faktisch maßgeblich. Zur Konkretisierung des objektiven Zusammenhangs bedient sich die Rechtsprechung Kriterien wie der Üblichkeit, der Notwendigkeit oder der Zweckmäßigkeit.[184] Da der BFH grundsätzlich auch weiterhin unübliche, notwendige und zweckmäßige Aufwendungen zum Betriebsausgabenabzug zulässt, ist die von den genannten Kriterien ausgehende Beweisvermutung jedenfalls abstrakt widerlegbar.

Lässt sich das maßgebliche auslösende Moment sowohl der Privat- wie auch der Erwerbsphäre zuweisen (gemischte Veranlassung), so ist unter den vom Großen Senat in seinem Beschluss vom 21. September 2009[185] dargelegten Voraussetzungen eine anteilige Zuordnung der Aufwendungen vorzunehmen. Liegen diese Voraussetzungen nicht vor, so ist – soweit einschlägig unter Berücksichtigung des § 12 Abs. 1 Satz 2 EStG – eine Vorrangigkeitsprüfung durchzuführen.

In den meisten Fällen dürften die Veranlassungsprüfung der BFH-Rechtsprechung und die Literatur-Auffassung, die neben dem subjektiven Element auch einen objektiven Zusammenhang – sei es auch nur aus Beweisgründen – fordert, damit zu identischen Ergebnissen führen.

---

[183] *BFH*, Urt. v. 28.2.2013 – IV R 4/11, *BFH/NV* 2013, 1081 unter B.I.2.a).

[184] Vgl. *Schuck*, Veranlassungszusammenhang 1991, S. 83 ff.

[185] *BFH*, Beschluss v. 21.9.2009 – GrS 1/06, *BFHE* 227, 1.

Dabei ist der Begriff des „wirtschaftlichen" Zusammenhangs missverständlich gewählt. Er ist nämlich nicht im Sinne eines (betriebs-)wirtschaftlichen Zusammenhangs zu verstehen. Dies verdeutlichen bereits die in der Rechtsprechung des BFH verwendeten Formulierungen „wirtschaftlicher Zusammenhang"[186] und „tatsächlicher Verwendungszweck"[187], die die Relevanz der tatsächlichen Betrachtungsweise unterstreichen. Auch der Kontokorrentbeschluss sowie der Beschluss zum Zweikonten-Modell des Großen Senats legen dar, dass im Zweifel die tatsächliche Mittelverwendung maßgeblich ist und eine etwaige (betriebs-)wirtschaftliche Gesamtbetrachtung verdrängt.[188] Durch die Betonung der „dienenden" Funktion der Aufwendungen klingt zudem auch stets ein funktionales Element in der Veranlassungsdefinition mit an.

---

[186] *BFH*, Urt. v. 28.2.2013 – IV R 4/11, *BFH/NV* 2013, 1081; Beschluss v. 4.7.1990 – GrS 2-3/88, *BFHE* 161, 290.

[187] *BFH*, Urt. v. 20.11.1979 – VI R 25/78, *BFHE* 129, 149.

[188] Vgl. dort insbesondere die tatsächliche vs. die wirtschaftliche Umschuldung.

Die Zuordnung von Wirtschaftsgütern zum Betriebsvermögen

6

Anders als der Betriebsausgabenbegriff ist der Begriff des Betriebsvermögens nicht gesetzlich definiert. Seine Existenz wird jedoch in § 4 Abs. 1, § 5 Abs. 1 und § 6 Abs. 5 EStG als Vorfrage der Gewinnermittlung vorausgesetzt. Für die Zuordnung einzelner Wirtschaftsgüter zum Betriebsvermögen hat die Rechtsprechung vor dem Hintergrund dieser Funktion für die Gewinnermittlung in systematischer Auslegung des § 4 EStG daher eine Vielfalt von Rechtssätzen entwickelt. Ihnen ist gemein, dass sie alle einen – nicht weiter spezifizierten – Zusammenhang mit dem Betrieb fordern und verlangen, dass das Wirtschaftsgut dem Betrieb „dient".[1] Dadurch erhält die Zuordnung der Wirtschaftsgüter ein funktionales Element.

6.1 Allgemeines zum Betriebsvermögensbegriff

Teilweise wird für die Zuordnung auf den Anschaffungsvorgang des Wirtschaftsguts abgestellt und dabei das Veranlassungsprinzip als allgemeines steuerrechtliches Zuordnungsprinzip auch auf die Zuordnung von Betriebsvermögen

---

[1] *BFH*, Urt. v. 22.12.1955 – IV 537/54 U, *BFHE* 62, 172; Urt. v. 24.2.2000 – IV R 6/99, *BFHE* 191, 307 unter 1; *Musil*, in: H/H/R, EStG/KStG, § 4 EStG Rn. 40; *Bode*, in: Kirchhof, EStG, § 4 Rn. 35.

© Der/die Autor(en), exklusiv lizenziert durch Springer Fachmedien Wiesbaden GmbH, ein Teil von Springer Nature 2021
S. Glatz, *Abgrenzungsmaßstäbe im Abkommensrecht*, PwC-Studien zum Unternehmens- und Internationalen Steuerrecht 10,
https://doi.org/10.1007/978-3-658-34006-3_6

übertragen.[2] Danach sind alle Wirtschaftsgüter, die betrieblich veranlasst angeschafft, hergestellt oder eingelegt wurden, dem Betriebsvermögen zuzurechnen.[3] Eine derartige betriebliche Veranlassung liegt in Anlehnung an die zu § 4 Abs. 4 EStG entwickelten Grundsätze vor, wenn ein objektiver wirtschaftlicher oder tatsächlicher Zusammenhang mit dem Betrieb besteht.[4] Dieser Zusammenhang muss nicht zwangsläufig durch eine Widmung hergestellt werden. Vielmehr wird er auch unabhängig von der tatsächlichen oder beabsichtigten Nutzung des Wirtschaftsguts dadurch hergestellt, dass der Anschaffungsvorgang seinerseits betrieblich veranlasst ist.[5]

Durch die Anknüpfung an das Veranlassungsprinzip im Sinne des § 4 Abs. 4 EStG enthält dieser Zuordnungsmechanismus ein ausgeprägtes funktionales, nämlich betriebstätigkeitsbezogenes Element.[6] Denn Anknüpfungspunkt für die Einordnung der zur Anschaffung oder Herstellung führenden Aufwendung ist die betriebliche Tätigkeit.[7] Die veranlassungsbasierte Zuordnung von Wirtschaftsgütern zum Betriebsvermögen trägt damit dem in seinem Grundfall des § 15 Abs. 2 EStG tätigkeitsbezogenen Verständnis des Gewerbebetriebs Rechnung.[8] In seiner Grunderscheinung definiert sich der Gewerbebetrieb über die ihm zugrunde liegende gewerbliche Tätigkeit. Rechtliche Fiktionen erweitern den

---

[2]*BFH*, Urt. v. 24.2.2000 – IV R 6/99, *BFHE* 191, 307; Urt. v. 11.11.1987 – I R 7/84, *BFHE* 152, 84; *Weber*, StuW 2009, 184, 195; *Wassermeyer*, StuW 1981, 245, 251; *Wassermeyer*, in: Söhn, DStJG Bd. 3, S. 315, 321 ff.; *Merten*, FR 1979, 365, 370; *Wied*, in: Blümich, EStG/KStG/GewStG, § 4 EStG Rn. 340.

[3]*BFH*, Urt. v. 12.1.2010 – VIII R 34/07, *BFHE* 228, 212 unter II.1.a); *FG Saarland*, Urt. v. 29.9.2009 – 1 K 2247/06, EFG, 117; *BFH*, Urt. v. 6.3.1991 – X R 57/88, *BFHE* 164, 246; Urt. v. 9.8.1989 – X R 20/86, *BFHE* 158, 316 unter 1; Urt. v. 11.11.1987 – I R 7/84, *BFHE* 152, 84 unter II.1.a); *Nöcker*, in: Bordewin/Brandt, EStG, § 4 Rn. 250; *Wassermeyer*, StuW 1981, 245, 252; *Wassermeyer*, in: Söhn, DStJG Bd. 3, S. 315, 322 ff.; *Tipke*, StuW 1979, 193, 206.

[4]*FG Saarland*, Urt. v. 29.9.2009 – 1 K 2247/06, EFG, 117; *BFH*, Urt. v. 13.9.2000 – X R 140/97, *BFH/NV* 2001, 431; Urt. v. 6.3.1991 – X R 57/88, *BFHE* 164, 246; Urt. v. 9.8.1989 – X R 20/86, *BFHE* 158, 316 unter 1; Urt. v. 11.11.1987 – I R 7/84, *BFHE* 152, 84 unter II.1.a) unter Verweis auf das Urt. v. 29.3.1979 – IV R 103/75, *BFHE* 127, 530.

[5]*BFH*, Urt. v. 11.11.1987 – I R 7/84, *BFHE* 152, 84 unter II.1.a); dem folgend auch *FG Saarland*, Urt. v. 29.9.2009 – 1 K 2247/06, EFG, 117; *FG Rheinland-Pfalz*, Urt. v. 14.5.2014 – 2 K 1454/13, EFG, 1685; *BFH*, Urt. v. 9.8.1989 – X R 20/86, *BFHE* 158, 316 unter 1; Beschluss v. 27.1.1995 – X B 144/94, *BFH/NV* 1995, 784 unter 1.

[6]Zum Bezugspunkt der Erwerbstätigkeit für das Veranlassungsprinzip vgl. *Weber*, StuW 2009, 184, 186.

[7]Vgl, oben Kapitel 5.

[8]*BFH*, Urt. v. 3.10.1984 – I R 119/81, *BFHE* 142, 433 unter II.2; vgl. auch *Reiß*, in: Kirchhof, EStG, § 15 Rn. 11.

Betrieb auch auf andere Tätigkeiten.[9] Lässt sich für den Anschaffungs- bzw. Herstellungsvorgang kein unmittelbarer oder mittelbarer Zusammenhang zu der (gewerbe-)betrieblichen Tätigkeit herstellen, so dürfte das betroffene Wirtschaftsgut gemäß der veranlassungsbasierten Zuordnungsweise auch nicht Bestandteil des Betriebsvermögens werden.

Die zitierte Rechtsprechung, die durch ihre veranlassungsbetonte Zuordnung insbesondere eine Widmung für entbehrlich erachtet, ist insofern bemerkenswert, als sie mit der vom BFH ansonsten anerkannten Kategorie des gewillkürten Betriebsvermögens zu kollidieren scheint.[10] Danach ist nämlich ein nach außen erkennbarer Widmungsakt für die Zuordnung zum gewillkürten Betriebsvermögen erforderlich.[11] In der Literatur wurde schon länger angezweifelt, dass eine Rechtsgrundlage für die Unterscheidung zwischen notwendigem und gewillkürtem Betriebsvermögen existiert.[12] Die Rechtsprechung leitet die Dreiteilung des Vermögens in notwendiges Betriebsvermögen, gewillkürtes Betriebsvermögen und notwendiges Privatvermögen durch Auslegung des Betriebsvermögensbegriffs interessanterweise selbst aus dem Veranlassungsprinzip ab.[13] Die Unterscheidung zwischen notwendigem und gewillkürtem Betriebsvermögen trage der unterschiedlichen Ausprägung des für die betriebliche Veranlassung erforderlichen wirtschaftlichen Zusammenhangs Rechnung:[14] Während einige Wirtschaftsgüter in einem objektiven Zusammenhang mit dem Betrieb stünden (notwendiges Betriebsvermögen), werde der Zusammenhang mit dem Betrieb bei anderen Wirtschaftsgütern erst definitiv durch Widmung zu betrieblichen Zwecken hergestellt (gewillkürtes Betriebsvermögen).[15] In beiden Fällen beruhe die Zuordnung aber auf der betrieblichen Veranlassung.[16]

---

[9]Vgl. hierzu die Ausführungen unter 6.2.1.

[10]*Wassermeyer,* in: Söhn, DStJG Bd. 3, S. 315, 325 ff.

[11]Vgl. *BFH,* Urt. v. 27.3.1968 – I 154/65, *BFHE* 92, 217 unter 1; Urt. v. 17.3.1966 – IV 186/63, *BFHE* 86, 21; Urt. v. 22.11.1960 – I 103/60 S, *BFHE* 72, 259.

[12]Vgl. *Wassermeyer,* in: Söhn, DStJG Bd. 3, S. 315, 317 ff.; *Heinicke,* in: Schmidt, EStG, § 4 EStG Rn. 108.

[13]*BFH,* Urt. v. 28.7.1994 – IV R 80/92, *BFH/NV* 1995, 288 unter 2.

[14]Vgl. *BFH,* Urt. v. 11.11.1987 – I R 7/84, *BFHE* 152, 84 unter II.1.a); siehe auch *Nöcker,* in: Bordewin/Brandt, EStG, § 4 Rn. 265.

[15]*BFH,* Urt. v. 28.7.1994 – IV R 80/92, *BFH/NV* 1995, 288 unter 2.

[16]*BFH,* Urt. v. 28.7.1994 – IV R 80/92, *BFH/NV* 1995, 288 unter 2. In der Tat wurde in den Fällen, bei denen sich die Betriebsvermögenzugehörigkeit an dem (im Wege des betrieblich veranlassten Erwerbs) erlangten Wirtschaftsgut fortsetzte, das Wirtschaftsgut wegen seines Entgeltcharakters im Rahmen einer betrieblich veranlassten Transaktion ohne besonderen Widmungsakt als notwendig zum Betriebsvermögen gehörig behandelt, vgl. Beschluss v.

6.2 Das Verhältnis von Dreiteilungssystematik und veranlassungsbasiertem Betriebsvermögensbegriff

Tatsächlich dürfte das durch die „Dreiteilung" erlangte Zuordnungsergebnis mit der veranlassungsbasierten Zuordnung zum Betriebs- oder Privatvermögen übereinstimmen.[17] Denn sowohl die veranlassungsbasierte Bestimmung des Betriebsvermögens als auch die Dreiteilungssystematik setzen definitionsgemäß eine objektive und eine subjektive Komponente voraus.

So enthält die Definition des notwendigen Betriebsvermögens, das alle Wirtschaftsgüter umfasst, die dem Betrieb dergestalt unmittelbar dienen, dass sie objektiv erkennbar zum unmittelbaren Einsatz im Betrieb selbst bestimmt sind,[18] mit den Elementen der objektiven Erkennbarkeit des Dienens durch unmittelbare Einsatzmöglichkeit im Betrieb einerseits und Bestimmung zu diesem Einsatz sowohl ein objektives als auch ein subjektives Element.

Bei dem gewillkürten Betriebsvermögen, das definitionsgemäß alle Wirtschaftsgüter erfasst, die objektiv dazu geeignet und erkennbar dazu bestimmt sind, den Betrieb (mittelbar) zu fördern,[19] besteht das objektive Element in der objektiven Eignung des Wirtschaftsguts zur mittelbaren Betriebsförderung, das subjektive Element in der Erkennbarkeit seiner Bestimmung (der Willkürung)

27.1.1995 – X B 144/94, *BFH/NV* 1995, 784 unter 1; Urt. v. 9.8.1989 – X R 20/86, *BFHE* 158, 316 unter 1, Urt. v. 11.11.1987 – I R 7/84, *BFHE* 152, 84 unter II.1.a). Insoweit der IV. Senat in seiner Entscheidung Urt. v. 28.7.1994 – IV R 80/92, *BFH/NV* 1995, 288 die Betriebsvermögenseigenschaft mit Blick auf das Wirtschaftsgut selbst (statt auf dessen Funktion als Entgelt i. R. eines betrieblich veranlassten Tauschgeschäfts) verneint, überspringt er einen Schritt. Vielmehr hätte er die im Anschluss an den Tausch ausschließlich privat veranlasste Nutzung des Wirtschaftsguts als Entnahmehandlung werten müssen, wie er es auch in der von ihm zitierten Entscheidung vom 11.11.1987 getan hatte (Urt. v. 11.11.1987 – I R 7/84, *BFHE* 152, 84 unter II.2).

[17] *Heinicke*, in: Schmidt, EStG, § 4 Rn. 108; im Grundsatz so auch *Musil*, in: H/H/R, EStG/KStG, § 4 EStG Rn. 42; a. A. *Bode*, in: Kirchhof, EStG, § 4 Rn. 39.

[18] *BFH*, Urt. v. 30.4.1975 – I R 111/73, *BFHE* 115, 500 unter 1; Urt. v. 23.7.1975 – I R 6/73, *BFHE* 117, 141; Urt. v. 1.12.1976 – I R 73/74, *BFHE* 121, 135 unter II.2.b.aa); Urt. v. 6.3.1991 – X R 57/88, *BFHE* 164, 246 unter I.2.b); Urt. v. 19.2.1997 – XI R 1/96, *BFHE* 182, 567 unter II.2.a); Urt. v. 19.7.2011 – IV R 10/09, *BFHE* 234, 212 unter II.1.b.aa).

[19] *BFH*, Urt. v. 15.7.1960 – VI 10/60 S, *BFHE* 71, 625 unter 1; Urt. v. 27.3.1968 – I 154/65, *BFHE* 92, 217 unter 1; Urt. v. 18.7.1974 – IV R 187/69, *BFHE* 113, 222 unter 1.b); Urt. v. 30.4.1975 – I R 111/73, *BFHE* 115, 500 unter 1; Urt. v. 11.10.1979 – IV R 125/76, *BFHE* 129, 40 unter 1.b); Urt. v. 19.2.1997 – XI R 1/96, *BFHE* 182, 567 unter II.2.b); Urt. v. 2.10.2003 – IV R 13/03, *BFHE* 203, 373 unter 1.a); Urt. v. 19.7.2011 – IV R 10/09, *BFHE* 234, 212 unter II.1.b.bb).

hierzu. Das insoweit schwächer ausgeprägte objektive Element (lediglich objektive Eignung zur mittelbaren Betriebsförderung statt objektiver Erkennbarkeit der unmittelbaren Einsatzmöglichkeit) wird bei dem gewillkürten Betriebsvermögen durch ein stärker ausgeprägtes subjektives Element kompensiert. Denn die subjektive Bestimmung zur Betriebsförderung muss klar nach außen in Erscheinung treten.[20] Diese Widmung kann sich beispielsweise aus der buchmäßigen Behandlung ergeben.[21]

Die Auffassung *Wassermeyers,* das Erfordernis eines nach außen hervortretenden Willensentschlusses oder eines Widmungsaktes sei nicht mit einer veranlassungsbasierten Bestimmung des Betriebsvermögens vereinbar, ist nicht zuzustimmen. Unter Berücksichtigung der bereits dargestellten Rechtsprechung des BFH zum Veranlassungsprinzip[22] ist dieses Erfordernis vielmehr als die nach außen sichtbare Manifestation der inneren Veranlassung für das „auslösende Moment" zu sehen.[23]

Der oben angesprochene Rechtsatz des BFH, wonach der Zusammenhang bei bestehender betrieblicher Veranlassung nicht zwingend durch eine Widmung hergestellt werden müsse, dürfte sich daher faktisch in der Tat auf Fälle des notwendigen Betriebsvermögens beschränken, in denen das subjektive Element angesichts der erkennbaren objektiven Eignung zum unmittelbaren Einsatz im Betrieb schwächer ausgeprägt sein kann.

Zwar beziehen sich objektives und subjektives Element in der Dreiteilungssystematik auf das Wirtschaftsgut selbst, während der Anknüpfungspunkt bei der veranlassungsbasierten Betrachtungsweise in den zur Anschaffung bzw. Herstellung gemachten Aufwendungen besteht. Gleichwohl dürfte die Frage, ob bestimmte Anschaffungsaufwendungen für ein Wirtschaftsgut objektiv mit der betrieblichen Tätigkeit zusammenhängen und subjektiv diese zu fördern bestimmt sind, maßgeblich davon abhängen, ob das angeschaffte Wirtschaftsgut selbst objektiv zum Einsatz in diesem originären Gewerbebetrieb geeignet und subjektiv dazu bestimmt ist.[24] Daher dürfte die Bejahung der betrieblich veranlassten

---

[20]*BFH,* Urt. v. 18.7.1974 – IV R 187/69, *BFHE* 113, 222 unter 1.b); vgl. auch *Musil,* in: H/H/R, EStG/KStG, § 4 EStG Rn. 60.

[21]*BFH,* Urt. v. 10.10.2017 – X R 1/16, *BFHE* 259, 511 unter III.3.a); Urt. v. 27.8.1998 – IV R 77/97, *BFHE* 186, 422, unter 2.b); Urt. v. 18.10.1989 – X R 99/87, *BFH/NV* 1990, 424 unter 1.b).

[22]Vgl. oben 5.2.

[23]Vgl. *Nöcker,* in: Bordewin/Brandt, EStG, § 4 Rn. 313.

[24]So letztlich auch der BFH, der die betriebliche Veranlassung des Anschaffungsvorgangs bejaht, wenn ein objektiver oder tatsächlicher Zusammenhang mit dem Betrieb besteht, *BFH,* Urt. v. 11.11.1987 – I R 7/84, *BFHE* 152, 84 unter II.1.a).

Anschaffung eines Wirtschaftsguts stets – je nach Ausprägung des objektiven Zusammenhangs – entweder zu notwendigem oder gewillkürtem Betriebsvermögen führen. Das Verhältnis der beiden Elemente zueinander ist dabei in der Regel komplementär. Ein besonders stark ausgeprägter objektiver Zusammenhang des Wirtschaftsguts zum Betrieb reduziert die Anforderungen an die subjektive Bestimmung, da das Wirtschaftsgut bereits nach dem ersten Anschein dem Betrieb dient.[25] Ist der objektive Zusammenhang hingegen schwächer ausgeprägt, ist die subjektive Bestimmung des Wirtschaftsguts zur Förderung des Betriebs ausdrücklich, beispielsweise durch eine Widmung, zu erklären, da hier die dienende Funktion nicht bereits augenscheinlich ist.[26] Eine Begründung von gewillkürtem Betriebsvermögen durch Widmung allein, reicht jedoch nicht aus.[27]

6.2.1   Fiktive Erweiterungen des Gewerbebetriebsbegriffs

Dabei ist zu beachten, dass sich hinter dem für die Zuordnung relevanten Bezugspunkt „Gewerbebetrieb" nicht stets lediglich eine originär gewerbliche Tätigkeit im Sinne des § 15 Abs. 2 EStG verbirgt. Der Grund hierfür liegt in den zahlreichen rechtlichen Erweiterungen des Gewerbebetriebsbegriffs, die das EStG oder die richterliche Rechtsfortbildung vorsehen und die reflexartig zu einer rechtlichen Erweiterung des Betriebsvermögensbegriffs führen. Bei einer veranlassungsbasierten Zuordnung der Wirtschaftsgüter ist nicht mehr die ursprüngliche originär gewerbliche Tätigkeit im Sinne des § 15 Abs. 2 EStG, sondern vielmehr jede in dem rechtlich erweiterten Gewerbebetrieb ausgeübte betriebliche Tätigkeit der Bezugspunkt für den Veranlassungszusammenhang. Auch im Rahmen der Dreiteilungssystematik „wächst" das Verständnis von notwendigem bzw. gewillkürtem Betriebsvermögen reflexartig mit, wenn der Begriff des Gewerbebetriebs,

---

[25] *BFH*, Urt. v. 20.4.1999 – VIII R 63/96, *BFHE* 188, 358 unter II.1; vgl. auch Urt. v. 15.2.1966 – I 95/63, *BFHE* 85, 171 unter II; Urt. v. 25.6.1975 – I R 225/73, *BFHE* 116, 537.

[26] Vgl. *BFH*, Urt. v. 20.4.1999 – VIII R 63/96, *BFHE* 188, 358 unter II.1; Beschluss v. 8.12.1995 – VIII B 51/95, *BFH/NV* 1996, 474 unter 1.b). Etwas anderes ergibt sich auch nicht aus den Entscheidungen vom 11.11.1987 (Urt. v. 11.11.1987 – I R 7/84, *BFHE* 152, 84) und vom 9.8.1989 (Urt. v. 9.8.1989 – X R 20/86, *BFHE* 158, 316), da diesen die Besonderheit eines Sachtauschs zugrunde lag, vgl. auch Urt. v. 22.9.1993 – X R 37/91, *BFHE* 172, 354; Urt. v. 18.12.1996 – XI R 52/95, *BFHE* 182, 204.

[27] *BFH*, Beschluss v. 7.11.1995 – III B 66/93, *BFH/NV* 1996, 327 unter 1; Urt. v. 28.10.1982 – IV R 73/81, *BFHE* 137, 32 unter II.2.1; *FG Hamburg*, Urt. v. 15.6.2006 – 2 K 267/04, EFG, 1652 unter II.2.

an den die Betriebsvermögensdefinitionen anknüpfen, durch rechtliche Fiktionen erweitert wird. Dies verdeutlicht, dass der jeweilige Umfang des Betriebsvermögens maßgeblich von seinem Referenzrahmen, dem zugrunde liegenden Betriebsbegriff, abhängt.[28]

Zu den erwähnten rechtlichen Erweiterungen zählen insbesondere (und nicht abschließend[29]) die Regelungen über die Einbeziehung der Sondervergütungen in Einkünfte aus Gewerbebetrieb gemäß § 15 Abs. 1 Satz 1 Nr. 2 Satz 1 Hs. 2 bzw. Nr. 3 Hs. 2 EStG, die Erweiterung des Gewerbebetriebs auch auf „Nebeneinkünfte" durch die Infektionswirkung des § 15 Abs. 3 Nr. 1 EStG sowie die Umqualifizierung nicht originär gewerblich tätiger Personengesellschaften in vollumfängliche Gewerbebetriebe vermöge der gewerblichen Prägung gemäß § 15 Abs. 3 Nr. 2 EStG.[30]

Diese Sondervorschriften durchbrechen allesamt die tätigkeitsbezogene Systematik der steuerlichen Einkunftsarten. Ihnen ist gemeinsam, dass sie bestimmte Einkünfte, die für sich betrachtet keine Einkünfte aus Gewerbebetrieb darstellen, durch gesetzliche Anordnung in eben solche umqualifizieren. Diese Ausdehnung des Gewerbebetriebs hat die folgenden Konsequenzen für den Umfang des Betriebsvermögens eben dieser erweiterten Gewerbebetriebe:

6.2.2 Die Betriebserweiterungen durch § 15 Abs. 3 EStG

Im Rahmen des § 15 Abs. 3 Nr. 1 EStG werden auch Wirtschaftsgüter, deren Anschaffung oder Herstellung nicht durch die eigentliche „infizierende" gewerbliche Tätigkeit veranlasst wurden, zu Bestandteilen des Betriebsvermögens (§ 4 Abs. 1 EStG) des Gesamtbetriebs. Denn sämtliche nicht originär gewerbliche Tätigkeiten, die die Personengesellschaft neben der eigentlichen originär gewerblichen Tätigkeit ausübt, werden über die Infektionswirkung des § 15 Abs. 3 Nr. 1 EStG Teil der maßgeblichen gesamtbetrieblichen gewerblichen Tätigkeit. Der erweiterte Gewerbebetrieb ist der neue Referenzrahmen für

---

[28]Vgl. auch *BFH*, Beschluss v. 7.11.1995 – III B 66/93, *BFH/NV* 1996, 327 unter 1.

[29]Auch die Betriebsaufspaltung oder die Regelung des § 8 Abs. 2 KStG wird man wohl dazu zählen.

[30]Hiervon zu unterscheiden ist die Zusammenfassung einzelner betrieblicher Tätigkeiten, die isoliert betrachtet unter eine der subsidiären Einkunftsarten fallen würden (vgl. § 20 Abs. 8, § 21 Abs. 3, § 22 Nr. 1 Satz 1 und Nr. 3 Satz 1, § 23 Abs. 2 EStG). § 8 Abs. 2 KStG nimmt insofern eine Sonderrolle ein, als die Regelung sowohl Erweiterungs- als auch Umqualifizierungsfunktion hat.

die rechtlich erweiterte Zuordnung zum Betriebsvermögen. In der Klassifizierung der Dreiteilungssystematik führt dies zudem dazu, dass es (hinsichtlich
des Gesamthandvermögens) bei gewerblichen Personengesellschaften keinerlei
gewillkürtes Betriebsvermögen, sondern ausschließlich notwendiges Betriebsvermögen geben kann.[31] Denn insoweit die „infizierten" Wirtschaftsgüter betroffen
sind, kommt es auf eine Widmung nicht mehr an. Sie sind allesamt notwendiges
Betriebsvermögen.[32]

In ähnlicher Weise führt auch die Regelung des § 15 Abs. 3 Nr. 2 EStG
für sog. gewerblich geprägte Personengesellschaften zu einer Erweiterung in
Form der Begründung des Gewerbebetriebs und damit zu einer Begründung des
zugehörigen Betriebsvermögens. Denn die Tätigkeit einer rein vermögensverwal-
tenden gewerblich geprägten GmbH & Co. KG, die bei isolierter Betrachtung ja
gerade nicht originär gewerblicher Natur ist, wird durch die rechtliche Fiktion
des § 15 Abs. 3 Nr. 2 EStG zu einer betrieblichen Tätigkeit des erweiterten Gewerbebetriebs und damit zum Bezugspunkt für den wirtschaftlichen
Veranlassungszusammenhang.

6.2.3 Die Betriebserweiterung bei Personengesellschaften um den Sonderbereich

Die für die weitere Betrachtung weitaus wichtigste rechtliche Erweiterung des
Betriebsvermögensbegriffs ergibt sich aus § 15 Abs. 1 Satz 1 Nr. 2 Satz 1 Hs. 2
EStG. Danach zählen die Vergütungen, die der Gesellschafter von der Gesellschaft
für seine Tätigkeit im Dienst der Gesellschaft oder für die Hingabe von Darlehen oder für die Überlassung von Wirtschaftsgütern bezieht, zu den Einkünften
aus Gewerbebetrieb. Hintergrund der Regelung ist die angestrebte steuerliche Gleichstellung von Mitunternehmern und Einzelunternehmern.[33] Durch die
(Wieder-)Hinzurechnung der sog. Sondervergütungen im Sinne des § 15 Abs. 1

---

[31] *BFH*, Beschluss v. 20.5.1994 – VIII B 115/93, *BFH/NV* 1995, 101 unter 1; vgl. auch *Wacker*,
in: Schmidt, EStG, § 15 Rn. 192, 481; *Bode*, in: Blümich, EStG/KStG/GewStG, § 15 EStG
Rn. 451.

[32] Vgl. *BFH*, Urt. v. 30.11.2004 – VIII R 15/00, juris unter II.5.a); Urt. v. 29.11.2012 – IV R
37/10, *BFH/NV* 2013, 910 unter B.II.2 und B.II.2.d).

[33] *BFH*, Beschluss v. 19.10.1970 – GrS 1/70, *BFHE* 101, 62; Urt. v. 25.1.1980 – IV R 159/78,
BFHE 129, 502 unter 2.a); Beschluss v. 8.10.2010 – IV B 46/10, *BFH/NV* 2011, 244 unter
II.1.c); Urt. v. 20.11.2014 – IV R 1/11, *BFHE* 248, 28 unter II.2.a); *BVerfG*, Beschluss v.
15.7.1969 – 1 BvR 457/66, *BVerfGE* 26, 327; *Wacker*, in: Schmidt, EStG, § 15 Rn. 161; *Tiede*,
in: H/H/R, EStG/KStG, § 15 EStG Rn. 520; von einer „partiellen Gleichstellung" sprechend
Rätke, in: H/H/R, EStG/KStG, § 15 EStG Rn. 81, 450; einschränkend ebenfalls *BFH*, Urt. v.

Satz 1 Nr. 2 Satz 1 Hs. 2 EStG mindern die gezahlten Entgelte der Mitunternehmerschaft für Leistungen des Mitunternehmers den Unternehmensgewinn nicht; dies entspricht der vergleichbaren Rechtslage beim Einzelunternehmer.[34]

Durch die Erweiterung der Einkünfte aus Gewerbebetrieb um die Sondervergütungen wird die zivilrechtliche Trennung der Gesellschafter- und der Gesellschaftsebene für die Zwecke der steuerlichen Gewinnermittlung wieder rückgängig gemacht. Die Tätigkeiten, die der Mitunternehmer für seine Gesellschaft ausübt – sei es durch die Ausführung der eigentlichen betrieblichen Tätigkeiten oder sei es in Gestalt von Überlassungstätigkeiten, die der Personengesellschaft Fremdkapital oder Wirtschaftsgüter aus dem Eigentum des Mitunternehmers zur Verfügung stellen – werden über § 15 Abs. 1 Satz 1 Nr. 2 EStG Teil der gesamtbetrieblichen Tätigkeit des fiktiv erweiterten Gewerbebetriebs.

Um der Tatsache Rechnung zu tragen, dass an der Einkünfteerzielung im Falle einer Mitunternehmerschaft stets mehrere Personen (ggf. in unterschiedlichem Maße) beteiligt sind und somit auch eine nach Mitunternehmern differenzierende Betrachtung zu erfolgen hat, werden die aus den genannten Tätigkeiten resultierenden Sondervergütungen, die dafür eingesetzten Wirtschaftsgüter und die mit diesen Wirtschaftsgütern zusammenhängenden Erträge und Aufwendungen in einem separaten „Sonderbereich" des Betriebs erfasst. Dennoch ist dieses Sonderbetriebsvermögen Teil des Gesamtbetriebsvermögens der Personalgesellschaft.[35] Dies basiert letztlich auf der Vorstellung, dass das den Einkünften zugrunde liegende Vermögen Betriebsvermögen darstellt.[36]

Auf Basis welcher Rechtsgrundlage und in welchem Umfang diese Zugehörigkeit zum Betriebsvermögen begründet wird, ist im Einzelnen umstritten[37]

21.12.1972 – IV R 53/72, *BFHE* 107, 564 unter II.e); Urt. v. 23.7.1975 – I R 210/73, *BFHE* 117, 144 unter 2.a), Rn. 2.a); Urt. v. 29.1.1976 – IV R 42/73, *BFHE* 118, 176 unter 3.c); Urt. v. 21.4.1988 – IV R 80/86, *BFHE* 153, 555 unter 1.b.dd); Beschluss v. 25.2.1991 – GrS 7/89, *BFHE* 163, 1 unter C.II.3; *BVerfG*, Kammerbeschluss v. 25.4.1991 – 2 BvR 1549/90, juris, juris; vgl. zur Gleichstellungsthese in der Rechtsprechung auch *Hallerbach*, FR 2016, 1117.

[34] *Wacker*, in: Schmidt, EStG, § 15 Rn. 161; *BFH*, Urt. v. 5.2.2002 – VIII R 31/01, *BFHE* 198, 101.

[35] *BFH*, Urt. v. 19.9.2012 – IV R 11/12, *BFHE* 239, 76 unter II.1.b.aa); Urt. v. 17.12.2008 – IV R 65/07, *BFHE* 224, 91 unter II.2.a); Urt. v. 30.3.1993 – VIII R 8/91, *BFHE* 172, 19 unter II.5.a); Urt. v. 19.3.1991 – VIII R 76/87, *BFHE* 164, 260 unter 2.a); Urt. v. 12.11.1985 – VIII R 286/81, *BFHE* 145, 62 unter 2.a) m. w. N.; *Bode*, in: Blümich, EStG/KStG/GewStG, § 15 EStG Rn. 458; *Reiß*, in: Kirchhof, EStG, § 15 Rn. 272, 327.

[36] *BFH*, Urt. v. 18.10.1990 – IV R 72/89, *BFHE* 162, 316 unter Verweis auf Urt. v. 4.4.1968 – IV 210/61, *BFHE* 92, 15.

[37] *Schneider*, in: H/H/R, EStG/KStG, § 15 EStG Rn. 712, 714. Der BFH sieht die Rechtsgrundlage in § 4 Abs. 1 EStG, *BFH*, Urt. v. 2.12.1982 – IV R 72/79, *BFHE* 137, 323; Urt.

und soll nicht Gegenstand dieser Betrachtung sein. Dem Grunde nach wird die Begründung von Sonderbetriebsvermögen aber von der h. M. anerkannt.[38] Die Dreiteilungssystematik hat die Kategorie des Sonderbetriebsvermögens in ihr System integriert und unterscheidet auch hier zwischen notwendigem und gewillkürtem Sonderbetriebsvermögen.[39]

Dabei wird zudem zwischen Sonderbetriebsvermögen I und Sonderbetriebsvermögen II differenziert. Erfasst werden die Wirtschaftsgüter, die im Eigentum eines Mitunternehmers stehen und der Personengesellschaft unmittelbar dienen oder geeignet und bestimmt sind, dem Betrieb der Personengesellschaft zu dienen (Sonderbetriebsvermögen I) oder unmittelbar zur Begründung oder Stärkung der Beteiligung an der Personengesellschaft eingesetzt werden sollen (Sonderbetriebsvermögen II).[40] Dabei kann die Beteiligung des Gesellschafters an der Personengesellschaft sowohl dadurch gestärkt werden, dass das Wirtschaftsgut für das Unternehmen der Personengesellschaft wirtschaftlich vorteilhaft ist, als auch dadurch, dass es der Mitunternehmerstellung des Gesellschafters selbst dient.[41] Damit dienen die Wirtschaftsgüter des Sonderbetriebsvermögens definitionsgemäß zwar unmittelbar (im Fall des Sonderbetriebsvermögens I) oder mittelbar (über die unmittelbare Unterstützung der Beteiligung bei Sonderbetriebsvermögen II) der betrieblichen Tätigkeit.[42] Dennoch ist diese dienende Funktion nicht

---

v. 6.7.1989 – IV R 62/86, *BFHE* 157, 551; wohl auch Urt. v. 15.10.1975 – I R 16/73, *BFHE* 117, 164 unter II.1.d); vgl. auch *BVerfG*, Kammerbeschluss v. 22.12.1992 – 1 BvR 1333/89, juris unter II.2; kritisch *Tiedtke/Hils*, DStZ 2004, 482.

[38] In st. Rspr. *BFH*, Urt. v. 3.12.1964 – IV 419/62 U, *BFHE* 81, 254; Urt. v. 29.9.1966 – IV 308/64, *BFHE* 87, 419 unter 2; Urt. v. 15.11.1967 – IV R 139/67, *BFHE* 90, 399 unter II.4; Urt. v. 5.7.1972 – I R 230/70, *BFHE* 107, 108 unter 2; zur Verfassungsmäßigkeit dieser richterlichen Rechtsfortbildung vgl. *BVerfG*, Kammerbeschluss v. 22.12.1992 – 1 BvR 1333/89, juris. Die Literatur differenziert zwischen dem Sonderbetriebsvermögen I, das die h. M. anerkennt, und dem Sonderbetriebsvermögen II, dessen rechtliche Grundlage angezweifelt wird, vgl. *Schneider*, in: H/H/R, EStG/KStG, § 15 EStG Rn. 712 m. w. N.

[39] *Schneider*, in: H/H/R, EStG/KStG, § 15 EStG Rn. 722 ff., 750; *Reiß*, in: Kirchhof, EStG, § 15 Rn. 327; *BFH*, Urt. v. 6.5.1986 – VIII R 160/85, *BFHE* 147, 313 unter 1; Urt. v. 24.9.1976 – I R 149/74, *BFHE* 120, 208 unter II.2; Urt. v. 23.7.1975 – I R 210/73, *BFHE* 117, 144 unter 1.

[40] *BFH*, Urt. v. 12.11.1985 – VIII R 286/81, *BFHE* 145, 62 unter 2.a).

[41] *BFH*, Urt. v. 12.10.2016 – I R 92/12, *BFHE* 256, 32 unter II.1.a) unter Verweis auf Urt. v. 27.6.2006 – VIII R 31/04, *BFHE* 214, 256 und Urt. v. 3.3.1998 – VIII R 66/96, *BFHE* 185, 422.

[42] *BFH*, Urt. v. 13.10.1993 – X R 49/92, *BFHE* 172, 315 unter 2; Urt. v. 13.10.1993 – X R 63/92, juris unter 2.

der für die Zuordnung der Wirtschaftsgüter maßgebliche funktionale Zusammenhang (dazu sogleich). Die dienende Funktion führt lediglich dazu, dass die rechtsgeschäftliche oder tatsächliche Interaktion zwischen Mitunternehmer und Personengesellschaft überhaupt der betrieblichen Sphäre zuzuordnen ist.

Im Bereich des entgeltlich überlassenen Sonderbetriebsvermögens I ergibt sich der allgemeine wirtschaftliche Zusammenhang der Wirtschaftsgüter zur betrieblichen Sphäre daraus, dass die für die Überlassung der Wirtschaftsgüter geleisteten Sondervergütungen bei der Personengesellschaft Betriebsausgaben im Sinne des § 4 Abs. 4 EStG darstellen. Ohne einen wirtschaftlichen Zusammenhang im Sinne des Veranlassungsprinzips[43] wären die Aufwendungen als Entnahmen zu behandeln gewesen. Die Einkünftekorrektur würde sich dann nicht aus § 15 Abs. 1 Satz 1 Nr. 2 Satz 1 Hs. 2 EStG im Sonderbereich, sondern bei der Gewinnermittlung der Mitunternehmerschaft aus § 4 Abs. 1 Satz 1 Hs. 2 i. V. m. § 4 Abs. 1 Satz 2 EStG ergeben.

In den Bereichen des unentgeltlich überlassenen Sonderbetriebsvermögens I und des Sonderbetriebsvermögens II folgt der allgemeine wirtschaftliche Zusammenhang der Wirtschaftsgüter zur betrieblichen Sphäre daraus, dass die betreffenden Wirtschaftsgüter faktisch in den Dienst des Betriebs der Personengesellschaft gestellt werden und daher im Fall eines Einzelunternehmers als in das Betriebsvermögen eingelegt angesehen werden würden.[44] Im Fall des eigenkapitalbezogenen passiven Sonderbetriebsvermögens II (wie beispielsweise eine zur Fremdfinanzierung der Personengesellschaftsbeteiligung eingegangene Verbindlichkeit[45]) ist dieser Zusammenhang sogar nicht lediglich allgemeiner wirtschaftlicher Natur, sondern sogar enger.[46]

Der funktionale Zusammenhang der Wirtschaftsgüter ergibt sich aber entgegen der etwas vereinfachenden Definition des Sonderbetriebsvermögens (mit Ausnahme des eigenkapitalbezogenen passiven Sonderbetriebsvermögens II) nicht vordergründig aus ihrer dienenden Funktion für die originär betriebliche (Kern-)Tätigkeit oder die Beteiligung – denn diese müsste man sonst auch bei entsprechend eingesetzten Wirtschaftsgütern fremder Dritter bejahen –, sondern vielmehr daraus, dass die Wirtschaftsgüter der betrieblich veranlassten rechtsgeschäftlichen

---

[43]Vgl. oben 5.2.

[44]Eine Einlage in den Gesamthandsbereich liegt hingegen aber gerade nicht vor, da der Mitunternehmer im Fall des Sonderbetriebsvermögens definitionsgemäß („wirtschaftliches Eigentum des Mitunternehmers") gerade nicht seine Verfügungsmacht über das Wirtschaftsgut verliert, vgl. *BFH*, Urt. v. 21.12.1978 – III R 20/77, *BFHE* 127, 423.

[45]Vgl. *BFH*, Urt. v. 12.10.2016 – I R 92/12, *BFHE* 256, 32 unter II.1.d).

[46]Vgl. hierzu 6.2.4.

oder tatsächlichen Interaktion des Mitunternehmers mit seiner Personengesellschaft und den damit einhergehenden Tätigkeiten dienen.[47] Dieser Bezug zur Mitunternehmersphäre klingt in dem anderen Teil der Definition des Sonderbetriebsvermögens, die das wirtschaftliche Eigentum des Mitunternehmers an dem Wirtschaftsgut voraussetzt, auch versteckt an.[48]

6.2.4 Die Ausnahme bei eigenkapitalbezogenem passiven Sonderbetriebsvermögen II

Eine Sonderrolle nimmt das eigenkapitalbezogene passive Sonderbetriebsvermögen II ein. Dahinter verbergen sich Verbindlichkeiten, die der Mitunternehmer zum Zweck der Finanzierung seiner Beteiligung an der Mitunternehmerschaft und damit seiner Unternehmerstellung eingegangen ist.

Hier besteht über den Eigenkapitalbezug sogar ein funktionaler Zusammenhang des passiven Wirtschaftsguts, der Verbindlichkeit, zu der originär betrieblichen Tätigkeit der Mitunternehmerschaft. Denn die in Zusammenhang mit der Anschaffung (oder im Fall der Refinanzierung: der Erhaltung) der Beteiligung stehende Verbindlichkeit ermöglicht erst die Begründung (oder Erhaltung) der Mitunternehmerstellung, aufgrund derer die betriebliche Tätigkeit der Mitunternehmerschaft dem Mitunternehmer anteilig zugerechnet wird.

Der Unterschied dieses eigenkapitalbezogenen passiven Sonderbetriebsvermögens II im Vergleich zu dem restlichen Sonderbetriebsvermögen ergibt sich

---

[47]Etwas anderes ergibt sich auch nicht aus den Ausführungen des BFH in dem Urteil vom 3.7.1997, nach denen es bei der Nutzungsüberlassung eines Wirtschaftsguts durch den Gesellschafter an seine Personengesellschaft kein gewerbliches Unternehmen des Gesellschafters gebe, das die Nutzungsüberlassung von Wirtschaftsgütern an die Gesellschaft zum Gegenstand habe, vgl. Urt. v. 3.7.1997 – IV R 31/96, *BFHE* 183, 509 unter 2.a). Denn diese Aussage bezieht sich auf den innerstaatlich anerkannten Vorrang des Sonderbetriebs, wie der Verweis auf das Urt. v. 18.7.1979 – I R 199/75, *BFHE* 128, 516 deutlich macht. Anders als im innerstaatlichen Recht existiert ein derartiger Vorrang des Sonderbetriebs im Abkommensrecht aber nicht. Dort ist vielmehr sorgfältig zu differenzieren, welche Unternehmenstätigkeit im Sinne des Abkommens Referenzrahmen für die Zuordnung des Betriebsvermögens ist, vgl. auch die Ausführungen unter 9.3.9.

[48]Die Definition des Sonderbetriebsvermögens orientiert sich relativ nah an den Definitionen der Dreiteilungssystematik und greift insoweit auf bekannte Strukturen zurück. Dass sie dabei die eigentlichen funktionalen Zusammenhänge nicht adäquat wiedergibt, dürfte daran liegen, dass es für die innerstaatliche Beurteilung des Sonderbetriebsvermögens völlig irrelevant ist, mit welchem Teil der gesamtbetrieblichen Tätigkeit das Wirtschaftsgut in einem funktionalen Zusammenhang steht.

dabei vornehmlich daraus, dass es zwar formal von der Sonderbetriebsver-
mögensdefinition erfasst wird, aber nicht eigentlich dem „Sonderbereich" des
Mitunternehmers zuzuordnen ist. Denn die Zuordnung erfolgt hier nicht, weil
die eigenständige Rechtsfähigkeit der Personengesellschaft ausgeglichen werden
soll, die es dem Mitunternehmer anders als dem Einzelunternehmer erlaubt, mit
seinem Unternehmen auf rechtsgeschäftlicher Ebene zu interagieren. Sie erfolgt
vielmehr, weil auch bei Mitunternehmerschaften die Mitunternehmer als Steuersubjekte die eigentlichen steuerlichen Unternehmer sind. Insoweit muss die
Gleichstellung mit dem Einzelunternehmer nicht erst konstitutiv durch das Konstrukt des Sonderbetriebs angeordnet werden, sondern sie folgt letztlich aus dem
Transparenzprinzip.

Anders verhält es sich hingegen bei dem übrigen (nicht eigenkapitalbezogenen) Sonderbetriebsvermögen II. Hier kommt es maßgeblich auf die eigenständige
Rechtsfähigkeit der Personengesellschaft an. Die Wirtschaftsgüter des übrigen
Sonderbetriebsvermögens II, die jeweils einen (unterschiedlich ausgeprägten) subjektiven oder objektiven Bezug zu der betrieblichen Tätigkeit aufweisen, sind
gerade nicht in das wirtschaftliche Eigentum der Personengesellschaft überführt
und damit gerade nicht „eingelegt" worden. Vielmehr liegt die Verfügungsmacht
weiterhin beim Mitunternehmer.

Insoweit unterscheidet sich die Situation maßgeblich von der des Einzelunternehmers. Da er der (einzige) Rechtsträger des Einzelunternehmens ist, kann für
die Frage des wirtschaftlichen Eigentums nur auf ihn abgestellt werden. Während die Einbeziehung des Sonderbereichs in die steuerliche Gewinnermittlung
der Mitunternehmerschaft gerade diesen Unterschied ausgleichen soll, ist dies bei
dem eigenkapitalbezogenen Sonderbetriebsvermögen II nicht erforderlich.

Anders als bei den übrigen „typischen" Sonderbereichssachverhalten besteht
bei dem eigenkapitalbezogenen Sonderbetriebsvermögen II nämlich über den
Bezug zum Eigenkapital ein genuiner Zusammenhang zu der originär betrieblichen und nicht lediglich zu der mittels gesetzlicher Fiktion erweiterten betrieblichen Tätigkeit.

6.3 Zusammenfassung

Zusammenfassend richtet sich also auch die Bestimmung des Betriebsvermögens
nach dem Veranlassungsprinzip. Die von der Rechtsprechung entwickelte Dreiteilungssystematik basiert ebenfalls auf dem Veranlassungsprinzip und gelangt
zu einer im Ergebnis identischen Zuordnung. Ein Wirtschaftsgut gehört zum

(Gesamt-)Betriebsvermögen eines (Gewerbe-)Betriebs[49], wenn seine Anschaffung, Herstellung oder Einlage betrieblich veranlasst war. Dies ist zu bejahen, wenn das Wirtschaftsgut in einem wirtschaftlichen Veranlassungszusammenhang zur betrieblichen Tätigkeit steht. Dieser wirtschaftliche Zusammenhang ist wie bei dem allgemeinen Veranlassungsprinzip tatsächlich-funktionaler Natur.

Die dem jeweiligen Betrieb zugrunde liegende Tätigkeit bestimmt dementsprechend den Umfang des Betriebsvermögens, weswegen der Bestimmung des Betriebsvermögens stets eine Absteckung des konkreten Betriebs vorausgehen muss. Denn die als Bezugspunkt für die Zuordnungsfrage maßgebliche betriebliche Tätigkeit beschränkt sich nicht stets auf originär gewerbliche Tätigkeiten im Sinne des § 15 Abs. 2 EStG. Diese sind lediglich die Grundausprägung und häufig[50] der Kern der gesamtbetrieblichen Tätigkeit. Sie werden ergänzt durch die Tätigkeiten, die den rechtlichen Erweiterungen des Betriebsbegriffs zugrunde liegen (Abb. 6.1).

Diese veranlassungsbasierte Bestimmung des Betriebsvermögens hat zur Folge, dass jedes Wirtschaftsgut des Betriebsvermögens in mindestens einem wirtschaftlichen Zusammenhang zu einer – originär gewerblichen oder rechtlich erweiterten – betrieblichen Tätigkeit stehen muss. Besteht ein wirtschaftlicher Zusammenhang zu betrieblichen Tätigkeiten verschiedener Betriebe, so gilt hier – anders als bei der Zuordnung von Betriebsausgaben[51] – nach wie vor ein Aufteilungsverbot. Das Wirtschaftsgut kann nur einheitlich und nur einem einzigen Betrieb zugeordnet werden.[52] Ob dieser Ansatz in Zeiten der „Shareconomy" noch zeitgemäß erscheint, soll an dieser Stelle dahinstehen.[53] Einzige Ausnahme von der einheitlichen Zuordnung bildet die gemischte Nutzung von Grundstücken.[54] Ansonsten erfolgt die Zuordnung grundsätzlich nach Maßgabe einer

---

[49]Gemäß § 18 Abs. 4 Satz 2, § 13 Abs. 7 EStG gilt die Regelung des § 15 Abs. 1 Satz 1 Nr. 2 EStG für Einkünfte aus selbstständiger Tätigkeit bzw. Einkünfte aus Land- und Forstwirtschaft entsprechend. Jedenfalls insoweit lassen sich die oben stehenden Ausführungen zum Betriebsvermögen bei rechtlichen Erweiterungen des Betriebsbegriffs übertragen.

[50]Lediglich in Fällen der gewerblichen Prägung (§ 15 Abs. 3 Nr. 2 EStG) dürfte die gesamtbetriebliche Tätigkeit keinen originär gewerblichen Kern enthalten, denn andernfalls wäre schon § 15 Abs. 3 Nr. 1 EStG einschlägig, vgl. *Wacker*, in: Schmidt, EStG, § 15 Rn. 213; *Füssenich*, in: Bordewin/Brandt, EStG, § 15 Rn. 3546. Bei Kapitalgesellschaften entspricht dies wegen § 8 Abs. 2 KStG der rein vermögensverwaltend tätigen Kapitalgesellschaft.

[51]Vgl. BFH, Beschluss v. 21.9.2009 – GrS 1/06, BFHE 227, 1.

[52]*BFH*, Urt. v. 24.9.1959 – IV 38/58 U, BFHE 69, 550; Urt. v. 22.11.1960 – I 103/60 S, BFHE 72, 259; *Bode*, in: Kirchhof, EStG, § 4 Rn. 67; *Weber*, StuW 2009, 184, 195; *Tipke*, StuW 1979, 193, 202.

[53]Zweifel hinsichtlich der einheitlichen Zuordnung äußert auch *Weber*, StuW 2009, 184, 195.

[54]*BFH*, Urt. v. 22.11.1960 – I 103/60 S, BFHE 72, 259; *Bode*, in: Kirchhof, EStG, § 4 Rn. 68 ff.

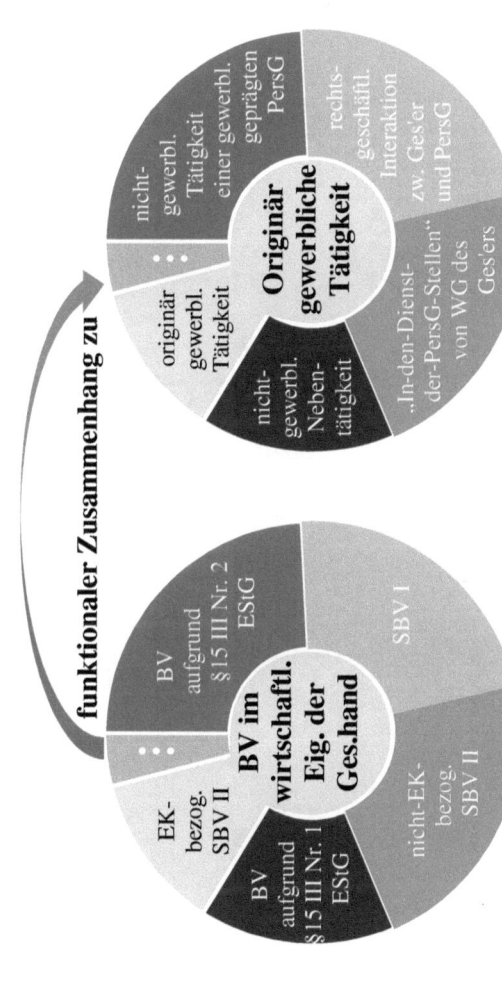

Abb. 6.1 Funktionaler Zusammenhang zwischen Betriebsvermögenbestandteilen und der relevanten betrieblichen Tätigkeit

Vorrangigkeitsprüfung.[55] Diese Vorgehensweise entspricht wiederum dem Veranlassungsprinzip. Die Maßgeblichkeit des vorrangigen Zusammenhangs wird jedoch dann verdrängt, wenn ein wirtschaftlicher Zusammenhang zum Sonderbereich besteht. In diesem Fällen setzt sich – ungeachtet der tatsächlichen Verhältnisse – stets der Sonderbereich als vorrangig durch.[56]

---

[55]*Musil*, in: H/H/R, EStG/KStG, § 4 EStG Rn. 45.
[56]Ständige Rechtsprechung seit *BFH*, Urt. v. 18.7.1979 – I R 199/75, *BFHE* 128, 516.

Exkurs: Das Veranlassungsprinzip im Rahmen der verdeckten Gewinnausschüttung

7

Darüber hinaus kommt dem Veranlassungsprinzip im Unternehmensteuerrecht im Kontext der verdeckten Gewinnausschüttung Bedeutung zu. Dies ist in Hinblick auf die abkommensrechtliche Betrachtungsweise von Interesse, da hier die Wechselwirkungen zwischen Veranlassungsprinzip und Fremdvergleichsgrundsatz besonders deutlich zutage treten.

7.1 Veranlassung durch das Gesellschaftsverhältnis

Das Gesetz enthält keine Definition der verdeckten Gewinnausschüttung; es setzt ihre Existenz (beispielsweise in § 8 Abs. 3 Satz 2 KStG oder § 20 Abs. 1 Satz 1 Nr. 1 Satz 2 ESt) vielmehr voraus.[1] Gemäß der ständigen Spruchpraxis des BFH[2] ist unter einer verdeckten Gewinnausschüttung im Sinne des § 8 Abs. 3 Satz 2

---

[1] Vgl. *Gosch*, in: Gosch, KStG, § 8 Rn. 166; *Wilk*, in: H/H/R, EStG/KStG, § 8 KStG Rn. 100; *Baumhoff*, FS Flick, S. 633, 634; *Wassermeyer*, in: StbJb 1997/98, S. 79, 79 f.

[2] Vgl. statt vieler *BFH*, Urt. v. 11.11.2015 – I R 5/14, *BFHE* 252, 353 unter II.1.a) m. w. N. Diese Definition verwendet der BFH im Wesentlichen (vgl. Fn. 3) seit seinem Urt. v. 22.2.1989 – I R 9/85, *BFHE* 156, 428, da die zuvor etablierte Definition (vgl. bspw. Urt. v. 16.3.1967 – I 261/63, *BFHE* 89, 208; Urt. v. 10.5.1967 – I 187/64, *BFHE* 88, 518) nicht alle denkbaren Fälle einer vGA abdeckte, vgl. *Wassermeyer*, GmbHR 1989, 298. Die hier zitierte Definition betrifft die verdeckte Gewinnausschüttung auf Ebene der Kapitalgesellschaft. Der für die verdeckte Gewinnausschüttung i. R. d. § 20 Abs. 1 Satz 1 Nr. 1 Satz 2 EStG zuständige VIII. Senat definiert diese leicht abweichend, vgl. *Wilk*, in: H/H/R, EStG/KStG, § 8 KStG Rn. 100. Jedenfalls die hier betrachtete Frage der „Veranlassung durch das Gesellschaftsverhältnis" ist aber einheitlich zu beantworten, vgl. *BFH*, Beschluss v. 14.10.2008 – I B 48/08, *BFH/NV* 2009, 213 unter II.2.

© Der/die Autor(en), exklusiv lizenziert durch Springer Fachmedien Wiesbaden GmbH, ein Teil von Springer Nature 2021
S. Glatz, *Abgrenzungsmaßstäbe im Abkommensrecht*, PwC-Studien zum Unternehmens- und Internationalen Steuerrecht 10,
https://doi.org/10.1007/978-3-658-34006-3_7

KStG bei einer Kapitalgesellschaft eine Vermögensminderung (verhinderte Vermögensmehrung) zu verstehen, die durch das Gesellschaftsverhältnis veranlasst ist, sich auf die Höhe des Unterschiedsbetrags[3] gemäß § 4 Abs. 1 S. 1 EStG i. V. m. § 8 Abs. 1 KStG auswirkt und in keinem Zusammenhang zu einer offenen Ausschüttung steht. Außerdem muss der Vorgang geeignet sein, bei dem begünstigten Gesellschafter einen Bezug im Sinne des § 20 Abs. 1 Nr. 1 Satz 2 EStG auszulösen.[4]

Das Regelungsbedürfnis der verdeckten Gewinnausschüttung ergibt sich aus der Unterscheidung von Einkommenserzielung einerseits und Einkommensverwendung andererseits und dem Verständnis, dass die Einkommensverwendung das Einkommen nicht verringern darf.[5] Zu diesem Zweck sind die auf das Gesellschaftsverhältnis zurückzuführenden Vermögensminderungen (bzw. die verhinderten Vermögensmehrungen) wegen ihres Einkommensverwendungscharakters dem Gewinn der Kapitalgesellschaft außerbilanziell wieder hinzuzurechnen.[6] Diese Gewinnkorrektur ist mithin Ausdruck des objektiven Nettoprinzips, wonach der Gewinn nur durch solche Aufwendungen gemindert werden darf, durch die sich die wirtschaftliche Leistungsfähigkeit verringert hat.[7]

Es ist bei Vermögensminderungen also zu unterscheiden zwischen solchen, die ausschließlich der betrieblichen Sphäre zuzuordnen sind und daher auch gewinnmindernd berücksichtigt werden dürfen, und solchen, die auch aus der Gesellschaftssphäre stammen.[8] Diese Unterscheidung entspricht von der grundsätzlichen Idee her der Abgrenzung zwischen Erwerbs- und Privatsphäre im

---

[3]Genau genommen stellte die durch *BFH*, Urt. v. 22.2.1989 – I R 9/85, *BFHE* 156, 428 etablierte Definition zunächst auf „die Höhe des Einkommens" ab. Die Konkretisierung durch den Unterschiedsbetrag erfolgte erst mit Urt. v. 17.10.2001 – I R 103/00, *BFHE* 197, 68 unter III.A.1 sowie Urt. v. 7.8.2002 – I R 2/02, *BFHE* 200, 197 unter II und sollte auch Vermögensminderungen erfassen, die steuerfreie Einkünfte berühren und aus diesem Grund das „Einkommen" unberührt lassen, vgl. *Gosch*, in: Gosch, KStG, § 8 Rn. 169.

[4]St. Rspr. seit *BFH*, Urt. v. 7.8.2002 – I R 2/02, *BFHE* 200, 197.

[5]Vgl. *Wilk*, in: H/H/R, EStG/KStG, § 8 KStG Rn. 100; *Wassermeyer*, DB 1994, 1105 m. w. N.; *Wassermeyer*, in: StbJb 1997/98, S. 79, 81 f.; *Oppenländer*, Verdeckte Gewinnausschüttung 2004, S. 31 ff.

[6]Dass die verdeckte Gewinnausschüttung außerbilanziell wieder hinzuzurechnen ist, entspricht der ständigen Rechtsprechung seit *BFH*, Urt. v. 29.6.1994 – I R 137/93, *BFHE* 175, 347, vgl. dort unter II.2; a. A. *Reiss*, StuW 1996, 337, 338.

[7]Vgl. *Wilk*, in: H/H/R, EStG/KStG, § 8 KStG Rn. 100.

[8]Da nach heute h. M. in Anbetracht der fehlenden Privatsphäre einer Kapitalgesellschaft auch die Vermögensminderung i. R. d. vGA eine Betriebsausgabe i. S. d. § 4 Abs. 4 EStG i. V. m. § 8 Abs. 1 KStG ist, werden hier nicht die betriebliche und gesellschaftliche, sondern die gesellschaftliche und die ausschließlich betriebliche Sphäre gegenübergestellt.

Rahmen des § 4 Abs. 4 EStG.[9] Auch dort geht es letztlich um die Abgrenzung von Einkommenserzielung und Einkommensverwendung.[10] In der Definition der verdeckten Gewinnausschüttung hat sich dieser Gedanke in dem Tatbestandsmerkmal „durch das Gesellschaftsverhältnis veranlasst" niedergeschlagen. Bereits begrifflich knüpft der BFH dabei an den Veranlassungsbegriff an und zieht für dessen Konkretisierung „Fremdvergleichsüberlegungen" heran:[11]

> *„Für den größten Teil der entschiedenen Fälle hat der Senat die Veranlassung durch das Gesellschaftsverhältnis angenommen, wenn die Kapitalgesellschaft ihrem Gesellschafter einen Vermögensvorteil zuwendet, den sie bei der Sorgfalt eines ordentlichen und gewissenhaften Geschäftsleiters einem Nichtgesellschafter nicht gewährt hätte."*[12]

Dabei ist dieser Vergleichsmaßstab selbst kein Tatbestandsmerkmal der verdeckten Gewinnausschüttung, sondern lediglich ein Hilfskriterium zur Konkretisierung der veranlassungsbezogenen Abgrenzung zwischen betrieblicher und Gesellschaftssphäre.[13] Daher führt eine Abweichung vom Üblichen auch nicht automatisch zu einer gesellschaftlichen Veranlassung.[14]

Neben dem Maßstab des ordentlichen und gewissenhaften Geschäftsleiters haben sich in der Rechtsprechung des BFH zahlreiche weitere Hilfskriterien als Unterausprägungen des Fremdvergleichsgrundsatzes herausgebildet, bei deren Vorliegen die gesellschaftliche Veranlassung widerlegbar vermutet wird.[15] Obgleich der Fremdvergleich das Tatbestandsmerkmal „durch das Gesellschaftsverhältnis veranlasst" konkretisiert, nimmt der BFH üblicherweise keine eigentliche Veranlassungsprüfung vor.[16] Gleichwohl weist die Fremdvergleichsprüfung eine gewisse Nähe zur Veranlassungsprüfung im Rahmen des § 4 Abs. 4 EStG

---

[9]Vgl. auch *Bilsdorfer*, INF 1996, 705. *Thiel* spricht von einer Ergänzung des § 4 Abs. 4 EStG durch vGA und Entnahme, vgl. *Thiel*, DStR 1993, 1801, 1802.

[10]*Gosch*, in: Gosch, KStG, § 8 Rn. 290; *Wilk*, in: H/H/R, EStG/KStG, § 8 KStG Rn. 120; vgl. auch – wenngleich mit anderer Schlussfolgerung – *Bauschatz*, Verdeckte Gewinnausschüttung und Fremdvergleich 2001, S. 42.

[11]*Bilsdorfer*, INF 1996, 705, 706. Vgl. ausführlicher zum Fremdvergleichsgrundsatz unten Kapitel 11.

[12]St. Rspr., vgl. statt vieler *BFH*, Urt. v. 11.11.2015 – I R 5/14, *BFHE* 252, 353 unter II.1.a) m. w. N.

[13]Vgl. *Wassermeyer*, FS Offerhaus, S. 405, 408; *Wolff-Diepenbrock*, FS Beisse, S. 581, 590. Zur systematischen Verortung des Fremdvergleichs vgl. auch unten 11.2.1.2.

[14]*Wolff-Diepenbrock*, FS Beisse, S. 581, 590.

[15]Vgl. zu den verschiedenen Hilfskriterien unten 11.2.1.1.

[16]Vgl. *Wassermeyer*, DB 1994, 1105, 1106, 1109.

auf.[17] Darüber hinaus bleibt neben dem Fremdvergleich aber auch die Prüfung einer konkreten Veranlassung möglich.[18] Ist das in Frage stehende Rechtsgeschäft bereits denklogisch nur zwischen Gesellschaft und Gesellschafter möglich,[19] so ist eine derartige konkrete Veranlassungsprüfung sogar erforderlich.

Der Umfang der verdeckten Gewinnausschüttung hängt dabei von dem Umfang der Veranlassung durch das Gesellschaftsverhältnis ab.[20] Wird die Rechtsbeziehung zwischen Gesellschaft und Gesellschafter (beispielsweise wegen fehlender Ernsthaftigkeit oder bei beherrschen Gesellschaftern wegen mangelnder tatsächlicher Durchführung) schon dem Grunde nach nicht anerkannt, weil bei Zugrundelegung des Fremdvergleichsgrundsatzes fremde Dritte die Rechtsbeziehung bereits dem Grunde nach nicht eingegangen wären, so ist die eingetretene Vermögensminderung in voller Höhe als verdeckte Gewinnausschüttung zu behandeln. Wird die Rechtsbeziehung hingegen dem Grunde nach steuerrechtlich anerkannt und entsprechen lediglich die konkreten Bedingungen, zu denen sie eingegangen wurde, der Höhe nach nicht dem Fremdvergleichsgrundsatz, so ist die Vermögensminderung auch nur in dieser unangemessenen Höhe durch das Gesellschaftsverhältnis veranlasst. Entsprechend liegt auch die verdeckte Gewinnausschüttung nur in diesem Umfang vor.

7.2   Verhältnis zur zweistufigen Veranlassungsprüfung

Angesichts der begrifflichen Nähe der Veranlassung durch das Gesellschaftsverhältnis zum allgemeinen Veranlassungsprinzip stellt sich die Frage, ob bzw. inwieweit die Rechtsprechungsgrundsätze zu § 4 Abs. 4 EStG auf die verdeckte Gewinnausschüttung übertragen werden können.[21]

Überträgt man das oben zum allgemeinen Veranlassungsprinzip Gesagte auf die verdeckte Gewinnausschüttung, so käme es für die Veranlassung durch das Gesellschaftsverhältnis darauf an, ob die Vermögensminderung in einem objektiven Zusammenhang zu der Gesellschafterstellung stünde und diesem (aus Sicht

---

[17]Vgl. unten 7.2.

[18]Indes dürfte der Nachweis einer konkreten Veranlassung entgegen der von äußeren Umständen ausgehenden Indizwirkung für eine gesellschaftliche Veranlassung in der Praxis schwierig und daher der Ausnahmefall sein, *Gosch*, in: Gosch, KStG, § 8 Rn. 277.

[19]*BFH*, Urt. v. 23.5.1984 – I R 294/81, *BFHE* 141, 266; Urt. v. 17.10.1984 – I R 22/79, *BFHE* 142, 276; Urt. v. 14.8.1985 – I R 149/81, *BFHE* 144, 548; Urt. v. 7.12.1983 – I R 70/77, *BFHE* 140, 221. Zu den Grenzen des Fremdvergleichsgrundsatzes siehe auch 11.5.

[20]Vgl. *Baumhoff*, FS Flick, S. 633, 635.

[21]Zum Verhältnis des Veranlassungsprinzips zum Fremdvergleichsgrundsatz, vgl. unten 11.7.

der „leistenden" Kapitalgesellschaft) subjektiv dienen sollte.[22] Stellt man den Maßstab des ordentlichen und gewissenhaften Geschäftsleiters der Weiterentwicklung der Definition des Veranlassungszusammenhangs durch den Großen Senat[23] gegenüber, wäre zu fragen, ob die Vermögensminderung in einem (wirtschaftlichen) Zusammenhang mit dem Gesellschaftsverhältnis steht. Gemäß den Ausführungen des Großen Senats wäre dazu unter Zugrundelegung einer wertenden Beurteilung das auslösende Moment zu ermitteln und dieses sodann entweder der gesellschaftlichen oder der ausschließlich betrieblichen Sphäre zuzuordnen.

In einem ersten Schritt wäre also das vorrangige mit der Vermögensverminderung kausal verknüpfte auslösende Moment zu bestimmen. Diesem dürfte bei der verdeckten Gewinnausschüttung das der Kapitalgesellschaft zuzurechnende[24] menschliche Handeln – oder auch Dulden oder Unterlassen[25] – entsprechen, auf dem die Vermögensminderung bzw. verhinderte Vermögensminderung nach der Rechtsprechung des BFH beruhen muss.[26] Dieses Handeln kann sowohl rechtsgeschäftlicher wie auch tatsächlicher Natur sein. Das menschliche Handeln ist der Gesellschaft zuzurechnen, wenn der Handelnde vertretungs- oder weisungsbefugtes Gesellschaftsorgan (Geschäftsführer oder beherrschender Gesellschafter) ist oder die Gesellschaftsorgane es durch ihr Tun, Dulden oder Unterlassen ermöglicht haben, dass ein Dritter „für die Gesellschaft" handeln konnte.[27] Bei mehreren Kausalursachen für die Vermögensminderung bzw. verhinderte Vermögensmehrung wäre die vorrangige zu ermitteln. Insoweit erweist sich die Rechtsprechung zu der verdeckten Gewinnausschüttung als mit der Identifizierung des auslösenden Moments im Rahmen des allgemeinen Veranlassungsprinzips vereinbar.

---

[22]Vgl. auch *Oppenländer,* Verdeckte Gewinnausschüttung 2004, S. 46 ff. Hier wird erneut deutlich, dass der Veranlassungsbegriff – weder i. R. d. § 4 Abs. 4 EStG noch i. R. d. verdeckten Gewinnausschüttung – rein kausal betrachtet werden kann, da ansonsten sämtliche Aufwendungen aufgrund von Rechtsbeziehungen zwischen Kapitalgesellschaft und ihrem Gesellschafter gesellschaftlich veranlasst wären, vgl. auch *Wassermeyer,* DB 1994, 1105, 1106. Der konkretisierende Fremdvergleich liefert insoweit die erforderliche Einschränkung.

[23]*BFH,* Beschluss v. 4.7.1990 – GrS 2-3/88, *BFHE* 161, 290 unter C.II.2.b.bb).

[24]Diese personelle Zurechnungsfrage ist von der Frage der gesellschaftlichen Veranlassung zu trennen, vgl. *Frotscher,* in: Frotscher/Drüen, KStG, Anhang zu § 8 Rn. 74a.

[25]Vgl. *BFH,* Urt. v. 14.3.1990 – I R 6/89, *BFHE* 160, 459.

[26]Vgl. *BFH,* Urt. v. 14.10.1992 – I R 17/92, *BFHE* 169, 343. So auch *Gosch,* in: Gosch, KStG, § 8 Rn. 275; *Wilk,* in: H/H/R, EStG/KStG, § 8 KStG Rn. 106 unter Verweis auf *BFH,* Urt. v. 14.3.1990 – I R 6/89, *BFHE* 160, 459.

[27]Vgl. *Frotscher,* in: Frotscher/Drüen, KStG, Anhang zu § 8 Rn. 76, 77, 77a, 78a, 81.

In einem zweiten Schritt wäre das auf diese Weise ermittelte vorrangige menschliche Handeln, der betrieblichen oder der gesellschaftlichen Sphäre zuzuordnen. Nach dem allgemeinen Veranlassungsprinzip wäre hierzu vorrangig auf die innere Willensrichtung des Leistenden, die sich in den objektiven äußeren Umständen manifestiert, abzustellen. Dabei kann es im Ergebnis dahinstehen, ob die verdeckte Gewinnausschüttung ein subjektives Element (hinsichtlich der gesellschaftlichen Veranlassung) erfordert[28] oder nicht[29]. Denn der Fremdvergleich hilft als objektiv nach außen sichtbares Merkmal jedenfalls typisierend über die Schwierigkeit hinweg, die gesellschaftliche Veranlassung als innere Tatsache positiv festzustellen.[30] Hätte ein fremder Dritter genauso gehandelt, so ist davon auszugehen, dass der konkret Handelnde eine Förderung des betrieblichen Zwecks intendierte. War das Handeln hingegen fremdvergleichswidrig, so darf dem konkret Handelnden eine gesellschaftliche Zweckrichtung unterstellt werden. Das subjektive Moment manifestiert sich in den objektiven (hier: fremdvergleichskonformen) Umständen.

Auch insoweit die Rechtsprechung für beherrschende Gesellschafter Sonderbedingungen aufgestellt hat,[31] stellen diese objektive Zuordnungsmerkmale im Sinne der Veranlassungsrechtsprechung zu § 4 Abs. 4 EStG dar. Sie sind ebenso wie die Berücksichtigung von Üblichkeits- und Angemessenheitsgesichtspunkten als typisierende Manifestierung eines auf betriebliche Förderung gerichteten Handelns zu betrachten.

Die Grundsätze des allgemeinen Veranlassungsprinzips lassen sich also im Sinne einer normübergreifenden Zurechnungssystematik auch auf die gesellschaftliche Veranlassung im Rahmen der verdeckten Gewinnausschüttung übertragen. Diesem normübergreifenden Verständnis des Veranlassungsprinzips steht auch nicht entgegen, dass im Rahmen der verdeckten Gewinnausschüttung, anders als beim Betriebsausgabenabzug Üblichkeits- oder Angemessenheitsüberlegungen angestellt werden. Denn wie *Oppenländer* zutreffend bemerkt, handelt es sich bei diesen Üblichkeits- oder Angemessenheitsüberlegungen um Hilfskriterien, die die konkrete Anwendung des Veranlassungsprinzips, nicht aber die Grundgedanken des Veranlassungsprinzips als solches betreffen.[32] Die im Rahmen der verdeckten

---

[28] So *Oppenländer,* Verdeckte Gewinnausschüttung 2004, S. 45 ff.; wohl auch *F. Lang*, in: D/P/M, KStG, § 8 Abs. 3 Teil C Rn. 164 ff.

[29] So *Frotscher*, in: Frotscher/Drüen, KStG, § 8 Rn. 98 ff.

[30] *Frotscher*, in: Frotscher/Drüen, KStG, § 8 Rn. 105a.

[31] Vgl. unten 11.2.1.1.5.

[32] *Oppenländer,* Verdeckte Gewinnausschüttung 2004, S. 42.

Gewinnausschüttung herangezogenen Hilfskriterien bieten damit nur eine Konkretisierung der im Rahmen der Veranlassungsprüfung vorzunehmenden Wertung.[33] So kann es auch im Rahmen des § 4 Abs. 4 EStG trotz der grundsätzlichen steuerlichen Anerkennung von unüblichen oder unangemessenen Aufwendungen als Betriebsausgaben im Einzelfall dazu kommen, dass die Aufwendungen wegen überwiegender objektiver Kriterien nicht anerkannt werden.[34]

---

[33] So wohl auch *Oppenländer,* Verdeckte Gewinnausschüttung 2004, S. 36.
[34] *BFH,* Urt. v. 4.3.1986 – VIII R 188/84, *BFHE* 146, 151 unter II.1; Urt. v. 28.10.1976 – IV R 35/76, *BFHE* 121, 35 unter 1.b).

Grenzüberschreitende Gewinnzurechnung nach innerstaatlichem Recht

Im Rahmen der beschränkten Steuerpflicht kommt der Zurechnungsfrage konstitutive Bedeutung zu. Da mangels unbeschränkter Steuerpflicht das Welteinkommensprinzip hier keine Anwendung findet, besteht eine Steuerpflicht in Deutschland in diesen Fällen nur insoweit, als dass ein in § 49 EStG näher bestimmter Bezug zum Inland existiert. Die Zurechnung der Einkünfte zum Inland begründet damit erst das Zugriffsrecht des deutschen Fiskus, das gegebenenfalls wiederum durch die Regelungen eines Doppelbesteuerungsabkommens beschränkt wird. Die für die Zurechnung maßgeblichen Anknüpfungspunkte bestimmt § 49 EStG abschließend.[1] Dabei knüpft die Regelung des § 49 EStG ausschließlich an sachliche Bezugspunkte (wie beispielsweise eine inländische Betriebsstätte, im Inland belegenes unbewegliches Vermögen, im Inland ausgeübte selbstständige Arbeit) an. Dies trägt dem objektsteuerartigen Charakter der beschränkten Steuerpflicht Rechnung.[2]

8.1 § 49 Abs. 1 Nr. 2 lit. a EStG

Für den weiteren Gang dieser Betrachtung ist dabei insbesondere die beschränkte Steuerpflicht für Einkünfte aus Gewerbebetrieb, für die im Inland eine Betriebsstätte unterhalten wird (§ 49 Abs. 1 Nr. 2 lit. a EStG), von Interesse. Durch

---

[1] Vgl. *BFH*, Urt. v. 24.02.1988 – I R 95/84, *BFHE* 153, 101.

[2] Vgl. *Loschelder*, in: Schmidt, EStG, § 49 Rn. 1.

S. Glatz, *Abgrenzungsmaßstäbe im Abkommensrecht*, PwC-Studien zum Unternehmens- und Internationalen Steuerrecht 10, https://doi.org/10.1007/978-3-658-34006-3_8

diese Regelung realisiert der Gesetzgeber das Quellenprinzip und unterwirft Einkünfte, für die im Inland eine Betriebsstätte unterhalten wird, der beschränkten Steuerpflicht.[3]

8.1.1 Anwendung der allgemeinen Gewinnermittlungsvorschriften

Die Ermittlung dieser der inländischen Betriebsstätte zuzuordnenden Einkünfte richtet sich vorbehaltlich des § 50 EStG nach den inländischen Gewinnermittlungsvorschriften § 4 Abs. 1, § 5 Abs. 1 EStG.[4] Gleichzeitig sind die Gewinnermittlungsvorschriften – insbesondere soweit sie besondere Voraussetzungen vorsehen[5] – aber eben auch auf diese Einkünfte beschränkt, für die eine sachliche Steuerpflicht in Deutschland besteht.[6]

8.1.2 Zuordnung von Wirtschaftsgütern nach wirtschaftlichem Zusammenhang

Für die dabei vorgelagerte Frage, ob einzelne Wirtschaftsgüter der Betriebsstätte zuzuordnen sind, ist maßgeblich, ob diese in einem wirtschaftlichen Zusammenhang mit der Betätigung in der inländischen Betriebsstätte stehen.[7] Der inländischen Betriebsstätte kommt damit keine „Attraktivität" in dem Sinne zu, dass ihr „das gesamte inländische Vermögen ungeachtet des wirtschaftlichen Zusammenhangs"[8] zugeordnet wird. Der wirtschaftliche Zusammenhang wird bejaht, wenn das Wirtschaftsgut dem im Inland betriebenen Gewerbe dient.[9] Für

---

[3]Vgl. *BFH*, Urt. v. 24.2.1988 – I R 95/84, *BFHE* 153, 101 unter 2.d).

[4]Vgl. *BFH*, Urt. v. 20.7.1988 – I R 49/84, *BFHE* 154, 465 unter B.2.a); *Hallerbach*, FR 2016, 1117 *Bärsch*, in: H/H/R, EStG/KStG, § 49 EStG Rn. 240; *Loschelder*, in: Schmidt, EStG, § 50 Rn. 29.

[5]Wie beispielsweise § 13a EStG.

[6]Vgl. zur Gewinnabgrenzung nach § 49 Abs. 1 Nr. 1 EStG *BFH*, Urt. v. 17.12.1997 – I R 95/96, *BFHE* 185, 16.

[7]Vgl. *BFH*, Urt. v. 29.1.1964 – I 153/61 S, *BFHE* 78, 428; Urt. v. 28.3.1985 – IV R 80/82, *BFHE* 143, 284.

[8]Vgl. die zu § 121 Abs. 2 Nr. 3 BewG ergangene Entscheidung des *BFH*, Urt. v. 1.4.1987 – II R 186/80, *BFHE* 150, 65.

[9]Vgl. *BFH*, Urt. v. 1.4.1987 – II R 186/80, *BFHE* 150, 65.

die „dienende Funktion" ist wiederum die Zweckbestimmung maßgeblich.[10] Kann eine Zuordnung anhand der Zweckbestimmung des Wirtschaftsgutes nicht eindeutig erfolgen, so kann das Wirtschaftsgut dem (Betriebs-)Vermögen sowohl der Betriebsstätte als auch des Stammhauses zugeordnet werden.[11] Entscheidend ist in diesen Fällen der Wille der Geschäftsleitung, sofern dieser nicht im Widerspruch zu kaufmännischen Erfordernissen steht.[12]

8.1.3 I 110/63 S: Zurechnung von Aufwendungen

Die Zurechnung von Aufwendungen handhabte die Rechtsprechung zunächst eher restriktiv. So entschied der BFH im seinem Urteil vom 27. Juli 1965[13] zur Zuweisung von Zinsen auf Fremdverbindlichkeiten noch, dass Aufwendungen für Drittverbindlichkeiten bei der Einkünfteermittlung der Betriebsstätte nur dann vollständig berücksichtigt werden könnten, wenn der Steuerpflichtige den Nachweis erbringe, dass die Fremdmittel ausschließlich für Belange der Betriebsstätte bestimmt seien.[14] Im Übrigen sei allenfalls eine anteilige Aufteilung der Verbindlichkeit und der Zinsen zwischen Stammhaus und Betriebsstätte denkbar.[15] Die Berücksichtigung von sog. „Generalunkosten" hielt der BFH in dieser Entscheidung für zulässig, soweit sie mit der inländischen Betriebsstätte zusammenhingen.[16] Den Abzug von Aufwendungen für innerbetriebliche Leistungen schloss er hingegen unter Verweis auf das Einheitsunternehmen noch aus.[17] Im

---

[10]Vgl. *BFH*, Urt. v. 1.4.1987 – II R 186/80, *BFHE* 150, 65.

[11]Vgl. *BFH*, Urt. v. 1.4.1987 – II R 186/80, *BFHE* 150, 65.

[12]Vgl. *BFH*, Urt. v. 1.4.1987 – II R 186/80, *BFHE* 150, 65.

[13]*BFH*, Urt. v. 27.7.1965 – I 110/63 S, *BFHE* 84, 69.

[14]Vgl. *BFH*, Urt. v. 27.7.1965 – I 110/63 S, *BFHE* 84, 69 unter IV.

[15]Vgl. *BFH*, Urt. v. 27.7.1965 – I 110/63 S, *BFHE* 84, 69 unter IV. Für den Aufteilungsmaßstab sollte dabei nach Ansicht des BFH das Verhältnis des der Betriebsstätte gewidmeten Vermögens zu dem gesamten Vermögen der Gesellschaft herangezogen werden.

[16]Vgl. *BFH*, Urt. v. 27.7.1965 – I 110/63 S, *BFHE* 84, 69 unter IV.

[17]Vgl. *BFH*, Urt. v. 27.7.1965 – I 110/63 S, *BFHE* 84, 69 unter III. Genau genommen spricht der BFH davon, dass sich die Beteiligten nunmehr darüber einig seien, dass innerbetriebliche Leistungen nicht als abzugsfähige Betriebsausgaben behandelt werden können. Da es sich hierbei aber um eine Rechtsfrage handelt, die nicht Gegenstand einer „tatsächlichen Verständigung" zwischen den Beteiligten sein kann, ist diese Äußerung des BFH im Gesamtkontext wohl so zu verstehen, dass er sich der Auffassung der damaligen Beteiligten angeschlossen hatte.

Übrigen seien der Betriebsstätte von dem Stammhaus zugewiesene Kredite als zusätzliches Dotationskapital und damit als Eigenkapital einzustufen.[18]

Der BFH unterschied damit deutlich zwischen Innen- und Außentransaktionen. Hinsichtlich der Zuordnung von Aufwendungen aus Außentransaktionen setzte sich auch hier die Anwendung des allgemeinen Veranlassungsprinzips durch. Der BFH stellte auf den (wirtschaftlichen) Zusammenhang und die (Zweck-)Bestimmung der Mittel ab. Die Berücksichtigung von Innentransaktionen, insbesondere solcher mit Finanzierungsfunktion, schloss er hingegen noch aus.

8.1.4   I R 49/84: Steuerliche Anerkennung von Innentransaktionen

Diese Rechtsprechung zur Zuordnung von Aufwand weitete der I. Senat dann mit seinem Urteil vom 20. Juli 1988[19] deutlich aus, indem er nun auch Innentransaktionen zwischen Stammhaus und Betriebsstätte für steuerliche (Verrechnungs-) Zwecke anerkannte und deren erfolgsmäßige Verrechnung im Jahr der kostenmäßigen Auswirkung nach deutschem Steuerrecht zuließ.[20] Dabei differenzierte er zwischen der erfolgsmäßigen Verrechnung einerseits und der schuldrechtlichen Ebene andererseits:

„Das Stammhaus und die Betriebsstätte können einander Leistungen erbringen [...]. In diesem Fall müssen die Kosten der Leistungen erfolgsmäßig dem leistungsempfangenden Unternehmensteil zugerechnet werden. Zu den Kosten der Leistungen können auch sog. Gemeinkosten des leistenden Unternehmensteils gehören. Bei der Zuordnung von Aufwendungen im Rahmen der Ermittlung des Betriebsstättengewinns ist andererseits auch zu berücksichtigen, daß die Betriebsstätte stets nur unselbständiger Teil des Gesamtunternehmens ist. Zwischen der Betriebsstätte und dem Stammhaus können keine schuldrechtlichen Beziehungen bestehen. Dennoch abgeschlossene „Verträge" sind Insichgeschäfte und deshalb steuerrechtlich unbeachtlich. Sog. Innentransaktionen zwischen dem Stammhaus und der Betriebsstätte oder umgekehrt führen zu einer erfolgsmäßigen Verrechnung zwischen den betroffenen Unternehmensteilen nur in dem

---

[18]Vgl. *BFH*, Urt. v. 27.7.1965 – I 110/63 S, *BFHE* 84, 69 unter III.

[19]*BFH*, Urt. v. 20.7.1988 – I R 49/84, *BFHE* 154, 465.

[20]Vgl. *BFH*, Urt. v. 20.7.1988 – I R 49/84, *BFHE* 154, 465 unter B.2.d). Anders als noch in dem Urt. v. 27.7.1965 – I 110/63 S, *BFHE* 84, 69 ging es dabei nicht um Leistungen mit Finanzierungsfunktion.

Jahr, in dem sich die Kosten nach deutschem Steuerrecht für das Gesamtunternehmen aufwandsmäßig auswirken."[21]

Dieser Entscheidung lässt sich somit entnehmen, dass Innentransaktionen zwischen Stammhaus und Betriebsstätte zwar als Insichgeschäfte des Einheitsunternehmens mit sich selbst als zivilrechtlich nichtig eingestuft werden, dies aber nicht zwangsläufig einer steuerlichen Anerkennung der Aufteilung der Leistungskosten entgegensteht.

Der BFH konkretisierte den durch § 50 Abs. 1 Satz 1 EStG geforderten wirtschaftlichen Zusammenhang zwischen den abzugsfähigen Betriebsausgaben und der Betriebsstätte in derselben Entscheidung dahingehend,

„dass der Teil des Gesamtergebnisses des Unternehmens als Gewinn der Betriebsstätte zu ermitteln [sei], der durch ihre Tätigkeit als auch durch ihre Existenz erwirtschaftet wurde"[22]

und rekurrierte damit auf die bereits aus der Rechtsprechung zu § 4 Abs. 4 EStG bekannten allgemeinen Veranlassungs- und Verursachungsgesichtspunkte. Die Aufteilung von Allgemeinkosten erachtete er als „geboten",

„wenn und soweit die Aufwendungen durch eine spezielle Leistung der Hauptniederlassung an die Zweigniederlassung ausgelöst sind oder wenn und soweit die den Kosten zugrunde liegende Leistung der Hauptniederlassung im Gesamtunternehmensinteresse liegt und damit auch der inländischen Zweigniederlassung zugute kommt"[23].

Auch hier klingt somit erneut das aus der Rechtsprechung zum allgemeinen Veranlassungsprinzip bekannte „auslösende Moment" wieder an.[24]

Implizit enthält diese Rechtsprechung – angesichts der ausdrücklichen Ablehnung der zivilrechtlichen Anerkennung innerbetrieblicher Vereinbarungen – wohl auch eine Absage an die steuerliche Anerkennung eines Gewinnaufschlags. Maßgeblich für die Aufteilung der Höhe nach ist hingegen vielmehr allein

---

[21] *BFH*, Urt. v. 20.7.1988 – I R 49/84, *BFHE* 154, 465 unter B.2.d).

[22] *BFH*, Urt. v. 20.7.1988 – I R 49/84, *BFHE* 154, 465 unter B.2.c).

[23] *BFH*, Urt. v. 20.7.1988 – I R 49/84, *BFHE* 154, 465 unter B.2.e).

[24] Dass sich die Zurechnung tatsächlich nach dem allgemeinen Veranlassungsprinzip richtet, ist der Entscheidung, die § 4 Abs. 4, § 50 Abs. 1 Satz 1 EStG als Rechtsgrundlage nennt (*BFH*, Urt. v. 20.7.1988 – I R 49/84, *BFHE* 154, 465 unter B.4.c)), auch ausdrücklich zu entnehmen.

das auslösende Moment im Sinne eines Verursachungsbeitrages des jeweiligen Unternehmensteils zu den entstandenen Kosten der Leistungen.[25]

Als unerheblich erachtet es der BFH hingegen, „ob die Aufwendungen im Inland oder im Ausland [angefallen sind], ob sie vom Stammhaus oder von der Betriebsstätte getragen und wo sie verbucht"[26] worden sind. Gegebenenfalls ist das buchmäßige Ergebnis der Betriebsstätte um die vom Stammhaus getragenen und/oder die dort verbuchten Aufwendungen zu korrigieren.[27]

Ausgehend von der Rechtsprechung zu § 4 Abs. 4 EStG sowie dem Erfordernis des „wirtschaftlichen Zusammenhangs" in § 50 Abs. 1 Satz 1 EStG überträgt der BFH damit die allgemeinen Veranlassungsgesichtspunkte[28] auch auf die Betriebsstättengewinnabgrenzung im Rahmen der beschränkten Steuerpflicht. Der Referenzrahmen für diese veranlassungsbasierte Zuordnung ist der innerstaatliche Gewerbebetriebsbegriff, der – wie dem Klammerzusatz in § 49 Abs. 1 Nr. 2 EStG zu entnehmen ist – über die originär gewerbliche Tätigkeit im Sinne des § 15 Abs. 2 EStG gegebenenfalls auch die rechtlichen Erweiterungen des § 15 Abs. 1 Satz 1 Nr. 2 Satz 1 Hs. 2 oder des § 15 Abs. 3 EStG umfasst.[29]

---

[25]So wohl auch *Schaumburg*, der allerdings noch einen Schritt weiter geht. Er entnimmt u. a. diesem Urteil die Schlussfolgerung, dass grenzüberschreitende Innentransaktionen zwischen Stammhaus und Betriebsstätte nicht zu einer Gewinnrealisierung führten, und führt diesen Umstand dann auf das Veranlassungsprinzip zurück, vgl. *Schaumburg*, ISR 2013, 197. Meines Erachtens lässt sich diese Verbindung zum Veranlassungszusammenhang nicht dem Urteilstext entnehmen. So erinnert zwar, wie oben ausgeführt, die Begründung für die Zuordnung des Kostenanteils an die Grundsätze des Veranlassungsprinzips. Dies liegt u. a. daran, dass der BFH in dem Urteil ja auch § 4 Abs. 4 und § 50 Abs. 1 Satz 1 EStG anwendet. Daraus folgt aber gerade nicht in einer Art „Umkehrschluss", dass sich die Verneinung der Gewinnrealisierung ebenfalls aus dem Veranlassungsprinzip ableiten ließe. Vielmehr fehlt für eine Gewinnrealisierung aus Innentransaktionen schlicht die Rechtsgrundlage.

[26]*BFH*, Urt. v. 20.7.1988 – I R 49/84, *BFHE* 154, 465, 2. Leitsatz.

[27]*BFH*, Urt. v. 20.7.1988 – I R 49/84, *BFHE* 154, 465 unter B.2.c).

[28]Siehe oben Kapitel 5.

[29]Vgl. *BFH*, Urt. v. 7.12.2011 – I R 5/11, *BFH/NV*, 222 unter II.3.a); Urt. v. 12.6.2013 – I R 47/12, *BFHE* 242, 107 unter B.II.2; Vorlagebeschluss v. 11.12.2013 – I R 4/13, *BFHE* 244, 1, unter B.I.1; Urt. v. 8.9.2010 – I R 74/09, *BFHE* 231, 84 unter III.1; *Bärsch*, in: H/H/R, EStG/KStG, § 49 EStG Rn. 144; *Gosch*, in: Kirchhof, EStG, § 49 Rn. 11; *Loschelder*, in: Schmidt, EStG, § 49 Rn. 25; *Reimer*, in: Blümich, EStG/KStG/GewStG, § 49 EStG Rn. 59 ff.; kritisch *Töben*, ISR 2013, 350, 351 f.

8.2 Der Begriff des wirtschaftlichen Zusammenhangs

Der BFH hat sich bei der Konkretisierung des Veranlassungszusammenhangs des Kriteriums des wirtschaftlichen Zusammenhangs bedient.[30] Dieser Begriff taucht in verschiedenen Tatbeständen des EStG als eigenständiges ausdrückliches Tatbestandsmerkmal auf.[31] Es stellt sich damit die Frage, inwieweit das Konzept des wirtschaftlichen Zusammenhangs begriffsidentisch mit dem Veranlassungszusammenhang ist.

Im Kontext des § 50 Abs. 1 Satz 1 EStG hatte der BFH mit Urteil vom 20. Juli 1988[32] festgestellt, dass der Veranlassungszusammenhang bei der Zuordnung von Betriebsausgaben zu der inländischen Betriebsstätte im Sinne eines „wirtschaftlichen Zusammenhangs" (§ 50 Abs. 1 Satz 1 EStG) zu verstehen sei. In einer späteren Entscheidung[33] stellte er dann klar, dass diese Folgerung auch in umgekehrter Richtung gelte und § 50 Abs. 1 Satz 1 EStG maßgeblich nach Veranlassungsgesichtspunkten auszulegen sei. Insoweit darf im Rahmen des § 50 Abs. 1 Satz 1 EStG von Begriffsidentität zwischen dem „wirtschaftlichen Zusammenhang" einerseits und dem „Veranlassungszusammenhang" andererseits ausgegangen werden.

Für das internationale Steuerrecht ebenfalls von Relevanz ist in diesem Zusammenhang die Regelung des § 34c Abs. 1 Satz 4 EStG.

---

[30]Vgl. bspw. *BFH*, Beschluss v. 4.7.1990 – GrS 2-3/88, *BFHE* 161, 290 unter C.II.2.b.bb) sowie die Ausführungen oben unter 5.2.

[31]§ 3c Abs. 1, § 3c Abs. 2, § 34c Abs. 1 Satz 4, § 50 Abs. 1 Satz 1 EStG, wobei § 3c Abs. 1 EStG sogar einen *unmittelbaren* wirtschaftlichen Zusammenhang fordert.

[32]*BFH*, Urt. v. 20.7.1988 – I R 49/84, *BFHE* 154, 465. Vgl. hierzu auch bereits die Ausführungen oben unter 8.1.4.

[33]*BFH*, Urt. v. 12.10.2016 – I R 92/12, *BFHE* 256, 32 unter II.3.a) unter Verweis auf das zitierte Urt. v. 20.7.1988 – I R 49/84, *BFHE* 154, 465.

8.2.1   Alte Rechtsprechung zum Anrechnungshöchstbetrag

Auch diese Regelung enthält seit 2003 im Kontext der Ermittlung des Anrechnungshöchstbetrags eine Bezugnahme auf den „wirtschaftlichen Zusammenhang".[34] Für das Verständnis der Norm ist eine Rückschau auf die dieser Regelung vorangehende Rechtsprechung zu der Frage erforderlich, welche Aufwendungen bei der Bestimmung des Anrechnungshöchstbetrags zu berücksichtigen sind.[35]

In dem der Entscheidung vom 29. März 2000[36] zugrunde liegenden Fall stritt der Steuerpflichtige, ein Kreditinstitut, über die Frage, ob allgemeine Refinanzierungszinsen ohne konkreten Objektbezug anteilig bei der Bestimmung der ausländischen Einkünfte im Sinne des § 34d Nr. 6 EStG und dem sich daraus ableitenden Anrechnungshöchstbetrags für ausländische (fiktive) Quellensteuern zu berücksichtigen seien.

Der BFH führte zunächst aus, dass es sich zwar allein nach Abkommensrecht richte, ob ein abkommensrechtlicher Einkünftebegriff als Netto- oder als Bruttobetrag zu verstehen sei.[37] Dahingegen sei es aber eine Frage des innerstaatlichen Rechts, welche Steuer auf Dividenden im abkommensrechtlichen Sinne entfalle.[38] Als Folge der isolierten Betrachtungsweise (§ 49 Abs. 2 EStG)[39] beträfen die Einkünfte im Sinne des § 34d Nr. 6 EStG nur solche Einnahmen und Ausgaben, die die Eignung hätten, in die Bemessungsgrundlage der Einkünfte aus Kapitalvermögen im Sinne des § 20 Abs. 1 Satz 1 Nr. 1 EStG einzugehen.[40] Dies gelte auch dann, wenn die betreffenden Einkünfte als Teil von betrieblichen Einkünften erzielt worden seien. Unter Berufung auf das Veranlassungsprinzip ordnete der BFH den Einkünften im Sinne des § 34c EStG nur solche Aufwendungen zu, die in einem „direkten wirtschaftlichen Zusammenhang" zu der

---

[34]Eingefügt durch das Steuervergünstigungsabbaugesetz v. 16.5.2003, BGBl I 2003, 660 in Reaktion auf die die Entscheidungen *BFH*, Urt. v. 16.3.1994 – I R 42/93, *BFHE* 174, 509; Urt. v. 9.4.1997 – I R 178/94, *BFHE* 183, 114 und Urt. v. 29.3.2000 – I R 15/99, *BFHE* 191, 521, vgl. BT-Drs. 15/119, S. 40.

[35]Vgl. *Wacker*, IStR 2016, 671, 672.

[36]*BFH*, Urt. v. 29.3.2000 – I R 15/99, *BFHE* 191, 521.

[37]*BFH*, Urt. v. 29.3.2000 – I R 15/99, *BFHE* 191, 521 unter II.1.b.aa).

[38]*BFH*, Urt. v. 29.3.2000 – I R 15/99, *BFHE* 191, 521 unter II.1.b.aa); vgl. auch bereits Urt. v. 9.4.1997 – I R 178/94, *BFHE* 183, 114 unter 1.c).

[39]*BFH*, Urt. v. 9.4.1997 – I R 178/94, *BFHE* 183, 114 unter 3; *K. J. Wagner*, in: Blümich, EStG/KStG/GewStG, § 34d EStG Rn. 12.

[40]*BFH*, Urt. v. 29.3.2000 – I R 15/99, *BFHE* 191, 521 unter II.1.b.aa); vgl. auch Urt. v. 16.3.1994 – I R 42/93, *BFHE* 174, 509 unter II.3.b).

Einnahmenerzielung stünden.[41] Nur bei dem konkreten Nachweis und der konkreten Zuordnung einer Refinanzierung zu erzielten ausländischen Erträgen bestünde ein unmittelbarer Veranlassungszusammenhang, der eine direkte Zuordnung der entsprechenden Kosten ermögliche.[42] Gerade die letzte Aussage verdeutlicht, dass der BFH den geforderten „direkten wirtschaftlichen Zusammenhang" im Sinne eines unmittelbaren Veranlassungszusammenhangs verstand.

Der diesem Urteil zugrunde liegende Rechtsgedanke stammt aus einem noch älteren Urteil vom 16. März 1994[43] betreffend u. a. die Anrechnung von ausländischen Steuern, das auch Äußerungen zur inzidenten Ermittlung der ausländischen Einkünfte im Rahmen des § 34d EStG enthielt: Danach folge aus dem Verhältnis, in dem die Nummern 1 bis 8 des § 34d EStG zueinander stünden, dass den Einkünften im Sinne des § 34d EStG nur solche Aufwendungen zugeordnet werden könnten, die in einem direkten wirtschaftlichen Zusammenhang zu der Einkünfteerzielung stünden und bei einer Person, die die Einnahmen im Privatvermögen erzielte, als Werbungskosten angesetzt werden könnten.[44] Zur Begründung berief sich der BFH u. a. auf den veranlassungsbasierten Rechtsgedanken der § 50 Abs. 1 Satz 1 EStG und § 103 Abs. 1 BewG.[45]

Die zitierten Urteile verdeutlichen zunächst, dass der BFH offenbar auch im Rahmen des § 34c Abs. 1 Satz 4 EStG grundsätzlich von einer Begriffsäquivalenz des Veranlassungszusammenhangs einerseits und dem direkten wirtschaftlichen Zusammenhang andererseits ausgeht.[46] Gleichzeitig überrascht die Forderung nach einem unmittelbaren wirtschaftlichen Zusammenhang unter gleichzeitiger Berufung auf das allgemeine Veranlassungsprinzip jedoch, da eben dieses – anders als beispielsweise § 3c Abs. 1 EStG – grundsätzlich auch einen mittelbaren wirtschaftlichen Zusammenhang genügen lässt.[47] Dies gilt umso mehr, als dass der BFH den Unterschied im Wortlaut des § 3c [Abs. 1] EStG einerseits und § 50 Abs. 1 Satz 1 EStG andererseits in dem darauf folgenden Absatz des Urteils fast ausdrücklich als Argument gegen die analoge Anwendung des § 3c [Abs. 1]

---

[41]*BFH*, Urt. v. 29.3.2000 – I R 15/99, *BFHE* 191, 521 unter II.1.b.bb).

[42]*BFH*, Urt. v. 29.3.2000 – I R 15/99, *BFHE* 191, 521 unter II.1.b.cc).

[43]*BFH*, Urt. v. 16.3.1994 – I R 42/93, *BFHE* 174, 509.

[44]*BFH*, Urt. v. 16.3.1994 – I R 42/93, *BFHE* 174, 509 unter II.4.

[45]*BFH*, Urt. v. 16.3.1994 – I R 42/93, *BFHE* 174, 509 unter II.4.

[46]*BFH*, Urt. v. 29.3.2000 – I R 15/99, *BFHE* 191, 521 unter II.1.b.bb), Urt. v. 9.4.1997 – I R 178/94, *BFHE* 183, 114 unter 3; Urt. v. 16.3.1994 – I R 42/93, *BFHE* 174, 509 unter II.4; vgl. auch *Wissenschaftlicher Beirat Steuern der Ernst & Young GmbH*, IStR 2016, 922, 924.

[47]*BFH*, Urt. v. 5.9.2001 – I R 27/01, *BFHE* 196, 293 unter II.1.a); Urt. v. 20.7.1988 – I R 49/84, *BFHE* 154, 465 unter B.2.e); Urt. v. 11.7.1986 – VI R 39/83, *BFHE* 147, 331; Urt. v. 19.3.1982 – VI R 25/80, *BFHE* 135, 479; Urt. v. 1.10.1982 – VI R 192/79, *BFHE* 136, 488.

EStG anführt.[48] Trotz grundsätzlicher Begriffsäquivalenz von Veranlassungszusammenhang und wirtschaftlichem Zusammenhang wandte die Rechtsprechung das Veranlassungsprinzip bei der Berücksichtigung von Aufwendungen für die Bestimmung des Anrechnungshöchstbetrags damit nicht einheitlich an. Der Grund für diese leichte Abweichung dürfte wohl auch darin liegen, dass das damalige Verständnis des „wirtschaftlichen Zusammenhangs" (noch[49]) nicht mit der Fortentwicklung des Veranlassungsprinzips von einer naturwissenschaftlichen Kausalitätstheorie hin zu einer wertenden Selektion der Aufwandsursachen Schritt gehalten hatte.

8.2.2   Reaktion des Gesetzgebers: § 34c Abs. 1 Satz 4 EStG

Das von der Rechtsprechung postulierte Erfordernis eines direkten (im Sinne eines unmittelbaren) wirtschaftlichen Zusammenhangs führte dazu, dass der Anrechnungshöchstbetrag im Rahmen des § 34c Abs. 1 EStG mangels Berücksichtigung der Aufwendungen ohne direkten Zusammenhang höher ausfiel. Der Gesetzgeber reagierte auf diese Rechtsprechung mit der Einfügung des heutigen § 34c Abs. 1 Satz 4 EStG[50]:

> *„Gehören ausländische Einkünfte der in § 34d Nummer 3, 4, 6, 7 und 8 Buchstabe c genannten Art zum Gewinn eines inländischen Betriebes, sind bei ihrer Ermittlung Betriebsausgaben und Betriebsvermögensminderungen abzuziehen, die mit den diesen Einkünften zugrunde liegenden Einnahmen in wirtschaftlichem Zusammenhang stehen."*

Entgegen der teilweise geäußerten Kritik[51] fügt sich die Neuregelung in die allgemeine Anrechnungssystematik des § 34c EStG ein. Ratio der Anrechnung ausländischer Steuern ist die Anerkennung eines vorrangigen Nexus bestimmter Einkünfte, die wegen des Welteinkommensprinzips zwar in das zu versteuernde Einkommen fallen, zu einem ausländischen Staat. Aus diesem Grund gestattet § 34c Abs. 1 EStG die Anrechnung ausländischer Steuern in Fällen ohne Doppelbesteuerungsabkommen auf ausländische Einkünfte im Sinne des § 34d EStG und in den Abkommensfällen auf die gemäß dem einschlägigen Methodenartikel

---

[48]*BFH*, Urt. v. 16.3.1994 – I R 42/93, *BFHE* 174, 509 unter II.5.

[49]Dieser Gleichlauf wurde erst wieder durch die Entscheidung *BFH*, Urt. v. 6.4.2016 – I R 61/14, *BFHE* 253, 348 hergestellt.

[50]Vgl. Fn. 34.

[51]*Ebel*, FR 2016, 241, 250.

von der Anrechnungsmethode erfassten Einkünfte (§ 34c Abs. 6 Satz 2 i. V. m. DBA).

Da der deutsche Fiskus aber eine gegebenenfalls in Ausland höhere Steuerlast nicht durch eine übermäßige Anrechnung (und eine damit einhergehende übermäßige Reduzierung des eigenen Steueranspruchs) mitfinanzieren will, ist die Anrechnung gemäß § 34c Abs. 1 Satz 2 EStG auf den Anrechnungshöchstbetrag, nämlich die entsprechende auf die ausländischen Einkünfte entfallende deutsche Steuer, beschränkt. Zu diesem Zweck sind also im Wege einer Art „innerstaatlicher Gewinnabgrenzung" die ausländischen Einkünfte zu ermitteln.[52] Diese Ermittlung richtet sich – ungeachtet der Existenz eines Doppelbesteuerungsabkommens – nach innerstaatlichem Recht.[53]

Dabei ergibt sich bei subsidiären[54] ausländischen Einkünften, die zu einem inländischen Betrieb gehören, bei dieser „innerstaatlichen Gewinnabgrenzung" das Erfordernis, diese subsidiären ausländischen Einkünfte wieder aus den betrieblichen (gewerblichen, selbstständigen oder landwirtschaftlichen[55]) Einkünften herauszulösen. Diese Herauslösung der ausländischen Einkünfte als Nettogröße[56] erfasst sowohl Einnahmen im weiteren Sinne als auch Aufwendungen, weswegen die Aufwendungen, die in wirtschaftlichem Zusammenhang zu den den ausländischen Einkünften zugrunde liegenden Einnahmen stehen, von diesen ausländischen Einkünften abzuziehen sind.

§ 34c Abs. 1 Satz 4 EStG stellt damit klar, dass der allgemeine Veranlassungszusammenhang zu der den ausländischen Einkünften zugrunde liegenden Tätigkeit[57] nicht durch die Vorrangigkeit der betrieblichen Einkünfte verdrängt

---

[52]Vgl. *Ebel*, FR 2016, 241, 242, der den Regelungszweck des § 34d EStG darin sieht, über seine Tatbestände die ausländischen Einkünfte für Anrechnungszwecke zu isolieren. So auch *Wissenschaftlicher Beirat Steuern der Ernst & Young GmbH*, IStR 2016, 922, 925.

[53]*BFH*, Urt. v. 9.4.1997 – I R 178/94, BFHE 183, 114 unter 1.c); *Gosch*, in: Kirchhof, EStG, § 34c Rn. 14; *Heinicke*, in: Schmidt, EStG, § 34c Rn. 11.

[54]Vgl. § 20 Abs. 8, § 21 Abs. 3, § 22 Nr. 1 Satz 1 und Nr. 3 Satz 1, § 23 Abs. 2 EStG; teilweise (soweit nicht als Fiktion wirkend) auch § 8 Abs. 2 KStG.

[55]*Jochen Lüdicke*, in: F/W/B/S, Außensteuerrecht, § 34c EStG Rn. 199.

[56]*Gosch*, in: Kirchhof, EStG, § 34c Rn. 14; *Wissenschaftlicher Beirat Steuern der Ernst & Young GmbH*, IStR 2016, 922, 925.

[57]Die Formulierung des § 34c Abs. 1 Satz 4 EStG, die auf die den Einkünften zugrunde liegenden *Einnahmen* abstellt, ist insoweit missverständlich, da letztlich auch hier der tätigkeitsbezogene Veranlassungszusammenhang maßgeblich ist. Schließlich werden auch die Einnahmetatbestände durch Handlungen verwirklicht, selbst wenn sich diese bspw. i. R. d. § 20 Abs. 1 EStG oder des § 21 EStG in dem passiven Halten von Vermögensgegenständen erschöpfen, aus deren Einsatz am Markt Früchte gezogen werden. Die auf die Einnahmen,

wird. Das „Pooling" der subsidiären Einkünfte in den betrieblichen (v. a. gewerblichen) Einkünften führt zwar dazu, dass der von § 34c Abs. 1 Satz 4 EStG betroffene Aufwand insgesamt als betrieblicher Aufwand einzustufen ist. Für die Frage der Abgrenzung der ausländischen Einkünfte im Kontext der Bestimmung des Anrechnungshöchstbetrags ist dieses „Pooling" aber eben anhand einer tätigkeitsbezogenen Zuordnung wieder aufzuheben.

Aufgrund dieses Herauslösungserfordernisses stellt die Regelung des § 34c Abs. 1 Satz 4 EStG auch keine Diskriminierung der betrieblichen Einkünfte dar.[58] Sie trägt vielmehr der Tatsache Rechnung, dass die subsidiären Einkünfte in den betrieblichen Einkünften „gepoolt" werden und für die Bestimmung des Anrechnungshöchstbetrags wieder aus den gesamtbetrieblichen Einkünften herausgelöst werden müssen, soweit sie bei isolierter Betrachtung ausländische Einkünfte im Sinne des § 34d EStG darstellen. Bei den nicht betrieblichen Einkünften stellt sich dieses Erfordernis hingegen gar nicht erst.

Wie *Lüdicke*[59] zutreffend anmerkt, verweist § 34c Abs. 1 Satz 4 EStG aber auch auf § 34d Nr. 3 (selbstständige Arbeit) und Nr. 4 lit. a EStG (Veräußerung von Betriebsvermögen) und damit auf nicht-subsidiäre Einkünfte. Gleichwohl lassen sich auch diese Verweise angesichts der Regelung des § 15 Abs. 3 Nr. 1 EStG[60] und der Besonderheit, dass ausschließlich bei Gewinneinkünften Vermögensveränderungen steuerlich berücksichtigt werden, erklären. Vor diesem Hintergrund kann man § 34c Abs. 1 Satz 4 EStG als eine Art innerstaatliches Pendant zum abkommensrechtlichen Spezialitätenvorrang Art. 7 Abs. 4 (Abs. 7 a. F.) OECD-MA auffassen. Auch dieser erfasst seit der Abschaffung des Art. 14 OECD-MA durch das Update des Musterabkommens in 2000 auch die Gewinne aus selbstständiger Tätigkeit.[61]

Dabei darf man aber nicht vergessen, dass die ausländischen Einkünfte, auf die § 34c Abs. 1 Satz 4 EStG verweist, dennoch für Zwecke des innerstaatlichen

---

statt auf die Tätigkeiten Bezug nehmende Formulierung ist somit keine Absage an das tätigkeitsbezogene Veranlassungsprinzip, sie beugt vielmehr dem Missverständnis vor, dass ein Tätigkeitsbezug als „Aktivitätserfordernis" ausgelegt werden könnte.

[58] So aber *Müller-Dott*, DB 2003, 1468, 1469.

[59] *Jochen Lüdicke*, in: F/W/B/S, Außensteuerrecht, § 34c EStG Rn. 198.

[60] Die Erklärung über § 15 Abs. 3 Nr. 1 EStG greift freilich nur bei Personengesellschaften. Übt ein Einzelunternehmer „nebenbei" (d. h. außerhalb seines gewerblichen Betriebs) noch eine selbstständige Tätigkeit aus, so bildet diese vielmehr einen eigenständigen Betrieb (aus selbstständiger Tätigkeit), dessen Gewinn separat abzugrenzen ist.

[61] Vgl. Vogel/Lehner, DBA, 6. Auflage 2015, Art. 14 Rn. 2; *Wassermeyer*, in: Wassermeyer, DBA, Art. 14 MA Rn. 8.

Rechts betriebliche Einkünfte sind, deren Höhe durch den Betriebsvermögensvergleich ermittelt wird.[62] Denn § 34c Abs. 1 Satz 4 EStG spricht insoweit von „ausländische[n] Einkünfte[n] der in § 34d Nummer 3, 4, 6, 7 und 8 Buchstabe c genannten Art" und nicht von „ausländischen Einkünften im Sinne des § 34d Nummer 3, 4, 6, 7 und 8 Buchstabe c". Eine zwingende Anordnung der Einkünfteermittlung durch Überschussbetrag ist dem Verweis daher nicht zu entnehmen.

Indem er in der Regelung ausdrücklich auch den Abzug von in wirtschaftlichem Zusammenhang mit den ausländischen Einnahmen stehenden Betriebsvermögensminderungen anordnet, verdeutlicht der Gesetzgeber, dass er sich der von der Rechtsprechung vertretenen isolierenden Betrachtungsweise[63] jedenfalls hinsichtlich der Gewinnermittlungsmethode nicht anschließt.[64] Dies überzeugt. Denn es ist nicht einzusehen, warum allein die Gewinnermittlungsart der isoliert betrachteten Überschusseinkünfte dazu führen soll, dass die mit den ausländischen Einkünften in Zusammenhang stehenden Vermögensminderungen nicht bei den ausländischen Einkünften, sondern damit spiegelbildlich automatisch bei den inländischen betrieblichen Einkünften steuermindernd berücksichtigt werden. Mit diesem Teil der Einkünfte stehen sie ja gerade nicht in Zusammenhang.

Den Schwerpunkt der Diskussion zu der Regelung des § 34c Abs. 1 Satz 4 EStG bildet aber der geforderte „wirtschaftliche Zusammenhang". Ausweislich des Wortlauts ist dieser wirtschaftliche Zusammenhang zwischen den Betriebsausgaben bzw. Betriebsvermögensminderungen und den den ausländischen Einkünften zugrunde liegenden Einnahmen maßgeblich für die Frage, welche der Aufwendungen und Betriebsvermögensminderungen bei den subsidiären ausländischen Einkünften für die Bestimmung des Anrechnungshöchstbetrags in Abzug zu bringen sind. *Wacker* bezeichnet diese Wortwahl im Normtext als einen „riskanten Weg", da damit einerseits die oben dargestellte Rechtsprechung gebrochen, andererseits aber eine Nähe zu § 50 Abs. 1 Satz 1 EStG und dem Veranlassungsprinzip hergestellt worden sei, auf deren Basis die vorherige Rechtsprechung ihr früheres enges Verständnis der Aufwendungszuordnung begründet hatte.[65] Geht man

---

[62] A. A. wohl *Ebel*, FR 2016, 241, 242 f., 251.

[63] Vgl. *BFH*, Urt. v. 9.4.1997 – I R 178/94, *BFHE* 183, 114 unter 3.

[64] Vgl. *Jochen Lüdicke*, in: F/W/B/S, Außensteuerrecht, § 34c EStG Rn. 198. Ebenfalls eine teilweise Durchbrechung der isolierenden Betrachtungsweise annehmend *Gosch*, FS Wassermeyer, S. 263, 270; vgl. auch *Wassermeyer*, FS Gosch, S. 439, 441; *Wissenschaftlicher Beirat Steuern der Ernst & Young GmbH*, IStR 2016, 922, 924.

[65] *Wacker*, IStR 2016, 671, 672.

aber, wie u. a. die Entscheidung vom 20. Juli 1988[66] suggeriert, für Zwecke der internationalen Gewinnabgrenzung – sei es im Rahmen der rein innerstaatlichen oder aber im Rahmen der abkommensrechtlichen Gewinnabgrenzung – von einer grundsätzlich veranlassungsbasierten Zuordnung aus, so umfasst diese konsequenterweise auch die Zuordnung lediglich mittelbar verursachter oder veranlasster Aufwendungen.[67]

8.2.3   Das BFH-Urteil vom 6. April 2016 als erste Entscheidung zu § 34c Abs. 1 Satz 4 EStG

Angesichts der zuvor geäußerten Kritik an der uneinheitlichen Handhabung des Veranlassungsprinzips erscheint die erweiterte Aufwandszuordnung, die das Urteil vom 6. April 2016[68] als erste Entscheidung zu § 34c Abs. 1 Satz 4 EStG mit sich brachte, daher konsequent:[69] Der BFH entscheidet sich für einheitliche Auslegung des wirtschaftlichen Zusammenhangs, die sich an dem allgemeinen Veranlassungsprinzip orientiert.

In dieser Entscheidung, in der es um die Berücksichtigung von gesetzlich geforderten Rückstellungen und allgemeinen Verwaltungsaufwendungen eines Versicherungsvereins auf Gegenseitigkeit ging, griff der I. Senat die seit dem Beschluss des Großen Senats vom 4. Juli 1990[70] erfolgte Weiterentwicklung[71] des Veranlassungsbegriffs auf, wonach im Wege einer wertenden Beurteilung das die betreffenden Aufwendungen „auslösende Moment" zu identifizieren[72] und sodann

---

[66]*BFH*, Urt. v. 20.7.1988 – I R 49/84, *BFHE* 154, 465. Vgl. hierzu bereits die Ausführungen oben unter 8.1.4.

[67]In Anbetracht der ausdrücklichen Anerkennung der anteiligen (und damit indirekten) Zuordnung von „Geschäftsführungs- und allgemeinen Verwaltungskosten" in der Entscheidung *BFH*, Urt. v. 20.7.1988 – I R 49/84, *BFHE* 154, 465 (unter B.2.e)) erscheint auch die kategorische Ablehnung einer indirekten Aufwandszuordnung in Abkommenssachverhalten, die in dem Urt. v. 16.3.1994 – I R 42/93, *BFHE* 174, 509 (unter II.3.c)) anklang (vgl. auch *Wassermeyer*, FS Gosch, S. 439, 445; *Grotherr*, FS Wassermeyer, S. 303, 318 f.), nicht nachvollziehbar.

[68]*BFH*, Urt. v. 6.4.2016 – I R 61/14, *BFHE* 253, 348.

[69]So wohl auch *Wassermeyer*, FS Gosch, S. 439, 447 f.; *Kaminski,* in: Lüdicke, Forum Int Besteuerung Bd. 45, S. 169, 192 f.; a. A. *Gosch*, in: Kirchhof, EStG, § 34c Rn. 15.

[70]*BFH*, Beschluss v. 4.7.1990 – GrS 2-3/88, *BFHE* 161, 290.

[71]Vgl. auch *BFH*, Urt. v. 15.1.2015 – I R 48/13, *BFHE* 248, 535 unter II.3.b.cc.bbb); Urt. v. 27.3.2013 – I R 14/12, *BFH/NV* 2013, 1768 unter II.2.c).

[72]*BFH*, Urt. v. 6.4.2016 – I R 61/14, *BFHE* 253, 348 unter II.2.b).

– hier den relevanten Einkunftsquellen – zuzuordnen sei.[73] Bei einer Mehrheit von auslösenden Momenten bestätigt der BFH das von der Rechtsprechung entwickelte[74] Prinzip der wertenden Selektion der Aufwandsursachen.[75] Danach ist zunächst eine anteilige Zuordnung vorzunehmen und, sofern diese nicht möglich ist, auf den vorrangigen Veranlassungszusammenhang abzustellen.[76]

Dabei könnte die Formulierung des BFH den Eindruck erwecken, als sei die Vorrangigkeitsprüfung lediglich subsidiär zu der anteiligen Zuordnung. Dass ein derartiges Rangverhältnis aber allenfalls in umgekehrter Richtung besteht, verdeutlicht aber die Übertragung des abstrakten Rechtssatzes auf den konkreten Streitfall bei der Handhabung der Rückstellungen. So ist bei (qualitativer) Vorrangigkeit einer der Aufwandsursachen –weil beispielsweise das eine auslösende Moment einen unmittelbaren, das andere hingegen lediglich einen mittelbaren Zusammenhang zu der Aufwendung begründet – keine Aufteilung vorzunehmen, sondern der Aufwand einheitlich der Sphäre mit dem vorrangigen Veranlassungszusammenhang zuzuordnen. Nur wenn beide Aufwandsursachen gleichrangig nebeneinanderstehen, stellt sich damit überhaupt erst die Frage der anteiligen Aufteilung.

So verneint der BFH hinsichtlich der von allen Versicherungsvereinen auf Gegenseitigkeit verpflichtend zu bildenden Rückstellungen (Deckungsrückstellungen, Rückstellungen wegen Beitragsrückerstattung) eine anteilige Zuordnung zu den inländischen bzw. ausländischen Kapitalerträgen unter Verweis auf den vorrangigen Veranlassungszusammenhang zu dem inländischen Versicherungsgeschäft. Die gesetzliche Verpflichtung zur Bildung von Rückstellungen begründe gegenüber der rechnerischen Verknüpfung mit der Höhe der inländischen bzw. ausländischen Kapitalerträge den vorrangigen Veranlassungszusammenhang. Oder anders gesagt: Ohne das inländische Versicherungsgeschäft hätte die gesetzliche Pflicht zur Rückstellungsbildung nicht eingegriffen, so dass sich die Frage, mit welchem Anteil der Kapitalerträge die Rückstellung wirtschaftlich zusammenhing, nicht gestellt hätte. Die Vorrangigkeitsprüfung verdrängt also die anteilige Zuordnung.

Im Kontext der Verwaltungsaufwendungen greift der BFH hingegen auf, dass deren auslösendes Moment sowohl in den in- als auch den ausländischen

---

[73] *Wacker*, IStR 2016, 671, 672.

[74] Vgl. oben 5.2.

[75] *BFH*, Urt. v. 6.4.2016 – I R 61/14, *BFHE* 253, 348 unter II.2.b); Urt. v. 15.1.2015 – I R 48/13, *BFHE* 248, 535 unter II.3.b.cc.bbb); Urt. v. 27.3.2013 – I R 14/12, *BFH/NV* 2013, 1768 unter II.2.c).

[76] *BFH*, Urt. v. 6.4.2016 – I R 61/14, *BFHE* 253, 348 unter II.2.b); Urt. v. 7.12.2005 – I R 34/05, *BFH/NV* 2006, 1068 unter II.5.

Kapitalerträgen liege, da sie für die Verwaltung sämtlicher Kapitalanlagen aufgewandt würden. Mangels vorrangigen Zusammenhangs und mangels unmittelbarer Anknüpfungspunkte für die Zurechnung seien die Aufwendungen daher im Wege der Schätzung oder Quotelung zuzuordnen. Diese Vorgehensweise des BFH entspricht dem oben dargestellten Rangverhältnis von Vorrangigkeitsprüfung und anteiliger Zuordnung.

Bei genauer Betrachtung ist die durch das Urteil vom 6. April 2016 eingeleitete streng veranlassungsbasierte Rechtsprechungsänderung damit eigentlich eine Ergänzung der alten Rechtsprechung. Statt ausschließlich Aufwendungen mit unmittelbarem Zusammenhang, die nach der direkten Methode zugeordnet werden können, werden nunmehr zumindest subsidiär auch lediglich in mittelbarem[77] Zusammenhang stehende Aufwendungen zum Abzug im Sinne des § 34c Abs. 1 Satz 4 EStG zugelassen, wenn diese durch die Verwirklichung eines in § 34d Nr. 4, 6, 7 oder 8 lit. c EStG referenzierten Einkünftetatbestands veranlasst wurden.[78]

Die Bezugnahme auf das Veranlassungsprinzip und der ihm innewohnenden wertenden Selektion der Aufwandsursachen, stellt dabei auch sicher, dass nicht jedweder mittelbare Zusammenhang ausreicht, sondern dass stets ein Mindestmaß an „zweckgerichtetem Veranlassungsbezug"[79] erforderlich ist. Bei einer dementsprechenden Auslegung des seit dem Beschluss vom 4. Juli 1990[80] weiterentwickelten Veranlassungsbegriffs lassen sich im Ergebnis die von der Literatur[81] vorgetragenen Zweifel an der Berücksichtigung eines lediglich mittelbaren Zusammenhangs ausräumen. Insbesondere Gemeinkosten, die auch ohne

---

[77] *Wissenschaftlicher Beirat Steuern der Ernst & Young GmbH*, IStR 2016, 922, 924; *Kaminski*, in: Lüdicke, Forum Int Besteuerung Bd. 45, S. 169, 190; *Heinicke*, in: Schmidt, EStG, § 34c Rn. 11; *K. J. Wagner*, in: Blümich, EStG/KStG/GewStG, § 34c EStG Rn. 59 f.; *Handzik*, in: L/B/P, EStG, § 34c Rn. 24; *Faller*, in: Bordewin/Brandt, EStG, § 34c Rn. 58; die Frage offen lassend *Geurts*, in: Frotscher/Geurts, EStG, § 34c Rn. 39.

[78] Vgl. auch *Wassermeyer*, FS Gosch, S. 439, 447 f. Genau genommen wird damit nicht auf den Zusammenhang mit den Einnahmen, sondern mit den den Einkünftetatbestand verwirklichenden Tätigkeiten abgestellt. So auch *Wissenschaftlicher Beirat Steuern der Ernst & Young GmbH*, IStR 2016, 922, 924; a. A. noch die Vorinstanz *FG Münster*, Urt. v. 17.9.2014 – 10 K 1310/12 K, EFG, 303 unter 2.b). Zu den Einnahmen als Bezugsobjekt kritisch *Gosch*, in: Kirchhof, EStG, § 34c Rn. 15.

[79] Vgl. *Gosch*, in: Kirchhof, EStG, § 34c Rn. 15; *K. J. Wagner*, in: Blümich, EStG/KStG/GewStG, § 34c EStG Rn. 60.

[80] *BFH*, Beschluss v. 4.7.1990 – GrS 2-3/88, *BFHE* 161, 290.

[81] Vgl. *Gosch*, in: Kirchhof, EStG, § 34c Rn. 15; *Jochen Lüdicke*, in: F/W/B/S, Außensteuerrecht, § 34c EStG Rn. 203; *Kessler/Dietrich*, IWB 2012, 544, 548; wohl auch *Ebel*, FR 2016, 241; *Kaminski*, in: Lüdicke, Forum Int Besteuerung Bd. 45, S. 169, 193.

die ausländische Einkünfteerzielungstätigkeit in gleicher Höhe angefallen wären, können demnach nicht anteilig den ausländischen Einkünften zugewiesen werden.[82] Dass sich diese veranlassungsbasierte Erweiterung der Zuordnung im Rahmen des § 34c Abs. 1 Satz 4 EStG angesichts der Reduzierung des Anrechnungshöchstbetrags zu Lasten des Steuerpflichtigen auswirkt, entspricht dem Willen des Gesetzgebers.[83]

Abweichungen von einer streng veranlassungsbasierten Zuordnung im Rahmen des § 34c Abs. 1 Satz 4 EStG bestehen lediglich in zeitlicher Dimension. Im Ergebnis lässt die Regelung keine periodenübergreifende Betrachtung zu.[84] So erscheint es zwar gerade noch mit dem Wortlaut der Norm vereinbar, Betriebsausgaben und Betriebsvermögensminderungen zusammengefasst als negative *Einkünfte* auch losgelöst von jedweden Einnahmen im gleichen Veranlagungszeitraum der ausländischen Sphäre zuzuordnen. Aufgrund der Funktion des § 34c Abs. 1 Satz 4 EStG in der Systematik des Anrechnungsverfahrens wirkt sich dieser Aufwand aber nicht mindernd auf den Anrechnungshöchstbetrag aus, wenn er nicht in einem Veranlagungszeitraum anfällt, in dem auch entsprechende Einnahmen zu verzeichnen sind. Denn einen „Anrechnungsverlustvortrag" sieht das Gesetz nicht vor.

Diese Abweichung betrifft aber letztlich nicht den Abgrenzungsmaßstab, sondern die Anwendung der Regelung dem Grunde nach. Die Tatsache, dass die Aufwandszuordnung im Rahmen des Anrechnungsverfahrens nur dann Wirkung entfaltet, wenn auch anrechenbare Einnahmen erzielt worden sind, ist dem Konzept des Anrechnungsverfahrens als ‚Abmilderung' des Welteinkommensprinzips geschuldet.[85] Anders beim „*Ballooning*" im Rahmen des § 3c EStG[86] erscheint diese Beschränkung des Anwendungsbereichs auf den phasengleichen Anfall von Betriebsausgaben und Betriebsvermögensminderungen

---

[82] *Wissenschaftlicher Beirat Steuern der Ernst & Young GmbH*, IStR 2016, 922, 925 f.; *Geurts*, in: Frotscher/Geurts, EStG, § 34c Rn. 40.

[83] *BFH*, Urt. v. 6.4.2016 – I R 61/14, *BFHE* 253, 348 unter II.2.b) unter Verweis auf BT-Drs. 15/119, S. 40.

[84] *Kaminski*, in: Lüdicke, Forum Int Besteuerung Bd. 45, S. 169, 192; *Geurts*, in: Frotscher/Geurts, EStG, § 34c Rn. 39, 42.

[85] Auf abkommensrechtlicher Ebene entspricht dies dem Unterschied zwischen Anrechnungs- und Freistellungsmethode.

[86] Das sog. „*Ballooning*" verfolgte den Zweck, die Rechtsfolge des § 3c Abs. 1 EStG zu vermeiden, wonach der Betriebsausgabenabzug für Ausgaben, soweit diese in unmittelbarem Zusammenhang mit steuerfreien Einnahmen standen, ausgeschlossen war.
Nach der (früheren) Rechtsprechung des BFH (*BFH*, Urt. v. 29.5.1996 – I R 15/94, *BFHE* 180, 410; Urt. v. 29.5.1996 – I R 167/94, *BFHE* 180, 415; Urt. v. 29.5.1996 – I R 21/95, *BFHE* 180, 422) zu Schachteldividenden war das Betriebsausgabenabzugsverbot des § 3c

einerseits und Betriebseinnahmen und Betriebsvermögensmehrungen andererseits daher sachgerecht.

Vor dem Hintergrund des im Veranlassungsprinzip wurzelnden Zuordnungsgedankens ist dabei jedoch kein Veranlassungszusammenhang mit den konkreten im gleichen Veranlagungszeitraum erzielten Einnahmen zu fordern.[87] Da generell auch ein mittelbarer Veranlassungszusammenhang ausreicht, genügt es auch für die Zwecke des § 34c Abs. 1 Satz 4 EStG, wenn dieser zu der den ausländischen Einkünften zugrunde liegenden Tätigkeit besteht.[88]

Die Maßgeblichkeit der gesetzlichen Pflicht zur Rückstellungsbildung bei der Vorrangigkeitsprüfung könnte zudem darauf hindeuten, dass im Rahmen der Vorrangigkeitsprüfung der *rechtliche* Zusammenhang Ausschlag gebend sei. Dies dürfte jedoch auch nicht uneingeschränkt gelten. Denn insbesondere in Fällen, in denen ein solcher rechtlicher Zusammenhang zu einem Staat bewusst zur „Verschiebung" des Aufwands eingesetzt würde, drohten ansonsten unsachgemäße Ergebnisse. Allerdings dürfte das eigentliche auslösende Moment in derart gelagerten Fällen *tatsächlich* auf die Einkünfte aus dem anderen Staat zurückzuführen sein, so dass es entweder als vorrangig eingeordnet werden oder aber zumindest zu einer anteiligen Zuordnung der Aufwendungen führen müsste. Entsprechend dem allgemeinen Veranlassungsprinzip sind die rechtlichen Verhältnisse damit

---

Abs. 1 EStG die Höhe der steuerfreien Betriebseinnahmen in dem jeweiligen Veranlagungszeitraum beschränkt. Dies hatte i. E. zur Konsequenz, dass der Abzug von Aufwendungen, die in (unmittelbarem) wirtschaftlichen Zusammenhang mit den steuerfreien Einnahmen standen, unbeschränkt möglich war, wenn in dem jeweiligen Veranlagungszeitraum keine entsprechenden Einnahmen erzielt wurden („*soweit*") und eröffnete durch gezielte Steuerung der Ausschüttungsstichtage „periodenübergreifende Gestaltungsmöglichkeiten", vgl. BFH, Urt. v. 27.3.2007 – VIII R 23/06, *BFH/NV* 2007, 1842 unter II.2.a.bb. (1).

Nach der Einführung des § 3c Abs. 2 EStG durch das Gesetz zur Änderung des Investitionszulagengesetzes 1999 (BGBl I 2000, 1850), der mit Rücksicht auf die o. g. Rechtsprechung das Abzugsverbot unabhängig davon anordnete, in welchem Veranlagungszeitraum die Betriebsvermögensmehrungen oder Einnahmen angefallen sind, übernahm der BFH die alten Rechtsprechungsgrundsätze insoweit, als er den Abzug dennoch in unbeschränkter Höhe zuließ, wenn gar keine dem Halb-/ Teileinkünfteverfahren unterliegenden Einkünfte „*angefallen*" waren (Urt. v. 25.6.2009 – IX R 42/08, *BFHE* 225, 445 unter II.2.; Urt. v. 14.7.2009 – IX R 8/09, *BFH/NV* 2010, 399 unter II.2; Urt. v. 6.4.2011 – IX R 28/10, *BFHE* 233, 439 unter II.1).

Mit Blick auf die zu der steuerlichen Anerkennung vorweggenommener Betriebsausgaben entwickelten Grundsätze (vgl. hierzu auch oben 5.1.1) erscheint diese Rechtsprechung unter systematischen Gesichtspunkten nicht zwingend.

[87] *Kaminski*, in: Lüdicke, Forum Int Besteuerung Bd. 45, S. 169, 192; a. A. *Gosch*, in: Kirchhof, EStG, § 34c Rn. 15.

[88] Vgl. oben Fn. 57.

Ausgangspunkt der Zuordnungsfrage, aber nur insoweit maßgeblich als sie nicht den tatsächlichen Umständen widersprechen.[89]

Auf den ersten Blick erscheint es so, als gestatte sich der BFH durch den unbestimmten Rechtsbegriff der Vorrangigkeit einen großen Entwicklungsspielraum für den Begriff des wirtschaftlichen Zusammenhangs im Rahmen des § 34c Abs. 1 Satz 4 EStG. Bei genauerer Betrachtung ist die Rechtsunsicherheit hier aber nicht größer als im Rahmen sämtlicher anderer Veranlassungsfragestellungen mit Veranlassungspluralität. Dabei dürfte auch hier gelten, dass der Dokumentationsaufwand umso größer wird und die Anforderungen an die Darlegung der subjektiven Veranlassung steigen, je mehr sich die Zuordnung des Aufwands vom Fremdüblichen entfernt.

---

[89]Vgl. bereits oben 5.3.

Teil III
Betriebsstättengewinnabgrenzung vor der Einführung des AOA

Der folgende Abschnitt befasst sich mit der abkommensrechtlichen Betriebsstättengewinnabgrenzung vor der Einführung des AOA anhand der zahlreichen hierzu ergangenen Entscheidungen des BFH (Kapitel 9) und in Abgrenzung zu den Ansichten, die die Finanzverwaltung zu diesem Thema vertrat (Kapitel 10).

Abkommensrechtliche Betriebsstättengewinnabgrenzung nach der bisherigen Rechtsprechung des Bundesfinanzhofs

Das erste Kapitel dieses Abschnitts analysiert die Maßstäbe, die der BFH der abkommensrechtlichen Betriebsstättengewinnabgrenzung bislang zugrunde gelegt hat. Dazu wird die Rechtsprechung zu der Gewinnabgrenzung nach Art. 7 Abs. 1 Satz 2, Abs. 2 OECD-MA (9.1) den Entscheidungen zu den Betriebsstättenvorbehalten gegenübergestellt (9.2).

Die Frage, ob es sich um einen Fall der Abgrenzung von Unternehmensgewinnen gemäß Art. 7 Abs. 1 Satz 2 und Abs. 2 OECD-MA a. F. handelt oder ob sich die (vorgelagerte) Zuordnungsentscheidung nach einem der Betriebsstättenvorbehalte richtet, ist von Relevanz, weil der BFH in seiner Rechtsprechung seit 1991 von in Grenzfällen unterschiedlichen Zuordnungsmaßstäben auszugehen scheint. Während er bei der Gewinnabgrenzung im Rahmen des Art. 7 Abs. 1 Satz 2 und Abs. 2 OECD-MA a. F. mangels spezifisch abkommensrechtlichen Zuordnungsmaßstabs von der Anwendung des allgemeinen Veranlassungsprinzips ausgegangen ist, hat er im Rahmen der Betriebsstättenvorbehalte der Art. 10 Abs. 4, Art. 11 Abs. 4 und Art. 12 Abs. 3 OECD-MA den abkommensautonomen Zuordnungsmaßstab der „tatsächlichen Zugehörigkeit" zugrunde gelegt. Ob und inwieweit diese Zurechnungsmaßstäbe nach der Rechtsprechung des BFH Übereinstimmungen aufweisen, soll im Folgenden herausgearbeitet werden.

Abschließend wird zu verschiedenen Aspekten der Rechtsprechung Stellung genommen (9.3).

9.1 Betriebsstättengewinnabgrenzung nach Art. 7 Abs. 1 Satz 2 und Abs. 2 OECD-MA a. F.

Art. 7 Abs. 1 Satz 2 OECD-MA a. F. bestimmt, dass die Unternehmensgewinne von einem in dem einen Staat ansässigen Unternehmen, das seine Geschäftstätigkeit im anderen Staat durch eine dort gelegene Betriebsstätte ausübt, auch in diesem anderen Staat besteuert werden können, insoweit sie dieser Betriebsstätte „zugerechnet" werden können. Jenseits des durch Abs. 2 der Vorschrift angeordneten Fremdvergleichsgrundsatzes[1] enthält die Regelung jedoch keine näheren Angaben, nach welchen Maßstäben diese „Zurechnung" zu erfolgen hat.

Gemäß Art. 3 Abs. 2 OECD-MA ist der Begriff der „Zurechnung" daher nach innerstaatlichem Recht auszulegen. Mangels spezieller innerstaatlicher Regelungen hat der BFH für die Betriebsstättengewinnabgrenzung nach Art. 7 Abs. 1 Satz 2 und Abs. 2 OECD-MA a. F. daher in ständiger Rechtsprechung auf den wirtschaftlichen Veranlassungszusammenhang als übergeordneten steuerrechtlichen Abgrenzungsmaßstab[2] abgestellt.[3] Dies soll anhand ausgewählter Rechtsprechung zu einzelnen Zuordnungsaspekten im Folgenden erläutert werden.

9.1.1 Zuordnung von Wirtschaftsgütern anhand dienender Funktion

Die Zuordnung von Wirtschaftsgütern zu einer Betriebstätte ist eine Vorfrage der eigentlichen Betriebsstättengewinnabgrenzung. An die Zuordnung der Wirtschaftsgüter knüpft die Rechtsprechung die Zuordnung der aus ihrem betrieblichen Einsatz resultierenden Betriebseinnahmen bzw. -ausgaben.[4] Für die Zuordnung eines Wirtschaftsguts zu der Betriebsstätte stellte der BFH bereits in seiner Entscheidung vom 21. Januar 1972 – wie schon in seiner Rechtsprechung zur Betriebsstättengewinnermittlung im Rahmen des § 49 EStG[5] – darauf ab, ob

---

[1]Zu der bis 2010 gültigen Fassung des Art. 7 OECD-MA vgl. unten Kapitel 13.

[2]Vgl. bspw. *Hagemann*, IWB 2016, 75, 77.

[3]Vgl. *BFH*, Urt. v. 21.1.1972 – III R 57/71, *BFHE* 104, 471; Urt. v. 16.2.1996 – I R 43/95, *BFHE* 180, 286; Urt. v. 17.11.1999 – I R 7/99, *BFHE* 191, 18; Urt. v. 23.7.2003 – I R 62/02, *BFH/NV* 2004, 317; Urt. v. 19.12.2007 – I R 19/06, *BFHE* 220, 160; Urt. v. 12.6.2013 – I R 47/12, *BFHE* 242, 107; Urt. v. 26.2.2014 – I R 56/12, *BFHE* 245, 143; Urt. v. 20.5.2015 – I R 75/14, *BFH/NV* 2015, 1687; *Wassermeyer*, IStR 2015, 37, 38.

[4]Vgl. unten unter 9.1.3.

[5]Siehe oben unter 8.1.2.

dieses Wirtschaftsgut der Betriebsstättentätigkeit dient.[6] Gemäß dem abkommensrechtlichen „*dealing at arm's length*"-Prinzip des Art. 7 Abs. 2 OECD-MA a. F.
sei eine dienende Funktion zu bejahen, wenn ein selbstständiger Gewerbebetrieb
am gleichen Ort und unter gleichen oder ähnlichen Bedingungen das in Frage
stehende Wirtschaftsgut zur Erzielung eines vergleichbaren Geschäftserfolgs
benötigt hätte.[7]

Diese Zuordnung, die gewisse Ähnlichkeiten mit der Definition des notwendigen Betriebsvermögens aufweist, wurde insbesondere bei Vermögensgegenständen bejaht, die das wirtschaftliche Ergebnis der Betriebsstätte „zwangsläufig und
maßgeblich [beeinflussen] und [die] ihre Erträge zu gewähren oder zu steigern
imstande [sind]".[8] Auch hier[9] kommt es nicht maßgeblich auf den Belegenheitsort
des Wirtschaftsgutes an.[10] Gleichzeitig ist die Zuordnung der Wirtschaftsgüter zu der Betriebsstätte nicht auf die zur Ausübung der Betriebsstättentätigkeit
notwendigen Wirtschaftsgüter beschränkt.

Ist anhand der Zweckbestimmung kein eindeutiger wirtschaftlicher Zusammenhang erkennbar, so ist es nach der Rechtsprechung des BFH wiederum auf
den Willen der Geschäftsleitung abzustellen.[11] Diese Möglichkeit der „Willkürung" erinnert an die Definition des gewillkürten Betriebsvermögens. Der Wille
des Geschäftsleiters kann sich beispielsweise in der bilanziellen Behandlung
des Wirtschaftsgutes niederschlagen. Die bilanzielle Behandlung ist hingegen
nicht zuordnungsbegründend, wenn sie der wirtschaftlichen Zugehörigkeit widerspricht.[12]

Demnach weist das Prinzip der wirtschaftlichen Zugehörigkeit somit sowohl
zuordnungsbegründende wie auch – begrenzende Elemente auf. Diese Zuordnungsregeln für „Aktiva" übertrug der BFH gleichermaßen auf „Passiva".
Dementsprechend stehen Schulden und Lasten in wirtschaftlichem Zusammenhang mit der Betriebsstätte, wenn sie bei einem gedachten Vergleichsbetrieb auch
Betriebsschulden darstellen würden.[13]

---

[6]Vgl. *BFH*, Urt. v. 21.1.1972 – III R 57/71, *BFHE* 104, 471, 1. Leitsatz; Urt. v. 29.7.1992
– II R 39/89, *BFHE* 168, 431 unter II.2.a).

[7]Vgl. *BFH*, Urt. v. 21.1.1972 – III R 57/71, *BFHE* 104, 471, 1. Leitsatz Satz 1.

[8]Vgl. *BFH*, Urt. v. 29.7.1992 – II R 39/89, *BFHE* 168, 431 unter II.2.a).

[9]Vgl. zur Unerheblichkeit der buchhalterischen Behandlung von Aufwendungen oben 8.1.4.

[10]Vgl. *BFH*, Urt. v. 29.7.1992 – II R 39/89, *BFHE* 168, 431.

[11]Zur Maßgeblichkeit des Willens der Geschäftsleitung in Zweifelfällen im Kontext des § 49
EStG vgl. auch oben unter 8.1.2.

[12]Vgl. *BFH*, Urt. v. 29.7.1992 – II R 39/89, *BFHE* 168, 431 unter II.2.a).

[13]*BFH*, Urt. v. 21.1.1972 – III R 57/71, *BFHE* 104, 471.

Kommt es für die Zuordnung mangels erkennbaren wirtschaftlichen Zusammenhangs auf den Willen der Geschäftsleitung an, so führt die Änderung dieses Willens zu einer Änderung der Zuordnung. Nach der heutigen Rechtslage[14] dürfte sich sodann die Frage der Entstrickung stellen. Das ist jedoch eine Frage der innerstaatlichen Gewinnermittlung und nicht der abkommensrechtlichen Gewinnabgrenzung.[15]

9.1.2 I R 43/95: Zuordnung von (Währungs-)Gewinnen bzw. Verlusten

In seiner Entscheidung vom 16. Februar 1996[16] hatte sich der BFH mit der Zuordnung von Währungsverlusten zu befassen, die aus Anlass der Rückzahlung von Dotationskapital einer ausländischen Betriebsstätte an ihr deutsches Stammhaus infolge von Währungsschwankungen entstanden waren. Der BFH bejahte den wirtschaftlichen Zusammenhang der Währungsverluste zu den Einkünften aus der ausländischen Betriebsstätte, da die Betriebsstätte „Voraussetzung für das Entstehen von Aufwendungen und Erträgen"[17] gewesen sei und somit eine kausale Verknüpfung zwischen Währungsverlusten und Betriebsstätte bestanden habe.[18] Wer das Währungsrisiko trage, sei hingegen unbeachtlich.[19] Da das Dotationskapital (für Zwecke der Gewinnabgrenzung) zum Betriebsvermögen der Betriebsstätte gehört habe, seien auch die monetären Wertveränderungen, die sich bei der Umrechnung des zurückgeführten Kapitals ergäben, der Betriebsstätte und nicht hingegen dem Stammhaus zuzurechnen.[20]

Auf den Einwand hin, die Rückführung des Dotationskapitals sei letztlich durch das Stammhaus „veranlasst"[21] worden und daher diesem zuzurechnen, führte der BFH aus, dass – außer bei der Zuweisung von Allgemeinkosten

---

[14]Anders als heutzutage existierte nach der der Entscheidung des *BFH*, Urt. v. 29.7.1992 – II R 39/89, *BFHE* 168, 431 zugrunde liegenden Rechtslage noch kein allgemeiner Entstrickungstatbestand. Die Regelung des § 4 Abs. 1 Satz 3 EStG wurde erst durch das SEStEG (BGBl I 2006, 2782) eingeführt.

[15]Zum Verhältnis der Entstrickung zur Gewinnabgrenzung siehe unten Kapitel 19.

[16]*BFH*, Urt. v. 16.2.1996 – I R 43/95, *BFHE* 180, 286.

[17]Vgl. *BFH*, Urt. v. 16.2.1996 – I R 43/95, *BFHE* 180, 286 unter II.3.a).

[18]Vgl. *BFH*, Urt. v. 16.2.1996 – I R 43/95, *BFHE* 180, 286 unter II.3.a).

[19]Vgl. *BFH*, Urt. v. 16.2.1996 – I R 43/95, *BFHE* 180, 286 unter II.3.a).

[20]Vgl. *BFH*, Urt. v. 16.2.1996 – I R 43/95, *BFHE* 180, 286 unter II.3.b); vor dem Hintergrund des „*dealing at arm's length*"-Prinzips kritisch *Ditz/Schönfeld*, DB 2008, 1458, 1460 f.

[21]So auch *Ditz/Schönfeld*, DB 2008, 1458, 1461.

– bei der Bestimmung des *wirtschaftlichen* Veranlassungszusammenhangs auf *tatsächliche* Anhaltspunkte abzustellen und keine wertende Betrachtungsweise vorzunehmen sei.

Damit greift der BFH für die Ermittlung der wirtschaftlichen Zugehörigkeit auf die tatsächlichen Verhältnisse zurück. Geht man davon aus, dass die tatsächliche unternehmerische Tätigkeit in der Regel von wirtschaftlichen Zielen getrieben ist, so erscheint dieses Vorgehen auch nachvollziehbar, da die tatsächlichen Verhältnisse die wirtschaftliche Zielsetzung abbilden sollten.

Diese angeordnete Berücksichtigung tatsächlicher Anhaltspunkte ist jedoch nicht als begriffsidentisch mit dem Grundsatz der „tatsächlichen Zugehörigkeit" im Rahmen der Rechtsprechung zu den Betriebsstättenvorbehalten[22] anzusehen. Vielmehr sind die tatsächlichen Verhältnisse hier als Gegenpol der „wertenden Betrachtungsweise" zu verstehen.[23] Letztere ist im Rahmen des Betriebsstättenprinzips nur dann zulässig, wenn eine anteilige Aufteilung eines Geschäftsvorfalls auf Stammhaus und Betriebsstätte erforderlich ist. Verneint man hingegen die Aufteilbarkeit des Geschäftsvorfalls,[24] so verbietet sich auch die „wertende Betrachtungsweise".[25] Damit ist diese „wertende Betrachtungsweise" ausweislich der Formulierung des BFH im Sinne einer „wertenden Gewichtung" zu verstehen.[26] Sie bezieht sich anders als die Kriterien des wirtschaftlichen Zusammenhangs und der tatsächlichen Zugehörigkeit nicht auf eine Zuordnung dem Grunde nach, sondern quantifiziert die dem Grunde nach bereits entschiedene Aufteilung.

Zwar wurde der konkrete Verlust in besagtem Fall durch die Rücküberführungsentscheidung des Stammhauses ausgelöst. Gleichwohl bestimmte diese Entscheidung nur den Zeitpunkt des erfolgswirksamen Ereignisses, das seinerseits der Höhe nach vom Wechselkurs der Fremdwährung abhing. Dem Grunde nach beruhte die erfolgswirksame Rücküberführung jedoch auf der Betriebsstätte

---

[22]Vgl. unten unter 9.2.

[23]Zu dem Kriterium des tatsächlichen Verwendungszwecks (ohne weitergehende wertende Betrachtung) vgl. bereits *BFH*, Beschluss v. 4.7.1990 – GrS 2–3/88, *BFHE* 161, 290; Beschluss v. 8.12.1997 – GrS 1–2/95, *BFHE* 184, 7.

[24]Die Formulierung des BFH „Kosten und Geschäftsvorfälle, die von vornherein zu der Betriebsstätte gehören" (vgl. *BFH*, Urt. v. 16.2.1996 – I R 43/95, *BFHE* 180, 286 unter II.3.b)) ist insoweit etwas missverständlich, als sie die Zuordnungsfrage vorwegzunehmen scheint. Sie verdeutlicht abermals, dass die „wertende Gewichtung" erst vorgenommen werden kann, nachdem die Zuordnung dem Grunde nach getroffen worden ist.

[25]Vgl. *BFH*, Urt. v. 16.2.1996 – I R 43/95, *BFHE* 180, 286 unter II.3.b).

[26]Vgl. *BFH*, Urt. v. 16.2.1996 – I R 43/95, *BFHE* 180, 286 unter II.3.b).

oder genauer deren ursprünglicher Ausstattung mit hinreichendem Dotationskapital. Eine Korrektur dieses ursprünglichen Kausalzusammenhangs im Wege einer wertenden Betrachtungsweise (Veranlassung im Sinne einer Entscheidung durch das Stammhaus) würde die Zuordnungsfrage im Kontext der Betriebsstättengewinnabgrenzung obsolet machen.[27]

Schließlich wies der BFH in der genannten Entscheidung (I R 43/95) den Einwand, dass sich aus dem *„dealing at arm's length"*-Prinzip etwas anderes ergebe, zurück. Der Sinn und Zweck der Selbstständigkeitsfiktion erschöpfe sich nämlich in der Durchführung des Betriebsstättenprinzips, enthalte aber keine über den Abgrenzungszweck hinausgehende Fiktion.[28] Durch die Selbstständigkeitsfiktion solle damit lediglich ermöglicht werden, dass die Betriebsstätte als „selbstständiges" Zurechnungsobjekt im Rahmen des Veranlassungsprinzips fungieren könne.

Soweit die Aussagen in der Entscheidung nicht allgemein die Zuordnung von Gewinnen und Verlusten, sondern spezifisch Währungsverluste in Zusammenhang mit Dotationskapital betrafen, dürften die Rechtsprechungsgrundsätze aufgrund des *„Deutsche Shell"*-Urteils des EuGH[29] indes als überholt gelten.[30] In dieser Entscheidung hatte der EuGH entschieden, dass es eine Beschränkung der Niederlassungsfreiheit darstelle, wenn Währungsverluste aus der Rücküberführung von Dotationskapital im Ansässigkeitsstaat von der steuerrechtlichen Berücksichtigung ausgenommen seien. Denn es liege in der Natur währungsbedingter Dotationskapitalverluste, dass diese im Betriebsstättenstaat nicht abgebildet würden, da die Buchführung insoweit in der nationalen Währung zu führen sei.

9.1.3 I R 92/01: Zuordnung von Betriebseinnahmen und -ausgaben

Der Umfang, in dem die tatsächlichen Verhältnisse bei der Durchführung des Betriebsstättenprinzips zu berücksichtigen sind, wurde ferner in der Rechtsprechung zur Zuordnung der Betriebseinnahmen deutlich. Nach den Ausführungen des BFH im Urteil vom 18. Dezember 2002 ist bei der Zuordnung von Betriebseinnahmen und Betriebsausgaben darauf abzustellen,

---

[27]Vgl. *BFH*, Urt. v. 16.2.1996 – I R 43/95, *BFHE* 180, 286 unter II.3.a).

[28]Vgl. *BFH*, Urt. v. 16.2.1996 – I R 43/95, *BFHE* 180, 286 unter II.4.c).

[29]*EuGH*, Urt. v. 28.2.2008 – C-293/06, Slg. I 2008, 1147 – *Deutsche Shell.*

[30]So auch *Weerth*, IStR 2008, 226; *Ditz/Schönfeld*, DB 2008, 1458, 1460 f.

„auf welche Tätigkeiten bzw. Wirtschaftsgüter die Betriebseinnahmen (Vermögens-mehrungen) zurückzuführen sind, wer die Tätigkeiten ausgeübt hat und welcher Betriebsstätte die ausgeübten Tätigkeiten oder die eingesetzten Wirtschaftsgüter tatsächlich zuzuordnen sind. In gleicher Weise sind die Betriebsausgaben (Vermö-gensminderungen) festzustellen und zuzuordnen."[31]

Dies deckt sich mit der Absage, die der BFH in früheren Entscheidungen der Attraktionswirkung der Betriebsstätte erteilt hatte.[32] Denn so genügt für eine Zuordnung zur Betriebsstätte gerade nicht, dass ein Geschäftsvorfall im Betriebs-stättenstaat stattfindet und „artgleich" zu anderen Betriebsstättengeschäften ist. Vielmehr muss der Geschäftsvorfall und die damit einhergehende Betriebsein-nahme auch auf die konkrete Betriebsstättentätigkeit bzw. die ihr zugeordneten Wirtschaftsgüter zurückzuführen sein.

Damit ist der Entscheidung vom 18. Dezember 2002[33] – sowie der daran anknüpfenden Entscheidung vom 23. Juli 2003[34] – deutlich zu entnehmen, aus welchen einzelnen Schritten der Zuordnungsprozess nach Auffassung des BFH besteht:

1. Ausgehend von den Betriebseinnahmen (bzw. den Betriebsausgaben) sind zunächst die Erfolgsbeiträge[35] in Form von Tätigkeiten bzw. Wirtschaftsgütern zu identifizieren, auf die die Vermögensmehrungen (bzw. Vermögensminde-rungen) zurückzuführen sind.

2. Anhand dieser identifizierten Tätigkeiten bzw. Wirtschaftsgüter ist sodann in einem zweiten Schritt zu ermitteln, wer die Tätigkeit tatsächlich in welcher Betriebsstätte ausgeübt hat bzw. welcher Betriebsstätte das Wirtschaftsgut tatsächlich zuzuordnen ist. Dieser Betriebsstätte sind die Betriebseinnahmen (bzw. Betriebsausgaben) zuzuordnen.

Vereinfacht ergibt sich damit folgende Zuordnungskette

BE (bzw. BA) → ausgeübte Tätigkeit / eingesetztes WG → Betriebsstätte

---

[31]*BFH*, Urt. v. 18.12.2002 – I R 92/01, *BFHE* 201, 447 unter II.2.d); so auch Urt. v. 23.7.2003 – I R 62/02, *BFH/NV* 2004, 317 unter II.3.a).

[32]*BFH*, Urt. v. 1.4.1987 – II R 186/80, *BFHE* 150, 65; Urt. v. 23.7.2003 – I R 62/02, *BFH/NV* 2004, 317 unter II.3.a).

[33]*BFH*, Urt. v. 18.12.2002 – I R 92/01, *BFHE* 201, 447.

[34]*BFH*, Urt. v. 23.7.2003 – I R 62/02, *BFH/NV* 2004, 317.

[35]Vgl. *Wassermeyer*, IStR 2003, 391.

Dies ist insoweit von Bedeutung, als dass diese Zuordnungsreihenfolge – zumindest augenscheinlich – von der gemäß dem neu eingeführten AOA abweicht.[36] Dabei wird einerseits die Nähe der abkommensrechtlichen Betriebsstättenabgrenzung nach Art. 7 OECD-MA zur innerstaatlichen Betriebsstättengewinnabgrenzung nach § 49 Abs. 1 Nr. 2 lit. a EStG deutlich. Denn die Anknüpfung an die Wirtschaftsgüter, die zur Vermögensmehrung beigetragen haben, weist einen gewissen inhaltlichen Bezug zu der Anknüpfung an die auf Basis der Zweckbestimmung des Wirtschaftsgutes ermittelte dienende Funktion für die Erreichung des Betriebszwecks im Sinne der oben dargestellten Rechtsprechung zu § 49 Abs. 1 Nr. 2 lit. a EStG[37] auf.

Andererseits kann man sich – jedenfalls in Hinblick auf die Zuordnung auf Basis der eingesetzten Wirtschaftsgüter – fragen, inwieweit dieser vom I. Senat dargelegte Zuordnungsprozess nicht dem Maßstab der „tatsächlichen Zugehörigkeit"[38] entspricht. Denn bereits begrifflich ist die Frage, ob ein Wirtschaftsgut einer Betriebsstätte „tatsächlich zuzuordnen" ist, sehr nah an der Frage der „tatsächlichen Zugehörigkeit" eines Wirtschaftsgutes. Darüber hinaus erscheint es nicht abwegig, ein der Betriebsstätte „tatsächlich zugeordnetes" Wirtschaftsgut als Aktivposten in deren fiktiver Betriebsstättenbilanz anzusehen.[39]

9.1.4   Relevanz der Zuordnung von Wirtschaftsgütern für die Gewinnabgrenzung

Ferner verdeutlicht die Zuordnungskette[40] erneut, dass die Zuordnung von Wirtschaftsgütern nach der bisherigen Rechtsprechung des BFH eine Vorfrage für die Zuordnung von Betriebseinnahmen und -ausgaben bzw. von Gewinnen und Verlusten darstellt. Die Wirtschaftsgüter sind neben den ausgeübten Tätigkeiten ein möglicher Anknüpfungspunkt für die Gewinnabgrenzung.

Dabei ist insbesondere relevant, ob die Zuordnung über die ausgeübte Tätigkeit allein oder auch über ein hierzu eingesetztes Wirtschaftsgut erfolgt. Anders als

---

[36]Genau genommen betrifft die innerstaatliche Umsetzung des AOA nur die Zuordnung von Innentransaktionen, vgl. unten 15.2, 15.2.2.1.2.5 und 20.1. Die Zuordnungsreihenfolge unter dem AOA verläuft formal in umgekehrter Reihenfolge, vgl. auch *Kaeser*, ISR 2012, 63, 68.

[37]Vgl. oben unter 8.1.2.

[38]Vgl. unten 9.2.

[39]Zum Erfordernis des Aktivpostens vgl. Fn. 296.

[40]Vgl. die Darstellung oben unter 9.1.3.

bezüglich der Betriebseinnahmen bzw. Betriebsausgaben, die über die Anknüpfung an die zu ihrer Erzielung ausgeübte Tätigkeiten einer Betriebsstätte – ggf. auch anteilig[41] – zugewiesen werden können, können die Betriebseinnahmen bzw. Betriebsausgaben, die über die eingesetzten Wirtschaftsgüter zugeordnet werden, nämlich nicht anteilig, sondern nur entweder gänzlich oder gar nicht der Betriebsstätte zugewiesen werden, der auch das Wirtschaftsgut selbst „tatsächlich zugeordnet" ist. Denn der Grundsatz der Unteilbarkeit von Wirtschaftsgütern als kleinste bilanzielle Einheit gilt auch insoweit für die Zwecke der Selbstständigkeitsfiktion der Betriebsstätte.[42]

9.1.5 Überführung von Wirtschaftsgütern: Von der finalen Entnahme zu I R 77/06

Auch auf die Überführung von Wirtschaftsgütern zwischen der Betriebsstätte und dem Stammhaus (oder umgekehrt) wandte die Rechtsprechung das Veranlassungsprinzip an. Dessen konkrete Ausprägung unterlag im Laufe der Zeit jedoch einem gewissen Wandel. Anfangs war der BFH noch davon ausgegangen, dass die Überführung eines Wirtschaftsguts aus dem inländischen Betrieb in dessen ausländischen Betriebsstätte dann eine Entnahme im Sinne des § 4 Abs. 1 Satz 2 EStG darstelle, wenn mit dem Betriebsstättenstaat ein Doppelbesteuerungsabkommen bestehe, das dem Belegenheitsstaat das Besteuerungsrecht für die Betriebsstätteneinkünfte zuweise.[43] Der BFH war zu diesem Konzept einer „finalen Entnahme" im Wege einer teleologisch-systematischen Betrachtung gelangt:

„*Die Sicherung der stillen Reserven für eine – wenn auch spätere – Besteuerung ist aber für die Auslegung des Entnahmebegriffs in § 4 Abs. 1 Satz 2 EStG von maßgeblicher Bedeutung. Es entspricht insbesondere dem Zweck und der rechtssystematischen Bedeutung des § 4 Abs. 1 Satz 2 EStG, in Wertabgaben aus dem betrieblichen Bereich eine gewinnverwirklichende Entnahme zu sehen [...]. Aus dieser sich in erster Linie auf den Zweck des Systems der steuerlichen Gewinnermittlung stützenden Auslegung folgt, daß „betriebsfremder Zweck" im Sinne des § 4 Abs. 1 Satz 2 EStG nicht nur ein*

---

[41]Vgl. *BFH*, Urt. v. 10.7.2002 – I R 71/01, *BFHE* 200, 184 unter II.4.d); Urt. v. 23.7.2003 – I R 62/02, *BFH/NV* 2004, 317 unter II.3.a); vgl. auch Urt. v. 24.2.1988 – I R 95/84, *BFHE* 153, 101 unter II.2.f.cc).

[42]*BFH*, Urt. v. 24.9.1959 – IV 38/58 U, *BFHE* 69, 550; Urt. v. 11.9.1969 – IV R 160/67, *BFHE* 98, 144; Urt. v. 27.01.2016 – X R 2/14, *BFHE* 253, 89 unter III.1.a); a. A. *Wassermeyer*, in: Wassermeyer, DBA, Art. 7 (2000) Rn. 241; *Wassermeyer*, IStR 2005, 84, 86; *Wassermeyer*, IStR 2012, 277, 279; wohl auch *Jacobs*, Intl Unternehmensbesteuerung 2011, S. 688.

[43]*BFH*, Urt. v. 16.7.1969 – I 266/65, *BFHE* 97, 342.

*privater Zweck ist. Vielmehr wird eine Entnahme in der Regel schon dann anzuneh-
men sein, wenn die in einem auf einen anderen Betrieb oder eine andere Betriebstätte
überführten Wirtschaftsgüter enthaltenen stillen Reserven andernfalls endgültig der
Besteuerung entgehen würden.*"[44]

Der BFH hatte damit implizit auf den im Inland belegenen Betriebsteil (bzw.
die dahinterstehende betriebliche Tätigkeit) als Referenzrahmen für die veranlassungsbasierte Zuordnung abgestellt.

In einer weiteren Entscheidung[45] hatte der I. Senat dieses Auslegungsergebnis
bestätigt und es später auch auf die „finale Betriebsaufgabe" übertragen.[46] Auch
der VIII. Senat hatte sich den Theorien der finalen Entnahme[47] bzw. der finalen
Betriebsaufgabe[48] angeschlossen.

Die genannte Rechtsprechung wurde von der Literatur von Beginn an stark
kritisiert.[49] So erfolge die Überführung des Wirtschaftsguts nicht zu einem
betriebsfremden Zweck,[50] da das Wirtschaftsgut auch weiterhin Betriebsvermögen des Gesamtunternehmens sei. Auch erweise sich der Ansatz mit dem Teilwert
im Rahmen der Entnahme jedenfalls bei der Überführung von Vorräten als
ungeeignet.[51]

Ferner wurde darauf hingewiesen, dass das deutsche Steuerrecht gerade keinen
allgemeinen Entstrickungstatbestand kenne[52] und es darüber hinaus auch zweifelhaft sei, ob das deutsche Besteuerungsrecht an den im Inland entstandenen

---

[44] *BFH*, Urt. v. 16.7.1969 – I 266/65, *BFHE* 97, 342.

[45] *BFH*, Urt. v. 24.11.1982 – I R 123/78, *BFHE* 137, 59.

[46] *BFH*, Urt. v. 28.4.1971 – I R 55/66, *BFHE* 102, 374; Urt. v. 13.10.1976 – I R 261/70, *BFHE*
120, 225; Urt. v. 12.4.1978 – I R 136/77, *BFHE* 125, 157 unter 2.a); Urt. v. 28.3.1984 – I R
191/79, *BFHE* 141, 244 unter II.2.

[47] *BFH*, Urt. v. 30.5.1972 – VIII R 111/69, *BFHE* 106, 198.

[48] *BFH*, Urt. v. 16.12.1975 – VIII R 3/74, *BFHE* 117, 563.

[49] Vgl. die Nachweise bei *Ritter*, in: JbFSt 1976/77, S. 288, 305, dort Fn. 32; *Schaumburg*, in:
Ruppe, DStJG Bd. 4, S. 247, 250, dort, Fn. 13 m. w. N.

[50] *Meilicke/Hohlfeld*, BB 1972, 505, 507 f.

[51] *Neubauer*, in: JbFSt 1976/77, S. 312, 320.

[52] *Tipke*, StuW 1972, 264, 265, 269; *Meilicke/Hohlfeld*, BB 1972, 505, 508; *Ritter*, in: JbFSt
1976/77, S. 288, 304. Die Existenz eines allgemeinen Entstrickungstatbestands hatte der BFH
selbst abgelehnt, *BFH*, Urt. v. 10.2.1972 – I R 205/66, *BFHE* 105, 15; Urt. v. 16.12.1975 –
VIII R 3/74, *BFHE* 117, 563 unter II.2.b); Urt. v. 14.6.1988 – VIII R 387/83, *BFHE* 154,
309.

stillen Reserven überhaupt durch die Überführung erlösche.[53] Mangels anderweitiger (Ersatz-)Realisationstatbestände entbehre die Sofortbesteuerung nach der finalen Entnahmetheorie daher einer Rechtsgrundlage[54] und verstoße gegen das Realisationsprinzip.[55]

In seiner Entscheidung vom 17. Juli 2008 hatte der BFH nach langer Zeit wieder Gelegenheit, zu der steuerlichen Behandlung der Überführung von Wirtschaftsgütern Stellung zu nehmen. In Änderung seiner bisherigen Rechtsprechung gab der BFH die finale Entnahmetheorie unter Verweis auf deren fehlende Rechtsgrundlage und die ihr zugrunde liegende unzutreffende Beurteilung der Gewinnabgrenzung und der Wirkungsweise der abkommensrechtlichen Freistellung auf:

> *„Die Gewinnrealisation durch Entnahme setzt nach der Legaldefinition in § 4 Abs. 1 Satz 2 EStG voraus, dass der Steuerpflichtige das Entnahmeobjekt für private Interessen („seinen Haushalt") oder für andere betriebsfremde Interessen entnimmt. Die Überführung eines Wirtschaftsguts in eine ausländische Betriebsstätte des gleichen Unternehmers führt jedoch nicht zur Lösung des bisherigen betrieblichen Funktionszusammenhangs und kann deshalb mangels Außenumsatzes nicht als Realisationstatbestand angesehen werden. [...]*
>
> *Die frühere Rechtsprechung basierte im Wesentlichen auf der Überlegung, dass die stillen Reserven, die in den Wirtschaftsgütern des Betriebsvermögens ruhen, nicht endgültig der Besteuerung entgehen dürften [...]. Abkommensrechtlich wird jedoch nach heutiger Erkenntnis die (spätere) Besteuerung im Inland entstandener stiller Reserven durch eine Freistellung der ausländischen Betriebsstättengewinne nicht beeinträchtigt, so dass die frühere Rechtsprechung als überholt angesehen werden muss."[56]*

Statt eines Ausschlusses des deutschen Besteuerungsrechts nahm der BFH vielmehr an, dass der Fremdvergleichsgrundsatz des Art. 7 Abs. 2 OECD-MA auch nach der Überführung des Wirtschaftsguts zu einer Aufteilung eines späteren Veräußerungsgewinns „nach Verursachungsbeiträgen" führen würde, was das Besteuerungsrecht des Stammhausstaates auf die im Stammhaus entstandenen stillen Reserven unberührt lasse.[57]

---

[53] *Buciek,* in: Piltz/Schaumburg, Forum Int Besteuerung Bd. 20, S. 43, 49 f.; *Buciek,* in: F/W/K, DBA-Schweiz, Art. 7 Rn. 456 f., 461.

[54] *Hruschka/Lüdemann,* IStR 2005, 76, 77; *Buciek,* in: Piltz/Schaumburg, Forum Int Besteuerung Bd. 20, S. 43, 46; zweifelnd auch *Wassermeyer,* in: StbJb 1997/98, S. 493, 517.

[55] *Neubauer,* in: JbFSt 1976/77, S. 312, 320.

[56] *BFH,* Urt. v. 17.7.2008 – I R 77/06, *BFHE* 222, 402 unter III.3.b.bb).

[57] *BFH,* Urt. v. 17.7.2008 – I R 77/06, *BFHE* 222, 402 unter III.3.b.cc).

In Ermangelung eines Ersatzrealisationstatbestands für die Überführung wird der Zeitpunkt der Zuordnungsentscheidung damit auf den Zeitpunkt des tatsächlichen Ausscheidens des betreffenden Wirtschaftsguts aus dem Gesamtbetriebsvermögen zeitlich nach hinten verschoben. Der Referenzrahmen für diese veranlassungsbasierte Zuordnung ist jeweils der für die Zuordnung des Veräußerungsgewinns maßgebliche Beitrag der inländischen bzw. ausländischen Betriebsstätte.

Mit dieser Entscheidung schlug der BFH in seiner Begründung eine implizite Brücke von Art. 13 Abs. 2 zu Art. 7 Abs. 2 OECD-MA und grenzte die für die Betriebsstätten geltende Abgrenzung nach dem Veranlassungsprinzip[58] insbesondere zu der Gewinnzuordnung im Rahmen des Art. 13 Abs. 5 OECD-MA ab:

> *„Anders als bei den von Art. 13 Abs. 5 [...] OECD-MustAbk erfassten Veräußerungsgewinnen, die ausschließlich in dem Vertragsstaat besteuert werden, in dem der Veräußerer --nach seinem Wegzug-- ansässig ist, geht der inländische Besteuerungszugriff auf Gewinne aus der Veräußerung beweglichen Vermögens, das Betriebsvermögen einer Betriebsstätte ist, die ein Unternehmen eines Vertragsstaats im anderen Vertragsstaat hat (Art. 13 Abs. 2 OECD-MustAbk), bei Vereinbarung der Freistellungsmethode (Art. 23A OECD-MustAbk) nur in jenem Umfang verloren, in dem das Vermögen der Betriebsstätte auch tatsächlich zuzuordnen ist und in dem die realisierten Gewinne durch jene Betriebsstätte erwirtschaftet wurden."*[59]

Der Zuordnungswechsel hinsichtlich des überführten Wirtschaftsguts lässt die Zuweisung des Besteuerungsrechts an den bis zur Überführung entstandenen stillen Reserven dieses Wirtschaftsguts unberührt. Die Frage, inwieweit die Regelung des § 4 Abs. 1 Satz 3 EStG oder eine künftige Umsetzungsvorschrift des AOA zu einem anderen Ergebnis führen würde, ließ der BFH ausdrücklich offen, da es jedenfalls für das Streitjahr an den entsprechenden innerstaatlichen Umsetzungsregelungen fehlte.[60]

---

[58]So ausdrücklich in der Folgeentscheidung *BFH*, Urt. v. 28.10.2009 – I R 99/08, *BFHE* 227, 83 unter B.I.7.b.bb.bbb).

[59]*BFH*, Urt. v. 17.7.2008 – I R 77/06, *BFHE* 222, 402 unter III.3.b.bb).

[60]*BFH*, Urt. v. 17.7.2008 – I R 77/06, *BFHE* 222, 402 unter III.3.b.bb) und III.3.b.cc).

In der Literatur ist die lang erwartete Rechtsprechungsänderung überwiegend auf Zuspruch gestoßen.[61] Die Finanzverwaltung reagierte auf die Entscheidung hingegen mit einem Nichtanwendungserlass.[62]

9.1.6 Keine betriebsstättenlosen Einkünfte („*No floating income*"-Theorie)

Eine ebenfalls veranlassungsbasierte Zuordnung nimmt der BFH schließlich auch dann vor, wenn das Unternehmen nur eine (nämlich zumindest die Geschäftsführungs-)Betriebsstätte unterhält. In diesen Fällen geht er davon aus, dass dieser Betriebsstätte mit einer Art von Auffangfunktion sämtliche Unternehmensgewinne zuzuordnen sind und verneint damit ausdrücklich die Existenz betriebsstättenloser Einkünfte. In seinen Entscheidungen zur abkommensrechtlichen Verneinung von betriebsstättenlosen Einkünften[63] bezieht sich der BFH auf eine Entscheidung zum innerstaatlichen Recht[64] und überträgt damit die Grundsätze der innerstaatlichen „*No floating income*"-Theorie auf das Abkommensrecht. Um diese Übertragung nachzuvollziehen, lohnt sich ein Blick auf die innerstaatliche Rechtslage.

Die zwingende Zuordnung von gewerblichen Gewinnen zu (jeweils) genau einer Betriebsstätte nach dem innerstaatlichen Recht hat ihren gedanklichen Ursprung im Gewerbesteuerrecht.[65] Gemäß § 2 Abs. 1 Satz 3 GewStG wird ein Gewerbebetrieb für die Gewerbesteuer maßgeblich „im Inland betrieben", soweit für ihn im Inland eine Betriebsstätte unterhalten wird. Dementsprechend ist der nach den Vorschriften des Einkommensteuer- bzw. Körperschaftsteuergesetzes ermittelte Gewerbeertrag im Sinne des § 7 Abs. 1 GewStG gemäß § 9 Nr. 3 GewStG auch um den Teil des Gewerbeertrags zu kürzen, der auf eine nicht im Inland belegene Betriebsstätte entfällt. Eine Zerlegung des gewerblichen Gewinns in auf die verschiedenen Betriebsstätten entfallende Teilbeträge

[61] *Hoffmann*, DB 2008, 2286; *Meilicke*, GmbHR 2009, 48, 55 f.; *Prinz*, DB 2009, 807, 809; *Körner*, IStR 2009, 741, 743 f.; *Körner*, IStR 2010, 208; *Kahle/Franke*, IStR 2009, 406, 407 f.; a. A. *Mitschke*, FR 2008, 1144; *Mitschke*, FR 2009, 326.
[62] BMF, Schreiben v. 20.5.2009, BStBl I 2009, 671.
[63] *BFH*, Urt. v. 12.6.2013 – I R 47/12, *BFHE* 242, 107; Vorlagebeschluss v. 11.12.2013 – I R 4/13, *BFHE* 244, 1.
[64] *BFH*, Urt. v. 19.12.2007 – I R 19/06, *BFHE* 220, 160.
[65] So *Wassermeyer*, IStR 2004, 676; *Wassermeyer*, IStR 2010, 241; *Wassermeyer*, FS Haarmann, S. 973, 988; vgl. auch *Haase/Brändel*, StuW 2011, 49, 52.

ist also in der gewerbesteuerlichen Systematik angelegt. Teile der Literatur entnehmen dieser Systematik, dass sämtliche Teilbeträge gewerblicher Gewinne stets genau einer Betriebsstätte zuzurechnen sind,[66] und erklären damit die Rechtsprechung zur innerstaatlichen „*No floating income*"-Theorie.[67] Der BFH selbst[68] hat diese Theorie nie auf das Gewerbesteuerrecht zurückgeführt, einer derartigen Herleitung aber auch nicht ausdrücklich widersprochen. Er hat lediglich ausgeführt, dass, wenn die den gewerblichen Gewinnen zugrunde liegende Tätigkeit nicht bereits selbst in einer Betriebsstätte ausgeübt wird, nach der „*No floating income*"-Theorie (widerlegbar) zu vermuten sei, dass der für einkommensteuerliche Zwecke unbeschränkt Steuerpflichtige an seinem Wohnsitz eine Geschäftsleitungsbetriebsstätte unterhalte, auf deren Geschäftsleitungstätigkeit sämtliche nicht betriebsstättengebundenen Erträge, Aufwendungen und Wirtschaftsgüter zurückzuführen seien.[69]

Nachdem die Ablehnung betriebsstättenloser Einkünfte zunächst lediglich implizit in Entscheidungen zum Abkommensrecht[70] „angeklungen" waren, hat der BFH diesen Grundsatz in seiner Entscheidung vom 12. Juni 2013 unter Verweis auf das Urteil vom 19. Dezember 2007[71] als „allgemein --und damit auch für Abkommenszusammenhänge – bedeutsam"[72] erklärt. Er überträgt damit die innerstaatlichen Zurechnungsgrundsätze in das Abkommensrecht, ohne sich der Frage zu widmen, ob der Abkommenszusammenhang etwas anderes erfordere (vgl. Art. 3 Abs. 2 OECD-MA).[73]

---

[66]Die einzige Ausnahme hierzu bilden laut Wassermeyer die Einkünfte gemäß § 17 EStG, *Wassermeyer*, IStR 2004, 676; *Wassermeyer*, IStR 2010, 241. Diese sind letztlich Ergebnis von Vermögensverwaltung und haben ihren Ursprung nicht in der originär gewerblichen Tätigkeit des Betriebs.

[67]*Wassermeyer*, IStR 2010, 241; *Wassermeyer*, IStR 2004, 676; *Wassermeyer*, IStR 1995, 230, 231; *Schauhoff*, IStR 1995, 108, 111; a. A. *Kramer*, IStR 2010, 239; *Kramer*, IStR 2004, 672.

[68]*BFH*, Urt. v. 2.12.1992 – I R 165/90, BFHE 170, 224 unter II.5.a) und II.5.b); Urt. v. 28.7.1993 – I R 15/93, BFHE 172, 301 unter II.3; Urt. v. 19.12.2007 – I R 19/06, BFHE 220, 160 unter II.1.b.bb.bbb); Urt. v. 16.12.2008 – I R 23/07, juris.

[69]*BFH*, Urt. v. 19.12.2007 – I R 19/06, BFHE 220, 160 unter II.1.b.bb.bbb); Urt. v. 16.12.2008 – I R 23/07, juris.

[70]*BFH*, Beschluss v. 19.5.2010 – I B 191/09, BFHE 229, 322 unter 3.b.dd.bbb.bbbb); Urt. v. 13.2.2008 – I R 63/06, BFHE 220, 415 unter II.5.e.cc).

[71]*BFH*, Urt. v. 19.12.2007 – I R 19/06, BFHE 220, 160.

[72]*BFH*, Urt. v. 12.6.2013 – I R 47/12, BFHE 242, 107 unter B.II.3.b.aa.aaa); vgl. auch Vorlagebeschluss v. 11.12.2013 – I R 4/13, BFHE 244, 1 unter B.I.4.b.dd).

[73]Zu den hieran bestehenden Zweifeln siehe unten 9.3.7.

9.1.7 Aufwandsabgrenzung (insbesondere bei vorweggenommenen Betriebsausgaben)

Wie die obenstehenden Ausführungen verdeutlichen, sind Aufwendungen grundsätzlich dann einer Betriebsstätte zuzuordnen, wenn sie in einem Veranlassungszusammenhang mit der Betriebsstätte stehen. Dies ist insbesondere dann zu bejahen, wenn die Aufwendungen entweder direkt oder über das eingesetzte Wirtschaftsgut des Betriebsvermögens durch die in der Betriebsstätte ausgeübte Tätigkeit veranlasst wurden.[74] Darüber hinaus lässt der BFH auch Aufwendungen, die lediglich durch die Existenz der Betriebsstätte veranlasst sind, zum Abzug bei der Betriebsstättengewinnermittlung zu.[75] Dies beinhaltet jedoch keine Loslösung von dem tätigkeitsbezogenen Verständnis des Veranlassungsprinzips. Der in der besagten Entscheidung vom 16. Februar 1996[76] über das Dotationskapital vermittelte Zusammenhang zur Betriebsstättentätigkeit war zwar nicht besonders eng, er war aber von allen Zusammenhängen dennoch der vorrangige.

Ein weiteres Beispiel für die veranlassungsbasierte Zuordnung im Rahmen der Betriebsstättengewinnabgrenzung findet sich in der jüngeren Rechtsprechung des BFH zur Behandlung der vorweggenommenen Betriebsausgaben. Danach erfordere die Aufwandszuordnung keinen konkreten Objektbezug.[77] Nach dem Verständnis des BFH vollzieht sich die veranlassungsbezogene Zuordnung unabhängig von einer „früheren, gegenwärtigen oder zukünftigen (tatsächlichen) Existenz"[78] der Betriebsstätte. Für die Zuordnung von Aufwendungen sei daher nicht danach zu differenzieren, ob ein „Objektbezug in tatsächlicher Hinsicht realisiert" worden sei; allein entscheidend sei vielmehr, ob die Aufwendungen angefallen seien, *um* diesen Objektbezug herzustellen.[79]

In konsequenter Fortführung hat der BFH diese Prinzipien mit seinem Urteil vom 20. Mai 2015[80] auch auf nachträgliche Betriebseinnahmen übertragen[81]

---

[74] Vgl. die Ausführungen zu *BFH*, Urt. v. 18.12.2002 – I R 92/01, *BFHE* 201, 447 unter 9.1.3.

[75] Vgl. die Ausführungen zu *BFH*, Urt. v. 16.2.1996 – I R 43/95, *BFHE* 180, 286 unter 9.1.2.

[76] *BFH*, Urt. v. 16.2.1996 – I R 43/95, *BFHE* 180, 286.

[77] Vgl. *BFH*, Urt. v. 26.2.2014 – I R 56/12, *BFHE* 245, 143 unter B.I.3.c.bb.bbb).

[78] *BFH*, Urt. v. 26.2.2014 – I R 56/12, *BFHE* 245, 143 unter B.I.3.c.bb.aaa).

[79] Vgl. *BFH*, Urt. v. 26.2.2014 – I R 56/12, *BFHE* 245, 143 unter B.I.3.c.bb.bbb).

[80] *BFH*, Urt. v. 20.5.2015 – I R 75/14, *BFH/NV* 2015, 1687.

[81] Dass die Ausführungen des BFH („Doch wird dadurch lediglich der Bezug zu einer unterhaltenen Betriebsstätte im Quellenstaat sichergestellt.", *BFH*, Urt. v. 20.5.2015 – I R 75/14, *BFH/NV* 2015, 1687 unter II.2) durch die Bezugnahme auf eine tatsächlich existente Betriebsstätte für eine Verschärfung der Anforderungen an einen stärkeren Objektbezug sprechen

und die strikt veranlassungsbezogene Zuordnung als allein mit dem Fremdvergleichsgrundsatz korrespondierend herausgestellt. Insbesondere bestehe nach
den Urteilsausführungen keine Rechtsgrundlage für die Auffassung, die Aufgabe einer Betriebsstätte würde – sofort oder nach einer gewissen Zeit – die
veranlassungsbezogene Verbindung mit der Betriebsstätte lösen.[82]

Wassermeyer kritisierte diese Rechtsprechung als nicht mit dem Wortlaut des
§ 34d Satz 1 Nr. 2 lit. a EStG vereinbar.[83] Dieser setze – anders als § 34d Satz 1
Nr. 3 EStG – eine bereits existente Betriebsstätte voraus. *Wassermeyer* nahm dabei
insbesondere auch eine systematische Betrachtung unter Einbeziehung der Parallelregelung des § 49 Abs. 1 Satz 1 Nr. 2 EStG vor und grenzte diese wiederum
von § 49 Abs. 1 Satz 1 Nr. 3 EStG ab. Während erstere Regelung grammatika-
lisch lediglich die Gegenwartsform verwende („unterhalten wird"), lasse letztere
zusätzlich einen Vergangenheitsbezug, nicht aber einen Zukunftsbezug, genügen
(„ausgeübt oder verwertet wird oder worden ist"). Der BFH hat die Zuordnungsfrage indes eher abstrakt und nach dem im innerstaatlichen Recht maßgeblichen
Veranlassungszusammenhang beurteilt.[84]

Auf den ersten Blick erscheint es, als würde der BFH hier eine wertende
Betrachtungsweise verfolgen, die er in dem Urteil vom 16. Februar 1996 noch
abgelehnt hat.[85] Bei genauer Betrachtung stehen die jüngeren Urteile[86] gerade
nicht im Widerspruch zu dieser Entscheidung. Auch in diesen Entscheidungen
ging es darum, die Veranlassung der Betriebsausgaben bzw. -einnahmen entsprechend ihrem ursprünglichen auslösenden Moment, nämlich dem geplanten bzw.
ehemaligen Betrieb der Betriebsstätte, abzubilden. Ließe man im Wege einer

---

(vgl. *Hagemann*, IWB 2016, 75, 77) erscheint nicht zwingend. Denn bei nachträglichen Einnahmen stellt sich das Problem des gänzlich fehlenden Objektbezugs infolge gescheiterter
Betriebsstättengründung bereits denklogisch nicht.

[82] Ähnlich – jedenfalls bei nachträglichen Betriebseinnahmen – wohl auch *M. Lang*, FS Flick,
S. 895, 897 ff., der bei den tätigkeitsbezogenen Einkünften darauf abstellen will, ob in dem
Zeitpunkt, in dem die für den jeweiligen Verteilungsartikel maßgeblichen Tätigkeiten ausgeübt wurden, die tatbestandlichen Voraussetzungen für die abkommensrechtliche Anknüpfung
vorgelegen haben.

[83] *Wassermeyer*, IStR 2015, 37, 38; vgl. auch Fn. 552.

[84] Vgl. auch *Gosch*, IStR 2015, 709, 711 f.

[85] Vgl. oben 9.1.2. Die Zuordnungsentscheidung des BFH enthält ein wertendes Element.
Dieses ist i. S. d. wertenden Beurteilung (vgl. die Definition der Veranlassung durch *BFH*,
Beschluss v. 4.7.1990 – GrS 2–3/88, *BFHE* 161, 290) und nicht i. S. e. vom BFH in dem
Urt. v. 16.2.1996 – I R 43/95, *BFHE* 180, 286 abgelehnten „wertenden Betrachtungsweise"
zu verstehen.

[86] *BFH*, Urt. v. 26.2.2014 – I R 56/12, *BFHE* 245, 143; Urt. v. 20.5.2015 – I R 75/14, *BFH/NV*
2015, 1687.

wertenden Korrektur dieser Kausalitätskette eine Art „überholender Kausalität" durch Geschäftsleitungsentscheidungen zu, so würde dadurch die Betriebsstättengewinnabgrenzung obsolet, da sie dann stark gestaltungsanfällig würde und nicht länger ihrem Zweck entsprechend die wirtschaftlichen Verhältnisse adäquat abbilden würde.

9.1.8 Zwischenfazit und Stellungnahme

Die voranstehenden Ausführungen verdeutlichen, dass der BFH für die Zwecke der Gewinnabgrenzung nach Art. 7 Abs. 1 Satz 2 und Abs. 2 OECD-MA in ständiger Rechtsprechung auf das Veranlassungsprinzip zurückgreift. Danach sind Gewinne (wie auch Verluste) der Betriebsstätte zuzurechnen, wenn sie durch diese, genauer durch die in der Betriebsstätte ausgeübte Tätigkeit, veranlasst wurden.

Ein Großteil der Entscheidungen weist dabei erkennbar den für das Veranlassungsprinzip typischen (an den tatsächlichen Verhältnissen orientierten) Tätigkeitsbezug auf.[87] Für die konkrete Zuordnung einzelner Betriebseinnahmen bzw. -ausgaben ermittelt er zunächst die sie vermittelnden Tätigkeiten oder Wirtschaftsgüter, über deren *tatsächliche* Zuordnung wiederum die Zuordnung zu der betreffenden Betriebsstätte erfolgt. Die Zuordnung der Wirtschaftsgüter zu der Betriebsstätte, die sich ihrerseits danach richtet, ob die Wirtschaftsgüter der Betriebsstättentätigkeit unter Berücksichtigung der Selbstständigkeitsfiktion dienen, ist damit eine Vorfrage für die eigentliche Betriebsstättengewinnabgrenzung. Dabei verhält sich der BFH nicht zu der Frage, in welchem Verhältnis diese „tatsächliche Zuordnung" der Wirtschaftsgüter zu der Betriebsstätte zu den Rechtsprechungsgrundsätzen der „tatsächlichen Zugehörigkeit" steht.

Einer anteiligen Zuordnung der Wirtschaftsgüter zu mehreren Betriebsstätten erteilt der BFH ebenso eine Absage wie dem Konzept des *floating income.* Dabei stellt er jedoch klar, dass sich der erforderliche Objektbezug zu genau einer Betriebsstätte nicht konkretisiert haben muss, d. h. insbesondere die Betriebsstätte im Zeitpunkt der zuzuordnenden Betriebseinnahmen bzw. -ausgaben nicht zwingend bestehen muss. Dies gilt auch für die Fälle, in denen die Betriebsausgaben angesichts einer gescheiterten Betriebsstättengründung vergeblich waren.

---

[87] Vgl. den mittelbaren Tätigkeitsbezug in der Eignung zur Beeinflussung des wirtschaftlichen Ergebnisses der Betriebsstätte in der Entscheidung des *BFH*, Urt. v. 29.7.1992 – II R 39/89, *BFHE* 168, 431 und insbesondere den unmittelbaren Tätigkeitsbezug bei der Zuordnung der Wirtschaftsgüter sowie der Betriebseinnahmen und -ausgaben in dem Urt. v. 18.12.2002 – I R 92/01, *BFHE* 201, 447.

Die Heranziehung objektiver Kriterien wie beispielsweise die bilanzielle Behandlung der Wirtschaftsgüter als Indizien für den maßgeblichen Veranlassungszusammenhang sowie die Berücksichtigung des subjektiven Willens der Geschäftsleitung bei uneindeutigem objektivem Zusammenhang lassen ebenfalls die objektiven und subjektiven Merkmale der veranlassungsbasierten Zuordnung wiedererkennen.

Etwas aus dem Rahmen scheint in diesem Zusammenhang die Zuordnungsentscheidung hinsichtlich der Währungsverluste zu fallen. Denn sie erweckt den Eindruck, als verstünde der BFH den Veranlassungsbegriff vornehmlich im Sinne einer Verursachung („kausale Verknüpfung").[88] Letztlich ergibt sich aber auch hier der Bezug zur Betriebsstättentätigkeit über das der Betriebsstätte vom Unternehmen zugewiesene Dotationskapital. Die ursprüngliche Entscheidung des Unternehmens, die Betriebsstätte mit einem bestimmten Maß an Eigenkapital auszustatten, damit diese einen Teil der Unternehmenstätigkeit ausüben kann, hat einen Veranlassungszusammenhang zwischen der Betriebsstättentätigkeit und dem Dotationskapital hergestellt, der auch auf die aus der Rückführung des Dotationskapitals resultierenden Währungsverluste durchschlägt.[89] Eine abweichende Zuordnung zu einer im Stammhaus ausgeübten Tätigkeit wäre allenfalls dann denkbar, wenn dort eine Art aktive Liquiditätssteuerung ausgeübt würde, die derart über die reine Ausübung der Finanzierungsfreiheit des Unternehmens hinausginge, dass sie als eigene Unternehmenstätigkeit einzuordnen wäre und als solche den vorrangigen Anknüpfungspunkt für den Veranlassungszusammenhang bilden würde.[90]

Wie weitgehend der BFH das Veranlassungsprinzip inzwischen der Betriebsstättengewinnabgrenzung zugrunde legt, verdeutlicht schließlich die Entscheidung, durch die die finale Entnahmetheorie aufgegeben wurde.[91] Wenngleich dem BFH insoweit zuzustimmen ist, als er der finalen Entnahmetheorie (jedenfalls vor der Einführung des § 4 Abs. 1 Satz 3 EStG) mangels innerstaatlicher Rechtsgrundlage eine Absage erteilt, überrascht die Lesart des Art. 13 Abs. 2 OECD-MA, die der BFH der Entscheidung zugrunde legt, auf den ersten Blick.

---

[88] *BFH*, Urt. v. 16.2.1996 – I R 43/95, *BFHE* 180, 286 unter II.3.a).

[89] Vgl. zu diesem Fortwirkungsgedanken bereits die Ausführungen zur Zuordnung von Aufwendungen im Zusammenhang mit passiven Wirtschaftsgütern des Betriebsvermögens bereits oben unter 5.1.1.

[90] Zu der Differenzierung zwischen der einfachen Ausübung von Finanzierungsfreiheit bei der Finanzausstattung der einzelnen Unternehmensteile und der aktiven Liquiditätssteuerung als sog. Finanzierungsfunktion vgl. auch die Ausführungen unter 20.12.

[91] *BFH*, Urt. v. 17.7.2008 – I R 77/06, *BFHE* 222, 402.

Nach dem Abkommensverständnis des BFH ist der gemäß Art. 13 Abs. 2 OECD-MA zu verteilende Veräußerungsgewinn nicht einheitlich zuzuweisen, sondern danach zwischen den Unternehmensteilen aufzuteilen, durch wessen Unternehmenstätigkeit die im Veräußerungsgewinn enthaltenen stillen Reserven veranlasst wurden. Der BFH scheint damit das Merkmal „Gewinne aus der Veräußerung beweglichen Vermögens, das Betriebsvermögen einer Betriebsstätte ist" in zeitlicher Hinsicht dynamisch zu verstehen.

Eine derartige Lesart ist dem Abkommenswortlaut nicht zwingend zu entnehmen. Eine Lesart, wonach der gesamte Veräußerungsgewinn dem jeweiligen Betriebsstättenstaat im Zeitpunkt der Veräußerung zuzuweisen ist, erscheint ebenso vertretbar. Denn anders als Art. 7 Abs. 1 Satz 2 OECD-MA enthält der Art. 13 Abs. 2 OECD-MA in seiner Formulierung gerade kein „Zurechnungserfordernis", dem mit Blick auf Art. 3 Abs. 2 OECD-MA eine veranlassungsbasierte Verteilung der stillen Reserven zu entnehmen ist.

Die veranlassungsbasierte Aufteilung des Veräußerungsgewinns ist ferner bemerkenswert, wenn man bedenkt, dass Art. 13 Abs. 5 OECD-MA mit seiner Anknüpfung an „Gewinne aus der Veräußerung des […] Vermögens" auch auf den Veräußerungsgewinn abstellt und insoweit eine sehr ähnliche Formulierung wie Art. 13 Abs. 2 OECD-MA aufweist, dennoch aber nach der Rechtsprechung eine andere „fallbeilähnliche" Zuordnung nach sich zieht.[92] Diese Zuordnung kann indes nicht aus dem Attribut „ausschließlich" abgeleitet werden. Denn dieses ist vielmehr Ausdruck der ausschließlichen Besteuerungsbefugnis des Ansässigkeitsstaats und drückt damit die Vorrangigkeit des Art. 13 Abs. 5 OECD-MA vor dem ansonsten einschlägigen Methodenartikel aus.[93]

Somit lassen sich die unterschiedlichen Zuordnungsfolgen des Art. 13 Abs. 2 und des Art. 13 Abs. 5 OECD-MA nur dann erklären, wenn man in das zusätzliche Tatbestandsmerkmal des Art. 13 Abs. 2 OECD-MA „das Betriebsvermögen einer Betriebsstätte ist" den Art. 7 OECD-MA zur Betriebsstättengewinnabgrenzung einschließlich insbesondere des „Zurechnens" des Art. 7 Abs. 1 Satz 2 OECD-MA hineinliest. Die Definition des Betriebsvermögens der Betriebsstätte wird somit gemäß Art. 7 OECD-MA veranlassungsbasiert bestimmt und der Anwendung des Art. 13 Abs. 2 OECD-MA zugrunde gelegt. Eine derartige Integration des Art. 7 OECD-MA in den Art. 13 Abs. 2 OECD-MA hätte zudem

---

[92] *BFH*, Urt. v. 17.7.2008 – I R 77/06, *BFHE* 222, 402 unter III.3.b.bb).

[93] Vgl. *Wassermeyer/Drüen*, in: Wassermeyer, DBA, Vor Art. 6–22 MA Rn. 12; *Wassermeyer*, in: Wassermeyer, DBA, Art. 23A MA Rn. 5; *Dürrschmidt*, in: Vogel/Lehner, DBA, Vor Art 6–22 Rn. 4; *Schönfeld/Häck*, in: Schönfeld/Ditz, DBA, Art. 23A Rn. 10; vgl. auch *BFH*, Urt. v. 17.12.2003 – I R 14/02, *BFHE* 204, 263 unter II.2.a).

den Nebeneffekt, dass dem Fremdvergleichsgrundsatz auch ohne die Anerkennung von Innentransaktionen im Rahmen des Art. 13 Abs. 2 OECD-MA zur Anwendung verholfen wird. Diese Lesart bindet den Art. 13 Abs. 2 OECD-MA aber zugleich auch wesentlich stärker in das Betriebsstättenprinzip insgesamt ein, als es die zeitnah zu der Aufgabe der finalen Entnahmetheorie ergangene Rechtsprechung des BFH[94] vermuten lässt.

Im Ergebnis lassen sich somit sämtliche Zuordnungsentscheidungen der BFH-Rechtsprechung im Rahmen des Art. 7 OECD-MA auf das innerstaatliche Veranlassungsprinzip zurückführen. Insbesondere weisen auch die Entscheidungen zu den Währungsverlusten und den Veräußerungsgewinnen den notwendigen Tätigkeitsbezug auf, so dass das von dem BFH im Abkommensrecht zugrunde gelegte Verständnis des Veranlassungsprinzips nur auf den ersten Blick, nicht aber bei näherer Betrachtung weiter erscheint als sein innerstaatlicher Counterpart.

9.2   Gewinnabgrenzung im Rahmen der Betriebsstättenvorbehalte

Der folgende Abschnitt widmet sich der Gewinnabgrenzung im Rahmen der „klassischen" Betriebsstättenvorbehalte (Art. 10 Abs. 4, Art. 11 Abs. 4, Art. 12 Abs. 3, Art. 21 Abs. 2 OECD-MA). Diese sehen eine Rückausnahme vom Spezialitätenvorrang des Art. 7 Abs. 4 (Abs. 7 a. F.) OECD-MA für die Fälle vor, in denen der in einem Vertragsstaat ansässige Nutzungsberechtigte im anderen Vertragsstaat, aus dem die Spezialeinkünfte stammen, eine Geschäftstätigkeit durch eine dort gelegene Betriebsstätte ausübt und die Quelle der Einkünfte, das Stammrecht, tatsächlich zu dieser Betriebsstätte gehört.[95] Liegen die Voraussetzungen des Betriebsstättenvorbehalts vor, so richtet sich die Zuweisung des Besteuerungsrechts nach dem Verteilungsartikel für Unternehmensgewinne (Art. 7 OECD-MA).

Daneben existierten andere betriebsstättenbezogene Verteilungsnormen (beispielsweise Art. 13 Abs. 2, Art. 15 Abs. 2 lit. c OECD-MA), deren Zuweisung des Besteuerungsrechts zum Betriebsstättenstaat auf einem jedenfalls nicht ausdrücklich „tatsächlichen" Zusammenhang zu einer bestehenden Betriebsstätte gründet und die auf Rechtsfolgenebene keine Anwendung des Verteilungsartikels

---

[94]Vgl. *BFH*, Urt. v. 13.2.2008 – I R 63/06, *BFHE* 220, 415 zum Verhältnis des Art. 13 Abs. 2 OECD-MA zu den Betriebsstättenvorbehalten.

[95]Abweichende Formulierungen der genannten Artikel sind dabei unschädlich, vgl. unten 9.2.1.6 und 9.2.1.7.

für Unternehmensgewinne anordnen. Sie werden im Folgenden nur am Rande thematisiert.

Ziel dieses Abschnittes ist es, den Zurechnungsmaßstab der „tatsächlichen Zugehörigkeit" zu erfassen und zum Maßstab des Veranlassungsprinzips ins Verhältnis zu setzen.

Über längere Zeit hinweg hat der BFH dem Tatbestandsmerkmal der „tatsächlichen Zugehörigkeit" keine besondere Bedeutung beigemessen[96] und die Zuordnung im Rahmen der Betriebsstättenvorbehalte ebenfalls nach rein innerstaatlichen Grundsätzen vorgenommen.[97]

Kaeser führt hierzu aus:

> *„Teilweise wurde dies damit begründet, dass die Rechtsfrage mangels anderer ausdrücklicher abkommensrechtlicher Regelung und mangels anderen Sinnzusammenhanges nach dem Recht des Anwenderstaates zu lösen sei und dass etwa die in einem Betriebsvermögen erzielten Beteiligungserträge nach deutschem Steuerrecht als Einkünfte aus Gewerbebetrieb zu beurteilen seien. Teilweise wurde auch dahingehend argumentiert, dass es sich um eine Frage des Unternehmensgewinns der Höhe nach handle, die im OECD-MA nicht geregelt und deshalb allein nach dem innerstaatlichen Steuerrecht des Anwenderstaates zu beurteilen sei.“*[98]

Da die allermeisten Entscheidungen zu den Betriebsstättenvorbehalten die Zuordnung von Sondervergütungen oder von Sonderbetriebseinnahmen betrafen, wurde die „tatsächliche Zugehörigkeit" damals bejaht, wenn die Einkünfte von der innerstaatlichen Zurechnungsregelung des § 15 Abs. 1 Satz 1 Nr. 2 Satz 1 Hs. 2 EStG (bzw. einer Vorgängerregelung) erfasst waren.[99] Auch bereits damals wurde die Personengesellschaft abkommensrechtlich als anteilige Betriebsstätte eines jeden Mitunternehmers angesehen, deren Gewinne unter eine Art. 7 OECD-MA entsprechende Regelung fielen. Da meist keine separaten Regelungen für die abkommensrechtliche Zuordnung von Sondervergütungen existierten,[100] wurde

---

[96]Vgl. *Kaeser*, ISR 2012, 63, 64.

[97]Vgl. bspw. *BFH*, Urt. v. 18.5.1983 – I R 5/82, BFHE 138, 548 unter II.1 a. E., II.2 a. E.; Urt. v. 10.11.1983 – IV R 62/82, BFHE 141, 12 unter II.1.b.aa).

[98]*Kaeser*, ISR 2012, 63, 64 m. w. N.

[99]*RFH*, Urt. v. 30.11.1938 – I 42/38, RStBl 1933, 544; Urt. v. 28.07.1937 – VI A 432/37, RFHE 42, 35; *BFH*, Urt. v. 19.5.1993 – I R 60/92, BFHE 171, 293. Vgl. auch *Piltz*, in: Lüdicke, Forum Int Besteuerung Bd. 25, S. 137, 148 f. sowie auch *BFH*, Urt. v. 26.4.1966 – I 216/63, BFHE 85, 460; Urt. v. 18.5.1983 – I R 5/82, BFHE 138, 548 unter II.2, die auch für den Begriff der gewerblichen Einkünfte maßgeblich auf das innerstaatliche Recht abstellen.

[100]Eine der wenigen Ausnahmen hiervon bildeten bspw. Art. 7 Abs. 7 DBA-Österreich und Art. 7 Abs. 7 DBA-Schweiz, vgl. oben 3.3.2.

entsprechend Art. 3 Abs. 2 OECD-MA auf das Begriffsverständnis der Einkünfte aus Gewerbebetrieb im innerstaatlichen Recht zurückgegriffen; die Sondervergütungen wurden als Bestandteil dieser gewerblichen Einkünfte dementsprechend als Unternehmensgewinne behandelt.[101] Ein anderer Begründungsansatz für die Erfassung der Sondervergütungen bei den abkommensrechtlichen Unternehmensgewinnen ordnete die Frage der Gewinnermittlung der Höhe nach zu, die dem innerstaatlichen Recht vorbehalten ist.[102]

Diese strenge Akzessorietät zu innerstaatlichen Zuordnungsprinzipien gab der BFH jedoch 1991 auf.[103] Zum Zwecke der besseren Übersicht soll dabei im Folgenden zwischen den Fällen, bei denen ein inländischer unbeschränkt Steuerpflichtiger an einer ausländischen Personengesellschaft beteiligt ist (Outbound-Konstellationen), und den umgekehrten Konstellationen unterschieden werden, bei denen ein im Ausland ansässiger Gesellschafter an einer inländischen Personengesellschaft beteiligt ist (Inbound-Konstellationen).

9.2.1 Outbound-Konstellationen

Die Outbound-Konstellationen zeichnen sich dadurch aus, dass die Frage der tatsächlichen Zugehörigkeit als Tatbestandselement bestimmter Verteilungsartikel zumeist inzident im Rahmen des Methodenartikels geprüft wird. Angesichts der gängigen Praxis der deutschen Doppelbesteuerungsabkommen Unternehmensgewinne, die der im anderen Vertragsstaat belegenen Betriebsstätte zuzurechnen sind, (gegebenenfalls unter Aktivitätsvorbehalt) der Freistellungsmethode zu unterwerfen,[104] geht es also in den Outbound-Konstellationen darum, ob die Sondervergütungen als Teil der Unternehmensgewinne von der Besteuerung in Deutschland auszunehmen sind und ob dieser Freistellung gegebenenfalls ein Aktivitätsvorbehalt entgegensteht.

---

[101] Franz/Voulon, BB 2011, 1111, 1113; Müller, BB 2009, 751, 752 f.; Boller/Eilinghoff/Schmidt, IStR 2009, 109; Krabbe, FR 2001, 129; Wolff, FS Wassermeyer, S. 647, 659 f.

[102] Vgl. Kaeser/Wassermeyer, in: Wassermeyer, DBA, Art. 10 MA Rn. 164 unter Verweis auf BFH, Urt. v. 13.9.1972 – I R 130/70, BFHE 107, 158; Urt. v. 5.12.1979 – I R 184/76, BFHE 129, 169.

[103] Vgl. auch Kaeser/Wassermeyer, in: Wassermeyer, DBA, Art. 10 MA Rn. 164; Köhler, RIW 1991, 1024, 1032 ff.

[104] Vgl. Art. 22 Abs. 1 lit. a DE-VG.

9.2.1.1 I R 15/89 & I R 96/89: Rechtliche vs. tatsächliche Zuordnung & Erfordernis der Einstufung des Stammrechts als Eigenkapital

Eingeläutet wurde der Rechtsprechungswechsel durch die Entscheidungen vom 27. Februar 1991.[105] Den Entscheidungen lag jeweils die steuerliche Behandlung von Zinszahlungen einer amerikanischen Personengesellschaft an ihren in Deutschland ansässigen Gesellschafter für ein von diesem gewährtes Darlehen zugrunde. Der BFH hatte die Zinszahlungen zwar nach rein innerstaatlichem Recht als Sondervergütungen und damit gemäß dem damaligen § 15 Abs. 1 Nr. 2 EStG als Einkünfte aus Gewerbebetrieb eingestuft, ihnen aber dennoch aus abkommensrechtlicher Perspektive die Zuordnung zu der in den USA gelegenen Personengesellschaftsbetriebsstätte und damit die abkommensrechtliche Freistellung verweigert.

Der BFH qualifizierte die Zahlungen unter Rückgriff auf eine abkommensautonome Auslegung des Zinsartikels (Art. VII DBA-USA 1954/65) als Zinsen im abkommensrechtlichen Sinne, die er gemäß dem in Art. III Abs. 5 DBA-USA 1954/65 enthaltenen Spezialitätsgrundsatz nicht vom abkommensrechtlichen Begriff der „gewerblichen Gewinne" umfasst sah. Mangels Anwendbarkeit des Betriebsstättenvorbehalts oder anderer abkommensrechtlicher Sonderregelungen[106] blieb es damit für die Zwecke der deutschen Besteuerung bei der einkommensteuerrechtlichen Erfassung der Zinserträge.

Im Rahmen seiner abkommensautonomen Auslegung des Zinsartikels kam der BFH zu dem Ergebnis, dass es sich bei „Zinsen" im Sinne des Abkommens um eine Vergütung für die Überlassung von Kapital im Rahmen eines „Gläubiger-Schuldner-Verhältnisses" handeln muss.[107] Eine solche sah der BFH in der zivilrechtlichen Darlehensbeziehung zwischen der Personengesellschaft und ihrem Gesellschafter. Dabei stand der „Schuldverpflichtung" insbesondere nicht entgegen, dass die beteiligten Vertragsparteien abkommensrechtlich ein einheitliches Unternehmen darstellten.[108]

---

[105]*BFH*, Urt. v. 27.2.1991 – I R 15/89, *BFHE* 164, 38; Urt. v. 27.2.1991 – I R 96/89, *BFH/NV* 1992, 385; vgl. auch *Kaeser*, ISR 2012, 63, 64.

[106]So verneinte er die Zurechnung zur Betriebsstätte darüber hinaus auch mangels Vorliegens eines „artgleichen Direktgeschäfts" i. S. d. Art. III Abs. 1 Satz 2 letzter Hs. DBA-USA 1954/65.

[107]*BFH*, Urt. v. 27.2.1991 – I R 15/89, *BFHE* 164, 38 unter B.2.a); Urt. v. 27.2.1991 – I R 96/89, *BFH/NV* 1992, 385 unter C.2.a).

[108]*BFH*, Urt. v. 27.2.1991 – I R 15/89, *BFHE* 164, 38 unter B.2.a); Urt. v. 27.2.1991 – I R 96/89, *BFH/NV* 1992, 385 unter C.2.a).

Diese steuerliche Anerkennung der zivilrechtlichen Vertragsverhältnisse ist von der Literatur vor dem Hintergrund des auf Personengesellschaften anwendbaren Betriebsstättenprinzips teilweise erheblich kritisiert worden. So bemängelten *Köhler* und *Debatin*, dass der BFH, indem er auf die zivilrechtliche Perspektive abstelle, die Grundprinzipien der Betriebsstättengewinnabgrenzung übergehe.[109] Gemäß dem Erwirtschaftungsprinzip erlaube Art. 7 OECD-MA nämlich ausschließlich die Verteilung von Außenaufwand; der Abzug von Entgelten für Innentransaktionen sei hingegen ausgeschlossen.[110] Die abkommensrechtliche Behandlung der Personengesellschaft als Betriebsstätte schließe daher die Erzielung von Einkünften im Rahmen eines „Gläubiger-Schuldner-Verhältnisses" schon von vornherein aus.[111] Lägen damit aber bereits keine Zinsen vor, so greife auch der Spezialitätengrundsatz gar nicht erst ein.[112]

Zustimmung erhielt der BFH hingegen von *Fischer-Zernin*, der sich dem Betriebsstättenprinzip teleologisch näherte. Dieses gehe in seinem Grundfall von der Unselbstständigkeit der Betriebsstätte aus.[113] Für diese Selbstständigkeitsfiktion sei aber kein Raum, wenn es um die Gewinnabgrenzung bei tatsächlich selbstständigen Unternehmen gehe, da es dann nichts zu fingieren gebe.[114] Vielmehr seien die vertraglichen Beziehungen in derartigen Fällen anzuerkennen.[115] *Debatin* kritisierte diese Differenzierung zwischen selbstständiger und unselbstständiger Betriebsstätte, da die Konzepte „Selbstständigkeit" und „Betriebsstätte" nicht miteinander vereinbar seien.[116]

Dass sich die (abkommensrechtliche) Qualifikation als Zinseinkünfte gegenüber der als gewerbliche Gewinne durchsetzte, betrachtete *Fischer-Zernin* als eine

---

[109] *Köhler*, RIW 1991, 1024, 1032; vgl. auch *Debatin*, BB 1992, 1181, 1187.

[110] *Köhler*, RIW 1991, 1024, 1029 f.; *Debatin*, BB 1992, 1181, 1184. *Köhler* entnimmt dieses Abzugsverbot der Regelung des Art. 7 Abs. 3 OECD-MA.

[111] *Köhler*, RIW 1991, 1024, 1035.

[112] *Debatin*, BB 1992, 1181, 1188.

[113] *Fischer-Zernin*, RIW 1991, 493, 494.

[114] *Fischer-Zernin*, RIW 1991, 493, 494. Soweit die Versagung der steuerlichen Anerkennung der vertraglichen Beziehung zwischen Personengesellschaft und ihrem Gesellschafter auf der Annahme beruhe, die zur Nutzung überlassenen Wirtschaftsgüter seien Dotationskapital der Betriebsstätte und seien damit steuerlich wie eine Einlage zu behandeln (vgl. hierzu auch *Debatin*, BB 1992, 1181, 1184), so sei diese Sichtweise durch die Ausführungen des Großen Senats zur mangelnden Einlagefähigkeit von Nutzungsüberlassungen in *BFH*, Beschluss v. 26.10.1987 – GrS 2/86, *BFHE* 151, 523 als überholt anzusehen, vgl. *Fischer-Zernin*, RIW 1991, 493, 494.

[115] Vgl. *Fischer-Zernin*, RIW 1991, 493, 494; So auch *Gosch*, in: G/K/G, DBA, Art. 13 OECD-MA Rn. 69.

[116] *Debatin*, BB 1992, 1181, 1186.

Ausprägung des einfachgesetzlichen Vorrangs völkerrechtlicher Vereinbarungen gemäß § 2 Abs. 1 AO. So enthielten das Abkommens- und das innerstaatliche Recht gegenläufige Prinzipien.[117] Während das Abkommensrecht bei der Gewinnabgrenzung zwischen dem Unternehmen und seiner Betriebsstätte zwei selbstständige Unternehmen fingiere (Selbstständigkeitsfiktion des Art. 7 Abs. 2 OECD-MA), behandele § 15 Abs. 1 Satz 1 Nr. 2 EStG die Personengesellschaft und ihren Gesellschafter (partiell) wie ein Einzelunternehmen. Wegen des Vorrangs des Abkommensrechts würde sich die uneingeschränkte Selbstständigkeit der Personengesellschaft und damit die Anerkennung der zivilrechtlichen Zinszahlung gegenüber der innerstaatlich angestrebten Gleichstellung mit dem Einzelunternehmen durchsetzen.[118]

Der Vorgehensweise des BFH, maßgeblich auf die zivilrechtliche Betrachtung abzustellen, ist jedenfalls in den Fällen zuzustimmen,[119] in denen das DBA, wie beispielsweise im Fall des hier einschlägigen Art. VII Abs. 1 DBA-USA 1954/65 nur auf die Existenz von Schuldverpflichtungen abstellt[120] oder in seiner abkommenseigenen Definition der Zinsen an „Forderungen jeder Art" anknüpft[121], ohne zugleich zu fordern, dass die Zinsen aus dem anderen Vertragsstaat „stammen". Denn mangels abkommenseigener Definition des Forderungs- oder des Schuldverpflichtungsbegriffs, ist bei der Begriffsauslegung gemäß Art. 3 Abs. 2 OECD-MA auf das innerstaatliche Recht zurückzugreifen. Da, wie die Existenz des § 15 Abs. 1 Satz 1 Nr. 2 EStG verdeutlicht, auch das innerstaatliche Recht zivilrechtliche Schuldverpflichtungen zwischen Personengesellschaft und ihrem Gesellschafter anerkennt, obwohl die Personengesellschaft selbst kein Einkommensteuersubjekt ist, kann für das Abkommensrecht nichts anderes gelten.

Vielmehr würde es die in Art. 7 Abs. 2 OECD-MA enthaltene Selbstständigkeitsfiktion konterkarieren, wenn man die steuerliche Anerkennung von zivilrechtlich wirksamen Leistungsbeziehungen zwischen der (selbstständigen) Personengesellschafts-Betriebsstätte und ihrem Gesellschafter, hier als Stammhaus, allein daran scheitern ließe, dass eine unselbstständige Betriebsstätte

---

[117] *Fischer-Zernin*, RIW 1991, 493, 494 f. So auch *Hölscher*, IWB 2007, 647, 652.

[118] *Fischer-Zernin*, RIW 1991, 493, 495.

[119] Dem BFH ebenfalls zustimmend *Gosch*, in: G/K/G, DBA, Art. 13 OECD-MA Rn. 69; *Piltz*, in: Lüdicke, Forum Int Besteuerung Bd. 25, S. 137, 150; vgl. auch *Müller*, BB 2009, 751, 753.

[120] So spricht Art. VII Abs. 1 DBA-USA 1954/65 nur von „Zinsen aus Obligationen, Kassenscheinen, Schuldverschreibungen, Wertpapieren oder anderen Schuldverpflichtungen [...], die eine natürliche Person mit Wohnsitz in der Bundesrepublik oder eine deutsche Gesellschaft bezieht".

[121] Vgl. Art. 11 Abs. 3 OECD-MA.

derartige Leistungsbeziehungen im Einheitsunternehmen nicht wirksam begründen könnte. Insofern sind eine Personengesellschaft und ihr Gesellschafter abkommensrechtlich eben doch nicht vollständig identisch mit einer unselbstständigen Betriebsstätte und ihrem Stammhaus.[122]

Knüpft der Verteilungsartikel hingegen daran an, dass die Zinsen aus einem Vertragsstaat „stammen", so dürfte der Begründungsaufwand, warum die Zinsen gerade aus dem Personengesellschafts-Betriebsstättenstaat „stammen", deutlich umfangreicher ausfallen.[123]

Die Anwendbarkeit des Betriebsstättenvorbehalts verneinte der BFH hingegen in den zitierten Entscheidungen. Dabei hob er hervor, dass dem Betriebsstättenvorbehalt der Sinn zukomme, die

„Erträge aus Wirtschaftsgütern, die von der Betriebsstätte genutzt werden und zu ihrem Betriebsergebnis beigetragen haben, dem Betriebsstätten-Staat zur Besteuerung [zuzuweisen]."[124]

Insoweit stimmt der Zuordnungsgrund noch mit dem der veranlassungsbasierten Zuordnung nach der Rechtsprechung zu Art. 7 Abs. 1 Satz 2, Abs. 2 OECD-MA a. F. überein. Denn die Erfordernisse von Nutzung und Ergebnisbeitrag sind jedenfalls abstrakt mit der Zuordnung der Betriebseinnahmen und -ausgaben anhand der eingesetzten Wirtschaftsgüter in der abkommensrechtlichen Rechtsprechung zu Art. 7 OECD-MA[125] vergleichbar.

Der BFH konkretisierte die Anforderungen des Betriebsstättenvorbehalts sodann dahingehend, dass es nicht darauf ankomme, ob das überlassene Kapital in der Betriebsstätte genutzt worden sei, sondern darauf, ob das Stammrecht, für das die Zinsen gezahlt wurden, zum Vermögen der Betriebsstätte gehöre. Dies sei zu verneinen, wenn das überlassene Kapital bei der Betriebsstätte als Fremdkapital behandelt werde.[126]

---

[122]So auch *Müller*, BB 2009, 751, 753 unter Verweis auf *BFH*, Urt. v. 10.8.2006 – II R 59/05, *BFHE* 214, 518.

[123]Vgl. hierzu unten 9.3.2.

[124]*BFH*, Urt. v. 27.2.1991 – I R 15/89, *BFHE* 164, 38 unter B.4.b); Urt. v. 27.2.1991 – I R 96/89, *BFH/NV* 1992, 385 unter C.4.b).

[125]Vgl. oben 9.1.3.

[126]*BFH*, Urt. v. 27.2.1991 – I R 15/89, *BFHE* 164, 38 unter B.4.b); Urt. v. 27.2.1991 – I R 96/89, *BFH/NV* 1992, 385 unter C.4.b). Ebenfalls unter Verweis auf die Behandlung des Darlehens als Fremdkapital verneinte der BFH eine „tatsächliche Zugehörigkeit" vor dem Hintergrund der Sondervoraussetzungen der Nr. 3 des Verständigungsmemorandums vom 18.10.1965 zum Revisionsprotokoll zum DBA-USA vom 17.9.1965, Urt. v. 27.2.1991 – I R 15/89, *BFHE* 164, 38 unter B.4.d); Urt. v. 27.2.1991 – I R 96/89, *BFH/NV* 1992, 385 unter

Ferner sei ihre „tatsächliche Zugehörigkeit" zur Betriebsstätte nicht bereits deswegen zu bejahen, weil die Darlehensforderung zum Sonderbetriebsvermögen der Personengesellschaft gehört. In Anlehnung an den Wortlaut des Betriebsstättenvorbehalts[127] sei der Grundsatz der „tatsächlichen Zugehörigkeit" vielmehr von der rechtlichen Natur der steuerlichen Grundsätze des innerstaatlichen Rechts abzugrenzen. Diese durch § 15 Abs. 1 Satz 1 Nr. 2 EStG etablierte rechtliche Einheit von Gewinnanteil und Sondervergütungen werde durch die speziellere abkommensrechtliche Zurechnungsregelung der „tatsächlichen Zugehörigkeit" aufgelöst.[128]

Busl kritisierte diese Gegenüberstellung von rechtlicher und tatsächlicher Zuordnung als nicht überzeugend. Da in der englischen Version des Abkommenstextes der „tatsächlichen Zugehörigkeit" der Passus „*effectively connected*" entspreche, sei es näherliegend, „tatsächlich" im Sinne von „wirklich" und nicht als Gegensatz zu „rechtlich" zu verstehen.[129] Auch dieses Verständnis des Begriffs „tatsächlich" ändert jedoch nichts an der Grundfrage, ob die innerstaatliche rechtliche Zuordnung dem abkommensrechtlichen Maßstab genügt. Denn auch hier bleibt es fraglich, ob die rechtliche Verbindung zwischen Sondervergütung und Gewinnanteil eine „wirkliche" Zugehörigkeit zu der Betriebsstätte begründet.[130] Es würde nur ein unbestimmter Rechtsbegriff durch einen anderen ersetzt.

C.4.d). Auch lagen die Voraussetzungen für eine ausnahmsweise vorzunehmende Umqualifizierung in Eigenkapital nicht vor, da das Darlehen mit Blick auf die Kapitalausstattung der Personengesellschaft zivilrechtlich nicht als Eigenkapitalersatz einzustufen war, Urt. v. 27.2.1991 – I R 15/89, *BFHE* 164, 38 unter B.4.e); Urt. v. 27.2.1991 – I R 96/89, *BFH/NV* 1992, 385 unter C.4.e).

[127] Die ursprünglichen Entscheidungen ergingen zu dem im Zinsartikel der jeweiligen DBA enthaltenen Betriebsstättenvorbehalt. Sie sind aber im Wege der ständigen Rechtsprechung auch auf die übrigen Betriebsvorbehalte ausgedehnt worden.

[128] Vgl. *BFH*, Urt. v. 27.2.1991 – I R 15/89, *BFHE* 164, 38 unter B.4.c); Urt. v. 27.2.1991 – I R 96/89, *BFH/NV* 1992, 385 unter C.4.c).

[129] *Busl*, RIW 1991, 847, 849. Ähnlich auch *Görl*, in: Vogel/Lehner, DBA, Vor Art. 10–12 Rn. 40; *Kaeser/Wassermeyer*, in: Wassermeyer, DBA, Art. 10 MA Rn. 162; *Kaeser*, ISR 2012, 63, 64.

[130] So auch *Kaeser/Wassermeyer*, in: Wassermeyer, DBA, Art. 10 MA Rn. 162.

In der aus diesen Entscheidungen erwachsenen ständigen Rechtsprechung[131] zum Grundsatz der „tatsächlichen Zugehörigkeit" entwickelte der BFH die Anforderungen des Betriebsstättenvorbehalts sodann weiter fort.

9.2.1.2 I R 74/93: Bezugnahme auf englischen Abkommenstext („*effectively connected*")

Eine erste Ergänzung erfuhr die Rechtsprechung zur tatsächlichen Zugehörigkeit durch das ebenfalls zum DBA-USA ergangene Urteil vom 31. Mai 1995[132]. Dieses nahm im Wesentlichen Bezug auf die Grundsätze der Entscheidung vom 27. Februar 1991,[133] ergänzte diese aber um Ausführungen, die das internationale (englische) Verständnis der „tatsächlichen Zugehörigkeit" berücksichtigen. Wie bereits erwähnt, verwendet der englische Vertragstext für die „tatsächliche Zugehörigkeit" den Begriff „*effectively connected*". Dieser entstammt dem US-amerikanischen Einkommensteuerrecht und wird dort in *Sec. 864(c)* des *Internal Revenue Code (IRC)* konkretisiert. Der BFH interpretierte diese Definition wie folgt:

> „*Danach gelten nur die zur Förderung des Geschäftsbetriebes der Betriebsstätte gehaltenen Aktiva oder die aus dem dortigen Geschäftsbetrieb entstandenen Forderungen als mit dem Gewerbebetrieb in USA ‚effectively connected'*"[134]

Tatsächlich ähneln viele der in *Sec. 864(c) IRC* aufgezählten Kriterien den Ausführungen, die das bereits durch die Entscheidung vom 27. Februar 1991[135] zitierte Verständigungsmemorandum vom 18. Oktober 1965 zum Begriff der „tatsächlichen Zugehörigkeit" macht.[136] Letztlich verdeutlicht der Vergleich mit

---

[131] *BFH*, Urt. v. 26.2.1992 – I R 85/91, *BFHE* 168, 52; Urt. v. 31.5.1995 – I R 74/93, *BFHE* 178, 74; Urt. v. 30.8.1995 – I R 112/94, *BFHE* 179, 48; Urt. v. 23.10.1996 – I R 10/96, *BFHE* 182, 51; Urt. v. 17.12.1997 – I R 34/97, *BFHE* 185, 216; Urt. v. 29.11.2000 – I R 84/99, juris; Urt. v. 16.10.2002 – I R 17/01, *BFHE* 200, 511; Urt. v. 17.12.2003 – I R 47/02, *BFH/NV* 2004, 771; Urt. v. 17.10.2007 – I R 5/06, *BFHE* 219, 518; Urt. v. 8.9.2010 – I R 74/09, *BFHE* 231, 84; Beschluss v. 19.12.2007 – I R 66/06, *BFHE* 220, 173.

[132] *BFH*, Urt. v. 31.5.1995 – I R 74/93, *BFHE* 178, 74.

[133] *BFH*, Urt. v. 27.2.1991 – I R 15/89, *BFHE* 164, 38.

[134] *BFH*, Urt. v. 31.5.1995 – I R 74/93, *BFHE* 178, 74 unter II.C.2.b).

[135] *BFH*, Urt. v. 27.2.1991 – I R 15/89, *BFHE* 164, 38.

[136] Sec. 864(c)(2)(A) spricht von „*used in or held for use in the conduct of such trade or business*", was an die Formulierung in Nr. 3 a) und b) des Verständigungsmemorandums erinnert. Ähnlich weist Sec. 864(c)(2)(B) „*were a material factor in the realization of the income, gain, or loss*" Übereinstimmungen mit Nr. 3 c) des Verständigungsmemorandums auf.

der angesprochenen Legaldefinition, dass zumindest dem US-amerikanischen Verständnis von „*effectively connected*" ebenfalls[137] eine Vorstellung zugrunde liegt, nach der es auf die Zugehörigkeit des jeweiligen Vermögenswertes zum Betriebsvermögen des Zurechnungssubjekts, hier der Betriebsstätte, ankommt.[138]

9.2.1.3 I R 112/94 & I R 84/99: Fortführung der funktionalen Betrachtungsweise & Aktivitätserfordernis bei infolge von Betriebsstättenvorbehalten umqualifizierten Einkünften

In der zum DBA-Schweiz ergangenen Entscheidung vom 30. August 1995[139] hat der BFH die funktionale Betrachtungsweise zur Beantwortung der Frage nach der „tatsächlichen Zugehörigkeit", auf die er in einer zwischenzeitlich ergangenen Entscheidung zu einer Inbound-Konstellation abgestellt hatte,[140] auch auf Outbound-Konstellationen übertragen. Er konkretisierte die Anwendung der funktionalen Betrachtungsweise im Rahmen eines Methodenartikels mit Aktivitätsvorbehalt dahingehend, dass die zu § 8 AStG entwickelten Grundsätze der funktionalen Betrachtungsweise auf die (inzidente) Ermittlung des funktionalen Zusammenhangs zwischen dem in Frage stehenden Vermögenswert und der Unternehmenstätigkeit der betreffenden Betriebsstätte sinngemäß angewendet werden könnten:[141]

> *„Deshalb ist auf die Tätigkeit abzustellen, der nach der allgemeinen Verkehrsauffassung das Schwergewicht innerhalb der Betriebsstätte zukommt (vgl. BFH-Urteil vom 16. Mai 1990 I R 16/88, BFHE 161, 495, BStBl II 1990, 1049). So gesehen sind Zinsen und Lizenzgebühren nur dann Unternehmensgewinne i. S. des Art. 7 DBA-Schweiz, wenn es sich um Nebenerträge handelt, die nach der Verkehrsauffassung zu der Tätigkeit gehören, bei der das Schwergewicht der in der Betriebsstätte ausgeübten Unternehmenstätigkeit liegt."*[142]

---

[137]Diese „Aktiva"-orientierte Perspektive des BFH klang bereits in der Entscheidung *BFH*, Urt. v. 27.2.1991 – I R 15/89, *BFHE* 164, 38 an und war dann spätestens dem Urt. v. 17.10.2007 – I R 5/06, *BFHE* 219, 518 und dem Urt. v. 8.9.2010 – I R 74/09, *BFHE* 231, 84 (vgl. unten 9.2.2.5) auch ausdrücklich zu entnehmen.

[138]A. A. wohl *Görl*, in: Vogel/Lehner, DBA, Vor Art. 10–12 Rn. 44, der darauf hinweist, dass der Abkommenstext des US-MA zwischenzeitlich statt „*effectively connected*" den Begriff „*attributable*" verwendet hatte, um den Anschein eines Gleichlaufs mit dem innerstaatlichen US-amerikanischen Recht zu vermeiden. Daher sei die im aktuellen US-MA wieder aufgenommene Formulierung „*effectively connected*" i. S. v. „*attributable*" zu verstehen.

[139]*BFH*, Urt. v. 30.8.1995 – I R 112/94, *BFHE* 179, 48.

[140]Vgl. unten 9.2.2.2.

[141]Vgl. *BFH*, Urt. v. 30.8.1995 – I R 112/94, *BFHE* 179, 48 unter II.5.

[142]*BFH*, Urt. v. 30.8.1995 – I R 112/94, *BFHE* 179, 48 unter II.5.

Strunk und *Kaminski* entnehmen dieser Aussage, dass es insbesondere nicht genüge, wenn die passiven Tätigkeiten ein eigenes wirtschaftliches Schwergewicht bildeten und lediglich durch die aktive Tätigkeit mitverursacht worden seien.[143] Dies dürfte sich wiederum mit dem Konzept der funktionalen Betrachtungsweise im Rahmen des § 8 AStG decken.[144] Danach sind mehrere Tätigkeiten, von denen einige zu aktiven und andere zu passiven Einkünften führen, für Zwecke des § 8 AStG einer „einheitlichen steuerlichen Einkünftequalifikation"[145] zu unterwerfen, wenn es sich um „wirtschaftlich zusammengehörende Tätigkeiten"[146] handelt. Dabei wird die Tätigkeit als maßgebend betrachtet, auf der nach der allgemeinen Verkehrsauffassung das wirtschaftliche Schwergewicht liegt.[147] Das Konzept einer Schwerpunktbetrachtung verdeutlicht aber auch, dass die Schwerpunktstätigkeit sich gegenüber den anderen (Neben-)Tätigkeiten absetzen muss. Daher wird für den wirtschaftlichen Zusammenhang gefordert, dass die den Nebenerträgen zugrunde liegenden Tätigkeiten im Vergleich zur Haupttätigkeit von wirtschaftlich untergeordneter Natur sind (unselbstständige Einkunftsquelle)[148] und lediglich „im Rahmen" der aktiven Haupttätigkeit anfallen.[149]

Damit basiert die funktionale Betrachtung im Wesentlichen auf Veranlassungsgesichtspunkten.[150] Die Literatur bejaht den erforderlichen wirtschaftlichen Zusammenhang, „wenn die Erträge nach Entstehung und Zweckbestimmung durch eine einheitliche wirtschaftliche Betätigung veranlasst sind"[151]. Neben der ausdrücklichen Bezugnahme auf den Veranlassungsgedanken enthält diese Definition die bekannten objektiven Kausalitätselemente („Entstehung") und subjektiven

---

[143] Vgl. *Strunk/Kaminski*, IStR 2003, 181, 183.

[144] AEAStG, Tz. 8.0.2; vgl. auch *Rödel*, in: Kraft, AStG, § 8 Rn. 40 ff.; *Flick/Wassermeyer*, BB 1973, 857, 859 f.

[145] *Rödel*, in: Kraft, AStG, § 8 Rn. 33.

[146] *BFH*, Urt. v. 16.5.1990 – I R 16/88, *BFHE* 161, 495 unter II.4.

[147] *BFH*, Urt. v. 16.5.1990 – I R 16/88, *BFHE* 161, 495 unter II.4.

[148] *Rödel*, in: Kraft, AStG, § 8 Rn. 41.

[149] *Vogt*, in: Blümich, EStG/KStG/GewStG, § 8 AStG Rn. 14; etwas weiter *Wassermeyer/Schönfeld*, in: F/W/B/S, Außensteuerrecht, § 8 AStG Rn. 32, die neben dem Verhältnis von Haupt- und Nebentätigkeit einen wirtschaftlichen Zusammenhang auch annehmen, wenn die Tätigkeiten aufeinander abgestimmt sind oder wenn sie sich ergänzen, vgl. auch *Rödel*, in: Kraft, AStG, § 8 Rn. 34.

[150] *Wassermeyer/Schönfeld*, in: F/W/B/S, Außensteuerrecht, § 8 AStG Rn. 35.

[151] *Wassermeyer/Schönfeld*, in: F/W/B/S, Außensteuerrecht, § 8 AStG Rn. 35; dem folgend *Rödel*, in: Kraft, AStG, § 8 Rn. 34.

Wertungsmomente („Zweckbestimmung"), die die allgemeine Veranlassungsprüfung kennzeichnen. Der Rückgriff auf die Verkehrsauffassung und die Branchenüblichkeit, die die Literatur als Indizien für den wirtschaftlichen Zusammenhang anführt,[152] enthalten die Züge eines Fremdvergleichs.[153] Schließlich entspricht die Schwerpunktbetrachtung im Rahmen der funktionalen Betrachtungsweise in ihren Grundzügen der Vorrangigkeitsanalyse, die die Rechtsprechung in der allgemeinen Veranlassungsprüfung vornimmt. Von daher ist es nicht überraschend, dass Teile der Literatur für die Ausformung des wirtschaftlichen Zusammenhangs im Rahmen der funktionalen Betrachtungsweise auf die zu § 3c Abs. 2 EStG entwickelten Auslegungsgrundsätze zurückgreifen wollen.[154]

Fraglich ist auch, wie die zitierte Passage „Zinsen und Lizenzgebühren [sind] nur Unternehmensgewinne i. s. des Art. 7 DBA-Schweiz" zu interpretieren ist. Bei streng formaler Betrachtung könnte man dieser Aussage entnehmen, dass die „tatsächliche Zugehörigkeit" gar kein Teil der Betriebsstättengewinnabgrenzung ist, sondern nur eine dafür notwendige Vorfrage betrifft: Die Frage der tatsächlichen Zugehörigkeit entscheidet demnach nur über die Frage der Anwendbarkeit des Art. 7 OECD-MA, trifft aber keine Aussage zu der Zuordnungsfrage. Diese würde sich demnach allein nach Art. 7 Abs. 1 und 2 OECD-MA bestimmen.

Gegen diese Lesart spricht aber der Zweck, den der BFH den Betriebsstättenvorbehalten in seiner vorangegangenen Rechtsprechung entnommen hat.[155] Wenn diesen der Sinn zukommt, die Erträge aus Wirtschaftsgütern, die in der Betriebsstätte genutzt oder zu deren Ergebnis beigetragen haben, dem Betriebsstättenstaat zur Besteuerung zuzuweisen,[156] erscheint es schwer vorstellbar, dass mit der Frage der tatsächlichen Zugehörigkeit nicht bereits eine Vorentscheidung über die Frage der Zuordnung im Rahmen des dann anwendbaren Art. 7 OECD-MA getroffen wurde.

Dabei ist bei der Interpretation der Entscheidung vom 30. August 1995 auch zu beachten, dass das Urteil – anders als im Fall des Urteils vom 26. Februar

---

[152]*Wassermeyer/Schönfeld*, in: F/W/B/S, Außensteuerrecht, § 8 AStG Rn. 35.

[153]Ähnlich wie im Kontext des Fremdvergleichsgrundsatzes (vgl. Kapitel 11) erkennt die Literatur aber auch hier an, dass es sich bei den Indizien lediglich um äußere Merkmale handelt, die im Zweifel hinter der konkreten Funktion der Tätigkeit zurücktreten müssen, *Wassermeyer/Schönfeld*, in: F/W/B/S, Außensteuerrecht, § 8 AStG Rn. 35.

[154]Vgl. *Rödel*, in: Kraft, AStG, § 8 Rn. 34. Dementsprechend lehnt *Rödel* auch die Notwendigkeit eines unmittelbaren Zusammenhangs ab, a. a. O; dem folgend *Wassermeyer/Schönfeld*, in: F/W/B/S, Außensteuerrecht, § 8 AStG Rn. 35.

[155]Vgl. hierzu bereits 9.2.1.1.

[156]*BFH*, Urt. v. 27.2.1991 – I R 15/89, *BFHE* 164, 38 unter II.B.4.b).

1992[157] – die Outbound Konstellation betrifft und sich der BFH der Frage der „tatsächlichen Zugehörigkeit" dementsprechend inzident über den Methodenartikel des Art. 24 Abs. 1 Nr. 1 lit. a DBA-Schweiz nähert. Dieser ordnet – unter Aktivitätsvorbehalt – die Freistellung von Betriebsstättengewinnen („Gewinne im Sinne des Artikels 7 aus eigener Tätigkeit einer Betriebsstätte") von der deutschen Besteuerung an. In diesem Kontext führte der BFH aus, dass daher nur Unternehmensgewinne im Sinne des Art. 7 DBA-Schweiz, nicht hingegen auch Einkünfte im Sinne eines anderen Artikels des DBA-Schweiz daraufhin überprüft werden müssten, ob sie aus einer der aufgezählten aktiven Tätigkeiten stammten. Denn nur an Unternehmensgewinne knüpfe die durch den Methodenartikel angeordnete Freistellung an.[158] Mithin sei die Freistellung von Zinsen und Lizenzen nur möglich, wenn diese über das Kriterium der tatsächlichen Zugehörigkeit den Unternehmensgewinnen zuzurechnen seien.[159] Da die Regelungen des Art. 24 Abs. 1 NRn. 1 und 2 DBA-Schweiz den Zweck der Abgrenzung von aktiven und passiven Einkünften dienten, sollten sie insbesondere vermeiden, dass Einkünfte aus Vermögensverwaltung bereits deshalb in freizustellende Betriebsstätteneinkünfte umqualifiziert würden,

> *„weil sie in eine Betriebsstätte verlagert wurden, innerhalb derer auch Gewinne aus aktiven Unternehmenstätigkeiten erzielt werden. Indiz gegen die tatsächliche Zugehörigkeit eines Vermögenswertes zu einer Betriebsstätte ist es deshalb, wenn die aus seiner Nutzung erzielten Einkünfte in gleicher Weise hätten vom Inland aus erzielt werden können bzw. wenn die aus seiner Nutzung erzielten Einkünfte ohne Einfluß auf die Höhe der Einkünfte sind, die aus der unternehmerischen Tätigkeit im engeren Sinne erzielt werden."[160]*

An dem letztgenannten Kriterium kritisieren *Strunk* und *Kaminski*, dass „im Gegensatz zu dem Urteil vom 26.2.1992, bei dem entscheidendes Kriterium für die Zuordnung zu den Betriebsstätteneinkünften die tatsächliche Nutzung des den Einkünften zugrunde liegenden Vermögenswertes war, [...] in dieser Entscheidung nicht nur an die Nutzung als solche angeknüpft [werde], sondern

---

[157]*BFH*, Urt. v. 26.2.1992 – I R 85/91, *BFHE* 168, 52.

[158]Vgl. *BFH*, Urt. v. 30.8.1995 – I R 112/94, *BFHE* 179, 48 unter II.1.

[159]Vgl. *BFH*, Urt. v. 30.8.1995 – I R 112/94, *BFHE* 179, 48 unter II.3, II.6.

[160]*BFH*, Urt. v. 30.8.1995 – I R 112/94, *BFHE* 179, 48 unter II.5.

daran, ob diese durch die Betriebsstätte im weitesten Sinne betriebswirtschaftlich sinnvoll"[161] sei. Sie sehen darin „in gewisser Weise eine Attraktivität des Stammhauses".[162]
Diese Kritik dringt im Ergebnis nicht durch. Die zitierte Urteilspassage tangiert bereits die später in den Entscheidungen vom 7. August 2002[163] und vor allem vom 24. August 2011[164] thematisierte und letztlich zugunsten eines „Durchschlagens" entschiedene Frage, wie sich die Rückverweisung durch den Betriebsstättenvorbehalt (als Verteilungsartikel) auf die Anwendung des Methodenartikels auswirkt, mithin also auch, inwieweit die abkommensrechtliche Qualifikation der Einkünfte im Rahmen des Betriebsstättenvorbehalts auch für die Zwecke des Methodenartikels gilt.[165] Der BFH spricht diese Frage in dem Urteil vom 30. August 1995 aber noch nicht offen an, sondern liest stattdessen den Sinn und Zweck des Methodenartikels in die Frage der „tatsächlichen Zugehörigkeit", also die Einkünftequalifikation im Rahmen des (wiederum inzident geprüften) Verteilungsartikels, hinein.[166]

Zu diesem Zweck bemüht er zwei Kriterien, denen er für die Frage der „tatsächlichen Zugehörigkeit" einer Einkunftsquelle zu einer ausländischen Betriebsstätte indizielle Bedeutung beimisst – den Vergleich mit den Einkünften, die die Einkunftsquelle im Inland hätte generieren können, und den möglichen Einfluss der Einkunftsquelle auf die Höhe der Unternehmenseinkünfte. Diese Indizien sind unter Veranlassungsgesichtspunkten unproblematisch, da sie insbesondere ihrer Natur als Indizien entsprechend auch stets einen Gegenbeweis zulassen.

Der Vergleich mit dem Inlandsszenario operiert letztlich mit Üblichkeitsüberlegungen. Insofern ist *Strunk* und *Kaminski* zuzustimmen, dass dieses Kriterium sich an der Perspektive des betriebswirtschaftlich Sinnvollen orientiert. Da aber die Möglichkeit besteht, das Indiz zu entkräften, dürfte diese Orientierung an

---

[161] *Strunk/Kaminski*, IStR 2003, 181, 184; vgl. auch *Kinzl*, IStR 2005, 693, 694.

[162] *Strunk/Kaminski*, IStR 2003, 181, 184.

[163] *BFH*, Urt. v. 7.8.2002 – I R 10/01, *BFHE* 199, 547.

[164] *BFH*, Urt. v. 24.8.2011 – I R 46/10, *BFHE* 234, 339.

[165] Vgl. hierzu auch 9.2.1.4.

[166] Insgeheim darf man dies wohl bereits als Vorwegnahme der „Durchschlagungsrechtsprechung" (*BFH*, Urt. v. 24.8.2011 – I R 46/10, *BFHE* 234, 339) verstehen. A. A. *Kleineidam*, IStR 2004, 1, 2, der davon ausgeht, dass sich in dieser Entscheidung bereits die sich in dem *BFH*, Urt. v. 7.8.2002 – I R 10/01, *BFHE* 199, 547 verfestigende Absicht abgezeichnet habe, den Betriebsstättenvorbehalt nur im Quellenstaat gelten zu lassen. *Kleineidam* übersieht dabei die Relevanz des Aktivitätsvorbehalts in beiden von ihm angesprochenen Entscheidungen, vgl. unten 9.2.1.4.

äußeren Merkmalen nicht *a priori* den üblichen Zuordnungskriterien widersprechen. Die Äußerung des BFH ist somit vielmehr als eine Konkretisierung der begrenzenden Funktion des tatsächlich-funktionalen Zusammenhangs für die grundsätzlich zulässige gewillkürte Zuordnung von Wirtschaftsgütern zu betrachten, deren Zusammenhang sich nicht unmittelbar aus dem Wirtschaftsgut selbst ergibt.[167]

Gleiches gilt letztlich hinsichtlich der Indizwirkung, die von dem Einfluss der Nebenerträge auf die Höhe der Unternehmenseinkünfte ausgeht. So muss es zwar nicht gegen einen wirtschaftlichen Zusammenhang sprechen, wenn die Nebenerträge die gesamte betriebliche Tätigkeit nicht in der Weise fördern, dass sich dies in der Höhe der Unternehmenseinkünfte niederschlägt. Schließlich ist für den wirtschaftlichen Zusammenhang nach den obigen Ausführungen die Veranlassung der Nebentätigkeit durch die Haupttätigkeit und nicht umgekehrt maßgeblich. Gleichwohl ist es auch nicht gänzlich außerhalb der Lebenserwartung, bei Erträgen, die aus Tätigkeiten mit wirtschaftlichem Zusammenhang zu der hauptsächlichen Unternehmenstätigkeit stehen sollen, anzunehmen, dass sich dieser Zusammenhang auch positiv auf die Unternehmenserträge auswirkt. Aber auch diese betriebswirtschaftliche Sichtbarmachung des wirtschaftlichen Zusammenhangs ist widerlegbar. Sie entspricht damit der gängigen Praxis, für die Feststellung innerer Zustände widerlegbar auf äußere Anzeichen zurückzugreifen.

Im 2. Rechtsgang hatte der BFH in seiner Entscheidung vom 29. November 2000[168] erneut Gelegenheit, zu dem Fall Stellung zu nehmen. Ausgehend von den zu § 8 AStG entwickelten Grundsätzen der funktionalen Betrachtungsweise bestätigte der BFH anhand des im konkreten Fall behandelten Verlagshauses, dass aus den Verwertungstätigkeiten Nebenerträge generiert worden seien, die nach der Verkehrsauffassung zu der Tätigkeit gehörten, bei der das Schwergewicht der in der Betriebsstätte ausgeübten verlegerischen Unternehmenstätigkeit liege.[169] Unter Berücksichtigung des Zwecks des Methodenartikels Art. 24 Abs. 1 Nrn. 1 und 2 DBA-Schweiz, aktive von passiven Tätigkeiten abzugrenzen, sah er von dem abkommensrechtlichen Handelsbegriff dabei auch „nicht nur [den] Verkauf, vielmehr auch [den] Erwerb und Weiterverkauf, und nicht nur [den] Austausch

---

[167] *Gosch*, in: G/K/G, DBA, Art. 13 OECD-MA Rn. 83. Zu den Grenzen der gewillkürten Zuordnung von Wirtschaftsgütern im Rahmen des Art. 7 OECD-MA siehe auch 9.1.1.

[168] *BFH*, Urt. v. 29.11.2000 – I R 84/99, juris.

[169] Vgl. *BFH*, Urt. v. 29.11.2000 – I R 84/99, juris unter II.3.a).

von Sachen, sondern auch [den] Austausch von Rechten"[170] erfasst und ordnete diesem auch Dienstleistungstätigkeiten zu, solange es sich „auch bei den
erbrachten Dienstleistungen um ein aktives Tun unter Teilnahme am allgemeinen
wirtschaftlichen Verkehr [handele]"[171]. So sei insbesondere nicht nur die „Absatz-
seite", sondern ebenfalls die „Beschaffungsseite" von dem abkommensrechtlichen
Handelsbegriff erfasst.[172]

Dieser Entscheidung kann man bereits entnehmen, dass bei Doppelbesteuerungsabkommen, die die Freistellung von Unternehmensgewinnen unter Aktivitätsvorbehalt stellen, auch Einkünfte im Sinne der Art. 10, 11 oder 12 OECD-MA,
selbst wenn deren Stammrechte tatsächlich zu einer Betriebsstätte gehören, ihrerseits aktive Einkünfte darstellen müssen, um von der deutschen Besteuerung
freigestellt werden.[173] Dabei schlägt die aktive schwergewichtsmäßig in der
Betriebsstätte ausgeübte Tätigkeit nur dann auch auf die Einkünfte aus Art. 10,
11 bzw. 12 OECD-MA durch, wenn die Einkünfte bei Zugrundelegung einer
funktionalen Betrachtungsweise im Sinne des § 8 AStG Nebenerträge zu der
schwergewichtsmäßig ausgeübten aktiven Tätigkeit der Betriebsstätte darstellen.

Dass der Nebenertragscharakter ausschließlich für die Einkünftequalifizierung
im Rahmen des Methodenartikels mit Aktivitätsvorbehalt, nicht aber für die Frage
der „tatsächlichen Zugehörigkeit" im Rahmen des Verteilungsartikels (Inbound-
Konstellation) herangezogen werden kann, ist den abgrenzenden Ausführungen
des BFH in seiner späteren Entscheidung vom 13. Februar 2008 zu entnehmen:

> *„[Das Senatsurteil vom 30. 8. 1995, I R 112/94] besagt entgegen der Ansicht der Kl.*
> *nicht, dass die Beteiligung an einer Kapitalgesellschaft abkommensrechtlich nur dann*
> *einer bestimmten Betriebsstätte zugeordnet werden kann, wenn der Ertrag aus der*
> *Beteiligung sich als Nebenertrag aus der Betriebsstättentätigkeit darstellt. Vielmehr*
> *betrifft es ebenfalls nur die Frage, unter welchen Voraussetzungen einem in Deutsch-*
> *land ansässigen Unternehmen im Hinblick auf in der Schweiz zu besteuernde Einkünfte*
> *eine Freistellung von der deutschen Einkommensteuer zusteht. In diesem Zusammen-*
> *hang verhält es sich dazu, ob die in Art. 24 Abs. 1 Nr. 1 Buchst. a DBA-Schweiz*
> *angeordnete Freistellung von „Gewinne(n) i. S. des Artikels 7" sich auf Zinsen und*
> *Lizenzgebühren erstreckt, die im Rahmen einer Unternehmenstätigkeit anfallen."*[174]

---

[170]Vgl. *BFH*, Urt. v. 29.11.2000 – I R 84/99, juris unter II.3.b.aa). Angesichts der besonderen
Mitwirkungstatbestände des § 8 Abs. 1 Nr. 4 lit. a und b AStG für einen „aktiven" Handel mit
Sachen kritisch gegenüber einem derartig weiten Handelsbegriff *FW*, IStR 2001, 187, 188.

[171]*BFH*, Urt. v. 29.11.2000 – I R 84/99, juris unter II.3.b.aa).

[172]Vgl. *BFH*, Urt. v. 29.11.2000 – I R 84/99, juris unter II.3.b.aa).

[173]So später auch ausdrücklich *BFH*, Urt. v. 7.8.2002 – I R 10/01, *BFHE* 199, 547, vgl. unten
9.2.1.4.

[174]Vgl. *BFH*, Urt. v. 13.2.2008 – I R 63/06, *BFHE* 220, 415 unter II.5.e.bb.bbb).

Diese Beschränkung der Nebenertragsrechtsprechung auf den Methodenartikel mit Aktivitätsvorbehalt ist insbesondere deshalb interessant, da sie sich in direkten Widerspruch zu den Ausführungen des BFH in einer früheren (die Nebenertragsrechtsprechung begründenden) Entscheidung[175] zu einer Inbound-Konstellation setzt, bei der es aus deutscher Sicht gar nicht auf den Methodenartikel ankam.

Bemerkenswert ist an dem Urteil vom 29. November 2000[176] zudem, in welcher Kürze der BFH die Zuordnung der Einkünfte aus Drittstaaten abhandelt. So begnügt er sich im Anschluss an die Feststellung, dass die Betriebsstättenvorbehalte mit ihrem Erfordernis der „tatsächlichen Zugehörigkeit" Ausnahmen von dem Spezialitätenvorrang des Zins- bzw. des Lizenzartikels sind, mit der Feststellung, dass „[e]ntprechendes gilt, wenn die Zinsen oder Lizenzgebühren nicht aus der Schweiz, sondern aus einem dritten Staat stammen (Art. 21 DBA-Schweiz)."[177] Damit überträgt der BFH das Kriterium der tatsächlichen Zugehörigkeit auf die Zuordnung für Zwecke des Art. 21 DBA-Schweiz und verteilt die Zins- und Lizenzerträge im Ergebnis nach Art. 7 DBA-Schweiz.[178] Dies ist umso bemerkenswerter, wenn man bedenkt, dass Art. 21 DBA-Schweiz – anders als Art. 21 OECD-MA – keinen Betriebsstättenvorbehalt enthält.[179]

9.2.1.4 I R 10/01 & I R 46/10: Zur Frage des automatischen „Durchschlagens" der Einkünftequalifikation auf den Methodenartikel

Ein anders gelagerter Fall, in dem die aktiv ausgeübte Tätigkeit der Betriebsstätte nicht auf die „tatsächlich zugehörigen" Dividendeneinkünfte durchschlug, lag dem Urteil vom 7. August 2002[180] zugrunde. Dort wurden die Beteiligungen einer Schweizer Personengesellschaft an einer Schweizer Kapitalgesellschaft zwar

---

[175]*BFH*, Urt. v. 26.2.1992 – I R 85/91, *BFHE* 168, 52 unter II.3.c.cc), vgl. auch unten unter 9.2.2.2.

[176]*BFH*, Urt. v. 29.11.2000 – I R 84/99, juris.

[177]*BFH*, Urt. v. 29.11.2000 – I R 84/99, juris unter II.1.

[178]Diesem „ersatzweisen" Rückgriff auf den Artikel für Unternehmensgewinne bei fehlendem Betriebsstättenvorbehalt im Artikel für „andere Einkünfte" zustimmend *Rust*, in: Vogel/Lehner, DBA, Art. 21 Rn. 56; ähnlich wohl auch *Tcherveniachki*, in: Schönfeld/Ditz, DBA, Art. 21 Rn. 69; a. A. *Gosch*, in: G/K/G, DBA, Art. 21 OECD-MA Rn. 115; *Wassermeyer*, in: Wassermeyer, DBA, Art. 21 MA Rn. 67. *Buciek* scheint hingegen davon auszugehen, dass der BFH der Verteilung der genannten Einkünfte in dieser Entscheidung nicht Art. 7, sondern Art. 21 DBA-Schweiz zugrunde gelegt hat, vgl. *Buciek*, in: F/W/K, DBA-Schweiz, Art. 7 Rn. 21.1, 811, vgl. auch *Kaeser/Wassermeyer*, in: Wassermeyer, DBA, Art. 10 MA Rn. 166.

[179]Zu der Besonderheit des Betriebsstättenvorbehalts i. R. d. Art. 21 Abs. 2 OECD-MA vgl. aber auch unten 9.3.8.

[180]*BFH*, Urt. v. 7.8.2002 – I R 10/01, *BFHE* 199, 547.

als tatsächlich zu der durch diese Personengesellschaft vermittelte Betriebsstätte zugehörig eingestuft.[181] Gleichwohl wurden die aus den Beteiligungen erzielten Dividenden nicht von der deutschen Besteuerung freigestellt, da sie sich nicht den aktiven Tätigkeitserfordernissen des Art. 24 Abs. 1 Nr. 1 Satz 1 lit. a DBA-Schweiz zuordnen ließen.

> *„Sie teilen nicht die danach festgestellte tatsächliche funktionale Zuordnung der Beteiligung, sondern sind hiervon als eigenständige passive Einkünfte zu unterscheiden, die keiner der aufgeführten aktiven Betätigungen unterfallen."*[182]

Angesichts der im Vorfeld ergangenen Entscheidungen vom 30. August 1995[183] und vom 29. November 2000[184] ist dabei insbesondere bemerkenswert, dass der BFH weder zu der Frage des Nebenertragscharakters noch zu der Anwendbarkeit der zu § 8 AStG entwickelten Grundsätze Stellung bezog.[185]

Der dem Zitat zu entnehmende Ansatz, den der BFH jenseits der Bemerkung, die der Betätigung zugeordnete Beteiligung trete lediglich als Quelle passiver Einkünfte in Erscheinung, auch nicht weiter herleitete oder begründete,[186] wurde in der Literatur teilweise als Rechtsprechungsänderung angesehen.[187] Bis dahin war

---

[181] Der BFH übernimmt die erstinstanzlich festgestellte tatsächliche Zugehörigkeit ohne weitere Ausführungen. Mangels entgegenstehender Ausführungen ist somit mit *Strunk* und *Kaminski* davon auszugehen, dass er an der Spruchpraxis zur funktionalen Zuordnung festhält, vgl. *Strunk/Kaminski*, IStR 2003, 181, 184.

[182] *BFH*, Urt. v. 7.8.2002 – I R 10/01, *BFHE* 199, 547 unter II.2.d.bb).

[183] *BFH*, Urt. v. 30.8.1995 – I R 112/94, *BFHE* 179, 48.

[184] *BFH*, Urt. v. 29.11.2000 – I R 84/99, juris.

[185] Diese Auslassung lässt sich auch nicht dadurch erklären, dass § 8 Abs. 1 AStG erst durch das Unternehmensteuerfortentwicklungsgesetz vom 20.12.2001 (BGBl I 2001, S. 3858) u. a. um die Nr. 8 (Gewinnausschüttungen von Kapitalgesellschaften) ergänzt wurde und § 8 Abs. 1 Nr. 8 AStG damit im Streitjahr 1989 noch keine Anwendung fand. Denn § 8 Abs. 1 AStG listet die „aktiven" Einkünfte auf, bei denen sich die Nebenertragsfrage gar nicht erst stellt. Die Nichtnennung der Dividenden in dem Einkünftekatalog schließt dementsprechend aber noch nicht ihre Anerkennung als Nebenerträge zu einer aktiven, in § 8 Abs. 1 AStG aufgeführten Tätigkeit (hier der Betriebsstätte) aus.

[186] Vgl. *Ditz/Liebchen*, IStR 2012, 449.

[187] Vgl. *Strunk/Kaminski*, IStR 2003, 181, 184; ähnlich auch *Kinzl*, IStR 2005, 693, 695. Insoweit *Ditz* und *Liebchen* davon ausgehen, dass es sich bei den Ausführungen des BFH lediglich um ein *obiter dictum* gehandelt habe (vgl. *Ditz/Liebchen*, IStR 2012, 449), ist dem nicht zuzustimmen. Der betreffende Abschnitt II.2.d.bb) der Entscheidung, nämlich die Subsumtion unter die Voraussetzungen für die unter Aktivitätsvorbehalt gestellte Freistellung von Betriebsstättengewinnen, war für die Streitfrage entscheidungserheblich.

man davon ausgegangen, dass die Einkünftequalifikation und Besteuerung einheitlich zu erfolgen habe, solange die „passive" Tätigkeit lediglich geringfügiger Natur war.[188]

Ob diese „neue" Vorgehensweise, wie teilweise vorgeschlagen,[189] tatsächlich auf *Wassermeyers* Überlegungen zum Betriebsstättenvorbehalt zurückzuführen waren, erscheint nicht zwingend. Nach diesem „*Wassermeyerschen Ansatz*"[190] bleibt die Wesensart von Dividenden, Zinsen und Lizenzgebühren von der Rückverweisung auf Art. 7 OECD-MA im Rahmen der Betriebsstättenvorbehalte unberührt. Die Rückverweisung auf Art. 7 OECD-MA ist daher auch nur für den Quellenstaat von Bedeutung. Für den Ansässigkeitsstaat handelt es sich hingegen für Zwecke des Methodenartikels weiterhin um Dividenden, Zinsen oder Lizenzgebühren, da der Betriebsstättenvorbehalt gerade nicht auch die Anwendung des „Definitionsabsatzes" (Art. 10 Abs. 3, Art. 11 Abs. 3 bzw. Art. 12 Abs. 2 OECD-MA) suspendiert. Dieser *Wassermeyersche* Ansatz ist jedoch gänzlich unabhängig von der Frage, ob das betreffende DBA einen Aktivitätsvorbehalt enthält oder nicht.[191] Aber genau um diese Auswirkung des Aktivitätsvorbehalts ging es in dem Urteil vom 7. August 2002.[192] Dieses enthielt damit – entgegen *Strunk* und *Kaminski* – auch keine Aufgabe[193], sondern eine Ergänzung der funktionalen Betrachtungsweise für die Fälle, in denen es neben den Anforderungen des Betriebsstättenvorbehalts zusätzlich die Voraussetzungen eines Aktivitätsvorbehalts zu erfüllen gilt.

Vielmehr betrifft der *Wassermeyersche Ansatz* die Frage, ob die vermöge des Betriebsstättenvorbehalts umqualifizierten Dividenden, Zinsen oder Lizenzgebühren auch „(Unternehmens-)Gewinne" im Sinne der Freistellungsanordnung von Unternehmensgewinnen sind. Eben diese Frage hatte der BFH aber in der besagten Entscheidung vom 7. August 2002[194] noch offengelassen und erst in seinem Urteil vom 24. August 2011 thematisiert: Wie er in dieser späteren Entscheidung

---

[188]Vgl. *Strunk/Kaminski*, IStR 2003, 181, 185 f. m. w. N. (dort Fn. 31, 32, 37).

[189]Vgl. *Ditz/Liebchen*, IStR 2012, 449; so wohl auch *Schönfeld*, IStR 2008, 370 f. in seiner Anmerkung zu *BFH*, Beschluss v. 19.12.2007 – I R 66/06, *BFHE* 220, 173.

[190]Vgl. hierzu auch *Gosch*, FS Wassermeyer, S. 263, 279 ff.; *M. Lang*, FS Raupach, S. 601, 601.

[191]Vgl. *Ditz/Liebchen*, IStR 2012, 449 a. E.; *Gosch*, FS Wassermeyer, S. 263, 284.

[192]*BFH*, Urt. v. 7.8.2002 – I R 10/01, *BFHE* 199, 547.

[193]*Strunk/Kaminski*, IStR 2003, 181, 187; ähnlich auch *Kinzl*, IStR 2005, 693, 695.

[194]*BFH*, Urt. v. 7.8.2002 – I R 10/01, *BFHE* 199, 547.

klarstellte,[195] bezog sich die im Urteil vom 7. August 2002 festgestellte Beschränkung der Durchschlagwirkung ausschließlich auf den Aktivitätsvorbehalt. Im Übrigen schlägt die Umqualifizierung der Einkünfte durch die Betriebsstättenvorbehalte auf die Einkünftequalifikation im Rahmen der Methodenartikel durch.[196]

Zudem erwähnenswert ist, dass sich der BFH in dem Urteil vom 24. August 2011 auch über die Anwendbarkeit des § 15 EStG für Zwecke der abkommensrechtlichen Einkünftequalifikation geäußert hat. So bestätigte er die zuvor in dem Urteil vom 28. April 2010 getroffene Entscheidung,[197] dass eine Personengesellschaft nicht bereits lediglich deshalb „gewerbliche Einkünfte" erziele, weil sie „gewerblich geprägt" im Sinne des § 15 Abs. 3 Nr. 2 EStG sei:

> *„Denn die internrechtlich-fiktive Umqualifikation schlägt auf die abkommensrechtliche Einkunftsqualifikation – entgegen der Annahme der Finanzverwaltung (vgl. allgemein Schreiben des Bundesministeriums der Finanzen – BMF – vom 16. April 2010, BStBl I 2010, 354 Tz 2.2.1) – nicht durch. Abkommensrechtlich ausschlaggebend ist allein die tatsächlich verwirklichte Einkunftsart."*[198]

Die rechtliche Erweiterung des Gewerbebetriebsbegriffs durch § 15 Abs. 3 Nr. 2 EStG schlägt somit nicht auf sein abkommensrechtliches Pendant, den Unternehmensbegriff, durch. Denn dieser ist gemäß Art. 3 Abs. 1 lit. c OECD-MA ausschließlich als die Ausübung einer Geschäftstätigkeit definiert.

Zugunsten einer Anwendbarkeit des innerstaatlichen Rechts entschied der BFH in derselben Entscheidung jedoch hinsichtlich des § 15 Abs. 2 EStG, als er die Norm auch für die abkommensrechtliche Qualifikation der Einkünfte der Personengesellschaft heranzog.[199]

Kramer kritisierte diese Verneinung der Übertragung der Regelung des § 15 Abs. 3 Nr. 2 EStG einerseits und die Bejahung der Übertragung der Regelung des § 15 Abs. 2 EStG auf das Abkommensrecht andererseits als inkonsequent.[200] Er

---

[195]Vgl. *BFH*, Urt. v. 24.8.2011 – I R 46/10, *BFHE* 234, 339 unter II.2.c).

[196]In *BFH*, Beschluss v. 19.12.2007 – I R 66/06, *BFHE* 220, 173 hatte der BFH diese Frage mangels Entscheidungserheblichkeit noch dahinstehen lassen können.

[197]*BFH*, Urt. v. 28.4.2010 – I R 81/09, *BFHE* 229, 252; vgl. auch die Ausführungen unter 3.2.1, 3.3.1.3 und unter 9.3.9.

[198]*BFH*, Urt. v. 24.8.2011 – I R 46/10, *BFHE* 234, 339 unter II.2.a.aa).

[199]Vgl. *BFH*, Urt. v. 24.8.2011 – I R 46/10, *BFHE* 234, 339, 2. Leitsatz sowie unter II.2.a.bb.aaa).

[200]*Kramer*, IStR 2013, 285, 288.

sieht hierin ein „Zur-Seite-Schieben" der abkommensrechtlichen Spezialitätsklausel unter Anwendung des innerstaatlich geltenden Subsidiaritätsprinzips.[201]
    Dem ist jedoch nicht beizupflichten. Die unterschiedliche Handhabung der beiden innerstaatlichen Normen im Rahmen der abkommensrechtlichen Einkünftequalifikation ist vielmehr Ausfluss der bereits genannten Auslegungsgrundsätze.[202] Das für die Entscheidung maßgebliche DBA-Großbritannien 1964/70 enthielt in dem Definitionsartikel Art. II keine eigene Definition für die gemäß Art. III Abs. 1 dem Betriebsstättenstaat zur Besteuerung zuzuweisenden „gewerblichen Gewinne". Da sich aus dem Abkommenszusammenhang keine andere Auslegung ergab, war gemäß Art. II Abs. 3 des Abkommens, der in seinen wesentlichen Zügen Art. 3 Abs. 2 OECD-MA entspricht, auf das innerstaatliche Recht zurückzugreifen. Die Grunddefinition für „gewerbliche Gewinne" im Einkommensteuerrecht befindet sich in § 15 Abs. 2 EStG. Sie war zunächst als Ausgangspunkt für die Bestimmung der abkommensrechtlichen „gewerblichen Gewinne" zugrunde zu legen und stand angesichts ihrer tätigkeitsbezogenen Formulierung („Betätigung", vgl. § 15 Abs. 2 EStG) auch nicht dem tätigkeitsbezogenen Unternehmensbegriff des Abkommens („betrieben wird", vgl. Art. II Abs. 1 lit. j DBA-Großbritannien 1964/70) entgegen. Anders verhielt es sich hingegen hinsichtlich der „tatbestandserweiternden" Regelung des § 15 Abs. 3 Nr. 2 EStG, da sich insoweit aus dem Zusammenhang des Abkommens eine andere Auslegung ergab. Wegen der Einzelheiten der gebotenen abweichenden Auslegung wird zur Vermeidung von Wiederholungen auf die Ausführungen zum Urteil vom 28. April 2010[203] verwiesen.[204]

9.2.1.5 I R 10/96: Fortführung der tatsächlich-funktionalen Rechtsprechung

Bereits mit dem Urteil vom 23. Oktober 1996[205] hatte der BFH seine Ausführungen zum funktionalen Zusammenhang bestätigt, indem er eine tatsächliche Zugehörigkeit einer Beteiligung zu einer Betriebsstätte und infolgedessen eine Freistellung der Dividenden von der deutschen Steuer verneint hatte, da die

---

[201] *Kramer*, IStR 2013, 285, 287.

[202] Vgl. oben die Einleitung zu Kapitel 9 sowie 2.2.1.

[203] *BFH*, Urt. v. 28.4.2010 – I R 81/09, *BFHE* 229, 252.

[204] Vgl. unten 9.3.9 sowie bereits oben 3.2.1 und 3.3.1.3.

[205] *BFH*, Urt. v. 23.10.1996 – I R 10/96, *BFHE* 182, 51.

Beteiligung weder in funktionalem Zusammenhang zu der in der Betriebstätte ausgeübten Tätigkeit gestanden habe noch als Nebenertrag der Unternehmenstätigkeit
zu qualifizieren gewesen sei.[206]
  Die Urteile zur funktionalen Betrachtungsweise im Rahmen der Zuordnung
nach den Betriebsstättenvorbehalten – und unter ihnen insbesondere das Urteil
vom 30. August 1995[207] – lassen erahnen, warum der BFH dem Tatbestandsmerkmal der „tatsächlichen Zugehörigkeit" seit den Urteilen vom 27. Februar
1991[208] ein abkommensspezifisches Verständnis zugrunde legt:
  Stellte man auch im Rahmen der Betriebsstättenvorbehalte auf die innerstaatlichen Zuordnungsprinzipien ab, so wären bei jeder der drei vom Betriebsstättenvorbehalt erfassten Einkunftsarten (Dividenden, Zinsen und Lizenzen)
Gestaltungen denkbar, die die Einkünfte als Sondervergütungen oder Sonderbetriebseinnahmen einer Betriebsstätte im Quellenstaat zuordnen würden, ohne dass
ein tatsächlicher Zusammenhang zwischen der Betriebsstättentätigkeit und den
Sondervergütungen oder den Sonderbetriebseinnahmen bestünde.
  Eine rein gewerblich geprägte GmbH & Co. in dem anderen Vertragsstaat
würde genügen, um die Sondervergütungen oder Sonderbetriebseinnahmen in
abkommensrechtliche Unternehmensgewinne umzuqualifizieren und damit das
Besteuerungsrecht zu verlagern.[209] Denn durch Überlassung oder das In-den-
Dienst-Stellen[210] der zugrunde liegenden Stammrechte würden diese zu Son-
derbetriebsvermögen und damit zu Betriebsvermögen der Personengesellschafts-
Betriebsstätte.
  Dadurch würde jedoch faktisch das Besteuerungsrecht des Ansässigkeitsstaates
in den Fällen der Art. 10, 11 und 12 OECD-MA durch den Betriebsstätten-
vorbehalt ausgehöhlt.[211] Die grundsätzlich passiven Einkünfte im Sinne der
Art. 10, 11 und 12 OECD-MA würden ausschließlich über die rechtliche
Zuordnung zu der Betriebsstätte in Unternehmensgewinne umqualifiziert und im
Betriebsstättenstaat besteuert. Dies entspräche jedoch nicht der von dem Dop-
pelbesteuerungsabkommen intendierten Abgrenzung.[212] Die Rechtsprechung des

---

[206]*BFH*, Urt. v. 23.10.1996 – I R 10/96, *BFHE* 182, 51 unter II.1.b).

[207]*BFH*, Urt. v. 30.8.1995 – I R 112/94, *BFHE* 179, 48.

[208]*BFH*, Urt. v. 27.2.1991 – I R 15/89, *BFHE* 164, 38; Urt. v. 27.2.1991 – I R 96/89, *BFH/NV*
1992, 385.

[209]Vgl. *Wassermeyer*, IStR 2010, 241, 242.

[210]Auch wenn der BFH dies in *BFH*, Urt. v. 12.6.2013 – I R 47/12, *BFHE* 242, 107 noch
offengelassen hat, so würde wohl bereits Sonderbetriebsvermögen II genügen.

[211]*Wassermeyer*, FS Ruppe, S. 681, 688; so wohl auch *Kaeser*, ISR 2012, 63, 65.

[212]*Häck*, in: F/W/K, DBA-Schweiz, Art. 10 Rn. 114; *Kaeser/Wassermeyer*, in: Wassermeyer,
DBA, Art. 10 MA Rn. 164; OECD-MK zu Art. 10 Nr. 32.

BFH soll somit einer gestalterischen Einkünfteverlagerung entgegenwirken, die nicht den tatsächlichen Gegebenheiten entspricht.[213] Damit nicht auch wirtschaftlich sinnvolle Konstellationen erfasst würden, in denen die passiven Einkünfte lediglich auf untergeordneten Nebentätigkeiten beruhten, bediente sich der BFH des Nebenertragskriteriums.

9.2.1.6 II R 59/05: Bestätigung der tatsächlich-funktionalen Rechtsprechung des I. Senats

Mit Urteil vom 10. August 2006[214] äußerte sich auch der II. Senat zu der Zurechnung im Rahmen des Betriebsstättenvorbehalts. Er schloss sich im Wesentlichen der bis dahin ergangenen Rechtsprechung des I. Senats an. Eine Darlehensforderung ist danach nicht als zu einer Betriebsstätte zugehörig anzusehen, wenn das Darlehen nicht aus Mitteln der (Personengesellschafts-)Betriebsstätte gewährt, sondern ihr umgekehrt als Fremdkapital überlassen wurde.[215]

Dass das DBA-Frankreich selbst keinen ausdrücklichen Spezialitätenvorrang enthält, erachtete der BFH für unerheblich. Die vorrangige Anwendung u. a. des Zinsartikels im Vergleich zu Art. 4 DBA-Frankreich ergebe sich im Umkehrschluss aus dem Betriebsstättenvorbehalt, der ohne ein Spezialitätsverhältnis leerliefe.[216] Ferner stütze der BFH die vorrangige Anwendung des Zinsartikels auf den Grundsatz der Entscheidungsharmonie.[217] Denn eine Einbeziehung der Zinserträge in den Unternehmensgewinn würde andernfalls zu einer doppelten Nichtbesteuerung führen.

Der II. Senat kam ferner zu dem Ergebnis, dass sich auch aus dem Formulierungsunterschied des im Streitfall einschlägigen DBA-Frankreich, das auf

---

[213]Vgl. *Kaeser/Wassermeyer*, in: Wassermeyer, DBA, Art. 10 MA Rn. 164; *Wassermeyer*, FS Ruppe, S. 681, 689; *Früchtl*, BB 2008, 1209, 1213.

[214]*BFH*, Urt. v. 10.8.2006 – II R 59/05, *BFHE* 214, 518.

[215]*BFH*, Urt. v. 10.8.2006 – II R 59/05, *BFHE* 214, 518 unter II.8.c.aa).

[216]*BFH*, Urt. v. 10.8.2006 – II R 59/05, *BFHE* 214, 518 unter II.8.b.bb).

[217]Über diese Argumentationslinie nahm der BFH auch die Abgrenzung zu *BFH*, Urt. v. 24.3.1999 – I R 114/97, *BFHE* 188, 315 vor. In dieser Entscheidung, die sich vornehmlich mit Fragen der Gewinnermittlung befasst, hatte der BFH die Zuordnungsgrundsätze der „tatsächlichen Zugehörigkeit" u. a. deswegen nicht für anwendbar erklärt, weil das einschlägige DBA-Österreich keinen dem Art. 7 Abs. 7 OECD-MA a. F. entsprechenden Spezialitätenvorrang anordnete. Da die österreichischen Gewinnermittlungsregelungen mit dem deutschen Recht vergleichbar seien, würde eine Anwendung des Spezialitätenvorrangs angesichts des Qualifikationskonflikts zu einer doppelten Verlusterfassung führen, was dem Sinn und Zweck des DBA widerspräche. Dieses Gebot der Entscheidungsharmonie zieht der BFH nun in dem Urt. v. 10.8.2006 – II R 59/05, *BFHE* 214, 518 erneut heran, allerdings angesichts der sich stärker unterscheidenden nationalen Steuerrechtsordnungen nun mit umgekehrten Ergebnis.

das Attribut „tatsächlich" bei dem Erfordernis der Zugehörigkeit verzichtete, keine Abweichung von der Rechtsprechung zur „tatsächlichen Zugehörigkeit" ergebe. Vielmehr entspreche das im DBA-Frankreich formulierte Erfordernis, dass „die Forderung zum Vermögen dieser Betriebsstätte gehört", gerade der bisherigen Rechtsprechung sowie der im Musterkommentar geäußerten Ansicht der OECD zur „tatsächlichen Zugehörigkeit". Insbesondere sei diesem Formulierungsunterschied aber nicht zu entnehmen, dass im Streitfall auf die (für die Zurechnung von Sondervergütungen nach innerstaatlichen Recht maßgebliche) rechtliche Zugehörigkeit abzustellen sei.[218]

Hervorzuheben ist ferner auch die abkommensrechtliche Differenzierung zwischen Betriebsstätte und Stammhaus einerseits und Personengesellschaft und ihren Gesellschaftern andererseits, die der II. Senat der bisherigen Rechtsprechung des I. Senats zutreffenderweise entnimmt:

> „So werden Darlehensverhältnisse zwischen Gesellschafter und Gesellschaft – entsprechend der zivilrechtlichen Lage – der Besteuerung auch abkommensrechtlich zugrunde gelegt [...], zwischen Stammhaus und – rechtlich unselbständiger – Betriebsstätte hingegen nicht. "[219]

Diese Differenzierung war in der Tat bereits in der Entscheidung vom 27. Februar 1991[220] angelegt. Die dieser Entscheidung zugrunde liegende Anerkennung der zivilrechtlichen Darlehensbeziehungen für abkommensrechtliche Zwecke wurde von der Literatur vor dem Hintergrund, dass die Personengesellschaft und ihre Gesellschafter abkommensrechtlich ein einheitliches Unternehmen darstellen, ausführlich diskutiert.[221] Durch diese Entscheidung, die ihrerseits mehrfach vom I. Senat zitiert wurde,[222] erteilt der II. Senat den Kritikern eine Absage.

---

[218] *BFH*, Urt. v. 10.8.2006 – II R 59/05, *BFHE* 214, 518 unter II.8.c.bb).

[219] *BFH*, Urt. v. 10.8.2006 – II R 59/05, *BFHE* 214, 518 unter II.8.b.aa.(1).

[220] *BFH*, Urt. v. 27.2.1991 – I R 15/89, *BFHE* 164, 38.

[221] Vgl. oben 9.2.1.1.

[222] *BFH*, Urt. v. 17.10.2007 – I R 5/06, *BFHE* 219, 518 unter II.1.b.aa); Vorlagebeschluss v. 11.12.2013 – I R 4/13, *BFHE* 244, 1 unter B.I.2.c); Beschluss v. 19.12.2007 – I R 66/06, *BFHE* 220, 173 unter II.2.c.aa); Beschluss v. 20.12.2006 – I B 47/05, *BFHE* 216, 276 unter II.10.b).

9.2.1.7 I R 47/02 & I R 66/06: Tatsächlichen Zugehörigkeit zu geschäftsführenden Holdingbetriebstätten

Einen weiteren Anlass, zu einem Betriebsstättenvorbehalt Stellung zu beziehen, hatte der BFH in dem Urteil vom 17. Dezember 2003,[223] das als eine der wenigen Entscheidungen zu einem Betriebsstättenvorbehalt nicht den Sonderbereich, sondern das Gesamthandsvermögen einer Gesellschaft betrifft.[224] In dem der Entscheidung zugrunde liegenden Sachverhalt hielt ein im Inland wohnhaftes Ehepaar Beteiligungen an drei Kapitalgesellschaften luxemburgischen Rechts mit Sitz in Luxemburg über eine ebenfalls luxemburgische Gesellschaft, die mit der deutschen Gesellschaft bürgerlichen Rechts (GbR) vergleichbar ist. Nach dem klägerischen Vorbringen übte die GbR unterstützende dienstleistende Tätigkeit für die Kapitalgesellschaften und die (partielle) Wahrnehmung von deren Geschäftsleitungsaufgaben aus. Da die Existenz der GbR streitig und Gegenstand des gesonderten Feststellungsverfahrens war, nahm der BFH nur in einem *obiter dictum* zu der Abgrenzungsfrage Stellung. Dabei ließ er verlauten, dass die ausgeschütteten Gewinne der luxemburgischen Kapitalgesellschaften höchstwahrscheinlich auch dann nicht der Holding-GbR zuzurechnen seien, wenn sich deren Existenz bestätigen sollte. Unter Verweis auf seine ständige Rechtsprechung wiederholte der BFH, dass der im Streitfall maßgebliche Betriebsstättenvorbehalt des Art. 13 Abs. 5 DBA-Luxemburg (entspricht Art. 10 Abs. 4 OECD-MA) nur dann eingreife, wenn die maßgeblichen Wirtschaftsgüter, hier die Kapitalbeteiligungen, „tatsächlich von der Betriebsstätte genutzt [würden] und zu ihrem Betriebsergebnis beigetragen [hätten]"[225]. Da die Holding-GbR die Kapitalbeteiligungen aber nicht im Rahmen ihrer Aufgaben eingesetzt habe, würden die Dividenden aus den Kapitalbeteiligungen trotz der Einschaltung einer GbR von den Klägern unmittelbar und nicht „durch die Betriebsstätte" der GbR erzielt. Die Voraussetzungen des Betriebsstättenvorbehalts lägen damit nicht vor.

Das Urteil ist trotz seiner „*obiter dictum*"-Natur aus zweierlei Gründen interessant. Zum einen übertrug der BFH die ständige Rechtsprechung zur tatsächlichen Zugehörigkeit auf den Dividendenartikel Art. 13 Abs. 5 DBA-Luxemburg, obwohl dieser dem Wortlaut nach keine „tatsächliche Zugehörigkeit" verlangte, sondern lediglich forderte, dass die betreffenden Einkünfte „durch diese

---

[223] *BFH*, Urt. v. 17.12.2003 – I R 47/02, *BFH/NV* 2004, 771.

[224] Anders als in den „Sonderbereich"-Fällen scheitert die tatsächliche Zugehörigkeit damit jedenfalls nicht an der „Aktivposten"-Rechtsprechung (vgl. Fn. 296).

[225] *BFH*, Urt. v. 17.12.2003 – I R 47/02, *BFH/NV* 2004, 771 unter II.2.a).

Betriebsstätte" erzielt würden. Damit dehnte er den Bereich, in dem „der [abkommensrechtliche] Zusammenhang etwas anderes erfordert" (vgl. Art. 3 Abs. 2 OECD-MA) deutlich aus.

Zum anderen versagte er der „Holding-Betriebsstätte" im Streitfall die abkommensrechtliche Anerkennung im Rahmen des Art. 13 Abs. 5 OECD-MA, da er die (partielle) Wahrnehmung von Geschäftsleitungsaufgaben[226] nicht als Unternehmenstätigkeit genügen ließ und die Gewinne aus den gehaltenen Kapitalbeteiligungen daher unmittelbar durch die an der Holding-GbR beteiligten Gesellschaftern erzielt würden. Aufgrund der Knappheit der Ausführungen bleibt hierbei unklar, ob die Tätigkeit der Geschäftsleitungsholding bereits dem Grunde oder hier lediglich dem Umfang nach der abkommensrechtlichen Anerkennung entgegenstand.[227]

Beide Aspekte griff der BFH später in dem Beschluss vom 19. Dezember 2007[228] wieder auf. In dem der Entscheidung zugrunde liegenden Fall hatte eine niederländische C.V., deren einzige Kommanditistin eine deutsche GmbH war, sämtliche Anteile an verschiedenen Konzern-Vertriebsgesellschaften in Drittstaaten von der deutschen GmbH erworben. Im Streitjahr schütteten einige dieser Vertriebsgesellschaften Dividenden an die C.V. aus. Die C.V. war ihrerseits Vertriebsgesellschaft für die deutsche GmbH in den Niederlanden. Der Fall behandelte die Frage, inwieweit die Drittstaatendividenden dem niederländischen Betriebsstättenergebnis zuzurechnen und entsprechend von der deutschen Besteuerung freizustellen seien. Unter Verweis auf die Entscheidung vom 30. August 1995[229] stellte der BFH für die Zuordnung der Drittstaatendividenden wiederum auf das Kriterium der „tatsächlichen Zugehörigkeit" ab, obwohl ähnlich wie in der Konstellation, die dem Urteil vom 30. August 1995 zum DBA-Schweiz zugrunde lag, auch Art. 16 DBA-Niederlande 1959 (sonstige

---

[226]Gemäß den Ausführungen von *Kaeser/Wassermeyer*, in: Wassermeyer, DBA, Art. 10 MA Rn. 167 hatte die Holding-Gesellschaft „die Funktion, eine Kontrolle und Koordinierung der einzelnen Arbeitsabläufe der Tochtergesellschaft vorzunehmen, dadurch bestimmte Synergieeffekte zu nutzen und insbesondere beim Wareneinkauf die ‚Marktmacht' der Kapitalgesellschaft zu ‚bündeln'".

[227]Dies wohl auch offen lassend *Breuninger*, FS Schaumburg, S. 587, 605; *Kinzl*, IStR 2005, 693, 694 f.; lediglich von einer Nichtanerkennung von Holdingfunktionen im konkreten Fall ausgehend *Kessler/Huck*, IStR 2006, 433, 439. Von einer Nichtanerkennung bereits dem Grunde nach ausgehend das *FG Münster*, Urt. v. 15.12.2014 – 13 K 624/11 F, EFG, 704 unter I.2.a.bb); so wohl auch *Wiese/Lukas*, GmbHR 2016, 803, 804.

[228]*BFH*, Beschluss v. 19.12.2007 – I R 66/06, *BFHE* 220, 173.

[229]*BFH*, Urt. v. 30.8.1995 – I R 112/94, *BFHE* 179, 48.

Einkünfte) keinen Art. 21 Abs. 2 OECD-MA vergleichbaren Betriebsstätten-vorbehalt enthielt.[230] Dementsprechend hätte der BFH die Besteuerung der aus Drittstaaten stammenden Dividenden nach Art. 5 DBA-Niederlande 1959 dem Betriebsstättenstaat zugewiesen, wenn die den Dividenden zugrunde liegenden Beteiligungen tatsächlich zu der Betriebsstätte gehört hätten, die Beteiligungen also die Voraussetzungen der Nebenertragsrechtsprechung[231] erfüllt hätten.[232]

Dabei stand es der Übertragung der Grundsätze der Rechtsprechung zur „tat-sächlichen Zugehörigkeit" nach den Ausführungen des BFH ausdrücklich nicht entgegen, dass das DBA-Niederlande in seinen kodifizierten Betriebsstättenvorbe-halten statt auf die „tatsächliche Zugehörigkeit" darauf abstellt, ob „die Einkünfte durch diese Betriebsstätte erzielt"[233] wurden.[234] Damit erweiterte er das wortlau-tunabhängige Verständnis von Betriebsstättenvorbehalten in Dividendenartikel im Sinne einer „tatsächlichen Zugehörigkeit" nun auch auf Formulierungen, die gar nicht mehr auf das Stammrecht und dessen Zugehörigkeit zum Vermögen der Betriebsstätte Bezug nehmen.[235]

Darüber hinaus äußerte sich der BFH zu der Beurteilung des funktionalen Zusammenhangs bei Holding-Konstellationen und knüpfte damit an die Entschei-dung vom 17. Dezember 2003[236] an. Er verneinte auch hier den funktionalen Zusammenhang der Beteiligungen an den Drittstaaten-Vertriebsgesellschaften mit der Vertriebstätigkeit der C.V. Dabei ging er davon aus, dass die Anteile an den Vertriebsgesellschaften ohne die Verlagerung in die Niederlande auch weiterhin von Deutschland aus hätten gehalten werden können,[237] und führte weiter aus:

---

[230]Zum Konkurrenzverhältnis von Art. 21 OECD-MA und Art. 7 OECD-MA vgl. auch unten 9.3.8.

[231]Vgl. die Ausführungen oben 9.2.1.3.

[232]*BFH*, Beschluss v. 19.12.2007 – I R 66/06, *BFHE* 220, 173 unter II.2.c.cc).

[233]Vgl. Art. 13 Abs. 5, 14 Abs. 2, 15 Abs. 4 DBA-Niederlande.

[234]Vgl. *BFH*, Beschluss v. 19.12.2007 – I R 66/06, *BFHE* 220, 173 unter II.2.c.cc.bbb) unter Verweis auf Urt. v. 10.8.2006 – II R 59/05, *BFHE* 214, 518. Darüber hinaus griff der BFH ein weiteres Mal auf die zitierte Entscheidung des II. Senats zurück. Ähnlich wie jenem Fall zum DBA-Frankreich entnahm er auch dem DBA-Niederlande einen systemimmanenten Spezialitätenvorrang, vgl. Beschluss v. 19.12.2007 – I R 66/06, *BFHE* 220, 173 unter II.2.c.aa).

[235]Zur Frage der Maßgeblichkeit des Wortlauts der Betriebsstättenvorbehalte vgl. unten 9.3.6.

[236]*BFH*, Urt. v. 17.12.2003 – I R 47/02, *BFH/NV* 2004, 771.

[237]Vgl. bereits die Üblichkeitsüberlegungen des BFH als Indizien gegen eine tatsächliche Zugehörigkeit in der Entscheidung *BFH*, Urt. v. 30.8.1995 – I R 112/94, *BFHE* 179, 48 unter II.5.

„Insbesondere ist nichts dafür dargetan oder festgestellt, dass die CV ihrerseits Vertriebsfunktionen in Großbritannien, Belgien und in der Schweiz übernommen hätte oder dass ihr neben dem Stammhaus bestimmte geschäftsleitende Holdingfunktionen über die anderen Auslands-Vertriebsgesellschaften übertragen worden wären, die nach dem Veranlassungsprinzip und dem Funktionszusammenhang eine Zuordnung der Beteiligungen bei der CV rechtfertigen könnten [...]. Die Gewinne aus den Beteiligungen wurden deshalb unbeschadet der Einschaltung der CV von der Kl. unmittelbar und nicht „durch die Betriebsstätte" der CV erzielt."[238]

In dieser Aussage sieht ein Teil der Literatur eine Abkehr von dem Urteil vom 17. Dezember 2003.[239] Richtigerweise handelt es sich hierbei aber um eine Klarstellung.

Zunächst impliziert der BFH mit dieser Aussage, dass die Übertragung von bestimmten geschäftsleitenden Holdingfunktionen von dem Stammhaus auf eine Betriebsstätte durchaus eine abkommensrechtliche Zuordnung von Beteiligungen zu der Betriebsstätte dem Grunde nach rechtfertigen kann. Anders als noch in der Entscheidung vom 17. Dezember 2003 wird damit die grundsätzliche abkommensrechtliche Anerkennung der Holding-Betriebsstätte deutlich zum Ausdruck gebracht.[240] Die Bezugnahme auf das Veranlassungsprinzip und den Funktionszusammenhang verdeutlicht aber auch, dass eine solche Zuordnung zu einer Holdingbetriebsstätte voraussetzt, dass die Beteiligungen in einem veranlassungsbasierten funktionalen Zusammenhang zu den Holdingtätigkeiten dieser Betriebsstätte stehen.[241] Dies dürfte dann zu bejahen sein, wenn die beherrschende

---

[238] *BFH*, Beschluss v. 19.12.2007 – I R 66/06, BFHE 220, 173 unter II.2.c.cc.aaa).

[239] *Schönfeld*, IStR 2008, 370; *Lohmann/Rengier*, FR 2008, 727, 728; *Lieber*, IWB 2010, 351, 357.

[240] So auch *Früchtl*, BB 2008, 1209, 1213; *Lohmann/Rengier*, FR 2008, 727; *Blumers*, DB 2008, 1765, 1769; *Breuninger*, FS Schaumburg, S. 587, 605 f.

[241] Ähnlich *Früchtl*, BB 2008, 1209, der von einem „restriktiven Ansatz" der Zuordnung spricht und davon ausgeht, dass „eine geschäftsleitende Holdingfunktion nur bei engem Zusammenhang zur geschäftlichen Tätigkeit der Betriebsstätten" anerkannt wird, BB 2008, 1209, 1213. Ähnlich auch *Lohmann/Rengier*, FR 2008, 727, 729, die davon ausgehen, eine geschäftsleitende Holdingtätigkeit, die über die bloße Vermögensverwaltung hinaus aktiv in die Geschäftspolitik der nachgeordneten Tochtergesellschaft eingreift oder zumindest die Grundlinien der Geschäftspolitik anhand von Richtlinien oder schriftlichen Weisungen festlegt, auch „das Vorhandensein des vom BFH geforderten Veranlassungs- und Funktionszusammenhang indizieren" dürfte. Denn alle mit den Beteiligungen in Zusammenhang stehenden Tätigkeiten würden dann von der aus ausländischen (Holding-)Betriebsstätte ausgeübt.

Gesellschafterstellung faktisch Voraussetzung für die Ausübung der Leitungstätigkeit ist. Ähnlich verlangen *Kaeser* und *Wassermeyer* eine tatsächliche Nutzung der Beteiligung durch die Holding-Personengesellschaft.[242]

Im Übrigen hält der BFH aber dennoch weiter an der im Urteil vom 17. Dezember 2003 getroffenen Aussage fest, dass Dividenden unbeschadet der Einschaltung einer Zwischenpersonengesellschaft weiterhin unmittelbar den Anteilseignern dieser Zwischenpersonengesellschaft zuzuordnen sind, wenn sie mangels hinreichender Bedeutung für die Tätigkeiten der Zwischenpersonengesellschaft nicht als „durch diese erzielt" angesehen werden können.[243] In diesen Fällen tritt der Zusammenhang der Beteiligung mit den durch die Zwischenpersonengesellschaft ausgeübten Funktionen hinter den Zusammenhang mit der unmittelbar unternehmerischen Tätigkeit der Unternehmer zurück, d. h. den hinter der Holdingpersonengesellschaft stehenden abkommensberechtigten Personen. Dies entspricht letztlich einer Vorrangigkeitsprüfung zwischen der von der Anteilseignerin einerseits und der Zwischengesellschaft andererseits ausgeübten Funktionen.[244]

Auch wenn sich der BFH hierzu nicht ausdrücklich äußert, lässt die gemeinsame Nennung der Zuordnungskriterien des Veranlassungsprinzips und des Funktionszusammenhangshangs die Vermutung zu, dass beide Kriterien üblicherweise zu dem gleichen Ergebnis führen. Damit setzt der BFH die „Vermengung" der Zuordnungsmaßstäbe des Art. 5 DBA-Niederlande (entspricht Art. 7 OECD-MA) nach dem innerstaatlichen allgemeinen Veranlassungsprinzip einerseits und der Betriebsstättenvorbehalten nach der „tatsächlichen Zugehörigkeit" im Sinne eines funktionalen Zusammenhangs andererseits weiter fort, die bereits in der Übertragung der Grundsätze der „tatsächlichen Zugehörigkeit" auf die Drittstaatendividenden ihren Anfang gefunden hat.

Denn wie der BFH dort feststellte, werden die Drittstaatendividenden „jedenfalls insoweit, als sie nicht einer gewerblichen Tätigkeit zuzuordnen sind, von Art. 16 DBA-Niederlande 1959 erfasst"[245]. Angesichts des für das DBA-Niederlande 1959 ausdrücklich[246] erklärten Vorrangs von Art. 5 DBA-Niederlande 1959, bedeutet dies aber im Umkehrschluss, dass Einkünfte, die von der Rechtsfolge des Art. 16 DBA-Niederlande 1959 (Andere Einkünfte)

---

[242] *Kaeser/Wassermeyer*, in: Wassermeyer, DBA, Art. 10 MA Rn. 165.

[243] A. A. wohl *Schönfeld*, IStR 2008, 370.

[244] Vgl. auch bereits oben unter 9.2.1.3.

[245] *BFH*, Beschluss v. 19.12.2007 – I R 66/06, *BFHE* 220, 173 unter II.2.c.bb).

[246] *BFH*, Beschluss v. 19.12.2007 – I R 66/06, *BFHE* 220, 173 unter II.2.c.bb).

erfasst werden, nicht zugleich Unternehmensgewinne im Sinne des Art. 5 DBA-Niederlande 1959 und daher auch keiner Zuordnung zu einer Betriebsstätte nach Art. 5 DBA-Niederlande 1959 zugänglich sein können. Um aber einer Betriebsstätte zugeordnet werden zu können, müssen die Drittstaatendividenden Unternehmensgewinne sein. Dies sind sie – in Anlehnung an das Urteil vom 30. August 1995[247] – aber nur, wenn sie tatsächlich zur Betriebsstätte gehören.[248]

Die tatsächliche Zugehörigkeit zu der Betriebsstätte löst die Drittstaatendividenden damit aus dem Anwendungsbereich des Art. 16 DBA-Niederlande 1959 heraus und unterwirft sie der Rechtsfolge des Art. 5 DBA-Niederlande 1959. Auch ohne eine Art. 21 Abs. 2 OECD-MA entsprechende Regelung liest der BFH dessen Mechanismus in den Begriff der Unternehmensgewinne hinein:[249]

Ein Betriebsstättenvorbehalt nach dem Vorbild des Art. 21 Abs. 2 OECD-MA läuft nämlich unter der Prämisse einer Nachrangigkeit des Art. 21 OECD-MA gegenüber Art. 7 OECD-MA grundsätzlich leer.[250] Die dem Art. 21 Abs. 2 OECD-MA entsprechende Idee, ausnahmsweise ein „Pooling" von Drittstaateneinkünften in einer ausländischen Betriebsstätte zuzulassen, wenn diese Einkünfte in einem „funktionalen Zusammenhang mit der in der Betriebsstätte ausgeübten unmittelbar unternehmerischen Tätigkeit"[251] stehen, muss der BFH daher im Rahmen des Art. 7 OECD-MA bzw. im Rahmen der gemäß Methodenartikel freizustellenden Unternehmensgewinne umsetzen. Um hier nicht mit dem Zurechnungsmaßstab im Rahmen der anderen Betriebsstättenvorbehalte zu brechen, liest er den funktionalen Maßstab der „tatsächlichen Zugehörigkeit" in den Begriff der Unternehmensgewinne hinein.

Auf diese Weise finden die Grundsätze der „tatsächlichen Zugehörigkeit" Eingang in die allgemeine Betriebsstättengewinnabgrenzung nach Art. 5 DBA-Niederlande 1959. Dies wirft erneut die Frage auf, inwieweit das Veranlassungsprinzip einerseits und der Maßstab der „tatsächlichen Zugehörigkeit" andererseits inhaltlich übereinstimmen.[252]

---

[247]*BFH*, Urt. v. 30.8.1995 – I R 112/94, *BFHE* 179, 48.

[248]*BFH*, Beschluss v. 19.12.2007 – I R 66/06, *BFHE* 220, 173 unter II.2.c.cc).

[249]Dies wiederum spricht deutlich dafür, dass auch der BFH dem Art. 21 Abs. 2 OECD-MA lediglich deklaratorischen Charakter beimisst. So auch *Lohmann/Rengier*, FR 2008, 727, 729; vgl. ferner 9.3.8.

[250]Vgl. hierzu die Ausführungen unter 9.3.8.

[251]Vgl. *BFH*, Beschluss v. 19.12.2007 – I R 66/06, *BFHE* 220, 173 unter II.2.c.cc).

[252]Vgl. hierzu ausführlich 9.3.9.

9.2.2 Inbound-Konstellationen

Nach und nach wurde die Rechtsprechung zur tatsächlichen Zugehörigkeit auch auf Inbound-Konstellationen übertragen. Anders als in den Outbound-Konstellationen spielt die Frage der tatsächlichen Zugehörigkeit im Rahmen der Betriebsstättenvorbehalte hier ausschließlich auf der Ebene der Verteilungsartikel eine Rolle.

9.2.2.1 I R 16/89: Die Sonderregelung in Art. 7 Abs. 7 Satz 2 DBA-Schweiz

Im Kontext der Inbound-Konstellationen ist zunächst das Urteil vom 17. Oktober 1990[253] zu nennen, das zeitlich kurz vor der Rechtsprechungsänderung durch die Urteile vom 27. Februar 1991[254] ergangen ist. In der besagten Entscheidung ging es um die Frage, ob die (Guthaben-)Zinsen, die der in der Schweiz ansässige Kläger als persönlich haftender Gesellschafter von der inländischen Kommanditgesellschaft auf Aktien (KGaA) bezogen hatte, als Sondervergütungen von der beschränkten Steuerpflicht gemäß § 49 Abs. 1 Nr. 2 lit. a EStG umfasst waren.

Der BFH bejahte diese Frage. Insbesondere werde das Besteuerungsrecht an den Zinsen, die nach innerstaatlichem Recht zu den gewerblichen Einkünften zählen (§ 15 Abs. 1 Nr. 3 EStG a. F.), nicht durch das DBA-Schweiz ausgeschlossen. Denn gemäß Art. 7 Abs. 7 Satz 2 DBA-Schweiz werde das Besteuerungsrecht Deutschlands an den Gewinnen der inländischen Betriebsstätte auch auf Vergütungen ausgedehnt, die ein Gesellschafter einer Personengesellschaft von der Gesellschaft für die Gewährung eines Darlehens beziehe, wenn die Vergütungen nach dem Steuerrecht des Vertragsstaates, in dem die Betriebsstätte gelegen ist, den Einkünften des Gesellschafters aus dieser Betriebsstätte zugerechnet würden. Diese Voraussetzungen lagen im Streitfall vor.

Anders als in der Literatur teilweise vertreten, steht diese Entscheidung aber nicht „in diametralem Gegensatz"[255] zu den kurz darauf ergangenen Entscheidungen vom 27. Februar 1991 zu Outbound-Konstellationen. Denn die Einbeziehung der Sondervergütungen in die gewerblichen Einkünfte ist in dem dem Urteil vom 17. Oktober 1990 zugrunde liegenden Fall nicht einer pro-fiskalischen Abkommensauslegung in der Inbound-Konstellation geschuldet, sondern ergibt

---

[253] *BFH*, Urt. v. 17.10.1990 – I R 16/89, *BFHE* 163, 38.

[254] *BFH*, Urt. v. 27.2.1991 – I R 15/89, *BFHE* 164, 38; Urt. v. 27.2.1991 – I R 96/89, *BFH/NV* 1992, 385.

[255] So *Köhler*, RIW 1991, 1024, 1033. Ähnlich auch *Boller/Eilinghoff/Schmidt*, IStR 2009, 109 (dort Fn. 5), die das Urteil noch der „früheren Rechtsprechung" des BFH vor dem Rechtsprechungswechsel durch *BFH*, Urt. v. 27.2.1991 – I R 15/89, *BFHE* 164, 38 zuordnen.

sich aus der Sonderregelung der Art. 7 Abs. 7 Satz 2 DBA-Schweiz.[256] Diese Regelung schließt nämlich die Anwendung des Spezialitätenvorrangs des Art. 7 Abs. 8 DBA-Schweiz auf Sondervergütungen aus, der aber die Grundlage für die Rechtsprechung des BFH in seinen Urteilen vom 27. Februar 1991[257] mit ihrer „Herauslösung" der Sondervergütungen aus den Unternehmensgewinnen gewesen war. Der Entscheidung vom 17. Oktober 1990[258] ist somit keine grundsätzliche „Anders-Behandlung" der Inbound-Konstellationen zu entnehmen.

Die genannte Entscheidung erwähnt nicht, ob neben der inländischen weitere Betriebsstätten der KGaA im anderen Vertragsstaat existieren, so dass vermutet werden darf, dass dies nicht der Fall ist. In Anbetracht der vom BFH vertretenen Ablehnung betriebsstättenloser Einkünfte[259] hatte der BFH daher auch keinen Anlass, über die konkrete Zuordnung der Zinserträge zu entscheiden und konnte die Frage, ob es sich bei Art. 7 Abs. 7 Satz 2 DBA-Schweiz um eine Zurechnungsnorm handelt, unentschieden lassen.

Die Regelung des Art. 7 Abs. 7 Satz 2 DBA-Schweiz knüpft tatbestandlich an die innerstaatliche Zurechnung an, indem sie voraussetzt, dass der andere (Betriebsstätten-)Vertragsstaat die Vergütungen den Einkünften des Gesellschafters aus der Betriebsstätte zurechnet.[260] Für die im Inbound-Fall maßgebliche innerstaatliche Zurechnungsnorm ist dabei entschieden, dass § 15 Abs. 1 Satz 1 Nr. 2 EStG nicht lediglich eine Qualifikations- sondern auch eine Zurechnungsnorm ist.[261] Fraglich ist, ob die tatbestandlich vorausgesetzte Zurechnungsnorm auf die abkommensrechtliche Behandlung durchschlägt.

Im Ergebnis überzeugen die für die Einordnung des Art. 7 Abs. 7 Satz 2 DBA-Schweiz als Zurechnungsnorm von der Literatur angeführten Gründe nicht: So ist der mit der Gleichstellung von Einzel- und Mitunternehmer argumentierenden Auffassung[262] entgegen zu halten, dass es sich bei der Gleichstellungsthese

---

[256] So auch *Busl*, RIW 1991, 847, 849 und DB in seiner Urteilsbesprechung, DStR 1991, 706, 708. A. A. *Köhler*, RIW 1991, 1024, 1034, der die Auffassung vertritt, die Zuordnung der Zinsen ergebe sich bereits aus der Aufwandszuordnungsregelung des Art. 7 Abs. 3 DBA-Schweiz, was zu einer mit dem DBA-USA vergleichbaren Lage führe. Ebenfalls a. A. wohl *Debatin*, BB 1992, 1181, 1185, der es als allgemeinen Grundsatz ansieht, dass Sondervergütungen abkommensmäßig zu dem Gewinn eines Personengesellschaftsteilhabers gehören.

[257] *BFH*, Urt. v. 27.2.1991 – I R 15/89, *BFHE* 164, 38; Urt. v. 27.2.1991 – I R 96/89, *BFH/NV* 1992, 385.

[258] *BFH*, Urt. v. 17.10.1990 – I R 16/89, *BFHE* 163, 38.

[259] Vgl. 9.1.6 sowie 9.3.7.

[260] *Pohl*, IWB 2012, 120, 122 f.

[261] *BFH*, Urt. v. 18.7.1979 – I R 199/75, *BFHE* 128, 516 unter II.2.

[262] Vgl. *Pohl*, IWB 2012, 120, 124.

um ein (vorrangig gewerbesteuerlich motiviertes) innerstaatliches Konzept handelt, das sich nicht unmittelbar auf die abkommensrechtliche Ebene übertragen lässt. Auch der Argumentation, die tatbestandliche Anknüpfung an die innerstaatliche Zurechnung laufe sonst leer,[263] dringt im Ergebnis nicht durch, da die Anknüpfung gerade nicht leerläuft, sondern sich lediglich in der Aushebelung des Spezialitätenvorrangs erschöpft.[264]

Auch die historisch-teleologische Auslegung steht der Einstufung als Qualifikationsnorm nicht entgegen. So benennt *Debatin* die unterschiedliche schweizerische Rechtsauffassung, Sondervergütungen seien nach den spezielleren Verteilungsartikeln und nicht als Unternehmensgewinne zu behandeln, als Grund für die Aufnahme der Sonderregelung in das Abkommen.[265] Diese Rechtsauffassung betrifft aber letztlich auch nur die Qualifikation der Einkünfte, aber nicht zwingend deren Zurechnung.

Vielmehr ist daher davon auszugehen, dass die Sonderregelung des Art. 7 Abs. 7 Satz 2 DBA-Schweiz (sowie die vergleichbaren Sonderregelungen in anderen Abkommen) lediglich als Qualifikations- und nicht auch als Zurechnungsnorm einzustufen ist.[266] Denn die Rechtsfolgenseite der Norm greift die tatbestandlich geforderte Zurechnung gerade nicht wieder auf.[267] Insoweit unterscheidet sich die Einordnung der abkommensrechtlichen Sonderreglung nicht von derjenigen zur innerstaatlichen Sonderregelung des § 50d Abs. 10 EStG in der Fassung des Jahressteuergesetzes 2009[268], hinsichtlich derer der BFH die Einordnung als Zurechnungsregelung verneint hat.[269]

Bereits in der Entscheidung vom 10. Juli 2002 hatte der BFH dementsprechend der Sonderregelung des Art. 7 Abs. 7 Satz 2 DBA-Schweiz nur eine Qualifikationsfunktion entnommen und die Sache für die Frage der Zurechnung der Einkünfte an die Vorinstanz zurückverwiesen.[270] Sollte der BFH die Frage, ob Art. 7 Abs. 7 Satz 2 DBA-Schweiz auch eine Zurechnungsnorm darstellt, in dem

---

[263]*Pohl*, IWB 2012, 120, 124.

[264]Zum Konkurrenzverhältnis des Art. 7 Abs. 7 Satz 2 DBA-Schweiz als *lex specialis* zum Spezialitätenvorrang des Art. 7 Abs. 8 DBA-Schweiz vgl. oben 3.3.2.

[265]*Debatin*, BB 1992, 1181, 1185.

[266]*BFH*, Urt. v. 10.7.2002 – I R 71/01, *BFHE* 200, 184 unter II.4.c); *Häck*, IStR 2011, 71, 73; a. A. *Franz/Voulon*, BB 2011, 1111, 1113; *Schmidt*, DStR 2010, 2436, 2437; wohl auch *Boller/Eilinghoff/Schmidt*, IStR 2009, 109, 114.

[267]*Pohl*, IWB 2012, 120, 123; wohl auch *Müller*, BB 2009, 751, 755; a. A. *Franz/Voulon*, BB 2011, 1111, 1113.

[268]Jahressteuergesetz 2009 vom 19.12.2008, BGBl I 2008, 2794.

[269]Vgl. *BFH*, Urt. v. 8.9.2010 – I R 74/09, *BFHE* 231, 84 unter III.2.b).

[270]*BFH*, Urt. v. 10.7.2002 – I R 71/01, *BFHE* 200, 184 unter II.4.c).

Urteil vom 17. Oktober 1990[271] nicht lediglich mangels weiteren Zuordnungspols offengelassen, sondern damit auch die Zurechnungsfunktion der Sonderregelung bejaht haben, so hat er diese Rechtsprechung jedenfalls mit der Entscheidung vom 10. Juli 2002[272] geändert.[273]

9.2.2.2 I R 85/91: Funktionaler Zusammenhang zur ausgeübten Betriebsstättentätigkeit zumindest als Nebenertrag

In dem Urteil vom 26. Februar 1992,[274] in dem es um die Zuordnung der Dividenden aus der Beteiligung an einer inländischen Komplementär-GmbH ging, deren Tätigkeit sich (fast) ausschließlich in der Geschäftsführung der inländischen GmbH & Co KG erschöpfte, hatte der BFH die tatsächliche Zugehörigkeit der Komplementär-GmbH-Anteile zum Vermögen der inländischen Betriebsstätte bejaht. Diese lasse sich aber – in Bestätigung der Entscheidung vom 27. Februar 1991[275] – erneut nicht aus deren rechtlicher Zugehörigkeit zum Sonderbetriebsvermögen herleiten.[276] Vielmehr führte der BFH unter Verweis auf den OECD-Musterkommentar zu den Anforderungen an die tatsächliche Zugehörigkeit aus:

> *„[Eine tatsächliche Zugehörigkeit] ist anzunehmen, wenn die Beteiligung in einem funktionalen Zusammenhang zu einer in der Betriebsstätte ausgeübten aktiven Tätigkeit steht und sich deshalb die Beteiligungserträge bei funktionaler Betrachtungsweise als Nebenerträge der aktiven Betriebsstättentätigkeit darstellen. Davon ist zumindest dann auszugehen, wenn die Tätigkeit der GmbH --wie vom FG für den Streitfall bindend festgestellt-- sich ausschließlich oder fast ausschließlich auf die Geschäftsleitung der Personengesellschaft beschränkt."[277]*

Der BFH hob damit den funktionalen Zusammenhang des betreffenden Stammrechts – hier der Beteiligung, aus der die Dividenden stammten – zu einer aktiven Betriebsstättentätigkeit hervor. Wie sich dieser zu dem Erfordernis der dienenden Funktion eines Wirtschaftsgutes für die Betriebsstättentätigkeit für Zwecke der

---

[271] *BFH*, Urt. v. 17.10.1990 – I R 16/89, *BFHE* 163, 38.

[272] *BFH*, Urt. v. 10.7.2002 – I R 71/01, *BFHE* 200, 184.

[273] So auch *Häck*, IStR 2011, 71, 73.

[274] *BFH*, Urt. v. 26.2.1992 – I R 85/91, *BFHE* 168, 52.

[275] *BFH*, Urt. v. 27.2.1991 – I R 15/89, *BFHE* 164, 38.

[276] *BFH*, Urt. v. 26.2.1992 – I R 85/91, *BFHE* 168, 52 unter II.3.c.cc).

[277] *BFH*, Urt. v. 26.2.1992 – I R 85/91, *BFHE* 168, 52 unter II.3.c.cc).

Betriebsstättengewinnabgrenzung nach Art. 7 Abs. 1 und 2 OECD-MA[278] verhält, thematisierte der BFH nicht. Der Wortlaut „funktionaler Zusammenhang zu der aktiven Betriebsstättentätigkeit" legt jedoch nahe, dass das Stammrecht, für das Dividenden, Zinsen oder Lizenzen entrichtet werden, eine nicht ganz untergeordnete „Funktion" im Rahmen einer aktiven Betriebsstättentätigkeit einnimmt.[279] Damit erscheint es zumindest rein begrifflich schwer vorstellbar, dass man einen funktionalen Zusammenhang eines Stammrechts zu einer Betriebsstätte bejaht, aber gleichzeitig das entsprechende Merkmal der dienenden Funktion im Sinne des Art. 7 Abs. 1 und 2 OECD-MA verneinen würde.

Diese logische Verknüpfung erscheint aber auch sachgerecht. Auch wenn die Rechtsprechung diese Frage bis heute nicht ausdrücklich thematisiert hat,[280] so ist den Ausführungen des BFH in der Entscheidung vom 21. Januar 2016[281] dennoch zu entnehmen, dass der BFH den Verweis auf Art. 7 DBA-Spanien 1966 in den Betriebsstättenvorbehalten als Rechtsgrundverweisung betrachtet.[282] Gründe, warum diese Einordnung als Rechtsgrundverweisung nicht verallgemeinerungsfähig sein sollte, sind nicht ersichtlich. Auch ist nicht erkennbar, dass diese Haltung

---

[278] Vgl. oben unter 9.1.1.

[279] Es stellt sich dabei die Frage, ob der BFH bei dieser Betrachtung die beiden Aspekte der Zuweisung des Besteuerungsrechts einerseits und die Ermittlung der Methode zur Vermeidung der Doppelbesteuerung andererseits miteinander vermengt, vgl. auch *Strunk/Kaminski*, IStR 2003, 181, 183. Denn während die Frage der funktionalen Zugehörigkeit die Einkünftequalifikation und damit die Ebene der Zuweisung des Besteuerungsrechts betrifft, spielt die Frage der Aktivität üblicherweise erst auf der Ebene des Methodenartikels und damit der Art und Weise der Vermeidung der Doppelbesteuerung eine Rolle. Gleichzeitig enthält die *Ausübung* einer Geschäfts*tätigkeit* als definitionsgemäße Voraussetzung für die Anwendung des Unternehmensartikels auch gewisse aktive Elemente. Schließlich ist diese Vermengung in gewisser Weise dem von der Rechtsfolge (hier der Freistellung) ausgehenden Aufbau des Urteils geschuldet. So ist schwer ein Szenario denkbar, wo sich der BFH nicht im Rahmen des Einstiegs über einen Methodenartikel, sondern isoliert zu einem Verteilungsartikel äußern würde. In seinen späteren Entscheidungen *BFH*, Urt. v. 30.8.1995 – I R 112/94, *BFHE* 179, 48; Urt. v. 29.11.2000 – I R 84/99, juris; Urt. v. 13.2.2008 – I R 63/06, *BFHE* 220, 415 erläutert und konkretisiert der BFH sodann das Verhältnis der beiden Ebenen zueinander. Vgl. hierzu auch unten 9.3.1.

[280] Wie *Haase* zutreffend bemerkt, schweigen sich auch die Kommentare zu der Frage, ob der Verweis auf Art. 7 OECD-MA in den Betriebsstättenvorbehalten eine Rechtsgrund- oder eine Rechtsfolgenverweisung darstellt, aus, vgl. *Haase,* in: Haase/Dorn, Vermögensverwaltende Personengesellschaften, Rn. 4.286.

[281] *BFH*, Urt. v. 21.1.2016 – I R 49/14, *BFHE* 253, 115.

[282] So führt der BFH im Rahmen der Rückverweisung des Betriebsstättenvorbehalts die Tatbestandsvoraussetzungen des Art. 7 Abs. 1 DBA-Spanien auf, vgl. *BFH*, Urt. v. 21.1.2016 – I R 49/14, *BFHE* 253, 115 unter II.2.b.aa). Dies entspricht dem Wesen nach einer Rechtsgrundverweisung.

des BFH neu sei. Somit darf davon ausgegangen werden, dass – auch bereits vor der genannten Entscheidung vom 21. Januar 2016 – zusätzlich zu den Voraussetzungen des Betriebsstättenvorbehalts die Voraussetzungen des Art. 7 Abs. 1 und 2 OECD-MA erfüllt sein mussten, damit der Betriebsstättenstaat die vom Betriebsstättenvorbehalt erfassten Einkünfte besteuern konnte.

Folgt man diesem Verständnis und geht man zusätzlich davon aus, dass die beiden Zurechnungsmaßstäbe nach Art. 7 OECD-MA einerseits und dem Betriebsstättenvorbehalt andererseits völlig unabhängig voneinander sind, so wäre es theoretisch möglich, dass die Voraussetzungen des Betriebsstättenvorbehalts vorliegen, die Zurechnung nach Art. 7 OECD-MA zu der Betriebsstätte aber verneint würde. Die umqualifizierten Einkünfte würden dann im abkommensrechtlichen Nirwana landen. Dies kann indes nicht beabsichtigt sein. Bereits aus der Verweisungssystematik des Abkommens erscheint es daher viel näherliegend, dass der Zurechnungsmaßstab der Betriebsstättenvorbehalte, soweit überhaupt eine Abweichung besteht, dann jedenfalls enger ist als derjenige des Art. 7 OECD-MA. Eine Bejahung des tatsächlich-funktionalen Zusammenhangs würde dann auch stets bereits eine Zuordnung zu der Betriebsstätte nach Maßgabe des Art. 7 Abs. 1 Satz 2, Abs. 2 OECD-MA nach sich ziehen.[283]

Darüber hinaus ist im Fall der besagten Entscheidung vom 26. Februar 1992 zu beachten, dass die Kommanditgesellschaft, die dem einzigen und in der Schweiz ansässigen Kommanditisten ein Schweizer Unternehmen vermittelte, ausschließlich in Deutschland eine (Geschäftsleitungs-)Betriebsstätte unterhielt. Allein schon deswegen wäre die Beteiligung nach der späteren Rechtsprechung des BFH, die sog. *floating income* eine Absage erteilt hat,[284] mangels anderer Anknüpfungspunkte ausschließlich der inländischen Betriebsstätte zuzuordnen gewesen.

Zudem enthält das betreffende DBA-Schweiz mit Art. 7 Abs. 7 DBA-Schweiz, der von dem im Betriebsstättenvorbehalt enthaltenen Verweis auf Art. 7 DBA-Schweiz umfasst ist,[285] eine ausdrückliche Regelung, nach der Art. 7 DBA-Schweiz auch für Einkünfte aus der Beteiligung einer Personengesellschaft gilt. Dabei ist der Begriff „Einkünfte aus der Beteiligung einer Personengesellschaft" gemäß den Ausführungen des BFH rechtlicher Natur, der mangels

---

[283] So auch *Boller/Eilinghoff/Schmidt*, IStR 2009, 109, 112.

[284] Vgl. *BFH*, Urt. v. 19.12.2007 – I R 19/06, *BFHE* 220, 160 unter II.1.b.bb.bbb); Urt. v. 12.6.2013 – I R 47/12, *BFHE* 242, 107 unter B.II.3.b.aa.aaa). Dass jeder Gewerbebetrieb stets mindestens eine Geschäftsleitungsbetriebsstätte als Anknüpfungspunkt der Zuordnung haben muss, war bereits dem Urt. v. 28.7.1993 – I R 15/93, *BFHE* 172, 301 zu entnehmen.

[285] Vgl. *BFH*, Urt. v. 26.2.1992 – I R 85/91, *BFHE* 168, 52 unter II.3.c).

abkommenseigener Definition nach dem deutschen Steuerrecht auszulegen ist.[286] Diese Besonderheit des DBA-Schweiz steht aber der grundsätzlichen Übertragbarkeit der Ausführungen des BFH zur tatsächlichen Zugehörigkeit im Rahmen der Betriebsstättenvorbehalte auf das OECD-Musterabkommen nicht entgegen, da sie – wenn man nicht ohnehin von der deklaratorischen Wirkung des Art. 7 Abs. 7 Satz 1 DBA-Schweiz ausgeht[287] – lediglich dazu führt, dass die Zuordnung im Rahmen des Rückverweises auf Art. 7 DBA-Schweiz nicht nach Abs. 1, sondern (mit gleichem Ergebnis) nach Abs. 7 erfolgt.

9.2.2.3 I R 63/06: Aussagen zu Regel-Ausnahme-Verhältnis der Zurechnungsmaßstäbe

Einen weiteren Meilenstein in der Rechtsprechung zur betriebsstättenbezogenen Zurechnung stellt die Entscheidung vom 13. Februar 2008[288] zu Art. 13 Abs. 2 DBA-Schweiz dar. Der Fall betraf die Zurechnung von Veräußerungsgewinnen aus der Veräußerung von Kapitalgesellschaftsbeteiligungen, die der in der Schweiz ansässige einzige Kommanditist der klägerischen inländischen KG mit ausschließlich Betriebsstätten im Inland im Sonderbetriebsvermögen dieser KG gehalten hatte. In seinem Urteil hob der BFH das Regel-Ausnahmeverhältnis der Zurechnungsmaßstäbe ausdrücklich hervor: Grundsätzlich richtet sich die Zurechnungsfrage nach den Zurechnungsmaßstäben des deutschen Einkommensrechts. Daher schlagen die „rechtlichen" Zuordnungen in der Regel auch auf die abkommensrechtliche Zurechnung durch. Eine abweichende abkommensrechtliche Zurechnung erfolgt nur, wenn das DBA eine abweichende Bestimmung trifft.

Bedenkt man, dass es sich bei der Bestimmung von Zurechnungsmaßstäben stets um die Auslegung der Zurechnungskriterien handelt, so entspricht dieses Regel-Ausnahme-Verständnis dem Regelungsgehalt des Art. 3 Abs. 2 OECD-MA.

---

[286]Vgl. *BFH*, Urt. v. 26.2.1992 – I R 85/91, *BFHE* 168, 52 unter II.3.d).

[287]Es ist nicht gänzlich ersichtlich, ob der BFH der Regelung des Art. 7 Abs. 7 Satz 1 DBA-Schweiz wirklich eine über Art. 7 Abs. 1 DBA-Schweiz hinausgehende Verteilungsfunktion beimessen will. Denn auch wenn der BFH in seinen Formulierungen („ist vielmehr für die Besteuerung der Gewinnanteile Art. 7 abs. 7 Satz 1 DBA-Schweiz maßgebend", vgl. *BFH*, Urt. v. 26.2.1991 – I R 85/91, *BFHE* 168, 52 unter II.3.c)) den Eindruck erweckt, die zitierte Abkommensregelung sei die streitentscheidende Verteilungsvorschrift, so suggeriert der Wortlaut der Regelung („Dieser Artikel gilt auch für Einkünfte aus der Beteiligung an einer Personengesellschaft.") etwas anders. Er lässt vielmehr eine deklaratorische Bedeutung vermuten, vgl. auch *Buciek*, in: F/W/K, DBA-Schweiz, Art. 7 Rn. 693.

[288]*BFH*, Urt. v. 13.2.2008 – I R 63/06, *BFHE* 220, 415.

Zu der abstrakten Zuordnung einer Beteiligung zum Sonderbetriebsvermögen nach innerstaatlichem Recht äußerte der BFH:

> *„Entscheidend ist vielmehr, ob die Beteiligung an der Kapitalgesellschaft im konkreten Einzelfall vor allem mit Rücksicht auf die Belange der Personengesellschaft gehalten wird oder ob daneben zugleich der Gesichtspunkt der privaten Vermögensanlage eine bedeutsame Rolle spielt."*[289]

Dies entspricht der veranlassungsbasierten Abgrenzung von betrieblicher und privater Vermögenssphäre. Dabei erwähnt der BFH auch, dass die Fremdüblichkeit der durch die Beteiligung vermittelten Geschäftsbeziehungen die Annahme einer dienenden Funktion und damit die Qualifikation der Beteiligung als Sonderbetriebsvermögen nicht ausschließen.[290]

Im Rahmen der Übertragung des innerstaatlichen Zurechnungsmaßstabs für Sonderbetriebsvermögen zur betrieblichen Sphäre auf die Zurechnung zu der Betriebsstätte im Rahmen des Art. 13 Abs. 2 DBA-Schweiz führte der BFH weiter aus,

> *„dass nach den tatrichterlichen Feststellungen [...] die Beteiligung des [Kommanditisten] an der [Kapitalgesellschaft] von der wirtschaftlichen Konzeption her derjenigen an der [KG] untergeordnet war. In rechtlicher Hinsicht folgt daraus, dass sie zu dem bei der [KG] zu erfassenden Betriebsvermögen gehört, ohne dass diese Zuordnung vom Willen des [Kommanditisten] abhängig ist oder von ihm verhindert werden konnte. Es geht mithin um ein Wirtschaftsgut, das von seiner wirtschaftlichen Funktion her eindeutig zum Bereich der [KG] gehört. Eine in diesem Sinne auf den tatsächlichen Gegebenheiten beruhende Zugehörigkeit führt dazu, dass das betreffende Wirtschaftsgut abkommensrechtlich der durch die Personengesellschaft vermittelten Betriebsstätte des Gesellschafters zuzuordnen ist. Andere Regeln können nur dann gelten, wenn sie sich aus dem Wortlaut oder dem Gesamtzusammenhang des jeweils maßgeblichen Abkommens ableiten lassen; das ist im Hinblick auf das DBA-Schweiz nicht der Fall."*[291]

---

[289] *BFH*, Urt. v. 13.2.2008 – I R 63/06, *BFHE* 220, 415 unter II.2.b).

[290] Dieser unterschiedliche Stellenwert des Fremdvergleichs bei Gesellschafterrechtsgeschäften bei Personengesellschaften im Vergleich zu entsprechenden Rechtsgeschäften bei Kapitalgesellschaften (vgl. die Ausführungen zur vGA oben in Kapitel 7) ist Ausfluss des Unterschieds zwischen dem für Kapitalgesellschaften geltenden Trennungsprinzip und dem auf Personengesellschaften anwendbaren Transparenzprinzip sowie der zudem angestrebten steuerlichen Gleichstellung des Mitunternehmers mit dem Einzelunternehmer. Bei dem Mitunternehmer ist daher bereits jede von der Gesellschaft geleistete Vergütung dem Grunde nach Gewinnverwendung, bei der Kapitalgesellschaft erstreckt sich dies i. d. R. nur auf den fremdunüblichen Teil.

[291] *BFH*, Urt. v. 13.2.2008 – I R 63/06, *BFHE* 220, 415 unter II.5.e.aa).

Die Ausführungen verdeutlichen wiederum, dass auch die abkommensrechtliche Zurechnung eines Wirtschaftsguts zum Betriebsvermögen einer Betriebsstätte im Rahmen des Art. 13 Abs. 2 OECD-MA auf einer funktionalen Betrachtungsweise basiert, die auf die wirtschaftliche Funktion abstellt.[292] Begrifflich scheint diese wirtschaftlich-funktionale Betrachtungsweise auf Basis tatsächlicher Gegebenheiten sehr nah an der tatsächlich-funktionalen Zugehörigkeit im Sinne der BFH-Rechtsprechung zu den abkommensrechtlichen Betriebsstättenvorbehalten zu sein.[293]

Umso bemerkenswerter ist es, dass der BFH den Fall von der ständigen Rechtsprechung zur „tatsächlichen Zugehörigkeit" bei Sondervergütungen abgrenzte und erklärte, dass die Abgrenzung gemäß Art. 13 Abs. 2 OECD-MA entgegen der zitierten Literaturauffassung[294] nicht nach den Maßstäben dieser Rechtsprechung zu erfolgen habe. Er begründete dies zum einen mit dem von den anderen Betriebsvorbehalten abweichenden Wortlaut des Art. 13 Abs. 2 OECD-MA einerseits und der Art. 10 Abs. 4, Art. 11 Abs. 4 sowie Art. 12 Abs. 3 OECD-MA andererseits und zum anderen aber vor allem damit, dass sich die Rechtsprechung zur „tatsächlichen Zugehörigkeit" maßgeblich darauf stützte,

> *„dass der abkommensrechtliche Begriff „tatsächlich" eine Loslösung von rein (steuer-) rechtlichen Zuordnungskriterien zum Ausdruck bringe (BFH v. 27. 2. 1991, I R 15/89, BFHE 164, 38, 42 f., BStBl II 1991, 444, 447, DStR 1991, 706; v. 26. 2. 1992, I R 85/91, a. a. O., BFHE 168, 52, 57, BStBl II 1992, 937, 939); diese Überlegung greift nicht durch, wenn es um eine Zuordnung geht, die sich am Maßstab der wirtschaftlichen Zugehörigkeit orientiert. "*[295].

In Zusammenschau mit dem zuvor Gesagten scheint der BFH zwischen der Berücksichtigung „tatsächlicher" Gegebenheiten im Rahmen der Zuordnung nach der wirtschaftlichen Zugehörigkeit im Kontext des § 15 Abs. 1 Satz 1 Nr. 2 EStG einerseits und dem Tatbestandsmerkmal der „tatsächlichen Zugehörigkeit" im Rahmen der abkommensrechtlichen Betriebsstättenvorbehalte andererseits zu differenzieren. Nicht jede auf den „tatsächlichen" Gegebenheiten beruhende wirtschaftliche Zuordnung scheint zugleich das Kriterium der „tatsächlichen Zugehörigkeit" im Sinne der Betriebsstättenvorbehalte zu erfüllen. Denn mangels „Aktivposten"-Qualität der Beteiligung im Sinne der oben dargestellten

---

[292]Vgl. auch oben die Ausführungen zur innerstaatlichen Zuordnung von Wirtschaftsgütern in Kapitel 6.

[293]Zur Entscheidung der Vorinstanz so auch *Wassermeyer*, FS Ruppe, S. 681, 693.

[294]Vgl. die Nachweise bei *BFH*, Urt. v. 13.2.2008 – I R 63/06, *BFHE* 220, 415 unter II.5.e.bb).

[295]*BFH*, Urt. v. 13.2.2008 – I R 63/06, *BFHE* 220, 415 unter II.5.e.bb.aaa).

Rechtsprechung[296] würde die Beteiligung nicht als tatsächlich zur Betriebsstätte gehörig im Sinne des Art. 10 Abs. 4 OECD-MA gelten.

Die Folge einer an wirtschaftlichen Maßstäben im Sinne des § 15 Abs. 1 Satz 1 Nr. 2 EStG orientierten Zuordnung im Rahmen des Art. 13 Abs. 2 OECD-MA gegenüber einer tatsächlich-funktionalen Zuordnung im Rahmen der übrigen Betriebsstättenvorbehalte ist, dass das Besteuerungsrecht für die Gewinne aus der Veräußerung von Sonderbetriebsvermögen nicht dem Besteuerungsrecht für die aus dem Sonderbetriebsvermögen fließenden laufenden Erträge folgt.[297]

Für die Einordnung dieses Urteils in die gesamte Systematik der Zurechnungsrechtsprechung ist aber insbesondere noch das abschließende *obiter dictum* des I. Senats zu beachten, in dem er der Besonderheit des Falles – wegen ausschließlich im Inland belegener Betriebsstätten mangelte es bereits *a priori* an ausländischen „Zurechnungspolen" – Rechnung trug.

> *„Der [KG] ist zuzugeben, dass die Beteiligung an der [Kapitalgesellschaft] möglicherweise nicht einer inländischen Betriebsstätte des [Kommanditisten] zugeordnet werden könnte, wenn sie vorrangig in einem funktionalen Zusammenhang zu einer in der Schweiz vorhandenen Betriebsstätte gestanden hätte. Dann wäre nämlich darüber zu entscheiden, ob im Streitfall diejenigen Grundsätze zur Anwendung kommen müssen, die für die Zuordnung von Sondervergütungen zu einer solchen Betriebsstätte gelten (vgl. dazu BFH v. 10. 7. 2002, I R 71/01, BFHE 200, 184, BStBl II 2003, 191, DStRE 2003, 221; Wassermeyer, Steuerrecht, Verfassungsrecht, Europarecht, FS Ruppe, 2007, S. 681, 693 f.)."[298]*

Damit hat der BFH das Verhältnis des Art. 13 Abs. 2 OECD-MA zu der Rechtsprechung der „tatsächlichen Zugehörigkeit" für die Fälle, in denen mehrere Zuordnungspole existieren, zunächst offengelassen.

In dem Urteil vom 10. Juli 2002, auf das der BFH in der zitierten Passage Bezug nimmt, hatte der BFH dazu Stellung genommen, nach welchen Kriterien Sondervergütungen, die gemäß der Sonderregelung des Art. 7 Abs. 7 DBA-Schweiz als Unternehmensgewinne fingiert werden, den jeweiligen Betriebsstätten des Unternehmens zuzuordnen seien:

---

[296]*BFH*, Urt. v. 27.2.1991 – I R 15/89, *BFHE* 164, 38 unter B.4.d.aa); Urt. v. 27.2.1991 – I R 96/89, *BFH/NV* 1992, 385 unter B.4.d.aa); Urt. v. 31.5.1995 – I R 74/93, *BFHE* 178, 74 unter C.2.b); Urt. v. 21.7.1999 – I R 110/98, *BFHE* 190, 118 unter II.2.c); Urt. v. 17.10.2007 – I R 5/06, *BFHE* 219, 518 unter II.1.b.cc.bbb.cccc); Urt. v. 8.9.2010 – I R 74/09, *BFHE* 231, 84 unter III.1.b); Vorlagebeschluss v. 11.12.2013 – I R 4/13, *BFHE* 244, 1 unter B.I.2.d).

[297]So auch *Lieber*, jurisPR-SteuerR 2008, 30, Anm. 2.

[298]*BFH*, Urt. v. 13.2.2008 – I R 63/06, *BFHE* 220, 415 unter II.5.e.cc).

„Dazu wird das FG ermitteln müssen, welche Führungs- und Managementaufgaben K erledigte und welche festen Geschäftseinrichtungen i. s. des Art. 5 Abs. 1 DBA-Schweiz ihm für die Erledigung dieser Aufgaben zur Verfügung standen. Sollten dem K mehrere feste Geschäftseinrichtungen zur Erfüllung seiner Aufgaben zur Verfügung gestanden haben, muss eine Aufteilung der Sondervergütungen auf die festen Geschäftseinrichtungen in Betracht gezogen werden."[299]

Durch die Bezugnahme auf diese Entscheidung, in der eine Zurechnung gemäß Art. 7 Abs. 1 Satz 2 DBA-Schweiz (und damit nach dem innerstaatlichen Veranlassungsprinzip) in Rede stand, verdeutlicht der BFH aber auch, dass selbst in Fällen, bei denen – abweichend von dem dem Urteil vom 13. Februar 2008[300] zugrunde liegenden Fall – mehrere Zuordnungspole bestehen, der maßgebliche Zurechnungsmaßstab dem innerstaatlichen Recht entstammt und gerade nicht auf den abkommensspezifischen Zurechnungsmaßstab der „tatsächlichen Zugehörigkeit" zurückgegriffen werden darf.

9.2.2.4 I R 71/98: Die von der Betriebsstätte „getragene" Vergütung als Zurechnungskriterium

In dem Urteil vom 21. Juli 1999[301] ging es um die Frage, ob die Vergütungen, die eine inländische Kommanditgesellschaft an ihren Kommanditisten für Tätigkeiten in Zusammenhang mit einer Beteiligung der Kommanditgesellschaft an einer US-amerikanischen Limited Partnership gezahlt hatte, gemäß Art. X Abs. 2 lit. c DBA-USA 1954/1965, die der Regelung des Art. 15 Abs. 2 lit. c OECD-MA entspricht, in den USA steuerbefreit seien, weil sie nicht von einer Betriebsstätte in den USA „getragen" worden seien. Zu dieser Zuordnungsfrage führte der BFH aus:

„Die Frage, inwieweit eine Vergütung vom Stammhaus oder von einer Betriebsstätte „getragen wird", beantwortet sich danach, ob und ggf. in welchem Umfang die von der KG gezahlte Vergütung im Gesamtunternehmensinteresse lag, bejahendenfalls in welchem Umfang und nach welchem Maßstab die Vergütung auf die KG und die Betriebsstätte in den USA aufzuteilen ist [...]. Die Aufteilung und der Maßstab richten sich nach dem Veranlassungsprinzip und müssen dem dealing-at-arm's-length-Prinzip entsprechen."[302]

---

[299] *BFH*, Urt. v. 10.7.2002 – I R 71/01, *BFHE* 200, 184 unter II.4.c.cc).

[300] *BFH*, Urt. v. 13.2.2008 – I R 63/06, *BFHE* 220, 415.

[301] *BFH*, Urt. v. 21.7.1999 – I R 71/98, *BFHE* 190, 111.

[302] *BFH*, Urt. v. 21.7.1999 – I R 71/98, *BFHE* 190, 111.

Der BFH bediente sich somit im Ergebnis des innerstaatlichen Zuordnungsprinzips der wirtschaftlichen Veranlassung. In der Entscheidung vom 28. Januar 2004[303] führte er diese Rechtsprechung fort. Zu der insoweit vergleichbaren Regelung des Art. 15 Abs. 2 lit. c DBA-Spanien entschied der BFH, dass es nicht erforderlich sei, dass die

> *„Vergütung von der Betriebsstätte an den Arbeitnehmer ausgezahlt oder im Verhältnis zwischen den einzelnen Unternehmensteilen der Betriebsstätte konkret belastet wird. Allein entscheidend ist vielmehr der wirtschaftliche Zusammenhang zwischen der Vergütung und der Betriebsstättentätigkeit; ist er gegeben, so wird die Vergütung dann von der Betriebsstätte „getragen", wenn sie von einem anderen Unternehmensteil ausgezahlt wird und eine unternehmensinterne Verrechnung des Aufwands nicht erfolgt."*[304]

9.2.2.5 I R 5/06, I R 74/09 & I R 4/13: Annäherung an Rechtsprechung zu Art. 7 Abs. 1 Satz 2, Abs. 2 OECD-MA 2008

In seinem Urteil vom 17. Oktober 2007[305] griff der I. Senat die ‚bilanzielle' Behandlung des Stammrechts im Rahmen des Betriebsstättenvorbehalts, die bereits in der Entscheidung vom 27. Februar 1991[306] angeklungen war, wieder auf und erklärte, dass eine Zinsforderung aus dem Darlehen eines Gesellschafters an seine Personengesellschaft nur dann „tatsächlich" zur Betriebsstätte gehöre, wenn sie aus der Sicht der Betriebsstätte einen Aktivposten bilde. Er hob abermals[307] hervor, dass die Rechtsprechung zur „tatsächlichen Zugehörigkeit" auch auf Betriebsstättenvorbehalte übertragen werden könne, die auf eine Zuordnung zum Betriebsstättenvermögen abstellen, aber dabei nicht ausdrücklich eine „tatsächliche" Zugehörigkeit verlangen.[308]

Ismer und *Kost* waren bereits der insoweit identischen Entscheidung der Vorinstanz kritisch entgegengetreten:[309] Im Verhältnis zwischen dem darlehensgebenden Gesellschafter und der Personengesellschaft verneinten sie bereits die

---

[303] *BFH*, Urt. v. 28.1.2004 – I R 48/03, *BFH/NV* 2004, 1075.

[304] *BFH*, Urt. v. 28.1.2004 – I R 48/03, *BFH/NV* 2004, 1075 unter II.4.

[305] *BFH*, Urt. v. 17.10.2007 – I R 5/06, *BFHE* 219, 518.

[306] *BFH*, Urt. v. 27.2.1991 – I R 15/89, *BFHE* 164, 38.

[307] Vgl. hierzu bereits *BFH*, Urt. v. 17.12.2003 – I R 47/02, *BFH/NV* 2004, 771; Beschluss v. 19.12.2007 – I R 66/06, *BFHE* 220, 173; Beschluss v. 20.12.2006 – I B 47/05, *BFHE* 216, 276.

[308] Vgl. *BFH*, Urt. v. 17.10.2007 – I R 5/06, *BFHE* 219, 518 unter II.1.b.cc.bbb.cccc).

[309] *Ismer/Kost*, IStR 2007, 120.

Anwendbarkeit des Spezialitätenvorrangs, da angesichts der abkommensrechtlichen Unternehmenseinheit wegen „Konfusion" schon keine Forderung im Sinne des Zinsartikels vorliege. Im Verhältnis zwischen den übrigen Gesellschaftern und der Personengesellschaft liege zwar eine Forderung auf anteilige Darlehenszinszahlung vor, diese gehöre aber zum Betriebsvermögen der Personengesellschaft, so dass der Betriebsstättenvorbehalt Anwendung finde. Zur Begründung führen *Ismer* und *Kost* eine „symmetrische Sichtweise" an: Soweit die Darlehenszinsen den Gewinn im Betriebsstättenstaat nach dessen nationalem Recht gemindert hätten, sei die Zugehörigkeit der Darlehensforderung zur Betriebsstätte des darlehensgebenden Gesellschafters anzunehmen.[310] Neben „operationablen Ergebnissen" werde dadurch ein Auseinanderfallen von Aufwand und korrespondierendem Ertrag verhindert. Der erwünschte Gleichlauf werde durch die weitgehende Übereinstimmung des abkommensrechtlichen und des innerstaatlichen Maßstabs – die Maßgeblichkeit der „dienenden Funktion" – sichergestellt.[311]

Diese Kritik vermag im Ergebnis nicht durchzudringen. Das „Konfusionsargument" im Verhältnis zwischen darlehensgebendem Gesellschafter und seiner Personengesellschaft überzeugt nicht, da das Konzept der Konfusion zivilrechtlicher Natur ist, die Personengesellschaft für Zwecke des Zivilrechts aber gerade rechtsfähig ist und der Gesellschafter daher (zivilrechtlich) nicht mit sich selbst kontrahiert.[312]

Auch die genannte „symmetrische Sichtweise" ist zu stark von der innerstaatlichen Sicht auf die Sondervergütungen geprägt. So verfolgen die Regelungen des § 15 Abs. 1 Nr. 2 EStG und die Betriebsstättenvorbehalte unterschiedliche Zwecke.[313] Die innerstaatliche Regelung strebt die Gleichstellung des Mitunternehmers mit dem Einzelunternehmer an und führt dazu die Einnahmen von zivilrechtlich selbstständigen Rechtssubjekten für einkommensteuerliche Zwecke wieder zusammen.[314] Daher ist die Frage, ob die Sondervergütung den Gewinn der Personengesellschaft gemindert hat, im Rahmen des § 15 Abs. 1 Nr. 2

---

[310]*Ismer/Kost*, IStR 2007, 120, 124.

[311]*Ismer/Kost*, IStR 2007, 120, 124.

[312]Vgl. hierzu bereits die Ausführungen zu *BFH*, Urt. v. 27.2.1991 – I R 15/89, *BFHE* 164, 38 (9.2.1.1) und zu dem Urt. v. 10.8.2006 – II R 59/05, *BFHE* 214, 518 (9.2.1.6).

[313]So auch bereits *Fischer-Zernin*, RIW 1991, 493, 494 zu *BFH*, Urt. v. 27.2.1991 – I R 15/89, *BFHE* 164, 38.

[314]*BFH*, Urt. v. 2.12.1997 – VIII R 15/96, *BFHE* 184, 571 unter II.3.b); Beschluss v. 25.2.1991 – GrS 7/89, *BFHE* 163, 1 unter C.II.3; Urt. v. 21.4.1988 – IV R 80/86, *BFHE* 153, 555 unter 1.b.dd); Beschluss v. 19.10.1970 – GrS 1/70, *BFHE* 101, 62.

EStG maßgeblich für die (außerbilanzielle) Korrektur des auf die Gesellschafter aufzuteilenden Gesamthandgewinns.[315]

Anders verhält es sich hingegen bei den Betriebsstättenvorbehalten. Diese ergänzen die abkommensrechtliche Betriebsstättengewinnabgrenzung, die sich zum Zweck der fremdvergleichskonformen Allokation des Besteuerungssubstrats der Selbstständigkeitsfiktion des Art. 7 Abs. 2 OECD-MA bedient und das steuerliche Einheitsunternehmen hierzu in fiktiv selbstständige Bestandteile zerlegt. Der Grund für diese Ergänzung des Betriebsstättenprinzips durch die Betriebsstättenvorbehalte, die ihrerseits eine Rückausnahme von dem Spezialitätenvorrang des Art. 7 Abs. 7 OECD-MA a. F. darstellt, liegt darin, dass durch die tatsächliche Zugehörigkeit der Stammrechte zu der Betriebsstätte ein stärkerer territorialer Bezug zum Betriebsstättenstaat begründet wird, der den Bezug der gegenüber Art. 7 OECD-MA spezielleren Einkunftsarten zum Ansässigkeitsstaat verdrängt.[316] Dies entspricht im Wesentlichen der Ratio des Betriebsstättenprinzips, wonach die Betriebsstätte einen hinreichenden „genuine link" zum Betriebsstättenstaat begründet, der den Besteuerungszugriff völkerrechtlich rechtfertigt.[317] Dementsprechend sah auch der BFH die Rechtfertigung des Betriebsstättenvorbehalts in der Nutzung der Stammrechte durch die Betriebsstätte und dem daraus resultierenden Beitrag zum Betriebsstättenergebnis.[318]

Die Frage, wem die Sondervergütung als Aufwand abkommensrechtlich zugeordnet wurde, ist für die Bestimmung des territorialen Bezugs der Sondervergütung jedoch unmaßgeblich. Insoweit ist *Müller* zuzustimmen, als die abkommensrechtliche Qualifikation der Sondervergütungen streng von der Frage der aufwandsmäßigen Zuordnung der Sondervergütung bei der Personengesellschaft zu trennen ist.[319] Während ersteres eine Frage der (abkommensrechtlichen) Einkünftequalifikation ist, betrifft letzteres die Frage der Betriebsstättengewinnabgrenzung, die aber nur die unter Art. 7 OECD-MA fallenden Einkünfte betrifft.[320] Die Frage der Einkünftequalifikation ist damit – wenn überhaupt – Voraussetzung, aber nicht Folge der Zuordnungsfrage. Daher ist die Herangehensweise

---

[315]Vgl. zur „korrespondierenden Bilanzierung" *Wacker*, in: Schmidt, EStG, § 15 Rn. 404 m. w. N.

[316]*Siegers*, FG Wassermeyer, S. 319.

[317]Vgl. bereits oben 3.1.1 und 3.2.2.

[318]Vgl. die Ausführungen zu *BFH*, Urt. v. 27.2.1991 – I R 15/89, *BFHE* 164, 38 (9.2.1.1).

[319]*Müller*, BB 2009, 751, 756.

[320]Diesbzgl. a. A. *Müller*, BB 2009, 751, 756, die die Frage der Aufwandszuordnung nicht als Frage der Gewinnabgrenzung, sondern als Frage der Gewinnermittlung der Personengesellschaft ansieht.

im Rahmen der „symmetrischen Sichtweise", die die tatsächliche Zugehörigkeit der Zinsforderung an die Minderung des Betriebsstättengewinns durch die
Zinszahlung knüpft, systematisch nicht nachvollziehbar, da sie zwei voneinander
losgelöste Fragen miteinander verknüpft.

Darüber hinaus erscheint es zweifelhaft, ob die von *Ismer* und *Kost* sugge-
rierte „symmetrische Sichtweise" tatsächlich geeignet ist, das Auseinanderfallen
von Aufwand und korrespondierendem Ertrag zu verhindern. Nimmt man nämlich
mit den beiden an, dass die Darlehensforderungen zur Betriebsstätte des darlehensgebenden Gesellschafters gehören, soweit die Darlehenszinsen den Gewinn
im Betriebsstättenstaat gemindert haben, so fände der Betriebsstättenvorbehalt
zwar Anwendung. Die tatsächliche steuerliche Berücksichtigung des korrespondierenden Ertrags im Betriebsstättenstaat, für den dieser damit das Besteuerungsrecht erhält, würde aber eine innerstaatliche Ermächtigungsgrundlage im
Betriebsstättenstaat für die Besteuerung dieser „Sondervergütungen" voraussetzen. Angesichts der Sonderstellung, die das deutsche Sonderbetriebskonzept im
internationalen Vergleich einnimmt, dürfte eine derartige Ermächtigungsgrundlage aber eher die Ausnahme als die Regel sein. Damit dürfte die Entstehung
„weißer Einkünfte"[321] bei Zugrundelegung der „symmetrischen Sichtweise" aber
gerade nicht vermieden werden.

Der dargestellte Fall stellte die erste höchstrichterliche Entscheidung zu einer
Inbound-Konstellation dar, bei dem die „tatsächliche Zugehörigkeit" und damit
der deutsche Besteuerungszugriff verneint wurde[322] und hatte daher besondere fis-
kalpolitische Relevanz.[323] Vor dem Hintergrund der Gleichbehandlung wurde die
Übertragung der Rechtsprechung zu Outbound-Konstellationen auch auf Inbound-
Konstellationen von der Literatur als konsequent gewürdigt.[324] Gleichzeitig wurde
kritisiert, die Entscheidung setze sich in Widerspruch zu der Auffassung der

---

[321]Vgl. *Ismer/Kost*, IStR 2007, 120, 121, 124.

[322]Vgl. *Kammeter*, IStR 2011, 35, 36; *Häck*, IStR 2011, 71, 72. Die bisherigen Inbound-
Konstellationen betrafen stets abkommensrechtliche Sonderregelungen, vgl. *BFH*, Urt. v.
17.10.1990 – I R 16/89, *BFHE* 163, 38, oben unter 9.2.2.1; Urt. v. 26.2.1992 – I R 85/91,
BFHE 168, 52, oben unter 9.2.2.2.

[323]Während die Rechtsprechung zur tatsächlichen Zugehörigkeit in Outbound Konstellationen
zu einer Erweiterung des inländischen Besteuerungsrechts geführt hatte, wirkte sie sich in
Inbound-Fällen zulasten des deutschen Fiskus aus, vgl. *Kammeter*, IStR 2011, 35, 36. Der
Gesetzgeber reagierte auf diese unliebsame Rechtsprechung sodann mit der Einführung des
§ 50d Abs. 10 EStG im Rahmen des Jahressteuergesetzes 2009 (BStBl I 2008, 2794), vgl.
Kammeter, IStR 2011, 35, 36.

[324]Vgl. *Schmidt*, IStR 2008, 290, 291; *Boller/Eilinghoff/Schmidt*, IStR 2009, 109, 110.

OECD,[325] die in Example 15 des Partnership Report einen in seinen Grundzügen mit dem Streitfall aus dem Urteil vom 17. Oktober 2007[326] vergleichbaren Fall dahingehend löse, dass der Betriebsstättenstaat die Zinsen des Gesellschafters als Teil des Betriebsstättengewinns besteuern dürfe.

Ungeachtet dessen, dass der BFH den *Partnership Report* für die Abkommensauslegung nicht als bindend erachtet,[327] geht dieses Argument bei genauer Betrachtung fehl. Denn wie *Salzmann* zutreffend ausführt, setzt die angesprochene *OECD*-Lösung einen Qualifikationskonflikt voraus.[328] Der BFH lässt es aber durch seine Rechtsprechung gar nicht erst zu einem Qualifikationskonflikt kommen: Indem er auf die speziellere Wesensart der Einkünfte abstellt, die sich ohne deren Umqualifizierung als Sondervergütungen ergäbe, und damit eine Auslegung des Abkommens wählt, die aus dem Abkommenszusammenhang eine von dem innerstaatlichen Recht abweichende Einkünftequalifikation erfordert, setzt er bereits im Vorfeld des Entstehens eines Qualifikationskonflikts an.[329] Der Anwendungsbereich des Beispiels aus dem *OECD-Partnership Report* ist damit gar nicht erst eröffnet.

Interessant ist die Entscheidung vom 17. Oktober 2007 ferner deshalb, weil sie auf den Fremdvergleichsgrundsatz Bezug nimmt:

„Denn wenn das Abkommensrecht die Anwendung der Bestimmungen über Unternehmensgewinne davon abhängig macht, dass eine Forderung zum Vermögen oder zum Betriebsvermögen einer Betriebsstätte gehört, dann ist dies letztlich ein Ausfluss des Fremdvergleichsgrundsatzes. Dieser besagt im Zusammenhang mit der Betriebsstättenbesteuerung, dass einer Betriebsstätte abkommensrechtlich diejenigen Gewinne zuzurechnen sind, die ein mit der Betriebsstätte vergleichbares selbständiges Unternehmen unter gleichen oder ähnlichen Bedingungen erzielt hätte (Art. 7 Abs. 2 DBA-USA 1989). Nur dieser Gewinn soll mithin dem Besteuerungsrecht des Betriebsstättenstaats (Art. 7 Abs. 1 Satz 2 DBA-USA 1989) unterfallen. Ergänzend dazu regelt Art. 11 Abs. 3 DBA-USA 1989, dass (auch) die Besteuerung von Zinsen (nur) dann dem Betriebsstättenstaat obliegt, wenn die Betriebsstätte den Zinsertrag erwirtschaftet hat

---

[325]Vgl. *Schmidt*, IStR 2008, 290, 291.

[326]*BFH*, Urt. v. 17.10.2007 – I R 5/06, *BFHE* 219, 518.

[327]Vgl. hierzu bspw. die Ausführungen in *BFH*, Vorlagebeschluss v. 11.12.2013 – I R 4/13, *BFHE* 244, 1 unter B.I.2.c). Zustimmend *Gosch*, in: G/K/G, DBA, Art. 13 OECD-MA Rn. 70.

[328]Vgl. *Salzmann*, IStR 2008, 399. *Example 15* des *Partnership Reports* geht davon aus, dass der Betriebsstättenstaat die Zinsen unter Art. 7 OECD-MA fasst, während der Ansässigkeitsstaat Darlehensverträge zwischen Personengesellschaft und Gesellschafter anerkennt und die Zinsen von Art. 11 OECD-MA erfasst sieht.

[329]*Salzmann*, IStR 2008, 399; vgl. auch *Franz/Voulon*, BB 2011, 1111, 1115; *Müller*, BB 2009, 751, 757; *Günkel/Lieber*, Ubg 2009, 301, 306; *Blumers*, DB 2008, 1765, 1768. Ähnlich ebenfalls bereits *Günkel/Lieber*, FR 2000, 853, 855.

und dieser Ertrag sich deshalb bei einem vergleichbaren selbständigen Unternehmen gewinnerhöhend ausgewirkt hätte. "[330]

Durch die Bezugnahme auf den Fremdvergleichsgrundsatz schlägt der BFH begrifflich einen Bogen zwischen der Zuordnung im Rahmen des Betriebsstättenvorbehalts einerseits und der allgemeinen Betriebsstättengewinnabgrenzung nach Art. 7 OECD-MA andererseits.[331] Denn der in Art. 7 Abs. 2 OECD-MA verankerte Fremdvergleichsgrundsatz ist die abkommensrechtliche Manifestation des Veranlassungsprinzips.[332] Vor dem Hintergrund der bereits erwähnten Ratio des Betriebsstättenvorbehalts, dem territorialen Bezug zum Betriebsstättenstaat Rechnung zu tragen, erscheint diese Orientierung am Maßstab des Betriebsstättenprinzips konsequent.

Diese Tendenz setzte der BFH sodann in seinem Urteil vom 8. September 2010[333] fort. Nachdem er auch in diesem Urteil ausdrücklich und uneingeschränkt an seiner bisherigen Spruchpraxis festhält,[334] betont er weiter, dass die

„Rechte oder Vermögenswerte nur dann in der gebotenen tatsächlich-funktionalen Weise zu der Betriebsstätte gehören können, wenn sie aus der Sicht der Betriebsstätte einen Aktivposten bilde[n]".[335]

Sodann widmet er sich der Regelung des § 50d Abs. 10 Satz 1 EStG in der Fassung des Jahressteuergesetzes 2009[336] und der darin enthaltenen fingierten Einkünftequalifikation, die Sondervergütungen abkommensrechtlich den Unternehmensgewinnen unterwirft. Der BFH sieht die Voraussetzungen für eine Zuordnung der der Lizenzvergütung zugrunde liegenden Rechte zu der deutschen Betriebsstätte dennoch als nicht gegeben an, da die Fiktion des § 50d Abs. 10 Satz 1 EStG in der Fassung des Jahressteuergesetzes 2009 tatbestandlich zu kurz greife:[337]

---

[330]*BFH*, Urt. v. 17.10.2007 – I R 5/06, *BFHE* 219, 518 unter II.1.b.cc.bbb.cccc).

[331]Vgl. auch *Kaeser*, ISR 2012, 63, 69. Zur Annäherung der beiden Maßstäbe vgl. auch *Kaeser/Wassermeyer*, in: Wassermeyer, DBA, Art. 10 MA Rn. 168.

[332]Vgl. unten unter 11.7.

[333]*BFH*, Urt. v. 8.9.2010 – I R 74/09, *BFHE* 231, 84.

[334]*BFH*, Urt. v. 8.9.2010 – I R 74/09, *BFHE* 231, 84 unter III.1.a).

[335]*BFH*, Urt. v. 8.9.2010 – I R 74/09, *BFHE* 231, 84 unter III.1.b).

[336]BStBl I 2008, 2794.

[337]Darüber hinaus bemerkt der BFH, dass § 50d Abs. 10 Satz 1 EStG in der Fassung des Jahressteuergesetzes 2009 lediglich Sondervergütungen, nicht aber auch Sonderbetriebsvermögen fiktiv umqualifiziere, *BFH*, Urt. v. 8.9.2010 – I R 74/09, *BFHE* 231, 84 unter III.2.b.bb).

> *„Sie ordnet lediglich die abkommensrechtliche Einkunftsart an, suspendiert jedoch nicht zugleich von den Erfordernissen der (abkommensrechtlichen) Existenz einer Betriebsstätte (Art. 5 OECDMustAbk) sowie der (ebenfalls abkommensrechtlichen) Betriebsstättenzurechnung "*[338]

Denn nach den allgemeinen abkommensrechtlichen Regelungen seien die Lizenzrechte nicht der inländischen Betriebsstätte zuzurechnen. Während der BFH in diesem Urteil noch offenlässt, ob § 50d Abs. 10 EStG den *gesamten* Art. 7 OECD-MA – und damit auch den Spezialitätenvorrang einschließlich der Betriebsstättenvorbehalte – oder nur Art. 7 Abs. 1 OECD-MA zur Anwendung bringt,[339] führt er zu der Zuordnung der innerstaatlich umqualifizierten Sondervergütungen aus, dass auch die Anwendung von lediglich Art. 7 Abs. 1 OECD-MA zu keinem von der Zuordnung nach dem Betriebsstättenvorbehalt abweichenden Ergebnis führt:

> *„Denn dann richten sich die Zuordnungsmaßstäbe infolge der unilateralen Umqualifizierung fortan zwar nicht mehr an dem tatsächlich-funktionalen Zugehören i. S. des sog. Betriebsstättenvorbehalts (u. a. in Art. 12 Abs. 3 DBA-USA 1989 a. F.) aus; vielmehr ist Art. 7 Abs. 1 Satz 2, Abs. 2 OECD-MustAbk, hier: Art. 7 Abs. 1satz 2 und Abs. 2 DBA-USA 1989 a. F., einschlägig und greifen deswegen für die Beantwortung der Zurechnungsfrage allgemeine Verursachungs- und Veranlassungsgesichtspunkte. Auch diese Gesichtspunkte orientieren sich indessen an dem „wirklich" wirtschaftlich Verwirklichten und stimmen weitgehend mit den Zurechnungsmaßstäben der genannten Betriebsstättenvorbehalte überein. "*[340]

Durch die Feststellung, dass die allgemeinen Verursachungs- und Veranlassungsgesichtspunkte letztlich in weiten Zügen mit den Zurechnungsmaßstäben der Betriebsstättenvorbehalte übereinstimmen, scheint der BFH faktisch die zuvor von einander abgegrenzten Zuordnungsprinzipien wieder einander anzugleichen.[341]

---

[338]*BFH*, Urt. v. 8.9.2010 – I R 74/09, *BFHE* 231, 84 unter III.2.b). Zustimmend *Häck*, IStR 2011, 71, 72; Schmidt, DStR 2010, 2436, 2437; *Boller/Eilinghoff/Schmidt*, IStR 2009, 109, 112; *Günkel/Lieber*, Ubg 2009, 301, 304; *Hils*, DStR 2009, 888, 890; *Korn*, IStR 2009, 641, 642 f.; *Lange*, GmbH-StB 2009, 128, 132 f.; *Meretzki*, IStR 2009, 217, 219; *Lohbeck/Wagner*, DB 2009, 423, 425; *Salzmann*, IWB 2009, 165, 176 f.; *Prinz*, DB 2009, 807, 812; a. A. *Mitschke*, FR 2011, 182; *Kammeter*, IStR 2011, 35, 37; *Mitschke*, DB 2010, 303, 304; *Frotscher*, IStR 2009, 593, 595; dagegen wiederum *Boller/Schmidt*, IStR 2009, 852.

[339]In *BFH*, Vorlagebeschluss v. 11.12.2013 – I R 4/13, *BFHE* 244, 1 hat der I. Senat die hier noch offengelassene Frage sodann zugunsten einer eingeschränkten Auslegung entschieden, vgl. dort unter B.I.3.b.aa).

[340]*BFH*, Urt. v. 8.9.2010 – I R 74/09, *BFHE* 231, 84 unter II.2.b.bb).

[341]*Kaeser*, ISR 2012, 63, 69; *Kaeser/Wassermeyer*, in: Wassermeyer, DBA, Art. 10 MA Rn. 168; vgl. auch *Rosenberg/Farle*, in: Wassermeyer/Richter/Schnittker, Personengesellschaften im intl Steuerrecht, Rn. 13.40, dort insb. Fn. 7.

Gleichwohl darf diese „Annäherung" nicht überbewertet werden. Der wesentliche Unterschied der beiden Abgrenzungslinien bestand nie in dem Verhältnis „Veranlassungsprinzip" vs. „tatsächlicher Zugehörigkeit". Das liegt bereits daran, dass nur das Veranlassungsprinzip unmittelbar die Einkünfte*zurechnung* regelt, während der Maßstab der tatsächlichen Zugehörigkeit nur die Zuordnung von Wirtschaftsgütern als Tatbestandsvoraussetzung für eine Einkünfte*qualifikation* betrifft.

Dennoch stellt sich trotz der unterschiedlichen Regelungsebenen die Frage, inwieweit der Maßstab der tatsächlichen Zugehörigkeit für die im Rahmen der Betriebsstättenvorbehalte vorausgesetzte Zuordnung der betreffenden Stammrechte mit der veranlassungsbasierten Zuordnung im Rahmen des Art. 7 OECD-MA übereinstimmt.

Mit ihrer Orientierung an dem „wirklich wirtschaftlich Verwirklichten"[342] oder den „tatsächlichen Anhaltspunkten"[343] weist die Rechtsprechung zur Zuordnung nach dem wirtschaftlichen Veranlassungszusammenhang einige Gemeinsamkeiten mit der tatsächlich-funktionalen Betrachtungsweise im Rahmen der Betriebsstättenvorbehalte auf. Der ‚gemeinsame Nenner' ist, wenn man so will, das tatsächliche Element. Insoweit kommen auch beide Zurechnungsmaßstäbe bereits konzeptionell in der Mehrzahl der Fälle zu dem gleichen Ergebnis.[344] Zu Abweichungen kommt es hingegen nach Auffassung der Literatur[345] nur in Grenzfällen, in denen der Restunterschied zwischen den beiden Prinzipien maßgeblich war.

Dieser Restunterschied der beiden Abgrenzungslinien wird darin gesehen, dass die eine im Rahmen des Veranlassungsprinzips für die Abgrenzung rechtliche, an der wirtschaftlichen Zugehörigkeit orientierte Kriterien genügen lässt[346], während die andere aufgrund der speziellen abkommensrechtlichen Anordnung einen „*tatsächlich*-funktionalen" Maßstab fordert.[347] Ursprung und Hauptproblemfall der ständigen Rechtsprechung zur „tatsächlichen Zugehörigkeit" sind deshalb

---

[342]*BFH*, Urt. v. 8.9.2010 – I R 74/09, *BFHE* 231, 84 unter III.2.b.bb).

[343]*BFH*, Urt. v. 16.2.1996 – I R 43/95, *BFHE* 180, 286 unter II.3.b).

[344]Vgl. auch *Gosch*, in: Kirchhof, EStG, § 49 Rn. 15.

[345]Vgl. *Gosch*, in: Kirchhof, EStG, § 49 Rn. 15.

[346]Vgl. *Gosch*, in: Kirchhof, EStG, § 49 Rn. 15; *Gosch*, in: Kirchhof, EStG, § 50d Rn. 45c.

[347]*Kaeser/Wassermeyer*, in: Wassermeyer, DBA, Art. 10 MA Rn. 164; a. A. *Kaeser*, der unter Verweis auf Nr. 3 des Memorandums vom 18.10.1965 zum Protokoll des DBA-USA 1954/1965 den „Ausdruck ‚tatsächlich' nicht in einem Gegensatz zu ‚rechtlich', sondern i. S. v. ‚wirklich'" (*Kaeser*, ISR 2012, 63, 64) versteht und für maßgeblich erachtet, „ob das Wirtschaftsgut […] seiner Substanz nach und nicht nur der äußerlichen Form nach zu der Betriebsstätte gehört" (a. a. O.; ähnlich auch *Wassermeyer/Kaeser*, in: Wassermeyer, DBA, Art. 11 Rn. 108; *Görl*, in: Vogel/Lehner, DBA, Vor 10–12 Rn. 40). Auch sprächen andere

stets Fälle zur abkommensrechtlichen Behandlung von Sondervergütungen gewesen.

Geht man damit davon aus, dass der Zurechnungsmaßstab der tatsächlichen Zugehörigkeit im Rahmen der Betriebsstättenvorbehalte enger ist als der des Veranlassungsprinzips, so ergibt sich die eine ‚Schlussfolgerungsrichtung' der „weitgehenden Übereinstimmung" von selbst. Darüber hinaus ist jedoch fraglich, inwieweit der BFH die logische ‚Rückrichtung', d. h. aus der Zurechnung nach dem Veranlassungsprinzip folgt auch die Zurechnung für Zwecke des Betriebsstättenvorbehalts, hier wirklich als gegeben ansieht. Zunächst gestattet die Einschränkung „weitgehend" eine schwer qualifizierbare oder quantifizierbare – und somit für künftige Zwecke auslegungsbedürftige – Beschränkung der vermeintlichen Äquivalenzbeziehung. Weiter lässt die Formulierung des letzten Satzes der zitierten Passage Zweifel daran aufkommen, ob sich wirklich der engere Maßstab der tatsächlichen Zugehörigkeit an das weitere Veranlassungsprinzip anpasst oder ob der BFH angesichts der Betonung des „wirklich" wirtschaftlich Veranlassten für Zwecke des § 50d Abs. 10 EStG nicht vielmehr von einer Verschärfung des Veranlassungsprinzips ausgeht und im Ergebnis damit zu einer Verneinung der Zuordnungsfrage kommt. Angesichts des bereits angesprochenen ausdrücklichen Festhaltens des BFH an der Spruchpraxis zur tatsächlichen Zugehörigkeit,[348] bei deren Anwendung die Zuordnung zu verneinen wäre, scheint diese Interpretation zumindest nicht ausgeschlossen.

Mit der bereits als Reaktion auf die Entscheidung vom 17. Oktober 2007[349] eingeführten Regelung des § 50d Abs. 10 EStG[350] versuchte der Gesetzgeber, entgegen der Spruchpraxis zur „tatsächlichen Zugehörigkeit" Sondervergütungen qua gesetzlicher Anordnung in Unternehmensgewinne umzuqualifizieren. Nach dem Nachbesserungsversuch im Rahmen des Amtshilferichtlinienumsetzungsgesetzes[351] entspricht der Wortlaut der Vorschrift inzwischen wohl auch dem vom

---

Sprachfassungen des OECD-MA für einen „weitergehende[n] Konnex zwischen entsprechendem Wirtschaftsgut und Betriebsstätte als allein das rechtliche Eigentum" (a. a. O.). Diese Auffassung entspricht nicht der BFH-Rechtsprechung (vgl. *BFH*, Urt. v. 27.2.1991 – I R 15/89, *BFHE* 164, 38 unter B.4.c); Urt. v. 27.2.1991 – I R 96/89, *BFH/NV* 1992, 385 unter C.4.c)). Sie übersieht ferner, dass sich der rechtliche Nexus nach dieser Spruchpraxis nicht auf das rechtliche Eigentum beschränkt. Vielmehr spricht der BFH insoweit allgemein davon, dass die „steuerrechtlichen Grundsätze des nationalen Rechts" rechtlicher Art seien (vgl. BFH, a. a. O.).

[348] Vgl. Fn. 334.

[349] *BFH*, Urt. v. 17.10.2007 – I R 5/06, *BFHE* 219, 518

[350] BT-Drs. 16/11108, S. 23; *Häck*, IStR 2011, 71, 72.

[351] AmtshilfeRLUmsG v. 26.6.2013, BGBl I 2013, 1809.

Gesetzgeber intendierten Regelungsinhalt.[352] Inwieweit die formal weiterbestehende Unterscheidung zwischen rechtlicher und tatsächlicher Abgrenzung für ihren Hauptanwendungsfall, die Sondervergütungen, daher auch in der Zukunft von Bedeutung sein wird, hängt – neben etwaigen Änderungen durch den AOA – maßgeblich von dem Ausgang des vom I. Senat zu § 50d Abs. 10 EStG angestoßenen konkreten Normkontrollverfahrens[353] ab.[354]

In seinem Vorlagebeschluss vom 11. Dezember 2013 hatte der BFH ausgeführt, dass bei Anwendung des § 50d Abs. 10 EStG Sondervergütungen – abweichend von seiner bisherigen Rechtsprechung zur tatsächlichen Zugehörigkeit im Rahmen der Betriebsstättenvorbehalte, an der er ausdrücklich festhält,[355] – künftig von Art. 7 OECD-MA erfasst werden würden.

Zu den Folgen des Verweises in § 50d Abs. 10 Satz 1 EStG auf Art. 7 Abs. 1 OECD-MA führt er weiter aus:

„Bleibt es infolgedessen bei der Anwendung (nur) von Art. 7 Abs. 1 Satz 2 und Abs. 2 OEDC-MustAbk (hier Art. 7 Abs. 1 Satz 2 und Abs. 2 DBA-Italien 1989), bestimmt sich die abkommensrechtliche Zurechnung der den Zinsen zugrunde liegenden Darlehensforderung und der Darlehensverbindlichkeit zu der dem Beigeladenen von der Klägerin vermittelten Betriebsstätte nach allgemeinen Verursachungs- und Veranlassungsgesichtspunkten, und dieser Zuordnungsmaßstab deckt sich im Ergebnis mit der Zurechnung nach wirtschaftlichen Maßstäben, wie sie nach der innerstaatlichen Regelungslage des § 15 Abs. 1 Satz 1 Nr. 2 EStG (1997) geboten ist. Die vereinnahmten Zinsen sind damit als Unternehmensgewinne einer Inlandsbetriebsstätte i. s. von Art. 7 Abs. 1 Satz 2 und Abs. 2 DBA-Italien 1989 zu behandeln. Der Senat hält auch insoweit an seiner Spruchpraxis fest und verweist auf seine Urteile vom 13. Februar 2008 I R 63/06 (BFHE 220, 415, BStBl II 2009, 414) und vom 12. Juni 2013 I R 47/12 (BFHE 242, 107, jeweils m. w. N.).“[356]

---

[352] *Gosch*, in: Kirchhof, EStG, § 50d Rn. 44c; *Loschelder*, in: Schmidt, EStG, § 50d Rn. 64; *Hruschka*, IStR 2013, 830, 832.

[353] Vgl. *BFH*, Vorlagebeschluss v. 11.12.2013 – I R 4/13, *BFHE* 244, 1.

[354] Nach Auffassung von *Gosch* ist die Folge der Zuordnungsfiktion des § 50d Abs. 10 EStG die „Vervielfältigung der Zuordnungsmaßstäbe": Für Sondervergütungen trete neben den abkommensrechtlichen Maßstab der tatsächlich-funktionalen Zuordnung der innerstaatliche Maßstab des § 15 Abs. 1 Satz 1 Nr. 2 in gleich zweifacher Hinsicht. „Zum einen infolge expliziter Anordnung in Abs. 10, zum anderen deshalb, weil die der Gewerblichkeitsfiktion des § 15 Abs. 1 S. 1 Nr. 2 zugrunde liegenden (wirtschaftl.) Wertungen weitgehend jenen entsprächen, die auch der Zuordnungsmaßstab der wirtschaftl. Veranlassung i. S. d. Art. 7 Abs. 1 S. 1 OECD-MA einfordert." (*Gosch*, in: Kirchhof, EStG, § 50d Rn. 45c).

[355] *BFH*, Vorlagebeschluss v. 11.12.2013 – I R 4/13, *BFHE* 244, 1 unter B.I.3.b.bb).

[356] *BFH*, Vorlagebeschluss v. 11.12.2013 – I R 4/13, *BFHE* 244, 1 unter B.I.3.b.bb).

Der Vorlagebeschluss stellt sich damit auf den ersten Blick in einen gewissen Gegensatz zu dem Urteil vom 8. September 2010[357], da der BFH nunmehr von einer von der Zurechnung nach der tatsächlichen Zugehörigkeit (der Stammrechte) abweichenden Zuordnung der Sondervergütungen zu der Betriebsstätte nach Art. 7 DBA-Italien ausgeht. Da er wiederum ausdrücklich an der Spruchpraxis zur tatsächlichen Zugehörigkeit festhält,[358] unterscheidet sich diese Zuordnung auch nicht nur in der Begründung, sondern auch im Ergebnis. Letztlich spielt sich diese unterschiedliche Zuordnung nach den beiden Maßstäben aber wohl in dem oben beschriebenen Grenzbereich ab, in dem die beiden Maßstäbe nach der Auffassung des BFH nicht übereinstimmen.

9.3 Zusammenfassung und Stellungnahme zu einzelnen Aspekten der BFH-Rechtsprechung

Die Betriebsstättenvorbehalte der Art. 10 Abs. 4, Art. 11 Abs. 4, Art. 12 Abs. 3 und Art. 21 Abs. 2 OECD-MA enthalten jeweils eine Rückausnahme zu dem Spezialitätenvorrang des Art. 7 Abs. 4 (Abs. 7 a. F.) OECD-MA. Als Qualifikationsnormen betreffen sie damit lediglich eine „Vorfrage" für die eigentliche Betriebsstättengewinnabgrenzung im Rahmen des Art. 7 OECD-MA.

Die diskutierten Entscheidungen zeigen, dass der BFH beginnend mit den Urteilen vom 27. Februar 1991[359] eine eigenständige Rechtsprechungslinie zur „tatsächlichen Zugehörigkeit" im Rahmen dieser Betriebsstättenvorbehalte entwickelt hat, an der er in ständiger Rechtsprechung weiter festhält.[360] Geleitet wird der BFH dabei von dem Zweck der Betriebsstättenvorbehalte, der darin liegt, die Erträge aus Wirtschaftsgütern, die von einer Betriebstätte genutzt werden und die zu deren Betriebsstättenergebnis beigetragen haben, auch dem Betriebsstättenstaat zur Besteuerung zuzuweisen. Auf teleologischer Ebene schlägt der BFH

---

[357]*BFH*, Urt. v. 8.9.2010 – I R 74/09, *BFHE* 231, 84.

[358]*BFH*, Vorlagebeschluss v. 11.12.2013 – I R 4/13, *BFHE* 244, 1 unter B.I.2.c).

[359]*BFH*, Urt. v. 27.2.1991 – I R 15/89, *BFHE* 164, 38; Urt. v. 27.2.1991 – I R 96/89, *BFH/NV* 1992, 385.

[360]*BFH*, Urt. v. 26.2.1992 – I R 85/91, *BFHE* 168, 52; Urt. v. 31.5.1995 – I R 74/93, *BFHE* 178, 74; Urt. v. 30.8.1995 – I R 112/94, *BFHE* 179, 48; Urt. v. 23.10.1996 – I R 10/96, *BFHE* 182, 51; Urt. v. 17.12.1997 – I R 34/97, *BFHE* 185, 216; Urt. v. 29.11.2000 – I R 84/99, juris; Urt. v. 17.12.2003 – I R 47/02, *BFH/NV* 2004, 771; Urt. v. 17.10.2007 – I R 5/06, *BFHE* 219, 518; Urt. v. 8.9.2010 – I R 74/09, *BFHE* 231, 84; Beschluss v. 19.12.2007 – I R 66/06, *BFHE* 220, 173.

damit die Brücke zu der nachgelagerten (Haupt-)Frage der Betriebsstättengewinnabgrenzung im Rahmen des Art. 7 OECD-MA.

Obwohl es sich bei den dargestellten Entscheidungen um Einzelfallentscheidungen zu verschiedenen Doppelbesteuerungsabkommen handelt, lassen sich aus ihnen verallgemeinerungsfähige Aussagen extrahieren. Diese sollen im Folgenden zusammengefasst, einer kritischen Bewertung unterworfen und vor allem ins Verhältnis zu der veranlassungsbasierten Zuordnung im Rahmen des Art. 7 Abs. 1 OECD-MA gesetzt werden.

9.3.1 Abkommensautonome Auslegung der Betriebsstättenvorbehalte bei der Behandlung von Sondervergütungen (Verteilungsartikelebene)

Seit dem Urteil vom 27. Februar 1991[361] wendet der BFH den Spezialitätenvorrang auch auf Einkünfte an, die auf einem Leistungsaustausch zwischen einer zivilrechtlich selbstständigen Personengesellschaftsbetriebsstätte und ihrem Gesellschafter beruhen. Insoweit kommt es maßgeblich auf die zivilrechtlich wirksame Leistungsbeziehung und nicht auf die abkommensrechtliche Qualifikation als Einheitsunternehmen an.[362] Unter Anwendung des Spezialitätenvorrangs löst der BFH die aus dem jeweiligen Leistungsaustausch resultierenden spezielleren Einkünfte aus den Unternehmensgewinnen heraus, wenn nicht die Voraussetzungen eines Betriebsstättenvorbehalts vorliegen und die betreffenden Einkünfte daher ausnahmsweise unter die Unternehmensgewinne zu fassen sind.

Dabei ist es nach der Rechtsprechung nicht maßgeblich, ob das Abkommen ausdrücklich einen Spezialitätenvorrang anordnet. Denn die vorrangige Einordnung unter die spezielleren Verteilungsartikel ergibt sich jedenfalls aus den Verteilungsartikeln, die einen Betriebsstättenvorbehalt enthalten. Stünden die anderen Verteilungsartikel nämlich nicht in einem Spezialitätsverhältnis zu dem Artikel für Unternehmensgewinne, so liefen die Betriebsstättenvorbehalte leer.[363] Die Entscheidung vom 24. März 1999[364], die zu gegenteiligem Ergebnis gekommen war, ist insofern als Ausnahme zu betrachten, die der Ähnlichkeit des deutschen und

[361] *BFH*, Urt. v. 27.2.1991 – I R 15/89, *BFHE* 164, 38.

[362] Vgl. aber auch unten 9.3.3.

[363] *BFH*, Urt. v. 10.8.2006 – II R 59/05, *BFHE* 214, 518 unter II.8.b.bb); Beschluss v. 20.12.2006 – I B 47/05, *BFHE* 216, 276 unter II.10.b); Beschluss v. 19.12.2007 – I R 66/06, *BFHE* 220, 173 unter II.2.c.aa).

[364] *BFH*, Urt. v. 24.3.1999 – I R 114/97, *BFHE* 188, 315.

des österreichischen Regimes der Personengesellschaftsbesteuerung geschuldet ist.[365]

Durch diese Herauslösung der Sondervergütungen aus den Unternehmensgewinnen erteilt der BFH der durch § 15 Abs. 1 Satz 1 Nr. 2 EStG begründeten rechtlichen Einheit von Gewinnanteil und Sondervergütungen für Zwecke der abkommensrechtlichen Einkünftequalifikation eine Absage. Dies schlägt nach Auffassung des BFH jedenfalls im Rahmen der klassischen Betriebsstättenvorbehalte auf das zuzuordnende Vermögen durch.

Dabei ist den Ausführungen des BFH nicht eindeutig zu entnehmen, ob der BFH angesichts dieser „Herauslösung" aus den Unternehmensgewinnen nur auf der Rechtsfolgen- oder bereits auch schon auf der Tatbestandsebene davon ausgeht, dass die Sondervergütungen nicht als Unternehmensgewinne von Art. 7 OECD-MA erfasst werden.[366] Die Bezugnahme auf den Spezialitätenvorrang in der Rechtsprechung lässt aber vermuten, dass der BFH davon ausgeht, dass die Sondervergütungen bzw. Sonderbetriebseinnahmen tatbestandlich Unternehmensgewinne im Sinne des Art. 7 darstellen, die letztlich nur durch die Vorrangregelung des Art. 7 Abs. 4 (Abs. 7 a. F.) OECD-MA auf der Rechtsfolgenebene nach den speziellen Verteilungsartikeln behandelt werden.

Es sprechen gute Gründe dafür, die Sondervergütungen bereits tatbestandlich nicht zu den Unternehmensgewinnen zu zählen. Denn die Sondervergütungen beruhen letztlich auf Tätigkeiten des Mitunternehmers im Verhältnis zu seiner Personengesellschaft. Der Zusammenhang zu der originär unternehmerischen Geschäftstätigkeit der Personengesellschaft, auf die es aber im Rahmen des Art. 7 Abs. 1 OECD-MA ankommt,[367] ist hingegen lediglich mittelbar und damit für Fragen der Zuordnung nachrangig.[368]

Versteht man unter der Geschäftstätigkeit des Unternehmens im Sinne des Art. 7 OECD-MA nur die originäre unternehmerische Tätigkeit, die hier in

---

[365] BFH, Beschluss v. 19.12.2007 – I R 66/06, BFHE 220, 173 unter II.2.c.aa); Urt. v. 24.3.1999 – I R 114/97, BFHE 188, 315 unter B.IV.1.e.bb); Hölscher, IWB 2007, 647, 649.

[366] BFH, Urt. v. 10.8.2006 – II R 59/05, BFHE 214, 518 unter II.8.b.aa); Urt. v. 17.12.2003 – I R 47/02, BFH/NV 2004, 771 unter II.2.a); Urt. v. 21.7.1999 – I R 71/98, BFHE 190, 111 unter II.2.b). Die Entscheidungen, Urt. v. 27.2.1991 – I R 15/89, BFHE 164, 38 unter II.B.2.b) und Urt. v. 16.10.2002 – I R 17/01, BFHE 200, 511 unter III.2.c) stellen insoweit einen Sonderfall dar, da das anwendbare DBA-USA 1954/65 eine abkommensrechtliche Definition von gewerblichen Gewinnen in Art. III Abs. 5 DBA-USA 1954/65 enthält. Für eine Herauslösung bereits auf Tatbestandsebene allenfalls Urt. v. 23.10.1996 – I R 10/96, BFHE 182, 51 unter II.1.b).

[367] Vgl. die Ausführungen unter 3.2.1.

[368] Vgl. auch 6.2.3.

der Personengesellschaft ausgeübt wird, so ist der Begriff des Unternehmens als Referenzrahmen für die Zuordnung im Rahmen der abkommensrechtlichen Betriebsstättengewinnabgrenzung enger als der innerstaatliche Gewerbebetriebsbegriff, der den Referenzrahmen für die innerstaatliche Zuordnung bildet. Mangels abkommensrechtlicher fiktiver Erweiterungen des Unternehmensbegriffs[369] können die Sondervergütungen demnach nicht auf die unternehmerische Geschäftstätigkeit zurückgeführt werden. Der Zusammenhang zu der Privatsphäre des Mitunternehmers (bei einer im Privatvermögen gehaltenen Personengesellschaftsbeteiligung) oder zu dessen anderweitigen Betriebssphäre (wenn er die Personengesellschaftsbeteiligung in einem anderen Betriebsvermögen hält) ist insoweit vorrangig.

Für die im Rahmen der Betriebsstättenvorbehalte geforderte „tatsächliche Zugehörigkeit" ist nach der Rechtsprechung erforderlich, dass das Stammrecht in einem funktionalen Zusammenhang mit der in der Betriebsstätte ausgeübten aktiven[370] bzw. (unmittelbar) unternehmerischen[371] Tätigkeit steht, so dass es sich nach der Verkehrsauffassung um Nebenerträge jener Tätigkeit handelt. Ob der BFH dieses Erfordernis durch seine Aussage in dem Urteil vom 13. Februar 2008[372] später auf die inzidente Prüfung der Betriebsstättenvorbehalte im Methodenartikel beschränkt hat, ist der Urteilspassage nicht eindeutig zu entnehmen. In der Tat spielt die Aktivität der Betriebsstättentätigkeit als Anknüpfungspunkt der funktionalen Betrachtungsweise im Rahmen eines Methodenartikels mit Aktivitätsvorbehalt eine bedeutsame Rolle.[373] Gleichwohl setzt auch das

---

[369]Vgl. die Ausführungen im Zusammenhang mit der Zuordnung von Wirtschaftsgütern zum Betriebsvermögen unter 6.3.

[370]*BFH*, Urt. v. 26.2.1992 – I R 85/91, *BFHE* 168, 52.

[371]*BFH*, Beschluss v. 19.12.2007 – I R 66/06, *BFHE* 220, 173 unter II.2.c.cc); ähnlich auch Urt. v. 30.8.1995 – I R 112/94, *BFHE* 179, 48 unter II.5. Dabei ist der „funktionale Zusammenhang mit der unmittelbar unternehmerischen Tätigkeit" nicht mit einem „unmittelbaren funktionalen Zusammenhang mit der unternehmerischen Tätigkeit" zu verwechseln, da ein derartiges Unmittelbarkeitserfordernis der „tatsächlichen Zugehörigkeit" gerade nicht innewohnt (siehe weiter unten in diesem Unterabschnitt). Die „unmittelbar unternehmerische Tätigkeit" ist vielmehr i. S. e. originär gewerblichen Tätigkeit (§ 15 Abs. 2 EStG) in Abgrenzung zu der rechtlich fiktiv erweiterten gewerblichen Tätigkeit zu verstehen.

[372]*BFH*, Urt. v. 13.2.2008 – I R 63/06, *BFHE* 220, 415 unter II.5.e.bb.bbb)

[373]Vgl. Fn. 279. *Häck* betont in diesem Kontext, dass Orientierung an den zu § 8 AStG entwickelten Grundsätzen der funktionalen Betrachtungsweise für Zwecke der Betriebsstättenvorbehalte konzeptionell nicht überzeugend sei, da die Zielrichtung des § 8 AStG (Abgrenzung aktiver und passiver Tätigkeiten) eine andere sei als die der Betriebsstättenvorbehalte (Durchsetzung des Betriebsstättenprinzips), *Häck*, ISR 2015, 113, 115. Ähnlich bereits *Blumers*, DB 2008, 1765, 1769.

Betriebsstättenprinzip des Art. 7 Abs. 1 Satz 2, Abs. 2 OECD-MA, auf das die Betriebsstättenvorbehalte zurückverweisen, eine „Ausübung" der Geschäftstätigkeit in der Betriebsstätte voraus, so dass die Relevanz der Aktivität auch auf Ebene des tätigkeitsbezogenen Verteilungsartikels nicht von der Hand zu weisen ist.[374]

Sachgerechter ist es daher, die Ausführungen des BFH in dem Urteil vom 13. Februar 2008[375] zu der funktionalen Betrachtungsweise dahingehend zu verstehen, dass diese im Outbound-Fall zweifach zu berücksichtigen ist: Zum einen spielt der funktionale Zusammenhang ggf. auch der Nebenerträge zu der Haupttätigkeit bei der inzidenten Prüfung der Voraussetzungen des Art. 7 OECD-MA (im Rahmen der an die Ausübung einer Geschäftstätigkeit anknüpfenden Unternehmensgewinne) eine Rolle. Darüber hinaus stehen passive Einkünfte dem Aktivitätsvorbehalt im Rahmen des Methodenartikels nicht entgegen, wenn diese Einkünfte als funktionale Nebenerträge der Haupttätigkeit einzustufen sind.

Jedenfalls im Rahmen seiner „Aktivposten"-Rechtsprechung nimmt der BFH keine Anwendungsbeschränkung auf den Methodenartikel vor. Denn die „Aktivposten"-Rechtsprechung, die nach wie vor auch im Rahmen des reinen Inbound-Falls und damit losgelöst vom Methodenartikel Bestand hat,[376] steht neben dem funktionalen Zusammenhang.[377] Danach ist die tatsächliche Zugehörigkeit zu bejahen, wenn das Stammrecht zusätzlich aus Sicht der Betriebsstätte einen „Aktivposten" bildet.

Welche Qualität dieser „Aktivposten" genau haben solle, musste der BFH bislang nicht ausführen, da der Anwendungsbereich der Betriebsstättenvorbehalte bei Sondervergütungen angesichts dieses Erfordernisses stark dezimiert ist.[378] Der „Aktivposten" wurde ausschließlich zur Negativabgrenzung herangezogen.[379]

Angesichts der vom BFH im Kontext des Spezialitätenvorrangs erteilten Absage an die durch § 15 Abs. 1 Satz 1 Nr. 2 Satz 1 EStG etablierte rein rechtliche Zugehörigkeit wird man wohl mit *Wassermeyer* davon ausgehen müssen,

---

[374] Vgl. Art. 3 Abs. 1 lit. c und Art. 7 Abs. 1 Satz 1 Hs. 2 und Satz 2 OECD-MA.

[375] *BFH*, Urt. v. 13.2.2008 – I R 63/06, *BFHE* 220, 415.

[376] Vgl. Fn. 296.

[377] In *BFH*, Urt. v. 21.7.1999 – I R 110/98, *BFHE* 190, 118 erklärte der BFH ausdrücklich, dass die Aktivposten-Voraussetzung und der funktionale Zusammenhang mit der Betriebsstättentätigkeit kumulativ vorliegen müssen, a. a. O. unter II.2.c).

[378] *Piltz*, in: Lüdicke, Forum Int Besteuerung Bd. 25, S. 137, 151; *Müller*, BB 2009, 751, 754; *Siegers*, FG Wassermeyer, S. 319, 323.

[379] In der Aktivposten-Rechtsprechung (vgl. Fn. 296) kam der BFH jeweils zu dem Ergebnis, dass die Vermögensgegenstände oder Rechte, die den streitgegenständlichen Einkünften zugrunde lagen, gerade keine Aktivposten darstellten.

dass die Zugehörigkeit zum Betriebsvermögen im Rahmen der „Aktivposten"-Rechtsprechung mehr als bloß rechtlicher Natur sein muss.[380] In Anknüpfung an die Ausführungen in Kapitel 6 zur Zuordnung zum Betriebsvermögen muss der geforderte „Aktivposten" bei veranlassungsbasierter Betrachtung Teil des (Betriebs-)Vermögens der Betriebsstätte sein. Eine Zugehörigkeit aufgrund der rechtlichen Erweiterung des Betriebsbegriffs (beispielsweise nach § 15 Abs. 1 Satz 1 Nr. 2 Satz 1 Hs. 2 EStG oder § 15 Abs. 3 Nr. 1 oder Nr. 2 EStG) genügt gerade nicht, da sonst das Sonderbetriebsvermögen – entgegen der Rechtsprechung – miterfasst wäre.[381]

Es stellt sich jedoch die Frage, inwieweit eine darüber hinaus gehende Einschränkung der zulässigen „Aktivposten" vorzunehmen ist. Der teilweise vertretenen Ansicht, Wirtschaftsgüter, die infolge bloß gewillkürter Zuordnung Teil des Betriebsvermögens sind, seien nicht tatsächlich zu der Betriebsstätte zugehörig,[382] kann so pauschal nicht zugestimmt werden.

Richtig ist, dass die dienende Funktion gewillkürter Wirtschaftsgüter zur Betriebsförderung, zu der sie objektiv geeignet und erkennbar bestimmt sein müssen, lediglich *mittelbarer* Natur ist. Denn dienten sie bereits objektiv erkennbar *unmittelbar* dem Betrieb, so wären sie als notwendiges Betriebsvermögen einzustufen. Dies hat jedoch nicht zwingend zur Konsequenz, dass diese gewillkürten Wirtschaftsgüter ungeeignet sind, jedenfalls funktionale Nebenerträge der eigentlichen Betriebstätigkeit zu generieren. Bei den selbstständigen Einkünften, die ja seit der Streichung des Art. 14 OECD-MA ebenfalls von Art. 7 OECD-MA erfasst werden, dürfte dies grundsätzlich unproblematisch der Fall sein. Das liegt daran, dass der BFH bei Freiberuflern davon ausgeht, dass der Umfang ihres gewillkürten Betriebsvermögens durch ihre berufliche Tätigkeit geprägt und begrenzt wird.[383] Sie sind bei der Bildung von gewillkürtem Betriebsvermögen weniger frei als Gewerbetreibende; Vermögen, das der Berufsausübung wesensfremd ist,

---

[380] *Wassermeyer*, FS Ruppe, S. 681, 688.

[381] Vgl. auch *Günkel/Lieber*, Ubg 2009, 301, 304; *Günkel/Lieber*, FR 2000, 853, 854. Sonst wäre das Stammrecht ja auch bereits als Wirtschaftsgut des Sonderbetriebsvermögens ein Aktivposten des rechtlich erweiterten Betriebsvermögens, was aber der „Aktivposten"-Rechtsprechung widerspräche.

[382] *Wassermeyer/Drüen*, in: Wassermeyer, DBA, Vor Art. 6–22 MA Rn. 22; *Siegers*, FG Wassermeyer, S. 319, 322; wohl auch *Hruschka*, IStR 2016, 437, 441.

[383] *BFH*, Urt. v. 31.5.2001 – IV R 49/00, *BFHE* 195, 386 unter 1.a); Urt. v. 12.5.1989 – III R 68/85, *BFHE* 157, 284 unter 1.b); Urt. v. 5.12.1985 – IV R 182/84, *BFH/NV* 1986, 452 unter 1; Urt. v. 17.4.1986 – IV R 115/84, *BFHE* 146, 419 unter 2.c).

können sie nicht zu (gewillkürtem) Betriebsvermögen machen.[384] Der objektive Zusammenhang mit dem Betrieb muss hier „eindeutig" sein.[385] Aufgrund dieses eindeutigen, durch die berufliche Tätigkeit geprägten Zusammenhangs des gewillkürten Wirtschaftsguts dürften die daraus generierten Erträge üblicherweise Nebenerträge der freiberuflichen Haupttätigkeit sein.

Anders könnte es sich bei den Erträgen aus dem gewillkürten Betriebsvermögen bei Gewerbetreibenden verhalten. Diese sind in der Bildung von gewillkürtem Betriebsvermögen erheblich viel freier als die Freiberufler,[386] da auch ihre Tätigkeiten nicht katalogmäßig beschränkt sind. Ist der objektive Zusammenhang des gewillkürten Wirtschaftsguts zu der betrieblichen Tätigkeit so lose und entfernt, dass die damit generierten Erträge keine Nebenerträge der betrieblichen Haupttätigkeit mehr darstellen, so wird man das betreffende Wirtschaftsgut – trotz seiner Zugehörigkeit zum gewillkürten Betriebsvermögen – nicht als „tatsächlich zur Betriebsstätte zugehörig" einstufen können.

Es stellt sich jedoch die Frage, wo diese ‚Nebenertragsgrenze' verläuft und wie lose der Zusammenhang zur betrieblichen Tätigkeit gerade noch sein darf, um noch als Nebenerträge zur Haupttätigkeit generierend angesehen zu werden. Berücksichtigt man, dass der hierfür betrachtete Ausschnitt aus dem gewillkürten Betriebsvermögen nach den vorangegangenen Ausführungen bereits um den rein „rechtlich erweiterten" Anteil gekürzt wurde, so verbleibt nur noch der Anteil des Betriebsvermögens, dessen Anschaffung oder Herstellung durch die originär gewerbliche Tätigkeit im Sinne des § 15 Abs. 2 EStG veranlasst war. Dies ist aber gerade der Teil des steuerrechtlichen Gesamtbetriebsvermögens, der dazu geeignet und erkennbar dazu bestimmt ist, die eigentliche Betriebsstätigkeit im Sinne des § 15 Abs. 2 EStG (wenn auch lediglich mittelbar) zu fördern. Diese Betriebstätigkeit entspricht der Geschäftstätigkeit, auf dessen Ausübung die abkommensrechtliche Unternehmensdefinition in Art. 3 Abs. 1 lit. c) OECD-MA Bezug nimmt,[387] und umfasst die betriebliche Haupttätigkeit sowie funktional zugehörige Nebentätigkeiten.

Aus diesem Grund erscheint es nicht nachvollziehbar, einem Wirtschaftsgut, das zur mittelbaren Förderung der Gesamtbetriebstätigkeit geeignet und erkennbar bestimmt ist, die Fähigkeit, funktionale Nebenerträge zur Haupttätigkeit zu

---

[384] *BFH*, Urt. v. 5.12.1985 – IV R 182/84, *BFH/NV* 1986, 452 unter 1; Urt. v. 22.1.1981 – IV R 107/77, *BFHE* 133, 168.

[385] *BFH*, Urt. v. 12.5.1989 – III R 68/85, *BFHE* 157, 284 unter 1.b).

[386] *BFH*, Urt. v. 5.12.1985 – IV R 182/84, *BFH/NV* 1986, 452 unter 1; Urt. v. 22.1.1981 – IV R 107/77, *BFHE* 133, 168; Urt. v. 15.7.1960 – VI 10/60 S, *BFHE* 71, 625 unter 1.

[387] Der BFH spricht in *BFH*, Beschluss v. 19.12.2007 – I R 66/06, *BFHE* 220, 173 unter II.2.c.cc) auch von „unmittelbar unternehmerischer Tätigkeit".

generieren, ausschließlich deswegen abzusprechen, weil sein Förderungszusammenhang lediglich mittelbarer Natur ist.[388] Denn ein derartiges Unmittelbarkeitserfordernis lässt sich weder der tatsächlichen Zugehörigkeit als Gegenpol zur rechtlichen Zugehörigkeit noch der funktionalen Betrachtungsweise entnehmen. Eine Beschränkung der „Aktivposten"-Rechtsprechung auf das (veranlassungsbasierte) notwendige Betriebsvermögen ist demnach nicht nachvollziehbar.[389]

Bei den vorstehenden Ausführungen ist zu beachten, dass sie nicht für Sondervergütungen gelten, soweit das DBA Sondervorschriften für Sondervergütungen (wie beispielsweise Art. 7 Abs. 7 DBA-Schweiz) enthält, da diese dem Spezialitätenvorrang vorgehen und es somit gar nicht erst zu einer „Herauslösung" der Sondervergütungen aus den Unternehmensgewinnen kommt.

9.3.2 Besonderheiten auf Methodenartikelebene

In Outbound-Konstellationen wirken die Betriebsstättenvorbehalte inzident im Rahmen der Methodenartikel. Dabei schlägt die Umqualifizierung der spezielleren Einkünfte über die Rückverweisung der Betriebsstättenvorbehalte grundsätzlich auf den Methodenartikel durch. Das Erfordernis der tatsächlichen Zugehörigkeit ist in Outbound-Sachverhalten gleichermaßen zu beachten. Deutschland als Ansässigkeitsstaat ist damit in der Regel bei seiner Anwendung des Methodenartikels an die Einordnung der Einkünfte unter den Betriebsstättenvorbehalt im Rahmen des inzident geprüften Verteilungsartikels gebunden.[390]

Etwas anderes ergibt sich lediglich für Methodenartikel, die die Freistellung der Betriebsstätteneinkünfte unter Aktivitätsvorbehalt stellen. Hier müssen die spezielleren Einkünfte grundsätzlich selbst das Aktivitätserfordernis erfüllen. Ist dies nicht der Fall, lassen sie sich allenfalls unter Anwendung der zu § 8 AStG entwickelten Grundsätze der funktionalen Betrachtungsweise als Nebenerträge

---

[388]Dies steht auch nicht im Widerspruch zu den zuvor (vgl. bei Fn. 368) gemachten Ausführungen, nach denen die Sondervergütungen wegen des lediglich mittelbaren Veranlassungszusammenhangs zu der unternehmerischen Geschäftätigkeit nicht vom Begriff der Unternehmensgewinne im Sinne des Art. 7 Abs. 1 OECD-MA umfasst seien. Denn anders als im Fall der funktionalen Nebenerträge besteht bei den Sondervergütungen ein vorrangiger unmittelbarer Veranlassungszusammenhang zu einer anderen (privaten oder betrieblichen) Tätigkeit.

[389]A. A. wohl *Wolff*, FS Wassermeyer, S. 647, 654, 662 unter Verweis auf *Wassermeyer/Drüen*, in: Wassermeyer, DBA, Vor Art. 6–22 MA Rn. 22.

[390]Vgl. die Ausführungen zu *BFH*, Urt. v. 7.8.2002 – I R 10/01, *BFHE* 199, 547 oben 9.2.1.4.

der Betriebsstätte zuordnen, wenn sie in einem wirtschaftlichen Zusammenhang zu einer aktiven Haupttätigkeit der Betriebsstätte stehen.[391]
Darüber hinaus ist bei Outbound-Konstellationen die „*subject to tax*"-Klausel des § 50d Abs. 9 Nr. 1 EStG, auf die § 50d Abs. 10 Satz 8 EStG verweist, zu beachten.

9.3.3 Steuerliche Anerkennung der zivilrechtlichen Gläubiger-Schuldner-Verhältnisse

Trotz der fehlenden Abkommensberechtigung der Personengesellschaft, die für abkommensrechtliche Zwecke dazu führt, dass der Mitunternehmer und seine Beteiligung an der Personengesellschaft als Einheitsunternehmen betrachtet werden, stellt der BFH bei der steuerlichen Beurteilung der Leistungsverhältnisse zwischen dem Mitunternehmer und seiner Personengesellschaft auf die zivilrechtlichen Gläubiger-Schuldner-Verhältnisse ab. Diese steuerliche Anerkennung von zivilrechtlichen Gläubiger-Schuldner-Verhältnissen dürfte in den Fällen unproblematisch sein, in denen der speziellere Zinsartikel nur auf die Existenz einer Schuldverpflichtung abstellt.[392] Denn der Begriff der Schuldverpflichtung ist schuldrechtlicher Natur, so dass es auf die abkommensrechtliche Behandlung von Personalgesellschaften nicht ankommt.

Etwas mehr Begründungsaufwand dürfte hingegen erforderlich werden, wenn der Zinsartikel daran anknüpft, dass die Einkünfte aus dem anderen Vertragsstaat „stammen".[393] Dann stellt sich nämlich die Frage, ob die Einkünfte auch dann aus dem Betriebsstättenstaat stammen, wenn der Schuldner, die Personengesellschaft, keine ansässige Person im Sinne des jeweiligen DBA ist.

Diese Frage ist vor dem Hintergrund des Art. 11 Abs. 5 OECD-MA zu verstehen. Danach gelten Zinsen dann als aus einem Vertragsstaat stammend, wenn der Schuldner eine in diesem Staat ansässige Person ist. Hat aber der Schuldner der Zinsen, ohne Rücksicht darauf, ob er in einem Vertragsstaat ansässig ist oder nicht, in einem Vertragsstaat eine Betriebsstätte und ist die Schuld, für die die Zinsen gezahlt werden, für Zwecke der Betriebsstätte eingegangen worden und trägt die Betriebsstätte die Zinsen, so gelten die Zinsen als aus dem Staat stammend, in dem die Betriebsstätte liegt.

---

[391] Vgl. die Ausführungen zu *BFH*, Urt. v. 7.8.2002 – I R 10/01, *BFHE* 199, 547 oben 9.2.1.4.
[392] So bspw. Art. VII Abs. 1 DBA-USA 1954/65 vgl. oben 9.2.1.1.
[393] Wie auch das OECD-MA vor 2014.

Diese Definition dient ursprünglich dem Zweck, den Quellenstaat zwecks Bestimmung eines gegebenenfalls existierenden Quellenbesteuerungsrechts (vgl. Art. 11 Abs. 2 OECD-MA) zu identifizieren.[394] Dennoch kommt der Frage, woher die speziellen Einkünfte im Einzelnen „stammen", bei der Abgrenzung der spezielleren Verteilungsartikel zum Art. 21 OECD-MA Bedeutung zu. Stammen sie nämlich nicht aus dem anderen Vertragsstaat, so sind sie nämlich keine Einkünfte im Sinne des Art. 11 OECD-MA und würden dementsprechend von Art. 21 OECD-MA erfasst werden.

Stellt man auch für diese Abgrenzungsfrage auf die Definition des Art. 11 Abs. 5 OECD-MA ab, so dürften Zinsen, die eine Personengesellschaft zivilrechtlich schuldet, hiervon nicht unmittelbar erfasst sein. Denn die Personengesellschaft ist regelmäßig kein Abkommenssubjekt und erfüllt damit nicht die Voraussetzungen des Art. 11 Abs. 5 Satz 1 OECD-MA. Auch die Voraussetzungen des Art. 11 Abs. 5 Satz 2 OECD-MA dürfte die Personengesellschaft als Zinsschuldnerin nicht erfüllen. Denn selbst wenn die Schuld, für die die Zinsen gezahlt werden, für Zwecke der Betriebsstätte eingegangen wurde, und die Zinsen von der Betriebsstätte getragen werden, ist es aber nicht die Schuldnerin der Zinsen, nämlich die Personengesellschaft, die die Betriebsstätte in einem Vertragsstaat hat. Denn nach ständiger Rechtsprechung des BFH[395] vermittelt die Personengesellschaft selbst eine Betriebsstätte des durch ihren Gesellschafter betriebenen Unternehmens.[396] Damit „hat" aber nicht die Personengesellschaft, sondern ihr Gesellschafter eine Betriebsstätte im Sinne des Art. 11 Abs. 5 Satz 2 OECD-MA in einem Vertragsstaat, so dass streng genommen auch der Ersatztatbestand des „Stammens" nicht erfüllt ist.[397]

Fraglich ist, wie damit umzugehen ist, dass die Norm den Fall der zivilrechtlich selbstständigen Personengesellschafts-Betriebsstätte als Zinsschuldnerin nicht ausdrücklich regelt. Fasst man die Definition des Art. 11 Abs. 5 OECD-MA als nicht abschließend auf oder existiert in dem konkreten Abkommen keine Art. 11 Abs. 5 OECD-MA vergleichbare Regelung, so führt die Nichterfassung der selbstständigen Personengesellschafts-Betriebsstätte als Zinsschuldnerin gemäß Art. 3 Abs. 2 OECD-MA zu einer subsidiären Anwendung des innerstaatlichen

---

[394]Vgl. *Wassermeyer*, in: Wassermeyer, DBA, Art. 11 MA Rn. 121; vgl. auch *Pöllath/Lohbeck*, in: Vogel/Lehner, DBA, Art. 11 Rn. 98.

[395]*BFH*, Urt. v. 26.2.1992 – I R 85/91, *BFHE* 168, 52 unter II.3.c.bb).

[396]A. A. *Wassermeyer*, FS Haarmann, S. 973, 982 ff.

[397]A. A. *Müller*, BB 2009, 751, 754 m. w. N.

Rechts des Anwenderstaats.[398] Das deutsche Steuerrecht enthält keine Aussage dazu, unter welchen Voraussetzungen Zinszahlungen aus einem bestimmten Staat stammen. Angesichts der Ausgestaltung der Besteuerung der Zinseinkünfte (Welteinkommensprinzip bei unbeschränkter Steuerpflicht und Anknüpfung an im Inland bezogene Sicherheiten bei beschränkter Steuerpflicht im Sinne des § 49 Abs. 1 Nr. 5 lit. c Doppelbuchst. aa EStG) besteht hierzu auch kein Anlass. Dennoch lässt sich dem (Auffang-)Tatbestand der Besteuerung der Zinseinkünfte (§ 20 Abs. 1 Satz 1 Nr. 7 Satz 1 EStG) entnehmen, dass es auf die „Zusage" oder „Leistung" des Entgelts für die Überlassung des Kapitalvermögens ankommt.

Dementsprechend erscheint es angebracht, für die Frage des „Stammens" auf die örtliche Verwurzelung des zivilrechtlichen Schuldners abzustellen.[399] Diese liegt bei einer selbstständigen Personengesellschaft bei der Betriebsstätte im Sinne des § 12 AO, der die Zinszahlung (nach innerstaatlichem Recht) zuzuordnen ist, subsidiär bei der Geschäftsleitungsbetriebsstätte. Die Frage des „Stammens" entspräche damit einer veranlassungsbasierten Zuordnung. Dies hätte wiederum zur Konsequenz, dass Art. 11 OECD-MA (einschließlich eines ggf. bestehenden Quellenbesteuerungsrechts des Personengesellschafts-Betriebsstättenstaats) Anwendung fände.

Betrachtet man die Definition in Art. 11 Abs. 5 OECD-MA hingegen als abschließend, so wäre die Zinszahlung einer inländischen Personengesellschaft an ihren ausländischen Gesellschafter (Inbound-Konstellation) oder umgekehrt einer ausländischen Personengesellschaft an ihren inländischen Gesellschafter (Outbound-Konstellation) bei strikter Wortlautauslegung nicht von Art. 11 OECD-MA, sondern von Art. 21 OECD-MA erfasst. Das Besteuerungsrecht für die Zinserträge läge dann (wie gemäß Art. 11 OECD-MA) bei dem Ansässigkeitsstaat. Eine Erhebung einer Quellensteuer durch den (Personengesellschafts-)Betriebsstättenstaat schiede in diesem Fall jedoch aus.

In beiden Konstellationen läuft es somit (vorbehaltlich der tatsächlichen Zugehörigkeit zu der Personengesellschafts-Betriebsstätte im Sinne des Art. 11 Abs. 4 oder des Art. 21 Abs. 2 OECD-MA) auf ein Besteuerungsrecht des Ansässigkeitsstaats der die Zinszahlung empfangenden Person hinaus. Der einzige Unterschied zwischen den beiden Auffassungen besteht in dem nach der erstgenannten Auffassung bestehenden Quellensteuerrechts des Personengesellschafts-Betriebsstättenstaats.

---

[398]Vgl. für einen Fall, bei dem das einschlägige DBA keine mit Art. 11 Abs. 5 OECD-MA vergleichbare Regelung enthielt, *BFH*, Urt. v. 18.12.1986 – I R 52/83, *BFHE* 149, 440.

[399]Vgl. auch *BFH*, Urt. v. 28.4.2010 – I R 81/09, *BFHE* 229, 252 unter II.2.a.bb) zu einem Fall, bei dem die zivilrechtliche Schuldnerin eine abkommensrechtliche Person war.

Der BFH folgt wohl der ersten Lesart und kommt zu einer Anwendbarkeit des Art. 11 OECD-MA. Er entscheidet sich damit auch hier zumindest implizit für eine veranlassungsbasierte Auslegung des Begriffs „stammen". Für eine derartige Auslegung lässt sich auch der Zweck des Art. 11 Abs. 5 Satz 2 OECD-MA anführen. Die Norm geht angesichts ihrer Formulierung von einer unselbstständigen Betriebsstätte aus. Sie gestattet dem Betriebsstättenstaat bei hinreichendem letztlich auch veranlassungsbasiertem Zusammenhang zwischen Schuld und Betriebsstättenstaat unter den genannten Voraussetzungen ein eigenes Quellensteuerrecht. Art. 11 Abs. 5 Satz 2 OECD-MA fungiert dabei quasi als ein „quellensteuerlicher Betriebsstättenvorbehalt". Überträgt man dieses veranlassungsbasierte Verständnis des „Stammens" nicht auch auf zivilrechtlich selbstständige Personengesellschafts-Betriebsstätten, so würde dies zur Konsequenz haben, dass zivilrechtlich unselbstständige Betriebsstätten für abkommensrechtliche Zwecke faktisch als Zinsschuldner anerkannt würden, zivilrechtlich selbstständige Personengesellschafts-Betriebsstätten hingegen nicht. Dies würde den Fremdvergleichsgrundsatz, der der abkommensrechtlichen Gewinnabgrenzung[400] als übergeordneter Abgrenzungsmaßstab zugrunde liegt, konterkarieren.

Die veranlassungsbasierte Auslegung hat zudem den Vorteil, dass sie sich auch auf Art. 12 OECD-MA übertragen lässt, der in seinem Abs. 1 ebenfalls nur aus dem anderen Vertragsstaat „stammende" Lizenzgebühren erfasst, anders als Art. 11 OED-MA aber keine abkommenseigene Definition des Begriffs „stammen" enthält.

9.3.4 Sonderbetriebsvermögen

Es stellt sich zudem die Frage, inwieweit Sonderbetriebsvermögen überhaupt einer Personengesellschafts-Betriebsstätte zugewiesen werden kann und ob dabei zwischen Sonderbetriebsvermögen I und Sonderbetriebsvermögen II unterschieden werden muss.

Während der BFH eine Zurechnung des Sonderbetriebsvermögens zu der Personengesellschaftsbetriebsstätte im Rahmen des Art. 13 Abs. 2 OECD-MA unter Verweis auf die § 15 Abs. 1 Satz 1 Nr. 2 EStG zugrunde liegende wirtschaftliche Zugehörigkeit zum Betriebsvermögen bejaht,[401] verdeutlicht seine „Aktivposten"-Rechtsprechung, dass sich dies nicht auch auf die Zuordnung von

---

[400] Vgl. Art. 7 und Art. 9 OECD-MA.
[401] Auch wenn die Entscheidung *BFH*, Urt. v. 13.2.2008 – I R 63/06, *BFHE* 220, 415 konkret zum Sonderbetriebsvermögen II erging, sind keine Anhaltspunkte ersichtlich, dass der BFH

Wirtschaftsgütern als Vorfrage für die Verteilung der daraus fließenden laufenden Erträge übertragen lässt, da jedenfalls die dem Betrieb zwar unmittelbar
dienenden, aber im Eigentum des Gesellschafters verbleibenden Wirtschaftsgüter des Sonderbetriebsvermögens I gerade keine Aktivposten im Sinne der
Rechtsprechung darstellen.[402]

Fraglich ist, ob sich die pauschale Verneinung der (tatsächlichen) Zugehörigkeit zum Betriebsvermögen der Personengesellschafts-Betriebsstätte als Vorfrage
der Verteilung der laufenden Einkünfte auch auf die Wirtschaftsgüter des Sonderbetriebsvermögens II erstreckt. Diese Hinterfragung mag zunächst überraschen,
da die Wirtschaftsgüter des Sonderbetriebsvermögens II anders als diejenigen
des Sonderbetriebsvermögens I noch nicht einmal unmittelbar in der Betriebsstätte genutzt werden können.[403] Anlass für eine solche Überlegung sind die
Urteile vom 26. Februar 1992[404] und vom 21. Januar 2016[405], die die beiden einzigen (in die Zeit nach der Rechtsprechungsänderung durch die Urteile
vom 27. Februar 1991[406] fallenden) BFH-Entscheidungen darstellen, in dem die
tatsächliche Zugehörigkeit eines Wirtschaftsguts des Sonderbetriebsvermögens
II zum Betriebsvermögen der Personengesellschafts-Betriebsstätte bejaht wurde.
Sämtliche anderen Fälle betrafen entweder Konstellationen, in denen die Einkünfte nicht auf Wirtschaftsgütern des Sonderbetriebsvermögens basierten[407] oder
bei denen die tatsächliche Zugehörigkeit gerade verneint wurde.[408]

In den Urteilen ging es um die Zuordnung der Dividenden aus der Beteiligung des Mitunternehmers an der Komplementär-GmbH, deren Tätigkeit sich

---

hinsichtlich des Sonderbetriebsvermögen I von einer abweichenden Auffassung ausgeht, vgl.
auch *Lieber*, jurisPR-SteuerR 2008, 30, Anm. 2.

[402] *Günkel/Lieber*, Ubg 2009, 301, 304. Vgl. auch die Ausführungen unter 9.3.1.

[403] Vgl. auch *Wassermeyer*, FS Ruppe, S. 681, 693 f., der die Frage aufwirft, ob das Sonderbetriebsvermögen II mangels Nutzungsmöglichkeit in der Betriebsstätte von der tatsächlichen
Zugehörigkeit *a priori* ausgenommen ist.

[404] *BFH*, Urt. v. 26.2.1992 – I R 85/91, *BFHE* 168, 52.

[405] *BFH*, Urt. v. 21.1.2016 – I R 49/14, *BFHE* 253, 115.

[406] *BFH*, Urt. v. 27.2.1991 – I R 15/89, *BFHE* 164, 38; Urt. v. 27.2.1991 – I R 96/89, *BFH/NV*
1992, 385.

[407] So etwa die Entscheidungen *BFH*, Urt. v. 30.8.1995 – I R 112/94, *BFHE* 179, 48; I R
84/99; Beschluss v. 19.12.2007 – I R 66/06, *BFHE* 220, 173.

[408] Vgl. *BFH*, Urt. v. 27.2.1991 – I R 15/89, *BFHE* 164, 38; Urt. v. 31.5.1995 – I R 74/93,
BFHE 178, 74; Urt. v. 23.10.1996 – I R 10/96, *BFHE* 182, 51; Urt. v. 10.8.2006 – II R 59/05,
BFHE 214, 518; Urt. v. 17.12.2003 – I R 47/02, *BFH/NV* 2004, 771; Urt. v. 17.10.2007
– I R 5/06, *BFHE* 219, 518; Urt. v. 8.9.2010 – I R 74/09, *BFHE* 231, 84; Vorlagebeschluss v.
11.12.2013 – I R 4/13, *BFHE* 244, 1.

ausschließlich oder fast ausschließlich auf die Geschäftsleitung der Personengesellschaft beschränkte. Da die Komplementär-GmbH mit der Geschäftsführungstätigkeit somit Teile der unternehmerischen Tätigkeit übernommen hatte, stufte
der BFH die von ihr an den Mitunternehmer gezahlten Dividenden als Nebenerträge der unternehmerischen Haupttätigkeit ein und ordnete sie gemäß Art. 10
Abs. 7 DBA-Schweiz i. V. m. Art. 7 Abs. 1 Satz 2 DBA-Schweiz der Betriebstätte
zu.[409]

Auf den ersten Blick erscheint dies konsequent, wenn man bedenkt, dass eine
eigene (Geschäftsführungs-)Tätigkeit des Mitunternehmers als nichtselbstständige
Tätigkeit sonst auch gemäß Art. 15 Abs. 2 lit. c) OECD-MA dem Betriebsstättenstaat – wenngleich nicht als Teil des Unternehmensgewinns im Sinne des
Art. 7 OECD-MA – zur Besteuerung zugewiesen würde. Daraus könnte man
ableiten, dass Beteiligungen des Sonderbetriebsvermögens II stets tatsächlich zu
einer Personengesellschafts-Betriebsstätte gehören, wenn die Kapitalgesellschaft,
an der die Beteiligung besteht, Teile der unternehmerischen Tätigkeit für die
Personengesellschaft ausübt.[410] Denn in den Grenzen des Fremdvergleichs ist
es dem Unternehmer gestattet, beispielsweise aus Haftungsgründen, bestimmte
Tätigkeiten oder Funktionen auf separate Gesellschaften auszugliedern.

Diese Betrachtungsweise übersieht jedoch, dass nicht die Personengesellschaft,
sondern der Mitunternehmer die entsprechenden Tätigkeiten bzw. Funktionen
ausgegliedert hat. Dieser Einwand kann auch nicht damit entkräftet werden,
dass abkommensrechtlich der Mitunternehmer und nicht die Personengesellschaft das Unternehmen betreibt.[411] Denn im Rahmen des Betriebsstättenprinzips wird dieses abkommensrechtliche Einheitsunternehmen ja gerade für die
Zwecke der Abgrenzung aufgespalten. Der dem Fremdvergleich zugrunde zu
legende Vergleichsfall ist die „Ausgliederung" der Geschäftsführungstätigkeit
einer Kapitalgesellschaft (KapG1) durch ihren Anteilseigner in eine separate
Schwester-Kapitalgesellschaft (KapG2). Die Dividenden aus dieser KapG2 würden jedoch nicht funktionale Nebenerträge der Unternehmenstätigkeit der KapG1
sein. Mangels Zugehörigkeit zum Betriebsvermögen der KapG1 wären diese
Dividenden nicht zu den Unternehmensgewinnen der KapG1 zählen.

---

[409]Vgl. Ausführungen unter 9.2.2.2.

[410]So wohl auch *Gosch*, in: Kirchhof, EStG, § 50d Rn. 45b, der unter Verweis auf *BFH*, Urt. v.
21.1.2016 – I R 49/14, *BFHE* 253, 115 bei Sonderbetriebsvermögen II von einem häufigen
Gleichlauf der Betriebsstättenvorbehalte und § 50d Abs. 10 Sätze 2 und 3 EStG spricht.

[411]*BFH*, Urt. v. 26.2.1992 – I R 85/91, *BFHE* 168, 52 unter II.3.c.bb); Urt. v. 18.12.2002
– I R 92/01, *BFHE* 201, 447 unter II.2.b).

Darüber hinaus dienen die Wirtschaftsgüter des Sonderbetriebsvermögens II der betrieblichen Haupttätigkeit (über die Unterstützung der Mitunternehmerbeteiligung) nur mittelbar.[412] Ein unmittelbarer Zusammenhang besteht hingegen zu den Tätigkeiten des Mitunternehmers, durch die er die Wirtschaftsgüter für seine Mitunternehmerbeteiligung förderlich einsetzt. So steht beispielsweise die Ausübung einer Kontrollfunktion in der Kapitalgesellschaft, deren Geschäftstätigkeit für die betriebliche Haupttätigkeit der Personengesellschaft förderlich ist, in unmittelbarem Zusammenhang mit seiner Fördertätigkeit. Der Zusammenhang zu der originär betrieblichen Geschäftstätigkeit der Personengesellschaft wird hingegen erst durch die Entscheidung, das Wirtschaftsgut (wie beispielsweise die Kapitalgesellschaftsbeteiligung) förderlich einzusetzen, vermittelt und ist daher auch lediglich mittelbarer Natur. Dieser anderweitige unmittelbare Zusammenhang ist vorrangig gegenüber dem lediglich mittelbaren Zusammenhang anzusehen. Der innerstaatliche Grundsatz des Vorrangs des Sonderbetriebs[413] lässt sich nicht auf das Abkommensrecht übertragen.

Dies verdeutlicht, dass die Bejahung der tatsächlichen Zugehörigkeit durch den BFH in den genannten Entscheidungen bei genauerem Hinsehen nicht überzeugt.[414] Im Ergebnis ist die tatsächliche Zugehörigkeit von Wirtschaftsgütern des Sonderbetriebsvermögens zu der Personengesellschafts-Betriebsstätte, bei der sie Sonderbetriebsvermögen darstellen, ungeachtet dessen, ob diese dem Sonderbetriebsvermögen I oder dem Sonderbetriebsvermögen II angehören, zu verneinen.[415] Dies ist wiederum Ausfluss der unterschiedlichen Normzwecke der Betriebsstättenvorbehalte (fremdvergleichskonforme Betriebsstättengewinnabgrenzung) einerseits und der Zuordnung von Sonderbetriebsvermögen (Gleichstellung des Mitunternehmers mit dem Einzelunternehmer) andererseits.[416] Diese Wirtschaftsgüter gehören aus abkommensrechtlicher Perspektive nicht zum

---

[412]*BFH*, Urt. v. 13.10.1993 – X R 49/92, *BFHE* 172, 315 unter 2; Urt. v. 13.10.1993 – X R 63/92, juris unter 2.

[413]*BFH*, Urt. v. 18.7.1979 – I R 199/75, *BFHE* 128, 516 unter II.2.b.aa); Urt. v. 23.5.1979 – I R 163/77, *BFHE* 128, 213 unter 2; Urt. v. 6.11.1980 – IV R 5/77, *BFHE* 132, 241 unter 1; Urt. v. 23.10.1986 – IV R 352/84, *BFHE* 148, 49 unter 3; Urt. v. 24.3.1999 – I R 114/97, *BFHE* 188, 315 unter B.IV.1.c); Urt. v. 6.3.2002 – XI R 9/01, *BFHE* 198, 480 unter II.1.

[414]A. A. *Kaeser*, in: Wassermeyer, DBA, Art. 7 (2010) MA Rn. 800; vgl. auch *Gradel/Klaeren*, in: Strunk/Kaminski/Köhler, AStG/DBA, Art. 13 MA Rn. 18; *Häck*, in: F/W/K, DBA-Schweiz, Art. 10 Rn. 146; differenzierend *Rogall/Schwan*, DStR 2015, 2633, 2639.

[415]So auch *Hruschka*, IStR 2016, 437, 443.

[416]Vgl. zu den unterschiedlichen Normzwecken auch *Rogall/Schwan*, DStR 2015, 2633, 2639 sowie auch bereits *Fischer-Zernin*, RIW 1991, 493, 494 f.

Betriebsvermögen der Personengesellschaft.[417] Die Frage der in der Literatur[418] teilweise vorgeschlagenen Zuordnung zu einer sog. Mitunternehmerbetriebsstätte stellt sich dann gar nicht erst.

Eine Ausnahme von dem Grundsatz, dass das abkommensrechtliche Betriebsvermögen der Betriebsstätte nicht auch das Sonderbetriebsvermögen umfasst, ist lediglich für das eigenkapitalbezogene passive Sonderbetriebsvermögen II zu machen. Denn dieses steht als „atypisches" Sonderbetriebsvermögen gerade in einem funktionalen Zusammenhang zu der originär unternehmerischen Geschäftstätigkeit der Betriebsstätte.[419]

Damit folgt das hier vertretene Verständnis vom abkommensrechtlichen Betriebsstättenvermögen dem tätigkeitsbezogenen Unternehmensbegriff des Art. 3 Abs. 1 lit. c) OECD-MA. Die innerstaatlichen rechtlichen Erweiterungen des Betriebsvermögens auch auf das Sonderbetriebsvermögen schlagen (mit der genannten Ausnahme des eigenkapitalbezogenen passiven Sonderbetriebsvermögens II) nicht auf die Abkommensebene durch.

9.3.5 Sonderbetriebsausgaben

Für die abkommensrechtliche Behandlung der Sonderbetriebsausgaben kann nicht ohne Weiteres (spiegelbildlich zu der Behandlung von Sondervergütungen) auf die spezielleren Verteilungsartikel zurückgegriffen werden. Der Grund dafür liegt in dem abkommensspezifischen Verständnis des Einkünftebegriffs.[420] Dieser ist anders als im innerstaatlichen Recht[421] nicht zwingend im Sinne einer Nettogröße zu verstehen. Vielmehr ist anhand der konkreten Auslegung des Abkommensartikels im Einzelfall zu ermitteln, ob der Verteilungsartikel an eine Brutto- oder an eine Nettogröße anknüpft.[422] Darüber hinaus sind beispielsweise im Fall von Sonderbetriebsvermögen II auch Sonderbetriebsausgaben denkbar, die nicht in Zusammenhang mit Sondervergütungen stehen. Vielmehr ist daher für

---

[417]Vgl. die bereits dargestellte „Aktivposten"-Rechtsprechung (Fn. 296).

[418]*Wassermeyer*, FS Ruppe, S. 681, 694; *Müller*, BB 2009, 751, 753; die Frage der Mitunternehmerbetriebsstätte offen lassend *BFH*, Urt. v. 17.10.2007 – I R 5/06, *BFHE* 219, 518 unterII.1.b.cc.bbb.dddd).

[419]Vgl. die Ausführungen oben unter 6.2.4.

[420]Vgl. hierzu bspw. *BFH*, Urt. v. 29.5.1996 – I R 167/94, *BFHE* 180, 415.

[421]Vgl. § 2 Abs. 2 EStG.

[422]*BFH*, Urt. v. 29.5.1996 – I R 167/94, *BFHE* 180, 415 unter II.2.

die Sonderbetriebsausgaben gesondert zu prüfen, zu welcher abkommensrechtlichen Einkunftsart diese gehören und ob sie nach dem Abkommen bei der
Gewinnabgrenzung berücksichtigt werden können.

Die Rechtsprechung hatte bisher wenig Gelegenheit zu der Frage der Zuordnung der Sonderbetriebsausgaben Stellung zu beziehen. In dem Urteil vom
12. Oktober 2016 hat der BFH maßgeblich darauf abgestellt, ob eine Zweckbestimmung für Belange der Betriebsstätte vorlag.[423] Dabei machte er nicht
ganz deutlich, ob er das passive Sonderbetriebsvermögen II (in diesem Fall
eine Darlehensschuld) und/oder die Sonderbetriebsausgaben (Zinszahlungen) als
Gegenstand dieser Zweckbestimmung ansah: Der Formulierung *„das negative
Sonderbetriebsvermögen [...] sowie die dafür entstandenen Zinsen"*[424] könnte
man genauso gut entnehmen, dass sich die Zweckbestimmung für Belange der
Betriebsstätte auf das Wirtschaftsgut des Sonderbetriebsvermögens *und* („sowie") die Zinsen beziehen müssten, wie man auch vertreten könnte, dass die
Zweckbestimmung der Zinsen derjenigen des Sonderbetriebsvermögens folge
(„dafür").

Der BFH bejahte die Zweckbestimmung für die Belange der Betriebsstätte
letztlich anhand der Mittelverwendung. Dieser Aussage ist ausschließlich für die
streitgegenständlichen Sonderbetriebsausgaben in Zusammenhang mit eigenkapi-
talbezogenem Sonderbetriebsvermögen II zuzustimmen. Denn in diesen Fällen
besteht gerade ein unmittelbarer funktionaler Zusammenhang zur unternehmerischen Geschäftstätigkeit der Betriebsstätte.

Eine Übertragung dieser Zuordnungsweise auf Sonderbetriebsausgaben im All-
gemeinen (d. h. solche Sonderbetriebsausgaben, die mit dem übrigen „typischen"
Sonderbetriebsvermögen in Zusammenhang stehen) überzeugt aus mehreren
Gründen nicht: Zum einen führt diese Rechtsprechung bei Inbound-Sachverhalten
dazu, dass jedenfalls bis zur Einführung des § 4i EStG[425] angesichts der
Sonderstellung des Sonderbetriebskonzepts ein doppelter Abzug der Sonder-
betriebsausgaben[426] im Ansässigkeitsstaat des Mitunternehmers, bei dem der
Aufwand angefallen ist, einerseits und im Inland andererseits drohte, wo der

---

[423]*BFH*, Urt. v. 12.10.2016 – I R 92/12, *BFHE* 256, 32 unter II.3.b.dd).

[424]*BFH*, Urt. v. 12.10.2016 – I R 92/12, *BFHE* 256, 32 unter II.3.b.dd).

[425]Eingeführt durch das Gesetz zur Umsetzung der Änderungen der EU-Amtshilferichtlinie
und von weiteren Maßnahmen gegen Gewinnkürzungen und -verlagerungen vom 20.12.2016,
BGBl I 2016, 3000.

[426]Vgl. zu derartigen „Double Dip"-Strukturen auch *Müller*, IStR 2005, 181; *Jürgen Lüdicke,*
in: StbJb 1997/98, S. 449, 477; *Müller*, BB 2009, 751, 758.

Aufwand als Teilgröße der gewerblichen Einkünfte im Rahmen der beschränkten Steuerpflicht gemäß § 49 Abs. 1 Nr. 2 lit. a i. V. m. § 4 Abs. 1, § 5 Abs. 1 EStG berücksichtigt wurde.

Zum anderen würde sich der BFH bei einer Ausdehnung des Zweckbestimmungskriteriums auf die Zuordnung von Sonderbetriebsausgaben allgemein sonst auch in Widerspruch zu seiner eigenen Rechtsprechung zur Aufwandszuordnung setzen. Denn danach hat die veranlassungsbasierte Zuordnung von Aufwand anhand der Zweckbestimmung ihre Grenzen in dem Fremdvergleich. Besonders deutlich wird dies im Rahmen der für Körperschaften geltenden verdeckten Gewinnausschüttung.[427] Aber auch im Rahmen des allgemeinen Veranlassungsprinzips[428] findet sich dieses Phänomen in dem Erfordernis eines objektiven Elements wieder.

Daher erscheint es in Anlehnung an die allgemeine Aufwandszuordnung sachgerechter, für die Zuordnung der allgemeinen Sonderbetriebsausgaben auf ihren (vorrangigen) Veranlassungszusammenhang abzustellen. Dabei ist bei Sonderbetriebsausgaben in der Regel davon auszugehen, dass diese in einem vorrangigen Veranlassungszusammenhang zu dem Sonderbetriebsvermögen stehen und daher ihre abkommensrechtliche Zuordnung der abkommensrechtlichen Zuordnung des Sonderbetriebsvermögens folgt. Denn obgleich daneben üblicherweise jedenfalls ein mittelbarer Veranlassungszusammenhang zu der eigentlichen betrieblichen Tätigkeit der Personengesellschaft existieren dürfte, so tritt dieser jedoch hinter dem unmittelbaren Zusammenhang zu dem Sonderbetrieb zurück.[429]

Aus demselben Grund lässt auch die in der Literatur zum Inbound-Fall vertretene Auffassung,[430] die Sonderbetriebsausgaben seien auch aus abkommensrechtlicher Perspektive bei der inländischen Personengesellschafts-Betriebsstätte abzugsfähig, nicht über den dort behandelten Fall der Finanzierungsaufwendungen für den Erwerb (oder Erhalt) der Beteiligung hinaus verallgemeinern. Denn so ist zwar der Aussage zuzustimmen, dass die Frage der Abzugsfähigkeit von Aufwendungen als Frage der Gewinnermittlung grundsätzlich der „Spezifik des

---

[427] Vgl. oben Kapitel 7 sowie unten 11.7.

[428] Vgl. oben 5.2.

[429] Anders bei den Sonderbetriebsausgaben auf eigenkapitalbezogenes Sonderbetriebsvermögen II: Dort ist der Veranlassungszusammenhang über den Eigenkapitalbezug unmittelbarer Natur, vgl. oben 6.2.4.

[430] *Nitzschke*, Ubg 2015, 523 f.

nationalen deutschen Steuerrechts"[431] unterworfen ist. Dennoch setzt das innerstaatlich in § 4 Abs. 4 EStG verankerte Veranlassungsprinzip einen Veranlassungszusammenhang zu der betrieblichen Tätigkeit voraus. Diese Tätigkeit umfasst im
Abkommensrecht aber einen anderen Ausschnitt aus der Lebenswirklichkeit als
nach innerstaatlichem Verständnis.

Daher kann der innerstaatliche Maßstab des Veranlassungsprinzips für Zwecke
des Abkommensrechts auch nur insoweit Wirkung entfalten, als er an den abkommensrechtlichen Unternehmenstätigkeitsbegriff anknüpft. Da dieser, wie erwähnt,
(bis auf die genannte Ausnahme für das eigenkapitalbezogene Sonderbetriebsvermögen II) nicht den Sonderbereich umfasst, können die Sonderbetriebsausgaben
als Konsequenz dessen auch nicht bei dem Unternehmen berücksichtigt werden. Die mittelbare Anknüpfung an die originäre Unternehmenstätigkeit genügt
hier gerade nicht. Insoweit kann auf die entsprechenden Ausführungen zum
Sonderbetriebsvermögen[432] verwiesen werden.

9.3.6 Wortlaut des Betriebsstättenvorbehalts

Die Maßgeblichkeit der abkommensautonomen Auslegung der „tatsächlichen
Zugehörigkeit" darf aber nicht dahingehend missverstanden werden, dass die
entwickelten Zuordnungsgrundsätze nur dann gelten, wenn der jeweilige Betriebsstättenvorbehalt insoweit mit dem Wortlaut des OECD-Musterabkommens übereinstimmt. Vielmehr bringt der BFH die entwickelten Grundsätze zum Maßstab der tatsächlichen Zugehörigkeit auch dann auf die abkommensrechtlichen
Betriebsstättenvorbehalte zur Anwendung, wenn diese in ihrem konkreten Wortlaut auf das Attribut „tatsächlich" verzichten.

Dabei hat der BFH bislang die folgenden Abweichungen vom OECD-
Musterabkommen als gleichwertig für Zwecke der tatsächlichen Zugehörigkeit
angesehen: Der dem Urteil vom 10. August 2006 zugrunde liegende Zinsartikel
verlangte für die Rückverweisung lediglich, dass die „Forderung zum Vermögen
dieser Betriebsstätte gehört"[433]. Die Entscheidungen des I. Senats, der sich dem
Urteil des II. Senats anschloss, übertrugen diese Sichtweise auf Doppelbesteuerungsabkommen, die abweichend verlangten, dass die Einkünfte der Betriebsstätte

---

[431] *Nitzschke*, Ubg 2015, 523, 524.

[432] Vgl. oben 9.3.4.

[433] *BFH*, Urt. v. 10.8.2006 – II R 59/05, *BFHE* 214, 518 unter II.8.c).

„zuzurechnen"[434] seien oder „durch diese Betriebsstätte erzielt"[435] würden oder dass die Forderung „Betriebsvermögen der Betriebsstätte sein"[436] müsse. Diese Sichtweise weicht von der sonst sehr wortlautgetreuen Rechtsprechung des I. Senats ab, überzeugt aber dennoch.[437] Denn sie spiegelt die systematische Rolle wider, die den Betriebsstättenvorbehalten im Gefüge der Betriebsstättenabgrenzung zukommt. Die Betriebsstättenvorbehalte fungieren als Gegenausnahmen zum Spezialitätenvorrang. Dessen Zweck, den innerstaatlichen „Pooling"-Tendenzen subsidiärer Einkünfte in den vorrangigen gewerblichen Einkünften entgegenzuwirken, greift dann nicht, wenn der Zusammenhang des Stammrechts oder des Vermögensgegenstands, aus dem die abkommensrechtlich spezielleren Einkünfte stammen, nicht lediglich aufgrund des innerstaatlichen Rechts fingiert wird, sondern sich aus den tatsächlichen Verhältnissen des jeweiligen Unternehmens ergibt. Da sich dieser an die wirtschaftlichen Verhältnisse anknüpfende Zusammenhang an Fremdvergleichsgrundsätzen messen lassen muss,[438] ist einzig der Fremdvergleichsgrundsatz, nicht aber die Formulierung des Betriebsstättenvorbehalts maßgeblich für den anzuwendenden Zuordnungsmaßstab.

Zudem ist den genannten Formulierungen der Betriebsstättenvorbehalte gemein, dass sie allesamt auf die in der Betriebsstätte ausgeübte Unternehmenstätigkeit als Anknüpfungspunkt für die (letztlich veranlassungsbasierte) Zuordnung der Stammrechte oder der aus ihnen fließenden Einkünfte abstellen.

Vor dem Hintergrund dieser teleologisch-systematischen Auslegung der unterschiedlichen Varianten der Betriebsstättenvorbehalte verliert das vom BFH in seiner Entscheidung zu Art. 13 Abs. 2 OECD-MA[439] angeführte Wortlautargument erheblich an Schlagkraft.[440] Gleichzeitig ist in diesem Zusammenhang aber auch zu konzedieren, dass Art. 13 Abs. 2 OECD-MA trotz seines Betriebsstättenbezugs nicht zu den klassischen Betriebsstättenvorbehalten gehört, da er anders

---

[434] *BFH*, Beschluss v. 20.12.2006 – I B 47/05, *BFHE* 216, 276 unter II.10.c).

[435] *BFH*, Beschluss v. 19.12.2007 – I R 66/06, *BFHE* 220, 173 unter II.2.c.cc.bbb); ähnlich hatte der BFH bereits in seinem *obiter dictum* in dem Urt. v. 17.12.2003 – I R 47/02, *BFH/NV* 2004, 771 ohne ausdrückliche Bezugnahme auf die Rechtsprechung des II. Senats den Maßstab der „tatsächlichen Zugehörigkeit" auf Art. 13 Abs. 5 DBA-Luxemburg übertragen, der ebenfalls darauf abstellt, ob die Einkünfte „durch die Betriebsstätte erzielt" worden seien.

[436] *BFH*, Urt. v. 17.10.2007 – I R 5/06, *BFHE* 219, 518 unter II.1.b.cc.bbb.bbbb).

[437] A. A. *Wassermeyer*, FS Ruppe, S. 681, 687, der stets vorab klären will, ob das maßgebende DBA auf die tatsächliche Zugehörigkeit überhaupt abstellt oder ob es wie bspw. Art. 10 Abs. 6 DBA-USA die Zugehörigkeit zum Betriebsvermögen der Betriebsstätte genügen lässt.

[438] Vgl. *BFH*, Urt. v. 17.10.2007 – I R 5/06, *BFHE* 219, 518 unter II.1.b.cc.bbb.cccc).

[439] *BFH*, Urt. v. 13.2.2008 – I R 63/06, *BFHE* 220, 415 unter II.5.e.bb.aaa).

[440] Vgl. auch unten 9.3.11. A. A. *Gosch*, in: G/K/G, DBA, Art. 13 OECD-MA Rn. 83.

als Art. 10 Abs. 4, Art. 11 Abs. 4, Art. 12 Abs. 3 und Art. 21 Abs. 2 OECD-MA keine Rechtsgrundverweisung auf Art. 7 OECD-MA enthält.

9.3.7 Die „*No floating income*"-Theorie im Abkommensrecht

Ein weiterer wichtiger Aspekt der Betriebsstättengewinnabgrenzung betrifft die Frage, ob die Ablehnung betriebsstättenloser Einkünfte auch im Abkommensrecht gilt. Denn diese Frage hat auch Relevanz für den oder die Zuordnungsmaßstäbe.[441] Während die Ablehnung betriebsstättenloser Einkünfte für die Gewinnzuordnung nach innerstaatlichem Recht überzeugt,[442] erscheint die (weitgehend begründungslose) Übertragung dieses Grundsatzes durch den BFH auf das Abkommensrecht zweifelhaft.[443]

Zwar wirft die innerstaatliche Auffangfunktion der Geschäftsleitungsbetriebsstätte, die faktisch eine „Attraktivkraft"[444] entfaltet, die Frage auf, wie sich die „*No floating income*"-Theorie zu dem Veranlassungsprinzip verhält. Akzeptiert man die Prämisse, dass sämtliche Teilerträge des gewerblichen Gewinns über eine Betriebsstättentätigkeit einer Betriebsstätte zuzuordnen sind, so veranlasst die Geschäftsleitungstätigkeit angesichts ihrer jedenfalls steuernden Wirkung stets zumindest subsidiär sämtliche auf die gewerbliche Tätigkeit zurückzuführenden Erträge und Aufwendungen. Insoweit ist die Verneinung betriebsstättenloser Einkünfte mit dem Veranlassungsprinzip vereinbar.

Gegen die Vereinbarkeit mit dem Veranlassungsprinzip könnte allenfalls die faktische Attraktivkraft der einzigen (Geschäftsleitungs-)Betriebsstätte sprechen, die zwingende Folge der Verneinung betriebsstättenloser Einkünfte ist. Denn nach der Rechtsprechung des II. Senats scheinen sich Attraktivkraft und Veranlassungsprinzip gegenseitig auszuschließen.[445] Dabei ist allerdings zu beachten, dass Attraktivkraft und Veranlassungsprinzip nur dann in einem gegenseitigen Ausschlussverhältnis stehen, wenn mehrere Zuordnungspole existieren.[446] Denn nur dann können sich die unterschiedlichen Zuordnungsmaßstäbe auswirken. Während

---

[441]Vgl. unten 9.3.9.

[442]So auch *Hagemann*, StuW 2016, 172, 175 f.; *Haase/Brändel*, StuW 2011, 49, 51; vgl. auch *Frotscher*, GS Krüger, S. 95, 110 f.

[443]Vgl. auch *Hagemann*, StuW 2016, 172, 177 f.; a. A. *Wassermeyer*, in: Wassermeyer, DBA, Art. 7 MA (2000) Rn. 56; *Schaumburg,* Internationales Steuerrecht 2011, Rn. 16.265.

[444]*Hagemann*, StuW 2016, 172, 176 f.

[445]Vgl. *BFH*, Urt. v. 1.4.1987 – II R 186/80, *BFHE* 150, 65 sowie oben unter 8.1.2.

[446]Vgl. auch *Gosch*, in: G/K/G, DBA, Art. 13 OECD-MA Rn. 82.

die Attraktivkraft die Zuordnungsfrage anhand territorialer Aspekte beantwortet, nimmt das Veranlassungsprinzip eine wertende Vorrangigkeitsprüfung hinsichtlich des auslösenden Moments vor. Existiert nur ein Zuordnungspol, so führen beide Ansätze mangels Kollisionsfall zwangsläufig zu dem gleichen Ergebnis. Denn beide Ansätze basieren auf der Prämisse, dass eine Zuordnung dem Grunde nach zu einem Zuordnungsobjekt (hier: der Betriebsstätte) erforderlich ist. Damit steht das Veranlassungsprinzip der *„No floating income"*-Theorie im innerstaatlichen Recht jedenfalls nicht entgegen.

Da darüber hinaus auch keine anderweitige innerstaatliche Rechtsgrundlage ersichtlich ist, auf Basis derer sich die Zuordnung steuerpflichtiger *„floating"* Einkünfte ableiten ließe,[447] steht der Verneinung betriebsstättenloser Einkünfte für Zwecke des innerstaatlichen (internationalen) Steuerrechts nichts entgegen.

Dabei soll nicht unerwähnt bleiben, dass diese Verneinung betriebsstättenloser Einkünfte insbesondere unabhängig von der Befugnis des Gesetzgebers ist, gewerbliche Gewinne auch ohne inländischen Betriebsstättenbezug der (beschränkten) Einkommensteuerpflicht, beispielsweise gemäß § 49 Abs. 1 Nr. 2 lit. b bis g EStG, zu unterwerfen.[448] Die gewerblichen Einkünfte werden dadurch nicht zu betriebsstättenlosen Einkünften,[449] sie sind ja weiterhin einer ausländischen (Geschäftsleitungs-)Betriebsstätte zuzuordnen. Vielmehr wird der (völkerrechtlich zu rechtfertigende) Besteuerungszugriff in diesen Fällen lediglich an einen anderen *„genuine link"* geknüpft.

Eine Übertragung der *„No floating income"*-Theorie auf das Abkommensrecht erscheint indes zweifelhaft.[450] Angesichts der eher singulären Erscheinung, die der Gewerbesteuer als Gemeindesteuer international beikommt, lässt sich die auf die gewerbesteuerliche Systematik gestützte Begründung der Theorie nicht in das Abkommensrecht übernehmen. Dies führt zu der Frage, ob sich die zwingende Zuordnung von Teilbeträgen der Unternehmensgewinne zu genau einer Betriebsstätte aus Art. 7 Abs. 1 OECD-MA ableiten lässt.

Ausgehend vom Wortlaut der Norm ist dies zu verneinen.[451] Gemäß Art. 7 Abs. 1 OECD-MA führt die Betriebsstätte im anderen Vertragsstaat lediglich zu einer Beschränkung des Besteuerungsrechts des Ansässigkeitsstaats. Das Erfordernis einer Betriebsstätte als Zurechnungsobjekt im Ansässigkeitsstaat lässt sich

---

[447] So auch *Wassermeyer*, IStR 2010, 241, 242.

[448] *BFH*, Urt. v. 19.12.2007 – I R 19/06, BFHE 220, 160 unter II.1.b.bb.bbb); *Wassermeyer*, FS Haarmann, S. 973, 988.

[449] Insoweit missverständlich *Haase/Brändel*, StuW 2011, 49, 52 f.

[450] Die Frage bzgl. Art. 7 OECD-MA wohl offenlassend *Wassermeyer*, IStR 2004, 676.

[451] *Hruschka*, IStR 2016, 437, 440; *Hagemann*, StuW 2016, 172, 178 f.

der Norm hingegen nicht entnehmen.[452] Andererseits steht der Wortlaut einem solchen Erfordernis auch nicht entgegen. Aus der Tatsache, dass Art. 7 Abs. 1 Satz 1 Hs. 1 OECD-MA das Besteuerungsrecht im Grundfall „nur" dem Ansässigkeitsstaat zugesteht, ergibt sich nichts anderes. Denn dieses „nur" ist im Kontext der Einschränkung durch die Zurechnung der Unternehmensgewinne zu der Betriebsstätte im anderen Vertragsstaat (Art. 7 Abs. 1 Satz 1 Hs. 2, Satz 2 OECD-MA) zu betrachten.

Damit ist zu untersuchen, ob sich die Ablehnung betriebsstättenloser Einkünfte systematisch aus Art. 7 OECD-MA ableiten lässt. Die dem Art. 7 OECD-MA zugrunde liegende Systematik entspricht dem Grundprinzip der abkommensrechtlichen Verteilung der Besteuerungsrechte.[453] Grundsätzlich wird dem Besteuerungsrecht des Ansässigkeitsstaates Vorrang gegenüber dem des Quellenstaates eingeräumt. Diese Beschränkung des Besteuerungsrechts des Quellenstaates findet dort seine Grenzen, wo die Einkünfte einen besonderen territorialen Anknüpfungspunkt aufweisen. Im Fall des Art. 7 OECD-MA wird diese territoriale Anknüpfung durch die Überschreitung der Schwelle zur Begründung einer Betriebsstätte etabliert. Die Betriebsstätte vermittelt eine hinreichende „Verwurzelung" im Betriebsstättenstaat, die eine Beschränkung des Besteuerungsrechts des Ansässigkeitsstaates insoweit rechtfertigt, als die Unternehmensgewinne abweichend von der Grundregel der Betriebsstätte zuzurechnen sind.[454] Damit ist die Existenz einer Betriebsstätte aber nur für den Betriebsstättenstaat, nicht hingegen für den Ansässigkeitsstaat von Bedeutung.[455] Denn Art. 7 Abs. 1 OECD-MA enthält gerade keine veranlassungsbasierte Aufteilung zwischen dem Stammhaus und der Betriebsstätte. Vielmehr ist die Zuordnung zum Ansässigkeitsstaat der Ausgangspunkt der Gewinnabgrenzung. Der Zuordnungspol im Ansässigkeitsstaat ist die das Unternehmen betreibende Person selbst.[456] Die Existenz einer abkommensrechtlichen Betriebsstätte ist hierfür nicht erforderlich.

Eine Ablehnung betriebsstättenloser Einkünfte könnte sich daher allenfalls aus dem Zweck des Art. 7 OECD-MA ergeben. Dem Verwurzelungsgedanken Rechnung tragend soll das Betriebsstättenprinzip des Art. 7 Abs. 1 und 2 OECD-MA dem Betriebsstättenstaat das Recht geben, über den Besteuerungszugriff an

---

[452] So auch *Frotscher*, GS Krüger, S. 95, 109.

[453] Vgl. *Hagemann*, StuW 2017, 89 m. w. N.

[454] *Wassermeyer/Kaeser*, in: Wassermeyer, DBA, Art. 5 MA Rn. 1; *Görl*, in: Vogel/Lehner, DBA, Art. 5 Rn. 2.

[455] *Hagemann*, StuW 2016, 172, 179.

[456] So auch *Frotscher*, GS Krüger, S. 95, 98, 109, der aber i. E. für die Zuordnung auch auf die innerstaatliche Behandlung betriebsstättenloser Einkünfte abstellt (a. a. O., S. 110).

den Unternehmensgewinnen zu partizipieren, die das Unternehmen durch die Betriebsstätte unter Nutzung der Infrastruktur im Betriebsstättenstaat erwirtschaftet hat.[457] Dem Betriebsstättenprinzip liegt damit ein gewisser Äquivalenzgedanke zugrunde.[458]

Besitzt nun aber das ausländische Unternehmen außerhalb des Betriebsstättenstaats keine weiteren Betriebsstätten und wird insbesondere die Geschäftsleitung durch die Betriebsstätte ausgeübt, so sind bei Zugrundelegung einer veranlassungsbasierten Betrachtungsweise alle Unternehmensgewinne jedenfalls auch durch die (Geschäftsleitungs-)Betriebsstätte veranlasst und damit dieser zuzuordnen. Denn nur in diesem Staat nutzt das Unternehmen in abkommensrechtlich relevanter Weise die lokale Infrastruktur (Betriebsstätte als Schwelle für eine territoriale Anknüpfung). Der Ansässigkeitsstaat leistet hingegen keinen (relevanten) Beitrag zu den Unternehmensgewinnen.

Insbesondere in Fällen mit Drittstaatenbezug, bei denen beispielsweise die Aktivitäten im Drittstaat keine dort gelegene Betriebsstätte begründen, führt dies vor dem Hintergrund des Äquivalenzgedankens grundsätzlich zu sachgerechten Ergebnissen. Denn selbst wenn sich die Betriebsstätte auf die Koordinierung der Aktivitäten im Drittstaat beschränkt, ist ihr Beitrag zu den daraus resultierenden Unternehmensgewinnen noch größer als der der „Unternehmer" im Ansässigkeitsstaat, die über den Anknüpfungspunkt für die Ansässigkeit hinaus keinen Unternehmensbeitrag leisten.

Die Ablehnung betriebsstättenloser Einkünfte hat jedoch die Schwäche, dass der (Geschäftsleitungs-)Betriebsstättenstaat eine Entscheidung über die weltweite Existenz weiterer Zuordnungspole in Gestalt von Betriebsstätten treffen muss. Dabei wird er sein eigenes abkommensrechtliches Verständnis des Betriebsstättenbegriffs zugrunde legen, was gegebenenfalls zu Qualifikationskonflikten und mithin zu einer Doppelbesteuerung führen kann.

So ist es jedenfalls theoretisch möglich, dass eine deutsche Personengesellschaft mit ausschließlich im Staat A ansässigen Gesellschaftern, die im Inland, nicht aber im Staat A über eine Betriebsstätte verfügt, auch im Staat B „aktiv" ist. Dabei sollen zwischen den Staaten A und B sowie zwischen Deutschland und dem Staat A jeweils Doppelbesteuerungsabkommen bestehen. Unterstellt man nun, dass diese Aktivitäten im Staat B die Anforderungen an eine Betriebsstätte nach dem DBA zwischen Staat A und Staat B erfüllen, nach dem DBA,

---

[457] *Hagemann*, StuW 2016, 172, 180.

[458] Hagemann, StuW 2017, 89; *Hagemann*, StuW 2016, 172, 180 unter Verweis auf *Schönfeld/Häck*, in: Schönfeld/Ditz, DBA, Systematik DBA Rn. 11.

das Deutschland mit dem Staat A abgeschlossen hat, jedoch nicht, so droht die Doppelbesteuerung der Unternehmensgewinne aus diesen Aktivitäten. Denn im Verhältnis der Staaten A und B wird der Staat B das Besteuerungsrecht für diese Betriebsstätteneinkünfte beanspruchen. Da sich aber aus deutscher Sicht die einzige Betriebsstätte des Unternehmens des Staates A in Deutschland befindet, besteuert Deutschland mangels anderweitiger Zurechnungspole den gesamten Unternehmensgewinn einschließlich des Anteils, der auf die Aktivitäten im Staat B entfällt.

Die Wurzel dieser Problematik liegt neben dem Qualifikationskonflikt hinsichtlich der Betriebsstättenfrage auch in der Zuordnungsfunktion, die der Geschäftsleitungstätigkeit als subsidiärem auslösenden Moment für die Zuordnung zukommt. Denn jegliche Geschäftstätigkeit ist stets auch durch die Geschäftsleitung veranlasst, da diese die Unternehmensabläufe koordiniert. Aber diese „entfernte" Veranlassung wird nur dann relevant, wenn kein vorrangiger Veranlassungszusammenhang zu einer anderen „näheren" Geschäftstätigkeit des Unternehmens existiert.

Die Auswahl der Geschäftsleitungsbetriebsstätte als subsidiärem Auffangzuordnungspol[459] ist in gewisser Weise beliebig und stark von der innerstaatlichen Sichtweise geprägt. Da jedes Unternehmen im Sinne des Art. 7 OECD-MA, damit der Verteilungsartikel überhaupt Anwendung findet, über eine abkommensberechtigte, das Unternehmen betreibende Person verfügen muss, wäre es ebenso denkbar, gemäß der Grundregel des Art. 7 Abs. 1 Satz 1 Hs. 1 i. V. m. der Definition des Art. 3 Abs. 1 lit. d OECD-MA die Ansässigkeit der das Unternehmen betreibenden Person als Auffangzuordnungspol zu wählen. Diese Wahl hätte zudem den Vorteil, dass sie dem Regel-Ausnahme-Verhältnis des Art. 7 Abs. 1 OECD-MA entspräche.

Es spricht daher einiges dafür, dass der abkommensrechtliche Zusammenhang eine von der innerstaatlichen „No floating income"-Theorie abweichende Zurechnung im Rahmen des Art. 7 Abs. 1 und 2 OECD-MA erfordert. Aufgrund des gestuften Regel-Ausnahme-Verhältnisses des Art. 7 Abs. 1 Satz 1 OECD-MA kann im Ansässigkeitsstaat auf eine Betriebsstätte als Zuordnungspol verzichtet werden.[460] Diese Sichtweise bedeutet keineswegs eine Abkehr vom Veranlassungsprinzip als Zurechnungsmaßstab dem Grunde nach. Sie schwächt lediglich dessen Reichweite ab, indem sie auf die subsidiäre („entferntere") Veranlassung durch die Geschäftsleitungstätigkeit verzichtet und damit betriebsstättenlose (aber keineswegs anknüpfungspunktlose) Einkünfte zulässt. Der Auffangzuordnungspol

---

[459] *Hagemann*, StuW 2016, 172, 180; *Haase/Brändel*, StuW 2011, 49, 55.

[460] Vgl. auch *Hruschka*, IStR 2014, 785, 788; *Hruschka*, DStR 2014, 2421, 2425.

der Ansässigkeit ist angesichts der gestuften Systematik des Art. 7 Abs. 1 Satz 1 OECD-MA vorrangig vor der Geschäftsleitungsbetriebsstätte anzusehen.[461]

Diese von der Rechtsprechung des BFH abweichende abkommensrechtliche Anerkennung von betriebsstättenlosen Einkünften wird auch von der im OECD-Musterkommentar enthaltenen ausdrücklichen Absage an das Attraktionsprinzip getragen.[462] Die von der Ablehnung der betriebsstättenlosen Einkünfte ausgehende Auffangwirkung führt nämlich zu einer faktischen Attraktionswirkung der (Geschäftsleitungs-)Betriebsstätte.[463] Anders als im oben dargestellten innerstaatlichen Szenario stellt sich die Kollisionsfrage hier nämlich, da vermöge der grundsätzlichen Zuordnung zu dem Ansässigkeitsstaat stets ein weiterer Zuordnungspol – wenngleich nicht in Gestalt einer Betriebsstätte – existiert.

Bezogen auf das obige Beispiel würden dann die Aktivitäten im Staat B, die in keinem relevanten Veranlassungszusammenhang zu der Betriebsstättentätigkeit stünden, nicht in das Deutschland zugewiesene Besteuerungssubstrat fallen, sondern gemäß der Grundregelung des Art. 7 Abs. 1 Satz 1 Hs. 1 OECD-MA dem Staat A zugewiesen werden. Im Verhältnis der Staaten A und B würde das Besteuerungsrecht dann gemäß dem zwischen den beiden Staaten bestehenden Doppelbesteuerungsabkommen bei Staat B liegen.

Ferner stellt sich die Frage, in welchem Verhältnis die Anerkennung betriebsstättenloser Einkünfte für Zwecke des Abkommensrechts zu der ebenfalls von der Finanzverwaltung vertretenen Zentralfunktion des Stammhauses steht. Nach der Zentralfunktion des Stammhauses sind v. a. bestimmte Finanzmittel (wie beispielsweise Beteiligungen mit Finanzierungsfunktion) in der Regel, d. h. vorbehaltlich einer dienenden Funktion für die in der Betriebsstätte ausgeübte Tätigkeit, dem Stammhaus zuzurechnen.[464] Die Antwort auf die Frage nach dem Verhältnis der beiden Konzepte zueinander hängt von den Anforderungen ab, die man an das Stammhaus stellt. Verlangt man, dass das Stammhaus am Ort der (Geschäftsleitungs-)Betriebsstätte liegt, so entspricht die Zentralfunktion des Stammhauses im Wesentlichen der „*No floating income*"-Theorie. Die Anerkennung betriebsstättenloser Einkünfte würde sich damit in Widerspruch zur Zentralfunktion des Stammhauses begeben.[465] Geht man hingegen davon aus,

---

[461] A. A. *FW*, der angesichts des stets auch zu der Geschäftsleitungstätigkeit bestehenden Veranlassungszusammenhangs eine prozentuale Aufteilung nach der indirekten Gewinnaufteilungsmethode anregt, vgl. *FW*, IStR 1994, 28.

[462] Nr. 10 zu Art. 7 OECD-MK 2008, Nr. 12 zu Art. 7 OECD-MK 2010.

[463] *Hagemann*, StuW 2016, 172, 176 f.

[464] BMF, Schreiben v. 24.12.1999, BStBl I 1999, 1076, Tz. 2.4.

[465] Ähnlich wohl *Wassermeyer*, IStR 2010, 241, 242.

dass das Stammhaus stets, d. h. unabhängig von der Existenz einer festen örtlichen Einrichtung, im Ansässigkeitsstaat liegt, so entspricht die Zentralfunktion
des Stammhauses eher der Anerkennung betriebsstättenloser Einkünfte.

Schließlich sei noch darauf hingewiesen, dass die Frage nach der Anerkennung
betriebsstättenloser Einkünfte – ungeachtet ihrer Beantwortung – für die Aufteilung der Unternehmensgewinne ausschließlich auf der Rechtsfolgenseite des
Art. 7 OECD-MA eine Rolle spielt. Denn die „spezielleren" Verteilungsartikel
knüpfen für die Gewinnabgrenzung – vorbehaltlich der Betriebsstättenvorbehalte,
die aber auf Art. 7 OECD-MA zurückverweisen – nicht an die Existenz einer
Betriebsstätte im Quellenstaat an. Deswegen hat der BFH mit seiner auf dem
Urteil vom 27. Februar 1991[466] aufbauenden Rechtsprechung auch nicht die Existenz betriebsstättenloser Einkünfte anerkannt.[467] Dies verkennt *Meretzki*, wenn er
betriebsstättenlose Einkünfte im Fall von Unternehmensgewinnen, die zugleich
Zinsen sind, für durchaus denkbar hält.[468] Denn selbst wenn man mit der hier
vertretenen Auffassung[469] davon ausgeht, dass auch die unter den Spezialitätengrundsatz des Art. 7 Abs. 4 OECD-MA (Abs. 7 a. F.) fallenden Einkünfte
weiterhin Unternehmensgewinne bleiben, so stellt sich die Frage nach betriebsstättenlosen Einkünften nur, wenn sie in die Betriebsstättengewinnabgrenzung
einfließen, d. h. der Rechtsfolge des Art. 7 OECD-MA (gegebenenfalls über die
Rückverweisung eines Betriebsstättenvorbehalts) unterworfen werden.

Erkennt man den Ort der Ansässigkeit der das Unternehmen betreibenden
Person auch ohne die Existenz einer Betriebsstätte im Sinne des Art. 5 OECD-
MA an, so erübrigt sich damit auch die Frage nach der Existenz der sog.
Mitunternehmer-Betriebsstätte.[470]

9.3.8 Die Sonderrolle des Art. 21 Abs. 2 OECD-MA

Eine gewisse Sonderrolle unter den Betriebsstättenvorbehalten scheint die Regelung des Art. 21 Abs. 2 OECD-MA einzunehmen. Denn anders als die Betriebsstättenvorbehalte im Rahmen der Dividenden-, Zins- und Lizenzgebührenartikel

---

[466]*BFH*, Urt. v. 27.2.1991 – I R 15/89, *BFHE* 164, 38.

[467]So auch *Wassermeyer*, IStR 2004, 676; a. A. *Meretzki*, IStR 2009, 217, 221.

[468]*Meretzki*, IStR 2009, 217, 221.

[469]Vgl. hierzu bereits die Ausführungen unter 9.3.1.

[470]*Wassermeyer* versteht unter der sog. Mitunternehmerbetriebsstätte eine Betriebsstätte,
in der der einzelne Mitunternehmer sein Sonderbetriebsvermögen verwaltet, vgl. *Wasser-
meyer/Kaeser*, in: Wassermeyer, DBA, Art. 5 MA Rn. 34.

war eine Art. 21 Abs. 2 OECD-MA entsprechende Regelung in einigen älteren DBA nicht enthalten.[471] Der BFH hat diese abkommensrechtliche „Lücke" in den Entscheidungen vom 30. August 1995[472] und vom 19. Dezember 2007[473] dadurch kompensiert, dass er für Einkünfte aus Drittstaaten das Erfordernis der „tatsächlichen Zugehörigkeit" in den Art. 7 OECD-MA hineingelesen hat.

Dies wirft die Frage auf, wie sich Art. 7 und Art. 21 OECD-MA, die beide Subsidiaritätsklauseln enthalten,[474] zueinander verhalten und inwieweit dem Betriebsstättenvorbehalt des Art. 21 OECD-MA überhaupt konstitutive Wirkung zukommt. Beide Aspekte hängen miteinander zusammen.

Geht man (wohl mit dem BFH)[475] davon aus, dass Art. 7 OECD-MA vorrangig vor Art. 21 OECD-MA anzuwenden ist, weil der Spezialitätenvorrang gemäß Art. 7 Abs. 4 angesichts der Subsidiaritätsklausel in Art. 21 OECD-MA nicht auch für andere Einkünfte im Sinne des Art. 21 OECD-MA gilt,[476] so richtet sich die Verteilung von all denjenigen Unternehmensgewinnen nach Art. 7 OECD-MA, die nicht von den spezielleren Art. 6, 10–18 OECD-MA erfasst werden. Dies sind u. a. die Einkünfte, die entweder unter „andere Einkunftsarten"[477] fallen oder die zwischen „anderen Beteiligten"[478] fließen.[479]

Gemäß der Regelung des Art. 7 Abs. 1 OECD-MA dürfen diese Unternehmensgewinne ausschließlich im Ansässigkeitsstaat des Unternehmens besteuert werden, es sei denn, das Unternehmen übt seine Geschäftstätigkeit in dem anderen Vertragsstaat durch eine dort gelegene Betriebsstätte aus. Den der Betriebsstätte zuzurechnenden Gewinn darf dann der Betriebsstättenstaat besteuern. In diesem Fall bedarf es also nicht mehr der Regelung des Art. 21 Abs. 2 OECD-MA, um

---

[471] Vgl. auch *Siegers*, FG Wassermeyer, S. 319, 321.

[472] *BFH*, Urt. v. 30.8.1995 – I R 112/94, *BFHE* 179, 48 unter II.3, II.4.

[473] *BFH*, Beschluss v. 19.12.2007 – I R 66/06, *BFHE* 220, 173 unter II.2.c.bb), II.2.c.cc).

[474] Vgl. den Spezialitätenvorrang in Art. 7 Abs. 4 OECD-MA einerseits und die Subsidiaritätsanordnung in Art. 21 Abs. 1 OECD-MA andererseits.

[475] *BFH*, Beschluss v. 19.12.2007 – I R 66/06, *BFHE* 220, 173 unter II.2.c.bb).

[476] *Siegers*, FG Wassermeyer, S. 319, 320; *Gosch*, FS Wassermeyer, S. 263, 283; a. A. *Müller*, BB 2009, 751, 755; inzwischen auch *Gosch*, in: G/K/G, DBA, Art. 21 OECD-MA Rn. 113 ff.

[477] Bspw. im Fall der Vermietung beweglicher Wirtschaftsgüter.

[478] Bspw. in Drittstaaten- oder Inlandskonstellationen.

[479] *Rust*, in: Vogel/Lehner, DBA, Art. 21 Rn. 3; *Wassermeyer/Kaeser*, in: Wassermeyer, DBA, Art. 21 MA Rn. 1; *Tcherveniachki*, in: Schönfeld/Ditz, DBA, Art. 21 Rn. 1.

die genannten Einkünfte der Betriebsstätte zuzurechnen. Denn dies wird schon über Art. 7 Abs. 1 und 2 OECD-MA erreicht.[480]

Vertritt man hingegen die Auffassung, dass sich der Spezialitätenvorrang des Art. 7 Abs. 4 OECD-MA auch auf die anderen Einkünfte im Sinne des Art. 21 OECD-MA erstreckt, so tritt Art. 7 OECD-MA auch hinter Art. 21 OECD-MA zurück. Von Art. 21 OECD-MA werden dann u. a. die Unternehmensgewinne erfasst, die unter „andere Einkunftsarten" fallen oder zwischen „anderen Beteiligten" als nur in den Vertragsstaaten Ansässigen angefallen sind. Gemäß Art. 21 OECD-MA werden sie dem Ansässigkeitsstaat des Unternehmens zur Besteuerung zugewiesen, wenn sie nicht gemäß Art. 21 Abs. 2 OECD-MA einer Betriebsstätte im anderen Vertragsstaat zuzurechnen sind.

Dabei ist insbesondere die Bereichsausnahme in Art. 21 Abs. 2 Satz 1 OECD-MA für Einkünfte aus unbeweglichem Vermögen im Sinne des Art. 6 Abs. 2 OECD-MA zu beachten,[481] die wegen Art. 21 Abs. 1 OECD-MA nicht bereits unter Art. 6 Abs. 1 OECD-MA fallen. Für diese Einkünfte aus beispielsweise im Ansässigkeits- oder in einem Drittstaat belegenen unbeweglichen Vermögen verbleibt das Besteuerungsrecht gemäß Art. 21 Abs. 1 OECD-MA beim Ansässigkeitsstaat des Unternehmens. Diese Bereichsausnahme des Art. 21 Abs. 2 Satz 1 stellt den Vorrang des Belegenheitsprinzips vor dem Betriebsstättenprinzip sicher. Denn in Konstellationen mit unbeweglichem Vermögen in Drittstaaten wird im Verhältnis des Ansässigkeitsstaats zum Betriebsstättenstaat durch die Zuweisung des Besteuerungsrechts gemäß Art. 21 Abs. 1 OECD-MA zum Ansässigkeitsstaat gewährleistet, dass der Ansässigkeitsstaat im Verhältnis zum Drittstaat die Doppelbesteuerung insgesamt vermeiden kann. Ohne die Bereichsausnahme würde das Besteuerungsrecht für diese Einkünfte, wenn das Drittstaaten-Grundvermögen einer Betriebsstätte zuzurechnen ist, im Verhältnis zwischen Ansässigkeits- und Betriebsstättenstaat dem Betriebsstättenstaat und im Verhältnis zwischen Ansässigkeits- und Drittstaat dem Drittstaat zugewiesen und es käme zu einer Doppelbesteuerung.

Damit die Bereichsausnahme des Art. 21 Abs. 2 Satz 1 OECD-MA aber Wirkung entfalten kann, ist es erforderlich, dass der Anwendungsbereich des Art. 21 OECD-MA auch für derartige Konstellationen eröffnet ist. Dies setzt voraus, dass der Spezialitätenvorrang – wohl entgegen der Rechtsprechung des BFH in dem

---

[480]Vgl. *Siegers*, FG Wassermeyer, S. 319, 320; *Müller*, BB 2009, 751, 755; a. A. *Gosch*, in: G/K/G, DBA, Art. 21 OECD-MA Rn. 113 ff.

[481]Vgl. *Gosch*, in: G/K/G, DBA, Art. 13 OECD-MA Rn. 113.

Beschluss vom 19. Dezember 2007[482] – auch für die anderen Einkünfte im Sinne des Art. 21 OECD-MA gilt.[483]

Die Äußerung des BFH in der genannten Entscheidung zum Vorrang des Verteilungsartikels für Unternehmensgewinne ist aber vor dem Hintergrund der Besonderheiten des in dieser Entscheidung einschlägigen DBA zu sehen. Denn das DBA-Niederlande 1959 enthielt ähnlich wie das den Entscheidungen vom 30. August 1995[484] und vom 29. November 2000[485] zugrunde liegende DBA-Schweiz zwar einen mit Art. 21 Abs. 1 OECD-MA vergleichbaren Verteilungsartikel für „andere Einkünfte". Dieser umfasste jedoch keinen Art. 21 Abs. 2 OECD-MA entsprechenden Betriebsstättenvorbehalt (geschweige denn eine Bereichsausnahme für Einkünfte aus unbeweglichem Vermögen).

Bei derartigen Doppelbesteuerungsabkommen[486] erscheint es im Sinne einer umfassenden Umsetzung des Betriebsstättenprinzip sachgerechter, von einem Vorrang des Art. 7 OECD-MA gegenüber Art. 21 OECD-MA auszugehen. Bei Doppelbesteuerungsabkommen, deren Betriebsstättenvorbehalt für andere Einkünfte nicht mit einer Bereichsausnahme für Einkünfte aus unbeweglichem Vermögen ausgestattet ist[487], kommt dem entsprechenden Betriebsstättenvorbehalt keine eigene Regelungswirkung zu, die nicht auch durch einen Vorrang des Verteilungsartikels für Unternehmensgewinne gegenüber dem der anderen Einkünfte geregelt werden könnte. Beide Möglichkeiten führen dann zu dem gleichen Ergebnis, wenn man der hier vertretenen Auffassung folgt, dass die Zurechnungsmaßstäbe im Rahmen des Art. 7 OECD-MA einerseits und im Rahmen der Betriebsstättenvorbehalte andererseits entgegen der BFH-Rechtsprechung identisch sind.[488]

---

[482]*BFH*, Beschluss v. 19.12.2007 – I R 66/06, *BFHE* 220, 173.

[483]*Gosch*, in: G/K/G, DBA, Art. 21 OECD-MA Rn. 116; *Hemmelrath*, in: Vogel/Lehner, DBA, Art. 7 Rn. 169 f.; a. A. noch *Gosch*, FS Wassermeyer, S. 263, 283.

[484]*BFH*, Urt. v. 30.8.1995 – I R 112/94, *BFHE* 179, 48.

[485]*BFH*, Urt. v. 29.11.2000 – I R 84/99, juris.

[486]Vgl. bspw. Art. 21 DBA-Argentinien; Art. 21 DBA-Belgien; Art. 21 DBA-Bolivien; Art. 21 DBA-Ecuador; Art. 18 DBA-Frankreich; Art. 21 DBA-Iran; Art. 21 DBA-Island; Art. 21 DBA-Jamaika; Art. 21 DBA-Kenia; Art. 21 DBA-Marokko; Art. 17 DBA-Moldawien; Art. 21 DBA-Russland; Art. 21 DBA-Sambia; Art. 21 DBA-Schweiz; Art. 21 DBA-Simbabwe; Art. 21 DBA-Südafrika; Art. 21 DBA-Trinidad/Tobago; Art. 21 DBA-Tschechien; Art. 21 DBA-Tunesien.

[487]Vgl. Art. 21 Abs. 2 DBA-Neuseeland; Art. 21 DBA-Elfenbeinküste.

[488]Vgl. unten 9.3.9.

Nicht überzeugend erscheint schließlich auch die Auffassung,[489] nach der insbesondere Dividenden, Zinsen und Lizenzgebühren, für die das OECD-Musterabkommen eigene Definitionen bereithält,[490] angesichts dieser Definitionen in den anderen Verteilungsartikeln „behandelt" werden. Dies hätte sonst zur Konsequenz, dass Dividenden, Zinsen und Lizenzgebühren aus Drittstaaten weder von Art. 7 noch von Art. 21 OECD-MA erfasst würden. Ungeachtet dessen, dass bei einer derartigen Auslegung Doppelbesteuerung drohen würde, lässt sich eine solche Argumentation auch nicht aus den zitierten Definitionen herleiten. Denn die Definitionen selbst nehmen Bezug auf die jeweiligen Verteilungsartikel („der in diesem Artikel verwendete Ausdruck") – eine Übertragung dieser Definitionen auf den Rest des Abkommens ist ihnen indes nicht zu entnehmen.

9.3.9 Das Verhältnis des Maßstabs der tatsächlichen Zugehörigkeit zum Veranlassungsprinzip

Die Ausführungen des BFH zu den beiden Zuordnungsmaßstäben – dem Veranlassungsprinzip im Rahmen des Art. 7 Abs. 1 und 2 OECD-MA einerseits und dem Maßstab der tatsächlichen Zugehörigkeit im Rahmen der Betriebsstättenvorbehalte andererseits – führen zu der Frage, ob und ggf. inwieweit sich die beiden Maßstäbe wirklich unterscheiden.

Der Aussage in dem Urteil vom 8. September 2010 ist zu entnehmen, dass die beiden Maßstäbe, jedenfalls soweit sie sich an dem „wirklich" wirtschaftlich Verwirklichten orientieren, übereinstimmen.[491] Indem der BFH selbst das „wirklich" mit Emphase versieht, betont er das tatsächliche Element, das sowohl im Rahmen des Veranlassungsprinzips[492] als auch – wie der Wortlaut („tatsächliche Zugehörigkeit") bereits deutlich macht – im Rahmen der Betriebsstättenvorbehalte das maßgebliche Zuordnungskriterium ist.

Das tatsächliche Element als gemeinsamer Nenner der beiden Maßstäbe der Betriebsstättengewinnabgrenzung hat sich schon in früheren Entscheidungen angedeutet. So ist bereits begrifflich eine gewisse Nähe zwischen der „tatsächlichen Zuordnung" eines Wirtschaftsguts als Vorfrage für die Zuordnung der durch das Wirtschaftsgut vermittelten Einkünfte im Rahmen Art. 7 Abs. 1 Satz 2, Abs. 2 OECD-MA, wie sie in der Entscheidung vom 18. Dezember

---

[489]Vgl. *M. Lang*, FS Raupach, S. 601, 607 f.

[490]Art. 10 Abs. 3, Art. 11 Abs. 3 und Art. 12 Abs. 2 OECD-MA.

[491]*BFH*, Urt. v. 8.9.2010 – I R 74/09, *BFHE* 231, 84 unter III.2.b.bb).

[492]Vgl. oben Kapitel 5 und 9.1.8.

2002[493] dargelegt wurde, und der Voraussetzung der tatsächlichen Zugehörigkeit und deren Konkretisierung durch das Aktivposten-Erfordernis im Rahmen der Betriebsstättenvorbehalte zu erkennen.

Ferner ist angesichts der im Rahmen der Betriebsstättenvorbehalte vorgenommenen funktionalen Betrachtungsweise, die einen funktionalen Zusammenhang des den Spezialeinkünften zugrunde liegenden Wirtschaftsguts zu der aktiven Betriebsstättentätigkeit fordert,[494] schwer vorstellbar, dass ein solches Wirtschaftsgut nicht zugleich eine „dienende Funktion" im Rahmen einer aktiven Betriebsstättentätigkeit einnimmt, wie es die Rechtsprechung im Rahmen der Zuordnung nach Art. 7 Abs. 1 Satz 2, Abs. 2 OECD-MA fordert.[495]

Diese Fokussierung auf das tatsächliche Element entspricht auch dem Zweck des Betriebsstättenprinzips sowie der abkommensrechtlichen Systematik, die sich in dem Zusammenspiel von Unternehmensgewinnen, Spezialitätenvorrang und Betriebsstättenvorbehalten widerspiegeln. Der Spezialitätenvorrang korrigiert die Tendenz der nationalen Steuerrechtsordnungen, die Unternehmensgewinne bzw. gewerbliche Einkünfte dadurch „aufzublähen", dass andere (nicht tätigkeits-, sondern einkunftsquellenbezogene[496]) Einkünfte bei der Einkünftequalifikation hinter den gewerblichen Einkünften zurücktreten und von diesen miterfasst werden.[497] Denn eine abkommensrechtliche Anerkennung dieses innerstaatlich normierten Vorrangs der Unternehmensgewinne würde Steuergestaltungen gestatten, durch die Einkünfte aus den passiven, einkunftsquellenbezogenen Einkunftsarten durch Einlage der respektiven Einkunftsquellen in das Betriebsvermögen einer ausländischen Betriebsstätte beliebig verlagert werden könnten.[498]

Entsprechend diesem Gedanken soll der Spezialitätenvorrang aber nicht bezüglich derjenigen Einkünfte abschließend wirken, deren Einkunftsquellen der Unternehmenstätigkeit der Betriebsstätte funktional zuzuordnen sind.[499] Aus diesem Grund verweisen die Betriebsstättenvorbehalte für die Verteilung der Einkünfte

---

[493] *BFH*, Urt. v. 18.12.2002 – I R 92/01, *BFHE* 201, 447, vgl. oben 9.1.3.

[494] Vgl. hierzu die Ausführungen des BFH in der Entscheidung *BFH*, Urt. v. 26.2.1992 – I R 85/91, *BFHE* 168, 52 unter II.3.c.cc).

[495] Vgl. hierzu *BFH*, Urt. v. 21.1.1972 – III R 57/71, *BFHE* 104, 471, 1. Leitsatz.

[496] Bspw. Einkünfte aus Vermietung und Verpachtung, Einkünfte aus Kapitalvermögen oder Einkünfte aus privaten Veräußerungsgeschäften.

[497] Im deutschen innerstaatlichen Steuerrecht u. a. zu finden in § 20 Abs. 8, § 21 Abs. 2 § 22 Nr. 1 Satz 1, Nr. 3 Satz 1 und § 23 Abs. 2 EStG.

[498] Vgl. bereits die Ausführungen unter 9.2.1.5.

[499] Einkünfte aus unbeweglichem Vermögen (Art. 6 Abs. 1, Art. 13 Abs. 1 und Abs. 4 OECD-MA) werden wegen des allgemeinen Vorrangs des Belegenheitsprinzips nicht von dem Betriebsstättenprinzip erfasst.

aus tatsächlich-funktional der Unternehmenstätigkeit der Betriebsstätte zugehörigen Einkunftsquellen in den Art. 7 Abs. 1 und 2 OECD-MA zurück.

Diese Rückverweisung bei tatsächlich-funktionaler Zugehörigkeit ist nach der Rechtsprechung des BFH Ausdruck des dem Betriebsstättenprinzip zugrunde liegenden Fremdvergleichsgrundsatzes. Dies klang bereits in den Üblichkeitsüberlegungen an, auf die der BFH in seiner Entscheidung vom 30. August 1995 indiziell abgestellt hat.[500] Ausdrücklich brachte er dieses fremdvergleichsbasierte Verständnis der Betriebsstättenvorbehalte dann in seinem Urteil vom 17. Oktober 2007 zum Ausdruck.[501]

Danach ist die Rückverweisung für Einkünfte aus tatsächlich-funktional zu der Unternehmenstätigkeit der Betriebsstätte zugehörige Einkunftsquellen darin begründet, dass sich die Erträge bei einem vergleichbaren selbstständigen Unternehmen wegen der Zugehörigkeit der Einkunftsquellen zum Betriebsvermögen gewinnerhöhend ausgewirkt hätten.[502] Dieser Gedanke der Maßgeblichkeit der Zugehörigkeit zum Betriebsvermögen der Betriebsstätte liegt auch der „Aktivposten"-Rechtsprechung des BFH zugrunde.[503] Diese erfasst insbesondere die Einkünfte im Sinne der Art. 10 bis 12 oder 21 OECD-MA generierenden Wirtschaftsgüter oder Rechte, die sich im Gesamthandvermögen einer Personengesellschaft befinden oder die aktiv in einer Betriebsstätte genutzt werden.

Die Maßgeblichkeit der Zugehörigkeit zum Betriebsvermögen der Betriebsstätte spielt schließlich auch eine entscheidende Rolle in dem „Grenzbereich", in dem der BFH[504] und Teile der Literatur[505] noch Unterschiede zwischen den beiden Maßstäben annehmen. Wie man der oben zitierten Passage aus dem Vorlagebeschluss vom 11. Dezember 2013[506] entnehmen kann, geht der BFH davon aus, dass die den Sondervergütungen im Sinne des § 15 Abs. 1 Satz 1 Nr. 2 Satz 1 Hs. 2 EStG zugrunde liegenden Wirtschaftsgüter des Sonderbetriebsvermögens nach Art. 7 Abs. 1 und 2 OECD-MA der Betriebsstätte zugeordnet werden und die abkommensrechtliche Zuordnung insoweit mit der innerstaatlichen Zuordnung

---

[500]*BFH*, Urt. v. 30.8.1995 – I R 112/94, *BFHE* 179, 48 unter II.5.

[501]Vgl. die oben (9.2.2.5) zitierte Passage aus *BFH*, Urt. v. 17.10.2007 – I R 5/06, *BFHE* 219, 518 unter II.1.b.cc.bbb.cccc).

[502]Vgl. *BFH*, Urt. v. 17.10.2007 – I R 5/06, *BFHE* 219, 518 unter II.1.b.cc.bbb.cccc).

[503]Vgl. Fn. 296. Zu den qualitativen Anforderungen an die Zugehörigkeit zum Betriebsvermögen der Betriebsstätte vgl. bereits 9.3.1.

[504]*BFH*, Urt. v. 8.9.2010 – I R 74/09, *BFHE* 231, 84 unter III.2.b.bb) („weitgehend").

[505]*Gosch*, in: Kirchhof, EStG, § 49 Rn. 15.

[506]*BFH*, Vorlagebeschluss v. 11.12.2013 – I R 4/13, *BFHE* 244, 1 unter B.I.3.b.bb).

nach § 15 Abs. 1 Satz 1 Nr. 2 Satz 1 Hs. 2 i. V. m. § 4 Abs. 1 und 4 EStG übereinstimmt.

Diese Sichtweise überrascht, da sie – über die Zuordnung des Vermögens – ein Verständnis des abkommensrechtlichen Unternehmensbegriffs im Sinne des Art. 7 Abs. 1 und Abs. 2 OECD-MA erkennen lässt, das sich an dem durch rechtliche Fiktionen[507] erweiterten Gewerbebetriebsbegriff des innerstaatlichen Rechts orientiert.

Eine derartige Orientierung hatte der BFH hinsichtlich einer anderen rein rechtlichen Erweiterung des Gewerbebetriebsbegriffs, nämlich der des § 15 Abs. 3 Nr. 2 EStG, in seinem Urteil vom 28. April 2010 noch abgelehnt.[508] Zur Begründung hatte der BFH u. a. angeführt, dass sich die abkommensrechtliche Verteilung in erster Linie nach der „Art der Einkunftserzielung" richte und dass der systematischen Einordnung der Einkünfte im nationalen Recht insoweit nur eine Hilfsfunktion zukomme.[509] Ferner bestünde bei einem Durchschlagen der Fiktion des § 15 Abs. 3 Nr. 2 EStG auf die deutsche Auslegung des Abkommensrechts auch die Gefahr der unterschiedlichen Abkommensauslegung, was der angestrebten Entscheidungsharmonie entgegenwirke.[510]

Beide Argumente lassen sich ebenso gegen ein Durchschlagen des innerstaatlichen (durch § 15 Abs. 1 Satz 1 Nr. 2 Satz 1 Hs. 2 i. V. m. § 4 Abs. 1 und 4 EStG erweiterten) Betriebsvermögensbegriffs auf die abkommensrechtliche Zuordnung im Rahmen des Art. 7 OECD-MA anführen.

Denn die Erweiterung des Betriebsvermögensbegriffs auch auf das Sonderbetriebsvermögen ist rechtlicher Reflex der Erweiterung des Gewerbebetriebsbegriffs, nicht aber durch die unmittelbar unternehmerische Tätigkeit der Personengesellschaft bedingt. Sie ist letztlich allein der rechtsgeschäftlichen Interaktion von Personengesellschaft und Gesellschafter geschuldet. Diese Interaktion ist zwar ihrerseits betrieblich veranlasst, sonst wären die Aufwendungen auf der Ebene der Gewinnermittlung bei der Personengesellschaft keine Betriebsausgaben, sondern Entnahmen. Die Hinzuziehung der von der Personengesellschaft an den Gesellschafter abgeführten Vergütung in die betriebliche Sphäre der Personengesellschaft ist aber rein rechtlicher Natur und wäre ohne die Regelung in § 15 Abs. 1 Satz 1 Nr. 2 Satz 1 EStG bei rein veranlassungsbasierter Betrachtung nicht geschehen.

---

[507] Vgl. oben 6.2.3.

[508] *BFH*, Urt. v. 28.4.2010 – I R 81/09, *BFHE* 229, 252; vgl. auch die Ausführungen zu den Unternehmensgewinnen unter 3.2.1 und 3.3.1.3.

[509] *BFH*, Urt. v. 28.4.2010 – I R 81/09, *BFHE* 229, 252 unter II.2.b.dd).

[510] *BFH*, Urt. v. 28.4.2010 – I R 81/09, *BFHE* 229, 252 unter II.2.b.dd).

Die gängige Definition des Sonderbetriebsvermögens, die u. a. auf die dienende Funktion für den Betrieb oder die Beteiligung abstellt, ändert daran nichts, da sie die Zusammenhänge verwischt und insoweit missverständlich ist. Denn die dienende Funktion eines Wirtschaftsguts des Sonderbetriebsvermögens für die originär unternehmerische Tätigkeit ist nur mittelbarer Natur. Unmittelbar dient ein solches Wirtschaftsgut der Überlassungs- oder Förderungstätigkeit des Mitunternehmers. Da dies im innerstaatlichen Recht angesichts der angestrebten Gleichstellung von Mitunternehmer und Einzelunternehmer nicht zu abweichenden Ergebnissen führt, wirken sich diese Ungenauigkeiten der Definition bei der innerstaatlichen Rechtsanwendung, anders als im Abkommensrecht, nicht aus.

Besonders deutlich wird die „hinkende" Definition des Sonderbetriebsvermögens bei der entgeltlichen Überlassung von Kapital. In diesem Fall wird der Anspruch auf Rückzahlung der Darlehensvaluta zu aktivem Sonderbetriebsvermögen des darlehensgebenden Gesellschafters. Dennoch dient nicht der Rückzahlungsanspruch, sondern das überlassene Kapital der Betriebstätigkeit.

Darüber hinaus dürfte die Gefahr einer unterschiedlichen Abkommensauslegung angesichts des Sonderstatus, den das Sonderbetriebsvermögen als deutsche Besonderheit einnimmt, hier ebenso groß wie im Rahmen des § 15 Abs. 3 Nr. 2 EStG sein.

Daher sprechen die besseren Argumente dafür, die Zuordnung von Wirtschaftsgütern zu einer Betriebsstätte im Rahmen des Art. 7 Abs. 1 und 2 OECD-MA wie auch im Rahmen der Betriebsstättenvorbehalte einheitlich auf eine rein tatsächlich-funktionale Zuordnung zu beschränken.[511] Denn nur diese Wirtschaftsgüter sind durch die originäre Unternehmenstätigkeit im Sinne des Art. 7 OECD-MA i. V. m. Art. 3 Abs. 1 lit. c OECD-MA veranlasst angeschafft worden. Eine solche Zuordnung ergibt sich aus dem hier vertretenen Verständnis der veranlassungsbasierten Zuordnung von Wirtschaftsgütern[512] und der hier vertretenen abkommensrechtlichen Anerkennung von betriebsstättenlosen Einkünften (dazu sogleich).

Dieses Verständnis des Veranlassungsprinzips weicht von der vom I. Senat in seinem Vorlagebeschluss vom 11. Dezember 2013 angesprochenen Zuordnung „nach allgemeinen Verursachungs- und Veranlassungsgesichtspunkten"[513] ab.

---

[511] Eine einheitliche Anwendung der tatsächlich-funktionalen Zuordnung auch im Rahmen des Art. 7 Abs. 1 und 2 OECD-MA befürwortend auch *Siegers*, FG Wassermeyer, S. 319, 323 f.

[512] Vgl. hierzu auch Kapitel 6.

[513] *BFH*, Vorlagebeschluss v. 11.12.2013 – I R 4/13, *BFHE* 244, 1 unter B.I.3.b.bb).

Denn die Rechtsprechung vertritt jedenfalls teilweise ein im Vergleich zum innerstaatlichen Gewerbebetriebsbegriff engeres Verständnis des abkommensrechtlichen Unternehmensbegriffs, ohne gleichzeitig den eigentlich korrespondierenden (Betriebs-)Vermögensbegriff mit einzuengen. Faktisch führt dies zu der Lockerung des Zurechnungsmaßstabs im Rahmen des Art. 7 OECD-MA. Dies hat dann wiederum zur Konsequenz, dass dieser faktisch gelockerte Zurechnungsmaßstab von der tatsächlich-funktionalen Zuordnung abweicht und die Rechtsprechung in diesen Grenzfällen demnach von zwei verschiedenen Maßstäben ausgeht.

Bedenkt man aber, dass das innerstaatliche Veranlassungsprinzip, auf das die Zurechnung im Rahmen des Art. 7 Abs. 1 Satz 2 OECD-MA gemäß Art. 3 Abs. 2 OECD-MA mangels anderen abkommensrechtlichen Zusammenhangs zurückgreifen muss, an die konkrete betriebliche Tätigkeit anknüpft, so erscheint diese Maßstaberweiterung bedenklich. Denn eine reine sachliche Nähe zur Betriebstätigkeit begründet nach innerstaatlichem Recht auch nicht allein die Zugehörigkeit zum Betriebsvermögen.

Nicht zuletzt ergibt sich das Erfordernis eines tatsächlich-funktionalen Zusammenhangs auch aus dem im Rahmen des Art. 7 OECD-MA maßgeblichen Fremdvergleichsgrundsatz als abkommensrechtliche Manifestation des Veranlassungsgedankens.[514] Ein unabhängiges selbstständiges Unternehmen würde das Wirtschaftsgut, das der Sondervergütung zugrunde liegt, auch nicht allein deswegen aktivieren (dürfen), nur weil die Sondervergütung betrieblich veranlassten Aufwand darstellt.

So wäre es angesichts des für das Betriebsstättenprinzip maßgeblichen Fremdvergleichsgrundsatzes auch nicht nachvollziehbar, bei der Bestimmung der „tatsächlichen Zugehörigkeit" im Rahmen der Betriebsstättenvorbehalte deswegen einen funktionalen Zusammenhang zu fordern, weil die Betriebsstättenvorbehalte im Kontext des fremdvergleichsbasierten Betriebsstättenprinzips zu sehen seien,[515] gleichzeitig aber im Rahmen des Art. 7 Abs. 1 und 2 OECD-MA, dem Betriebsstättenprinzip in seiner Grundausprägung, unter Ausblendung des Fremdvergleichsgrundsatzes statt eines funktionalen Zusammenhangs bereits einen allgemeinen wirtschaftlichen[516] Zusammenhang im weiteren Sinne genügen zu

---

[514]Vgl. hierzu auch unten 11.7.

[515]So auch *Wassermeyer/Kaeser*, in: Wassermeyer, DBA, Art. 21 MA Rn. 84.

[516]Von einem derartigen hinreichenden wirtschaftlichen Zusammenhang scheint der BFH auszugehen, vgl. *BFH*, Vorlagebeschluss v. 11.12.2013 – I R 4/13, *BFHE* 244, 1 unter B.I.3.b.bb).

lassen.[517] Dabei dürfte die mit dem „wirtschaftlichen" Zusammenhang eingehergehenden Unklarheiten auch auf dessen uneinheitlichen begrifflichen Gebrauch zurückgehen.[518]

Eine derartige veranlassungsbasierte Beschränkung auf das der Betriebsstätte tatsächlich-funktional zuzuordnende Betriebsvermögen hätte neben der dargestellten Fremdvergleichsverträglichkeit zudem den Vorteil, dass sie wegen der Tätigkeitsbezogenheit des Veranlassungsprinzips auch mit dem tätigkeitsbezogenen Verständnis des abkommensrechtlichen Unternehmensbegriffs einhergeht, der im Zusammenhang mit § 15 Abs. 3 Nr. 2 EStG betont wurde. Er gestattet damit eine einheitliche abkommensrechtliche „Ausblendung" der innerstaatlichen rechtlichen Erweiterungen des Gewerbebetriebsbegriffs.

Dabei soll nicht unterschlagen werden, dass dieses den Referenzrahmen des Veranlassungsprinzips begrenzende Verständnis des abkommensrechtlichen Unternehmens bei der Bestimmung des abkommensrechtlichen (Betriebs-)Vermögens nur dann zu einem von dem Urteil vom 13. Februar 2008[519] abweichenden Ergebnis gelangt, wenn man – wie hier vertreten – zugleich betriebsstättenlose Einkünfte zulässt oder aber stets eine Mitunternehmerbetriebsstätte fingiert. Denn sonst wären die in Rede stehenden Wirtschaftsgüter schlicht mangels anderer Zuordnungspole der Personengesellschafts-Betriebsstätte zuzuordnen. Oder anders gesprochen: Der lediglich mittelbare Zusammenhang zur Unternehmenstätigkeit würde dann nicht durch einen vorrangigen tatsächlich-funktionalen (unmittelbaren) Zusammenhang verdrängt.

9.3.10 Der wirtschaftliche Zusammenhang

Die verschiedenen Veranlassungstheorien und auch die Rechtsprechung des BFH nehmen wiederholt auf ein wirtschaftliches Element Bezug. Dabei wird das Attribut „wirtschaftlich" jedoch nicht einheitlich gebraucht. Jedenfalls, was die Rechtsprechung betrifft, so wurde spätestens durch den Kontokorrentbeschluss[520]

---

[517]So auch *Günkel/Lieber*, Ubg 2009, 301, 304. Ebenfalls einen einheitlichen Zuordnungsmaßstab befürwortend *Häck*, ISR 2015, 113, 115 f. unter Verweis auf die „praktisch wortidentischen" Formulierungen im OECD-MK. Gleiches spricht auch für die Anwendung eines tatsächlich-funktionalen Zuordnungsmaßstabs im Rahmen des Art. 13 Abs. 2 OECD-MA, vgl. 9.3.11.

[518]Vgl. auch 9.3.10.

[519]*BFH*, Urt. v. 13.2.2008 – I R 63/06, *BFHE* 220, 415.

[520]*BFH*, Beschluss v. 4.7.1990 – GrS 2–3/88, *BFHE* 161, 290 unter C.II.4.b.cc); vgl. auch darauf aufbauend den Beschluss v. 8.12.1997 – GrS 1–2/95, *BFHE* 184, 7 unter B.I.2.

geklärt, dass der „wirtschaftliche Zusammenhang" nicht im Sinne einer betriebswirtschaftlichen Gesamtwertung zu betrachten ist.[521] Vielmehr ist der „wirtschaftliche Zusammenhang" als Synonym für einen Veranlassungszusammenhang zu verstehen.[522]

Daneben existieren im Wesentlichen zwei Ausprägungen des „Wirtschaftlichen" in der abkommensrechtlichen Rechtsprechung des BFH. Die eine steht in Zusammenhang mit der Regelung des § 15 Abs. 1 Satz 1 Nr. 2 Satz 1 Hs. 2 EStG. So sprach der BFH im Kontext des § 15 Abs. 1 Satz 1 Nr. 2 EStG von einer Zurechnung „nach wirtschaftlichen Maßstäben"[523]. Dies dürfte sich auf die von der Rechtsprechung vertretene Gleichstellungsthese[524] beziehen, nach der Einzelunternehmer und Mitunternehmer für steuerliche Zwecke, also zur Ermittlung der wirtschaftlichen Leistungsfähigkeit, weitestgehend gleichgestellt werden sollen. *Lieber* sprach auch von einem „allgemeine[n] wirtschaftliche[n] Zusammenhang"[525]. Die Motivation zur Schaffung des § 15 Abs. 1 Satz 1 Nr. 2 EStG war somit letztlich eine wirtschaftliche, die dadurch resultierende Einheit von Gewinnanteil und Sondervergütungen ist aber eine rechtliche.[526] Da der BFH im Rahmen des Art. 13 Abs. 2 OECD-MA von einem Durchschlagen des innerstaatlichen (durch § 15 Abs. 1 Satz 1 Nr. 2 i. V. m. § 4 Abs. 1 EStG erweiterten) Betriebsvermögensbegriffs ausging,[527] sprach er auch in diesem Kontext von einer Zuordnung, die sich am „Maßstab der wirtschaftlichen Zugehörigkeit"[528] orientiere. Eine Loslösung von den „rein (steuer-)rechtlichen Zuordnungskriterien"[529] wie im Rahmen der Betriebsstättenvorbehalte fordere der Abkommenswortlaut gerade nicht. In einer weiteren Entscheidung ordnete er Sondervergütungen in Gestalt von Zinseinkünften aus einem Gesellschafterdarlehen

---

[521]*BFH*, Beschluss v. 8.12.1997 – GrS 1–2/95, *BFHE* 184, 7 unter B.I.2.

[522]Vgl. oben 8.2.

[523]*BFH*, Vorlagebeschluss v. 11.12.2013 – I R 4/13, *BFHE* 244, 1 unter B.I.3.b.bb); vgl. auch Urt. v. 12.6.2013 – I R 47/12, *BFHE* 242, 107 unter B.II.3.b.aa.aaa); Urt. v. 13.2.2008 – I R 63/06, *BFHE* 220, 415 unter II.5.e.bb.aaa).

[524]Vgl. Fn. 314.

[525]*Lieber*, IWB 2010, 351, 359.

[526]Vgl. st. Rspr. seit *BFH*, Urt. v. 27.2.1991 – I R 15/89, *BFHE* 164, 38.

[527]*BFH*, Urt. v. 13.2.2008 – I R 63/06, *BFHE* 220, 415 unter II.5.e.aa).

[528]*BFH*, Urt. v. 13.2.2008 – I R 63/06, *BFHE* 220, 415 unter II.5.e.bb.aaa).

[529]*BFH*, Urt. v. 13.2.2008 – I R 63/06, *BFHE* 220, 415 unter II.5.e.bb.aaa).

gemäß einer Art. 7 OECD-MA (a. F.) entsprechenden Vorschrift der inländischen Personengesellschafts-Betriebsstätte zu, da diese nach dem „Maßstab des Veranlassungszusammenhangs der Betriebsstätte wirtschaftlich zugehör[t]en"[530]. Die wirtschaftliche Zugehörigkeit im Kontext des § 15 Abs. 1 Satz 1 Nr. 2 EStG[531] und seinen abkommensrechtlichen Ausstrahlungen versteht der BFH also gewissermaßen im Sinne einer „rechtlichen" Zuordnung und damit als Gegensatz zu einer tatsächlich-funktionalen Zuordnung. Entgegen der hier vertretenen Auffassung[532] findet dieser Maßstab nach der BFH-Rechtsprechung im Rahmen des Art. 13 Abs. 2 OECD-MA sowie des Art. 7 OECD-MA (a. F.) Anwendung und weicht nur in dem bereits erwähnten Grenzbereich, in dem der BFH einen Unterschied zwischen den beiden Maßstäben erkennt, von dem tatsächlich-funktionalen Maßstab ab. Dabei hat der BFH diesen Maßstab der wirtschaftlichen Zugehörigkeit für die abkommensrechtliche Zuordnung bislang nur in solchen Fällen ausreichen lassen, in denen das Unternehmen nur über eine einzige Betriebsstätte und damit über keine weiteren Zuordnungspole verfügte.[533] Ob er diese Auffassung, die einer abkommensrechtlichen Anerkennung des Vorrangs des Sonderbetriebs gleichkäme, auch bei dem Bestehen mehrerer Zuordnungspole für allgemeingültig erachtet, ist daher ungewiss.

Die andere Ausprägung des wirtschaftlichen Elements tritt sehr deutlich in dem Urteil vom 8. September 2010 hervor: Dort sprach der BFH von dem „wirklich" wirtschaftlich Verwirklichten als das die Maßstäbe des Art. 7 OECD-MA und der Betriebsstättenvorbehalte verbindendende Element.[534] Es knüpft sowohl an

---

[530] *BFH*, Urt. v. 12.6.2013 – I R 47/12, *BFHE* 242, 107 unter B.II.3.b.aa.aaa).

[531] Dieser „wirtschaftliche Zusammenhang" dürfte damit mit dem nach der hier vertretenen Auffassung lediglich mittelbaren nachrangigen Veranlassungszusammenhang der Sondervergütungen, des Sonderbetriebsvermögens oder der Sonderbetriebseinnahmen und -ausgaben zu der Betriebstätigkeit übereinstimmen.

[532] Vgl. hierzu 9.3.11.

[533] *BFH*, Urt. v. 12.6.2013 – I R 47/12, *BFHE* 242, 107; Urt. v. 13.2.2008 – I R 63/06, *BFHE* 220, 415. In diesen Fällen konnte der lediglich rechtliche (mittelbare) Zusammenhang mangels anderweitiger Zuordnungspole nicht durch einen vorrangigen tatsächlich-funktionalen (unmittelbaren) Zusammenhang verdrängt werden.

[534] *BFH*, Urt. v. 8.9.2010 – I R 74/09, *BFHE* 231, 84 unter III.2.b.bb).

tatsächliche[535] als auch an funktionale[536] Zusammenhänge an und ist – dem Veranlassungsprinzip entsprechend – als Gegenpol zu der rein rechtlichen Zuordnung zu verstehen.

Um das wirtschaftliche Element in der abkommensrechtlichen Rechtsprechung des BFH im Einzelfall einordnen zu können, bedarf es somit einer qualifizierenden Zusatzinformation. Es ist zu prüfen, ob der (allgemeine) wirtschaftliche Zusammenhang als Minimalnexus auf rechtliche Zuordnungskriterien zurückzuführen ist oder ob er im Zusammenhang mit der tatsächlich-funktionalen Zuordnung des Wirtschaftsguts zu der gewerblichen bzw. unternehmerischen Tätigkeit steht.

9.3.11 Der Maßstab des Art. 13 Abs. 2 OECD-MA

Wie die Entscheidung vom 13. Februar 2008[537] deutlich gemacht hat, vertritt der BFH die Auffassung, dass der tatsächlich-funktionale Maßstab der Betriebsstättenvorbehalte jedenfalls bei Existenz nur einer Betriebsstätte nicht auch im Rahmen des Art. 13 Abs. 2 OECD-MA gilt, sondern dass sich die dortige Zurechnung vielmehr nach der auf § 15 Abs. 1 Satz 1 Nr. 2 EStG basierenden wirtschaftlichen Zugehörigkeit richtet.[538] Mit dem Urteil vom 12. Juni 2013[539] hat er diese Auffassung auch auf die Zurechnung im Rahmen des Art. 7 OECD-MA (a. F.) übertragen.

Obgleich der BFH für Konstellationen mit mehreren Zuordnungspolen offengelassen hat, ob die Zuordnung in diesen Fällen nicht doch einem tatsächlich-funktionalen Maßstab folge,[540] kann der Auffassung der Rechtsprechung hier auch für monopolare Zurechnungskonstellationen nicht zugestimmt werden. Stattdessen ist auch im Rahmen des Art. 13 Abs. 2 OECD-MA für die Zugehörigkeit zum Vermögen der Betriebsstätte ein tatsächlich-funktionaler Zusammenhang zu

---

[535]Vgl. bspw. *BFH*, Urt. v. 16.2.1996 – I R 43/95, *BFHE* 180, 286; Beschluss v. 4.7.1990 – GrS 2–3/88, *BFHE* 161, 290 zur Maßgeblichkeit der tatsächlichen Verhältnisse.

[536]Vgl. *BFH*, Urt. v. 1.4.1987 – II R 186/80, *BFHE* 150, 65 zur dienenden Funktion oder die funktionale Betrachtungsweise, die auch Nebenerträge aus *wirtschaftlich* zugehörigen Tätigkeiten miterfasst (siehe oben unter 8.1.2).

[537]*BFH*, Urt. v. 13.2.2008 – I R 63/06, *BFHE* 220, 415.

[538]Vgl. die Ausführungen unter 9.2.2.3.

[539]*BFH*, Urt. v. 12.6.2013 – I R 47/12, *BFHE* 242, 107.

[540]*BFH*, Urt. v. 13.2.2008 – I R 63/06, *BFHE* 220, 415 unter II.5.e.cc).

fordern.[541] Dies ist unmittelbare Konsequenz der hier vertretenen abkommens-rechtlichen Anerkennung betriebsstättenloser Einkünfte[542] sowie des einheitlichen tatsächlich-funktionalen Zurechnungsmaßstabs[543] im Rahmen des Betriebsstätten-tenprinzips, das Art. 7 Abs. 1 und 2 OECD-MA sowie den Betriebsstättenvor-behalten zugrunde liegt.

Die Rechtsprechung hatte den abweichenden Zurechnungmaßstab im Rah-men des Art. 13 Abs. 2 OECD-MA neben dem Fehlen weiterer Zurechnungspole zum einen auf den Wortlaut der Vorschrift und zum anderen darauf gestützt, dass das Abkommen im Rahmen des Art. 13 Abs. 2 OECD-MA anders als bei den Betriebsstättenvorbehalten keine „Loslösung von rein (steuer-)rechtlichen Zuordnungskriterien" verlange.[544]

Beide Argumente überzeugen im Ergebnis nicht. Dem Wortlautargument ist zunächst entgegenzuhalten, dass es den BFH auch in anderen Entscheidungen zu den Betriebsstättenvorbehalten nicht davon abgehalten hat, selbst dann von einem tatsächlich-funktionalen Zurechnungsmaßstab auszugehen, wenn der betreffende Abkommenstext des Dividenden-, Zins- oder Lizenzartikels keine „tatsächliche Zugehörigkeit" verlangte. Denn auch in diesen Entscheidungen hat der BFH maßgeblich auf den systematischen Gesamtzusammenhang abgestellt.[545]

Obgleich sich dieser Zusammenhang zu der Betriebsstättengewinnabgrenzung im Fall des Art. 13 Abs. 2 OECD-MA anders als bei den klassischen Betriebsstät-tenvorbehalten nicht aus einem Rückverweis auf Art. 7 OECD-MA ableiten lässt, so folgt er dennoch aus dem grundsätzlichen Gleichlauf der Besteuerungsrechte an den Veräußerungsgewinnen mit denen an den laufenden Einkünften.

---

[541] So auch *Siegers*, FG Wassermeyer, S. 319, 323 f.; *Wassermeyer*, in: Wassermeyer, DBA, Art. 13 MA Rn. 81, 77a m. w. N.; *Reimer*, in: Vogel/Lehner, DBA, Art. 13 Rn. 81; *Kluge*, Intl Steuerrecht, S. 252; wohl auch bereits *Wassermeyer*, FS Ruppe, S. 681, 693; a. A. *BFH*, Urt. v. 8.9.2010 – I R 74/09, BFHE 231, 84 unter III.2.b.bb); Urt. v. 13.2.2008 – I R 63/06, *BFHE* 220, 415 unter II.5.e.bb.aaa); Urt. v. 18.5.1983 – I R 5/82, BFHE 138, 548 unter II.2; Urt. v. 29.10.1986 – II R 226/82, BFHE 148, 72 unter 2; *Gosch*, in: G/K/G, DBA, Art. 13 OECD-MA Rn. 82; für Sonderbetriebsvermögen auch *Schütte*, in: Haase, AStG/DBA, Art. 13 MA Rn. 46; unklar *Lieber*, in: Schönfeld/Ditz, DBA, Art. 13 Rn. 54 f.

[542] Vgl. die Ausführungen unter 9.3.7.

[543] Vgl. die Ausführungen unter 9.3.9.

[544] *BFH*, Urt. v. 13.2.2008 – I R 63/06, BFHE 220, 415 unter II.5.e.bb.aaa).

[545] Vgl. *BFH*, Urt. v. 10.8.2006 – II R 59/05, BFHE 214, 518 unter II.8.c.bb); zustimmend der Beschluss v. 20.12.2006 – I B 47/05, BFHE 216, 276 unter II.10.c.cc); Beschluss v. 19.12.2007 – I R 66/06, BFHE 220, 173 unter II.2.c.cc.bbb); Urt. v. 17.10.2007 – I R 5/06, *BFHE* 219, 518 unter II.1.b.cc.bbb.cccc); ohne weitere Ausführungen auch bereits Urt. v. 17.12.2003 – I R 47/02, *BFH/NV* 2004, 771 unter II.2.a).

Aus diesem Grund ist das Erfordernis eines tatsächlich-funktionalen Zurechnungsmaßstabs entgegen der teilweise vertretenen Auffassung[546] auch im Rahmen des Art. 13 Abs. 2 OECD-MA diesem Verteilungsartikel keineswegs „fremd". Grundsätzlich folgt die abkommensrechtliche Zuweisung des Besteuerungsrechts für den Gewinn aus der Veräußerung eines Wirtschaftsguts gemäß Art. 13 OECD-MA der Zuweisung des Besteuerungsrechts für die aus dem Wirtschaftsgut fließenden laufenden Einkünfte.[547] Die aus den einer Betriebsstätte zuzurechnenden beweglichen Wirtschaftsgütern fließenden Einkünfte werden der Betriebsstätte und damit dem Betriebsstättenstaat zur Besteuerung gemäß der hier vertretenen Ansicht nach tatsächlich-funktionalen Gesichtspunkten zugewiesen. Damit ist es nur konsequent, diesen einheitlichen Zurechnungsmaßstab auch auf die Veräußerungsgewinne aus diesen Wirtschaftsgütern auszudehnen.[548] Denn selbst wenn man berücksichtigt, dass der BFH – abweichend von der hier vertretenen Auffassung – auch im Rahmen des Art. 7 OECD-MA eine allgemeine wirtschaftliche Zugehörigkeit für die Zurechnung ausreichen lässt,[549] würde die Übertragung dieses Zurechnungsmaßstabs auf den Art. 13 Abs. 2 OECD-MA dazu führen, dass das Besteuerungsrecht für die Veräußerung des Sonderbetriebsvermögens nach Art. 13 Abs. 2 OECD-MA und das Besteuerungsrecht für die daraus fließenden laufenden Erträge (Art. 10 bis 12 OECD-MA) systemwidrig auseinanderfallen.[550]

Daher kann dem fehlenden ausdrücklichen Erfordernis einer „tatsächlichen Zugehörigkeit" zur Betriebsstätte auch nicht entnommen werden, dass Art. 13 Abs. 2 OECD-MA keine Loslösung vom innerstaatlichen Recht verlange und deshalb auf den innerstaatlichen Betriebsvermögensbegriff zurückzugreifen sei. Denn die Maßgeblichkeit der innerstaatlichen Begriffsdefinition gilt gemäß Art. 3 Abs. 2 OECD-MA nur, insoweit der Zusammenhang des Abkommens nichts anderes verlangt. Das Erfordernis einer abkommensautonomen Auslegung muss

---

[546] *Gosch*, in: G/K/G, DBA, Art. 13 OECD-MA Rn. 82.

[547] *Wassermeyer*, in: Wassermeyer, DBA, Art. 13 MA Rn. 1; *Reimer*, in: Vogel/Lehner, DBA, Art. 13 Rn. 2; *Schütte*, in: Haase, AStG/DBA, Art. 13 MA Rn. 3; *Kluge,* Intl Steuerrecht, S. 251.

[548] Für Wirtschaftsgüter, die direkt (und nicht über einen Betriebsstättenvorbehalt) nach Art. 7 OECD-MA der Betriebsstätte zugeordnet werden, geht die Rechtsprechung auch bei deren Veräußerung von einem einheitlichen Maßstab aus, vgl. *BFH*, Beschluss v. 19.5.2010 – I B 191/09, *BFHE* 229, 322, der auf das Urt. v. 28.4.2010 – I R 81/09, *BFHE* 229, 252 verweist.

[549] *BFH*, Vorlagebeschluss v. 11.12.2013 – I R 4/13, *BFHE* 244, 1 unter B.I.3.b.bb); Urt. v. 12.6.2013 – I R 47/12, *BFHE* 242, 107 unter B.II.3.b.aa.ccc).

[550] *Hruschka*, IStR 2016, 437, 443; *Lieber*, jurisPR-SteuerR 2008, 30, Anm. 2; *Kahlenberg/Hagemann*, BB 2014, 215, 217 ff.

sich aber nicht zwingend ausdrücklich aus dem Abkommenstext ergeben, sondern kann auch der Abkommenssystematik entnommen werden. So verhält es sich auch im Rahmen des Art. 13 Abs. 2 OECD-MA. Berücksichtigt man, dass diese Norm das Betriebsstättenprinzip auch auf der Ebene der Veräußerungsgewinne umsetzen soll,[551] so erscheint es nicht nachvollziehbar, diesem einen Aspekt des Betriebsstättenprinzips einen anderen Zuordnungsmaßstab zugrunde zu legen. Dies entspräche auch nicht dem Fremdvergleichsgrundsatz, der auch insoweit zu berücksichtigen ist.

Unterstellt man auch die Zurechnung nach Art. 13 Abs. 2 OECD-MA dem einheitlichen tatsächlich-funktionalen Maßstab, so hat dies den Nebeneffekt, dass sich die sonst mit dem Ausscheiden eines (weiterhin im Eigentum des Mitunternehmers verbleibenden) Wirtschaftsguts aus dem Sonderbetriebsvermögen einhergehende Entstrickungsproblematik nicht stellt.

9.3.12 Vorweggenommene Betriebsausgaben

Bei der Erörterung der Frage der abkommensrechtlichen Zuordnung von vorweggenommenen Betriebsausgaben stehen sich im Wesentlichen zwei Positionen unauflöslich gegenüber. Die eine vornehmlich von *Wassermeyer* vertretene Position lehnt eine Zuordnung unter Verweis auf die „Präsens-Formulierungen"[552] in den innerstaatlichen Vorschriften (§ 49 Abs. 1 Nr. 2 lit. a EStG, § 34d Nr. 2 lit. a EStG) sowie in der abkommensrechtlichen Verteilungsnorm Art. 7 OECD-MA ab und geht insoweit davon aus, das inländische Veranlassungsprinzip werde durch das Betriebsstättenprinzip und das daraus fließende Erfordernis der tatsächlichen Existenz einer Betriebsstätte verdrängt.[553]

Die andere u. a. von der Rechtsprechung vertretene Auffassung konzentriert sich hingegen auf den Zuordnungsmaßstab, das innerstaatliche Veranlassungsprinzip, das die Berücksichtigung von vorweggenommenen Betriebsausgaben grundsätzlich berücksichtige, und stuft dieses als einzige mit dem Fremdvergleichsprinzip korrespondierende Zuordnungsweise ein.[554]

---

[551] *Meretzki*, in: F/W/K, DBA-Schweiz, Art. 13 Rn. 27; *Lieber*, in: Schönfeld/Ditz, DBA, Art. 13 Rn. 5.

[552] *Wassermeyer*, in: Wassermeyer, DBA, Art. 14 MA Rn. 86; *Wassermeyer*, in: Wassermeyer, DBA, Art. 7 MA (2000) Rn. 300; *Wassermeyer*, IStR 2015, 37, 38; *Wassermeyer*, IStR 1997, 395, 396; *Hemmelrath*, in: Vogel/Lehner, DBA, Art. 7 Rn. 45; *Mössner*, IStR 2013, 888; *Kroppen*, in: G/K/G, DBA, Art. 7 Rn. 191; *Buciek*, in: F/W/K, DBA-Schweiz, Art. 7 Rn. 216.

[553] Vgl. *Wassermeyer*, IStR 2011, 361, 363; *Wassermeyer*, IStR 2015, 37, 38.

[554] *BFH*, Urt. v. 20.5.2015 – I R 75/14, *BFH/NV* 2015, 1687 unter II.2).

Dabei unterbleibt ein konkreter (Fremd-)Vergleich mit der innerstaatlichen Rechtslage. Für einen solchen Fremdvergleich ist neben dem Veranlassungszusammenhang zwischen dem Zuordnungs*objekt* (beispielsweise der Aufwendung) und dem jeweiligen „Betrieb" im Sinne des § 4 Abs. 4 EStG auch das steuerliche Zuordnungs*subjekt* zu betrachten. Zudem ist zu klären, was alles unter den Begriff der vorweggenommenen Betriebsausgaben fallen soll.

Hinsichtlich des Begriffs der vorweggenommenen Betriebsausgaben ist davon auszugehen, dass er sämtliche betriebsbezogene Aufwendungen erfasst, die ab dem Entschluss zur künftigen Aufnahme einer betrieblichen Tätigkeit und vor der tatsächlichen Aufnahme dieser werbenden Tätigkeit anfallen.

Für die Zwecke der Einkommen- bzw. Körperschaftsteuer[555] ergeben sich damit für die Frage der veranlassungsbasierten Zuordnung im Wesentlichen die folgenden Konstellationen:

Rechtsform des geplanten Gewerbebetriebs	Zeitpunkt, in dem BA anfällt	Zivilrechtliche Rechtsform zu diesem Zeitpunkt	Steuerliche Behandlung dieser zivilrechtlichen Rechtsform	Identität des vorläufigen mit dem späteren Gewinnermittlungssubjekt	Berücksichtigung der BA bei späterem Gewinnermittlungssubjekt
Einzelunternehmen	Vorbereitungsstadium vor Aufnahme der werbenden Tätigkeit	N/A	Natürliche Person	Ja	Ja

---

[555]Da die Gewerbesteuerpflicht erst mit Aufnahme der werbenden Tätigkeit beginnt (*BFH*, Urt. v. 23.2.2011 – I R 52/10, *BFH/NV* 2011, 1354 unter B.III.3; Urt. v. 30.8.2012 – IV R 54/10, *BFHE* 238, 198 unter II.1.a); Urt. v. 22.1.2015 – IV R 10/12, *BFH/NV* 2015, 317 unter B.II.1; Urt. v. 12.5.2016 – IV R 1/13, *BFHE* 255, 65 unter B.II.1.c.bb)), stellt sich das Problem der vorweggenommenen Betriebsausgaben dort nicht. Dies gilt auch für die Vorgesellschaft (Urt. v. 18.7.1990 – I R 98/87, *BFHE* 162, 107 unter a.aa)), da insoweit die Fiktion des § 2 Abs. 2 Satz 1 GewStG noch nicht greift (Urt. v. 8.4.1960 – III 129/57 U, *BFHE* 71, 190).

Rechtsform des geplanten Gewerbebetriebs	Zeitpunkt, in dem BA anfällt	Zivilrechtliche Rechtsform zu diesem Zeitpunkt	Steuerliche Behandlung dieser zivilrechtlichen Rechtsform	Identität des vorläufigen mit dem späteren Gewinnermittlungssubjekt	Berücksichtigung der BA bei späterem Gewinnermittlungssubjekt
Personenhandelsgesellschaft	Vorbereitungsstadium vor Aufnahme der werbenden Tätigkeit	Personenhandelsgesellschaft	Behandlung als gewerbliche Mitunternehmerschaft, wenn Mitunternehmerinitiative und -risiko vorliegen	Ja	Ja
Kapitalgesellschaft	Vor Abschluss des Gesellschaftsvertrags	Vorgründungsgesellschaft	Behandlung als gewerbliche Mitunternehmerschaft	Nein[556]	Nein, sondern beim Mitunternehmer
	Nach Abschluss des Gesellschaftsvertrags, aber vor Eintragung	Vorgesellschaft	Behandlung als Kapitalgesellschaft, soweit diese nicht Eintragung voraussetzt[557] und Eintragung später erfolgt[558]	Steuerliche Identität[559]	Ja

---

[556] *BFH*, Urt. v. 8.11.1989 – I R 174/86, *BFHE* 158, 540 unter II.3.b).

[557] *BGH*, Urt. v. 24.10.1968 – II ZR 216/66, *BGHZ* 51, 30 unter I.1; Urt. v. 12.7.1956 – II ZR 218/54, *BGHZ* 21, 242 unter 2.

[558] *BFH*, Urt. v. 18.3.2010 – IV R 88/06, *BFHE* 228, 519 unter II.1.a).

[559] *BFH*, Urt. v. 14.10.1992 – I R 17/92, *BFHE* 169, 343; *RFH*, Urt. v. 16.1.1923 – I A 236/22, *RFHE* 11, 249; *Rengers*, in: Blümich, EStG/KStG/GewStG, § 1 KStG Rn. 181 m. w. N.

In allen Konstellationen werden die angefallenen Aufwendungen bei hinreichen erkennbarer betrieblicher Veranlassung als vorweggenommene Betriebsausgaben bereits einer betrieblichen Sphäre zugeordnet und damit auch steuerlich berücksichtigt. Sie unterscheiden sich aber dahingehend, bei welchem Gewinnermittlungssubjekt die steuerliche Berücksichtigung erfolgt: Wie die Aufstellung verdeutlicht, werden die vorweggenommenen Betriebsausgaben nur dann bei dem späteren Gewinnermittlungssubjekt berücksichtigt, wenn dieses (oder zumindest dessen Rechtsvorgänger) in dem Zeitpunkt, in dem die vorweggenommenen Betriebsausgaben anfallen, bereits existiert.

Überträgt man diese Erkenntnis im Wege des Fremdvergleichs auf die Betriebsstättengewinnabgrenzung, so setzt die veranlassungsbasierte Zurechnung zu der Betriebsstätte als steuerliches Gewinnermittlungssubjekt im Rahmen der Gewinnabgrenzung voraus, dass dieses als steuerliches Gewinnermittlungssubjekt auch bereits existiert. Im Ergebnis ist damit der von *Wassermeyer* vertretenen Auffassung zuzustimmen. Die vor der Gründung der Betriebsstätte anfallenden Betriebsausgaben sind dem die Betriebsstättengründung koordinierenden Unternehmensteil zuzuordnen. Denn obgleich der Veranlassungszusammenhang der Aufwendungen zu der „Gründungstätigkeit" als Teil der Unternehmensführung durch das Stammhaus im Vergleich zu der Betriebsstättentätigkeit, würde sie zeitgleich ausgeübt werden, lediglich mittelbar und mithin nachrangig wäre, setzt sich der mittelbare Zusammenhang durch, soweit und solange das Zurechnungssubjekt, die Betriebsstätte noch nicht existiert.

Davon zu unterscheiden ist die Frage, ob sie im Zeitpunkt der Gründung an die Betriebsstätte weiterbelastet werden können. Die Antwort auf diese Frage hängt von der Reichweite des in Art. 7 Abs. 2 OECD-MA 2008 verankerten Fremdvergleichsgrundsatzes und, soweit erforderlich, dessen innerstaatlichen Umsetzung ab. Dabei ist mit *Wassermeyer*[560] zwischen aktivierungspflichtigen und sofort abziehbaren Betriebsausgaben zu unterscheiden.

Bei aktivierungspflichtigen Betriebsausgaben, beispielsweise den Anschaffungskosten für ein in der Betriebsstätte zu nutzendes Wirtschaftsgut, werden die (nach gegebenenfalls zwischenzeitlich vorgenommenen Abschreibungen verbleibenden) Betriebsausgaben in dem Buchwert des jeweiligen Wirtschaftsguts berücksichtigt, wenn dieses nach der Betriebsstättengründung an diese überführt wird. Das Stammhaus bleibt damit nur mit dem Aufwand in Höhe der gegebenenfalls bis zur Überführung des Wirtschaftsguts angefallenen Abschreibungen für Abnutzungen belastet.[561] Der übrige Teil der Betriebsausgaben in

---

[560] *Wassermeyer*, in: Wassermeyer, DBA, Art. 7 MA (2000) Rn. 295 f.

[561] *Wassermeyer*, in: Wassermeyer, DBA, Art. 7 MA (2000) Rn. 295.

Gestalt von Abschreibungen wird in den folgenden Veranlagungszeiträumen bei der Gewinnermittlung der Betriebsstätte berücksichtigt.[562]

Die Weiterbelastung der sofort abziehbaren Betriebsausgaben dürfte indes vor der Einführung des Art. 7 OECD-MA 2010 bzw. des § 1 Abs. 5 AStG weder vom Abkommensrecht noch vom innerstaatlichen Recht abgedeckt gewesen sein. Denn eine solche Weiterbelastung wäre allenfalls als fiktive Dienstleistung denkbar gewesen und die Berücksichtigung derartiger Innentransaktionen war vor der Einführung des AOA von der Betriebsstättengewinnabgrenzung ausgenommen.[563] Auch die teilweise in der Literatur vertretene Überlegung diese Betriebsausgaben derart mit späteren Einnahmen der Betriebsstätte zu verrechnen, dass diese bis zur Obergrenze der Aufwendungen dem Stammhaus zugerechnet werden,[564] überzeugt nicht. Denn diese Vorgehensweise legt ein ertrags- bzw. aufwandsbezogenes, nicht aber ein tätigkeitsbezogenes Verständnis des Veranlassungsprinzips zugrunde. Die späteren Einnahmen der Betriebsstätte sind aber gerade durch die in der Betriebsstätte ausgeübte Tätigkeit veranlasst und können daher auch nicht mit den vorweggenommenen Betriebsausgaben nachträglich „verrechnet" werden.

Scheitert die Betriebsstättengründung, so führt die hier vertretene, von der Rechtsprechung[565] abweichende Auffassung dazu, dass die „vorweggenommenen" Betriebsstätten vollumfänglich und endgültig ausschließlich bei dem Stammhaus berücksichtigt werden.

9.3.13 Nachträgliche Betriebseinnahmen

Der Unterschied zwischen der veranlassungsbasierten Zuordnung von nachträglichen Betriebseinnahmen einerseits und vorweggenommenen Betriebsausgaben andererseits liegt darin, dass die Existenz des maßgeblichen Zuordnungssubjekts (wenngleich nur für die Vergangenheit) bei nachträglichen Betriebseinnahmen im Zeitpunkt ihres Anfalls bekannt ist. Es herrscht Klarheit hinsichtlich der

---

[562] Ob sich die Bemessungsgrundlage für die Abschreibungen angesichts der Überführung des Wirtschaftsguts infolge der Aufgabe der finalen Entnahmetheorie (vgl. *BFH*, Urt. v. 17.7.2008 – I R 77/06, *BFHE* 222, 402) nach dem Buchwert oder infolge der Einführung des § 4 Abs. 1 Satz 4 EStG i. d. F. des JStG 2010 (BGBl. I 2010, 1768) nach dem höheren Teilwert bemisst, ist dabei für die steuerliche Behandlung der „vorweggenommenen" Betriebsausgaben unerheblich. Denn diese wären in jedem Fall noch in dem höheren Teilwert (abzüglich der bereits beim Stammhaus vorgenommenen Abschreibungen) enthalten.

[563] *Wassermeyer*, in: Wassermeyer, DBA, Art. 7 MA (2000) Rn. 296.

[564] *Wassermeyer*, in: Wassermeyer, DBA, Art. 7 MA (2000) Rn. 296.

[565] *BFH*, Urt. v. 26.2.2014 – I R 56/12, *BFHE* 245, 143.

Betriebsstätte und des Umfangs ihrer Tätigkeit als Referenzrahmen der veranlassungsbasierten Zuordnung.

Über die Tatsache, dass das Zuordnungssubjekt im Zeitpunkt der Einnahmen nicht mehr existiert, hilft die innerstaatliche Zuordnungsregelung des § 24 Nr. 2 EStG[566] hinweg. Sie gilt auch im Rahmen der Betriebsstättengewinnermittlung für Zwecke des § 49 Abs. 1 Nr. 2 lit. a EStG (Inbound-Konstellation) oder § 34d Nr. 2 lit. a EStG (Outbound-Konstellation),[567] so dass die fehlende Existenz der Betriebsstätte als steuerliches Zuordnungssubjekt im Zeitpunkt der Einnahmen hier unschädlich sein dürfte. Der Ansicht, die unter Verweis auf den unterschiedlichen Wortlaut von § 49 Abs. 1 Nr. 3 EStG und § 34d Nr. 3 EStG eine abweichende Auffassung vertritt,[568] ist daher mit Blick auf § 24 Nr. 2 EStG eine Absage zu erteilen.

Bei der konkreten steuerlichen Behandlung nachträglicher Betriebseinnahmen im Rahmen der abkommensrechtlichen Betriebsstättengewinnabgrenzung ist zunächst zwischen Betriebseinnahmen in Zusammenhang mit früher der Betriebsstätte zugeordneten Wirtschaftsgütern einerseits und Betriebseinnahmen aus der früheren Betriebsstättentätigkeit andererseits zu differenzieren.

Dabei ist davon auszugehen, dass die ehemals der Betriebsstätte zugeordneten Wirtschaftsgüter, sofern sie nicht bei der Auflösung der Betriebsstätte veräußert oder liquidiert wurden,[569] in das Stammhaus (oder eine andere Betriebsstätte) des Unternehmens „überführt" wurden. Dies hat die folgenden Konsequenzen:

Die laufenden Einnahmen aus diesen Wirtschaftsgütern folgen der Zuordnung der Wirtschaftsgüter[570] und sind deshalb dem Stammhaus zuzuordnen. Anders verhält es sich hingegen bei Veräußerungsgewinnen. Vor Einführung des § 4 Abs. 1 Satz 4 bzw. Satz 7 EStG waren diese Veräußerungsgewinne nach der jüngeren Rechtsprechung des BFH im Realisationszeitpunkt entsprechend

---

[566] Bei Kapitalgesellschaften dürfte es auf die Regelung des § 24 Nr. 2 EStG nicht ankommen, da die nachträglichen Betriebseinnahmen mangels Vermögenslosigkeit der Kapitalgesellschaft zu einer Nachtragsliquidation und somit zum Fortbestand des Steuerpflichtigen führen dürften, vgl. *Micker*, in: H/H/R, EStG/KStG, § 11 KStG Rn. 18.

[567] Vgl. auch *Horn*, in: H/H/R, EStG/KStG, § 24 EStG Rn. 71 m. w. N.

[568] Vgl. *Wassermeyer*, IStR 2011, 361, 362; zweifelnd *Crezelius*, in: Drüen, JbFSt 2011/12, S. 433, 487.

[569] In diesem Fall wären die daraus resultierenden Veräußerungsgewinne gemäß Art. 13 Abs. 2 OECD-MA bereits dem Betriebsstättenstaat zugewiesen worden.

[570] Vgl. die Ausführungen zu *BFH*, Urt. v. 18.12.2002 – I R 92/01, *BFHE* 201, 447 oben unter 9.1.3.

den Veranlassungsbeiträgen zum Veräußerungsgewinn zwischen Stammhaus und Betriebsstätte aufzuteilen.[571]
Mit der Einführung des § 4 Abs. 1 Sätze 3 und 4 bzw. Satz 8 EStG dürfte sich die Beurteilung der Gewinnabgrenzung im Veräußerungsfall geändert haben. Hier führt die Überführung des Wirtschaftsguts von der Betriebsstätte in das Stammhaus zu einer Gewinnrealisierung im Rahmen der Betriebsstättenauflösung in Höhe der Differenz von Teilwert und Buchwert (Inbound-Konstellation) bzw. zu einer Verstrickung des Wirtschaftsguts im Inland zum Teilwert (Outbound-Konstellation). Dies hat zur Konsequenz, dass der Gewinn aus der Veräußerung des Wirtschaftsguts in Höhe der Differenz von Veräußerungspreis und Teilwert im Überführungszeitpunkt auch nur noch dem Stammhaus zugewiesen wird.

Stehen die nachträglichen Betriebseinnahmen in Zusammenhang mit der ehemaligen Betriebsstättentätigkeit, so ist abermals zu differenzieren. Wird auf eine ehemals der Betriebsstätte zugeordnete Forderung geleistet, so handelt es sich um einen Realisationsvorgang aus einem Wirtschaftsgut und es finden die obigen Ausführungen zu der Zuordnung von Veräußerungsgewinnen entsprechende Anwendung. Im Fall einer Teilwertabschreibung dürfte bei der veranlassungsbasierten Zuordnung für die Zuordnungsentscheidung darauf abzustellen sein, in wessen Risikosphäre es zu der Teilwertabschreibung gekommen ist. Bei sämtlichen sonstigen, d. h. nicht wirtschaftsgutbezogenen nachträglichen Betriebseinnahmen aus der ehemaligen Betriebsstättentätigkeit verbleibt es bei der veranlassungsbasierten Zuordnung zu der Betriebsstätte.

9.3.14 Änderungen durch § 50d Abs. 10 EStG

Wie bereits erwähnt, ist die abkommensrechtliche Behandlung von Sondervergütungen durch den BFH bei der Finanzverwaltung nicht auf Zustimmung gestoßen. Der Gesetzgeber reagierte darauf mit der Einführung der Regelung des § 50d Abs. 10 EStG. Dieses Gesetz war bereits in der Fassung des Jahressteuergesetzes 2009 als rechtsprechungsüberschreibendes Gesetz intendiert. Mit den Anpassungen durch das Amtshilferichtlinienumsetzungsgesetz dürfte der Gesetzgeber

---

[571]*BFH*, Urt. v. 17.7.2008 – I R 77/06, *BFHE* 222, 402, vgl. oben 9.1.5.

dieses Ziel erreicht haben.[572] Es sollen daher im Folgenden kurz die Änderungen dargestellt werden, die sich aus dieser unilateralen Qualifikations- und Zurechnungsregelung ergeben.

Nach den beiden Grundregelungen der Norm gelten Sondervergütungen auch abkommensrechtlich für den Fall, dass das einschlägige Doppelbesteuerungsabkommen keine ausdrückliche Regelung für Sondervergütungen enthält, ausschließlich als Unternehmensgewinne (Qualifikationsfiktion, S. 1) und sind der (abkommensrechtlichen) Betriebsstätte zuzuordnen, der der Aufwand für die der Vergütung zugrunde liegenden Leistung zuzuordnen ist (Zuordnungsfiktion, S. 3 Hs. 1).

Gemäß Satz 2 der Vorschrift ist die Qualifikationsfiktion auch entsprechend auf die durch das Sonderbetriebsvermögen veranlassten Erträge und Aufwendungen anzuwenden. Die Regelung erfasst damit nur bestimmte Sonderbetriebseinnahmen und -ausgaben, da dem Wortlaut der Regelung entsprechend eine Veranlassung der Erträge oder Aufwendungen *durch* das Sonderbetriebsvermögen erforderlich ist.[573] Anderweitige nicht mit dem Sonderbetriebsvermögen zusammenhängende Erträge oder Aufwendungen werden hingegen nicht erfasst. Die in den Anwendungsbereich des Satz 2 fallenden Erträge und Aufwendungen umfassen wegen der Bezugnahme auf Satz 1 jedenfalls die Sonderbetriebseinnahmen und -ausgaben in Zusammenhang mit dem entgeltlich überlassenen Sonderbetriebsvermögen I.[574]

Die Sonderbetriebseinnahmen und -ausgaben im Sinne des Satzes 2 sind dann gemäß Satz 3 Halbsatz 2 der Betriebsstätte zuzuordnen, der die Vergütung zuzuordnen ist. Spätestens hier wird deutlich, dass die Regelung der Sätze 2 und 3 Halbsatz 2 nur durch entgeltlich überlassenes Sonderbetriebsvermögen I

---

[572] A. A. wohl *Dorn*, BB 2013, 3038, 3039, die angesichts des Spezialitätenvorrangs bezweifelt, dass die gewünschte Zuweisung des Besteuerungsrechts an den Betriebsstättenstaat allein durch die Zuordnung der Sondervergütungen erreicht werden kann. Dabei übersieht sie, dass man wegen der Qualifikationsfiktion des § 50d Abs. 10 Satz 1 EStG („ausschließlich als Teil des Unternehmensgewinns") gar nicht mehr in den Anwendungsbereich der spezielleren Verteilungsartikel gelangt.

[573] *Cloer/Hagemann*, in: Bordewin/Brandt, EStG, § 50d Rn. 374.

[574] *Frotscher*, in: Frotscher/Geurts, EStG, § 50d Rn. 289. Ein weitergehender Ausschluss lässt sich dem Wortlaut des Satzes 2 allein noch nicht entnehmen, vgl. *Gebhardt*, IStR 2015, 808, 809.

veranlasste Erträge und Aufwendungen erfasst.[575] Denn nur wenn eine Sonder-vergütung geleistet wurde, kann an diese für Zwecke der Zuordnung angeknüpft werden.

Dies hat also zur Konsequenz, dass Erträge und Aufwendungen, die durch die unentgeltliche[576] Überlassung von Sonderbetriebsvermögen I oder durch Sonderbetriebsvermögen II[577] veranlasst wurden, weder umqualifiziert noch der Betriebsstätte nach § 50d Abs. 10 Sätze 2 und 3 Halbsatz 2 EStG zugeordnet werden. Ferner genügt für die Zuordnung der Erträge und Aufwendungen nicht die Existenz irgendeiner Sondervergütung. Vielmehr wird man einen (nicht notwen-digerweise unmittelbaren[578]) wirtschaftlichen Zusammenhang zwischen dem die Erträge oder Aufwendungen generierenden Wirtschaftsgut des Sonderbetriebsver-mögens I und der Sondervergütung, an die angeknüpft werden soll, verlangen müssen.[579] Eine weitere, rein wortlautbasierte Auslegung des Satzes 3 Hs. 2 würde andernfalls faktisch zu einer „Attraktivkraft der Betriebsstätte"[580] führen.

---

[575] *Frotscher*, in: Frotscher/Geurts, EStG, § 50d Rn. 191, 265a; *Cloer/Hagemann*, in: Bordewin/Brandt, EStG, § 50d Rn. 370; *Rogall/Schwan*, DStR 2015, 2633, 2640; *Kah-lenberg/Hagemann*, BB 2014, 215, 218; *Kudert/Kahlenberg*, IStR 2013, 801, 804; *Kahlen-berg/Melkonyan*, ISR 2013, 340, 346; a. A. *Gosch*, in: Kirchhof, EStG, § 50d Rn. 45b.

[576] *Zuber/Ditsch*, in: L/B/P, EStG, § 50d Rn. 191; *Hruschka*, IStR 2016, 437, 443; *Hruschka*, IStR 2013, 830, 832.

[577] So auch *Frotscher*, in: Frotscher/Geurts, EStG, § 50d Rn. 292a ff.; *Cloer/Hagemann*, in: Bordewin/Brandt, EStG, § 50d Rn. 377; *Zuber/Ditsch*, in: L/B/P, EStG, § 50d Rn. 191; *Rogall/Schwan*, DStR 2015, 2633, 2639; *Gebhardt*, IStR 2015, 808, 810; *Schulz-Trieglaff*, IStR 2015, 155, 157; *Hruschka*, IStR 2013, 830, 833; a. A. *Gosch*, in: Kirchhof, EStG, § 50d Rn. 45b, der aber unter Verweis auf *BFH*, Urt. v. 21.1.2016 – I R 49/14, *BFHE* 253, 115 davon ausgeht, dass die abkommensrechtliche Zuordnung häufig zu dem gleichen Ergebnis kommt, so dass es nicht mehr auf eine Abkommensüberschreibung nach § 50d Abs. 10 EStG ankommt; ebenfalls die Erfassung von Erträgen und Aufwendungen aus SBV II bejahend *Cloer/Keilhoff/Leich*, PIStB 2014, 199, 204; *Hagemann/Kahlenberg/Kudert*, Ubg 2014, 80, 83 f.; *Rosenberg/Placke*, DB 2014, 2434, 2435. Die Frage offen lassend *BFH*, Urt. v. 12.6.2013 – I R 47/12, *BFHE* 242, 107 unter B.II.3.b).

[578] *Frotscher*, in: Frotscher/Geurts, EStG, § 50d Rn. 292, der die Umqualifikation und Zuordnung von anteiligen Gemeinkosten zulassen will.

[579] *Zuber/Ditsch*, in: L/B/P, EStG, § 50d Rn. 191; *Rogall/Schwan*, DStR 2015, 2633, 2637; *Gebhardt*, IStR 2015, 808, 809; *Kollruss*, FR 2015, 351, 356; *Rosenberg/Placke*, DB 2014, 2434, 2436; *Dorn*, BB 2013, 3038, 3040; wohl auch *Pohl*, DB 2013, 1572, 1575.

[580] *Frotscher*, in: Frotscher/Geurts, EStG, § 50d Rn. 292a; *Gebhardt*, IStR 2015, 808, 809 f.

Dabei stellt sich die Frage, ob für die Veranlassung im Sinne des Satzes 2 bereits eine Mitveranlassung ausreichend ist.[581] Dies ist insbesondere dann relevant, wenn ein Wirtschaftsgut nicht ausschließlich der Personengesellschaft zur Nutzung überlassen wurde. Einer anteiligen Berücksichtigung der Erträge oder Aufwendungen steht dabei entgegen, dass jedenfalls bewegliche Wirtschaftsgüter nach herrschender Meinung einheitlich und nicht anteilig zugeordnet werden können.[582] Angesichts der begrifflichen Bezugnahme auf den Veranlassungsbegriff erscheint es hier abweichend von dem grundsätzlichen Vorrang des Sonderbetriebs[583] geboten, die Frage danach zu entscheiden, ob das Wirtschaftsgut vorrangig (im Sinne des Veranlassungsprinzips[584]) dem Sonderbetriebsvermögen oder nicht doch einem anderen Vermögen zuzuordnen ist.[585]

Keine Aussage treffen die Sätze 2 und 3 Halbsatz 2 hingegen zur Zuordnung von Sonderbetriebsvermögen.[586] Dieses wird in Satz 2 zwar als Bezugspunkt für die Veranlassung vorausgesetzt, ist aber nicht selbst Gegenstand der Zuordnungsfiktion. Insoweit bleibt es bei den abkommensrechtlichen Grundsätzen für die Zuordnung von Sonderbetriebsvermögen.[587] Aus demselben Grund ist auch die Auffassung, dass § 50d Abs. 10 EStG auch eine Zurechnung der Veräußerungsgewinne aus dem Sonderbetriebsvermögen regele,[588] abzulehnen.[589] Denn auch wenn hierdurch die Besteuerungsrechte für die laufenden Gewinne (die Sondervergütungen) einerseits und die Veräußerungsgewinne andererseits

---

[581] Dies befürwortend *Schmidt*, DStR 2013, 1704, 1706 f.; *Zuber/Ditsch*, in: L/B/P, EStG, § 50d Rn. 189 f.; a. A. *Hruschka*, IStR 2013, 830, 833.

[582] *Schmidt*, DStR 2013, 1704, 1706 f.; a. A. *Wassermeyer*, IStR 2010, 461, 462. Ebenfalls eine anteilige Zuordnung befürwortend *Frotscher*, in: Frotscher/Geurts, EStG, § 50d Rn. 288.

[583] *BFH*, Urt. v. 24.3.1999 – I R 114/97, BFHE 188, 315 unter B.IV.1.c); Urt. v. 19.5.1993 – I R 60/92, BFHE 171, 293 unter II.A.1.a); Urt. v. 14.4.1988 – IV R 271/84, BFHE 153, 125 unter 1.c); Urt. v. 18.5.1983 – I R 5/82, BFHE 138, 548 unter I.2.b); Urt. v. 18.7.1979 – I R 199/75, BFHE 128, 516 unter II.2.b.aa).

[584] Vgl. auch die Ausführungen zu *BFH*, Urt. v. 28.2.2013 – IV R 4/11, BFH/NV 2013, 1081 oben unter 5.2.

[585] So auch *Zuber/Ditsch*, in: L/B/P, EStG, § 50d Rn. 190 unter Verweis auf *BFH*, Urt. v. 8.9.2010 – I R 74/09, BFHE 231, 84 unter III.2.c).

[586] *Frotscher*, in: Frotscher/Geurts, EStG, § 50d Rn. 287; *Cloer/Hagemann*, in: Bordewin/Brandt, EStG, § 50d Rn. 386; *Dorn*, BB 2013, 3038, 3040; a. A. *Hruschka*, IStR 2013, 830, 832.

[587] *Frotscher*, in: Frotscher/Geurts, EStG, § 50d Rn. 287; *Cloer/Hagemann*, in: Bordewin/Brandt, EStG, § 50d Rn. 386.

[588] *Frotscher*, in: Frotscher/Geurts, EStG, § 50d Rn. 291 f.; *Hruschka*, IStR 2016, 437, 443.

[589] *Gosch*, in: Kirchhof, EStG, § 50d Rn. 45a; *Rogall/Schwan*, DStR 2015, 2633, 2637; wohl auch *Kahlenberg/Hagemann*, BB 2014, 215, 218; *Haase/Steierberg*, IWB 2014, 4, 9.

auseinanderfallen können, kann die Norm keine Entscheidung über die Zuweisung von Veräußerungsgewinnen hinsichtlich Wirtschaftsgütern treffen, deren eigene Zuordnung sich abweichend nach den allgemeinen abkommensrechtlichen Bestimmungen richtet. Davon abgesehen hatte der Gesetzgeber hier angesichts der vom BFH in seiner Entscheidung vom 13. Februar 2008[590] angenommenen Zuordnung nach dem wirtschaftlichen Zusammenhang (§ 15 Abs. 1 Satz 1 Nr. 2 EStG) auch keinen Anlass. Nach Auffassung des BFH werden die Wirtschaftsgüter des Sonderbetriebsvermögens ob ihrer „wirtschaftlichen Zugehörigkeit" zum Unternehmen ja auch ohne Anwendung des § 50d Abs. 10 EStG der Personengesellschafts-Betriebsstätte zugeordnet.[591]

Angesichts der Tatsache, dass die Rechtsprechung zur Zuordnung der Sondervergütungen über die Betriebsstättenvorbehalte an die tatsächliche Zugehörigkeit der Stammrechte zur Betriebsstätte anknüpft, überrascht dieser Weg des Gesetzgebers, in § 50d Abs. 10 EStG statt der Zurechnung der Sondervergütung nicht die Zurechnung des Sonderbetriebsvermögens zu fingieren. Die sondervergütungsbasierte Vorgehensweise in § 50d Abs. 10 EStG unterstreicht damit erneut, dass die Anwendung der Norm Sondervergütungen voraussetzt.

Die Vorschrift des § 50d Abs. 10 ist ausweislich ihres Satzes 1, auf den auch Satz 2 Bezug nimmt, nur dann anwendbar, wenn das einschlägige Doppelbesteuerungsabkommen keine Sonderreglung für Sondervergütungen enthält. Dies gilt angesichts des eindeutigen Wortlauts auch dann, wenn diese abkommensrechtliche Sonderreglung hinter der Regelungswirkung des § 50d Abs. 10 EStG zurückbleibt.[592]

§ 50d Abs. 10 EStG gilt seinem Wortlaut nach sowohl für Inbound- als auch für Outbound-Sachverhalte. Angesichts des Verweises des § 50d Abs. 10 Satz 8 EStG auf § 50d Abs. 9 Satz 1 Nr. 1 EStG dürfte das Besteuerungsrecht für die Sondervergütungen im Outbound-Fall in der Regel wieder an Deutschland zurückfallen.[593] Etwaige Probleme, die sich in der Vergangenheit aus der Formulierung des § 50d Abs. 9 Satz 1 Nr. 1 EStG ergeben haben,[594] dürften jedenfalls seit der Änderung des § 50d Abs. 9 Satz 1 Nr. 1 EStG durch das Gesetz zur Umsetzung

---

[590]*BFH*, Urt. v. 13.2.2008 – I R 63/06, *BFHE* 220, 415.

[591]*BFH*, Urt. v. 13.2.2008 – I R 63/06, *BFHE* 220, 415 unter II.5.e.bb.aaa); vgl. auch Urt. v. 12.6.2013 – I R 47/12, *BFHE* 242, 107 unter B.II.3.b.aa.aaa). Die Frage deswegen offen lassend *Cloer/Hagemann*, in: Bordewin/Brandt, EStG, § 50d Rn. 375.

[592]*Frotscher*, in: Frotscher/Geurts, EStG, § 50d Rn. 195; *Cloer/Hagemann*, in: Bordewin/Brandt, EStG, § 50d Rn. 359, 372; a. A. wohl *Pohl*, DB 2013, 1572, 1573; kritisch auch *Brunsbach et al.*, ifst-Schrift Nr. 492, S. 81.

[593]*Günkel/Lieber*, Ubg 2009, 301, 305.

[594]Vgl. hierzu *BFH*, Urt. v. 21.1.2016 – I R 49/14, *BFHE* 253, 115 unter II.4.b.bb.aaa).

der Änderungen der EU-Amtshilferichtlinie[595] angesichts der nun atomisierenden Betrachtung[596] der Vergangenheit angehören.[597]

Für das Verhältnis der Regelung des § 50d Abs. 10 EStG zu der des § 1 Abs. 5 AStG wird zur Vermeidung von Wiederholungen auf das Kapitel zu § 1 Abs. 5 AStG verwiesen.[598]

---

[595]Gesetz zur Umsetzung der Änderungen der EU-Amtshilferichtlinie und von weiteren Maßnahmen gegen Gewinnverkürzungen und -verlagerungen v. 20.12.2016, BGBl I 2016, 3000.

[596]*Heerdt*, IWB 2017, 166; *Gebhardt*, IStR 2016, 1009; vgl. auch *BFH*, Urt. v. 20.5.2015 – I R 68/14, *BFHE* 250, 96 unter II.3.b) m. w. N.

[597]*Günkel/Lieber*, Ubg 2009, 301, 305; *Pohl*, DB 2013, 1572, 1577.

[598]Vgl. unten 15.2.5.2.

Betriebsstättengewinnabgrenzung aus Sicht der Finanzverwaltung

10

Die Finanzverwaltung vertrat längere Zeit in vielen Punkten eine von der Rechtsprechung abweichende Haltung zu verschiedenen Aspekten der Betriebsstättengewinnabgrenzung. Teilweise hat sie ihre Auffassung inzwischen der Rechtsprechung angepasst. In anderen Teilen hat sie durch rechtsprechungsüberschreibende Referentenentwürfe, die dann als Gesetz verabschiedet wurden, ihre eigene Auffassung mit Hilfe des Gesetzgebers gesetzlich durchgesetzt. Der Vollständigkeit halber soll im Folgenden ein kurzer Abriss der Haltung der Finanzverwaltung gegeben werden. Auf Aspekte der Entstrickungsbesteuerung wird dabei nicht eingegangen. Die Ausführungen hierzu befinden sich in Kapitel 12.[1]

10.1 Betriebsstätten-Verwaltungsgrundsätze

Die Betriebsstätten-Verwaltungsgrundsätze vom 24. Dezember 1999[2] (im Folgenden „Betriebsstättenerlass") waren der erste Anlauf der Finanzverwaltung zu einer allgemeinen Stellungnahme zu der steuerlichen Behandlung von Betriebsstätten.[3]

Hinsichtlich der Ergebniszurechnung zu einer Betriebsstätte unterscheidet das Schreiben grundsätzlich zwischen der Zuordnung des Vermögens und der Zuordnung der Einkünfte. Als allgemeine Regelung hält die Finanzverwaltung fest, dass die Aufteilung des Vermögens im Grundsatz der Aufteilung der Einkünfte folge.[4]

---

[1] Vgl. insbesondere den Exkurs in Abschnitt 12.2.
[2] BMF, Schreiben v. 24.12.1999, BStBl I 1999, 1076.
[3] *Kumpf/Roth*, DB 2000, 741.
[4] BMF, Schreiben v. 24.12.1999, BStBl I 1999, 1076, Tz. 2.1.

© Der/die Autor(en), exklusiv lizenziert durch Springer Fachmedien Wiesbaden GmbH, ein Teil von Springer Nature 2021
S. Glatz, *Abgrenzungsmaßstäbe im Abkommensrecht*, PwC-Studien zum Unternehmens- und Internationalen Steuerrecht 10,
https://doi.org/10.1007/978-3-658-34006-3_10

Als übergeordneten Aufteilungsgrundsatz nennt der Betriebsstättenerlass unter Verweis auf Art. 7 Abs. 2 OECD-MA den Fremdvergleichsgrundsatz.[5] Dabei greift die Finanzverwaltung für die Zuordnung von Wirtschaftsgütern auf das Prinzip der wirtschaftlichen Zugehörigkeit und für die Zuordnung der Betriebseinnahmen und Betriebsausgaben auf das Veranlassungsprinzip zurück.[6] Inhaltlich dürften diese beiden Maßstäbe übereinstimmen.[7] Dieser grundsätzlich veranlassungsbasierte Zuordnungsmaßstab deckt sich mit der Rechtsprechung des BFH zur Betriebsstättengewinnabgrenzung im Rahmen des Art. 7 OECD-MA.[8]

Bei der Zuordnung von Wirtschaftsgütern folgt die Finanzverwaltung der an Bilanzierungsgrundsätzen orientierten[9] einheitlichen Zuordnung eines Wirtschaftsguts entweder zum Stammhaus oder zu der Betriebsstätte.[10] Im Übrigen entsprechen die Zuordnungsregeln den Rechtsprechungsgrundsätzen zur innerstaatlichen Zuordnung von Wirtschaftsgütern: Die Finanzverwaltung übernimmt die Maßgeblichkeit der dienenden Funktion des Wirtschaftsguts für die Betriebsstätte[11] und unterstellt die Zuordnung von Wirtschaftsgütern mit Zusammenhang sowohl zum Stammhaus als auch zur Betriebsstätte der Zuordnungsentscheidung der Geschäftsleitung.[12] Eine Zuordnung des Wirtschaftsguts könne u. a. dann unterbleiben, wenn das betreffende Wirtschaftsgut der Betriebsstätte nur vorübergehend überlassen worden sei.[13] Dies sei insbesondere dann der Fall, wenn fremde Dritte die Überlassung aufgrund eines Miet- oder Pachtvertrages geregelt hätten. Die durch die Wirtschaftsgüter veranlassten Aufwendungen und Erträge seien (ungeachtet der Zuordnung des Wirtschaftsguts) gemäß der tatsächlichen Nutzung zwischen dem Stammhaus und der Betriebsstätte aufzuteilen. Die

---

[5] BMF, Schreiben v. 24.12.1999, BStBl I 1999, 1076, Tz. 2.2.

[6] BMF, Schreiben v. 24.12.1999, BStBl I 1999, 1076, Tz. 2.2.

[7] *Kumpf/Roth*, DB 2000, 741, 744.

[8] Vgl. oben 9.1.

[9] Vgl. zum Wirtschaftsgut als Bewertungs- und Bilanzierungseinheit *Wied*, in: Blümich, EStG/KStG/GewStG, § 4 EStG Rn. 344.

[10] BMF, Schreiben v. 24.12.1999, BStBl I 1999, 1076, Tz. 2.4.

[11] BMF, Schreiben v. 24.12.1999, BStBl I 1999, 1076, Tz. 2.4 unter Verweis auf *BFH*, Urt. v. 29.7.1992 – II R 39/89, *BFHE* 168, 431.

[12] BMF, Schreiben v. 24.12.1999, BStBl I 1999, 1076, Tz. 2.4 unter Verweis auf *BFH*, Urt. v. 1.4.1987 – II R 186/80, *BFHE* 150, 65.

[13] BMF, Schreiben v. 24.12.1999, BStBl I 1999, 1076, Tz. 2.4.

Übertragung dieses Grundsatzes auch auf Veräußerungsgewinne[14] entspricht einer veranlassungsbasierten Verteilung des Veräußerungsgewinns.[15]

Abweichend von dieser grundsätzlich veranlassungsbasierten Zuordnung der Wirtschaftsgüter postuliert der Betriebsstättenerlass für die dem Gesamtunternehmen dienenden Finanzmittel und die Kapitalgesellschaftsbeteiligungen, die nicht einer in der Betriebsstätte ausgeübten Tätigkeit dienen, eine „Zentralfunktion des Stammhauses", nach der die genannten Wirtschaftsgüter stets dem Stammhaus zuzuweisen seien.

Die Zuordnung des Aufwands habe, soweit keine direkte Zurechnung möglich sei, anteilig zu erfolgen. Dies gelte insbesondere auch für Geschäftsführungsaufwendungen und Gemeinkosten[16] und entspreche dem von der Rechtsprechung für die Gewinnaufteilung angeordneten Vorrang der direkten vor der indirekten Methode.[17] Der Betriebsstättenerlass übernimmt die Rechtsprechung des BFH und stellt für die Zurechnung von Aufwand maßgeblich auf die unmittelbare oder mittelbare Veranlassung des Aufwands ab ungeachtet dessen, ob dieser im Inland oder im Ausland angefallen ist.[18] Dies umfasse auch den Gründungsaufwand sowie vorweggenommene laufende Betriebsausgaben, die im Hinblick auf eine Betriebsstätte angefallen seien, und gelte auch dann, wenn die Betriebsstättengründung scheitere.[19] Nach Auflösung der Betriebsstätte entstandener und durch die Betriebsstätte veranlasster Aufwand sei bis zum Stichtag der Liquidationsbilanz bei der Betriebsstätte zu erfassen.[20]

In Übereinstimmung mit der Rechtsprechung schließt die Finanzverwaltung eine Berücksichtigung von Innentransaktionen unter Verweis auf die rechtliche

---

[14] BMF, Schreiben v. 24.12.1999, BStBl I 1999, 1076, Tz. 2.4.

[15] Da diese veranlassungsbasierte Aufteilung des Veräußerungsgewinns nicht mit dem Konzept eines allgemeinen Entstrickungstatbestands vereinbar war, überrascht es nicht, dass die betreffenden Passagen in der Überarbeitung des Betriebsstättenerlasses durch das Schreiben vom 25.8.2009 anlässlich der Einfügung des § 4 Abs. 1 Satz 3 EStG gestrichen wurden.

[16] BMF, Schreiben v. 24.12.1999, BStBl I 1999, 1076, Tz. 3.4.1.

[17] BMF, Schreiben v. 24.12.1999, BStBl I 1999, 1076, Tz. 2.3 unter Verweis auf *BFH*, Urt. v. 28.7.1994 – IV R 80/92, *BFH/NV* 1995, 288; Urt. v. 25.6.1986 – II R 213/83, *BFHE* 147, 264; Urt. v. 29.7.1992 – II R 39/89, *BFHE* 168, 431. Zu den verschiedenen Gewinnaufteilungsmethoden vgl. auch 4.2.

[18] BMF, Schreiben v. 24.12.1999, BStBl I 1999, 1076, Tz. 2.7 unter Verweis auf *BFH*, Urt. v. 20.7.1988 – I R 49/84, *BFHE* 154, 465.

[19] BMF, Schreiben v. 24.12.1999, BStBl I 1999, 1076, Tz. 2.9.1 unter Verweis auf *BFH*, Urt. v. 28.4.1983 – IV R 122/79, *BFHE* 138, 366.

[20] BMF, Schreiben v. 24.12.1999, BStBl I 1999, 1076, Tz. 2.9.2.

Einheit von Stammhaus und Betriebsstätte aus.[21] Insbesondere der Ansatz fiktiver Zinsen bei der Nutzung von Eigenmitteln des Unternehmens wird nicht gestattet.[22] Eine Ausnahme von diesem Grundsatz bestehe lediglich in den Fällen, in denen die Leistungen Gegenstand der ordentlichen Geschäftstätigkeit der leistenden Unternehmenseinheit seien. Dienstleistungen könnten dementsprechend auch im Innenverhältnis zum Fremdvergleichspreis angesetzt werden, wenn sie zur Haupttätigkeit des leistenden Unternehmensteils gehörten.[23]

Die Sonderaspekte, die sich aus Personengesellschafts-Betriebsstätten ergeben, werden dabei nur am Rande gestreift. So wird der Zuordnung von Sondervergütungen lediglich eine Textziffer gewidmet. Gemäß Tz. 1.2.3 werden die Sondervergütungen auch dann als Unternehmensgewinne im Sinne des Art. 7 OECD-MA behandelt, wenn das anwendbare Doppelbesteuerungsabkommen keine Sonderreglung für Sondervergütungen enthält. Die von dem BFH vorgenommen Einordnung der Sondervergütungen unter die spezielleren Verteilungsartikel lehnt die Finanzverwaltung damit ab.

Die Zuordnung zu den Unternehmensgewinnen führt im Outbound-Fall dazu, dass Deutschland die Sondervergütungen grundsätzlich freistellt. Die Finanzverwaltung knüpft die Freistellung jedoch an die Bedingung, dass der Betriebsstättenstaat die Sondervergütungen nicht abweichend vom deutschen Steuerrecht qualifiziert und nicht dementsprechend einer – sei es auch nur reduzierten – (Quellen-)Besteuerung unterworfen hat.[24] Infolgedessen gelangt er somit in den meisten Outbound-Konstellationen, wenngleich mit abweichender Begründung, zu dem gleichen Ergebnis wie der BFH.[25]

Hinsichtlich der in den Art. 10 bis 12 und 21 OECD-MA enthaltenen Betriebsstättenvorbehalte reiteriert das Schreiben lediglich, dass die Rückverweisung auf Art. 7 OECD-MA eine tatsächliche Zugehörigkeit der den jeweiligen Einkünften zugrunde liegenden Vermögenswerte zur Betriebsstätte voraussetze, und verweist auf vereinzelte Entscheidungen des BFH zu den Betriebsstättenvorbehalten.[26] Die

---

[21] BMF, Schreiben v. 24.12.1999, BStBl I 1999, 1076, Tz. 2.2 unter Verweis auf *BFH*, Urt. v. 27.7.1965 – I 110/63 S, *BFHE* 84, 69; Urt. v. 20.7.1988 – I R 49/84, *BFHE* 154, 465.

[22] BMF, Schreiben v. 24.12.1999, BStBl I 1999, 1076, Tz. 3.3 unter Verweis auf *BFH*, Urt. v. 27.7.1965 – I 110/63 S, *BFHE* 84, 69; beachte aber auch Tz. 4.1.4 bei Bankbetriebsstätten.

[23] BMF, Schreiben v. 24.12.1999, BStBl I 1999, 1076, Tz. 3.1.2.

[24] BMF, Schreiben v. 24.12.1999, BStBl I 1999, 1076, Tz. 1.2.3.

[25] Vgl. auch den Verweis in BMF, Schreiben v. 24.12.1999, BStBl I 1999, 1076, Tz. 1.2.3 auf *BFH*, Urt. v. 27.2.1991 – I R 15/89, *BFHE* 164, 38.

[26] *BFH*, Urt. v. 26.2.1992 – I R 85/91, *BFHE* 168, 52; Urt. v. 31.5.1995 – I R 74/93, *BFHE* 178, 74; Urt. v. 30.8.1995 – I R 112/94, *BFHE* 179, 48; Urt. v. 17.12.1997 – I R 34/97, *BFHE* 185, 216.

Platzierung dieses Verweises in der Textziffer zu den Sondervergütungen überrascht insoweit, als dass die Rechtsprechung des BFH, auf die verwiesen wird, gerade im Fall der Sondervergütungen eine tatsächliche Zugehörigkeit verneint und somit abweichend von der Auffassung der Finanzverwaltung noch nicht einmal über eine Rückverweisung zu einer Verteilung der Sondervergütungen nach Art. 7 OECD-MA gelangt.

Da dies die einzigen Ausführungen des Betriebsstättenerlasses zu den Betriebsstättenvorbehalten sind, ist dem Verweis jedoch zu entnehmen, dass die Finanzverwaltung der Rechtsprechung zur tatsächlichen Zugehörigkeit im Sinne eines funktionalen Zusammenhangs zur Betriebsstättentätigkeit grundsätzlich zustimmt.

Die Änderung des Betriebsstättenerlasses durch das BMF-Schreiben vom 25.09.2009 betraf vornehmlich die Regelungen zu der steuerlichen Behandlung der Überführung von Wirtschaftsgütern.[27] Die hier dargestellten Regelungen erfuhren lediglich geringfügige Anpassungen. So wurden die Ausführungen zu den Innentransaktionen um eine ausdrückliche Ausnahme für die Überführung von Wirtschaftsgütern unter Hinweis auf die zwischenzeitlich mit dem SEStEG[28] eingefügten Entstrickungsregelungen der § 4 Abs. 1 Satz 3 EStG und § 12 Abs. 1 KStG ergänzt[29] und die Ausführungen zu nachträglichem Aufwand (nach Auflösung der Betriebsstätte) einschließlich der Ausführungen zur Liquidationsbilanz gestrichen.[30]

10.2 BMF-Schreiben vom 16. April 2010

Mit dem BMF-Schreiben zur Anwendung der Doppelbesteuerungsabkommen auf Personengesellschaften vom 16. April 2010[31] widmete sich die Finanzverwaltung dann auch den zuvor eher „stiefmütterlich" behandelten Sonderaspekten bei der abkommensrechtlichen Gewinnabgrenzung im Zusammenhang mit Personengesellschafts-Betriebsstätten.

Dabei äußert sich das genannte BMF-Schreiben auch zu dem Begriff der Unternehmensgewinne im Sinne von Art. 7 OECD-MA. Dieser umfasse nach Auffassung der Finanzverwaltung neben den Gewinnen aus originär gewerblich

---

[27] Vgl. hierzu die Ausführungen im Exkurs unter 12.2.
[28] Gesetz über steuerliche Begleitmaßnahmen zur Einführung der Europäischen Gesellschaft und zur Änderung weiterer steuerlicher Vorschriften v. 7.12.2006, BGBl I 2006, 2782.
[29] BMF, Schreiben v. 25.8.2009, BStBl. I 2009, 888, Tz. 2.2.
[30] BMF, Schreiben v. 25.8.2009, BStBl. I 2009, 888, Tz. 2.9.2.
[31] BMF, Schreiben v. 16.4.2010, BStBl I 2010, 354.

tätigen Personengesellschaften auch die Gewinne von gewerblich geprägten oder gewerblich infizierten Personengesellschaften sowie die Sondervergütungen.[32] Auch etwaige abkommensrechtliche Sonderregelungen hätten keinen Einfluss auf den nach dem Recht des jeweiligen Anwenderstaats auszulegenden Unternehmensbegriff.[33] Hiervon zu unterschieden sei aber der Betriebsstättenbegriff. Für die Begründung einer abkommensrechtlichen Betriebsstätte genüge eine gewerbliche Prägung oder eine gewerbliche Infektion nicht; denn der Betriebsstättenbegriff setze gerade die Ausübung einer Unternehmenstätigkeit voraus.[34]

Gemäß § 50d Abs. 10 EStG schließe die Einstufung der Sondervergütungen als Unternehmensgewinne eine vorrangige Einordnung unter andere abkommensrechtliche Einkunftsarten aus.[35] Das BMF hat damit seine Ablehnung des aus der Rechtsprechung des BFH stammenden „Herauslösungsgedankens" mit Hilfe des Gesetzgebers gesetzlich absichern lassen. Die Aussage des BMF-Schreibens ist daher konsequent. Insoweit im Inbound-Fall der ausländische Ansässigkeitsstaat einzelne Einkünfte (insbesondere Sondervergütungen) anderen Abkommensbestimmungen zuordnet, liegt die Vermeidung der dann drohenden Doppelbesteuerung, wenn ein Verständigungsverfahren keine Abhilfe schaffen kann, nach Auffassung der Finanzverwaltung bei dem Ansässigkeitsstaat.[36] Dies entspricht der vom *OECD-Partnership Report* vorgeschlagenen Qualifikationsverkettung.[37] Umgekehrt hält auch dieses BMF-Schreiben an der bereits im Betriebsstättenerlass geäußerten Auffassung fest,[38] dass eine Freistellung der nach deutschem Verständnis der ausländischen Betriebsstätte zuzurechnenden Sondervergütungen in Outbound-Konstellationen dann ausscheidet, wenn der ausländische Betriebsstättenstaat von seinem Besteuerungsrecht keinen oder nur eingeschränkten Gebrauch macht und dies Folge eines Qualifikationskonflikts ist.[39] Bei einem derartigen positiven Qualifikationskonflikt sei in Übereinstimmung mit dem OECD-Musterkommentar und dem *OECD-Partnership Report*[40]

---

[32] BMF, Schreiben v. 16.4.2010, BStBl I 2010, 354, Tz. 2.2.1.

[33] BMF, Schreiben v. 16.4.2010, BStBl I 2010, 354, Tz. 2.2.1.

[34] BMF, Schreiben v. 16.4.2010, BStBl I 2010, 354, Tz. 2.2.3.

[35] BMF, Schreiben v. 16.4.2010, BStBl I 2010, 354, Tz. 5.1.

[36] BMF, Schreiben v. 16.4.2010, BStBl I 2010, 354, Tz. 3.1.

[37] *OECD,* Partnership Report 1999, Tz. 105 (zu Beispiel 13) und Tz. 123 (zu Beispiel 15).

[38] Vgl. ausdrücklichen Verweis in BMF, Schreiben v. 16.4.2010, BStBl I 2010, 354, Tz. 5.1 auf BMF, Schreiben v. 24.12.1999, BStBl I 1999, 1076, Tz. 1.2.3.

[39] BMF, Schreiben v. 16.4.2010, BStBl I 2010, 354, Tz. 4.1.1.2.5 und 4.1.3.1 c).

[40] BMF, Schreiben v. 16.4.2010, BStBl I 2010, 354, Tz. 5.1 unter Verweis auf *OECD,* Partnership Report 1999, Tz. 95–123, Beispiele 13 und 15.

nach Durchführung eines Verständigungsverfahrens der Qualifikation des Quellenstaats, hier also des Betriebsstättenstaats zu folgen.[41] Bei einem negativen Qualifikationskonflikt im Outbound-Fall sei hingegen § 50d Abs. 9 EStG anzuwenden.[42]

Die eigentliche Zuordnung der Sondervergütungen zum Betriebsstättengewinn leitet die Finanzverwaltung aus dem innerstaatlichen Erfordernis ab, die Sondervergütungen dem Ergebnis der Personengesellschafts-Betriebsstätte außerbilanziell wieder hinzuzurechnen.[43] Sie stellt damit nicht nur auf Qualifikations-, sondern auch auf Zuordnungsebene auf das innerstaatliche Recht ab.

Hinsichtlich der zuzuordnenden Wirtschaftsgüter beschränkt die Finanzverwaltung die Zuordnung auf die entgeltlich überlassenen Wirtschaftsgüter und das entgeltlich überlassene Kapital der Betriebsstätte. Sie begründet die Zuordnung damit, dass die überlassenen Wirtschaftsgüter und das überlassene Kapital zu dem Betriebsstättenergebnis beitragen,[44] führt aber nicht aus, warum die gleiche Argumentation nicht auch bei unentgeltlich übertragenen Wirtschaftsgütern greife.

Außerhalb der Sondervergütungen folgt die Finanzverwaltung auch weiterhin dem Verständnis der Rechtsprechung von der tatsächlichen Zugehörigkeit im Sinne eines funktionalen Zusammenhangs.[45] Sie misst der formalen Zuordnung der jeweiligen Wirtschaftsgüter zum Betriebsvermögen aber lediglich Indizfunktion bei; maßgeblich sei, ob das Wirtschaftsgut von der Betriebsstätte tatsächlich genutzt werde und ob es zum Betriebsstättenergebnis beigetragen habe.[46] In Übereinstimmung mit der Rechtsprechung komme es dabei nicht darauf an, ob der Betriebsstättenvorbehalt wörtlich auf die „tatsächliche Zugehörigkeit" abstelle. Ein anderslautender Wortlaut lasse nicht auf einen vom funktionalen Zusammenhang abweichenden Maßstab schließen.[47]

Anders als der BFH scheint die Finanzverwaltung aber davon auszugehen, dass die Zugehörigkeit von Wirtschaftsgütern zu dem Betriebsvermögen einer Betriebsstätte auch für Zwecke des Art. 13 Abs. 2 OECD-MA einen

---

[41] BMF, Schreiben v. 16.4.2010, BStBl I 2010, 354, Tz. 4.1.1.3.3.1 unter Verweis auf OECD-MK, Art. 23 Nr. 32.3 und 32.4.

[42] BMF, Schreiben v. 16.4.2010, BStBl I 2010, 354, Tz. 5.2.

[43] BMF, Schreiben v. 16.4.2010, BStBl I 2010, 354, Tz. 5.1.

[44] BMF, Schreiben v. 16.4.2010, BStBl I 2010, 354, Tz. 5.1.

[45] BMF, Schreiben v. 16.4.2010, BStBl I 2010, 354, Tz. 2.2.4.1 unter Verweis auf *BFH*, Urt. v. 30.8.1995 – I R 112/94, *BFHE* 179, 48; Urt. v. 13.2.2008 – I R 63/06, *BFHE* 220, 415.

[46] BMF, Schreiben v. 16.4.2010, BStBl I 2010, 354, Tz. 2.2.4.1.

[47] BMF, Schreiben v. 16.4.2010, BStBl I 2010, 354, Tz. 2.2.4.1.

funktionalen Zusammenhang voraussetzt. Denn der entsprechende Abschnitt zu
Art. 13 Abs. 2 OECD-MA verweist auf die Ausführungen zu den klassischen
Betriebsstättenvorbehalten.[48]

Verschiedene Änderungen des innerstaatlichen Steuerrechts durch das Amtshilferichtlinienumsetzungsgesetz[49] (Einführung des § 1 Abs. 5 AStG, Änderung
und Ergänzung des § 50d Abs. 10 EStG) haben dazu geführt, dass das Schreiben vom 16. April 2010 einer Überarbeitung bedurfte. Das BMF kam diesem
Erfordernis mit dem Schreiben vom 26. September 2014[50] nach.

Unter Bezugnahme auf die zwischenzeitlich ergangene Rechtsprechung zur
gewerblich geprägten Personengesellschaft nahm es eine deutliche Beschränkung
des abkommensrechtlichen Begriffs der Unternehmensgewinne vor: Demnach
seien fortan nur noch Einkünfte aus originär gewerblicher Tätigkeit im Sinne des
§ 15 Abs. 2 EStG oder aus freiberuflicher Tätigkeit im Sinne des § 18 Abs. 1 Nr. 1
EStG Unternehmensgewinne im Sinne des Art. 7 OECD-MA. Die Einkünfte von
einer gewerblich geprägten Personengesellschaft, von einer Besitzpersonengesell-
schaft im Rahmen einer Betriebsaufspaltung oder von einer gewerblich infizierten
Personengesellschaft seien ebenso wie die Einkünfte einer vermögensverwal-
tenden Personengesellschaft keine Unternehmensgewinne im Sinne des Art. 7
OECD-MA.[51]

Ob eine Tätigkeit *ihrer Art nach* unternehmerisch sei, bestimme sich ansonsten
nach dem innerstaatlichen Recht des Anwenderstaats.[52] Im deutschen Steuerrecht
richte sich diese Frage nach § 15 Abs. 2 EStG bzw. mit Blick auf den abgeschaff-
ten Art. 14 OECD-MA a. F. nach § 18 Abs. 1 Nr. 1 EStG. Stelle eine danach
bisher originär gewerblich tätige Personengesellschaft ihre Tätigkeit ein und sei
fortan nur noch vermögensverwaltend tätig, so führe dies nach Auffassung des
BMF regelmäßig zu einer Entstrickung, wenn der Gesellschafter in einem Staat
ansässig sei, mit dem Deutschland ein Doppelbesteuerungsabkommen unterhalte,
nach dem Deutschland die Unternehmensgewinne freizustellen habe.[53]

Für die Bestimmung des der Betriebsstätte zuzurechnenden Gewinns verweist
das BMF-Schreiben auf § 1 Abs. 5 AStG bzw. für die Geschäftsbeziehungen

---

[48] BMF, Schreiben v. 16.4.2010, BStBl I 2010, 354, Tz. 3.2 a. E.

[49] Gesetz zur Umsetzung der Amtshilferichtlinie sowie zur Änderung steuerlicher Vorschriften
v. 26.6.2013, BGBl I 2013, 1809.

[50] BMF, Schreiben v. 26.9.2014, BStBl I 2014, 1258.

[51] BMF, Schreiben v. 26.9.2014, BStBl I 2014, 1258, Tz. 2.2.1 unter Verweis auf *BFH*, Urt. v.
28.4.2010 – I R 81/09, *BFHE* 229, 252 für die gewerblich geprägten und Urt. v. 24.4.1997
– IV R 60/95, *BFHE* 183, 150 für die gewerblich infizierten Personengesellschaften.

[52] BMF, Schreiben v. 26.9.2014, BStBl I 2014, 1258, Tz. 2.2.1.

[53] BMF, Schreiben v. 26.9.2014, BStBl I 2014, 1258, Tz. 3.2.

zwischen einem Gesellschafter und seiner Personengesellschaft unter den Voraussetzungen des § 1 Abs. 2 AStG auf § 1 Abs. 1 AStG.[54] Auch für die Frage der tatsächlichen Zugehörigkeit eines Wirtschaftsguts zu der Betriebsstätte im Rahmen der klassischen Betriebsstättenvorbehalte sowie die Frage der Zuordnung zum Betriebsvermögen der Betriebsstätte im Rahmen des Art. 13 Abs. 2 OECD-MA greift das BMF nicht mehr allgemein auf den funktionalen Zusammenhang, sondern einheitlich auf die Regelung des § 1 Abs. 5 AStG zurück. Die Finanzverwaltung geht aber davon aus, dass die Vorschrift in ihren Grundzügen mit der Rechtsprechung zum funktionalen Zusammenhang übereinstimmt.[55]

Der einheitliche Verweis auf die Regelung des § 1 Abs. 5 AStG für die Zuordnungsfrage verdeutlicht zum einen, dass die Finanzverwaltung entgegen der Rechtsprechung weiterhin nicht zwischen der Zuordnung im Rahmen der klassischen Betriebsstättenvorbehalte und im Rahmen des Art. 13 Abs. 2 OECD-MA differenziert, sondern von einem einheitlichen Zuordnungsmaßstab ausgeht. Zum anderen unterstreicht die angeordnete Anwendung des § 1 Abs. 5 AStG auf Wirtschaftsgüter der Personengesellschaft, dass die Finanzverwaltung die Bereichsausnahme des § 1 Abs. 5 Satz 7 AStG auf den Sonderbereich beschränkt sieht.

Infolge der Ergänzungen des § 50d Abs. 10 EStG wurden die bisherigen Sonderregelungen für Sondervergütungen nun auch auf die durch das Sonderbetriebsvermögen veranlassten Erträge und Aufwendungen erweitert.[56] Entsprechend der Formulierung des § 50d Abs. 10 EStG will die Finanzverwaltung die Regelung des § 50d Abs. 10 EStG jedoch nicht auf unentgeltliche Überlassungen[57] oder die durch die überlassenen Wirtschaftsgüter oder das überlassene Kapital veranlassten Erträge oder Aufwendungen[58] erstrecken. Darüber hinaus sei die Anwendung des § 50d Abs. 10 EStG ausgeschlossen, soweit die Personengesellschaft keine Unternehmensgewinne erziele.[59] In diesen Fällen gelten die allgemeinen abkommensrechtlichen Bestimmungen.[60]

---

[54] BMF, Schreiben v. 26.9.2014, BStBl I 2014, 1258, Tz. 2.2.3.

[55] BMF, Schreiben v. 26.9.2014, BStBl I 2014, 1258, Tz. 2.2.4.1 unter Verweis auf *BFH*, Urt. v. 30.8.1995 – I R 112/94, *BFHE* 179, 48; Urt. v. 13.2.2008 – I R 63/06, *BFHE* 220, 415.

[56] BMF, Schreiben v. 26.9.2014, BStBl I 2014, 1258, Tz. 5.1.1.

[57] BMF, Schreiben v. 26.9.2014, BStBl I 2014, 1258, Tz. 5.1.1.

[58] BMF, Schreiben v. 26.9.2014, BStBl I 2014, 1258, Tz. 5.1.2 Abwandlung von Beispiel 2.

[59] BMF, Schreiben v. 26.9.2014, BStBl I 2014, 1258, Tz. 5.1.1.

[60] BMF, Schreiben v. 26.9.2014, BStBl I 2014, 1258, Tz. 2.2.1 und 5.1.1.

Für die Zuordnung der Vergütung im Rahmen des § 50d Abs. 10 Satz 3 EStG verweist das BMF-Schreiben auf die Zurechnung nach wirtschaftlichen Maßstäben im Sinne des § 15 Abs. 1 Satz 1 Nr. 2 EStG[61] und dokumentiert damit erneut die strenge Orientierung am innerstaatlichen Recht für die Behandlung des Sonderbereiches der Personengesellschaft.

Bemerkenswert ist schließlich, dass die Finanzverwaltung unter Verweis auf das Urteil vom 26. Februar 1992[62] davon ausgeht, der Wortlaut der abkommensrechtlichen Sonderregelungen für Sondervergütungen erfasse auch die durch das Sonderbetriebsvermögen veranlassten Erträge und Aufwendungen.[63] Eine derartige Aussage ist der zitierten Entscheidung aber gerade nicht zu entnehmen. Weil die Sonderregelung des im Streitfall maßgeblichen Art. 7 Abs. 7 Satz 2 DBA-Schweiz dem Wortlaut nach nur Sondervergütungen erfasste, war der „Umweg" über den spezielleren Verteilungsartikel erforderlich, der erst nach Bejahung der tatsächlichen Zugehörigkeit in den Artikel für Unternehmensgewinne zurückführte.[64]

10.3   Zusammenfassung

Bereits die kurze Passage des Betriebsstättenerlasses zu den Sondervergütungen verdeutlicht, dass die Finanzverwaltung bei der Auslegung des abkommensrechtlichen Begriffs der Unternehmensgewinne im Sinne des Art. 7 OECD-MA zu einem von der Spruchpraxis des BFH abweichenden Ergebnis gelangt. Unter der impliziten Annahme, dass sich aus dem Zusammenhang des Abkommens nichts anderes ergebe (vgl. Art. 3 Abs. 2 OECD-MA), bestimmt die Finanzverwaltung den Unternehmensbegriff zunächst strikt nach innerstaatlichem Recht, von dem insbesondere auch Sondervergütungen erfasst seien.

Auch nach späteren Einschränkungen hinsichtlich des abkommensrechtlichen Verständnisses von Unternehmensgewinnen[65] sieht die Finanzverwaltung Sondervergütungen entgegen der hier vertretenen Auffassung weiterhin vom Begriff der

---

[61] BMF, Schreiben v. 26.9.2014, BStBl I 2014, 1258, Tz. 5.1.2.

[62] BFH, Urt. v. 26.2.1992 – I R 85/91, BFHE 168, 52.

[63] BMF, Schreiben v. 26.9.2014, BStBl I 2014, 1258, Tz. 5.2.

[64] BFH, Urt. v. 26.2.1992 – I R 85/91, BFHE 168, 52 unter II.3.c), vgl. auch oben 9.2.2.2.

[65] BMF, Schreiben v. 26.9.2014, BStBl I 2014, 1258, Tz. 2.2.1.

Unternehmensgewinne des Art. 7 OECD-MA umfasst. Insoweit dürfte dies noch mit der Rechtsprechung des BFH übereinstimmen.[66] Anders als die Rechtsprechung begegnet die Finanzverwaltung dem Spezialitätenvorrang des Art. 7 Abs. 4 (Abs. 7 a. F.) OECD-MA jedoch mit Nichtbeachtung. Sie bezieht zu dessen Anwendungsbereich noch nicht einmal Stellung und umgeht somit die Frage der etwaigen „Herauslösung" der Sondervergütungen und infolge dessen auch die Frage der tatsächlichen Zugehörigkeit im Rahmen der Betriebsstättenvorbehalte.

Dieses gänzlich von der Rechtsprechung abweichende Verständnis der abkommensrechtlichen Unternehmensgewinne führte schließlich zu der Einfügung und späteren Ergänzung des § 50d Abs. 10 EStG als gesetzliche Verankerung der Verwaltungsauffassung. Die Erstreckung des Art. 7 OECD-MA auch auf die durch das Sonderbetriebsvermögen veranlassten Erträge und Aufwendungen ist letztlich Konsequenz dieses erweiterten Verständnisses von Unternehmensgewinnen.

Hinsichtlich der Betriebsstättengewinnabgrenzung bei Personengesellschaften außerhalb des Sonderbereichs schließt sich die Finanzverwaltung in den meisten Fragen der Rechtsprechung an. Dies betrifft insbesondere die veranlassungsbasierte Zuordnung von Wirtschaftsgütern[67] und von Aufwand sowie die steuerliche Nichtanerkennung von Innentransaktionen, die nicht die regelmäßige Geschäftstätigkeit der jeweiligen Unternehmenseinheit betreffen.

Auch den abkommensrechtlichen Maßstab der tatsächlichen Zugehörigkeit im Rahmen der Betriebsstättenvorbehalte interpretiert die Finanzverwaltung selbst dann im Sinne eines funktionalen Zusammenhangs, wenn der Wortlaut des jeweiligen Betriebsstättenvorbehalts von dem des OECD-Musterabkommen abweicht. Abweichend von der Rechtsprechung geht die Finanzverwaltung aber davon aus, dass dieser Maßstab auch im Rahmen des Art. 13 Abs. 2 OECD-MA gelte, und stipuliert damit einen einheitlichen Maßstab für die Zuordnung von Wirtschaftsgütern zu Betriebsstätten.

Wie dargestellt stellt die Finanzverwaltung seit 2014 für diese Zuordnung von Wirtschaftsgütern im Rahmen der Betriebsstättenvorbehalte (sowie im Rahmen des Art. 13 Abs. 2 OECD-MA) auf die innerstaatliche Regelung des § 1

---

[66] Anders als die Finanzverwaltung hat sich die Rechtsprechung nicht positiv zu dem Begriffsumfang der Unternehmensgewinne im Zusammenhang mit den Sondervergütungen geäußert. Der „Herauslösungsgedanke" im Kontext des Art. 7 Abs. 4 (Abs. 7 a. F.) OECD-MA deutet aber darauf hin, dass der BFH Sondervergütungen auf Tatbestandsebene von Art. 7 Abs. 1 OECD-MA erfasst sieht. Denn wären die Sondervergütungen schon tatbestandlich nicht erfasst, gäbe es nichts mehr herauszulösen.

[67] Eine Ausnahme hiervon bildet lediglich das Konzept der Zentralfunktion des Stammhauses, vgl. BMF, Schreiben v. 26.9.2014, BStBl I 2014, 1258, Tz. 2.4.

Abs. 5 AStG ab.[68] Sie geht davon aus, dass diese Vorschrift in ihren Grundzügen mit der Rechtsprechung zum funktionalen Zusammenhang übereinstimmt.[69] Diese Regelung soll den sog. „Authorized OECD Approach" (AOA), der 2010 in Art. 7 Abs. 2 OECD-MA aufgenommen wurde, umsetzen. Der AOA sowie seine innerstaatliche Umsetzung sind Gegenstand von Teil V.

---

[68] Ausweislich der Formulierung in Tz. 2.2.4.2 des BMF-Schreibens vom 26.9.2014 scheint die Finanzverwaltung davon auszugehen, dass dies (trotz § 1 Abs. 5 Satz 7 AStG, vgl. Tz. 2.2.3 des Schreibens) auch für die Zuordnung von Wirtschaftsgütern zu Personengesellschafts-Betriebsstätten gilt. Dies erklärt sich daraus, dass der Anwendungsbereich der Betriebsstättenvorbehalte nach Auffassung der Finanzverwaltung für Einkünfte aus dem Sonderbereich von Personengesellschaften gar nicht erst eröffnet ist. Nach dieser Auffassung spielen die Betriebsstättenvorbehalte nur außerhalb des Sonderbereichs der Personengesellschaft eine Rolle, wo die Bereichsausnahme des § 1 Abs. 5 Satz 7 AStG aber nicht greift. Vgl. hierzu auch Abschnitt 15.2.5.

[69] BMF-Schreiben vom 26.9.2014, Tz. 2.2.4.1 unter Verweis auf die Urteile *BFH*, Urt. v. 30.8.1995 – I R 112/94, *BFHE* 179, 48 und Urt. v. 13.2.2008 – I R 63/06, *BFHE* 220, 415.

Teil IV
Der Fremdvergleichsgrundsatz

Die Konkretisierung des abkommensrechtlichen *„dealing at arm's length"*-Prinzips durch das Veranlassungsprinzip

Wie in Kapitel 9 ausgeführt, folgt die bisherige Rechtsprechung zur abkommensrechtlichen Betriebsstättengewinnabgrenzung dem Konzept einer veranlassungsbasierten Gewinnabgrenzung. Nach der hier vertretenen Auffassung ist das Veranlassungsprinzip dabei auch im Rahmen der Betriebsstättenvorbehalte der maßgebliche Abgrenzungsmaßstab.

Anders als im Kontext der Rechtsprechung zur „tatsächlichen Zugehörigkeit", in dem der BFH die abkommensrechtlichen Besonderheiten dieser Formulierung zur Begründung des engeren Maßstabs bemüht, wird das im Rahmen des Art. 7 Abs. 1 und 2 OECD-MA für die Gewinnabgrenzung herangezogene Veranlassungsprinzip hingegen jedenfalls nicht ausdrücklich einer „Abkommensverträglichkeitsprüfung" unterzogen. In Anbetracht der Regelung des Art. 3 Abs. 2 OECD-MA wirft dies die Frage auf, ob das innerstaatliche Veranlassungsprinzip eine zulässige Konkretisierung des abkommensrechtlichen „*dealing at arm's length*"-Prinzips darstellt. Wie der Vorgehensweise des BFH zu entnehmen ist, scheint dieser die aufgeworfene Frage offenbar unproblematisch zu bejahen.

Gleichwohl soll diese Auslegung des „*dealing at arm's length*"-Prinzip in diesem Teil der Arbeit noch einmal systematisch hergeleitet werden. Dazu wird die Fragestellung in mehrere Teilaspekte zerlegt. Zunächst werden der abkommensrechtliche Fremdvergleichsbegriff (11.1) und das innerstaatliche Verständnis des Fremdvergleichsgrundsatzes und seine (verschiedenen) Ausprägungen (11.2) dargestellt und sodann in Verhältnis zueinander gesetzt (11.3 und 11.4). Nach einem kurzen Nachtrag zu der zwischenzeitlich ergangenen Rechtsprechungsänderung (11.5) sowie einem Exkurs zu den Grenzen des Fremdvergleichsgrundsatzes (11.6) wird dann dessen Verhältnis zum allgemeinen Veranlassungsprinzip analysiert (11.7).

11.1   Der Fremdvergleich im Abkommensrecht

Im Abkommensrecht wird der Fremdvergleich allgemein unter dem Begriff „*dealing at arm's length*"-Prinzip geführt. Eine abstrakte Definition des „*dealing at arm's length*"-Prinzip als „*terminus technicus*" halten dabei weder das innerstaatliche Recht noch das deutsche Abkommensrecht bereit.[1] Der Begriff entstammt der Fechtersprache, wo die Armeslänge Abstand der Fechter zueinander als Grundposition die Ausgangsbasis für einen fairen Kampf bilden soll.[2] Der Begriff ist damit Symbol für die natürlichen Interessengegensätze, die bei Rechtsgeschäften zwischen unabhängigen Dritten als in Ausgleich gebracht gelten. Er bildet den Gegenpol zu den gleichgerichteten Interessen von Nahestehenden.

Im Abkommensrecht geht es vornehmlich um die Abgrenzung der unterschiedlichen nationalen Besteuerungssphären zwecks Aufteilung des vorhandenen Steuersubstrats.[3] Dabei muss die Abgrenzung zwischen den beteiligten Staaten „fair" sein, d. h. die wirtschaftlichen Realitäten widerspiegeln, um anerkannt zu werden.[4] Zumeist wird dabei – wie auch im innerstaatlichen Steuerrecht – auf die rechtlichen Verhältnisse zurückgegriffen. Für die persönliche Zurechnung ist die (juristische) Person als Rechtssubjekt maßgeblich. Bei der sachlichen Zurechnung bilden die steuerlich relevanten (Rechts-)Beziehungen den Ausgangspunkt der Betrachtung.

Dahinter steht der Gedanke, dass Rechtsbeziehungen zwischen unabhängigen Dritten in der Regel das Ergebnis von Marktmechanismen (*„market forces"*) sind[5] und daher im Allgemeinen die im Abschlusszeitpunkt bestehende wirtschaftliche Realität wiedergeben. Wurden diese Rechtsbeziehungen hingegen von nahestehenden Personen eingegangen, kann diese Annahme versagen, da diese Rechtsbeziehungen nicht auf dem offenen Markt ausgehandelt wurden[6] und insbesondere aufgrund der besonderen Näheverhältnisse natürliche Interessengegensätze bei der Aushandlung fehlten. Stellen diese Rechtsbeziehungen aber den Anknüpfungspunkt für die Besteuerung dar, so droht in diesen Fällen eine Verzerrung der Abgrenzung der Besteuerungssphären und damit eine nicht den wirtschaftlichen Realitäten entsprechende Aufteilung des Steuersubstrats.

---

[1] *Wassermeyer,* in: Piltz/Schaumburg, Forum Int Besteuerung Bd. 20, S. 25, 26.

[2] Vgl. *Wassermeyer,* in: Piltz/Schaumburg, Forum Int Besteuerung Bd. 20, S. 25, 26; *Klein,* BB 1995, 225, 227.

[3] Vgl. auch *Eigelshoven,* in: Vogel/Lehner, DBA, Art. 9 Rn. 6.

[4] Vgl. *Luckhaupt/Overesch/Schreiber,* StuW 2012, 359, 362.

[5] Vgl. *OECD,* Transfer Pricing Guidelines 2010, Tz. 1.2.

[6] OECD Transfer Pricing Guidelines 2010, S. 31, Rn. A.1.2.

Abhilfe soll das „*dealing at arm's length*"-Prinzip als „Generalklausel zur internationalen Einkünfteabgrenzung"[7] schaffen, indem es auf Basis einer Vergleichbarkeitsanalyse fingierte Marktbedingungen zugrunde legt und somit die bei Rechtsbeziehungen in Näheverhältnissen fehlenden Marktmechanismen durch fiktive Bedingungen ersetzt, die den Marktmechanismen auf dem offenen Markt nachgebildet sind.[8] Das Ergebnis, das meist keinen definitiven Wert, sondern eher eine Werte-Bandbreite liefert,[9] gibt sodann den Korrekturrahmen für die Gewinnabgrenzung vor.

Vor diesem Hintergrund gestattet[10] beispielsweise der Art. 9 Abs. 1 OECD-MA eine Korrektur des Gewinns eines Unternehmens, wenn das Unternehmen in seinen „kaufmännischen oder finanziellen Beziehungen" mit verbundenen Unternehmen an „vereinbarte oder auferlegte Bedingungen gebunden [ist], die von denen abweichen, die unabhängige Unternehmen miteinander vereinbaren würden".

Eine ähnliche Regelung hält Art. 7 Abs. 2 OECD-MA für die Gewinnabgrenzung zwischen Betriebsstätte und Stammhaus bereit, wobei hier der Vergleichbarkeitsanalyse noch ein Zwischenschritt vorausgehen muss. Mangels eigenständiger Rechtssubjektqualität existieren für den unternehmensinternen Leistungs- und Lieferungsverkehr keine Rechtsbeziehungen, auf die die Vergleichbarkeitsanalyse aufsetzen kann. Aus diesem Grund sind zunächst – soweit zulässig[11] – unternehmensinterne Transaktionen zu fingieren. Damit geht dem Fremdvergleich der Höhe nach, der im Rahmen der Vergleichbarkeitsanalyse angestellt wird, ein Fremdvergleich dem Grunde nach im Rahmen der Fiktion der Innentransaktionen voraus.[12]

---

[7] So *Baumhoff*, FS Flick, S. 633, 633.

[8] Vgl. auch *Beiser*, DStZ 2019, 37, 39.

[9] *Sieker*, in: Wassermeyer, DBA, Art. 9 MA Rn. 154 m. w. N.

[10] Art. 9 OECD-MA ist kein Verteilungsartikel, sondern eine Ermächtigungsnorm, die die Vertragsstaaten ermächtigt, innerstaatliche Gewinnkorrekturnormen auch unter dem Abkommensrecht anzuwenden. Als derartige Erlaubnisnorm hat sie keine *self-executing* Wirkung, die eigentliche Gewinnkorrektur bedarf daher einer innerstaatlichen Rechtsgrundlage.

[11] Zu dem Umfang, in dem die Betriebsstättengewinnabgrenzung nach Art. 7 OECD-MA 2000 bzw. Art. 7 OECD-MA 2010 eine Berücksichtigung derartiger Innentransaktionen zulässt, vgl. die Ausführungen in Kapitel 13.

[12] Zur zweifachen Stoßrichtung des Art. 7 Abs. 2 OECD-MA (Selbstständigkeitsfiktion einerseits und Bewertung zu Verrechnungspreisen andererseits) vgl. *Wassermeyer*, in: Piltz/Schaumburg, Forum Int Besteuerung Bd. 20, S. 25, 27. *Wassermeyer* kritisiert in diesem Kontext auch, dass bereits die Fiktion der Selbstständigkeit der Betriebsstätte an der Wirklichkeit vorbeigehe und daher schon *a priori* nicht dem Fremdvergleich entspreche.

Vor der Einführung des AOA durch das OECD-Musterabkommen 2010 spielte der Fremdvergleich dem Grunde nach im Rahmen des Art. 7 OECD-MA hinsichtlich der Fiktion von Innentransaktionen allenfalls eine untergeordnete Rolle. Vielmehr konzentrierte sich die fremdvergleichskonforme Betriebsstättengewinnabgrenzung – wie in Teil III dargestellt – auf die Zuordnung von Vermögenswerten als Basis für die Zuordnung der daraus resultierenden Einnahmen bzw. der damit zusammenhängenden Ausgaben. Für eine ausführlichere Darstellung des Art. 7 OECD-MA n. F. wird auf die Ausführungen in Teil VI verwiesen. Dabei soll nicht unerwähnt bleiben, dass der Fremdvergleichsgrundsatz im Zuge der BEPS-Initiative der OECD einem Wandel unterworfen wurde.[13] Insgesamt bewegt sich der Schwerpunkt der Verrechnungspreisbestimmung weg von den vertraglichen Vereinbarungen hin zu der Maßgeblichkeit der tatsächlichen Verhältnisse der Wertschöpfung. Da sich dieser Wandel des Fremdvergleichsverständnisses aber v. a. im Verhältnis des innerstaatlichen Fremdvergleichsgrundsatzes zu dem des Abkommensrechts auswirkt, wird er auch an dieser Stelle (11.3) ausführlicher behandelt.

11.2   Der Fremdvergleich im nationalen Steuerrecht

Auch im innerstaatlichen Steuerrecht spielt der Fremdvergleich an verschiedenen Stellen eine Rolle. Neben der bereits erwähnten verdeckten Gewinnausschüttung (11.2.1) wird er von der Rechtsprechung auch für die steuerrechtliche Anerkennung von Verträgen zwischen nahen Angehörigen herangezogen[14]. Darüber

---

[13] Vgl. *Kahle/Schulz*, StuB 2016, 534, 539; *Groß*, IStR 2016, 233, 234 f.; *Wissenschaftlicher Beirat Steuern der Ernst & Young GmbH*, DB 2016, 2078; *Böhmer*, FR 2016, 877, 880 f.

[14] Auf den Fremdvergleich im Rahmen der Angehörigenverhältnisse soll hier nicht separat eingegangen werden. Er entspricht im Wesentlichen dem formellen Fremdvergleich unter Einbeziehung der Kriterien der Ernsthaftigkeit und Üblichkeit. Etwaige Abweichungen, die sich in der Vergangenheit aus der Handhabung des Üblichkeitskriteriums ergeben haben (vgl. hierzu ausführlich *Bilsdorfer*, Fremdvergleich 1996, S. 41 ff., 125 ff., dürften im Anschluss an den „Oder-Konto"-Beschluss des *BVerfG*, Kammerbeschluss v. 7.11.1995 – 2 BvR 802/90, BStBl II 1996, 34 durch die Einkommensteuersenate weitestgehend behoben worden sein, vgl. bspw. *BFH*, Urt. v. 7.5.1996 – IX R 69/94, BFHE 180, 377 unter 1.; Urt. v. 26.6.1996 – X R 155/94, BFH/NV 1997, 182 unter II.1.a).
Der Maßstab des ordentlichen und gewissenhaften Geschäftsleiters wird im Kontext der Angehörigenverträge hingegen nicht bemüht, vgl. *Wassermeyer*, GmbHR 1998, 157, 161.

hinaus ist er ausdrücklich[15] in der Korrekturvorschrift des § 1 Abs. 1 Satz 1 AStG[16] enthalten (11.2.2).

11.2.1 Der Fremdvergleichsmaßstab bei der verdeckten Gewinnausschüttung

Im Kontext der verdeckten Gewinnausschüttung stellt die Rechtsprechung im Rahmen des Tatbestandsmerkmals „Veranlassung durch das Gesellschaftsverhältnis" Fremdvergleichsüberlegungen an, wobei daneben eine konkrete Veranlassungsprüfung grundsätzlich zulässig bleibt. Dabei bedient sich der BFH verschiedener „Fremdvergleichsmaßstäbe". Deren Kategorisierung soll im Folgenden kurz dargestellt werden.

11.2.1.1 Der Maßstab des ordentlichen und gewissenhaften Geschäftsleiters und seine Hilfskriterien

Nach der „Grunddefinition" des BFH[17] ist für die gesellschaftliche Veranlassung „für den größten Teil der [...] Fälle"[18] der Maßstab des ordentlichen und gewissenhaften Geschäftsleiters heranzuziehen.[19] Demnach ist entscheidend, ob die Kapitalgesellschaft die Vermögensminderung bei Anwendung der Sorgfalt eines ordentlichen und gewissenhaften Geschäftsleiters nicht gewährt hätte.

Dieser Sorgfaltsmaßstab stammt aus dem Gesellschaftsrecht und regelt dort, unter welchen Umständen ein Leitungsorgan seiner Gesellschaft persönlich für einen bei dieser durch seine Sorgfaltspflichtverletzung eingetretenen Schaden haftet.[20] Trotz seines Ursprungs im Gesellschaftsrecht hat er sich aber zu einem

---

[15]Der in § 8b Abs. 3 Satz 6 KStG und § 3c Abs. 2 Satz 3 EStG vorausgesetzte „Drittvergleich", auf den hier aus Gründen des Umfangs nicht näher eingegangen werden kann, unterscheidet sich angesichts des diesen Regelungen zugrunde liegenden Normzwecks (als unilaterale Missbrauchsvermeidungsnorm) von den hier diskutierten Fremdvergleichsmaßstäben, vgl. auch *FG Hamburg*, Urt. v. 9.2.2017 – 5 K 9/15, EFG 2017, 763.

[16]Für die einfachgesetzliche Ausgestaltung des Fremdvergleichsgrundsatzes durch § 1 Abs. 5 AStG wird auf Kapitel 15 verwiesen.

[17]Vgl. oben unter 7.1.

[18]So die ständige Formulierung des BFH, vgl. bspw. *BFH*, Urt. v. 28.6.1989 – I R 40/84, *BFH/NV* 1990, 130 unter II.B.1.

[19]Ständige Rechtsprechung des I. Senats seit *BFH*, Urt. v. 16.3.1967 – I 261/63, *BFHE* 89, 208.

[20]Vgl. die Bezugnahme auf § 93 Abs. 1 Satz 1 AktG, § 43 Abs. 1 GmbHG in *BFH*, Urt. v. 8.11.2000 – I R 70/99, *BFHE* 193, 422 unter II.3; Urt. v. 29.11.2000 – I R 90/99, *BFHE* 194, 64 unter II.2.a); Urt. v. 15.5.2002 – I R 92/00, *BFHE* 199, 217 unter II.1).

eigenständigen steuerrechtlichen Maßstab entwickelt.[21] Ähnlich wie auch bei der gesellschaftsrechtlichen Figur ist der Maßstab dabei nicht auf ein bestimmtes sorgfältiges und gewissenhaftes Ergebnis verengt. Vielmehr verbleibt ein weiter unternehmerischer Ermessensspielraum.[22] Anders als im Gesellschaftsrecht, wo der Schwerpunkt der Prüfung mit Blick auf die verschuldens- und damit in der Regel tätigkeitsabhängige Haftung auf dem Entscheidungsfindungsprozess liegt,[23] dürfte sich der steuerliche Maßstab, der letztlich das objektive Nettoprinzip über die wirtschaftliche Leistungsfähigkeit verwirklichen soll,[24] eher auf das Ergebnis konzentrieren.[25]

Auch der Maßstab des ordentlichen und gewissenhaften Geschäftsleiters bedarf einer Konkretisierung. Dazu bedient sich die Rechtsprechung der folgenden Hilfs- kriterien[26], für die sich über die Zeit der „Fremdvergleich" als Sammelbegriff etabliert hat.[27] Nach der Rechtsprechung des BFH sind der Fremdvergleich und

---

[21] *Oppenländer,* Verdeckte Gewinnausschüttung 2004, S. 147. Daher ist der Verweis der Rechtsprechung auf die zivilrechtlichen Normen nach *Gosch* auch allenfalls im Ausgangs- punkt als eine Orientierung an den zivilrechtlichen Vorgaben zu verstehen, vgl. *Gosch,* in: Gosch, KStG, § 8 Rn. 300; vgl. auch *Pezzer,* FR 1996, 379. A. A. *Becker,* DB 1996, 1439, der jedenfalls von einem identischen Sorgfaltspflichtmaßstab ausgeht. Dem Maßstab des ordentlichen und gewissenhaften Geschäftsleiters kritisch gegenüber *Bauschatz,* Verdeckte Gewinnausschüttung und Fremdvergleich 2001, S. 56 f.

[22] *Gosch,* in: Gosch, KStG, § 8 Rn. 301d; *Frotscher,* in: Frotscher/Drüen, KStG, Anhang zu § 8 Rn. 179; *Schwedhelm,* in: Streck, KStG, § 8 Rn. 237.

[23] Vgl. *Koch,* in: Hüffer/Koch, AktG, § 93 Rn. 9 (Zustandekommen der Entscheidung unter optimalen Entscheidungsvoraussetzungen); *Spindler,* in: MüKo zum AktG, § 93 Rn. 55; *Fleischer,* in: Spindler/Stilz, AktG, § 93 Rn. 70.

[24] *Frotscher,* in: Frotscher/Drüen, KStG, Anhang zu § 8 Rn. 7.

[25] Letztlich kommt es darauf an, ob es der Finanzverwaltung auf Basis des vollständigen Tatsachenvortrags des Steuerpflichtigen gelingt, die mangelnde Fremdvergleichskonformität nachzuweisen, vgl. *BFH,* Urt. v. 17.10.2001 – I R 103/00, *BFHE* 197, 68 unter III.2.d.bb).

[26] Wie sich die einzelnen Kategorien zueinander und zu dem Maßstab des ordentlichen und gewissenhaften Geschäftsleiters verhalten und insbesondere, ob zwischen ihnen ein Rangverhältnis besteht, ist durch die Rechtsprechung nicht abschließend geklärt, vgl. *Was- sermeyer,* in: Piltz/Schaumburg, Forum Int Besteuerung Bd. 20, S. 25, 41; *Wassermeyer,* FS Offerhaus, S. 405, 409 f.; *Gosch,* DStZ 1997, 1, 2. Für eine schematische Übersicht vgl. auch *Gosch,* in: Gosch, KStG, § 8 Rn. 284 unter Bezugnahme auf *Oppenländer,* Verdeckte Gewinnausschüttung 2004, S. 215.

[27] Zum Verhältnis des Maßstabs des ordentlichen und gewissenhaften Geschäftsleiters zum Fremdvergleichsgrundsatz vgl. *Becker,* DB 1996, 1439; *F. Lang,* in: D/P/M, KStG, § 8 Abs. 3 Teil C Rn. 106. Der ordentliche und gewissenhafte Geschäftsleiter wird danach als ein Unterfall des Fremdvergleichsgrundsatzes angesehen.

seine verschiedenen Ausprägungen dabei nicht im Sinne „absoluter Tatbestandsmerkmale" zu verstehen, sondern vielmehr einer indiziellen[28] Würdigung zu
unterziehen.[29]

11.2.1.1.1 Angemessenheit der Höhe nach

In seiner Hauptstoßrichtung[30] widmet sich der Maßstab des ordentlichen und
gewissenhaften Geschäftsleiters der Frage, ob die Vermögensminderung der Höhe
nach fremdüblich im Sinne der Angemessenheit beispielsweise des vereinbarten
Preises oder der zugesagten Vergütung ist.

In der konkreten Anwendung dieses Maßstabs wird zwischen dem tatsächlichen und dem hypothetischen Fremdvergleich unterschieden.[31] Im Rahmen
des tatsächlichen Fremdvergleichs, den v. a. die Einkommensteuersenate anwenden,[32] ist zu überprüfen, ob tatsächliche Vergleichswerte existieren, die dieser
ordentliche und gewissenhafte Geschäftsleiter seinem Entschluss zur Vermögensminderung zugrunde legen kann.[33]

Hierbei ist der interne Betriebsvergleich vorrangig vor dem externen Betriebsvergleich durchzuführen.[34] Bei dem internen Betriebsvergleich[35] ist zu fragen,
ob es innerhalb des konkret betroffenen Betriebs Vergleichsfälle mit ähnlichen

---

[28] Kritisch zur Einstufung der Unterkriterien als Indizien, *Oppenländer,* Verdeckte Gewinnausschüttung 2004, S. 181.

[29] Vgl. *BFH,* Urt. v. 29.10.1997 – I R 24/97, *BFHE* 184, 480 unter II.2.

[30] A. A. *Bauschatz,* Verdeckte Gewinnausschüttung und Fremdvergleich 2001, S. 39 ff., der die
Angemessenheitsprüfung zwar als Grundausprägung eines als objektiven Prüfungsmaßstab
verstandenen Fremdvergleichs auffasst, diesen aber nicht als Ausprägung des Maßstabs des
ordentlichen und gewissenhaften Geschäftsleiters ansieht.

[31] Theoretisch existiert die Unterscheidung zwischen tatsächlichem und hypothetischen
Fremdvergleich auch i. R. d. anderen Unterkriterien. Da diese Unterkriterien aber den
Fremdvergleich dem Grunde nach und damit qualitative Merkmale betreffen, spielt die
Unterscheidung dort eine geringere Rolle.

[32] *Wassermeyer,* FS Offerhaus, S. 405, 409 unter Verweis u.a. auf *BFH,* Urt. v. 20.3.1980 – IV
R 53/77, *BFHE* 130, 316 unter 2.a); Urt. v. 28.7.1983 – IV R 103/82, *BFHE* 139, 376 unter
2.

[33] *Wassermeyer* spricht hier von einem Ist-Ist-Vergleich (*Wassermeyer,* FS Offerhaus, S. 405,
416) oder einem konkreten Fremdvergleich, *Wassermeyer,* IStR 2001, 633, 636.

[34] Vgl. zu Angehörigenverträgen *BFH,* Beschluss v. 27.11.1989 – GrS 1/88, *BFHE* 158, 563
unter C.III.3.b); Urt. v. 31.5.1989 – III R 154/86, *BFHE* 157, 172 unter 2.b); dem folgend
Wolff-Diepenbrock, FS Beisse, S. 581, 582. Sich gegen ein festes Rangverhältnis aussprechend
Oppenländer, Verdeckte Gewinnausschüttung 2004, S. 164.

[35] *Oppenländer,* Verdeckte Gewinnausschüttung 2004, S. 163; *Wolff-Diepenbrock,* FS Beisse,
S. 581, 582.

Vermögensminderungen gibt, die betrieblich veranlasst sind.[36] Dabei ist darauf zu achten, dass die Referenzgröße mit Ausnahme des Näheverhältnisses ansonsten mit dem in Rede stehenden Rechtsverhältnis übereinstimmt.[37] Ist ein interner Betriebsvergleich nicht möglich, weil beispielsweise die konkrete Vermögensminderung betriebsintern ein singuläres Ereignis darstellt, so ist auf den externen Betriebsvergleich[38] zu rekurrieren. Hierbei ist auf einen vergleichbaren Betrieb als Referenzgröße zurückzugreifen.[39]

In der Regel scheitert ein rein tatsächlicher Fremdvergleich mangels verfügbarer exakter Referenzbetriebe.[40] Dann ist alternativ ein hypothetischer Fremdvergleich vorzunehmen. Bei dem hypothetischen Fremdvergleich simuliert der Rechtsanwender die Marktbedingungen, die zwischen fremden Dritten bestünden, um daraus „durch Nachdenken"[41] den fremdvergleichskonformen Marktpreis zu ermitteln.[42] Darüber hinaus sind auch Mischformen des tatsächlichen und des hypothetischen Fremdvergleichs denkbar.[43]

Ob die beiden Vergleichsmaßstäbe in einem Rangverhältnis zueinander stehen, wurde bislang nicht höchstrichterlich entschieden. Die wohl h. M. in der Literatur geht aber davon aus, dass beide Maßstäbe gleichberechtigt nebeneinander

---

[36]Wird bspw. allen Arbeitnehmern einer Bank im Wege einer Aktion zur Mitarbeiter-Inzentivierung ein Darlehen zu vergünstigten Konditionen gewährt, so kann auch die entsprechende Gewährung eines Darlehens zu den gleichen Konditionen an einen Arbeitnehmer, der zusätzlich Anteile an der Bank hält, betrieblich veranlasst sein. Gleichsam kann für die Beurteilung der Angemessenheit eines Gesellschafter-Geschäftsführergehalts die Vergütung des ebenfalls angestellten Fremdgeschäftsführers herangezogen werden, *Oppenländer,* Verdeckte Gewinnausschüttung 2004, S. 163.

[37]Vgl. *Gosch,* in: Gosch, KStG, § 8 Rn. 315 unter Bezugnahme auf *BFH*, Urt. v. 29.10.1997 – I R 24/97, *BFHE* 184, 480 unter II.3.d).

[38]*Oppenländer,* Verdeckte Gewinnausschüttung 2004, S. 163; *Wolff-Diepenbrock*, FS Beisse, S. 581, 583.

[39]Vgl. zu Angehörigenverträgen *BFH*, Beschluss v. 27.11.1989 – GrS 1/88, *BFHE* 158, 563 unter C.III.3.b); Urt. v. 31.5.1989 – III R 154/86, *BFHE* 157, 172 unter 2.b).

[40]*Wassermeyer*, IStR 2001, 633, 637; *Wassermeyer,* in: StbJb 1997/98, S. 79, 90.

[41]*Wassermeyer*, IStR 2001, 633, 637; *Wassermeyer,* in: StbJb 1997/98, S. 79, 90.

[42]Zu der Zulässigkeit eines solchen hypothetischen Fremdvergleichs entgegen der teilweise vertretenen Kritik vgl. auch *Wassermeyer*, FS Offerhaus, S. 405, 409 m. w. N.

[43]Vgl. Schaubild bei *Gosch,* in: Gosch, KStG, § 8 Rn. 284; *Wassermeyer,* in: StbJb 1997/98, S. 79, 90; *F. Lang*, in: D/P/M, KStG, § 8 Abs. 3 Teil C Rn. 107, der von einem „fließenden" Übergang spricht.

stehen[44] und jedenfalls dem hypothetischen Fremdvergleich nicht lediglich eine Auffangfunktion[45] gegenüber dem tatsächlichen Fremdvergleich zukommt.[46]

Dabei ist der hypothetische Fremdvergleich als normativer Maßstab im Rahmen der Veranlassungsprüfung nicht unumstritten. Vereinzelte Stimmen in der Literatur[47] kritisieren, dass bei der Anwendung des hypothetischen Fremdvergleichs die Vorstellung des Richters, was zwischen fremden Dritten üblich sei, an die Stelle des tatsächlich zwischen Fremden Üblichen trete. Letztlich ist diese Kritik Konsequenz der systematischen Verortung der Fremdvergleichsbetrachtung auf verfahrensrechtlicher Ebene und wird aus diesem Grund auch in diesem Kontext erörtert.[48] Im Ergebnis ist die Kritik aber nicht überzeugend.

Ergibt die Angemessenheitsprüfung, dass ein gedachter ordentlicher und gewissenhafter Geschäftsleiter das Rechtsgeschäft nicht zu diesem Preis abgeschlossen hätte, so wird in diesem Umfang die gesellschaftliche Veranlassung der mit dem Rechtsgeschäft einhergehenden Vermögensminderung vermutet.[49] Diese Vermutung ist widerlegbar,[50] d. h. der Steuerpflichtige kann den Erschütterungsbeweis für eine konkrete betriebliche Veranlassung außerhalb des Gesellschaftsverhältnisses antreten.

---

[44]*Gosch* spricht von Idealkonkurrenz, *Gosch*, in: Gosch, KStG, § 8 Rn. 340; auch *Wassermeyer* sieht kein festes Verhältnis zwischen konkretem und hypothetischem Fremdvergleich, *Wassermeyer*, IStR 2001, 633, 637; vgl. auch *F. Lang*, in: D/P/M, KStG, § 8 Abs. 3 Teil C Rn. 107. Entgegen der teilweise (*F. Lang*, in: D/P/M, KStG, § 8 Abs. 3 Teil C Rn. 107) vertretenen Auffassung lässt sich *BFH*, Urt. v. 27.3.2001 – I R 40/00, BFHE 195, 243 auch nicht entnehmen, dass die vGA bejaht wurde, obwohl auch Fremd-Geschäftsführer entsprechende Leistungen enthielten. Die entsprechende Passage (vgl. a. a. O. unter II.5) betraf nämlich die mit Art. 3 Abs. 1 GG verträgliche steuerliche Ungleichbehandlung der Überstundenvergütungen (beim Gesellschafter-Geschäftsführer als vGA, beim Fremd-Geschäftsführer als steuerfreie Einnahmen i. S. d. § 3b EStG) und damit die Rechtsfolgenebene der vGA. Auf Tatbestandsebene hatte der BFH den hypothetischen Fremdvergleich zugrunde gelegt (vgl. a. a. O. unter II.3).

[45]So noch *Wassermeyer*, FS Offerhaus, S. 405, 416; *Pezzer*, DStZ 2002, 850, 854.

[46]*Gosch* tendiert sogar zu einem umgekehrten Verhältnis (*Gosch*, in: Gosch, KStG, § 8 Rn. 290). Mit Blick auf den praktisch häufig nicht durchführbaren tatsächlichen Fremdvergleich könne dieser den hypothetischen Fremdvergleich allenfalls ergänzen, nicht aber ersetzen, § 8 Rn. 300a.

[47]*Wolff-Diepenbrock*, FS Beisse, S. 581, 583; *Pezzer*, DStZ 2002, 850, 854 f.

[48]Vgl. unten 11.2.1.2.

[49]*Gosch*, in: Gosch, KStG, § 8 Rn. 302; *Wilk*, in: H/H/R, EStG/KStG, § 8 KStG Rn. 142; *Neumann*, in: Rödder/Herlinghaus/Neumann, KStG, § 8 Rn. 226.

[50]*Gosch*, in: Gosch, KStG, § 8 Rn. 302; *Wilk*, in: H/H/R, EStG/KStG, § 8 KStG Rn. 142.

11.2.1.1.2 Das Kriterium der Ernsthaftigkeit

Darüber hinaus hat die Rechtsprechung das Kriterium der Ernsthaftigkeit als zusätzliches Kriterium des Fremdvergleichs entwickelt. Dabei ist nicht abschließend geklärt, ob es selbstständig neben die Fremdvergleichskriterien tritt oder vielmehr selbst ein solches darstellt.[51]

Als nicht ernsthaft gemeint sind zunächst Scheingeschäfte im Sinne des § 117 BGB einzustufen, d. h. Rechtsgeschäfte, die nach dem Willen der Parteien von Anfang an tatsächlich nicht durchgeführt werden sollen[52] und deren Rechtswirkungen die Parteien nicht eintreten lassen wollen.[53] Darüber hinaus werden aber auch solche Rechtsgeschäfte erfasst, bei denen es gerade der Wirksamkeit des Geschäfts bedarf, um den erstrebten Rechtserfolg zu verwirklichen.[54]

Zu den Indizien für eine mangelnde Ernsthaftigkeit gehört die fehlende tatsächliche Durchführung des Rechtsgeschäfts.[55] Die daraus folgende Vermutung für eine gesellschaftliche Veranlassung kann aber widerlegt werden, wenn im Einzelfall betriebliche Gründe für die unterbliebene tatsächliche Durchführung existieren.[56] Des Weiteren spricht gegen die Ernsthaftigkeit des Rechtsgeschäfts, wenn dieses unter dem jederzeitigen Vorbehalt des Widerrufs steht.[57] Auch die Erdienbarkeitskriterien der BFH-Rechtsprechung für die Anerkennung von Pensionszusagen dürften Ausprägungen des Ernsthaftigkeitskriteriums sein. Als weiterer Unterfall des Ernsthaftigkeitskriteriums wird schließlich auch der hier separat behandelte[58] sog. doppelte Fremdvergleich angesehen.

---

[51] Vgl. *Gosch*, in: Gosch, KStG, § 8 Rn. 345, der die Einordnung als „Geschmackssache" ansieht; in einer früheren Äußerung hatte er den „Topos der Ernsthaftigkeit" noch als Oberbegriff der Fremdvergleichskriterien eingeordnet, *Gosch*, DStZ 1997, 1, 2. *Bauschatz* betrachtet das Ernsthaftigkeitskriterium hingegen als Unterfall der Veranlassungsprüfung, mit dem Fremdvergleichsprinzip habe es jedoch nichts zu tun, *Bauschatz,* Verdeckte Gewinnausschüttung und Fremdvergleich 2001, S. 61 ff.

[52] Vgl. *Frotscher*, in: Frotscher/Drüen, KStG, Anhang zu § 8 Rn. 113; so auch *Gosch*, in: Gosch, KStG, § 8 Rn. 347; a. A. wohl *Wassermeyer*, GmbHR 1998, 157, 160.

[53] Vgl. *Ratschow*, in: Klein, AO, § 41 Rn. 42 m. w. N.; *Koenig*, in: Koenig, AO, § 41 AO Rn. 36 m. w. N.

[54] *Gosch*, in: Gosch, KStG, § 8 Rn. 347.

[55] Vgl. *Frotscher*, in: Frotscher/Drüen, KStG, Anhang zu § 8 Rn. 106.

[56] Vgl. *Frotscher*, in: Frotscher/Drüen, KStG, Anhang zu § 8 Rn. 106 unter Verweis auf *BFH*, Urt. v. 28.10.1987 – I R 110/83, *BFHE* 152, 74.

[57] Vgl. *Frotscher*, in: Frotscher/Drüen, KStG, Anhang zu § 8 Rn. 113.

[58] Vgl. unten 11.2.1.1.4.

Wird die gesellschaftliche Veranlassung aufgrund mangelnder Ernsthaftigkeit bejaht, so ist das Rechtsgeschäft dem Grunde nach als verdeckte Gewinnausschüttung zu qualifizieren.[59] Auf die Angemessenheit der Vertragsbedingungen kommt es dann nicht mehr an.[60] Die daraus folgende Vermutung für eine gesellschaftliche Veranlassung ist jedoch wie jedes der (anderen) Unterkriterien ebenfalls widerlegbar.[61]

11.2.1.1.3 Das Kriterium der Üblichkeit

Neben dem Kriterium der Ernsthaftigkeit wird im Rahmen der Prüfung der gesellschaftlichen Veranlassung auch das sog. Üblichkeitskriterium herangezogen. Dabei besteht keine abstrakte oder auch nur einheitliche Definition dessen, was unter Üblichkeit zu verstehen ist. Vielmehr wird der Begriff unterschiedlich verwendet.[62] Teilweise wird die Frage nach der Üblichkeit des Rechtsgeschäfts als Anwendung des sog. doppelten Fremdvergleichs[63] verstanden.[64] *Bauschatz* versteht das Üblichkeitskriterium hingegen als Gegenbegriff zum Angemessenheitsbegriff; während letzterer ein Werturteil beinhalte, treffe ersteres eine statistische Aussage.[65] In anderem Zusammenhang wird in dem Üblichkeitskriterium wiederum ein Unterfall oder Indiz der Ernsthaftigkeit gesehen.[66] Gegen diese Lesart wendet *Frotscher* ein, dass auch unübliche Vereinbarungen ernst gemeint sein könnten. Insbesondere in den Fällen einer tatsächlichen Durchführung würde der Einwand der Unüblichkeit nicht zur Verneinung der Ernsthaftigkeit führen, sondern eine Fiktion der Nichtdurchführung aufstellen.[67]

---

[59]Vgl. *Gosch*, in: Gosch, KStG, § 8 Rn. 348; *Frotscher*, in: Frotscher/Drüen, KStG, Anhang zu § 8 Rn. 106.

[60]Vgl. *Frotscher*, in: Frotscher/Drüen, KStG, Anhang zu § 8 Rn. 106 unter Verweis auf *BFH*, Urt. v. 20.10.2004 – I R 4/04, *BFH/NV* 2005, 723.

[61]*BFH*, Urt. v. 29.10.1997 – I R 24/97, *BFHE* 184, 480 unter II.2; Urt. v. 23.10.1996 – I R 71/95, *BFHE* 181, 328 unter II.2.

[62]*Janssen*, vGA, Rn. 75.

[63]Vgl. hierzu 11.2.1.1.4.

[64]*Gosch*, DStZ 1997, 1, 3; so wohl auch *BFH*, Beschluss v. 8.10.2014 – I B 96/13, *BFH/NV* 2015, 237 unter II.3, wie sich aus dem Verweis auf das Urt. v. 19.5.1998 – I R 36/97, *BFHE* 186, 226 entnehmen lässt.

[65]*Bauschatz*, Verdeckte Gewinnausschüttung und Fremdvergleich 2001, S. 75.

[66]*BFH*, Urt. v. 2.12.1992 – I R 54/91, *BFHE* 170, 119; *Gosch*, DStZ 1997, 1, 3. Dies würde auch erklären, warum einige Kommentare das Ernsthaftigkeits- und das Üblichkeitskriterium gemeinsam behandeln, vgl. *Gosch*, in: Gosch, KStG, § 8 Rn. 345 ff.; *F. Lang*, in: D/P/M, KStG, § 8 Abs. 3 Teil C Rn. 122 ff.

[67]*Frotscher*, in: Frotscher/Drüen, KStG, Anhang zu § 8 Rn. 195.

Hierbei ist zu beachten, dass *Frotscher* bei genauer Betrachtung auf die tatsächliche Durchführung und nicht auf die Ernsthaftigkeit abstellt. Auch wenn erstere ein Indiz für das Vorhandensein letzterer darstellt, sind beide Kriterien keineswegs begriffsidentisch.

Auch dem Üblichkeitskriterium kommt lediglich Indizfunktion für die Veranlassungsfrage zu.[68] Der BFH führt in diesem Kontext aus:

> „*Entspricht das Vertragsverhältnis zwischen der Gesellschaft und der dem Gesellschafter nahestehenden Person nicht dem unter Dritten Üblichen, so schließt dieser Umstand allein eine betriebliche Veranlassung nicht aus. Die Unüblichkeit einer Vereinbarung ist allenfalls Indiz für die mangelnde Ausgewogenheit der gegenseitigen Leistungen, das Anlaß für eine gezielte Prüfung der Angemessenheit bietet.*"[69]

Ähnlich formuliert *Lang*,[70] der in der Frage nach der Üblichkeit kein eigenständiges Kriterium, sondern lediglich einen Anhaltspunkt für den Fremdvergleich sieht. Davon zu unterscheiden sei allerdings die Frage, ob der Gesellschafter auf gesellschaftlicher oder schuldrechtlicher Ebene mit seiner Gesellschaft interagiere: So bleibe es dem Gesellschafter auch in Anbetracht des Üblichkeitskriteriums unbenommen, den Gegenwert für seine Leistung in einer künftigen Gewinnausschüttung zu finden.[71]

Frotscher betont, dass das Merkmal der Üblichkeit nicht als Unterkriterium, sondern als eigenständiger Maßstab neben dem des ordentlichen und gewissenhaften Geschäftsleiters anzusehen sei,[72] da ein Geschäftsleiter auch unübliche Geschäfte zu angemessenen Bedingungen abschließen könne, ohne gegen seine Pflichten zu verstoßen.[73] Er gesteht aber auch zu, dass die Unüblichkeit einer Vereinbarung jedenfalls Anlass für die Überprüfung ihrer betrieblichen Veranlassung bietet.[74] Unabhängig von der Kategorisierung des Üblichkeitskriteriums

---

[68] *Gosch*, in: Gosch, KStG, § 8 Rn. 346; *F. Lang*, in: D/P/M, KStG, § 8 Abs. 3 Teil C Rn. 123.

[69] *BFH*, Urt. v. 28.10.1987 – I R 22/84, *BFH/NV* 1989, 131 unter II.1.c). Hierbei ist davon auszugehen, dass der BFH den Begriff der Angemessenheitsprüfung weit versteht und diese nicht lediglich wie unter 11.2.1.1.1 vorausgesetzt auf die Höhe beschränkt.

[70] *F. Lang*, in: D/P/M, KStG, § 8 Abs. 3 Teil C Rn. 122 unter Verweis auf *Gosch*, in: Gosch, KStG, § 8 Rn. 345 und *Schuhmann*, FR 1994, 309, 314.

[71] *F. Lang*, in: D/P/M, KStG, § 8 Abs. 3 Teil C Rn. 124 unter Verweis auf *BFH*, Urt. v. 21.12.1994 – I R 65/94, *BFHE* 176, 571 unter II.B.4 und den Beschluss v. 26.10.1987 – GrS 2/86, *BFHE* 151, 523 unter C.I.3.c); vgl. auch Urt. v. 17.5.1995 – I R 147/93, *BFHE* 178, 203 unter B.2.

[72] *Frotscher*, GmbHR 1998, 23, 28.

[73] *Frotscher*, in: Frotscher/Drüen, KStG, Anhang zu § 8 Rn. 193.

[74] *Frotscher*, in: Frotscher/Drüen, KStG, Anhang zu § 8 Rn. 196.

dürften die von ihm erfassten Fälle regelmäßig aber bereits von dem Maßstab des ordentlichen und gewissenhaften Geschäftsleiters miterfasst sein.[75]

Lässt sich die Indizwirkung der Unüblichkeit einer Vereinbarung nicht widerlegen, gilt die gesamte Vereinbarung als gesellschaftlich veranlasst und löst damit eine verdeckte Gewinnausschüttung dem Grunde nach aus.[76]

11.2.1.1.4 Der sogenannte „doppelte" Fremdvergleich

Im Kontext des Üblichkeitskriteriums ist auch der sog. doppelte Fremdvergleich zu erwähnen. Dieser geht auf *Flick* zurück,[77] wurde aber auch von *Wassermeyer*[78] und *Becker*[79] gefordert.[80] Demnach sei auch die Position des Gesellschafters in den Fremdvergleich mit einzubeziehen. Eine gesellschaftliche Veranlassung ist hiernach nur zu verneinen, wenn beiden Vertragsseiten dem Maßstab des ordentlichen und gewissenhaften Geschäftsleiters genügen. Dahinter steht die Überlegung, dass auch ein aus Sicht der leistenden Kapitalgesellschaft vorteilhaftes Geschäft insgesamt unüblich und daher gesellschaftlich veranlasst sein kann.

Diese Verdopplung des Sorgfältigkeitsmaßstabs hätte – so *Gosch*[81] – den „Charme", dass sich der Fremdvergleichsmaßstab der verdeckten Gewinnausschüttung dem des § 1 AStG bzw. Art. 9 Abs. 1 OECD-MA annähern würde.[82]

---

[75] *Gosch*, in: Gosch, KStG, § 8 Rn. 346, *Frotscher*, in: Frotscher/Drüen, KStG, Anhang zu § 8 Rn. 196a.

[76] *F. Lang*, in: D/P/M, KStG, § 8 Abs. 3 Teil C Rn. 122, 126; *Gosch*, DStZ 1997, 1, 3; *Gosch*, in: Gosch, KStG, § 8 Rn. 348; wohl auch *Frotscher*, in: Frotscher/Drüen, KStG, Anhang zu § 8 Rn. 193 („Aspekte der Angemessenheit bleiben außer Betracht").

[77] *Baumhoff*, FS Flick, S. 633, 635.

[78] *Wassermeyer*, in: StbJb 1998/99, S. 157, 168; *Wassermeyer*, GmbHR 1998, 157, 161; *Wassermeyer*, in: StbJb 1997/98, S. 79, 87 f.; *Wassermeyer*, DB 1994, 1105, 1108 f.

[79] *Becker*, DB 1996, 1439, 1440.

[80] A. A. *Bauschatz*, Verdeckte Gewinnausschüttung und Fremdvergleich 2001, S. 67, der in der Einbeziehung der Sicht des Gesellschafters keine Erweiterung des von ihm angenommenen objektiven Fremdvergleichsmaßstabs sieht und diese Erweiterung daher als nicht erforderlich erachtet.

[81] *Gosch*, in: Gosch, KStG, § 8 Rn. 361, vgl. auch *F. Lang*, in: D/P/M, KStG, § 8 Abs. 3 Teil C Rn. 117.

[82] International werden beide Vertragsparteien in die Fremdvergleichsbetrachtung miteinbezogen, *Wassermeyer*, in: StbJb 1997/98, S. 79, 87 f. Zum Verhältnis des innerstaatlichen zum abkommensrechtlichen Fremdvergleichsmaßstab, vgl. unten 11.3.

Nach Ansicht der Literatur[83] hat der BFH der Forderung nach einer grundsätzlichen Anerkennung dieser Maßstabsverdopplung mit seiner Entscheidung vom 17. Mai 1995[84] entsprochen:

> *„Der Maßstab der Sorgfalt des ordentlichen und gewissenhaften Geschäftsleiters ist jedoch nicht für alle Fälle als Beurteilungsmaßstab geeignet. Er ist dadurch gekennzeichnet, daß der gebotene Fremdvergleich nur aus der Sicht der Kapitalgesellschaft gesehen wird. Der ordentliche und gewissenhafte Gesellschafter wird grundsätzlich jeder Vereinbarung zustimmen, die für die Kapitalgesellschaft vorteilhaft ist. Dabei kann der Vorteil auch darin liegen, daß eine Verbindlichkeit der Gesellschaft nicht sofort erfüllt werden muß und damit der Gesellschaft Liquidität erhält. Der Fremdvergleich erfordert jedoch auch die Einbeziehung des Vertragspartners. Auch wenn ein Dritter einer für die Gesellschaft vorteilhaften Vereinbarung nicht zugestimmt hätte, kann deren Veranlassung im Gesellschaftsverhältnis liegen. So gesehen ist der Maßstab des Handelns eines ordentlichen und gewissenhaften Geschäftsleiters nur ein Teilaspekt des Fremdvergleichs."*[85]

Die Entscheidung ist in der Literatur auf Kritik gestoßen.[86] Die Einbeziehung der Position auch des Gesellschafters als Vertragspartner der Kapitalgesellschaft widerspreche – so *Frotscher* – der Systematik und dem Zweck der verdeckten Gewinnausschüttung.[87] Ähnlich verneint *Gosch* einen Anlass für ein zwingendes Analogieerfordernis zu § 1 AStG: Anderes als bei § 1 AStG, der zwecks Bestimmung angemessener Verrechnungspreise Interessensgegensätze simuliert, wo keine existieren, bezwecke die Veranlassungsprüfung im Rahmen der verdeckten Gewinnausschüttung die „Aufdeckung" der gesellschaftlich veranlassten Vermögensminderung, die formal „im Gewand" betrieblich veranlasster Vermögensminderungen erscheine.[88] Anders als bei § 1 AStG sei die Frage der Fremdunüblichkeit lediglich Indiz für die gesellschaftliche Veranlassung, nicht aber zwingendes Tatbestandsmerkmal.[89]

---

[83] *Gosch*, in: Gosch, KStG, § 8 Rn. 360; *F. Lang*, in: D/P/M, KStG, § 8 Abs. 3 Teil C Rn. 117; *Frotscher*, in: Frotscher/Drüen, KStG, Anhang zu § 8 Rn. 190; *Baumhoff*, FS Flick, S. 633, 640; vgl. auch *Oppenländer*, Verdeckte Gewinnausschüttung 2004, S. 145 f.

[84] *BFH*, Urt. v. 17.5.1995 – I R 147/93, BFHE 178, 203.

[85] *BFH*, Urt. v. 17.5.1995 – I R 147/93, BFHE 178, 203 unter B.2.

[86] Vgl. die Nachweise in *BFH*, Urt. v. 19.5.1998 – I R 36/97, BFHE 186, 226 unter II.3.

[87] Vgl. *Frotscher*, in: Frotscher/Drüen, KStG, Anhang zu § 8 Rn. 191; *F. Lang*, in: D/P/M, KStG, § 8 Abs. 3 Teil C Rn. 118.

[88] *Gosch*, in: Gosch, KStG, § 8 Rn. 361; ähnlich *F. Lang*, in: D/P/M, KStG, § 8 Abs. 3 Teil C Rn. 119.

[89] *Gosch*, in: Gosch, KStG, § 8 Rn. 361; *F. Lang*, in: D/P/M, KStG, § 8 Abs. 3 Teil C Rn. 623; *Wassermeyer*, DB 2001, 2465; *Wassermeyer*, IStR 2001, 633.

Nach *Frotscher* beschränke sich die Schutzrichtung des § 8 Abs. 3 Satz 2 KStG auf das Einkommen der Gesellschaft und erfasse nicht die wirtschaftlichen Interessen Dritter.[90] Für die Besteuerung der Gesellschaft nach ihrer wirtschaftlichen Leistungsfähigkeit seien etwaige Nachteile des Gesellschafters daher unerheblich.[91] Maßgeblich sei, dass derartige für den Gesellschafter nachteilige Geschäfte für die Gesellschaft vorteilhaft wären und bei dieser daher nicht zu einer Minderung des Einkommens führten.[92]

Hoffmann entnimmt dem Urteil gar, dass als Folge dieser Rechtsprechung alle für die Kapitalgesellschaft günstigen Vereinbarungen mit dem Gesellschafter künftig generell das Risiko bärgen, eine verdeckte Gewinnausschüttung auszulösen.[93]

Wassermeyer begegnet der Rechtsprechung hingegen mit Zustimmung.[94] Ausgehend von den Sonderbedingungen bei Geschäften zwischen Gesellschaft und beherrschendem Gesellschafter, die er als Unterfall des Ernsthaftigkeitskriterium betrachtet, ordnet er auch die Üblichkeit als Unterfall der Ernsthaftigkeit ein.[95] Der doppelte Fremdvergleich, der in der Entscheidung vom 17. Mai 1995[96] sowie in den darauf aufbauenden Entscheidungen[97] Anwendung gefunden habe, beinhalte damit letztlich eine Ernsthaftigkeitsprüfung.[98]

Aber auch der Maßstab des ordentlichen und gewissenhaften Geschäftsleiters umfasse letztlich auch im Denkansatz die Position des Vertragspartners als

---

[90] *Frotscher*, in: Frotscher/Drüen, KStG, Anhang zu § 8 Rn. 191; zustimmend Lang, Rn. 119; *Gosch*, in: Gosch, KStG, § 8 Rn. 361.

[91] *Frotscher*, in: Frotscher/Drüen, KStG, Anhang zu § 8 Rn. 191; *Frotscher*, GmbHR 1998, 23, 27.

[92] *Frotscher*, in: Frotscher/Drüen, KStG, Anhang zu § 8 Rn. 191; so auch *F. Lang*, in: D/P/M, KStG, § 8 Abs. 3 Teil C Rn. 118; *Schwedhelm*, in: Streck, KStG, § 8 Rn. 241.

[93] *Hoffmann*, DStR 1996, 729 mit verschiedenen Beispielen; diese These unterstützend *Frotscher*, in: Frotscher/Drüen, KStG, Anhang zu § 8 Rn. 191a und *F. Lang*, in: D/P/M, KStG, § 8 Abs. 3 Teil C Rn. 118.

[94] *Wassermeyer*, DStR 1996, 733, 734; *Wassermeyer*, in: StbJb 1998/99, S. 157, 168.

[95] *Wassermeyer*, DStR 1996, 733, 734.

[96] *BFH*, Urt. v. 17.5.1995 – I R 147/93, BFHE 178, 203.

[97] *BFH*, Urt. v. 6.12.1995 – I R 88/94, BFHE 179, 383 unter II.1.c); Urt. v. 28.4.2010 – I R 78/08, BFHE 229, 234 unter II.4.b.aa); Urt. v. 11.9.2013 – I R 28/13, BFHE 244, 241 unter II.2.c); Urt. v. 28.11.2001 – I R 44/00, BFH/NV 2002, 543 unter II.3; Beschluss v. 8.10.2014 – I B 96/13, BFH/NV 2015, 237 unter II.3.

[98] *Wassermeyer*, DStR 1996, 733, 734.

Teil des auf die Vertragskonditionen einwirkenden „Marktes".[99] Weiterhin sei die Veranlassung im Gesellschaftsverhältnis im Rahmen des 8 Abs. 3 Satz 2 KStG einerseits und des § 20 Abs. 1 Satz 1 Nr. 1 Satz 2 EStG andererseits mit Blick auf die ihnen zugrunde liegende Systematik einheitlich zu beurteilen. Daher sei auch ein Fremdvergleichsmaßstab geboten, der beide Vertragsseiten mit einbeziehe.[100]

Schließlich weist *Wassermeyer* darauf hin, dass ein für die Gesellschaft vorteilhaftes Geschäft, durch das die Gesellschaft einen Liquiditätsvorteil erlange, weil der Gesellschafter ein vereinbartes Entgelt nicht einfordere, das Bestehen einer verdeckten Gewinnausschüttung keineswegs ausschließe, sondern vielmehr einen Anhaltspunkt für ihre Annahme liefere:

> *„Will ein Gesellschafter an sich unentgeltlich für die Gesellschaft tätig werden und vereinbart er nur deshalb ein Entgelt, damit die Gesellschaft dasselbe gewinnmindernd passivieren kann, so ist unbeschadet des für die Gesellschaft ,günstigen Geschäfts' eine vGA anzunehmen."*[101]

Oppenländer weist in diesem Zusammenhang sehr plastisch darauf hin, dass der richtige Bezugspunkt für die Beurteilung, ob eine Gestaltung vorteilhaft oder nachteilig sei, eben nicht ein entgeltliches, sondern ein unentgeltliches Tätigwerden sei.[102] Letztlich geht es also auch bei dieser Perspektive um die Ernsthaftigkeit der Vereinbarung.

Der Annahme *Hoffmanns*, die Entscheidung ließe sich auf alle Fälle unangemessen niedrig vereinbarter Entgelte übertragen, trat *Wassermeyer* entgegen. Unter Bezugnahme auf den Beschluss des Großen Senats vom 26. Oktober 1987[103] wies er darauf hin, dass es jedem – beherrschenden oder nicht-beherrschenden – Gesellschafter freistehe, seiner Gesellschaft gegenüber (teil)unentgeltliche Dienstleistungen oder Nutzungsüberlassungen zu erbringen, die auch steuerlich anzuerkennen seien.[104] Davon zu unterscheiden sei die Frage

---

[99] *Wassermeyer*, GmbHR 1998, 157, 161; *Oppenländer*, Verdeckte Gewinnausschüttung 2004, S. 146; *Frotscher*, in: Frotscher/Drüen, KStG, Anhang zu § 8 Rn. 189 unter Verweis auf *BFH*, Urt. v. 4.5.1977 – I R 11/75, *BFHE* 122, 279 unter 1.c).

[100] *Wassermeyer*, GmbHR 1998, 157, 162.

[101] *Wassermeyer*, GmbHR 1998, 157, 162.

[102] *Oppenländer*, Verdeckte Gewinnausschüttung 2004, S. 156.

[103] *BFH*, Beschluss v. 26.10.1987 – GrS 2/86, *BFHE* 151, 523.

[104] *Wassermeyer*, DStR 1996, 733, 734.

der Ernsthaftigkeit der Vereinbarung zu dieser Leistung, um die es bei dem doppelten Fremdvergleich gehe, die aber nicht automatisch aus der Teilentgeltlichkeit der Leistung folge.[105]

Der BFH nahm die Entscheidung vom 19. Mai 1998[106] zur Gelegenheit, seine Ausführungen zu dem doppelten Fremdvergleich zu ergänzen. In dem der Entscheidung zugrunde liegenden Fall hatte der Gesellschafter-Geschäftsführer einer nachträglichen Anpassung seiner Pensionszusage zugestimmt, um so die Kriterien der Erdienbarkeit zu erfüllen. Zu der steuerrechtlichen Beurteilung dieses „Teilverzichts" führte der BFH aus:

> *„Die Pensionszusage ist auch nicht deswegen als vGA zu beurteilen, weil [der beherrschende Gesellschafter-Geschäftsführer] im Änderungsvertrag vom 20. 7. 1986 teilweise auf seine aus dem Vertrag vom 1. 1. 1983 resultierenden Pensionsansprüche verzichtete. Zwar hat der Senat im Urteil vom 17. 5. 1995, I R 147–93 [...] im Fall einer sog. Nur-Pension ausgesprochen, daß eine vGA auch dann vorliegen kann, wenn eine Kapitalgesellschaft mit ihrem Gesellschafter eine an sich für sie günstige Vereinbarung trifft, ein gedachter Fremder aber einer solchen Vereinbarung nie zugestimmt hätte. Diese Rechtsprechung hat, jedenfalls was ihre Systematik angeht, vielfältige Kritik erfahren [...]. Der Streitfall bietet keine Gelegenheit, hierzu grundsätzlich Stellung zu nehmen.*
>
> *Nach der genannten Entscheidung "kann" eine Vermögensminderung durch das Gesellschaftsverhältnis veranlaßt sein, wenn ein Nicht-Gesellschafter der für die Kapitalgesellschaft günstigen Vereinbarung nicht zugestimmt hätte. Zwingend ist dieser Schluß folglich nach der Rechtsprechung des erk. Senats nicht. Es sind vielmehr die Gesamtumstände des Einzelfalles zu berücksichtigen, die zu der für den Geschäftsführer nachteiligen Vereinbarung geführt haben."[107]*

Damit traf der BFH ausdrücklich *keine* Aussage zum grundsätzlichen Fortbestehen oder zur Aufgabe der Rechtsprechung zum „doppelten Fremdvergleich". Er merkte aber an, dass der Position des Gesellschafters bei der Beurteilung der gesellschaftlichen Veranlassung lediglich indizielle Bedeutung zukomme.[108] *Frotscher* geht selbst diese Indizwirkung noch zu weit. Die Interessen des Geschäftspartners seien allenfalls bis zum Abschluss des Vertrags, keineswegs aber danach mehr in die Veranlassungsüberlegungen einzubringen.[109]

---

[105] *Wassermeyer*, DStR 1996, 733, 734.

[106] *BFH*, Urt. v. 19.5.1998 – I R 36/97, BFHE 186, 226.

[107] *BFH*, Urt. v. 19.5.1998 – I R 36/97, BFHE 186, 226 unter II.3.

[108] *F. Lang*, in: D/P/M, KStG, § 8 Abs. 3 Teil C Rn. 120; so auch *Gosch*, in: Gosch, KStG, § 8 Rn. 362; *Frotscher*, in: Frotscher/Drüen, KStG, Anhang zu § 8 Rn. 190a.

[109] *Frotscher*, in: Frotscher/Drüen, KStG, Anhang zu § 8 Rn. 191b.

Die Ausführungen in dem Urteil vom 19. Mai 1998[110] lassen sich im Wesentlichen mit den oben dargestellten Ausführungen von *Wassermeyer* zum doppelten Fremdvergleich als Unterfall des Ernsthaftigkeitskriteriums vereinbaren. Ist das Geschäft aus der Perspektive des Gesellschafters unüblich, so ist dies ein Indiz für dessen mangelnde Ernsthaftigkeit. Es ist dem Steuerpflichtigen aber unbenommen, die Ernsthaftigkeit auf andere Weise darzulegen.

Schlägt die Indizwirkung des doppelten Fremdvergleichs im Ergebnis durch, so führt dies dementsprechend zu einer verdeckten Gewinnausschüttung dem Grunde nach.[111]

11.2.1.1.5 Der formelle Fremdvergleich (sogenannte „Sonderbedingungen" für beherrschende Gesellschafter)

Während die vorgenannten Maßstäbe grundsätzlich für alle Gesellschafter gelten, macht die Rechtsprechung die steuerrechtliche Anerkennung von Leistungen zwischen der Gesellschaft und ihrem beherrschenden Gesellschafter von dem Vorliegen zusätzlicher „Sonderbedingungen" abhängig. Da diese Voraussetzungen größtenteils formeller Natur sind, werden diese Sonderbedingungen auch als „formeller Fremdvergleich" bezeichnet.[112]

Danach ist eine Leistung zwischen der Gesellschaft und ihrem beherrschenden Gesellschafter ungeachtet ihrer Angemessenheit als verdeckte Gewinnausschüttung einzustufen, wenn sie nicht auf Basis einer

- zivilrechtlich wirksamen,
- klaren und eindeutigen,
- zuvor abgeschlossenen
- und tatsächlich durchgeführten

---

[110]*BFH*, Urt. v. 19.5.1998 – I R 36/97, *BFHE* 186, 226 unter II.3.

[111]A. A. *Gosch*, in: Gosch, KStG, § 8 Rn. 363, der auch eine partielle vGA für möglich hält; ähnlich wohl auch *Wassermeyer*, DStR 1996, 733, 734.

[112]Vgl. bspw. *Gosch*, in: Gosch, KStG, § 8 Rn. 318 ff.; kritisch *F. Lang*, in: D/P/M, KStG, § 8 Abs. 3 Teil C Rn. 206.

Vereinbarung beruht.[113] Diese Voraussetzungen entsprechen inzwischen[114] im Wesentlichen denen, die bei der Anerkennung von Verträgen unter Angehörigen zugrunde gelegt werden. Sie sind allerdings nicht vollständig identisch.[115] Die Ratio hinter diesen Sonderbedingungen ist in der erhöhten Möglichkeit der Einflussnahme des beherrschenden Gesellschafters zu suchen. Er kann aufgrund seiner Stimmmehrheit[116] und dem damit einhergehenden fehlenden „Interessensgegensatz"[117] in der Regel frei entscheiden, ob er mit seiner Gesellschaft auf schuldrechtlicher oder gesellschaftlicher Ebene interagiert.[118] Dies steigert die abstrakte Gefahr der Vermengung beider Ebenen. Um zu vermeiden, dass der Gesellschafter in missbräuchlicher Weise *ex post* entscheidet, welche Ebene für ihn zu einem vorzugswürdigen Ergebnis führt, muss er sich daher *ex ante* und nach außen sichtbar für eine Variante entscheiden.[119]

---

[113] *BFH*, Urt. v. 2.5.1974 – I R 194/72, *BFHE* 112, 476; Urt. v. 10.6.1987 – I R 149/83, *BFHE* 150, 524 unter II.2.a); Urt. v. 11.12.1985 – I R 164/82, *BFHE* 146, 126 unter I.2; *Gosch*, in: Gosch, KStG, § 8 Rn. 318; *F. Lang*, in: D/P/M, KStG, § 8 Abs. 3 Teil C Rn. 200.

[114] Vgl. Fn. 14.

[115] Vgl. *BFH*, Urt. v. 28.10.1987 – I R 22/84, *BFH/NV* 1989, 131; *F. Lang*, in: D/P/M, KStG, § 8 Abs. 3 Teil C Rn. 201; siehe auch bereits oben Fn. 14.

[116] Zu den Besonderheiten bei einer AG (fehlendes Weisungsrecht der Gesellschafter gegenüber dem Vorstand vgl. auch *F. Lang*, in: D/P/M, KStG, § 8 Abs. 3 Teil C Rn. 228 ff. unter Verweis auf *BFH*, Urt. v. 15.12.1971 – I R 76/68, *BFHE* 104, 530 unter I.; Urt. v. 30.7.1975 – I R 110/72, *BFHE* 117, 36 unter I.2.b); Urt. v. 18.12.2002 – I R 93/01, *BFH/NV* 2003, 946 unter II.1. Abweichend von der Rechtsprechung (Urt. v. 13.12.1989 – I R 99/87, *BFHE* 159, 338 unter 2.b); Urt. v. 21.7.1976 – I R 223/74, *BFHE* 119, 453 unter 2.a)) stellt *Oppenländer* für die Beherrschungsfrage bei einem Abweichen der Stimmrechte von der Gewinnbeteiligung maßgeblich auf die Beteiligung am Gewinn ab (*Oppenländer*, Verdeckte Gewinnausschüttung 2004, S. 118).

[117] *BFH*, Urt. v. 26.4.1989 – I R 172/87, *BFHE* 157, 138 unter II.B.1.a); Urt. v. 22.2.1989 – I R 9/85, *BFHE* 156, 428 unter II.1; vgl. auch *Bauschatz*, Verdeckte Gewinnausschüttung und Fremdvergleich 2001, S. 71.

[118] Wie *Oppenländer* richtig feststellt, wird diese Entscheidung nicht zwingend durch missbräuchliche Absichten getrieben, sondern lässt sich auch „rational ökonomisch erklären". Statt über ein sofortiges Entgelt wird der Gesellschafter durch eine spätere erhöhte Partizipation an dem Gesellschaftsgewinn entlohnt, *Oppenländer*, Verdeckte Gewinnausschüttung 2004, S. 114. Vgl. auch *BFH*, Beschluss v. 26.10.1987 – GrS 2/86, *BFHE* 151, 523 unter C.I.3.c).

[119] *F. Lang*, in: D/P/M, KStG, § 8 Abs. 3 Teil C Rn. 201; *Frotscher*, in: Frotscher/Drüen, KStG, Anhang zu § 8 Rn. 143.

Das Erfordernis der zivilrechtlichen Wirksamkeit[120] beruht auf dem Gedanken, dass fremde Dritte nur wirksame Vereinbarungen gegen sich gelten ließen.[121] Die zivilrechtlich wirksame Vereinbarung dient dem Zweck, die Abgrenzung zwischen schuldrechtlicher und gesellschaftlicher Ebene nach außen sichtbar zu machen.[122] Sie soll zudem verhindern, dass sich der beherrschende Gesellschafter *ex post* entscheidet, doch auf gesellschaftlicher Ebene handeln zu wollen.[123]

Der BFH lässt inzwischen jedoch gewisse ‚Auflockerungen' von dem strikten Wirksamkeitserfordernis zu:[124] Bestehen zivilrechtliche Unklarheiten, so wird es als ausreichend angesehen, wenn sich der Steuerpflichtige Rechtsrat einholt und dementsprechend vorgeht.[125] Auch eine schwebende Unwirksamkeit ist unschädlich, solange das Wirksamkeitshindernis in der Folgezeit beseitigt wird.[126] Schließlich ist diese Voraussetzung auch nicht vor dem Hintergrund des § 41 Abs. 1 AO überflüssig: Denn diese Vorschrift, nach der die Unwirksamkeit eines Rechtsgeschäfts für die Besteuerung unerheblich ist, soweit und solange die Beteiligten das wirtschaftliche Ergebnis des Rechtsgeschäfts gleichwohl eintreten und bestehen lassen, trifft keine Aussage dazu, ob das wirtschaftliche Ergebnis aufgrund betrieblicher oder gesellschaftlicher Veranlassung akzeptiert wird.[127] Genau auf diese Unterscheidung kommt es aber im Rahmen der verdeckten Gewinnausschüttung an.

Die Forderung, die Vereinbarung müsse klar und eindeutig sein, soll sicherstellen, dass die vertraglich geschuldeten Leistungen dem Grunde und der Höhe nach

---

[120]Für eine beispielhafte Aufzählung der für die zivilrechtliche Wirksamkeit maßgeblichen Voraussetzungen, vgl. *F. Lang*, in: D/P/M, KStG, § 8 Abs. 3 Teil C Rn. 238.

[121]*Gosch*, in: Gosch, KStG, § 8 Rn. 326; *F. Lang*, in: D/P/M, KStG, § 8 Abs. 3 Teil C Rn. 234.

[122]*Frotscher*, in: Frotscher/Drüen, KStG, Anhang zu § 8 Rn. 143 unter Verweis auf *BFH*, Urt. v. 31.5.1995 – I R 64/94, *BFHE* 178, 321 unter II.2.

[123]*F. Lang*, in: D/P/M, KStG, § 8 Abs. 3 Teil C Rn. 235.

[124]Vgl. *Frotscher*, in: Frotscher/Drüen, KStG, Anhang zu § 8 Rn. 146; *Wassermeyer*, in: StbJb 1997/98, S. 79, 94.

[125]*BFH*, Urt. v. 31.5.1995 – I R 64/94, *BFHE* 178, 321; *Gosch*, in: Gosch, KStG, § 8 Rn. 328; *F. Lang*, in: D/P/M, KStG, § 8 Abs. 3 Teil C Rn. 243.

[126]*BFH*, Urt. v. 23.10.1996 – I R 71/95, *BFHE* 181, 328; *Gosch*, in: Gosch, KStG, § 8 Rn. 328; *Frotscher*, in: Frotscher/Drüen, KStG, Anhang zu § 8 Rn. 165.

[127]*Gosch*, in: Gosch, KStG, § 8 Rn. 326; vgl. auch *F. Lang*, in: D/P/M, KStG, § 8 Abs. 3 Teil C Rn. 237 m. w. N.; ähnlich auch *Wassermeyers* Ausführungen zum Verhältnis der Ernsthaftigkeit zu § 117 BGB, vgl. *Wassermeyer*, GmbHR 1998, 157, 160.

hinreichend bestimmbar sind.[128] Auch dieses Erfordernis soll letztlich einer nachträglichen „Anpassung" durch den beherrschenden Gesellschafter und damit der erhöhten Manipulationsgefahr[129] vorbeugen. Besondere Formerfordernisse, insbesondere ein Schriftformerfordernis, können hieraus jedoch nicht abgeleitet werden.[130] Ist die Vereinbarung auslegungsbedürftig, so ist dies unschädlich, solange sie auslegungsfähig ist.[131] Insoweit dürfen an Verträge zwischen dem beherrschenden Gesellschafter und seiner Gesellschaft keine strengeren Anforderungen als zwischen unabhängigen Dritten gestellt werden.

Darüber hinaus muss die Vereinbarung im Vorhinein, d. h. vor der Erbringung der Leistung, abgeschlossen worden sein.[132] Diese Voraussetzung, die auch unter den Begriffen „Rückwirkungsverbot" oder „Nachzahlungsverbot"[133] bekannt ist, soll wiederum absichern, dass der Gesellschafter von Anfang vorhatte, auf schuldrechtlicher und nicht auf gesellschaftlicher Ebene mit seiner Gesellschaft zu verkehren.[134]

Schließlich muss die Vereinbarung auch tatsächlich durchgeführt werden. In diesem Merkmal kommt besonders deutlich zum Ausdruck, dass es sich bei den Sonderbedingungen letztlich um einen Unterfall des Ernsthaftigkeitskriteriums handelt.[135] Auch dort wird die tatsächliche Durchführung als Indiz für die Ernsthaftigkeit der Vereinbarung behandelt.[136]

---

[128] *Gosch*, in: Gosch, KStG, § 8 Rn. 323; *Frotscher*, in: Frotscher/Drüen, KStG, Anhang zu § 8 Rn. 167.

[129] *Gosch*, in: Gosch, KStG, § 8 Rn. 318.

[130] *Gosch*, in: Gosch, KStG, § 8 Rn. 324; *Frotscher*, in: Frotscher/Drüen, KStG, Anhang zu § 8 Rn. 150. Davon unberührt bleiben gesetzliche Formerfordernisse, deren Fehlen bereits zur Formnichtigkeit i. S. d. § 125 BGB führt, vgl. *Frotscher*, in: Frotscher/Drüen, KStG, Anhang zu § 8 Rn. 153. Diese Formerfordernisse betreffen die Sonderbedingung der zivilrechtlichen Wirksamkeit.

[131] *BFH*, Urt. v. 4.12.1991 – I R 63/90, BFHE 166, 279 unter II.3; Urt. v. 25.10.1995 – I R 9/95, BFHE 179, 270 unter II.2.b); *Gosch*, in: Gosch, KStG, § 8 Rn. 324; *Frotscher*, in: Frotscher/Drüen, KStG, Anhang zu § 8 Rn. 150, 169; *F. Lang*, in: D/P/M, KStG, § 8 Abs. 3 Teil C Rn. 269.

[132] *BFH*, Urt. v. 11.12.1991 – I R 49/90, BFHE 166, 545 unter II.2.c); *Gosch*, in: Gosch, KStG, § 8 Rn. 325; *Frotscher*, in: Frotscher/Drüen, KStG, Anhang zu § 8 Rn. 163; *F. Lang*, in: D/P/M, KStG, § 8 Abs. 3 Teil C Rn. 276.

[133] *Gosch*, in: Gosch, KStG, § 8 Rn. 325.

[134] *Frotscher*, in: Frotscher/Drüen, KStG, Anhang zu § 8 Rn. 163; *F. Lang*, in: D/P/M, KStG, § 8 Abs. 3 Teil C Rn. 276.

[135] Vgl. *Gosch*, in: Gosch, KStG, 331; *F. Lang*, in: D/P/M, KStG, § 8 Abs. 3 Teil C Rn. 201; siehe auch *Wassermeyer*, DStR 1996, 733, 734.

[136] Vgl. oben 11.2.1.1.2.

Ob die Vereinbarung tatsächlich durchgeführt wurde, bestimmt sich dabei anhand eines Ist-Soll-Vergleichs.[137] Wurden Dauerschuldverhältnisse zeitweise tatsächlich nicht durchgeführt, so hat dies nicht zwangsläufig die Vermutung einer gesellschaftlichen Veranlassung für das gesamte Dauerschuldverhältnis zur Folge; vielmehr ist hier eine Aufteilung entsprechend dem tatsächlich durchgeführten Anteil zulässig.[138]

Die mit den Sonderbedingungen formulierten erhöhten Anforderungen an eine Vereinbarung zwischen Gesellschafter und Gesellschaft sahen sich in der Literatur vielfältiger Kritik ausgesetzt.[139] Insbesondere gegen die Voraussetzung der zivilrechtlichen Wirksamkeit wurde vorgetragen, sie orientiere sich zu sehr an Formalien[140] und entspreche nicht dem Fremdvergleichsgedanken[141] oder dem Leistungsfähigkeitsprinzip[142].

So führe die zivilrechtliche Unwirksamkeit eines Vertrags auch unter fremden Dritten nicht stets dazu, dass sich diese nicht mehr an den Vertrag gebunden fühlten.[143] Insoweit entspreche sie nicht dem tatsächlichen Fremdvergleich.[144] *Frotscher* will die Anwendung der Sonderbedingungen deshalb nicht auf die Fälle erstrecken, in denen an dem schuldrechtlichen Charakter der Beziehung kein Zweifel besteht.[145] Allerdings räumt *Lang* in diesem Zusammenhang auch ein, dass sich eine zivilrechtliche Unwirksamkeit zwischen fremden Dritten anders als zwischen Nahestehenden durch den natürlichen Interessengegensatz zwischen den Parteien auflösen lasse und wirksame Vereinbarungen daher eher der Vermeidung von Rechtsstreitigkeiten dienten.[146]

---

[137] *Gosch*, in: Gosch, KStG, § 8 Rn. 332.

[138] *BFH*, Urt. v. 21.12.1994 – I R 65/94, BFHE 176, 571 unter II.B.3; Urt. v. 28.11.2001 – I R 44/00, BFH/NV 2002, 543 unter II.2; *Gosch*, in: Gosch, KStG, § 8 Rn. 331; *F. Lang*, in: D/P/M, KStG, § 8 Abs. 3 Teil C Rn. 281.

[139] *Schwedhelm*, in: Streck, KStG, § 8 Rn. 321 ff.; *Frotscher*, in: Frotscher/Drüen, KStG, Anhang zu § 8 Rn. 147, 165a.

[140] Vgl. *Schwedhelm*, in: Streck, KStG, § 8 Rn. 321; *Gosch* plädiert vor diesem Hintergrund gegen eine Verselbständigung der formalen Aspekte hin zu eigenen Tatbestandsmerkmalen, *Gosch*, in: Gosch, KStG, § 8 Rn. 321.

[141] *Gosch*, in: Gosch, KStG, § 8 Rn. 327.

[142] *Frotscher*, in: Frotscher/Drüen, KStG, Anhang zu § 8 Rn. 165a ff.

[143] *Gosch*, in: Gosch, KStG, § 8 Rn. 327; vgl. *F. Lang*, in: D/P/M, KStG, § 8 Abs. 3 Teil C Rn. 206.

[144] Vgl. *Gosch*, in: Gosch, KStG, § 8 Rn. 327.

[145] *Frotscher*, in: Frotscher/Drüen, KStG, Anhang zu § 8 Rn. 147; mit Einschränkungen zustimmend *F. Lang*, in: D/P/M, KStG, § 8 Abs. 3 Teil C Rn. 204.

[146] *F. Lang*, in: D/P/M, KStG, § 8 Abs. 3 Teil C Rn. 206.

Gegen die Kritik *Frotschers*, die Sonderbedingungen entsprächen nicht dem Leistungsfähigkeitsprinzip, wendet *Gosch*[147] ein, dass dies auch gar nicht der unmittelbare Zweck der Sonderbedingungen sei. Vielmehr beträfen sie die davor zunächst zu klärende Vorfrage, ob der Vorgang gesellschaftlich (mit-)veranlasst sei. Die Sonderbedingungen seien insoweit Ausdruck des hypothetischen Fremdvergleichs.

Oppenländer betrachtet die Sonderbedingungen hingegen vor dem Hintergrund eines dem Gesellschafter zustehenden „doppelten Wahlrechts". Danach habe der Gesellschafter zunächst auf 1. Stufe die Wahl, ob er seine Leistung gegenüber seiner Gesellschaft auf gesellschaftlicher oder auf schuldrechtlicher Grundlage erbringen wolle.[148] Entscheide er sich für eine Leistungserbringung auf schuldrechtlicher Grundlage, so habe er zudem auf 2. Stufe die Wahl zwischen fremdvergleichskonformen Bedingungen (angemessenes Entgelt) oder fremdvergleichswidrigen Bedingungen (unangemessen niedriges Entgelt).[149] Die sich aus dem Wahlrecht ergebenden Gestaltungsmöglichkeiten machten die Auferlegung besonderer Anforderungen im Interesse einer gleichmäßigen Besteuerung erforderlich[150] und mit der Dogmatik der verdeckten Gewinnausschüttung vereinbar.[151] Die Beschränkung auf beherrschende Gesellschafter sei Ausfluss einer sachgerechten Beweisrisikoverteilung.[152]

Oppenländer geht davon aus, dass die Unterkriterien des Fremdvergleichs insgesamt der „Abschichtung entscheidungserheblicher (Indiz-)Sachverhalte [...] zum Zwecke der Konkretisierung der Mitwirkungspflichten dien[t]en"[153]. Lägen die Voraussetzungen eines der Unterkriterien vor und könne der Steuerpflichtige nicht substantiiert zu der ausschließlich betrieblichen Veranlassung vortragen, so gehe von den Unterkriterien eine Beweisvermutung aus, die zu einer Beweismaßreduzierung führe, „die eine Besteuerung nach dem Sachverhalt ermöglich[e], für den die größte Wahrscheinlichkeit [spreche]".[154]

Der BFH hat der Kritik durch die bereits genannten ‚Auflockerungen' der Sonderbedingungen[155] Rechnung getragen, hält aber grundsätzlich an ihnen

---

[147]*Gosch*, in: Gosch, KStG, § 8 Rn. 327.

[148]*Oppenländer*, Verdeckte Gewinnausschüttung 2004, S. 115.

[149]*Oppenländer*, Verdeckte Gewinnausschüttung 2004, S. 116.

[150]*Oppenländer*, Verdeckte Gewinnausschüttung 2004, S. 116.

[151]*Oppenländer*, Verdeckte Gewinnausschüttung 2004, S. 119.

[152]*Oppenländer*, Verdeckte Gewinnausschüttung 2004, S. 117 f., 119.

[153]*Oppenländer*, Verdeckte Gewinnausschüttung 2004, S. 202.

[154]*Oppenländer*, Verdeckte Gewinnausschüttung 2004, S. 203.

[155]Vgl. bspw. Fn. 125 und 126.

fest. Liegen die genannten Sonderbedingungen nicht vor, so gilt die Vermutung, dass der Gesellschafter nicht ernsthaft auf schuldrechtlicher Ebene mit seiner Gesellschaft interagieren wollte, sondern lediglich im Nachhinein diesen Weg wählt.[156] Wie bei dem Ernsthaftigkeitskriterium spricht der Anschein damit für eine gesellschaftliche Veranlassung bereits dem Grunde nach. Die gesamte seitens der Gesellschaft gewährte Leistung ist damit als verdeckte Gewinnausschüttung zu werten.[157] Auf die Angemessenheit der Höhe nach kommt es dann nicht mehr an.[158] Der formelle Fremdvergleich betrifft die Rechtsbeziehung zwischen Gesellschaft und ihrem beherrschenden Gesellschafter ihrem Grunde nach. Lediglich wenn sich die Leistung der Kapitalgesellschaft in mehrere selbstständige Leistungsbestandteile aufspalten lässt und nur einer dieser Bestandteile die Sonderbedingungen nicht erfüllt, ist eine Beschränkung der verdeckten Gewinnausschüttung auf diesen Bestandteil denkbar.[159]

Auch wenn die Rechtsprechung zu den Sonderbedingungen in den letzten Jahren gewisse ‚Auflockerungen' erfahren hat und die Widerlegung der Anscheinsvermutung zwar theoretisch möglich ist, bleibt sie praktisch aber die Ausnahme.[160] Dass dem Steuerpflichtigen grundsätzlich die Möglichkeit zum „Gegenbeweis" eröffnet sein muss, ergibt sich aus dem „Oder-Konto-Beschluss"[161] des Bundesverfassungsgerichts.[162] Danach ist die Heranziehung äußerer Merkmale als Beweisanzeichen (Indizien) grundsätzlich zulässig.[163] Dies gilt aber nur, wenn ein Sachverhalt nicht schon aus anderen Quellen mit hinreichender Sicherheit festgestellt werden kann.[164] Es ist daher stets im Einzelfall zu entscheiden, ob die Indizien auch einen Rückschluss auf eine Veranlassung durch das Gesellschaftsverhältnis zulassen.[165] Dennoch beschränken sich die Fälle, in

---

[156]Vgl. *BFH*, Urt. v. 23.10.1996 – I R 71/95, *BFHE* 181, 328 unter II.2; Urt. v. 17.12.1997 – I R 70/97, *BFHE* 185, 224 unter II.2; siehe auch *Gosch*, in: Gosch, KStG, § 8 Rn. 318 ff.

[157]*F. Lang*, in: D/P/M, KStG, § 8 Abs. 3 Teil C Rn. 295.

[158]*Gosch*, in: Gosch, KStG, § 8 Rn. 334.

[159]*F. Lang*, in: D/P/M, KStG, § 8 Abs. 3 Teil C Rn. 295.

[160]Vgl. *Gosch*, in: Gosch, KStG, § 8 Rn. 333; *Wassermeyer*, DB 1987, 1113, 1118.

[161]*BVerfG*, Kammerbeschluss v. 7.11.1995 – 2 BvR 802/90, BStBl II 1996, 34.

[162]*F. Lang*, in: D/P/M, KStG, § 8 Abs. 3 Teil C Rn. 203, wonach die Aussagen des Beschlusses zu den Angehörigenverträgen auch auf das Verhältnis des beherrschenden Gesellschafters zu seiner Kapitalgesellschaft übertragen werden müssen.

[163]*BVerfG*, Kammerbeschluss v. 7.11.1995 – 2 BvR 802/90, BStBl II 1996, 34 unter B.I.1.

[164]*BVerfG*, Kammerbeschluss v. 7.11.1995 – 2 BvR 802/90, BStBl II 1996, 34 unter B.I.1 a. E.

[165]Vgl. *BFH*, Urt. v. 29.10.1997 – I R 24/97, *BFHE* 184, 480 unter II.2; Urt. v. 23.10.1996 – I R 71/95, *BFHE* 181, 328 unter II.2.

denen ausnahmsweise entgegen den Sonderbedingungen keine gesellschaftliche Veranlassung angenommen wurde, auf wenige Konstellationen.[166]

11.2.1.2 Die systematische Verortung des Fremdvergleichsgrundsatzes

Die Absage des Bundesverfassungsgerichts in seinem Oder-Beschluss an die Verselbstständigung einzelner Indizien hin zu Tatbestandsmerkmalen wertete *Pezzer* dahingehend, dass das Bundesverfassungsgericht eine „deutliche Unterscheidung von rechtlichen Maßstäben einerseits sowie Tatsachenfeststellung und Beweiswürdigung andererseits"[167] vorgenommen habe. Er spielt damit auf einen zentralen ‚Streitpunkt' zwischen dem I. und v. a. dem IX. Senat des BFH – jeweils unterstützt von Stimmen der Literatur – über die systematische Verortung des Fremdvergleichs an.

Während einige den Fremdvergleich als eine verfahrensrechtliche Frage einordnen, sehen andere den Fremdvergleich als eine Frage des materiellen Rechts an.

So vertreten der IX. Senat[168] unterstützt von *Wolff-Diepenbrock*[169] und *Pezzer*[170] die Auffassung, die Rechtsgrundlage für den Fremdvergleich sei im Amtsermittlungs- und Untersuchungsgrundsatz der §§ 85, 88 AO bzw. § 76 FGO zu suchen. Sie sehen den Fremdvergleichsgrundsatz nicht als Tatbestandsmerkmal der betrieblichen Veranlassung, sondern als Hilfskriterium zur Ermittlung des Sachverhalts an.[171]

Der IX. Senat führt hierzu aus:

---

[166]Für eine Übersicht dieser Ausnahmefälle siehe *Frotscher*, in: Frotscher/Drüen, KStG, Anhang zu § 8 Rn. 146.

[167]*Pezzer*, DStZ 2002, 850, 852.

[168]*BFH*, Urt. v. 28.6.2002 – IX R 68/99, *BFHE* 199, 380 unter II.1.b); Urt. v. 15.10.2002 – IX R46/01, *BFHE* 200, 372 unter II.2.b); ähnlich auch andere Einkommensteuersenate vgl. Urt. v. 21.10.2014 – VIII R 21/12, *BFHE* 247, 538.

[169]*Wolff-Diepenbrock*, FS Beisse, S. 581, 584 f. *Wolff-Diepenbrock* klammert die verdeckte Gewinnausschüttung ausweislich seiner Schlussbemerkungen (*Wolff-Diepenbrock*, FS Beisse, S. 581, 597) ausdrücklich von seinen Fremdvergleichsüberlegungen aus und konzentriert sich auf die steuerliche Anerkennung von Angehörigenverträgen. Da diese Fremdvergleichskriterien aber inzwischen weitgehend mit den Sonderbedingungen bei der vGA übereinstimmen (vgl. bereits oben Fn. 14), lassen sich diese Überlegungen auch auf den Fremdvergleich i. R. d. vGA übertragen, so wohl auch *Wassermeyer*, FS Offerhaus, S. 405, 409; *Gosch*, in: Gosch, KStG, § 8 Rn. 288.

[170]*Pezzer*, DStZ 2002, 850, 854.

[171]*Wolff-Diepenbrock*, FS Beisse, S. 581, 585 ff.

> *„Rechtsgrundlage des Fremdvergleichs sind die §§ 85, 88 AO 1977 und § 76 Abs. 1 FGO. Er ermöglicht auf Grund einer Würdigung von Beweisanzeichen den Schluss, aus welchen Gründen ein Leistungsaustausch unter Angehörigen stattgefunden hat, ob auf Grund eines den Tatbestand einer Einkunftsart erfüllenden Vertrages oder aus privaten, familiären Gründen. Erst das Ergebnis dieser der Tatsachenfeststellung zuzuordnenden Indizienwürdigung ermöglicht die nachfolgende rechtliche Subsumtion, ob es sich bei den Aufwendungen des Steuerpflichtigen um nicht abziehbare Privatausgaben (§ 12 EStG) oder aber um Werbungskosten (§ 9 EStG) oder Betriebsausgaben (§ 4 Abs. 4 EStG) handelt."*[172]

Mangels Tatbestandsqualität des Fremdvergleichs habe ein Fremdvergleichsverstoß auch keine unmittelbare Folge für die steuerliche Anerkennung, sondern gestatte lediglich Rückschlüsse auf das tatsächlich Vereinbarte und Durchgeführte; es sei vielmehr in Übereinstimmung mit dem „Oder-Konto"-Beschluss eine „Gesamtwürdigung" vorzunehmen.[173]

Wolff-Diepenbrock fordert zudem eine Rechtfertigung der Anwendung des Fremdvergleichs in jedem konkreten Fall.[174] Derartige Rechtfertigungen für einzelne Fremdvergleichsuntersuchungen, deren Art und Umfang gemäß § 88 Abs. 1 AO bzw. § 76 Abs. 1 FGO im Ermessen der Behörde bzw. des Gerichts stünden,[175] könnten sich nur aus konkreten Zweifeln an der betrieblichen Veranlassung ergeben.[176]

Pezzer betont den Unterschied zwischen der materiell-rechtlichen Frage der Veranlassung und der Feststellung des Sachverhalts und dessen rechtlicher Würdigung.[177] So sei in der Rechtsprechung des BFH bei problematischer (aber gemäß § 118 Abs. 2 FGO „revisionsfester") Tatsachenwürdigung durch die Vorinstanz die Tendenz zur Entwicklung eigener rechtlicher Maßstäbe zu beobachten. Um vor dem Hintergrund des § 118 Abs. 2 FGO eine Beweiswürdigung entbehrlich zu machen, werde ein allgemeiner Erfahrungssatz behauptet und das Urteil der Vorinstanz dann wegen fehlerhafter Rechtsanwendung aufgehoben.

---

[172] BFH, Urt. v. 28.6.2002 – IX R 68/99, BFHE 199, 380 unter II.1.b), dort zum Fremdvergleichsgrundsatz bei Angehörigenverträgen.

[173] *Wolff-Diepenbrock*, FS Beisse, S. 581, 590.

[174] *Wolff-Diepenbrock*, FS Beisse, S. 581, 585.

[175] *Wolff-Diepenbrock*, FS Beisse, S. 581, 585.

[176] *Wolff-Diepenbrock*, FS Beisse, S. 581, 588.

[177] *Pezzer*, DStZ 2002, 850, 852. Mit „rechtlicher Würdigung" scheint er dabei die beweisrechtliche Würdigung der vorgetragenen Tatsachen (und nicht etwa die Subsumtion) zu meinen, da er den Fremdvergleich ja gerade nicht als Teil des Subsumtionsvorgangs ansieht.

Auch der Beschluss des Großen Senats vom 27. November 1989[178] sei in dieser Hinsicht widersprüchlich, da er Tatfragen in Rechtsfragen umqualifiziere. So habe der Große Senat zwar zunächst auf Tatsachenebene angesetzt und festgestellt, dass die Veranlassungsfrage nur anhand äußerlicher Merkmale beurteilt werden könne, was es rechtfertige, äußere Merkmale als Beweisanzeichen (Indizien) für die Willensrichtung als maßgeblich zu erachten. Danach habe er aber mehr und mehr rechtliche Vorgaben gemacht und mit einem Rechtssatz auf die Vorlagefrage geantwortet.[179]

In diesem Kontext kritisiert[180] *Pezzer* auch die Vorgehensweise des I. Senats in der Entscheidung vom 27. März 2001[181]: Dort hatte der I. Senat zu dem Fremdvergleichsmaßstab ausgeführt:

> *„Die sich aus den statistischen Daten ergebende Üblichkeit lässt allein aber noch nicht erkennen, ob solche Vergütungen dem entsprechen, was fremde Dritte unter Beachtung des Verhaltens eines ordentlichen und gewissenhaften Geschäftsleiters vereinbaren. Der Fremdvergleich erfordert vielmehr auch eine wertende Beurteilung der empirisch gewonnenen Erkenntnisse. Angelegt wird ein normativer Maßstab [...], kein statistischer."*[182]

Diese Vorgehensweise habe mit dem Fremdvergleich als Indizienwürdigung nichts mehr zu tun.[183] Stattdessen plädiert er unter Verweis auf die bereits angeführte Entscheidung des IX. Senats vom 28. Juni 2002[184] dafür, dem konkreten (tatsächlichen) Fremdvergleich gegenüber dem abstrakten (hypothetischen) Fremdvergleich den Vorrang einzuräumen, wenn letzterer seinen indiziellen Beweiswert dadurch eingebüßt habe, dass das konkrete Verhalten des Steuerpflichtigen gegenüber Fremden ähnliche Unüblichkeiten aufweise.

---

[178]*BFH*, Beschluss v. 27.11.1989 – GrS 1/88, *BFHE* 158, 563.

[179]*Pezzer*, DStZ 2002, 850, 854.

[180]*Pezzer*, DStZ 2002, 850, 855.

[181]*BFH*, Urt. v. 27.3.2001 – I R 40/00, *BFHE* 195, 243.

[182]*BFH*, Urt. v. 27.3.2001 – I R 40/00, *BFHE* 195, 243 unter II.3.d).

[183]*Pezzer*, DStZ 2002, 850, 855.

[184]*BFH*, Urt. v. 28.6.2002 – IX R 68/99, *BFHE* 199, 380.

Demgegenüber vertreten der I. Senat[185] sowie *Wassermeyer*[186] und *Gosch*[187] die Ansicht, der Fremdvergleich finde seine Rechtsgrundlage in dem Veranlassungsprinzip und sei deshalb eine Frage des materiellen Rechts. Nach dieser Ansicht beinhaltet der Fremdvergleich einen normativen Maßstab.[188] Der Fremdvergleich setze damit erst bei der rechtlichen Würdigung, d. h. der Subsumtion des zuvor festgestellten Sachverhalts unter das materiell-rechtliche Veranlassungsprinzip an.[189] Die Beobachtung *Pezzers*, das Vorgehen des I. Senats habe mit dem Fremdvergleich als Indizienwürdigung (im Rahmen der Tatsachenfeststellung) nichts mehr zu tun, ist somit korrekt. Es ist aber dem unterschiedlichen Verständnis des I. Senats von der Rechtsgrundlage des Fremdvergleichs geschuldet.

Dafür bedient sich diese Ansicht vornehmlich des hypothetischen Fremdvergleichs und ergänzt die daraus gewonnenen Ergebnisse durch die „flankierende" Anwendung des tatsächlichen Fremdvergleichs.[190] Der Kritik der Gegenansicht, es sei unklar, woher der Richter wissen solle,[191] was unter Fremden üblich sei, begegnet diese Auffassung mit dem auch sonst anerkannten Instrument des allgemeinen Erfahrungssatzes.[192] Das Risiko, dass der Richter in seiner wertenden Betrachtung mal näher an und mal weiter entfernt von dem normativ Idealtypischen liege, sei nicht auf den Fremdvergleich beschränkt und lasse sich verfahrensrechtlich durch ausreichende Gelegenheit der Beteiligten zur Stellungnahme auffangen.[193]

Folgt man dieser Ansicht, so wäre die Anwendung des Fremdvergleichsmaßstabs revisibel.[194] Denn Verstöße gegen allgemeine Erfahrungssätze werden von

---

[185] *BFH*, Urt. v. 27.3.2001 – I R 40/00, *BFHE* 195, 243 unter II.3.d).

[186] *Wassermeyer*, in: Piltz/Schaumburg, Forum Int Besteuerung Bd. 20, S. 25, 41; *Wassermeyer*, FS Offerhaus, S. 405, 407; *Wassermeyer*, GmbHR 1986, 26, 27; *Wassermeyer*, in: StbJb 1998/99, S. 157, 161.

[187] *Gosch*, in: Gosch, KStG, § 8 Rn. 290.

[188] *BFH*, Urt. v. 27.3.2001 – I R 40/00, *BFHE* 195, 243 unter II.3.d); Beschluss v. 3.3.2009 – I B 51/08, *BFH/NV* 2009, 1280 unter II.3; *Gosch*, in: Gosch, KStG, § 8 Rn. 290 m. w. N.; vgl. auch *Baumhoff/Ditz/Greinert*, IStR 2005, 592, 594.

[189] *Gosch*, in: Gosch, KStG, § 8 Rn. 288; *Baumhoff/Ditz/Greinert*, IStR 2005, 592, 594; *Wassermeyer*, FS Offerhaus, S. 405, 407.

[190] *Gosch*, in: Gosch, KStG, § 8 Rn. 290.

[191] Vgl. *Pezzer*, DStZ 2002, 850, 854; *Wolff-Diepenbrock*, FS Beisse, S. 581, 583.

[192] *Wassermeyer*, FS Offerhaus, S. 405, 409.

[193] Vgl. *Wassermeyer*, FS Offerhaus, S. 405, 409.

[194] *Wassermeyer*, in: StbJb 1997/98, S. 79, 90.

der Bindungswirkung des § 118 Abs. 2 FGO nicht erfasst.[195] Trotz der Anregung der Literatur[196] haben weder der I. Senat noch die Einkommensteuer-Senate die Frage nach der korrekten Rechtsgrundlage für den Fremdvergleich dem Großen Senat vorgelegt. Beide Auffassungen bestehen nach wie vor nebeneinander fort.

11.2.1.3 Stellungnahme

Jede Systematisierung der dargestellten Hilfskriterien des Maßstabs des ordentlichen und gewissenhaften Geschäftsleiters als Grundfall der gesellschaftlichen Veranlassung enthält eine Bewertung dieser Hilfskriterien. Eine derartige Bewertung setzt aber die Identifizierung des dafür maßgeblichen Maßstabs voraus. Daher ist die Beantwortung der logischen Vorfrage, auf welcher Ebene der Fremdvergleichsgrundsatz zu verorten ist, für die Systematisierung der verschiedenen Hilfskriterien des Fremdvergleichsgrundsatzes zwingend. Denn der Maßstab bestimmt sich nach der systematischen Verortung, die sich wiederum nach der dem Fremdvergleichsgrundsatz zugrunde liegenden Rechtsgrundlage richtet.[197]

Verortet man den Fremdvergleich also auf verfahrensrechtlicher Ebene und sieht die Rechtsgrundlage des Fremdvergleichs dementsprechend in §§ 85, 88 AO bzw. § 76 FGO so sind die statistisch-empirischen Verhältnisse für die Bestimmung des unter Fremden „Üblichen" maßgeblich. Der Fremdvergleich wird damit zu einer konkreten Tatsachenfrage, d. h. zu einem Abbild der tatsächlichen Verhältnisse. Dies entspräche dem konkreten Fremdvergleich in seiner engen Ausprägung des internen Betriebsvergleichs und seiner weiten Ausprägung des externen Betriebsvergleichs.

Siedelt man den Fremdvergleich hingegen auf materiell-rechtlicher Ebene an, weil man die Rechtsgrundlage des Fremdvergleichs in dem materiell-rechtlichen Veranlassungsprinzip erblickt, so ist dem Fremdvergleich ein normativer Maßstab zugrunde zu legen. Es ist also unter Berücksichtigung des Zwecks der verdeckten Gewinnausschüttung, nämlich die Einkommensverwendung von der Einkommenserzielung abzugrenzen, eine wertende Betrachtung vorzunehmen, wo

---

[195] So bspw. *BFH*, Beschluss v. 5.6.2012 – I R 51/11, *BFH/NV* 2012, 1800 unter II.1.a.aa); Beschluss v. 11.4.2002 – VII R 1/02, *BFH/NV* 2002, 950; vgl. auch *Ratschow*, in: Gräber, FGO, § 118 Rn. 54 f. m. w. N.

[196] *Gosch*, in: Gosch, KStG, § 8 Rn. 289; *Baumhoff/Ditz/Greinert*, IStR 2005, 592, 594.

[197] So auch *Gosch*, in: Gosch, KStG, § 8 Rn. 288.

die Grenze zwischen fremdüblichen Verhalten und verdeckter Einkommensverwendung liegt. Diese Ermittlung eines normativen Maßstabs „durch Nachdenken" entspricht dem hypothetischen Fremdvergleich.[198]

Die Ansicht, die das Veranlassungsprinzip als Rechtsgrundlage des Fremdvergleichs ansieht und den Fremdvergleich daher auf der Ebene des materiellen Rechts als Teil der Subsumtion unter dem Veranlassungsprinzip verortet, ist als vorzugswürdig anzusehen.

Dafür spricht zunächst der Zweck des Fremdvergleichsgrundsatzes, der die Grenze zwischen (verdeckter) Einkommensverwendung und Einkommenserzielung sichtbar machen soll. Das normative Veranlassungsprinzip soll durch den Fremdvergleichsgrundsatz ausgefüllt und konkretisiert werden. Eine Nivellierung der betrieblichen Verhältnisse durch eine statistische Durchschnittsbetrachtung – und sei es auch nur für steuerliche Zwecke – wird hingegen nicht angestrebt.

Geht man von diesem Zweck des Fremdvergleichsgrundsatzes aus, so kann aber für die Auffüllung eines normativen Begriffs nicht rein auf die tatsächlichen Verhältnisse zurückgegriffen werden.[199] Das veranschaulicht auch folgende Kontrollüberlegung: Würde man die tatsächlichen Verhältnisse als allein maßgeblich ansehen, so würde es lediglich einer ‚kritischen Masse' bedürfen, um im Extremfall eigentlich nach der subjektiven Zweckbestimmung gesellschaftlich veranlasste Vorgänge über das Mittel des tatsächlichen Fremdvergleichs für Zwecke des Veranlassungsprinzips steuerlich anerkennungsfähig zu machen. Das Veranlassungsprinzip wäre damit ohne normatives Korrektiv das, was die Mehrheit daraus macht.[200]

Das heißt nicht, dass die tatsächliche Praxis den normativen hypothetischen Fremdvergleich nicht beeinflusst. Ihrer Übernahme ist jedoch eine wertende Betrachtung vorgeschaltet. Die Antwort auf die Frage „Was machen die anderen?" ist nicht unreflektiert als Referenzgröße zu übernehmen, sondern vielmehr zusätzlich der Frage zu unterwerfen „Ist das aus Veranlassungsgesichtspunkten sachgerecht?".

---

[198] Vgl. Definition oben 11.2.1.1.

[199] So auch *Bauschatz,* Verdeckte Gewinnausschüttung und Fremdvergleich 2001, S. 77. A. A. hingegen *Oppenländer*, der aus der normativen Betrachtung i. R. d. Veranlassungsprinzips keineswegs eine zwingend normative Betrachtung des Fremdvergleichs ableiten will, vgl. *Oppenländer,* Verdeckte Gewinnausschüttung 2004, S. 169.

[200] Ähnlich *Gosch*, in: Gosch, KStG, § 8 Rn. 291 f.; *Gosch*, StBp 1998, 53 f.; vgl. auch die Anmerkung von *-sch*, DStR 1997, 1163 zu *BFH*, Urt. v. 19.3.1997 – I R 75/96, *BFHE* 183, 94; a. A. *Oppenländer,* Verdeckte Gewinnausschüttung 2004, S. 167 f.

Der Verortung auf materiell-rechtlicher Ebene folgend handelt es sich bei dem Maßstab des ordentlichen und gewissenhaften Geschäftsleiters um einen normativen Maßstab, der den hypothetische Fremdvergleich zum Inhalt hat.[201] Da aber bereits die Grunddefinition des BFH zugesteht, dass der Maßstab des ordentlichen Geschäftsführers lediglich „für den größten Teil der entschiedenen Fälle"[202] zur Bestimmung der gesellschaftlichen Veranlassung herangezogen werden kann, muss dem Steuerpflichtigen daneben stets auch die Möglichkeit belassen werden, einen konkreten Veranlassungsnachweis (ggf. unter Heranziehung des konkreten Fremdvergleichs) zu führen (dazu später).[203]

Um die Frage, wie ein ordentlicher und gewissenhafter Geschäftsleiter aus der Perspektive der Kapitalgesellschaft im Einzelfall gehandelt hätte, „durch Nachdenken" zu beantworten, muss man wiederum zwangsweise auf Üblichkeitsüberlegungen zurückgreifen. Dabei ist dieses Üblichkeitskriterium seinerseits normativ aufgeladen. Der Sinn und Zweck der verdeckten Gewinnausschüttung, die Einkommensverwendung von der Einkommenserzielung abzugrenzen, ist zu berücksichtigen. Danach ist grundsätzlich alles das mit der Sorgfalt eines ordentlichen und gewissenhaften Geschäftsleiters vereinbar, was aus Sicht der Kapitalgesellschaft üblicherweise noch nicht als Einkommensverwendung gilt, sondern noch zur Einkommenserzielung zählt.

Das Üblichkeitskriterium ist demnach kein selbstständiger Maßstab neben dem Maßstab des ordentlichen und gewissenhaften Geschäftsleiters[204], sondern vielmehr dessen ‚Grundausprägung' in Gestalt des hypothetischen Fremdvergleichs.[205] Diese Behandlung des Üblichkeitskriteriums als ‚Grundausprägung' des Maßstabs des ordentlichen und gewissenhaften Geschäftsleiters steht auch

---

[201] *Gosch*, in: Gosch, KStG, § 8 Rn. 300a; *F. Lang*, in: D/P/M, KStG, § 8 Abs. 3 Teil C Rn. 107; vgl. auch *Wassermeyer*, FS Offerhaus, S. 405, 416; kritisch auch *Bauschatz*, Verdeckte Gewinnausschüttung und Fremdvergleich 2001, S. 75 ff. m. w. N.

[202] Siehe Fn. 18.

[203] Angesichts des grds. indiziellen Charakters des Maßstabs des ordentlichen und gewissenhaften Geschäftsleiters ergibt sich dieses Erfordernis nicht zuletzt auch aus den Ausführungen des BVerfG in seinem „Oder-Konto"-Beschluss (*BVerfG*, Kammerbeschluss v. 7.11.1995 – 2 BvR 802/90, BStBl II 1996, 34).

[204] A. A. *Frotscher*, GmbHR 1998, 23, 28, vgl. oben 11.2.1.1.3.

[205] So ähnlich *Schuhmann*, FR 1994, 309, 314, der das Üblichkeitskriterium als „Grundlage" des Fremdvergleichs ansieht; im Grundsatz so wohl auch *Gosch*, in: Gosch, KStG, § 8 Rn. 345, wenn er davon spricht, dass es auch bei der Üblichkeit „im Kern […] jedenfalls wiederum (nicht anders als beim hypothetischen Fremdvergleich) darum [geht], sich dem ‚Üblichen' normativ im Wege des ‚Nachdenkens', zu nähern, ggf. unter Rückgriff auf das ‚Wesen der vGA'". Vgl. i. E. auch *Bauschatz*, Verdeckte Gewinnausschüttung und Fremdvergleich 2001, S. 78 allerdings mit anderen Begrifflichkeiten.

nicht im Widerspruch zu der Rechtsprechung des BFH, die dem Üblichkeits-kriterium lediglich Indizwirkung beimisst.[206] Denn wie bereits erwähnt, kann eine durch den Fremdvergleich und seine Hilfskriterien indizierte gesellschaft-liche Veranlassung stets durch einen konkreten Nachweis der betrieblichen Veranlassung entkräftet werden.

Dabei dürften die Hilfskriterien aber jedenfalls in der Praxis eher zu einer Umkehr der Beweislast und nicht lediglich zu einer Beweismaßreduzierung füh-ren.[207] Mit Hilfe der Hilfskriterien wird aus bestimmten Indizien typisierend eine Vermutung für eine gesellschaftliche Veranlassung abgeleitet. Als solche Typisierungen sind sie zwar mit Rücksicht auf die Rechtsprechung des BVerfG widerlegbar. Nicht zuletzt im Interesse der Rechtssicherheit muss dazu aber der Erschütterungsbeweis, d. h. der positive Beweis der ausschließlich betrieb-lichen Veranlassung erbracht werden. Im Ergebnis dürfte der Unterschied zu einer Beweismaßreduzierung aber wohl eher graduell sein, da die Wertungsge-sichtspunkte, die Bestandteil der Veranlassungsprüfung sind, letztlich auch in das Beweismaß miteinfließen.

Die Berücksichtigung des Zwecks der verdeckten Gewinnausschüttung bei dem Üblichkeitsbegriff stellt darüber hinaus sicher, dass nicht in die unternehmeri-sche Freiheit der Kapitalgesellschaft eingegriffen wird. Über die Frage der Ernst-haftigkeit (dazu sogleich) hinaus,[208] findet keine Angemessenheitsprüfung dem Grunde nach statt: Geschäfte, die zwar „unüblich" im Sinne einer Unangemes-senheit dem Grunde nach, aber ernsthaft gewollt (und tatsächlich durchgeführt) sind, fallen unter die unternehmerische Dispositionsfreiheit des Steuerpflichti-gen und sind einer steuerrechtlichen Korrektur entzogen.[209] Bei einem derartig zweckorientierten Verständnis des Üblichkeitskriteriums lässt sich die Sorge *Frot-schers*[210], das Üblichkeitskriterium sei mit dem Prinzip der Besteuerung nach der wirtschaftlichen Leistungsfähigkeit unvereinbar, also entkräften.

Da aber auch die Berücksichtigung des Zwecks der verdeckten Gewinnaus-schüttung nicht vollends vor der von *Gosch* angesprochenen Gefahr schützt, „dass der Rechtsanwender seine subjektiven Vorstellungen davon, was ‚üblich'

---

[206]Vgl. oben 11.2.1.1.3.

[207]A. A. *Oppenländer,* Verdeckte Gewinnausschüttung 2004, S. 211 f.

[208]Zur begrifflichen Nähe des Üblichkeitskriteriums zum Ernsthaftigkeitskriterium nach Ansicht der Literatur, vgl. oben 11.2.1.1.3.

[209]Vgl. auch *Gosch,* in: Gosch, KStG, § 8 Rn. 301d.

[210]*Frotscher*, GmbHR 1998, 23, 28.

ist, verallgemeinert und der ‚Wirklichkeit' entgegenstellt"[211], bedarf es der weiteren ausformenden Hilfskriterien, die die Rechtsprechung entwickelt hat. Dazu ist zwischen der gesellschaftlichen Veranlassung dem Grunde nach (oder auch dem Fremdvergleich dem Grunde nach) und der gesellschaftlichen Veranlassung der Höhe nach (oder auch dem Fremdvergleich der Höhe nach) zu unterscheiden.

Das Ernsthaftigkeitskriterium betrifft den Fremdvergleich dem Grunde nach und deckt den auf dieser Ebene anfallenden Korrekturbedarf im Kontext der verdeckten Gewinnausschüttung vollumfänglich ab. Eines weiteren Merkmals bedarf es auf dieser Ebene nicht.[212] Die aus der Rechtsprechung bekannten Kriterien, die zu einer „totalen vGA" führen, sind letztlich einzelne Ausprägungen des Ernsthaftigkeitskriteriums. Im Rahmen der Ernsthaftigkeitsprüfung ist zu fragen, ob ein ordentlicher und gewissenhafter Geschäftsleiter die der Vermögensminderung zugrunde liegende Vereinbarung überhaupt eingegangen wäre oder ob sie tatsächlich nicht ernst gemeint war.

Damit ist das Ernsthaftigkeitskriterium auch ein Unterfall des Fremdvergleichsgrundsatzes.[213] Die Frage der Ernsthaftigkeit einer Vereinbarung, meist nach außen sichtbar gemacht durch ihre tatsächliche Durchführung, ist nämlich auch bei einer Vereinbarung unter fremden Dritten Voraussetzung für ihre steuerliche Anerkennung.[214] Im innerstaatlichen Verfahrensrecht hat sich dieser Gedanke in den §§ 41, 42 AO niedergeschlagen.[215]

---

[211] *Gosch*, in: Gosch, KStG, § 8 Rn. 345.

[212] *Wassermeyer*, DStR 1996, 733, 734.

[213] Die Frage offen lassend *Gosch*, in: Gosch, KStG, § 8 Rn. 345. Vgl. auch *Oppenländer,* Verdeckte Gewinnausschüttung 2004, S. 128. Dabei ist nicht ganz klar, ob *Oppenländer* die Verneinung der Fremdvergleichsqualität des Sonderbedingungen losgelöst vom dem Ernsthaftigkeitskriterium nur auf ihre vier Voraussetzungen erstrecken will (die Ausführungen zur Durchführung des Fremdvergleichs durch den BFH, a. a. O., S. 128, scheinen dies zu suggerieren) oder ob er auch dem Ernsthaftigkeitskriterium abspricht, ein Unterfall des Fremdvergleichsgrundsatzes zu sein.

[214] Vgl. *Wassermeyer*, in: Wassermeyer, DBA, Art. 9 MA Rn. 128. So wohl auch *BFH*, Urt. v. 13.11.1996 – I R 53/95, *BFH/NV* 1997, 622 unter II.1; Urt. v. 22.11.1995 – I R 45/95, *BFH/NV* 1996, 645 unter II.1; Urt. v. 12.10.1995 – I R 127/94, *BFHE* 179, 258 unter II.2; Urt. v. 30.8.1995 – I R 155/94, *BFHE* 178, 371 unter II.1 („jedoch aus Gründen des Fremdvergleichs zu dem Schluß zwingt, daß es von Anfang an nicht ernstlich gewollt war"). Vgl. auch *Wassermeyer*, der darauf hinweist, dass sich die Nur-Gewinntantieme-Entscheidung auch unter Fremdvergleichsgesichtspunkten halten lasse, *Wassermeyer,* in: StbJb 1998/99, S. 157, 165.

[215] Vgl. *Fischer*, in: H/H/Sp, AO/FGO, § 41 AO Rn. 203.

Als eine der Ausprägungen des Ernsthaftigkeitskriteriums sind zunächst die Sonderbedingungen für beherrschende Gesellschafter zu nennen. Mit dem Erfordernis der tatsächlichen Durchführung erhalten die Sonderbedingungen bereits ein Indiz, das zur Ermittlung der Ernsthaftigkeit herangezogen wird.[216] Auch die zivilrechtliche Unwirksamkeit eines Vertrags hat der BFH bereits als Indiz für mangelnde Ernsthaftigkeit identifiziert.[217]

So ist *Oppenländer* zuzustimmen, wenn er die Sonderbedingungen vor dem Hintergrund des Wahlrechts des Gesellschafters zwischen einer Leistungserbringung auf gesellschaftlicher oder schuldrechtlicher Grundlage versteht.[218] Bei genauer Betrachtung betrifft das – nach *Oppenländer* – Wahlrecht der 2. Stufe (Wahlrecht hinsichtlich der Bedingungen des schuldrechtlichen Geschäfts) wie bereits das Wahlrecht der 1. Stufe die Wahl zwischen gesellschaftlicher oder schuldrechtlicher Grundlage. Man könnte sogar von einem einheitlichen (d. h. einstufigen) „graduellen" Wahlrecht zwischen der anteiligen Leistungserbringung auf gesellschaftlicher Grundlage und der komplementär anteiligen Leistungserbringung auf schuldrechtlicher Ebene sprechen.

Bildlich wäre eine derartiges „graduelles" Wahlrecht durch einen ‚Schieberegler' zu veranschaulichen, der die Wahl des Gesellschafters hinsichtlich der Grundlage seiner Leistungserbringung zwischen den Extrempolen „ausschließlich auf gesellschaftlicher Grundlage" einerseits und „ausschließlich auf schuldrechtlicher Grundlage" andererseits abbildet.[219] Der Anteil des Abschnitts zwischen der Position des Schiebreglers und dem Extrempol „ausschließlich auf schuldrechtlicher Grundlage" an der gesamten Länge des Schiebemaßes entspricht dann dem entgeltlichen schuldrechtlichen Anteil der Leistungserbringung, der auch steuerlich anerkannt wird, wenn die Voraussetzung der Ernsthaftigkeit erfüllt ist (Abb. 11.1).

Die Ausformulierung der verschiedenen Ernsthaftigkeitsindizien beim beherrschenden Gesellschafter trägt damit lediglich dem erhöhten Manipulationsrisiko

---

[216] Vgl. oben 11.2.1.1.2.

[217] *BFH*, Urt. v. 31.5.1995 – I R 64/94, *BFHE* 178, 321 unter II.2; Urt. v. 30.1.1980 – I R 194/77, *BFHE* 130, 265 unter 2.

[218] Vgl. oben 11.2.1.1.5 bei Fn. 148 ff.

[219] Verglichen mit *Oppenländers* „doppeltem Wahlrecht" entspräche die Position des Schiebereglers auf dem Extrempol „ausschließlich auf gesellschaftlicher Grundlage" der Ausübung des Wahlrechts 1. Stufe zugunsten einer Leistungserbringung auf gesellschaftlicher Grundlage. Jede andere Position entspräche einer Ausübung des Wahlrechts 1. Stufe zugunsten einer Leistungserbringung auf schuldrechtlicher Grundlage, wobei die genaue Position des Schiebereglers Aufschluss über die Ausübung des Wahlrechts 2. Stufe hinsichtlich der konkreten Bedingungen des schuldrechtlichen Geschäfts geben würde.

Wahlrecht des Steuerpflichtigen bzgl. der
Interaktion mit seiner Gesellschaft …

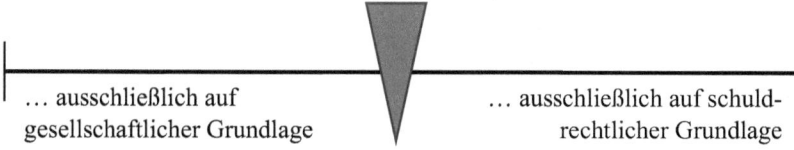

… ausschließlich auf   … ausschließlich auf schuld-
gesellschaftlicher Grundlage   rechtlicher Grundlage

Abb. 11.1 „Graduelles" Wahlrecht des beherrschenden Gesellschafters

Rechnung, das aufgrund der weitreichenden Einflussmöglichkeiten des beherrschenden Gesellschafters besteht. Die Sonderbedingungen dienen daher der Rechtssicherheit, indem sie klare Anhaltspunkte geben. Erforderlich sind sie aber nicht, da man,
wie *Wassermeyer* zutreffend feststellt, auf diese Merkmale auch verzichten und nur
das Merkmal der Ernsthaftigkeit in den Vordergrund stellen könnte.[220]
    Bemerkenswert ist dabei auch, dass die Kritik an der Fremdunüblichkeit der Son-
derbedingungen (auch fremde Dritte ließen sich von der Vertragsdurchführung nicht
wegen der Unwirksamkeit der Vereinbarung hindern) den tatsächlichen Fremdvergleich betrifft, bei Zugrundelegung des hypothetischen aber nicht aufkommt.[221]
    Schließlich spricht für die Einordnung der Sonderbedingungen als Unterfall
des Ernsthaftigkeitskriteriums, dass die Rechtsprechung diese formellen Anforderungen seit dem „Oder-Konto"-Beschluss selbst nur noch als Indizien gegen die
Ernsthaftigkeit wertet.[222]
    Eine weitere Ausprägung des Ernsthaftigkeitskriteriums bildet der sog. doppelte
Fremdvergleich. Dabei ist zunächst festzuhalten, dass der doppelte Fremdvergleich
aufgrund der obigen Ausführungen zur Üblichkeit entgegen einiger Stimmen in der
Literatur[223] eben nicht mit der Frage der Üblichkeit identisch ist.[224] Die Frage nach
der Üblichkeit betrifft den hypothetischen Fremdvergleich aus Sicht der Gesellschaft, während der doppelte Fremdvergleich die Einbeziehung auch der Position
des Gesellschafters in die Fremdvergleichsbetrachtung beschreibt.[225]

---

[220] *Wassermeyer*, DStR 1996, 733, 734.
[221] Vgl. auch *Gosch*, in: Gosch, KStG, § 8 Rn. 327.
[222] Vgl. *F. Lang*, in: D/P/M, KStG, § 8 Abs. 3 Teil C Rn. 203.
[223] *Schwedhelm*, in: Streck, KStG, § 8 Rn. 240; *Hoffmann*, DStR 1996, 729.
[224] Vgl. *Oppenländer*, Verdeckte Gewinnausschüttung 2004, S. 150 f.
[225] So wohl auch *F. Lang*, in: D/P/M, KStG, § 8 Abs. 3 Teil C Rn. 125.

Als Ausprägung des Ernsthaftigkeitskriteriums ist die Perspektive des Gesellschafters aber nur relevant, wenn sie gegen die Ernsthaftigkeit der Vereinbarung spricht.[226] Insbesondere lässt sich der viel kritisierten Entscheidung vom 17. Mai 1995[227] auch keine apodiktische Entscheidung zugunsten eines doppelten Fremdvergleichs außerhalb des Ernsthaftigkeitskriteriums entnehmen. Die durch das nachfolgende Urteil vom 19. Mai 1998[228] erfolgte Relativierung des doppelten Fremdvergleichs war bereits in der Entscheidung vom 17. Mai 1995 angelegt:

So sollte es dem Gesellschafter auch weiterhin möglich sein, unentgeltlich oder vergünstigt für seine Gesellschaft tätig zu werden.[229] Dies wurde auch bereits in der Entscheidung vom 17. Mai 1995 ausdrücklich erwähnt.[230] Der Gesellschafter muss sich nur im Vornherein für eine Vorgehensweise entscheiden und diese dann umsetzen.

Entscheidet er sich für ein unentgeltliches oder vergünstigtes Tätigwerden, so liegt zunächst die Vermutung nahe, dass er den gesamten oder zusätzlichen Gegenwert in der späteren Gewinnausschüttung finden wird. Erhält er gleichzeitig eine Pensionszusage, so erscheint diese dann als Indiz gegen die Ernsthaftigkeit, wenn sie durch die bereits im Zeitpunkt der Zusage zu bildenden Rückstellungen nur darauf gerichtet ist, den Gewinn der Gesellschaft zu schmälern.[231]

Dies erklärt ebenfalls, warum auch bei den Fällen des doppelten Fremdvergleichs eine Vermögensminderung zu bejahen ist.[232] Der Eindruck der mangelnden Ernsthaftigkeit verdichtet sich noch weiter, wenn die Zusage wie in der Entscheidung vom 18. Dezember 1962[233] jederzeit ganz oder teilweise außer

---

[226] *Gruppe Viadrina*, BB 1996, 2436, 2440.

[227] *BFH*, Urt. v. 17.5.1995 – I R 147/93, *BFHE* 178, 203.

[228] *BFH*, Urt. v. 19.5.1998 – I R 36/97, *BFHE* 186, 226.

[229] *BFH*, Beschluss v. 26.10.1987 – GrS 2/86, *BFHE* 151, 523 unter C.I.3.c) m. w. N.; so auch *Wassermeyer*, DStR 1996, 733, 734.

[230] *BFH*, Urt. v. 17.5.1995 – I R 147/93, *BFHE* 178, 203 unter B.2. Die ‚Beschränkung' dieser Möglichkeit auf Dienstleistungen und Nutzungsüberlassungen verdeutlicht dabei auch, dass der doppelte Fremdvergleich bei einlagefähigen Wirtschaftsgütern schon deshalb nicht zu einer vGA führen kann, weil dann die Voraussetzungen der vE vorliegen dürften. Insoweit führt der doppelte Fremdvergleich i. R. d. vGA dazu, dass die Korrektur nach § 8 Abs. 3 Satz 2 KStG dem Grunde nach die gleichen Fälle erfasst wie § 1 Abs. 1 AStG.

[231] Vgl. bereits oben 11.2.1.1.4, Fn. 1483; *Wassermeyer*, GmbHR 1998, 157, 162.

[232] A. A. *Gruppe Viadrina*, BB 1996, 2436, 2439; zweifelnd auch *F. Lang*, in: D/P/M, KStG, § 8 Abs. 3 Teil C Rn. 118.

[233] *BFH*, Urt. v. 18.12.1962 – I 158/61 U, *BFHE* 76, 279.

Kraft gesetzt werden kann, wenn die wirtschaftliche Leistungsfähigkeit der GmbH die Aufrechterhaltung unzumutbar erscheinen lässt.[234]

Umgekehrt erkennt auch der BFH an, dass es „nicht schlechthin ausgeschlossen [ist], daß der Gesellschafter – statt laufende Bezüge zu beanspruchen – sich eine Pensionszusage von der GmbH erteilen läßt"[235]. Er hat die Anerkennung (in diesem konkreten Fall der Rückstellung) aber wiederum an Ernsthaftigkeitskriterien geknüpft.[236]

Es ist somit Sache des Gesellschafters, das Indiz der mangelnden Ernsthaftigkeit im Wege der stets zulässigen konkreten Veranlassungsprüfung zu widerlegen, indem er entweder lediglich die Ernsthaftigkeit oder aber direkt die ausschließlich betriebliche Veranlassung nachweist. Insoweit ist der doppelte Fremdvergleich als Ausprägung der Ernsthaftigkeit – ähnlich wie auch die übrigen Hilfskriterien – letztlich eine Regelung der Beweislastverteilung, da es dem Steuerpflichtigen obliegt, die *prima facie* gegen die Ernsthaftigkeit sprechenden Indizien zu widerlegen.[237] Vor diesem Hintergrund sind letztlich auch die übrigen im Vorfeld des Urteils vom 17. Mai 1995[238] ergangenen Ausführungen des BFH[239] als Entscheidungen zum Ernsthaftigkeitskriterium anzusehen.

Können die Indizien, die im Einzelfall gegen die Ernsthaftigkeit der Vereinbarung sprechen, nicht widerlegt werden, so führt diese gesellschaftliche Veranlassung dem Grunde nach zu einer „totalen vGA".[240]

---

[234] Vgl. die Ausführungen im Tatbestand zu *BFH*, Urt. v. 18.12.1962 – I 158/61 U, *BFHE* 76, 279. In diesem Urteil hatte der BFH die Anerkennung der Rückstellung an der mangelnden Ernsthaftigkeit der Versorgungszusage scheitern lassen.

[235] *BFH*, Urt. v. 21.2.1974 – I R 160/71, *BFHE* 111, 506 unter 2.a).

[236] So sind die in der Entscheidung angesprochene Möglichkeit zum Widerruf wie auch die Frage, ob der Gesellschafter-Geschäftsführer zur Zuruhesetzung gezwungen werden kann (vgl. den Verweis auf *BFH*, Urt. v. 15.12.1965 – I 193/62 S, *BFHE* 84, 557), letztlich nichts anderes als Indizien für eine mangelnde Ernsthaftigkeit.

[237] Im Ergebnis dürfte der Unterschied der hier vertretenen Meinung zu der Sicht *Oppenländers*, der von einer Beweismaßreduzierung ausgeht (vgl. oben Fn. 1536), aber wohl eher graduell sein, da die Wertungsgesichtspunkte, die Bestandteil der Veranlassungsprüfung sind, letztlich auch in das Beweismaß miteinfließen dürften. Vgl. auch *Gosch*, in: Gosch, KStG, § 8 Rn. 497 f., der den Fremdvergleichsmerkmalen eine „bloße Sachverhaltsannahme", nicht aber einen Beweissatz entnimmt, aber gleichzeitig einräumt, dass diese im Ergebnis wie eine „gewisse Umkehr der objektiven Beweislast", zumindest aber wie eine „Beweismaßsenkung" wirkt.

[238] *BFH*, Urt. v. 17.5.1995 – I R 147/93, *BFHE* 178, 203.

[239] *BFH*, Urt. v. 2.12.1992 – I R 54/91, *BFHE* 170, 119; Urt. v. 13.12.1989 – I R 99/87, *BFHE* 159, 338; Urt. v. 28.10.1987 – I R 22/84, *BFH/NV* 1989, 131.

[240] Insoweit *Wassermeyer* von der „Ernsthaftigkeit dem Grunde *oder der Höhe nach*" (*Wassermeyer*, DStR 1996, 733, 734) spricht ist, dürfte er mit der Ernsthaftigkeit der Höhe nach das

Daneben widmet sich das Hilfskriterium der Angemessenheit der Fremdvergleichsprüfung der Höhe nach.[241] Obwohl sie grundsätzlich gleichberechtigt neben dem Fremdvergleich dem Grunde nach steht, kommt es praktisch auf die Angemessenheit nicht mehr an, wenn eine Vereinbarung bereits dem Grunde nach als gesellschaftlich veranlasst einzustufen ist.[242]

Ergibt diese Angemessenheitsprüfung, dass die Vereinbarung der Höhe nach fremdunüblich ist, und wird diese Vermutung nicht durch eine konkrete Veranlassungsbetrachtung widerlegt, so liegt in Höhe des fremdunüblichen, also gesellschaftlich veranlassten Anteils eine verdeckte Gewinnausschüttung vor. Es kommt damit zu einer ‚Aufspaltung' der Vereinbarung in einen rein betrieblich veranlassten und einen auch gesellschaftlich veranlassten Anteil. Anders als bei dem allgemeinen Veranlassungsprinzip im Rahmen des § 12 EStG i. V. m. § 4 Abs. 4 EStG bzw. § 9 Abs. 1 EStG nahm der BFH somit bei der verdeckten Gewinnausschüttung auch schon vor dem Beschluss des Großen Senats vom 21. September 2009[243] kein Aufteilungsverbot an.[244]

Neben der Prüfung der gesellschaftlichen Veranlassung mittels des Maßstabs des ordentlichen und gewissenhaften Geschäftsleiters besteht auch die Möglichkeit, die gesellschaftliche oder die ausschließlich betriebliche Veranlassung durch eine konkrete Veranlassungsbetrachtung zu ermitteln.[245] Dies ist insbesondere in den Fällen geboten, denen Geschäfte zugrunde liegen, die naturgemäß nur zwischen Gesellschaft und Gesellschaftern vorgenommen werden können.[246] Zu den

---

hier unter Angemessenheit der Höhe nach geführte Hilfskriterium meinen. Denn erachtet man die Vereinbarung im Wege der Typisierung deshalb als nicht ernsthaft, weil der Gesellschafter eigentlich (gesellschaftlich veranlasst) unentgeltlich oder vergünstigt für die Gesellschaft tätig werden wolle (vgl. *BFH*, Beschluss v. 26.10.1987 – GrS 2/86, *BFHE* 151, 523), so bleibt für ‚Ernsthaftigkeit der Höhe' nach kein Raum mehr.

[241] Der BFH geht sogar davon aus, dass sich eine fremdvergleichsbasierte Korrektur neben dem Ernsthaftigkeitskriterium ausschließlich auf eine Angemessenheitskontrolle stützen lässt, *BFH*, Urt. v. 25.10.1995 – I R 9/95, *BFHE* 179, 270 unter II.3.b).

[242] *Oppenländer* spricht in diesem Zusammenhang von einem „logischen Rangverhältnis", *Oppenländer,* Verdeckte Gewinnausschüttung 2004, S. 109, 163; zur sinnvollen Reihenfolge der Prüfung vgl. auch *Wilk*, in: H/H/R, EStG/KStG, § 8 KStG Rn. 140.

[243] *BFH*, Beschluss v. 21.9.2009 – GrS 1/06, *BFHE* 227, 1.

[244] Vgl. *Wassermeyer*, FS Offerhaus, S. 405, 412 f.; so für Angehörigenverträge auch *Wolff-Diepenbrock*, FS Beisse, S. 581, 595.

[245] *Gosch*, in: Gosch, KStG, § 8 Rn. 277; *Oppenländer,* Verdeckte Gewinnausschüttung 2004, S. 108; vgl. auch *BFH*, Urt. v. 13.7.1994 – I R 43/94, *BFH/NV* 1995, 548 unter II.3.c); Urt. v. 13.7.1994 – I R 43/94, *BFH/NV* 1995, 548 unter II.6.c).

[246] Vgl. auch zu den Grenzen des Fremdvergleichs die Ausführungen unter 11.6.

vom BFH anerkannten Fällen gehört beispielsweise die Erstausstattung der Kapitalgesellschaft.[247] Hierbei erscheint es denkbar, auf den konkreten Fremdvergleich zurückzugreifen.[248]

Darüber hinaus dürfte die konkrete Veranlassungsbetrachtung auch die ,Gegenbeweis'-Bemühungen des Steuerpflichtigen umfassen, mit denen er im Einzelfall die durch die Hilfskriterien indizierte Vermutung der gesellschaftlichen Veranlassung widerlegen kann. In diesen Fällen dürfte die konkrete Veranlassungsbetrachtung eine „andere Quelle" im Sinne des „Oder-Konto"-Beschlusses darstellen, mit der die Veranlassung bereits mit hinreichender Sicherheit festgestellt werden kann.[249]

Auch hier erscheint es nicht ausgeschlossen, den konkreten Fremdvergleich heranzuziehen. Dies entspräche im Ergebnis der von *Pezzer*[250] favorisierten Sichtweise, wonach der abstrakte (hypothetische) Fremdvergleich durch den konkreten Fremdvergleich widerlegt werden kann.

Dieser Einsatz des konkreten Fremdvergleichs ist jedoch ,wohl dosiert' vorzunehmen. Er darf eben nicht dazu führen, dass ein bei zulässiger normativer Üblichkeitsbetrachtung im Rahmen des hypothetischen Fremdvergleichs gewonnenes Ergebnis nur deswegen verworfen wird, weil es eine hinreichende Anzahl von Steuerpflichtigen gibt, die sich ebenso unsorgfältig oder ,fremdunüblich' verhalten.

Mit anderen Worten: Eine Vereinbarung kann nicht allein deshalb steuerlich anerkannt werden, weil es in der Branche üblich ist, die Grenzen zwischen Einkommenserzielung und Einkommensverwendung zu verwischen. Vielmehr ist der konkrete Fremdvergleich nur dann zu bemühen, wenn der hypothetische Fremdvergleich versagt, weil sich das „Übliche" mangels bestehender Norm im Einzelfall nicht bestimmen lässt. Dazu ist die gern bemühte „Gesamtabwägung und Gesamtwürdigung"[251] vorzunehmen.

---

[247] *BFH*, Urt. v. 23.5.1984 – I R 294/81, *BFHE* 141, 266; Urt. v. 14.8.1985 – I R 149/81, *BFHE* 144, 548.

[248] So die *Gruppe Viadrina*, BB 1996, 2436, 2441.

[249] Vgl. *BVerfG*, Kammerbeschluss v. 7.11.1995 – 2 BvR 802/90, BStBl II 1996, 34 unter B.I.1.

[250] *Pezzer*, DStZ 2002, 850, 855.

[251] Vgl. *Wolff-Diepenbrock*, FS Beisse, S. 581, 590 m. w. N.; *Rengers*, in: Blümich, EStG/KStG/GewStG, § 8 KStG Rn. 297; *Wilk*, in: H/H/R, EStG/KStG, § 8 KStG Rn. 137.

11.2.1.4 Schematischer Überblick[252]: Veranlassungsprüfung bei der vGA

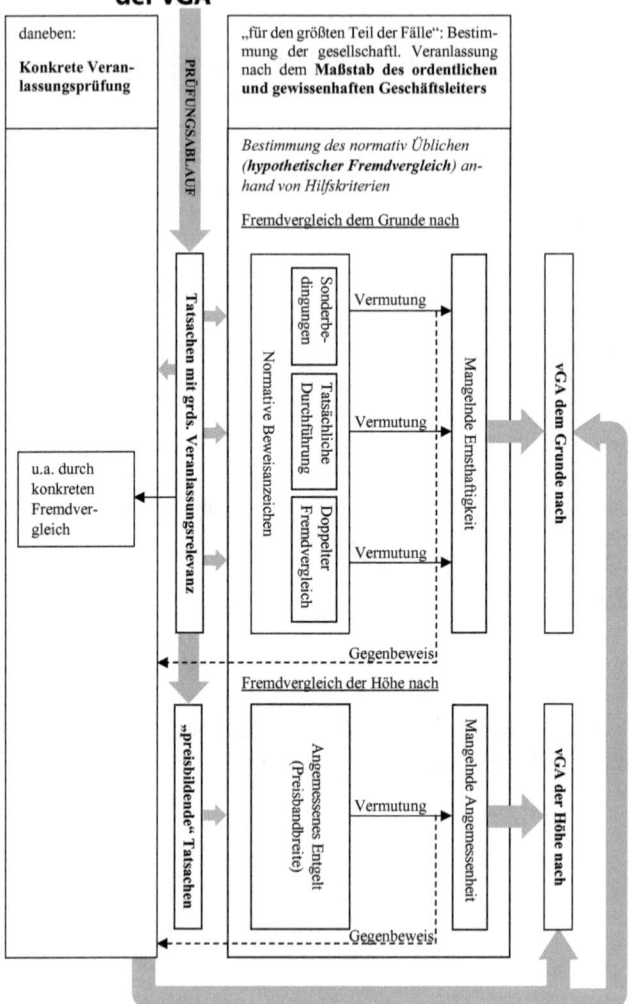

daneben:

Konkrete Veranlassungsprüfung

PRÜFUNGSABLAUF

„für den größten Teil der Fälle": Bestimmung der gesellschaftl. Veranlassung nach dem **Maßstab des ordentlichen und gewissenhaften Geschäftsleiters**

*Bestimmung des normativ Üblichen (**hypothetischer Fremdvergleich**) anhand von Hilfskriterien*

Fremdvergleich dem Grunde nach

Tatsachen mit grds. Veranlassungsrelevanz

Normative Beweisanzeichen

Sonderbedingungen — Vermutung

Tatsächliche Durchführung — Vermutung

Doppelter Fremdvergleich — Vermutung

Mangelnde Ernsthaftigkeit

vGA dem Grunde nach

u.a. durch konkreten Fremdvergleich

Gegenbeweis

Fremdvergleich der Höhe nach

„preisbildende" Tatsachen

Angemessenes Entgelt (Preisbandbreite) — Vermutung

Mangelnde Angemessenheit

vGA der Höhe nach

Gegenbeweis

---

[252]Vgl. auch die Übersichten bei *Oppenländer,* Verdeckte Gewinnausschüttung 2004, S. 215 und *Gosch,* in: Gosch, KStG, § 8 Rn. 284.

11.2.2 Der Fremdvergleichsmaßstab bei § 1 AStG

Die einzige ausdrückliche Bezugnahme auf den „Fremdvergleich" im deutschen innerstaatlichen Steuerrecht enthält § 1 AStG.[253] Dessen Abs. 1 Satz 1 ordnet eine Einkünftekorrektur in den Fällen an, in denen der Ansatz nichtfremdvergleichskonformer Bedingungen im Rahmen von Geschäftsbeziehungen zum Ausland zu einer Einkünfteminderung geführt hat. Nach der in § 1 Abs. 1 Satz 1 AStG enthaltenen Legaldefinition beschreibt der Fremdvergleichsgrundsatz den Vergleich mit Bedingungen, die voneinander unabhängige Dritte unter gleichen oder vergleichbaren Verhältnissen vereinbart hätten.

Diese Definition des Fremdvergleichsgrundsatzes entspricht im Wesentlichen dem internationalen „*dealing at arm's length*"-Prinzip, das sich u. a. in Art. 9 Abs. 1 OECD-MA und Art. 7 Abs. 2 OECD-MA wiederfindet.[254] Ausweislich der Gesetzesbegründung[255] sollte § 1 AStG den „*dealing at arm's length*" Grundsatz des Art. 9 Abs. 1 OECD-MA auch innerstaatlich absichern.

Die Definition des Fremdvergleichsgrundsatzes enthält zwei Elemente – die Fremdheit bzw. Unabhängigkeit der Geschäftspartner und die Vergleichbarkeit der Verhältnisse.[256] Keines dieser Elemente ist gesetzlich definiert, so dass sie vor dem Hintergrund des Fremdvergleichsgrundsatzes auszulegen sind. Insbesondere kann für die Bestimmung des Fremdheitsbegriffs nicht auf den Begriff der nahestehenden Person im Sinne des § 1 Abs. 2 AStG als Gegenbegriff zum fremden Dritten zurückgegriffen werden, da beide Begriffe unterschiedliche Zwecke erfüllen.[257] Vielmehr ist für die Zwecke des Fremdvergleichs von Fremdheit zwischen zwei Parteien auszugehen, wenn diese über die zwischen ihnen bestehende Geschäftsbeziehung hinaus keinen Einfluss aufeinander nehmen können.[258]

Die Vergleichbarkeit ist vor dem Hintergrund des Zwecks des Fremdvergleichs zu verstehen, v. a. durch die Bestimmung korrekter Verrechnungspreise zu einer die wirtschaftlichen Realitäten abbildenden Gewinnabgrenzung zu kommen. Insofern sind Verhältnisse insbesondere als vergleichbar anzusehen, wenn

---

[253] Vgl. *Wassermeyer*, in: StbJb 1998/99, S. 157, 159.

[254] *Baumhoff*, FS Flick, S. 633, 637; *Kraft*, in: Kraft, AStG, § 1 Rn. 83; vgl. auch *Wassermeyer*, GmbHR 1998, 157, 162.

[255] BT-Drs. VI/2883, Tz. 15 ff.

[256] *Kraft*, in: Kraft, AStG, § 1 Rn. 100.

[257] Zustimmend *Kraft*, in: Kraft, AStG, § 1 Rn. 102; a. A. *Wassermeyer*, in: F/W/B/S, Außensteuerrecht, § 1 AStG Rn. 501; *Hofacker*, in: Haase, AStG/DBA, § 1 AStG Rn. 189; wohl auch *Kaminski*, in: Strunk/Kaminski/Köhler, AStG/DBA, § 1 AStG Rn. 124.

[258] *Wassermeyer*, in: F/W/B/S, Außensteuerrecht, § 1 AStG Rn. 505; *Kraft*, in: Kraft, AStG, § 1 Rn. 102; *Pohl*, in: Blümich, EStG/KStG/GewStG, § 1 AStG Rn. 35.

die ihnen zugrunde liegenden preisbildenden Bedingungen nicht (wesentlich) voneinander abweichen.[259] International wie auch nach der Praxis der deutschen Finanzverwaltung wird die Vergleichbarkeitsanalyse im Wege einer Funktions- und Risikoanalyse durchgeführt.[260] Dazu wird eine gewichtete Betrachtung vorgenommen, welche Funktionen das Unternehmen ausübt, welche Risiken es übernimmt und ggf. welche Produktionsmittel es einsetzt.[261]

Seit der Ergänzung durch das Unternehmensteuerreformgesetz 2008[262] enthält § 1 Abs. 1 Satz 3 AStG eine zusätzliche Konkretisierung des Fremdvergleichsgrundsatzes. Danach ist für die Anwendung des Fremdvergleichsgrundsatzes davon auszugehen, dass die voneinander unabhängigen Dritten alle wesentlichen Umstände der Geschäftsbeziehung kennen und nach den Grundsätzen ordentlicher und gewissenhafter Geschäftsleiter handeln.

§ 1 Abs. 3 AStG führt sodann die zulässigen Fremdvergleichsmethoden auf. Dabei liegt der Norm ein dreistufiges System zugrunde.[263] Danach ist der tatsächliche Fremdvergleich (Stufen 1–2) vorrangig vor dem hypothetischen Fremdvergleich (Stufe 3) durchzuführen. Existieren uneingeschränkt vergleichbare Fremdvergleichswerte für den tatsächlichen Fremdvergleich (1. Stufe), ist der jeweilige Verrechnungspreis gemäß § 1 Abs. 3 Satz 1 AStG vorrangig nach der Preisvergleichsmethode, der Wiederverkaufsmethode oder der Kostenaufschlagsmethode zu bestimmen.[264] Existieren solche uneingeschränkt vergleichbaren Fremdvergleichswerte nicht, ist nach Vornahme sachgerechter Anpassungen auf eingeschränkt vergleichbare Fremdvergleichswerte zurückzugreifen. Auf dieser 2. Stufe sind gemäß § 1 Abs. 3 Satz 2 AStG neben der für die 1. Stufe

---

[259]Vgl. *Kraft*, in: Kraft, AStG, § 1 Rn. 106; *Baumhoff/Liebchen*, in: F/W/B/S, Außensteuerrecht, § 1 AStG Rn. 159; *Pohl*, in: Blümich, EStG/KStG/GewStG, § 1 AStG Rn. 35; *Hofacker*, in: Haase, AStG/DBA, § 1 AStG Rn. 191 ff.

[260]*Kraft*, in: Kraft, AStG, § 1 Rn. 108.

[261]*Baumhoff/Liebchen*, in: F/W/B/S, Außensteuerrecht, § 1 AStG Rn. 202; vgl. auch *Kraft*, in: Kraft, AStG, § 1 Rn. 108; *Pohl*, in: Blümich, EStG/KStG/GewStG, § 1 AStG Rn. 106.

[262]Unternehmensteuerreformgesetz 2008 (UntStRefG 2008) vom 14.8.2007, BGBl I 2007, 1912.

[263]Vgl. auch *Kahle/Schulz*, StuB 2016, 534, 536.

[264]Zu den einzelnen Standardmethoden siehe *Pohl*, in: Blümich, EStG/KStG/GewStG, § 1 AStG Rn. 77 ff.; *Baumhoff*, in: F/W/B/S, Außensteuerrecht, § 1 AStG Rn. 661 ff.; *Hofacker*, in: Haase, AStG/DBA, § 1 AStG Rn. 262 ff.

zulässigen Verrechnungspreismethoden auch andere „geeignete Verrechnungspreismethoden" zulässig. Nach h. M. umfassen diese die geschäftsvorfallorientierten Gewinnaufteilungsmethoden[265] sowie die geschäftsvorfallorientierten
Netto-Margen-Methoden[266]. Subsidiär ist gemäß § 1 Abs. 3 Sätze 5 ff. AStG
auf der 3. Stufe auf den hypothetischen Fremdvergleich zurückzugreifen.

11.2.2.1 Konkretisierung des Fremdvergleichs durch § 1 Abs. 1 Satz 3 AStG

Die mit dem UntStRefG 2008 eingefügte Konkretisierung des Fremdvergleichsgrundsatzes durch § 1 Abs. 1 Satz 3 AStG wurde von dem Gesetzgeber wie folgt
begründet:

> *„Die Anwendung des Fremdvergleichsgrundsatzes erfordert, dass der Besteuerung
> ein Handeln des Steuerpflichtigen und der nahe stehenden Person zugrunde gelegt
> wird, das dem Handeln ordentlicher und gewissenhafter Geschäftsleiter entspricht, da
> anderenfalls das Zustandekommen marktkonformer Verrechnungspreise nicht erreicht
> werden kann. Satz 2[267] regelt, dass zur Vermeidung willkürlicher Ergebnisse im Ver-
> hältnis der nahe stehenden Personen Transparenz hinsichtlich aller Informationen,
> die für die Geschäftsbeziehung wesentlich sind, anzunehmen ist. So wird sichergestellt,
> dass nicht jeder beliebige Fremdvergleich, der auch unter irregulären Umständen (z. B.
> wegen mangelhafter Information oder Qualifikation) zustande gekommen sein kann,
> zu berücksichtigen ist. Dies ist insbesondere für den hypothetischen Fremdvergleich
> wichtig."*[268]

Die Einfügung ist in der Literatur auf vielseitige Kritik gestoßen, die im
Folgenden dargestellt und analysiert werden soll.

11.2.2.1.1 Kritikpunkte der Literatur

Der Großteil der in der Literatur geäußerten Kritik an § 1 Abs. 1 Satz 3 AStG
betrifft die Fiktion der Kenntnis aller wesentlichen Umstände der Geschäftsbeziehung (im Folgenden: Transparenzfiktion[269]). Dabei wird zunächst vorgebracht,

---

[265] *Pohl*, in: Blümich, EStG/KStG/GewStG, § 1 AStG Rn. 91 ff.; *Greinert*, in: F/W/B/S,
Außensteuerrecht, § 1 AStG Rn. 841 ff.; *Hofacker*, in: Haase, AStG/DBA, § 1 AStG Rn. 279
ff.; vgl. auch *OECD*, Tranfer Pricing Guidelines 2017, Tz. 2.114.

[266] *Pohl*, in: Blümich, EStG/KStG/GewStG, § 1 AStG Rn. 95 ff.; *Greinert*, in: F/W/B/S,
Außensteuerrecht, § 1 AStG Rn. 791 ff.; *Hofacker*, in: Haase, AStG/DBA, § 1 AStG Rn. 271
ff.; vgl. auch *OECD*, Tranfer Pricing Guidelines 2017, Tz. 2.64.

[267] Der heutige § 1 Abs. 1 Satz 3 AStG wurde damals als Satz 2 in § 1 Abs. 1 AStG eingefügt.

[268] BT-Drs. 16/4841, S. 85.

[269] Vgl. *Gosch*, in: Gosch, KStG, § 8 Rn. 300a.

dass eine derartige Fiktion international unüblich sei und aus diesem Grund in den allermeisten Fällen zu Verstößen gegen bestehende Doppelbesteuerungsabkommen führen dürfte.[270]

Darüber hinaus sei die Transparenzfiktion auch inhaltlich verfehlt: Denn üblicherweise seien es gerade Informationsasymmetrien, die den Anlass für betriebswirtschaftliche Entscheidungen lieferten.[271] Gäbe es hingegen eine Markttransparenz im volkswirtschaftlichen Sinne, so würde auch nur ein „Gleichgewichtspreis" existieren,[272] der jegliche Preisverhandlungen zwischen unabhängigen Dritten obsolet machen würde. Dies entspreche aber nicht der Realität. So agierten unabhängige Dritte keineswegs üblicherweise auf identischer Informationsgrundlage oder legten diese gegenüber ihren Vertragspartnern offen.[273] Die Transparenzfiktion sei mithin keine Konkretisierung des Fremdvergleichsgrundsatzes, sondern vielmehr mit diesem nicht zu vereinbaren.[274] Auch sei die umfassende Kenntnis aller wesentlichen Umstände einer Geschäftsbeziehung in der Praxis häufig nur unter Ausnutzung der Gesellschafterstellung möglich – ein Weg, der gerade unabhängigen Dritten nicht offenstehe.[275]

In systematischer Hinsicht wird von einzelnen Stimmen eine teleologische Reduktion der Transparenzfiktion im Sinne einer Beschränkung ihres Anwendungsbereichs auf den hypothetischen Fremdvergleich gefordert.[276] Andere stehen dieser Beschränkung eher kritisch gegenüber, da sie sich nicht mit der Verortung der Transparenzfiktion im Absatz 1 vereinbaren lasse, der allgemein

---

[270] *Kraft*, in: Kraft, AStG, § 1 Rn. 128; *Baumhoff/Liebchen*, in: F/W/B/S, Außensteuerrecht, § 1 AStG Rn. 347, 349 f.; *Wassermeyer*, DB 2007, 535, 536; *Wulf*, DB 2007, 2280; *Kaminski*, in: Strunk/Kaminski/Köhler, AStG/DBA, § 1 AStG Rn. 275, kritisch auch *Pohl*, in: Blümich, EStG/KStG/GewStG, § 1 AStG Rn. 40.

[271] *Baumhoff/Liebchen*, in: F/W/B/S, Außensteuerrecht, § 1 AStG Rn. 348; vgl. auch *Gosch*, in: Gosch, KStG, § 8 Rn. 300a, nach dem die Transparenzfiktion dazu führe, dass der Wettbewerb quasi „wegdefiniert" werde.

[272] *Baumhoff/Liebchen*, in: F/W/B/S, Außensteuerrecht, § 1 AStG Rn. 348.

[273] *Kraft*, in: Kraft, AStG, § 1 Rn. 125; *Baumhoff/Liebchen*, in: F/W/B/S, Außensteuerrecht, § 1 AStG Rn. 347; *Hofacker*, in: Haase, AStG/DBA, § 1 AStG Rn. 203; *Wulf*, DB 2007, 2280, 2281; *Frischmuth*, IStR 2007, 485, 486.

[274] *Wulf*, DB 2007, 2280, 2281. *Baumhoff* und *Liebchen* sprechen von einem „Konterkarieren" der Zielsetzung des § 1 AStG; vgl. auch *Baumhoff/Liebchen*, in: F/W/B/S, Außensteuerrecht, § 1 AStG Rn. 348; *Frischmuth*, IStR 2007, 485, 486.

[275] *Baumhoff/Liebchen*, in: F/W/B/S, Außensteuerrecht, § 1 AStG Rn. 348; *Kaminski*, in: Strunk/Kaminski/Köhler, AStG/DBA, § 1 AStG Rn. 276.

[276] Vgl. *Kraft*, in: Kraft, AStG, § 1 Rn. 127; *Frischmuth*, IStR 2007, 485, 486; kritisch *Kaminski*, in: Strunk/Kaminski/Köhler, AStG/DBA, § 1 AStG Rn. 272; *Hofacker*, in: Haase, AStG/DBA, § 1 AStG Rn. 203.

vom Fremdvergleichsgrundsatz spreche und nicht zwischen dem tatsächlichen und dem hypothetischen Fremdvergleich differenziere. Hätte der Gesetzgeber eine derartige Beschränkung intendiert, so hätte er die Transparenzfiktion besser in den Regelungen zum hypothetischen Fremdvergleich des § 1 Abs. 3 Sätze 5 ff. AStG platziert.[277] Auch spreche die Verwendung von „insbesondere" in dem letzten Satz der zitierten Gesetzesbegründung gegen eine Beschränkung der Transparenzfiktion auf den hypothetischen Fremdvergleich.[278]

Schließlich merkt *Kaminski* an, dass die Einbeziehung der Transparenzfiktion auch neue Zweifelsfragen im Verhältnis zur verdeckten Gewinnausschüttung aufwerfe.[279] Denn der Fremdvergleichsmaßstab im Rahmen der verdeckten Gewinnausschüttung enthalte keine Transparenzfiktion, was zu einem Auseinanderfallen der beiden Fremdvergleichsmaßstäbe führe.[280]

Auf wesentlich weniger Kritik stieß hingegen § 1 Abs. 1 Satz 3 Hs. 2 AStG, der für die Anwendung des Fremdvergleichsgrundsatzes die Annahme formuliert, dass voneinander unabhängige Dritte nach den Grundsätzen ordentlicher und gewissenhafter Geschäftsleiter handeln. Diese Konkretisierung des Fremdvergleichsgrundsatzes entspricht der Konkretisierung der Frage nach der gesellschaftlichen Veranlassung im Rahmen der verdeckten Gewinnausschüttung, was ein Großteil der Literaturstimmen als Vereinheitlichung begrüßt.[281]

So stimmen *Baumhoff* und *Liebchen* der Gesetzesbegründung zu, indem sie den Maßstab des (verdoppelten) ordentlichen und gewissenhaften Geschäftsleiters als „unabdingbar für die Simulation von Preisbildungsprozessen"[282] bezeichnen. Gleichzeitig wird aber auch hier bemängelt, dass der Maßstab des ordentlichen und gewissenhaften Geschäftsleiters eher auf den hypothetischen Fremdvergleich zugeschnitten sei und damit besser im Absatz 3 als Konkretisierung des

---

[277] *Kaminski*, in: Strunk/Kaminski/Köhler, AStG/DBA, § 1 AStG Rn. 273; *Hofacker*, in: Haase, AStG/DBA, § 1 AStG Rn. 203; *Pohl*, in: Blümich, EStG/KStG/GewStG, § 1 AStG Rn. 40; vgl. auch *Baumhoff/Liebchen*, in: F/W/B/S, Außensteuerrecht, § 1 AStG Rn. 351.

[278] *Baumhoff/Liebchen*, in: F/W/B/S, Außensteuerrecht, § 1 AStG Rn. 351; *Kaminski*, in: Strunk/Kaminski/Köhler, AStG/DBA, § 1 AStG Rn. 272; *Pohl*, in: Blümich, EStG/KStG/GewStG, § 1 AStG Rn. 40.

[279] *Kaminski*, in: Strunk/Kaminski/Köhler, AStG/DBA, § 1 AStG Rn. 282.

[280] *Kaminski*, in: Strunk/Kaminski/Köhler, AStG/DBA, § 1 AStG Rn. 282.

[281] *Kraft*, in: Kraft, AStG, § 1 Rn. 132; *Baumhoff/Liebchen*, in: F/W/B/S, Außensteuerrecht, § 1 AStG Rn. 324 ff., 347; *Wassermeyer*, DB 2007, 535, 536; *Wulf*, DB 2007, 2280.

[282] *Baumhoff/Liebchen*, in: F/W/B/S, Außensteuerrecht, § 1 AStG Rn. 347.

hypothetischen Fremdvergleichs als bei der Konkretisierung des allgemeinen Fremdvergleichs aufgehoben gewesen wäre.[283]

11.2.2.1.2 Stellungnahme

Der oben zitierte Ausschnitt aus der Gesetzesbegründung verdeutlicht, dass durch die Transparenzfiktion auch solche Verrechnungspreise korrigiert werden sollen, die zwar wie zwischen fremden Dritten, d. h. formal fremdvergleichskonform, aber dennoch unter „irregulären Umständen" zustande gekommen sind. Die Transparenzfiktion erhält damit nach der gesetzgeberischen Intention eine Objektivierungsfunktion.[284] Es kommt nicht auf die subjektiven Fähigkeiten oder die tatsächliche Informationsgrundlage an, auf Basis derer gehandelt wurde, sondern auf die objektiven (durchschnittlichen) Fähigkeiten und eine „Soll"-Informationsgrundlage.

Die Transparenzfiktion ist dazu im Kontext des ebenfalls in § 1 Abs. 1 Satz 3 AStG genannten Maßstabs des ordentlichen und gewissenhaften Geschäftsleiters und dessen gesellschaftsrechtlichen Ursprungs[285] zu sehen.

Gesetzlich in § 93 Abs. 1 AktG bzw. § 43 Abs. 1 GmbHG verankert wird der Maßstab des ordentlichen und gewissenhaften Geschäftsleiters dort als Verschuldensmaßstab für die Pflichtverletzung im Rahmen der Schadensersatzhaftung des Geschäftsleitungsorgans herangezogen.[286] Es handelt sich dabei um einen allgemeinen Sorgfaltsmaßstab,[287] der sich im Einzelnen nach den spezifischen Umständen der jeweiligen Gesellschaft bestimmt, während die persönlichen Eigenschaften des Geschäftsleiters grundsätzlich außer Betracht bleiben.[288] Verstöße gegen diesen objektiven Maßstab führen grundsätzlich zu einer Schadensersatzpflicht des Geschäftsleitungsorgans.

---

[283] *Baumhoff/Liebchen*, in: F/W/B/S, Außensteuerrecht, § 1 AStG Rn. 326; *Kraft*, in: Kraft, AStG, § 1 Rn. 127; a. A. *Kaminski*, in: Strunk/Kaminski/Köhler, AStG/DBA, § 1 AStG Rn. 296.

[284] BT-Drs. 16/4841, S. 85 („zur Vermeidung willkürlicher Ergebnisse").

[285] Vgl. oben 11.2.1.1. Diese Rückbesinnung gilt ungeachtet des Umstands, dass sich der Maßstab des ordentlichen und gewissenhaften Geschäftsleiters inzwischen zu einem selbstständigen steuerrechtlichen Maßstab entwickelt hat.

[286] *Dauner-Lieb*, in: Henssler/Strohn, GesR, § 93 AktG Rn. 6; *Spindler*, in: MüKo zum AktG, § 93 Rn. 21; *Fleischer*, in: Spindler/Stilz, AktG, § 93 Rn. 10.

[287] *Hölters*, in: Hölters, AktG, § 93 Rn. 26; *Spindler*, in: MüKo zum AktG, § 93 Rn. 21; *Dauner-Lieb*, in: Henssler/Strohn, GesR, § 93 AktG Rn. 7; *Fleischer*, in: Spindler/Stilz, AktG, § 93 Rn. 10.

[288] *Altmeppen*, in: Altmeppen, GmbH, § 43 Rn. 4 m. w. N.; *Oetker*, in: Henssler/Strohn, GesR, § 43 GmbHG Rn. 15; *Zöllner/Noack*, in: Baumbach/Hueck, GmbHG, § 43 Rn. 11; *Hölters*, in: Hölters, AktG, § 93 Rn. 27.

Da aber das Gesellschaftsrecht anerkennt, dass nicht jeder unternehmerische Misserfolg eine Haftung des Geschäftsleiters auslösen soll, bedient es sich unter bestimmten Voraussetzungen der „unwiderlegbaren" Vermutung pflichtgemäßen Geschäftsführerverhaltens.[289] Diese Vermutung basiert auf der dem anglo-amerikanischen Recht entstammenden sog. „*Business Judgment Rule*".[290] Ihre Voraussetzungen sind seit dem UMAG[291] in § 93 Abs. 1 Satz 2 AktG kodifiziert[292] und umfassen u. a. das Handeln „auf Grundlage angemessener Informationen". Hintergrund dieser Voraussetzungen ist die Vorstellung, den unternehmerischen Entscheidungsspielraum nur dann anzuerkennen, wenn die Entscheidung auf einer ausreichenden Tatsachenbasis getroffen wurde.[293]

An dieses Verständnis des Maßstabs des ordentlichen und gewissenhaften Geschäftsleiters knüpft die Transparenzfiktion des § 1 Abs. 1 Satz 3 Hs. 1 AStG an. Die tatsächliche bzw. hypothetische Referenzentscheidung wird nur dann für die Fremdvergleichszwecke des § 1 AStG anerkannt, wenn sie in Kenntnis aller wesentlichen Umstände der Geschäftsbeziehung getroffen wurde bzw. worden wäre.

Mehr als noch im Gesellschaftsrecht erscheint es dabei sinnvoll, bei der Frage, welche Umstände der Geschäftsbeziehung im Einzelfall als wesentlich zu beurteilen sind, keinen zu strengen oder gar allumfassenden Maßstab anzulegen. Denn die Frage der steuerlichen Anerkennung von Geschäftsbeziehungen ist grundsätzlich (unabhängig von der Verschuldensfrage) nach Veranlassungsgesichtspunkten zu beantworten.[294] Das Handeln auf einer angemessenen Informationsgrundlage ist damit ein nach außen sichtbares Merkmal für ein sorgfältiges und gewissenhaftes Verhalten und damit ein weiteres objektives Merkmal für eine betriebliche Veranlassung.

Es erscheint daher sachgerecht, die Frage der „Wesentlichkeit" der Umstände von der Bedeutung der Geschäftsbeziehung für die Geschäftstätigkeit abhängig

---

[289]Vgl. *Koch*, in: Hüffer/Koch, AktG, § 93 Rn. 12 ff.; *Fleischer*, in: Spindler/Stilz, AktG, § 93 Rn. 65 m. w. N.

[290]*Dauner-Lieb*, in: Henssler/Strohn, GesR, § 93 AktG Rn. 17; *Hölters*, in: Hölters, AktG, § 93 Rn. 29; *Spindler*, in: MüKo zum AktG, § 93 Rn. 44.

[291]Gesetz zur Unternehmensintegrität und Modernisierung des Anfechtungsrechts vom 22.9.2005, BGBl I 2005, 2802.

[292]Nach h. M. gilt die *Business Judgment Rule* des § 93 Abs. 1 Satz 2 AktG auch für die GmbH, *Altmeppen*, in: Altmeppen, GmbH, § 43 Rn. 9; *Fleischer*, in: MüKo zum GmbHG, § 43 Rn. 71; *Oetker*, in: Henssler/Strohn, GesR, § 43 GmbHG Rn. 27.

[293]*Koch*, in: Hüffer/Koch, AktG, § 93 Rn. 20 m. w. N.; *Spindler*, in: MüKo zum AktG, § 93 Rn. 55; *Fleischer*, in: Spindler/Stilz, AktG, § 93 Rn. 70.

[294]Vgl. oben Kapitel 5.

zu machen: Je bedeutsamer die einzelne Geschäftsbeziehung, desto umfassender die tatsächliche bzw. hypothetische Pflicht des Geschäftsleiters zur Informationsbeschaffung und desto umfassender der „Wesentlichkeitsbegriff". Auch diese Forderung basiert letztlich auf dem Verständnis des objektiven Elements der Veranlassungsprüfung als „Beweisanzeichen" für das subjektive Moment.[295]

Da es für die steuerliche Anerkennung der Bedingungen für Zwecke des Fremdvergleichs auf den Zeitpunkt des Abschlusses der Geschäftsbeziehung ankommt, ist stets die *ex-ante* Perspektive maßgeblich.[296] Aus demselben Grund wird man die Kenntnis aller wesentlichen Umstände gemäß § 1 Abs. 1 Satz 3 AStG im Sinne einer Kenntnis der allgemein verfügbaren Informationsquellen verstehen müssen.[297] Denn eine Allwissenheit der Vertragsparteien entspricht, wie die Literatur überzeugend anbringt,[298] nicht dem Fremdvergleichsgrundsatz und ist überdies hinaus auch nicht vom Gesetzgeber intendiert gewesen.[299]

Auch die von Teilen der Literatur geforderte Beschränkung der Transparenzfiktion auf die Anwendung des hypothetischen Fremdvergleich überzeugt nicht. Insoweit ist den kritischen Stimmen der Literatur[300] zuzustimmen. Sowohl die systematische Verortung in Abs. 1 bei den allgemeinen Anwendungsgrundsätzen für den Fremdvergleichsgrundsatz als auch die „insbesondere"-Formulierung in der Gesetzesbegründung sprechen dafür, dass die Transparenzfiktion nicht auf den hypothetischen Fremdvergleich beschränkt werden sollte.

Vielmehr erscheint es am konsistentesten, die Transparenzfiktion als eine einschränkende Konkretisierung sowohl des tatsächlichen als auch des hypothetischen Fremdvergleichs anzusehen: Wurde die konkrete oder hypothetische Referenzgeschäftsbeziehung nicht auf Grundlage angemessener Informationen durchgeführt, so dürfte sie für die Zwecke des Fremdvergleichs nicht als „vergleichbar" anzusehen sein. Im Kontext des tatsächlichen Fremdvergleichs bedeutet dies, dass weder § 1 Abs. 3 Satz 1 noch Satz 2 AStG Anwendung finden, da weder uneingeschränkte noch eingeschränkte Vergleichbarkeit vorliegen. Im Rahmen des hypothetischen Fremdvergleichs führt es dazu, dass dieser

---

[295] Vgl. unten 11.7.

[296] Vgl. *Oppenländer*, Verdeckte Gewinnausschüttung 2004, S. 146, 149.

[297] So auch *Wassermeyer*, DB 2007, 535, 536.

[298] Vgl. Fn. 274.

[299] Ausweislich der Gesetzesbegründung ging es dem Gesetzgeber lediglich um die Vermeidung willkürlicher Ergebnisse im Zusammenhang mit irregulären Umständen, BT-Drs. 16/4841, S. 85.

[300] Vgl. Fn. 277.

unter Beachtung der wesentlichen Umstände erstmals durchzuführen bzw. zu wiederholen und das Ergebnis entsprechend anzupassen ist.

Ähnlich ist auch die Anordnung des (verdoppelten) Maßstabs des ordentlichen und gewissenhaften Geschäftsleiters in § 1 Abs. 1 Satz 3 Hs. 2 AStG als allgemeine einschränkende Konkretisierung des Fremdvergleichsgrundsatzes zu verstehen. Ist das konkrete Verhalten des Geschäftsleiters, das im Rahmen des tatsächlichen Fremdvergleichs als Referenzgröße herangezogen werden müsste, derart atypisch, dass es nicht mit dem normativen (verdoppelten) Maßstab des ordentlichen und gewissenhaften Geschäftsleiters zu vereinbaren ist, so scheitert die Durchführung des tatsächlichen Fremdvergleichs (§ 1 Abs. § Sätze 1 bis 4 AStG) an der fehlenden (un-)eingeschränkten Vergleichbarkeit des Sachverhalts.

Diese Lesart des § 1 Abs. 1 Satz 3 AStG, nach der der (verdoppelte) Maßstab des ordentlichen und gewissenhaften Geschäftsleiters (einschließlich der Transparenzfiktion) beschränkend in das Kriterium der Vergleichbarkeit als Grundbaustein des Fremdvergleichs hineingelesen wird, führt entgegen der in § 1 Abs. 3 AStG enthaltenen Rangfolge zu einem de-facto-Vorrang des hypothetischen Fremdvergleichs und zwar in Gestalt des (verdoppelten) ordentlichen und gewissenhaften Geschäftsleiters vor dem tatsächlichen Fremdvergleich.[301]

Denn wann immer sich die konkret zu vergleichende Geschäftsbeziehung auf unzureichende Informationsgrundlage oder in anderer Form nicht dem Maßstab

---

[301] Dabei ist zu beachten, dass die in § 1 Abs. 3 Satz 1 AStG genannten Standardmethoden teilweise auch Elemente eines hypothetischen Fremdvergleichs enthalten. Besonders deutlich wird dies bei der Kostenaufschlagsmethode, die für die Ermittlung des maßgeblichen Fremdvergleichspreises die Selbstkosten um einen angemessenen Gewinnaufschlag erhöht und dabei bei der Bestimmung dieses Gewinnaufschlags sowohl auf tatsächliche Werte als auch hypothetische Fremdvergleichsüberlegungen zurückgreift (*Baumhoff*, in: F/W/B/S, Außensteuerrecht, § 1 AStG Rn. 723).

Ähnliches gilt auch für die Wiederverkaufspreismethode, die den Fremdvergleichspreis retrograd aus dem um eine angemessene Handelsspanne reduzierten Wiederverkaufspreis bestimmt. Bei der Bestimmung der angemessenen Handelsspanne (Plankosten + Gewinnaufschlag) wird ebenfalls sowohl der tatsächliche wie auch subsidiär der hypothetische Fremdvergleich zur Anwendung gebracht (*Baumhoff*, in: F/W/B/S, Außensteuerrecht, § 1 AStG Rn. 678, 687).

Auch *Wassermeyer* sieht die Preisvergleichsmethode als die üblicherweise i. R. d. tatsächlichen Fremdvergleich angewandte Methode an, wohingegen i. R. d. hypothetischen Fremdvergleichs üblicherweise auf die Wiederverkaufspreis- oder die Kostenaufschlagsmethode zurückgegriffen werde, vgl. *Wassermeyer*, in: StbJb 1997/98, S. 79, 91. Diese Einstufung stammt zwar noch aus einer Zeit vor der Einfügung des § 1 Abs. 3 AStG durch das UntStRefG 2008, verdeutlicht aber dennoch, dass die Grenzen zwischen tatsächlichem und hypothetischem Fremdvergleich nicht so starr sind, wie es die Formulierungen und die Struktur des § 1 Abs. 3 AStG vermuten lassen könnten.

des ordentlichen und gewissenhaften Geschäftsleiters entsprechend abgespielt hat, dürften die daraus gewonnenen Werte weder uneingeschränkt noch eingeschränkt vergleichbar sein, so dass der hypothetische Fremdvergleich nach Maßgabe des § 1 Abs. 3 Sätze 5 ff. AStG und unter Berücksichtigung des § 1 Abs. 1 Satz 3 AStG durchzuführen ist.

Nur diese Lesart lässt sich mit der allgemein gehaltenen – auf tatsächlichen wie hypothetischen Fremdvergleich bezogenen – Formulierung des § 1 Abs. 1 Satz 3 AStG vereinbaren. Es deckt sich auch mit der Beobachtung der Literatur,[302] dem tatsächlichen Fremdvergleich seien angesichts des Vergleichbarkeitserfordernisses sehr enge Grenzen gesetzt. Letztlich ist der tatsächliche Fremdvergleich damit nur anwendbar, wenn der Maßstab des ordentlichen und gewissenhaften Geschäftsleiters nicht entgegensteht.

Dies entspricht wiederum dem Verständnis des Fremdvergleichsgrundsatzes als normatives Tatbestandsmerkmal des § 1 Abs. 1 Satz 1 AStG, das letztlich auch zu der Literaturansicht geführt hat, § 1 Abs. 1 Satz 3 AStG finde nur im Rahmen des (normativen) hypothetischen Fremdvergleichs Anwendung. Insoweit ist den Literaturstimmen[303] beizupflichten, die vertreten, dass der normative Maßstab des ordentlichen und gewissenhaften Geschäftsleiters nur in den seinerseits normativen Maßstab des hypothetischen Fremdvergleichs *integrieren* lässt. Die Anwendung des § 1 Abs. 1 Satz 3 AStG führt damit in den Fällen des hypothetischen Fremdvergleichs zu einer gegebenenfalls beschränkenden Modifikation des Fremdvergleichsmaßstabs. In den Fällen des tatsächlichen Fremdvergleichs schlägt sich der § 1 Abs. 1 Satz 3 AStG hingegen lediglich in seiner beschränkenden Funktion nieder. Dies erklärt auch, warum nur § 1 Abs. 3 Satz 5 AStG, nicht aber Satz 1 oder Satz 2, auf § 1 Abs. 1 Satz 3 AStG verweist.

11.2.2.2 Bedingungsbegriff und „korrespondierendes Element" in § 1 Abs. 1 Satz 1 AStG

Darüber hinaus wirft die Formulierung des § 1 Abs. 1 Satz 1 AStG („sind seine Einkünfte [...] so anzusetzen, wie sie unter der zwischen voneinander unabhängigen Dritten vereinbarten Bedingungen angefallen wären") die Frage auf, wie weit der Bedingungsbegriff zu verstehen ist und ob die Korrekturanordnung des § 1 Abs. 1 Satz 1 AStG über die reine Verrechnungspreiskorrektur der Höhe nach hinausgeht.

---

[302] *Baumhoff/Liebchen*, in: F/W/B/S, Außensteuerrecht, § 1 AStG Rn. 311.
[303] Vgl. Fn. 276 ff.

Der Wortlaut des § 1 Abs. 1 Satz 1 AStG enthält neben der Nennung des Regelbeispiels der Verrechnungspreise keine weiteren Anhaltspunkte, wie umfassend der Begriff der „Bedingungen" zu verstehen ist. Gleichzeitig enthält er aber auch keine spezifischen Anhaltspunkte für eine einschränkende Auslegung. Die Anführung des Regelbeispiels („insbesondere") lässt aber darauf schließen, dass der Bedingungsbegriff jedenfalls nicht auf Verrechnungspreise beschränkt ist.[304] Zudem müssen die Bedingungen für die Minderung der Einkünfte ursächlich gewesen sein („dadurch").

Der BFH hat den Umfang des Bedingungsbegriffs in seinen Entscheidungen zu § 1 AStG bislang nicht positiv definiert.[305] Die Rechtsprechung trägt eher kasuistische Züge.

Es erscheint daher am sachgerechtesten, sich dem Bedingungsbegriff teleologisch zu nähern. Dazu ist die Rechtsfolge der Norm und deren Sinn und Zweck in die Betrachtung mit einzubeziehen. Demnach wären alle Umstände als Bedingungen im Sinne des § 1 Abs. 1 Satz 1 AStG anzuerkennen, die zu einem fremdvergleichswidrigen Ergebnis führen, das die Rechtsfolge des § 1 Abs. 1 Satz 1 AStG auslösen „soll".

Dabei erscheint es unumstritten,[306] dass die Einkünftekorrektur jedenfalls solche Geschäftsbeziehungen erfassen soll, deren fremdvergleichswidrige Bedingungen preisbestimmend sind, d. h. sich auf den Verrechnungspreis ausgewirkt haben. Dies sind vornehmlich die Verrechnungspreise selbst, aber auch andere Umstände, die lediglich mittelbar auf den Fremdvergleichspreis einwirken.

Es ist jedoch fraglich, ob darüber hinaus auch solche Bedingungen von der Einkünftekorrektur des § 1 Abs. 1 Satz 1 AStG erfasst werden sollen, die keinerlei Auswirkungen auf den Fremdvergleichspreis haben, aber dennoch unter Fremden unüblich wären. Dazu gehören beispielsweise die besonderen Anforderungen, die im Rahmen der verdeckten Gewinnausschüttung an Geschäftsbeziehungen mit dem beherrschenden Gesellschafter gestellt werden („Sonderbedingungen"). Diese können ohne jeglichen „Preiseffekt" sein, d. h. zu einem der Höhe nach angemessenen Leistungsaustausch führen, aber dennoch nicht dem „Fremdvergleich dem Grunde nach" standhalten.

Wiederum trägt der Wortlaut des § 1 Abs. 1 Satz 1 AStG nichts zu der Lösung dieser Frage bei. Für ein weites Verständnis ließe sich allenfalls anführen, dass der

---

[304] Arg e *Wassermeyer*, in: F/W/B/S, Außensteuerrecht, § 1 AStG Rn. 36, 38.

[305] Vgl. *BFH*, Urt. v. 17.12.2014 – I R 23/13, *BFHE* 248, 170 unter II.1.b.cc); Urt. v. 24.6.2015 – I R 29/14, *BFHE* 250, 386 unter II.3.c).

[306] *Pohl*, in: Blümich, EStG/KStG/GewStG, § 1 AStG Rn. 36; *Ditz/Tcherveniachki*, IStR 2009, 709, 711 ff.; *Mössner,* in: Lüdicke, Forum Int Besteuerung Bd. 46, S. 49, 71.

in § 1 Abs. 1 Satz 3 AStG angeordnete Maßstab des ordentlichen und gewissenhaften Geschäftsleiters im Rahmen der Veranlassungsprüfung bei der verdeckten Gewinnausschüttung sowohl preisbildende als auch solche Bedingungen berücksichtigt, die die Ernsthaftigkeit und damit die betreffende (Geschäfts-)Beziehung dem Grunde nach betreffen.[307]

Ausweislich des Gesetzesentwurfs für das AStG in seiner ursprünglichen Fassung sollte u. a. „der Grundsatz der Angemessenheit von Leistung und Gegenleistung für die Geschäftsbeziehungen mit nahestehenden Personen im Ausland gesetzlich verankert werden"[308]. Eine Überprüfung der Geschäftsbeziehung hinsichtlich ihrer Fremdüblichkeit dem Grunde nach lässt sich hieraus nicht ableiten. Eine Überprüfung der Ernsthaftigkeit der Geschäftsbeziehungen – wie bei der verdeckten Gewinnausschüttung – findet nicht statt. Vielmehr werden die schuldrechtlichen Vereinbarungen ihrem Grunde nach anerkannt.[309] Die Angemessenheitsbetrachtung beschränkt sich auf die Leistung und Gegenleistung für die Geschäftsbeziehungen und damit auf deren fremdvergleichskonforme Quantifizierung.

Diese eingeschränkte Auslegung des Korrekturzwecks deckt sich auch mit der Absicht des Gesetzgebers, durch die Einfügung des § 1 AStG das „deutsche Steuerrecht an die Konzeptionen anderer moderner Steuerrechtsordnungen sowie des internationalen Steuerrechts [heranzuführen]".[310] Es ging dem Gesetzgeber gerade darum, eine innerstaatliche Rechtsgrundlage für die im internationalen Steuerrecht und in den damals moderneren Doppelbesteuerungsabkommen anerkannte Notwendigkeit einer Korrektur von Gewinnverlagerungen zu schaffen.[311] Eine Gewinnkorrektur wegen dem Grunde nach unüblicher Umstände ist dem internationalen Steuerrecht jedoch fremd.[312] Umqualifizierungen der Geschäftsbeziehungen dem Grunde nach waren – jedenfalls vor der BEPS-Initiative der OECD nur in seltenen Ausnahmefällen zulässig.[313]

Sachgerechter als eine Differenzierung zwischen einer Korrektur dem Grunde nach und einer Korrektur der Höhe nach erscheint es daher, die mit der Korrektur

---

[307] Vgl. das Schema oben unter 11.2.1.4.

[308] Vorblatt zu BT-Drs. VI/2883.

[309] Insoweit von einer „normativen Vorgabe" sprechend und (noch) zustimmend *Wacker*, FR 2019, 449, 453 f.

[310] BT-Drs. VI/2883, Tz. 17.

[311] BT-Drs. VI/2883, Tz. 16.

[312] Vgl. zu Art. 9 OECD-MA *BFH*, Urt. v. 11.10.2012 – I R 75/11, *BFHE* 239, 242 unter II.2.b), Urt. v. 17.12.2014 – I R 23/13, *BFHE* 248, 170 unter II.2.b.cc.ccc); Urt. v. 24.6.2015 – I R 29/14, *BFHE* 250, 386 unter II.3.c). Siehe auch unten 11.3.

[313] Zu den Änderungen durch die BEPS-Initiative vgl. unten 11.3.

bezweckte Verhinderung von Gewinnverlagerungen hervorzuheben. Eine Gewinnverlagerung im Zusammenhang mit grenzüberschreitenden Geschäftsbeziehungen
zwischen verbundenen Unternehmen impliziert stets auch ein „korrespondie-
rendes Element": Die die Einkünfteminderung in dem einen Staat auslösende
fremdunübliche Bedingung muss auch geeignet sein, eine dem Grunde nach
korrespondierende Einkünfteerhöhung in dem anderen Staat auszulösen.

Einkünfteminderungen (wie beispielsweise Teilwertabschreibungen), die zwar
„kausal" auf dem Grunde nach fremdunüblichen Bedingungen beruhen, die aber
eigentlich aus rein bilanzrechtlichen Gründen des innerstaatlichen Gewinnermittlungsrechts eintreten,[314] erscheinen daher als nicht vom Korrekturzweck
der Norm umfasst.[315] Einer anderen Lesart des Tatbestandsmerkmals „dadurch"
stünde nicht nur die mit der abkommensrechtlichen Wurzel des § 1 AStG, dem
Art. 9 OECD-MA, bezweckte Vermeidung der „wirtschaftlichen Doppelbesteuerung" entgegen, sondern auch die in der ursprünglichen Gesetzesbegründung[316]
mit der Einführung des § 1 AStG in den Blick genommene „Angemessenheit von
Leistung und Gegenleistung" der Geschäftsbeziehung.

11.2.2.3 Unionsrechtliche Vorgaben für eine fremdvergleichsbasierte Korrektur

Eine weitere Einschränkung erhält die Anwendung des in § 1 AStG kodifizierten
Fremdvergleichs durch das Unionsrecht.

Nach der Rechtsprechung des EuGH geht von einer Regelung wie § 1 AStG
grundsätzlich eine Beschränkung der Niederlassungsfreiheit aus.[317] Denn die
durch § 1 AStG angeordnete Korrektur bezieht sich ausschließlich auf Einkünfteminderungen aufgrund von Geschäftsbeziehungen zum Ausland. Soweit sich § 1
AStG mit anderen (auch im Inlandsfall eingreifenden) Korrekturvorschriften[318]

---

[314]So bemerkt *Köhler*, DStR 2020, 829, 840 zutreffend, dass die Teilwertabschreibung auf ein
Darlehen keine Gewinnverlagerung, sondern lediglich Ausfluss einer zutreffenden Bewertung
(§ 6 Abs. 1 Nr. 2 EStG) sei.

[315]A. A. *BFH*, Urt. v. 27.2.2019 – I R 73/16, *BFHE* 263, 525; Urt. v. 27.2.2019 – I R 51/17,
BFHE 264, 292; Urt. v. 27.2.2019 – I R 81/17, *BFHE* 264, 297; Urt. v. 19.6.2019 – I R 5/17,
BFH/NV 2020, 183; Urt. v. 19.6.2019 – I R 32/17, *BFHE* 266, 142; Urt. v. 19.6.2019 – I
R 54/17, juris; Urt. v. 14.8.2019 – I R 14/18, *BFH/NV*, 755; Urt. v. 14.8.2019 – I R 21/18,
BFH/NV 2020, 759; Urt. v. 14.8.2019 – I R 34/18, *BFH/NV* 2020, 757; Urt. v. 18.12.2019 – I
R 72/17, *BFH/NV* 2020, 1049; Urt. v. 19.2.2020 – I R 19/17, juris; vgl. hierzu auch 11.5.

[316]Vorblatt zu BT-Drs. VI/2883.

[317]*EuGH*, Urt. v. 31.5.2018 – C-382/16, ABl EU 2018, Nr C 259, 5 – *Hornbach-Baumarkt*,
Rn. 31 ff.

[318]Vgl. bspw. § 8 Abs. 3 Satz 2 KStG (vGA) oder § 8 Abs. 3 Satz 3 KStG (vE).

überschneidet, gehen diese einer Korrektur gemäß § 1 AStG vor („unbeschadet anderer Vorschriften").

Dabei sieht der EuGH in der Notwendigkeit, die ausgewogene Aufteilung der Besteuerungsbefugnis der Mitgliedsstaaten zu wahren, dann einen Rechtfertigungsgrund für eine Ungleichbehandlung von grenzüberschreitenden gegenüber rein inländischen Sachverhalten, wenn mit der untersuchten Regelung Verhaltensweisen verhindert werden sollen, die geeignet sind, das Recht eines Mitgliedstaats auf Ausübung seiner Besteuerungszuständigkeit für die in seinem Hoheitsgebiet durchgeführten Tätigkeiten zu gefährden.[319]

In der Rechtssache *Hornbach-Baumarkt*[320] gelangte der EuGH dabei zu dem Ergebnis, dass eine nationale Regelung wie § 1 AStG, die verhindern solle, dass in dem betreffenden Mitgliedstaat erzielte Gewinne im Wege von Geschäften, die nicht auf Marktbedingungen beruhten, unversteuert aus dem Steuerhoheitsgebiet dieses Staates hinaus transferiert würden, grundsätzlich dazu geeignet sei, die Wahrung der Aufteilung der Steuerhoheit zwischen den Mitgliedstaaten sicherzustellen.[321]

Wie bereits in der (zu einer vergleichbaren belgischen Korrekturnorm ergangengen) Entscheidung in der Rechtssache *SGI*[322] betonte er aber zugleich, dass eine solche nationale Regelung nicht über das hinausgehen dürfe, was zur Erreichung des verfolgten Ziels erforderlich sei („Erforderlichkeitsprüfung"):

> „*In dieser Hinsicht hat der Gerichtshof festgestellt, dass eine nationale Regelung, die eine Prüfung objektiver und nachprüfbarer Umstände vorsieht, damit festgestellt werden kann, ob ein geschäftlicher Vorgang eine rein künstliche Konstruktion zu steuerlichen Zwecken darstellt, nicht über das hinausgeht, was zur Erreichung der Ziele der Notwendigkeit, die Ausgewogenheit der Aufteilung der Besteuerungsbefugnis zwischen den Mitgliedstaaten zu wahren, und der Notwendigkeit, Steuerumgehungen zu verhindern, erforderlich ist, wenn erstens in jedem Fall, in dem der Verdacht besteht, dass ein geschäftlicher Vorgang über das hinausgeht, was die betreffenden Gesellschaften unter Marktbedingungen vereinbart hätten, dem Steuerpflichtigen, ohne ihn übermäßigen Verwaltungszwängen zu unterwerfen, die Möglichkeit eingeräumt wird, Beweise für etwaige wirtschaftliche Gründe für den Abschluss dieses Geschäfts beizubringen. Zweitens muss sich die steuerliche Berichtigung gegebenenfalls auf den*

---

[319] *EuGH*, Urt. v. 31.5.2018 – C-382/16, ABl EU 2018, Nr C 259, 5 – *Hornbach-Baumarkt*, Rn. 43 m. w. N.

[320] *EuGH*, Urt. v. 31.5.2018 – C-382/16, ABl EU 2018, Nr C 259, 5 – *Hornbach-Baumarkt*.

[321] *EuGH*, Urt. v. 31.5.2018 – C-382/16, ABl EU 2018, Nr C 259, 5 – *Hornbach-Baumarkt*, Rn. 47.

[322] *EuGH*, Urt. v. 21.1.2010 – C-311/08, Slg. I 2010, 487 – *SGI*.

Teil beschränken, der über das hinausgeht, was die betreffenden Gesellschaften unter Marktbedingungen vereinbart hätten."[323]

Hierbei scheint der EuGH der Regelung zwei verschiedene Regelungsziele zu entnehmen – die Notwendigkeit, die Ausgewogenheit der Aufteilung der Besteuerungsbefugnis zwischen den Mitgliedstaaten zu wahren, sowie die Notwendigkeit, Steuerumgehungen zu verhindern. Aufgrund der Betonung der „objektiven und nachprüfbaren Umstände"[324] sowie der Verhinderung des „Hinaustransferierens" von unversteuerten Gewinnen[325] ist allerdings davon auszugehen, dass der EuGH von der „Verhinderung von Steuerumgehungen" nicht lediglich missbräuchliche (oder steuerstrafrechtlich relevante) Gestaltungen, sondern auch die bloß wirtschaftliche Fehlallokation von Gewinnen umfasst sieht, die zu einer Behinderung der Aufteilung der Besteuerungsbefugnis der beteiligten Mitgliedsstaaten führt.

Der BFH hatte sich in seiner ersten auf das EuGH-Urteil in der Rechtssache *SGI* folgenden Entscheidung bei der Übertragung der Erforderlichkeitsprüfung auf die einfach-rechtliche Rechtsanwendung eines „Tricks" bedient und die „wirtschaftlichen Gründe" im Sinne des ersten Erforderlichkeitskriteriums in die Anwendung des Fremdvergleichs hineingelesen:

Ob § 1 AStG a. F. diesen Maßgaben [der Erforderlichkeitsprüfung] vollen Umfangs entspricht, ist im Streitfall nicht zu entscheiden. Jedenfalls eine Korrektur einer unentgeltlichen Darlehensgewährung auf der Grundlage des (allgemeinen) Fremdvergleichs, der zwar den Einfluss der wirtschaftlichen Verflechtung zwischen den Geschäftspartnern auf die Preisbildung ausschließt, nicht aber sachbezogene wirtschaftliche Gründe der Parteien [...], ist als Maßnahme zur Wahrung einer ausgewogenen Aufteilung der Besteuerungsrechte geeignet und jedenfalls nicht unverhältnismäßig.[326]

Mit anderen Worten: Der BFH definierte seine Handhabung des im konkreten Korrekturfall bemühten „(allgemeinen) Fremdvergleichs" als unionsrechtskonform, ohne dabei zu erkennen zu geben, wie sich dieser unionsrechtskonforme allgemeine Fremdvergleich von dem einfach-rechtlich in § 1 Abs. 1 AStG kodifizierten Fremdvergleich, gegen den der Gegenbeweis „wirtschaftlicher Gründe" im

---

[323] *EuGH*, Urt. v. 31.5.2018 – C-382/16, ABl EU 2018, Nr C 259, 5 – *Hornbach-Baumarkt*, Rn. 49 unter Verweis auf Urt. v. 21.1.2010 – C-311/08, Slg. I 2010, 487 – *SGI*, Rn. 71 f.

[324] *EuGH*, Urt. v. 31.5.2018 – C-382/16, ABl EU 2018, Nr C 259, 5 – *Hornbach-Baumarkt*, Rn. 49.

[325] *EuGH*, Urt. v. 31.5.2018 – C-382/16, ABl EU 2018, Nr C 259, 5 – *Hornbach-Baumarkt*, Rn. 47.

[326] *BFH*, Urt. v. 25.6.2014 – I R 88/12, *BFH/NV* 2015, 57 unter II.4.b).

Sinne der EuGH-Rechtsprechung zulässig sein muss, absetzte. Ob diese Handhabung des Erforderlichkeitskriteriums die unionsrechtlichen Vorgaben erfüllt, wird zurecht von *Gosch* bezweifelt.[327]

Durch das Vorabentscheidungsersuchen des FG Rheinland-Pfalz[328] in der Rechtssache *Hornbach-Baumarkt* erhielt der EuGH erneut Gelegenheit, sich zu den Kriterien der Erforderlichkeitsprüfung zu äußern und diese zu konkretisieren. Während das zweite Kriterium in der Rechtssache *Hornbach-Baumarkt* keine Rolle spielte, da der Umfang der Korrektur im Ausgangsverfahren nicht streitig war, war das erste Kriterium streitentscheidend. In dem dem Ausgangsverfahren zugrunde liegenden Fall hatte die inländische Hornbach-Baumarkt AG zugunsten ihrer niederländischen Tochtergesellschaft Garantie- und Patronatserklärungen gegenüber den der Tochtergesellschaft Kredit gewährenden Banken abgegeben, ohne hierfür ein Entgelt von ihrer Tochtergesellschaft zu verlangen.

Das vorlegende Finanzgericht hatte seine Zweifel an der Unionsrechtskonformität mit der nach nationalem Recht fehlenden Möglichkeit des Steuerpflichtigen zum Nachweis „wirtschaftlicher Gründe" für die fremdunüblichen Bedingungen begründet, die sich aus seiner Stellung als Gesellschafter ergeben.

In seiner Entscheidung stellte der EuGH entscheidend darauf ab, dass die Fortführung oder Ausweitung des Geschäftsbetriebs der Tochtergesellschaft mangels ausreichender Eigenkapital von einer Zuführung von Kapital abgehangen habe. Der Gerichtshof sah die „wirtschaftlichen Gründe" in dem wirtschaftlichen Eigeninteresse der Hornbach-Baumarkt AG am geschäftlichen Erfolg der ausländischen Konzerngesellschaft, an dem die Klägerin des Ausgangsverfahrens als Gesellschafterin über Gewinnausschüttungen partizipiere, und in der „gewisse[n] Verantwortung der [...] Gesellschafterin bei der Finanzierung"[329] der Gesellschaften.

Beide Aspekte erinnern an die Ratio der gesellschaftlichen Veranlassung als Tatbestandsmerkmal der verdeckten Gewinnausschüttung bzw. verdeckten Einlage allerdings mit dem Unterschied, dass eine derartige „gesellschaftliche Veranlassung" im Rahmen der allgemeinen Vorschriften der verdeckten Gewinnausschüttung bzw. verdeckten Einlage korrekturbegründend und nach der Rechtsprechung des EuGH bei § 1 AStG korrekturverhindernd wirkt.

Dies ist unter zweierlei Gesichtspunkten bemerkenswert:

---

[327] *Gosch*, DStR 2019, 2441, 2444.

[328] *FG Rheinland-Pfalz*, Vorlagebeschluss v. 28.6.2016 – 1 K 1472/13, EFG 2016, 1678.

[329] *EuGH*, Urt. v. 31.5.2018 – C-382/16, ABl EU 2018, Nr C 259, 5 – *Hornbach-Baumarkt*, Rn. 56.

Zunächst dürften die meisten Fälle, bei denen die fremdüblichen Bedingungen auf eine gesellschaftliche Veranlassung zurückzuführen sind, in der Regel (vorrangig) von den Korrekturvorschriften der verdeckten Gewinnausschüttung und der verdeckten Einlage erfasst werden, die auch für reine Inlandsachverhalte gelten und die – jedenfalls theoretisch – einen Gegenbeweis zulassen.[330] Lediglich in dem Bereich, in dem eine verdeckte Einlage mangels Einlagefähigkeit des „Vorteils" verneint wird, dürfte es auf § 1 AStG überhaupt ankommen.[331]

Dies wirft die Frage auf, ob sich die Unionsrechtsproblematik des § 1 AStG nicht bereits auf der Tatbestandsebene der verdeckten Einlage größtenteils über eine Erweiterung des Einlagebegriffs dahingehend beheben ließe, dass dieser symmetrisch zum Entnahmebegriff auch Nutzungen und Leistungen erfasste.[332] Mangels Ungleichbehandlung von grenzüberschreitenden und rein inländischen Sachverhalten wäre der Anwendungsbereich der Grundfreiheiten dann schon gar nicht eröffnet.[333]

Zum anderen erinnern die Ausführungen des EuGH an die frühere Rechtsprechung des BFH zu § 1 AStG in der Fassung vor dem Standortsicherungsgesetz[334]. In seinem Urteil vom 29. November 2000[335] hatte der BFH unter Verweis auf den Sinn und Zweck von § 1 AStG in einem Fall, dem ebenfalls die Anwendung der Korrekturvorschrift auf eine Garantieerklärung zugunsten einer Konzerngesellschaft zugrunde gelegen hatte, entschieden, dass die Gewährung von Eigenkapital keine Geschäftsbeziehung zwischen Gesellschaft und Gesellschafter im Sinne von § 1 AStG darstellt:

> *„Nach der zitierten Rechtsprechung des Senats hängt bei finanziellen Zuwendungen einer Muttergesellschaft an ihre Tochtergesellschaft das Vorliegen einer "Geschäftsbeziehung" davon ab, ob die hingegebenen Mittel nach dem für die Tochtergesellschaft maßgeblichen Gesellschaftsrecht Eigenkapital dieser Gesellschaft werden. Das FG hat nicht festgestellt, ob eine solche Gestaltung im Streitfall vorliegt. Daraus ergibt*

---

[330] Vgl. hierzu bereits die Ausführungen unter 11.2.1.

[331] Vgl. auch *Briese*, DStR 2019, 236; *Schreiber/Greil*, DB 2018, 2527, 2528.

[332] Ähnlich *Graw*, DB 2018, 2655, 2658; *Jacobsen/Schwechel*, DStR 2018, 2653; *Jacobsen/Schwechel*, DStR 2018, 2716; kritisch dazu *Briese*, DStR 2019, 236. Einen anderen (auf Finanzierungsvorgänge beschränkten) Weg schlägt hingegen *Köhler*, DStR 2020, 829, 835 vor, wonach alle die funktionsgerechte Kapitalausstattung betreffenden Vorgänge aufgrund ihrer gesellschaftsrechtlichen Veranlassung dem Regime des § 8b KStG unterworfen würden.

[333] Ähnlich auch *Grübel/Schnabel*, ISR 2019, 368, 372.

[334] Gesetz zur Verbesserung der steuerlichen Bedingungen zur Sicherung des Wirtschaftsstandorts Deutschland im Europäischen Binnenmarkt (Standortsicherungsgesetz) vom 13.9.1993, BGBl I 1993, 1569.

[335] *BFH*, Urt. v. 29.11.2000 – I R 85/99, *BFHE* 194, 53.

sich jedoch nicht die Notwendigkeit, den Rechtsstreit an die Tatsacheninstanz zurück-zuverweisen. Denn unabhängig hiervon ist im Streitfall die Garantieübernahme durch die Klägerin nicht geeignet, eine Geschäftsbeziehung zu der F-BV zu begründen:

a) Dass die Gewährung von Eigenkapital keine Geschäftsbeziehung zwischen Gesell-schaft und Gesellschafter darstellt, ist vor allem aus dem Sinn und Zweck des § 1 AStG abzuleiten. Die Vorschrift soll bei einem grenzüberschreitenden Leistungsaus-tausch zwischen nahestehenden Personen, dessen Bedingungen einem Fremdvergleich nicht standhalten, den steuerlichen Ansatz eines angemessenen Entgelts ermögli-chen. Sie will jedoch nicht darüber hinaus diejenigen Vorgänge erfassen, die nicht als Leistungsaustausch zu qualifizieren, sondern im privaten Bereich oder im Gesell-schaftsverhältnis veranlasst sind. Diese sind deshalb nicht nach § 1 AStG, sondern ausschließlich nach den allgemein geltenden Regeln zu behandeln.

b) Zu denjenigen Vorgängen, die im vorstehenden Sinne durch das Gesellschafts-verhältnis veranlasst sind, gehört nicht nur die Ausstattung einer Gesellschaft mit Eigenkapital. Vielmehr muss dasselbe gelten, wenn der Gesellschafter die Gewährung von Eigenkapital durch die Übernahme von Verpflichtungen zu Gunsten der Gesell-schaft ersetzt. Es kann im Zusammenhang mit § 1 AStG keinen Unterschied machen, ob die Gesellschaft eine für ihren Geschäftszweck ausreichende Kapitalausstattung erhält oder ob der Gesellschafter sie nur mit unzureichendem Eigenkapital ausstattet, zum Ausgleich hierfür aber die Geschäftstätigkeit der Gesellschaft durch unentgeltliche wirtschaftliche Stützungsmaßnahmen ermöglicht. Auch dann handelt er nicht als Part-ner eines Austauschverhältnisses, sondern nur in seiner Eigenschaft als Gesellschafter. Es geht mithin hier um ein Verhalten, das allein in der Nahestehensbeziehung begründet ist und deshalb dem Anwendungsbereich des § 1 AStG nicht unterfällt [...].[336]

Seit der Anpassung durch das Steuervergünstigungsabbaugesetz[337] umfassen die Geschäftsbeziehungen im Sinne des § 1 Abs. 4 AStG auch schuldrechtliche Beziehungen, die durch das Gesellschaftsverhältnis veranlasst sind.

Unter Berücksichtigung der Ausführungen des EuGH in der Rechtssache *Hornbach-Baumarkt* liegt die unionsrechtliche Problematik des § 1 AStG nun also vielmehr in dem seit dem StVergAbG ausgeweiteten Begriff der Geschäfts-beziehung,[338] da sich der Anwendungsbereich des § 1 AStG dadurch von dem ursprünglichen Ziel einer angemessenen internationalen Gewinnabgrenzung ent-fernt hat, indem es die Lücken der allgemeinen Vorschriften (beispielsweise bei der verdeckten Einlage) zu „stopfen" versucht.

Die vor dem Hintergrund des Rechtfertigungsgedankens der ausgewogenen Aufteilung der Besteuerungsbefugnis zwischen den Mitgliedstaaten vom EuGH

---

[336]*BFH*, Urt. v. 29.11.2000 – I R 85/99, *BFHE* 194, 53 unter II.4.

[337] Gesetz zum Abbau von Steuervergünstigungen und Ausnahmeregelungen (Steuervergüns-tigungsabbaugesetz -StVergAbG) vom 16.5.2003, BGBl I 2003, 660.

[338] Vgl. auch *Schreiber/Greil*, DB 2018, 2527, 2531

geforderte Möglichkeit eines Gegenbeweises „wirtschaftlicher Gründe" ist vor dem ursprünglichen Korrekturzweck des § 1 AStG also nachvollziehbar und sachgerecht.[339] Sie verdeutlicht, dass die internationale Gewinnabgrenzung nicht vorrangig die Abgrenzung der (ausschließlich) betrieblichen von der (auch) gesellschaftlichen Sphäre, sondern vielmehr die Abgrenzung der inländischen von der ausländischen Sphäre betrifft. Dieser Abgrenzungszweck und damit der Rechtfertigungsgrund der Wahrung der ausgewogenen Aufteilung der Besteuerungsbefugnis zwischen den Mitgliedstaaten wird aber verlassen, wenn die Korrektur auch Leistungsbeziehungen erfasst, die durch das Gesellschaftsverhältnis veranlasst sind. Für sie lässt sich die Ungleichbehandlung von grenzüberschreitenden und rein inländischen Sachverhalten nicht rechtfertigen.

Gleichwohl dürfte sich dieses vom EuGH entwickelte Erforderlichkeitskriterium nicht mit der geltenden einfach-gesetzlichen Rechtslage in Einklang bringen lassen. Denn § 1 AStG sieht weder (ausdrücklich) die Möglichkeit für den Steuerpflichtigen vor, einen entsprechenden Gegenbeweis zu erbringen,[340] noch deckt sich der darin implizit enthaltene Ausschluss einer gesellschaftlich veranlassten Leistungsbeziehung von dem Anwendungsbereich des § 1 AStG mit der seit dem Steuervergünstigungsabbaugesetz in Absatz 4 der Vorschrift kodifizierten geltenden Rechtslage.

Dessen ungeachtet stünde einer (bei dem Vorliegen der entsprechenden Voraussetzungen) auf die allgemeinen Vorschriften gestützten, anhand der Veranlassung durch das Gesellschaftsverhältnis gemessenen Korrektur aber wiederum jedenfalls nicht das Unionsrecht entgegen, da diese Korrekturnormen bereits nicht zwischen grenzüberschreitenden und rein inländischen Konstellationen differenzieren und daher schon keine Beschränkung der unionsrechtlichen Grundfreiheiten beinhalten.

---

[339] Ähnlich auch *Beiser*, DStZ 2019, 37, 40.

[340] *Steiner/Ullmann*, DStR 2019, 2385, 2387. Ausweislich seiner Vorlagefrage schien auch das vorlegende Finanzgericht davon auszugehen, dass dem Steuerpflichtigen zu § 1 AStG „nicht die Möglichkeit des Nachweises eingeräumt [werde], dass die Bedingungen aus wirtschaftlichen Gründen, die sich aus seiner Stellung als Gesellschafter der in dem anderen Mitgliedstaat ansässigen Gesellschaft ergeben, vereinbart wurden" (*FG Rheinland-Pfalz*, Vorlagebeschluss v. 28.6.2016 – 1 K 1472/13, EFG 2016, 1678). Gleichzeitig hielt es eine unionsrechtskonforme Auslegung des § 1 AStG aber offenbar für möglich, wie die Ausführungen zur Entscheidungserheblichkeit verdeutlichen (a. a. O., Rn. 39); ähnlich bejahen auch *Graw*, DB 2018, 2655, 2658 und *Schreiber/Greil*, DB 2018, 2527, 2534 die Möglichkeit einer „geltungserhaltenden Reduktion" des § 1 AStG; vgl. hierzu auch *Grübel/Schnabel*, ISR 2019, 368, 373.

11.2.3 Vergleich der beiden innerstaatlichen Fremdvergleichsmaßstäbe

Die innerstaatlichen Fremdvergleichsmaßstäbe sind beide im Rahmen von Gewinnkorrekturvorschriften anzutreffen. Dabei kann es vorkommen, dass ein und derselbe Sachverhalt sowohl von der verdeckten Gewinnausschüttung als auch von § 1 AStG erfasst wird. *Wassermeyer* geht sogar davon aus, dass 90 % der Fälle, die von der Korrekturvorschrift des § 1 Abs. 1 Satz 1 AStG erfasst werden, verdeckte Gewinnausschüttungen sind.[341] Ein eigenständiger Anwendungsbereich verbleibt dem § 1 AStG lediglich in dem Bereich, in dem eine Gewinnkorrektur nach dem Prinzip der verdeckten Einlage wegen vergünstigter Nutzungsüberlassung oder Dienstleistung an deren mangelnder Einlagefähigkeit scheitert.[342]

Diese starke Überschneidung der Anwendungsbereiche war aber nicht stets gegeben. So erklärte der BFH noch in seiner bereits erwähnten Entscheidung vom 29. November 2000[343] ausgehend von dem Sinn und Zweck des § 1 AStG, dass die Vorschrift bei einem grenzüberschreitenden Leistungsaustausch zwischen nahestehenden Personen, den steuerlichen Ansatz eines angemessenen Entgelts ermöglichen solle, nicht aber die Vorgänge erfassen wolle, die nicht als Leistungsaustausch zu qualifizieren, sondern im privaten Bereich oder im Gesellschaftsverhältnis veranlasst sind.[344] Die als Reaktion auf diese Rechtsprechung durch das StVergAbG geänderte Definition des Begriffs der „Geschäftsbeziehungen" in § 1 Abs. 4 AStG erfasste fortan auch den gesellschaftlich veranlassten Leistungsaustausch, wenn sich dieser auf Basis schuldrechtlicher Beziehungen vollzog, die keine gesellschaftsvertraglichen Vereinbarungen waren. Der Gesetzgeber entfernte sich damit jedoch zugleich von dem ursprünglich mit § 1 AStG verfolgten Korrekturzweck.

Der somit inzwischen relativ große Überschneidungsbereich der Korrekturvorschriften gibt Anlass für die Frage, inwieweit die beiden den Vorschriften zugrunde gelegten Fremdvergleichs*maßstäbe* übereinstimmen und in welchen Punkten sie voneinander abweichen.

---

[341] *Wassermeyer*, GmbHR 1998, 157, 162; vgl. auch *Wassermeyer,* in: StbJb 1998/99, S. 157, 170, wo er diesen Anteil mit 85 % beziffert.

[342] Vgl. *BFH*, Beschluss v. 26.10.1987 – GrS 2/86, *BFHE* 151, 523; *Wassermeyer,* in: StbJb 1998/99, S. 157, 170; beachte aber auch *Wassermeyer*, in: F/W/B/S, Außensteuerrecht, § 1 AStG Rn. 451 ff.

[343] *BFH*, Urt. v. 29.11.2000 – I R 85/99, *BFHE* 194, 53.

[344] Vgl. *BFH*, Urt. v. 29.11.2000 – I R 85/99, *BFHE* 194, 53 unter II.4.a).

Der zunächst auffälligste Unterschied ist, dass § 1 AStG den Fremdvergleichsgrundsatz als Tatbestandsmerkmal enthält,[345] während die verdeckte Gewinnausschüttung den Maßstab des ordentlichen und gewissenhaften Geschäftsleiters lediglich zur Konkretisierung der gesellschaftlichen Veranlassung heranzieht. Dies hat grundsätzlich zur Konsequenz, dass ein Verstoß gegen den Fremdvergleichsgrundsatz im § 1 AStG zwingend die Rechtsfolge der Einkünftekorrektur nach sich zieht, während es bei der verdeckten Gewinnausschüttung zumindest theoretisch noch möglich ist, die vermutete gesellschaftliche Veranlassung durch eine konkrete Veranlassungsprüfung zu widerlegen.[346]

Folgt man der hier vertretenen Ansicht, nach der der „doppelte Fremdvergleich" im Rahmen der verdeckten Gewinnausschüttung lediglich eine Ausprägung des Ernsthaftigkeitskriteriums darstellt, so ergibt sich ein weiterer Unterschied zwischen den Fremdvergleichsmaßstäben bei der verdeckten Gewinnausschüttung einerseits und § 1 AStG andererseits. Denn gemäß § 1 Abs. 1 Satz 3 AStG ist die Verdopplung des Maßstabs des ordentlichen und gewissenhaften Geschäftsleiters im Rahmen des § 1 AStG gesetzlich festgeschrieben.

Hinter diesem gesetzlich kodifizierten doppelten Fremdvergleich verbirgt sich aber gerade keine Ausprägung des Ernsthaftigkeitskriteriums. Denn die schuldrechtlichen Geschäftsbeziehungen werden im Rahmen des § 1 AStG ja gerade dem Grunde nach anerkannt.[347] Vielmehr erfüllt der doppelte Fremdvergleich im Rahmen des § 1 AStG eine andere Funktion als im Rahmen der verdeckten Gewinnausschüttung.

Der Zweck der verdeckten Gewinnausschüttung liegt in der Abgrenzung der Einkommenserzielung von der Einkommensverwendung *bei der Gesellschaft*. Als mögliche Rechtsfolge zieht er eine Wiederhinzurechnung der ungerechtfertigten Vermögensminderungen mit Gewinnauswirkung nach sich. Diese Korrektur kann aber stets nur „monodirektional" wirken.[348]

---

[345] Vgl. *F. Lang*, in: D/P/M, KStG, § 8 Abs. 3 Teil C Rn. 620; *Wassermeyer*, in: F/W/B/S, Außensteuerrecht, § 1 AStG Rn. 444.

[346] So auch *Wassermeyer*, IStR 2001, 633, 636; *Wassermeyer*, DB 2001, 2465, 2468; *Wassermeyer*, in: StbJb 1998/99, S. 157, 164; *Wassermeyer*, in: F/W/B/S, Außensteuerrecht, § 1 AStG Rn. 406, 448; *F. Lang*, in: D/P/M, KStG, § 8 Abs. 3 Teil C Rn. 623. Zu den möglichen Gründen für diesen Unterschied vgl. unten 11.7.

[347] Vgl. bereits oben unter 11.2.2.2.

[348] In der „anderen Richtung" kann es u. U. zu einer vE kommen, wobei die beiden Begriffe wegen der einschränkenden Voraussetzung der Einlagefähigkeit (vgl. *BFH*, Beschluss v. 26.10.1987 – GrS 2/86, *BFHE* 151, 523) nicht gänzlich spiegelbildlich sind.

Anders verhält es sich hingegen im Rahmen des § 1 AStG. Die Norm soll Gewinnverlagerungen rückgängig machen, die unter dem Deckmantel der grenzüberschreitenden Geschäftsbeziehungen stattfinden. Auch hier geht es letztlich um eine Abgrenzung zwischen der Einkommenserzielung und der Einkommensverwendung mit dem Unterschied, dass die Gewinnverlagerungen zwischen In- und Ausland in beide Richtungen erfolgen können und damit auch der Korrekturbedarf „bidirektional" ist.

Der „verdoppelte" Fremdvergleich trägt diesem bidirektionalen Korrekturbedürfnis Rechnung und entspricht damit einem bidirektional wirkenden Angemessenheitsmaßstab im Sinne der verdeckten Gewinnausschüttung.[349] Eine andere Lesart des doppelten Fremdvergleichs würde auch der mit § 1 AStG bezweckten Korrektur von Gewinnverlagerungen widersprechen.

Es stellt sich dennoch die Frage, inwieweit sich dieser Unterschied tatsächlich auswirkt. Ist das Geschäft für den Steuerpflichtigen im Sinne des § 1 Abs. 1 Satz 1 AStG nachteilig, so führen beide Maßstäbe zu dem gleichen Ergebnis, denn insoweit stimmen „einfacher" und „verdoppelter" Maßstab überein.[350] Zu Abweichungen kann es schon a priori nur in den für den Steuerpflichtigen vorteilhaften Fällen kommen. Im Rahmen des Fremdvergleichsmaßstabs der verdeckten Gewinnausschüttung ist der ‚doppelte Fremdvergleich' nach der hier vertretenen Auffassung lediglich ein Unterfall des Ernsthaftigkeitskriteriums, welches wiederum einen Fremdvergleich dem Grunde nach anstellt und zu einer Gewinnkorrektur in voller Höhe führt.

Steht also die Ernsthaftigkeit des Geschäfts tatsächlich in Frage, so spricht dies im Rahmen der verdeckten Gewinnausschüttung für eine gesellschaftliche Veranlassung dem Grunde nach. Die Rechtsfolge des § 1 Abs. 1 Satz 1 AStG wird hingegen nur dann ausgelöst, wenn die die Ernsthaftigkeit in Frage stellenden Faktoren gewinnverlagernd wirken. Das dürfte bei einer für den Steuerpflichtigen ‚vorteilhaften' Geschäftsbeziehung noch zu bejahen sein. Geht man aber davon aus, dass die Geschäftsbeziehung im Rahmen des § 1 Abs. 1 AStG nicht dem Grunde nach korrigiert werden darf, so liegt jedenfalls keine Einkünfteminderung vor, so dass es im Ergebnis nicht zu einer Korrektur nach § 1

---

[349]Vgl. zu diesem Angemessenheitsmaßstab bereits 11.2.1.1.1.

[350]*Wassermeyer* geht davon aus, dass dies 95 % der Fälle umfassen dürfte, *Wassermeyer,* in: StbJb 1997/98, S. 79, 88.

Abs. 1 AStG kommt.[351] In diesem Fall weichen die Fremdvergleichsbetrachtungen (vGA: Fremdunüblichkeit dem Grunde nach zulasten des Steuerpflichtigen; § 1 AStG: Fremdunüblichkeit lediglich der Höhe nach zugunsten des Steuerpflichtigen) weniger voneinander ab als die Rechtsfolgen (vGA: Korrektur dem Grunde nach; § 1 AStG: keine Korrektur). Die unterschiedliche Handhabung ist letztlich Ausfluss des international abweichenden Verständnisses des Korrekturumfangs, das sich auch in § 1 AStG niedergeschlagen hat.[352]

Ist die Ernsthaftigkeit der Geschäftsbeziehung hingegen nicht fraglich, so führt dies auch nicht zu einer Korrektur nach den Grundsätzen der verdeckten Gewinnausschüttung, da der ‚doppelte Fremdvergleich' dort nur als Unterfall des Ernsthaftigkeitskriteriums zu verstehen ist. Im Rahmen des § 1 AStG verhält es sich im Ergebnis genauso. Denn auch wenn eine ernsthafte, aber für den Steuerpflichtigen vorteilhafte Geschäftsbeziehung zwar nicht mit dem verdoppelten Maßstab des ordentlichen Geschäftsleiters zu vereinbaren und damit fremdvergleichswidrig ist, unterbleibt gleichwohl auch hier eine Korrektur mangels Einkünfteminderung. In dieser Konstellation verhält es sich also genau umgekehrt als bei der in Zweifel stehenden Ernsthaftigkeit. Die Fremdvergleichsbetrachtungen kommen zu unterschiedlichen Ergebnissen (vGA: keine Fremdunüblichkeit, da ernsthaft; § 1 AStG: Fremdunüblichkeit lediglich der Höhe nach), während in beiden Fällen die Rechtsfolge der Einkünftekorrektur unterbleibt. Hier führen der einfache und der verdoppelte Maßstab des ordentlichen und gewissenhaften Geschäftsleiters zum gleichen Ergebnis.

Zusammenfassend stimmen die beiden Fremdvergleichsmaßstäbe in den allermeisten Fällen, nämlich bei den für den Steuerpflichtigen lediglich der Höhe nach nachteiligen Geschäftsbeziehungen, überein.[353] Insoweit ist *Wassermeyer* zuzustimmen, wenn er ein einheitliches Fremdvergleichsverständnis fordert.[354] In den übrigen für den Steuerpflichtigen der Höhe nach vorteilhaften Fällen sowie in den

---

[351] Anders als in den vGA-Konstellationen, in denen sich die Vermögensminderung bei fehlender Ernsthaftigkeit durch den Vergleich des für die Gesellschaft vorteilhaften Entgelts mit dem eigentlich intendierten unentgeltlichen Tätigwerden ergab, erkennt § 1 AStG die (für die Gesellschaft vorteilhafte) Geschäftsbeziehung dem Grunde nach an und kommt hier (mangels Ernsthaftigkeitskorrektur) im Vergleich mit dem Fremdvergleichspreis gerade nicht zu einer Einkünfteminderung.

[352] Vgl. zum Begriff der Bedingungen i. S. d. § 1 AStG oben 11.2.2.2 und zum Korrekturumfang unter dem abkommensrechtlichen Fremdvergleichsverständnis unten 11.3.

[353] Zur Übereinstimmung infolge eines einheitlich verdoppelten Maßstabs vgl. *Baumhoff*, FS Flick, S. 633, 641; *Wassermeyer*, IStR 2001, 633, 636; *Wassermeyer*, in: StbJb 1998/99, S. 157, 157 ff.

[354] *Wassermeyer*, in: StbJb 1998/99, S. 157, 157 ff.

übrigen das Ernsthaftigkeitskriterium betreffenden Fällen unterscheiden sich die Fremdvergleichsmaßstäbe von verdeckter Gewinnausschüttung und § 1 AStG hingegen. In der Praxis dürfte aber die Anzahl der Fälle, in denen sich die Maßstäbe unterscheiden, deutlich hinter denen der Übereinstimmung zurückbleiben.[355]

Darüber hinaus unterscheidet sich – jedenfalls formal – die Rangfolge von tatsächlichem und hypothetischem Fremdvergleich bei der verdeckten Gewinnausschüttung und bei § 1 AStG. Während der hypothetische Fremdvergleich jedenfalls nach der hier vertretenen Auffassung der bei der verdeckten Gewinnausschüttung maßgebliche Maßstab ist und der tatsächliche Fremdvergleich allenfalls im Rahmen der konkreten Veranlassungsbetrachtung Anwendung findet, sieht § 1 Abs. 3 AStG den tatsächlichen Fremdvergleich formal als gegenüber dem hypothetischen Fremdvergleich vorrangig an. Wegen der in § 1 Abs. 1 Satz 3 AStG allgemein für den Fremdvergleich geltenden Konkretisierung durch den verdoppelten Maßstab des ordentlichen Geschäftsleiters (nebst Transparenzfiktion) führt dieses formale Vorrangverhältnis jedoch in der Anwendung zu keinem von der verdeckten Gewinnausschüttung abweichenden Ergebnis. Denn in den Fällen, in denen der tatsächliche Fremdvergleich maßgeblich von den hypothetischen Fällen abweicht, dürfte ersterer mangels (un-)eingeschränkter Vergleichbarkeit keine Anwendung finden. Im Ergebnis dürfte es damit de lege lata auch im Rahmen des § 1 AStG immer auf den hypothetischen Fremdvergleich hinauslaufen.

Dies erscheint auch konsequent, beachtet man, dass beiden Korrekturkonzepten ein normatives Verständnis des Fremdvergleichsgrundsatzes zugrunde liegt. Beide stellen maßgeblich auf den Maßstab des ordentlichen und gewissenhaften Geschäftsleiters ab.[356] Sie unterscheiden sich lediglich darin, dass bei der verdeckten Gewinnausschüttung auch den Fremdvergleich dem Grunde nach betreffende Bedingungen berücksichtigt werden, während vom Fremdvergleich im Rahmen des § 1 AStG nach der hier vertretenen Ansicht ausschließlich Bedingungen erfasst werden, die geeignet sind, eine korrespondierende Gewinnverlagerung auszulösen.

Entgegen vereinzelter Stimmen, die der Höhe der Korrektur im Rahmen der verdeckten Gewinnausschüttung den gemeinen Wert zugrunde legen wollen,[357]

---

[355] Vgl. *Wassermeyer*, in: StbJb 1997/98, S. 79, 88. Zu den Folgen einer möglichen Änderung des innerstaatlichen Fremdvergleichsgrundsatzes infolge der BEPS-Initiative der OECD vgl. unten 11.3.

[356] Vgl. *Frotscher*, in: Frotscher/Drüen, KStG, Anhang zu § 8 Rn. 29.

[357] Vgl. Nachweise bei *Oppenländer*, Verdeckte Gewinnausschüttung 2004, S. 234 und bei *Wassermeyer*, in: StbJb 1998/99, S. 157, 163 (dort Fn. 7).

geht die h. M. von einer Korrektur nach Maßgabe des Fremdvergleichspreises aus.[358] Dies entspricht dem Vorgehen bei § 1 AStG.

11.3 Das Verhältnis des innerstaatlichen Fremdvergleichs zu dem des Abkommensrechts

Wie dargestellt wird somit für den innerstaatlichen Fremdvergleich maßgeblich auf den Maßstab des ordentlichen und gewissenhaften Geschäftsleiters abgestellt. Dieser Maßstab entspricht auch im Wesentlichen dem abkommensrechtlichen „dealing at arm's length"-Prinzip.[359] Gleichwohl verblieben – wie bereits angedeutet – nach der bisherigen Rechtsprechung des BFH gewisse Unterschiede zwischen der Wirkungsweise der beiden Maßstäbe.

So hat der BFH in seiner Entscheidung vom 11. Oktober 2012[360] zu dem Verhältnis des abkommensrechtlichen „dealing at arm's length"-Prinzip zu dem innerstaatlichen Fremdvergleichs- und damit Korrekturmaßstab bei der verdeckten Gewinnausschüttung Stellung bezogen. Er erklärte, dass von Art. 9 Abs. 1 OECD-MA eine Schrankenwirkung dergestalt ausgehe, dass Art. 9 Abs. 1 OECD-MA für seinen Anwendungsbereich weitergehende, innerstaatlich zulässige Korrekturmöglichkeiten sperre.[361]

Zwar entspreche das abkommensrechtliche „dealing at arm's length"-Prinzip im Kern dem Maßstab des ordentlichen und gewissenhaften Geschäftsleiters bei der verdeckten Gewinnausschüttung. Zum Rahmen der abkommensrechtlichen Korrektur führt der BFH jedoch aus:

„Anders als bei § 8 Abs. 3 Satz 2 KStG 2002 sind aber nur diejenigen (Sachverhalts-) Umstände einbezogen, welche sich auf die besagten „wirtschaftlichen oder finanziellen Bedingungen" auswirken, also die Angemessenheit (Höhe) des Vereinbarten berühren; eine Gewinnkorrektur, die sich nicht nur auf die Angemessenheit (Höhe) des Vereinbarten erstreckt, sondern – in einem zweistufigen Vorgehen – gleichermaßen auf dessen „Grund" (Üblichkeit, Ernsthaftigkeit), ist den Vergleichsmaßstäben des „dealing at

---

[358] Wassermeyer, IStR 2001, 633, 637; Wassermeyer, in: StbJb 1998/99, S. 157, 163; ausführlich zu der Frage der Bewertung der vGA Oppenländer, Verdeckte Gewinnausschüttung 2004, S. 231 ff.

[359] BFH, Urt. v. 11.10.2012 – I R 75/11, BFHE 239, 242 unter II.2.b); so auch Baumhoff, FS Flick, S. 633, 643, der darauf verweist, dass auch die OECD-Verrechnungspreisrichtlinien 1995 bei der „Bandbreitenbetrachtung" auf Existenz zweier, miteinander kontrahierender Geschäftspartner abstellen.

[360] BFH, Urt. v. 11.10.2012 – I R 75/11, BFHE 239, 242.

[361] BFH, Urt. v. 11.10.2012 – I R 75/11, BFHE 239, 242 unter II.2.a).

arm's length" fremd. Diese Vergleichsmaßstäbe sind – schon um mangels einer entsprechenden Gegenkorrektur andernfalls drohenden doppelten Besteuerungen sowohl in dem einen wie in dem anderen Vertragsstaat vorzubeugen – einem abkommenseigenen und damit einheitlichen Begriffsverständnis unterworfen, der innerstaatlichen Modifikationen des Fremdvergleichsbegriffs ex ante entgegensteht."[362].

Der BFH schloss sich damit der in der Literatur[363] verbreiteten Auffassung an, wonach die aus dem innerstaatlichen Recht stammenden Sonderbedingungen nicht mit dem internationalen Verständnis des Fremdvergleichs vereinbar seien. Er erteilte damit insbesondere auch *Wassermeyer* und *Oppenländer* eine Absage, die die Korrektur nach den Sonderbedingungen bereits nicht von dem Anwendungsbereich des Art. 9 Abs. 1 OECD-MA und damit auch nicht von dessen Schrankenwirkung erfasst sehen: So vertritt *Oppenländer*[364] die Auffassung, dass bei einer Leistungserbringung ausschließlich auf gesellschaftlicher Grundlage (weil es beispielsweise bereits an einer wirksamen Vereinbarung fehle) bereits keine kaufmännischen oder finanziellen Beziehungen im Sinne des Art. 9 Abs. 1 OECD-MA vorlägen, so dass die Abkommensnorm der Anwendung der Sonderbedingungen nicht entgegenstehe.[365]

Gleiches gelte im Ergebnis auch bei einer Entscheidung zur Leistungserbringung auf entgeltlich schuldrechtlicher Grundlage, bei der lediglich die Höhe des Entgelts nicht den Anforderungen der Sonderbedingungen genügt.[366] Hier lägen zwar kaufmännische oder finanzielle Beziehungen im Sinne des Art. 9 Abs. 1 OECD-MA vor. Die Sonderbedingungen stellten dies aber nicht in Frage, sondern führten lediglich zu einer Verlagerung des Beweisrisikos auf den beherrschenden Gesellschafter. Da Art. 9 OECD-MA aber keine verfahrensrechtlichen Fragen regele und die Sonderbedingungen ob ihrer bloß indiziellen Wirkung widerlegbar seien, seien die Sonderbedingungen mit Art. 9 Abs. 1 OECD-MA vereinbar.[367]

Einen anderen Weg schlug hingegen der BFH mit der genannten Entscheidung vom 11. Oktober 2012 ein: Er erachtete die Sonderbedingungen zwar

---

[362] *BFH*, Urt. v. 11.10.2012 – I R 75/11, *BFHE* 239, 242 unter II.2.b).

[363] *Becker*, DB 1996, 1439, 1440; *Schaumburg*, Internationales Steuerrecht 2011, Tz. 16.292; *Eigelshoven*, in: Vogel/Lehner, DBA, Art. 9 Rn. 20 ff.

[364] *Oppenländer*, Verdeckte Gewinnausschüttung 2004, S. 136.

[365] So auch *Wassermeyer*, in: Wassermeyer, DBA, Art. 9 MA Rn. 128.

[366] Eine solche Konstellation lag der Entscheidung *BFH*, Urt. v. 1.7.1992 – I R 78/91, *BFHE* 168, 293 zugrunde.

[367] *Oppenländer*, Verdeckte Gewinnausschüttung 2004, S. 137; *Wassermeyer*, in: Wassermeyer, DBA, Art. 9 MA Rn. 128. Ähnlich geht auch *Habammer* trotz der zwischenzeitlich ergangenen Entscheidung *BFH*, Urt. v. 11.10.2012 – I R 75/11, *BFHE* 239, 242 davon aus, dass die Sonderbedingungen lediglich eine verfahrensrechtliche Vorprüfung vor Durchführung des

grundsätzlich als von den „Gewinnkorrekturvorschriften für untereinander verbundene Unternehmen"[368] und damit vom Anwendungsbereich des Art. 9 Abs. 1 OECD-MA erfasst, nahm aber gleichzeitig auch eine Beschränkung des Korrekturmaßstabs an. Anders als die verdeckte Gewinnausschüttung betreffe der abkommensrechtliche Fremdvergleich, da er auf eine Auswirkung auf die „wirtschaftlichen oder finanziellen Beziehungen"[369] abstelle, nur die Korrektur der Höhe nach. Als einen wesentlichen Grund führte der BFH dabei die mangels entsprechender Gegenkorrektur im anderen Vertragsstaat sonst drohenden Doppelbesteuerungsrisiken an und hob damit das auch Art. 9 Abs. OECD-MA zugrunde liegende „korrespondierende Element" hervor. Die Finanzverwaltung hat das Urteil im Bundessteuerblatt[370] veröffentlicht und sich somit hinsichtlich der Behandlung der Sonderbedingungen bei der verdeckten Gewinnausschüttung der Auffassung der Rechtsprechung angeschlossen.

Der BFH übertrug diese Auffassung zum Verhältnis des abkommensrechtlichen zum innerstaatlichen Fremdvergleich in zwei späteren Entscheidungen zunächst auch auf die fremdvergleichsbasierte Korrektur nach § 1 AStG.[371] Er trat damit der Auffassung der Finanzverwaltung entgegen.[372] Die Finanzverwaltung hielt für die Anwendung des Fremdvergleichsgrundsatzes im Rahmen des § 1 AStG dennoch an ihrer Rechtsauffassung fest und verdeutlichte dies durch den Nichtanwendungserlass vom 30. März 2016.[373]

Darin zieht das BMF zur Begründung der Nichtanwendung u. a. den Wortlaut des Art. 9 Abs. 1 OECD-MA heran, dem keine Beschränkung der Korrektur auf die Verrechnungspreise entnommen werden könne. Auch der OECD-Musterkommentar spreche ausdrücklich von einer Gewinnberichtigung und nicht lediglich von einer Preisberichtigung. Zudem habe der historische Gesetzgeber mit der Einführung des § 1 AStG das deutsche Steuerrecht an den Standard des

---

Fremdvergleichs der Höhe nach seien, um festzustellen, wie weit der Untersuchungsgrundsatz nach § 88 Abs. 1 Satz 1 AO, § 76 Abs. 1 Satz 1 FGO reiche, um die Risiken einer Unaufklärbarkeit zuordnen zu können, vgl. *Habammer*, IStR 2016, 525, 529.

[368] *BFH*, Urt. v. 11.10.2012 – I R 75/11, *BFHE* 239, 242 unter II.2.a).

[369] Der im Streitfall maßgebliche Art. 6 Abs. 1 DBA-Niederlande 1959/2004, der inhaltlich Art. 9 Abs. 1 OECD-MA entspricht, spricht von „wirtschaftlichen oder finanziellen *Bedingungen*".

[370] BStBl II 2013, 1046.

[371] *BFH*, Urt. v. 17.12.2014 – I R 23/13, *BFHE* 248, 170; Urt. v. 24.6.2015 – I R 29/14, *BFHE* 250, 386.

[372] BMF, Schreiben v. 29.3.2011, BStBl I 2011, 277, Tz. 3.

[373] BMF, Schreiben v. 30.3.2016, BStBl I 2016, 455.

internationalen Steuerrechts anpassen wollen, während die Sperrwirkungsrechtsprechung des BFH einen Widerspruch zwischen § 1 AStG und Art. 9 Abs. 1 OECD-MA geschaffen habe. Auch sei eine Beschränkung auf den Fremdvergleichspreis sinnwidrig, da dies nicht in allen Fällen ein fremdvergleichskonformes Ergebnis liefern würde. Schließlich stellten die Zustimmungsgesetze zu den deutschen Doppelbesteuerungsabkommen auch „andere Gesetze" im Sinne des § 1 Abs. 1 Satz 1 AStG dar, unbeschadet derer § 1 AStG ergänzend zur Anwendung komme. Insoweit der BFH von einem Konflikt zwischen § 1 AStG und Art. 9 Abs. 1 OECD-MA ausgegangen sei, hätte er einen „*treaty override*" annehmen müssen, den er dem BVerfG hätte vorlegen müssen.

Der Nichtanwendungserlass ist in der Literatur auf Kritik gestoßen. In Bezug auf das Wortlautargument der Finanzverwaltung trägt *Vogel* vor, dass sich die Frage des Korrekturumfangs des Art. 9 Abs. 1 OECD-MA nicht aus dessen Wortlaut ableiten lässt, weswegen auf andere Auslegungsmethoden zurückzugreifen ist.[374] Dem ist zuzustimmen.

Gegen den Begründungsansatz des BMF, der historische Gesetzgeber des § 1 AStG habe mit dessen Einführung keinen Widerspruch zu dem Art. 9 Abs. 1 OECD-MA schaffen wollen, entgegnet *Vogel* zutreffenderweise, dass dieser Wille für die Auslegung des Inhalts der DBA-Norm irrelevant sei,[375] da er eben die nationale Norm und nicht die hier maßgebliche DBA-Norm betreffe. Ungeachtet dessen ist gegen das BMF-Schreiben einzuwenden, dass der BFH in den von dem Nichtanwendungserlass erfassten Entscheidungen vom 17. Dezember 2014[376] und vom 24. Juni 2015[377] eben noch *keine* Entscheidung zum Korrekturumfang des § 1 AStG getroffen und sich deswegen auch nicht Widerspruch zu Art. 9 Abs. 1 OECD-MA gesetzt hat. Beachtet man den in dem Urteil vom 24. Juni 2015[378] enthaltenen Verweis auf die Entscheidung vom 29. Oktober 1997[379], so ist auch zu vermuten, dass der BFH jedenfalls solche Umstände, die ausschließlich zwischen Gesellschaft und Gesellschaftern bestehen können (wie beispielsweise ein Konzernrückhalt), ebenfalls nicht vom Korrekturumfang des § 1 Abs. 1 AStG umfasst

---

[374] *Vogel*, StuB 2016, 462, 464.

[375] *Vogel*, StuB 2016, 462, 463 f.

[376] *BFH*, Urt. v. 17.12.2014 – I R 23/13, *BFHE* 248, 170.

[377] *BFH*, Urt. v. 24.6.2015 – I R 29/14, *BFHE* 250, 386.

[378] Vgl. *BFH*, Urt. v. 24.6.2015 – I R 29/14, *BFHE* 250, 386 unter II.2 unter Verweis auf Urt. v. 29.10.1997 – I R 24/97, *BFHE* 184, 480 unter II.3.d).

[379] *BFH*, Urt. v. 29.10.1997 – I R 24/97, *BFHE* 184, 480.

sah.[380] Insoweit gehen die ‚Anpassungen', die das BMF mit seinem Nichtanwendungserlass vornimmt, in die falsche Richtung.[381] Dementsprechend ziehen auch *Greil* und *Wargowske* aus dem einheitlichen Verständnis des historischen Gesetzgebers vom Fremdvergleichsgrundsatz die falsche Schlussfolgerung. Nicht der BFH sollte seine Interpretation des Korrekturumfangs des Art. 9 Abs. 1 OECD-MA an das Verständnis der Finanzverwaltung von § 1 AStG anpassen,[382] sondern vielmehr sollte die Anpassung in umgekehrter Richtung erfolgen.

Greil und *Wargowske* schließen sich der Argumentation des BMF an, die Beschränkung des Korrekturumfangs auf § 1 Abs. 1 AStG auf eine Korrektur der Höhe nach führe nicht in allen Fällen zu fremdvergleichskonformen Ergebnissen, da eine künstliche Aufspaltung eines einheitlichen Lebensvorgangs in den Fremdvergleich dem Grunde nach einerseits und der Höhe nach anderseits nicht möglich und auch inkonsequent sei.[383] So müssten etwaige Gestaltungsrechte (wie beispielsweise Kündigungsrechte), die fremden Dritten unter fremdvergleichswidrigen ‚Bedingungen' zustünden, auch in den Fremdvergleich des § 1 AStG miteinbezogen werden. Dabei übersehen *Greil* und *Wargowske*, dass auch bei fremden Dritten ein Kündigungsrecht, das zwar zivilrechtlich bestanden hätte, tatsächlich aber nicht ausgeübt wurde, einer steuerrechtlichen Anerkennung der tatsächlich durchgeführten Geschäftsbeziehung nicht entgegensteht. Die Geschäftsbeziehung dem Grunde nach ist nämlich grundsätzlich von der unternehmerischen Dispositionsfreiheit des Steuerpflichtigen umfasst, die sich der steuerlichen Bewertung entzieht. *Vogel*[384] schließt sich der Auffassung des BFH[385] an, wonach ohne eine Beschränkung des Korrekturumfangs die Gefahr der doppelten Besteuerung drohte.

Dem ist zuzustimmen. Eine Korrektur dem Grunde nach ist wesentlich mehr durch Wertungen geprägt und daher schwerer quantifizierbar. Angesichts dieser Wertungsabhängigkeit ist sie im Kontext internationaler Korrekturen schon *a priori* weniger geneigt, zu konsensfähigen Gewinnkorrekturen zu führen, was im Ergebnis die Gefahr einer wirtschaftlichen Doppelbesteuerung bedeuten dürfte.

---

[380]Eine derartige Lesart der Korrekturvorschrift erscheint vor dem Hintergrund der später ergangenen EuGH-Entscheidung in der Sache Hornbach-Baumarkt auch „unionsrechtsfreundlicher", wenngleich unter Berücksichtigung des seit dem StVergAbG auch gesellschaftlich veranlasste Leistungsbeziehungen umfassenden Geschäftsbeziehungsbegriffs nicht unproblematisch, vgl. bereits oben 11.2.2.3.

[381]Kritisch auch *Puls/Schmidtke/Tränka*, IStR 2016, 759, 761; *Vogel*, StuB 2016, 462, 463 ff.

[382]So *Greil/Wargowske*, ISR 2016, 157, 158.

[383]*Greil/Wargowske*, ISR 2016, 157, 158.

[384]*Vogel*, StuB 2016, 462, 464.

[385]*BFH*, Urt. v. 17.12.2014 – I R 23/13, *BFHE* 248, 170 unter II.2.b.cc.ccc).

Darüber hinaus überdehnt das BMF auch die Rolle des Fremdvergleichs-grundsatzes. Dieser hat nämlich keinen Selbstzweck in der Gestalt, dass es ein Ziel des internationalen Steuerrechts sei, grenzüberschreitend fremdvergleichs-konforme Verhältnisse herzustellen. Ein solches Ziel besteht noch nicht einmal nach dem innerstaatlichen Recht, das in den Grenzen des Veranlassungsprinzips die Dispositionsfreiheit des Steuerpflichtigen und damit auch unübliche Geschäfte anerkennt. Vielmehr hat der Fremdvergleich im grenzüberschreitenden Kontext ausschließlich die Funktion, die Abgrenzung der Besteuerungssubstrate sicherzu-stellen und eine dieser Gewinnabgrenzung (durch Vereinbarung fremdunüblicher Bedingungen) widersprechende Gewinnverlagerung zu vermeiden.[386] Jedenfalls bis zur BEPS-Initiative (dazu später) wurden die schuldrechtlichen Beziehun-gen zwischen den verbundenen Unternehmen daher grundsätzlich anerkannt und nur ausnahmsweise[387] „umqualifiziert".[388] Konsequenz dieser Anerkennung der Geschäftsbeziehungen dem Grunde nach ist dann, dass sich die fremdvergleichs-basierte Korrektur auf die Korrektur der Höhe nach im Sinne einer Korrektur der Gewinnverlagerung beschränken muss.

Ähnlich wie das BMF kommt auch *Habammer* zu dem Ergebnis, dass Klau-seln in Doppelbesteuerungsabkommen „andere Vorschriften" im Sinne des § 1 Abs. 1 AStG seien.[389] Noch weitergehend als das BMF stützt er diese Auffassung auf die Kollisionsregel des § 1 Abs. 1 Satz 4 AStG, die erst recht für „an-dere Vorschriften" gelten müsse, die zwar länderübergreifend einen materiellen Fremdvergleichsmaßstab festlegten, aber zur Rechtsdurchsetzung einer nationa-len Norm bedürften.[390] Dabei übersehen sowohl das BMF als auch *Habammer*, dass „andere Vorschriften" im Sinne des § 1 Abs. 1 Satz 1 oder Satz 4 AStG nur solche Normen sein können, die ihrerseits originär eigene Berichtigungen anord-nen.[391] Eine Vorschrift wie Art. 9 Abs. 1 OECD-MA, die nach h. M. auch durch das Zustimmungsgesetz keine *self-executing* Wirkung erhält, kann damit man-gels Eigenschaft als unmittelbare Korrekturvorschrift keine „andere Vorschrift" im Sinne der Norm sein. „Andere Vorschrift" könnte allenfalls ihre nationale

---

[386]Vgl. auch *Beiser*, DStZ 2019, 37, 39.

[387]*Kahle/Schulz*, StuB 2016, 534, 539.

[388]Wie *Puls*, *Schmidtke* und *Tränka* zurecht anmerken, ist es angesichts des BEPS-Abschlussberichts zu den Aktionspunkten 8-10 bedauernswert, dass sich der Nichtanwen-dungserlass der Frage der „Umqualifizierung" von Geschäftsbeziehungen in der Post-BEPS-Ära nicht widmet, vgl. *Puls/Schmidtke/Tränka*, IStR 2016, 759, 761.

[389]Vgl. *Habammer*, IStR 2016, 525, 530 f., der dies aber anders als das BMF nicht von Satz 1, sondern von Satz 4 AStG erfasst sieht; vgl. auch *Groß*, IStR 2016, 233, 240.

[390]*Habammer*, IStR 2016, 525, 530.

[391]Vgl. auch *Gebhardt/Glatz*, IStR 2016, 787, 788.

Umsetzungsvorschrift sein. Da dies aber u. a. § 1 AStG ist, würde sich § 1 AStG dann in den durch Art. 9 Abs. 1 OECD-MA für die Umsetzungsvorschrift vorgegebenen Grenzen selbst begrenzen.[392] Dies führt dann aber zu dem von dem BFH dargelegten Ergebnis. Eine Auslegung, wonach die begrenzende Wirkung des Art. 9 Abs. 1 OECD-MA nicht in die Umsetzungsvorschrift § 1 AStG hineingelesen würde, wäre zirkulär[393] und widerspräche zudem dem Grundverständnis der Schrankenwirkung von Doppelbesteuerungsabkommen.

Der Aussage des BMF, bei einem Konflikt zwischen § 1 AStG und Art. 9 Abs. 1 OECD-MA hätte der BFH einen „treaty override" annehmen müssen, entgegnet der Großteil der Literatur, dass es sich bei § 1 AStG nicht um einen „treaty override" handele.[394] Die Kollision der beiden Normen und ihre Auflösung sei wiederum lediglich Ausdruck der Schrankenwirkung von Doppelbesteuerungsabkommen: So dürften innerstaatliche Gewinnkorrekturvorschriften grundsätzlich weiter gehen als ihre abkommensrechtlichen Pendants; lediglich im Bereich der Schnittmenge der sowohl dem innerstaatlichen als auch dem Abkommensrecht unterfallenden Lebenssachverhalte werde diese Kollision durch Zugrundelegung des abkommensrechtlich vorgegebenen Korrekturrahmens aufgelöst.[395] Unter Bezugnahme auf den „treaty override"-Beschluss des BVerfG[396] betont die Literatur, dass das Verhältnis des Zustimmungsgesetzes (zu einem Doppelbesteuerungsabkommen) zu § 1 AStG nach den Grundsätzen der Gesetzeskonkurrenz zu bestimmen sei, da beides gleichrangiges Bundesrecht darstelle. Der Art. 9 Abs. 1 OECD-MA entsprechende Abkommensartikel in Zusammenhang mit dem jeweiligen Zustimmungsgesetz sei aber spezieller als § 1 AStG setze sich daher im Konkurrenzwege durch.[397]

Schließlich tragen *Greil* und *Wargowske* vor, der dem Art. 9 Abs. 1 OECD-MA nachgebildete Fremdvergleichsgrundsatz sei im Sinne eines Art. 3 Abs. 2 OECD-MA nachgebildeten Abkommensartikels nach dem Recht des jeweiligen Anwenderstaats auszulegen.[398] Zur Begründung führen sie an,

---

[392] *Gebhardt/Glatz*, IStR 2016, 787, 788.

[393] *Gebhardt/Glatz*, IStR 2016, 787, 788.

[394] *Vogel*, StuB 2016, 462, 464; *Puls/Schmidtke/Tränka*, IStR 2016, 759, 762; *Gebhardt/Glatz*, IStR 2016, 787, 789; a. A. *Habammer*, IStR 2016, 525, 530; wohl auch *Groß*, IStR 2016, 233, 240.

[395] *Gebhardt/Glatz*, IStR 2016, 787, 788 f.

[396] *BVerfG*, Beschluss v. 15.12.2015 – 2 BvL 1/12, *BVerfGE* 141, 1.

[397] *Vogel*, StuB 2016, 462, 464 f.; *Puls/Schmidtke/Tränka*, IStR 2016, 759, 762.

[398] *Greil/Wargowske*, ISR 2016, 157, 159.

dass eine abkommenseigene Auslegung daran scheitere, dass der OECD-Musterkommentar und die OECD-Verrechnungspreisrichtlinien als Verwaltungsvorschriften nach BFH-Ansicht lediglich Indizwirkung entfalteten. Diese Ansicht übersieht, dass es für die abkommenseigene Auslegung des Art. 9 Abs. 1 OECD-MA nicht auf den genannten OECD-Musterkommentar oder die OECD-Verrechnungspreisrichtlinien ankommt. Denn wie der BFH in seinen Entscheidungen deutlich zum Ausdruck gebracht hat, ist die abkommenseigene Auslegung des Fremdvergleichs durch Auslegung des Begriffs der „kaufmännischen (bzw. wirtschaftlichen) oder finanziellen Beziehungen" und durch Berücksichtigung des Zwecks der Regelung, eine Doppelbesteuerung zu vermeiden, durchaus möglich. Die insoweit nach Art. 3 Abs. 2 OECD-MA gegenüber der abkommenseigenen Auslegung subsidiäre Auslegung nach innerstaatlichem Recht scheidet damit aus.

Obwohl dies nicht auf die im Nichtanwendungserlass vertretene Rechtsauffassung zurückzuführen sein dürfte, hat die eigentlich als „gefestigt"[399] angesehene Rechtsprechung des BFH zu dem Verhältnis des innerstaatlichen und des abkommensrechtlichen Fremdvergleichsverständnisses in jüngster Zeit eine überraschende Änderung erfahren. Hierfür wird auf den Abschnitt 11.5 verwiesen.

Zwischenzeitlich enthielt auch der Gesetzesentwurf der Bundesregierung für das „Amtshilferichtlinienänderungsgesetz"[400] eine gesetzliche Verankerung dieses Nichtanwendungserlasses durch die Einfügung eines zusätzlichen Satzes in den Absatz 1. Der geplante § 1 Abs. 1 Satz 5 AStG-E lautete:

> *„Der Inhalt dies Fremdvergleichsgrundsatzes, der in den Abkommen zur Vermeidung der Doppelbesteuerung enthalten ist, bestimmt sich nach den Regelungen dieses Gesetzes."*[401]

Dieser Entwurf eines „Nichtanwendungsgesetzes" stieß in der Literatur zu Recht auf Kritik.[402] Durch den geplanten § 1 Abs. 1 Satz 5 AStG-E werde – so *Böhmer* – die (bisherige) abkommenseigene Auslegung des Fremdvergleichsgrundsatzes durch den BFH durch eine anwenderstaatsbezogene Auslegung ersetzt.[403] Damit

---

[399] So hat der BFH eine Nichtzulassungsbeschwerde des FA gegen die Auslegung des *„dealing at arm's length"*-Prinzips unter Verweis auf *BFH*, Urt. v. 17.12.2014 – I R 23/13, *BFHE* 248, 170 als unbegründet zurückgewiesen, Beschluss v. 24.3.2015 – I B 103/13, *BFH/NV* 2015, 1009.

[400] Entwurf eines Gesetzes zur Umsetzung der Änderungen der EU-Amtshilferichtlinie und von weiteren Maßnahmen gegen Gewinnkürzungen und -verlagerungen, BT-Drs. 18/9536.

[401] BT-Drs. 18/9536, S. 20.

[402] Vgl. ausführlich *Mössner*, in: Lüdicke, Forum Int Besteuerung Bd. 46, S. 49, 69 ff.

[403] *Böhmer*, FR 2016, 877, 878; vgl. auch *Puls/Schmidtke/Tränka*, IStR 2016, 759.

komme es maßgeblich darauf an, ob § 1 AStG einstufig (nur Gewinnkorrektur der Höhe nach) oder zweistufig (Gewinnkorrektur sowohl dem Grunde als auch der Höhe nach) wirke.[404] Folgt man somit der hier vertretenen Auffassung, dass Bedingungen im Sinne des § 1 Abs. 1 AStG nur Umstände erfassen, die geeignet sind, eine korrespondierende Gewinnverlagerung auszulösen, also § 1 AStG nur einstufig wirkt, so hätte die geplante Einfügung – vorbehaltlich etwaiger Konkretisierungen des Fremdvergleichsgrundsatzes durch eine auf § 1 Abs. 6 AStG basierende Rechtsverordnung – keine Änderung gegenüber der (früheren) BFH Rechtsprechung gebracht.[405]

Da der § 1 Abs. 1 Satz 5 AStG-E in der schließlich durch den Gesetzgeber verabschiedeten Fassung des Amtsrichtlinienänderungsgeseztes[406] nicht mehr enthalten war, erübrigt sich vorerst eine weitere Erörterung der Frage.

Die grundsätzliche Frage nach dem Korrekturumfang des § 1 AStG dürfte sich angesichts der Ergebnisse der BEPS-Initiative der OECD hingegen nicht dauerhaft erledigt haben. So hat sich die OECD in dem Abschlussbericht zu den BEPS-Aktionspunkten 8–10 zwar zu dem Fremdvergleichsgrundsatz als international anerkanntem Maßstab bekannt, gleichzeitig aber auch konstatiert, dass die Orientierung an vertraglichen Grundlagen für die Zuordnung von Funktionen und Risiken in den Fällen für Manipulationen der Verrechnungspreise anfällig sei, in denen die tatsächlichen Verhältnisse in der Wertschöpfung von den vertraglich vereinbarten abwichen.[407] Zu diesem Zweck wurden die OECD-Verrechnungspreisleitlinien u. a. in Bezug auf die Anwendung des Fremdvergleichsgrundsatzes[408] angepasst. Als eine wesentliche Änderung geht die OECD nun auch von einem im Wesentlichen zweistufigen Prinzip der Verrechnungspreiskorrektur aus[409] und lässt Umqualifizierungen von Geschäftsbeziehungen – anders als bislang[410] – nun grundsätzlich und nicht mehr lediglich ausnahmsweise zu.[411]

---

[404] *Böhmer*, FR 2016, 877, 878; vgl. auch *Gebhardt/Glatz*, IStR 2016, 787, 789.

[405] So auch *Böhmer*, FR 2016, 877, 879.

[406] Gesetz zur Umsetzung der Änderungen der EU-Amtsrichtlinie und von weiteren Maßnahmen gegen Gewinnkürzungen und -verlagerungen vom 20.12.2016, BGBl I 2016, 3000. Auf die Einfügung des § 1 Abs. 1 Satz 5 AStG-E wurde auf Empfehlung des Finanzausschusses verzichtet, BT-Drs. 18/10506, S. 88.

[407] *OECD*, BEPS Actions 8-10, Final Reports 2015, Executive Summary; vgl. auch *Groß*, IStR 2016, 233, 234.

[408] *OECD*, Tranfer Pricing Guidelines 2017, Kapitel D.

[409] *Kahle/Schulz*, StuB 2016, 534, 539; *Böhmer*, FR 2016, 877, 880.

[410] *OECD*, Transfer Pricing Guidelines 2010, Tz. 1.65; *Böhmer*, FR 2016, 877, 878.

[411] *Kahle/Schulz*, StuB 2016, 534, 539.

Die erste Stufe, auf der eine Funktions- und Risikoanalyse vorgenommen wird, widmet sich der Identifizierung der Geschäftsbeziehungen zwischen den betroffenen verbundenen Unternehmen.[412] Dabei dienen die vertraglichen Vereinbarungen nur noch als Ausgangspunkt der Betrachtung und büßen damit an Bedeutung für die Verrechnungspreisbestimmung ein.[413] Entsprechen sie aber nicht den maßgeblichen tatsächlichen Verhältnissen der Wertschöpfung, sind sie entsprechend der betriebswirtschaftlichen Realität umzuqualifizieren.[414]

Dieses Vorgehen entspricht im Wesentlichen der Fiktion von „*dealings*" bei der Betriebsstättengewinnabgrenzung unter dem Authorized OECD Approach,[415] für den seinerseits ursprünglich Art. 9 OECD-MA Modell gestanden hat.[416] Umgekehrt darf die Steuerverwaltung künftig auch Geschäftsvorfälle außer Acht lassen, wenn die „außergewöhnlichen Umstände wirtschaftlicher Unvernünftigkeit Anwendung finden"[417] Dies führt im Ergebnis zu einer erheblichen Einschränkung der Dispositionsfreiheit des Steuerpflichtigen.[418] Ferner geht der Schwerpunkt bei der Analyse der Risiken vermehrt zu der Frage über, bei welchem Unternehmen tatsächlich die Entscheidungsgewalt und die Kontrolle sowie die finanzielle Fähigkeit zur Risikotragung liegen.[419] Die formale Übernahme eines Risikos (beispielsweise durch vertragliche Vereinbarung) ist damit nicht mehr maßgeblich, wenn die Kontrolle über die das Risiko determinierenden Prozesse und Faktoren bei einem anderen Unternehmen liegt. Die OECD-Verrechnungspreisrichtlinien sprechen von einem „*control-over-risk*"-Ansatz.[420]

---

[412] *Kahle/Schulz*, StuB 2016, 534, 539.

[413] *OECD,* Tranfer Pricing Guidelines 2017, Tz. 1.42, 1.120; *Böhmer*, FR 2016, 877, 880.

[414] *OECD,* Tranfer Pricing Guidelines 2017, Tz. 1.45 ff.; *Groß*, IStR 2016, 233, 235; *Kahle/Schulz*, StuB 2016, 534, 539; *Wissenschaftlicher Beirat Steuern der Ernst & Young GmbH*, DB 2016, 2078, 2079.

[415] Vgl. unten 15.2.1 und 15.2.2.2.

[416] *OECD,* Betriebsstättenbericht 2010, Part I, Tz. 10.

[417] *Groß*, IStR 2016, 233, 235 unter Verweis auf *OECD,* Tranfer Pricing Guidelines 2017, Tz. 1.119 ff.

[418] *Kahle/Schulz*, StuB 2016, 534, 540.

[419] *Groß*, IStR 2016, 233, 235; *Kahle/Schulz*, StuB 2016, 534, 539; *Wissenschaftlicher Beirat Steuern der Ernst & Young GmbH*, DB 2016, 2078, 2079; *OECD,* Tranfer Pricing Guidelines 2017, Tz. 1.60 ff.

[420] *OECD,* Tranfer Pricing Guidelines 2017, Tz. 1.65; vgl. auch *Kahle/Schulz*, StuB 2016, 534, 539.

Erst auf der zweiten Stufe ist sodann der Fremdvergleich der Höhe nach vorzunehmen und zu überprüfen, ob die vereinbarten Bedingungen angemessen sind.[421]

Vor dem Hintergrund des OECD-Abschlussberichts zu den BEPS-Maßnahmen 8–10 entspricht die in dem Nichtanwendungserlass vom 30. März 2016 geäußerte Vorstellung der Finanzverwaltung einer zweistufigen Gewinnkorrektur den internationalen Tendenzen.[422] Da der OECD-Abschlussbericht aber nicht rechtlich bindend ist, sondern lediglich eine Handlungsempfehlung für die nationalen Steuerverwaltungen darstellt,[423] dürfte ihn die Rechtsprechung jedoch allenfalls indiziell zur Auslegung des Art. 9 Abs. 1 OECD-MA heranziehen. Angesichts der vom BFH vertretenen „statischen" Abkommensauslegung[424] würde sich eine solche Berücksichtigung des OECD-Abschlussberichts bei der Abkommensauslegung zudem auf Neuabkommen beschränken. Beabsichtigt der Gesetzgeber hingegen eine flächendeckende Berücksichtigung der Ergebnisse aus dem OECD-Abschlussbericht bei der Anwendung des Fremdvergleichsgrundsatzes, so ist eine gesetzliche Regelung erforderlich.[425]

Angesichts der internationalen Diskussion erscheint es daher auch unwahrscheinlich, dass die Kritik an den Sonderbedingungen der verdeckten Gewinnausschüttung[426] als Anlass für eine Vereinheitlichung des innerstaatlichen und des internationalen Fremdvergleichsmaßstabs durch Besinnung auf den „gemeinsamen Nenner", nämlich den Fremdvergleich der Höhe nach, kommt. Wenn überhaupt wird eine Vereinheitlichung in die andere Richtung erfolgen.

---

[421] *Kahle/Schulz*, StuB 2016, 534, 539.

[422] *Böhmer*, FR 2016, 877, 880.

[423] Vgl. *Groß*, IStR 2016, 233, 234; *Böhmer*, FR 2016, 877, 880.

[424] Vgl. hierzu auch bereits 2.2.1.

[425] *Böhmer*, FR 2016, 877, 881; vgl. auch *Groß*, IStR 2016, 233, 240.

[426] Vgl. oben 11.2.1.1.5.

11.4 Tabellarische Übersicht der verschiedenen Ausprägungen des Fremdvergleichs

Geschäft ist für Zurechnungssubjekt		vGA	§ 1 AStG	Art. 9 Abs. 1 OECD-MA	Art. 7 Abs. 2 OECD-MA
Fremdvergleich dem Grunde nach	... vorteilhaft	Vermutung für vGA dem Grunde nach (Ernsthaftigkeit) grds. widerlegbare Vermutung	wohl keine Sperrwirkung aus Art. 9 Abs. 1 OECD-MA (arg. e contr. aus I R 75/11); Verstoß gegen FVG i. S. d. § 1 Abs. 1 AStG liegt vor, aber keine Einkünfteminderung	derzeit N/A (ggf. Sperrwirkung, insoweit neue OECD-Verrechnungspreisrichtlinie in Art. 9 OECD-MA hineingelesen wird)	Sperrwirkung durch Fiktion eines „dealings"
	... nachteilig	Vermutung für vGA dem Grunde nach (Ernsthaftigkeit) grds. widerlegbare Vermutung	unklar, ob Korrektur nach § 1 AStG greift (Auslegung des Begriffs „Bedingungen")	derzeit N/A (ggf. Umqualifizierungen bei Rechtsänderungen infolge BEPS)	Fiktion eines „dealings" bei entsprechender innerstaatlicher Umsetzungsnorm
Fremdvergleich der Höhe nach	... vorteilhaft	Vermutung für vGA dem Grunde nach (Ernsthaftigkeit i. F. v. doppeltem Fremdvergleich) widerlegbare Vermutung	Art. 9 Abs. 1 OECD-MA entfaltet ggf. Sperrwirkung; Verstoß gegen FVG i. S. d. § 1 Abs. 1 AStG liegt vor, aber keine Einkünfteminderung	Abkommensrechtliche Sperrwirkung wirkt unmittelbar	Abkommensrechtliche Sperrwirkung wirkt unmittelbar
	... nachteilig	vGA der Höhe nach widerlegbare Vermutung	Korrektur nach § 1 AStG	Abkommensrechtliche Erlaubnis zur Korrektur, aber nicht self-executing	Abkommensrechtliche Erlaubnis zur Korrektur, aber nicht self-executing

11.5   Nachtrag: Überraschende Rechtsprechungsänderung

Mit einer mit Urteil vom 27. Februar 2019[427] eingeläuteten Urteilsserie[428] hat der BFH seine bisherige Rechtsprechung zu § 1 AStG überraschend[429] geändert und fortentwickelt.

11.5.1 Sachverhalt

In dem der Leitentscheidung zugrunde liegenden Fall führte eine deutsche Muttergesellschaft für ihre belgische Tochtergesellschaft ein Verrechnungskonto, das ab dem 1. Januar 2004 mit 6 % p.a. verzinst wurde. Am 30. September 2005 vereinbarten die Mutter und die Tochtergesellschaft einen Forderungsverzicht gegen Besserungsschein in Höhe des nach Ansicht der Vertragsbeteiligten wertlosen Teils der gegen die Tochtergesellschaft gerichteten Forderungen aus dem Verrechnungskonto. Dieser Verzicht wurde zwar in der Bilanz der Muttergesellschaft gewinnmindernd ausgebucht. Das Finanzamt hatte die Gewinnminderung indes mit Rücksicht auf die fehlende Forderungsbesicherung gemäß § 1 Abs. 1 AStG außerbilanziell wieder hinzugerechnet.

Während die hiergegen gerichtete Klage vor dem Finanzgericht noch Erfolg hatte, hielt der BFH die wiederum hiergegen gerichtete Revision des Finanzamts für begründet.

11.5.2 Entscheidungsgründe

In seinem Urteil vom 27. Februar 2019 stellte der BFH u. a. erstmals positiv fest,[430] dass die Nichtbesicherung eines Konzerndarlehens eine Bedingung im Sinne von § 1 AStG sei:

---

[427] *BFH*, Urt. v. 27.2.2019 – I R 73/16, *BFHE* 263, 525.

[428] *BFH*, Urt. v. 27.2.2019 – I R 51/17, *BFHE* 264, 292; Urt. v. 27.2.2019 – I R 81/17, *BFHE* 264, 297; Urt. v. 19.6.2019 – I R 32/17, *BFHE* 266, 142; Urt. v. 19.6.2019 – I R 5/17, *BFH/NV* 2020, 183; Urt. v. 19.6.2019 – I R 54/17, juris; Urt. v. 14.8.2019 – I R 14/18, *BFH/NV*, 755; Urt. v. 14.8.2019 – I R 34/18, *BFH/NV* 2020, 757; Urt. v. 14.8.2019 – I R 21/18, *BFH/NV* 2020, 759; Urt. v. 18.12.2019 – I R 72/17, *BFH/NV* 2020, 1049; Urt. v. 19.2.2020 – I R 19/17, juris.

[429] *Gosch*, DStR 2019, 2441; *Kahlenberg/Kempelmann/Rieck*, DB 2019, 1752; *Gebel*, DStR 2019, 1896, 1900; *Nürnberg*, NWB 2019, 1648.

[430] Noch offengelassen in *BFH*, Urt. v. 17.12.2014 – I R 23/13, *BFHE* 248, 170 unter II.2.b).

„Der Begriff der Bedingung ist zwar gesetzlich nicht definiert, im gewöhnlichen Geschäftsverkehr sind hierzu jedoch --neben Vereinbarungen über die Laufzeit, Art und Weise der Rückzahlung sowie Höhe und Zahlungszeitpunkt der Zinsen-- üblicherweise auch Vereinbarungen über die zu stellenden Sicherheiten zu rechnen."[431]

Dabei gelang der BFH zu dem Ergebnis, dass die Nichtbesicherung nicht dem Fremdvergleich standhalte, da ein fremder Gläubiger die Darlehensgewährung von der Einräumung werthaltiger Sicherungsrechte abhängig gemacht hätte.[432]

Den von § 1 AStG geforderten Zusammenhang zwischen Einkünfteminderung und Bedingung („dadurch") bejahte der BFH und führte dabei das im Sinne des Veranlassungsprinzips maßgebliche, die gewinnmindernde Forderungsausbuchung „auslösende Moment" an: Bei der gebotenen wertenden Betrachtung sei nicht auf die Zahlungsunfähigkeit der Darlehensnehmerin, sondern deshalb vorrangig auf Sicherungsverzicht abzustellen, weil die Darlehensgeberin durch eben diesen Verzicht ihren Darlehensrückzahlungsanspruch an die wirtschaftliche Entwicklung ihrer Tochtergesellschaft geknüpft habe und eine solche „Vermischung der Vermögensrisiken" im Falle der Einräumung werthaltiger Sicherungsrechte nicht eingetreten wäre.[433]

Im Ergebnis gelangte der BFH damit ohne weitere Ausführungen zu einer auf § 1 AStG gestützten Einkommenskorrektur in Höhe der gesamten verzichtsbedingt ausgebuchten Darlehensforderung.[434]

Unter Aufgabe der bisherigen Senatsrechtsprechung[435] erachtete der BFH die Einkommenskorrektur auch nicht durch Art. 9 des hier anwendbaren DBA Belgien 1967 ausgeschlossen.[436] Bei der fehlenden Besicherung handele es sich um eine fremdunübliche „vereinbarte Bedingung" im Sinne des Abkommensrechts. Anders als bisher sah der BFH damit das Merkmal der (abkommensrechtlichen) Bedingung im Fall der Darlehensgewährung nicht mehr allein auf den vereinbarten Zinssatz (im Sinne einer Preiskorrektur) beschränkt.[437]

---

[431] *BFH*, Urt. v. 27.2.2019 – I R 73/16, *BFHE* 263, 525 unter II.4.b.bb.(1).

[432] *BFH*, Urt. v. 27.2.2019 – I R 73/16, *BFHE* 263, 525 unter II.4.b.bb.(2).

[433] *BFH*, Urt. v. 27.2.2019 – I R 73/16, *BFHE* 263, 525 unter II.4.b.bb.(3).

[434] Vgl. *BFH*, Urt. v. 27.2.2019 – I R 73/16, *BFHE* 263, 525, dort insbesondere „gewinnmindernde Ausbuchung der Darlehensforderung" (II.4.b.aa) und „in voller Höhe" (II.4.b.bb).

[435] *BFH*, Urt. v. 17.12.2014 – I R 23/13, *BFHE* 248, 170; Urt. v. 24.6.2015 – I R 29/14, *BFHE* 250, 386.

[436] *BFH*, Urt. v. 27.2.2019 – I R 73/16, *BFHE* 263, 525 unter II.4.b.cc).

[437] *BFH*, Urt. v. 27.2.2019 – I R 73/16, *BFHE* 263, 525 unter II.4.b.cc.(3).

Auch das Unionsrecht habe der Einkünftekorrektur gemäß § 1 AStG nach der Auffassung des BFH nicht entgegengestanden.[438]

Die vom EuGH für eine Berichtigung nach § 1 AStG in seiner Entscheidung „*Hornbach-Baumarkt*" (fort-)entwickelte einschränkende Fallgruppe der „wirtschaftlichen Gründe", komme im Streitfall nicht zum Tragen. In dieser Entscheidung hatte der EuGH entschieden, dass für den Fall, dass eine Tochtergesellschaft mangels ausreichenden Eigenkapitals für die Erweiterung ihres Geschäftsbetriebs auf die Zuführung von Kapital angewiesen sei, „wirtschaftliche Gründe" die Überlassung von Kapital durch die Muttergesellschaft (dort durch eine unentgeltliche Garantie und Patronatserklärung) unter nicht fremdüblichen Bedingungen rechtfertigen könnten.[439] Grund hierfür sei das wirtschaftliche Eigeninteresse der Muttergesellschaft am geschäftlichen Erfolg der ausländischen Tochtergesellschaft, an dem sie über Gewinnausschüttungen partizipiere, sowie die „gewisse Verantwortung" der Muttergesellschaft als Gesellschafterin bei der Finanzierung dieser Gesellschaft.[440]

Der BFH führte hierzu aus:

> „*Auszugehen ist hierbei davon, dass die genannten wirtschaftlichen Gründe (hier: "gewisse" Finanzierungsverantwortung der A GmbH für B N.V.; Partizipation an deren Erfolg z.B. über Gewinnausschüttungen) nach dem EuGH-Urteil Hornbach-Baumarkt [...] nicht im Sinne eines Automatismus dazu führen, dass die Wahrung der territorialen Besteuerungsrechte der Mitgliedstaaten (durchgängig) verdrängt werden. Aus den Formulierungen des Urteils (vgl. dort Rz 54, 56 f: "können") ergibt sich vielmehr zweifelsfrei, dass das nationale Gericht Gründe dieser Art zu berücksichtigen und damit im Rahmen einer Abwägung daran zu messen hat, mit welchem Gewicht die jeweils zu beurteilende Abweichung vom Maßstab des Fremdüblichen in den Territorialitätsgrundsatz und die hierauf gründende Zuordnung der Besteuerungsrechte eingreift [...].*"[441]

Für den Fall, dass die Ausreichung von Fremdkapital eine unzureichende Eigenkapitalausstattung ausgleiche, gelangte der BFH zu dem Ergebnis, dass dies nicht nur strukturell der Zuführung von Eigenkapital nahestehe, sondern auch zur Folge habe, dass eine unterschiedliche Behandlung der Einlage (vgl. § 8b Abs. 3 Satz 3

---

[438] *BFH*, Urt. v. 27.2.2019 – I R 73/16, *BFHE* 263, 525 unter II.4.c).

[439] *EuGH*, Urt. v. 31.5.2018 – C-382/16, ABl EU 2018, Nr C 259, 5 – *Hornbach-Baumarkt*, Rn. 54.

[440] *EuGH*, Urt. v. 31.5.2018 – C-382/16, ABl EU 2018, Nr C 259, 5 – *Hornbach-Baumarkt*, Rn. 56; vgl. hierzu auch bereits die Ausführungen unter 11.2.2.3.

[441] *BFH*, Urt. v. 27.2.2019 – I R 73/16, *BFHE* 263, 525 unter II.4.c.bb.(1).

KStG) und Darlehensverzicht[442] mit Rücksicht auf den auch unionsrechtlich anerkannten Geltungsanspruch der Gewinnabgrenzung nach Maßgabe fremdüblicher
Bedingungen ausgeschlossen sei.[443]

> „*Welche Weiterungen sich hieraus für unentgeltliche Garantie- und Patronatserklä-
> rungen ergeben, die dem EuGH-Urteil Hornbach-Baumarkt […] zugrunde lagen,
> bedarf vorliegend bereits deshalb keiner weiteren Erörterung, weil Verpflichtungen
> der zuletzt genannten Art mit keiner Änderung des Vermögens- und Liquiditätsstatus
> der betroffenen Gesellschaften einhergehen, wohingegen die im anhängigen Verfah-
> ren zu beurteilenden Verzichtserklärungen --gleich der Leistung einer Einlage-- bis
> zum Eintritt des Besserungsfalls auf einen Kapitalverlust, jedenfalls aber auf einen
> Kapitaltransfer gerichtet waren. Auch dem ist im Rahmen der gebotenen Abwägung
> --wie aufgezeigt-- das ihm zukommende Gewicht zu geben mit der Folge, dass die
> unionsrechtliche Niederlassungsfreiheit einer Einkunftskorrektur nach § 1 AStG nicht
> entgegensteht.*"[444]

11.5.3 Stellungnahme

Diese Rechtsprechungsänderung ist in der Literatur[445] zu Recht auf Kritik
gestoßen.

11.5.3.1 Auslösendes Moment („dadurch")

Während gegen die Auslegung des Bedingungsbegriffs und die Feststellung,
dass „ein fremder Gläubiger die Darlehensgewährung von der Einräumung
werthaltiger Sicherungsrechte abhängig gemacht hätte" (jenseits der damit einhergehenden Einbeziehung von passiven Konzerneffekten[446] in die Korrektur nach

---

[442]Der durch das JStG 2008 (BGBl I 2007, 3150) mit Wirkung zum 29.12.2007 eingefügte
§ 8b Abs. 3 Sätze 4 bis 8 KStG fand im Streitjahr 2005 noch keine Anwendung.

[443]*BFH*, Urt. v. 27.2.2019 – I R 73/16, *BFHE* 263, 525 unter II.4.c.bb.(2).

[444]*BFH*, Urt. v. 27.2.2019 – I R 73/16, *BFHE* 263, 525 unter II.4.c.bb.(2).

[445]Vgl. bspw. *Gosch*, DStR 2019, 2441; *Hagemann*, BB 2019, 2800; *Hage-
mann/Luhmann/Meger*, StuB 2019, 621; *Gebel*, DStR 2019, 1896; *Eggert*, BB 2019, 2327;
Kahlenberg/Kempelmann/Rieck, DB 2019, 1752; *Köhler*, DStR 2020, 829; *Stein/Schwarz*,
Ubg 2019, 403; *Moritz*, DB 2019, 2323.

[446]Vgl. *Wacker*, FR 2019, 449, 453.

§ 1 AStG[447]) keine grundsätzlichen Bedenken bestehen,[448] ist der von dem BFH bejahte Zusammenhang („dadurch") zwischen dieser fremdunüblichen Bedingung und der daraus eingetretenen Einkünfteminderung schon dem Grunde nach zweifelhaft. Jedenfalls ist der Korrekturumfang nicht nachvollziehbar.

Der BFH stellt auch für die Prüfung der Fremdüblichkeit im Rahmen des § 1 AStG auf das Veranlassungsprinzip, genauer den Veranlassungszusammenhang ab. Das hierfür maßgebliche „auslösende Moment" sei der Sicherungsverzicht. Dabei stellt sich die Frage, wie der BFH zu verstehen ist, wenn er für das auslösende Moment im Sinne des Veranlassungsprinzips „nicht auf die Zahlungsunfähigkeit [...], sondern [...] vorrangig auf den Sicherungsverzicht"[449] abgestellt wissen will.

Unter Veranlassungsgesichtspunkten erscheint die Referenzierung des Sicherungsverzichts zunächst unproblematisch, da auch ein mittelbarer Veranlassungszusammenhang anerkanntermaßen genügt.[450] Bedenklicher ist indes die anscheinend prinzipielle Vorrangigkeit dieses mittelbar auslösenden Moments gegenüber dem unmittelbar zur gewinnmindernden Forderungsausbuchung führenden Forderungsverzicht wegen Zahlungsunfähigkeit. Denn ohne den Eintritt des Sicherungsfalls würde auch eine Forderung aus einem fremdüblichen Sicherungsanspruch nicht aktiviert werden.

Noch weniger nachvollziehbar ist in diesem Zusammenhang die vom BFH für den grundsätzlichen Vorrang angeführte Begründung. Demnach ergebe sich der vorrangige Veranlassungszusammenhang aus dem Sicherungsverzicht, weil die Muttergesellschaft „durch eben diesen Verzicht ihren Darlehensrückzahlungsanspruch an die wirtschaftliche Entwicklung der Tochtergesellschaft geknüpft [habe] und eine solche ‚Vermischung der Vermögenssphären' im Falle der Einräumung werthaltiger Sicherungsrechte nicht eingetreten wäre"[451]. Anders als

---

[447]Aus Gründen des Umfangs kann hier auf die vom BFH ebenfalls aufgegebene Berücksichtigung des sog. Konzernrückhalts bei der Bestimmung der Fremdüblichkeit nicht eingegangen werden. Die Relevanz passiver Konzerneffekte wird aber im Rahmen der Ausführungen zu den Grenzen des Fremdvergleichs angeschnitten, vgl. unten 11.6.

[448]*Gebel*, DStR 2019, 1896, 1898; (unter Verweis auf *Wacker*, FR 2019, 449, 453) kritischer *Hagemann*, BB 2019, 2800, 2802; (v.a. mit Blick auf Konzernsachverhalte) ebenfalls zweifelnd *Kahlenberg/Kempelmann/Rieck*, DB 2019, 1752, 1753 ff.; vgl. auch *Köhler*, DStR 2020, 829, 837, der in der fehlenden Besicherung keinen generellen Verstoß gegen den Fremdvergleichsgrundsatz sieht.

[449]*BFH*, Urt. v. 27.2.2019 – I R 73/16, *BFHE* 263, 525 unter II.4.b.bb.(3).

[450]Vgl. oben 5.1.1 (dort Fn. 88) sowie 5.2 (dort Fn. 150).

[451]*BFH*, Urt. v. 27.2.2019 – I R 73/16, *BFHE* 263, 525 unter II.4.b.bb.(3).

der BFH knüpft § 1 Abs. 1 AStG indes nicht an eine „Vermischung der Vermögenssphären", sondern an die „Einkünfteminderung" für die Bejahung des Korrekturtatbestands an. Einer Einkünftekorrektur aufgrund einer Vermögensmischung, die nicht zugleich eine Gewinnverlagerung nach sich gezogen hat, dürfte es danach eigentlich an der Tatbestandsmäßigkeit fehlen.[452]

Vor diesem Hintergrund erscheint es ausgesprochen bedauerlich, dass den Ausführungen des BFH nicht deutlicher zu entnehmen ist, ob es seiner Auffassung nach auf den Umstand, ob die Darlehensforderung tatsächlich ausfällt (und es damit zu einer grundsätzlich ertragswirksamen Teilwertabschreibung kommt) oder ob die Muttergesellschaft auf ihren Rückzahlungsanspruch gänzlich (oder nur gegen Besserungsschein) verzichtet, für die Einkünftekorrektur überhaupt noch ankommt.

Gerade der Streitfall, bei der der Forderungsverzicht (nur) gegen Besserungsschein ausgesprochen worden war, hätte jedoch Anlass zu derartigen Ausführungen geboten. Denn im „Besserungsfall" würde die Forderung, auf die zunächst verzichtet worden war, wiederaufleben und der daraus resultierende erhöhte Unterschiedsbetrag im Inland der Besteuerung unterworfen werden, ohne dass diese erneute rein bilanzbedingte „Gewinnverlagerung" im Sinne des BFH einer Korrektur unterworfen würde.[453]

Aber selbst, wenn man die Einkünfteminderung wegen der „dadurch" fehlenden Kompensationsmöglichkeit des Forderungsausfalls durch ein werthaltiges Sicherungsrecht an den Sicherungsverzicht knüpft, ist jedenfalls nicht nachvollziehbar, wie der BFH zu einer Korrektur in „voller Höhe" der ausbuchungsbedingten Gewinnminderung kommt. § 1 Abs. 1 AStG fordert nämlich nur eine Korrektur auf das Mindestmaß der Besicherung.[454]

In seinen Ausführungen zu der Fremdunüblichkeit der Nichtbesicherung hatte der BFH selbst ausgeführt, dass die Korrekturvorschrift des § 1 Abs. 1 AStG nach ihrer Struktur die „Geschäftsbeziehung" zum Ausland von den einzelnen, nicht fremdüblichen „Bedingungen" mit der weiteren Folge unterscheide, dass nur die hierdurch (d. h. durch die fehlende Fremdüblichkeit einzelner Bedingungen) veranlassten Einkunftsminderungen dem Berichtigungsbefehl der Norm unterfielen.[455]

---

[452] Vgl. hierzu auch *Gebel*, DStR 2019, 1896, 1899.

[453] *Kahlenberg/Kempelmann/Rieck*, DB 2019, 1752, 1757.

[454] *Steiner/Ullmann*, DStR 2019, 2385, 2390 f.

[455] *BFH*, Urt. v. 27.2.2019 – I R 73/16, *BFHE* 263, 525 unter II.4.b.bb.(2).

Daher wäre zu erwarten gewesen, dass sich der Korrekturumfang aus dem Vergleich der fremdüblichen Bedingungen mit den tatsächlich der Geschäftsbeziehung zugrunde gelegten fremdunüblichen Bedingungen ergibt. Hierbei kommen grundsätzlich zwei Ansatzpunkte[456] für die Korrektur einer fehlenden (oder unzureichenden) Besicherung in Betracht: Die in der Vergangenheit vom BFH anerkannte Korrektur erfolgte über die Veranschlagung eines Risikoaufschlags auf den vereinbarten Darlehenszinssatz, der die fehlende Besicherung ausgleichen würde; diese Anpassung korrigiert die aus dem zu niedrig angesetzten Zinssatz resultierende laufende Einkünfteminderung. Die andere Korrekturvariante fingiert die Vereinbarung einer fremdüblichen Besicherung; die Höhe der vorzunehmenden Korrektur richtet sich nach dem Wert des (fiktiven) fremdüblichen Sicherungsrechts.

Vor dem Hintergrund der (nach Auffassung des BFH) veranlassungsbasierten „dadurch"-Verknüpfung von fremdunüblicher Nichtbesicherung und Einkünfteminderung erscheint der bisher von dem BFH eingeschlagene Weg allein über die Korrektur des Zinssatzes naheliegender. Denn die Nichtvereinbarung eines Risikoaufschlags ist unabhängig von einem späteren Forderungsausfall (Eintritt des Sicherungsfalls) und veranlasst unmittelbar eine laufende Einkünfteminderung.

Anders verhält es sich hingegen bei der nun vom BFH vorgenommenen Korrektur in Höhe des (fiktiven) Anspruchs aus der nicht vereinbarten Besicherung der Darlehensforderung. Für diese Korrektur bedarf es des Eintritts des Sicherungsfalls. Denn vor Eintritt des Sicherungsfalls liegen die Voraussetzungen für eine Aktivierung der Forderung aus der Sicherungsabrede nicht vor, deren Fehlen die tatbestandsbegründende Einkünfteminderung des § 1 AStG („dadurch") auslöst.

Die alleinige Anknüpfung an die Nichtbesicherung (ohne zusätzliches Abstellen auf den Eintritt des Sicherungsfalls) als auslösendes Moment erscheint auch vor diesem Hintergrund fragwürdig.

Zudem sieht sich diese Variante der „Herstellung fremdüblicher Bedingungen" mit der Frage konfrontiert, auf welchen Zeitpunkt für die Bemessung des angemessenen Sicherungsumfangs abzustellen ist. Stellt man allein auf die Nichtbesicherung bei Vertragsschluss ab, kann es allein auf die „ex ante"-Perspektive ankommen. Die Annahme einer „ex ante" erforderlichen Vollbesicherung,[457] die

---

[456]Vgl. auch *Maetz*, IStR 2019, 481, 483.

[457]Vgl. hierzu auch *Steiner/Ullmann*, DStR 2019, 2385, 2392, die davon ausgehen, dass – von Ausnahmefällen abgesehen – „jedenfalls im Erwartungswert" keine vollständige Besicherung vorzunehmen ist.

von einer Ausfallwahrscheinlichkeit von 100 % ausgeht, lässt allerdings an der Einstufung als schuldrechtliches Geschäft und nicht als Einlage zweifeln. Berücksichtigt man hingegen, dass für das Entstehen der Forderung aus einer fremdüblichen Sicherungsabrede der Sicherungsfall als zusätzliches auslösendes Moment eintreten muss, und bemisst die angemessene Höhe der Besicherung – wie offenbar der BFH – anhand des bei Forderungsausfall verbleibenden (Rest-) Nennwerts der Darlehensforderung, so wirft dies die Frage auf, ob eine derartige „*ex post*"-Betrachtung von § 1 AStG abgedeckt ist. Der Wortlaut der Norm („vereinbart hätten") und die für immaterielle Wirtschaftsgüter separat kodifizierte und nur für Verrechnungspreise geltende Preisanpassungsklausel des § 1 Abs. 3 Satz 11 AStG sprechen eher dagegen.

Da auch der BFH den Berichtigungsbefehl von § 1 AStG auf das fremdunübliche Maß beschränkt zu sehen scheint, überrascht es, dass er dennoch ohne weitere Ausführungen von der Fremdüblichkeit einer „Vollbesicherung" auszugehen scheint. Gerade in Anbetracht der von der Vorinstanz getroffenen Feststellungen zum Zinsaufschlag von 2,86 Prozentpunkten auf den (zwar von der Klägerin als Darlehensgeberin[458] entrichteten) Refinanzierungszinssatz hätte es weiterer Ausführungen dazu bedurft,[459] wie sich ein Risikoaufschlag auf den Zinssatz zu einer Sicherungsabrede verhält[460] und ob bzw. inwieweit die Entscheidung zugunsten der einen Variante das Fehlen der anderen Variante kompensieren kann.[461]

Unklar ist in diesem Zusammenhang auch, inwieweit der BFH die Bestimmung des Fremdüblichen als eine Tatsachenfrage ansieht. Die rechtliche Verankerung im Veranlassungsprinzip und das „Durchentscheiden" ohne Rückverweisung sprechen für eine Einstufung als allgemeinen Rechtsgrundsatz. Die in einzelnen

---

[458]Nach Auffassung des BFH hat sich der Fremdvergleich an der konkreten Darlehensnehmerin zu orientieren; auf die Refinanzierungsmöglichkeit der Muttergesellschaft als Darlehensgeberin kommt es nicht an, vgl. *BFH*, Urt. v. 19.6.2019 – I R 32/17, *BFHE* 266, 142 unter II.3.a)

[459]A. A. *Wacker*, FR 2019, 449, 454.

[460]Vgl. auch *Hagemann/Luhmann/Meger*, StuB 2019, 621, 625; *Eggert*, BB 2019, 2327, 2329; *Gebel*, DStR 2019, 1896, 1899; *Hagemann*, BB 2019, 2800, 2802; *Moritz*, DB 2019, 2323, 2325, die eine „doppelte Berücksichtigung" befürchten. Genau eine solche „doppelte Korrektur" scheint *Maetz*, IStR 2019, 481, 485 vornehmen zu wollen.

[461]Sich grds. gegen eine Kompensationsmöglichkeit aussprechend *Wacker*, FR 2019, 449, 454; a. A. *Kahlenberg/Kempelmann/Rieck*, DB 2019, 1752, 1755; *Stein/Schwarz*, Ubg 2019, 403, 407.

Parallelverfahren[462] erfolgten Zurückverweisungen scheinen zugleich zu suggerieren, dass einzelne Ausprägungen des Fremdüblichen auf der Tatsachenebene zu verorten und daher durch die Finanzgerichte festzustellen sind.

Auch den zurückverweisenden (Parallel-)Entscheidungen sind indes keine „Segelanleitungen" zur Bestimmung des mindestens erforderlichen Umfangs einer fremdüblichen Besicherung zu entnehmen.

Jedenfalls hätte daher seitens des BFH weiterer Ausführungen zu der Bestimmung des Fremdüblichen bedurft, so dass die Rechtsprechungsänderung insoweit mehr Fragen aufwirft, als sie beantwortet.

11.5.3.2 Unionsrechtliche Betrachtung

Nähere Ausführungen zur Bestimmung des Fremdüblichen wären auch aus unionsrechtlicher Sicht angezeigt gewesen.

Dabei bestehen bereits gewisse Zweifel daran, dass der in den Entscheidungsgründen bemühte Rechtfertigungsgrund der „Notwendigkeit der Wahrung der ausgewogenen Aufteilung der Besteuerungsbefugnis zwischen den Mitgliedstaaten" bei der vom BFH gewählten Auslegung des § 1 Abs. 1 AStG überhaupt einschlägig ist. Denn es ist nicht ersichtlich, wie die Korrektur der vom BFH ins Visier genommenen Nichtbesicherung eine Gewinnverlagerung oder – wie es der EuGH ausdrückt[463] – das unversteuerte Hinaustransferieren von in dem betreffenden Mitgliedstaat erzielten Gewinnen verhindern soll.

Aber auch wenn man die Hürde des Rechtfertigungsgrundes der „Notwendigkeit der Wahrung der ausgewogenen Aufteilung der Besteuerungsbefugnis zwischen den Mitgliedstaaten" nimmt, müsste die von dem BFH gewählte Auslegung zudem den von dem EuGH aufgestellten Erforderlichkeitskriterium genügen.

Danach ist eine Maßnahme nur zulässig, wenn sie nicht über das erforderliche Maß zur Erreichung des angestrebten Ziels (hier: die Wahrung der ausgewogenen Aufteilung der Besteuerungsbefugnis) hinausgeht:

> *„Eine nationale Regelung, die eine Prüfung objektiver und nachprüfbarer Umstände vorsieht, damit festgestellt werden kann, ob ein geschäftlicher Vorgang eine rein künstliche Konstruktion zu steuerlichen Zwecken darstellt, geht nicht über das hinaus, was zur Erreichung der Ziele hinsichtlich der Notwendigkeit, die Ausgewogenheit der Aufteilung der Besteuerungsbefugnis zwischen den Mitgliedstaaten zu wahren, und*

---

[462]*BFH*, Urt. v. 27.2.2019 – I R 81/17, *BFHE* 264, 297 unter II.2.b); Urt. v. 27.2.2019 – I R 51/17, *BFHE* 264, 292 unter II.2.b); Urt. v. 19.6.2019 – I R 32/17, *BFHE* 266, 142 unter II.3.
[463]*EuGH*, Urt. v. 31.5.2018 – C-382/16, ABl EU 2018, Nr C 259, 5 – *Hornbach-Baumarkt*, Rn. 47.

der Notwendigkeit, Steuerumgehungen zu verhindern, erforderlich ist, wenn erstens in jedem Fall, in dem der Verdacht besteht, dass ein geschäftlicher Vorgang über das hinausgeht, was die betreffenden Gesellschaften unter Bedingungen des freien Wettbewerbs vereinbart hätten, dem Steuerpflichtigen, ohne ihn übermäßigen Verwaltungszwängen zu unterwerfen, die Möglichkeit eingeräumt wird, Beweise für etwaige wirtschaftliche Gründe für den Abschluss dieses Geschäfts beizubringen […].

Zweitens muss sich, wenn die Prüfung solcher Umstände zu dem Ergebnis führt, dass der in Rede stehende geschäftliche Vorgang über das hinausgeht, was die betreffenden Gesellschaften unter Bedingungen des freien Wettbewerbs vereinbart hätten, die steuerliche Berichtigung auf den Teil beschränken, der über das hinausgeht, was ohne die gegenseitige Verflechtung dieser Gesellschaften vereinbart worden wäre."[464]

In Anbetracht der vom EuGH in der Rechtssache *Hornbach-Baumarkt* vorgenommenen Subsumtion[465] sprechen die Feststellungen des BFH, wonach die Ausreichung des Darlehens im Streitfall zumindest strukturell der Zuführung von Eigenkapital nahegestanden habe, für eine Veranlassung der Darlehensausreichung durch das Gesellschaftsverhältnis und damit – entgegen der Auffassung des BFH – für das Vorliegen „wirtschaftlicher Gründe" im Sinne der zitierten EuGH-Rechtsprechung.

Dem BFH ist zwar grundsätzlich darin zuzustimmen,[466] dass der Vortrag „wirtschaftlicher Gründe" nicht im Sinne eines Automatismus zu einer Versagung einer Korrektur nach § 1 AStG führen darf, sondern in eine von dem nationalen Gericht vorzunehmende Abwägung einzustellen ist, mit welchem Gewicht die jeweils zu beurteilende Abweichung vom Maßstab des Fremdüblichen in den Territorialitätsgrundsatz und die hierauf gründende Zuordnung der Besteuerungsrechte eingreift. Das von dem BFH jenseits des Verweises auf die strukturelle Nähe zur Zuführung von Eigenkapital[467] nicht weiter begründete Ergebnis dieses Abwägungsvorgangs überzeugt indes nicht.[468] Gerade in Anbetracht dieser strukturellen Nähe zur Eigenkapitalausstattung und damit zu einer Veranlassung durch das Gesellschaftsverhältnis ist nicht ersichtlich, warum der BFH hier eine derart gewichtige Abweichung vom Fremdüblichen annimmt, der im Rahmen der Abwägung ein Vorrang gegenüber den „wirtschaftlichen (Finanzierungs-)Gründen" einzuräumen wäre. Betreffen doch insbesondere Finanzierungsentscheidungen vor

---

[464]*EuGH*, Urt. v. 21.1.2010 – C-311/08, Slg. I 2010, 487 – *SGI*, Rn. 71 f.

[465]Vgl. hierzu bereits die Ausführungen unter 11.2.2.3.

[466]So auch *Schulz-Trieglaff*, IWB 2019, 667, 671 f.

[467]Vgl. hierzu auch *Wacker*, FR 2019, 449, 456.

[468]Vgl. auch *Hagemann*, BB 2019, 2800, 2803, der zweifelt, ob der EuGH-Rechtsprechung dadurch noch ein Anwendungsbereich verbleibe.

dem Hintergrund des Grundsatzes der Finanzierungsfreiheit den Bereich, der einem Fremdvergleich typischerweise nicht zugänglich ist.[469] Diese Bedenken gegen das Abwägungsergebnis werden dadurch verstärkt, dass die vom BFH als fremdunüblich gerügte Nichtbesicherung ohne den Eintritt des Sicherungsfalls noch gar keine (korrespondierende) Gewinnverlagerung auslöst.

Wenig nachvollziehbar ist in diesem Zusammenhang daher auch das abschließende *obiter dictum*, mit dem der BFH die streitgegenständliche Verzichtserklärung von der der Rechtssache Hornbach-Baumarkt zugrunde liegenden Garantie- und Patronatserklärung abgrenzt. Anders als letztere seien die Verzichtserklärungen (wie auch die Einlage) bis zum Eintritt des Besserungsfalls auf einen Kapitaltransfer gerichtet. Mit dieser Aussage knüpft der BFH zwar an den nach der hier vertretenen Auffassung im Rahmen des § 1 AStG maßgeblichen Gewinnverlagerungsgedanken an. Um zu dem erforderlichen Kapitaltransfer zu gelangen, muss der BFH indes die Anknüpfungspunkte austauschen und – anders als bei seiner eigenen Prüfung des auslösenden Moments („dadurch") – auf die Verzichtserklärung und nicht die seines Erachtens für die Einkünfteminderung maßgebliche Nichtbesicherung abstellen. Hätte er nämlich letztere der Betrachtung zugrunde gelegt, so hätte allein die Nichtbesicherung ähnlich wie die Garantie- und Patronatserklärung noch zu keinem Kapitalverlust oder -transfer geführt.[470]

Zu dem zweiten von dem EuGH entwickelten Erforderlichkeitskriterium, wonach sich die Korrektur auf den fremdunüblichen Teil beschränken muss, verhält sich der BFH überraschenderweise gar nicht. In Anbetracht der bereits thematisierten Zweifel an der vom BFH vorgenommenen Quantifizierung des Fremdüblichen in Gestalt der „Vollbesicherung", wären Ausführungen hierzu indes angezeigt gewesen.

11.5.3.3 Abkommensrechtliche Sperrwirkung

Schließlich begegnet auch die „Aufgabe der Sperrwirkungs-Rechtsprechung" durch die Leitentscheidung des BFH Bedenken. Dabei ist zunächst anzumerken, dass der BFH mit dem Urteil vom 27. Februar 2019 nicht von der grundsätzlichen Sperrwirkung von Doppelbesteuerungsabkommen abgerückt ist.[471] Die Ratio hinter den Doppelbesteuerungsabkommen würde auch weitestgehend leerlaufen,

---

[469]Vgl. hierzu auch die Ausführungen zu den Grenzen des Fremdvergleichs unter 11.6.

[470]Vgl. auch *Eggert*, BB 2019, 2327, 2331.

[471]Zu der Möglichkeit einer verbleibenden Sperrwirkung vgl. auch *Grübel/Schnabel*, ISR 2019, 368, 374; *Nürnberg*, NWB 2019, 1648, 1649.

wenn ihnen – jenseits etwaiger einfachrechtlich zulässiger *Treaty Overrides* – prinzipiell die Möglichkeit abgesprochen würden, inländische Besteuerungsrechte zu beschränken.

Vielmehr scheint der BFH im Fall des Art. 9 OECD-MA nachgebildeten Art. 9 DBA-Belgien 1967 und § 1 AStG nicht von einem Auseinanderfallen des jeweils angeordneten Korrekturumfangs auszugehen,[472] so dass es auf eine Positionierung zu der abstrakten Rechtsfrage im Streitfall nicht ankam.

Anders als nach seiner bisherigen Rechtsprechung sah der BFH das Merkmal der Bedingung im Fall der Darlehensgewährung nunmehr nicht mehr auf den vereinbarten Zinssatz im Sinne einer Preiskorrektur beschränkt. Er begründete dies vornehmlich mit dem Wortlaut des Abkommenstextes und der „gewöhnlichen Bedeutung" der verwendeten Ausdrücke. Bestätigung finde dieses Verständnis auch in dem Zweck des Art. 9 DBA-Belgien 1967, da die Regelung auf die Einkünfteabgrenzung bei grenzüberschreitenden Geschäftsbeziehungen am Maßstab des vom Territorialitäts- und Veranlassungsprinzip getragenen Fremdvergleichs abziele und zudem die gleichen Wettbewerbsbedingungen zwischen unabhängigen und verbundenen Unternehmen sicherstellen wolle.

Während die Wortlautauslegung für sich genommen keinerlei Bedenken ausgesetzt ist,[473] wäre weitere subsumierende Ausführungen unter die teleologische Begründung wünschenswert gewesen.[474] Denn die mit Art. 9 OECD-MA angestrebte Vermeidung der wirtschaftlichen Doppelbesteuerung,[475] die sich auch insbesondere in der Gegenkorrektur gemäß Art. 9 Abs. 2 OECD-MA niederschlägt, sprechen eher dafür, den „am Maßstab des vom Territorialitäts- und Veranlassungsprinzip getragenen Fremdvergleich" so zu verstehen, dass überhaupt nur „Bedingungen" dem Tatbestand des Art. 9 OECD-MA unterfallen, die abstrakt geeignet sind, eine korrespondierende Gewinnverlagerung auszulösen.[476]

Mit dieser Lesart des Abkommensrechts entfernt sich der BFH von dem Korrekturzweck, der hinter Art. 9 OECD-MA steht.[477] Gerade bei den „problematischen", üblicherweise zumindest teilweise durch das Gesellschaftsverhältnis veranlassten (Konzern-)Finanzierungsentscheidungen und ihrer strukturellen Nähe zur Zuführung von Eigenkapital dürfte eine korrespondierende Handhabung im

---

[472] So auch *Kahlenberg/Kempelmann/Rieck*, DB 2019, 1752, 1755 f.

[473] Ähnlich *Eggert*, BB 2019, 2327, 2329; *Gebel*, DStR 2019, 1896, 1899.

[474] So auch *Schulz-Trieglaff*, IWB 2019, 667, 671; vgl. auch *Gebel*, DStR 2019, 1896, 1900.

[475] Vgl. auch *Kahlenberg/Kempelmann/Rieck*, DB 2019, 1752, 1756.

[476] Dies übersieht *Maetz*, IStR 2019, 481, 486 f., wenn er nur auf die Vermeidung der steuerlichen Geltendmachung der Verluste der Darlehensvaluta im Inland abstellt.

[477] Vgl. hierzu bereits 11.3.

anderen Staat nicht generell gesichert sein,[478] so dass gerade die wirtschaftliche Doppelbesteuerung droht, auf deren Vermeidung Art. 9 OECD-MA eigentlich gerichtet ist.

Gegen das Urteil des BFH vom 27. Februar 2019 ist eine Verfassungsbeschwerde[479] beim BVerfG anhängig.

11.6 Grenzen des Fremdvergleichs

Immer wieder sieht sich der Fremdvergleichsgrundsatz als Abgrenzungsprinzip Kritik ausgesetzt. Dabei ist es bei der Diskussion der Grenzen des Fremdvergleichs erforderlich, zwischen verschiedenen Arten von Geschäftsvorfällen zu differenzieren.

So gibt es Geschäftsvorfälle, die *a priori* nur zwischen der Gesellschaft und ihren Gesellschaftern stattfinden und sich daher bereits definitionsgemäß einem Fremdvergleich mit dem unter fremden Dritten Üblichen entziehen,[480] da sie nicht durch die Marktkräfte beeinflusst sind. Derartige Geschäftsvorfälle umfassen v. a. die Erstausstattung der Gesellschaft,[481] die Bestimmung ihres Unternehmensgegenstandes,[482] Finanzierungsentscheidungen sowie die Existenz der Gesellschaft betreffende Entscheidungen (Gründung,[483] Liquidation).[484] Sie alle sind Ausdruck der unternehmerischen Dispositionsfreiheit. So ist es grundsätzlich dem Gesellschafter überlassen, in welchem Umfang er die Gesellschaft bei Aufnahme

---

[478]Zur mangelnden korrespondierenden Handhabung einer Teilwertabschreibung vgl. auch *Gebel*, DStR 2019, 1896, 1900 und *Köhler*, DStR 2020, 829, 840 f., der zudem betont, dass die durch Ausfall eines unbesicherten Darlehens ausgelöste Einkünfteminderung „nicht aus den Darlehenskonditionen der Nichtbesicherung, sondern aus dem unerwarteten wirtschaftlichen Misserfolg im Einzelfall entstehe".

[479]Az. 2 BvR 1161/19; auch gegen die Parallelentscheidungen *BFH*, Urt. v. 14.8.2019 – I R 34/18, *BFH/NV* 2020, 757 und Urt. v. 18.12.2019 – I R 72/17, *BFH/NV* 2020, 1049 sind unter den Az. 2 BvR 1079/20 und 2 BvR 2002/20 Verfassungsbeschwerden beim BVerfG anhängig.

[480]*BFH*, Urt. v. 14.8.1985 – I R 149/81, *BFHE* 144, 548.

[481]*BFH*, Urt. v. 23.5.1984 – I R 294/81, *BFHE* 141, 266; Urt. v. 14.8.1985 – I R 149/81, *BFHE* 144, 548.

[482]*BFH*, Urt. v. 22.8.2007 – I R 32/06, *BFHE* 218, 523 unter II.3.b.bb).

[483]*BFH*, Urt. v. 23.5.1984 – I R 294/81, *BFHE* 141, 266.

[484]Vgl. *Wassermeyer*, in: StbJb 1998/99, S. 157, 165 f. Für weitere Fallgruppe siehe *Gosch*, in: Gosch, KStG, § 8 Rn. 314.

des Geschäftsbetriebs ausstattet (Erstausstattung).[485] Auch im Bereich der Unternehmensfinanzierung ist es dem Unternehmer überlassen, ob er sein Unternehmen mit Eigenkapital oder mit Fremdkapital finanziert.[486] Konsequenz dieser Finanzierungsfreiheit ist es, dass sich ihr Ergebnis – jedenfalls dem Grunde nach – nicht mit Hilfe des Fremdvergleichs überprüfen lässt.[487]

Wie *Wassermeyer* zutreffend anmerkt, schließt jede Entscheidungsfreiheit schon im Gedankenansatz eine Überprüfung der Entscheidung mit den Mitteln des Fremdvergleichs aus.[488] Stattdessen ist vielmehr auf eine konkrete Veranlassungsbetrachtung zu rekurrieren. Statt auf den Fremdvergleichsgrundsatz ist in diesen Fällen auf andere ‚Objektivierungen' des Fremdvergleichsgrundsatzes zurückzugreifen. Nicht zuletzt aus diesem Grund hat der ‚doppelte Fremdvergleich' bei der verdeckten Gewinnausschüttung lediglich Indizwirkung und kann durch eine konkrete Veranlassungsprüfung widerlegt werden.[489] Aus ähnlichen Gründen wird auch die Geschäftsbeziehung dem Grunde nach vor dem Hintergrund der unternehmerischen Dispositionsfreiheit grundsätzlich steuerrechtlich anerkannt.[490] Einschränkungen ergeben sich im Rahmen der verdeckten Gewinnausschüttung lediglich durch das Ernsthaftigkeitskriterium sowie im Bereich des internationalen Verständnisses des Fremdvergleichsgrundsatzes durch zunehmend zulässige Umqualifizierungen der Geschäftsvorfälle.

Aber auch bei den Transaktionen, die sowohl zwischen nahestehenden Personen als auch zwischen unabhängigen Dritten stattfinden können, offenbaren sich die Grenzen des Fremdvergleichs. So bemängeln *Luckhaupt, Overesch* und *Schreiber*, dass der Fremdvergleichsgrundsatz nur in den Fällen ökonomisch haltbar sei, in denen das Unternehmen indifferent sei zwischen der Option, die Transaktion konzernintern durchzuführen (interne Koordination), und der Option, die Transaktion am Markt unter Einbeziehung Dritter durchzuführen (Marktkoordination).[491] In den meisten Fällen schlössen sich die beiden Optionen aber aus:[492] So verursache die Markttransaktion Kosten für den Entwurf, die Verhandlung und die Kontrolle eines Vertrags, während die unternehmensinterne

---

[485] *Gosch*, in: Gosch, KStG, § 8 Rn. 770.

[486] So i. E. auch *BFH*, Beschluss v. 8.12.1997 – GrS 1-2/95, *BFHE* 184, 7; Beschluss v. 26.10.1987 – GrS 2/86, *BFHE* 151, 523.

[487] Vgl. *Ditz*, FR 2015, 115, 118.

[488] *Wassermeyer*, FS Offerhaus, S. 405, 411.

[489] Siehe oben 11.2.1.1.4.; vgl. hierzu auch *Gosch*, in: Gosch, KStG, § 8 Rn. 316.

[490] Vgl. *Ditz*, FR 2015, 115, 118.

[491] *Luckhaupt/Overesch/Schreiber*, StuW 2012, 359, 361.

[492] *Luckhaupt/Overesch/Schreiber*, StuW 2012, 359, 361.

Transaktion Kosten der internen Koordination bzw. Organisation verursache.[493]
Betriebswirtschaftlich ausschlaggebend für die Entscheidung zwischen den beiden
Optionen sei, welche Option am kostengünstigsten sei.[494]

Dabei vernachlässigen die Autoren, dass der Fremdvergleichsgrundsatz als
Ausprägung des Veranlassungsprinzips[495] gar nicht darauf abzielt, vollends
fremdvergleichsübliche Verhältnisse um ihrer selbst wegen herzustellen. Für
die Zwecke der Abgrenzung hat der Fremdvergleich nämlich gerade keinen
Selbstzweck. So ist es entgegen der Auffassung von *Kraft* nicht generell die
„Zielsetzung des Fremdvergleichs, Verbundeffekte zu eliminieren"[496]. Vielmehr
ist im Rahmen der Vergleichbarkeit zwischen aktiven und passiven Konzerneffekten zu unterscheiden.[497] Aktive Konzerneffekte bezeichnen dabei solche, die sich
im Gegensatz zu passiven Konzerneffekten[498] nicht bloß aus der Zugehörigkeit
des Unternehmens zum Konzern, dem sog. „Rückhalt im Konzern", sondern aus
einem aktiven Tätigwerden der Konzernleitung für das Unternehmen ergeben.[499]

Dies lässt sich besonders anschaulich an dem Beispiel des unbesicherten Darlehens einer Muttergesellschaft an seine Tochtergesellschaft zu vergünstigtem
Zinssatz darstellen: Die fehlende Besicherung beruht auf passiven Konzerneffekten. Denn sie hat ihre Ursache in dem Konzernrückhalt, der nicht zur Disposition
des Geschäftsvorfalls steht.[500] Der vergünstigte Zinssatz ist hingegen auf einen
aktiven Konzerneffekt zurückzuführen, da er gerade Gegenstand der Leistungsbeziehung ist und er auf einer aktiven Entscheidung der Muttergesellschaft bei
der „Aushandlung" des Geschäftsvorfalls basiert. Während aktive Konzerneffekte
verrechenbar sind und damit der Vergleichbarkeitsanalyse zugrunde gelegt werden
müssen, werden die passiven Konzerneffekte als nicht verrechenbar angesehen.[501]
In seinem Urteil vom 29. Oktober 1997 führte der BFH dazu aus:

---

[493] *Luckhaupt/Overesch/Schreiber*, StuW 2012, 359, 361.

[494] *Luckhaupt/Overesch/Schreiber*, StuW 2012, 359, 361.

[495] Vgl. hierzu unten 11.7.

[496] *Kraft*, in: Kraft, AStG, § 1 Rn. 103.

[497] So auch *Kraft*, in: Kraft, AStG, § 1 Rn. 103.

[498] Zu solchen passiven Konzerneffekten gehören u.a. die Kreditwürdigkeit, die Risiko-
streuung und die Einkaufs- und Absatzmöglichkeiten, vgl. *Kraft*, in: Kraft, AStG, § 1
Rn. 103.

[499] *Baumhoff/Liebchen*, in: F/W/B/S, Außensteuerrecht, § 1 AStG Rn. 261; *Kraft*, in: Kraft,
AStG, § 1 Rn. 103.

[500] Vgl. zum Konzernrückhalt auch *Gosch*, DStR 2019, 2441.

[501] *Baumhoff/Liebchen*, in: F/W/B/S, Außensteuerrecht, § 1 AStG Rn. 261.

„Dieser [d.h. der Fremdvergleich] verlangt nur das „Wegdenken" der Nahestehensbe-
ziehung. Das Fortbestehen aller übrigen Beziehungen wird unterstellt. Dazu gehören
z. B. die Ausstattung der Kapitalgesellschaft mit Eigenkapital durch die Gesellschafter,
die gesellschaftsvertraglichen Vorgaben, der durch den Konzernrückhalt entstehende
Geschäftswert und auch eine faktisch vorhandene Sicherheit. "[502]

Danach ist mit Hilfe des Fremdvergleichs zwar zu ermitteln, zu welchen Konditionen ein fremder Dritter die Geschäftsbeziehung mit dem *konkreten* Steuerpflichtigen eingegangen wäre. Dessen Konzernzugehörigkeit und insbesondere dessen
Rückhalt im Konzern sind dabei aber – entgegen der neuen Rechtsprechung[503]
– nicht „wegzudenken", sondern gerade in die Überlegungen mit einzubeziehen.
Es ist also zu fragen, zu welchen Konditionen ein fremder Dritter insbesondere
auch unter Berücksichtigung der Zugehörigkeit seines Vertragspartners zu einem
Konzern die Geschäftsbeziehung eingegangen wäre.

Als Konsequenz sind damit lediglich derartige Synergieeffekte in die Vergleichbarkeitsanalyse des Fremdvergleichs mit einzubeziehen, die auf aktiver
Tätigkeit der Konzernleitung beruhen.[504] Dies dürfte jedoch die Mehrheit der
konzerninternen Geschäftsvorfälle erfassen, da eine aktive Tätigkeit der Konzernleitung immer dann zu bejahen sein dürfte, wenn die „Hauptleistungspflichten"
des Geschäftsvorfalls betroffen sind. Denn ohne aktive Entscheidung (wenn
auch nur zu einem Dulden) dürfte es sonst nicht zu einem konzerninternen
Leistungsaustauch kommen.

Hinsichtlich der aktiven Konzerneffekte ist die Kritik der Literatur, der Fremdvergleichsgrundsatz trage den Synergieeffekten nicht hinreichend Rechnung,[505]
berechtigt. So kann sich ein niedriger Verrechnungspreis zwar betriebswirtschaftlich mit einer auf die Konzernstruktur zurückführende „schlankere" Kostenstruk-
tur begründen lassen.[506] Gleichwohl dürfte diese Begründung nicht ohne weiteres
zu einer steuerrechtlichen Anerkennung des „vergünstigten" Verrechnungspreises
führen.

Der Grund hierfür dürfte darin liegen, dass es zwar theoretisch möglich ist,
die konzernbedingten Synergieeffekte zu ermitteln, diese theoretische Ermittlung

---

[502] *BFH*, Urt. v. 29.10.1997 – I R 24/97, *BFHE* 184, 480 unter II.3.d).

[503] *BFH*, Urt. v. 27.2.2019 – I R 73/16, *BFHE* 263, 525, vgl. oben unter 11.5.

[504] *Baumhoff/Liebchen*, in: F/W/B/S, Außensteuerrecht, § 1 AStG Rn. 262.

[505] Vgl. *Kraft*, in: Kraft, AStG, § 1 Rn. 146; *Hofacker*, in: Haase, AStG/DBA, § 1 AStG
Rn. 186; differenzierend *Baumhoff/Liebchen*, in: F/W/B/S, Außensteuerrecht, § 1 AStG
Rn. 260 ff.

[506] Zu weiteren Synergieeffekten vgl. *Ditz*, FR 2015, 115.

jedoch auf zwei Probleme stößt. Das erste Problem ist auf der Ebene der Quantifizierung des Synergieeffekts anzusiedeln. Denn diese Quantifizierung bedient sich ebenfalls des Fremdvergleichs, indem sie fragt, inwieweit die Konzernstruktur zu Einsparungen gegenüber dem Agieren mit unverbundenen Unternehmen führt.[507] Damit lässt sich die Fremdvergleichsbetrachtung im Rahmen der Quantifizierung des Synergieeffekts nicht trennscharf von der Fremdvergleichsbetrachtung im Rahmen einer Einkünftekorrektur abgrenzen. Das zweite Problem betrifft die Verteilung des Synergieeffekts auf die beteiligten Gesellschaften, bei der zwingend eine wertende Betrachtung vorzunehmen ist,[508] die wiederum zu Ungenauigkeiten führen dürfte.

Trotz der dargestellten Kritikpunkte spricht sich die Literatur für eine Beibehaltung des Fremdvergleichsgrundsatz als Abgrenzungsmaßstab aus.[509] Dem ist zuzustimmen. Denn der Fremdvergleichsgrundsatz stellt trotz seiner Schwächen letztlich das „kleinste Übel"[510] dar. Der in seiner Grundidee verkörperte Fairnessgedanke erfreut sich international einer hohen Akzeptanz.[511] Aus diesem Grund gibt es letztlich auch keine realistische Alternative zum Fremdvergleichsgrundsatz.[512] Denn diese ‚Konsensfähigkeit' dämmt das Problem der Methodenvielfalt in internationalen Abgrenzungsfragen zumindest ein und wird so am ehesten dem angestrebten Ziel, Doppelbesteuerungen zu vermeiden, gerecht.[513] Eine Abkehr vom Fremdvergleichsgrundsatz ist daher zu Recht nicht absehbar.

11.7 Das Verhältnis der Fremdvergleichsmaßstäbe zum Veranlassungsprinzip

Wie bereits dargestellt wird im internationalen Abkommensrecht ausschließlich mit dem Fremdvergleichsprinzip („*dealing at arm's length*"-Prinzip) operiert.[514]

---

[507] Vgl. *Luckhaupt/Overesch/Schreiber*, StuW 2012, 359, 362.

[508] *Ditz*, FR 2015, 115, 116; *Luckhaupt/Overesch/Schreiber*, StuW 2012, 359, 362.

[509] *Ditz*, FR 2015, 115; *Luckhaupt/Overesch/Schreiber*, StuW 2012, 359, 362 f.; *Wassermeyer*, in: StbJb 1997/98, S. 79, 95; kritisch *Rödder*, FS Lang, S. 1147, 1154 ff.

[510] Vgl. auch *Ditz*, FR 2015, 115, 121 m. w. N.

[511] *Luckhaupt/Overesch/Schreiber*, StuW 2012, 359, 362; *Ditz*, FR 2015, 115, 116; *OECD*, BEPS Actions 8-10, Final Reports 2015, Executive Summary.

[512] Vgl. *Kraft*, in: Kraft, AStG, § 1 Rn. 146 unter Verweis auf die OECD-Verrechnungspreisrichtlinie; zum Fremdvergleich im innerstaatlichen Recht vgl. *Wassermeyer*, in: StbJb 1997/98, S. 79, 95.

[513] Vgl. *Kraft*, in: Kraft, AStG, § 1 Rn. 147; *Ditz*, FR 2015, 115, 119.

[514] *Wassermeyer*, FS Offerhaus, S. 405, 415.

Ein Konzept der Veranlassung, wie es dem deutschen Steuerrecht zugrunde liegt, ist dem internationalen Fremdvergleichsbegriff jedenfalls nicht ausdrücklich zu entnehmen. Dennoch – oder gerade deswegen – soll im Folgenden das Verhältnis der Fremdvergleichsmaßstäbe zum Veranlassungsprinzip untersucht werden.

Hierzu werden noch einmal die verschiedenen Maßstäbe und ihre Abgrenzungssphären in ihren bisherigen Erscheinungsformen rekapituliert:

Das Veranlassungsprinzip in seiner Grundform des § 4 Abs. 4 EStG (bzw. § 9 Abs. 1 EStG) dient dazu die außerbetriebliche (= private) von der betrieblichen Sphäre abzugrenzen. Das steuerrechtliche Bedürfnis hierzu ergibt sich aus der Notwendigkeit, die steuerlich relevante Einkommenserzielung von der steuerlich grundsätzlich nicht relevanten Einkommensverwendung abzugrenzen. Dabei sind die Privatsphäre einerseits und die Betriebssphäre andererseits prinzipiell „disjunkte" Mengen. Die meisten Sachverhalte lassen sich genau einer der beiden Sphären zuordnen. Eine Ausnahme hiervon bilden die Fälle gemischter Veranlassung, in denen ein Sachverhalt in Teilen der Privatsphäre und in anderen Teilen der Betriebssphäre zuzuordnen ist.

Bei der verdeckten Gewinnausschüttung im Rahmen des § 8 Abs. 3 Satz 2 KStG wird die gesellschaftliche Veranlassung zur Abgrenzung der gesellschaftlichen Sphäre von der ausschließlich betrieblichen Sphäre herangezogen. Mangels Privatsphäre der Kapitalgesellschaft und der daraus folgenden betrieblichen Veranlassung (§ 4 Abs. 4 EStG i. V. m. § 8 Abs. 1 KStG) aller Geschäftsvorfälle, sind die gesellschaftliche und die betriebliche Sphäre keine Komplementärgrößen, vielmehr handelt es sich bei der gesellschaftlichen Sphäre um eine Teilmenge der betrieblichen Sphäre. Aus diesem Grund kann eine Aufwendung auch zugleich Betriebsausgabe und verdeckte Gewinnausschüttung sein.[515]

Das zusätzliche Bedürfnis nach einem Abgrenzungskonzept der gesellschaftlichen Veranlassung im Sinne des § 8 Abs. 3 Satz 2 KStG als Ergänzung des § 4 Abs. 4 EStG ergibt sich dabei neben der fehlenden Privatsphäre der Kapitalgesellschaft[516] auch aus dem Trennungsprinzip. Während beide Abgrenzungskonzepte der Abgrenzung der Einkommenserzielung von der Einkommensverwendung dienen, hat die Zuordnung zur Sphäre der Einkommensverwendung hingegen

---

[515] *Wassermeyer,* in: StbJb 1997/98, S. 79, 82; *Neumann,* in: Rödder/Herlinghaus/Neumann, KStG, § 8 Rn. 134 f.; *Kohlhepp,* in: Schnitger/Fehrenbacher, KStG, § 8 Rn. 351 f.; *Oppenländer,* Verdeckte Gewinnausschüttung 2004, S. 86.

[516] Die vGA erfüllt somit im Körperschaftsteuerrecht eine ähnliche Funktion wie der § 12 EStG im Einkommensteuerrecht, der mangels Privatsphäre der Körperschaft nicht über § 8 Abs. 1 KStG auf diese angewendet werden kann, vgl. auch *Wassermeyer,* in: StbJb 1997/98, S. 79, 81, 83.

unterschiedliche Konsequenzen. Im Rahmen des § 4 Abs. 4 EStG führt sie insgesamt zur steuerlichen Nichtberücksichtigung, während sie sich im Rahmen der verdeckten Gewinnausschüttung zwar nicht auf das Einkommen der Kapitalgesellschaft auswirken soll und deshalb außerbilanziell zu korrigieren ist, wohl aber das Einkommen des Gesellschafters (§ 20 Abs. 1 Satz 1 Nr. 1 Satz 2 EStG) beeinflusst.

Der Fremdvergleich dient im Rahmen der verdeckten Gewinnausschüttung als Hilfskriterium, das in den meisten Fällen geeignet ist, eine gesellschaftliche Veranlassung sichtbar zu machen.[517] Geht man mit der h. M. davon aus, dass das Veranlassungsprinzip ein subjektives und ein objektives Element umfasst, wobei das objektive Element vor allem den Zweck eines Beweisanzeichens erfüllt, so dient der Fremdvergleich im Rahmen der verdeckten Gewinnausschüttung als Beweisanzeichen für die maßgebliche Willensrichtung.[518] Seiner Natur als Beweisanzeichen entsprechend kann er daher durch eine konkrete Veranlassungsbetrachtung widerlegt werden.[519]

Demgegenüber scheint der Fremdvergleichsgrundsatz im Rahmen des § 1 Abs. 1 AStG auf den ersten Blick ausschließlich die Einkommenserzielung zu betreffen. So ist es Zweck der Vorschrift, durch etwaige einkünfteerhöhende Korrekturen das korrekte der innerstaatlichen Besteuerung unterliegende Besteuerungssubstrat zu ermitteln. Es geht damit um die Abgrenzung der inländischen von der ausländischen Sphäre. In Fällen mit bestehendem Doppelbesteuerungsabkommen wird die Vorschrift durch eine Art. 9 Abs. 1 OECD-MA entsprechende Regelung ergänzt, die vermöge ihrer abkommensrechtlichen Schrankenwirkung einkünftebeschränkende Korrekturen gestattet und ihrerseits begrenzt. Durch die Bestimmung angemessener Verrechnungspreise wird also das Einkommen des inländischen Steuerpflichtigen von dem Einkommen der ihm nahestehenden ausländischen Person abgegrenzt. Da § 1 Abs. 1 AStG in seiner derzeitigen Ausgestaltung aber auf die Korrektur von Einkünfteminderungen beschränkt ist, die durch fremdunübliche Bedingungen zwischen Nahestehen („dadurch") ausgelöst wurden, handelt es sich bei genauerer Betrachtung auch hier um eine Abgrenzung der „Nahestehenssphäre"[520] von der ausschließlich betrieblichen Sphäre. In Höhe des Fremdvergleichspreises ist von einer ausschließlich betrieblichen

---

[517] *Wassermeyer*, in: StbJb 1998/99, S. 157, 161. *Bilsdorfer* spricht von einer „Objektivierung der Veranlassung", *Bilsdorfer*, INF 1996, 705, 706.

[518] So auch *Wassermeyer*, FS Offerhaus, S. 405, 409 unter Verweis auf *BFH*, Beschluss v. 27.11.1989 – GrS 1/88, *BFHE* 158, 563.

[519] Vgl. auch *Wassermeyer*, in: StbJb 1997/98, S. 79, 90.

[520] In den meisten Fällen dürfte dies die gesellschaftliche Sphäre sein.

Veranlassung, in Höhe der Differenz von Fremdvergleichspreis und angesetztem Verrechnungspreis ist von einer Veranlassung auf der Grundlage der Nahestehensbeziehung auszugehen. Im Ergebnis wird daher auch bei der Abgrenzung der inländischen von der ausländischen Sphäre der Fremdvergleichsgrundsatz zur Sichtbarmachung des Veranlassungsprinzips bei der Quantifizierung der zu korrigierenden Gewinnverlagerung herangezogen.

Anders als bei der verdeckten Gewinnausschüttung ist das mit Hilfe des Fremdvergleichsgrundsatzes erlangte Ergebnis aber nicht durch eine konkrete Veranlassungsbetrachtung widerlegbar. Diese fehlende Möglichkeit eines Gegenbeweises zieht die beschriebenen Unstimmigkeiten im Umgang mit den Synergieeffekten[521] nach sich. In grenzüberschreitenden Fällen innerhalb der Europäischen Union (bzw. innerhalb des EWR) wird dies jedoch durch die dem Steuerpflichtigen einzuräumende Möglichkeit des Nachweises „wirtschaftlicher Gründe" im Sinne der EuGH-Rechtsprechung[522] „abgefedert".

Beiden Fällen des innerstaatlichen Fremdvergleichs ist damit gemeinsam, dass sie Unterfälle des Veranlassungsprinzips darstellen.[523] Wie auch das Veranlassungsprinzip dient der Fremdvergleichsgrundsatz der Abgrenzung von Sphären. Ihre Zwecke sind somit identisch;[524] für die voneinander abzugrenzenden Sphären gilt dies nicht zwingendermaßen.

Bei dem Fremdvergleich der Höhe nach (sowohl im Rahmen der verdeckten Gewinnausschüttung als auch im Rahmen des § 1 AStG) wird der Vorgang für die Korrekturrechtsfolge entsprechend dem Ergebnis des Fremdvergleichs in einen gesellschaftlichen und einen ausschließlich betrieblich veranlassten Teil aufgespalten und entsprechend steuerrechtlich berücksichtigt. Diese Aufteilung wurde auch schon vor der Aufgabe der Aufteilungsverbot-Rechtsprechung durch den Beschluss des Großen Senats vom 21. September 2009[525] vorgenommen,[526] da § 12 EStG, aus dem früher ein Aufteilungsverbot abgeleitet wurde, auf die hauptsächlich betroffenen Kapitalgesellschaften keine Anwendung findet.[527] Insoweit

---

[521] Vgl. oben 11.6.

[522] *EuGH*, Urt. v. 31.5.2018 – C-382/16, ABl EU 2018, Nr C 259, 5 – *Hornbach-Baumarkt*; Urt. v. 21.1.2010 – C-311/08, Slg. I 2010, 487 – *SGI*; vgl. oben 11.2.2.3.

[523] *Wassermeyer*, IStR 2001, 633, 636.

[524] *Wassermeyer*, FS Offerhaus, S. 405, 415.

[525] *BFH*, Beschluss v. 21.9.2009 – GrS 1/06, *BFHE* 227, 1.

[526] Vgl. *Wassermeyer*, FS Offerhaus, S. 405, 412.

[527] Vgl. *Gosch*, in: Gosch, KStG, § 8 Rn. 70; zustimmend *Fissenewert*, in: H/H/R, EStG/KStG, § 12 EStG Rn. 4 unter Verweis auf *BFH*, Urt. v. 16.12.1981 – I R 140/81, *BFHE* 135, 278; Urt. v. 9.8.1989 – I R 4/84, *BFHE* 158, 510; a. A. wohl *Schallmoser*, in: H/H/R, EStG/KStG, § 8 KStG Rn. 30.

hat der genannte Beschluss des Großen Senats dazu geführt, dass die steuerliche Behandlung von gemischt veranlassten Sachverhalten unter dem allgemeinen Veranlassungsprinzip den Verhältnissen beim Fremdvergleich angepasst wurde. Dabei genügt die Angemessenheitsprüfung des Fremdvergleichs der Höhe nach auch den Anforderungen, die der Große Senat an eine Aufteilung gestellt hat.[528] Denn der Fremdvergleichspreis ist gerade das Ergebnis der Abgrenzung und Zuordnung zu den verschiedenen Sphären.

Der nach der hier vertretenen Auffassung nach derzeitiger Rechtslage ausschließlich im Rahmen der verdeckten Gewinnausschüttung angewandte Fremdvergleich dem Grunde nach, das Ernsthaftigkeitskriterium mit seinen verschiedenen Ausprägungen, weicht insoweit von dem Veranlassungsprinzip ab, als es das Kriterium der Üblichkeit als Grundausprägung des Maßstabs des ordentlichen und gewissenhaften Geschäftsleiters in Gestalt des hypothetischen Fremdvergleichs auf die Rechtsbeziehung zwischen Kapitalgesellschaft und Gesellschafter dem Grunde nach anwendet.

Dies erscheint vor dem Hintergrund des Veranlassungsprinzips widersprüchlich, da es für die Veranlassungsfrage grundsätzlich irrelevant ist, ob das Zurechnungsobjekt (Aufwendung, Wirtschaftsgut, etc.) einem Üblichkeitsvergleich standhält. Dennoch liegt darin kein wirklicher Widerspruch. Vielmehr begrenzen sich das Veranlassungsprinzip und der Fremdvergleichsgrundsatz gegenseitig.

Obwohl die Üblichkeit keine Voraussetzung für die Veranlassung ist und ihr Fehlen daher auch nicht der Veranlassung entgegensteht, so geht von der Unüblichkeit dennoch eine gewisse Indizwirkung für eine fehlende (ausschließlich) betriebliche Veranlassung aus.[529] In diesem Sinne begrenzt der Fremdvergleich das Veranlassungsprinzip.

Der Grund hierfür dürfte wiederum in dem zweigliedrigen Tatbestand der Veranlassungsprüfung liegen. So ist für die Frage der Veranlassung zwar die subjektive Zweckbestimmung des Steuerpflichtigen bzw. des Leistenden maßgeblich. Daneben müssen jedoch auch objektive Anhaltspunkte treten, die durch ihren objektiven wirtschaftlichen Zusammenhang zu der betrieblichen Tätigkeit als Beweisanzeichen die innere Zweckbestimmung des Steuerpflichtigen nach außen sichtbar machen.

---

[528]Danach ist eine Aufteilung zulässig, wenn die beruflich veranlassten Anteile feststehen und nicht von untergeordneter Bedeutung sind. Dabei kann das unterschiedliche Gewicht der verschiedenen Veranlassungsbeiträge jedoch im Einzelfall erfordern, einen anderen Aufteilungsmaßstab heranzuziehen oder ganz von einer Aufteilung abzusehen, *BFH*, Beschluss v. 21.9.2009 – GrS 1/06, *BFHE* 227, 1.

[529]Vgl. *Wassermeyer*, in: StbJb 1997/98, S. 79, 89 f.

Das Üblichkeitskriterium, verstanden als Grundausprägung des Maßstabs des ordentlichen und gewissenhaften Geschäftsleiters, das also im Rahmen des hypothetischen Fremdvergleichs „durch Nachdenken" objektivierend ermittelt, wo die Einkünfteerzielung endet und die Einkünfteverwendung beginnt, ist damit ein Beweisanzeichen für die Frage, ob ein Vorgang (ausschließlich) betrieblich veranlasst ist oder nicht.[530] Misst man der objektiven Komponente, hier in seiner Ausprägung als Fremdvergleichsgrundsatz, vornehmlich die Funktion eines Beweisanzeichens zu, so erklärt dies auch, warum der Fremdvergleich stets durch eine konkrete Veranlassungsprüfung, quasi den Gegenbeweis, widerlegt werden kann.[531]

Die Tatsache, dass § 1 Abs. 1 AStG zwingend eine Korrektur auf Basis des Fremdvergleichsgrundsatzes anordnet, und – jenseits der unionsrechtlichen Vorgaben – gerade keine konkrete Veranlassungsprüfung als Gegenbeweis zulässt, dürfte vor allem dem internationalen Ursprung der der Norm zugrunde liegenden korrespondierenden Korrekturidee geschuldet sein und steht den vorangegangenen Ausführungen daher auch nicht entgegen. Der Veranlassungsgedanke ist dem internationalen „*dealing at arm's length*"-Prinzip jedenfalls nicht ausdrücklich bekannt.

Gerade unter Berücksichtigung der verschiedenen Steuerrechtsordnungen erscheint eine Orientierung an objektivierten Kriterien auch konsensfähiger für eine internationale Gewinnabgrenzung als die zusätzliche Einbeziehung innerer (subjektiver) Zweckbestimmungen. Ein veranlassungsbasierter Gegenbeweis der subjektiven Zweckbestimmung im Rahmen eines abkommensrechtlichen Verständigungsverfahrens dürfte nicht gerade zur Verfahrensvereinfachung beitragen, wenn die Steuerrechtsordnung des anderen Vertragsstaates ein derartiges subjektives Element nicht kennt. Ein einseitiges Festhalten an der Maßgeblichkeit der subjektiven Zweckbestimmung würde somit schlimmstenfalls zu Doppelbesteuerungen führen.[532] Insofern enthält die zwingende Maßgeblichkeit des Fremdvergleichsgrundsatzes für die Korrektur nach § 1 Abs. 1 AStG auch keine Absage an das Veranlassungsprinzip, sondern typisiert dieses vielmehr unwiderlegbar zum Zweck einer gesteigerten völkerrechtlichen Akzeptanz. Der abkommensrechtliche Fremdvergleichsmaßstab, das „*dealing at arm's length*"-Prinzip, ist damit die abkommensrechtliche Manifestation des Veranlassungsprinzips.

---

[530]Vgl. auch *BFH*, Urt. v. 23.5.1984 – I R 294/81, *BFHE* 141, 266; Urt. v. 14.8.1985 – I R 149/81, *BFHE* 144, 548.

[531]*Wassermeyer*, in: StbJb 1998/99, S. 157, 167 f.

[532]Ähnlich auch die Begründung der Rechtsprechung in *BFH*, Urt. v. 11.10.2012 – I R 75/11, *BFHE* 239, 242 unter II.2.b).

Gleichzeitig begrenzt das Veranlassungsprinzip durch seine grundsätzliche Anerkennung der unternehmerischen Dispositionsfreiheit des Steuerpflichtigen aber auch den Umfang des Fremdvergleichsgrundsatzes. Die dem Veranlassungsgedanken innewohnende Abgrenzungsfunktion ist in den Fremdvergleich hineinzulesen. Der Fremdvergleichsgrundsatz hat – als Ausprägung des Veranlassungsprinzips – keinen Selbstzweck[533] und ist keine steuerliche Soll(gewinn-)größe.

Dies hat zur Konsequenz, dass die Rechts- oder Geschäftsbeziehungen des Steuerpflichtigen auch zu nahestehenden Personen grundsätzlich dem Grunde nach anzuerkennen sind. Über das Ernsthaftigkeitskriterium (und seine Unterkategorien) hinaus wird diese Beziehung dem Grunde nach keiner Überprüfung und damit auch keiner Korrektur unterzogen. Entsprechend ist eine Umqualifizierung der Beziehung dem internationalen Fremdvergleich und damit auch dem darauf basierenden § 1 AStG jedenfalls nach bisheriger Rechtslage fremd. Dass der internationale Fremdvergleich anders als der innerstaatliche Fremdvergleich bei der verdeckten Gewinnausschüttung keine dem Ernsthaftigkeitskriterium vergleichbare Überprüfung zulässt, dürfte wiederum der Unmaßgeblichkeit subjektiver Zweckbestimmungen im zwischenstaatlichen Kontext geschuldet sein.

Im Ergebnis dürfte man daher die von *Wassermeyer* aufgeworfene Frage, ob Veranlassung etwas anderes sei als Fremdvergleich,[534] nach bisheriger Rechtslage verneinen. Der Fremdvergleichsgrundsatz ist eine nach außen sichtbare Ausprägung des Veranlassungsprinzips. Als derartiges Beweisanzeichen begrenzt er das Veranlassungsprinzip. Gleichzeitig ist der Veranlassungsgedanke als Ursprung des Fremdvergleichs auch wiederum mit beschränkender Wirkung in den Fremdvergleich hineinzulesen und beschränkt daher dessen Umfang. Abweichungen von diesem „Beweisanzeichen"-Charakter des Fremdvergleichs im Verhältnis zum Veranlassungsprinzip, die sich im internationalen Kontext des Fremdvergleichs zeigen, dürften im Ergebnis Verfahrensvereinfachungen darstellen, um die internationale Akzeptanz und auch Durchführbarkeit der Abgrenzung zu gewährleisten. Die innerstaatliche Auffüllung des *„dealing at arm's length"*-Prinzips in der Rechtsprechung des BFH durch das Veranlassungsprinzip ist somit vor dem Hintergrund des Art. 3 Abs. 2 OECD-MA nicht zu beanstanden.

Eine abweichende Beurteilung ergibt sich hingegen, wenn die durch die BEPS-Initiative der OECD vorgeschlagenen Änderungen für die Verrechnungspreisbestimmung sich tatsächlich durchsetzen würden. Dadurch würde nämlich auch im Rahmen des § 1 AStG ein Fremdvergleich dem Grunde nach eingeführt werden, der die Umqualifizierung der Geschäftsbeziehungen zwischen

---

[533] So auch *Gosch*, DStR 2019, 2441, 2442.

[534] *Wassermeyer*, IStR 2001, 633, 636.

den nahestehenden Personen auch dem Grunde nach gestattet. Damit würde der internationale Fremdvergleich deutlich über das Ernsthaftigkeitskriterium als Korrektur dem Grunde nach hinausgehen. Unübliche Beziehungen würden, auch wenn sie ernsthaft gewollt wären, einer Umqualifizierung unterworfen. Eine derartige die unternehmerische Dispositionsfreiheit negierende Korrektur würde den Fremdvergleich von seinem ursprünglichen Zweck der Abgrenzung loslösen und verselbständigen und ihm damit Selbstzweck beimessen. Diese Verselbstständigung des Fremdvergleichsgedanken würde zwangsläufig auch zu einer Loslösung des Fremdvergleichsgrundsatzes von dem Veranlassungsprinzip bedeuten. Denn die veranlassungsbasierte Beschränkung des Fremdvergleichs ist nicht mit der Umqualifizierung der Geschäftsbeziehungen vereinbar. Der Fremdvergleich wäre dann nicht mehr lediglich Mittel für eine veranlassungsgerechte Abgrenzung, sondern ein Instrument der Sollgewinnbesteuerung verbunden mit einer erheblichen Einschränkung der unternehmerischen Dispositionsfreiheit.

11.8 Fazit

Die eingangs aufgeworfene Frage, ob das Veranlassungsprinzip eine zulässige Konkretisierung des abkommensrechtlichen „dealing at arm's length"-Prinzips im Sinne des Art. 7 OECD-MA a. F. darstellt, ist damit zu bejahen. Denn der Rückgriff auf den innerstaatlichen Fremdvergleichsbegriff – gemäß Art. 3 Abs. 2 OECD-MA unter Berücksichtigung der Schrankenwirkung des Art. 9 bzw. Art. 7 OECD-MA – ist letztlich ein Rückgriff auf das Veranlassungsprinzip. Genau genommen füllt damit das Veranlassungsprinzip das „dealing at arm's length"-Prinzip begrifflich nicht bloß aus. Vielmehr ist das „dealing at arm's length"-Prinzip die abkommensrechtliche Manifestation des innerstaatlichen Veranlassungsgedankens.

Teil V
Betriebsstättengewinnabgrenzung unter dem AOA

Mit der Einführung des AOA hat die *OECD* auf die bis dahin uneinheitliche Anwendung des Fremdvergleichsgrundsatzes im Rahmen der Betriebsstättengewinnabgrenzung reagiert. Diesem Schritt ging ein innerstaatlicher Theorienstreit (Kapitel 12) sowie ein auf Ebene der *OECD* geführter Abstimmungsprozess (Kapitel 13) voraus. Die Aufnahme in die deutsche Verhandlungsgrundlage für Doppelbesteuerungsabkommen (Kapitel 14) verdeutlicht, dass sich der deutsche Fiskus grundsätzlich für eine Übernahme des AOA in seine Abkommenspraxis entschieden hat.

Mit der Regelung des § 1 Abs. 5 AStG hat der deutsche Gesetzgeber eine innerstaatliche Umsetzungsregelung geschaffen. Die ausführliche Darstellung von deren Aufbau und Wirkungsweise ist wesentlicher Bestandteil dieses Abschnitts (Kapitel 15). In den darauf folgenden Kapiteln werden sodann deren Verortung im AStG (Kapitel 16), das Verhältnis von deren Abgrenzungsmaßstab zum allgemeinen Veranlassungsprinzip (Kapitel 17), deren Einfluss auf das Verhältnis von Gewinnermittlung und Gewinnabgrenzung (Kapitel 18), deren Verhältnis zum Ent- und Verstrickungsregime (Kapitel 19) sowie deren ausgewählte Probleme (Kapitel 20) kritisch analysiert. Dabei werden jeweils auch Überlegungen zu einer „abkommensgerechteren" Umsetzung des AOA angestellt, die schließlich als Änderungsvorschläge für die innerstaatliche Umsetzung zusammengefasst werden (Kapitel 21).

Vorangegangener Theorienstreit in der Literatur 12

Anders als in der Rechtsprechung, die sich vornehmlich mit den Abgrenzungs-maßstäben des Art. 7 OECD-MA einerseits und der Betriebsstättenvorbehalte andererseits befasst hat,[1] konzentrierte sich der Theorienstreit in der deutschen Steuerrechtsliteratur auf das Ausmaß der Selbstständigkeit der Betriebsstätte. Dabei spielte insbesondere die Anerkennung und steuerliche Behandlung von Innentransaktionen zwischen dem Stammhaus und der Betriebsstätte eine zentrale Rolle. Die dazugehörige Diskussion wurde zumeist an dem Beispiel der grenz-überschreitenden Überführung eines Wirtschaftsguts von dem Stammhaus in die Betriebsstätte oder umgekehrt geführt.

12.1 Die finale Entnahmetheorie der Rechtsprechung

Die sog. finale Entnahmetheorie betraf nicht speziell die Betriebsstättengewinn-abgrenzung, sondern erfasste alle Fälle, in denen das deutsche Besteuerungsrecht an den in dem betreffenden Wirtschaftsgut enthaltenen stillen Reserven infolge einer Überführung nicht mehr gewährleistet war.[2] Die Überführung eines Wirt-schaftsguts von dem inländischen Stammhaus in eine ausländische Betriebsstätte in einem „DBA-Freistellungsstaat" war ihr Hauptanwendungsfall. Sie geht auf die frühe Rechtsprechung des BFH zurück[3] und wurde zwischenzeitlich vom BFH

---

[1]Vgl. hierzu die Ausführungen in Kapitel 9.

[2]Vgl. *BFH*, Beschluss v. 7.10.1974 – GrS 1/73, *BFHE* 114, 189 unter C.II.1.a).

[3]*BFH*, Urt. v. 16.7.1969 – I 266/65, *BFHE* 97, 342; Urt. v. 24.11.1982 – I R 123/78, *BFHE* 137, 59; vgl. auch zur finalen Betriebsaufgabe Urt. v. 28.4.1971 – I R 55/66, *BFHE* 102, 374;

© Der/die Autor(en), exklusiv lizenziert durch Springer Fachmedien Wiesbaden GmbH, ein Teil von Springer Nature 2021
S. Glatz, *Abgrenzungsmaßstäbe im Abkommensrecht*, PwC-Studien zum Unternehmens- und Internationalen Steuerrecht 10,
https://doi.org/10.1007/978-3-658-34006-3_12

aufgegeben.[4] Noch vor dieser Rechtsprechungsänderung hatte der Gesetzgeber zunächst die allgemeine Entstrickungsregelung des § 4 Abs. 1 Satz 3 EStG eingeführt[5] und diese später infolge der Begründung des BFH in dem Urteil vom 17. Juli 2008[6] um § 4 Abs. 1 Satz 4 EStG ergänzt.[7] Die folgenden Ausführungen beziehen sich daher auf die Gesetzesgrundlage vor Einführung der genannten Entstrickungsregelungen.

Der finalen Entnahmetheorie lag das Verständnis zugrunde, dass Deutschland mit der Überführung des Wirtschaftsguts in die ausländische Unternehmenseinheit das Besteuerungsrecht an den bis dahin im Inland entstandenen stillen Reserven verliere. Aus diesem Grund behandelten die Befürworter der finalen Entnahmetheorie die Überführung als Entnahme im Sinne des § 4 Abs. 1 Satz 2 EStG und unterwarfen die bis zum Zeitpunkt der Überführung im Inland gebildeten stillen Reserven (= Teilwert./. Buchwert, vgl. 6 Abs. 1 Nr. 4 EStG) im Veranlagungszeitraum der Überführung der Besteuerung.

In der Literatur stieß die finale Entnahmetheorie mehrheitlich auf Kritik.[8] Dabei wurde der Entnahmetatbestand für die steuerliche Behandlung der Überführung des Wirtschaftsguts als ungeeignet angesehen. Die Überführung sei schon keine Entnahme, da sie – anders als vom Wortlaut des § 4 Abs. 1 Satz 2 EStG verlangt – nicht zu betriebsfremden Zwecken erfolge.[9] Darüber hinaus sei der Teilwert, mit dem die Entnahme gemäß § 6 Abs. 1 Nr. 4 EStG zu bewerten sei, nicht geeignet, die veranlassungsbasierte Gewinnabgrenzung adäquat umzusetzen. So entspreche der Teilwert von selbst hergestellten Waren, die von der Produktionsbetriebsstätte in die Vertriebsstätte überführt werden, regelmäßig den in der

---

Urt. v. 13.10.1976 – I R 261/70, *BFHE* 120, 225; Urt. v. 12.4.1978 – I R 136/77, *BFHE* 125, 157; Urt. v. 28.3.1984 – I R 191/79, *BFHE* 141, 244.

[4]*BFH*, Urt. v. 17.7.2008 – I R 77/06, *BFHE* 222, 402.

[5]Gesetz über steuerliche Begleitmaßnahmen zur Einführung der Europäischen Gesellschaft und zur Änderung weiterer steuerrechtlicher Vorschriften (SEStEG) v. 7.12.2006, BGBl I 2006, 2782.

[6]*BFH*, Urt. v. 17.7.2008 – I R 77/06, *BFHE* 222, 402.

[7]Auch wenn die Gesetzesbegründung zur Einfügung des „klarstellenden" Satzes 4 keinen Bezug auf genannte BFH-Entscheidung nimmt (BT-Drucks. 17/3549, S. 15), so macht die Begründung zu dessen rückwirkender Anwendungsvorschrift § 52 Abs. 8b EStG i. d. F. des JStG 2010 deutlich, dass das Urteil für die Gesetzesanpassung Ausschlag gebend war (vgl. BT-Drucks. 17/3549, S. 21).

[8]Vgl. die Ausführungen unter 9.1.5.

[9]*Buciek*, in: F/W/K, DBA-Schweiz, Art. 7 Rn. 455, 461; *Ritter*, in: JbFSt 1976/77, S. 288, 305 m. w. N.

Produktionsbetriebsstätte angefallenen Kosten. Bei Zugrundelegung des Teilwerts würde also kein Produktionsgewinn ausgewiesen oder besteuert werden.[10]

Lasse sich der Überführungstatbestand aber nicht unter den Entnahmetatbestand fassen, so fehle es für diese vorzeitige Gewinnrealisierung an einer innerstaatlichen Rechtsgrundlage. Denn ein „allgemeiner Entstrickungstatbestand" sei dem deutschen Steuerrecht vor der Einführung des § 4 Abs. 1 Satz 3 EStG fremd gewesen.[11] Eine auf der finalen Entnahmetheorie basierende Gewinnrealisierung verstoße daher gegen das Realisationsprinzip.[12] Darüber hinaus werde das Besteuerungsrecht hinsichtlich der bis zur Überführung des Wirtschaftsguts im Inland gebildeten stillen Reserven nicht ausgeschlossen. Es bleibe gemäß dem Veranlassungsprinzip vielmehr auch nach der Überführung erhalten.[13]

Zudem wurde befürchtet, dass jedenfalls die sofortige Besteuerung des Entstrickungsgewinns im Veranlagungszeitraum der Überführung gegen die unionsrechtlichen Diskriminierungsverbote verstoße.[14]

12.2 Die Theorie der aufgeschobenen Gewinnrealisierung

Statt der finalen Entnahmetheorie folgte die große Mehrheit der Literaturstimmen[15] und zeitweise auch die Finanzverwaltung[16] bis zur Einführung des AOA bei der steuerlichen Behandlung der grenzüberschreitenden Überführung eines Wirtschaftsguts zwischen Stammhaus und Betriebsstätte der sog. Theorie der aufgeschobenen Gewinnrealisierung.

---

[10] *Kumpf*, in: StbJb 1988/89, S. 399, 412 f.; vgl. auch *Buciek*, in: F/W/K, DBA-Schweiz, Art. 7 Rn. 454.1, 455.

[11] *Buciek*, in: F/W/K, DBA-Schweiz, Art. 7 Rn. 454, 456; *Ritter*, in: JbFSt 1976/77, S. 288, 304.

[12] *Kumpf*, in: StbJb 1988/89, S. 399, 413; *Rödder/Schumacher*, DStR 2006, 1481, 1484.

[13] *BFH*, Urt. v. 17.7.2008 – I R 77/06, *BFHE* 222, 402; *Ritter*, in: JbFSt 1976/77, S. 288, 296; *Kumpf*, in: StbJb 1988/89, S. 399, 412; *Buciek*, in: F/W/K, DBA-Schweiz, Art. 7 Rn. 457; *A. Weber/Werra*, FS Ritter, S. 285, 293; *Wassermeyer*, DB 2006, 1176; *Kessler/Huck*, StuW 2005, 193, 195.

[14] *Buciek*, in: F/W/K, DBA-Schweiz, Art. 7 Rn. 461; *EuGH*, Urt. v. 11.3.2004 – C-9/02, Slg. I 2004, 2409 – *De Lasteyrie du Saillant*; Urt. v. 29.11.2011 – C-371/10, Slg. I 2011, 12273 – *National Grid Indus*; Urt. v. 23.1.2014 – C-164/12, ABl EU 2014, Nr C 93, 6 – *DMC*; Urt. v. 21.5.2015 – C-657/13, ABl EU 2015, Nr C 236, 11 – *Verder LabTec*.

[15] *Buciek*, in: F/W/K, DBA-Schweiz, Art. 7 Rn. 455 ff.; *Kumpf*, in: StbJb 1988/89, S. 399, 413 m. w. N.

[16] Vgl. hierzu den Exkurs weiter unten.

Danach wird das überführte Wirtschaftsgut im Zeitpunkt der Überführung unternehmensintern mit dem Fremdvergleichspreis verrechnet.[17] Gleichwohl kommt es mangels innerstaatlichen Realisierungstatbestands nicht bereits bei Überführung zu einer Gewinnrealisierung, da sowohl bei dem übertragenden als auch bei dem empfangenden Unternehmensteil ein Ausgleichsposten in Höhe der Differenz von Fremdvergleichspreis und Buchwert gebildet wird.[18] Die Verrechnung im Überführungszeitpunkt dient also eher der Feststellung des Fremdvergleichspreises, um später im Falle einer Gewinnrealisierung den Gewinn adäquat zwischen den Unternehmensteilen aufteilen zu können.

Die Korrekturpostenmethode geht auf *Neubauer* zurück.[19] Danach seien die in einem Wirtschaftsgut enthaltenen stillen Reserven im Zeitpunkt von dessen Überführung[20] zu realisieren und durch Bildung eines passiven Ausgleichspostens in gleicher Höhe zu neutralisieren. Dieser Ausgleichsposten solle sodann bei abschreibungsfähigen Wirtschaftsgütern über die Restnutzungsdauer in gleichen Jahresbeträgen[21] und bei allen anderen Wirtschaftsgütern vollständig erst im Realisationszeitpunkt (zumeist durch einen Außenumsatz) erfolgswirksam aufgelöst werden.[22]

Auf diese Weise blieben die ursprünglichen Buchwerte erhalten.[23] Im Gegensatz zu der finalen Entnahmetheorie hatte die aufgeschobene Gewinnrealisierung zudem den Vorteil, dass sie den Ausweis nicht realisierter Gewinne vermied und sich damit nicht in Widerspruch zu dem innerstaatlichen Realisationsprinzip

---

[17]*Buciek*, in: F/W/K, DBA-Schweiz, Art. 7 Rn. 458.

[18]*Buciek*, in: F/W/K, DBA-Schweiz, Art. 7 Rn. 458.

[19]*Kumpf,* in: StbJb 1988/89, S. 399, 414 m. w. N.

[20]Die Überlassung im Innenverhältnis nahm *Neubauer* von der steuerlichen Anerkennung ausdrücklich aus, vgl. *Neubauer,* in: JbFSt 1976/77, S. 312, 319; a. A. *Kumpf,* in: StbJb 1988/89, S. 399, 417 f.

[21]Zustimmend *Kumpf,* in: StbJb 1988/89, S. 399, 415; die Finanzverwaltung wollte diese Restnutzungsdauer auf max. zehn Jahre begrenzen, BMF, Schreiben v. 24.12.1999, BStBl I 1999, 1076, Tz. 2.6.1 lit. a.

[22]*Neubauer,* in: JbFSt 1976/77, S. 312, 318 ff.

[23]*Kumpf,* in: StbJb 1988/89, S. 399, 417.

begab.[24] Sie basiere – anders als in der außerbilanziellen Variante der Finanzverwaltung[25] (siehe Kasten) – auf dem Veranlassungsprinzip.[26] Die Ermittlung des Fremdvergleichspreises ermögliche zudem eine am Erwirtschaftungsprinzip orientierte Ergebnisaufteilung.[27] Dabei ließ sich die Theorie der aufgeschobenen Gewinnrealisierung auf sämtliche Übertragungsfälle anwenden. Obschon eine Anwendung auf die Übertragung eines Wirtschaftsguts aus der inländischen Betriebsstätte in das ausländische Stammhaus gewissen praktischen Schwierigkeiten begegnete, ließen sich diese durch entsprechende (Buchführungs-)Vorschriften regeln.[28]

Angesichts der Tatsache, dass eine vertragliche Übertragung des Risikos von dem Stammhaus auf die Betriebsstätte zivilrechtlich und damit auch für steuerliche Zwecke nicht möglich sei, kritisierte *Wassermeyer* dennoch, dass die Methode der aufgeschobenen Gewinnrealisierung eine Wertreduzierung zwischen der Überführung und dem Außenumsatz nicht adäquat berücksichtige. Aus diesem Grund habe die Abgrenzung erst im Zeitpunkt des Außenumsatzes zu erfolgen.[29]

Exkurs zur Haltung der Finanzverwaltung:
Die Finanzverwaltung hatte sich mit dem Betriebsstättenerlass[30] zumindest vorübergehend der Theorie der aufgeschobenen Gewinnrealisierung angenähert. Dabei unterschied sie aber sowohl zwischen der Überführung in eine ausländische und der Überführung in eine inländische Betriebsstätte als auch danach, ob Deutschland mit dem anderen Staat ein Doppelbesteuerungsabkommen vereinbart hatte, welches die Freistellungs- oder aber die Anrechnungsmethode anordnet.

Auf Überführungen von Wirtschaftsgütern in eine inländische oder aus einer inländischen Betriebsstätte sowie in eine ausländische Personengesellschaft fand die Theorie der aufgeschobenen Gewinnrealisierung

---

[24]*Buciek*, in: F/W/K, DBA-Schweiz, Art. 7 Rn. 458; *Kumpf*, in: StbJb 1988/89, S. 399, 413; *Neubauer*, in: JbFSt 1976/77, S. 312, 318 ff.

[25]Vgl. *Wassermeyer*, IStR 2004, 733, 734.

[26]So auch *Buciek*, in: F/W/K, DBA-Schweiz, Art. 7 Rn. 461, der davon ausgeht, dass sich die aufgeschobene Gewinnrealisierung unmittelbar aus dem materiellen Recht ergebe, weswegen es hierfür auch keiner Billigkeitsregelung bedürfe.

[27]*Buciek*, in: F/W/K, DBA-Schweiz, Art. 7 Rn. 458; *Kumpf*, in: StbJb 1988/89, S. 399, 413.

[28]*Buciek*, in: F/W/K, DBA-Schweiz, Art. 7 Rn. 461.

[29]*Wassermeyer*, IStR 2004, 733, 734.

keine Anwendung. Die Überführung wurde mit dem Fremdvergleichspreis angesetzt.[31]

Ebenso war die Theorie der aufgeschobenen Gewinnrealisierung auf Überführungen von Wirtschaftsgütern aus dem inländischen Stammhaus in die ausländische Betriebsstätte (oder umgekehrt) ausnahmsweise nicht anwendbar, wenn es sich um Staaten handelte, gegenüber denen Deutschland abkommensrechtlich (gemäß bestehendem DBA) oder lediglich innerstaatlich (wenn kein DBA existierte) zur Anrechnung verpflichtet war, und wenn die Besteuerung der stillen Reserven sichergestellt war.[32] Anders verhielt es sich hingegen, wenn sich die ausländische Betriebsstätte in einem Staat befand, mit dem Deutschland ein Doppelbesteuerungsabkommen mit Freistellungsmethode unterhielt. Hier war zu unterscheiden, ob das Wirtschaftsgut zum Anlage- oder zum Umlaufvermögen gehörte.

Bei Überführungen von Wirtschaftsgütern des Anlagevermögens in den Freistellungsstaat waren die im Inland entstandenen stillen Reserven unter Ansatz des Fremdvergleichspreises aufzudecken. Sofern der Steuerpflichtige sein Wahlrecht[33] zur sofortigen Besteuerung nicht ausübte, wurde die Besteuerung aber durch Bildung eines außerbilanziellen (passiven) Merkpostens im Billigkeitswege aufgeschoben. Dieser außerbilanzielle Merkposten war anteilig durch Abschreibungen über die verbleibende Lebensdauer, längstens aber über 10 Jahre, oder vollständig bei vorherigem Ausscheiden aus dem Gesamtbetriebsvermögen erfolgswirksam aufzulösen.[34] Korrespondierend war in der außerbilanziellen Nebenrechnung der Betriebsstätte ein (aktiver) Merkposten zu bilden und anteilig oder vollständig erfolgswirksam aufzulösen.[35] Die Handhabung von Wirtschaftsgütern des Umlaufvermögens war im Wesentlichen identisch mit der Ausnahme, dass wegen der Eigenheiten des Umlaufvermögens hier keine anteilige Auflösung des Ausgleichspostens durch Abschreibungen vorgesehen war.[36]

Diese Handhabung entsprach im Wesentlichen der Theorie der aufgeschobenen Gewinnrealisierung, bei der der Ausgleichsposten nicht in der Steuerbilanz, sondern außerhalb in der Nebenrechnung gebildet wurde. Mit der Änderung des Betriebsstättenerlasses vom 25. August 2009, die der Einfügung u. a. der Regelungen der § 4 Abs. 1 Sätze 3 und 7, § 4g EStG durch das SEStEG Rechnung trug, wurde sie jedoch aufgegeben. Nach Auffassung der Finanzverwaltung führt die Überführung eines Wirtschaftsguts aus dem Inland in eine ausländische Betriebsstätte gemäß § 4 Abs. 1

Satz 3 EStG zu einer Aufdeckung der stillen Reserven.[37] Für Wirtschaftsgüter des Anlagevermögens verweist das BMF-Schreiben auf § 4g EStG,
der zur Gewährleistung der Europarechtskonformität eingeführt wurde.[38]
Bei Überführungen von Wirtschaftsgütern des Umlaufvermögens lässt der
geänderte Betriebsstättenerlass hingegen keine aufgeschobene Besteuerung
mehr zu.[39]

Grundzüge dieser ursprünglich auf die Überführung von Wirtschaftsgütern
beschränkten Theorie der aufgeschobenen Gewinnrealisierung lassen sich auch
in einigen der „umfassenderen" Theorien zur Betriebsstättengewinnabgrenzung
entnehmen, die im Folgenden dargestellt werden sollen.

12.3 Der Erwirtschaftungsgrundsatz

Eine dieser „umfassenderen" Theorien zur Betriebsstättengewinnabgrenzung stellt
das hauptsächlich von *Debatin* vertretene Erwirtschaftungsprinzip dar. In Abgrenzung zum Entgeltsprinzip[40] liegt dem Erwirtschaftungsprinzip die Vorstellung
zugrunde, dass es wegen der Unternehmenseinheit von Stammhaus und Betriebsstätte keine steuerlich relevanten unternehmensinternen Leistungsbeziehungen
geben kann. *Debatin* geht damit von einer eingeschränkten Selbstständigkeit der

---

[30] BMF, Schreiben v. 24.12.1999, BStBl I 1999, 1076.

[31] BMF, Schreiben v. 24.12.1999, BStBl I 1999, 1076, Tz. 2.6.3.

[32] BMF, Schreiben v. 24.12.1999, BStBl I 1999, 1076, Tz. 2.6.1, 2.6.2.

[33] Vgl. BMF, Schreiben v. 24.12.1999, BStBl I 1999, 1076, Tz. 2.6.1 lit. d.

[34] BMF, Schreiben v. 24.12.1999, BStBl I 1999, 1076, Tz. 2.6.1 lit. a. Im Falle einer Rücküberführung des Wirtschaftsguts war der verbleibende Ausgleichsposten erfolgsneutral aufzulösen
oder eine sofortige Gewinnrealisierung rückgängig zu machen, Tz. 2.6.2.

[35] BMF, Schreiben v. 24.12.1999, BStBl I 1999, 1076, Tz. 2.6.1 lit. a.

[36] BMF, Schreiben v. 24.12.1999, BStBl I 1999, 1076, Tz. 2.6.1 lit. b.

[37] BMF, Schreiben v. 25.8.2009, BStBl. I 2009, 888, Tz. 2.6.1 lit. a.

[38] Vgl. BT-Drs. 16/3369, S. 5 unter Verweis auf BMF, Schreiben v. 12.2.1990, BStBl I 1990,
72; vgl. später auch *EuGH*, Urt. v. 29.11.2011 – C-371/10, Slg. I 2011, 12273 – *National
Grid Indus.*

[39] BMF, Schreiben v. 25.8.2009, BStBl. I 2009, 888, Tz. 2.6.1 lit. b.

[40] Vgl. hierzu 12.4.

Betriebsstätte aus, da diese stets nur ein unselbstständiger Teil des Gesamtunternehmens sei.[41] Ziel der Betriebsstättengewinnabgrenzung sei daher, den Teil des Gewinns auszuweisen, den die Betriebsstätte im Rahmen des Gesamtunternehmens erwirtschaftet habe.[42]

Im Außenverkehr hat dies zur Konsequenz, dass der Betriebsstätte derjenige Gewinn zuzuordnen ist, der aus der Geschäftätigkeit der Betriebsstätte mit Dritten resultiert.[43] Unter Rückgriff auf die Rechtsprechung hat diese Zuordnung nach dem Maßstab des Veranlassungsprinzips und unabhängig davon zu erfolgen, wo der den Einnahmen gegenüberzustellende Aufwand angefallen ist.[44]

Im Innenverkehr sei zwischen der Ausstattung der Betriebsstätte durch das Unternehmen und der Betriebsstättentätigkeit als Referenzrahmen für den von ihr erwirtschafteten Gewinn zu unterscheiden.[45]

Beträfen die unternehmensinternen Leistungen Kapital oder Vermögensgegenstände, die das Gesamtunternehmen der Betriebsstätte für deren Tätigkeitsentfaltung zur Nutzung überlasse, so könne diese Teilhabe an der Unternehmensausstattung nicht gleichzeitig Gegenstand einer von der Betriebsstätte an das Stammhaus zu zahlenden Vergütung sein.[46] Aus diesem Grund könne es keine Mietentgelte, Zins- oder Lizenzzahlungen von der Betriebsstätte an das Stammhaus geben. Gegen die Anerkennung derartiger „Quasi-Geschäftsvorfälle" trägt *Debatin* weiter vor, dass das Gesamtunternehmen andernfalls an sich selbst verdienen könne.[47] Eine Ausnahme bestehe lediglich in den Fällen, in denen nicht der Ausstattungsbereich, sondern die reguläre Geschäftätigkeit des Unternehmens betroffen sei. In diesen Fällen sei die Verrechnung eines fremdüblichen Entgelts im Innenverhältnis ausnahmsweise zulässig.[48]

Die Frage, was das Gesamtunternehmen für die Ausstattung seiner Betriebsstätte aufbringe, werde für die Zwecke der Betriebsstättengewinnabgrenzung ausschließlich auf der Ebene der veranlassungsbasierten Aufwandszuordnung

---

[41] *Debatin*, DB 1989, 1739 unter Verweis auf *BFH*, Urt. v. 20.7.1988 – I R 49/84, *BFHE* 154, 465.

[42] *Debatin*, DB 1989, 1739, 1740.

[43] *Debatin*, DB 1989, 1739, 1740.

[44] *Debatin*, DB 1989, 1739, 1740 unter Verweis auf *BFH*, Urt. v. 20.7.1988 – I R 49/84, *BFHE* 154, 465.

[45] Vgl. *Debatin*, DB 1989, 1739, 1742.

[46] *Debatin*, DB 1989, 1739, 1740 f. unter Hinweis darauf, dass die Eigenausstattung der Betriebsstätte nicht nur aus Geldmitteln, sondern auch aus Wirtschaftsgütern bestehen kann.

[47] *Debatin*, DB 1989, 1739, 1740.

[48] *Debatin*, DB 1989, 1739, 1741, der als Beispiel ein Kreditgeschäft eines Kreditinstituts im Verhältnis zu seiner Betriebsstätte anführt.

entschieden.[49] Soweit der Außenaufwand dem Unternehmen für Zwecke der Betriebsstätte, d. h. zu deren Ausstattung entstanden sei, sei er der Betriebsstätte zuzuordnen.[50]

Habe das Stammhaus hingegen schon längerfristig vorweg den Aufwand für ein Wirtschaftsgut getragen, das der Betriebsstätte später zur Nutzung überlassen wird, so sei der korrespondierende Gewinn, der von der Betriebsstätte aus der Nutzung des Wirtschaftsguts später erzielt werde, dem Stammhaus zuzurechnen, soweit er auf den vom Stammhaus gewinnmindernd getragenen Aufwand zurückzuführen sei.[51]

Die Tatsache, dass unternehmensinterne Warenlieferungen von dem Stammhaus beispielsweise an dessen Vertriebsbetriebsstätte intern verrechnet werden dürften, erklärt *Debatin* damit, dass die Warenlieferungen nicht dem Ausstattungs-, sondern dem Tätigkeitsbereich der Betriebsstätte zuzuordnen seien, woraus sich das Erfordernis einer Gewinnzuordnung ergebe:[52] Die Verrechnung eines fremdvergleichskonformen Preises sei hier kein Preisentgelt, sondern diene als Hilfsmaßstab zur Verwirklichung des Erwirtschaftungsprinzips.[53] Denn so kläre sich erst im Zeitpunkt der Gewinnrealisierung durch einen Außenumsatz, welchen Erwirtschaftungsbeitrag das Stammhaus tatsächlich geleistet habe; bis dahin diene der Fremdvergleichspreis als Orientierung.[54]

---

[49] *Debatin*, DB 1989, 1739, 1740.

[50] *Debatin*, DB 1989, 1739, 1741.

[51] *Debatin*, DB 1989, 1739, 1742.

[52] *Weber* und *Werra* erklären die unterschiedliche Behandlung hingegen mit der erforderlichen Unterscheidung zwischen den Haupt- und den Nebentätigkeiten der Betriebsstätte, die u. a. im OECD-MA (vgl. die Ausnahme von Hilfstätigkeiten aus der Betriebsstättendefinition in Art. 5 Abs. 5 OECD-MA) angelegt sei, A. *Weber/Werra*, FS Ritter, S. 285, 299 f. Diese Unterscheidung könnte die Grundlage für eine Leistungsverrechnung (bei Haupttätigkeiten) einerseits und eine reine Kostenverrechnung (bei Nebentätigkeiten) andererseits sein. Dies reduziere die Gefahr der Besteuerung von Scheingewinnen, da Hilfstätigkeiten, die im Unterschied zu Haupttätigkeiten keinen direkten Marktbezug hätten, dann nicht mit einem Gewinnaufschlag, sondern lediglich mit den anteiligen Kosten in Ansatz gebracht würden. *Weber* und *Werra* konzedieren allerdings auch, dass für eine derartige Differenzierung die innerstaatliche Rechtsgrundlage fehle, A. *Weber/Werra*, FS Ritter, S. 285, 300.

[53] *Debatin*, DB 1989, 1739, 1743.

[54] *Debatin*, DB 1989, 1739, 1743.

12.4 Das Entgeltsprinzip

Das sog. Entgeltsprinzip geht hingegen von einer uneingeschränkten Selbstständigkeit der Betriebsstätte aus und rechnet sämtliche Innentransaktionen im Zeitpunkt der unternehmensinternen Leistungserbringung nach fremdvergleichskonformen „Vertragsentgelten" ab.[55]

Aufgrund der Tatsache, dass eine derartige steuerrechtliche Berücksichtigung der Innentransaktionen vor der Einführung des § 1 Abs. 5 AStG zur Umsetzung des AOA einer innerstaatlichen Rechtsgrundlage entbehrte,[56] wurde das Entgeltsprinzip in dieser reinen Form nur vereinzelt vertreten.[57] Zudem sah sich das Entgeltsprinzip der Kritik ausgesetzt, dass es gegen die im OECD-Musterkommentar geäußerte Auffassung verstoße[58] und zudem nicht mit den europarechtlichen Diskriminierungsverboten zu vereinbaren sei.[59] Dennoch gab es einige Literaturstimmen, die auf die Idee des Entgeltsprinzips aufbauten und eine modifizierte „abgeschwächte" Variante davon vertraten.

12.4.1 *Beckers* Lehre vom Funktionsnutzen

Eine dieser Modifizierungen des Entgeltsprinzips ist die auf *Becker* zurückgehende Lehre vom Funktionsnutzen. *Becker* erkennt an, dass jede Aufteilung des Gewinns zwischen dem Stammhaus und der Betriebsstätte künstlich sei, da der Gewinn stets nur für das Gesamtunternehmen entstehe.[60] Jede Theorie zur Betriebsstättengewinnabgrenzung stehe daher vor der Herausforderung, dass sie sich nicht an einem rechtsgeschäftlichen Austausch zwischen Stammhaus und Betriebsstätte orientieren könne, da ein solcher im Einheitsunternehmen nicht möglich sei.[61] Insoweit weicht die Lehre vom Funktionsnutzen von dem Entgeltprinzip in seiner Urfassung ab und weist Ähnlichkeiten zu dem Erwirtschaftungsprinzip auf. Gleichzeitig sei es aber erforderlich, für die Gewinnabgrenzung zwischen dem Stammhaus und der Betriebsstätte einen objektiven Maßstab zu finden.[62]

---

[55]Vgl. *Kuckhoff*, FS Wassermeyer, S. 681.

[56]*Wassermeyer*, IStR 2004, 733, 734; *Kuckhoff*, FS Wassermeyer, S. 681, 682 f.

[57]Vgl. bspw. *Sieker*, DB 1996, 110, 112; wohl auch *IDW*, DB 1988, 309, 310.

[58]So *Debatin*, DB 1989, 1739, 1740.

[59]Vgl. *Wassermeyer*, IStR 2004, 733, 734.

[60]*Becker*, DB 1989, 10, 11.

[61]*Becker*, FS Debatin, S. 25, 26.

[62]*Becker*, FS Debatin, S. 25, 26.

Becker löst dieses Problem, indem er den tatsächlichen Leistungsverkehr zwischen dem Stammhaus und der Betriebsstätte für Zwecke der Gewinnabgrenzung – und zwar ausschließlich zu diesem Zweck – wie „Quasi-Geschäftsvorfälle" behandelt.[63] Dahinter steht der Gedanke, dass die Gewinnabgrenzung den Leistungsbeitrag des jeweiligen Unternehmensteils zum Gesamtergebnis abbilden müsse.[64]

Um den Leistungsaustausch zu bestimmen, betrachtet *Becker* sämtliche in dem Unternehmen ausgeübten Funktionen und die jeweils von ihnen ausgehenden sogenannten Funktionsnutzen.[65] Um die genaue Höhe des Funktionsnutzens zu ermitteln, greift er auf den Fremdvergleichsgrundsatz als Maßstab zurück. *Becker* fingiert dazu „Quasi-Geschäftsvorfälle" zu Fremdvergleichspreisen; diese Fremdvergleichspreise determinieren den jeweiligen Funktionsnutzen. Dem Fremdvergleichsgrundsatz kommt damit ausschließlich für die Bestimmung des Funktionsnutzens Bedeutung zu; eine darüber hinausgehende Selbstständigkeit der Betriebsstätte wird gerade nicht fingiert.[66]

Die Summe aller Funktionsnutzen bildet den Gewinn des Gesamtunternehmens. Der Funktionsnutzen, der auf die in der Betriebsstätte ausgeübten Funktionen zurückgeht, entspricht dem der Betriebsstätte zuzuordnenden Gewinn.[67] Dabei könne der auf die Betriebsstätte entfallende Funktionsnutzen selbst dann positiv sein, wenn der Gesamtgewinn des Unternehmens negativ ist (und umgekehrt). Eine abweichende Beurteilung, wie sie beispielsweise von *Debatin* befürwortet wurde,[68] werde dem von der Betriebsstätte geleisteten funktionalen Erwirtschaftungsbeitrag nicht gerecht.[69]

Dabei darf dieser Erwirtschaftungsbeitrag nicht im Sinne des Erwirtschaftungsprinzips[70] verstanden werden: Während *Becker* anfangs noch von einer Begriffsidentität von Funktionsnutzen und Erwirtschaftungsprinzip ausging,[71] schloss er sich später der Auffassung *Debatins*[72] an, nach der der Unterschied zwischen den beiden Theorien darin liegt, dass die Lehre vom Funktionsnutzen

---

[63] *Becker*, DB 1989, 10, 13; *Becker*, FS Debatin, S. 25, 28.
[64] *Becker*, DB 1989, 10, 13.
[65] *Becker*, DB 1989, 10, 13.
[66] *Becker*, DB 1989, 10, 13; *Becker*, FS Debatin, S. 25, 28.
[67] *Becker*, DB 1989, 10, 13.
[68] *Debatin*, DB 1989, 1739, 1744.
[69] *Becker*, DB 1989, 10, 15.
[70] Vgl. oben 12.3.
[71] *Becker*, DB 1989, 10, 13.
[72] *Debatin*, DB 1989, 1739, 1743.

anders als das Erwirtschaftungsprinzip nicht nur die Erträge aus Außenumsätzen verteilt, sondern zur Bestimmung des Leistungsbeitrags auch die unternehmensinternen „Quasi-Geschäftsvorfälle" und deren Funktionsnutzen mit einbezieht.[73]

Bei der Überführung von Wirtschaftsgütern bestimme sich der Funktionsnutzen nach der Art des überführten Wirtschaftsguts und der Art seiner Überlassung.[74] Bei Wirtschaftsgütern des Umlaufvermögens bemesse sich der Funktionsnutzen anhand eines angemessenen Kaufpreises. Dieser Nutzen sei aber erst im Zeitpunkt des späteren Außenumsatzes als verwirklicht anzusehen.[75] Komme es bei einem dieser Außenumsätze zu einem Verlust, so sei darauf abzustellen, in welcher Funktion die (Mit-)Ursache für diesen Verlust liege.[76] Insoweit sei der Verlust dann demjenigen Unternehmensteil zuzuweisen, der die ursächliche Funktion ausübt. Im Ergebnis trage damit jeder das Risiko für die von ihm übernommenen Funktionen.[77]

Werden Wirtschaftsgüter des Anlagevermögens zeitlich befristet überlassen, sei als Funktionsnutzen ein angemessener Mietzins anzusetzen; bei einer dauerhaften Überlassung sei hingegen der Marktpreis des Wirtschaftsguts die maßgebliche Größe sowohl für den Funktionsnutzen als auch für die Bemessung der Abschreibung.[78]

Bei der Überlassung von Kapital durch das Stammhaus an die Betriebsstätte erkennt auch *Becker* an, dass diese zivilrechtlich nicht als Darlehen eingestuft werden kann. Dennoch will er die Mittelüberlassung bei der Berechnung des Funktionsnutzens im Rahmen der Gewinnabgrenzung berücksichtigen. Zu diesem Zweck setzt er den sogenannten Finanzierungsnutzen mit einem fremdvergleichskonformen Darlehenszins an.[79] In den Augen *Debatins* verletzt diese Anerkennung der Finanzierungsfunktion das Gebot der gleichrangigen Finanzierungsausstattung von Stammhaus und Betriebsstätte; dadurch werde die Selbstständigkeitsfiktion zu weit getrieben.[80]

Debatin kritisiert weiter, die Lehre vom Funktionsnutzen wende sich mit der Anerkennung von „Quasi-Geschäftsvorfällen" vom Erwirtschaftungsprinzip ab und ersetze dieses durch das Entgeltsprinzip. Insbesondere stehe die Zuweisung

---

[73] So später auch *Becker*, DB 1990, 392.

[74] *Becker*, DB 1989, 10, 15.

[75] *Becker*, DB 1989, 10, 15.

[76] *Becker*, DB 1990, 392, 393.

[77] *Becker*, DB 1989, 10, 15.

[78] *Becker*, DB 1989, 10, 16.

[79] *Becker*, DB 1990, 392, 393.

[80] *Debatin*, DB 1989, 1739, 1744.

eines positiven Betriebsstättengewinns bei einem Gesamtunternehmensverlust bereits begrifflich der „Aufteilung" des Gesamtergebnisses entgegen.[81] Dabei übersieht *Debatin*, dass sich diese Aufteilung nicht zwingend im Wege einer rechnerischen Division, sondern auch unter Zugrundelegung eines additiven Verständnisses des Unternehmensgewinns vollziehen kann.

In der Literatur bestand weitgehend Einigkeit, dass für eine Berücksichtigung der „Quasi-Geschäftsvorfälle" im Rahmen der Gewinnabgrenzung (vor der innerstaatlichen Umsetzung des AOA) keine ausreichende Rechtsgrundlage existierte.[82] Bemerkenswert ist ferner, dass *Becker* im Verhältnis von Gewinnermittlung und Gewinnabgrenzung die Auffassung zu vertreten scheint, dass die innerstaatlichen Regeln der Gewinnermittlung erst und ausschließlich auf den abgegrenzten Gewinnanteil Anwendung finden würden, der sich aus der Gewinnabgrenzung ergibt.[83]

Entgegen der hier vertretenen Auffassung[84] geht er dabei davon aus, dass Gegenstand der Gewinnabgrenzung nicht die Zuweisung von Sachverhalten, sondern von konkreten Gewinnanteilen sei. Damit gelangt *Becker* faktisch und entgegen der herrschenden Meinung zu einer *self-executing* Wirkung des Art. 7 Abs. 2 OECD-MA. Vertritt man hingegen die Auffassung, dass das innerstaatliche Gewinnermittlungsrecht erst auf den im Rahmen der Gewinnabgrenzung abgegrenzten Sachverhalt Anwendung findet, behebt dies auch das von *Becker* angesprochene Kollisionsproblem[85] des Funktionsnutzens mit der Regelung des Art. 7 Abs. 3 OECD-MA a. F.

12.4.2 Betriebsstättengewinnabgrenzung nach *Kroppen*

Zu den Vertretern des Entgeltsprinzips im weiteren Sinne gehörte auch *Kroppen*. Als Begründung greift er dazu auf eines der Ziele von Doppelbesteuerungsabkommen, nämlich die gerechte Verteilung des Besteuerungsrechts zurück.[86] Diese werde nur durch eine uneingeschränkte Anwendung des Fremdvergleichsgrundsatzes erreicht. Denn der Fremdvergleichsgrundsatz im Rahmen des Art. 7 Abs. 1

---

[81]*Debatin*, DB 1989, 1739, 1743.

[82]*Wassermeyer*, IStR 2004, 733; *Kroppen*, IStR 2005, 74.

[83]*Becker*, DB 1990, 392, 394.

[84]Vgl. hierzu 4.4.1.4.

[85]*Becker*, DB 1990, 392, 395.

[86]*Kroppen*, in: G/K/G, DBA, Art. 7 MA Rn. 108.

und 2 OECD-MA stimme weitgehend mit dem des Art. 9 Abs. 1 OECD-MA überein.[87]

Zudem bestehe zwischen einer Betriebsstätte und einer Tochtergesellschaft eines Unternehmens wirtschaftlich kein Unterschied.[88] Die zivilrechtlichen Unterschiede zwischen dem Verhältnis zwischen dem Stammhaus und der Betriebsstätte einerseits und zwischen verbundenen Unternehmen andererseits seien für die gerechte Verteilung des Besteuerungsrechts nicht maßgeblich.[89] Denn die fehlende Rechtssubjektqualität sei kein taugliches Kriterium für eine unterschiedliche steuerliche Behandlung.[90] Dies ergebe sich u. a. auch aus dem Diskriminierungsverbot des Art. 24 Abs. 3 OECD-MA, wonach eine Betriebsstätte im Betriebsstättenstaat nicht ungünstiger behandelt werden dürfe als andere Unternehmen dieses Staates, die die gleiche Geschäftätigkeit ausüben. Eine derartige ungünstigere Behandlung lasse sich aber in der Regel nur durch eine uneingeschränkte Anwendung des Fremdvergleichsgrundsatzes vermeiden.[91] Dabei sei die Gleichbehandlung von Betriebsstätte und Tochtergesellschaft auf die Gewinnabgrenzung beschränkt.[92] Denn nur insoweit reiche die Fiktion des Art. 7 Abs. 2 OECD-MA.

Aufgrund dieser Selbstständigkeitsfiktion sei ferner die mangelnde zivilrechtliche Möglichkeit zum Vertragsschluss zwischen der Betriebsstätte und dem Stammhaus für die Frage der Gewinnabgrenzung irrelevant; denn die Fiktion des Art. 7 Abs. 2 OECD-MA überwinde dieses Hindernis gerade für Zwecke der Gewinnabgrenzung.[93] Sie gestatte insoweit die steuerliche Anerkennung von sogenannten „Pro-forma-Verträgen".[94] Dabei wird nicht gänzlich deutlich, welche Rolle die Dokumentation dieser „Pro-forma-Verträge" für ihre steuerliche Anerkennung spielt.[95]

---

[87] *Kroppen*, in: G/K/G, DBA, Art. 7 MA Rn. 108.

[88] *Kroppen*, in: G/K/G, DBA, Art. 7 MA Rn. 109; *Wassermeyer*, IStR 2004, 733, 734; *Kroppen*, IStR 2005, 74.

[89] *Kroppen*, in: G/K/G, DBA, Art. 7 MA Rn. 109.

[90] *Kroppen*, in: G/K/G, DBA, Art. 7 MA Rn. 113.

[91] *Kroppen*, in: G/K/G, DBA, Art. 7 MA Rn. 115.

[92] *Kroppen*, IStR 2005, 74.

[93] *Kroppen*, in: G/K/G, DBA, Art. 7 MA Rn. 118.

[94] *Kroppen*, IStR 2005, 74.

[95] So lässt sich *Kroppens* Ausführungen nicht entnehmen, ob und inwieweit er die Dokumentation der Innentransaktionen als Voraussetzung für deren steuerliche Anerkennung ansieht, vgl. *Kroppen*, IStR 2005, 74.

Insbesondere werde durch die steuerliche Berücksichtigung der unternehmensinternen „Pro-forma-Verträge" kein zusätzlicher, tatsächlich nichtexistierender Gewinn fingiert. Vielmehr dienten sie als Maßstab für die Verteilung des Außenerfolgs.[96] Die Zuordnung des funktions- und risikogerechten Fremdvergleichspreises zu dem jeweiligen Unternehmensteil sei lediglich ein Mittel für diese Verteilung.[97] Ein dadurch bei dem einen Unternehmensteil entstehender Gewinnanteil werde durch einen entsprechend höheren Verlustanteil bei dem anderen Unternehmensteil ausgeglichen.[98]

Bei der steuerlichen Behandlung der Überführung von Wirtschaftsgütern unterscheidet *Kroppen* streng zwischen der abkommensrechtlichen Ebene und der Ebene des innerstaatlichen Steuerrechts: Die uneingeschränkte Selbstständigkeitsfiktion führe zwar gegebenenfalls zu einer Zuweisung eines Besteuerungsrechts für die in dem überführten Wirtschaftsgut ruhenden stillen Reserven. Ob der Vertragsstaat von diesem Besteuerungsrecht Gebrauch mache, sei jedoch eine Frage des innerstaatlichen Rechts.[99]

Bis zur Einführung des § 4 Abs. 1 Sätze 3 und 4 EStG habe keine derartige innerstaatliche Rechtsgrundlage existiert.[100] Daher sei der aus der Überführung resultierende Gewinn erst im Zeitpunkt eines späteren Außenumsatzes realisiert worden.[101] Dementsprechend bestehe bei Untergang oder lebenslanger Nutzung des Wirtschaftsguts in der Betriebsstätte auch kein inländisches Besteuerungsrecht, worüber auch die Korrekturpostenmethode nicht hinweghelfen könne.[102] Aufgrund der abkommensrechtlichen Schrankenwirkung dürfe das Unternehmen im Betriebsstättenstaat, in den das Wirtschaftsgut überführt wurde, aber Abschreibungen auf den erhöhten Fremdvergleichswert in Abzug bringen.[103]

Die von *Kroppen* favorisierte uneingeschränkte Anwendung des Fremdvergleichsgrundsatzes dürfte im Ergebnis mit *Beckers* Lehre vom Funktionsnutzen übereinstimmen. Durch die Anknüpfung an die Funktionen und Risiken dürfte *Kroppens* Verständnis von den „Pro-forma-Verträgen" *Beckers* Konzept der „Quasi-Geschäftsvorfälle" entsprechen. Dass *Kroppen* dabei unter Bezugnahme

---

[96] *Kroppen*, in: G/K/G, DBA, Art. 7 MA Rn. 119.

[97] Insoweit folgt *Kroppen* ausdrücklich *Beckers* Lehre vom Funktionsnutzen, *Kroppen*, in: G/K/G, DBA, Art. 7 MA Rn. 119.

[98] *Kroppen*, in: G/K/G, DBA, Art. 7 MA Rn. 121.

[99] *Kroppen*, IStR 2005, 74.

[100] BFH, Urt. v. 17.7.2008 – I R 77/06, *BFHE* 222, 402.

[101] *Kroppen*, IStR 2005, 74, 75.

[102] *Kroppen*, IStR 2005, 74, 75; wohl zustimmend *Becker*, FS Debatin, S. 25, 31.

[103] *Kroppen*, IStR 2005, 74, 75.

auf die Fiktion des Art. 7 Abs. 2 OECD-MA der mangelnden zivilrechtlichen Möglichkeit eines Vertragsschlusses zwischen einer Betriebstätte und ihrem Stammhaus eine geringere Bedeutung zuzumessen scheint als *Becker*, ist lediglich ein technischer Unterschied ohne Auswirkung auf die Gewinnabgrenzung.

12.4.3 *Kuckhoffs* eingeschränktes Entgeltsprinzip

Schließlich vertritt auch *Kuckhoff* eine Theorie zur Betriebsstättengewinnabgrenzung, die eine Modifikation des Entgeltsprinzips darstellt. Ähnlich wie *Becker* und *Kroppen* geht *Kuckhoff* davon aus, dass für die sofortige steuerliche Berücksichtigung der Innentranskationen vor der Umsetzung des AOA keine innerstaatliche Rechtsgrundlage existiert habe, da eine Gewinnrealisierung insbesondere nicht vom innerstaatlichen Veranlassungs- und Realisationsprinzip abgedeckt gewesen sei.[104]

Dennoch müssten die Innentransaktionen bei der funktionsgerechten Aufteilung des tatsächlichen, nach innerstaatlichem Recht realisierten Gewinns berücksichtigt werden.[105] Wie *Becker* betrachtet er den Fremdvergleichsgrundsatz nur als Mittel der Gewinnabgrenzung.[106] Anders als *Becker* und *Kroppen* will *Kuckhoff* die Selbstständigkeitsfiktion des Art. 7 Abs. 2 OECD-MA aber auf diejenigen „Transaktionen zwischen Stammhaus und Betriebsstätte [beschränken], die an der Peripherie des Gesamtunternehmens zu Fremderlösen führen"[107]. Diese umfassten lediglich die Leistungen der gewöhnlichen Geschäftstätigkeit. Der dafür anzusetzende Fremdvergleichspreis diene der Konkretisierung der maßgeblichen Veranlassung und sei daher von der Rechtsgrundlage des Veranlassungsprinzips abgedeckt.[108] Andere Innentransaktionen würden zur Vermeidung von Scheingewinnen lediglich im Rahmen der allgemeinen „verursachungsgerechten Kostenzuordnung"[109] berücksichtigt.

Durch diese Beschränkung der zu berücksichtigenden Innentransaktionen entspricht *Kuckhoffs* eingeschränktes Entgeltsprinzip im Wesentlichen der Theorie

---

[104] *Kuckhoff*, FS Wassermeyer, S. 681, 683.

[105] *Kuckhoff*, FS Wassermeyer, S. 681, 683 f.

[106] *Kuckhoff*, FS Wassermeyer, S. 681, 684. Bei der vorgeschalteten Gewinnermittlung spiele der Fremdvergleichsgrundsatz keine Rolle, a. a. O., S. 683.

[107] *Kuckhoff*, FS Wassermeyer, S. 681, 684.

[108] *Kuckhoff*, FS Wassermeyer, S. 681, 684, 688.

[109] *Kuckhoff*, FS Wassermeyer, S. 681, 685.

der aufgeschobenen Gewinnrealisierung.[110] Eine Abweichung ist lediglich bei der steuerlichen Behandlung der Überführung eines Wirtschaftsguts festzustellen, wenn das überführte Wirtschaftsgut später nicht veräußert, sondern betrieblich genutzt wird. *Kuckhoff* vertritt hier die Auffassung, dass das überführende Stammhaus an den nach der Überführung von der Betriebsstätte durch den Einsatz des überführten Wirtschaftsguts erzielten Einnahmen bis zu einer Obergrenze in Höhe der bei Überführung im Wirtschaftsgut enthaltenen stillen Reserven zu beteiligen ist.[111]

12.5 *Wassermeyers* Konzept einer diskriminierungsfreien Betriebsstättengewinnabgrenzung

Einen weiteren Entwurf zur Betriebsstättengewinnabgrenzung präsentierte *Wassermeyer* mit seinem Konzept einer diskriminierungsfreien Betriebsstättengewinnabgrenzung. Dieses Konzept orientiert sich an dem innerstaatlichen Gewinnermittlungsrecht[112] (vor Umsetzung des AOA): Danach sei die Überführung eines Wirtschaftsguts ein „steuerliches Nullum" ohne jegliche Auswirkung.[113] Jegliche Gewinnabgrenzung finde dementsprechend ausschließlich im Zeitpunkt der Außenumsätze des Unternehmens statt.[114]

Dabei stellt auch *Wassermeyer* für den Aufteilungsmaßstab auf die Wertschöpfungsbeiträge der Betriebsstätte einerseits und des Stammhauses andererseits ab.[115] Anders als die Theorie von der aufgeschobenen Gewinnrealisierung erkennt *Wassermeyer* aber die Übertragung von Risiken vom Stammhaus auf die Betriebsstätte nicht an, da eine vertragliche Risikoübertragung mangels Rechtssubjektqualität der Betriebsstätte gerade nicht in Betracht komme. Dementsprechend führe auch der Untergang des Wirtschaftsguts nach seiner Überführung zu einer abweichenden Gewinnabgrenzung. Bei dem Stammhaus werde in diesem Fall nicht der Fremdvergleichspreis zur Gewinnermittlung, sondern der geleistete Aufwand herangezogen. Das Stammhaus realisiere also selbst dann einen Verlust durch den

[110] *Kuckhoff*, FS Wassermeyer, S. 681, 683.
[111] *Kuckhoff*, FS Wassermeyer, S. 681, 687.
[112] Dem Einwand, die Theorie der diskriminierungsfreien Betriebsstättengewinnabgrenzung vermenge Gewinnermittlung und Gewinnabgrenzung, entgegnet *Wassermeyer*, dass zwischen den beiden Ebenen lediglich ein technischer Unterschied bestehe, *Wassermeyer*, IStR 2004, 733, 735.
[113] *Wassermeyer*, IStR 2004, 733, 734.
[114] *Wassermeyer*, IStR 2004, 733, 734.
[115] *Wassermeyer*, IStR 2004, 733, 735.

Untergang des Wirtschaftsguts, wenn dessen Fremdvergleichspreis im Zeitpunkt der Überführung den Buchwert überstiegen habe.[116]

---

[116]Vgl. die Beispiele bei *Wassermeyer*, IStR 2004, 733.

Historische Genese auf OECD-Ebene

13

Die voranstehende Schilderung der Vielzahl an Theorien zur Betriebsstätten-gewinnabgrenzung verdeutlicht, dass hinsichtlich der Anwendung des Art. 7 OECD-MA keineswegs Einigkeit bestand. Diese Uneinigkeit zeigte sich auch auf internationaler Ebene. So war der Anlass für die Schaffung des AOA die Erkenntnis, dass das in Art. 7 Abs. 1 und 2 OECD-MA enthaltene Betriebs-stättenprinzip durch die verschiedenen Anwenderstaaten uneinheitlich ausgelegt und gehandhabt wurde.[1] Diese uneinheitliche Handhabung hatte zur Konse-quenz, dass es in einigen Fällen zu Doppelbesteuerung, in anderen zu doppelter Nichtbesteuerung von Einkünften kam.[2] Übergeordnetes Ziel war damit die Ver-einheitlichung der Anwendung des Art. 7 OECD-MA. Dazu bedurfte es zunächst einer Bestandsaufnahme (13.1, 13.2, 13.3, 13.6), auf deren Basis sodann schritt-weise die notwendigen Anpassungen vorgenommen werden konnten (13.4, 13.5, 13.7).

---

[1] *Schön*, in: Lüdicke, Forum Int Besteuerung Bd. 32, S. 71, 79; *Kroppen*, FS Herzig, S. 1071, 1071 f.; *Wellmann*, FG Wassermeyer, S. 235.

[2] Vgl. *OECD*, Discussion Draft 2001, Preface, Tz. 2; *Kroppen*, FS Herzig, S. 1071; *Kahle/Mödinger*, IStR 2010, 757; *Wellmann*, FG Wassermeyer, S. 235.

© Der/die Autor(en), exklusiv lizenziert durch Springer Fachmedien Wiesbaden GmbH, ein Teil von Springer Nature 2021
S. Glatz, *Abgrenzungsmaßstäbe im Abkommensrecht*, PwC-Studien zum Unternehmens- und Internationalen Steuerrecht 10,
https://doi.org/10.1007/978-3-658-34006-3_13

13.1   Ausgangspunkt: Art. 7 OECD-MA 2000

Ausgangspunkt der jüngsten[3] Betrachtung war Art. 7 OECD-MA 2000. Dieser lautete:[4]

(1) Gewinne eines Unternehmens eines Vertragsstaats können nur in diesem Staat besteuert werden, es sei denn, das Unternehmen übt seine Geschäftstätigkeit im anderen Vertragsstaat durch eine dort gelegene Betriebstätte aus. Übt das Unternehmen seine Geschäftstätigkeit auf diese Weise aus, so können die Gewinne des Unternehmens in dem anderen Staat besteuert werden, jedoch nur insoweit, als sie dieser Betriebstätte zugerechnet werden können.

(2) Übt ein Unternehmen eines Vertragsstaats seine Geschäftstätigkeit im anderen Vertragsstaat durch eine dort gelegene Betriebstätte aus, so werden vorbehaltlich des Absatzes 3 in jedem Vertragsstaat dieser Betriebstätte die Gewinne zugerechnet, die sie hätte erzielen können, wenn sie eine gleiche oder ähnliche Geschäftstätigkeit unter gleichen oder ähnlichen Bedingungen als selbständiges Unternehmen ausgeübt hätte und im Verkehr mit dem Unternehmen, dessen Betriebstätte sie ist, völlig unabhängig gewesen wäre.

(3) Bei der Ermittlung der Gewinne einer Betriebstätte werden die für diese Betriebstätte entstandenen Aufwendungen, einschließlich der Geschäftsführungs- und allgemeinen Verwaltungskosten, zum Abzug zugelassen, gleichgültig, ob sie in dem Staat, in dem die Betriebstätte liegt, oder anderswo entstanden sind.

(4) Soweit es in einem Vertragsstaat üblich ist, die einer Betriebstätte zuzurechnenden Gewinne durch Aufteilung der Gesamtgewinne des Unternehmens auf seine einzelnen Teile zu ermitteln, schließt Absatz 2 nicht aus, dass dieser Vertragsstaat die zu besteuernden Gewinne nach der üblichen Aufteilung ermittelt; die gewählte Gewinnaufteilung muss jedoch derart sein, dass das Ergebnis mit den Grundsätzen dieses Artikels übereinstimmt.

(5) Aufgrund des bloßen Einkaufs von Gütern oder Waren für das Unternehmen wird einer Betriebstätte kein Gewinn zugerechnet.

(6) Bei der Anwendung der vorstehenden Absätze sind die der Betriebstätte zuzurechnenden Gewinne jedes Jahr auf dieselbe Art zu ermitteln, es sei denn, dass ausreichende Gründe dafür bestehen, anders zu verfahren.

(7) Gehören zu den Gewinnen Einkünfte, die in anderen Artikeln dieses Abkommens behandelt werden, so werden die Bestimmungen jener Artikel durch die Bestimmungen dieses Artikels nicht berührt.

---

[3]Der Einleitung des Discussion Draft 2001 kann man entnehmen, dass das Betriebsstättenprinzip und die damit einhergehende Diskussion bis in die Anfänge der Doppelbesteuerungsabkommen zurückreicht. Allgemein zur Entwicklung des AOA vgl. auch *Kaeser*, FS Endres, S. 179, 180 f.

[4]Vgl. BMF, Schreiben v. 9.1.2001, BStBl I 2001, 72.

Art. 7 Abs. 1 Satz 1 OECD-MA 2000 regelte dabei den Grundfall der Besteuerung von Unternehmensgewinnen, indem er dem Ansässigkeitsstaat des Unternehmens das ausschließliche Besteuerungsrecht zuwies, sofern nicht das Unternehmen seine Geschäftstätigkeit in dem anderen Vertragsstaat durch eine dort gelegene Betriebsstätte ausübte. Dies entspricht den Grundzügen des Betriebsstättenprinzips.[5] Dabei fällt auf, dass Art. 7 Abs. 1 Satz 2 OECD-MA 2000, der insoweit (auch) dem Betriebsstättenstaat ein Besteuerungsrecht für die der Betriebsstätte zuzurechnenden Einkünfte zubilligte, von „Gewinne[n] des Unternehmens" sprach. Diese Formulierung gab Anlass zu der Frage, ob der der Betriebsstätte zuzuweisende Gewinn der Höhe nach auf den Gesamtgewinn des Unternehmens begrenzt sei.[6] Ein Szenario, bei dem der Betriebsstätte ein höherer Gewinn und dem Stammhaus ein Verlust zugerechnet wurde, oder umgekehrt, war nach dieser Lesart der Vorschrift nicht denkbar. Grundsätzlich fand die direkte Gewinnabgrenzungsmethode (Abs. 2) Anwendung,[7] unter den Voraussetzungen des Abs. 4 war aber auch die indirekte Methode zulässig,[8] sofern eine gewisse Methodenkontinuität gewahrt wurde.[9]

Die Reichweite der durch die Absätze 1 und 2 angeordneten Selbstständigkeitsfiktion war sehr umstritten[10]. Im Wesentlichen wurden zwei verschiedene Ansichten vertreten:[11]

Die uneingeschränkte Selbstständigkeitsfiktion (*Functionally Separate Entity Approach*)[12] war mit der Lehre vom Funktionsnutzen[13] vergleichbar. Lieferungs- und Leistungsverkehr zwischen dem Stammhaus und der Betriebsstätte wurden als „Quasi-Geschäftsvorfälle" anerkannt und zum Fremdvergleichspreis, d. h. einschließlich eines Gewinnaufschlages, abgerechnet. Angesichts der uneingeschränkten Berücksichtigung der Selbstständigkeitsfiktion war der der Betriebsstätte zuzurechnende Gewinn nicht auf den Gesamtgewinn des Unternehmens beschränkt.[14]

---

[5]Vgl. ausführlich oben Kapitel 3.

[6]So beispielsweise *Kraft/Dombrowski*, IWB 2015, 87, 89; *Ritter*, in: JbFSt 1976/77, S. 288, 288 ff.

[7]*Kahle/Kindich*, in: Lübbehüsen/Kahle, Brennpunkte Betriebsstätte 2016, Rn. 4.29.

[8]*Kahle/Kindich*, in: Lübbehüsen/Kahle, Brennpunkte Betriebsstätte 2016, Rn. 4.29.

[9]*Kahle/Kindich*, in: Lübbehüsen/Kahle, Brennpunkte Betriebsstätte 2016, Rn. 4.29.

[10]*Kahle/Kindich*, in: Lübbehüsen/Kahle, Brennpunkte Betriebsstätte 2016, Rn. 4.31.

[11]*Kahle/Kindich*, in: Lübbehüsen/Kahle, Brennpunkte Betriebsstätte 2016, Rn. 4.32 m. w. N.

[12]Vgl. *Kroppen*, FS Herzig, S. 1071, 1085 f.; *Förster/Naumann/Rosenberg*, IStR 2005, 617, 619.

[13]Vgl. oben unter 12.4.1.

[14]*Kahle/Kindich*, in: Lübbehüsen/Kahle, Brennpunkte Betriebsstätte 2016, Rn. 4.33, 4.36; *Kroppen*, FS Herzig, S. 1071, 1074; *Kahle/Mödinger*, IStR 2010, 757, 758.

Die eingeschränkte Selbstständigkeitsfiktion (*Relevant Business Activity Approach*) ähnelte hingegen *Debatins*[15] Erwirtschaftungsgrundsatz und dürfte der damals im deutschen Steuerrecht vorherrschenden Auffassung entsprochen haben.[16] Danach wurden nur diejenigen Einkünfte der Betriebsstätte zugerechnet, die „aus der Ausübung der jeweiligen Geschäftstätigkeit des Gesamtunternehmens in der Betriebsstätte [resultierten]"[17]. Damit wurden zwar bestimmte Funktionen der Betriebsstätte zur Erfolgs- und Gewinnabgrenzung herangezogen. Gleichzeitig war die Selbstständigkeitsfiktion angesichts der rechtlichen Unselbstständigkeit der Betriebsstätte als Teil des Einheitsunternehmens aber eingeschränkt.[18] So galt die Betriebsstätte nur für Außentransaktionen als selbstständig; bei Innentransaktionen fand lediglich eine Aufwandsverrechnung statt.[19] Die Anwendung des Fremdvergleichsgrundsatzes wurde auf wenige (Geschäfts-)Vorgänge zwischen Stammhaus und Betriebsstätte, zu denen insbesondere Warenlieferungen zählten, begrenzt.[20] Welche Vorgänge im einzelnen Berücksichtigung finden sollten, variierte je nach Literaturauffassung.[21] Unter Verweis auf den Wortlaut des Absatzes 1 bildete der Gesamtgewinn des Unternehmens nach dieser Auffassung auch die Obergrenze für den der Betriebsstätte zuzurechnenden Gewinn.[22]

13.2   Discussion Draft on the Attribution of Profits to Permanent Establishments 2001

Im Jahr 2001 veröffentlichte die *OECD* sodann den „*Discussion Draft on the Attribution of Profits to Permanent Establishments*" (im Folgenden: „*Discussion Draft*

---

[15]*Kahle/Kindich*, in: Lübbehüsen/Kahle, Brennpunkte Betriebsstätte 2016, Rn. 4.34.

[16]*Schön*, in: Lüdicke, Forum Int Besteuerung Bd. 32, S. 71, 78 f.; *Kroppen*, FS Herzig, S. 1071, 1073 m. w. N.; unter Verweis auf BMF, Schreiben v. 24.12.1999, BStBl I 1999, 1076 *Kahle/Mödinger*, IStR 2010, 757, 763 m. w. N.

[17]*Kahle/Mödinger*, IStR 2010, 757, 758.

[18]*Kahle/Kindich*, in: Lübbehüsen/Kahle, Brennpunkte Betriebsstätte 2016, Rn. 4.34.

[19]*Kroppen*, FS Herzig, S. 1071, 1074; *Kahle/Mödinger*, IStR 2010, 757, 758; *Förster/Naumann/Rosenberg*, IStR 2005, 617, 619.

[20]*Kroppen*, FS Herzig, S. 1071, 1074.

[21]Zu den Ausnahmen von der grundsätzlichen Nichtberücksichtigung von Innentransaktionen vgl. *Kahle/Kindich*, in: Lübbehüsen/Kahle, Brennpunkte Betriebsstätte 2016, Rn. 4.35.

[22]*Kroppen*, FS Herzig, S. 1071, 1074; *Kahle/Kindich*, in: Lübbehüsen/Kahle, Brennpunkte Betriebsstätte 2016, Rn. 4.35; vgl. auch *Kahle/Mödinger*, IStR 2010, 757, 758; *Förster*, IStR 2007, 398, 399.

2001")[23], in dem sie die beiden geschilderten Ansichten als die damaligen Haupt-anwendungspraktiken darlegte[24] und eine Arbeitshypothese für die Ermittlung einer konsensfähigen Auslegung zum Zwecke einer einheitlichen Anwendung des Art. 7 OECD-MA formulierte.[25]

Die Arbeitshypothese war dabei ausweislich der einleitenden Ausführungen des Discussion Draft 2001 losgelöst von der bisherigen Anwendungspraxis ent-wickelt worden und hatte dabei insbesondere auch unberücksichtigt gelassen, ob und ggf. inwieweit die Arbeitshypothese von dem Wortlaut des damaligen Art. 7 OECD-MA abgedeckt sei.[26] Anlass für die Erstellung der Arbeitshypothese war die Überarbeitung der OECD-Verrechnungspreisleitlinien gewesen, die ihrerseits die Frage aufgeworfen hatte, ob und ggf. inwieweit sich der Fremdvergleichs-grundsatz des Art. 9 OECD-MA 2000 (*"dealing at arm's length"*- Prinzip) für die Betriebsstättengewinnabgrenzung nach Art. 7 OECD-MA 2000 nutzbar machen lasse.[27]

Der allgemeine Part I[28] des Discussion Draft 2001 stellt dabei in groben Zügen ein zweistufiges Zurechnungsmodell vor.[29] Auf der ersten Stufe soll demnach eine Funktionsanalyse unter Berücksichtigung der ausgeübten Funk-tionen, eingesetzten Wirtschaftsgüter und übernommenen Risiken stattfinden.[30] Ratio der Funktionsanalyse ist dabei, dass das zwischen unabhängigen Unter-nehmen vereinbarte Entgelt umso höher ist, je mehr Funktionen und Risiken übernommen werden.[31] In einem zweiten Schritt soll dann der Gewinn der

---

[23] Abrufbar auf der Webseite der *OECD* unter www.oecd.org/ctp/transfer-pricing/1923028. pdf.

[24] *OECD*, Discussion Draft 2001, Part I, Tz. 14 ff., 22 ff.

[25] *Kahle/Kindich*, in: Lübbehüsen/Kahle, Brennpunkte Betriebsstätte 2016, Rn. 4.38. Auch wenn die ausdrückliche Entscheidung zugunsten des *"Functionally Separate Entity Approach"* erst in der Überarbeitung des *OECD*, Discussion Draft 2001, Part. I, Tz. 24 f. erfolgte, lässt sich den konkreten Ausführungen der Vorgängerversion auch bereits entneh-men, dass diese letztlich dem *"Functionally Separate Entity Approach"* folgt.

[26] *OECD*, Discussion Draft 2001, Part I, Tz. 6.

[27] *OECD*, Discussion Draft 2001, Part I, Tz. 3.

[28] Neben dem allgemeinen Teil (Part I) gab es einen besonderen Teil (Part II), der sich der Betriebsstättengewinnabgrenzung bei Banken und Finanzunternehmen widmete. In späteren Versionen wurden Ausführungen zu den Spezialgebieten „Global Trading" (Part III, 2003), Versicherungen (Part IV, 2005) ergänzt, vgl. *OECD*, Betriebsstättenbericht 2008, Preface Tz. 5 ff.

[29] *OECD*, Discussion Draft 2001, Part I, Tz. 38 ff.

[30] *OECD*, Discussion Draft 2001, Part I, Tz. 44 ff.

[31] *Ditz*, IStR 2005, 37, 38.

Betriebsstätte unter Durchführung einer Vergleichbarkeitsanalyse mit einem selbständigen und unabhängigen Unternehmen ermittelt werden.[32] Dazu sollen auch insbesondere Innentransaktionen berücksichtigt werden.[33] Der Discussion Draft 2001, der in den wesentlichen Zügen schon mit dem späteren AOA übereinstimmte, beschränkte sich in seinen Ausführungen dabei zumeist darauf, die zu berücksichtigenden Fragestellungen aufzuwerfen, um den öffentlichen Diskurs einzuleiten.[34]

Der durch den Discussion Draft 2001 angestoßene Prozess schlug sich nicht umgehend in einer Anpassung des Art. 7 OECD-MA nieder. Vielmehr wurde der AOA,[35] der im Laufe dieses Prozesses herausgearbeitet wurde, nach und nach in verschiedenen Schritten implementiert.[36]

13.3   Betriebsstättenbericht 2008

Am 17. Juli 2008 veröffentlichte die *OECD* als vorläufiges (End-)Ergebnis dieses Prozesses den *"Report on the Attribution of Profits to Permanent Establishments"* (im Folgenden: Betriebsstättenbericht 2008),[37] der die bis dato veröffentlichten und überarbeiteten Parts I-IV[38] des Discussion Draft 2001 durch die aktuelle Auffassung der *OECD* ersetzte.[39]

Der OECD-Ausschuss führte aus, dass die Doppelbesteuerung bzw. doppelte Nichtbesteuerung im Kontext der Betriebsstättengewinnabgrenzung in einem nicht geringen Maße auf die parallele Anwendung des *„Relevant Business Activity*

---

[32] *OECD*, Discussion Draft 2001, Part I, Tz. 63 ff.

[33] *OECD*, Discussion Draft 2001, Part I, Tz. 68 ff. *Ditz* spricht insoweit von der Unterstellung eines fiktiven schuldrechtlichen Leistungsaustauschs in Form der Übertragung von Wirtschaftsgütern als fiktivem Verkauf, Nutzungsüberlassung von Wirtschaftsgütern als fiktiver Pacht oder Lizenz oder Erbringung von Dienstleistungen gegen fremdübliches Dienstleistungsentgelt, *Ditz*, IStR 2005, 37, 39.

[34] *OECD*, Discussion Draft 2001, Preface, Tz. 5.

[35] Ihre Bezeichnung als AOA trägt die Arbeitshypothese seit der in 2004 veröffentlichten Überarbeitung des Discussion Draft 2001, Part I, vgl. *OECD*, Discussion Draft 2004, Preface, Tz. 5.

[36] Vgl. *Kroppen*, FS Herzig, S. 1071, 1073; *Ditz*, ISR 2012, 48; *Kahle/Mödinger*, IStR 2010, 757.

[37] Abrufbar auf der Webseite der *OECD* unter www.oecd.org/tax/transfer-pricing/41031455.pdf.

[38] Die Gliederung des Berichts entsprach der des Discussion Draft.

[39] Die folgenden Ausführungen in diesem Abschnitt werden sich ausschließlich auf den allgemeinen Teil des Betriebsstättenberichts 2008 (Part I) konzentrieren.

Approach" einerseits und den „*Functionally Separate Entity Approach*" andererseits durch die beteiligten Vertragsstaaten zurückzuführen sei, und stellte als Ergebnis ihrer Gegenüberstellung der beiden Konzepte den „*Functionally separate Entity Approach*" als den vorzugswürdigen Ansatz, den AOA, heraus.[40] Unter Anwendung des Fremdvergleichsgrundsatzes des Art. 7 Abs. 2 OECD-MA (2000) seien der Betriebsstätte danach die Gewinne zuzuweisen, die sie erzielt hätte, wenn sie ein rechtlich eigenständiges und unabhängiges Unternehmen gewesen wäre.[41] Der Attraktionswirkung[42] der Betriebsstätte erteilte man eine ausdrückliche Absage.[43]

Gleichzeitig räumte man ein, dass sich die Ergebnisse des Berichts teilweise nicht mit der historischen Auslegungs- und Anwendungspraxis des Art. 7 OECD-MA (2000) deckten und regte vor diesem Hintergrund eine Neugestaltung des Art. 7 OECD-MA 2000 an.[44] Ausweislich seiner Vorbemerkungen ließ der Bericht den Betriebsstättenbegriff aus Art. 5 OECD-MA ausdrücklich unberührt.[45]

Unter Ausgestaltung des bereits im Discussion Draft 2001 vorgeschlagenen Modells[46] machte der Bericht erste Ausführungen zu dem für die konkrete Durchführung des AOA erforderlichen zweistufigen Vorgehen. Dieses soll im Folgenden kurz zusammengefasst werden. Für Details wird auf die Ausführungen des Berichts verwiesen.

---

[40]*OECD*, Betriebsstättenbericht 2008, Part I Tz. 9; *Kroppen*, FS Herzig, S. 1071, 1075; *Förster*, IStR 2007, 398, 399.

[41]*OECD*, Betriebsstättenbericht 2008, Part I Tz. 10.

[42]Unter dem Attraktionsprinzip versteht man im Kontext der Betriebsstättengewinnabgrenzung das „Prinzip, bei Vorliegen einer Betriebsstätte sämtliche Einkünfte des Unternehmens aus Quellen innerhalb dieses Staates zur Besteuerung zu überlassen, unabhängig davon, ob diese Einkünfte mit der Betriebstätte in einem wirtschaftlichen Zusammenhang stehen", *Hemmelrath*, in: Vogel/Lehner, DBA, Art. 7 Rn. 42.

[43]*OECD*, Betriebsstättenbericht 2008, Part I Tz. 10.

[44]*OECD*, Betriebsstättenbericht 2008, Preface Tz. 8.

[45]*OECD*, Betriebsstättenbericht 2008, Preface Tz. 9.

[46]Vgl. oben unter 13.2.

In einem ersten Schritt sei die Betriebsstätte als eigenständiges und unabhängiges Unternehmen zu fingieren.[47] Dazu seien Wirtschaftsgüter,[48] Risiken[49] und Kapital[50] der Betriebsstätte zuzuordnen.

Mangels rechtlicher Selbstständigkeit[51] und der damit einhergehenden fehlenden vertraglichen Beziehungen der Betriebsstätte werde dabei auf die sogenannten maßgeblichen Personalfunktionen als Anknüpfungspunkte für die Zuordnung von Wirtschaftsgütern[52] und Risiken zurückgegriffen.[53] Die jeweils maßgebliche Personalfunktion bestimme sich ihrerseits vornehmlich nach dem *aktiven* Entscheidungsprozess.[54] Die Zuordnung des Kapitals richte sich in der Regel nach der Zuordnung der Risiken und der Vermögensgegenstände.[55] Dabei hielt die *OECD* an dem Konzept fest, dass alle Unternehmensteile die gleiche Kreditwürdigkeit besitzen.[56] Für die konkrete Zuordnung des Dotationskapitals schlug

---

[47] *OECD*, Betriebsstättenbericht 2008, Part I Tz. 16 ff., 86 ff.; vgl. auch *Kahle/Mödinger*, DStZ 2012, 802, 805; *Kroppen*, FS Herzig, S. 1071, 1075; *Förster*, IStR 2007, 398, 399.

[48] *OECD*, Betriebsstättenbericht 2008, Part I Tz. 21 ff. sowie im Detail Tz. 101 ff. Die *OECD* entwickelt für die Zuordnung von Vermögensgegenständen dabei das Konstrukt des wirtschaftlichen Eigentums („*economic ownership*"), vgl. *OECD*, Betriebsstättenbericht 2008, Part I Tz. 18 ff., 101; *Ditz*, ISR 2012, 48, 49.

[49] *OECD*, Betriebsstättenbericht 2008, Part I Tz. 24 ff. sowie im Detail Tz. 97 ff.

[50] *OECD*, Betriebsstättenbericht 2008, Part I Tz. 31 ff. sowie im Detail Tz. 130 ff.

[51] Der Betriebsstättenbericht 2008 befasst sich ausschließlich mit rechtlich unselbstständigen Betriebsstätten.

[52] Die *OECD* spricht insoweit von einer Zuordnung nach dem Konzept des „*economic ownership*", vgl. *OECD*, Betriebsstättenbericht 2008, Part I Tz. 18; *Kahle/Mödinger*, IStR 2010, 757, 760; *Kahle/Mödinger*, DStZ 2012, 802, 806; zu dem insoweit identischen Art. 7 DE-VG vgl. *Ditz/Bärsch/Quilitzsch*, ISR 2013, 156, 158.

[53] *OECD*, Betriebsstättenbericht 2008, Part I Tz. 18 f.; *Ditz*, ISR 2012, 48: Zu den Konzepten „*assets follow functions*" und „*risks follow functions*" vgl. auch *Kahle/Kindich*, in: Lübbehüsen/Kahle, Brennpunkte Betriebsstätte 2016, Rn. 4.52 f.; *Kahle/Mödinger*, IStR 2010, 757, 759 f.; zu dem insoweit identischen Art. 7 DE-VG vgl. *Ditz/Bärsch/Quilitzsch*, ISR 2013, 156, 158. *Kroppen* steht der Anknüpfung an Funktionen für die Zuordnung von Wirtschaftsgütern hingegen kritisch gegenüber und plädiert stattdessen für die Bilanzierung des Wirtschaftsguts als Indiz für seine Zugehörigkeit sowie alternativ für das Hinzuziehen von „Pro-forma-Verträgen", *Kroppen*, FS Herzig, S. 1071, 1090 f.

[54] Die *OECD* spricht insoweit vom „*active decision making*" (vgl. *OECD*, Betriebsstättenbericht 2008, Part I Tz. 116 ff.); vgl. auch *Wellmann*, FG Wassermeyer, S. 235, 237.

[55] *OECD*, Betriebsstättenbericht 2008, Part I Tz. 100 sowie Tz. 141; vgl. auch *Kahle/Kindich*, in: Lübbehüsen/Kahle, Brennpunkte Betriebsstätte 2016, Rn. 4.56; *Kahle/Mödinger*, IStR 2010, 757, 760 f.; zu dem insoweit identischen Art. 7 DE-VG vgl. *Ditz/Bärsch/Quilitzsch*, ISR 2013, 156, 158; *Wellmann*, FG Wassermeyer, S. 235, 237.

[56] *OECD*, Betriebsstättenbericht 2008, Part I Tz. 33; *Ditz*, ISR 2012, 48, 49; *Kahle/Mödinger*, IStR 2010, 757, 761.

der Bericht verschiedene Methoden vor,[57] da im Konsultationsprozess noch keine Einigung möglich gewesen war.[58] Der Entscheidung der Geschäftsleitung, der Betriebsstätte eine bestimmte Kapitalausstattung zuzuweisen, sollte hingegen keine Bedeutung zukommen.[59]

Hinsichtlich der Zuordnung von Fremdkapitalkosten[60] sei an dieser Stelle lediglich erwähnt, dass der Bericht zudem abweichend von dem OECD-Musterkommentar erstmals fiktive interne Zinszahlungen („*internal interest dealings*") auch für Nicht-Finanzunternehmen anerkannte, sofern die Betriebstätte eine Finanzierungsfunktion („*treasury function*") ausübte.[61] Darüber hinaus ist bemerkenswert, dass die *OECD* die geschilderte Zuordnung trotz fehlenden Tätigkeitsanknüpfungspunktes auch analog auf personallose Betriebsstätten (wie beispielsweise Serverbetriebsstätten), in denen lediglich automatisierte Funktionen ausgeübt werden, anwenden wollte.[62]

Im Einzelnen waren auf der ersten Stufe sämtliche Transaktionen, d. h. Innen-wie Außentransaktionen, als Teil der Betriebsstättenaktivität zu bestimmen, aus denen sich (tatsächlich) Rechte oder Verpflichtungen der Betriebsstätte ergaben.[63] Auch hierbei war auf die maßgeblichen Personalfunktionen zurückzugreifen.[64]

---

[57] *Capital Allocation Approach, Economic Capital Allocation Approach, Thin Capitalization Approach*, vgl. *OECD*, Betriebsstättenbericht 2008, Part I Tz. 155 ff. Für eine Kurzbeschreibung der einzelnen Methoden siehe auch *Kroppen*, FS Herzig, S. 1071, 1078 ff.

[58] *Kahle/Kindich*, in: Lübbehüsen/Kahle, Brennpunkte Betriebsstätte 2016, Rn. 4.57.

[59] *OECD*, Betriebsstättenbericht 2008, Part I Tz. 150; *Kroppen*, FS Herzig, S. 1071, 1078.

[60] Auch hier benennt der Betriebsstättenbericht 2008 mehrere mögliche Methoden, vgl. *OECD*, Betriebsstättenbericht 2008, Part I Tz. 184 ff.; *Ditz*, ISR 2012, 48, 49; *Kahle/Mödinger*, IStR 2010, 757, 761.

[61] *OECD*, Betriebsstättenbericht 2008, Part I Tz. 187; vgl. auch *Kahle/Kindich*, in: Lübbehüsen/Kahle, Brennpunkte Betriebsstätte 2016, Rn. 4.61; *Kroppen*, FS Herzig, S. 1071, 1080; *Kahle/Mödinger*, IStR 2010, 757, 761; *Wellmann*, FG Wassermeyer, S. 235, 238.

[62] *OECD*, Betriebsstättenbericht 2008, Part I Tz. 95.

[63] *OECD*, Betriebsstättenbericht 2008, Part I Tz. 129.

[64] Genau genommen scheint der Rückgriff hierbei tatsächlich in umgekehrter Reihenfolge zu erfolgen. So führt der Betriebsstättenbericht 2008 zu dieser Zuordnung der (hypothetischen mit der Betriebsstätte eingegangenen) Transaktionen aus: „*This should be clear as a result of analysing the PE's functions in light of its assets used and risks assumed*", *OECD*, Betriebsstättenbericht 2008, Part I Tz. 129. Damit sind zunächst die in den Transaktionen eingesetzten Wirtschaftsgüter und die betroffenen Risiken zu ermitteln und sodann zu prüfen, welcher Personalfunktion diese zugeordnet waren. Über die so ermittelte Personalfunktion bestimmt sich dann die Zuordnung zu dem jeweiligen Unternehmensteil. Dies dürfte im Wesentlichen mit der Rechtsprechung des BFH zur Betriebsstättengewinnabgrenzung übereinstimmen, vgl. auch die Ausführungen zu *BFH*, Urt. v. 18.12.2002 – I R 92/01, *BFHE* 201, 447 oben unter 9.1.3.

Eine wesentliche Neuerung des AOA stellte damit die umfassende Berücksichtigung auch der Innentransaktionen, sog. *dealings*, zwischen der Betriebsstätte und dem Rest des Gesamtunternehmens dar.[65] Gemäß der Annahme der gleichen Kreditwürdigkeit waren unternehmensinterne Garantien jedoch ausgeschlossen.[66]

Darüber hinaus sah der Bericht eine Art Erheblichkeitsschwelle für *dealings* vor: Nicht jede Innentransaktion sollte erfasst werden. Vielmehr musste es sich um einen Vorfall von wirtschaftlicher Bedeutung handeln.[67] Ferner galten für die Anerkennung der Innentransaktionen erhöhte Dokumentationspflichten, da mangels rechtlicher Erheblichkeit nicht auf Vertragsdokumente zurückgegriffen werden konnte.[68] Schließlich war zu bedenken, dass die Innentransaktionen (z. B. durch Überführung von Wirtschaftsgütern) auch Einfluss auf die Zuordnung der Wirtschaftsgüter und der Risiken und infolgedessen auf die Zuordnung des Kapitals haben konnten.[69]

Auf der zweiten Stufe sollten sodann die Vergütungen der Innentransaktionen in analoger Anwendung der OECD-Verrechnungspreisleitlinien bestimmt werden.[70] Dazu war zunächst eine Vergleichbarkeitsanalyse durchzuführen, wobei zur konkreten Bepreisung der Innentransaktionen die Verrechnungspreismethoden der OECD-Verrechnungspreisleitlinien heranzuziehen waren.[71] Insbesondere war dabei dem Fremdvergleichsgrundsatz entsprechend in der Regel ein Gewinnaufschlag bei der Bepreisung der Innentransaktionen vorzunehmen.[72] Die Verweise

---

[65] *OECD*, Betriebsstättenbericht 2008, Part I Tz. 36 ff. sowie im Detail Tz. 129; vgl. auch *Kahle/Mödinger*, DStZ 2012, 802, 805; *Kroppen*, FS Herzig, S. 1071, 1081; *Ditz*, ISR 2012, 48, 49 f.; *Kahle/Mödinger*, IStR 2010, 757, 761.

[66] *OECD*, Betriebsstättenbericht 2008, Part I Tz. 36.

[67] *OECD*, Betriebsstättenbericht 2008, Part I Tz. 38; *Kahle/Kindich*, in: Lübbehüsen/Kahle, Brennpunkte Betriebsstätte 2016, Rn. 4.60.

[68] *OECD*, Betriebsstättenbericht 2008, Part I Tz. 37; *Kroppen*, FS Herzig, S. 1071, 1081; *Ditz*, ISR 2012, 48, 50.

[69] *OECD*, Betriebsstättenbericht 2008, Part I Tz. 41. So geht die *OECD* davon aus, dass auch Risiken bei entsprechender Dokumentation Gegenstand eines „dealing" sein und damit übertragen werden können, vgl. *OECD*, Betriebsstättenbericht 2008, Part I Tz. 99; a. A. *Kroppen*, FS Herzig, S. 1071, 1076, 1082, 1086, 1088 f.

[70] *OECD*, Betriebsstättenbericht 2008, Part I Tz. 13, 42 ff. sowie im Detail Tz. 218 ff.; vgl. auch *Kroppen*, FS Herzig, S. 1071, 1082.

[71] *Ditz*, ISR 2012, 48, 50; zu dem insoweit identischen Art. 7 DE-VG vgl. *Ditz/Bärsch/Quilitzsch*, ISR 2013, 156, 158; *Kahle/Mödinger*, IStR 2010, 757, 762; *Förster*, IStR 2007, 398, 399.

[72] *OECD*, Betriebsstättenbericht 2008, Part I Tz. 45; *Ditz*, IStR 2005, 37, 38. Das Kostenumlageverfahren sollte hingegen nur die Ausnahme darstellen. Damit war das Regel-Ausnahme-Verständnis nach dem AOA umgekehrt zu dem damaligen Verständnis der Finanzverwaltung,

auf die OECD-Verrechnungspreisleitlinien sollten als dynamische Verweise verstanden werden.[73] Bemerkenswert ist ferner, dass die *OECD* Aufwendungen aus der Zeit vor Entstehung der Betriebsstätte und Einnahmen aus der Zeit nach Beendigung der Betriebsstätte ausdrücklich von ihren Betrachtungen ausnahm.[74]

Im Ergebnis sollte so der der Betriebsstätte zuzuweisende Gewinn unter Berücksichtigung ihrer Aktivitäten einschließlich der Innen- und Außentransaktionen (mit unabhängigen wie verbundenen Unternehmen) ermittelt werden.[75] Konsequenz dieser für die Zwecke der Gewinnabgrenzung[76] umfassend verstandenen Selbstständigkeitsfiktion war, dass der Betriebsstätte fortan auch dann ein Gewinn zugewiesen werden konnte, wenn das Gesamtunternehmen insgesamt einen Verlust (oder umgekehrt) erwirtschaftet hatte.[77]

Des Weiteren enthielt der Betriebsstättenbericht 2008 Ausführungen zu dem für die Zwecke des AOA der Betriebsstätte gleichzustellenden ständigen Vertreter sowie zu den Absätzen 3 bis 5 des Art. 7 OECD-MA 2000.[78]

Der Betriebsstättenbericht 2008 präsentierte erstmals ein umfassendes Konzept zur Auslegung der Selbstständigkeitsfiktion der Betriebsstätte für Zwecke ihrer Gewinnabgrenzung[79] und war damit die Blaupause für die folgende Überarbeitung des OECD-Musterabkommens und des Musterkommentars.

13.4 Update 2008

Einen Tag nach Veröffentlichung des Betriebsstättenberichts 2008 veröffentlichte die *OECD* sodann am 18. Juli 2008 eine Aktualisierung des Musterabkommens sowie des zugehörigen Musterkommentars (im Folgenden: „Update 2008")[80], die

---

vgl. *Förster/Naumann/Rosenberg*, IStR 2005, 617, 622 unter Verweis auf BMF, Schreiben v. 24.12.1999, BStBl I 1999, 1076, Tz. 2.2.

[73] *OECD*, Betriebsstättenbericht 2008, Preface Tz. 10.

[74] *OECD*, Betriebsstättenbericht 2008, Part I Tz. 257 ff.

[75] *OECD*, Betriebsstättenbericht 2008, Part I Tz. 13.

[76] Jenseits der Gewinnabgrenzung des Art. 7 OECD-MA sollte die Selbstständigkeitsfiktion ausweislich des ausdrücklichen Hinweises der *OECD* (vgl. *OECD*, Betriebsstättenbericht 2008, Part I Tz. 14) keine Anwendung finden; vgl. auch *Kroppen*, FS Herzig, S. 1071, 1081.

[77] *Kahle/Mödinger*, DStZ 2012, 802, 804; *Hemmelrath/Kepper*, IStR 2013, 37, 38.

[78] *OECD*, Betriebsstättenbericht 2008, Part I Tz. 52 ff., 56 ff. sowie Tz. 284 ff., 291 ff., 297 ff.

[79] *Ditz*, ISR 2012, 48.

[80] Abrufbar unter https://www.oecd.org/ctp/41032078.pdf.

u. a. auch die Betriebsstättengewinnabgrenzung betraf. Während Art. 7 OECD-MA 2000 zunächst auch unter dem Update 2008 unverändert weitergalt, enthielten die Anpassungen und Ergänzungen des Musterkommentars bereits erste Elemente für die Umsetzung einer einheitlichen Betriebsstättengewinnabgrenzung.

So nahm der Musterkommentar ausdrücklich Bezug auf den Betriebsstättenbericht 2008[81] und führte aus, dass die *OECD* den in dem Betriebsstättenbericht 2008 dargelegten Abgrenzungsansatz für den gegenüber den bisherigen Konzepten vorzugswürdigeren halte.[82] Da die Schlussfolgerungen des Betriebsstättenberichts 2008 aber in Teilen der bisherigen im Musterkommentar vertretenen Auslegung des Art. 7 OECD-MA 2000 widersprachen, wurden in das Update 2008 des Musterkommentars nur diejenigen Ergebnisse des Betriebsstättenberichts 2008 übernommen, die mit der bisherigen Auslegung des Art. 7 OECD-MA 2000 vereinbar waren.[83] Gleichzeitig beschloss man, Art. 7 OECD-MA 2000 bei der nächsten Überarbeitung des Musterabkommens unter Berücksichtigung der Ergebnisse des Betriebsstättenberichts 2008 neu zu gestalten.[84]

Das Update 2008 des Musterkommentars stellte u. a. klar, dass Art. 7 Abs. 1 Satz 2 in Zusammenhang mit Abs. 2 auszulegen sei und die der Betriebsstätte zuzurechnenden Gewinne daher nicht durch die Höhe des Gewinns des Gesamtunternehmens begrenzt seien.[85] Vielmehr sei es sogar ausdrücklich möglich, dass der Betriebsstätte Gewinne zugeordnet würden, obwohl das Gesamtunternehmen einen Verlust erzielt habe.[86] Darüber hinaus wurde die zweistufige Gewinnabgrenzung aus dem Betriebsstättenbericht 2008 übernommen.[87] Dabei blieben die Ausführungen zu dem eigentlichen Verfahren in ihrer Detailfülle deutlich hinter dem Betriebsstättenbericht 2008 zurück. Weiter enthielt das Update Ausführungen

---

[81]*OECD,* 2008 Update, Tz. 24 (Changes to the Commentary on Article 7), Nr. 6 f.

[82]*OECD,* 2008 Update, Tz. 24 (Changes to the Commentary on Article 7), Nr. 7.

[83]*OECD,* 2008 Update, Tz. 24 (Changes to the Commentary on Article 7), Nr. 7; *Ditz,* ISR 2012, 48; *Kahle/Kindich,* in: Lübbehüsen/Kahle, Brennpunkte Betriebsstätte 2016, Rn. 4.40; *Kahle/Mödinger,* IStR 2010, 757.

[84]Vgl. *OECD,* Betriebsstättenbericht 2010, Preface Tz. 6.

[85]*OECD,* 2008 Update, Tz. 24 (Changes to the Commentary on Article 7), Nr. 11; *Förster,* IStR 2007, 398, 399. Diese Abkommensauslegung gegen den ausdrücklichen Wortlaut des Art. 7 Abs. 1 Satz 2 OECD-MA 2000 („Gewinne des Unternehmens" und nicht „zuzurechnende Gewinne") wurde in der Literatur teilweise als problematisch erachtet, vgl. *Kraft/Dombrowski,* IWB 2015, 87, 89.

[86]*OECD,* 2008 Update, Tz. 24 (Changes to the Commentary on Article 7), Nr. 11; *Förster,* IStR 2007, 398, 399.

[87]*OECD,* 2008 Update, Tz. 24 (Changes to the Commentary on Article 7), Nr. 17 f.

dazu, dass die Zurechnung von Aufwendungen nach Abs. 3 nur die Zurechnung dem Grunde nach, mithin die Abgrenzungsebene betreffe, während sich die Frage der konkreten Berücksichtigung der Aufwendungen (Ebene der Gewinnermittlung) nach dem innerstaatlichen Steuerrecht des Anwenderstaates richte.[88] Außer für Finanzunternehmen hielt der Musterkommentar– vor dem Hintergrund der generellen Nichtberücksichtigung von Innentransaktionen konsequent – auch fortan ausdrücklich an der Nichtanerkennung interner Darlehensbeziehungen fest[89] und übernahm die von Betriebsstättenbericht 2008 vorgeschlagene Anerkennung von Finanzierungsfunktionen von Betriebsstätten vorerst nicht. Schließlich enthielt die aktualisierte Kommentierung zu Art. 7 OECD-MA 2000 Ausführungen zu der Zuordnung von Dotationskapital und Fremdkapital zu der Betriebsstätte[90] und griff dabei im Wesentlichen auf die im Betriebsstättenbericht 2008 dargestellten Methoden zurück.

Insgesamt war der Musterkommentar auch nach den Anpassungen durch das Update 2008 weiterhin von einer eingeschränkten Selbstständigkeitsfiktion der Betriebsstätte geprägt.[91] Insbesondere die Anerkennung von Innentransaktionen war noch nicht vorgesehen. Dies war v. a. dem Umstand geschuldet, dass die *OECD* in ihrem Update 2008 die Erkenntnisse des Betriebsstättenberichts 2008 ausdrücklich nur insoweit übernommen hatte, als sie nicht im Widerspruch zu der bisherigen Auslegungs- und Anwendungspraxis stand. Dennoch werden mit den genannten Aspekten[92] entscheidende Elemente des AOA bereits in den Musterkommentar aufgenommen. Inwieweit diese Änderungen der Musterkommentierung auch für Alt-DBAs, d. h. solche, die vor 2008 abgeschlossen wurden, verbindlich sind, hängt davon ab, welche Bedeutung man dem OECD-Musterkommentar beimisst und wie dessen Auslegung zu erfolgen hat.[93]

---

[88] *OECD*, 2008 Update, Tz. 24 (Changes to the Commentary on Article 7), Nr. 26, 30. *Förster* sieht in der Musterkommentierung 2008 zu Art. 7 Abs. 3 OECD-MA 2000 das größte Hindernis für eine vollständige Implementierung der Schlussfolgerungen des Betriebsstättenberichts, da danach die Berücksichtigung interner Leistungsbeziehungen auf Aufwendungen beschränkt würde, vgl. *Förster*, IStR 2007, 398, 400.

[89] *OECD*, 2008 Update, Tz. 24 (Changes to the Commentary on Article 7), Nr. 41.

[90] *OECD*, 2008 Update, Tz. 24 (Changes to the Commentary on Article 7), Nr. 43 ff.

[91] *Ditz*, ISR 2012, 48.

[92] Keine Beschränkung auf den Gesamtgewinn, Zuordnung von Dotationskapital und von Fremdkapital.

[93] Zu der statischen vs. der dynamischen Auslegung vgl. bereits 2.2.1.

13.5   Update 2010: Neugestaltung des Art. 7 OECD-MA

Den nächsten Schritt auf dem Weg zu einer einheitlichen Betriebsstättengewinnabgrenzung stellte daher die Überarbeitung des OECD-Musterabkommens samt
Musterkommentar im Jahr 2010 (im Folgenden: Update 2010) dar.[94] Basie-
rend auf den Ergebnissen des Betriebsstättenberichts 2008 wurde nun der Art. 7
OECD-MA durch die folgende Neufassung ersetzt:

Art. 7 Unternehmensgewinne.

*(1) Gewinne eines Unternehmens eines Vertragsstaats können nur in diesem Staat
besteuert werden, es sei denn, das Unternehmen übt seine Geschäftstätigkeit im
anderen Vertragsstaat durch eine dort gelegene Betriebstätte aus. Übt das Unternehmen seine Geschäftstätigkeit auf diese Weise aus, so können die Gewinne, die der
Betriebsstätte nach Absatz 2 zuzurechnen sind, im anderen Staat besteuert werden.*

*(2) Bei der Anwendung dieses Artikels sowie von Artikel 23 A, 23 B sind die Gewinne,
die der in Absatz 1 genannten Betriebsstätte in jedem Vertragsstaat zuzurechnen sind,
die Gewinne, die sie hätte erzielen können, insbesondere im Verkehr mit anderen
Teilen des Unternehmens, dessen Betriebsstätte sie ist, wenn sie als selbstständiges
und unabhängiges Unternehmen eine gleiche oder ähnliche Geschäftstätigkeit unter
gleichen oder ähnlichen Bedingungen ausgeübt hätte; dabei sind die vom Unternehmen
durch die Betriebsstätte und durch andere Unternehmensteile ausgeübten Funktionen,
eingesetzten Wirtschaftsgüter und übernommenen Risiken zu berücksichtigen.*

*(3) Ändert ein Vertragsstaat die einer Betriebsstätte eines Unternehmens eines Ver-
tragsstaates zuzurechnenden Gewinne in Übereinstimmung mit Absatz 2 und besteuert
er dementsprechend Gewinne des Unternehmens, die bereits im anderen Staat besteuert worden sind, so nimmt der andere Staat eine entsprechende Änderung der von
diesen Gewinnen erhobenen Steuer vor, soweit dies zur Beseitigung einer Doppelbesteuerung erforderlich ist. Bei dieser Änderung werden die zuständigen Behörden der
Vertragsstaaten einander erforderlichenfalls konsultieren.*

*(4) Gehören zu den Gewinnen Einkünfte, die in anderen Artikeln dieses Abkommens
behandelt werden, so werden die Bestimmungen jener Artikel durch die Bestimmungen
dieses Artikels nicht berührt.*

---

[94]The 2010 Update to The Model Tax Convention, 22. Juli 2010, abrufbar unter www.oecd.
org/tax/transfer-pricing/45689328.pdf

13.6 Betriebsstättenbericht 2010

Zeitgleich mit der Veröffentlichung des Update 2010 erschien auch eine überarbeitete Version des Betriebsstättenberichts 2008 (im Folgenden: Betriebsstättenbericht 2010[95]). Dieser präsentierte jedoch gegenüber seiner Vorgängerfassung keine neuen Ansätze. Vielmehr ergab sich der Anpassungsbedarf ausschließlich infolge der Neufassung des Art. 7 OECD-MA 2010.[96] So wurden sämtliche Teile des Berichts, die sich auf die Auslegung der alten Fassung des Art. 7 OECD-MA oder dessen Kommentierung beschränkten, gestrichen.[97] Darüber hinaus erfolgten im Wesentlichen lediglich redaktionelle Änderungen.

13.7 Update 2010: Anpassung des OECD-Musterkommentars

Während die Änderungen des Musterkommentars durch das Update 2008 dem neu vereinheitlichten OECD-Verständnis der Betriebsstättengewinnabgrenzung nur insoweit Rechnung getragen hatte, als dieses mit dem Wortlaut des Art. 7 OECD-MA 2000 vereinbar war,[98] wurde mit dem Update 2010 der vor dem Hintergrund des AOA vorerst letzte Schritt der Vereinheitlichung vorgenommen, indem nun auch der Musterkommentar dem zwischenzeitlich mit dem Betriebsstättenbericht 2008 in der Fassung von 2010 vereinbar gemachten Wortlaut des neu gefassten Art. 7 OECD-MA 2010 angepasst wurde.

Die *OECD* betonte dabei, dass das „*arm's length principle*" schon seit je her im Betriebsstättenprinzip angelegt gewesen sei und die vorgenommenen geringfügigen Änderungen im Wortlaut und vornehmlich klarstellenden Anpassungen des Musterkommentars[99] lediglich die einheitliche Auslegung und Anwendung nach Maßgabe des Betriebsstättenberichts 2008 in der Fassung von 2010 sicherstellen

---

[95] 2010 Report on the Attribution of Profits to Permanent Establishments, 22. Juli 2010, abrufbar unter www.oecd.org/ctp/transfer-pricing/45689524.pdf.

[96] OECD-MK 2010 Art. 7 Nr. 8; *OECD*, Betriebsstättenbericht 2010, Preface Tz. 8.

[97] So wurden bspw. die Ausführungen zu Art. 7 Abs. 3 und 4 OECD-MA 2000 gestrichen. Gleiches gilt für die Gegenüberstellung des „*Functionally Separate Entity Approach*" und des „*Relevant Business Activity Approach*", da mit der Neufassung des Art. 7 OECD-MA 2010 die Entscheidung zugunsten der erstgenannten Abgrenzungsmethode gefallen war.

[98] Vgl. *OECD*, 2010 Update, Tz. 20 (Article 7), Nr. 7.

[99] Vgl. *OECD*, 2010 Update, Tz. 20 (Article 7), Nr. 3.

sollten.[100] Der überarbeitete Art. 7 OECD-MA 2010 sei daher auch im Lichte des Betriebsstättenberichts auszulegen.[101]

Die Ausführungen zu Absatz 1 der Vorschrift stimmen inhaltlich weitgehend mit der Vorgängerversion der Musterkommentierung überein. So hält die *OECD* weiterhin an den in Absatz 1 enthaltenen Grundprinzipien fest: Danach wird das Besteuerungsrecht des Ansässigkeitsstaats eines Unternehmens gemäß Satz 1 nur insoweit eingeschränkt, als das Unternehmen durch eine Betriebsstätte am Wirtschaftsleben des anderen Betriebsstättenstaats teilnimmt.[102] Gleichzeitig gilt diese Beschränkung des Besteuerungsrechts des Ansässigkeitsstaats gemäß Satz 2 aber nur soweit, wie die Gewinne der Betriebsstätte zuzurechnen sind.[103] Einem Attraktionsprinzip wird daher zur Sicherung der Grundregel (Besteuerung von Unternehmensgewinnen nur im Ansässigkeitsstaat) eine Absage erteilt.[104]

Die wesentlichen Neuerungen der Kommentierung zu Art. 7 OECD-MA 2010 betreffen die Auslegung des Absatzes 2. Die *OECD* hält daran fest, dass der Betriebsstättengewinn nach dem Fremdvergleichsgrundsatz zu ermitteln ist, verortet dies aber nun dem neuen Wortlaut des Art. 7 OECD-MA 2010 entsprechend in Absatz 2.[105] Dabei enthalte der Absatz 2 zwei Fiktionen: Die erste bestehe in der Annahme, die Betriebsstätte sei ein eigenständiges Unternehmen, das vom Rest des Gesamtunterunternehmens und anderen Personen unabhängig sei (Selbstständigkeitsfiktion), die zweite betrifft die Anwendung des „*dealing at arm's length*"-Prinzips in analoger Anwendung der zu Art. 9 OECD-MA entwickelten Korrekturen.[106]

Für Details zur Ermittlung des zuzurechnenden Gewinns verweist der Musterkommentar neben einer Kurzdarstellung des Verfahrens auf den Betriebsstättenbericht.[107] Dabei stellt die *OECD* in ihren Ausführungen zu den sog. *dealings* klar, dass die eingeführte Berücksichtigung der Innentransaktionen nicht abschließend sei und dass insbesondere Außentransaktionen mit Dritten, die der Betriebsstätte

---

[100]Vgl. *OECD*, 2010 Update, Tz. 20 (Article 7), Nr. 4 ff.

[101]Vgl. *OECD*, 2010 Update, Tz. 20 (Article 7), Nr. 9, 19.

[102]Vgl. *OECD*, 2010 Update, Tz. 20 (Article 7), Nr. 11.

[103]*OECD*, 2010 Update, Tz. 20 (Article 7), Nr. 12.

[104]*OECD*, 2010 Update, Tz. 20 (Article 7), Nr. 12 f.

[105]Vgl. *OECD*, 2010 Update, Tz. 20 (Article 7), Nr. 15; im Update 2008 hatte die *OECD* dieses Prinzip noch im Rahmen des Abs. 1 verortetet, vgl. *OECD*, 2008 Update, Tz. 24 (Changes tot he Commentary on Article 7), Nr. 14.

[106]*OECD*, 2010 Update, Tz. 20 (Article 7), Nr. 16.

[107]*OECD*, 2010 Update, Tz. 20 (Article 7), Nr. 21 ff.

zuzurechnen seien, auch künftig berücksichtigt würden.[108] Es fällt dabei auf, dass der Musterkommentar 2010, anders als noch seine Vorgängerversion,[109] zu der Frage der im Betriebsstättenbericht vorgesehenen Anerkennung sog. *„treasury dealings"* auch bei Nicht-Finanzunternehmen schweigt. Ob darin eine stillschweigende Abkehr von der strikten Nichtanerkennung interner Darlehensbeziehungen liegt, ist ungewiss.

Die Ausführungen zu den erhöhten Dokumentationspflichten[110] entsprechen denen aus dem Betriebsstättenbericht 2010.[111] Ferner weist die *OECD* darauf hin, dass der Fremdvergleichsgrundsatz dem neuen Wortlaut des Abs. 2 entsprechend ausschließlich im Rahmen der Art. 7 und 23A/23B OECD-MA Anwendung finde und sich aber nicht auf andere Artikel des Musterabkommens übertragen lasse.[112]

Auch sei zu beachten, dass die Gewinnzurechnung nach Art. 7 Abs. 2 OECD-MA 2010 dogmatisch auf der Ebene der (abkommensrechtlichen) Gewinnzurechnung anzusiedeln sei und die dem innerstaatlichen Recht vorbehaltene Gewinnermittlung unberührt lasse.[113] Dabei würden die Regelungen der innerstaatlichen Betriebsstättengewinnermittlung durch das Betriebsstättendiskriminierungsverbot des Art. 24 Abs. 3 OECD-MA dahingehend begrenzt, dass sie nicht zum Nachteil der Betriebsstätte von den Regelungen abweichen dürften, die für andere Unternehmen im Betriebsstättenstaat gälten.[114]

Die Streichung des Absatzes 3 der alten Fassung hatte nach Angaben der *OECD* klarstellenden Charakter. Durch die Streichung sollte der teilweise vertretenen Auslegung dieser Vorschrift, Absatz 2 a. F. werde durch Absatz 3 a. F. eingeschränkt, eine Absage erteilt werden.[115] Die ebenfalls erläuterten weiteren Streichungen stellt der Musterkommentar im Wesentlichen als Konsequenz der Entscheidung zugunsten der einheitlichen Anwendung des „Functionally Separate Entity Approach" dar.[116]

---

[108]*OECD*, 2010 Update, Tz. 20 (Article 7), Nr. 24.

[109]Vgl. oben 13.4.

[110]*OECD*, 2010 Update, Tz. 20 (Article 7), Nr. 25 ff.

[111]Vgl. *OECD*, Betriebsstättenbericht 2010, Part I Tz. 34 ff.

[112]*OECD*, 2010 Update, Tz. 20 (Article 7), Nr. 27 f.

[113]*OECD*, 2010 Update, Tz. 20 (Article 7), Nr. 30.

[114]*OECD*, 2010 Update, Tz. 20 (Article 7), Nr. 33 f.

[115]*Haiß*, Gewinnabgrenzung 2000, S. 213; *A. Weber/Werra*, FS Ritter, S. 285, 299; *Bendlinger*, SWI 1997, 104, 107 f.; *Bendlinger*, SWI 1995, 303, 306; *Köhler*, RIW 1991, 1024, 1029 f.; vgl. auch *Ritter*, in: JbFSt 1976/77, S. 288, 300 f.

[116]*OECD*, 2010 Update, Tz. 20 (Article 7), Nr. 41 ff.; *Kahle/Mödinger*, IStR 2010, 757, 758.

Die Ausführungen zu dem neu eingefügten Art. 7 Abs. 3 OECD-MA 2010 widmen sich den Mechanismen zur Vermeidung von Doppelbesteuerung infolge unterschiedlicher Auslegungen des Absatzes 2.[117] Demnach findet die Vorschrift, die dem Art. 9 Abs. 2 OECD-MA nachgebildet ist,[118] keine Anwendung, wenn die Gewinnzurechnung *durch den Anwenderstaat* im Widerspruch zu Art. 7 Abs. 2 OECD-MA 2010 steht, da bei derartigen Abkommensverstößen auf innerstaatliche Rechtsbehelfe oder das allgemeine Verständigungsverfahren des Art. 25 OECD-MA zurückzugreifen ist.[119]

Vielmehr beschränkt sich der Anwendungsbereich des Art. 7 Abs. 3 OECD-MA 2010 auf die Fälle, in denen der *Steuerpflichtige* den Betriebsstättengewinn nach Ansicht mindestens eines *Vertragsstaats* nicht in Übereinstimmung mit Art. 7 Abs. 2 OECD-MA 2010 ermittelt und dieser Vertragsstaat daraufhin eine Anpassung in der Besteuerung bzw. der Vermeidung der Doppelbesteuerung (Freistellung oder Anrechnung) vorgenommen hat.[120] Der Wortlaut des Art. 7 Abs. 3 OECD-MA 2010 setzt insoweit eine „Änderung des zuzurechnenden Gewinns in Überstimmung mit Abs. 2" voraus. Trotz der Formulierung „Gewinn" ist bei der Prüfung der Voraussetzung des Art. 7 Abs. 2 OECD-MA 2010 eine transaktionsbezogene Betrachtung vorzunehmen, d. h. es geht um die Behandlung eines konkreten Sachverhalts, nicht um das im Wege der Saldierung ermittelte Gesamtergebnis.[121] Der Wortlaut soll hier lediglich verdeutlichen, dass nicht nur die Primärkorrektur von *„dealings"*, sondern beispielsweise auch von zugeordneten Außentransaktionen gemäß Art. 7 Abs. 3 OECD-MA 2010 eine Sekundärkorrektur auslösen soll.[122] Wenn die Anpassung dem Grunde und der Höhe nach angemessen ist, ist auch der andere Vertragsstaat zu einer

---

[117] *OECD*, 2010 Update, Tz. 20 (Article 7), Nr. 44; *Kahle/Mödinger*, IStR 2011, 821.

[118] *OECD*, 2010 Update, Tz. 20 (Article 7), Nr. 58; *Kahle/Mödinger*, IStR 2010, 757, 762; *Kahle/Mödinger*, IStR 2011, 821.

[119] *OECD*, 2010 Update, Tz. 20 (Article 7), Nr. 52.

[120] *OECD*, 2010 Update, Tz. 20 (Article 7), Nr. 53 ff.

[121] Insbesondere liegt eine Änderung des zuzurechnenden Gewinns im Sinne des Art. 7 Abs. 3 OECD-MA 2010 nicht bereits deshalb vor, weil das zu versteuernde Einkommen der Betriebsstätte in dem einen Vertragsstaat von der entsprechenden durch den anderen Vertragsstaat ermittelten Größe abweicht, da dies Konsequenz unterschiedlicher nationaler Gewinnermittlungssysteme ist. Art. 7 Abs. 3 OECD-MA soll nur die einheitliche Gewinnabgrenzung bzgl. der einzelnen Sachverhalte gewährleisten. Daher steht das in Art. 7 Abs. 3 OECD-MA 2010 enthaltene Gebot übereinstimmender Gewinnzurechnung auch nicht im Widerspruch zu dem oben unter 4.4.1 dargestellten Verhältnis von Gewinnermittlung und abkommensrechtlicher Gewinnabgrenzung, vgl. auch oben unter 4.4.2.

[122] Vgl. *Kaeser*, in: Wassermeyer, DBA, Art. 7 MA (2010) Rn. 729; a. A. wohl *Niehaves*, in: Haase, AStG/DBA, Art. 7 MA Rn. 241.

Anpassung der bei ihm berücksichtigten Betriebsstättengewinne verpflichtet.[123] Bei Unstimmigkeiten steht auch hier das Verständigungsverfahren (Art. 25 Abs. 1 OECD-MA) bzw. das Schiedsverfahren (Art. 25 Abs. 5 OECD-MA) zur Verfügung.[124] Die Ausführungen zur Auslegungsregel des Art. 7 Abs. 4 OECD-MA 2010 stimmen weitestgehend mit den Ausführungen zu dem wortgleichen Art. 7 Abs. 7 OECD-MA 2000 in der Vorgängerversion der Musterkommentierung überein. Zusätzlich stellt die *OECD* klar, dass die vorrangige Einkünftequalifizierung nach dem Spezialitätenvorrang des Art. 7 Abs. 4 OECD-MA 2010 jedoch nicht auf die innerstaatliche Einkünftequalifizierung durchschlage, solange diese nicht im Widerspruch zu den Regelungen des jeweiligen Abkommens stehe.[125] Des Weiteren enthält der Musterkommentar einen Hinweis auf Einkünfte, die früher unter andere Abkommensartikel gefallen seien und künftig von Art. 7 OECD-MA 2010 erfasst würden.[126] Dies betrifft neben Einkünften aus Leasinggeschäften[127] nach der bereits 2000 erfolgten Abschaffung des Art. 14 OECD-MA auch Einkünfte aus selbstständiger Arbeit.[128]

13.8 Zusammenfassung

Ausgangslage für den AOA war das Bestreben der OECD-Mitgliedstaaten nach einer einheitlichen Auslegung und Anwendung des Art. 7 OECD-MA zur Betriebsstättengewinnabgrenzung. Aus diesem Anlass wurde die Betriebsstättengewinnabgrenzung losgelöst von ihrer historischen Auslegungs- und Anwendungspraxis von Grund her neu aufgearbeitet und überdacht. Ausgehend von dem „*dealing at arm's length*"-Prinzip zwischen verbundenen Unternehmen wollte man überprüfen, inwieweit sich die OECD-Verrechnungspreisleitlinien auch für die Betriebsstättengewinnabgrenzung nutzbar machen ließen. Dabei wurden die beiden damals vorherrschenden Methoden, der „*Relevant Business Activity Approach*" einerseits und der „*Functionally Separate Entity Approach*" gegenübergestellt. Mit dem Betriebsstättenbericht 2008 fiel die Entscheidung zugunsten des letzteren

---

[123] *OECD,* 2010 Update, Tz. 20 (Article 7), Nr. 59; *Kahle/Mödinger,* IStR 2010, 757, 763.

[124] *OECD,* 2010 Update, Tz. 20 (Article 7), Nr. 56, 64; *Kahle/Mödinger,* IStR 2010, 757, 763; *Kahle/Mödinger,* IStR 2011, 821, 822.

[125] *OECD,* 2010 Update, Tz. 20 (Article 7), Nr. 74.

[126] *OECD,* 2010 Update, Tz. 20 (Article 7), Nr. 76 ff.

[127] *OECD,* 2010 Update, Tz. 20 (Article 7), Nr. 76.

[128] *OECD,* 2010 Update, Tz. 20 (Article 7), Nr. 77.

Ansatzes aus. Es folgte eine Anpassung sowohl des Musterabkommenstextes wie auch des dazugehörigen Musterkommentars in den Updates 2008 und 2010 sowie eine Überarbeitung des Betriebsstättenberichts.

Im Ergebnis sieht das Musterabkommen damit heute ein zweistufiges Procedere zur Betriebsstättengewinnabgrenzung vor. Auf der ersten Stufe erfolgt eine Tatsachen- und Funktionsanalyse, bei der die Aktivitäten und Bedingungen der Betriebsstätte als hypothetisch unabhängiges Unternehmen unter Einbeziehung der ausgeübten Funktionen, der eingesetzten Wirtschaftsgüter und der übernommenen Risiken ermittelt werden. Die Aktivitäten und Bedingungen sind die Anknüpfungsmerkmale für die sodann in einem zweiten Schritt folgende Bewertung unter analoger Anwendung der OECD-Verrechnungspreisleitlinien. Der in dem Betriebsstättenbericht enthaltene dynamische Verweis auf die OECD-Verrechnungspreisleitlinien verdeutlicht dabei, dass es der *OECD* maßgeblich auf die Gleichbehandlung von Betriebsstätten und verbundenen Unternehmen ankam.

Der in Art. 7 OECD-MA 2010 eingearbeitete AOA und dessen Erläuterungen durch die Betriebsstättenberichte 2008 und 2010 sah sich in der Literatur zahlreichen Kritikpunkten ausgesetzt. Diese werden in den folgenden Kapiteln aufgegriffen und diskutiert.

Der AOA in der deutschen Verhandlungsgrundlage

Am 17. April 2013 hat das BMF erstmals eine deutsche Verhandlungsgrundlage (im Folgenden: DE-VG) für künftige Doppelbesteuerungsabkommen veröffentlicht.[1] Diese orientiert sich im Wesentlichen an dem OECD-Musterabkommen.[2] So wurde insbesondere auch der AOA in Art. 7 DE-VG übernommen.[3] Dieser lautet im Wortlaut:

Art. 7 Unternehmensgewinne.

(1) Gewinne eines Unternehmens eines Vertragsstaats können nur in diesem Staat besteuert werden, es sei denn, das Unternehmen übt seine Geschäftstätigkeit im anderen Vertragsstaat durch eine dort gelegene Betriebsstätte aus. Übt das Unternehmen seine Geschäftstätigkeit auf diese Weise aus, so können die Gewinne, die der Betriebsstätte in Übereinstimmung mit Absatz 2 zugerechnet werden können, im anderen Staat besteuert werden.

(2) Im Sinne dieses Artikels und des Artikels 22, handelt es sich bei den Gewinnen, die in jedem Vertragsstaat einer in Absatz 1 genannten Betriebsstätte zugerechnet werden können, um die Gewinne, die die Betriebsstätte, insbesondere in ihren wirtschaftlichen Beziehungen mit anderen Teilen des Unternehmens, voraussichtlich erzielen würde, wenn sie ein selbständiges und unabhängiges Unternehmen wäre, das die gleichen oder ähnlichen Tätigkeiten unter den gleichen oder ähnlichen Bedingungen ausübt, unter Berücksichtigung der von dem Unternehmen durch die Betriebsstätte und durch die anderen Teile des Unternehmens ausgeübten Funktionen, genutzten Vermögenswerte und übernommenen Risiken.

---

[1] BMF, Schreiben v. 17.4.2013, IV B 2 – S 1301/10/10022-32.

[2] Vgl. *Ditz/Bärsch/Quilitzsch*, ISR 2013, 156.

[3] Vgl. *Kraft/Dombrowski*, IWB 2015, 87, 88.

S. Glatz, *Abgrenzungsmaßstäbe im Abkommensrecht*, PwC-Studien zum Unternehmens- und Internationalen Steuerrecht 10, https://doi.org/10.1007/978-3-658-34006-3_14

(3) Wenn in Übereinstimmung mit Absatz 2 ein Vertragsstaat die Gewinne, die der Betriebsstätte eines Unternehmens eines Vertragsstaats zugerechnet werden können, berichtigt und dementsprechend Gewinne des Unternehmens besteuert, die bereits im anderen Staat besteuert wurden, wird der andere Vertragsstaat, soweit zur Beseitigung einer Doppelbesteuerung erforderlich, eine entsprechende Änderung vornehmen, wenn er der Berichtigung des erstgenannten Staats zustimmt; stimmt der andere Vertragsstaat nicht zu, werden sich die Vertragsstaaten bemühen, eine sich daraus ergebende Doppelbesteuerung durch Verständigung zu beseitigen.

(4) Gehören zu den Gewinnen Einkünfte, die in anderen Artikeln dieses Abkommens gesondert behandelt werden, so werden die Bestimmungen jener Artikel durch die Bestimmungen dieses Artikels nicht berührt.

Die Abweichungen des Art. 7 DE-VG von Art. 7 OECD-MA 2010 sind überschaubar. So spricht Art. 7 Abs. 1 Satz 2 DE-VG von Gewinnen, die der Betriebsstätte in Überstimmung mit Abs. 2 „zugerechnet werden können", während das OECD-MA 2010 an dieser Stelle die Formulierung „zuzurechnen sind" verwendet. Inhaltlich dürfte sich dies jedoch nicht auswirken. Zwar lässt sich der Formulierung der DE-VG deutlicher entnehmen, dass der Verteilungsartikel hinsichtlich der Betriebsstättengewinnabgrenzung nicht *„self-executing"* ist, gleichwohl gilt das nach h. M. auch für den Art. 7 OECD-MA 2010.[4] Diese abweichende Formulierung setzt sich sodann konsequenterweise in Art. 7 Abs. 2 und 3 DE-VG fort.

Der in der ursprünglichen Fassung der Verhandlungsgrundlage noch verwendete Begriff des „Vermögenswertes", der dem deutschen Steuerrecht fremd ist,[5] wurde in der überarbeiteten Version durch den Begriff „Wirtschaftsgut" ersetzt und stimmt in diesem Punkt wieder mit dem OECD-Musterabkommen überein. Demgegenüber spricht auch die revidierte Fassung der Verhandlungsgrundlage weiterhin von „wirtschaftlichen Beziehungen" und ersetzt damit die von dem OECD-MA 2010 favorisierte Formulierung „Geschäftsbeziehungen". Ein Grund für diese Abweichung ist nicht ersichtlich. Dies ist insbesondere vor dem Hintergrund verwunderlich, als dass die diesen Artikel ins nationale Recht umsetzende Vorschrift des § 1 Abs. 4 und 5 AStG diese Abweichung – anders als die des „Vermögenswerts" – nicht übernimmt.[6]

---

[4]Vgl. *Kaeser*, in: Wassermeyer, DBA, Art. 7 MA (2010) Rn. 809.

[5]Vgl. hierzu auch die Kritik an der innerstaatlichen Umsetzungsvorschrift in § 1 Abs. 5 Satz 3 Nr. 2 AStG unter 15.2.2.1.2.

[6]Vgl. *Kaeser*, in: Wassermeyer, DBA, Art. 7 MA (2010) Rn. 810.

Die einzige inhaltlich wesentliche Abweichung von Art. 7 OECD-MA 2010 enthält Art. 7 DE-VG in seinem Abs. 3. Hier bedient sich die Verhandlungsgrundlage der im OECD-MK 2010 vorgeschlagenen Alternativversion des Art. 7 Abs. 3 OECD-MA 2010.[7] Danach besteht im Fall einer Primärkorrektur durch einen Vertragsstaat keine Verpflichtung des anderen Vertragsstaates zur Gegenkorrektur, wenn letzterer der Primärkorrektur nicht zustimmt.[8] Verweigert der andere Vertragsstaat seine Zustimmung, so sind die Vertragsstaaten lediglich verpflichtet, sich um die Beseitigung der Doppelbesteuerung im Rahmen eines Verständigungsverfahrens zu „bemühen".[9]

Jedoch besteht ausweislich des Wortlauts des Art. 7 Abs. 3 DE-VG – in Abweichung zu der Alternativversion des Art. 7 Abs. 3 OECD-MA 2010[10] – keine Verpflichtung der Vertragsstaaten, im Rahmen des Verständigungsverfahren eine Einigung herbeizuführen.[11] Anders als in der Alternativversion („*shall*") verlangt die DE-VG nämlich lediglich ein „Bemühen". Diese Variante entspräche im Englischen dem in Art. 25 Abs. 2 und 3 OECD-MA verwendeten „*shall endeavor*".[12] Damit stellt die Verweigerung einer einvernehmlichen Lösung im Fall des Art. 7 Abs. 3 DE-VG auch, anders als im OECD-MK 2010 vorgesehen, keinen Verstoß gegen vertragliche Verpflichtungen dar.[13] Dabei ist zu beachten, dass ein Verständigungsverfahren stets mit erheblichem administrativen Aufwand einhergeht.[14] Wurde ein Verständigungsverfahren erfolgreich durchgeführt, bietet § 175a AO die innerstaatliche Rechtsgrundlage für die Änderung der relevanten Bescheide.[15]

Im Übrigen entspricht Art. 7 DE-VG der Version des OECD-MA 2010.

Die Anzahl der deutschen Doppelbesteuerungsabkommen, die den AOA enthalten, ist derzeit noch sehr überschaubar. Als Doppelbesteuerungsabkommen,

---

[7]Vgl. *OECD, 2010 Update*, Tz. 20 (Article 7), Nr. 68.

[8]Vgl. *Ditz/Bärsch/Quilitzsch*, ISR 2013, 156, 159; *Kaeser*, in: Wassermeyer, DBA, Art. 7 MA (2010), Rn. 811.

[9]*Ditz/Bärsch/Quilitzsch*, ISR 2013, 156, 159. Die den AOA bereits enthaltenen Neu-DBA, die vor der erstmaligen Veröffentlichung der DE-VG verhandelt und abgeschlossen wurden (DBA-Liechtenstein 2011, DBA-Luxemburg 2012, DBA-Niederlande 2012), sahen in diesen Fällen noch eine zwingende Einleitung eines Verständigungsverfahrens vor.

[10]*Ditz/Bärsch/Quilitzsch*, ISR 2013, 156, 159; *Hemmelrath/Kepper*, IStR 2013, 37, 40.

[11]Vgl. *Hemmelrath*, in: Vogel/Lehner, DBA, Art. 7 Rn. 182; *Hemmelrath/Kepper*, IStR 2013, 37, 40.

[12]Vgl. *OECD, 2010 Update*, Tz. 20 (Article 7), Nr. 69.

[13]A. A. *Kahle/Mödinger*, IStR 2011, 821, 823 unter Verweis auf *OECD, 2010 Update*, Tz. 20 (Article 7), Nr. 69.

[14]*Kahle/Mödinger*, IStR 2011, 821, 827.

[15]*Ditz/Bärsch/Quilitzsch*, ISR 2013, 156, 159.

die auf OECD-MA 2010 basieren, gehören dazu die neu abgeschlossenen Doppelbesteuerungsabkommen[16] mit Liechtenstein (2011)[17], Luxemburg (2012)[18], den Niederlanden (2012)[19], Norwegen (i. d. F. des Protokolls vom 24. Juni 2013)[20], Großbritannien (i. d. F. des Protokolls vom 17. März 2014)[21], Irland (i. d. F. des Protokolls vom 3. Dezember 2014)[22], Japan (2015)[23], Armenien (2016)[24]. Auch das DBA-USA, das seinerseits nicht auf dem OECD-MA basiert, sondern ein eigenes Vertragsmuster umsetzt, legt der Betriebsstättengewinnabgrenzung die uneingeschränkte Selbstständigkeitsfiktion und damit faktisch den AOA zugrunde.[25]

Der Großteil der deutschen Doppelbesteuerungsabkommen enthält den AOA bislang nicht.[26] Angesichts der vielseitigen Kritik, auf die der AOA international gestoßen ist,[27] ist auch davon auszugehen, dass sich daran auch bei zukünftigen Revisionen dieser Abkommen nicht durchgängig etwas ändern wird.[28]

---

[16]*Hemmelrath/Kepper*, IStR 2013, 37; *Ditz*, ISR 2013, 261, 265; *Richter/Heyd*, Ubg 2013, 418, 421; *Haverkamp*, in: Mössner, Steuerrecht intl tätiger Unternehmen, Rn. 5.83.

[17]BGBl II 2012, 1462, 1463; BStBl I 2013, 488.

[18]BGBl II 2012, 1402, 1403; BStBl I 2015, 7, 8.

[19]BGBl II 2012, 1414, 1415; BStBl I 2016, 47, 48.

[20]BGBl II 2014, 906, 907; BStBl I 2015, 245, 246.

[21]BGBl II 2015, 1297, 1298; BStBl I 2016, 192, 193.

[22]BGBl II 2015, 1322, 1323; BStBl I 2016,196, 197.

[23]BGBl II 2016, 956, 958; BStBl I 2016, 1306, 1307.

[24]BGBl II 2017, 1077, 1082 f.; BStBl I 2018, 222, 225.

[25]*Hemmelrath/Kepper*, IStR 2013, 37, 38; *Haverkamp*, in: Mössner, Steuerrecht intl tätiger Unternehmen, Rn. 5.83.

[26]*Richter/Heyd*, Ubg 2013, 418, 421.

[27]So haben einige OECD-Mitgliedsstaaten (vgl. OECD-MK 2010 Art. 7 Nr. 78 ff.) ausdrückliche Vorbehalte gegen die Umsetzung des AOA angemeldet, *Ditz*, ISR 2013, 261, 266. Auch das UN-MA lehnt den AOA ab und verfolgt stattdessen das Prinzip der eingeschränkten Attraktionswirkung der Betriebsstätte, vgl. *Hemmelrath*, in: Vogel/Lehner, DBA, Art. 7 Rn. 15; *Wellmann*, FG Wassermeyer, S. 235, 242.

[28]*Ditz*, ISR 2013, 261, 266.

Umsetzung in nationales Recht durch § 1 Abs. 4, 5 und 6 AStG, die BsGaV und das zugehörige BMF-Schreiben

15

Das folgende Kapitel befasst sich mit der Umsetzung des AOA in das nationale Steuerrecht.

15.1 Erfordernis einer innerstaatlichen Umsetzungsregelung

Zunächst ist dabei die Frage zu klären, ob es überhaupt einer innerstaatlichen Umsetzung des AOA bedurfte oder ob bzw. inwieweit dieser nicht bereits vermöge seiner Verankerung im Abkommensrecht unmittelbare, sog. *self-executing* Wirkung entfaltet. Dabei ist zunächst festzustellen, dass die Aufnahme des AOA in das OECD-Musterabkommen für die Beantwortung dieser Frage unerheblich ist, da das OECD-Musterabkommen selbst mangels jeglicher Bindungswirkung ein rechtliches Nullum darstellt.[1]

Anders könnte es sich hinsichtlich der Aufnahme des AOA in ein konkretes bilaterales Doppelbesteuerungsabkommen verhalten. Hierzu soll im Folgenden beleuchtet werden, wann einer Abkommensnorm eine *self-executing* Wirkung zukommt (allgemein 15.1.1 und speziell 15.1.2) und ob und ggf. inwieweit Art. 7 DE-VG diese Voraussetzungen erfüllt (15.1.3).

---

[1] Vgl. zum Empfehlungscharakter des Musterabkommens *Wassermeyer*, in: Wassermeyer, DBA, Vor Art. 1 MA Rn. 34.

15.1.1 Die unmittelbare Wirkung von DBA-Regelungen

Die Frage, ob und ggf. in welchem Umfang Abkommensvorschriften unmittelbare Wirkung entfalten, beschäftigt die steuerrechtliche Literatur nicht erst kürzlich.[2] Ausgangspunkt dieser Frage ist zwangsläufig das jeweilige Doppelbesteuerungsabkommen selbst. Als völkerrechtlicher Vertrag begründet es zunächst unmittelbar Rechte und Pflichten zwischen zwei souveränen Staaten.[3] Diesen wird durch das jeweilige Zustimmungsgesetz gemäß Art. 59 Abs. 2 Satz 1 GG der bundesgesetzliche Anwendungsbefehl erteilt.[4] Das führt jedoch wiederum nicht automatisch dazu, dass der gesamte Inhalt des Doppelbesteuerungsabkommens zu innerstaatlichem Recht würde.[5] Vielmehr entfalten nur diejenigen Abkommensregelungen durch das Zustimmungsgesetz eine unmittelbare Wirkung, die überhaupt einer derartigen Transformation zugänglich sind.[6] Dies setzt jedenfalls voraus, dass die Regelung im Einzelfall „nach Inhalt, Zweck und Fassung innerstaatliche Rechtswirkung auszuüben geeignet sein muß, so daß eine Konkretisierung nicht mehr erforderlich ist. Tatbestand und Rechtsfolge müssen so genau umschrieben sein, daß mit der adressatenändernden Aufnahme in den landesrechtlichen Normenbestand [, d. h. durch das Zustimmungsgesetz,] die gewollten Rechtswirkungen unmittelbar zu erreichen sind"[7].

Ob eine Abkommensregelung somit *self-executing* ist, bedarf der Auslegung im Einzelfall. Grundsätzlich ist es möglich, eine DBA-Regelung derart konkret zwischen den Vertragsstaaten auszuhandeln, dass sie unmittelbare Wirkung entfaltet.[8] Dies entspricht aber nicht dem abkommensrechtlichen Regelfall. Zweck und Wirkungsweise von Doppelbesteuerungsabkommen ist die Zuweisung von Besteuerungsrechten in den Fällen, in denen die Besteuerung durch den Quellenstaat mit der durch den Ansässigkeitsstaat kollidiert. Als – wie *Kluge* es nennt – „Rechtsanwendungsrecht"[9] weisen sie dabei in den Verteilungsartikeln einem

---

[2]So wurde die Thematik gerade im Kontext der Wirkung des zunächst nur abkommensrechtlich verankerten Progressionsvorbehalts ausführlich thematisiert, vgl. *Kluge*, StuW 1975, 294, 297 f. m. w. N.

[3]Vgl. *Kluge*, StuW 1975, 294, 296.

[4]Zu den Folgen der Umsetzung nach der Transformationslehre bzw. der Vollzugslehre, vgl. *Wassermeyer*, in: Wassermeyer, DBA, Art. 1 MA Rn. 7a.

[5]*Kluge*, StuW 1975, 294, 296.

[6]*Kluge*, StuW 1975, 294, 296.

[7]*Kluge*, StuW 1975, 294, 296.

[8]*Kluge*, StuW 1975, 294, 297; so wohl auch *Wassermeyer*, in: Wassermeyer, DBA, Art. 1 MA Rn. 10.

[9]*Kluge*, StuW 1975, 294, 297.

oder beiden Vertragsstaaten ein Besteuerungsrecht an bestimmten Einkünften zu und bestimmen sodann in dem Methodenartikel, wie die ggf. zu befürchtende Doppelbesteuerung dieser Einkünfte zu vermeiden ist. Insbesondere die Anwendung der Verteilungsartikel ist dabei losgelöst von der Frage, ob und in welchem Umfang die Vertragsstaaten die jeweiligen Einkünfte nach ihrem innerstaatlichen Recht (tatsächlich) besteuern. Insoweit betreffen die Abkommensvorschriften lediglich die Gewinn- bzw. Einkünfteabgrenzung. Die Entscheidung, einen bestimmten Sachverhalt der Besteuerung zu unterwerfen, und die Bestimmung der Art und Weise, wie der hierfür maßgebliche Gewinn bzw. die maßgeblichen Einkünfte zu ermitteln sind, liegt ausschließlich bei dem jeweiligen Vertragsstaat.[10] Damit räumen die Verteilungsnormen der Doppelbesteuerungsabkommen in den meisten Fällen nur die *Möglichkeit* zur Besteuerung ein, überlassen die Frage des „Ob", des „Wie" und des „Wann"[11] aber dem jeweiligen Vertragsstaat. Damit fehlt diesen Regelungen in der Regel die erforderliche Konkretisierung als Voraussetzung für eine *self-executing* Wirkung.

Regelmäßig sind Abkommensnormen aber in den Fällen *self-executing*, in denen sie beschränkend wirken. Man spricht insoweit von der „Schrankenwirkung des Abkommensrecht".[12] Bei Anordnung der Freistellungsmethode kann dies beispielsweise die Besteuerung dem Grunde nach betreffen.[13] Im Rahmen der Leistungsbeziehungen zwischen zwei verbundenen Unternehmen kann sich wiederum eine Einkünftekorrektur unmittelbar daraus ergeben, dass sich die Anwendung des innerstaatlichen Steuerrechts in Widerspruch zum Fremdvergleichsgrundsatz setzt.[14]

15.1.2 Der Streit zu Art. 7 Abs. 2 OECD-MA 2000

Bereits vor Einführung des AOA war die Frage, ob Art. 7 OECD-MA 2000 *self-executing* Charakter habe, umstritten.

---

[10]*Kluge*, StuW 1975, 294, 297; OECD-MK 2010 Art. 7 Nr. 30.

[11]*Ditz*, in: Schönfeld/Ditz, DBA, Art. 7 (2008) Rn. 37; *Ditz,* Intl Gewinnabgrenzung 2004, S. 49.

[12]Vgl. *Schaumburg,* Internationales Steuerrecht 2011, Rn. 16.291 ff.; *Rasch*, IWB 2012, 198, 200 f.

[13]Vgl. *Kaeser/Hilsebein/Kröner*, in: Wassermeyer, DBA, Art. 7 MA (2010) Rn. 690; *Schnitger*, IStR 2012, 633, 634.

[14]Vgl. *BFH*, Urt. v. 11.10.2012 – I R 75/11, *BFHE* 239, 242; Urt. v. 17.12.2014 – I R 23/13, *BFHE* 248, 170; Urt. v. 24.6.2015 – I R 29/14, *BFHE* 250, 386; beachte aber auch Urt. v. 27.2.2019 – I R 73/16, *BFHE* 263, 525.

So verneinten *Wassermeyer*[15] und *Debatin*[16] jegliche *self-executing* Wirkung von Art. 7 Abs. 2 OECD-MA 2000. Die unmittelbare Wirkung des Verteilungsartikels beschränke sich danach auf die genannte Schrankenfunktion. Als Rechtsfolge werde das Besteuerungsrecht des Betriebsstättenstaats am Betriebsstättengewinn lediglich insoweit gekürzt, als die innerstaatliche Gewinnzuordnung über das fremdvergleichskonforme Maß hinausgehe.[17] Für den Ansässigkeitsstaat schlage sich diese Schrankenwirkung in der Anwendung des Methodenartikels nieder. Danach waren die Betriebsstättengewinne lediglich bis zu der fremdvergleichskonformen Höhe von der Besteuerung freizustellen oder im Rahmen der Anrechnungsmethode zu berücksichtigen.[18] Systematisch untermauerte *Wassermeyer* den mangelnden *self-executing* Charakter durch Verweis auf Art. 9 Abs. 1 OECD-MA, der anerkanntermaßen nicht *self-executing* sei. Ähnlich wie Art. 9 Abs. 1 OECD-MA stelle Art. 7 OECD-MA 2000 lediglich eine Ermächtigungsnorm dar.[19]

Andere[20] entnahmen der Regelung des Art. 7 Abs. 2 OECD-MA sowohl auf Ebene der Gewinnabgrenzung wie auch der Gewinnermittlung eine *self-executing* Wirkung. Insoweit die Vertreter dieser Auffassung Innentransaktionen zwischen Betriebsstätte und Stammhaus dem Grunde nach anerkannten, erachteten sie auch Art. 7 Abs. 2 OECD-MA als hinreichende Rechtsgrundlage für die aus diesen Transaktionen resultierende Gewinnrealisierung.[21]

Ein weiterer Teil des Schrifttums vertrat demgegenüber eine vermittelnde Auffassung, indem er Art. 7 Abs. 2 OECD-MA zwar hinsichtlich der Gewinnabgrenzung, nicht jedoch der Gewinnermittlung als *self-executing* einstufte.[22] So kam *Ditz* bei der Auslegung des Art. 7 OECD-MA zu dem Ergebnis, dass bereits der Wortlaut des Artikels („werden") in Abgrenzung zur Formulierung des Art. 9 Abs. 1 OECD-MA („dürfen") einen eindeutigen Gesetzesbefehl zum Ausdrucke bringe, so dass es keiner weiteren Ausfüllung durch innerstaatliches

---

[15] *Wassermeyer*, in: Wassermeyer, DBA, Art. 7 MA (2000) Rn. 315; *Wassermeyer*, FS Offerhaus, S. 405, 406; *Wassermeyer*, in: Piltz/Schaumburg, Forum Int Besteuerung Bd. 20, S. 25, 29 f.

[16] *Debatin*, FS Scherpf, S. 305, 316.

[17] Vgl. *Ditz*, in: Schönfeld/Ditz, DBA, Art. 7 (2008) Rn. 39 f.

[18] Vgl. *Kaeser/Hilsebein/Kröner*, in: Wassermeyer, DBA, Art. 7 MA (2010) Rn. 690 unter Verweis auf *Schnitger*, IStR 2012, 633, 634.

[19] *Wassermeyer*, in: Wassermeyer, DBA, Art. 7 MA (2000) Rn. 315.

[20] *Kluge*, StuW 1975, 294, 300 ff.; wohl auch *Becker*, DB 1989, 10, 14.

[21] *Ditz*, in: Schönfeld/Ditz, DBA, Art. 7 (2008) Rn. 39; *Kluge*, StuW 1975, 294, 302.

[22] Vgl. *Ditz*, in: Schönfeld/Ditz, DBA, Art. 7 (2008) Rn. 39 f.; *Ditz*, IStR 2005, 37, 39 ff.; *Schaumburg*, Internationales Steuerrecht 2011, Rn. 16.266 m. w. N.

Recht bedürfe.[23] Auch werde der Zweck der Vermeidung von Doppelbesteuerung nur erreicht, wenn die Besteuerung im Betriebsstättenstaat mit der Freistellung im Ansässigkeitsstaat korrespondiere.[24] Der systematische Vergleich mit Art. 9 Abs. 1 OECD-MA trage nicht, da dieser Artikel eine Sonderstellung im Rahmen der Verteilungsartikel einnehme und vielmehr als Ergänzung des Art. 7 OECD-MA denn als eigene Verteilungsnorm anzusehen sei.[25] Schließlich rekurriert *Ditz* zur Begründung der vermittelnden Ansicht auf den OECD-Musterkommentar, der die *self-executing* Wirkung des Art. 7 Abs. 2 OECD-MA auf Ebene der Gewinner-mittlung ausdrücklich verneine, zu der Parallelfrage auf Gewinnabgrenzungsebene hingegen schweige.[26] Dabei vertritt *Ditz* die Auffassung, auch der BFH folge der dargestellten vermittelnden Ansicht.[27]

Richtigerweise ist der Auffassung *Wassermeyers* zu folgen. Art. 7 Abs. 2 OECD-MA 2000 war weder auf Ebene der Gewinnabgrenzung noch auf Ebene der Gewinnermittlung *self-executing* und entfaltete unmittelbare Wirkung nur im Rahmen seiner Schrankenfunktion.

Gegen die Ansicht, Art. 7 Abs. 2 OECD-MA 2000 sei sowohl auf Gewinnabgrenzungs- wie auch auf Gewinnermittlungsebene *self-executing,* spricht bereits der Umfang der Regelungswirkung eines Doppelbesteuerungs-abkommens, das zur Regelung der Betriebsstättengewinnabgrenzung auf Art. 7 OECD-MA rekurriert. Denn ungeachtet der Frage, ob ein Doppelbesteuerungsab-kommen grundsätzlich auch Regelungen zur Gewinnermittlung enthalten darf,[28] regelt Art. 7 OECD-MA 2000 jedenfalls nur die Ebene der Gewinnabgrenzung und lässt die Gewinnermittlung (nach innerstaatlichem Recht) unberührt. Inso-weit ist auch nicht ersichtlich, wie eine Abkommensnorm unmittelbar auf der Gewinnermittlungsebene wirken soll, wenn diese Ebene noch nicht einmal von der Regelungswirkung der Norm umfasst ist. Dass die unmittelbare Wirkung auch auf Gewinnermittlungsebene eine konsequentere Umsetzung erlauben würde, ist

---

[23] *Ditz*, in: Schönfeld/Ditz, DBA, Art. 7 (2008) Rn. 39; *Ditz,* Intl Gewinnabgrenzung 2004, S. 59 f.

[24] *Ditz*, in: Schönfeld/Ditz, DBA, Art. 7 (2008) Rn. 39; *Ditz,* Intl Gewinnabgrenzung 2004, S. 60 f.

[25] *Ditz*, in: Schönfeld/Ditz, DBA, Art. 7 (2008) Rn. 39; *Ditz,* Intl Gewinnabgrenzung 2004, S. 61 ff.

[26] *Ditz*, in: Schönfeld/Ditz, DBA, Art. 7 (2008) Rn. 39; *Ditz,* Intl Gewinnabgrenzung 2004, S. 65 f.

[27] *Ditz*, in: Schönfeld/Ditz, DBA, Art. 7 Rn. 38; *Ditz,* Intl Gewinnabgrenzung 2004, S. 57 unter Verweis auf *BFH*, Urt. v. 9.11.1988 – I R 335/83, *BFHE* 155, 101; Urt. v. 17.7.2008 – I R 77/06, *BFHE* 222, 402.

[28] So wohl *Kluge*, StuW 1975, 294, 297 f.

zwar richtig, aber für die Frage der unmittelbaren Wirkung unerheblich. Eine Herleitung des Ist-Zustands aus dem Soll-Zustand führt die systematische Auslegung sonst *ad absurdum.*

Schließlich überzeugen auch die Argumente, mit denen *Ditz* eine *self-executing* Wirkung auf Gewinnabgrenzungsebene herleiten will, nicht. Dass Art. 7 OECD-MA 2000 eben keinen eindeutigen Gesetzesbefehl zum Ausdruck brachte, zeigt sich bereits in der Vielfalt an Interpretations- und Anwendungsansätzen bei der Betriebsstättengewinnabgrenzung, die letztlich Anlass für die Erarbeitung des AOA waren.[29] Auch ist der Wortlaut des Art. 7 Abs. 2 OECD-MA 2000 („werden") nicht dahingehend auszulegen, dass er die Vertragsstaaten zu einer Ausübung des ihnen zugestandenen Besteuerungsrechts – jenseits der abkommensrechtlichen Schrankenwirkung – zwingt. So ist es, wie bereits erwähnt, auf Ebene der Verteilungsartikel für die Zuweisung eines Besteuerungsrechts unerheblich, ob der Vertragsstaat (tatsächlich) von diesem Recht Gebrauch macht oder nicht.[30] Die Heranziehung des Zwecks des Art. 7 OECD-MA, nämlich der Vermeidung der Doppelbesteuerung, vermengt wiederum Ist- und Soll-Zustand. Zu der eigentlichen Frage, ob für die Zweckerreichung eine innerstaatliche Umsetzungsvorschrift erforderlich ist, trifft der Artikel keine Aussage. Ferner überzeugen auch die systematischen und historisch-genetischen Auslegungsergebnisse von *Ditz* nicht. Selbst wenn die Überlegungen zu dem anerkanntermaßen nicht *self-executing* wirkenden Art. 9 Abs. 1 OECD-MA nicht übertragbar wären, so folgte daraus nicht zwingend in einer Art „Umkehrschluss" der *self-executing* Charakter von Art. 7 Abs. 2 OECD-MA. Diese Schlussfolgerung wäre nur richtig, wenn die konkreten Umstände, die der unmittelbaren Regelungswirkung des Art. 9 Abs. 1 OECD-MA entgegenstehen, denklogisch abschließend sämtliche konkreten Umstände umfassten, die eine unmittelbare Regelungswirkung verhindern können. Für diese Prämisse enthält das Abkommensrecht aber keine Anhaltspunkte. Ebenso ist dem Schweigen des OECD-Musterkommentars zu der Frage der *self-executing* Wirkung auf Gewinnabgrenzungsebene – bei gleichzeitig ausdrücklicher Verneinung auf Gewinnermittlungsebene – eben gerade keine Aussage zu dieser Frage zu entnehmen.

Schließlich ist die Schlussfolgerung, auch der BFH erachte Art. 7 Abs. 2 OECD-MA zwar auf Gewinnabgrenzungs-, nicht aber auf Gewinnermittlungsebene für *self-executing,* die *Ditz* aus den zitierten Urteilen zieht, nicht zwingend. So trifft das Urteil vom 9. November 1988[31] lediglich eine Aussage zum Regelungsbereich eines Doppelbesteuerungsabkommens. Die Frage der unmittelbaren

---

[29]Vgl. oben Kapitel 13.

[30]Vgl. oben unter 15.1.1.

[31]*BFH*, Urt. v. 9.11.1988 – I R 335/83, *BFHE* 155, 101.

Wirkung war hingegen nicht Gegenstand der Entscheidung. Und auch das BFH-Urteil vom 17. Juli 2008[32] verhält sich lediglich zu der Frage, ob von Art. 7 Abs. 2 OECD-MA 2000 eine *self-executing* Wirkung auf Ebene der Gewinnermittlung ausgeht, lässt aber die Ebene der Gewinnabgrenzung außer Betracht. Die Schlussfolgerungen, die *Ditz* aus den Entscheidungen zieht, stehen damit zwar nicht im Widerspruch zu den Entscheidungsgründen, sie sind aber auch nicht deren zwingende Folge.

Im Ergebnis erscheint es daher, insbesondere mit Blick auf den nicht hinreichend konkretisierten Gesetzesbefehl des Art. 7 Abs. 2 OECD-MA 2000, angebrachter, die *self-executing* Wirkung der Norm zu verneinen und ihre unmittelbare Wirkung auf die abkommensrechtliche Schrankenfunktion zu begrenzen.

15.1.3 Übertragbarkeit auf Art. 7 DE-VG

Das Gesagte lässt sich weitestgehend auch auf Abkommensartikel übertragen, die auf Art. 7 DE-VG (bzw. Art. 7 OECD-MA 2010, auf dem Art. 7 DE-VG seinerseits aufbaut) basieren. So enthält auch der aktuelle Wortlaut des Art. 7 OECD-MA 2010 keinen aus sich heraus eindeutigen Gesetzesbefehl, sondern ist vielmehr schon seiner Konzeption nach im Zusammenhang mit den teilweise umfangreichen Ausführungen des Betriebsstättenberichts 2010 zu lesen.[33] Der Wortlaut des Art. 7 DE-VG („zugerechnet werden können") bringt dabei deutlicher zum Ausdruck, dass dem Betriebsstättenstaat durch das Abkommen lediglich das Besteuerungsrecht und damit die Möglichkeit der Besteuerung zugewiesen wird. Inhaltlich weicht er dadurch aber nicht von dem Art. 7 OECD-MA 2010 ab, der die Formulierung „zuzurechnen sind" verwendet.[34]

Damit beschränkt sich die unmittelbare Wirkung der auf Art. 7 DE-VG basierenden Verteilungsartikel ebenfalls auf deren Schrankenwirkung. Darüber hinaus kommt der Norm keine *self-executing* Wirkung zu, so dass die Anwendung des AOA einer innerstaatlichen Umsetzungsnorm bedarf. Dabei hat sich der deutsche Gesetzgeber des im Steuerrecht verbreiteten „Umsetzungsdreiklangs" bedient: Neben die gesetzliche Regelung in § 1 Abs. 4 bis 6 AStG[35] treten eine Rechtsverordnung, die Betriebsstättengewinnaufteilungsverordnung

---

[32]*BFH*, Urt. v. 17.7.2008 – I R 77/06, *BFHE* 222, 402.

[33]OECD-MK 2010 Art. 7 Nr. 9.

[34]Vgl. *Kaeser*, in: Wassermeyer, DBA, Art. 7 MA (2010) Rn. 809.

[35]Geändert bzw. eingefügt durch das Amtshilferichtlinie-Umsetzungsgesetz vom 26.6.2013, BGBl I 2013, 1809.

(im Folgenden: „BsGaV")[36] sowie ein BMF-Schreiben (im Folgenden „VWG BsGa")[37].

15.2   Gegenstand und Aufbau der gesetzlichen Regelung

Mit dem Amtshilferichtlinie-Umsetzungsgesetz vom 26. Juni 2013[38] hat der Gesetzgeber § 1 AStG um Regelungen ergänzt, die nach der Gesetzesbegründung[39] den AOA in das nationale Steuerrecht umsetzen sollen.

Die wesentliche Neuerung des § 1 AStG im Zuge der Umsetzung des AOA besteht damit neben der Einführung der sog. anzunehmenden schuldrechtlichen Beziehungen in § 1 Abs. 4 Satz 1 Nr. 2 AStG in dem neu eingefügten § 1 Abs. 5 AStG.

§ 1 Abs. 5 Satz 1 AStG enthält die folgenden Tatbestandsvoraussetzungen:

• Für eine Geschäftsbeziehung im Sinne des § 1 Abs. 4 Satz 1 Nr. 2 AStG
• entsprechen die Bedingungen, die der Aufteilung der Einkünfte im Outbound-Fall oder der Ermittlung der Einkünfte im Inbound-Fall steuerlich zugrunde gelegt wurden, nicht dem Fremdvergleichsgrundsatz
• und dadurch (Kausalität) werden die inländischen Einkünfte eines beschränkt Steuerpflichtigen oder die ausländischen Einkünfte eines unbeschränkt Steuerpflichtigen erhöht.

Dabei fällt zunächst auf, dass das zweite Tatbestandsmerkmal die Betriebsstättengewinnabgrenzung voraussetzt, sie aber nicht anordnet. § 1 Abs. 5 AStG ist damit als Korrekturvorschrift ausgestaltet:[40] Denn liegen dessen Voraussetzungen vor, so finden als Rechtsfolge die Absätze 1, 3 und 4 des § 1 AStG entsprechende Anwendung. § 1 Abs. 1 Satz 1 AStG ordnet dabei – unbeschadet anderer Vorschriften[41] – eine Korrektur unter Beachtung des Fremdvergleichsgrundsatzes an. Für die Anwendung des Fremdvergleichsgrundsatzes enthalten Absatz 1 und

---

[36]Verordnung zur Anwendung des Fremdvergleichsgrundsatzes auf Betriebsstätten nach § 1 Absatz 5 des Außensteuergesetzes (Betriebsstättengewinnaufteilungsverordnung - BsGaV) vom 13.10.2014, BGBl I 2014, 1603.

[37]BMF, Schreiben v. 22.12.2016 (VWG BsGa), BStBl I 2017, 182.

[38]BGBl I 2013, 1809.

[39]Vgl. bspw. BT-Drs. 17/10000, S. 61 f.

[40]Vgl. hierzu ausführlich Kapitel 16.

[41]Zum grundsätzlichen Nachrang der Einkommenskorrektur nach § 1 AStG vgl. auch unten 19.2.1.2.3 (dort Fn.101).

Absatz 5 Konkretisierungen; Absatz 3 ordnet die Anwendung bestimmter Methoden zur konkreten Preisbestimmung an.[42] Nach § 1 Abs. 1 Satz 3 AStG ist bei der Anwendung davon auszugehen, dass die voneinander unabhängigen Dritten, die dem Fremdvergleich zugrunde liegen, alle wesentlichen Umstände der Geschäftsbeziehung kennen und nach den Grundsätzen ordentlicher und gewissenhafter Geschäftsleiter handeln.[43]

Die im Kontext des AOA aber wesentlich relevantere Konkretisierung enthalten § 1 Abs. 5 Sätze 2 bis 4 AStG, die die Selbstständigkeitsfiktion und die analoge Anwendung der Verrechnungspreisgrundsätze (vgl. § 1 Abs. 3 AStG) anordnen. Die in § 1 Abs. 5 Satz 2 AStG verankerte Selbstständigkeitsfiktion, nach der die Betriebsstätte wie ein eigenständiges und unabhängiges Unternehmen zu behandeln ist, steht dabei unter dem Vorbehalt, dass die Zugehörigkeit der Betriebsstätte zum Unternehmen keine andere Behandlung erfordert. Satz 3 der Vorschrift ist sodann an die erste Stufe des AOA angelehnt. Gemäß § 1 Abs. 5 Satz 3 AStG sind in Bezug auf die Betriebsstätte folgende Zuordnungen vorzunehmen:

- die Funktionen des Unternehmens, die durch ihr Personal ausgeübt werden (Personalfunktionen),[44] Nr. 1
- die Vermögenswerte, die sie zur Ausübung der ihr zugeordneten Funktionen benötigt,[45] Nr. 2
- die Chancen und Risiken des Unternehmens, die sie aufgrund der ausgeübten Funktionen und zugeordneten Vermögenswerte übernimmt,[46] Nr. 3
- ein angemessenes Eigenkapital (Dotationskapital).[47] Nr. 4

Auf der Grundlage dieser Zuordnungen sind sodann gemäß § 1 Abs. 5 Satz 4 AStG die Art der Geschäftsbeziehungen zwischen dem Unternehmen und seiner Betriebsstätte und die Verrechnungspreise für diese Geschäftsbeziehungen zu bestimmen. Weicht die nach § 1 Abs. 5 AStG angeordnete Anwendung des Fremdvergleichsgrundsatzes im Ergebnis von der vorgenommenen „Aufteilung der Einkünfte" im Sinne des § 1 Abs. 5 Satz 1 AStG ab, so ist diese Aufteilung

---

[42] Vgl. zum Fremdvergleichsgrundsatz i. R. d. § 1 AStG oben 11.2.2.

[43] Vgl. hierzu insbesondere 11.2.2.1.

[44] § 1 Abs. 6 AStG i. V. m. § 1 Abs. 2 Nr. 1, § 2 Abs. 3 und 5, § 4 BsGaV; vgl. auch unten 15.2.2.1.1.

[45] § 1 Abs. 6 AStG i. V. m. § 1 Abs. 2 Nr. 2, § 2 Abs. 6, §§ 5 bis 8 BsGaV; vgl. auch unten 15.2.2.1.2.

[46] § 1 Abs. 6 AStG i. V. m. § 1 Abs. 2 Nr. 2, § 10 BsGaV; vgl. auch unten 15.2.2.1.3.

[47] § 1 Abs. 6 AStG i. V. m. § 1 Abs. 2 Nr. 3, §§ 12, 13 BsGaV; vgl. auch unten 15.2.2.1.4.

fremdvergleichskonform, d. h. wiederum unter der Anwendung der § 1 Abs. 5 Sätze 2 bis 4, Abs. 1 Satz 3 AStG, zu korrigieren.

Folgende Grafik veranschaulicht die Funktionsweise des § 1 Abs. 5 AStG (Abb. 15.1):

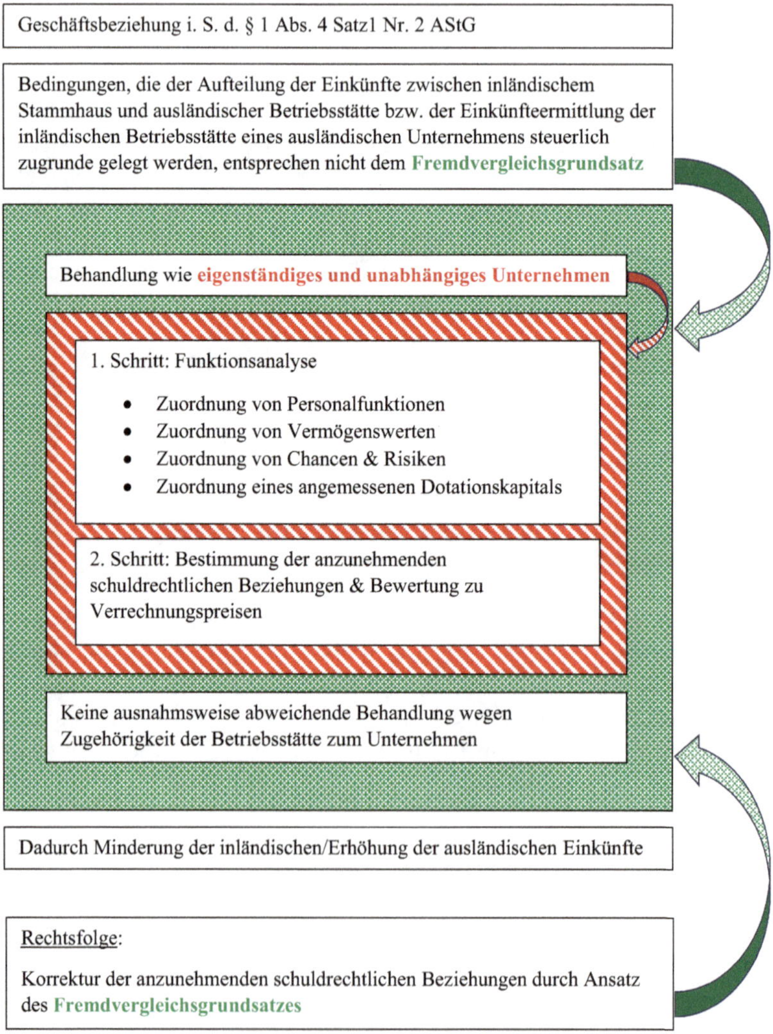

Abb. 15.1 Funktionsweise des § 1 Abs. 5 AStG

An der Struktur des § 1 Abs. 5 AStG fällt vornehmlich auf, dass sich die Geschäftsbeziehungen im Sinne des § 1 Abs. 4 Satz 1 Nr. 2 AStG sowohl auf Tatbestands- wie auf Rechtsfolgenebene wiederfinden. Dies mutet – ebenso wie die Anordnung der entsprechenden Anwendung des Absatzes 4, auf dessen Definition § 1 Abs. 5 Satz 1 AStG auf Tatbestandsebene zurückgreift – zunächst zirkulär an. Dabei ist jedoch der „induktive" Charakter des § 1 Abs. 5 AStG zu beachten: Auch das Fremdvergleichserfordernis taucht sowohl auf Tatbestands- als auch auf Rechtsfolgenebene auf.

Auf Tatbestandsebene ist zu überprüfen, ob die Innentranskationen („Geschäftsbeziehungen im Sinne des § 1 Abs. 4 Satz 1 Nr. 2 AStG") fremdvergleichskonform bei der Besteuerung berücksichtigt worden sind. Wird dies verneint, ist der fremdvergleichskonforme Zustand auf Rechtsfolgenebene herzustellen. Die Feststellung, dass die Korrekturvoraussetzungen vorliegen, enthält damit denknotwendig schon den Berechnungsschritt, der die Rechtsfolge bestimmt.

Was die entsprechende Anwendung des Absatzes 4 angeht, so ist zudem zu berücksichtigen, dass § 1 Abs. 4 AStG neben dem Definitionsteil in Satz 1 auch noch einen Satz 2 enthält, der eine Fiktion anordnet. Danach ist, wenn einem Geschäftsvorfall im Sinne der Legaldefinition des § 1 Abs. 4 Satz 1 Nr. 1 AStG keine schuldrechtliche Vereinbarung zugrunde liegt, eine schuldrechtliche Vereinbarung oder bestehende Rechtsposition zu fingieren, wenn nicht der Steuerpflichtige im Einzelfall etwas anderes glaubhaft macht.

Auffällig ist hingegen, dass sich die Regelung des § 1 Abs. 5 AStG seinem Wortlaut nach auf Geschäftsbeziehungen im Sinne des § 1 Abs. 4 Satz 1 Nr. 2 AStG und damit Innentransaktionen zwischen Stammhaus und Betriebsstätte, beschränkt. Damit werden Außentransaktionen des Gesamtunternehmens mit verbundenen Unternehmen oder Dritten sowie die sie betreffenden Zurechnungsmechanismen nicht von der Regelungswirkung des § 1 Abs. 5 AStG erfasst. Die in § 1 Abs. 2 Nr. 5 und § 9 BsGaV zur Zuordnung von Außentransaktionen getroffene Regelung dürfte mithin auch nicht von der Verordnungsermächtigung in § 1 Abs. 6 AStG abgedeckt sein.[48] Insoweit ist davon auszugehen, dass bezüglich dieser Außentransaktionen das subsidiär heranzuziehende allgemeine Veranlassungsprinzip Anwendung findet.[49] Dieses dürfte jedoch in der Regel zu keinem von § 9 BsGaV abweichenden Zuordnungsergebnis führen.[50]

---

[48] Vgl. auch die Ausführungen unter 15.2.2.1.2.5.

[49] Zum Veranlassungsprinzip als Grundprinzip der Zuordnung im deutschen Steuerrecht, vgl. *Hagemann*, IWB 2016, 75, 77; vgl. auch *Wassermeyer*, DB 2006, 1176, 1177; *Kleineidam*, IStR 2000, 577, 578 sowie oben in Kapitel 5.

[50] Vgl. hierzu auch 15.2.2.1.2.5.

Fraglich ist, ob die veranlassungsbasierte Zuordnung einer Außentransaktion zwischen der Betriebsstätte und einem verbundenen Unternehmen auch direkt in den Anwendungsbereich der Korrekturvorschrift des § 1 Abs. 1 Satz 1 AStG fallen würde. Der Betriebsstättenbericht geht auf abkommensrechtlicher Ebene davon aus, dass Art. 9 Abs. 1 OECD-MA direkt und nicht lediglich analog anwendbar ist.[51] Hält man dies für richtig, so müsste entsprechendes für § 1 Abs. 1 Satz 1 AStG gelten.

§ 1 Abs. 6 AStG ermächtigt schließlich zum Erlass einer Rechtsverordnung, die die Einzelheiten des Fremdvergleichsgrundsatzes und Einzelheiten zu dessen einheitlicher Anwendung sowie Grundätze zur Bestimmung des Dotationskapitals zum Gegenstand hat. Das BMF hat von dieser Ermächtigung Gebrauch gemacht und die BsGaV erlassen. Die Anwendung des § 1 Abs. 5 AStG und der BsGaV erläutert das BMF zudem in einem dazugehörigen BMF-Schreiben.[52]

Im Folgenden sollen die einzelnen Regelungsschritte des § 1 Abs. 5 AStG detailliert und unter Heranziehung der BsGaV sowie der dazugehörigen VWG BsGa erläutert werden. Soweit fraglich ist, ob die Regelungen der BsGaV von ihrer Ermächtigungsgrundlage in § 1 Abs. 6 AStG abgedeckt sind, wird dies an den entsprechenden Stellen thematisiert werden.

15.2.1 Die „anzunehmende schuldrechtliche Beziehung" als Spezialfall der Geschäftsbeziehungen

Mit der Einfügung des neuen § 1 Abs. 5 AStG wurde auch der § 1 Abs. 5 AStG a.F. zu den Geschäftsbeziehungen neugestaltet und als neuer Absatz 4 eingefügt.[53] § 1 Abs. 4 Satz 1 AStG definiert Geschäftsbeziehungen nun über Geschäftsvorfälle und nicht mehr wie die Vorgängerregelung § 1 Abs. 5 AStG a.F. über schuldrechtliche Beziehungen.[54] Geschäftsvorfälle erfassen nach der Legaldefinition in § 1 Abs. 4 Satz 1 Nr. 1 AStG einzelne oder mehrere zusammenhängende wirtschaftliche Vorgänge. Wirtschaftliche Vorgänge umfassen ausweislich der Gesetzesbegründung wiederum alle „rechtlichen Beziehungen und tatsächlichen Handlungen"[55]. Diese Erweiterung von ehemals „schuldrechtlichen Beziehungen"

---

[51]*OECD*, Betriebsstättenbericht 2010, Part I Tz. 98.

[52]BMF, Schreiben v. 22.12.2016 (VWG BsGa), BStBl I 2017, 182.

[53]Vgl. *Wilke*, IWB 2012, 271, 272.

[54]Vgl. BT-Drs. 17/10000, S. 63; *Richter/Heyd*, Ubg 2013, 418, 419.

[55]Vgl. BT-Drs. 17/10000, S. 63.

auch auf „tatsächliche Handlungen" ermöglicht erstmals auch die Berücksichtigung von Innentransaktionen zwischen Betriebsstätte und Stammhaus, die als Insichgeschäfte angesichts ihrer rechtlichen Nichtigkeit bislang nicht von der Geschäftsbeziehungsdefinition des § 1 Abs. 5 AStG a.f. erfasst waren.[56] Zu diesem Zweck wurde in § 1 Abs. 4 Satz 1 Nr. 2 AStG daher ausdrücklich der Begriff der „anzunehmenden schuldrechtlichen Beziehung" definiert. Dieser soll dem „*dealing*" auf OECD-Ebene entsprechen.[57]

Schnitger beklagt, dass der Geschäftsbeziehungsbegriff durch das wahlweise Abstellen auf einzelne oder mehrere zusammenhängende wirtschaftliche Vorgänge an Kontur verlieren würde, da der notwendige Veranlassungszusammenhang zur Einbeziehung anderer Sachverhalte durch das bloße Erfordernis eines wirtschaftlichen Zusammenhangs nicht hinreichend genau bestimmt sei.[58] Diese begriffliche Unschärfe ist jedoch kein spezifisches Problem des AOA. Da eine Veranlassung allgemein bereits bei bestehendem wirtschaftlichen Zusammenhang bejaht und insbesondere anders als bei § 3c Abs. 1 EStG keine Unmittelbarkeit verlangt wird, handelt es sich hierbei vielmehr um ein für die Zurechnungsfrage typisches Phänomen. Es ist nicht ersichtlich, warum gerade im Fall der Geschäftsvorfälle eine besondere Gefahr der Konturenlosigkeit drohen würde.

Auch der von *Schnitger* angeführte Kritikpunkt, die Zusammenfassung mehrerer wirtschaftlicher Vorgänge stehe im Widerspruch zu der Anerkennung fremdüblicher Geschäfte aufgrund eines Vorteilsausgleichs, da dieser eine unmittelbare Verknüpfung von Leistung und Gegenleistung voraussetze,[59] überzeugt im Ergebnis nicht. Die zitierte Voraussetzung der unmittelbaren Verknüpfung betrifft die verdeckte Gewinnausschüttung. Für den hier wesentlich näher liegenden Vorteilsausgleich bei international verbundenen Unternehmen verweist H 8.5.II KStR 2015 (wie auch schon H 36.II KStR 2008) u. a. auf das BMF-Schreiben vom 23. Februar 1983,[60] Tz. 2.3. Dieses listet unter Tz. 2.3.2 Voraussetzungen auf, die im Ergebnis mit dem Fremdvergleichsgrundsatz nach § 1 AStG übereinstimmen dürften. Insoweit dürfte sich jedenfalls in Zusammenschau mit § 1 Abs. 5 AStG auch für die zusammengefassten wirtschaftlichen Vorgänge kein von den Körperschaftsteuer-Richtlinien abweichendes Resultat ergeben.

Darüber hinaus wurde Absatz 4 um einen Satz 2 ergänzt, der bei fehlender oder nicht nachweisbarer schuldrechtlicher Beziehung diese nach Maßgabe

---

[56]Vgl. BT-Drs. 17/10000, S. 62.
[57]Vgl. BT-Drs. 17/10000, S. 63.
[58]Vgl. *Schnitger*, IStR 2012, 633, 636.
[59]Vgl. *Schnitger*, IStR 2012, 633, 636 unter Verweis auf H 36.II KStR 2008.
[60]BMF, Schreiben vom 23.2.1983, IV C 5-S 1341-4/83, BStBl I 1983, 218.

eines ordentlichen und gewissenhaften Geschäftsleiters fingiert, wenn nicht der Steuerpflichtige im Einzelfall etwas anderes glaubhaft macht.

Der umgestaltete Absatz 4 ist in seiner Struktur und seinen Formulierungen etwas sperrig.[61] Dies ist teilweise dem Umstand geschuldet, dass die Satzreihenfolge der Fassung des Referentenentwurfs geändert wurde, ohne die Formulierungen anzupassen: So war der heutige § 1 Abs. 4 Satz 1 Nr. 1 AStG im Referentenentwurf noch der in Satz 1 verankerte Grundfall der über den Geschäftsvorfall definierten Geschäftsbeziehung. Bei fehlenden bzw. nicht nachweisbaren schuldrechtlichen Vereinbarungen griff die Fiktion des Satzes 2 ein. In dem folgenden Satz 3 wurde der Geschäftsbeziehungsbegriff sodann auch auf grenzüberschreitende Geschäftsvorfälle zwischen Stammhaus und Betriebsstätte ausgeweitet.[62]

Dieser vom Grundfall der heutigen Nr. 1 ausgehende Aufbau erklärt auch, warum die Legaldefinition des Geschäftsvorfalls in die Nr. 1 integriert wurde und nicht als allgemein gültig „vor die Klammer" gezogen wurde. Anhaltspunkte, dass sie jedoch nicht auch für die Zwecke der Nr. 2 gilt, sind indes nicht ersichtlich.[63]

Gleiches gilt im Ergebnis wohl auch für den Anwendungsbereich des Satzes 2. Während sich der Anwendungsbereich im Kontext der Nr. 1 auf Beweisschwierigkeiten beschränken dürfte,[64] ist im Zusammenhang mit der Nr. 2 auf den ersten Blick zwar fraglich, ob die anzunehmenden schuldrechtlichen Beziehungen überhaupt vom Wortlaut des Satzes 2 erfasst werden. So geht die Norm dem Wortlaut nach lediglich davon aus, „dass voneinander unabhängige ordentliche und gewissenhafte Geschäftsleiter eine schuldrechtliche Vereinbarung getroffen hätten oder eine bestehende Rechtsposition geltend machen würden".

Damit trifft Satz 2 aber keine Aussage dazu, wie zu verfahren ist, wenn mangels rechtlicher Selbstständigkeit der Betriebsstätte ihre unabhängigen ordentlichen und gewissenhaften Geschäftsleiter aber gar keine schuldrechtlichen Vereinbarungen hätten treffen oder Rechtsposition hätten geltend machen können. Dem Wortlaut nach fingiert Satz 2 nämlich nur das Bestehen der schuldrechtlichen Vereinbarung bzw. die Geltendmachung einer zivilrechtlichen Rechtsposition,

---

[61] Vgl. auch *Richter/Heyd*, Ubg 2013, 418, 419.

[62] Vgl. Referentenentwurf JStG 2013 vom 5.3.2012, S. 24.

[63] Vgl. *Schnitger*, IStR 2012, 633, 637.

[64] In der Regel dürften Geschäftsvorfälle, die die Negativvoraussetzung des § 1 Abs. 4 Satz 1 Nr. 1 lit. b) AStG erfüllen, wohl auf schuldrechtlicher Basis erfolgen (vgl. *Schnitger*, IStR 2012, 633, 636 f.; *Wilke*, IWB 2012, 271, 273). Damit beschränkt sich die Fiktion auf Schwierigkeiten, diese schuldrechtliche Vereinbarung selbst oder aber die Negativvoraussetzung nachzuweisen. So auch ausdrücklich die Gesetzesbegründung, BT-Drucks. 17/10000, S. 63.

nicht aber die rechtliche Selbstständigkeit der Betriebsstätte als Voraussetzung für diese rechtlichen Fiktionen.[65] Dieser strengen Wortlautauslegung steht die Gesetzesbegründung entgegen. Demnach sei Satz 2 im Regelfall und gerade zur Überbrückung der mangelnden rechtlichen Selbstständigkeit auf die anzunehmenden schuldrechtlichen Beziehungen anzuwenden.[66] Ob von der Definition des § 1 Abs. 4 Satz 1 Nr. 2 AStG, sofern die Voraussetzungen der Norm vorliegen, ohne die Fiktion des Satzes 2 überhaupt eine Regelungswirkung ausgehen konnte oder sollte, lässt sich der Gesetzesbegründung hingegen nicht entnehmen.

Im Ergebnis ist die Frage – jedenfalls bei der Abgrenzung des Gewinns von selbstständigen Betriebsstätten[67] – gleichwohl rein akademischer Natur. Denn selbst wenn man eine direkte Anwendung des § 1 Abs. 4 Satz 2 AStG auf anzunehmende schuldrechtliche Beziehungen in Übereinstimmung mit der strengen Wortlautauslegung verneint, so wäre die Norm jedenfalls entsprechend über den Verweis auf der Rechtsfolgenseite des § 1 Abs. 5 Satz 1 AStG auch auf anzunehmende schuldrechtliche Vereinbarungen im Sinne des § 1 Abs. 4 Satz 1 Nr. 2 AStG anwendbar.

Ungeachtet dessen, auf welchem Weg die Norm zur Anwendung kommt, überrascht die in Satz 2 enthaltene Fiktion einer schuldrechtlichen Beziehung auch aus systematischen Gründen, da die schuldrechtliche Beziehung anders als in der Vorgängerversion neben der Geschäftsbeziehung keine eigenständige Regelungswirkung mehr hat.[68] Erfüllt ein Geschäftsvorfall die Voraussetzungen der Nr. 1 oder Nr. 2 des Satzes 1, so stellt er auch dann eine Geschäftsbeziehung dar, wenn keine schuldrechtliche Vereinbarung existiert oder eine solche nicht nachweisbar ist. Im Fall der Nr. 2 ist eine schuldrechtliche Beziehung mangels rechtlicher Selbstständigkeit schon gar nicht denkbar.

---

[65] A. A. wohl *Busch*, der davon ausgeht, die Fiktion erstrecke sich nicht nur auf die schuldrechtliche Natur der Beziehung, wo zivilrechtlich keine bestehe, sondern auch auf die Geschäftsbeziehung an sich, vgl. *Busch*, BB 2012, 2281, 2282. Ebenso für eine Fiktion auch der zivilrechtlich nicht möglichen Geschäftsbeziehungen, *Richter/Heyd*, Ubg 2013, 418, 419; *Eisgruber*, ISR 2013, 229, 231; *Schnitger*, IStR 2012, 633, 637. Ganz anders *Wilke*, der – noch von der Struktur im Referentenentwurf ausgehend – die Ansicht vertritt, § 1 Abs. 4 Satz 2 AStG laufe weitestgehend leer, vgl. *Wilke*, IWB 2012, 271, 273.

[66] Vgl. BT-Drs. 17/10000, S. 63.

[67] Vgl. zur Rolle des § 1 Abs. 5 Satz 2 AStG i. R. d. Betriebsstättengewinnabgrenzung bei Personengesellschafts-Betriebsstätten unter 15.2.5.1.

[68] *Pohl*, in: Blümich, EStG/KStG/GewStG, § 1 AStG Rn. 193 unter Verweis auf *Andresen*, DB 2012, 879, 883.

Dennoch und gerade deshalb hat die Fiktion des Satzes 2 eine besondere Bedeutung für anzunehmende schuldrechtliche Beziehungen. Sie führt nämlich letztlich dazu, dass im Zweifel von einer anzunehmenden schuldrechtlichen Beziehung zwischen Betriebsstätte und Stammhaus auszugehen ist. Insoweit kehrt sie nach einer Lesart der Literatur das im Betriebsstättenbericht dargelegte Regel-Ausnahme-Verhältnis, wonach ein „dealing" nur bei Einhaltung besonderer Dokumentationspflichten anzuerkennen sei, um.[69] Anders als nach dem OECD-Konzept, das eine besondere Dokumentation für die Anerkennung des „dealings" verlangte, liege es nach innerstaatlichem Recht bei dem Steuerpflichtigen, die grundsätzlich vermutete anzunehmende schuldrechtliche Beziehung zu widerlegen. Insbesondere in den Fällen, in denen sich die fingierten Innentransaktionen steuerverschärfend auswirken, stelle dies eine Abweichung von den allgemeinen Feststellungslastregelungen[70] des Verfahrensrechts dar,[71] die über die Erleichterungen des § 90 Abs. 2 AO[72] hinausgeht.

Zwar entspräche es ebenfalls nicht dem Fremdvergleichsgrundsatz, wenn die Vorgänge angesichts der vom Steuerpflichtigen unterlassenen Dokumentation insgesamt zu seinen Gunsten nicht in die Betriebsstättengewinnermittlung einbezogen werden könnten, da der Steuerpflichtige (bewusst) die Dokumentationsanforderungen für anzunehmende schuldrechtliche Beziehungen unterschritten hat. So ist auch nach Auffassung der OECD nicht beabsichtigt, die Dokumentationsanforderungen für anzunehmende schuldrechtliche Beziehungen strenger oder aufwendiger als für Geschäftsbeziehungen zwischen verbundenen Unternehmen zu gestalten.[73] Gleichwohl geht der hier eingeschlagene Weg über die Vermutungsregelung einschließlich Umkehr der Feststellungslast zu weit. Insbesondere lässt sich die von der Finanzverwaltung vertretene Norminterpretation[74] des § 1

---

[69] Vgl. *Wellmann*, FG Wassermeyer, S. 235, 240.

[70] Gemäß der grundsätzlich anwendbaren „Normentheorie" geht die Unerweislichkeit einer Tatsache, aus der jemand eine für ihn günstige Rechtsfolge herleitet, zu dessen Lasten vgl. *Söhn*, in: H/H/Sp, AO/FGO, § 88 AO Rn. 357; *Seer*, in: Tipke/Kruse, AO/FGO, § 96 FGO Rn. 83.

[71] *Richter/Heyd*, Ubg 2013, 418, 419.

[72] Vgl. zu der Verringerung der Ermittlungspflicht des Finanzamts, wenn der Steuerpflichtige seinen Mitwirkungspflichten nicht nachkommt *Rätke*, in: Klein, AO, § 88 Rn. 45; *Rätke*, in: Klein, AO, § 90 Rn. 31; *Wünsch*, in: Koenig, AO, § 90 Rn. 43.

[73] Vgl. *OECD*, Betriebsstättenbericht 2010, Part I Tz. 37.

[74] Vgl. BMF, Schreiben v. 22.12.2016 (VWG BsGa), BStBl I 2017, 182, Tz. 2.16.1. Rn. 164 f.

Abs. 5 Satz 4 i. V. m. § 1 Abs. 4 Satz 1 Nr. 2, Satz 2 AStG i. V. m. § 16 BsGaV nicht mit dem Wortlaut des § 1 Abs. 4 Satz 2 AStG vereinbaren.[75]

Für die Frage, ob durch die anzunehmenden schuldrechtlichen Beziehungen auch Einkünfte fingiert werden, wird auf die Ausführungen zur konkreten Ermittlung der anzunehmenden schuldrechtlichen Beziehungen im Zuge der zweistufigen Anwendung des Fremdvergleichsansatzes gemäß § 1 Abs. 5 Sätze 2 bis 4 AStG verwiesen.[76]

15.2.2 Die Anwendung des Fremdvergleichsgrundsatzes in zwei Stufen

Das Herzstück des neuen § 1 Abs. 5 AStG ist die Anwendung des Fremdvergleichsgrundsatzes auf die grenzüberschreitenden Geschäftsbeziehungen zwischen dem Unternehmen und seiner Betriebsstätte. Hierzu ordnet § 1 Abs. 5 Satz 2 Hs. 1 AStG vorbehaltlich der Öffnungsklausel in Halbsatz 2 an, die Betriebsstätte wie ein eigenständiges Unternehmen zu behandeln (im Folgenden „Selbstständigkeitsfiktion"). Dazu ist in einem ersten Schritt eine Funktions- und Risikoanalyse vorzunehmen, § 1 Abs. 5 Satz 3 AStG (15.2.2.1). Hieran schließt sich sodann in einem zweiten Schritt die Bestimmung der Art der Geschäftsbeziehungen zwischen Unternehmen und seiner Betriebsstätte sowie der Verrechnungspreise für diese Geschäftsbeziehungen an, § 1 Abs. 5 Satz 4 AStG (15.2.2.2).

15.2.2.1 1. Stufe: Die Funktions- und Risikoanalyse (§ 1 Abs. 5 Satz 3 AStG)

Die Funktions- und Risikoanalyse des § 1 Abs. 5 Satz 3 AStG untergliedert sich im Wesentlichen in die in Satz 3 aufgezählten Unterpunkte Nr. 1 bis 4. Zusätzlich sind – quasi als Folgefrage der Zuordnung des Dotationskapitals – auch die übrigen Passivposten und Finanzierungsaufwendungen zu verteilen. So soll die Selbstständigkeitsfiktion umgesetzt werden.[77] Die hierzu erforderlichen einzelnen Schritte werden im Folgenden dargestellt.

15.2.2.1.1 Bestimmung und Zuordnung der Personalfunktionen

In einem ersten Schritt sind zunächst die sog. Personalfunktionen zu bestimmen. Die Personalfunktionen bilden die Grundlage für alle weiteren Zuordnungsfragen

---

[75]Vgl. unten unter 15.2.2.2.1.

[76]Vgl. unten unter 15.2.2.2.1.

[77]Vgl. *Ditz*, ISR 2012, 48.

(vgl. § 1 Abs. 2 Nr. 1 i. V. m. § 2 Abs. 3 und 5 BsGaV) und spielen damit eine maßgebliche Rolle in der Ermittlung des der Betriebsstätte zuzurechnenden Gewinns.[78]

Der Begriff der Personalfunktion ist in § 1 Abs. 5 Satz 3 Nr. 1 AStG legal definiert. Danach sind Personalfunktionen diejenigen Funktionen des Unternehmens, die durch das Personal einer Betriebsstätte ausgeübt werden. § 2 Abs. 3 BsGaV konkretisiert[79] den Begriff weiter dahingehend, dass eine Personalfunktion eine Geschäftstätigkeit ist, die von eigenem Personal des Unternehmens für das Unternehmen ausgeübt wird. Dazu zählen gemäß § 2 Abs. 3 Satz 2 BsGaV insbesondere die Nutzung, die Anschaffung, die Herstellung, die Verwaltung, die Veräußerung, die Weiterentwicklung, der Schutz, die Risikosteuerung und die Entscheidung, Änderungen hinsichtlich von Chancen und Risiken vorzunehmen. Diese Aufzählung („insbesondere") ist nicht abschließend,[80] sondern vielmehr als Auflistung von Regelbeispielen zu verstehen.

Das Konzept der Personalfunktion ist dem deutschen Steuerrecht bislang unbekannt[81] und tauchte auch in der BFH-Rechtsprechung in dieser Form nicht auf.[82] Sowohl die gesetzliche Legaldefinition wie auch die Konkretisierung durch die BsGaV tragen nicht dazu bei, der begrifflichen Unschärfe[83] abzuhelfen, da sie den unbestimmten Rechtsbegriff der Personalfunktion lediglich durch andere unbestimmte Begriffe („Funktion" bzw. „Geschäftstätigkeit") ersetzen.[84]

So existiert im Steuerrecht auch kein allgemein gültiger Funktionsbegriff. Zwar bedienen sich auch andere Normen eines Funktionsbegriffs. So versteht § 1 Abs. 1 Satz 1 FVerlV unter einer Funktion eine Geschäftstätigkeit, die aus einer Zusammenfassung gleichartiger betrieblicher Aufgaben besteht, die von bestimmten Stellen oder Abteilungen eines Unternehmens erledigt werden.[85] Die Finanzverwaltung konkretisiert diesen Funktionsbegriff weiter dahingehend, dass sie

---

[78]Vgl. *Endres/Oestreicher/van der Ham*, PIStB 2014, 276, 278; *Ditz*, ISR 2012, 48, 49; *Ditz/Luckhaupt*, ISR 2015, 1, 3; *Richter/Heyd*, Ubg 2013, 418, 421.

[79]Auch wenn die Personalfunktionen nicht separat in der Ermächtigungsgrundlage des § 1 Abs. 6 AStG genannt werden, ist davon auszugehen, dass sie als Bestandteil der zweistufigen Anwendung des Fremdvergleichsgrundsatzes von der Regelungsermächtigung der Einzelheiten des Fremdvergleichsgrundsatzes und seiner einheitlichen Anwendung abgedeckt sind.

[80]Vgl. BMF, Schreiben v. 22.12.2016 (VWG BsGa), BStBl I 2017, 182, Tz. 2.2.3 Rn. 34.

[81]Vgl. *Heene*, Umsetzung des AOA 2015, S. 10.

[82]*Kaeser*, ISR 2012, 63, 67.

[83]Vgl. *Kahle/Mödinger*, DStZ 2012, 802, 807 f.

[84]*Heene*, Umsetzung des AOA 2015, S. 10.

[85]Vgl. *Kahle/Mödinger*, DStZ 2012, 802, 807.

unter einer Funktion einen organischen Teil eines Unternehmens versteht, ohne dass ein Teilbetrieb im steuerlichen Sinne vorliegen müsse. Einzelne Funktionen seien das Ergebnis der Aufgabenteilung innerhalb eines Unternehmens; die jeweiligen Aufgaben müssten nicht sämtliche für die Wertschöpfung wichtigen Elemente umfassen.[86] Aber auch diese Begriffsdefinitionen, die in der Regel mit nicht abschließenden Regelbeispielaufzählungen einhergehen, zeichnen sich nicht durch eine besondere begriffliche Trennschärfe aus, so dass sie für die begriffliche Eingrenzung des Personalfunktionsbegriffs nur bedingt hilfreich sind.[87]

Auch die *OECD* hält im Betriebsstättenbericht, der mit den *„significant people functions"* ebenfalls funktionsbasiert operiert, keine Funktionsdefinition parat, so dass wiederum allenfalls auf die regelbeispielhafte Aufzählung in den Verrechnungspreisgrundsätzen zurückgegriffen werden kann.[88] Insgesamt verbleibt daher außerhalb der genannten Regelbeispiele ein begrifflicher „Dunstkreis", der eine gewisse Rechtsunsicherheit mit sich bringt. Berücksichtigt man ferner die grundlegende Rolle, die die Personalfunktion als Anknüpfungspunkt für weitere Zuordnungen innehat, so birgt diese mangelnde begriffliche Klarheit ein gewisses Konfliktpotenzial[89] in sich und liefert gleichzeitig aber auch Raum für Gestaltungsmöglichkeiten.[90]

Dabei fällt an der Formulierung des Gesetzestextes auf, dass die innerstaatliche Regelung – anders als der Betriebsstättenbericht als abkommensrechtliches Pendant[91] – allgemein „Personalfunktionen" und nicht lediglich „maßgebliche Personalfunktionen" zuordnen will, so dass sich die Frage stellt, ob die innerstaatliche Regelung insoweit von dem abkommensrechtlichen Vorbild abweicht. § 1 Abs. 2 Nr. 1 i. V. m. § 2 Abs. 5 BsGaV greift die Beschränkung auf maßgebliche Personalfunktionen wieder auf. Gemäß § 2 Abs. 5 BsGaV ist eine

---

[86]Vgl. BMF, Schreiben v. 13.10.2010, BStBl I 2010, 774, Tz. 2.1.1. Rn. 14.

[87]Vgl. *Kahle/Mödinger*, DStZ 2012, 802, 807; *Ditz/Luckhaupt*, ISR 2015, 1, 3. *Heene* kritisiert, dass eine Verknüpfung der Definition der Personalfunktion mit der Funktionsdefinition im Rahmen der Funktionsverlagerung nicht erfolgt, vgl. *Heene,* Umsetzung des AOA 2015, S. 10. Indirekt dürfte diese Verknüpfung aber dennoch über die entsprechende Anwendung des § 1 Abs. 3 AStG (inkl. dessen Satz 9 zur Funktionsverlagerung), die § 1 Abs. 5 Satz 1 AStG anordnet, erfolgen.

[88]Vgl. *Kahle/Mödinger*, DStZ 2012, 802, 807.

[89]Vgl. *Heene,* Umsetzung des AOA 2015, S. 11.

[90]*Heene,* Umsetzung des AOA 2015, S. 12; *Ditz*, ISR 2012, 48, 53; *Richter/Heyd*, Ubg 2013, 418.

[91]Vgl. das Konzept der *„significant people function"* in *OECD*, Betriebsstättenbericht 2010, Part I, Tz. 44, 62.

Personalfunktion danach maßgeblich, wenn der Ausübung dieser Personalfunktion im üblichen Geschäftsbetrieb im Verhältnis zu den Personalfunktionen, die in anderen Betriebsstätten des Unternehmens ausgeübt werden, die größte Bedeutung für den jeweiligen Zuordnungsgegenstand zukommt. Mit „Bedeutung" ist dabei vordergründig die wirtschaftliche Bedeutung gemeint.[92] Diese Definition dürfte sich weitestgehend mit dem OECD-Verständnis der „*significant people function*" decken.[93]

Dabei ist der fast „zirkuläre" Charakter der Definition der Maßgeblichkeit beachtenswert. Die Maßgeblichkeit einer Personalfunktion bestimmt sich nicht vornehmlich aus der Betriebsstättenperspektive („Welche sind die maßgeblichen Personalfunktionen unter allen in der Betriebsstätte ausgeübten Personalfunktionen?"), sondern stellt auf die Bedeutung für den jeweiligen Zuordnungsgegenstand ab.[94] Die Maßgeblichkeit einer Personalfunktion bestimmt sich somit aus der Perspektive des seinerseits noch nicht zugeordneten Zuordnungsgegenstands, der dann in einem späteren Schritt auf Basis der so bestimmten maßgeblichen Personalfunktion der Betriebsstätte zugeordnet wird. Der Zuordnungsgegenstand wird damit zum Ausgangspunkt und zugleich zur Folge der Zuordnung der maßgeblichen Personalfunktion.[95]

Die Finanzverwaltung vertrat in dem Referentenentwurf zu den Verwaltungsgrundsätzen noch die Ansicht, dass einer Betriebsstätte, der keine maßgebliche Personalfunktion zugeordnet werden kann, auch dementsprechend kein bzw. nur ein sehr geringer Gewinn zugerechnet wird.[96] In der Endfassung war diese Passage nicht mehr enthalten. Angesichts dieser Bedeutung des Maßgeblichkeitskriteriums für die Gewinnzurechnung stellt sich auch sonst die Frage, ob die Beschränkung auf maßgebliche Personalfunktionen, die lediglich auf Verordnungsebene in der BsGaV erfolgt, eine rechtmäßige Konkretisierung der gesetzlich angeordneten Zuordnung von „Personalfunktionen" darstellen kann. Dem Wortlaut nach scheint es sich dabei eher um eine Einschränkung als eine

---

[92]Vgl. BR-Drs. 401/14, S. 48.

[93]Vgl. *OECD*, Betriebsstättenbericht 2010, Part I Tz. 15, 62, der für die Bestimmung der „*significant functions*" ebenfalls auf deren Relevanz für die Übernahme von Risiken oder das wirtschaftliche Eigentum und damit auf das noch zuzuordnende Zuordnungsobjekt zurückgreift.

[94]So aber wohl auch bereits der *OECD*, Betriebsstättenbericht 2010, Part I Tz. 62 („*relevant to the attribution of economic ownership of assets and/or the assumption of risk*").

[95]Dass diese Vorgehensweise dennoch zu sachgerechten Ergebnissen führt, zeigt der Vergleich mit dem allgemeinen Veranlassungsprinzip, vgl. hierzu die Ausführungen unter 17.2.1.

[96]Vgl. BMF, Schreiben v. 22.12.2016 (VWG BsGa), BStBl I 2017, 182, Tz 2.2.5 Rn. 49; BR-Drs 401/14, S. 46.

Konkretisierung zu handeln. Letztlich ist zur Beantwortung dieser Frage aber entscheidend, dass auch die nicht-maßgeblichen Personalfunktionen, die § 2 Abs. 5 Satz 2 BsGaV regelbeispielhaft aufzählt,[97] bei den weiteren Zuordnungsfragen nicht unbeachtet bleiben.[98] So begründen zwar nur die maßgeblichen Personalfunktionen Anknüpfungspunkte für andere Zuordnungsobjekte (wie beispielsweise Vermögenswerte oder mittelbar Chancen und Risiken). Für die nicht maßgeblichen Personalfunktionen (wie beispielsweise lediglich unterstützende oder Strategie-Funktionen) werden jedoch auf der zweiten Stufe (§ 1 Abs. 5 Satz 4 AStG) anzunehmende schuldrechtliche Beziehungen fingert, die fremdvergleichskonform zu vergüten sind.[99]

Diese Fiktion von anzunehmenden schuldrechtlichen Beziehungen auf Basis von nicht-maßgeblichen Personalfunktionen erinnert an *Kroppens* Vorschlag, statt Personalfunktionen sogenannte „Pro-forma Verträge"[100] als Anknüpfungspunkte für die Zuordnung zu verwenden. Größtenteils dürften der AOA mit seinem personalfunktionsbasierten Ansatz und *Kroppens* Anknüpfung an „Pro-forma-Verträge" zu identischen Ergebnissen gelangen. Denn soweit in einer Betriebsstätte eine nicht-maßgebliche Personalfunktion ausgeübt wird, führt dies zu der Fiktion einer anzunehmenden schuldrechtlichen Beziehung, was einem „Pro-forma-Vertrag" nach *Kroppen* entsprechen dürfte.

Unterschiede ergeben sich lediglich im Kontext der Risikozuordnung: Während der personalfunktionsbasierte AOA hier eine von den maßgeblichen Personalfunktionen abweichende Zuordnung von Risiken verwehrt,[101] will *Kroppen* die Verlagerung von Risiken durch „Pro-forma-Verträge" anerkennen.[102]

Die gesetzliche Regelung des § 1 Abs. 5 Satz 3 Nr. 1 AStG trifft indes keine Aussagen zu der konkreten Zuordnung der Personalfunktionen. Insoweit ist auf die Konkretisierungen in § 4 BsGaV zurückzugreifen: § 4 Abs. 1 Satz 1 BsGaV hält hierzu eine Vermutungsregel[103] bereit, nach der grundsätzlich der Ort der

---

[97]Vgl. hierzu auch BMF, Schreiben v. 22.12.2016 (VWG BsGa), BStBl I 2017, 182, Tz. 2.2.5 Rn. 40.

[98]BMF, Schreiben v. 22.12.2016 (VWG BsGa), BStBl I 2017, 182, Tz. 2.2.5 Rn. 48.

[99]BR-Drs. 401/14, S. 48, BMF, Schreiben v. 22.12.2016 (VWG BsGa), BStBl I 2017, 182, Tz. 2.2.5 Rn. 48.

[100]*Kroppen*, FS Herzig, S. 1071, 1085 ff.; *Kroppen*, IStR 2005, 74.

[101]Vgl. *OECD*, Betriebsstättenbericht 2010, Part I Tz. 70. So setzt die Annahme eines „*dealing*" ein tatsächliches Ereignis voraus (vgl. a. a. O., Part. I Tz. 177). Das Risiko wird jedoch nicht als tatsächlich angesehen, wenn die maßgebliche Personalfunktion (Management des Risikos) nicht mit übergeht, vgl. auch *Ditz*, ISR 2012, 48, 53.

[102]*Kroppen*, FS Herzig, S. 1071, 1089.

[103]Vgl. BMF, Schreiben v. 22.12.2016 (VWG BsGa), BStBl I 2017, 182, Tz. 2.4.1 Rn. 71.

Ausübung maßgeblich ist. Dies setzt generell keinen sachlichen Bezug zu der Geschäftstätigkeit der Betriebsstätte voraus. Die Zuordnung ist bei fehlendem sachlichen Bezug lediglich dann zu verneinen, wenn die Personalfunktion nur vorübergehend (nämlich weniger als 30 Tage innerhalb eines Wirtschaftsjahres) in der betreffenden Betriebsstätte ausgeübt wird, vgl. § 4 Abs. 1 Satz 2 BsGaV. Dabei betont die Finanzverwaltung, dass Personalfunktionen, nicht hingegen das Personal als solches, Gegenstand der Zuordnung seien,[104] führt diese Anmerkung aber nicht weiter aus.[105] Auch könne eine einzelne Person verschiedene Personalfunktionen nacheinander ausüben.[106] Die Zuordnung einer einzelnen (gegebenenfalls in mehreren Betriebsstätte ausgeführten) Personalfunktion, die durch eine Person ausgeübt wird, könne hingegen nur einer Betriebsstätte gegenüber erfolgen.[107] Der Aufteilung einzelner Personalfunktionen auf verschiedene Betriebsstätten erteilt die Finanzverwaltung damit eine Absage.[108]

Ist eine Zuordnung in Übereinstimmung mit § 4 Abs. 1 BsGaV nicht eindeutig möglich, beispielsweise weil die Funktion als Reisetätigkeit oder nur vorübergehend ausgeübt wird,[109] so hat die Zuordnung gemäß § 4 Abs. 2 BsGaV auf Basis des sachlich engsten Bezugs zu erfolgen. Eine Auffangregelung[110] hält schließlich

---

[104]Vgl. BMF, Schreiben v. 22.12.2016 (VWG BsGa), BStBl I 2017, 182, Tz. 2.2.3 Rn. 35; BR-Drs. 401/14, S. 46.

[105]Relevanz könnte diese Aussage dann haben, wenn bestimmtes Personal an verschiedenen Betriebsstätten unterschiedliche Personalfunktionen zeitlich begrenzt, aber für mehr als 30 Tage im Wirtschaftsjahr ausübt, da dann die unterschiedlichen Personalfunktionen den jeweiligen Betriebsstätten zugeordnet werden können, wohingegen die ausgeübten Funktionen für die Zuordnung des Personals unerheblich sind. Darüber hinaus erscheint es zweifelhaft, dass diese Anmerkung der Finanzverwaltung den Weg zu einer Zuordnung von Personalfunktionen zu personallosen Betriebsstätten (vgl. unten unter 20.7) eröffnet.

[106]Vgl. BMF, Schreiben v. 22.12.2016 (VWG BsGa), BStBl I 2017, 182, Tz. 2.2.3 Rn. 36.

[107]Vgl. BMF, Schreiben v. 22.12.2016 (VWG BsGa), BStBl I 2017, 182, Tz. 2.2.3 Rn. 36.

[108]Eine Ausnahme hiervon bildet auch nicht die sog. Funktionsaufteilung, vgl. BMF, Schreiben v. 22.12.2016 (VWG BsGa), BStBl I 2017, 182, Tz. 2.2.5 Rn. 42. Diese erkennt zwar an, dass eine maßgebliche Personalfunktion im Einzelfall auch gleichzeitig von verschiedenen Personen in verschiedenen Betriebsstätten ausgeübt werden kann. Dies hat jedoch keine anteilige Zuordnung der Personalfunktionen zur Folge, vgl. VWG-BsGa, a. a. O. Tz. 2.4.3 Rn. 75. Vielmehr ist die betreffende Personalfunktion einheitlich nach qualitativen Gesichtspunkten (bzw. bei qualitativer Gleichwertigkeit subsidiär nach quantitativen Gesichtspunkten) der Betriebsstätte zuzuordnen, in der die qualitativ bzw. quantitativ bedeutsamste Teil der Personalfunktion ausgeübt wird. Dies entspricht der Schwerpunktbetrachtung bei der Veranlassungsprüfung, vgl. unten 17.2.1.

[109]Vgl. BMF, Schreiben v. 22.12.2016 (VWG BsGa), BStBl I 2017, 182, Tz. 2.4.2. Rn. 74.

[110]*Kraft/Dombrowski*, FR 2014, 1105, 1106.

§ 4 Abs. 3 BsGaV für die Fälle bereit, in denen eine Personalfunktion nicht eindeutig zugeordnet werden kann. Danach wird die Zuordnung in das Ermessen des Steuerpflichtigen gestellt,[111] wobei die Zuordnung nicht § 4 Abs. 1 und 2 BsGaV widersprechen darf. § 4 Abs. 3 BsGaV erfasst dabei auch insbesondere die Konstellationen, in denen eine Personalfunktion gleichwertig in zwei verschiedenen Betriebsstätten ausgeübt wird.[112] Dabei muss die Zuordnung der Personalfunktion spätestens bis zur Erstellung der Hilfs- und Nebenrechnung erfolgen, da ansonsten eine Schätzung nach § 162 AO droht.[113]

Die Zuordnung der Personalfunktion zu einer Betriebsstätte hat nicht nur Konsequenzen für die weiteren Zuordnungsfragen. Sie führt auch dazu, dass sowohl der zu der Personalfunktion gehörige Personalaufwand wie auch die durch die Personalfunktion verursachten Erträge der betreffenden Betriebsstätte zugeordnet werden.[114] Diese veranlassungsbezogene Zuordnung der Erträge und Aufwendungen entspricht dem allgemeinen Veranlassungsprinzip.

Schließlich ist anzumerken, dass Änderungen der Zuordnung der Personalfunktionen anzunehmende schuldrechtliche Beziehungen auslösen und damit zu Zuordnungsfolgeänderungen bezüglich anderer Zuordnungsgegenständen führen können.[115]

15.2.2.1.2 Zuordnung der Vermögenswerte
Im Anschluss an die Zuordnung der Personalfunktionen erfolgt gemäß § 1 Abs. 5 Satz 3 Nr. 2 AStG die Zuordnung der Vermögenswerte des Unternehmens, die die Betriebsstätte zur Ausübung der ihr zugeordneten Funktionen benötigt.

Dabei fällt auf, dass hier mit dem Begriff des Vermögenswertes ein für das Ertragssteuerrecht neuer Terminus eingeführt wird.[116] Somit kann auch weder auf bilanzrechtliche Definitionen noch auf das Kriterium der Bilanzierbarkeit für die Eingrenzung des Vermögenswertbegriffs zurückgegriffen werden, da auch nicht-bilanzierte oder -bilanzierungsfähige Wirtschaftsgüter für die Gewinnabgrenzung von Bedeutung sein können.[117] Gemäß der Definition in § 2 Abs. 6 Satz 1 BsGaV sind Vermögenswerte alle Wirtschaftsgüter und Vorteile. Sie umfassen gemäß

---

[111] *Kraft/Dombrowski*, FR 2014, 1105, 1106.

[112] Vgl. BR-Drs. 401/14, S. 56.

[113] Vgl. BMF, Schreiben v. 22.12.2016 (VWG BsGa), BStBl I 2017, 182, Tz. 2.4.3. Rn. 75.

[114] Vgl. BMF, Schreiben v. 22.12.2016 (VWG BsGa), BStBl I 2017, 182, Tz. 2.4.1. Rn. 73.

[115] Vgl. BMF, Schreiben v. 22.12.2016 (VWG BsGa), BStBl I 2017, 182, Tz. 2.2.5. Rn. 39.

[116] *Ditz*, ISR 2013, 261, 266.

[117] Vgl. BR-Drs. 401/14, S. 49; BMF, Schreiben v. 22.12.2016 (VWG BsGa), BStBl I 2017, 182, Tz. 2.2.6. Rn. 49.

der nicht abschließenden Aufzählung[118] in § 2 Abs. 6 Satz 2 BsGaV insbesondere materielle Wirtschaftsgüter, immaterielle Werte einschließlich immaterieller
Wirtschaftsgüter, Beteiligungen und Finanzanlagen. Ausweislich der Verordnungsbegründung wird der Begriff des Vorteils, der dem Vorteilsbegriff im
Zusammenhang mit der Funktionsverlagerung nach § 1 Abs. 3 Satz 9 AStG entspricht,[119] mitaufgenommen, um auch Vermögenswerte erfassen zu können, die
keine Wirtschaftsgüter und daher nicht bilanzierungsfähig sind.[120] Derartige Vorteile umfassen beispielsweise Know-how, das Gegenstand einer anzunehmenden
schuldrechtlichen Beziehung ist,[121] oder Finanzinstrumente im Sinne des § 254
HGB, die selbst keinen Wirtschaftsgutcharakter besitzen, aber Vermögenswerte
im Sinne des § 11 BsGaV absichern.[122]

Gerade das letzte Beispiel verdeutlicht die thematische Nähe der Vorteile
zu den Chancen und Risiken.[123] Zur Abgrenzung der Vermögenswerte von
den Chancen und Risiken führt die Verordnungsbegründung aus: „Vorteile sind
geeignet, Gegenstand von Geschäftsbeziehungen zu sein. Dagegen sind Chance
und Risiken unmittelbarer Ausfluss unternehmerischer Tätigkeit und mittelbar
oder unmittelbar mit Vermögenswerten oder Geschäftsbeziehungen verbunden
(z. B. Währungsschwankungen, Rohstoffpreise, Marktentwicklungen, etc.).“[124]
Dem Vorteil muss somit ein eigener und abgrenzbarer Wert innewohnen.[125]

Ditz und *Luckhaupt* sehen die Betriebsstättengewinnermittlung durch die
Erweiterung der Betrachtungsweise (von Wirtschaftsgütern auf Vermögenswerte)
und die damit einhergehende Abweichung von den allgemeinen Gewinnermittlungsvorschriften auf ein völlig neues Fundament gestellt.[126] Sie werfen angesichts dieser von der Gewinnermittlungsebene ausgehenden Betrachtungsweise
zahlreiche Folgefragen zur Anwendbarkeit der innerstaatlichen Gewinn- und
Bewertungsvorschriften auf die anzunehmenden schuldrechtlichen Beziehungen
und Vermögenswerte auf.[127]

---

[118]BR-Drs. 401/14, S. 50.

[119]*Ditz/Luckhaupt*, ISR 2015, 1, 5 unter Verweis auf BR-Drs. 401/14, S. 50.

[120]BR-Drs. 401/14, S. 50.

[121]BR-Drs. 401/14, S. 50.

[122]BR-Drs. 401/14, S. 50; BMF, Schreiben v. 22.12.2016 (VWG BsGa), BStBl I 2017, 182,
Tz. 2.2.6. Rn. 50.

[123]Vgl. *Ditz/Luckhaupt*, ISR 2015, 1, 5.

[124]BR-Drs. 401/14, S. 50.

[125]*Ditz/Luckhaupt*, ISR 2015, 1, 5.

[126]*Ditz/Luckhaupt*, ISR 2015, 1, 5.

[127]*Ditz/Luckhaupt*, ISR 2015, 1, 5.

Folgt man der hier vertretenen Auffassung,[128] wonach die §§ 4 ff. EStG auf die Gewinnabgrenzung entsprechend anzuwenden sind, soweit sich nicht aus der Natur der Gewinnabgrenzung etwas anderes ergibt, so erscheint vor dem Hintergrund der Selbstständigkeitsfiktion eine Differenzierung sachgerecht: Die anzunehmenden schuldrechtlichen Beziehungen setzen die Selbstständigkeitsfiktion um. Eine entsprechende Anwendung der innerstaatlichen Gewinnermittlungsvorschriften der §§ 4 ff. EStG auf diese hierfür eigens fingierten Innentransaktionen erscheint – nicht zuletzt vor dem Hintergrund des Art. 24 Abs. 3 OECD-MA – daher zwingend geboten.

Anders verhält es sich hingegen hinsichtlich der Vermögenswerte. Eine entsprechende Anwendung der §§ 4 ff. EStG der Gestalt, dass die für Wirtschaftsgüter geltenden Regelungen analog auf Vermögenswerte übertragen werden, ist nicht mehr von der Selbstständigkeitsfiktion abgedeckt. Denn das Bedürfnis, die betrachteten wirtschaftlichen Einheiten von Wirtschaftsgütern auf Vermögenswerte zu erweitern, entstammt nicht der Selbstständigkeitsfiktion. Vielmehr zielt die Erweiterung darauf ab, – quasi als Auffangregelung – jedwede Wertsteigerung, auch wenn diese nicht wirtschaftsgutbezogen eingetreten ist, bei Bedarf erfassen zu können. Eine derartige Erfassung setzt aber die Zuordnung voraus, weswegen die Berücksichtigung im Rahmen der Gewinnabgrenzung sachgerecht ist. Eine Gleichbehandlung mit Wirtschaftsgütern erfordert dieser Auffanggedanke hingegen nicht.

Zusammenfassend ist für die Zuordnung der Vermögenswerte die für den jeweiligen Vermögenswert maßgebliche Personalfunktion zu bestimmen, da die Zuordnung der Vermögenswerte der Zuordnung der Personalfunktionen folgt. Dies hat zur Konsequenz, dass Veränderungen bei den maßgeblichen Personalfunktionen ihrerseits Zuordnungsänderungen bei den Vermögenswerten auslösen können.[129] Dem eigentlichen Zuordnungsprozess der Vermögenswerte liegt das „*economic ownership*" Prinzip zugrunde.[130] Dieses manifestiert sich je nach Art des Vermögenswertes auf leicht abweichende Art und Weise:[131]

15.2.2.1.2.1 Materielle Wirtschaftsgüter

Für materielle Wirtschaftsgüter ist die maßgebliche Personalfunktion gemäß § 5 Abs. 1 Satz 1 BsGaV in der Regel deren Nutzung, wenn nicht die Bedeutung

---

[128]Vgl. die Ausführungen unter 4.4.1.4.

[129]*Ditz/Luckhaupt*, ISR 2015, 1, 7.

[130]*OECD*, Betriebsstättenbericht 2010, Part I Tz. 72.

[131]*OECD*, Betriebsstättenbericht 2010, Part I Tz. 19.

einer anderen Personalfunktion (insbesondere die Anschaffung, Herstellung, Verwaltung oder Veräußerung des materiellen Wirtschaftsguts) eindeutig überwiegt, § 5 Abs. 2 Sätze 2 und 3 BsGaV.[132] Werden diese anderen überwiegenden Personalfunktionen in mehreren Betriebsstätten ausgeübt (sog. Personalfunktionenkonkurrenz[133]), ist das materielle Wirtschaftsgut gemäß § 5 Abs. 3 BsGaV der Betriebsstätte zuzuordnen, in der die Personalfunktion mit der größten Bedeutung für das Wirtschaftsgut ausgeübt wird.[134] In den Fällen der abweichenden Zuordnung nach § 5 Abs. 2 oder 3 BsGaV ist zudem eine fiktive Nutzungsüberlassung mit dem Unternehmensteil, der das Wirtschaftsgut tatsächlich nutzt, anzunehmen. Gemäß der Sonderregelung des § 5 Abs. 2 Satz 4 BsGaV ist unbewegliches Vermögen, in dem die Geschäftätigkeit der Betriebsstätte ausgeübt wird, stets dieser Betriebsstätte zuzuordnen.

Was genau unter Nutzung zu verstehen ist, lässt die BsGaV offen. Die Finanzverwaltung definiert die Nutzung im Sinne des § 5 Abs. 1 BsGaV als den unmittelbaren Verbrauch des materiellen Wirtschaftsguts im Sinne eines „Wertverzehrs".[135] Diese abschreibungsorientierte Definition deckt sich mit den Ausführungen der *OECD* im Betriebsstättenbericht, die bei der Zuordnung zu dem wirtschaftlichen Eigentümer (*„economic owner"*) auch das Recht zur Geltendmachung der zugehörigen Abschreibungen herausstellt.[136] Das Tatbestandsmerkmal der „Bedeutung" ist wie bereits im Kontext der Personalfunktionen im Sinne einer wirtschaftlichen Bedeutung zu interpretieren, ihre „Größe" kann sich nach qualitativen oder quantitativen Maßstäben bestimmen.[137]

Da die gleichzeitige Nutzung von einem materiellen Wirtschaftsgut in mehreren Betriebsstätten in der Regel nicht möglich ist, kann die Zuordnung auch nicht aufgeteilt werden.[138] Wechselt die Nutzung voraussichtlich dauerhaft von

---

[132] *Endres/Oestreicher/van der Ham*, PIStB 2014, 276, 279; *Wellmann*, FG Wassermeyer, S. 235, 239.

[133] Vgl. BMF, Schreiben v. 22.12.2016 (VWG BsGa), BStBl I 2017, 182, Tz. 2.5.1. Rn. 83.

[134] Anders als der Betriebsstättenbericht (vgl. *Ditz*, ISR 2012, 48, 54) trifft die innerstaatliche Regelung damit eine Kollisionsregelung für den Fall der Personalfunktionenkonkurrenz.

[135] Vgl. BMF, Schreiben v. 22.12.2016 (VWG BsGa), BStBl I 2017, 182, Tz. 2.5.1. Rn. 76.

[136] *OECD*, Betriebsstättenbericht 2010, Part I Tz. 75.

[137] *Ditz/Luckhaupt*, ISR 2015, 1, 5; vgl. auch den Beispielsfall zum Lohnfertiger in BMF, Schreiben v. 22.12.2016 (VWG BsGa), BStBl I 2017, 182, Tz. 2.5.2 Rn. 80 unter Verweis auf Rn. 48.

[138] Vgl. BMF, Schreiben v. 22.12.2016 (VWG BsGa), BStBl I 2017, 182, Tz. 2.5.1. Rn. 76. Der Betriebsstättenbericht 2010 hatte eine gleichzeitige Nutzung des materiellen Wirtschaftsguts durch mehrere Betriebsstätten als wirtschaftliche Miteigentümer (*„economic co-participants"*) hingegen anerkennt, wenn diese gemeinsame Nutzung als Kostenumlage

einer Betriebsstätte in eine andere, so ist das Wirtschaftsguts ab der Nutzungsänderung der anderen Betriebsstätte zuzuordnen, § 5 Abs. 1 Satz 2 BsGaV. Für die dauerhafte Nutzungsänderung ist eine anzunehmende schuldrechtliche Beziehung in Form der fiktiven Veräußerung (§ 16 Abs. 1 Nr. 1 BsGaV) anzusetzen.[139] Bei lediglich vorübergehender Nutzungsänderung ändert sich die Zuordnung der Nutzung nicht, wenn die Betriebsstätte, der das Wirtschaftsgut ursprünglich zugeordnet worden war, weiterhin Personalfunktionen für das Wirtschaftsgut ausübt oder dieses in absehbarer Zeit wieder nutzen wird.[140] In diesen Fällen ist eine fiktive Nutzungsüberlassung (§ 16 Abs. 1 Nr. 2 BsGaV) anzusetzen. Bei häufiger Nutzungsänderung ist die Zuordnung gemäß § 5 Abs. 1 Satz 3 BsGaV anhand der überwiegenden Nutzung unter gleichzeitigem Ansatz entsprechender fiktiver Nutzungsüberlassungen vorzunehmen.[141]

Welche Voraussetzungen erfüllt sein müssen, damit eine Nutzungsänderung als dauerhaft eingestuft wird, ergibt sich nicht aus der BsGaV. Dieses Regelungsdefizit haftete bereits dem Betriebsstättenbericht an.[142] Die Finanzverwaltung erachtet eine Nutzungsänderung als dauerhaft, wenn sie unbefristet erfolgt.[143] Obgleich dieses Verständnis Rechtssicherheit verschafft, ist fraglich, ob es interessengerecht ist. Vielmehr erscheint es angebracht, mit *Ditz* und *Luckhaupt* auf den fiktiven Wechsel des wirtschaftlichen Eigentums (entsprechend der gleichzeitig zu fingierenden anzunehmenden schuldrechtlichen Beziehung) abzustellen. Eine Übertragung des wirtschaftlichen Eigentums sei insbesondere anzunehmen, wenn sich der wirtschaftliche Wert des Wirtschaftsguts während der Dauer der Nutzung erschöpft.[144] Die Nutzungsänderung ist als vorübergehend anzusehen, wenn sie nicht von Dauer ist. Die Tatsache, dass die Dauer der Nutzungsänderung nicht absehbar ist, steht ihrer Einstufung als vorübergehend dabei nicht entgegen.[145] Es kommt auf die beabsichtigte Nutzungsdauer im Zeitpunkt der Nutzungsänderung an.

strukturiert war, vgl. *Ditz*, ISR 2012, 48, 50 unter Verweis auf *OECD*, Betriebsstättenbericht 2010, Part I Tz. 197.

[139] Vgl. BMF, Schreiben v. 22.12.2016 (VWG BsGa), BStBl I 2017, 182, Tz. 2.5.1. Rn. 77.

[140] Vgl. BMF, Schreiben v. 22.12.2016 (VWG BsGa), BStBl I 2017, 182, Tz. 2.5.1. Rn. 78.

[141] BMF, Schreiben v. 22.12.2016 (VWG BsGa), BStBl I 2017, 182, Tz. 2.5.1. Rn. 79.

[142] Vgl. zu den fehlenden Kriterien zur Abgrenzung zwischen Überführung und Überlassung eines Wirtschaftsguts, *Ditz*, ISR 2012, 48, 54.

[143] Vgl. BMF, Schreiben v. 22.12.2016 (VWG BsGa), BStBl I 2017, 182, Tz. 2.5.1. Rn. 77.

[144] *Ditz/Luckhaupt*, ISR 2015, 1, 7.

[145] *Ditz/Luckhaupt*, ISR 2015, 1, 7.

Als Auffangregelung verlangt § 5 Abs. 4 BsGaV von der Zuordnung eines materiellen Wirtschaftsguts, das nicht eindeutig zugeordnet werden kann, dass diese Zuordnung den dargestellten Regelungen des § 5 Abs. 1 bis 3 BsGaV nicht widerspricht.

Dabei fällt auf, dass die gesetzliche Regelung in § 1 Abs. 5 Satz 3 Nr. 2 AStG die Zuordnung des Vermögenswertes danach vornimmt, ob die Betriebsstätte diesen für die Ausübung ihrer Funktionen „benötigt", die BsGaV hingegen auf die Nutzung oder andere überwiegende Funktionen abstellt.[146] Angesichts der weiten Formulierung der Ermächtigungsgrundlage des § 1 Abs. 6 AStG ist meines Erachtens aber davon auszugehen, dass die in § 5 BsGaV dargelegten Zuordnungsmaßstäbe eine zulässige Konkretisierung dieses „Benötigens" darstellen und dass die zuzuordnenden materiellen Wirtschaftsgüter insbesondere nicht zwingend die Anforderungen an notwendiges Betriebsvermögen erfüllen müssen. Nicht zuletzt wegen der Anknüpfung an Personalfunktionen dürfte dieses „Benötigen" daher im Sinne eines funktionalen Zusammenhangs zu den in der Betriebsstätte ausgeübten Personalfunktionen zu verstehen sein. Im Ergebnis dürften sich die Zuordnungskriterien des § 5 BsGaV mit denen des Betriebsstättenberichts der *OECD* decken.[147]

15.2.2.1.2.2 Immaterielle Werte

Für die Zuordnung der immateriellen Werte ist gemäß § 6 Abs. 1 Satz 1 BsGaV grundsätzlich deren Schaffung oder Erwerb als maßgebliche Personalfunktion anzusehen.[148] Dabei ist auf die Personalfunktion abzustellen, die für die Entstehung oder den Erwerb sowie insbesondere für die damit einhergehenden Risiken tatsächlich Ausschlag gebend ist, d. h. auf diejenige Personalfunktion, zu der die aktive und qualitativ überwiegende unternehmerische Entscheidung zur Übernahme der Risiken und des aktiven Risikomanagements gehört.[149] Wer formal die Entscheidung trifft, ist hingegen unerheblich.[150] Mit § 6 Abs. 2 und 3 BsGaV hält die BsGaV dabei eine mit § 5 Abs. 2 Sätze 2 und 3, Abs. 3 BsGaV vergleichbare abweichende Zuordnungsregelung bereit, falls die Bedeutung einer oder mehrerer anderer Personalfunktionen deutlich überwiegt.

---

[146]*Kraft/Dombrowski*, FR 2014, 1105, 1109; *Strothenke/Holtrichter*, StuB 2013, 730, 732.

[147]*Kraft/Dombrowski*, FR 2014, 1105, 1109; *Strothenke/Holtrichter*, StuB 2013, 730, 732; *OECD*, Betriebsstättenbericht 2010, Part I Tz. 194.

[148]*Endres/Oestreicher/van der Ham*, PIStB 2014, 276, 279 f.; *Wellmann*, FG Wassermeyer, S. 235, 239.

[149]BMF, Schreiben v. 22.12.2016 (VWG BsGa), BStBl I 2017, 182, Tz. 2.6.1 Rn. 86 ff.

[150]BMF, Schreiben v. 22.12.2016 (VWG BsGa), BStBl I 2017, 182, Tz. 2.6.1. Rn. 89.

Worin sich ein immaterieller Wert von einem immateriellen Wirtschaftsgut unterscheidet, ergibt sich weder aus der BsGaV noch aus den Ausführungen der Finanzverwaltung.[151] Angesichts der Aufzählung in § 2 Abs. 6 BsGaV ist aber zu vermuten, dass immaterielle Werte als Oberbegriff die immateriellen Vermögenswerte umfassen, die keine Wirtschaftsgutqualität besitzen.

Die Auffangregelung des § 6 Abs. 4 Satz 1 BsGaV für die Fälle nicht eindeutig möglicher Zuordnungen entspricht der des § 5 Abs. 4 BsGaV. Dabei ist jedoch bemerkenswert, dass § 6 Abs. 4 Satz 2 BsGaV, anders als die Regelung zur Zuordnung der materiellen Wirtschaftsgüter eine anteilige Zuordnung für zulässig erachtet. Damit gibt die Finanzverwaltung ihre bisherige Haltung jedenfalls für immaterielle Werte auf.[152] Nach welchen Kriterien diese Aufteilung erfolgen soll, lässt sich der BsGaV nicht entnehmen.[153] Entgegen der von *Andresen*[154] vorgeschlagenen Aufteilung anhand des anteiligen Nutzungsumfangs erscheint es sinnvoller, die jeweiligen gemäß § 6 BsGaV maßgeblichen Personalfunktionen quantitativ zueinander ins Verhältnis zu setzen. Die anteilige Zuordnung führt aber jedenfalls dazu, dass zwischen den von der anteiligen Zuordnung betroffenen Betriebsstätten keine anzunehmende schuldrechtliche Beziehung auszuweisen ist und mithin auch keine stillen Reserven aufgedeckt werden müssen.[155] Die Betriebsstättengewinnaufteilungsverordnung erkennt somit wie schon der Betriebsstättenbericht 2010[156] die verschiedenen Gestaltungsmöglichkeiten bei der Handhabung der immateriellen Wirtschaftsgüter an. Die Handlungsalternativen des Steuerpflichtigen[157] bestehen aber lediglich hinsichtlich der zivilrechtlichen Handhabung der Wirtschaftsgüter, nicht hingegen hinsichtlich der steuerlichen Zuordnung. Diese folgt zwingend den tatsächlichen Verhältnissen.

---

[151]Vgl. *Ditz/Luckhaupt*, ISR 2015, 1, 4.

[152]Vgl. *Ditz/Luckhaupt*, ISR 2015, 1, 6 unter Verweis auf BMF, Schreiben v. 24.12.1999, BStBl I 1999, 1076, Tz. 2.4; ebenso *Andresen,* in: Wassermeyer/Andresen/Ditz, Betriebsstätten Handbuch, Rn. 2.40 ff.; *Wassermeyer,* in: Wassermeyer/Andresen/Ditz, Betriebsstätten Handbuch, Rn. 3.30.

[153]Vgl. auch *Ditz/Luckhaupt*, ISR 2015, 1, 6.

[154]*Andresen,* in: Wassermeyer/Andresen/Ditz, Betriebsstätten Handbuch, Rn. 2.40 ff.

[155]Vgl. BMF, Schreiben v. 22.12.2016 (VWG BsGa), BStBl I 2017, 182, Tz. 2.6.4. Rn. 99; beachte aber auch BMF, Schreiben v. 13.10.2010, BStBl I 2010, 774, Tz. 2.4.2.; BMF, Schreiben v. 22.12.2016 (VWG BsGa), BStBl I 2017, 182, Tz. 2.6.4. Rn. 100.

[156]*OECD,* Betriebsstättenbericht 2010, Part I Tz. 200 ff.

[157]*Ditz,* ISR 2012, 48, 53.

15.2.2.1.2.3 Beteiligungen, Finanzanlagen und ähnliche Vermögenswerte
Die Zuordnung der Beteiligungen, Finanzanlagen und ähnlichen Vermögenswerte nach § 7 BsGaV ähnelt der Regelung des § 5 BsGaV. Dies überrascht nicht, da jedenfalls die Beteiligungen materielle Wirtschaftsgüter darstellen. Was sich hinter „ähnlichen Vermögenswerten" verbirgt, bleibt indes unklar.

Auch für Beteiligungen, Finanzanlagen und ähnliche Vermögenswerte gilt gemäß § 7 Abs. 1 Satz 1 BsGaV die Vermutungsregel, dass die für die Zuordnung maßgebliche Personalfunktion die Nutzung ist. § 7 Abs. 1 Satz 2 BsGaV spezifiziert dabei noch, dass sich die Nutzung aus dem funktionalen Zusammenhang zu der Geschäftstätigkeit der Betriebsstätte ergibt.[158] Dieser ist zu bejahen, wenn der Vermögenswert im Sinne des § 7 Abs. 1 Satz 1 BsGaV der Geschäftstätigkeit der Betriebsstätte dient. Damit weicht der Nutzungsbegriff von dem des § 5 BsGaV ab. Dies dürfte dem Umstand geschuldet sein, dass die von § 7 BsGaV erfassten Vermögenswerte nicht verbraucht werden können.[159] Besteht ein derartiger funktionaler Zusammenhang zu der Geschäftstätigkeit mehrerer Betriebsstätten, so ist gemäß § 7 Abs. 1 Satz 3 BsGaV der qualitativ (bzw. subsidiär der quantitativ)[160] überwiegende funktionale Zusammenhang entscheidend.

Indem die BsGaV auf den funktionalen Zusammenhang abstellt, greift sie auf einen vertrauten Maßstab der Betriebsstättengewinnabgrenzung zurück:[161] Der Begriff des funktionalen Zusammenhangs ist bereits aus der Rechtsprechung des BFH zur tatsächlichen Zugehörigkeit bei den abkommensrechtlichen Betriebsstättenvorbehalten bekannt.[162] Auch die Finanzverwaltung verweist in ihrem BMF-Schreiben auf die OECD-Musterkommentierung zu den Betriebsstättenvorbehalten des Art. 10 Abs. 4 OECD-MA und Art. 11 Abs. 4 OECD-MA.[163] An den zitierten Stellen ordnet der OECD-Musterkommentar an, dass die tatsächliche Zugehörigkeit der Beteiligung (Art. 10 OECD-MA) bzw. der Darlehensforderung (Art. 11 OECD-MA) zur Betriebsstätte dann zu bejahen ist, wenn das wirtschaftliche Eigentum hinsichtlich dieser Stammrechte gemäß den Ausführungen des

---

[158] *Wellmann*, FG Wassermeyer, S. 235, 239.

[159] Vgl. zu dem „verbrauchsorientierten" Verständnis des Nutzungsbegriffs bei materiellen Wirtschaftsgütern die Ausführungen unter 15.2.2.1.2.1.

[160] BMF, Schreiben v. 22.12.2016 (VWG BsGa), BStBl I 2017, 182, Tz. 2.7.1 Rn. 104.

[161] A. A. wohl *Kraft/Dombrowski*, FR 2014, 1105, 1110, die von einer Ausweitung der Zuordnung hinsichtlich der Beteiligungen ausgehen.

[162] Vgl. die Ausführungen zu *BFH*, Urt. v. 26.2.1992 – I R 85/91, *BFHE* 168, 52 unter 9.2.2.2.

[163] Vgl. BMF, Schreiben v. 22.12.2016 (VWG BsGa), BStBl I 2017, 182, Tz. 2.7.1. Rn. 103.

Betriebsstättenberichts der Betriebsstätte im Rahmen des Art. 7 Abs. 2 OECD-MA zuzuweisen wäre.[164] Die Zuordnung der Beteiligungen, Finanzanlagen und ähnlichen Vermögenswerte im Rahmen des § 1 Abs. 5 Satz 3 Nr. 2 AStG i. V. m. § 7 BsGaV nach dem funktionalen Zusammenhang rekurriert damit auf den bereits vom Betriebsstättenvorbehalt bekannten Zurechnungsmaßstab und wendet diesen auch im Rahmen der „einfachen" Betriebsstättengewinnabgrenzung nach Art. 7 OECD-MA an. Dies entspricht dem hier vertretenen Verständnis eines einheitlichen Maßstabs.[165]

Die Regelungen des § 7 Abs. 2, 3 und 4 BsGaV bei eindeutig überwiegenden anderen Personalfunktionen entsprechen im Wesentlichen denen des § 5 Abs. 2, 3 und 4 BsGaV. Insoweit wird auf die dortigen Ausführungen verwiesen.[166]

15.2.2.1.2.4 Sonstige Vermögenswerte

Der § 8 BsGaV stellt einen Auffangtatbestand[167] für die Zuordnung sonstiger Vermögenswerte dar, die gemäß § 8 Abs. 1 Satz 1 BsGaV alle nicht in den §§ 5 bis 7 BsGaV genannten Vermögenswerte umfassen. Nach der Vermutungsregel des § 8 Abs. 1 BsGaV ist hier die Schaffung oder der Erwerb die maßgebliche Personalfunktion. Hinsichtlich der Regelungen des § 8 Abs. 2, 3 und 4 BsGaV wird auf die Ausführungen zu den entsprechenden Regelungen des § 5 Abs. 2, 3 und 4 BsGaV verwiesen.

---

[164] Vgl. OECD-MK zu Art. 10 Nr. 32.1 sowie zu Art. 11 Nr. 25.1.

[165] Vgl. auch die Ausführungen unter 9.2.2.2, 9.3.9.

[166] Vgl. oben unter 15.2.2.1.2.1.

[167] Vgl. BMF, Schreiben v. 22.12.2016 (VWG BsGa), BStBl I 2017, 182, Tz. 2.8.1. Rn. 108.

15.2.2.1.2.5   Geschäftsvorfälle im Sinne des § 1 Abs. 4 Satz 1 Nr. 1 AStG

Schließlich hält § 9 BsGaV noch eine Regelung für die Zuordnung von Geschäftsvorfällen im Sinne des § 1 Abs. 4 Satz 1 Nr. 1 AStG bereit. Gemäß der in
§ 9 Abs. 1 Satz 1 BsGaV enthaltenen Vermutungsregel ist die für die Zuordnung der genannten Geschäftsvorfälle maßgebliche Personalfunktion diejenige,
auf der das Zustandekommen des Geschäftsvorfalls beruht.[168] Die Finanzverwaltung versteht hierunter die Personalfunktion, die dafür maßgeblich ist, dass das
Unternehmen den betreffenden Geschäftsvorfall abgeschlossen und die damit verbundenen Risiken übernommen hat.[169] Die Regelungen des § 9 Abs. 2, 3 und 4
BsGaV entsprechen wiederum im Wesentlichen den Regelungen des § 5 Abs. 2,
3 und 4 BsGaV.

Ob die Zuordnungsregelung des § 9 BsGaV von der Verordnungsermächtigung
des § 1 Abs. 6 AStG abgedeckt ist, darf bezweifelt werden.[170] Am Ergebnis der
Zuordnung dieser Außentransaktionen dürfte dies indes kaum etwas ändern. Denn
ihre Zuordnung, die von der abkommensrechtlichen Betriebsstättengewinnabgrenzung insgesamt erfasst werden muss, bestimmt sich mangels speziellerer
Regelungen sonst nach dem allgemeinen Veranlassungsprinzip. Danach ist für
jeden Geschäftsvorfall im Sinne des § 1 Abs. 4 Satz 1 Nr. 1 AStG zu prüfen,
ob dieser durch die Betriebsstättentätigkeit oder durch die Geschäftstätigkeit des
Stammhauses veranlasst wurde. Angesichts des veranlassungsähnlichen Elements,
das der „Personal*funktion*, auf das Zustandekommen des Geschäftsvorfalls
beruht", innewohnt, dürfte das Veranlassungsprinzip jedoch im Ergebnis keine
von § 9 BsGaV abweichende Zuordnung hervorbringen.

---

[168] *Endres/Oestreicher/van der Ham*, PIStB 2014, 276, 281.

[169] Vgl. BMF, Schreiben v. 22.12.2016 (VWG BsGa), BStBl I 2017, 182, Tz. 2.9.1. Rn. 112.

[170] Vgl. dazu im Einzelnen die Ausführungen unter 20.1.

15.2.2.1.2.6 Tabellarische Übersicht der maßgeblichen Personalfunktionen für die Zuordnung von Vermögenswerten

	Materielle WG, § 5 BsGaV	Immaterielle Werte, § 6 BsGaV	Beteiligungen & Finanzanlagen, § 7 BsGaV	Sonstige Vermögenswerte, § 8 BsGaV	Geschäftsvorfälle, § 9 BsGaV
Grundsatz (Abs. 1 Satz 1)	Nutzung	Schaffung oder Erwerb	Nutzung im funktionalen Zusammenhang (Satz 2) mit Geschäftstätigkeit der Betriebsstätte	Schaffung oder Erwerb	Personalfunktion, auf der Zustandekommen des Geschäftsvorfalls beruht
Öffnungsklausel (Abs. 2 und 3)	Abweichende Zuordnung, wenn Bedeutung einer anderen Personalfunktion eindeutig überwiegt; bei mehreren ist die größte Bedeutung für den Zuordnungsgegenstand maßgeblich				
Regelbeispiele für andere Personalfunktionen (Abs. 2 Satz 2)	Anschaffung, Herstellung, Verwaltung oder Veräußerung des betreffenden materiellen Wirtschaftsguts	Nutzung, Verwaltung, Weiterentwicklung, Schutz oder Veräußerung des immateriellen Werts	Anschaffung, Verwaltung, Risikosteuerung oder Veräußerung eines Vermögenswerts i. S. d. Abs. 1	Nutzung, Verwaltung, Risikosteuerung oder Veräußerung des betreffenden sonstigen Vermögenswerts	Erfüllung von Verpflichtungen aus dem Geschäftsvorfall oder aus dessen Verwaltung oder aus dessen Risikosteuerung
Auffangregel (Abs. 4)	Zuordnung, die Abs. 1–3 nicht widerspricht	Zuordnung, die Abs. 1–3 nicht widerspricht; anteilige Zuordnung ist zulässig	Zuordnung, die Abs. 1–3 nicht widerspricht	Zuordnung, die Abs. 1–3 nicht widerspricht	Zuordnung, die Abs. 1–3 nicht widerspricht

	Materielle WG, § 5 BsGaV	Immaterielle Werte, § 6 BsGaV	Beteiligungen & Finanzanlagen, § 7 BsGaV	Sonstige Vermögenswerte, § 8 BsGaV	Geschäftsvorfälle, § 9 BsGaV
Sonderregelungen	Dauerhafte / häufige Nutzungsänderungen (Abs. 1 Satz 2 und 3) Unbewegliches Vermögen (Abs. 2 Satz 3)	Wenn Personalfunktionen der Schaffung oder des Erwerbs in mehreren Betriebsstätten ausgeübt werden, ist Personalfunktion mit größter Bedeutung ausschlaggebend (Abs. 1 Satz 2)		Wenn Personalfunktionen der Schaffung oder des Erwerbs in mehreren Betriebsstätten ausgeübt werden, ist Personalfunktion mit größter Bedeutung ausschlaggebend (Abs. 1 Satz 2)	Wenn für das Zustandekommen entscheidende Personalfunktionen in mehreren Betriebsstätten ausgeübt werden, ist Personalfunktion mit größter Bedeutung ausschlaggebend (Abs. 1 Satz 2)

15.2.2.1.3 Zuordnung der Chancen und Risiken

Gemäß § 1 Abs. 5 Satz 3 Nr. 3 AStG sind auch die Chancen und Risiken des Unternehmens, die die Betriebsstätte aufgrund der ausgeübten Funktionen und zugeordneten Vermögenswerte übernimmt, der Betriebsstätte zuzuordnen. Dabei gilt unmittelbar oder mittelbar der Grundsatz *„risks follow functions"*.[171] Damit werden im Ergebnis die wirtschaftlichen Folgen der unternehmerischen Entscheidungen über die Personalfunktionen den dafür verantwortlichen Personen zugeordnet.[172]

Konkret trifft § 10 BsGaV dazu folgende Regelung: Besteht ein unmittelbarer Zusammenhang zwischen den Chancen und Risiken einerseits und dem Vermögenswert im Sinne der §§ 5 bis 8 BsGaV bzw. dem Geschäftsvorfall im Sinne des § 9 BsGaV andererseits, so folgt die Zuordnung der Chancen und Risiken gemäß § 10 Abs. 1 BsGaV der des Vermögenswerts bzw. des Geschäftsvorfalls.[173]

Die Zuordnung der Chancen und Risiken, die nicht in unmittelbarem Zusammenhang mit einem Vermögenswert oder Geschäftsvorfall stehen, aber dennoch (mittelbar) auf der Personalfunktion einer Betriebsstätte beruhen, folgt hingegen gemäß § 10 Abs. 2 Satz 1 BsGaV der Zuordnung der entsprechenden Personalfunktion. Wird diese Personalfunktion wiederum in mehreren Betriebsstätten ausgeübt, werden die Chancen und Risiken der Betriebsstätte zugeordnet, deren Personalfunktion die größte Bedeutung hat (§ 10 Abs. 2 Satz 2 BsGaV).

Hier überschreitet die BsGaV mit der Regelung in § 10 Abs. 1 BsGaV erneut den Regelungsbereich ihrer Ermächtigungsgrundlage, insoweit sie an Geschäftsvorfälle im Sinne des § 9 BsGaV anknüpft. Die Überschreitung der Ermächtigungsgrundlage des § 1 Abs. 6 AStG durch § 10 Abs. 1 BsGaV ist nämlich Konsequenz der Überschreitung durch § 9 BsGaV. Da bereits deren Zuordnungsregelung nicht vom der Ermächtigungsgrundlage abgedeckt ist,[174] kann für die daran anknüpfende Zuordnung von Chancen und Risiken nichts anderes gelten.

Im Ergebnis dürfte sich dies wiederum nicht auf das Zuordnungsergebnis auswirken. Denn die Zuordnung der Chancen und Risiken dient vornehmlich der Bestimmung des angemessenen Eigenkapitals, mit der die Betriebsstätte auszustatten ist. Die Zuordnung der Chancen und Risiken hinsichtlich der Geschäftsvorfälle ist somit nur Zwischenschritt für die auf diese Chancen und Risiken zurückgehende Kapitalausstattung. Da die Außentransaktionen durchaus in der

---

[171] *Kahle/Mödinger*, DStZ 2012, 802, 804.

[172] *Kahle/Mödinger*, DStZ 2012, 802, 806.

[173] *Endres/Oestreicher/van der Ham*, PIStB 2014, 276, 281; *Ditz*, ISR 2012, 48, 49.

[174] Vgl. hierzu unten 20.1.

Gewinnabgrenzung berücksichtigt werden, finden sie auch Eingang in die Bestimmung des Dotationskapitals der Betriebsstätte. Insoweit dieser Ermittlungsprozess nicht von § 1 Abs. 5 AStG i. V. m. der Betriebsstättengewinnaufteilungsverordnung abgedeckt ist, gelten die allgemeinen Grundsätze. Dabei dürften die auf die Geschäftsvorfälle entfallenden Chancen und Risiken als Kapitalbedarf auslösender Faktor veranlassungsgerecht[175] berücksichtigt werden.

Die Zuordnungsregelung des § 10 BsGaV und das Veranlassungsprinzip dürften insoweit zu gleichen Zuordnungen gelangen. Zwar ist der Maßstab des § 10 Abs. 1 BsGaV, der einen unmittelbaren Zusammenhang verlangt, auf den ersten Blick enger als der des allgemeinen Veranlassungsprinzips, bei dem bereits jeglicher wirtschaftliche Zusammenhang für die Zuordnung genügt. Gleichwohl werden die nur mittelbar mit den Geschäftsvorfällen im Sinne des § 1 Abs. 4 Satz 1 Nr. 1 AStG in Zusammenhang stehenden Chancen und Risiken von § 10 Abs. 2 BsGaV erfasst.[176]

Die Regelungen des § 10 Abs. 3, 4 und 5 BsGaV entsprechen denen des § 5 Abs. 2, 3 und 4 BsGaV. Zur Vermeidung von Wiederholungen wird auf die dortigen[177] Ausführungen verwiesen.

Geschäftsvorfälle, die der Absicherung von Risiken dienen (Sicherungsgeschäfte), folgen in ihrer Zuordnung abweichend von den allgemeinen Zuordnungsregeln[178] der Zuordnung der Zuordnungsobjekte (Personalfunktionen, Vermögenswerte, Geschäftsvorfälle), die sie absichern. Dies gilt auch für die zu den Sicherungsgeschäften gehörigen Vermögenswerte, sofern die Absicherung ausdrücklich bezweckt ist. Lassen sich diese Sicherungszwecken dienenden Vermögenswerte hingegen nicht oder nur mit unverhältnismäßigem Aufwand direkt zuordnen, weil die besicherten Zuordnungsgegenstände mehreren Betriebsstätten zuzuordnen sind, so sind die Sicherungsgeschäfte gemäß § 11 Abs. 2 BsGaV einschließlich der zugehörigen Vermögenswerte den entsprechenden Betriebsstätten nach einem sachgerechten Aufteilungsschlüssel anteilig zuzuordnen.

---

[175]Dem steht auch nicht entgegen, dass nach der hier vertretenen Auffassung nur das Fremdkapital einer unmittelbar veranlassungsbasierten Zuordnung zugänglich ist. Denn als Komplementärgröße zum Fremdkapital erfolgt die Zuordnung des Eigenkapitals somit zumindest mittelbar veranlassungsbasiert, vgl. hierzu unten 20.11.

[176]Vgl. das Fallbeispiel in BMF, Schreiben v. 22.12.2016 (VWG BsGa), BStBl I 2017, 182, Tz. 2.10.2 Rn. 118.

[177]Vgl. oben 15.2.2.1.2.1.

[178]Vgl. BMF, Schreiben v. 22.12.2016 (VWG BsGa), BStBl I 2017, 182, Tz. 2.11.1 Rn. 123.

Wie die von der Finanzverwaltung angeführten Beispiele[179] sehr anschaulich verdeutlichen, führt die Regelung des § 11 BsGaV dazu, dass die Sicherungsgeschäfte nebst zugehörigen Vermögenswerten zwar „direkt" der Zuordnung der abgesicherten Risiken folgen. Wurde das Sicherungsgeschäft selbst aber durch einen anderen Unternehmensteil als denjenigen abgeschlossen, dem das abgesicherte Risiko zugeordnet wird, so wird gemäß § 16 Abs. 1 Nr. 2 BsGaV zwischen dem das Sicherungsgeschäft abschließenden und dem sicherungsnehmenden Unternehmensteil eine anzunehmende schuldrechtliche Beziehung als Dienstleistung unter Gewinnaufschlag (§ 16 Abs. 2 BsGaV) fingiert. Die Zuordnung erfolgt damit im Ergebnis doch „übers Eck".

Gemäß Tz. 2.11.1. Rn. 124 VWG BsGa folgt die Zuordnung der zu den Sicherungsgeschäften nebst Vermögenswerten gehörigen Betriebseinnahmen und Betriebsausgaben einschließlich der aus ihnen erwirkten Veräußerungsgewinne und -verluste der Zuordnung der Sicherungsgeschäfte. Diese Zuordnung wird indes nicht durch die BsGaV angeordnet[180] und wäre wohl auch nicht von der Ermächtigungsgrundlage des § 1 Abs. 6 AStG abgedeckt. Sie folgt vielmehr aus dem allgemeinen Veranlassungsprinzip.[181]

Ändert sich der Sicherungszusammenhang, so geht die Finanzverwaltung davon aus, dass die Zuordnung des Sicherungsgeschäfts nebst zugehörigen Vermögenswerten gemäß § 11 Abs. 3 BsGaV anzupassen ist.[182] Interessanterweise fingiert sie hier, anders als wenn das zuzuordnende Sicherungsgeschäft von einem anderen Unternehmensteil abgeschlossen wird,[183] keine anzunehmende schuldrechtliche Beziehung in Form einer Übertragung eines bestehenden Anspruchs aus dem Sicherungsgeschäft. Dies erscheint nicht konsequent. Obschon der weggefallene Sicherungszusammenhang eine Änderung der Zuordnung rechtfertigt, ist nicht davon auszugehen, dass diese Übertragung des Anspruchs aus dem Sicherungsgeschäft unter fremden Dritten ohne Gegenleistung geschehen würde.[184]

---

[179]BMF, Schreiben v. 22.12.2016 (VWG BsGa), BStBl I 2017, 182, Tz. 2.11.1 Rn. 123, 125.

[180]§ 3 Abs. 2 Nr. 4 BsGaV setzt die Zuordnung zwar voraus, enthält aber keine eigene Zuordnungsanordnung.

[181]Vgl. oben 9.1.3.

[182]BMF, Schreiben v. 22.12.2016 (VWG BsGa), BStBl I 2017, 182, Tz. 2.11.3 Rn. 127.

[183]Siehe Fn. 179.

[184]In Anbetracht dessen ist der Zuordnung nach § 11 BsGaV ein gewisser Akzessorietätsgedanke zu entnehmen.

15.2.2.1.4 Bestimmung des Dotationskapitals

Nach den Ausführungen der *OECD* gilt für die Kapitalausstattung der Betriebsstätte der Grundsatz *„capital follows risks"*[185]. Hintergrund dessen ist, dass
die Betriebsstätte angemessen kapitalisiert sein muss, um die von ihr wahr-
genommenen Funktionen und Risiken adäquat finanzieren zu können.[186] Bei
der Bestimmung des Dotationskapitals einer Betriebsstätte unterscheidet die
BsGaV dabei aber überraschenderweise zwischen Inbound- (§ 12 BsGaV) und
Outbound-Konstellationen (§ 13 BsGaV). Bereits an dieser Stelle könnte man
daher die Frage stellen, ob die Ermächtigung in § 1 Abs. 6 AStG zur Festlegung von „Grundsätze[n] zur Bestimmung des Dotationskapitals" einen Unterfall
der Regelung der „Einzelheiten des Fremdvergleichsgrundsatzes […] und [der]
Einzelheiten zu dessen einheitlicher Anwendung" darstellt. Bejaht man dies, so
ist schwer nachvollziehbar, wie eine unterschiedliche Behandlung von Inbound-
und Outbound-Konstellationen die einheitliche Anwendung des Fremdvergleichsgrundsatzes konkretisieren sollte. Die allgemein profiskalische Ausrichtung der
Verordnungsregelungen dürfte dabei nicht für eine Bejahung der Einheitlichkeit
ausreichen.

15.2.2.1.4.1 Inbound-Konstellationen

Für Inbound-Konstellationen, d. h. die Bestimmung des Dotationskapitals von
inländischen Betriebsstätten ausländischer Unternehmen soll das Dotationskapital
gemäß § 12 Abs. 1 BsGaV grundsätzlich nach der Kapitalaufteilungsmethode[187]
bestimmt werden. Hierfür ist es erforderlich, das Eigenkapital des Gesamtunternehmens wie auch den Aufteilungsmaßstab auf die Unternehmenseinheiten
zu ermitteln.[188] Anders als die Kapitalspiegelmethode stellt die Kapitalaufteilungsmethode dabei nicht allein auf das Verhältnis von den der Betriebsstätte
zugeordneten Aktivposten zu den Aktivposten der Gesamtunternehmensbilanz ab,
sondern bezieht auch Vermögenswerte sowie Chancen und Risiken mit ein.[189]
Dem liegt wiederum die Überlegung zugrunde, dass ein höheres Risiko auch ein
höheres Eigenkapital zur Finanzierung erfordere.[190]

---

[185] *Kahle/Mödinger*, DStZ 2012, 802, 806; *Ditz*, ISR 2012, 48, 49; *OECD*, Betriebsstättenbericht 2010, Part I Tz. 26.

[186] *Ditz*, ISR 2012, 48, 49.

[187] Diese Methode wird auch von der *OECD* anerkannt, vgl. *OECD*, Betriebsstättenbericht
2010, Part I Tz. 121 ff. zur *„capital allocation method"*.

[188] *Endres/Oestreicher/van der Ham*, PIStB 2014, 303.

[189] Vgl. BR-Drs. 401/14, S. 76.

[190] Vgl. BR-Drs. 401/14, S. 76.

Nach den Ausführungen der Finanzverwaltung soll die Kapitalaufteilungsmethode verhindern, dass die inländischen Betriebsstätten ein zu geringes Dotationskapital zu Lasten des deutschen Fiskus ausweisen. Denn so führt die Zuordnung von einem zu geringen Dotationskapital entsprechend zu einer erhöhten Zuordnung von Verbindlichkeiten und damit zu einer Zuweisung von erhöhtem Zinsaufwand, der wiederum die steuerliche Bemessungsgrundlage mindert.[191]

Das Eigenkapital des Gesamtunternehmens ist gemäß § 12 Abs. 2 BsGaV nach den Regelungen des deutschen Steuerrechts zu bestimmen. Ausnahmsweise darf alternativ auf den Eigenkapitalausweis des ausländischen Unternehmens in seiner nach ausländischem Recht erstellten Bilanz zurückgegriffen werden, wenn das Unternehmen glaubhaft macht, dass dieses Eigenkapital nicht erheblich von dem nach deutschem Steuerrecht anzusetzenden Eigenkapital abweicht oder die Abweichungen im Ergebnis durch Anpassungen ausgeglichen werden. Eine Erheblichkeitsschwelle definiert die BsGaV in diesem Zusammenhang jedoch nicht.[192]

Die Kapitalquote der inländischen Betriebsstätte wird sodann gemäß § 12 Abs. 3 Satz 1 BsGaV unter Ansatz der Vermögenswerte zu Fremdvergleichspreisen und unter Berücksichtigung der zugeordneten Chancen und Risiken ermittelt. Auch hier lässt eine Vereinfachungsregelung zu, dass auf die ausländischen Buchwerte oder vergleichbare Werte zurückgegriffen werden kann, wenn das Unternehmen glaubhaft macht, dass die so ermittelte Kapitalquote nicht erheblich von einer nach Fremdvergleichswerten ermittelten Kapitalquote abweicht oder die Abweichungen durch Anpassungen so ausgeglichen werden, dass das Ergebnis nicht erheblich von der nach Satz 1 ermittelten Kapitalquote abweicht, vgl. § 12 Abs. 3 BsGaV.[193]

Eine Sonderregelung sieht § 12 Abs. 4 BsGaV für die Anwendung der Kapitalaufteilungsmethode auf unterkapitalisierte Konzerngesellschaften (d. h. solche Konzerngesellschaften, denen aufgrund ihrer Finanzausstattung dauerhaft kein positives Ergebnis prognostiziert wird) vor. Danach ist hier das konsolidierte

---

[191] Vgl. BR-Drs. 401/14, S. 76; BMF, Schreiben v. 22.12.2016 (VWG BsGa), BStBl I 2017, 182, Tz. 2.12.1. Rn. 129.

[192] Auch die VWG BsGa enthalten nur Ausführungen dazu, wann verbleibende Unsicherheiten erheblich i. S. d. § 12 Abs. 2 Satz 2 Nr. 2 BsGaV sind, BMF, Schreiben v. 22.12.2016 (VWG BsGa), BStBl I 2017, 182, Tz. 2.12.2 Rn. 134.

[193] Gemäß BMF, Schreiben v. 22.12.2016 (VWG BsGa), BStBl I 2017, 182, Tz 2.12.3 Rn. 139 ist die Kapitalquote nach Buchwerten nicht zu beanstanden, wenn keine Anhaltspunkte dafür vorliegen, dass die Kapitalquote nach Fremdvergleichswerten um mehr als 10 Prozent*punkte* (!) von der Kapitalquote nach Buchwerten abweicht.

Eigenkapital der Unternehmensgruppe als Ausgangspunkt der Kapitalaufteilungs-methode heranzuziehen.[194] Die absolute Untergrenze für die Zuordnung des Dotationskapitals zu der inländischen Betriebsstätte bildet gemäß § 12 Abs. 5 BsGaV das in der inländischen Handelsbilanz ausgewiesene Dotationskapital.[195]

Soweit Zuordnungsänderungen bei Personalfunktionen, Vermögenswerten oder Chancen und Risiken zu einer erheblichen Änderung der Höhe des Dotations-kapitals führen, sind gemäß § 12 Abs. 6 BsGaV unterjährige Anpassungen des Dotationskapitals zulässig. Bemerkenswert ist dabei, dass die Finanzverwaltung eine Verringerung des Dotationskapitals der inländischen Betriebsstätte nur dann zulässt, wenn nachgewiesen wird, dass das ausländische Unternehmen im Aus-land die entsprechenden steuerlichen Konsequenzen gezogen hat. Zudem verweist die Finanzverwaltung in diesem Kontext auf die einseitige Korrekturrichtung des § 1 Abs. 1 AStG.[196] Als erheblich stuft die Finanzverwaltung dabei eine Änderung des Dotationskapitals ein, wenn das Dotationskapital zu Beginn des folgenden Wirtschaftsjahrs mehr als 30 % oder mindestens 2 Mio. Euro von dem Dotationskapital zu Beginn des Wirtschaftsjahrs abweicht.[197]

15.2.2.1.4.2 Outbound-Konstellationen

Während die Kapitalaufteilungsmethode für inländische Betriebsstätten eine „ma-ximale" Zuordnung des Dotationskapitals vorsah, ordnet § 13 Abs. 1 BsGaV für die Bestimmung des Dotationskapitals ausländischer Betriebsstätten inländi-scher Unternehmen „profiskalisch konsequent" grundsätzlich die Anwendung der Mindestkapitalausstattungsmethode[198] an, die eine „minimal" mögliche Zuord-nung vornimmt.[199] Danach wird der Betriebsstätte nur insoweit Dotationskapital zugeordnet, wie das Unternehmen glaubhaft macht, dass die Zuordnung aus betriebswirtschaftlichen Gründen erforderlich ist. Die Wahl dieser Methode beruht damit spiegelbildlich zu den Erwägungen bei der Kapitalaufteilungsmethode

---

[194] *Endres/Oestreicher/van der Ham*, PIStB 2014, 303, 304.

[195] *Endres/Oestreicher/van der Ham*, PIStB 2014, 303, 304.

[196] Vgl. BR-Drs. 401/14, S. 80; BMF, Schreiben v. 22.12.2016 (VWG BsGa), BStBl I 2017, 182, Tz. 2.12.6. Rn. 143.

[197] BMF, Schreiben v. 22.12.2016 (VWG BsGa), BStBl I 2017, 182, Tz. 2.12.6. Rn. 143. In dem Referentenentwurf vom 18.3.2016 war hier noch eine Erheblichkeitsschwelle von 50% vorgesehen.

[198] Anders als die Kapitalaufteilungsmethode gehört die Mindestkapitalausstattungsmethode nicht zu den von der *OECD* anerkannten Standardmethoden, da sie sich in Widerspruch zu dem Grundsatz der einheitlichen Kreditwürdigkeit begibt, vgl. *OECD*, Betriebsstättenbericht 2010, Part I Tz. 135.

[199] *Kraft/Dombrowski*, FR 2014, 1105, 1112.

auf der Überlegung, dass eine Überdotierung der ausländischen Betriebsstätte die Zuordnung von Verbindlichkeiten und damit auch den im Ausland bei der Besteuerung zugrunde zu legenden Zinsaufwand reduziert,[200] was letztlich zu einer Verschiebung des Zinsaufwands ins Inland führt.[201]

Ein höheres Dotationskapital (bis max. in Höhe des Betrags, der sich nach der Kapitalaufteilungsmethode ergäbe, vgl. § 13 Abs. 2 BsGaV) darf der ausländischen Betriebsstätte zugeordnet werden, wenn dies dem Fremdvergleichsgrundsatz besser entspricht.[202] Dabei ist derjenige beweispflichtig dafür, dass der Fremdvergleichsgrundsatz einen anderen Wertansatz erfordert, der sich auf diesen anderen Wertansatz beruft.[203] Das entspricht den allgemeinen Regelungen der Beweislastverteilung.

Über die Regelung des § 13 Abs. 2 BsGaV hinaus ist eine weitergehende Zuordnung von Dotationskapital gemäß § 13 Abs. 3 BsGaV nur zulässig, soweit *nichtsteuerliche* Vorschriften des Betriebsstättenstaats dies erfordern. Ausländische Steuervorschriften werden hingegen nach Auffassung der Finanzverwaltung durch Art. 7 OECD-MA überschrieben.[204] Dies enthält die zweifelhafte pauschale Implikation, dass eine Zuweisung von Dotationskapital jenseits des Betrags, der sich nach der Kapitalaufteilungsmethode ergibt, nicht fremdvergleichskonform im Sinne des Art. 7 OECD-MA sein kann. Absolute Höchstgrenze der Dotationskapitalzuweisung ist gemäß § 13 Abs. 4 BsGaV das tatsächlich in der ausländischen Handelsbilanz der ausländischen Betriebsstätte ausgewiesene Kapital, da das inländische Unternehmen durch den Bilanzausweis nach Auffassung der Finanzverwaltung verdeutlicht hat, dass es dieses Dotationskapital für betriebswirtschaftlich ausreichend erachte.[205]

Schließlich sieht § 13 Abs. 5 BsGaV eine unterjährige Anpassungsmöglichkeit vor, wenn Zuordnungsänderungen zu einer erheblichen Änderung des Dotationskapitals geführt haben. Wie schon im Kontext des § 12 Abs. 6 BsGaV lässt die Finanzverwaltung eine Korrektur des Dotationskapitals zu Lasten des deutschen Fiskus nur dann zu, wenn nachgewiesen wird, dass der ausländische Betriebsstättenstaat aus dem erhöhten Dotationskapital die entsprechenden steuerlichen

---

[200] BR-Drs. 401/14, S. 80, BMF, Schreiben v. 22.12.2016 (VWG BsGa), BStBl I 2017, 182, Tz. 2.13.1 Rn. 144.

[201] *Kraft/Dombrowski*, FR 2014, 1105, 1111.

[202] *Endres/Oestreicher/van der Ham*, PIStB 2014, 303, 304.

[203] Vgl. BMF, Schreiben v. 22.12.2016 (VWG BsGa), BStBl I 2017, 182, Tz. 2.13.2. Rn. 148.

[204] Vgl. BMF, Schreiben v. 22.12.2016 (VWG BsGa), BStBl I 2017, 182, Tz. 2.13.3. Rn. 149.

[205] Vgl. BMF, Schreiben v. 22.12.2016 (VWG BsGa), BStBl I 2017, 182, Tz. 2.13.4. Rn. 150; *Endres/Oestreicher/van der Ham*, PIStB 2014, 303, 304.

Konsequenzen gezogen hat. Auch hier verweist die Finanzverwaltung auf die ausschließlich profiskalische Korrekturrichtung des § 1 Abs. 1 AStG.[206]

15.2.2.1.4.3 Zwischenfazit

Mit §§ 12, 13 BsGaV gibt der Verordnungsgeber zwei unterschiedliche Methoden zur Dotationsbestimmung vor. Während im Inbound-Fall über die Kapitalaufteilungsmethode die maximale Dotationszuordnung gilt, führt die Anwendung der Mindestkapitalausstattungsmethode im Outbound-Fall zu der minimal möglichen Kapitalausstattung der ausländischen Betriebsstätte. Da beide Methoden profiskalisch wirken, liegt die Vermutung einer rein fiskalischen Motivation nahe.[207] §§ 12, 13 BsGaV widersprechen damit der Zielsetzung des AOA, inländische und ausländische Betriebsstätten gleich zu behandeln[208] und verschärfen so die ohnehin schon asymmetrische Umsetzung[209] durch den deutschen Gesetzgeber. Die zahlreichen durch den Fremdvergleichsgrundsatz gerechtfertigten Ausnahmeregelungen dürften darüber hinaus Gestaltungspotential schaffen.[210]

15.2.2.1.5 Zuordnung der übrigen Passiva

An die Bestimmung des Dotationskapitals schließt sich bei den Betriebsstätten von buchführungspflichtigen[211] Unternehmen die Zuordnung der übrigen Passiva an. Dazu ist zunächst der zuordnungsfähige Fremdkapitalbetrag[212] zu bestimmen. Dieser ergibt sich als komplementäre Größe zum Dotationskapital aus der Differenz der Summe der Aktivposten, quasi der „Bilanzsumme" der Betriebsstätte, und dem zugeordneten Dotationskapital sowie der der Betriebsstätte zugeordneten

---

[206] Vgl. BMF, Schreiben v. 22.12.2016 (VWG BsGa), BStBl I 2017, 182, Tz. 2.13.5. Rn. 151.

[207] *Endres/Oestreicher/van der Ham*, PIStB 2014, 303, 304 f.; *Wellmann*, FG Wassermeyer, S. 235, 240.

[208] *Kraft/Dombrowski*, FR 2014, 1105, 1112.

[209] Vgl. hierzu unten unter 20.2.

[210] *Endres/Oestreicher/van der Ham*, PIStB 2014, 303, 305 f.

[211] Ausweislich des Wortlauts des § 14 Abs. 1 BsGaV genügt dabei eine Buchführungspflicht nach inländischem oder ausländischem Recht. Der Beschränkung auf buchführungspflichtige Unternehmen dürfte man umgekehrt entnehmen, dass die Zuordnung der Verbindlichkeiten und der damit in Zusammenhang hängenden Betriebsausgaben bei nichtbuchführungspflichtigen Unternehmen nach dem Veranlassungsprinzip erfolgt. Das Bedürfnis und die praktische Möglichkeit, die Passiva zuzuordnen, ergibt sich nur, wenn eine (Gesamt-) Aufstellung der Passiva für das Unternehmen besteht, auf die zurückgegriffen werden kann, vgl. *Endres/Oestreicher/van der Ham*, PIStB 2014, 303, 306.

[212] *Endres/Oestreicher/van der Ham*, PIStB 2014, 303, 306.

Risiken (§ 10 BsGaV) und Sicherungsgeschäfte (§ 11 BsGaV).[213] Bei der „Auffüllung" dieses zuordnungsfähigen Fremdkapitalbetrags differenziert die BsGaV zwischen direkter (§ 14 Abs. 1 BsGaV) und indirekter Zuordnung (§ 14 Abs. 3 BsGaV).

Vorranging sind der Betriebstätte gemäß § 14 Abs. 1 BsGaV die Passivposten zuzuordnen, die in unmittelbarem Zusammenhang mit den ihr zugeordneten Vermögenswerten sowie Chancen und Risiken stehen.[214] Übersteigt die Summe der auf diese Weise direkt zuzuordnenden Passiva den zuordnungsfähigen Fremdkapitalbetrag, so sind die direkt zugeordneten Passiva gemäß § 14 Abs. 2 BsGaV entsprechend anteilig zu kürzen, bis ein „Bilanzgleichgewicht" hergestellt ist.[215] Übersteigen bereits die Summe aus zugeordnetem Dotationskapital und zugeordneten Risiken die Summe der zugewiesenen Aktivposten, so ist die Ausgeglichenheit der Hilfs- und Nebenrechnung nach Auffassung der Finanzverwaltung[216] durch Zuordnung von liquiden Mitteln herzustellen. Diese Vorgehensweise lässt sich indes nicht aus der BsGaV ableiten.

Andernfalls ist die nach direkter Zuordnung verbleibende „Fremdkapitallücke" gemäß § 14 Abs. 3 BsGaV durch die indirekte, d. h. anteilige Zuordnung der verbleibenden (auch nicht anderweitig direkt zugeordneten[217]) Passivposten zu befüllen. In der Literatur[218] wurde kritisiert, durch diese indirekte Zuordnung werde die Gewinnabgrenzung nach Maßgabe des Fremdvergleichsgrundsatzes letztlich nicht konsequent verfolgt, da sich die Zuordnung der Passiva bei einem eigenständigen und unabhängigen Unternehmen ausschließlich aus der wirtschaftlichen Tätigkeit ergeben und nach deren bilanzieller Behandlung richten würde. Angesichts der Verwaltungsanweisung, bei der indirekten Zuordnung der „übrigen Passivposten des Unternehmens" im Sinne des § 14 Abs. 3 BsGaV vorrangig die Passivposten zu verwenden, die nicht direkt einem Vermögenswert des übrigen Unternehmens zugeordnet werden können,[219] lässt sich dieser Kritikpunkt jedoch maßgeblich entschärfen. Denn auf diese Weise werden vorrangig Gemeinkosten

---

[213] *Endres/Oestreicher/van der Ham*, PIStB 2014, 303, 306.

[214] *Endres/Oestreicher/van der Ham*, PIStB 2014, 303, 306; *Wellmann*, FG Wassermeyer, S. 235, 240.

[215] *Endres/Oestreicher/van der Ham*, PIStB 2014, 303, 306; *Kraft/Dombrowski*, FR 2014, 1105, 1112.

[216] BMF, Schreiben v. 22.12.2016 (VWG BsGa), BStBl I 2017, 182, Tz. 2.14.2 Rn. 153, dort Fall (2).

[217] Insoweit einschränkend BMF, Schreiben v. 22.12.2016 (VWG BsGa), BStBl I 2017, 182, Tz. 2.14.3 Rn. 154.

[218] *Kraft/Dombrowski*, FR 2014, 1105, 1112.

[219] BMF, Schreiben v. 22.12.2016 (VWG BsGa), BStBl I 2017, 182, Tz. 2.14.3 Rn. 154.

indirekt, d. h. anteilig der Betriebsstätte zugewiesen. Das ist letztlich Ausdruck eines mittelbaren Veranlassungszusammenhangs. Auch eine gegebenenfalls darüberhinausgehende indirekte Zuordnung von Passiva (die eigentlich in direktem Zusammenhang zum übrigen Unternehmen stehen) wird man als notwendigen Kompromiss ansehen müssen, der letztlich deshalb erforderlich wird, weil die vorangegangenen Zuordnungen auf Fiktionen basieren und daher nicht das Resultat einer korrespondierenden doppelten Buchführung sind.

Durch die Anknüpfung der direkten Zuordnung nach § 14 Abs. 1 BsGaV an den unmittelbaren Zusammenhang zwischen Passiva und den der Betriebsstätte zugeordneten Vermögenswerten bzw. Chancen und Risiken trägt diese Zurechnungsmethode veranlassungsbezogene Züge. Anders als das „klassische" Veranlassungsprinzip wird dabei aber für den Veranlassungszusammenhang nicht an die Betriebsstättentätigkeit, sondern die bereits zugeordneten Posten angeknüpft. Da diese Posten aber ihrerseits anhand der ausgeübten Personalfunktionen zugeordnet wurden, ist der Zusammenhang letztlich (mittelbar) dennoch tätigkeitsbezogen. Auch die Maßgeblichkeit des unmittelbaren Zusammenhangs durch die vorrangig direkte Zuordnung ist nur auf den ersten Blick eine prinzipielle Verschärfung des allgemeinen Veranlassungsprinzips, das auch einen mittelbaren Zusammenhang genügen lässt. Denn so werden im Fall der indirekten Zuordnung im Rahmen des § 14 Abs. 3 BsGaV auch Passivposten mit lediglich mittelbarem Zusammenhang zu den maßgeblichen Personalfunktionen zugeordnet. Darüber hinausgehende Passiva mit allgemeinem Unternehmensbezug, die lediglich mangels verbleibenden zuordnungsfähigen Fremdkapitalbetrags unberücksichtigt bleiben, sind letztlich dem Erfordernis einer ausgeglichenen Hilfs- und Nebenrechnung geschuldet, beinhalten aber keine grundsätzliche Absage an die veranlassungsbasierte Zuordnung.[220]

15.2.2.1.6 Zuordnung der Finanzierungsaufwendungen

Bei den Betriebsstätten buchführungspflichtiger Unternehmen folgt die laufende Zuordnung der Finanzierungsaufwendungen (wie beispielsweise des Zinsaufwands) der Zuordnung der Passiva. Die mit direkt zugeordneten Passiva zusammenhängenden Finanzierungsaufwendungen werden der Betriebsstätte gemäß § 15 Abs. 1 BsGaV zugeordnet. Soweit die direkt zugeordneten Passiva gemäß

---

[220]Zu einer noch konsequenteren Orientierung am Veranlassungsprinzip bei der Zuordnung der übrigen Passiva vgl. die Ausführungen unter 20.11.

§ 14 Abs. 2 BsGaV anteilig gekürzt wurden, ist eine entsprechende anteilige Kürzung gemäß § 15 Abs. 2 BsGaV auch für die mit diesen Passiva zusammenhängenden Finanzierungsaufwendungen vorzunehmen.[221]

Ist eine direkte Zuordnung der Finanzierungsaufwendungen nicht oder nur mit unverhältnismäßigem Aufwand möglich, ist insoweit an die indirekte Zuordnung der Passiva nach § 14 Abs. 3 BsGaV anzuknüpfen und es sind auch die damit zusammenhängenden Finanzierungsaufwendungen gemäß § 15 Abs. 3 Sätze 1 und 2 BsGaV in dem Verhältnis der Betriebsstätte zuzuordnen, in dem die indirekt der Betriebsstätte zugeordneten Passiva zu den übrigen Passivposten des Unternehmens stehen. Eine hiervon abweichende Aufteilung der indirekt zugeordneten Finanzierungsaufwendungen ist zulässig, wenn diese dem Fremdvergleichsgrundsatz im Einzelfall besser entspricht. Ein Anwendungsfall einer derartigen fremdvergleichsbasierten Korrektur ist nach der Auffassung der Finanzverwaltung[222] die unterjährige Anpassung des Dotationskapitals gemäß § 12 Abs. 6 oder § 13 Abs. 5 BsGaV. Dabei ist zu beachten, dass diese Öffnungsklausel nicht die direkt zugeordneten und dabei gegebenenfalls nach § 15 Abs. 2 BsGaV anteilig gekürzten Finanzierungsaufwendungen betrifft. Eine fremdvergleichskonforme Korrektur bleibt Betriebsstätten mit transparenter Finanzierungsstruktur damit verwehrt.[223] Allerdings dürfte die direkte Zuordnung mit einer veranlassungsbasierten Zuordnung übereinstimmen und damit ohnehin dem Fremdvergleichsgrundsatz entsprechen.[224]

Aufgrund der Abhängigkeit der Zuordnung der Finanzierungsaufwendungen von der Zuordnung der Passiva, die wiederum der Höhe nach durch die Bestimmung der Komplementärgröße Dotationskapital beeinflusst wird, wirken die Gestaltungsspielräume bei der Bestimmung des Dotationskapital bis in die Zuordnung der Finanzierungsaufwendungen fort.[225] Dies kann, je nach Zinssatz, zu erheblichen Auswirkungen auf das Betriebsstättenergebnis führen.

Sonderregelungen hält § 15 Abs. 4 und 5 BsGaV für Betriebsstätten von Unternehmen bereit, die in ihrem jeweiligen Ansässigkeitsstaat nicht buchführungspflichtig sind. Danach ist eine Zuordnung von Finanzierungsaufwendungen zu diesen Betriebsstätten gemäß § 15 Abs. 4 BsGaV (Inbound-Fall) bzw. § 15 Abs. 5 BsGaV (Outbound-Fall) daran geknüpft, dass ein unmittelbarer Zusammenhang zu der Geschäftstätigkeit der Betriebsstätte besteht. Im Inbound-Fall

---

[221] *Endres/Oestreicher/van der Ham*, PIStB 2014, 303, 306 f.

[222] Vgl. BMF, Schreiben v. 22.12.2016 (VWG BsGa), BStBl I 2017, 182, Tz. 2.15.3.2. Rn. 160.

[223] *Kraft/Dombrowski*, FR 2014, 1105, 1112.

[224] Zum Verhältnis von Fremdvergleichsgrundsatz und Veranlassungsprinzip vgl. oben 11.7.

[225] *Endres/Oestreicher/van der Ham*, PIStB 2014, 303, 308.

wird nach § 15 Abs. 4 Satz 2 BsGaV zudem verlangt, dass das der Betriebsstätte verbleibendende Ergebnis dem Fremdvergleich entspricht. Im Outbound-Fall muss der Anteil des Finanzierungsaufwands zudem dem Anteil an den Außenumsätzen des Unternehmens entsprechen, wenn nicht ein abweichendes Ergebnis dem Fremdvergleich besser entspricht, vgl. § 15 Abs. 5 Satz 2 und 3 i. V. m. Abs. 3 Satz 3 BsGaV.

Die Zuordnung der Finanzierungsaufwendungen erfolgt, soweit sie an die zugeordneten Passiva anknüpft, veranlassungsbezogen.[226] Insbesondere ist die Zuordnung in Übereinstimmung mit dem Fremdvergleichsgrundsatz auch mit dem Veranlassungsprinzip vereinbar, da es verursachungsgerechte Korrekturen dort zulässt, wo die statische Zuordnung der Passiva und die daraus folgende Zuordnung der Finanzierungsaufwendungen nach den pauschalisierenden Regelungen des § 15 Abs. 3 Sätze 1 und 2 BsGaV zu fremdvergleichswidrigen Ergebnissen führen würde.

Auch die Sonderregelungen für nicht buchführungspflichtige Unternehmen gehen im Ausgangspunkt durch das Erfordernis eines unmittelbaren Zusammenhangs zur Betriebsstättentätigkeit von einer veranlassungsbezogenen Betrachtung aus, verschärfen den allgemeinen Maßstab aber durch das Unmittelbarkeitserfordernis. Diese Verschärfungen werden jedoch durch die Öffnungsklauseln zugunsten einer fremdvergleichorientierten Zuordnung[227] wieder ausgeglichen, wobei diese im Inbound-Fall auch gewisse profiskalische Züge trägt.[228]

15.2.2.2 Stufe: Bestimmung und Bewertung der Geschäftsbeziehungen

Auf der zweiten Stufe der Anwendung des Fremdvergleichsgrundsatzes sind gemäß § 1 Abs. 5 Satz 4 AStG zunächst die Art der Geschäftsbeziehungen zwischen Unternehmen und seiner Betriebsstätte und sodann die Verrechnungspreise für diese Geschäftsbeziehungen zu bestimmen. Formal weicht der deutsche Gesetzgeber damit von der Einteilung der Zweistufigkeit nach dem OECD-Konzept ab. Dieses sieht die Ermittlung der „dealings" nämlich noch als Teil der Selbstständigkeitsfiktion und damit der ersten Stufe an.[229] Lediglich die

---

[226]Vgl. auch die Ausführung zur Zuordnung von Schuldzinsen oben unter 5.1.1.

[227]Vgl. § 15 Abs. 4 Satz 2, § 15 Abs. 5 Satz 3 i. V. m. Abs. 3 Satz 3 BsGaV.

[228]So gestattet § 15 Abs. 4 Satz 2 BsGaV (anders als § 15 Abs. 5 Satz 3 BsGaV) auch dann keine Berücksichtigung von lediglich mittelbar mit der Betriebsstätte zusammenhängenden Finanzaufwendungen, wenn dies zu einem Betriebsstättenergebnis führen würde, dass dem Fremdvergleichsgrundsatz besser entspräche.

[229]*OECD*, Betriebsstättenbericht 2010, Part I Tz. 33 f., 44 ff., 172 ff.

Bestimmung der Verrechnungspreise verortet die *OECD* im Rahmen der Vergleichsbarkeitsanalyse der zweiten Stufe.[230]

15.2.2.2.1 Bestimmung der Art der Geschäftsbeziehungen

Mit dem Begriff der „Geschäftsbeziehungen zwischen dem Unternehmen und seiner Betriebsstätte" greift der Gesetzgeber die in § 1 Abs. 4 Satz 1 Nr. 2 AStG als Unterfall der Geschäftsbeziehungen definierten „anzunehmenden schuldrechtlichen Beziehungen" wieder auf. Welche „Arten" von Geschäftsbeziehungen er dabei meint, ergibt sich nicht aus dem Gesetzestext. Angesichts der Tatsache, dass die anzunehmenden schuldrechtlichen Beziehungen aber die mangels Rechtspersönlichkeit der Betriebstätte nicht-existenten schuldrechtlichen Beziehungen ersetzen sollen, ist davon auszugehen, dass es sich bei den „Arten" um die fiktiven Pendants der schuldrechtlichen Arten von Vertragsbeziehungen handelt.[231]

Die Regelung des § 16 Abs. 1 BsGaV konkretisiert den Begriff der anzunehmenden schuldrechtlichen Beziehungen, indem sie zwei Kategorien einführt. Danach liegt eine anzunehmende schuldrechtliche Beziehung vor, wenn wirtschaftliche Vorgänge festgestellt werden, die 1.) im Verhältnis zwischen der Betriebsstätte und dem übrigen Unternehmen eine Änderung der Zuordnung nach den §§ 5 bis 11 BsGaV erforderlich machen oder die 2.), wären die Betriebsstätte und das übrigen Unternehmen voneinander unabhängige Unternehmen, a) durch schuldrechtliche Vereinbarungen geregelt oder b) zur Geltendmachung von Rechtspositionen führen würden.

Damit umfassen anzunehmende schuldrechtliche Beziehungen im Sinne des § 16 Abs. 1 Nr. 1 BsGaV fiktive Geschäfte mit Rechtsträgerwechsel und somit insbesondere fiktive Veräußerungsgeschäfte; § 16 Abs. 1 Nr. 2 BsGaV betrifft indes u. a. die fiktiven (Dienst-)Leistungen (fiktiver Dienst- oder Werkvertrag) und Überlassungsgeschäfte (fiktive Miet-, Leasing- oder Pachtverhältnisse).[232]

Gegenstand dieses zweiten Schrittes des mit § 1 Abs. 5 AStG umgesetzten *„dealing at arm's length"*-Prinzips ist somit zunächst, die Lebenssachverhalte zwischen dem Unternehmen und seiner Betriebsstätte zu identifizieren und unter Zugrundelegung der Selbstständigkeitsfiktion rechtlich zu qualifizieren. Dazu sind gegebenenfalls in entsprechender Anwendung des § 1 Abs. 4 Satz 2 AStG anzunehmende schuldrechtliche Beziehungen zu fingieren.

---

[230] *OECD*, Betriebsstättenbericht 2010, Part I Tz. 39 ff., 44 ff., 183 ff.
[231] Vgl. BMF, Schreiben v. 22.12.2016 (VWG BsGa), BStBl I 2017, 182, Tz. 2.16.1. Rn. 164.
[232] BMF, Schreiben v. 22.12.2016 (VWG BsGa), BStBl I 2017, 182, Tz. 2.16.1. Rn. 166, Tz. 2.16.1.1. Rn. 169, Tz. 2.1.6.1.2. Rn. 171.

Wendet man den § 1 Abs. 4 Satz 2 AStG aus dieser Perspektive als Teil der Verwirklichung des Fremdvergleichsgrundsatzes an, so sind hier die Regelungen der BsGaV zu beachten. Um eine Geschäftsbeziehung im Sinne des § 1 Abs. 4 Satz 2 AStG anzunehmen, ist gemäß § 16 Abs. 1 BsGaV zunächst die „Feststellung der wirtschaftlichen Vorgänge" erforderlich. Dazu führt die Verordnungsbegründung unter Verweis auf den Betriebsstättenbericht 2010[233] aus, dass „ein bestimmter rechtlicher Vorgang festgestellt werden [muss], der es im konkreten Fall rechtfertigt, eine anzunehmende schuldrechtliche Beziehung anzuerkennen"[234]. Ausweislich des zu der BsGaV ergangenen BMF-Schreibens versteht die Finanzverwaltung darunter ein „tatsächliches und identifizierbares Ereignis"[235], durch das eine Schwelle überschritten wird, „die es rechtfertigt, für dieses Ereignis anzunehmen, dass rechtlich selbständige, unabhängige Unternehmen in einer vergleichbaren Situation eine schuldrechtliche Vereinbarung abgeschlossen oder eine bestehende Rechtsposition geltend gemacht hätten"[236].

Dies verdeutlicht, dass die seitens der Finanzverwaltung vorgenommene Norminterpretation zur Identifizierung der anzunehmenden schuldrechtlichen Beziehungen im Wesentlichen mit den Ausführungen der *OECD* übereinstimmt[237] und es daher, wenn man diese Interpretation zugrunde legte, auch bei entsprechender Anwendung des § 1 Abs. 4 Satz 2 AStG nicht zu der befürchteten Umkehrung des Regel-Ausnahme-Verhältnisses[238] käme.

Fraglich ist jedoch, ob diese Verordnungsregelungen zusammen mit den Ausführungen der Finanzverwaltung zur konkreten Norminterpretation geeignet sind, den insoweit konträren Wortlaut des § 1 Abs. 4 Satz 2 AStG zu überschreiben. Mit Blick auf die Normenhierarchie und insbesondere den Verwaltungsanweisungscharakter des BMF-Schreibens ist dies unter Verweis auf die Wortlautgrenze zu verneinen. Es gilt daher die Vermutungsregelung des § 1 Abs. 4 Satz 2 AStG, die der Steuerpflichtige widerlegen muss. Dies kann der Steuerpflichtige gegebenenfalls durch den Nachweis leisten, dass die Schwelle rechtlicher Erheblichkeit nicht überschritten wurde. An der Beweislastumkehr ändert dies jedoch nichts.

---

[233] Vgl. dort Part I, Tz. 35, 176.

[234] BR-Drs. 401/14, S. 87.

[235] BMF, Schreiben v. 22.12.2016 (VWG BsGa), BStBl I 2017, 182, Tz. 2.16.1 Rn. 165.

[236] BMF, Schreiben v. 22.12.2016 (VWG BsGa), BStBl I 2017, 182, Tz. 2.16.1 Rn. 165.

[237] Vgl. die vorstehenden Ausführungen bei Fn. 233.

[238] Vgl. oben unter 15.2.1.

Von der Fiktion anzunehmender schuldrechtlicher Beziehungen macht § 16 Abs. 3 BsGaV eine Ausnahme für Geschäftsvorfälle, die in der Nutzungsüberlassung von finanziellen Mitteln durch das Unternehmen an eine Betriebsstätte (fiktive Darlehensbeziehungen) bestehen.

Auch hier könnte man die Unverträglichkeit der Verordnungsregelung mit der Vermutungsregelung des § 1 Abs. 4 Satz 2 AStG rügen. Gleichwohl ist dabei auch die Öffnungsklausel des § 1 Abs. 5 Satz 2 Hs. 2 AStG zu beachten. Danach gilt die Selbstständigkeitsfiktion für die Anwendung des Fremdvergleichsgrundsatzes nur insoweit, als die Zugehörigkeit der Betriebsstätte zum Unternehmen nicht eine andere Behandlung erfordert. Als einen der Anwendungsfälle dieser Öffnungsklausel nennt die Gesetzesbegründung zu § 1 Abs. 5 AStG eben fiktive Darlehensbeziehungen zwischen dem Unternehmen und seiner Betriebsstätte, die in Übereinstimmung mit dem Betriebsstättenbericht nur eingeschränkt anzuerkennen seien.[239]

Die Regelung des § 16 Abs. 3 BsGaV ist somit im Lichte des § 1 Abs. 5 Satz 2 Hs. 2 AStG zu betrachten. Sie konkretisiert lediglich, wann es im Fall fiktiver Darlehensbeziehungen zu einer entsprechenden Anwendung des § 1 Abs. 4 Satz 2 AStG kommt und wann vielmehr die Zugehörigkeit der Betriebsstätte zum Unternehmen eine andere Behandlung erfordert.[240]

Gemäß § 16 Abs. 3 Satz 2 BsGaV stellt die Überlassung finanzieller Mittel demnach nur ausnahmsweise eine anzunehmende schuldrechtliche Beziehung dar, wenn 1.) § 17 BsGaV anzuwenden ist oder 2.) aufgrund der Geschäftstätigkeit einer Betriebsstätte im laufenden Wirtschaftsjahr finanzielle Mittel der Betriebsstätte entstehen, die nachweislich für bestimmte Zwecke im übrigen Unternehmen genutzt werden.

Zu dem Verhältnis von § 16 Abs. 3 und § 17 BsGaV sowie zu deren Verhältnis zum Fremdvergleichsgrundsatz wird zur Vermeidung von Wiederholungen auf die Ausführungen zur Finanzierungsfunktion verwiesen.[241]

15.2.2.2.2 Bewertung der anzunehmenden schuldrechtlichen Beziehungen durch Ansatz von Verrechnungspreisen

Gemäß § 1 Abs. 5 Satz 4 AStG (ggf. i. V. m. § 1 Abs. 5 Satz 1 i. V. m. § 1 Abs. 1 AStG) sind für die ermittelten anzunehmenden schuldrechtlichen Beziehungen die Verrechnungspreise zu bestimmen. Hierzu ist ausweislich des Verweises in § 1 Abs. 5 Satz 1 AStG auf die Grundsätze des § 1 Abs. 3 AStG zurückzugreifen.

---

[239]BT-Drs. 17/10000, S. 64.

[240]Zu der Öffnungsklausel vgl. auch unten 15.2.3.

[241]Vgl. unten 20.12.

Dabei führen diese Verrechnungspreise gemäß der Konkretisierung durch § 16 Abs. 2 BsGaV zu fiktiven Betriebseinnahmen und fiktiven Betriebsausgaben. Dies führt zu der bereits erwähnten von der Literatur aufgeworfenen Frage, ob durch die Fiktion anzunehmender schuldrechtlicher Beziehungen auch neue Einkünfte fingiert würden. Hierzu ist zu differenzieren.

Die Bestimmung der anzunehmenden schuldrechtlichen Beziehungen und der für sie vorzunehmende Ansatz von Verrechnungspreisen führt zu fiktiven Betriebseinnahmen bei dem einen Unternehmensteil sowie fiktiven Betriebsausgaben bei dem anderen an der Innentransaktion beteiligten Unternehmensteil. Die anzunehmende schuldrechtliche Beziehung wirkt sich somit erfolgswirksam sowohl auf das Ergebnis der Betriebsstätte wie auch das des abgegrenzten Restunternehmens aus. Der Zeitpunkt der Auswirkung kann dabei je nach (fiktivem) Gewinnrealisationstatbestand unterschiedlich ausfallen. In der Totalperiode entspricht der Saldo aus den Ergebnissen der verschiedenen Unternehmensteile aber dem Ergebnis des Gesamtunternehmens, da hinsichtlich der Innentransaktionen in der Totalperiode jedem Aufwand stets ein korrespondierender Ertrag gegenübersteht. Auch Gewinnaufschläge spiegeln sich entweder in der Form fiktiver sofort abziehbarer Betriebsausgaben oder in Form fiktiver erhöhter Abschreibungen in erhöhtem Aufwand wider. Dies übersieht letztlich auch die Literatur[242], wenn sie vorträgt, ein tatsächlich nicht erwirtschafteter Gewinn könne die objektive Leistungsfähigkeit eines Unternehmens nicht erhöhen.

Diese Fiktion von Einkünften ist aufgrund der Ausgestaltung der Umsetzungsnorm als Korrekturvorschrift[243] erforderlich, da ohne die Fiktion von Einkünften die durch § 1 Abs. 5 Satz 1 i. V. m. § 1 Abs. 1 AStG angeordnete Korrektur mangels Korrekturgegenstands leerliefe.[244] Dennoch ist die Einkünftefiktion in Übereinstimmung mit dem *OECD* Betriebsstättenbericht auf die Zwecke der Betriebsstättengewinnabgrenzung beschränkt.[245] Darüber hinaus entfaltet sie keine Wirkung. Insbesondere werden die fiktiven Einkünfte nicht entsprechend der Art der Geschäftsbeziehungen, aus denen sie resultieren, umqualifiziert.[246] Die Einkünfte teilen mithin weiterhin hinsichtlich ihrer sachlichen Steuerpflicht

---

[242]*Hemmelrath/Kepper*, IStR 2013, 37, 41; vgl. hierzu auch *Kaeser*, in: Wassermeyer, DBA, Art. 7 MA (2010) Rn. 694; *Kaeser*, FS Endres, S. 179, 183 f.

[243]Zur Umsetzung des AOA als Korrekturvorschrift und Verortung dieser Umsetzungsvorschrift in § 1 AStG, vgl. unten Kapitel 16.

[244]Vgl. *Schaumburg*, ISR 2013, 197, 198.

[245]Vgl. *Schnitger*, IStR 2012, 633, 642 f.

[246]*Schnitger*, IStR 2012, 633, 642.

das Schicksal der Einkünfte des Gesamtunternehmens (im Outbound-Fall) bzw. der inländischen Betriebsstätte (im Inbound-Fall).

15.2.3 Die Öffnungsklausel des § 1 Abs. 5 Satz 2 Hs. 2 AStG

Von der uneingeschränkten Selbstständigkeitsfiktion des § 1 Abs. 5 Sätze 3 und 4 AStG wird gemäß § 1 Abs. 5 Satz 2 Hs. 2 AStG dann eine Ausnahme gemacht, wenn die Zugehörigkeit der Betriebsstätte zum Unternehmen eine andere Behandlung erfordert. Ausweislich der Gesetzesbegründung[247] beabsichtigte der Gesetzgeber, durch diese Öffnungsklausel die Ausnahmen, die der Betriebsstättenbericht der *OECD* von dem Fremdvergleichsgrundsatz zulässt, auch in das innerstaatliche Recht zu übernehmen.[248] Obgleich der Gesetzeswortlaut keine Aussage dazu trifft, welche Rechtsfolge dann an die Stelle der Betriebsstättengewinnabgrenzung nach Maßgabe der uneingeschränkten Selbstständigkeitsfiktion tritt, so ist mit der Literatur[249] davon auszugehen, dass sich die Betriebsstättengewinnabgrenzung in diesem Fall nach dem allgemeinen innerstaatlichen Abgrenzungsmaßstab des Veranlassungsprinzips richtet.[250]

Der Anwendungsbereich der Öffnungsklausel ist seinem Wortlaut nach sehr weit gefasst. Über die beiden Regelbeispiele hinaus ist der Gesetzesbegründung nicht zu entnehmen, in welchen Fällen der Gesetzeber davon ausgeht, dass ein Abweichen von der uneingeschränkten Selbstständigkeitsfiktion „erforderlich" sei.[251] So verweist die Gesetzesbegründung lediglich auf die Selbstständigkeitsfiktion der *OECD*, wonach eine Betriebsstätte stets das gleiche Kreditrating wie das restliche Unternehmen besitze und Darlehensbeziehungen zwischen dem

---

[247] BT-Drs. 17/10000, S. 64; BR-Drs. 302/12, S. 105 f.

[248] Noch deutlicher trat diese Absicht im Referentenentwurf des JStG 2013 vom 5.3.2012 hervor. Dort lautete die Öffnungsklausel noch „es sei denn, die Zugehörigkeit der Betriebsstätte zum Unternehmen erfordert in Übereinstimmung mit internationalen Grundsätzen eine andere Behandlung", a. a. O., S. 24.

[249] *Dombrowski/Sommer/Dahle*, IStR 2016, 109, 110; *Melhem/Dombrowski*, IStR 2015, 912, 913.

[250] Dies dürfte dann i. d. R. den Bereich des Veranlassungszusammenhangs betreffen, der sich nicht durch den Fremdvergleich konkretisieren lässt, vgl. auch 11.6.

[251] *Leonhardt/Tcherveniachki*, in: F/W/B/S, Außensteuerrecht, § 1 AStG Rn. 2883; *Dombrowski/Sommer/Dahle*, IStR 2016, 109, 110; *Melhem/Dombrowski*, IStR 2015, 912; vgl. auch *Andresen*, DB 2012, 879, 884 zum Referentenentwurf.

Unternehmen und seiner Betriebsstätte nur mit Einschränkungen als anzunehmende schuldrechtliche Beziehungen anzuerkennen seien und kündigte eine ver-
bindliche Regelung in der nach § 1 Abs. 6 AStG zu erlassenden Rechtsverordnung
an.[252]

Die BsGaV enthält derartige Regelungen in § 16 Abs. 3, § 17 BsGaV. Entgegen
der Auffassung der Finanzverwaltung[253] ist die Ausnahme von der Selbstständigkeitsfiktion in § 1 Abs. 5 Satz 2 Hs. 2 AStG aber nicht so weit gefasst, dass
sie zur Rechtfertigung jedweder vom Fremdvergleichsgrundsatz abweichender
Zuordnungsregelung bemüht werden kann. So erscheint die pauschale Rechtfertigung der unterschiedlichen Regelungen für die Zuweisung von Dotationskapital
in §§ 12, 13 BsGaV etwas weit hergeholt.

Auf der anderen Seite dürfen die in der BsGaV geregelten Ausnahmen von
der uneingeschränkten Selbstständigkeitsfiktion auch nicht als abschließende Aufzählung verstanden werden.[254] Denn der Wortlaut der Öffnungsklausel lässt
eine derartig enge Auslegung nicht zu. Auch lässt sich die Beschränkung des
Anwendungsbereichs nicht aus der Verordnungsermächtigung herleiten. Denn die
Ermächtigung, die Einzelheiten des Fremdvergleichsgrundsatzes und zu dessen
einheitlicher Anwendung zu regeln, erfasst zwar damit auch implizit die Konkretisierung der Ausnahmen vom Fremdvergleichsgrundsatz. Sie kann aber mit Blick
auf die Normenhierarchie nicht bewirken, dass durch die Rechtsverordnung Sachverhalte dem Fremdvergleich unterworfen werden, die gleichzeitig abstrakt von
der gesetzlichen Öffnungsklausel erfasst werden.

Dies wirft die Frage auf, unter welchen Umständen die Zugehörigkeit der
Betriebsstätte zum Unternehmen eine andere Behandlung erfordert. Dies wird
immer dann der Fall sein, wenn der dem Geschäftsvorfall zugrunde liegende
Sachverhalt bereits seiner Art nach zwischen unabhängigen Dritten nicht denkbar ist. Derartige Ausnahmen sind bereits von dem Fremdvergleichsgrundsatz im
innerstaatlichen Steuerrecht bekannt.[255] Sie betreffen dort insbesondere die Fragen der Kapitalausstattung vor dem Hintergrund der Finanzierungsfreiheit. Denn
der Grundsatz der Finanzierungsfreiheit lässt sich nicht mit dem Fremdvergleichsgrundsatz vereinbaren.[256]

---

[252] BT-Drs. 17/10000, S. 64; BR-Drs. 302/12, S. 105 f.

[253] BMF, Schreiben v. 22.12.2016 (VWG BsGa), BStBl I 2017, 182, Tz. 1.1 Rn. 6.

[254] So auch *Leonhardt/Tcherveniachki*, in: F/W/B/S, Außensteuerrecht, § 1 AStG Rn. 2883;
a. A. BMF, Schreiben v. 22.12.2016 (VWG BsGa), BStBl I 2017, 182, Tz. 1.1 Rn. 6.

[255] Vgl. zu den Grenzen des Fremdvergleichsgrundsatzes oben 11.6.

[256] Vgl. auch unten 20.11.

Aus demselben Grund erscheint es auch nachvollziehbar, dass die Überlassung von Finanzmitteln zur Nutzung grundsätzlich nicht zu einer Fiktion von Darlehensverhältnissen zwischen verschiedenen Unternehmensteilen führt.[257] Denn die reine Überlassung von Finanzierungsmitteln durch einen Unternehmensteil an einen anderen wäre ebenso von dem Grundsatz der Finanzierungsfreiheit erfasst und somit einer fremdvergleichsbasierten Betrachtung nicht zugänglich. Letztlich wäre es auch hier Ausdruck der Finanzierungsentscheidung des Unternehmensträgers, welchen Unternehmensteil er (gegebenenfalls über eine fiktive Entnahme und eine fiktive Einlage) mit Eigenkapital oder aufgenommenem Fremdkapital ausstattet.[258]

Anders verhält es sich hingegen, wenn das Personal in der Betriebsstätte erkennbar eine Finanzierungsfunktion im Sinne des § 17 BsGaV ausübt und damit aktiv in die Liquiditätssteuerung eingreift. Somit ist auch der Literaturauffassung[259] zu widersprechen, die davon ausgeht, § 16 Abs. 3 BsGaV und § 17 BsGaV behandelten zwei wirtschaftlich identische Sachverhalte unterschiedlich. Der Unterschied besteht darin, dass die Überlassung von Finanzierungsmitteln bei einer Finanzierungsbetriebsstätte schon definitionsgemäß aktive Liquiditätssteuerung und damit die Ausübung einer Personalfunktion voraussetzt,[260] während die einfache Nutzung der Finanzmittel des Unternehmens durch die Betriebsstätte auf die Durch- oder Weiterleitung von Eigenkapital oder von aufgenommenem Fremdkapital zurückzuführen ist.

Anders als die aktive Liquiditätssteuerung, die sich zwischen den einzelnen Unternehmensteilen abspielt, betrifft die Entscheidung, in welcher Höhe der jeweilige Unternehmensteil mit Eigen- bzw. Fremdkapital ausgestattet wird, das Verhältnis zwischen dem Unternehmensträger und dem mit Kapital auszustattenden Unternehmensteil.

Dementsprechend lässt sich der Anwendungsbereich der Öffnungsklausel des § 1 Abs. 5 Satz 2 Hs. 2 AStG dahingehend weiter abstrahieren, dass er stets dann „eröffnet" ist, wenn der Sachverhalt das Verhältnis zwischen dem Unternehmensträger, im DBA-Fall also dem abkommensrechtlichen Unternehmer, und einem Unternehmensteil betrifft. Denn wie *Beiser* zutreffend formuliert,[261] ändert sich die Person des Unternehmensträgers durch das „*dealing at arm's length*"-Prinzip

---

[257] Vgl. § 16 Abs. 3 BsGaV.

[258] Vgl. hierzu auch *Beiser*, IStR 1992, 7.

[259] So *Melhem/Dombrowski*, IStR 2015, 912, 915.

[260] Zu den Unterschieden, die sich aus dem Überschreiten der Wesentlichkeitsschwelle des § 2 Abs. 5 BsGaV ergeben, siehe unten 20.12.

[261] *Beiser*, IStR 1992, 7, 9.

nicht. Aufgrund des für alle Unternehmensteile identischen Unternehmensträgers ist somit für dessen Interaktion mit den Unternehmensteilen eine von der Selbstständigkeitsfiktion abweichende Behandlung erforderlich. Durch diese einschränkende Lesart der Öffnungsklausel würde auch ausufernden Ausnahmen von der Selbstständigkeitsfiktion der Riegel vorgeschoben und mehr Rechtssicherheit geschaffen.

15.2.4 Das Verhältnis von § 1 Abs. 5 AStG zu § 4g EStG (§ 1 Abs. 5 Satz 6 AStG)

Gemäß § 4g Abs. 1 Satz 1 EStG steht einem unbeschränkt Steuerpflichtigen das Wahlrecht zu, im Fall der Überführung eines Wirtschaftsguts des Anlagevermögens, die als fiktive Entnahme im Sinne des § 4 Abs. 1 Satz 3 EStG anzusehen ist, einen Ausgleichsposten in Höhe des Unterschiedsbetrags zwischen dem Buchwert und dem gemeinen Wert (§ 6 Abs. 1 Nr. 4 Satz 1 Hs. 2 EStG) zu bilden und diesen sodann gemäß § 4g Abs. 2 Satz 1 EStG im Wirtschaftsjahr der Überführung sowie in den darauffolgenden vier Wirtschaftsjahren jeweils zu einem Fünftel gewinnerhöhend aufzulösen.

Hintergrund[262] dieser zeitlichen Streckung des Entstrickungsgewinns waren die EuGH-Entscheidungen *Lasteyrie du Saillant*[263] und *N*[264], wonach eine sofortige Wegzugsbesteuerung bei Wohnsitzverlegung in einen anderen Mitgliedsstaat gegen die Niederlassungsfreiheit verstößt, wenn die Stundung dieser Steuer von der Leistung von Sicherheiten abhängig gemacht wird und Wertminderungen, die möglicherweise nach der Verlegung des Wohnsitzes des Betroffenen eingetreten und nicht bereits im Aufnahmemitgliedstaat berücksichtigt worden sind, nicht vollständig berücksichtigt werden. Auf Veranlassung des Bundesrats[265] wurde daher die Regelung des § 4g EStG mit der über die Ausgleichspostenmethoden geschaffenen Möglichkeit zu einer zeitlich gestreckten Besteuerung mit den allgemeinen Entstrickungsregelungen in das Gesetz aufgenommen.[266]

---

[262] Vgl. *Kahle*, StuB 2011, 903, 909; *Heinicke*, in: Schmidt, EStG, § 4g Rn. 1; *Hoffmann*, in: L/B/P, EStG, § 4g Rn. 2; *Endert*, in: Frotscher/Geurts, EStG, § 4g Rn. 4.

[263] *EuGH*, Urt. v. 11.3.2004 – C-9/02, Slg. I 2004, 2409 – *De Lasteyrie du Saillant*.

[264] *EuGH*, Urt. v. 7.9.2006 – C-470/04, Slg. I 2006, 7409 – *N*.

[265] BT-Drs. 16/2710, S. 57.

[266] Gesetz über steuerliche Begleitmaßnahmen zur Einführung der Europäischen Gesellschaft und zur Änderung weiterer steuerrechtlicher Vorschriften vom 7.12.2006 (SEStEG), BGBl I 2006, 2782.

Da der die Entstrickung auslösende Vorgang zugleich eine anzunehmende schuldrechtliche Beziehung im Sinne des § 1 Abs. 4 Satz 1 Nr. 2 AStG darstellt,[267] dürfte die der Entstrickung nachgelagerte Korrektur des § 1 Abs. 5 Satz 1 i. V. m. Abs. 1 AStG grundsätzlich aber eine Gewinnkorrektur auslösen, die die gewinnstreckende Wirkung des § 4g EStG neutralisiert.[268] Um diesem Effekt vorzubeugen und die Anwendung des § 4g EStG auch unter dem AOA sicherzustellen, enthält § 1 Abs. 5 Satz 6 AStG eine Regelung, wonach die Möglichkeit, einen Ausgleichsposten nach § 4g EStG zu bilden, nicht durch § 1 Abs. 5 AStG eingeschränkt wird. Diese Regelung ist dabei nach h. M.[269] so zu verstehen, dass die Auswirkung des Ausgleichspostens nach § 4g EStG nicht durch eine gegenläufige Korrektur nach § 1 Abs. 5 Satz 1 i. V. m. Abs. 1 AStG unterlaufen werden soll.

Anders als teilweise vertreten,[270] ordnet § 1 Abs. 5 Satz 6 AStG damit nicht die entsprechende Anwendung des § 4g EStG im Rahmen der steuerlichen Behandlung der Überführung von Wirtschaftsgütern nach § 1 Abs. 5 AStG an.[271] Vielmehr erfordert die Möglichkeit, einen Ausgleichsposten nach § 4g EStG zu bilden, nach wie vor, dass die Voraussetzungen einer Entstrickungsnorm[272] erfüllt sind.[273] Dementsprechend kann sich aus § 1 Abs. 5 Satz 5 AStG insbesondere auch keine Erweiterung des Anwendungsbereichs des § 4g

---

[267] Zum Verhältnis von Entstrickung und AOA vgl. auch die Ausführungen in Kapitel 19.

[268] So auch *Leonhardt/Tcherveniachki*, in: F/W/B/S, Außensteuerrecht, § 1 AStG Rn. 2888; a. A. wohl *Schnitger*, IStR 2012, 633, 639 f.

[269] *Leonhardt/Tcherveniachki*, in: F/W/B/S, Außensteuerrecht, § 1 AStG Rn. 2888; *Pohl*, in: Blümich, EStG/KStG/GewStG, § 1 AStG Rn. 202; *Baldamus*, IStR 2012, 317, 319; so auch die Gesetzesbegründung in BR-Drs. 302/12, S. 106 f.

[270] So wohl *Kaeser*, in: Wassermeyer, DBA, Art. 7 MA (2010) Rn. 708; *Endert*, in: Frotscher/Geurts, EStG, § 4g Rn. 1a.

[271] Zu der Frage, ob eine § 4g EStG entsprechende Regelung auch i. R. d. innerstaatlichen Umsetzungsvorschrift des AOA aus unionsrechtlicher Perspektive zwingend erforderlich ist, vgl. unten 20.5.1.

[272] § 4 Abs. 1 S. 3 und 4 EStG, § 12 Abs. 1 S. 1 KStG.

[273] *Pohl*, in: Blümich, EStG/KStG/GewStG, § 1 AStG Rn. 202; *Leonhardt/Tcherveniachki*, in: F/W/B/S, Außensteuerrecht, § 1 AStG Rn. 2888; vgl. auch *Heinicke*, in: Schmidt, EStG, § 4g Rn. 4.

EStG ergeben:[274] Weiterhin keine Möglichkeit zur Bildung eines Ausgleichspostens besteht bei der Überführung von Wirtschaftsgütern des Umlaufvermögens[275] sowie für beschränkt[276] Steuerpflichtige.

15.2.5 Die Anwendung des AOA auf Personengesellschaften (§ 1 Abs. 5 Satz 7 AStG)

Die Regelung des § 1 Abs. 5 Satz 7 AStG wirft die Frage auf, inwieweit die innerstaatliche Umsetzung des AOA in § 1 AStG überhaupt Personengesellschaften erfasst, obwohl diese – soweit sie originär gewerblich tätig sind – abkommensrechtlich wie Betriebsstätten behandelt werden.

Angesichts der eindeutigen Formulierung des § 1 Abs. 5 Satz 7 AStG ist dabei zwischen der Gewinnabgrenzung zwischen der Personengesellschaft und ihren Gesellschaftern (15.2.5.1), zwischen verschiedenen Betriebsstätten der Personengesellschaft (15.2.5.3) sowie zwischen der Personengesellschaft und Dritten (15.2.5.4) zu unterscheiden.

15.2.5.1 Geschäftsbeziehungen zwischen der Personengesellschaft und ihren Gesellschaftern

Die Bereichsausnahme des § 1 Abs. 5 Satz 7 AStG erstreckt sich ausdrücklich nur auf die Geschäftsbeziehungen zwischen einem Gesellschafter und seiner Personengesellschaft bzw. einem Mitunternehmer und seiner Mitunternehmerschaft. Sie gilt ungeachtet dessen, ob die jeweilige Beteiligung unmittelbar oder mittelbar im Sinne des § 15 Abs. 1 Satz 1 Nr. 2 Satz 2 EStG besteht.

Damit wird die rechtsgeschäftliche Interaktion zwischen dem Gesellschafter und seiner Personengesellschaft und damit insbesondere auch der mitunternehmerische Sonderbereich von dem Anwendungsbereich des § 1 Abs. 5 AStG ausgeklammert. Gemäß Halbsatz 2 der Bereichsausnahme findet insoweit § 1 Abs. 1 AStG unmittelbare Anwendung. Angesichts der Begriffserweiterung durch § 1 Abs. 1 Satz 2 AStG steht der Anwendung des § 1 Abs. 1 AStG dabei auch

---

[274] *Leonhardt/Tcherveniachki*, in: F/W/B/S, Außensteuerrecht, § 1 AStG Rn. 2888.

[275] *Heinicke*, in: Schmidt, EStG, § 4g Rn. 4; *Endert*, in: Frotscher/Geurts, EStG, § 4g Rn. 16; *Kolbe*, in: H/H/R, EStG/KStG, § 4g EStG Rn. 16; *Deussen*, in: Bordewin/Brandt, EStG, § 4g Rn. 75; *Hoffmann*, in: L/B/P, EStG, § 4g Rn. 10.

[276] *Wied*, in: Blümich, EStG/KStG/GewStG, § 4g EStG Rn. 5; *Heinicke*, in: Schmidt, EStG, § 4g Rn. 2; *Endert*, in: Frotscher/Geurts, EStG, § 4g Rn. 13; *Kolbe*, in: H/H/R, EStG/KStG, § 4g EStG Rn. 15; *Hoffmann*, in: L/B/P, EStG, § 4g Rn. 12; *Deussen*, in: Bordewin/Brandt, EStG, § 4g Rn. 65 ff.

nicht die fehlende Steuersubjektqualität der Personengesellschaft für Zwecke der Einkommen- bzw. Körperschaftsteuer entgegen.

Die Anwendung der Korrekturvorschrift des § 1 Abs. 1 AStG auch auf Personengesellschaften steht im Gegensatz zu den innerstaatlichen Bemühungen, die Mitunternehmerschaft steuerlich u. a. durch die Regelung des § 15 Abs. 1 Satz 1 Nr. 2 Satz 1 Hs. 2 EStG dem Einzelunternehmer gleichzustellen. Dies ist aus Sicht der abkommensrechtlichen Betriebsstättengewinnabgrenzung aber konsequent, da diese ja durch das *„dealing at arm's length"*-Prinzip gerade die Aufteilung des abkommensrechtlichen Einheitsunternehmens für die Zwecke der Betriebsstättengewinnabgrenzung anordnet.

Hinter der Bereichsausnahme steht der Gedanke, dass für die Betriebsstättengewinnabgrenzung zwischen der Personengesellschaft als abkommensrechtliche Betriebsstätte und ihrem Gesellschafter als dem Betreiber des abkommensrechtlichen Unternehmens gar nicht auf den AOA und seine innerstaatliche Umsetzung durch § 1 Abs. 5 AStG zurückgegriffen werden muss. Denn anders als bei rechtlich unselbstständigen Betriebsstätten bedarf es in dieser Abgrenzungskonstellation einer Fiktion von Innentransaktionen gerade nicht. Als rechtlich selbstständige Betriebsstätte ist die Personengesellschaft in der Lage, zivilrechtliche Beziehungen mit ihren Gesellschaftern einzugehen,[277] die der Gewinnabgrenzung zugrunde gelegt werden können.

Fraglich ist indes, ob sich die Bereichsausnahme des § 1 Abs. 7 Satz 7 AStG wirklich nur auf die *Geschäftsbeziehungen* zwischen der Personengesellschaft und ihrem Gesellschafter erstreckt, also nur die Fiktion von anzunehmenden schuldrechtlichen Beziehungen suspendiert, oder ob sich dem Verweis in § 1 Abs. 5 Satz 7 AStG entnehmen lässt, dass sich die Gewinnabgrenzung im Verhältnis zwischen der Personengesellschaft und ihrem Gesellschafter insgesamt grundsätzlich nach § 1 Abs. 1 AStG und nicht über den Umweg über § 1 Abs. 5 AStG bestimmt.

Der Wortlaut der Bereichsausnahme in § 1 Abs. 5 Satz 7 Hs. 1 AStG („Geschäftsbeziehungen zwischen dem Gesellschafter und seiner Personengesellschaft") sowie in Halbsatz 2 („für diese Geschäftsbeziehungen") scheint ersteres zu suggerieren. Auch spräche für diese Sichtweise, dass sich die Betriebsstättengewinnabgrenzung im Fall einer rechtlich selbstständigen (Personengesellschafts-)Betriebsstätte nur eben hinsichtlich der Möglichkeit unterscheidet, rechtliche Geschäftsbeziehungen mit dem Gesellschafter zu unterhalten, der über seine Ansässigkeit das „übrige Unternehmen" im Abkommenssinne bildet. In allen sonstigen Aspekten stellt die Betriebsstättengewinnabgrenzung das Einheitsunternehmen bestehend aus

---

[277]Zur Besonderheit der Personengesellschafts-Betriebsstätte als selbstständiger Rechtsträger vgl. *Blumers*, DB 2008, 1765, 1769 ff.

Personengesellschaft und ihren Gesellschaftern vor die gleichen Zuordnungsschwierigkeiten wie im „Normalfall" der Betriebsstättengewinnabgrenzung bei rechtlich unselbstständigen Betriebsstätten.

Für die Ansicht, die in § 1 Abs. 5 Satz 7 AStG eine umfassende Bereichsausnahme für die Gewinnabgrenzung zwischen der (Personengesellschafts-)Betriebsstätte und ihrem Gesellschafter von dem AOA sieht, spricht hingegen der Umfang der Rechtsfolge. So ordnet § 1 Abs. 5 Satz 7 AStG die Nichtanwendung der „Sätze 1 bis 4" an. Hätte der Gesetzgeber mit Blick auf die rechtliche Selbstständigkeit der (Personengesellschafts-)Betriebsstätte lediglich die Fiktion von Geschäftsbeziehungen nach § 1 Abs. 5 Satz 4 AStG suspendieren wollen, so wäre es ausreichend gewesen, auf Rechtsfolgenseite lediglich Satz 4 nicht anzuwenden.[278] Zudem erscheint es etwas befremdlich, die erste Stufe der Betriebsstättengewinnabgrenzung hinsichtlich der Personalfunktionen, Vermögenswerte, Chancen und Risiken und des Kapitals – denn insoweit würde die Bereichsausnahme ja sonst nicht greifen – gemäß § 1 Abs. 5 Sätze 1 bis 3 AStG durchzuführen und sodann „systemwechselnd" auf der zweiten Stufe „ausschließlich" die zivilrechtlichen Geschäftsbeziehungen zugrunde zu legen. Gegen die Vermischung der verschiedenen Systeme spricht ferner, dass die Korrektur nach § 1 Abs. 5 Satz 1 AStG unmittelbar an die zwischen Personengesellschaft und ihrem Gesellschafter gerade nicht existierenden Geschäftsbeziehungen im Sinne des § 1 Abs. 4 Satz 1 Nr. 2 AStG anknüpft. Bei Zugrundelegung der zivilrechtlichen Geschäftsbeziehungen im Sinne des § 1 Abs. 4 Satz 1 Nr. 1 AStG erscheint es daher schon fraglich, ob die Tatbestandsvoraussetzungen des § 1 Abs. 5 Satz 1 AStG in einem solchen Fall überhaupt vorliegen.[279]

Darüber hinaus ergeben sich wesentliche Unterschiede bei der Zuordnung des Dotationskapitals zu der Betriebsstätte. Folgt man der ersten, engeren Auffassung, so würde sich die Zuordnung eines angemessenen Dotationskapitals zu der Betriebsstätte weiterhin nach § 1 Abs. 5 AStG richten. Denn insoweit handelte es sich bei der Dotationskapitalzuweisung nicht um eine „Geschäftsbeziehung" im Sinne des § 1 Abs. 5 Satz 7 AStG. Das hätte aber auch zur Konsequenz, dass diese Bestimmung des Dotationskapitals nur die nach § 1 Abs. 5 Satz 3 AStG

---

[278]Lediglich wenn man entgegen der hier vertretenen Ansicht die Auffassung vertritt, dass auch das Sonderbetriebsvermögen von der Zuordnungsfiktion des § 50d Abs. 10 EStG umfasst ist, müsste sich die Rechtsfolge auch auf die Nichtanwendung des § 1 Abs. 5 Satz 3 AStG, dort insbesondere Nr. 2, erstrecken. Denn dann wäre das Sonderbetriebsvermögen zwar qua des *Treaty Overrides* vom abkommensrechtlichen Unternehmensvermögen erfasst, würde aber gerade nicht fremdvergleichskonform unter Anwendung der Sätze 2 und 3, sondern nach § 50d Abs. 10 EStG zugeordnet werden.

[279]Dies verneinend *Leonhardt/Tcherveniachki*, in: F/W/B/S, Außensteuerrecht, § 1 AStG Rn. 2889.

zugeordneten Personalfunktionen, Vermögenswerte sowie Chancen und Risiken berücksichtigen könnte. Das tatsächlich der Personengesellschaft über die Einlagen von ihren Gesellschaftern zugewiesene Eigenkapital würde hingegen keine Rolle spielen,[280] wodurch sich diese Ansicht in Widerspruch zu dem Grundsatz der Finanzierungsfreiheit setzt.

Fasst man die Bereichsaufnahme hingegen als umfassend auf und versteht den Begriff „Geschäftsbeziehungen" vor dem Hintergrund des Grundfalls des § 1 AStG im Sinne von „Verhältnis"[281], so würde auch die Bestimmung des Dotationskapitals von der Bereichsausnahme erfasst. Statt einer Bestimmung des Dotationskapitals auf Basis einer fiktiven Funktions- und Risikoanalyse wäre die Zivilrechtslage, also das in der Bilanz der Personengesellschaft ausgewiesene Eigenkapital maßgeblich. Von dieser Auffassung einer umfassenden Bereichsausnahme dürften neben der Finanzverwaltung[282] auch Teile der Literatur ausgehen.[283]

Diese Auffassung erscheint auch vorzugswürdig. Neben den für sie sprechenden Argumenten der Konsistenz und der sachgerechteren Ergebnisse bietet diese Ansicht zudem die größte Rechtssicherheit und erspart eine fiktive Funktions- und Risikoanalyse. Die Anknüpfung an „Geschäftsbeziehungen" in § 1 Abs. 5 Satz 7 AStG ist daher vor dem Hintergrund der Tatbestandsvoraussetzung der „Geschäftsbeziehung im Sinne des § 1 Abs. 4 Satz 1 Nr. 2 AStG" im § 1 Abs. 5 Satz 1 AStG zu sehen. Die Bereichsausnahme hat damit – nicht zuletzt wegen der Regelung des § 1 Abs. 1 Satz 2, Abs. 2 AStG – lediglich klarstellenden Charakter.[284] Die Betriebsstättengewinnabgrenzung im Verhältnis zwischen der Personengesellschaft und ihrem Gesellschafter folgt damit wie allgemein die Abgrenzung im Rahmen des § 1 Abs. 1 AStG *dem Grunde nach* dem Zivilrecht, soweit sich nicht aus § 50d Abs. 10 EStG etwas anderes ergibt.[285] Sind einzelne Geschäftsbeziehungen *der Höhe nach* als fremdvergleichswidrig einzustufen, erfolgt deren Korrektur nach § 1 Abs. 1 AStG.

Die strikte Orientierung an den zivilrechtlichen Rechtsbeziehungen bei der Gewinnabgrenzung zwischen der rechtlich selbstständigen Personengesellschaft

---

[280]Dieser Auffassung wohl dennoch folgend *Wacker*, IStR 2017, 286, 287 unter 3.c) in seiner Anmerkung zu *BFH*, Urt. v. 12.10.2016 – I R 92/12, *BFHE* 256, 32.

[281]*Leonhardt/Tcherveniachki*, in: F/W/B/S, Außensteuerrecht, § 1 AStG Rn. 2889.

[282]BMF, Schreiben v. 22.12.2016 (VWG BsGa), BStBl I 2017, 182, Tz. 1.2.1 Rn. 13 ff.

[283]*Leonhardt/Tcherveniachki*, in: F/W/B/S, Außensteuerrecht, § 1 AStG Rn. 2889; *Blumers*, BB 2017, 1118, 1125; *Blumers*, BB 2016, 2777, 2781.

[284]*Leonhardt/Tcherveniachki*, in: F/W/B/S, Außensteuerrecht, § 1 AStG Rn. 2889.

[285]Siehe dazu unten 15.2.5.2.

als abkommensrechtliche Betriebsstätte und ihrem Gesellschafter wirkt aber im Vergleich zu der Gewinnabgrenzung zwischen einer rechtlich unselbstständigen Betriebsstätte und deren übrigen Unternehmen auch beschränkend, wenn man davon ausgeht, dass zwischen der Personengesellschaft und ihrem Gesellschafter über die bestehenden und vor allem nachweisbaren zivilrechtlichen Geschäftsbeziehungen hinaus keine weiteren Geschäftsbeziehungen fingiert werden.

Dies wirft erneut die Frage nach der Wirkungsweise § 1 Abs. 4 Satz 2 AStG, diesmal im Rahmen des § 1 Abs. 1 AStG auf. Führt die Regelung des § 1 Abs. 4 Satz 2 AStG nur im Zusammenhang mit § 1 Abs. 5 Satz 4 AStG zu einer Fiktion von anzunehmenden schuldrechtlichen Beziehungen als Unterfall der Geschäftsbeziehungen? Hierfür spräche, dass § 1 Abs. 4 Satz 2 AStG erst durch die Aufnahme der Regelungen für Betriebsstätten in § 1 Abs. 5 AStG ergänzt wurde.[286] Oder gilt die Fiktion im Fall fehlender schuldrechtlicher Beziehungen allgemein für Geschäftsbeziehungen und damit auch für solche, die bereits tatbestandlich (und nicht erst über die Rechtsfolgenverweisung des § 1 Abs. 5 AStG) dem § 1 Abs. 1 AStG unterfallen? Für eine derartige Lesart scheint zu sprechen, dass der Gesetzgeber den ursprünglichen Referentenentwurf vom 5. März 2012 gerade hinsichtlich der Platzierung des jetzigen § 1 Abs. 4 Satz 2 AStG neu arrangiert hat und die Regelung allgemein „hinter die Klammer" gezogen hat.[287]

Ausweislich der Gesetzesbegründung sollte § 1 Abs. 4 Satz 2 AStG im Kontext des § 1 Abs. 4 Satz 1 Nr. 1 AStG vor allem über Beweisschwierigkeiten hinweghelfen.[288] Damit sollten wohl gerade Fälle erfasst werden, bei denen keine hinreichende Dokumentation der jeweiligen Geschäftsbeziehung existierte.[289]

Will man die Gewinnabgrenzung bei unselbstständigen und selbstständigen Betriebsstätten abkommensrechtlich einheitlich vornehmen, so erschiene die Ausdehnung der Fiktion von Geschäftsbeziehungen auch auf die Betriebsstättengewinnabgrenzung bei rechtlich selbstständigen Betriebsstätten konsequent. Dass das deutsche Steuerrecht in der Behandlung der Personengesellschaften ohnehin nicht strikt dem Zivilrecht folgt, verdeutlicht sich bereits an der Definition des steuerlichen Betriebsvermögens. Dieses knüpft zwar grundsätzlich an das zivilrechtliche Gesamthandsvermögen der Personengesellschaft an, macht aber dort Ausnahmen, wo die Anschaffung der jeweiligen Wirtschaftsgüter nicht

---

[286] BT-Drs. 17/10000, S. 18, 63.

[287] Vgl. hierzu die Ausführungen oben 15.2.1.

[288] BT-Drucks. 17/10000, S. 63.

[289] Eine Umqualifizierung der existierenden Rechtsbeziehungen nach dem Muster der BEPS-Aktionspunkte 8-10 (vgl. hierzu 11.3 und 11.7) verbirgt sich hierunter jedoch nicht.

durch die betriebliche Tätigkeit der Personengesellschaft, sondern durch private Beweggründe veranlasst war.[290] Letztlich setzt die Zuordnung von Wirtschaftsgütern zu einer unternehmerisch tätigen Personengesellschaft (selbstständige Betriebsstätte) damit – wie auch bei einer unselbstständigen Betriebsstätte – einen funktionalen Zusammenhang des Wirtschaftsguts zu der in der Betriebsstätte ausgeübten Tätigkeit (Personalfunktion) voraus.[291]

Im Ergebnis vollzieht sich die Gewinnabgrenzung dem Grunde nach bei selbstständigen (Personengesellschafts-)Betriebsstätten damit (vorbehaltlich der Zuordnungsregelungen des § 50d Abs. 10 EStG[292]) nach Maßgabe des Zivilrechts. Die Korrekturen der einzelnen Geschäftsbeziehungen der Höhe nach richten sich nach der Einkünftekorrekturvorschrift des § 1 Abs. 1 AStG. § 1 Abs. 5 AStG findet insoweit keine Anwendung. Gleichzeitig sprechen aber gute Gründe dafür, die Fiktion von Geschäftsbeziehungen gemäß § 1 Abs. 4 Satz 2 AStG als allgemeine und damit auch im Rahmen der Fremdvergleichsprüfung auf Tatbestandsebene des § 1 Abs. 1 AStG anwendbare Regelung einzustufen. Dies hat zur Konsequenz, dass vor allem nicht nachweisbare Geschäftsbeziehungen in die Gewinnabgrenzung miteinbezogen werden können.

15.2.5.2 Verhältnis von § 1 Abs. 5 Satz 7 i. V. m. § 1 Abs. 1 AStG zu § 50d Abs. 10 EStG

Die Regelung des § 1 Abs. 1 Satz 1 i. V. m. Satz 2, Abs. 2 AStG, auf die auch § 1 Abs. 5 Satz 7 AStG verweist, lassen auf den ersten Blick einen Widerspruch zu der Regelung des § 50d Abs. 10 EStG vermuten. Denn während § 1 AStG der rechtlichen Unabhängigkeit der Personengesellschaft von ihren Gesellschaftern dadurch Rechnung trägt, dass sie die zwischen ihnen bestehenden Geschäftsbeziehungen anerkennt und gegebenenfalls einer Verrechnungspreiskorrektur unterwirft, negiert § 50d Abs. 10 EStG gerade diese unterschiedlichen

---

[290]*BFH*, Urt. v. 22.5.1975 – IV R 193/71, *BFHE* 116, 328 unter 1; Urt. v. 2.6.1976 – I R 136/74, *BFHE* 119, 414 unter 2.a); Urt. v. 15.11.1978 – I R 57/76, *BFHE* 126, 530 unter 1.b); Urt. v. 20.1.1983 – IV R 52/80, juris unter 1.c); Urt. v. 26.10.1983 – I R 62/79, juris; Urt. v. 19.7.1984 – IV R 207/83, *BFHE* 142, 42 unter 1.a); Urt. v. 17.2.1993 – II R 25/90, *BFHE* 171, 311 unter II.3.a); Beschluss v. 30.11.2000 – IV B 47/00, *BFH/NV* 2001, 597 unter 1; Urt. v. 9.9.2010 – IV R 38/08, *BFH/NV* 2011, 423 unter II.2.b).

[291]Vgl. zu dieser Frage auch *Blumers*, DB 2008, 1765, 1770 f.

[292]Vgl. zur Wirkungsweise von § 50d Abs. 10 EStG bereits oben 9.3.14.

abkommensrechtlichen Sphären, soweit sie den mitunternehmerischen Sonderbereich betreffen, und zwingt der abkommensrechtlichen Betriebsstättengewinnabgrenzung so im Wege eines *Treaty Override* die deutsche Gleichstellungsthese
auf.

Diese zunächst gegensätzlich erscheinenden Regelungswirkungen lassen sich
aus der Perspektive des innerstaatlichen Rechts[293] nur dann miteinander vereinbaren, wenn man sorgfältig zwischen den verschiedenen Wirkungsebenen
dieser Regelungen differenziert. So trifft § 50d Abs. 10 Satz 3 EStG eine
Zuordnungsentscheidung dem Grunde nach, indem Sondervergütungen der den
korrespondierenden Aufwand tragenden Betriebsstätte zugewiesen werden.[294] § 1
Abs. 1 Sätze 1 und 2 AStG unterwirft diese Sondervergütungen hingegen einer
Korrektur der Höhe nach, wenn die ihnen zugrunde liegenden Bedingungen nicht
dem Fremdvergleich entsprechen.[295]

Soweit die Zuordnung nach § 50d Abs. 10 EStG reicht, richtet sich die
Betriebsstättengewinnabgrenzung dem Grunde nach somit nicht nach der Zivilrechtslage, sondern nach der diesbezüglich spezielleren Zuordnungsregelung des
§ 50d Abs. 10 Satz 3 EStG. Da der Zuordnung nach § 50d Abs. 10 Satz 3 EStG
damit stets ein Aufwandsposten in gleicher Höhe gegenübersteht, entfaltet die
Korrektur der Sondervergütungen der Höhe nach im Saldo nur dann eine Auswirkung auf die Betriebsstättengewinnabgrenzung, soweit im Outboundfall wegen
§ 50d Abs. 10 Satz 8 i. V. m. Abs. 9 Satz 1 Nr. 1 EStG die Sondervergütung
dem Grunde nach abweichend vom Regelfall dem Ansässigkeitsstaat zugeordnet
wird.[296] Im umgekehrten Fall würde die Auswirkung auf die Gewinnabgrenzung
bereits an der einseitigen Korrekturrichtung des § 1 AStG scheitern.[297]

15.2.5.3 Geschäftsbeziehungen zwischen verschiedenen Betriebsstätten einer Personengesellschaft

Die vorstehenden Ausführungen zur Betriebsstättengewinnabgrenzung bei Personengesellschaften beschränken sich ausschließlich auf die Geschäftsvorfälle

---

[293] Aus abkommensrechtlicher Sicht besteht hingegen ein Widerspruch. Denn während § 1
Abs. 1 AStG für den Bereich der Sondervergütungen noch als von Art. 11 Abs. 6 OECD-MA
gestattete Korrekturvorschrift betrachtet werden kann, widerspricht § 50d Abs. 10 EStG als
Treaty Override dem Abkommen gerade.

[294] Vgl. auch *Klein/Hagena*, in: H/H/R, EStG/KStG, § 50d EStG Rn. 133a; *Gosch*, in Kirchhof,
EStG, § 50d Rn. 45c.

[295] Dies ergibt sich bereits aus der Einbettung in die Korrekturvorschrift des § 1 AStG.

[296] Vgl. *Pohl*, in: Blümich, EStG/KStG/GewStG, § 1 AStG Rn. 204; *Pohl*, DB 2013, 1572,
1577.

[297] Vgl. hierzu auch unten 20.2.

zwischen der Personengesellschaft und ihren Gesellschaftern. Demgegenüber sind die Geschäftsvorfälle zwischen verschiedenen Betriebsstätten einer Personengesellschaft nicht von der Bereichsausnahme des § 1 Abs. 5 Satz 7 AStG erfasst. Die Regelungen des § 1 Abs. 5 Sätze 1 bis 4 AStG sind insoweit – einschließlich der Risiko- und Funktionsanalyse sowie der sich anschließenden Fiktion und Zuordnung der anzunehmenden schuldrechtlichen Beziehungen – anzuwenden.[298] Dies erscheint auch sachgerecht, da mangels rechtlicher Selbstständigkeit der einzelnen Betriebsstätten (in Abgrenzung zu der rechtlich selbstständigen Personengesellschaft) keine schuldrechtlichen Beziehungen zwischen den Unternehmensteilen bestehen können, auf die für Zwecke der Gewinnabgrenzung zurückgegriffen werden kann. Die Sachlage ist mit der Gewinnabgrenzung zwischen einer rechtlich unselbstständigen Betriebsstätte und dem übrigen Unternehmen vergleichbar.

15.2.5.4 Geschäftsbeziehungen zwischen der Personengesellschaft und Dritten

Geschäftsbeziehungen zwischen der Personengesellschaft und Dritten werden als Außentransaktionen wie auch bei rechtlich unselbstständigen Betriebsstätten nicht von § 1 Abs. 5 AStG erfasst. Denn auch insoweit existieren schuldrechtliche Beziehungen, auf die als Ausgangspunkt der Zuordnung zurückgegriffen werden kann. Diese erfüllen aber gerade nicht die Tatbestandsvoraussetzung der Geschäftsbeziehung im Sinne des § 1 Abs. 4 Satz 1 Nr. 2 AStG, an die § 1 Abs. 5 Satz 1 AStG anknüpft. Die Zuordnung dieser Außentransaktionen dem Grunde nach bestimmt sich daher nach dem allgemeinen Veranlassungsprinzip. Insbesondere wenn die Mitunternehmer keine eigene unternehmerische Geschäftstätigkeit im Sinne des Art. 3 Abs. 1 lit. c OECD-MA ausüben, werden diese Geschäftsvorfälle aber in der Regel durch die unternehmerische Geschäftstätigkeit in der Personengesellschaft veranlasst und daher dieser zuzuordnen sein.

Sofern es sich bei den Dritten um nahestehende Personen handelt, kann die Aufteilung des Gewinns zwischen der Personengesellschaft und dem nahestehenden Unternehmen der Höhe nach – anders als bei den Außentransaktionen unselbstständiger Betriebsstätten – vermöge der Regelung in § 1 Abs. 1 Satz 2, Abs. 2 AStG unmittelbar und nicht lediglich in entsprechender Anwendung nach § 1 Abs. 1 AStG korrigiert werden.

---

[298] Vgl. BMF, Schreiben v. 22.12.2016 (VWG BsGa), BStBl I 2017, 182, Tz. 1.2.1. Rn. 14, 16; *Leonhardt/Tcherveniachki*, in: F/W/B/S, Außensteuerrecht, § 1 AStG Rn. 2889; a. A. wohl *Häck*, ISR 2015, 113, 118; *Goldacker*, BB 2013, 87, 90.

15.2.6 Die Vermeidung internationaler Besteuerungskonflikte nach § 1 Abs. 5 Satz 8 AStG

Die Regelungen des § 1 Abs. 5 AStG gelten grundsätzlich unbeschadet der Frage, ob ein Doppelbesteuerungsabkommen mit dem anderen Staat besteht und ob ein gegebenenfalls bestehendes Abkommen dem AOA folgt.[299] Dies birgt die Gefahr von Doppelbesteuerungen.[300] Insbesondere in den Fällen, in denen ein Abkommen besteht, dessen Verteilungsartikel für Unternehmensgewinne nicht dem Art. 7 OECD-MA 2010 folgt, würde die uneingeschränkte Anwendung des § 1 Abs. 5 AStG zu einem abkommenswidrigen Gewinnzuordnungsergebnis führen. Diesem Problem widmet sich die Regelung des § 1 Abs. 5 Satz 8 AStG, indem sie für den Fall, dass ein Doppelbesteuerungsabkommen anwendbar ist, den Vorrang dieses Abkommens unter die Voraussetzung stellt, dass der Steuerpflichtige geltend macht, dass die Abkommensregelungen dem § 1 Abs. 5 Sätze 1 bis 7 AStG widersprechen. Dabei gilt der Vorrang des Abkommens auch in diesen Fällen nur, soweit der Steuerpflichtige nachweist, dass der andere Staat sein Besteuerungsrecht entsprechend dem anwendbaren Abkommen ausübt und deshalb die Anwendung von § 1 Abs. 5 Sätze 1 bis 7 AStG zu einer Doppelbesteuerung führen würde.

Diese „Escape"-Klausel des § 1 Abs. 5 Satz 8 AStG findet ausdrücklich nur auf Abkommensfälle Anwendung. Dies hat zunächst zur Folge, dass die eigentlich zur Umsetzung des AOA eingeführte Korrekturvorschrift des § 1 Abs. 5 AStG stets und vollumfänglich auf sämtliche Fälle anzuwenden ist, in denen gar kein Doppelbesteuerungsabkommen existiert.[301] Dies dürfte insbesondere hinsichtlich der steuerlichen Behandlung der anzunehmenden schuldrechtlichen Beziehungen zu einer Doppelbesteuerung führen, wenn beispielsweise im Inbound-Fall, der Ansässigkeitsstaat die deutsche Steuer auf die Erträge aus den Innentransaktionen nicht anerkennt oder im Outbound-Fall der Betriebsstättenstaat Aufwendungen aus den Innentransaktionen nicht zum Abzug zulässt, der deutsche Fiskus aber dennoch die korrespondierenden Erträge aus den Innentransaktionen besteuert.

---

[299] *Kraft/Dombrowski*, IWB 2015, 87, 89; vgl. auch *Ditz*, ISR 2013, 261, 262; *Ditz/Luckhaupt*, ISR 2015, 1, 2.

[300] *Leonhardt/Tcherveniachki*, in: F/W/B/S, Außensteuerrecht, § 1 AStG Rn. 2891.

[301] *Leonhardt/Tcherveniachki*, in: F/W/B/S, Außensteuerrecht, § 1 AStG Rn. 2894; *Kraft/Dombrowski*, IWB 2015, 87, 89; *Kahle/Kindich*, GmbHR 2017, 341, 344; *Ditz*, ISR 2013, 261, 265.

15.2.6.1 § 1 Abs. 5 Satz 8 AStG als *Treaty Override*

In der Literatur[302] wurde teilweise sehr ausführlich diskutiert, ob es sich bei der Regelung um einen *Treaty Override* handelt. Dabei wurde von einigen[303] das Konzept eines „*Reverse Treaty Override*" und von anderen[304] die Vorstellung eines lediglich materiellen *Treaty Override* vertreten. Ausgehend von der Rechtsfolge der Regelung, den (gemäß § 2 Abs. 1 AO grundsätzlich uneingeschränkten) Vorrang von abkommensrechtlichen Regelungen nur unter bestimmten Voraussetzungen zu gewähren, ist der Auffassung *Gebhardts* zuzustimmen, dass die „Escape"-Klausel einen materiellen *Treaty Override* darstellt. Indem sie den Vorrang des Abkommensrechts an bestimmte Bedingungen knüpft, ist sie *lex specialis* zu der allgemeinen Konkurrenzregelung des § 2 Abs. 1 AO. Da dies die eigentlich über das Zustimmungsgesetz vermittelte Regelungswirkung des Abkommens einschränkt, wirkt § 1 Abs. 5 Satz 8 AStG im Ergebnis abkommensüberschreibend. Da der Gesetzgeber durch seine Formulierung ausdrücklich an die Vorrangsfrage angeknüpft hat, hat er damit auch jedenfalls seinen mittelbaren formalen Derogationswillen zum Ausdruck gebracht.[305]

Das BVerfG hat mit seinem Beschluss vom 15. Dezember 2015 entschieden, dass der Zulässigkeit eines abkommensrechtlichen *Treaty Override* keine verfassungsrechtlichen Gründe entgegenstehen.[306] Die in der Entscheidung angestrengten Überlegungen lassen sich auch auf den § 1 Abs. 5 Satz 8 AStG übertragen. Denn es ist für die Frage der Zulässigkeit einer im Ergebnis abkommensüberschreibenden Regelung unerheblich, ob diese die Abkommensüberschreibung direkt in die innerstaatliche Steuerregelung einbettet oder aber in Gestalt einer speziellen Kollisionsregel realisiert. In beiden Fällen werden einfachgesetzliche Regelungen durch andere Regelungen gleichen Gesetzesrangs ersetzt. Dabei dürfte es auch ungeachtet der BFH-Entscheidung vom 25. Mai 2016[307] für die Anwendbarkeit des abkommensüberschreibenden § 1 Abs. 5 Satz 8 AStG

---

[302]*Kahle/Kindich*, in: Lübbehüsen/Kahle, Brennpunkte Betriebsstätte 2016, Rn. 4.426; wohl auch einen *Treaty Override* bejahend *Wellmann*, FG Wassermeyer, S. 235, 242; *Hemmelrath/Kepper*, IStR 2013, 37, 41; *Schnitger*, IStR 2012, 633, 641; *Ditz*, ISR 2013, 261, 265; *Richter/Heyd*, Ubg 2013, 418, 421; *Brunsbach/Endres/Jürgen Lüdicke*, ifst-Schrift Nr. 480, S. 64; a. A. *Eisgruber*, ISR 2013, 229, 231; *Gebhardt*, BB 2012, 2353.

[303]*Kraft/Dombrowski*, IWB 2015, 87, 91 f. m. w. N.; *Andresen*, DB 2012, 879, 884.

[304]*Gebhardt*, BB 2012, 2353, 2354.

[305]So auch *Berner*, Betriebsstättenbesteuerung 2015, S. 152.

[306]*BVerfG*, Beschluss v. 15.12.2015 – 2 BvL 1/12, *BVerfGE* 141, 1; vgl. zu dieser Frage auch *Berner*, Betriebsstättenbesteuerung 2015, S. 169 ff.

[307]*BFH*, Urt. v. 25.5.2016 – I R 64/13, *BFHE* 254, 33.

nicht darauf ankommen, ob das betreffende Abkommen vor oder nach der Einführung der „Escape"-Klausel abgeschlossen worden ist. Denn da § 1 Abs. 5 Satz 8 AStG als speziellere Regelung § 2 AO partiell beschränkt, wirkt hier der Grundsatz *„lex specialis derogat lex generalis"*, der von der *lex posterior*-Frage unberührt bleibt.[308]

15.2.6.2 Widerspruch zwischen DBA und § 1 Abs. 5 Sätze 1 bis 7 AStG

Dem Wortlaut nach setzt die Anwendung des § 1 Abs. 5 Satz 8 AStG die Geltendmachung eines Widerspruchs zwischen den Abkommensregelungen und § 1 Abs. 5 Sätze 1 bis 7 AStG voraus. Dabei herrscht weitgehend Einigkeit, dass der Widerspruch nicht nur geltend gemacht werden muss,[309] sondern dass auch tatsächlich ein Widerspruch zwischen den Abkommensregelungen und § 1 Abs. 5 Sätze 1 bis 7 AStG vorliegen muss.[310]

Hierzu ist im Wesentlichen zwischen Abkommen, die dem AOA folgen, und anderen Abkommen zu unterscheiden. Bei Abkommen, die dem AOA folgen, wird im Allgemeinen kein Widerspruch im Sinne der „Escape"-Klausel existieren.[311] Denn etwaige die Doppelbesteuerung begründende Widersprüche bestünden in diesen Konstellationen in der Regel zwischen den innerstaatlichen Umsetzungsvorschriften nicht aber zwischen den Abkommensregelungen und den Regelungen des § 1 Abs. 5 Sätze 1 bis 7 AStG. Bei derartigen Unstimmigkeiten handelt es sich aber um Auslegungsdifferenzen, die im Wege eines Verständigungs- oder Schiedsverfahrens beizulegen sind.[312]

Anders verhält es sich hingegen bei Doppelbesteuerungsabkommen, die nicht den AOA übernommen haben. Gerade in Bezug auf die steuerliche Behandlung von Innentransaktionen dürfte es dabei zu Widersprüchen zu den Regelungen des § 1 Abs. 5 Sätze 1 bis 7 AStG kommen. Hinsichtlich des Ausmaßes des

---

[308]Vgl. *BVerfG*, Beschluss v. 15.12.2015 – 2 BvL 1/12, *BVerfGE* 141, 1 unter I.1.c.aa).

[309]Zu den mit Blick auf den Untersuchungsgrundsatz des § 88 AO relativ geringen Anforderungen an die Geltendmachung vgl. *Kaeser*, in: Wassermeyer, DBA, Art. 7 MA (2010) Rn. 710; *Leonhardt/Tcherveniachki*, in: F/W/B/S, Außensteuerrecht, § 1 AStG Rn. 2895; *Schnitger*, IStR 2012, 633, 641.

[310]*Leonhardt/Tcherveniachki*, in: F/W/B/S, Außensteuerrecht, § 1 AStG Rn. 2895; vgl. auch *Kaeser*, in: Wassermeyer, DBA, Art. 7 MA (2010) Rn. 709 ff.; a. A *Pohl*, in: Blümich, EStG/KStG/GewStG, § 1 AStG Rn. 207.

[311]Die einzige Ausnahme hiervon dürfte die lediglich partielle Übernahme des AOA in ein Abkommen sein, vgl. hierzu *Hentschel/Kraft/Moser*, Ubg 2016, 144, 147 f.

[312]*Hentschel/Kraft/Moser*, Ubg 2016, 144, 149; *Pohl*, in: Blümich, EStG/KStG/GewStG, § 1 AStG Rn. 207.

Widerspruchs ist bei diesen Abkommen aber zusätzlich zu differenzieren zwischen solchen, die vor der Änderung des OECD-Musterkommentars am 18.7.2008 (Alt-DBAs), und solchen, die nach diesem Zeitpunkt abgeschlossen worden sind (Neu-DBAs).[313] Denn durch die Änderung des Musterkommentars 2008 wurden Teilaspekte des AOA, sofern sie nicht in Widerspruch zu dem Wortlaut von Art. 7 OECD-MA 2008 standen, bereits in den Musterkommentar aufgenommen.[314]

Angesichts der Tatsache, dass der BFH der „statischen" Abkommensauslegung folgt,[315] nach der bei der ergänzenden Auslegung von Abkommensregelungen ausschließlich auf die bei Abkommensabschluss gültige Fassung des Musterkommentars zurückgegriffen werden darf, dürften die Abkommensregelungen der Neu-DBAs vor dem Hintergrund des § 1 Abs. 5 AStG einer Auslegung zugänglich sein, die näher an dem AOA und seiner innerstaatlichen Umsetzung liegt als bei den Alt-DBAs.[316] Insofern sind bei den Neu-DBAs auch weniger Widersprüche im Sinne der „Escape"-Klausel zu erwarten als bei Alt-DBAs. Dennoch verbleibt in dem Grenzbereich, in dem der OECD-Betriebsstättenbericht nicht allein durch die Anpassung des OECD-Musterkommentars 2008 umgesetzt werden konnte, ein Restunterschied zwischen den Neu-DBAs und solchen Abkommen, die den AOA enthalten, aufgrund dessen der Anwendungsbereich der „Escape"-Klausel eröffnet sein dürfte. Da dieser Grenzbereich vor allem die Anerkennung von Innentransaktionen betrifft, dürfte dieser Restunterschied zudem nicht unerheblich sein.

15.2.6.3 Die Rechtsfolge der „Escape"-Klausel: Vorrang des Abkommens

Die Rechtsfolge der „Escape"-Klausel, nämlich der Vorrang des Abkommens, greift aber nur ein, *soweit* der Steuerpflichtige nachweist, dass der andere Staat sein Besteuerungsrecht gemäß dem einschlägigen Abkommen ausübt und deshalb

---

[313] Vgl. *Leonhardt/Tcherveniachki*, in: F/W/B/S, Außensteuerrecht, § 1 AStG Rn. 2893.

[314] Vgl. hierzu bereits die Ausführungen unter 13.4.

[315] *BFH*, Urt. v. 16.1.2014 – I R 30/12, *BFHE* 244, 354 unter II.2.d.cc); Urt. v. 9.2.2011 – I R 54-55/10, *BFHE* 232, 476 unter II.3.b); Urt. v. 25.5.2011 – I R 95/10, *BFHE* 234, 60 unter II.2.a.bb); Beschluss v. 8.12.2010 – I R 92/09, *BFHE* 232, 137 unter II.2.a.bb); Urt. v. 23.9.2008 – I R 57/07, *BFH/NV* 2009, 390 unter II.2.b.bb.ccc); zustimmend *Wassermeyer*, in: Wassermeyer, DBA, Vor Art. 1 MA Rn. 60.

[316] *Hentschel*, *Kraft* und *Moser* sprechen in Abgrenzung zu der uneingeschränkten Selbstständigkeitsfiktion bei DBAs mit AOA von der eingeschränkten Selbstständigkeitsfiktion bei Alt-DBAs und der erweiterten Selbstständigkeitsfiktion bei Neu-DBAs, vgl. *Hentschel/Kraft/Moser*, Ubg 2016, 144, 146.

die Anwendung des § 1 Abs. 5 Sätze 1 bis 7 AStG zu einer Doppelbesteuerung führen würde. Diese Anforderung wirft drei Fragen auf.

15.2.6.3.1 Ausübung des Besteuerungsrechts

Zunächst ist der Begriff der „Ausübung" des Besteuerungsrechts zu klären. Das weiteste Begriffsverständnis würde auch den Verzicht auf das Besteuerungsrecht als dessen Ausübung umfassen.[317] Bei einem engen Begriffsverständnis käme es auf die tatsächliche Besteuerung, d. h. die Einbeziehung der betreffenden Einkünfte in die Bemessungsgrundlage an.[318] Obgleich im Vergleich mit § 50d Abs. 8 EStG, der den Verzicht auf das Besteuerungsrecht explizit erwähnt, ohnehin die systematischen Argumente für ein enges Begriffsverständnis des Ausübungsbegriffs sprechen,[319] kann die Entscheidung mit Blick auf das zusätzliche Erfordernis der Doppelbesteuerung dahinstehen. Denn selbst wenn der Verzicht auf das Besteuerungsrecht von dessen Ausübung umfasst wäre, so läge im Verzichtsfall jedenfalls keine daraus resultierende Doppelbesteuerung vor.

Zudem muss das Besteuerungsrecht „entsprechend dem Abkommen" ausgeübt werden. Beruht die Doppelbesteuerung auf einem abkommenswidrigen Besteuerungszugriff, so greift die „Escape"-Klausel nicht ein. Derartige Differenzen sind vielmehr im Rahmen eines Verständigungs- oder Schiedsverfahrens beizulegen.[320]

15.2.6.3.2 Daraus resultierende Doppelbesteuerung

Als zweites stellt sich die Frage, ob für die Beurteilung der Doppelbesteuerung auf den isolierten Vorgang oder vielmehr auf die Gesamtbetrachtung abzustellen ist. Der Großteil der Literatur[321] spricht sich für eine saldierende Gesamtbetrachtung aus. Denn nur im gesamten Betriebsstättenergebnis würden sich auch die ebenfalls zu berücksichtigenden gegenläufigen Effekte widerspiegeln. Dazu ist der nach

---

[317]*Kaeser*, in: Wassermeyer, DBA, Art. 7 MA (2010) Rn. 711; *Schnitger*, IStR 2012, 633, 641 f.

[318]*Berner,* Betriebsstättenbesteuerung 2015, S. 160. Hiervon zu unterscheiden ist die Frage der tatsächlichen Belastung, vgl. hierzu im Zusammenhang mit ausländischen Verlustvorträgen *Leonhardt/Tcherveniachki*, in: F/W/B/S, Außensteuerrecht, § 1 AStG Rn. 2899.

[319]*Leonhardt/Tcherveniachki*, in: F/W/B/S, Außensteuerrecht, § 1 AStG Rn. 2899; *Schnitger*, IStR 2012, 633, 642; a. A. *Kaeser*, in: Wassermeyer, DBA, Art. 7 MA (2010) Rn. 711.

[320]*Kaeser*, in: Wassermeyer, DBA, Art. 7 MA (2010) Rn. 711.

[321]*Kaeser*, in: Wassermeyer, DBA, Art. 7 MA (2010) Rn. 712; *Leonhardt/Tcherveniachki*, in: F/W/B/S, Außensteuerrecht, § 1 AStG Rn. 2901; *Hentschel/Kraft/Moser*, Ubg 2016, 144, 151.

§ 1 Abs. 5 AStG der Betriebsstätte zuzurechnende Gewinn mit dem Gewinn zu vergleichen, den der andere Vertragsstaat der Betriebsstätte zuweist.[322]

Dabei darf der Vergleichsgedanke nicht dergestalt verstanden werden, dass eine Doppelbesteuerung im Sinne der „Escape"-Klausel genau in Höhe des Differenzbetrags zwischen dem nach § 1 Abs. 5 AStG ermittelten Gewinn und dem Gewinn besteht, den der andere Vertragsstaat der Betriebsstätte gemäß der abkommenskonformen Anwendung seines innerstaatlichen Steuerrechts zuweist. Denn beide genannten Beträge sind jeweils auch durch ihr innerstaatliches Gewinnermittlungsrecht determiniert. Es ist aber gerade nicht Aufgabe des Abkommensrechts, eine auf unterschiedlichen Gewinnermittlungsregimen beruhende Doppelbesteuerung zu vermeiden. Aus Vergleichsbarkeitsgründen sind daher diejenigen Abweichungen in dem durch den anderen Vertragsstaat ermittelten Gewinn, die sich aus den Besonderheiten seines innerstaatlichen Gewinnermittlungsrechts ergeben, zu eliminieren,[323] bevor dieser Gewinnbetrag einem Vergleich mit dem nach § 1 Abs. 5 AStG ermittelten Wert unterzogen werden kann.

Auf den ersten Blick spricht gegen die saldierende Gesamtbetrachtung (anstelle der isolierten Vorgehensweise), dass die Gewinnabgrenzung die Sachverhaltsebene betrifft, also festlegt, welche Sachverhalte welchem Vertragsstaat zur Besteuerung zugewiesen werden. Ist also die Sachverhaltsebene betroffen, so erscheint es folgerichtig, von einer sachverhalts-, also transaktionsbezogenen Betrachtungsweise auszugehen. Schließlich folgt auch § 1 Abs. 1 AStG dem Grundsatz der geschäftsbezogenen Einzelerfassung.[324] Bei genauerer Betrachtung ist die Frage der Doppelbesteuerung aber nicht der Sachverhaltsebene zuzuordnen. Denn § 1 Abs. 5 Satz 8 AStG ist letztlich ein Spezialfall der abkommensrechtlichen Schrankenwirkung. Diese statuiert das abkommensrechtliche Mindestmaß, in dem der Vertragsstaat, gegenüber dem die abkommensrechtliche Schranke wirkt, sein innerstaatliches Besteuerungsrecht zurücknehmen muss. Die abkommensrechtliche Schrankenwirkung ist damit eine Korrekturvorschrift, deren Anwendung die vorherige Ermittlung des Korrekturbetrags der Höhe nach voraussetzt. Dies erfordert wiederum eine rechtliche Bewertung des abgegrenzten Sachverhalts durch Quantifizierung der aus dem Sachverhalt erwachsenen Steuerschuld. Es entspricht aber gerade dem Gedanken einer „Mindestkorrektur", dass bei der Quantifizierung auch gegenläufige Effekte zugunsten des der Schrankenwirkung unterworfenen Vertragsstaats berücksichtigt werden.

---

[322] Vgl. *Kaeser*, in: Wassermeyer, DBA, Art. 7 MA (2010) Rn. 712.

[323] *Kaeser*, in: Wassermeyer, DBA, Art. 7 MA (2010) Rn. 712.

[324] So *Wassermeyer*, in: F/W/B/S, Außensteuerrecht, § 1 AStG Rn. 150; vgl. auch *Pohl*, in: Blümich, EStG/KStG/GewStG, § 1 AStG Rn. 45.

Dementsprechend dürfen die steuerlichen „Eingeständnisse", zu denen der betreffende Vertragsstaat abkommensrechtlich nicht verpflichtet war, der herrschenden Meinung entsprechend bei der Frage der (konkreten) Doppelbesteuerung saldierend berücksichtigt werden. Für dieses Verständnis der Doppelbesteuerung spricht nicht zuletzt, dass auch bei dem einseitigen Tatbestandsmerkmal des § 1 Abs. 5 Satz 1 letzter Hs. AStG durch die Bezugnahme auf die inländischen oder ausländischen „Einkünfte" für die Frage, ob eine Korrektur zu erfolgen hat, eine saldierende Gesamtbetrachtung vorgenommen wird.[325]

15.2.6.3.3 Umfang des Vorrangs des Abkommens

Schließlich ist noch zu klären, in welchem Umfang das betreffende Abkommen Vorrang vor den Regelungen des § 1 Abs. 5 Sätze 1 bis 7 AStG hat. Dem Wortlaut nach reicht der Vorrang des Abkommens, *soweit* der Steuerpflichtige nachweist, dass der andere Staat sein Besteuerungsrecht entsprechend dem Abkommen ausübt und es deshalb zu einer Doppelbesteuerung kommen würde. Bei einer strikten Wortlautauslegung erscheint ein auf die Reichweite dieses zweifachen Nachweises beschränkter Vorrang des Abkommens daher abstrakt denkbar.

Dennoch ist dabei zu beachten, dass es zwar bei der Ausübung des Besteuerungsrechts denklogisch zu einer lediglich teilweisen abkommenskonformen Ausübung des Besteuerungsrechts und insoweit anteiligen Betrachtung kommen kann.[326] Hinsichtlich der deshalb resultierenden Doppelbesteuerung gestattet die hier vertretene saldierende Gesamtbetrachtung hingegen keine anteilige Betrachtung. Es ist dem Vergleich stets das Gesamtbetriebsstättenergebnis zugrunde zu legen. Da die beiden nachzuweisenden Voraussetzungen kumulativ vorliegen müssen, scheidet ein anteiliger Vorrang des Abkommens damit aus. *Berner* ist somit im Ergebnis zuzustimmen: Die Anwendung des AOA folgt dem „Alles-oder-nichts"-Prinzip.[327] Das „soweit" des § 1 Abs. 5 Satz 8 AStG wirkt faktisch wie ein „wenn".[328]

---

[325]*Leonhardt/Tcherveniachki*, in: F/W/B/S, Außensteuerrecht, § 1 AStG Rn. 2853.

[326]Insoweit wohl a. A. *Berner*, Betriebsstättenbesteuerung 2015, S. 164.

[327]*Berner*, Betriebsstättenbesteuerung 2015, S. 162 ff. allerdings mit anderer Begründung.

[328]*Berner*, Betriebsstättenbesteuerung 2015, S. 164; so wohl auch die Finanzverwaltung, die die Betriebsstättengewinnabgrenzung in diesen Fällen nach dem Betriebsstättenerlass (vgl. oben 10.1) vornehmen will, vgl. BMF, Schreiben v. 22.12.2016 (VWG BsGa), BStBl I 2017, 182, Tz. 3.3 Rn. 430 ff.

Die Verortung der Umsetzungsregelung im AStG

16

Ausgehend von der Intention des Gesetzgebers,[1] mit § 1 Abs. 5 und 6 AStG den AOA in das innerstaatliche Recht zu übernehmen, überrascht die Verortung im AStG.[2]

Die wohl historisch bedingte Ursache für diese Verortung im § 1 AStG dürfte in dem ursprünglichen Bestreben der *OECD* zu suchen sein, die OECD-Verrechnungspreisgrundsätze auch entsprechend auf die Betriebsstättengewinnabgrenzung anzuwenden.[3] Betrachtet man § 1 Abs. 1 AStG als eine von der Ermächtigungsgrundlage des Art. 9 Abs. 1 OECD-MA Gebrauch machende Korrekturvorschrift auf Basis des Fremdvergleichsgrundsatzes,[4] so erscheint es zwar auf den ersten Blick naheliegend, auch die fremdvergleichsbasierte Betriebsstättengewinnabgrenzung in die Korrekturvorschrift des § 1 AStG einzubetten.[5]

Diese Verortung übersieht jedoch die unterschiedlichen Wirkungsebenen von Art. 9 Abs. 1 OECD-MA und § 1 Abs. 1 AStG einerseits und Art. 7 Abs. 1 Satz 2, Abs. 2 OECD-MA andererseits. Die Gewinnabgrenzung vollzieht sich auch bei

---

[1] BT-Drs. 17/10000, S. 61 f.; BR-Drs. 302/12, S. 100.

[2] Von einer gesetzessystematischen Fehlplatzierung sprechen *Gosch*, IWB 2012, 779, 785; *Nientimp/Schwarz/Stein*, IStR 2016, 487, 488; ähnlich *Kahle/Eichholz/Kindich*, Ubg 2016, 132, 143; *Ditz*, ISR 2013, 261, 263.

[3] *OECD*, Discussion Draft 2001, Preface, Tz. 7.

[4] Zum Verhältnis von Art. 9 OECD-MA und § 1 AStG vgl. *Kraft*, in: Kraft, AStG, § 1 Rn. 44 f.

[5] Zum „Gleichlauf" der Korrektur von Einkünften zwischen verbundenen Unternehmen, vgl. auch *Schnitger*, IStR 2012, 633, 638.

© Der/die Autor(en), exklusiv lizenziert durch Springer Fachmedien Wiesbaden GmbH, ein Teil von Springer Nature 2021
S. Glatz, *Abgrenzungsmaßstäbe im Abkommensrecht*, PwC-Studien zum Unternehmens- und Internationalen Steuerrecht 10,
https://doi.org/10.1007/978-3-658-34006-3_16

verbundenen Unternehmen grundsätzlich auf Basis der schuld- und sachenrechtlichen Verhältnisse, die in die laufende Buchführung als Ausgangspunkt der steuerlichen Gewinnermittlung Eingang finden.[6]

Die Gewinnabgrenzung dem Grunde nach[7] ergibt sich damit aus der Erfassung in der laufenden Buchführung des jeweiligen Unternehmens, während Art. 9 Abs. 1 OECD-MA nur die Gewinnabgrenzung der Höhe nach regelt und damit eine betragsmäßige Korrektur der Geschäftsbeziehungen zwischen den verbundenen Unternehmen zulässt.[8]

Ob die Verortung des § 1 Abs. 1 AStG auf der 2. Stufe der Gewinnermittlung anstelle der Gewinnabgrenzungsebene vor dem Hintergrund des Art. 9 Abs. 1 OECD-MA als sachgerecht anzusehen ist, kann an dieser Stelle dahinstehen. Jedenfalls regelt Art. 7 Abs. 1 Satz 2, Abs. 2 OECD-MA aber nicht wie Art. 9 Abs. 1 OECD-MA ausschließlich die Gewinnabgrenzung der Höhe nach, sondern enthält mit der angeordneten Fiktion von „*dealings*" auch Elemente der Gewinnabgrenzung dem Grunde nach.

Damit ist der AOA im Sinne des Art. 7 OECD-MA eine Gewinnabgrenzungsregelung, die die Gewinnverteilung zwischen einem in dem einen Vertragsstaat ansässigen Unternehmen und seiner in dem anderen Vertragsstaat gelegenen Betriebsstätte zum Gegenstand hat.[9] Die Regelung des § 1 Abs. 5 AStG ist mit ihrem Verweis auf § 1 Abs. 1 AStG aber als Korrekturvorschrift ausgestaltet.[10] Sie setzt die Gewinnabgrenzung zwischen Betriebsstätte und Stammhaus voraus[11] („*die der Aufteilung der Einkünfte zwischen einem inländischen Unternehmen und seiner ausländischen Betriebsstätte oder der Ermittlung der Einkünfte der inländischen Betriebsstätte eines ausländischen Unternehmens steuerlich zugrunde gelegt werden*"), ordnet sie aber nicht an. Regelungsgegenstand des § 1 Abs. 5 AStG

---

[6]Mangels „Regelungskompetenz" für die Gewinnermittlung bestimmt sich der Gewinnbegriff für Zwecke des Art. 7 Abs. 1 Satz 1 Hs. 1 OECD-MA als Ausgangspunkt der Unternehmensgewinnzuordnung nach innerstaatlichem Recht, also i. d. R. nach §§ 4 ff. EStG ggf. i. V. m. § 8 Abs. 1 KStG, vgl. *Hemmelrath*, in: Vogel/Lehner, DBA, Art. 7 Rn. 21.

[7]Zu den Begriffen Gewinnermittlung und Gewinnabgrenzung vgl. bereits Kapitel 4.

[8]Zur Beschränkung des Art. 9 Abs. 1 OECD-MA auf eine betragsmäßige Korrektur vgl. auch früher *BFH*, Urt. v. 17.12.2014 – I R 23/13, *BFHE* 248, 170 unter II.2.b.cc.ccc); Urt. v. 24.6.2015 – I R 29/14, *BFHE* 250, 386 unter II.3.c); aufgegeben durch Urt. v. 27.2.2019 – I R 73/16, *BFHE* 263, 525.

[9]A. A. *Ditz*, ISR 2013, 261, 262, der die Betriebsstättengewinnermittlung als Tatbestand der Gewinn- bzw. Unterschiedsbetragsermittlung betrachtet.

[10]*Kaeser*, in: Wassermeyer, DBA, Art. 7 MA (2010) Rn. 693; *Kahle/Eichholz/Kindich*, Ubg 2016, 132, 141; *Neumann-Tomm*, IStR 2015, 907; *Ditz*, ISR 2013, 261, 263; *Gosch*, IWB 2012, 779, 786.

[11]So auch *Gosch*, IStR 2015, 709, 713; ähnlich wohl auch *Herbort*, FR 2013, 781, 785.

ist lediglich die Korrektur dieser vorausgesetzten Betriebsstättengewinnabgrenzung.[12] Als Korrekturvorschrift ist sie daher auf der 2. Stufe der (innerstaatlichen)
Gewinnermittlung angesiedelt.[13]

Betrachtet man § 1 Abs. 5 AStG somit als Korrekturvorschrift, so wirft dies die
Frage auf, nach welchen Regeln sich die Betriebsstätten*gewinnabgrenzung* dann
richtet. Da das jeweilige Doppelbesteuerungsabkommen mangels *self-executing*
Wirkung nicht bemüht werden kann, ist die Zurechnungsregelung im innerstaatlichen Recht zu suchen (vgl. Art. 3 Abs. 2 OECD-MA). Ausdrücklich enthält das
innerstaatliche Recht keine Zurechnungsregelungen für die Betriebsstättengewinnabgrenzung.[14] Mithin ist auf das allgemeine Veranlassungsprinzip als Grundfall
der innerstaatlichen Zurechnung zurückzugreifen.[15]

Danach sind der Betriebsstätte nach wie vor (zunächst) diejenigen Gewinne
zuzuordnen, die durch die Betriebsstätte veranlasst sind,[16] d. h. es ist maßgeblich,
ob das auslösende Moment der Betriebsstättentätigkeit zuzuordnen ist.[17] Bei der
Zuordnung von Betriebseinnahmen bzw. Betriebsausgaben ist darauf abzustellen,
auf welche Tätigkeiten bzw. dabei eingesetzte Wirtschaftsgüter die Betriebseinnahmen bzw. Betriebsausgaben zurückzuführen sind, wer die Tätigkeiten ausgeübt
hat und welcher Betriebsstätte die ausgeübten Tätigkeiten bzw. die eingesetzten Wirtschaftsgüter tatsächlich zuzuordnen sind.[18] Die Veranlassung setzt einen
wirtschaftlichen Zusammenhang voraus; dieser muss nicht zwingend unmittelbar
sein.[19]

---

[12]*Kaeser*, FS Endres, S. 179, 182. Zwar etwas abweichend, aber im Ergebnis doch ähnlich
Neumann-Tomm, IStR 2015, 907, der – unter Berücksichtigung des Tatbestandsmerkmals der
Einkünfteminderung – zunächst die Einkünfte der Betriebsstätte steuerbilanziell ermitteln
und dieses Ergebnis dann mit dem nach § 1 Abs. 5 AStG ermittelten Wert vergleichen will,
wobei sich das höhere Ergebnis durchsetzt.

[13]Vgl. *Neumann-Tomm*, IStR 2015, 907; *Ditz*, ISR 2013, 261, 263; *Schaumburg*, ISR 2013,
197, 198.

[14]*Wassermeyer*, IStR 2015, 37 f.; *Wassermeyer*, DB 2006, 1176, 1177; *Kaeser*, in: Wassermeyer, DBA, Art. 7 MA (2010) Rn. 693; *Kumpf/Roth*, FS Raupach, S. 579, 581; vgl.
BT-Drucks. 17/10000, S. 62.

[15]*Kaeser*, in: Wassermeyer, DBA, Art. 7 MA (2010) Rn. 693; wohl auch *Wassermeyer*, IStR
2012, 277, 278.

[16]Vgl. *BFH*, Urt. v. 26.2.2014 – I R 56/12, BFHE 245, 143 unter B.II.3.d.bb.aaa); Urt. v.
28.10.2009 – I R 99/08, BFHE 227, 83 unter B.I.7.b.bb.bbb); Urt. v. 17.7.2008 – I R 77/06,
BFHE 222, 402 unter III.3.b.cc). Vgl. ausführlich Kapitel 9.

[17]Vgl. *Hagemann*, IWB 2016, 75, 77; *Wassermeyer*, IStR 2005, 84, 85.

[18]*BFH*, Urt. v. 18.12.2002 – I R 92/01, BFHE 201, 447 unter II.2.d).

[19]*BFH*, Urt. v. 20.7.1988 – I R 49/84, BFHE 154, 465 unter B.2.a) und B.4.c).

Allgemeine Bemerkungen zur Fortgeltung der bisherigen Zuordnungsmaßstäbe unter dem AOA

17

Die Änderungen in der Betriebsstättengewinnabgrenzung durch den AOA auf Abkommensebene und die innerstaatliche Umsetzungsvorschrift des § 1 Abs. 5 AStG werfen die Frage auf, inwieweit die bisherigen Zuordnungsmaßstäbe der Betriebsstättengewinnabgrenzung weiter fortgelten. Dabei ist zwischen der Umsetzung des AOA durch die Einkünftekorrekturvorschrift des § 1 Abs. 5 AStG (*de lege lata*, 17.1) und einer anzustrebenden systematisch konsistenten Umsetzung als Gewinnabgrenzungsvorschrift (*de lege ferenda*, 17.2) zu unterscheiden.

17.1 De lege lata

Wie bereits erwähnt[1] ist die derzeitige innerstaatliche Umsetzungsvorschrift des AOA in § 1 Abs. 5 AStG als Einkünftekorrekturvorschrift ausgestaltet und setzt als solche die Gewinnabgrenzung zwischen der Betriebsstätte und dem übrigen Unternehmen zwar voraus, ordnet diese aber nicht an. Dies führt dazu, dass sich die Betriebsstättengewinnabgrenzung vorbehaltlich der abkommensrechtlichen Schrankenwirkung (dazu sogleich) weiterhin nach den bisherigen Zuordnungsmaßstäben richtet und erst im Anschluss daran über die Vorschrift des § 1 Abs. 5 AStG fremdvergleichskonform korrigiert wird.[2] Damit erschöpft sich die Betriebsstättengewinnabgrenzung im Wesentlichen weiterhin in der Anwendung

---

[1] Vgl. oben Kapitel 16 sowie unter Abschn. 15.2.

[2] So auch *Kahle/Kindich*, GmbHR 2017, 341, 345.

© Der/die Autor(en), exklusiv lizenziert durch Springer Fachmedien Wiesbaden GmbH, ein Teil von Springer Nature 2021
S. Glatz, *Abgrenzungsmaßstäbe im Abkommensrecht*, PwC-Studien zum Unternehmens- und Internationalen Steuerrecht 10,
https://doi.org/10.1007/978-3-658-34006-3_17

des allgemeinen Veranlassungsprinzips,[3] das nach der hier vertretenen Auffassung als tatsächlich-funktionaler Maßstab zu verstehen ist.

Eine Anwendung des AOA auf Gewinnabgrenzungsebene findet nur insoweit statt, als dass ein Doppelbesteuerungsabkommen, das den AOA inkorporiert hat, zu Lasten des deutschen Besteuerungsanspruchs seine abkommensrechtliche Schrankenwirkung entfaltet. Insoweit ist im Rahmen der Vermeidung der Doppelbesteuerung nach dem unmittelbar wirkenden Methodenartikel inzident nach Maßgabe der Art. 7 Abs. 1 Satz 2 i. V. m. Abs. 2 OECD-MA entsprechenden Verteilungsnorm der Betriebsstättengewinn unter fremdvergleichskonformer Berücksichtigung der ausgeübten Funktionen, eingesetzten Wirtschaftsgüter und übernommenen Risiken zu ermitteln und bei der Gewinnabgrenzung in dem Maße zu berücksichtigen, in dem er den nach dem Veranlassungsprinzip ermittelten deutschen Besteuerungsanspruch beschränkt.

17.2 De lege ferenda

Dennoch soll die Frage, wie sich eine *Gewinnabgrenzung* nach der Maßgabe des AOA zu den bisherigen Abgrenzungsmaßstäben verhält nicht unbeantwortet bleiben. Zu diesem Zweck werden die bisherigen Abgrenzungsmaßstäbe, das allgemeine Veranlassungsprinzip (17.2.1) und der Maßstab der tatsächlichen Zugehörigkeit (17.2.2), mit einer hypothetischen innerstaatlichen Regelung verglichen, die den AOA „abkommensgerecht" auf Gewinnabgrenzungsebene umsetzt. Dabei dürfte die hypothetische Regelung inhaltlich in vielen Aspekten den Zuordnungsschritten nach § 1 Abs. 5 Sätze 2 bis 4 AStG und deren Konkretisierungen durch die BsGaV entsprechen.[4]

17.2.1 Veranlassungsprinzip

Bei formaler Betrachtung muss man davon ausgehen, dass das innerstaatliche Veranlassungsprinzip als Grundfall der innerstaatlichen Zuordnung durch die Einführung des AOA für die Betriebsstättengewinnabgrenzung obsolet geworden ist.

---

[3] Zu der hier vertretenen Übereinstimmung der Maßstäbe des allgemeinen Veranlassungsprinzips und der tatsächlichen Zugehörigkeit vgl. oben 9.3.9.

[4] Zu den konkreten Kritikpunkten, die eine derartige Vorschrift berücksichtigen sollte, vgl. die Änderungsvorschläge in Kapitel 21.

Denn anders als zuvor[5] sieht Art. 7 Abs. 2 OECD-MA 2010 nun einen eigenen Zuordnungsmechanismus (Berücksichtigung der ausgeübten Funktionen, eingesetzten Wirtschaftsgüter und übernommenen Risiken) vor, der dazu führt, dass sich aus dem „Zusammenhang des Abkommens"[6] eine von der innerstaatlichen Rechtslage abweichende Zuordnung ergibt.

Dennoch stellt sich die Frage, ob und gegebenenfalls inwieweit die Orientierung des AOA an den Personalfunktionen nicht dennoch veranlassungsbasierte Züge trägt.

Das allgemeine Veranlassungsprinzip zeichnet sich durch seinen tätigkeitsbezogenen Zuordnungsmaßstab aus.[7] Die Tatsache, dass Ausgangspunkt und Referenzrahmen der veranlassungsbasierten Zuordnung die betriebliche oder berufliche Tätigkeit ist, verleiht dem Veranlassungsprinzip ein funktionales Element. Wie dargestellt[8] erfolgt die veranlassungsbasierte Zuordnung in einem zweistufigen Prozess: Auf der ersten Stufe ist das auslösende Moment, die maßgebliche Tätigkeit, zu identifizieren. Dieses ist sodann auf der zweiten Stufe der maßgeblichen Sphäre, im Falle der Betriebsstättengewinnabgrenzung also entweder der Betriebsstätte oder dem übrigen Unternehmen zuzuordnen. Für diese Zuordnung kommt es maßgeblich auf den tatsächlichen wirtschaftlichen Zusammenhang an. Steht eine Zuordnung zu mehreren Sphären in Rede, so ist zunächst eine Vorrangigkeitsprüfung vorzunehmen. Ergibt sich kein (qualitativ) vorrangiger wirtschaftlicher Zusammenhang zu einer der beiden Zuordnungssphären, so ist

---

[5] Art. 7 OECD-MA a. F. enthielt insoweit lediglich die allgemeine Anordnung, die Zurechnung in Übereinstimmung mit dem Fremdvergleichsgrundsatz vorzunehmen. Bei der Anwendung des Veranlassungsprinzips ergab sich dabei aus dem Abkommenszusammenhang kein Bedürfnis für eine abweichende Auslegung des Zurechnungsbegriffs, da der innerstaatliche Zurechnungsgrundmaßstab mit dem Fremdvergleichsgrundsatz vereinbar war, vgl. Kapitel 11.

[6] Vgl. Art. 3 Abs. 2 OECD-MA.

[7] Entgegen der von *Hruschka* vertretenen Auffassung unterscheiden sich die veranlassungsbasierte Zuordnung einerseits und die personalfunktionenbasierte Zuordnung andererseits gerade nicht maßgeblich dadurch, dass die Zuordnung über die Personalfunktionen ausdrücklich (§ 2 Abs. 3 und 4 BsGaV) an Tätigkeiten „der physisch in der Geschäftseinrichtung präsenten Personen" (*Hruschka*, IStR 2016, 437, 441) anknüpft. Denn auch das Veranlassungsprinzip ist durch die Anknüpfung an die Geschäftstätigkeit letztlich tätigkeitsbezogen. Davon zu unterscheiden ist die Frage, ob man personallose Tätigkeiten als unternehmerische Geschäftstätigkeiten im Sinne des Abkommensrechts zulässt und somit von der Definition des Betriebsstättenbegriffs erfasst sieht. Vgl. hierzu auch die Ausführungen zu personallosen Betriebsstätten unter 20.7.

[8] Vgl. bereits oben Kapitel 5.

– soweit möglich – eine anteilige Zuordnung vorzunehmen. Scheidet eine anteilige Zuordnung aus tatsächlichen Gründen (wie beispielsweise der Unteilbarkeit) aus, so ist eine Zuordnung anhand des quantitativ vorrangigen Zusammenhangs vorzunehmen.

Bei genauer Betrachtung offenbart die Betriebsstättengewinnabgrenzung nach dem AOA viele Gemeinsamkeiten mit dem so verstandenen allgemeinen Veranlassungsprinzip: Ausgangspunkt und Referenzrahmen für sämtliche sich anschließenden Zuordnungen sind beim AOA die maßgeblichen Personalfunktionen.[9] Da gemäß sich § 2 Abs. 3 BsGaV hinter einer Personal*funktion* eine Geschäfts*tätigkeit* verbirgt, die von eigenem Personal für das Unternehmen ausgeübt wird, stimmen der AOA und das Veranlassungsprinzip mit ihrer funktional-tätigkeitsbezogenen Ausgangsbasis also überein.[10]

Ausgehend von den maßgeblichen Personalfunktionen werden die Vermögenswerte, Geschäftsvorfälle sowie Chancen und Risiken der Betriebsstätte oder dem übrigen Unternehmen zugeordnet. Die Zuordnung der Zuordnungsgegenstände folgt der Zuordnung der für sie maßgeblichen Personalfunktion (*„assets follow functions"*). Die Frage der Maßgeblichkeit ergibt sich dabei nicht aus der Betrachtung der Betriebsstättentätigkeit, sondern ist vielmehr ein Parameter, der von dem betrachteten Zuordnungsgegenstand (Vermögenswert, Geschäftsvorfall, Chancen & Risiken) abhängt: Für jeden einzelnen Zuordnungsgegenstand sind sämtliche Personalfunktionen mit Bedeutung für den Zuordnungsgegenstand zu ermitteln und daraus diejenige mit der größten (wirtschaftlichen) Bedeutung für die Zuordnung als maßgebliche Personalfunktion auszuwählen.

Verglichen mit der veranlassungsbasierten Zuordnung entspricht diese Auswahl der maßgeblichen Personalfunktion der Identifikation des auslösenden Moments (1. Stufe[11] der Veranlassungsprüfung).[12] In der BsGaV wird dieser Prozess in den §§ 5 ff. BsGaV konkretisiert. Auf Basis einer typisierenden (an Üblichkeitsüberlegungen orientierten) Betrachtung wird zumeist in Absatz 1 der Vorschriften die im Regelfall maßgebliche Personalfunktion für den Zuordnungsgegenstand benannt. Für von der Regel abweichende Fälle halten die Vorschriften – zumeist in Absatz 2[13] – eine Öffnungsklausel bereit, nach der ausnahmsweise eine andere Personalfunktion maßgeblich ist, wenn diese eindeutig gegenüber

---

[9]BMF, Schreiben v. 22.12.2016 (VWG BsGa), BStBl I 2017, 182, Tz. 2.2.5 Rn. 39.

[10]Zu der dennoch unterschiedlichen Bestimmung der Abgrenzungssphären vgl. weiter unten in diesem Abschnitt.

[11]Zu der Zweistufigkeit der Veranlassungsprüfung vgl. oben Kapitel 5.

[12]A. A. wohl *Hruschka*, IStR 2016, 437, 440 f.

[13]§ 5 Abs. 2, § 6 Abs. 2, § 7 Abs. 2, § 8 Abs. 2, § 9 Abs. 2, § 10 Abs. 3 BsGaV.

der Bedeutung der jeweils in Absatz 1 genannten Personalfunktion überwiegt. Diese Öffnungsklausel entspricht der Vorrangigkeitsprüfung auf der 1. Stufe der Veranlassungsprüfung. Das zur BsGaV ergangenen BMF-Schreiben spricht insoweit von der Auflösung der Personalfunktionenkonkurrenz, die es ausschließlich anhand von qualitativen Gesichtspunkte durchführen lassen will.[14] Dies dürfte im Grundsatz der Vorgehensweise bei Handlungspluralitäten durch die Anwendung der steuerlich modifizierten Theorie der wesentlichen Bedingung entsprechen.[15]

Entgegen der von *Kaeser*[16] vertretenen Auffassung erfolgt die Betrachtung damit – jedenfalls was den Abgrenzungs*maßstab* betrifft – dennoch nicht aus einer vollständig anderen Perspektive. Denn die Frage, ob die in der Betriebsstätte ausgeübte Personalfunktion für die Zuordnungsfrage relevant ist, betrifft die Frage nach der maßgeblichen Personalfunktion und damit die Vorrangigkeitsprüfung auf der 1. Stufe der Veranlassungsprüfung. Dies unterscheidet sich nicht von der bisherigen (veranlassungsbasierten) Zuordnung, die danach fragt, ob das Wirtschaftsgut der Betriebsstättentätigkeit dient. Denn auch hier müsste bei Handlungspluralität zunächst die maßgebliche Handlung ermittelt werden. Gleichwohl dürfte das Ergebnis der Auflösung dieser Personalfunktionenkonkurrenz durch das typisierende Regel-Ausnahme-Verhältnis in den §§ 5 ff. BsGaV wesentlich stärker als bei der Vorrangigkeitsprüfung im Rahmen der veranlassungsbasierten Zuordnung vorgegeben sein (dazu sogleich).

Jedoch ist die Identifizierung der maßgeblichen Personalfunktion als Ausgangspunkt der Zuordnung nicht bei allen Zuordnungsgegenständen auf den ersten Blick sichtbar. So stellt § 10 Abs. 1 BsGaV für die Zuordnung der Chancen und Risiken auf den „unmittelbaren Zusammenhang" mit einem Zuordnungsgegenstand im Sinne der §§ 5 bis 9 BsGaV ab. Da diese Zuordnungsgegenstände aber ihrerseits über die für ihre Zuordnung maßgebliche Personalfunktionen zugeordnet werden, wird auch im Rahmen des § 10 Abs. 1 BsGaV jeweils mittelbar

---

[14] Vgl. BMF, Schreiben v. 22.12.2016 (VWG BsGa), BStBl I 2017, 182, Tz. 2.2.5 Rn. 43. Genau genommen fasst das BMF-Schreiben unter diesen Begriff nur die gleichzeitige Ausübung verschiedener Personalfunktionen für einen konkreten Zuordnungsgegenstand in *verschiedenen* Betriebsstätten und nicht bereits das Nebeneinander von Personalfunktionen *per se*. Dies dürfte aber praktischen Erwägungen geschuldet sein. Denn werden zwei für einen bestimmten Zuordnungsgegenstand maßgebliche Personalfunktionen in derselben Betriebsstätte ausgeübt, so kann es dahinstehen, welches die maßgebliche Personalfunktion ist, da beide über den Ort ihrer Ausübung derselben Betriebsstätte zugeordnet werden.

[15] Vgl. oben 5.1.2.

[16] *Kaeser*, ISR 2012, 63, 68, der davon ausgeht, dass die bisherige Rechtsprechung des BFH – anders als der AOA, der die Personalfunktionen als maßgebliches Zuordnungskriterium etabliert – gerade eine umgekehrte Prüfung vornehme, indem er danach frage, ob das zuzuordnende Wirtschaftsgut der Betriebsstättentätigkeit diene.

auf eine bestimmte Personalfunktion zurückgegriffen. Gleiches gilt für die formal an den unmittelbaren (§ 11 Abs. 1 BsGaV) bzw. mittelbaren (§ 11 Abs. 2 BsGaV) Sicherungszusammenhang anknüpfende Zuordnung der Sicherungsgeschäfte.

Ist die für den konkreten Zuordnungsgegenstand maßgebliche Personalfunktion auf diese Art und Weise identifiziert worden, so folgt die Zuordnung des Zuordnungsgegenstandes der Zuordnung der maßgeblichen Personalfunktion. Dies entspricht der 2. Stufe der Veranlassungsprüfung. Lässt sich die Personalfunktion nicht eindeutig einem Unternehmensteil zuordnen, weil sie beispielsweise in mehreren Betriebsstätten ausgeübt wird, so hält die BsGaV in ihren Zuordnungsregelungen eine weitere Öffnungsklausel – zumeist verortet im letzten Satz des Abs. 1 (für den Regelfall)[17] und in Abs. 3 (für die Ausnahmefälle)[18] – bereit. Danach ist auf die Personalfunktion mit der größten Bedeutung für den Zuordnungsgegenstand abzustellen.[19] Die VWG BsGa sprechen in diesem Kontext von Funktionsteilung. Diese Zuordnungskonkurrenz sei primär im Wege einer qualitativen Vorrangigkeitsprüfung und bei qualitativer Gleichwertigkeit nach quantitativen Gesichtspunkten aufzulösen.[20] Auch dies entspricht der Vorrangigkeitsprüfung und zwar auf der 2. Stufe der Veranlassungsprüfung.

Im Ergebnis findet also die Zuordnung der Zuordnungsgegenstände auf Basis der Personalfunktionen unter dem AOA ihre Entsprechung in der tätigkeitsbezogenen Zuordnung nach dem allgemeinen Veranlassungsprinzip. Die formale Aufgabe des Veranlassungsprinzips durch die Einführung eines abkommenseigenen Abgrenzungsmaßstabs wirkt sich damit *auf der Ebene des Maßstabs* nicht aus.[21]

Die folgende Tabelle gibt die Entsprechungen von veranlassungsbasierter Zuordnung der Zuordnungsgegenstände einerseits und der Zuordnung nach AOA andererseits wieder:

---

[17] § 6 Abs. 1 Satz 2, § 7 Abs. 1 Satz 3, § 8 Abs. 1 Satz 2, § 9 Abs. 1 Satz 2, § 10 Abs. 2 Satz 2 BsGaV.

[18] § 5 Abs. 3, § 6 Abs. 3, § 7 Abs. 3, § 8 Abs. 3, § 9 Abs. 3, § 10 Abs. 4 BsGaV.

[19] § 5 Abs. 1 Satz 3 BsGaV bzw. § 7 Abs. 1 Satz 3 BsGaV stellen hingegen auf die „überwiegende Nutzung" bzw. den „überwiegenden funktionalen Zusammenhang" ab. Dies dürfte jedoch der im Einzelfall maßgeblichen Geschäftstätigkeit, der Nutzung des materiellen Wirtschaftsguts bzw. der Beteiligung, geschuldet sein.

[20] BMF, Schreiben v. 22.12.2016 (VWG BsGa), BStBl I 2017, 182, Tz. 2.2.5 Rn. 42.

[21] Etwas anderes ergibt sich auch nicht aus den Auffangregelungen der § 5 Abs. 4, § 6 Abs. 4, § 7 Abs. 4, § 8 Abs. 4, § 9 Abs. 4 und § 10 Abs. 5 BsGaV, die im Falle einer nicht eindeutigen Zuordnung eine Zuordnung gestatten, die nicht im Widerspruch zu den genannten Grundsätzen steht. Denn angesichts der Entsprechungen, die die einzelnen Zuordnungen im Veranlassungsprinzip finden, ist davon auszugehen, dass eine derartige Zuordnung auch nicht dem Veranlassungsprinzip widerspricht.

	Veranlassungsprinzip	AOA i. S. d. § 1 Abs. 5 AStG
Ausgangspunkt der Zuordnungsbetrachtung	Geschäftstätigkeit	Personalfunktionen (=von eigenem Personal ausgeübte Geschäftstätigkeit)
Zuordnung der Wirtschaftsgüter...	... anhand der „dienenden Funktion" für die Geschäftstätigkeit insgesamt[22] 1. Identifikation der Tätigkeit und der ausübenden Person 2. Zuordnung dieser Tätigkeit	... anhand der maßgeblichen Personalfunktion als funktionaler Bestandteil der Geschäftstätigkeit insgesamt[23] 1. Identifikation der maßgeblichen Personalfunktion 2. Zuordnung dieser Personalfunktion
Zuordnung von Geschäftsvorfällen...	... anhand der Geschäftstätigkeit, die Veranlassung für den Geschäftsvorfall war[24] 1. Identifikation der Tätigkeit und der ausübenden Person 2. Zuordnung dieser Tätigkeit	... anhand der maßgeblichen Personalfunktion[25] 1. Identifikation der maßgeblichen Personalfunktion (i. d. R. diejenige, auf der das Zustandekommen des Geschäftsvorfalls beruht) 2. Zuordnung dieser Personalfunktion
Zuordnung von Chancen & Risiken...	... anhand des wirtschaftlichen Zusammenhangs[26] 1. Identifikation des auslösenden Moments 2. Zuordnung dieses auslösenden Moments	... vorrangig anhand des unmittelbaren Zusammenhangs zu Vermögenswerten oder Geschäftsvorfällen, ansonsten anhand der Personalfunktion, auf der die Chancen bzw. Risiken beruhen[27] 1. (un-)mittelbare Identifikation der maßgeblichen Personalfunktion 2. Zuordnung dieser Personalfunktion

---

[22]*BFH*, Urt. v. 29.7.1992 – II R 39/89, *BFHE* 168, 431; vgl. auch oben 9.1.1.

[23]Vgl. §§ 5 bis 8 BsGaV.

[24]*BFH*, Urt. v. 18.12.2002 – I R 92/01, *BFHE* 201, 447; vgl. auch oben 9.1.3.

[25]Vgl. § 9 BsGaV; beachte aber auch die Ausführungen oben (15.2.2.1.2.5) zu der Frage, ob die Zuordnung von Außentransaktionen von der Ermächtigungsgrundlage für die BsGaV in § 1 Abs. 6 AStG abgedeckt ist.

[26]*BFH*, Urt. v. 16.2.1996 – I R 43/95, *BFHE* 180, 286; Beschluss v. 4.7.1990 – GrS 2-3/88, *BFHE* 161, 290; vgl. auch oben 9.1.2.

[27]Vgl. § 10 BsGaV.

Auch die Zuordnung der mit diesen Zuordnungsgegenständen zusammenhängenden Betriebseinnahmen und Betriebsausgaben unter dem AOA dürfte der veranlassungsbasierten Zuordnung entsprechen, soweit diese nicht aus Innentransaktionen resultieren. Denn die Zuordnung der jeweiligen Betriebseinnahmen und Betriebsausgaben folgt nach beiden Maßstäben der Zuordnung der ihnen zugrunde liegenden Tätigkeiten bzw. Personalfunktionen, Wirtschaftsgüter und Geschäftsvorfälle. Für das Veranlassungsprinzip ergibt sich das beispielsweise aus der Entscheidung vom 18. Dezember 2002[28]. Für die Zuordnung nach dem AOA folgt dies hingegen aus der Selbstständigkeitsfiktion des § 1 Abs. 5 Satz 2 AStG. Aus diesem Grund sind die entsprechenden Betriebseinnahmen und Betriebsausgaben auch gemäß § 3 Abs. 2 Satz 2 Nr. 4 BsGaV in die Hilfs- und Nebenrechnung der Betriebsstätte mit aufzunehmen.

Dennoch ist *Kaeser*[29] zuzugeben, dass die Zuordnung nach altem Recht (Veranlassungsprinzip) und die Zuordnung nach § 1 Abs. 5 AStG nicht zu vollständig identischen Ergebnissen gelangen. Die unterschiedliche Perspektive, wie *Kaeser* es nennt, ergibt sich aus den jeweils *unterschiedlichen Referenzrahmen*: Während die Betriebsstättengewinnabgrenzung nach Art. 7 OECD-MA a. F. die Abgrenzungssphären entlang der in dem jeweiligen Unternehmensteil ausgeübten Geschäftstätigkeit zieht, unterteilt der AOA diese (Gesamt-)Geschäftstätigkeit zuvor noch anhand der ausgeübten Personalfunktionen.[30]

So wurde beispielsweise für die Zuordnung von Verwaltungsaufwendungen im Rahmen der Betriebsstättengewinnabgrenzung nach Art. 7 OECD-MA a. F. noch darauf abgestellt, auf welchen Teil der Geschäftstätigkeit – den der Betriebsstätte oder den des Rests des Unternehmens – sich die jeweilige Verwaltungstätigkeit, die den Aufwand verursacht hatte, bezogen hat. Die Betriebsstättengewinnabgrenzung unter dem AOA stellt hingegen darauf ab, welchem Unternehmensteil die Verwaltungstätigkeit als Personalfunktion zuzuordnen ist (Abb. 17.1).

Die Zuordnung unter dem AOA ist in gewisser Weise „filigraner", weil die Anknüpfung an die Personalfunktionen die Anzahl der Zuordnungssphären erhöht. Über die Bestimmung der maßgeblichen Personalfunktionen gestattet dies eine präzisere Vorrangigkeitsprüfung auf der 1. Stufe der Veranlassungsprüfung.

Erfolgt die Zuordnung der Zuordnungsobjekte (Vermögenswerte, Chancen und Risiken, Außentransaktionen) auf Basis von Personalfunktionen, die ihrer

---

[28]*BFH*, Urt. v. 18.12.2002 – I R 92/01, *BFHE* 201, 447.

[29]Vgl. Fn. 16.

[30]Die örtliche Zuordnung dieser Personalfunktionen erfolgt erst in dem darauffolgenden Schritt.

Durch die örtliche Geschäftstätigkeit determinierte Zuordnungssphären (Anzahl der Zuordnungssphären = Anzahl der Unternehmensteile mit eigener Geschäftstätigkeit)		Personalfunktionenbasierte Zuordnungssphären (Anzahl der Zuordnungssphären = Anzahl der Personenfunktionen)	
①	②		
Stammhaus	Betriebsstätte	Stammhaus	Betriebsstätte
Stammhaus-Geschäftstätigkeit:	Betriebsstätten-Geschäftstätigkeit:		
Verwaltung —————— *		Verwaltung	①
Produktion	Produktion	Produktion	Produktion ②
	Vertrieb		Vertrieb ③
Entwicklung ——————		Entwicklung	④

* Pfeil indiziert, für welchen Unternehmenteil die Tätigkeit ausgeübt wird, und damit die Zuordnung

Abb. 17.1 Beispiel für unterschiedliche Zuordnungssphären unter dem Veranlassungsprinzip (links) und dem AOA (rechts)

Art nach (nicht zwingend hinsichtlich ihrer Relevanz[31]) besonders nah an der aktiven Betriebsstättentätigkeit sind,[32] so dürfte das Zuordnungsergebnis in der Regel nicht von dem der veranlassungsbasierten Zuordnung nach altem Recht abweichen.

Werden der Zuordnung hingegen geschäftsleitungsverwandte Personalfunktionen zugrunde gelegt, so dürfte sich ein vom alten Recht abweichendes Zuordnungsergebnis ergeben. Denn hier ist die Anknüpfung an die Betriebsstättentätigkeit im Rahmen der veranlassungsbasierten Zuordnung stärker von der Zweckausrichtung geprägt: Die Veranlassungsprüfung misst in ihrer Vorrangigkeitsprüfung (der 1. Stufe) dem unmittelbaren Zusammenhang zur aktiven Betriebsstättentätigkeit auch ein höheres Gewicht bei als dem mittelbaren Zusammenhang zu den eher geschäftsleitungsverwandten „Verwaltungsfunktionen", wenn dieser unmittelbare Zusammenhang eher schwach ausgeprägt ist.[33] Demgegenüber gibt die BsGaV mit ihrem Regel-Ausnahme-Verhältnis hinsichtlich einiger Zuordnungsobjekte typisierend eine grundsätzliche Vorrangigkeit von

---

[31]Die Relevanz der Personalfunktion spielt lediglich für die Frage der Maßgeblichkeit eine Rolle, vgl. § 2 Abs. 5 BsGaV.

[32]Zu diesen Personalfunktionen dürften üblicherweise die Nutzung, die Veräußerung, die Herstellung und mit gewissen Einschränkungen auch die Anschaffung gehören, vgl. auch *Kaeser*, ISR 2012, 63, 68.

[33]Besonders deutlich wurde dies in dem Urteil zur Zuordnung der Währungsverluste (*BFH*, Urt. v. 16.2.1996 – I R 43/95, *BFHE* 180, 286), vgl. oben unter 9.1.2.

bestimmten Personalfunktionen vor, die – nicht zuletzt wegen der Rolle der Risikokontrolle im Rahmen des AOA – im Einzelfall eher verwaltenden Charakter haben können.[34]

Ein von dem Veranlassungsprinzip abweichendes Zuordnungsergebnis ergibt sich zudem für Betriebseinnahmen und Betriebsausgaben, soweit sie die Zeit vor Entstehung oder nach Aufgabe der Betriebsstätte betreffen oder auf Innentransaktionen beruhen (fiktive Betriebseinnahmen oder -ausgaben).

Anders als nach der veranlassungsbasierten Zuordnung in der bisherigen Rechtsprechung des BFH setzen die Zuordnungsgrundsätze des AOA die Existenz der Betriebsstätte als Zuordnungssubjekt für die Zuordnung voraus.[35] Zudem gestattet das Konzept der anzunehmenden schuldrechtlichen Beziehungen auch die steuerliche Berücksichtigung von Innentransaktionen und damit auch die Zuordnung der daraus resultierenden fiktiven Betriebseinnahmen und fiktiven Betriebsausgaben.

Dieses im Vergleich zum Veranlassungsprinzip erweiterte Zuordnungs*ergebnis* ist jedoch nicht das Ergebnis eines abweichenden Zuordnungs*maßstabs*, sondern durch die innerstaatliche Anerkennung der anzunehmenden schuldrechtlichen Beziehungen vielmehr das Resultat eines verfeinerten *Referenzrahmens* als Anknüpfungspunkt für die Zuordnung.[36] Würde das innerstaatliche Recht generell Innentransaktionen anerkennen, so würde eine veranlassungsbasierte Zuordnung der daraus resultierenden fiktiven Betriebseinnahmen bzw. fiktiven Betriebsausgaben mit der Zuordnung nach § 1 Abs. 5 Satz 4 AStG i. V. m. § 16 Abs. 2 BsGaV übereinstimmen. Insoweit stimmt der Maßstab der personalfunktionsbasierten Zuordnung nach dem AOA mit dem allgemeinen Veranlassungsprinzip überein. Lediglich aufgrund des um die anzunehmenden schuldrechtlichen Beziehungen erweiterten Referenzrahmens weichen die resultierenden Zuordnungsergebnisse

---

[34]So wird für die Zuordnung von immateriellen Wirtschaftsgütern (§ 6 Abs. 1 Satz 1 BsGaV) und sonstigen Vermögenswerten (§ 8 Abs. 1 Satz 1 BsGaV) grundsätzlich (auch) der Erwerb als maßgebliche Personalfunktion anerkannt. Die aktive Nutzung wird nur ausnahmsweise herangezogen (§ 6 Abs. 2 Satz 2, § 8 Abs. 2 Satz 2 BsGaV).

[35]Vgl. hierzu die Ausführungen unter 20.6.

[36]Genau genommen ist der Ausgangspunkt der Zuordnungsbetrachtung, nämlich die Geschäftstätigkeit des betrachteten Unternehmens, noch identisch. Abweichungen im Vergleich zu der veranlassungsbasierten Zuordnung ergeben sich aufgrund der weiteren Unterteilung der Geschäftstätigkeit in Personalfunktionen sowie aufgrund der unterschiedlichen Konsequenzen, die aus den Personalfunktionen einerseits und der Anknüpfung an die Geschäftstätigkeit andererseits bei der Bestimmung der zuordnungsrelevanten Lebenssachverhalte gezogen werden. Die Verfeinerung des Referenzrahmens betrifft somit nicht den Ausgangspunkt der Betrachtung, sondern einen ‚Zwischenschritt'.

voneinander ab. Angesichts der tatsächlich-funktionalen Elemente, die das Veranlassungsprinzip kennzeichnen, erscheint diese Maßstabsidentität auch nicht weiter verwunderlich.

Insgesamt folgt die Gewinnabgrenzung nach dem AOA somit dem gleichen veranlassungsbasierten Maßstab wie die Betriebsstättengewinnabgrenzung nach altem Recht. Unterschiede bestehen lediglich hinsichtlich des Referenzrahmens, auf den dieser Maßstab angewendet wird. Durch die Unterteilung der Geschäftstätigkeit in einzelne Personalfunktionen wird der Referenzrahmen für die Betriebsstättengewinnabgrenzung nach dem AOA verfeinert, was in Grenzbereichen zu abweichenden Zuordnungsergebnissen führen kann.

17.2.2 Tatsächliche Zugehörigkeit

Hinsichtlich der Frage, ob die von der Rechtsprechung entwickelte Zuordnung nach Maßgabe der tatsächlichen Zugehörigkeit im Rahmen der Betriebsstättenvorbehalte auch unter der Betriebsstättengewinnabgrenzung nach dem AOA fortbesteht, ist zu differenzieren: Selbst die Rechtsprechung räumt ein, dass sich diese Zuordnung außerhalb eines im Wesentlichen auf den Sonderbetrieb von Personengesellschaften beschränkten „Grenzbereichs" mit der veranlassungsbasierten Zuordnung decken dürfte.[37] Für den Bereich dieser Maßstabskongruenz kann insoweit auf die Ausführung zum Veranlassungsprinzip verwiesen werden.[38] Geht man von der hier vertretenen Maßstabskongruenz von Veranlassungsprinzip und tatsächlicher Zugehörigkeit aus, so gilt dieser Verweis sogar umfassend.

Betrachtet man den intendierten Anwendungsbereich des AOA, so kommt es aber auf den genannten Grenzbereich ohnehin nicht an. Auch wenn sich die *OECD* zu dieser Frage nicht ausdrücklich äußert, so ist jedenfalls dem innerstaatlichen Recht eindeutig zu entnehmen,[39] dass die Betriebsstättengewinnabgrenzung nach dem AOA nicht auf die Geschäftsbeziehungen zwischen einem Gesellschafter und seiner Personengesellschaft anzuwenden ist.[40]

---

[37] Vgl. *BFH*, Urt. v. 8.9.2010 – I R 74/09, *BFHE* 231, 84 unter II.2.b.bb).

[38] Angesichts der personalfunktionsorientierten Vorgehensweise ebenfalls eine – wenngleich nur teilweise – Übereinstimmung zwischen dem AOA und der tatsächlichen Zugehörigkeit feststellend, *Kaeser*, ISR 2012, 63, 68; ebenso *Häck*, ISR 2015, 113, 120, der wegen des Unterschieds zwischen „Dienstfunktionen" und „wesentlichen Personalfunktionen" Deckungsgleichheit verneint.

[39] Vgl. § 1 Abs. 5 Satz 7 AStG; vgl. auch BMF, Schreiben v. 22.12.2016 (VWG BsGa), BStBl I 2017, 182, Tz. 1.2.1 Rn. 13.

[40] Vgl. hierzu auch die Ausführungen unter 15.2.5.

Da der Großteil der Rechtsprechung zur tatsächlichen Zugehörigkeit zu Sondervergütungsfällen ergangen ist, dürfte die Fortgeltung dieser Rechtsprechung (in den durch § 50d Abs. 10 EStG vorgegebenen Grenzen[41]) von der Umsetzung des AOA ins innerstaatliche Recht unberührt bleiben.

Allenfalls hinsichtlich der Zuordnung des Sonderbetriebsvermögens II könnte man den Anwendungsbereich des § 1 Abs. 5 AStG als eröffnet ansehen, wenn man das Sonderbetriebsvermögen gemäß dem innerstaatlichen Recht als Teil des Betriebsvermögens ansieht und mangels Beschränkung des § 1 Abs. 5 AStG auf Abkommensfälle für die Betriebsstättengewinnabgrenzung auf den innerstaatlichen (anstelle des abkommensrechtlichen) Betriebsvermögensbegriff abstellt.[42]

Dennoch dürfte ein Fortbestand der in dem Urteil vom 26. Februar 1992[43] entwickelten und in dem Urteil vom 21. Januar 2016[44] fortgeführten Rechtsprechung zur Zuordnung der im Sonderbetriebsvermögen II gehaltenen Beteiligung an der Komplementärgesellschaft zu der inländischen Betriebsstätte der Kommanditgesellschaft zweifelhaft sein.[45] Denn die Rechtsprechung, die darauf abgestellt hatte, dass sich die Tätigkeit der Komplementär-Gesellschaft (fast) ausschließlich auf die Geschäftsleitung der Personengesellschaft beschränkte, hat für die Zuordnung gerade nicht auf die Geschäftstätigkeit der Zuordnungssubjekte – der Komplementärgesellschaft bzw. des Kommanditisten als abkommensrechtliche Unternehmer – abgestellt. Da die maßgebliche Personalfunktion für die Beteiligung an der Komplementärgesellschaft wohl in der Regel in der Ausübung der Kontroll- und Weisungsrechte liegen dürfte,[46] wäre die Beteiligung nach § 1 Abs. 5, Abs. 6 AStG i. V. m. § 7 Abs. 1 BsGaV dem Kommanditisten zuzuordnen, wenn dieser seine Kontrollrechte als Gesellschafter auch tatsächlich wahrnimmt. Eine derartige Zuordnung entspräche der hier bereits zu den genannten Entscheidungen abweichend vom BFH vertretenen veranlassungsbasierten Zuordnung.[47]

---

[41] Vgl. hierzu bereits 9.3.14.

[42] Vgl. im Umkehrschluss § 1 Abs. 5 Satz 8 AStG.

[43] *BFH*, Urt. v. 26.2.1992 – I R 85/91, *BFHE* 168, 52.

[44] *BFH*, Urt. v. 21.1.2016 – I R 49/14, *BFHE* 253, 115.

[45] So auch *Kaeser*, ISR 2012, 63, 67.

[46] Entsprechend dem bereits unter 6.2.3 Dargestellten überwiegt der funktionale Zusammenhang der Beteiligung zu der Kontrollfunktion des Gesellschafters im Vergleich zu dem lediglich mittelbar fördernden funktionalen Zusammenhang zu der Geschäftstätigkeit der Kommanditgesellschaft, vgl. § 7 Abs. 1 Satz 3 BsGaV.

[47] Vgl. oben 6.2.3.

Ähnliches zweifelhaft dürfte die Fortgeltung der Rechtsprechung[48] zur Veräußerung von Sonderbetriebsvermögen II im Rahmen des Art. 13 Abs. 2 OECD-MA sein. Denn die Zuordnung zur (Personengesellschafts-)Betriebsstättentätigkeit auf Basis des lediglich (mittelbaren) wirtschaftlichen Zusammenhangs im Sinne des § 15 Abs. 1 Satz 1 Nr. 2 Satz 1 Hs. 2 EStG dürfte nicht zwingend der personalfunktionsbasierten Zuordnung nach § 1 AStG entsprechen. Es wäre vielmehr zu überprüfen, welcher Unternehmensteil die für das Wirtschaftsgut des Sonderbetriebsvermögens II maßgebliche Personalfunktion ausübt. Ergibt diese Funktionsanalyse, dass das Wirtschaftsgut des Sonderbetriebsvermögens II der Personengesellschaftsbetriebsstätte zuzuordnen ist, so wäre wohl zudem eine schuldrechtliche Vereinbarung nach § 1 Abs. Satz 2 AStG für die „faktische Überlassung" zu fingieren und dementsprechend eine fremdvergleichskonforme Vergütung als Entgelt anzusetzen.

Im Ergebnis dürfte die Rechtsprechung zum Maßstab der tatsächlichen Zugehörigkeit somit insoweit auch nach der Umsetzung des AOA durch eine fiktive Gewinnabgrenzungsregelung (*de lege ferenda* Regelung) weiter fortgelten, als dass es nicht um die Zuordnung von Wirtschaftsgütern des Sonderbetriebsvermögens II geht. Hinsichtlich der Zuordnung dieser Wirtschaftsgüter ist jeweils die maßgebliche Personalfunktion zu ermitteln. Ist diese maßgebliche Personalfunktion nicht dem Gesellschafter als wirtschaftlichen Eigentümer des Wirtschaftsguts zuzuordnen, so ist zudem eine anzunehmende schuldrechtliche Beziehung zu fingieren.

---

[48] *BFH*, Urt. v. 13.2.2008 – I R 63/06, *BFHE* 220, 415.

Auswirkungen des AOA auf das Verhältnis von Gewinnermittlung und Gewinnabgrenzung

Gemäß § 3 Abs. 1 Satz 1 BsGaV ist für eine Betriebsstätte zum Beginn eines Wirtschaftsjahres eine Hilfs- und Nebenrechnung aufzustellen, während des Wirtschaftsjahres fortzuschreiben und zum Ende des Wirtschaftsjahres abzuschließen. Der Abschluss dieser Hilfs- und Nebenrechnung beinhaltet gemäß § 3 Abs. 2 BsGaV das Ergebnis der Betriebsstätte. Dieses unterliegt gegebenenfalls noch gewissen „außerbilanziellen" Korrekturen, wenn sich nicht aus dem Charakter der Hilfs- und Nebenrechnung als Gewinnabgrenzungsrechnung etwas anderes ergibt.

18.1 Verselbstständigung der Gewinnabgrenzungsrechnung

Erfüllt das Stammhaus selbst die Voraussetzungen einer Betriebsstätte im Sinne des § 12 AO, so ist nicht nur für die im anderen Staat befindliche Betriebsstätte, sondern auch für das Stammhaus selbst eine Hilfs- und Nebenrechnung aufzustellen und fortzuschreiben. Diese Ausgestaltung der Hilfs- und Nebenrechnung durch die BsGaV verselbstständigt die bisherige Gewinnabgrenzungsrechnung. Obwohl sie – wie bereits vor der Einführung des AOA – auf die laufende Buchführung aufsetzt, entfällt die bisherige Verschränkung mit der Gewinnermittlungsebene und weicht einer parallelen eigenständigen Ergebnisermittlung.

Solange ein Unternehmen des einen Vertragsstaats eine Betriebsstätte im anderen Vertragsstaat unterhält, tritt der (gegebenenfalls „außerbilanziell" zu korrigierende) Unterschiedsbetrag der Hilfs- und Nebenrechnung an die Stelle des nach § 4 Abs. 1 (i. V. m. § 5 Abs. 1) EStG ermittelten Gewinns. Wäre

© Der/die Autor(en), exklusiv lizenziert durch Springer Fachmedien Wiesbaden GmbH, ein Teil von Springer Nature 2021
S. Glatz, *Abgrenzungsmaßstäbe im Abkommensrecht*, PwC-Studien zum Unternehmens- und Internationalen Steuerrecht 10,
https://doi.org/10.1007/978-3-658-34006-3_18

der AOA entsprechend seiner Gewinnabgrenzungsfunktion auch „abkommens-gerecht" auf Gewinnabgrenzungsebene und nicht auf Gewinnkorrekturebene umgesetzt, so würde dieses aus der Hilfs- und Nebenrechnung abgeleitete Ergeb-nis der Gewinnabgrenzung auch nicht mehr als Abzugsposten auf der 2. Stufe der Gewinnermittlung Eingang in die allgemeine Gewinnermittlung nach § 4 Abs. 1 (i. V. m. § 5 Abs. 1) EStG finden, sondern diese vielmehr ersetzen.

De lege lata ist die vom AOA intendierte Verselbstständigung der Betriebs-stätte und damit ihrer Gewinnermittlung somit durch § 1 Abs. 5 AStG nicht gänzlich durch den nationalen Gesetzgeber nachvollzogen worden, so dass eine gewisse (systemwidrige) Verschränkung von Gewinnabgrenzungs- und Gewin-nermittlungsebene verbleibt.[1] *De lege ferenda* wäre eine nationale Umsetzungs-vorschrift des AOA auf Gewinnabgrenzungsebene anzustreben, die dann durch die jeweils eigenständige (Gewinnabgrenzungs-)Ergebnisermittlung für Stamm-haus und Betriebsstätte in gewisser Weise wie eine Gewinnermittlungsvorschrift wirkt.[2] Diese Wirkung ergibt sich nicht zuletzt aus der entsprechenden Anwen-dung der §§ 4 ff. EStG auf den Ansatz in der Hilfs- und Nebenrechnung bzw. die „außerbilanzielle" Korrektur des aus ihr abzuleitenden Unterschiedsbetrags.[3] Sie könnte im Übrigen nah an den Regelungen des § 1 Abs. 5 Sätze 2 bis 4 AStG und insbesondere der BsGaV angelehnt sein.[4]

18.2   Die Hilfs- und Nebenrechnung im Überblick

Für die konkrete Erstellung der Hilfs- und Nebenrechnung hat dies die folgenden Konsequenzen:

---

[1] Neben dem Abzugsposten „Freistellung nach DBA" besteht auf der 2. Stufe der Gewin-nermittlung zusätzlich ein Korrekturposten, der den Abzugsposten korrigiert, falls dieser zu Lasten des deutschen Fiskus vom Fremdvergleichsgrundsatz abweicht.

[2] Vor diesem Hintergrund lässt sich auch die Forderung der Literatur, die Umsetzungsvorschrift des AOA hätte richtigerweise in den Gewinnermittlungsvorschriften der §§ 4 ff. EStG verortet werden müssen (vgl. *Ditz*, ISR 2013, 261, 262; *Ditz/Luckhaupt*, ISR 2015, 1, 9), erklären. Auch wenn dieser Forderung angesichts der Gewinnabgrenzungsfunktion der Umsetzungsvorschrift nicht gänzlich zuzustimmen ist, lässt sich ihre an die Stelle der Gewinnermittlung tretende Wirkung nicht verleugnen.

[3] Vgl. bereits oben 4.4.1.4.

[4] Vgl. hierzu die Ausführungen in Kapitel 21.

18.2.1 Erstmalige Aufstellung bei Begründung der Betriebsstätte

Gemäß § 3 Abs. 4 Satz 1 BsGaV ist die Hilfs- und Nebenrechnung für die Betriebsstätte erstmals im Zeitpunkt ihrer Gründung zu erstellen.[5] Der im Wege der Gründung als „Erstausstattung" vorgenommene Übergang von Vermögenswerten und Passivposten sowie von Chancen und Risiken begründet gemäß § 3 Abs. 4 Satz 3 BsGaV anzunehmende schuldrechtliche Beziehungen im Sinne des § 16 BsGaV. Dies hat im Einzelnen die folgenden Konsequenzen:

Zunächst werden die überführten Vermögenswerte mit den Fremdvergleichswerten in der ersten Hilfs- und Nebenrechnung angesetzt. Mit ihnen gehen die zugehörigen Passivposten, d. h. Dotationskapital und übrige Passivposten über. Gemäß §§ 12 bis 14 BsGaV ist dabei vorrangig das Dotationskapital zu bestimmen und nur „auffüllend" das unmittelbar oder mittelbar mit den Vermögenswerten, Chancen und Risiken zusammenhängende Fremdkapital zuzuweisen. Nach der hier vertretenen Auffassung[6] wäre es hingegen sachgerechter, umgekehrt vorzugehen, d. h. (vorbehaltlich etwaiger gesetzlicher Mindestkapitalisierungsanforderungen) zuerst das Fremdkapital mit unmittelbarem Zusammenhang zu dem jeweiligen Vermögenswert, sodann Fremdkapital mit mittelbarem Zusammenhang und schließlich „auffüllend" das Dotationskapital als Komplementärgröße zuzuweisen.

Die Hilfs- und Nebenrechnung, in der sämtliche Vermögenswerte der „Erstausstattung" erfasst sind, bildet die „Eröffnungs-Hilfs- und Nebenrechnung" der Betriebsstätte für das Wirtschaftsjahr ihrer Gründung.

---

[5]Gleiches dürfte auch für die Hilfs- und Nebenrechnung der Stammhausbetriebsstätte gelten, auch wenn ihr Gründungszeitpunkt eigentlich mit dem Unternehmensgründungszeitpunkt zusammenfällt. Aber bis zur Begründung der ersten ausländischen Betriebsstätte besteht kein Bedürfnis für eine Gewinnabgrenzung und damit auch kein Bedürfnis für eine Hilfs- und Nebenrechnung für die inländische Stammhausbetriebsstätte. Die erstmalige Hilfs- und Nebenrechnung des Stammhauses auf den Zeitpunkt der Gründung der ausländischen Betriebsstätte dürfte mit der (fiktiv auf diesen Zeitpunkt erstellten) Zwischensteuerbilanz des Gesamtunternehmens übereinstimmen.

[6]Vgl. hierzu unten 20.11.

18.2.2 Fortschreibung der Hilfs- und Nebenrechnungen

Diese „Eröffnungs-Hilfs- und Nebenrechnungen" von Stammhaus und Betriebsstätte sind sodann fortzuschreiben.[7] Neben der Erfassung der Außentransaktionen[8] heißt das insbesondere, dass die Hilfs- und Nebenrechnungen die planmäßigen und außerplanmäßigen Abschreibungen der in ihnen aufgeführten Vermögenswerte sowie etwaige Zuordnungswechsel der Vermögenswerte abbilden müssen.

Auf der „Veräußererseite" eines solchen Zuordnungswechsels sind der jeweilige Vermögenswert sowie die zugehörigen Passivposten (zugehöriges Fremd- und Dotationskapital)[9] auszubuchen. Die anzusetzenden fiktiven Betriebseinnahmen sind hingegen erst bei den außerbilanziellen Hinzurechnungen zu berücksichtigen.

Auf der „Erwerberseite" werden der Vermögenswert zum Fremdvergleichswert sowie die zuzuordnenden Passivposten in die Hilfs- und Nebenrechnung eingebucht. Bei den Passivposten müsste der Differenzbetrag zwischen den beim Veräußerer ausgebuchten Passiva und dem Fremdvergleichswert als sonstiges Eigenkapital ausgewiesen werden. Auch hier wirken sich die fiktiven Betriebsausgaben in Höhe des Fremdvergleichswerts erst auf der außerbilanziellen Korrektur des Unterschiedsbetrags aus.

Sofern durch einen Zuordnungswechsel unterjährig die Erheblichkeitsschwelle des § 12 Abs. 6 bzw. des § 13 Abs. 5 BsGaV überschritten wird,[10] ist *de lege lata* eine unterjährige Anpassung des Dotationskapitals vorzunehmen. Was mit einer derartigen unterjährigen Anpassung bezweckt werden soll, erschließt sich indes nicht. Den für die (zivilrechtliche) Haftungssubstanz kommt es weiterhin auf das gesamte Unternehmen an.

Am Ende des Wirtschaftsjahres wird die Hilfs- und Nebenrechnung für den jeweiligen Unternehmensteil abgeschlossen und ihr Unterschiedsbetrag bestimmt.

---

[7]Vgl. § 3 Abs. 1 Satz 1 BsGaV.

[8]In diesem Zusammenhang sind auch etwaige Kostenumlagen zu berücksichtigen. Dies umfasst v. a. Finanzierungsaufwendungen, die lediglich „durchgeleitet" werden (vgl. § 16 Abs. 3 BsGaV), oder aus risikoarmen Finanzierungsfunktionen (vgl. § 17 Abs. 1 bis 6 BsGaV sowie ergänzend die Ausführungen unten unter 20.12) resultieren.

[9]Zu der Reihenfolge der Bestimmung der zugehörigen Passivposten vgl. bereits die Ausführungen bei Fn. 6.

[10]Gemäß BMF, Schreiben v. 22.12.2016 (VWG BsGa), BStBl I 2017, 182, Tz. 2.12.6 Rn. 143 bzw. Tz. 2.13.5 Rn. 151 liegt diese Erheblichkeitsschwelle bei einer Abweichung des zuzuordnenden Dotationskapitals zu Beginn des folgenden Wirtschaftsjahres um mehr als 30% vom Dotationskapital zu Beginn des Wirtschaftsjahres, wenn diese Abweichung mindestens 2 Mio. Euro beträgt.

Dieser Unterschiedsbetrag wird sodann gewissen „außerbilanziellen" Korrekturen unterworfen. Diese setzen sich aus den gewinnabgrenzungsspezifischen Korrekturen sowie denjenigen Korrekturen zusammen, die sich aus entsprechender Anwendung der Vorschriften der 2. Stufe der Gewinnermittlung ergeben.

Die „außerbilanziellen" gewinnabgrenzungsspezifischen Korrekturen umfassen vor allem die Erhöhung des Unterschiedsbetrags um fiktive Betriebseinnahmen und die Minderung um fiktive Betriebsausgaben. Dass diese auf „außerbilanzieller" Ebene erfasst werden, lässt sich der BsGaV nicht ausdrücklich,[11] sondern nur aus dem Gesamtzusammenhang entnehmen. Bei ihnen handelt es sich, wie der Begriff bereits verdeutlicht, um rein fiktive Größen. Es fließt weder Geld, noch entstehen Forderungen oder Verbindlichkeiten, die einer bilanziellen Erfassung zugänglich werden. Denn die ihnen zugrunde liegenden anzunehmenden schuldrechtlichen Beziehungen wurden ebenfalls fingiert. Sie sind auch nur wirtschaftlich, nicht aber „buchungstechnisch" als Gegenleistung bzw. Gegengrößen zu erfassen. Denn innerhalb der Hilfs- und Nebenrechnung bilden die mit übergehenden Passivposten die jeweiligen „Gegenbuchungen". Daher erscheint allein die außerbilanzielle Erfassung sachgerecht.[12]

Die Höhe dieser fiktiven Betriebseinnahmen bzw. -ausgaben bemisst sich nach dem Fremdvergleichspreis für die im Rahmen der anzunehmenden schuldrechtlichen Beziehung erbrachte Leistung (fiktiver Kaufpreis, fiktiver Mietzins).[13] Beruht die anzunehmende schuldrechtliche Beziehung auf einem Zuordnungswechsel von Personalfunktionen und dem damit einhergehenden Zuordnungswechsel auch der zugeordneten Vermögenswerte, Chancen und Risiken, so hat der Fremdvergleichspreis auch diese Chancen und Risiken zu berücksichtigen. Gehen mit den Vermögenwerten auch gemäß § 14 BsGaV direkt oder indirekt zugeordnete Passiva in Gestalt von Fremdkapital über, so ist für den Übergang dieser Verbindlichkeiten auch eine anzunehmende schuldrechtliche Beziehung anzusetzen.[14] Eine Saldierung mit dem fiktiven Kaufpreis scheidet insoweit aus, da dies ansonsten bei dem fiktiven Erwerber zu einem Ansatz des übertragenen Wirtschaftsguts unterhalb des Fremdvergleichspreises führen würde.

---

[11] § 3 Abs. 2 Satz 3 BsGaV ist lediglich zu entnehmen, dass die fiktiven Betriebseinnahmen bzw. -ausgaben auch von der Hilfs- und Nebenrechnung beinhaltet werden.

[12] A. A. wohl *Leonhardt/Tcherveniachki*, in: F/W/B/S, Außensteuerrecht, § 1 AStG Rn. 2856.

[13] Vgl. § 16 Abs. 1 Satz 1 BsGaV.

[14] Denn obgleich der Zuordnungswechsel von übrigen Passiva i. S. d. § 14 BsGaV nicht unter § 16 Abs. 1 Nr. 1 BsGaV fällt, so ist mit Blick auf § 16 Abs. 1 Nr. 2 lit. a BsGaV davon auszugehen, dass voneinander unabhängige Unternehmen die Übernahme von „fremden" Verbindlichkeiten durch schuldrechtliche Vereinbarungen regeln würden.

Die Berücksichtigung des übergegangenen Fremdkapitals verstößt auch nicht gegen den Grundsatz der Finanzierungsfreiheit, da hier nicht das „Ausstattungsverhältnis" zwischen dem Unternehmensträger und einem Unternehmensteil, sondern das Verhältnis der Unternehmensteile zueinander betroffen ist.[15]

Schließlich sind v. a. die nach dem innerstaatlichen Gewinnermittlungsrecht bestehenden Betriebsausgabenabzugsverbote zu berücksichtigen und entsprechende Korrekturen vorzunehmen. Denn es kann nicht Sinn einer auf der Selbstständigkeitsfiktion beruhenden Betriebsstättengewinnabgrenzung sein, die Betriebsausgabenabzugsverbote, die für selbstständige Unternehmen gelten, zu suspendieren.

18.2.3 Zusammenhang mit der allgemeinen steuerlichen Gewinnermittlung

Bei der weiteren Verwertung des auf diese Weise ermittelten Betriebsstättenergebnisses ist wie bereits erwähnt zwischen der *de lege lata* und der *de lege ferenda* Rechtslage zu unterscheiden.

Unter der Anwendung des § 1 Abs. 5 AStG wird dieses Ergebnis mit dem nach dem allgemeinen Veranlassungsprinzip als subsidiären innerstaatlichen Abgrenzungsmaßstab (und ohne Berücksichtigung von Innentransaktionen) ermittelten Gewinnabgrenzungsergebnis verglichen. Ist das mit Hilfe der Hilfs- und Nebenrechnung ermittelte Ergebnis aus fiskalischer Sicht vorteilhafter, wird in Höhe der Differenz eine entsprechende Korrektur vorgenommen. Andernfalls, d. h. wenn das mit Hilfe der Hilfs- und Nebenrechnung ermittelte Ergebnis zu einer Minderung des inländischen Steuersubstrats führen würde, unterbleibt eine Korrektur nach § 1 Abs. 5 AStG.[16]

Bei einer Umsetzung des AOA als Gewinnabgrenzungsvorschrift würde das mit Hilfe der Hilfs- und Nebenrechnung ermittelte Ergebnis für den inländischen Unternehmensteil an die Stelle der allgemeinen Gewinnermittlung treten.

---

[15]Vgl. zu den unterschiedlichen Verhältnissen auch die Ausführungen oben unter 15.2.3 und unten unter 20.11.

[16]Der entsprechende Korrekturposten ergibt sich hier aus der abkommensrechtlichen Schrankenwirkung.

18.2.4 Besonderheiten bei Beendigung der Betriebsstätte

Wird eine Betriebsstätte aufgelöst, ist Folgendes zu beachten: Nach der Erfassung der im Zuge der Auflösung erfolgten Außentransaktionen in der Hilfs- und Nebenrechnung der Betriebsstätte sind die verbleibenden Vermögenswerte gemäß § 3 Abs. 4 Satz 3 BsGaV als an das Stammhaus zurücküberführt zu verbuchen. Dabei ist wie bei den laufenden Zuordnungswechseln zu verfahren.[17] Der Abschluss dieser letzten Hilfs- und Nebenrechnung der Betriebsstätte liefert dann nach entsprechend vorzunehmenden „außerbilanziellen" Korrekturen den Aufgabegewinn der Betriebsstätte.

Zudem ist für das „Exitszenario" zu klären, wie sich der letzte Abschluss der Hilfs- und Nebenrechnung für das Stammhaus auf die Ansätze in der künftig – nach Beendigung der Betriebsstätte – wieder allein maßgeblichen Steuerbilanz auswirkt. Dabei ist zu bedenken, dass die Steuerbilanz auch während der Zeit, in der die Betriebsstätte bestanden hat, fortgeschrieben wurde, auch wenn sie für die konkrete Gewinnermittlung nicht maßgeblich war. Jegliche Rücküberführung von Wirtschaftsgütern in das inländische Stammhaus hätte damit die Voraussetzungen der Verstrickung im Sinne des § 4 Abs. 1 Satz 8 Hs. 2 EStG erfüllt, was wiederum gemäß § 6 Abs. 1 Nr. 5a EStG einen „Step Up" des betreffenden Wirtschaftsguts in der Steuerbilanz nach sich gezogen hätte. Für die allermeisten Fälle, in denen der gemeine Wert mit dem Fremdvergleichspreis übereinstimmt, würde der Ansatz der Wirtschaftsgüter in der Steuerbilanz mit deren Ansatz in der Hilfs- und Nebenrechnung für das Stammhaus im Zeitpunkt der Beendigung der Betriebsstätte übereinstimmen.[18]

Schließlich ist das Schicksal etwaiger außerbilanzieller Merkposten, die einst im Zuge der Überführung von Wirtschaftsgütern in die ausländische Betriebsstätte in Höhe des Entstrickungsgewinns gebildet wurden,[19] im Fall der Beendigung der Betriebsstätte zu klären. Diese bestehen noch fort, wenn sich das betreffende Wirtschaftsgut noch im (Gesamt-)Betriebsvermögen befindet. Da die Rücküberführung der Wirtschaftsgüter ins Inland im Zuge der Beendigung der Betriebsstätte wegen § 4 Abs. 1 Satz 8 Hs. 2 i. V. m. § 6 Abs. 1 Nr. 5a EStG zu einem Ansatz der Wirtschaftsgüter mit dem gemeinen Wert führt[20] und bis

---

[17]Vgl. hierzu 18.2.2.

[18]In den seltenen Fällen, in denen der gemeine Wert vom Fremdvergleichspreis abweicht, würde sich in Höhe dieser Differenz die Bildung eines Merkpostens außerhalb der Steuerbilanz anbieten.

[19]Vgl. hierzu unten 19.2.1.1.2.4.

[20]Vgl. hierzu unten 19.2.2.1.

dato im Ausland gebildete stille Reserven in dem dem Ausland zugewiesenen Überführungsgewinn enthalten waren, entfällt das Bedürfnis für die ehemaligen Entstrickungsmerkposten und sie können erfolgsneutral aufgelöst werden.

Ein solches Bedürfnis bestand nur, solange die Betriebsstätte existierte und das betreffende Wirtschaftsgut ihr auch zugeordnet war. Denn dann wäre der außerbilanzielle Merkposten für die Zwecke der Gewinnermittlung nach § 4 Abs. 1 (i. V. m. § 5 Abs. 1) EStG im Fall des Ausscheidens des Wirtschaftsguts aus dem Betriebsvermögen – sei es durch Veräußerung oder durch Untergang – gewinnmindernd (bzw. -verlusterhöhend) aufgelöst worden. Der angesichts der in der Steuerbilanz fortgeführten Anschaffungskosten[21] zu hoch ausfallende Unterschiedsbetrag wäre damit unter Berücksichtigung der bereits im Zuge der Entstrickung erfassten stillen Reserven entsprechend korrigiert worden. Mit der Wiederverstrickung entfällt dieses Bedürfnis.

---

[21]Vgl. hierzu die Ausführungen unter 19.2.1.1.2.4.

AOA und Entstrickung

19

Wie bereits angeklungen ist, weisen die Entstrickungsvorschriften § 4 Abs. 1 Sätze 3 und 4 EStG sowie § 12 Abs. 1 KStG eine gewisse Nähe zu der Betriebsstättengewinnabgrenzung auf. Historisch hat dieses Phänomen seinen Ursprung in der finalen Entnahmetheorie des BFH, die dieser lange Zeit auf die Überführung von Wirtschaftsgütern angewendet hat[1] und die der Gesetzgeber in den genannten Normen verankern wollte.[2] Aus diesem Grund widmet sich dieses Kapitel dem Verhältnis der Entstrickungsbesteuerung zu der Betriebsstättengewinnabgrenzung unter dem AOA. Der Vollständigkeit halber werden auch Ausführungen zur Verstrickung gemacht.

19.1 Entstrickung als Gewinnermittlungsgrundsatz im Kontext von Gewinnabgrenzung

Zunächst muss man sich die unterschiedlichen Wirkungsebenen der Entstrickungsregelungen einerseits und der abkommensrechtlichen Betriebsstättengewinnabgrenzung andererseits vergegenwärtigen. Die Entstrickungsregelungen kodifizieren einen Ersatzrealisationstatbestand. Sie knüpfen damit eine steuerliche Folge an einen Lebenssachverhalt, der an sich keinen der übrigen „tatsächlichen" Realisationstatbestände erfüllt. Auch wenn die Motivation für die Entstrickungsregelungen in der Kodifizierung der finalen Entnahmetheorie bei der grenzüberschreitenden Überführung von Wirtschaftsgütern und damit in einem Teilaspekt

---

[1]Vgl. hierzu bereits oben 12.1 und 9.1.5.
[2]BT-Drs. 16/2710, S. 26.

© Der/die Autor(en), exklusiv lizenziert durch Springer Fachmedien Wiesbaden GmbH, ein Teil von Springer Nature 2021
S. Glatz, *Abgrenzungsmaßstäbe im Abkommensrecht*, PwC-Studien zum Unternehmens- und Internationalen Steuerrecht 10,
https://doi.org/10.1007/978-3-658-34006-3_19

der Betriebsstättengewinnabgrenzung lag, sind sie als Regelungen der Gewinner-mittlung ausgestaltet. Der Gesetzgeber bringt durch die Entstrickungsregelungen lediglich zum Ausdruck, sämtliche im Inland entstandenen stillen Reserven spä-testens in dem Zeitpunkt besteuern zu wollen, in dem der deutsche Fiskus sein Besteuerungsrecht an ihnen verliert bzw. dieses beschränkt wird.

Die (abkommensrechtliche) Gewinnabgrenzung weist hingegen lediglich das Besteuerungsrecht für Lebenssachverhalte verschiedenen Staaten zu. Aussagen zum Besteuerungszugriff dem Grunde oder der Höhe nach trifft sie jedoch nicht. Wenn die abkommensrechtliche Betriebsstättengewinnabgrenzung nach dem AOA rechtliche Fiktionen gestattet und dadurch bestimmte Lebenssachverhalte eine steuerrechtliche Relevanz erlangen, denen ohne diese Fiktionen keine eigenstän-dige steuerrechtliche Bedeutung beigemessen würde, macht dies die Fiktionen dennoch nicht zu Gewinnermittlungsregelungen.

Die in Art. 7 Abs. 2 OECD-MA enthaltene Aussage zur vollständigen Selbstständigkeitsfiktion der Betriebsstätte ist daher so zu verstehen, dass die fehlende rechtliche Selbstständigkeit der Betriebsstätte der Gewinnabgrenzung einschließlich der dabei zu berücksichtigenden Binnen-Lebenssachverhalte nicht entgegenstehen soll. Auf abkommensrechtlicher Ebene gestattet die Regelung den Vertragsstaaten insbesondere, die Innentransaktionen bei der Gewinnabgrenzung zu berücksichtigen. Macht der Vertragsstaat von dieser Befugnis Gebrauch, so macht dies die Regelung nicht zu einer Gewinnermittlungsvorschrift. Vielmehr handelt es sich um eine innerstaatliche Gewinnabgrenzungsvorschrift, die die abkommensrechtliche Anwendung der fremdvergleichskonformen Betriebsstät-tengewinnabgrenzung umsetzt und somit die Grundlage für eine nicht lediglich das Besteuerungsrecht beschränkende abkommensrechtliche Gewinnabgrenzung schafft. Erst die Regelung eines Vertragsstaats, in welchem Umfang diese Binnen-Sachverhalte in die Bemessungsgrundlage für den abzugrenzenden Betriebs-stättengewinn einfließen, ist eine Frage der innerstaatlichen Gewinnermittlung. Mit Blick auf das Betriebsstättendiskriminierungsverbot des Art. 24 Abs. 3 OECD-MA hat sich dieses „Einfließen" aber an den allgemeinen Gewinnermitt-lungsregelungen zu orientieren.

Da die Entstrickungsregelungen die Überführung von Wirtschaftsgütern zwi-schen Stammhaus und Betriebsstätte und damit einen Lebenssachverhalt erfassen, der auch für die Betriebsstättengewinnabgrenzung von Bedeutung ist, weisen bei-den Themenkreise jedoch gewisse Überschneidungen auf. Sie wirken jedoch auf verschiedenen Ebenen. Dabei wird die Frage nach dem Verhältnis der verschiede-nen Ebenen zusätzlich dadurch komplexer, dass sich der deutsche Gesetzgeber für eine innerstaatliche Umsetzung des AOA auf Korrektur- und damit auf der 2. Gewinnermittlungsebene entschieden hat. Zusätzlich ist zwischen den Fällen der unbeschränkten Steuerpflicht (Outbound-Betriebsstätten) und denen der beschränkten Steuerpflicht (Inbound-Betriebsstätten) zu unterscheiden.

Der Unterschied zwischen Gewinnermittlungsebene und Gewinnabgrenzungsebene lässt sich dabei besonders anschaulich darstellen, wenn man jeweils die *de lege lata* Regelung des § 1 Abs. 5 AStG als Korrekturvorschrift einerseits und eine fiktive innerstaatliche Umsetzungsvorschrift des AOA auf Gewinnabgrenzungsebene (*de lege ferenda* Regelung), die ansonsten größtenteils inhaltsgleich mit § 1 Abs. 5 Sätze 2 bis 4 AStG ist, andererseits ins Verhältnis zu der Entstrickungsbesteuerung nach § 4 Abs. 1 Sätze 3 und 4 EStG bzw. § 12 Abs. 1 Sätze 1 und 2 KStG bzw. zu der Verstrickungsregelung des § 4 Abs. 1 Satz 8 Hs. 2 EStG setzt.

19.2   Entstrickung und Verstrickung im Kontext des AOA bei Outbound-Betriebsstätten

Zunächst soll dazu die Überführung eines Wirtschaftsguts des Anlagevermögens von dem inländischen Stammhaus in die ausländische Betriebsstätte (19.2.1) bzw. in umgekehrter Richtung (19.2.2) betrachtet werden. In beiden Fällen erstreckt sich die innerstaatliche Buchführungspflicht des Unternehmens auf die weltweite Aktivität des Unternehmens und damit insbesondere auch auf bestehende ausländische Betriebsstätten. Dabei ist der Begriff des inländischen Stammhauses in der Art zu verstehen, dass der maßgebliche Unternehmensträger in Deutschland unbeschränkt steuerpflichtig ist und im Inland zumindest eine Geschäftsleitungsbetriebsstätte unterhält. Vor dem Hintergrund des § 1 Abs. 5 AStG bedeutet die Betrachtung der Outbound-Konstellation, dass die Regelung nur in der Tatbestandsvariante „und dadurch die ausländischen Einkünfte eines unbeschränkt Steuerpflichtigen erhöht werden" einschlägig sein kann.

19.2.1 Das Verhältnis des AOA zur Entstrickungsbesteuerung bei Outbound-Betriebsstätten

Für die Betrachtung des „Entstrickungsszenarios" soll dabei folgender Sachverhalt zugrunde gelegt werden:

Aus dem inländischen Stammhaus des in Deutschland ansässigen Einzelunternehmens wird ein materielles Wirtschaftsgut des Anlagevermögens (Buchwert 800, Teilwert

1.000, gemeiner Wert 900) in dessen ausländische Betriebsstätte im Staat A „überführt". Zwischen Deutschland und dem Staat A besteht ein DBA, das entsprechend Art. 7 DE-VG den AOA enthält. Die ausländischen Betriebsstätteneinkünfte werden nach diesem DBA in Deutschland von der Besteuerung freigestellt. Die verbleibende Restnutzungsdauer des Wirtschaftsguts liegt bei 10 Jahren.

19.2.1.1 Exkurs: Die Auswirkungen von Entnahme und Entstrickung auf die erste und zweite Stufe der Gewinnermittlung

Bevor das Verhältnis der AOA-Regelungen zu der Entstrickungsbesteuerung vor dem Hintergrund der Systematik von Gewinnermittlung und Gewinnabgrenzung beleuchtet werden kann, muss geklärt werden, wie sich die Entstrickungsregelungen nach § 4 Abs. 1 Satz 3 und 4 EStG als Gewinnermittlungsvorschriften[3] auf den beiden verschiedenen Gewinnermittlungsstufen auswirken. Dazu muss der Frage nachgegangen werden, ob und inwieweit sich der Entstrickungsvorgang in der Steuerbilanz abbildet und mithin Eingang in den Unterschiedsbetrag im Sinne des § 4 Abs. 1 Satz 1 EStG findet. Diese Frage ist in der Literatur höchst umstritten. Ausgehend von der Darstellung der bilanziellen Behandlung der Entnahme im Sinne des § 4 Abs. 1 Satz 2 EStG (19.2.1.1.1) werden im Folgenden die verschiedenen in der Literatur vertretenen Ansätze erörtert (19.2.1.1.2.1 bis 19.2.1.1.2.3) und zum Abschluss der Betrachtung ein eigener Vorschlag (19.2.1.1.2.4) für die bilanzielle Behandlung der Entstrickung im Sinne des § 4 Abs. 1 Satz 3 und 4 EStG unterbreitet.

Für die Zwecke der folgenden Betrachtung wird dabei unterstellt, dass der Satz 4 die vom Gesetzgeber intendierte Wirkung entfaltet und trotz seiner Formulierung als Regelbeispiel[4] („insbesondere") wie beabsichtigt als gesetzliche Fiktion wirkt.[5]

---

[3] *Kahle/Eichholz/Kindich*, Ubg 2016, 132, 141; *Wassermeyer*, DB 2008, 430, 431; wohl auch *Srebne*, StB 2008, 317, 318; a. A. hingegen *Kramer*, DB 2008, 433; *Kramer*, DB 2007, 2338, 2339.

[4] Zu der Problematik der Konstruktion als „Regelbeispiel" vgl. *Musil*, in: H/H/R, EStG/KStG, § 4 EStG Rn. 240, 229; *Herbort*, FR 2013, 781, 785; *Gosch*, IWB 2012, 779, 785; *Girlich/Philipp*, Ubg 2012, 150, 157 f.

[5] Denn angesichts der eindeutigen Absicht des Gesetzgebers, mit der Regelung die finale Entnahmetheorie des BFH gesetzlich zu verankern (vgl. BT-Drs. 16/2710, S. 26, sowie zur Parallelregelung § 16 Abs. 3a EStG BT-Drs. 17/3549, S. 17), wäre wohl zu erwarten, dass der Gesetzgeber spätestens auf eine der „Regelbeispiel-Argumentation" folgende Rechtsprechung mit einem weiteren „Nichtanwendungsgesetz" reagieren würde, um so das angestrebte Ziel zu erreichen.

19.2.1.1.1 Ausgangspunkt: Die Wirkungsweise der Entnahme auf den beiden Gewinnermittlungsstufen

Da die Entstrickungsregelung nach § 4 Abs. 1 Satz 3 EStG als „fiktive Entnahme" gestaltet ist,[6] wird dabei zunächst die Wirkungsweise der Entnahme im Sinne des § 4 Abs. 1 Satz 2 EStG auf den beiden Gewinnermittlungsstufen, d. h. deren bilanzielle und außerbilanzielle Behandlung beleuchtet.

Gemäß § 4 Abs. 1 Satz 2 EStG sind Entnahmen alle Wirtschaftsgüter (Barentnahmen, Waren, Erzeugnisse, Nutzungen und Leistungen), die der Steuerpflichtige dem Betrieb für sich, für seinen Haushalt oder für andere betriebsfremde Zwecke im Laufe des Wirtschaftsjahres entnommen hat. Durch die Entnahme eines dieser Wirtschaftsgüter in die betriebsfremde Sphäre wird der betriebliche Zusammenhang gelöst, das Wirtschaftsgut ist mithin auszubuchen, soweit es in der Steuerbilanz geführt wurde. Wenn beispielsweise ein materielles Wirtschaftsgut des Anlagevermögens mit Buchwert 800 und Teilwert 1.000 entnommen wird, bildet sich dies „buchungstechnisch"[7] folgendermaßen ab:

Entnahme	1.000	an	Anlagevermögen	800
		an	sonst. betriebl. Erträge	200

Der Saldo des Entnahmekontos, das ein Unterkonto des Privatkontos ist, wirkt mindernd auf das Kapitalkonto.[8] Ist dies der Vereinfachung halber die einzige Buchung dieses Wirtschaftsjahrs, so führt der positive Saldo des Entnahmekontos also zu folgender Abschlussbuchung:

Kapitalkonto	1.000	an	Entnahme	1.000

Auf der anderen Seite wirken auch die Salden der Ertrags- bzw. Aufwandskonten auf das Kapitalkonto ein. So führt ein positiver Saldo auf einem Ertragskonto

---

[6]Vgl. *Wied*, in: Blümich, EStG/KStG/GewStG, § 4 EStG Rn. 486; *Heinicke*, in: Schmidt, EStG, § 4 Rn. 328 f.

[7]Soweit sich die in diesem Abschnitt dargestellten Buchungen ausschließlich auf steuerrechtlicher Ebene und nicht zugleich in der handelsrechtlichen Buchführung abspielen, ist der hier verwendete Buchungsbegriff untechnisch zu verstehen. Die „Buchungen" geben dann die korrespondierenden Änderungen der jeweiligen Posten in der Steuerbilanz wieder.

[8]*Falterbaum*, Buchführung 2015, Rn. 5.3.4.

zu einer Erhöhung und ein negativer Saldo zu einer Verringerung des Kapitalkontos. Hier ergibt sich angesichts des positiven Saldos des Kontos „sonstige
betriebliche Erträge" die Abschlussbuchung:

sonst. betriebl. Erträge   200   an   Kapitalkonto   200

Im Ergebnis, d. h. bei Abschluss des Kapitalkontos, ergibt sich damit im Ergebnis eine Minderung des Kapitalkontos von 800.[9] Wenig überraschend entspricht
dies dem Buchwert des ausgebuchten Wirtschaftsguts des Anlagevermögens. Auf
der 1. Stufe der Gewinnermittlung hat sich der Entnahmevorgang damit in Höhe
von 800 gewinnmindernd im Unterschiedsbetrag im Sinne des § 4 Abs. 1 Satz 1
EStG niedergeschlagen.

Dieser Entnahmevorgang wird sodann auf der 2. Stufe der Gewinnermittlung
korrigiert, indem der Unterschiedsbetrag gemäß § 4 Abs. 1 Satz 1 2. Hs. 2
EStG um den Wert der Entnahme erhöht wird.[10] Der hierfür gemäß § 6 Abs. 1
Nr. 4 Satz 1 Hs. 2 EStG maßgebliche Wert ist der Teilwert. Mithin werden im
Beispielsfall dem Unterschiedsbetrag außerbilanziell 1.000 hinzugerechnet.

Insgesamt, d. h. unter Berücksichtigung der Gewinnminderung sowohl auf 1.
als auch auf 2. Stufe der Gewinnermittlung, wirkt die Entnahme mithin in Höhe
des Differenzbetrags von Teilwert und Buchwert gewinnerhöhend.[11]

Die Entnahme eines Wirtschaftsguts setzt aber keineswegs dessen vorige
Aktivierung in der Steuerbilanz voraus. So können beispielsweise auch selbst-
geschaffene immaterielle Wirtschaftsgüter des Anlagevermögens, die gemäß § 5
Abs. 2 EStG einem Aktivierungsverbot unterliegen, entnommen werden, wenn
sie selbstständig nutzbar sind.[12] Auf diese Weise soll verhindert werden, dass
das wegen des Aktivierungsverbots in der Steuerbilanz nicht ausgewiesene Wirtschaftsgut des Anlagevermögens ohne Erfassung der stillen Reserven entnommen
wird.[13]

Wegen des Aktivierungsverbots kann bzw. muss das Wirtschaftsgut im Zuge
der Entnahme nicht ausgebucht werden. Dementsprechend gibt es zwei verschiedene Möglichkeiten für die bilanzielle Handhabung dieser Entnahme: Entweder

---

[9] Zur Buchung auf das private Entnahmekonto und anschließende Auflösung über das
Kapitalkonto, vgl. *Heinicke*, in: Schmidt, EStG, § 4 Rn. 48.

[10] *Heinicke*, in: Schmidt, EStG, § 4 Rn. 53.

[11] *Heinicke*, in: Schmidt, EStG, § 4 Rn. 53.

[12] *BFH*, Urt. v. 24.11.1982 – I R 123/78, *BFHE* 137, 59, Rn. 3.

[13] *BFH*, Urt. v. 24.11.1982 – I R 123/78, *BFHE* 137, 59, Rn. 3.

wird die Entnahme in Höhe des Teilwerts des Wirtschaftsguts erfolgsneutral gegen das Eigenkapital gebucht und anschließend außerbilanziell hinzugerechnet oder der gesamte Vorgang wird – ohne jegliche Buchungen – vollständig außerbilanziell behandelt, d. h. bei Zugrundelegung des Teilwerts außerbilanziell hinzugerechnet. Beide Varianten haben damit gemein, dass sich die Entnahme nicht auf den Unterschiedsbetrag auswirkt und eine außerbilanzielle Hinzurechnung in der Höhe des Teilwerts vorzunehmen ist. Dies entspricht dem Ausmaß, in dem das Betriebsvermögen geschmälert wurde.

19.2.1.1.2 Die Wirkungsweise der Entstrickungsregelungen auf den beiden Gewinnermittlungsstufen

Nach der Regelung des § 4 Abs. 1 Satz 3 EStG stehen einer Entnahme für betriebsfremde Zwecke der Ausschluss oder die Beschränkung des Besteuerungsrechts der Bundesrepublik Deutschland hinsichtlich des Gewinns aus der Veräußerung oder der Nutzung eines Wirtschaftsguts gleich. § 4 Abs. 1 Satz 4 EStG bestimmt sodann, dass ein Ausschluss des Besteuerungsrechts hinsichtlich des Gewinns aus der Veräußerung eines Wirtschaftsguts insbesondere bei dessen Überführung in eine ausländische Betriebsstätte vorliegt.[14] Die Entstrickung in § 4 Abs. 1 Satz 3 EStG ist also als fiktive Entnahme konstruiert (*„Einer Entnahme [...] steht [...] gleich"*). Dabei ist aber ungeklärt, wie diese fiktive Entnahme steuerbilanziell zu behandeln ist.

19.2.1.1.2.1 Variante 1: Entstrickungsvorgang findet außerhalb der Steuerbilanz statt

Nach einer in der Literatur vertretenen Auffassung wird die Steuerbilanz durch den Überführungssachverhalt nicht berührt.[15] Danach handelt es sich bei § 4 Abs. 1 Satz 3 EStG (und damit auch § 4 Abs. 1 Satz 4 EStG) entgegen seiner Verortung in der Gewinnermittlungsvorschrift des § 4 EStG („Gewinnbegriff im Allgemeinen") um eine Gewinnabgrenzungsvorschrift.[16] *Kramer* begründet diese Kategorisierung der Entstrickungsregelungen mit dem Zweck der Entstrickungsbesteuerung. Dieser liege darin, die Besteuerung der stillen Reserven, die im Inland und zulasten des deutschen Fiskus entstanden seien, trotz der Überführung sicherzustellen.[17] Die Regelung des § 4 Abs. 1 Satz 3 EStG solle endlich eine Rechtsgrundlage für die steuerliche Erfassung der Überführungssachverhalte

---

[14] Vgl. auch Fn. 4 und 5.

[15] Vgl. *Kramer*, DB 2007, 2338, 2340.

[16] Vgl. *Kramer*, DB 2007, 2338, 2339; *Kramer*, DB 2008, 433.

[17] *Kramer*, DB 2007, 2338, 2339.

schaffen, die bis dato nur über die höchst umstrittene finale Entnahmetheorie der frühen Rechtsprechung des BFH[18] oder über Verwaltungsvorschriften[19] ermöglicht worden sei.

In der Gestaltung als fiktive Entnahme sieht *Kramer* aber die Schaffung eines neuen „Dilemmas": Die Entnahme – und die damit üblicherweise verbundene Ausbuchung aus der Steuerbilanz[20] – scheitere im Überführungsfall letztlich daran, dass das in die ausländische Betriebsstätte überführte Wirtschaftsgut auch weiterhin zum Betriebsvermögen des Gesamtunternehmens gehöre und damit nicht aus der Steuerbilanz ausgebucht werden dürfe.[21]

Aufgrund der Einstufung als Gewinnabgrenzungsvorschrift schlage sich die Überführung vielmehr in den Hilfsbilanzen[22] von Stammhaus und Betriebsstätte nieder, die zum Zwecke der Gewinnabgrenzung geführt würden. Die fiktive Entnahme im Sinne des § 4 Abs. 1 Satz 3 EStG sei als eine Entnahme aus dem dem Stammhaus zugerechneten Betriebsvermögen zu verstehen. Daher sei das überführte Wirtschaftsgut unter Ausweis eines Entnahmegewinns (= gemeiner Wert im Sinne des § 6 Abs. 1 Nr. 4 Satz 1 Hs. 2 EStG./. Buchwert) aus der Stammhausbuchführung auszubuchen. Gleichzeitig führe die Überführung zu einer Einlage des Wirtschaftsguts in das der Betriebsstätte zugerechnete Betriebsvermögen zum gemeinen Wert, der sodann auch den Abschreibungen über die Restnutzungsdauer zugrunde zu legen sei.[23]

---

[18]Vgl. *BFH*, Urt. v. 17.7.2008 – I R 77/06, *BFHE* 222, 402 unter III.3.b.aa) m. w. N.

[19]BMF, Schreiben v. 24.12.1999, BStBl I 1999, 1076, Tz. 2.6.1; davor BMF, Schreiben v. 3.6.1992, DStR 1992, 948; BMF, Schreiben v. 12.2.1990, BStBl I 1990, 72.

[20]Siehe oben 19.2.1.1.1 zur bilanziellen Erfassung der Entnahme eines Wirtschaftsguts des Anlagevermögens.

[21]*Kramer*, DB 2007, 2338, 2339; *Kramer*, DB 2008, 433 unter Verweis auf den bilanziellen Grundsatz der Vollständigkeit.

[22]Diese Hilfsbilanzen dürften den Gewinnabgrenzungsrechnungen in dem hier vertretenen Konzept von Gewinnermittlung und Gewinnabgrenzung (vgl. 4.4.1.4) entsprechen.

[23]*Kramer*, DB 2007, 2338, 2340.

19.2.1.1.2.2 Variante 2: Entstrickungsvorgang schlägt sich in der Steuerbilanz nieder

Demgegenüber vertreten andere Stimmen der Literatur[24] die Ansicht, die Überführung des Wirtschaftsguts sei in der Steuerbilanz zu erfassen.[25] Dabei herrscht jedoch keine Einigkeit, wie genau diese bilanzielle Behandlung zu erfolgen hat.

Zu der Frage der bilanziellen Erfassung des Überführungssachverhalts verhältnismäßig vage bleibt *Hoffmann*. Den Fokus auf die Behandlung des Ausgleichspostens im Sinne des § 4g EStG legend thematisiert er die bilanzielle Erfassung des Entstrickungsvorgangs nur implizit, indem er die stillen Reserven in einer Nebenrechnung der Steuerbilanz über das Eigenkapital/Gewinn-Konto in den Ausgleichsposten nach § 4g EStG einbucht.[26] Zu dem steuerbilanziellen Schicksal des überführten Wirtschaftsguts verhält er sich nicht.

Am ausführlichsten äußert sich *Wassermeyer* zur bilanziellen Behandlung der Rechtsfolgen der Entstrickung: Ähnlich wie *Kramer* unterscheidet er dabei zwischen der Gesamtsteuerbilanz einerseits und den Betriebsstättenbilanzen[27] andererseits. Die Gesamtsteuerbilanz diene der Ermittlung des Welteinkommens und werde unter Berücksichtigung der §§ 4 ff. EStG aufgestellt. Die Betriebsstättenbilanzen dienten der Aufteilung des Unterschiedsbetrags der Gesamtsteuerbilanz auf die verschiedenen Betriebsstätten des Unternehmens.

Anders als *Kramer* differenziert er dabei aber nicht ausdrücklich[28] zwischen Gewinnermittlungs- und Gewinnabgrenzungsbilanzen, sondern konzentriert sich

---

[24]Dabei nähert sich die Literatur dem Problem – mit Ausnahme von *Wassermeyer*, der davon ausgeht, dass die bilanzielle Behandlung des Ausgleichspostens nach § 4g EStG von der bilanziellen Behandlung der Entstrickungsrechtsfolgen abhängig sei, (*Wassermeyer*, DB 2008, 430) – zumeist über die bilanzielle Behandlung des Ausgleichspostens gemäß § 4g EStG. Nach der hier vertretenen Meinung, ist die bilanzielle Behandlung des Ausgleichspostens nach § 4g EStG nicht gesetzlich vorgegeben (so wohl auch *Wassermeyer*, DB 2008, 430, 432) und grundsätzlich unabhängig von der bilanziellen Behandlung der Entstrickung. Eine zwangsweise Verknüpfung überzeugt schon allein deshalb nicht, weil der Ausgleichsposten nach § 4g EStG nur in EU-Fällen zu bilden ist.

[25]Vgl. *Wassermeyer*, DB 2008, 430; *Srebne*, StB 2008, 317, 318; *Atilgan*, NWB 2016, 936, 940 ff.; *Broemel/Endert*, BBK 2013, 208, 211 ff.; wohl auch *Schnitger*, IStR 2012, 633, 638. Auch die Finanzverwaltung geht in ihren Verwaltungsgrundsätzen von einer „Aufstockung" in der Steuerbilanz des Unternehmens aus, BMF, Schreiben v. 22.12.2016 (VWG BsGa), BStBl I 2017, 182, Tz. 2.3.2 Rn. 62.

[26]*Hoffmann*, DB 2007, 652, 654; vgl. auch *Kramer*, DB 2007, 2338, dort Fn. 1.

[27]Vgl. Fn. 22.

[28]Im Kontext der bilanziellen Behandlung des Ausgleichspostens nach § 4g EStG scheint *Wassermeyer* der Einordnung der Betriebsstättenbilanz als Gewinnabgrenzungsbilanz hingegen nicht zu widersprechen, vgl. *Wassermeyer*, DB 2008, 430, 431.

vielmehr auf die Beziehung zwischen den verschiedenen Bilanzen. Seiner Auffassung zum Verhältnis von Gewinnermittlung und -abgrenzung entsprechend ist die innerstaatliche Gewinnermittlung Ausgangspunkt der Betriebsstättengewinnabgrenzung.[29] Dementsprechend werde über die „Fragen der Gewinnrealisierung" in den Betriebsstätten auf der Ebene der Gesamtsteuerbilanz als Ausgangspunkt der Abgrenzung entschieden.[30] Die Summe der Unterschiedsbeträge der Betriebsstättenbilanzen stimme danach mit dem Unterschiedsbetrag der Gesamtsteuerbilanz überein.[31] Dies sei gleichbedeutend mit einer entsprechenden Anwendung der §§ 4 ff. EStG auf die Betriebsstättenbilanzen.[32]

Hinsichtlich des steuerbilanziellen Ansatzes des überführten Wirtschaftsguts in der Gesamtsteuerbilanz nimmt *Wassermeyer* einen „Step Up" auf den gemeinen Wert vor.[33]

Dazu führt *Wassermeyer* aus:

> *„So gesehen stellt sich die Frage, ob man nicht beide Vorschriften [§ 4 Abs. 1 Satz 3 EStG und § 12 Abs. 1 KStG[34]] als Unterschiedsbetragsermittlungsvorschriften versstehen muss, die letztlich die erfolgswirksame Aktivierung von Wirtschaftsgütern mit ihrem gemeinen Wert innerhalb der (Gesamt-)Steuerbilanz und gemäß § 5 Abs. 6 EStG abweichend von dem Wertansatz in der Handelsbilanz gebieten. Für diese Einheitsbehandlung spricht, dass Entnahmen grds. erfolgsneutral zulasten des Eigenkapitals und in diesem Sinne innerhalb der Gesamtsteuerbilanz verbucht werden können. Die nach § 4 Abs. 1 Satz 1 EStG erforderliche Hinzurechnung von Entnahmen außerhalb der Steuerbilanz ist nur dann geboten, wenn die Entnahme bei der Unterschiedsbetragsermittlung erfolgswirksam angesetzt wurde, was jedoch im Bereich des § 4 Abs. 1 Satz 3 EStG ausscheidet."[35].*

Den konkret vorzunehmenden „Buchungsvorgang"[36] bleibt *Wassermeyer* schuldig.[37] Man kann seiner Aussage aber mehrere bilanziell relevante Aspekte entnehmen. Zum einen zieht er den Vergleich zu innerhalb der Steuerbilanz

---

[29]Vgl. oben 4.4.1.1.

[30]Vgl. *Wassermeyer*, DB 2008, 430, 431.

[31]Vgl. *Wassermeyer*, DB 2008, 430, 431.

[32]Vgl. *Wassermeyer*, DB 2008, 430, 431; *Wassermeyer*, IStR 2004, 733, in Grundzügen auch schon *BFH*, Urt. v. 20.7.1988 – I R 49/84, *BFHE* 154, 465 unter II.B.2.a).

[33]*Wassermeyer*, DB 2008, 430 f.

[34]Die Entstrickung nach § 12 KStG soll entsprechend der nach § 4 Abs. 1 Satz 3 EStG behandelt werden, vgl. *Wassermeyer*, DB 2008, 430.

[35]*Wassermeyer*, DB 2008, 430.

[36]Vgl. bereits Fn. 7.

[37]Zur Kritik an der Unklarheit der bilanziellen Behandlung vgl. auch *Kramer*, DB 2008, 433.

erfolgsneutral zulasten des Eigenkapitals verbuchten Entnahmen,[38] die seiner Ansicht nach eine außerbilanzielle Korrektur entbehrlich machen. Zum anderen geht er davon aus, dass ein erfolgswirksamer Ansatz der fiktiven Entnahme im Rahmen der Unterschiedsbetragsermittlung in Fällen des § 4 Abs. 1 Satz 3 EStG ausscheidet.

Den Hinweis auf den erfolgsneutralen Ansatz der fiktiven Entnahme könnte man dahingehend verstehen, dass sich die fiktive Entnahme auf die stillen Reserven (= gemeiner Wert des Wirtschaftsguts./. Buchwert) beschränkt. Im Beispielsfall lautete die Buchung dann

Entnahme   100   an   sonst. betriebl. Erträge   100

Dies erklärt allerdings noch nicht, wie es zu dem „Step Up" kommen soll. Damit der Vorgang, wie von *Wassermeyer* postuliert, insgesamt erfolgsneutral bleibt, müsste die „Aufschreibung" des Wirtschaftsguts auf den gemeinen Wert erfolgsneutral gegen das Eigenkapital verbucht werden. Wie dies gelingen soll, ist – anders als bei der Entnahme nur der stillen Reserven – nicht ersichtlich. Denn anders als Entnahmen lassen sich Veränderungen der Bestandskonten nicht erfolgsneutral gegen das Eigenkapital buchen.[39]

Auch *Srebne*[40] geht von einer Gewinnkorrektur innerhalb der Steuerbilanz aus. Den Grund hierfür sieht er vornehmlich in der Verortung in der allgemeinen Gewinnermittlungsvorschrift des § 4 Abs. 1 Satz 3 EStG und dem Einleitungssatz des § 6 Abs. 1 EStG, der über § 6 Abs. 1 Nr. 4 Satz 1 Hs. 2 EStG auch für die Entstrickung Anwendung findet.[41] Auch wenn er nicht ausdrücklich von einem „Step Up" spricht, so ist davon auszugehen, dass sein Verweis auf die Bewertung der Entnahme zum gemeinen Wert unter Durchbrechung des Maßgeblichkeitsgrundsatzes[42] auf eine Aufschreibung des weiterhin in der (Gesamt-)Steuerbilanz geführten Wirtschaftsguts schließen lässt. Auch *Srebne* macht keine Angaben zu den im einzelnen durchzuführenden „Buchungssätzen".

---

[38] Vermutlich meint *Wassermeyer* hiermit u. a. die Entnahme von selbstgeschaffenen und daher gemäß § 5 Abs. 2 EStG nicht in der Steuerbilanz aktivierten immateriellen Wirtschaftsgütern des Anlagevermögens, vgl. bspw. *BFH*, Urt. v. 24.11.1982 – I R 123/78, *BFHE* 137, 59 unter 3.

[39] Vgl. Übersicht bei *Falterbaum*, Buchführung 2015, Rn. 5.3.5.

[40] *Srebne*, StB 2008, 317.

[41] Vgl. *Srebne*, StB 2008, 317, 318.

[42] Vgl. *Srebne*, StB 2008, 317, 318.

Eine zwischen *Kramer* und *Wassermeyer* vermittelnde Ansicht vertritt hingegen *Atilgan*:[43] Dieser nimmt die fiktive Entnahme in Höhe des gemeinen Wertes wie *Kramer* auf Ebene der Stammhausbilanz – *Atilgan* spricht von dem steuerlichen Buchungskreis[44] des Stammhauses – vor. Gleichzeitig erfolgt eine „Einbuchung" in den steuerlichen Buchungskreis der ausländischen Betriebsstätte zum gemeinen Wert. Diese Einbuchung entspricht faktisch der fiktiven Einlage bei *Kramer*.[45]

Die dazu gehörigen „Buchungen" lauten

für das Stammhaus

fiktive Entnahme	900	an	Anlagevermögen	800
			sonst. betriebl. Ertrag	100

und für die Betriebsstätte

Anlagevermögen	900	an	fiktive Einlage	900

Der wesentliche Unterschied zu *Kramers* Ansicht liegt aber darin, dass *Atilgan* ähnlich wie *Wassermeyer*[46] davon ausgeht, dass die Bilanz die Summe der Buchungskreise des Stammhauses und der Betriebsstätte ist. Auf diese Weise ergebe sich der „Step Up" in der Gesamtsteuerbilanz durch Zusammenfassen der Stammhausbilanz, aus der das Wirtschaftsgut zum Buchwert erfolgswirksam ausgebucht werde, und der Betriebsstättenbilanz, in die es zum gemeinen Wert eingebucht werde.[47]

Atilgan beschreitet damit bzgl. des Zusammenhangs zwischen Gesamtsteuerbilanz und Betriebsstättenbilanzen den konsekutiv genau umgekehrten Weg zu *Wassermeyer*: Während *Wassermeyer* den „Step Up" in der Gesamtsteuerbilanz vornimmt und den sich daraus ergebenden erhöhten Unterschiedsbetrag auf die

---

[43] Vgl. *Atilgan*, NWB 2016, 936.

[44] Vgl. Fn. 22.

[45] Auch *Atilgan* stellt die „Einbuchung" im Buchungskreis der ausländischen Betriebsstätte als „Verstrickungseinlage" dar, *Atilgan*, NWB 2016, 936, 942.

[46] Etwas (für Zwecke der Summierung) präziser will *Wassermeyer* die jeweiligen Unterschiedsbeträge und nicht die Bilanzposten summieren, *Wassermeyer*, DB 2008, 430, 431.

[47] *Atilgan*, NWB 2016, 936, 944.

Betriebsstättenbilanzen aufteilt,[48] vollzieht *Atilgan* den „Step Up" im Buchungskreis der Betriebsstätte, der dann durch Zusammenfassung der Buchungskreise in die Gesamtsteuerbilanz übertragen wird.[49]

Schließlich vertreten *Broemel* und *Endert* ein bilanzielles Entstrickungskonzept, nach der das überführte Wirtschaftsgut bei der fiktiven Entnahme tatsächlich aus der Gesamtsteuerbilanz ausgebucht und im Fall der Rückführung wieder eingebucht wird.[50] Zu der Kollision mit dem generellen Erfordernis der Aktivierung von Betriebsvermögen in der Gesamtsteuerbilanz[51] äußern sie sich nicht.

19.2.1.1.2.3 Diskussion der verschiedenen Ansätze

Der von *Kramer* vertretene Ansatz, der die Entstrickung als rein außerbilanzielles Phänomen betrachtet, hat auf den ersten Blick den Vorzug, dass es auf Ebene der Steuerbilanz des Gesamtunternehmens nicht zu einer Entnahme kommt, das Wirtschaftsgut also unverändert zum Buchwert in der Steuerbilanz erscheint. Dadurch begibt sich dieser Ansatz nicht in Widerspruch zu der Tatsache, dass das Wirtschaftsgut auch nach seiner Überführung in die ausländische Betriebsstätte weiterhin Teil des Betriebsvermögens des Gesamtunternehmens ist und als solches auch in der Steuerbilanz zu aktivieren ist.

Die Behandlung als Gewinnabgrenzungsvorschrift – wenngleich historisch nachvollziehbar[52] – erscheint angesichts der eindeutigen Verortung in der allgemeinen Gewinnermittlungsvorschrift des § 4 Abs. 1 EStG aber schwer vertretbar. Zwar nahm der Gesetzgeber selbst in der Gesetzesbegründung auf die Betriebsstättengewinnabgrenzung nach den Grundsätzen der *OECD* und die damit einhergehende Verselbstständigung der Betriebsstätte Bezug,[53] gleichwohl hat sich dies nicht im Wortlaut der Vorschrift niedergeschlagen.[54] Dies gilt insbesondere für die von *Kramer* angeführte fiktive Einlage, die als Gegenstück der kodifizierten fiktiven Entnahme, auf Betriebsstättenseite zu verzeichnen sei und das sich hieraus ergebene erhöhte Abschreibungspotenzial. Beides ist der Regelung in § 4 Abs. 1 Sätze 3 und 4 EStG nicht zu entnehmen.

---

[48] *Wassermeyer*, DB 2008, 430, 431.

[49] *Atilgan*, NWB 2016, 936, 944.

[50] Vgl. *Broemel/Endert*, BBK 2013, 208, 213 ff.

[51] Vgl. § 5 Abs. 1 Satz 1 EStG.

[52] So knüpfte bereits die finale Entnahmetheorie an die abkommensrechtliche Betriebsstättengewinnabgrenzung an, vgl. *BFH*, Urt. v. 16.7.1969 – I 266/65, *BFHE* 97, 342.

[53] BT-Drucks. 16/2710, S. 27; BT-Drucks. 17/2823, S. 4; vgl. auch *Heinicke*, in: Schmidt, EStG, § 4 Rn. 329.

[54] Vgl. *Wassermeyer*, DB 2008, 430, 432.

So ist bereits fraglich, ob man die dieser Ansicht zugrunde liegende Selbstständigkeitsfiktion in die Entstrickungsregelungen hineinlesen kann.[55] Denn der
Wortlaut befasst sich lediglich mit dem Ausscheiden aus bzw. der Beschränkung der deutschen Besteuerungshoheit, also der Behandlung der Überführung
im Ansässigkeitsstaat. Das steuerliche Schicksal im Betriebsstättenstaat und die
für die fiktive Einlage erforderliche Verselbstständigung der Betriebsstätte hat
hingegen keinen Eingang in die Entstrickungsregelungen gefunden.

Aber selbst wenn man davon ausgeht, dass der Gestaltung über die fiktive Entnahme die Annahme zweier selbstständiger und unabhängiger Betriebsvermögen
zugrunde liegt und die Selbstständigkeitsfiktion somit implizit in den Regelungen des § 4 Abs. 1 Satz 3 und 4 EStG enthalten ist, so hätte es dennoch einer
gesetzlichen Regelung für die fiktive (Wieder-)Einlage in das Betriebsvermögen
der Betriebsstätte bedurft. Insbesondere kann diese fehlende Regelung nicht durch
eine analoge Anwendung des § 4 Abs. 1 Satz 8 Hs. 2 EStG überwunden werden,
da es gerade nicht um die Begründung eines deutschen Besteuerungsrechts geht.[56]
Vielmehr hätte es für die von *Kramer* vorgeschlagene Handhabung einer zusätzlichen Regelung beispielsweise des folgenden Inhalts bedurft: *„In den Fällen des*
§ 4 Abs. 1 Sätze 3 und 4 EStG gilt das Wirtschaftsgut zugleich als in das Betriebs-
vermögen der Betriebsstätte eingelegt." Darüber hinaus hätte die Regelung des § 6
Abs. 1 Nr. 5a EStG um diesen fiktiven Einlagefall ergänzt werden müssen. Beides
ist jedoch unterblieben, weswegen die *Kramersche* Ansicht jedenfalls teilweise
einer Rechtsgrundlage entbehrt.[57]

Ähnlich verhält es sich auch mit der von *Atilgan* vorgeschlagenen Lösung.
Obgleich auch sein Handhabungsvorschlag sehr sachgerecht ist, indem er dem
eigentlichen Bestreben, das deutsche Besteuerungsrecht an den stillen Reserven
zu gewährleisten, durch fiktive Transaktionen Rechnung trägt, fehlt auch hier die
Rechtsgrundlage für die fiktive Einlage.

Auch die von *Wassermeyer* (und ähnlich auch *Atilgan*) vorausgesetzte
Verknüpfung der Unterschiedsbeträge von Gesamtsteuerbilanz einerseits und
Betriebsstättenbilanzen andererseits lässt sich jedenfalls unter dem heutigen
Konzept der Betriebsstättengewinnabgrenzung nicht allgemeingültig durchhalten.
Geht man nämlich davon aus, dass die Gesamtsteuerbilanz ausschließlich aus der
innerstaatlichen Perspektive der §§ 4 ff. EStG erstellt wird, so enthält sie eben

---

[55] Ausdrücklich bezweifelnd *Kramer*, DB 2008, 433 f.

[56] Darüber hinaus äußert sich *Kramer* nicht dazu, wie er die Nutzungsentnahme auf Betriebsstättenseite handhaben will. Anders als im Fall der fiktiven Sachentnahme bzw. -einlage ist
hier eine fiktive Nutzungseinlage mangels Einlagefähigkeit nicht möglich; a. A. (allerdings
noch zum SEStEG-E) wohl *Hruschka*, StuB 2006, 584, 589.

[57] Vgl. *Wassermeyer*, DB 2008, 430, 432.

noch nicht die Innentransaktionen zwischen Betriebsstätte und Stammhaus, die nach dem AOA zum Zwecke der Gewinnabgrenzung fingiert werden und auch Eingang in die Unterschiedsbeträge der Betriebsstätten- bzw. Stammhausbilanz finden.[58] Über die Gesamtperiode betrachtet gleichen sich diese Auswirkungen zwar aus. Dennoch kann es steuerlich zu einer phasenverschobenen Realisation dieser Sachverhalte kommen, so dass die Summe der Unterschiedsbeträge der Betriebsstättenbilanzen dann nicht mehr dem Unterschiedsbetrag der Gesamtsteuerbilanz entspricht.[59] Vor diesem Hintergrund erscheint die von *Kramer* eingeführte Differenzierung zwischen Gewinnermittlungs- und Gewinnabgrenzungsbilanz sachgerecht.

Des Weiteren ist nicht ersichtlich, wie *Wassermeyers* Vorschlag bilanziell umgesetzt werden soll. Wenn man *Wasssermeyer* so verstehen will, dass er das Wirtschaftsgut fiktiv ausbucht und dann zum gemeinen Wert wieder einbucht, beispielsweise durch die „Buchung"

| Anlagevermögen | 900 | an | Anlagevermögen | 800 |
| | | | sonst. betriebl. Ertrag | 100, |

wird dieser Vorgang entgegen der Aussage *Wassermeyers* nicht erfolgsneutral bei der Unterschiedsbetragsermittlung der Gesamtsteuerbilanz angesetzt.

Geht man hingegen – unter Beibehaltung des Buchwertansatzes des Wirtschaftsguts in der Gesamtsteuerbilanz – von einer für den Unterschiedsbetrag erfolgsneutralen Entnahme nur der stillen Reserven aus,[60] so ist unklar, wie es zu dem von *Wassermeyer* gefolgerten „Step Up" kommt.

Entgegen der von *Wassermeyer* vertretenen Auffassung setzt die Hinzurechnung von Entnahmen außerhalb der Steuerbilanz auch nicht voraus, dass die Entnahme bei der Unterschiedsbetragsermittlung insgesamt erfolgswirksam angesetzt wurde. Wäre diese Einschränkung korrekt, so müsste dies auch im Fall der Entnahme eines selbstgeschaffenen immateriellen Wirtschaftsguts gelten, dessen Entnahme sich nicht im Unterschiedsbetrag nach § 4 Abs. 1 Satz 1 EStG niederschlägt.[61] Ohne außerbilanzielle Hinzurechnung wäre es dann aber entgegen

---

[58] Vgl. § 1 Abs. 5, 6 AStG i. V. m. § 1 Abs. 2 Nr. 6, § 3 Abs. 1, Abs. 2 Satz 3, §§ 16, 17 BsGaV.
[59] Vgl. auch *Kramer*, DB 2008, 433.
[60] Vgl. dazu unten 19.2.1.1.2.4.
[61] Vgl. dazu bereits oben 19.2.1.1.1.

dem Zweck des § 4 Abs. 1 Satz 1 EStG möglich, das immaterielle Wirtschaftsgut unversteuert ins Privatvermögen zu übertragen.[62] Zweck des § 4 Abs. 1
Satz 1 EStG ist die Abgrenzung der betrieblichen von der privaten Sphäre.[63]
Daher ist für die außerbilanzielle Korrektur der Entnahme vielmehr vorauszuset-
zen, dass die Entnahme zu einer Minderung des Betriebsvermögens geführt hat.[64]
Dies wird der Normaussage des § 4 Abs. 1 Satz 1 EStG, der den Gewinn aus
dem Betriebsvermögensvergleich und gerade nicht aus dem „Steuerbilanzgewinn"
ableitet, auch besser gerecht.

Der von *Srebne* angeführte Verweis auf die Positionierung des § 4 Abs. 1
Satz 3 EStG in der allgemeinen Gewinnermittlungsvorschrift des § 4 Abs. 1
EStG überzeugt als isolierte Begründung für die bilanzielle Berücksichtigung
der Überführung ebenfalls nicht. So enthält § 4 Abs. 1 Satz 1 EStG selbst eine
außerbilanzielle Korrekturanordnung für Entnahmen und Einlagen. Zwar setzt
diese außerbilanzielle Korrektur wie dargestellt voraus, dass sich der Entnahme-
bzw. Einlagesachverhalt zuvor in einer Minderung des Betriebsvermögens niedergeschlagen hat, aber dennoch verdeutlicht die Anordnung der Mehrung bzw.
Minderung des Unterschiedsbetrags um Entnahmen bzw. Einlagen, dass § 4
Abs. 1 EStG nicht ausschließlich innerhalb der Bilanz wirkt.

Auch der Verweis auf den Wortlaut des § 6 Abs. 1 EStG kann für die Frage
der buchhalterischen Behandlung der Entstrickung nicht bemüht werden. So ist
zwar korrekt, dass § 6 Abs. 1 EStG mit dem Satz einleitet: „Für die Bewertung der einzelnen Wirtschaftsgüter, die nach § 4 Absatz 1 oder nach § 5 als
Betriebsvermögen anzusetzen sind, gilt Folgendes". Diese Passage führt in der
aufgeworfenen Frage dennoch nicht weiter. Vielleicht wirft sie auch eher die Frage
auf, ob nicht § 6 Abs. 1 EStG selbst zwischen der Bewertung im Rahmen der allgemeinen Gewinnermittlung nach § 4 Abs. 1 EStG und dem bilanziellen Ansatz
nach § 5 EStG unterscheidet. Eine eindeutige Aussage lässt sich wohl aber wegen
des engen Zusammenwirkens von § 4 Abs. 1 und § 5 EStG nicht abschließend
treffen.

---

[62]Vgl. *BFH*, Urt. v. 24.11.1982 – I R 123/78, *BFHE* 137, 59 unter 3.

[63]*Falterbaum*, Buchführung 2015, Rn. 21.1.1.

[64]Vgl. *Heinicke*, in: Schmidt, EStG, § 4 Rn. 300 unter Verweis auf *BFH*, Urt. v. 12.4.1989 – I R
41/85, *BFHE* 156, 481. Die Funktion der Mehrung des Unterschiedsbetrags um die Entnahmen
liegt nämlich darin, „bei der Ermittlung des steuerpflichtigen Gewinns die außerbetrieblich
veranlassten Vermögensminderungen durch die Hinzurechnung des Entnahmewerts wieder
auszugleichen, um damit allein das durch betriebliche Aktivitäten erwirtschaftete Ergebnis
für die Besteuerung auszuweisen" (*Winnefeld*, Bilanzhandbuch 2006, Rn. C.476).

Jedenfalls beschränkt sich die einleitende Bewertungsanordnung des § 6 Abs. 1 EStG aber auf die darauffolgenden Sachverhalte. Der für die Überführungskonstellationen maßgebliche Bewertungssachverhalt ist in § 6 Abs. 1 Nr. 4 Satz 1 EStG geregelt. Danach sind Entnahmen im Sinne des § 4 Abs. 1 Satz 3 EStG mit dem gemeinen Wert anzusetzen. Für die Steuerbilanz bedeutet dies, dass eine Entnahme im Sinne des § 4 Abs. 1 Satz 3 EStG auf dem (privaten) Entnahmekonto als Unterkonto des Kapitalkontos mit dem gemeinen Wert zu erfassen ist. Dieses Entnahmekonto fließt aber nur mittelbar über das Kapitalkonto in die Steuerbilanz ein.[65] Außerdem setzt diese Buchung auf das Entnahmekonto auch eine Ausbuchung des überführten Wirtschaftsguts voraus. Des Weiteren weist die Norm die Höhe der außerbilanziellen Mehrung des Unterschiedsbetrags aus, die gemäß § 4 Abs. 1 Satz 1 Hs. 2 EStG vorzunehmen ist. Zu der Frage, ob und ggf. mit welchem Wert das überführte Wirtschaftsgut weiterhin in der Steuerbilanz auszuweisen ist, verhält sich die Norm hingegen nicht.

19.2.1.1.2.4 Eigener Lösungsansatz

Die dargestellten, teilweise sehr unterschiedlichen Vorschläge zur bilanziellen Behandlung der Entstrickung verdeutlichen die Ungewissheit, die mit der konkreten Anwendung der Entstrickungsregelungen einhergeht. Ein Großteil der Ungereimtheiten dürfte auf die systemwidrige Gestaltung[66] der Entstrickung als fiktive Entnahme zurückzuführen sein und ist historisch begründet.[67] Wäre es dem Gesetzgeber allein um die Erfassung der in dem Wirtschaftsgut ruhenden stillen Reserven im Entstrickungszeitpunkt gegangen, hätte er den Step Up einfachgesetzlich anordnen können.[68]

---

[65]Vgl. oben 19.2.1.1.1 und Fn. 7.

[66]Vgl. *Werra/Teiche*, DB 2006, 1455 f.

[67]So wurde die Überführung eines Wirtschaftsguts im Outboundfall durch die frühe Rechtsprechung des BFH als Entnahme behandelt, vgl. *BFH*, Urt. v. 17.7.2008 – I R 77/06, *BFHE* 222, 402 unter III.3.b.aa) m. w. N. sowie die Ausführungen unter 9.1.5; vgl. auch *Kahle/Franke*, IStR 2009, 406, 407.

[68]Eine derartige, nicht als fiktive Entnahme ausgestaltete gesetzliche Regelung hätte bspw. lauten können: „*Wird das Besteuerungsrecht der Bundesrepublik Deutschland hinsichtlich des Gewinns aus der Veräußerung eines Wirtschaftsguts ausgeschlossen oder beschränkt, so ist das Wirtschaftsgut in der Steuerbilanz mit dem gemeinen Wert im Zeitpunkt des Ausschlusses oder der Beschränkung des Besteuerungsrechts anzusetzen.*" Diese vorübergehende Nutzungsüberlassung lässt sich hingegen nicht systemgerecht über den Steuerbilanzansatz des Wirtschaftsguts abbilden.

Gleichwohl ist § 4 Abs. 1 Satz 3 und 4 EStG derzeit geltendes Recht und mithin neben dem AOA anzuwenden.[69] Daher soll hier zumindest der Versuch eines eigenen Lösungsvorschlags unternommen werden.

Ausgangspunkt der bilanziellen Behandlung der Entstrickung muss angesichts der Ausgestaltung als fiktive Entnahme die Entnahme im Sinne des § 4 Abs. 1 Satz 2 EStG sein.[70] Wie dargestellt führt diese neben der Ausbuchung des entnommenen (vormals aktivierten) Wirtschaftsguts auch zu einer erfolgswirksamen Minderung des Eigenkapitals in Höhe des Buchwerts des entnommenen Wirtschaftsguts.

Geht man also im Fall der Überführung des Wirtschaftsguts angesichts der Tatsache, dass dieses auch nach der Überführung weiterhin zum Betriebsvermögen des Gesamtunternehmens gehört, davon aus, dass das überführte Wirtschaftsgut – jedenfalls bei unbeschränkter Steuerpflicht des Unternehmensträgers[71] – nicht aus der Steuerbilanz ausgebucht wird, so ist damit zumindest die Auswirkung der Entstrickung auf den Unterschiedsbetrag, quasi die „bilanzielle Rechtsfolge" des § 4 Abs. 1 Satz 3 EStG, vorgegeben: Mangels Ausbuchung des aktivierten Wirtschaftsguts unterbleibt auch die genannte Minderung des Eigenkapitals und damit des Unterschiedsbetrags. Bleibt es bei dem Buchwertansatz, so ist die Überführung auf der 1. Stufe der Gewinnermittlung – wenn überhaupt – erfolgsneutral gegen das Eigenkapital zu verbuchen. Auf der 2. Stufe der Gewinnermittlung kommt es dann noch zu einer außerbilanziellen Hinzurechnung des Wertes der im Inland gebildeten, fiktiv entnommenen stillen Reserven. Kommt es hingegen zu einem „Step Up", so schlägt sich dies in einer erfolgswirksamen Verbuchung gegen das Eigenkapital in Höhe der stillen Reserven, also der Differenz des gemeinen Wertes zum Buchwert nieder. Eine außerbilanzielle Hinzurechnung unterbleibt in diesem Fall mangels Minderung des Betriebsvermögens.

---

[69]Zum konkreten Verhältnis der Entstrickungsbesteuerung zum AOA, siehe unten unter 19.2.1.2 bzw. 19.2.1.3.

[70]Angesichts dieser eindeutigen gesetzlichen und v. a. historisch gewachsenen Anknüpfung an die Entnahme erübrigt sich vorerst auch die Frage, ob diese Anknüpfung in der Sache überzeugt. Zwar könnte man die Übertragbarkeit der Entnahmegrundsätze auf die Gewinnabgrenzung zwischen zwei Fisci in Frage stellen: Denn auch wenn die Entnahme „abgrenzende" Elemente enthält, indem sie für steuerliche Zwecke die betriebliche von der privaten oder außerbetrieblichen Sphäre abgrenzt (vgl. *Falterbaum*, Buchführung 2015, Rn. 21.1.1), so ist sie dennoch nicht mit der Gewinnabgrenzung zwischen zwei Fisci vergleichbar: Während die Entnahme eine *Korrektur* im Rahmen der Gewinnermittlung darstellt und somit bereits die Einbeziehung der Entnahme in die Gewinnermittlung dem Grunde nach abstreitet, wird im Fall der Gewinnabgrenzung nicht die grundsätzliche Steuerpflichtigkeit des Sachverhalts, sondern das konkrete deutsche Besteuerungsrecht (dem Grunde oder der Höhe nach) eingeschränkt.

[71]Zur Behandlung bei beschränkter Steuerpflicht des Unternehmensträgers vgl. unten 19.3.

Da der „Step Up" einer Rechtsgrundlage entbehrt, ist die erste Variante vorzugswürdig, d. h. die fiktive Entnahme ist dem Normzweck entsprechend auf die im Inland gebildeten stillen Reserven zu beschränken. Dabei ist die damit einhergehende Beschränkung der fiktiven Entnahme auf die stillen Reserven nicht unproblematisch. Als Vorfrage muss zunächst geklärt werden, was genau Gegenstand der fiktiven Entnahme ist. Hierbei macht es der Gesetzgeber durch die Verwendung der eher „tautologischen" Definition der Entnahme („Entnahme sind alle Wirtschaftsgüter, die der Steuerpflichtige […] entnommen hat") nicht einfacher.

So scheint die wirtschaftsgutorientierte Entnahmedefinition des § 4 Abs. 1 Satz 2 EStG, an die Satz 3 anknüpft, auf den ersten Blick eher eine fiktive Entnahme des ganzen Wirtschaftsguts zu suggerieren. Konsequenz dieser Auffassung wäre, dass die Entnahme des Wirtschaftsguts bilanziell im Entnahmekonto (Unterkonto des Privatkontos) mit dem gemeinen Wert des Wirtschaftsguts (und nicht nur der stillen Reserven) erfasst würde. Da sich an der Zuordnung des Wirtschaftsguts zu dem Gesamtunternehmen aber nichts ändert – es bleibt auch nach der Überführung Betriebsvermögen des Gesamtunternehmens –, stünde der Entnahme keine Ausbuchung des Wirtschaftsguts entgegen. Mithin wäre in Höhe des gemeinen Werts ein sonstiger Ertrag zu verbuchen. Dabei lässt sich nicht erklären, warum die Entnahme in voller Höhe gebucht wird, wenn sich das Betriebsvermögen nur um die stillen Reserven „mindert".

Daher erscheint eine eher teleologisch basierte Lesart des § 4 Abs. 1 Satz 3 EStG, die von einer Entnahme lediglich der in dem überführten Wirtschaftsgut enthaltenen stillen Reserven ausgeht, sachgerechter. Sie orientiert sich mehr an dem Wortlaut des § 4 Abs. 1 Satz 2 Hs. 2 EStG, der die Entnahme auf die betriebsfremden Zwecke beschränkt. Diese Entnahme für betriebsfremde Zwecke wurde wiederum durch den § 4 Abs. 1 Satz 3 EStG konkretisiert und damit zugleich beschränkt auf den Ausschluss oder die Beschränkung des Besteuerungsrechts der Bundesrepublik Deutschland hinsichtlich des Gewinns aus der Veräußerung oder der Nutzung eines Wirtschaftsguts. Das deutsche Besteuerungsrecht erstreckt sich aber im Zeitpunkt der Überführung lediglich auf die bis dahin im Inland gebildeten stillen Reserven – nur insoweit wird das (inländische) Betriebsvermögen „geschmälert". In der Zukunft im Ausland gebildete stille Reserven erfasst es gerade nicht.[72]

Insbesondere sind die stillen Reserven im Rahmen der Entstrickungsfiktion des § 4 Abs. 1 Satz 3 EStG auch selbstständig entnahmefähig.[73] Zwar stellen

---

[72]Vgl. *BFH*, Urt. v. 17.7.2008 – I R 77/06, *BFHE* 222, 402 unter III.3.b.cc).

[73]A. A. wohl *Heinicke*, in: Schmidt, EStG, § 4 Rn. 301.

stille Reserven grundsätzlich kein isoliert entnahmefähiges Wirtschaftsgut dar.[74] Allerdings macht bereits der Klammerzusatz in § 4 Abs. 1 Satz 3 EStG, dass die Entnahmefähigkeit sich – anders als die Einlagefähigkeit – nicht auf Wirtschaftsgüter beschränkt. Zudem gilt die grundsätzliche Untrennbarkeit von stillen Reserven und Wirtschaftsgut nicht ausnahmslos: So hat der BFH im Zusammenhang mit Kapitalerhöhungen zu den Bezugsrechten eines Gesellschafters einer Kapitalgesellschaft, „eine Entnahme des Bezugsrechts zugunsten eines den jungen Stammanteil übernehmenden nahen Angehörigen immer dann angenommen, wenn dieses [durch den Gesellschafter] überhaupt nicht oder nicht unter Ausschöpfung der Beteiligungsquote wahrgenommen wurde"[75].

In diesen Fällen wurde die Kapitalerhöhung der Gestalt durchgeführt, dass der Gesellschafter, der seine Anteile an der Kapitalgesellschaft in einem Betriebsvermögen hielt, jedenfalls teilweise zugunsten eines nahen Angehörigen auf sein Bezugsrecht verzichtete und somit nach der Kapitalerhöhung einen prozentualen geringeren Anteil an der Kapitalgesellschaft hielt als vorher. Da damit korrespondierend auch die quotale Beteiligung an den bis dato gebildeten stillen Reserven sank,[76] war die Besteuerung der auf diese Weise aus dem Betriebsvermögen des Gesellschafters ausgeschiedenen stillen Reserven nicht mehr gesichert. Der BFH löste dieses Problem, indem er eine Entnahme in Höhe der übergegangenen stillen Reserven bejahte.[77] Was rechtstechnisch betrachtet Gegenstand dieser Entnahme war, ließ der BFH dahinstehen.[78] Auch wenn Entnahme in diesen Fällen letztlich über das Vehikel des separat übertragbaren Bezugsrechts ermöglicht wurde, ist nicht ersichtlich, warum die Hilfskonstruktion über den gesetzlich fingierten Ausschluss des Besteuerungsrechts bei Überführung eines Wirtschaftsguts nicht ähnlich eingesetzt werden sollte.

Ein „Step Up" des überführten Wirtschaftsguts in der Gesamtsteuerbilanz scheitert, wie bereits erwähnt, an einer fehlenden Rechtsgrundlage. Insbesondere lässt sich die in der Literatur vertretene „Aufschreibung" des Wirtschaftsguts nicht auf die Bewertungsvorschrift des § 6 Abs. 1 Nr. 4 Satz 1 Hs. 2 EStG stützen. Denn dieser regelt lediglich, welcher Wert der „Buchung" der Entnahme zugrunde zu

---

[74]Vgl. *BFH*, Urt. v. 15.12.2005 – III R 35/04, *BFH/NV* 2006, 1262; *FG Münster*, Urt. v. 22.3.1995 – 13 K 97/93 E, EFG 1995, 794.

[75]*FG Münster*, Urt. v. 22.3.1995 – 13 K 97/93 E, EFG 1995, 794 unter Verweis auf u. a. *BFH*, Urt. v. 16.4.1991 – VIII R 63/87, *BFHE* 164, 513.

[76]Interessanterweise wird hier anders als im grenzüberschreitenden Fall (vgl. *BFH*, Urt. v. 17.7.2008 – I R 77/06, *BFHE* 222, 402 unter III.3.b.cc) nicht das Veranlassungsprinzip für die Zurechnung der stillen Reserven bemüht.

[77]*BFH*, Urt. v. 16.4.1991 – VIII R 63/87, *BFHE* 164, 513.

[78]*BFH*, Urt. v. 16.4.1991 – VIII R 63/87, *BFHE* 164, 513.

legen ist. Eine Buchung über das Entnahmekonto in Höhe der stillen Reserven schließt aber eine Aufschreibung des Wirtschaftsguts aus. Der sonstige betriebliche Ertrag kann nur gegen eines der beiden genannten Konten (Bestandskonto „Anlagevermögen" oder Entnahmekonto) gebucht werden. Mit der Gestaltung der Entstrickungsregelungen als fiktive Entnahme hat der Gesetzgeber zugunsten der Buchung auf dem Entnahmekonto entschieden.

Um die im Wege der Sofortbesteuerung (bzw. ggf. unter Ausübung des Wahlrechts nach § 4g EStG im Wege einer über fünf Jahre gestaffelten Besteuerung) erfassten stillen Reserven beim Ausscheiden des Wirtschaftsguts aus dem Betriebsvermögen nicht doppelt zu erfassen, ist außerhalb der Bilanz ein Merkposten in Höhe der erfassten stillen Reserven zu bilden. Wird das Wirtschaftsgut veräußert, verringert dieser Merkposten den Veräußerungsgewinn, geht es hingegen unter, so erhöht sich der Verlust entsprechend.

Auch wenn die fiktive Entnahme nach diesem Ansatz ohne Auswirkung auf den Unterschiedsbetrag bleibt und dieser Ansatz damit faktisch äquivalent zu einer ausschließlich außerbilanziellen Erfassung der Entstrickung ist,[79] ist der Unterschiedsbetrag auf der 2. Stufe der Gewinnermittlung dennoch gemäß § 4 Abs. 1 Satz 1 Hs. 2 EStG um den Wert der Entnahme zu erhöhen. Denn wie bereits erwähnt, kommt es auf die Minderung des Betriebsvermögens und nicht auf die Auswirkung auf den Unterschiedsbetrag an. Angesichts der Fiktion der Entnahme muss man dabei im Kontext der Entstrickung auch eine fiktive Minderung des Betriebsvermögens, nämlich um die der deutschen Besteuerung entzogenen stillen Reserven, zulassen. Eine solche liegt im Fall der Überführung des Wirtschaftsguts darin, dass insoweit das deutsche Besteuerungsrecht an dem Veräußerungsgewinn bzw. Nutzungsentgelt verloren geht.

Auch an dieser Stelle wird erneut deutlich, dass nur die auf die stillen Reserven beschränkte Entstrickung zu einem sachgerechten Ergebnis führt. Denn ginge man mit der gegenteiligen Lesart von einer fiktiven Entnahme des Wirtschaftsguts als solchem aus, so wäre hier auch die Korrektur in Höhe des gemeinen Werts des fiktiv entnommenen Wirtschaftsguts vorzunehmen. Damit würde die Entstrickung aber über ihren beabsichtigten Zweck, nämlich die Erfassung der im Inland gebildeten stillen Reserven, deutlich hinausgehen. Des Weiteren spricht die Höhe des gemäß § 4g EStG zu bildenden Ausgleichspostens für eine Beschränkung der fiktiven Entnahme auf die stillen Reserven. So darf der Ausgleichsposten nach § 4g Abs. 1 Satz 1 EStG nämlich nur in Höhe des Unterschiedsbetrags zwischen dem Buchwert und dem nach § 6 Abs. 1 Nr. 4 Satz 1 Hs. 2 EStG

---

[79] Vgl. bereits die Ausführungen zur bilanziellen Erfassung der Entnahme eines selbstgeschaffenen immateriellen Wirtschaftsguts des Anlagevermögens oben unter 19.2.1.1.1.

anzusetzenden Wert des überführten Wirtschaftsguts des Anlagevermögens gebildet werden. Dies entspricht dem Wert der stillen Reserven. Bereits nach dem Zweck eines *Ausgleichs*postens ist daher davon auszugehen, dass sich auch die fiktive Entnahme im Rahmen des § 4 Abs. 1 Satz 3 EStG auf die stillen Reserven beschränkt, da der Ausgleichsposten ansonsten deutlich hinter dem außerbilanziellen Erhöhungsbetrag zurückbliebe.

Damit wirkt sich die Entstrickung nach § 4 Abs. 1 Satz 3 EStG nicht auf die Höhe des Unterschiedsbetrags (1. Stufe der Gewinnermittlung) aus. Auf der 2. Stufe der Gewinnermittlung wird der Differenzbetrag aus gemeinem Wert und Buchwert – als der Wert der stillen Reserven – dem steuerbilanziell ermittelten Unterschiedsbetrag hinzugerechnet. Bei Überführungssachverhalten zwischen der Bundesrepublik Deutschland und einem Mitgliedstaat der Europäischen Union hat der Steuerpflichtige zusätzlich die Möglichkeit, auf Antrag einen Ausgleichsposten nach § 4g EStG zu bilden, der gestreckt über fünf Jahre gewinnerhöhend aufzulösen ist.

Gleiches gilt auch für den Fall der Nutzungsentstrickung. Dabei ist das Nutzungsrecht an dem Wirtschaftsgut der Gegenstand der fiktiven Entnahme. Entsprechend ist bei der außerbilanziellen Erhöhung des steuerbilanziellen Unterschiedsbetrags der gemeine Wert der Überlassung, also ein fiktives Nutzungsentgelt[80] zugrunde zu legen. In EU-Fällen besteht auch hier gemäß § 4g EStG ein Wahlrecht zur Bildung eines Ausgleichspostens.[81]

19.2.1.1.3 Die Wirkungsweise der fiktiven Veräußerung bzw. Nutzung (§ 12 KStG) auf die Gewinnermittlungsstufen

Der Vollständigkeit halber soll abschließend noch die Wirkungsweise des § 12 Abs. 1 KStG als körperschaftsteuerliches Pendant zu § 4 Abs. 1 Satz 3 EStG erläutert werden. Anders als § 4 Abs. 1 Satz 3 EStG fingiert § 12 Abs. 1 Satz 1 KStG nicht eine Entnahme, sondern eine Veräußerung. Der Grund hierfür dürfte in erster Linie darin liegen, dass eine Entnahme bei einer Kapitalgesellschaft mangels Privatsphäre nicht möglich ist.[82]

---

[80] *Ehmcke*, in: Blümich, EStG/KStG/GewStG, § 6 EStG Rn. 1016; *Rödder/Schumacher*, DStR 2006, 1481, 1485; *Förster*, DB 2007, 72, 74; a. A. *Werra/Teiche*, DB 2006, 1455, 1456.

[81] Dabei erscheint es nachvollziehbar, aber nicht zwingend (vgl. *Wassermeyer*, DB 2008, 430, 432), die bilanzielle Behandlung des Ausgleichspostens an der Entstrickung zu orientieren. Für die ebenfalls außerbilanzielle Bildung des Ausgleichspostens spricht auch, dass ansonsten – bei Zugrundelegung der hier vertretenen Reihenfolge von Gewinnermittlung und Gewinnabgrenzung – über die bilanzielle Bildung des Ausgleichspostens vor der Anwendung des § 4 Abs. 1 Satz 3 EStG entschieden würde.

[82] Vgl. *Srebne*, StB 2008, 317, 318.

Fraglich ist, welche Konsequenzen diese abweichende Formulierung auf die bilanzielle Erfassung hat. Nach einer Lesart der Vorschrift scheint der Veräußerungsbegriff ein zweiseitiges Rechtsgeschäft zu suggerieren. Bilanziell wäre dies durch Ausbuchung des überführten Wirtschaftsguts beim fiktiven „Veräußerer" (Stammhaus) und gleichzeitige Einbuchung beim fiktiven „Erwerber" (Betriebsstätte) zu realisieren. Hält man auch im Rahmen des § 12 KStG an der Prämisse fest, dass das überführte Wirtschaftsgut wegen fortdauernder Zugehörigkeit zum (Gesamt-)Betriebsvermögen in der Gesamtsteuerbilanz des Unternehmens verbleiben soll, dann scheint zumindest auf den ersten Blick eine Lesart des § 12 Abs. 1 Satz 1 KStG denkbar, wonach das Wirtschaftsgut infolge der fiktiven Veräußerung durch das inländische Stammhaus zunächst aus der Gesamtsteuerbilanz ausgebucht und gleichzeitig aufgrund des fiktiven Erwerbsvorgangs durch die ausländische Betriebsstätte zum gemeinen Wert wieder eingebucht wird. Problematisch erscheint hierbei zunächst die Gegenbuchung, denn ein privates (Entnahme-)Konto existiert bei Kapitalgesellschaften mangels Privatsphäre gerade nicht.[83] Am sachnächsten wären daher Buchungen der folgenden Gestalt:

Für die „fiktive Veräußerung":

| fiktive Kasse | 900 | an | Anlagevermögen | 800 |
| | | | ansonst. betriebl. Erträge | 100 |

Für den „fiktiven Erwerb":

| Anlagevermögen | 900 | an | fiktive Kasse | 900 |

Gleichwohl kennt das Steuerbilanzrecht keine „fiktiven" Bilanzkonten oder - posten. Sie sind vielmehr ein Instrument der Gewinnabgrenzung.[84] So erinnert bereits der Begriff „fiktive Veräußerung" an die Gewinnabgrenzung nach dem AOA, der mit Hilfe der fiktiven Betriebseinnahmen und -ausgaben im Rahmen der Hilfs- und Nebenrechnung, nicht aber im Rahmen der Steuerbilanz, einen „Step

---

[83] Vgl. *Atilgan*, NWB 2016, 936, 938; *Srebne*, StB 2008, 317, 318.

[84] Vgl. § 1 Abs. 5, 6 AStG i. V. m. § 3 Abs. 2 Satz 3 BsGaV. Auch hier wird erneut der eigentliche Gewinnabgrenzungscharakter der fiktiven Veräußerung sichtbar: Die für die fiktive Veräußerung erforderliche fiktive Kontokorrentrechnung über fiktive Betriebseinnahmen und -ausgaben zwischen Betriebsstätte und Stammhaus ist nämlich nur auf Gewinnabgrenzungsebene möglich, da dort fiktive Betriebseinnahmen und -ausgaben bzw. fiktive Forderungen und Verbindlichkeiten stets korrespondieren und sich somit bei Gesamtbetrachtung ausgleichen.

Up" durchführt. Dadurch wird abermals deutlich, dass die steuerliche Behandlung der Überführung von Wirtschaftsgütern – anders als die allgemeine Frage der Entstrickung – bei teleologischer Betrachtung eine Frage der Gewinnabgrenzung, nicht aber der Gewinnermittlung darstellt.

Aber selbst wenn man über das Problem des fiktiven Kontos hinwegsieht, da sich das nämliche fiktive Kassenkonto wegen der korrespondierenden Buchungen im Ergebnis nicht bilanziell niederschlägt, oder aber statt des fiktiven Kontos über das Konto „sonstige betriebliche Aufwendungen" gegen das Eigenkapital bucht[85] und somit zu einem „Step Up" in der Steuerbilanz gelangt, so verbleibt jedenfalls eine Ungleichbehandlung im Vergleich zur Entstrickungsbesteuerung nach § 4 Abs. 1 Satz 3 EStG.

Zwar lässt sich gegen diese Ungleichbehandlung vorbringen, dass der Gesetzgeber mit der fiktiven Entnahme einerseits und der fiktiven Veräußerung andererseits bewusst für eine unterschiedliche Gestaltung entschieden hat. Gleichwohl verbleibt ein gewisses „Störgefühl" bei einer derartig unterschiedlichen Handhabung zweier bis auf die Rechtsform identischer Sachverhalte.

Nach einer anderen denkbaren Lesart wäre der Begriff der fiktiven Veräußerung enger zu verstehen. Danach wäre in den Begriff der Veräußerung gerade nicht auch automatisch der spiegelbildliche „Erwerb" mit hineinzulesen, da eben nur die „Veräußerungsseite" kodifiziert ist. Insoweit verläuft die Argumentation parallel zu der nicht gesetzlich geregelten fiktiven Einlage im Rahmen des § 4 Abs. 1 Satz 3 EStG. Da § 12 KStG keine § 4 Abs. 1 Satz 8 Hs. 2 EStG entsprechende Regelung enthält, ist davon auszugehen, dass der Gesetzgeber insoweit von einer direkten Anwendung des § 4 Abs. 1 Satz 8 Hs. 2 EStG über § 8 Abs. 1 KStG auch bei Körperschaften ausgeht. Einen fiktiven Erwerb in Zusammenhang mit der fiktiven Veräußerung sieht das Gesetz somit gar nicht vor. Aber entsprechend den Ausführungen zu § 4 Abs. 1 Satz 3 EStG[86] findet § 4 Abs. 1 Satz 8 Hs. 2 EStG i. V. m. § 8 Abs. 1 KStG auch hier keine Anwendung, da wiederum kein deutsches Besteuerungsrecht begründet wird.

Diese auf die Veräußerungsseite beschränkte Betrachtung des § 12 Abs. 1 KStG hat den Vorteil, dass sie auch auf die anderen Anwendungsfälle des § 12 KStG[87], bei denen es nicht um die Überführung von Wirtschaftsgütern geht, anwendbar ist. Denn in diesen Fällen gibt es nicht zwangsläufig einen fiktiven

---

[85]So wohl *Broemel/Endert*, BBK 2013, 208, 213.

[86]Vgl. oben unter 19.2.1.1.2.3.

[87]Bspw. wenn der Abschluss eines neuen Doppelbesteuerungsabkommens zu einem Ausschluss oder einer Beschränkung des deutschen Besteuerungsrechts führt, vgl. die Diskussion bei *Herbort/Sendke*, IStR 2014, 499; *Reiter*, IStR 2012, 357.

Erwerber, der ebenfalls unternehmenszugehörig ist, weswegen die „Wiederein-buchung" des betroffenen Wirtschaftsguts in diesen Fällen nicht gewährleistet ist.

Im Ergebnis erscheint damit die außerbilanzielle Erfassung der fiktiven Ver-äußerung als systematisch am wenigsten disruptiv. Darüber hinaus hat diese Handhabung den positiven Nebeneffekt, dass natürliche Personen und Kapital-gesellschaften gleichbehandelt werden.

19.2.1.2 AOA de lege lata und Entstrickung bei Outbound-Betriebsstätten

Nach dem Exkurs zur außerbilanziellen Wirkungsweise der Entstrickungsregelun-gen bei der Gewinnermittlung, soll nun das Verhältnis der AOA Regelungen zur Entstrickungsbesteuerung dargestellt werden.

Dazu wird zunächst die Behandlung des eingangs dargestellten Beispielfalls nach geltendem Recht betrachtet, wonach der AOA auf innerstaatlicher Ebene durch die auf der 2. Stufe der Gewinnermittlung wirkende Korrekturvorschrift des § 1 Abs. 5 AStG umgesetzt wurde.

19.2.1.2.1 Auswirkungen auf der 1. Stufe der Gewinnermittlung

Das zu überführende Wirtschaftsgut steht im (wirtschaftlichen) Eigentum des Einzelunternehmens und erscheint deshalb im Jahr der Überführung in dessen Eröffnungs(gesamt-)bilanz mit dem Buchwert von 800.

Steuerbilanziell wirkt sich eine Entstrickung nach § 4 Abs. 1 Satz 3 und 4 EStG im Zuge der Überführung in eine Outbound-Betriebsstätte nach der hier vertretenen Auffassung nicht auf die Höhe des Unterschiedsbetrags aus, da die Entnahme – wenn überhaupt – erfolgsneutral gegen das Eigenkapital verbucht wird. Insbesondere wird das überführte Wirtschaftsgut wegen seiner fortdauern-den Zugehörigkeit zum Betriebsvermögen nicht ausgebucht.

19.2.1.2.2 Auswirkungen auf Gewinnabgrenzungsebene

Sodann stellt sich die Frage, wie die Überführung des Wirtschaftsguts vom inlän-dischen Stammhaus in die ausländische Betriebsstätte auf der parallel laufenden Gewinnabgrenzungsebene zu erfassen ist.

Eine Umsetzung des AOA auf Gewinn*abgrenzung*sebene existiert nicht; § 1 Abs. 5 AStG wirkt als Korrekturnorm auf der 2. Stufe der Gewinnermittlung.[88] Mangels *self-executing* Wirkung kann die Überführung des Wirtschaftsguts ohne innerstaatliche Rechtsgrundlage daher nicht als „*dealing*" im Sinne des

---

[88]Vgl. oben Kapitel 16.

AOA auf der Gewinnabgrenzungsebene erfasst werden. Stattdessen ist angesichts der fehlenden innerstaatlichen Gewinnabgrenzungsvorschriften für die Gewinnabgrenzung auf das subsidiär geltende allgemeine Veranlassungsprinzip zurückzugreifen.[89]

Danach ist für die Zurechnung eines Gewinnes zu einer Betriebsstätte darauf abzustellen, ob und inwieweit dieser Gewinn durch die Betriebsstätte, genauer durch die in der Betriebsstätte verübte Tätigkeit oder die in der Betriebsstätte verwerteten Wirtschaftsgüter, veranlasst wurde. Die hierfür im Vorfeld zu klärende Zuordnung der Wirtschaftsgüter richtet sich danach, welchem Unternehmensteil bzw. welcher Unternehmenstätigkeit die jeweiligen Wirtschaftsgüter dienen,[90] mithin nach dem wirtschaftlichen Veranlassungszusammenhang.[91] Dementsprechend ist davon auszugehen, dass das überführte Wirtschaftsgut – insbesondere im Fall der dauerhaften Überführung – der Betriebsstätte zuzurechnen wäre. Im vorliegenden Fall würde die bloße Überführung des Wirtschaftsguts in Übereinstimmung mit der Rechtsprechung des BFH dennoch nicht zu einer Gewinnrealisation führen.

So hat der BFH mit Urteil vom 17. Juli 2008[92] seine früher vertretene Theorie der finalen Entnahme aufgegeben, da diese keine hinreichende Rechtsgrundlage im Gesetz habe und auf einer unzutreffenden Beurteilung der Abgrenzung zwischen den inländischen und den ausländischen Einkünften und der Wirkungen der abkommensrechtlichen Freistellung beruhe. Die Überführung des Wirtschaftsguts führe nicht zu einer Lösung des bisherigen betrieblichen Funktionszusammenhangs und könne deshalb mangels Außenumsatzes nicht als Realisationstatbestand angesehen werden.[93]

In diesem Zusammenhang führte er weiter aus, dass die Überführung eines Wirtschaftsguts von dem inländischen Stammhaus in seine ausländische Betriebsstätte im Falle der späteren Veräußerung des überführten Wirtschaftsguts nicht dazu führe, dass die im Inland gebildeten stillen Reserven der Besteuerung durch den deutschen Fiskus entzogen wären.[94] Anders als bei Art. 13 Abs. 5 OECD-MA gehe der inländische Besteuerungszugriff auf Veräußerungsgewinne

---

[89]Vgl. oben unter 17.1.

[90]Vgl. *BFH*, Urt. v. 29.7.1992 – II R 39/89, *BFHE* 168, 431 unter II.1; Urt. v. 21.1.1972 – III R 57/71, *BFHE* 104, 471.

[91]Vgl. *BFH*, Urt. v. 17.11.1999 – I R 7/99, *BFHE* 191, 18, Rn. II.3.c).

[92]*BFH*, Urt. v. 17.7.2008 – I R 77/06, *BFHE* 222, 402; vgl. auch die Ausführungen oben unter 9.1.5.

[93]*BFH*, Urt. v. 17.7.2008 – I R 77/06, *BFHE* 222, 402 unter B.III.3.b.bb).

[94]*BFH*, Urt. v. 17.7.2008 – I R 77/06, *BFHE* 222, 402 unter B.III.3.b).

im Sinne des Art. 13 Abs. 2 OECD-MA bei Vereinbarung der Freistellungsmethode nur in dem Umfang verloren, in dem das Vermögen der Betriebsstätte
auch tatsächlich zuzuordnen sei und in dem die realisierten Gewinne durch jene
Betriebsstätte erwirtschaftet worden seien.[95] Das in Art. 7 Abs. 2 OECD-MA
enthaltene Betriebsstättenprinzip ermögliche abkommensrechtlich eine Aufteilung des künftigen Veräußerungsgewinns nach Verursachungsbeiträgen und lasse
damit das Besteuerungsrecht des Stammhausstaates auf die dem Stammhaus zuzurechnenden Gewinnanteile unberührt.[96] Nach welcher Methode diese Aufteilung
konkret zu erfolgen habe, konnte der BFH mangels Entscheidungserheblichkeit
dahinstehen lassen.[97]

Mangels Erfüllung eines gesetzlichen Realisationstatbestands wirkt sich
die dauerhafte Überführung des Wirtschaftsguts daher auf Ebene der
Gewinn*abgrenzung* nicht aus. Bei der lediglich vorübergehenden Überführung
des Wirtschaftsguts verhält es sich ähnlich. Zwar lassen sich die dargestellten Rechtsprechungsgrundsätze nicht auf die Nutzungsüberlassung übertragen,
da diese tatsächlich zu einem Ausschluss oder einer Beschränkung des deutschen Besteuerungsrechts an dem Gewinn aus der Nutzung des Wirtschaftsguts
führt.[98] Dennoch scheitert eine Gewinnrealisierung auf Gewinn*abgrenzungsebene*
im Fall der Nutzungsüberlassung daran, dass keine Rechtsgrundlage für die
Berücksichtigung von Innentransaktionen besteht.

19.2.1.2.3 Auswirkungen auf der 2. Stufe der Gewinnermittlung

Im Rahmen der 2. Stufe der Gewinnermittlung hat sich eine gewisse Reihenfolge
der Korrekturen etabliert.[99] Von den hier maßgeblichen Korrekturnormen, § 4
Abs. 1 Sätze 1, 3 und 4 EStG und § 1 Abs. 5 AStG,[100] geht die Entstrickungsnorm der Betriebsstättengewinnkorrekturvorschrift vor. Denn so ist die Korrektur
gemäß § 1 Abs. 1 AStG, auf den § 1 Abs. 5 AStG verweist nur „unbeschadet
anderer Vorschriften" vorzunehmen. Weitergehende Berichtigungen sind gemäß
§ 1 Abs. 1 Satz 4 AStG neben der Rechtsfolge des § 4 Abs. 1 Sätze 3 und 4
EStG aber nicht ausgeschlossen.[101]

---

[95]*BFH*, Urt. v. 17.7.2008 – I R 77/06, *BFHE* 222, 402 unter B.III.3.b.bb).

[96]*BFH*, Urt. v. 17.7.2008 – I R 77/06, *BFHE* 222, 402 unter B.III.3.b.cc).

[97]*BFH*, Urt. v. 17.7.2008 – I R 77/06, *BFHE* 222, 402 unter B.III.3.b.cc).

[98]Vgl. ausführlich unten unter 19.2.1.2.3.1, insbesondere Fn. 106.

[99]Vgl. *Wassermeyer*, IStR 2001, 633, 634; vgl. auch KStR 2015 R 7.1 Abs. 1 Satz 1.

[100]Einen Abzugsposten „Freistellung nach DBA" löst die reine Überführung gemäß dem oben
unter 19.2.1.2.2 Gesagten ja gerade nicht aus.

[101]Vgl. *Kahle/Eichholz*, StuB 2014, 867, 868; *Rasch/Wenzel*, ISR 2015, 128, 131 f. Der
Beschluss des *BFH*, Beschluss v. 17.12.1997 – I B 96/97, *BFHE* 185, 24, in dem der BFH

19.2.1.2.3.1 Behandlung nach der Entstrickungsregelung des § 4 Abs. 1 Sätze 3 und 4 EStG

Gemäß § 4 Abs. 1 Satz 3 EStG steht einer Entnahme für betriebsfremde Zwecke der Ausschluss oder die Beschränkung des Besteuerungsrechts der Bundesrepublik Deutschland hinsichtlich des Gewinns aus der Veräußerung oder der Nutzung eines Wirtschaftsguts gleich. Ein Ausschluss oder eine Beschränkung des Besteuerungsrechts hinsichtlich des Gewinns aus der Veräußerung eines Wirtschaftsguts liegt dabei gemäß Satz 4 insbesondere vor, wenn ein bisher einer inländischen Betriebsstätte des Steuerpflichtigen zuzuordnendes Wirtschaftsgut einer ausländischen Betriebsstätte zuzuordnen ist. Mithin ist maßgeblich, ob ein Zuordnungswechsel im Sinne des § 4 Abs. 1 Satz 4 EStG stattgefunden hat.

Für diese Frage eines Zuordnungswechsels im Rahmen des § 4 Abs. 1 Satz 4 EStG ist nun weiter zwischen einer dauerhaften Überführung und einer kurzfristigen Überlassung des Wirtschaftsguts zu unterscheiden. Während die dauerhafte Überführung nach der Maßgabe des AOA ein „*dealing*" in Gestalt einer fiktiven Veräußerung auslöst, führt die lediglich kurzfristige Überlassung des Wirtschaftsguts zu einem „*dealing*" in Form der fiktiven Nutzungsüberlassung. Auch wenn der AOA nicht auf Gewinnabgrenzungsebene umgesetzt wurde, ist diese Unterscheidung jedenfalls für die Handhabung der Überführung des Wirtschaftsguts im Rahmen des § 1 Abs. 5 AStG relevant.[102]

Im Fall der dauerhaften Überführung des Wirtschaftsguts ist das Wirtschaftsgut ab der Überführung der Betriebsstätte zuzuordnen. Wonach sich die Zuordnung im Rahmen des § 4 Abs. 1 Satz 4 EStG bestimmt, ist gesetzlich nicht geregelt. Ein Rückgriff auf § 1 Abs. 5 und 6 AStG und die BsGaV verbietet sich angesichts der bereits angeführten Umsetzung des AOA als Korrekturnorm. Daher finden die allgemeinen Zuordnungsgrundsätze der Gewinnabgrenzung Anwendung.[103] Das allgemeine Veranlassungsprinzip ist der maßgebliche Zuordnungsmaßstab im Rahmen des § 4 Abs. 1 Satz 4 EStG. Für die Zuordnung eines Wirtschaftsguts hat der BFH auf die dienende Funktion des Wirtschaftsguts für die Betriebsstättentätigkeit abgestellt.[104] Wird ein Wirtschaftsgut dauerhaft in eine ausländische Betriebsstätte überführt, so führt dies dazu, dass es fortan der Betriebsstätte und

---

das Verhältnis der Entnahme zu § 1 AStG (Idealkonkurrenz vs. Subsidiaritätsverhältnis) noch offenließ, erging vor Einführung des heutigen § 1 Abs. 1 Satz 4 AStG (damals noch als § 1 Abs. 1 Satz 3 AStG) durch das Unternehmensteuerreformgesetz 2008 v. 14.8. 2007, BGBl I 2007, 1912.

[102] Vgl. unten unter 19.2.1.2.3.2.

[103] So wohl auch *Wied*, in: Blümich, EStG/KStG/GewStG, § 4 EStG Rn. 488.

[104] Vgl. *BFH*, Urt. v. 29.7.1992 – II R 39/89, *BFHE* 168, 431; Urt. v. 21.1.1972 – III R 57/71, *BFHE* 104, 471.

den dort ausgeübten Tätigkeiten dient und es mithin dieser zuzuordnen ist. Dieser Wechsel der Zuordnung löst damit die Entnahmefiktion des § 4 Abs. 1 Sätze 3 und 4 EStG aus, was i. V. m. § 6 Abs. 1 Nr. 4 Satz 1 Hs. 2 EStG grundsätzlich zu einer Gewinnkorrektur in Höhe der Differenz des gemeinen Wertes zum Buchwert führt. Ist der Betriebsstättenstaat ein Mitgliedsstaat der Europäischen Union kann der Steuerpflichtige in dieser Höhe gemäß § 4g EStG einen Ausgleichsposten bilden. Durch die im Jahr der Überführung und in den folgenden vier Jahren durchzuführende Auflösung dieses Ausgleichsposten zu je einem Fünftel wird diese Gewinnkorrektur auf einen Zeitraum von fünf Wirtschaftsjahren verteilt.

Im Fall der lediglich kurzfristigen Überlassung des Wirtschaftsguts greift die Entnahmefiktion des § 4 Abs. 1 Satz 4 EStG nicht ein, da diese lediglich die Gewinne aus der Veräußerung des Wirtschaftsguts, nicht aber seiner Nutzung erfasst.[105] Damit kommt es darauf an, ob die Nutzungsüberlassung gemäß § 4 Abs. 1 Satz 3 EStG zu einem Ausschluss des deutschen Besteuerungsrechts hinsichtlich des Gewinns aus der Nutzung des Wirtschaftsguts führt. Anders als bei der dauerhaften Überführung ist dies bei der Nutzungsüberlassung auch ohne Rückgriff auf Satz 4 zu bejahen.[106] Denn das Wirtschaftsgut dient während der Dauer der Nutzungsüberlassung der Betriebsstättentätigkeit und die daraus resultierenden Gewinne sind gemäß dem Veranlassungsprinzip der Betriebsstätte zuzurechnen. Infolgedessen wird eine Entnahme in Höhe des gemeinen Werts der Nutzungsüberlassung fingiert, § 4 Abs. 1 Satz 3, § 6 Abs. 1 Nr. 4 Satz 1 Hs. 2 EStG.[107] In EU-Fällen besteht auch hier das Wahlrecht gemäß § 4g EStG.

---

[105] Vgl. *Wied*, in: Blümich, EStG/KStG/GewStG, § 4 EStG Rn. 486.

[106] A. A. wohl *Wassermeyer*, der allerdings auch entgegen dem Wortlaut des § 4 Abs. 1 Satz 4 EStG („Gewinn aus […] der Nutzung") auf den Gewinn aus der Nutzungsüberlassung abstellt, *Wassermeyer*, IStR 2008, 176, 179. Dies stellt allerdings eine Vermengung von Tatbestands- und Bewertungsebene dar. Der Gewinn aus der Nutzung ist derjenige Anteil am Unternehmensgewinn, der durch die Nutzung des Wirtschaftsguts veranlasst wurde, vgl. auch *Kahle/Eichholz/Kindich*, Ubg 2016, 132, 134. Wird das Wirtschaftsgut – wenn auch nur vorübergehend – in der ausländischen Betriebsstätte genutzt, so betrifft der Gewinn aus dieser Nutzung einen Anteil am Betriebsstättengewinn.

I. R. d. § 4 Abs. 1 Satz 3 EStG ist dieser Gewinn aus der Nutzung gemäß § 6 Abs. 1 Nr. 4 Satz 1 Hs. 2 EStG mit dem gemeinen Wert anzusetzen. Der gemeine Wert der Nutzung ist aber der Wert, der im gewöhnlichen Geschäftsverkehr (vgl. § 9 Abs. 2 BewG) für die Nutzung zu erzielen wäre. Auf Bewertungsebene stimmen der gemeine Wert der Nutzung und der gemeine Wert der Nutzungsüberlassung insoweit überein, vgl. auch *Bode*, in: Kirchhof, EStG, § 4 Rn. 108 m. w. N. Dafür spricht auch der Wortlaut der Parallelnorm § 12 Abs. 1 Satz 1 KStG, wonach für den Ausschluss bzw. die Beschränkung des Besteuerungsrechts hinsichtlich des Gewinns aus der Nutzung (Tatbestandsebene) eine Überlassung des Wirtschaftsguts zum gemeinen Wert (Bewertungsebene) fingiert wird.

[107] Vgl. die Ausführungen in Fn. 106.

Im Ergebnis erhöhen sich damit die inländischen[108] Einkünfte des unbeschränkt Steuerpflichtigen aus dem Beispiel

* im Fall der dauerhaften Überführung um die genannte Differenz zwischen dem gemeinem Wert und dem Buchwert des überführten Wirtschaftsguts,
* im Fall der kurzfristigen Überführung um den gemeinen Wert der Nutzungsüberlassung

(bzw. bei Ausübung des Wahlrechts nach § 4g EStG um ein Fünftel dieser Werte).

19.2.1.2.3.2 Behandlung nach § 1 Abs. 5 AStG

Da der über § 1 Abs. 5 AStG anzuwendende § 1 Abs. 1 AStG „unbeschadet anderer Vorschriften" wirkt, ist die Korrektur gemäß § 1 Abs. 5 AStG gegenüber den Entstrickungsregelungen des § 4 Abs. 1 EStG im Ergebnis nachrangig anzuwenden.[109] Der Anwendungsbereich des § 1 Abs. 5 AStG ist damit nur eröffnet, wenn den anzunehmenden schuldrechtlichen Beziehungen zwischen dem inländischen Stammhaus und der ausländischen Betriebsstätte fremdvergleichswidrige Bedingungen zugrunde liegen und sich dadurch die der Betriebsstätte zuzuweisenden ausländischen Einkünfte erhöht haben.

Anders als die Entstrickung, die infolge der Betriebsvermögenminderung beim Stammhaus zu einer außerbilanziellen Korrektur von dessen inländischen Einkünfte geführt hat, stellt § 1 Abs. 5 AStG somit in den Tatbestandsvoraussetzungen für die Outbound-Betriebsstättenkonstellation auf die Erhöhung der ausländischen Einkünfte, mithin den „Betriebsstättengewinn", ab.

Im Fall der dauerhaften Überführung des Wirtschaftsguts würde die fremdvergleichswidrige Nicht-Berücksichtigung der hier maßgeblichen Innentransaktion einer fiktiven Veräußerung genau dann zu einer Erhöhung der ausländischen Betriebsstätteneinkünfte führen, wenn in dem Wirtschaftsgut stille Reserven enthalten sind. Denn dann würden bei der Betriebsstätte nur die Abschreibungen auf

---

[108]Genau genommen ordnet § 4 Abs. 1 Satz 3 EStG nicht die Erhöhung der inländischen Einkünfte an. So ist § 4 Abs. 1 Satz 1 EStG zunächst nur zu entnehmen, dass der Unterschiedsbetrag u. a. um die Entnahmen zu vermehren ist, um den „Gewinn" zu ermitteln. Wurde das Wirtschaftsgut aber in dem vorgelagerten Gewinnabgrenzungsschritt bis zur Überführung dem Stammhaus und danach der Betriebsstätte zugeordnet, so hat auch die gewinnerhöhende Korrektur des § 4 Abs. 1 Satz 3 EStG, durch die im Inland entstandene stille Reserven aufgedeckt werden, veranlassungsgerecht auf der Seite des Stammhauses, mithin bei den – um die freizustellenden ausländischen Betriebsstätteneinkünfte gekürzten – inländischen Einkünften stattzufinden.

[109]Vgl. Fn. 101.

den Buchwert des Wirtschaftsguts vorgenommen werden, während die Bemessungsgröße für die Abschreibungen bei Zugrundelegung der Innentransaktion der Fremdvergleichswert wäre.

Bei einer lediglich vorübergehenden Überführung des Wirtschaftsguts würde der Betriebsstättengewinn ohne die Berücksichtigung der fiktiven Nutzungsüberlassung stets höher ausfallen, da dieser dann nicht um die sofort abzugsfähigen fiktiven Betriebsausgaben in Höhe des fiktiven Mietzinses gemindert wäre.

Ist der Anwendungsbereich des § 1 Abs. 5 AStG also eröffnet, ist sorgfältig zwischen dem jeweils in § 1 Abs. 5 und § 1 Abs. 1 AStG niedergelegten Umfang der Rechtsfolge zu differenzieren. Während die Rechtsfolge des § 1 Abs. 5 AStG, nämlich die entsprechende Anwendung der Absätze 1, 3 und 4, bereits dann eingreift, *„wenn"* die Voraussetzungen des § 1 Abs. 5 Sätze 1 bis 4 AStG vorliegen, ist die in § 1 Abs. 1 AStG angeordnete Korrektur nur *„unbeschadet anderer Vorschriften"* (Satz 1) in Gestalt *„weitergehende[r] Berichtigungen"* (Satz 4) vorzunehmen.

Zudem betrifft die durch § 1 Abs. 1 AStG angeordnete Korrektur nur die Einkünfte des Steuerpflichtigen, also hier die Einkünfte des unbeschränkt in Deutschland steuerpflichtigen Unternehmensträgers. Dessen um die fiktive Entnahme gemäß § 4 Abs. 1 Sätze 3 und 4 EStG korrigierte Einkünfte bedürfen aber hinsichtlich der Innentransaktion keiner weiteren Korrektur mehr, wenn der gemeine Wert des überführten Wirtschaftsguts mit dessen Fremdvergleichswert übereinstimmt. Denn dann wurde der Korrekturrahmen bereits durch die Entstrickung vollständig ausgeschöpft. Dies dürfte regelmäßig der Fall sein.[110] Übersteigt der Fremdvergleichswert ausnahmsweise den gemeinen Wert,[111] ergibt sich die insoweit weitergehende Korrektur der Einkünfte des Stammhauses aus § 1 AStG.

19.2.1.3 AOA de lege ferenda und Entstrickung bei Outbound-Betriebsstätten

Im Folgenden soll nun untersucht werden, wie sich eine „abkommensgerechtere" Umsetzung des AOA, nämlich durch eine innerstaatliche Gewinnabgrenzungsvorschrift, auf das Zusammenspiel von Entstrickungsbesteuerung und Betriebsstättengewinnabgrenzung nach dem AOA auswirken würde. Der Übersicht halber

---

[110]Vgl. zur vGA *BFH*, Urt. v. 23.2.2005 – I R 70/04, *BFHE* 209, 252 unter II.3.b); Urt. v. 22.12.2010 – I R 47/10, *BFH/NV* 2011, 1019 unter II.3.

[111]Vgl. zu der abstrakten Möglichkeit einer Abweichung *Gosch*, in: Gosch, KStG, § 8 Rn. 381; *Kahle/Eichholz/Kindich*, Ubg 2016, 132, 140.

wird dabei angenommen, dass die Abgrenzungsmechanismen, d. h. im Wesentlichen § 1 Abs. 5 Sätze 2 bis 4 AStG sowie die konkretisierende BsGaV, inhaltsgleich auf die Gewinnabgrenzungsebene übertragen werden. Die fiktive Regelung soll den AOA zudem abweichend von § 1 Abs. 5 Satz 1 Hs. 2 AStG symmetrisch und nicht lediglich profiskalisch umsetzen.[112]

Eine derartige Umsetzung des AOA zeichnet sich dadurch aus, dass das im Wege der Betriebsstättengewinnabgrenzung ermittelte Ergebnis an die Stelle der innerstaatlichen Gewinnermittlung nach § 4 Abs. 1, § 5 Abs. 1 EStG tritt. Die Gewinnabgrenzung knüpft unmittelbar an die für Zwecke der innerstaatlichen Gewinnermittlung unterhaltene Buchführung an, weist die unterschiedlichen Buchungsvorgänge parallel der Hilfs- und Nebenrechnung des jeweiligen Unternehmensteils zu und ergänzt diese Buchungsvorgänge um die buchhalterische Abbildung der AOA-spezifischen Innentransaktionen.

Auf die so aus den Hilfs- und Nebenrechnungen erlangten Unterschiedsbeträge für das Stammhaus einerseits und die Betriebsstätte andererseits werden die außerbilanziellen Korrekturvorschriften der 2. Stufe der Gewinnermittlung angewendet. Die abkommensrechtliche Freistellung vollzieht sich damit nicht mehr im Wege eines außerbilanziellen Abzugspostens auf der 2. Stufe der allgemeinen Gewinnermittlung, sondern dadurch, dass der Stammhausgewinn im Wege der parallelen Abgrenzung separat ermittelt wird.

19.2.1.3.1 Auswirkungen auf der 1. Stufe der Gewinnermittlung

Bei der steuerbilanziellen Behandlung ergeben sich daher keine Änderungen. Das zu überführende Wirtschaftsgut gehört zum Betriebsvermögen des Unternehmens und erscheint deshalb auch in diesem Szenario im Jahr der Überführung in dessen Eröffnungs(gesamt-)bilanz mit dem Buchwert.

19.2.1.3.2 Auswirkungen auf der Gewinnabgrenzungsebene

Aufgrund der bisherigen Zuordnung zum inländischen Stammhaus erscheint das Wirtschaftsgut zudem bis zu seiner Überführung mit dem Buchwert in der Hilfs- und Nebenrechnung des Stammhauses. Für dessen weitere steuerliche Behandlung ist auf Gewinnabgrenzungsebene (und damit im Rahmen der Hilfs- und Nebenrechnung) zwischen der dauerhaften Überführung des Wirtschaftsguts und seiner lediglich vorübergehenden Überlassung zu differenzieren.

Im Fall der auf Dauer angelegten Überführung des Wirtschaftsguts wird die entsprechend § 5 Abs. 1 BsGaV an die Nutzung anknüpfende Personalfunktion mit der Überführung fortan in der Betriebsstätte ausgeübt (vgl. § 4 Abs. 1

---

[112]Zu weiteren Änderungsvorschlägen für die *de lege ferenda* Regelung vgl. unten Kapitel 21.

BsGaV). Das Wirtschaftsgut ist somit der Betriebsstätte zuzuordnen (vgl. § 5 Abs. 1 Satz 2 BsGaV). *Ceteris paribus* ist das Wirtschaftsgut auch bei den der Betriebsstätte zuzuordnenden Chancen und Risiken und der darauf basierenden Zuweisung von Passivposten (Dotations- und Fremdkapital) zu berücksichtigen. Dabei ist der Wechsel der Zuordnung des Wirtschaftsguts entsprechend § 16 Abs. 1 Nr. 1 BsGaV als anzunehmende schuldrechtliche Beziehung, hier in Gestalt einer fiktiven Veräußerung, zu erfassen. Bei dem fiktiven Erwerber ist diese entsprechend § 1 Abs. 5 Satz 4 AStG zum Fremdvergleichspreis anzusetzen und in der Hilfs- und Nebenrechnung entsprechend § 3 Abs. 2 BsGaV abzubilden. Dazu ist insbesondere das Wirtschaftsgut in der Hilfs- und Nebenrechnung der Betriebsstätte zum Fremdvergleichspreis zu aktivieren (und über die verbleibende Nutzungsdauer abzuschreiben)[113] sowie das zugehörige Dotations- und Fremdkapital zu passivieren.

Hilfs- & Nebenrechnung Betriebsstätte zu Beginn des WJ		Hilfs- & Nebenrechnung Betriebsstätte zum Ende des WJ	
Kasse 500	Dotationskap. 500	Kasse 500	Dotationskap. 1.300
		WG 900[114]	Jahresüberschuss 100[115]

Die fiktiven Betriebsausgaben (vgl. § 3 Abs. 2 Satz 3 BsGaV) für die Anschaffung des Wirtschaftsguts in Höhe des Fremdvergleichspreises sowie etwaige damit zusammenhängende Chancen werden „außerbilanziell" berücksichtigt.[116] Soweit auf Passivseite Fremdkapital und Risiken in Zusammenhang mit dem Wirtschaftsgut übergegangen sind, ist auch diese fiktive Übernahme fremdvergleichskonform durch „außerbilanzielle" Hinzurechnung entsprechender fiktiver Betriebseinnahmen bei der Betriebsstätte zu berücksichtigen.

In der Hilfs- und Nebenrechnung für das Stammhaus (als inländische Betriebsstätte) werden das Wirtschaftsgut zum Buchwert sowie die zugehörigen Passivposten ausgebucht.

---

[113]Auf den Ansatz in der Hilfs- und Nebenrechnung finden die §§ 4 ff. EStG entsprechende Anwendung, vgl. (wenngleich in etwas anderem Kontext) auch *Wassermeyer*, IStR 2004, 733 f.

[114]Der Fremdvergleichspreis i.H.v. 900 ist noch um die unterjährige AfA *pro rata temporis* zu mindern.

[115]Die aufgedeckten stillen Reserven i. H. v. 100 sind entsprechend um die unterjährige AfA (auf das Wirtschaftsgut, vgl. Fn. 114) *pro rata temporis* zu mindern.

[116]Vgl. die allgemeinen Ausführungen zur Hilfs- und Nebenrechnung unter 18.2.

Hilfs- & Nebenrechnung Stammhaus zu Beginn des WJ			Hilfs- & Nebenrechnung Stammhaus zum Ende des WJ		
Kasse	1.200	Dotationskap. 2.000	Kasse	1.200	Dotationskap. 1.200
WG	800				

Die fiktiven Betriebseinnahmen (fiktiver Erlös) in Höhe des Fremdvergleichspreises sind bei dem Stammhaus außerbilanziell hinzuzurechnen.[117]

Ist die Überführung des Wirtschaftsguts hingegen als vorübergehende Überlassung ausgestaltet und soll das Wirtschaftsgut damit nach kurzer Zeit in das
Stammhaus zurücküberführt werden, so tritt in der Regel kein Wechsel der maßgeblichen Personalfunktion ein, vgl. § 5 Abs. 2 BsGaV. Das Wirtschaftsgut
bleibt daher dem Stammhaus zugeordnet. Gleichwohl stellt die zeitlich befris-
tete Überlassung eines Wirtschaftsguts einen wirtschaftlichen Vorgang dar, den
unabhängige Dritte durch schuldrechtliche Vereinbarungen, nämlich eine Miet-
oder Pachtvereinbarung, entsprechend § 16 Abs. 1 Nr. 2 BsGaV regeln würden.
Daher sind hierfür jeweils in der Hilfs- und Nebenrechnung der Betriebsstätte
fiktive Betriebsausgaben in Höhe der Fremdvergleichsmiete „außerbilanziell"
abzuziehen und in der Hilfs- und Nebenrechnung für das Stammhaus in gleicher Höhe fiktive Betriebseinnahmen „außerbilanziell" hinzuzurechnen. Für das
Gesamtunternehmen ist der Vorgang somit erfolgsneutral.

In der Steuerbilanz spiegelt sich der „Step Up" in der Bewertung des überführten Wirtschaftsguts hingegen nicht wider, da hierfür die Rechtsgrundlage fehlt.
Um die im Rahmen der Betriebsstättengewinnabgrenzung durch die Innentransaktion bereits erfassten stillen Reserven aber nicht doppelt zu erfassen, sollte ein
(außerbilanzieller) Merkposten in Höhe der stillen Reserven gebildet werden.[118]

---

[117] Soweit im Zuge der Überführung auch mit dem Wirtschaftsgut zusammenhängende Fremd-
kapitalverbindlichkeiten oder Risiken übergegangen sind, sind auch diese Vorteile durch
fremdvergleichskonforme fiktive Betriebsausgaben zu berücksichtigen.

[118] Da für die Dauer der Existenz der Betriebsstätte der nach der Hilfs- und Nebenrechnung
ermittelte Gewinn an die Stelle des allein nach § 4 Abs. 1, § 5 Abs. 1 EStG ermittelten
Gewinns tritt, dürfte der Merkposten allenfalls dann wieder relevant werden, wenn es zu
einer Auflösung der Betriebsstätte kommt und damit kein Erfordernis mehr für die Hilfs- und
Nebenrechnung besteht. Denn bis dahin entspricht der für das Wirtschaftsgut zu bildende
(und ggf. abzuschreibende) Merkposten dem Ansatz des Wirtschaftsguts in der Hilfs- und
Nebenrechnung.

19.2.1.3.3 Auswirkungen auf der 2. Stufe der Gewinnermittlung

Nachdem der AOA in diesem Szenario innerstaatlich bereits auf Gewinnabgrenzungsebene zur Anwendung gebracht wurde, ist auf der 2. Stufe der Gewinnermittlung lediglich zu klären, ob und inwieweit die Entstrickungsregelungen noch anzuwenden sind.

Zudem ist zwischen der Anwendung der außerbilanziellen Korrekturvorschriften auf den Unterschiedsbetrag der Steuerbilanz einerseits und auf die Unterschiedsbeträge der Hilfs- und Nebenrechnungen andererseits zu unterscheiden. Auf den sich aus der Steuerbilanz ergebenden Unterschiedsbetrag findet die außerbilanzielle Korrektur gemäß § 4 Abs. 1 Satz 1 Hs. 2 i. V. m. Sätzen 3 und 4 EStG unverändert Anwendung.

Diese Anwendung ist aber für die konkrete Besteuerung des Unternehmens im Inland irrelevant: Da der im Rahmen der Gewinnabgrenzung mit Hilfe der Hilfs- und Nebenrechnung nebst außerbilanzieller Korrekturen ermittelte Gewinn insoweit an die Stelle des allein nach § 4 Abs. 1, § 5 Abs. 1 EStG ermittelten Gewinns tritt, kommt es allein auf die Frage an, ob die außerbilanzielle Korrektur der Entstrickung auf den sich aus der Hilfs- und Nebenrechnung des Stammhauses ergebenden Unterschiedsbetrag Anwendung findet.[119]

Bei der dazu zu beurteilenden Frage, ob die dauerhafte Überführung des Wirtschaftsguts zu einem Ausschluss (oder einer Beschränkung) des deutschen Besteuerungsrechts hinsichtlich des Gewinns aus der Veräußerung dieses Wirtschaftsguts im Sinne des § 4 Abs. 1 Satz 3 EStG führt, ist zu beachten, dass die bis zum Zeitpunkt der Überführung im Inland entstandenen Reserven über die Betriebsstättengewinnabgrenzung bei dem inländischen Stammhaus erfolgswirksam aufgelöst und damit der inländischen Besteuerung unterworfen werden.

Damit wird das Besteuerungsrecht hinsichtlich des Gewinns aus der Veräußerung des überführten Wirtschaftsguts, konkret an den im Inland gebildeten Reserven, gerade nicht ausgeschlossen.[120] Insbesondere sind die stillen Reserven, die sich gegebenenfalls erst in der Zukunft bilden, nicht in die Betrachtung mit einzubeziehen. Auf diese hätte der deutsche Fiskus nämlich auch beim

---

[119]Genau genommen wäre diese Korrektur immer noch Teil der Gewinnabgrenzung, da sie in das Gewinnabgrenzungsergebnis, den Betriebsstättengewinn, mit einfließt. Da sich dieser Teil der Gewinnabgrenzung aber nach den Korrekturvorschriften der 2. Stufe der Gewinnermittlung vollzieht, wird er an dieser Stelle diskutiert.

[120]Insoweit kommt es auf die entsprechende Übertragung der Rechtsprechungsgrundsätze aus der Entscheidung des *BFH*, Urt. v. 17.7.2008 – I R 77/06, *BFHE* 222, 402 auf die Rechtslage nach Einführung des § 4 Abs. 1 Satz 3 EStG (vgl. *Schönfeld*, IStR 2010, 133, 136) nicht mehr an.

„Fremdvergleichspendant" der Veräußerung an ein ausländisches unabhängiges Unternehmen keinen Zugriff.[121] Damit ist der Anwendungsbereich des § 4 Abs. 1 Satz 3 EStG im Fall der dauerhaften Überführung des Wirtschaftsguts nicht eröffnet. Da die stillen Reserven bereits über die Betriebsstättengewinnabgrenzung im Inland erfasst werden, besteht hierfür – unter Beachtung des Normzwecks – auch kein Bedürfnis mehr.

Das Gleiche gilt – bei teleologischer Betrachtung – auch im Rahmen des § 4 Abs. 1 Satz 4 EStG. Dennoch steht einer solchen rein teleologischen Betrachtung der Wortlaut der Vorschrift entgegen. Unterstellt man auch hier wieder, dass der § 4 Abs. 1 Satz 4 EStG die vom Gesetzgeber intendierte Wirkung entfaltet und trotz seiner Formulierung als Regelbeispiel („insbesondere") wie beabsichtigt als gesetzliche Fiktion wirkt, so wäre zunächst die Entnahmefiktion zu bejahen. Dabei ist jedoch der Sinn einer Korrektur auf der 2. Stufe der Gewinnermittlung zu beachten. Die 2. Stufe der Gewinnermittlung soll nicht betrieblich veranlasste Minderungen oder Mehrungen des Betriebsvermögens durch entsprechende Vermehrungen und Verringerungen wieder neutralisieren. Im Entstrickungsfall wird der Ausschluss bzw. die Beschränkung des deutschen Besteuerungsrechts einer Minderung des Betriebsvermögens gleichgesetzt.[122] Dabei ist eine Korrektur nach § 4 Abs. 1 Satz 1 Hs. 2 EStG aber nur insoweit erforderlich, als die Minderung noch nicht anderweitig ausgeglichen wurde. Die hier einschlägige Korrektur nach § 4 Abs. 1 Satz 1 Hs. 2 EStG wirkt aber in die gleiche Richtung wie der AOA. Sie läuft insoweit leer, da der Korrekturzweck bereits über die Gewinnabgrenzung erreicht wurde. Lediglich insoweit, als der gemeine Wert den Fremdvergleichswert ausnahmsweise im Einzelfall übersteigt, ist eine ergänzende Korrektur in Höhe dieser Differenz vorzunehmen.

Entsprechendes gilt für die lediglich vorübergehende Überlassung des Wirtschaftsguts, bei der sich die Regelung des § 4 Abs. 1 Satz 3 EStG lediglich auf den fiktiven Mietzins erstreckt, der aber bereits im Rahmen der Betriebsstättengewinnabgrenzung erfolgswirksam berücksichtigt wurde. § 4 Abs. 1 Satz 4 EStG findet auf die Gewinne aus der Nutzung hingegen keine Anwendung. Darüber hinaus bleibt das Wirtschaftsgut im Fall der lediglich vorübergehenden Überlassung auch weiterhin dem inländischen Stammhaus zugeordnet, so dass die Voraussetzungen des § 4 Abs. 1 Satz 4 EStG ohnehin nicht vorlägen.

Insgesamt lässt sich damit feststellen, dass für die Anwendung der Entstrickungsregelungen als „außerbilanzielle" Korrektur des Unterschiedsbetrags der Hilfs- und Nebenrechnung kein Bedürfnis besteht, da dem Korrekturzweck

---

[121] *BFH*, Urt. v. 17.7.2008 – I R 77/06, *BFHE* 222, 402 unter B.III.3.b.cc).

[122] Vgl. oben unter 19.2.1.1.2.4.

schon durch den Ansatz fiktiver Betriebseinnahmen hinreichend Rechnung getragen wurde. Die Entstrickungsregelungen gehören damit zu den Vorschriften der 2. Stufe der Gewinnermittlung, die nicht entsprechend auch für die Hilfs- und Nebenrechnung gelten, weil sich aus deren Charakter als Gewinnabgrenzungsrechnung etwas anderes ergibt.

Da ohne die Anwendung des § 4 Abs. 1 Sätze 3 und 4 EStG auch der Anwendungsbereich des § 4g EStG nicht eröffnet ist,[123] wäre es ratsam, die auf Gewinnabgrenzungsebene verortete Umsetzung des AOA um eine umfängliche Regelung zu ergänzen, die dem Normzweck des § 4g EStG entsprechend die unionsrechtskonforme Durchführung der Betriebsstättengewinnabgrenzung nach dem AOA gewährleistet.

19.2.2 Das Verhältnis des AOA zur Verstrickungsbesteuerung bei Outbound-Betriebsstätten

Wird das materielle Wirtschaftsgut des Anlagevermögens in umgekehrter Richtung, d. h. von der ausländischen Betriebsstätte in das inländische Stammhaus überführt, stellt sich die Frage, wie sich der AOA und die Verstrickungsregelungen (§ 4 Abs. 1 Satz 8 Hs. 2, § 6 Abs. 1 Nr. 5a EStG) zueinander verhalten.

19.2.2.1 Exkurs: Die Auswirkungen der Verstrickung auf die erste und zweite Stufe der Gewinnermittlung

Auch hier muss zunächst geklärt werden, wie sich die Verstrickung nach innerstaatlichem Gewinnermittlungsrecht auf die beiden Stufen der Gewinnermittlung auswirkt. Da die Verstrickung spiegelbildlich der Einlage nachgebildet ist, soll zunächst die Behandlung der Einlage dargestellt werden.

19.2.2.1.1 Ausgangspunkt: Die Wirkungsweise der Einlage
Entsprechend der Behandlung der Entnahme führt die Einlage auf der 1. Stufe der Gewinnermittlung grundsätzlich zu einer Einbuchung des Wirtschaftsguts zum

---

[123]Die heutige Umsetzungsvorschrift des AOA spricht in § 1 Abs. 5 Satz 6 AStG nur davon, dass die Möglichkeiten, einen Ausgleichsposten nach § 4g EStG zu bilden, nicht eingeschränkt wird. Eine eigenständige Möglichkeit zur Bildung des Ausgleichspostens gibt sie hingegen nicht, vgl. *Kahle/Eichholz/Kindich*, Ubg 2016, 132, 142. Wegen der ausdrücklichen Anknüpfung an § 4 Abs. 1 Satz 3 EStG erscheint auch eine entsprechende Anwendung i. R. d. Gewinnabgrenzung (die ja ihrerseits vorbehaltlich der AOA-Spezialregelungen auf §§ 4 ff. EStG zurückgreift) zweifelhaft.

Teilwert (§ 6 Abs. 1 Nr. 5 EStG).[124] Auf der 2. Stufe der Gewinnermittlung wird der durch die Erhöhung des Betriebsvermögens entsprechend erhöhte Unterschiedsbetrag dann gemäß § 4 Abs. 1 Satz 1 Hs. 2 EStG wieder außerbilanziell um diesen Betrag korrigiert.[125] Denn insoweit beruht die Betriebsvermögenserhöhung nicht auf der betrieblichen Tätigkeit.[126] Wie bereits der Klammerzusatz in § 4 Abs. 1 Satz 8 EStG im Vergleich zu Satz 2 verdeutlicht, werden Nutzungen und Leistungen mangels Einlagefähigkeit anders als bei der Entnahme von der Einlage grundsätzlich nicht erfasst.[127] Ebenfalls in Abweichung von der steuerlichen Behandlung der Entnahme, die sich insgesamt in Höhe der in dem Wirtschaftsgut ruhenden stillen Reserven auf den steuerlichen Gewinn auswirkt, bleibt die Einlage grundsätzlich ohne Gewinnauswirkung, da der Korrekturbetrag auf der 2. Stufe dem Wert entspricht, mit dem das Wirtschaftsgut in die Steuerbilanz eingebucht wurde.[128]

19.2.2.1.2 Die Wirkungsweise der Verstrickung auf den beiden Ebenen der Gewinnermittlung

Ähnlich wie bei der Entstrickung zeichnet sich auch die Verstrickung eines Wirtschaftsguts durch die Überführung dieses Wirtschaftsguts aus einer ausländischen Betriebsstätte in das inländische Stammhaus dadurch aus, dass das Wirtschaftsgut bereits vor der Überführung Teil des Betriebsvermögens des Gesamtunternehmens war und als solches in der Regel, d. h. bei Bilanzierbarkeit des Wirtschaftsguts, bereits in der Steuerbilanz erfasst wurde.

Es stellt sich nun auch für die Verstrickung die Frage, ob sich diese auf beiden Stufen oder ausschließlich auf der 2. Stufe der Gewinnermittlung auswirkt. Liest

---

[124] *Musil*, in: H/H/R, EStG/KStG, § 4 EStG Rn. 310; *Frotscher*, in: Frotscher/Geurts, EStG, § 4 Rn. 423; vgl. auch *Bode*, in: Kirchhof, EStG, § 4 Rn. 104; *Heinicke*, in: Schmidt, EStG, § 4 Rn. 336.

[125] *Wied*, in: Blümich, EStG/KStG/GewStG, § 4 EStG Rn. 515.

[126] Zur Neutralisierungsfunktion vgl. *Heinicke*, in: Schmidt, EStG, § 4 Rn. 300; *Musil*, in: H/H/R, EStG/KStG, § 4 EStG Rn. 150; *Wied*, in: Blümich, EStG/KStG/GewStG, § 4 EStG Rn. 440, 442; *Frotscher*, in: Frotscher/Geurts, EStG, § 4 Rn. 303; *Bode*, in: Kirchhof, EStG, § 4 Rn. 85; *Nöcker*, in: Bordewin/Brandt, EStG, § 4 Rn. 360; *Hoffmann*, in: L/B/P, EStG, §§ 4, 5 Rn. 200.

[127] Ausnahmen können sich für Nutzungsaufwand ergeben, wenn allgemeine Besteuerungsprinzipien dies erfordern, vgl. *BFH*, Beschluss v. 26.10.1987 – GrS 2/86, *BFHE* 151, 523; *Wied*, in: Blümich, EStG/KStG/GewStG, § 4 EStG Rn. 499 ff.; *Musil*, in: H/H/R, EStG/KStG, § 4 EStG Rn. 295; *Bode*, in: Kirchhof, EStG, § 4 Rn. 101; *Frotscher*, in: Frotscher/Geurts, EStG, § 4 Rn. 414 ff.; *Nöcker*, in: Bordewin/Brandt, EStG, § 4 Rn. 369 ff.

[128] *Heinicke*, in: Schmidt, EStG, § 4 Rn. 335; *Bode*, in: Kirchhof, EStG, § 4 Rn. 104; *Wied*, in: Blümich, EStG/KStG/GewStG, § 4 EStG Rn. 515.

man in die Regelung des § 4 Abs. 1 Satz 8 Hs. 2 i. V. m. § 6 Abs. 1 Nr. 5a EStG die Befugnis zu einem „Step Up" des Wirtschaftsguts in der Steuerbilanz hinein, so führt die Verstrickung des Wirtschaftsguts auf der 1. Stufe der Gewinnermittlung zu einer „Aufschreibung" des Wirtschaftsguts in der Steuerbilanz auf den gemeinen Wert, was sodann eine Korrektur auf der 2. Stufe der Gewinnermittlung in Höhe der Differenz von gemeinem Wert und Buchwert nach sich zieht.[129]

Argumentiert man hingegen ähnlich wie bei der Entstrickung damit, dass die Regelung des § 4 Abs. 1 Satz 8 Hs. 2 EStG keine Anordnung zur vorherigen (fiktiven) Ausbuchung des bereits in der Steuerbilanz abgebildeten Wirtschaftsguts enthält, so dass die fiktive Wiedereinbuchung nicht möglich ist, so käme man zu einer Lesart des § 4 Abs. 1 Satz 8 Hs. 2 EStG, nach der lediglich ein außerbilanzieller Merkposten in der Höhe der stillen Reserven zu bilden wäre, der erst beim Ausscheiden des Wirtschaftsguts aus dem Gesamtbetriebsvermögens aufzulösen wäre.

Obgleich die zweitgenannte Auffassung den Vorteil hätte, dass sie Verstrickung und Entstrickung einheitlich behandelt, so ist die andere Auffassung als vorzugswürdig anzusehen. Dabei spricht für den „Step Up" vor allen, dass dieser sich – anders als im Fall der Entstrickung – auch buchungstechnisch abbilden lässt.

Anlagevermögen 100 an (fiktive) Einlage 100

Gegenstand der Einlage sind hier – vergleichbar mit der Lage bei der Entstrickung – aber nur die stillen Reserven. Denn in Höhe des Buchwerts war das Wirtschaftsgut schon in der Steuerbilanz enthalten. Nur in Höhe des über den Buchwert hinausgehenden Werts wird das inländische Betriebsvermögen fiktiv gemehrt.

19.2.2.2 AOA de lege lata und Verstrickung bei Outbound-Betriebsstätten

Für das Zusammenwirken von Verstrickung und § 1 Abs. 5 AStG hat dies die folgenden Konsequenzen: Anders als bei der Entstrickung führt die durch die Überführung des Wirtschaftsguts bewirkte Verstrickung der stillen Reserven auf der 1. Stufe der Gewinnermittlung zu einem „Step Up" des Wirtschaftsguts auf den gemeinen Wert in der Steuerbilanz. Auf diesen erhöhten Wert wären sodann die Abschreibungen für Abnutzungen vorzunehmen. Dies gilt jedoch nur für

---

[129] So die ganz h. M. vgl. *Musil*, in: H/H/R, EStG/KStG, § 4 EStG Rn. 323; *Wied*, in: Blümich, EStG/KStG/GewStG, § 4 EStG Rn. 514; *Heinicke*, in: Schmidt, EStG, § 6 Rn. 571.

die dauerhafte Überführung. Denn die nur vorübergehende Nutzungsüberlassung eines Wirtschaftsguts stellt einen nicht einlagefähigen Nutzungsvorteil dar. Auf der Gewinnabgrenzungsebene dürften zwar die Ausführungen des BFH aus dem Urteil vom 17. Juli 2008[130] auch für die Überführung des Wirtschaftsguts ins Inland gelten. Die Entscheidung dürfte daher auch einer „finalen Einlage" eine Absage erteilt haben.[131] Gleichwohl ist bei einem Doppelbesteuerungsabkommen, das den AOA enthält, dessen Schrankenwirkung zu beachten. Dementsprechend würde der Betriebsstättengewinn (unter der *ceteris paribus*-Annahme) bei Berücksichtigung eines *„dealings"* um die Differenz aus den aus dem *„dealing"* resultierenden fiktiven Betriebseinnahmen und dem Buchwert des Wirtschaftsguts höher ausfallen. In Höhe dieser stillen Reserven, die nach dem Recht des Anwenderstaats, also Deutschland, zu ermitteln sind, entfaltet das Abkommen seine Schrankenwirkung.[132] Da das *„dealing"* anders als die fiktive Einlage auch die vorübergehende Nutzungsüberlassung erfasst, würde die Schrankenwirkung insoweit weitergehende Wirkung entfalten als die Verstrickungsregelung.

Auf der zweiten Gewinnermittlungsebene wird die durch die fiktive Einlage bei dem Stammhaus bewirkte Betriebsvermögensmehrung, die sich auf den Unterschiedsbetrag ausgewirkt hat, gemäß § 4 Abs. 1 Satz 1 Hs. 2 EStG durch eine entsprechende Korrektur wieder neutralisiert. Zusätzlich wäre der Gewinn außerbilanziell um den freizustellenden Betriebsstättengewinn zu mindern, der wegen der abkommensrechtlichen Schrankenwirkung auch die Betriebseinnahmen in Höhe der stillen Reserven umfassen müsste.

Die Regelung des § 1 Abs. 5 AStG würde hingegen bereits tatbestandlich nicht eingreifen, da der Anwendungsbereich der Norm nicht eröffnet ist. Denn ohne die Berücksichtigung der Innentransaktion fallen die ausländischen Einkünfte geringer und nicht, wie der Tatbestand des § 1 Abs. 5 EStG es voraussetzt, höher als unter Berücksichtigung der Innentransaktion aus.

Im Ergebnis folgt die steuerliche Behandlung der dauerhaften Überführung eines Wirtschaftsguts für das Stammhaus in bilanzieller Hinsicht aus der Verstrickungsregelung des § 4 Abs. 1 Satz 8 Hs. 2 EStG und auf außerbilanzieller Ebene aus der Freistellung des Betriebsstättengewinns über die abkommensrechtliche Schrankenwirkung. Die lediglich vorübergehende Nutzungsüberlassung eines

---

[130]*BFH*, Urt. v. 17.7.2008 – I R 77/06, *BFHE* 222, 402.

[131]So auch *Musil*, in: H/H/R, EStG/KStG, § 4 EStG Rn. 306, 321; *Wied*, in: Blümich, EStG/KStG/GewStG, § 4 EStG Rn. 511; vgl. auch *BFH*, Beschluss v. 4.12.2006 – GrS 1/05, *BFHE* 216, 168 unter C.II.2.b.bb) unter Verweis auf Beschluss v. 26.10.1987 – GrS 2/86, *BFHE* 151, 523.

[132]Vgl. zur Schrankenwirkung von Abkommen *BFH*, Urt. v. 11.10.2012 – I R 75/11, *BFHE* 239, 242.

Wirtschaftsguts würde hingegen lediglich einseitig, nämlich über die abkommensrechtliche Schrankenwirkung bei der Freistellung des Betriebsstättengewinns erfasst. Die eigentlich damit korrespondierenden sofort abzugsfähigen fiktiven Betriebsausgaben wären beim Stammhaus hingegen nicht berücksichtigungsfähig, da § 1 Abs. 5 AStG wegen seiner asymmetrischen Ausgestaltung[133] nicht eingreift.[134]

19.2.2.3 AOA de lege ferenda und Verstrickung bei Outbound-Betriebsstätten

Auch für das Verstrickungsszenario soll das hypothetische Zusammenwirken der Verstrickungsregelungen mit einer „abkommensgerechteren" Umsetzung des AOA auf Gewinnabgrenzungsebene (*de lege ferenda* Regelung) betrachtet werden.

Auf der 1. Stufe der Gewinnermittlung würde das Wirtschaftsgut zu Beginn des Wirtschaftsjahres in der Eröffnungsbilanz des Unternehmens erscheinen. Im Fall der dauerhaften Überführung würde der Transfer des Wirtschaftsguts in einem auf den gemeinen Wert erhöhten Ansatz des Wirtschaftsguts in der Steuerbilanz resultieren und dem inländischen Stammhaus Abschreibungen auf diesen erhöhten Wert gestatten. Im Fall der lediglich vorübergehenden Nutzungsüberlassung hätte die Überführung keine steuerbilanziellen Auswirkungen.

Die Umsetzung des AOA durch eine innerstaatliche Gewinnabgrenzungsvorschrift würde das „*dealing*" bereits auf Gewinnabgrenzungsebene steuerlich berücksichtigen. Dies hätte zur Folge, dass in der Hilfs- und Nebenrechnung bei der Betriebsstätte, in der das Wirtschaftsgut seiner Zuordnung entsprechend geführt wurde, im Fall der dauerhaften Überführung des Wirtschaftsguts neben dessen Ausbuchung fiktive Betriebseinnahmen in Höhe des fiktiven Kaufpreises und im Fall der vorübergehenden Nutzungsüberlassung fiktive Betriebseinnahmen in Höhe des fiktiven Mietzinses „außerbilanziell" hinzuzurechnen wären. In der Hilfs- und Nebenrechnung des Stammhauses würde das Wirtschaftsgut im Fall der dauerhaften Überführung erstmals mit dem gemeinen Wert eingebucht werden. Die erhöhten Abschreibungen würden betragsmäßig übereinstimmend sowohl in der Steuerbilanz als auch in der Hilfs- und Nebenrechnung des Stammhauses abgebildet. Zudem würde der Unterschiedsbetrag aus der Hilfs- und Nebenrechnung des Stammhauses aber auch „außerbilanziell" um die fiktiven Betriebsausgaben im Fall einer fiktiven Nutzungsüberlassung gemindert werden.

---

[133] Vgl. auch unten unter 20.2.

[134] Zusätzlich besteht das Problem, dass § 1 Abs. 5 Satz 1 Hs. 2 Var. 2 AStG bei Geschäftsbeziehungen zu Outbound-Betriebsstätten nur auf die ausländischen Einkünfte des unbeschränkt Steuerpflichtigen und nicht auch auf dessen inländisches Besteuerungssubstrat abstellt. Damit kommt es zu einer einseitigen Betrachtung in zweierlei Hinsicht.

Die verstrickungsbedingte Korrektur (§ 4 Abs. 1 Satz 1 Hs. 2 i. V. m. Satz 8 Hs. 1 EStG) findet nur im Rahmen der 2. Stufe der allgemeinen Gewinnermittlung Anwendung. Im Rahmen der „außerbilanziellen" Korrekturen der Hilfs- und Nebenrechnung wird diese Korrekturvorschrift von den insoweit spezielleren Vorschriften zur Anerkennung von Innentransaktionen verdrängt.[135]

Tritt das durch die Hilfs- und Nebenrechnung ermittelte Ergebnis an die Stelle des nach § 4 Abs. 1, § 5 Abs. 1 EStG ermittelten Ergebnisses, so kommt es auf die Verstrickungsregelungen somit insgesamt nicht an, wenn die Betriebsstätte in einem Staat liegt, mit dem Deutschland ein Doppelbesteuerungsabkommen mit AOA abgeschlossen hat. Erst bei der Beendigung der Betriebsstätte spielt die Verstrickungsregelung in derartigen DBA-Fällen wieder eine Rolle.[136]

19.3   Besonderheiten bei Inbound-Betriebsstätten

Der folgende Abschnitt widmet sich schließlich dem Zusammenspiel von AOA und den Entstrickungs- (19.3.1) bzw. Verstrickungsregelungen (19.3.2) bei Inbound-Betriebsstätten.

Bei der dauerhaften Überführung von Wirtschaftsgütern aus einer inländischen Betriebsstätte eines ausländischen Unternehmens in deren ausländisches Stammhaus bzw. in die umgekehrte Richtung besteht die Besonderheit, dass diese Wirtschaftsgüter nur solange der inländischen Buchführungspflicht[137] unterliegen, wie sie der inländischen Betriebsstätte zugeordnet werden. Der Grund darin liegt in dem der beschränkten Steuerpflicht des § 49 Abs. 1 Nr. 2 lit. a EStG zugrunde liegenden Territorialitätsprinzip in Abgrenzung zum Welteinkommensprinzip. Dies hat zur Konsequenz, dass die Ent- bzw. Verstrickung derartiger Wirtschaftsgüter wesentlich näher an dem Entnahme- bzw. Einlagetatbestand in seiner jeweiligen Grundform ist als bei den oben dargestellten Fällen in Zusammenhang mit Outbound-Betriebsstätten.

Im Rahmen des § 1 Abs. 5 AStG kommt es im Verhältnis zu Inbound-Betriebsstätten nur auf die Tatbestandsvariante „und dadurch die inländischen Einkünfte eines beschränkt Steuerpflichtigen gemindert werden" an.

---

[135]Vgl. oben unter 19.2.1.3.3 zur analogen Argumentation bei der Entstrickung.

[136]Zum Übergang von einer Hilfs- und Nebenrechnung zurück zu Steuerbilanz vgl. oben unter 18.2.4.

[137]Vgl. § 13d Abs. 3 i. V. m. § 13e ff. HGB oder § 141 AO.

19.3.1 Das Verhältnis von Entstrickung und AOA bei Inbound-Betriebsstätten

Wiederum soll zwischen dem Zustand *de lege lata* und *de lege ferenda* unterschieden werden.

19.3.1.1 AOA de lege lata und Entstrickung bei Inbound-Betriebsstätten

Nach dem geltenden Recht führt die dauerhafte Überführung eines Wirtschaftsguts aus einer inländischen Betriebsstätte in ihr ausländisches Stammhaus auf der 1. Stufe der Gewinnermittlung zu einer Minderung des Unterschiedsbetrags in Höhe des Buchwerts. Das Wirtschaftsgut scheidet aus der Steuerbilanz aus, da es nicht mehr zum Betriebsvermögen der inländischen Betriebsstätte gehört. Die fortdauernde Zugehörigkeit zu dem Gesamtbetriebsvermögen des ausländischen Unternehmens ist aus deutscher Perspektive ohne Bedeutung. Anderes gilt bei der lediglich vorübergehenden Nutzungsüberlassung des Wirtschaftsguts an das ausländische Stammhaus, da dies die Zugehörigkeit zum inländischen Betriebsstättenvermögen nicht löst. Die vorübergehende Nutzungsüberlassung hat daher keine Auswirkungen auf der 1. Stufe der Gewinnermittlung.

Auf der Ebene der Gewinnabgrenzung führt die Überführung des Wirtschaftsguts – sei es zur dauerhaften oder lediglich zur vorübergehenden Nutzungsüberlassung – nach der Rechtsprechung des BFH[138] nicht zu einer Gewinnrealisation. Insoweit unterscheidet sich die Behandlung der Entstrickung nicht von der Outbound-Konstellation.[139]

Auf der 2. Stufe der Gewinnermittlung wird die Korrektur nach § 1 Abs. 5 AStG indes erneut durch die bereits nach § 4 Abs. 1 Satz 1 Hs. 2 i. V. m. Satz 3 EStG erfolgte Korrektur gesperrt. Denn eine Minderung der inländischen Einkünfte des beschränkt Steuerpflichtigen hat infolge der nach Entstrickungsgrundsätzen erfolgten Korrektur ja gerade nicht stattgefunden. Gleiches gilt für die Fälle der fiktiven Nutzungsentnahme bei vorübergehender Nutzungsüberlassung des Wirtschaftsguts. Die Bildung eines Ausgleichspostens nach § 4g EStG unterbleibt in jedem Fall, da diese gemäß § 4g Abs. 1 EStG nur unbeschränkt Steuerpflichtigen offensteht.

Damit unterscheidet sich das Zusammenwirken von Entstrickung und § 1 Abs. 5 AStG in der Inbound-Konstellation lediglich hinsichtlich der Auswirkung auf der 1. Stufe der Gewinnermittlung im Fall der dauerhaften Überführung und

---

[138] Vgl. *BFH*, Urt. v. 17.7.2008 – I R 77/06, *BFHE* 222, 402.

[139] Vgl. daher die Ausführungen oben unter 19.2.1.2.2.

hinsichtlich der Möglichkeit zur Bildung eines Ausgleichspostens nach § 4g EStG von der Outbound-Konstellation.[140]

19.3.1.2 AOA de lege ferenda und Entstrickung bei Inbound-Betriebsstätten

Auch das Zusammenwirken der Entstrickungsbesteuerung mit einer fiktiven „abkommensgerechteren" Umsetzung des AOA auf Gewinnabgrenzungsebene beschränkt sich auf die steuerbilanzielle Berücksichtigung der Entstrickung auf der 1. Stufe der allgemeinen Gewinnermittlung. Im Übrigen kann insoweit auf die obigen Ausführungen verwiesen werden.[141]

19.3.2 Das Zusammenwirken von Verstrickung und AOA bei Inbound-Betriebsstätten

Abschließend soll auch das Zusammenwirken der Umsetzungsvorschriften des AOA *de lege lata* und *de lege ferenda* mit den Verstrickungsregelungen beleuchtet werden.

19.3.2.1 AOA de lege lata und Verstrickung bei Inbound-Betriebsstätten

Der Unterschied bei dem Zusammenwirken von Verstrickung und der gegenwärtigen Umsetzung des AOA durch § 1 Abs. 5 AStG bei Inbound-Betriebsstätten im Vergleich mit den Outbound-Betriebsstätten beschränkt sich auf der 1. Stufe der Gewinnermittlung auf die Höhe, in der sich die Überführung auf den Unterschiedsbetrag auswirkt. Da das Wirtschaftsgut, anders als in der Outbound-Konstellation, erst mit der Überführung in die inländische Betriebsstätte von der inländischen Buchführungspflicht erfasst wird, ist es erstmals mit dem gemeinen Wert in die Steuerbilanz der Betriebsstätte aufzunehmen. Der Unterschiedsbetrag auf der 1. Stufe der Gewinnermittlung erhöht sich somit um den gemeinen Wert des Wirtschaftsguts im Zeitpunkt der Überführung und nicht lediglich um den Wert der zwischenzeitlich gebildeten stillen Reserven.

---

[140]Vgl. zur *de lege lata* Rechtslage bei Outbound-Konstellation die Ausführungen oben unter 19.2.1.2.

[141]Vgl. oben unter 19.2.1.3.

Hinsichtlich der Auswirkungen auf der Gewinnabgrenzungsebene ergeben sich keine Abweichungen von der Outbound-Konstellation, so dass insoweit auf die dortigen Ausführungen verwiesen wird.[142]

Anders als in der Outbound-Konstellation[143] scheitert eine Korrektur nach § 1 Abs. 5 i. V. m. Abs. 1 AStG hier nicht bereits an der einseitigen Umsetzung durch § 1 Abs. 5 AStG. Dennoch ist der Korrekturrahmen des § 1 Abs. 1 AStG durch die vorrangige Korrektur nach § 4 Abs. 1 Satz 1 Hs. 2 i. V. m. Satz 8 Hs. 2 EStG ausgeschöpft, wenn der Fremdvergleichspreis dem gemeinen Wert entspricht. Eine darüber hinaus gehende Korrektur erfolgt nur, wenn der Fremdvergleichspreis ausnahmsweise höher als der gemeine Wert ist.[144]

19.3.2.2 AOA de lege ferenda und Verstrickung bei Inbound-Betriebsstätten

Der Vergleich der Inbound-Konstellation bei einer „abkommensgerechteren" Umsetzung des AOA durch eine innerstaatliche Gewinnabgrenzungsvorschrift mit der Outbound-Konstellation offenbart kaum Abweichungen. Lediglich die Höhe der Auswirkung auf den Unterschiedsbetrag auf der 1. Stufe der Gewinnermittlung unterschiedet sich, da sie angesichts der erstmaligen Einbuchung in die inländische Steuerbilanz der Betriebsstätte mit dem gemeinen Wert und nicht lediglich mit den stillen Reserven zu Buche schlägt. Im Übrigen kann auf die Ausführungen zu der Outbound-Konstellation verwiesen werden.[145]

19.4 Fazit

Wie die Ausführungen zu den verschiedenen Entstrickungs- und Verstrickungsszenarien verdeutlichen, weicht die steuerliche Behandlung der eigentlich strukturell sehr ähnlichen Sachverhalte nach der derzeitigen Rechtslage zum Teil erheblich voneinander ab.

Diese unterschiedliche Behandlung hat verschiedene Gründe. Zum einen führt die Ausgestaltung der auf der 2. Stufe der Gewinnermittlung grundsätzlich vorrangigen Entstrickungs- und Verstrickungsregelungen als fiktive Entnahme

---

[142]Vgl. oben unter 19.2.2.2.

[143]Vgl. oben unter 19.2.2.2.

[144]Vgl. auch den spiegelbildlichen Fall der Entstrickung aus dem inländischen Stammhaus oben unter 19.2.1.2.3.2.

[145]Vgl. oben unter 19.2.2.3.

und Einlage zu Asymmetrien bei der steuerlichen Handhabung der vorübergehenden Nutzungsüberlassung, die aus der mangelnden Einlagefähigkeit von
Nutzungsvorteilen resultieren.

Eine weitere Ungleichbehandlung lässt sich auf die einseitige innerstaatliche
Umsetzung des AOA durch § 1 Abs. 5 AStG zurückführen. Greift in diesen Fällen
die Schrankenwirkung ein, so kann die Tatsache, dass diese von der grundsätzlichen innerstaatlichen Vorrangigkeit des Entstrickungs- und Verstrickungsregimes
unberührt bleibt, zu zusätzlichen Abweichungen führen.

Insgesamt lässt sich der Rechtslage *de lege lata* somit keine einheitliche
Linie entnehmen. Der Vergleich mit der Rechtslage *de lege ferenda* hebt aber
zugleich hervor, dass die derzeitige „systemwidrige" Verortung der Umsetzungsvorschrift im § 1 AStG und damit auf Korrekturebene höchst unglücklich ist, da
sie zu Kollisionen u. a. mit den Entstrickungs- und Verstrickungsregelungen führt.
Eine abkommensgerechtere Umsetzung als Gewinnabgrenzungsvorschrift, die das
innerstaatliche Gewinnermittlungsrecht auf die Hilfs- und Nebenrechnung entsprechend anwendet und die einen Gewinnabgrenzungsgewinn liefert, der an die
Stelle des allein nach § 4 Abs. 1, § 5 Abs. 1 EStG ermittelten Gewinns tritt, wird
dem Zweck einer fremdvergleichskonformeren Betriebsstättengewinnabgrenzung
wesentlich besser gerecht.

Da die Regelungen der Entstrickung bzw. der Verstrickung nur auf reiner
Gewinnermittlungsebene wirken und damit im Rahmen der Betriebsstättengewinnabgrenzung mittels Hilfs- und Nebenrechnung keine Anwendung finden, wird
eine Kollision vermieden, ohne dass im allgemeinen Gewinnermittlungsrecht (und
damit insbesondere in Nicht-DBA-Fällen oder solchen DBA-Fällen ohne AOA)
auf das allgemeine Entstrickungs- bzw. Verstrickungskonzept verzichtet werden
muss.

Ausgewählte Probleme der Zurechnungsfrage unter dem AOA 20

In Anschluss an die Ausführungen zur Funktionsweise des AOA und dessen Umsetzung in das innerstaatliche Steuerrecht widmet sich das folgende Kapitel ausgewählten Fragestellungen im Zusammenhang mit der Betriebsstättengewinnabgrenzung unter dem AOA. Dabei wird erneut sowohl die Rechtslage *de lege lata* wie auch die Rechtslage *de lege ferenda* diskutiert.

20.1 Die Einhaltung der Verordnungsermächtigung des § 1 Abs. 6 BsGaV

§ 1 Abs. 6 AStG ermächtigt das BMF, durch Rechtsverordnung die Einzelheiten des Fremdvergleichsgrundsatzes im Sinne der Absätze 1, 3 und 5 und Einzelheiten zu dessen einheitlicher Anwendung zu regeln sowie Grundsätze zur Bestimmung des Dotationskapitals im Sinne des § 1 Abs. 5 Satz 3 Nr. 4 AStG festzulegen. Das BMF hat von dieser Verordnungsermächtigung ausweislich der darin enthaltenen Eingangsformel durch den Erlass der BsGaV[1] Gebrauch gemacht.

Damit § 1 Abs. 6 AStG als wirksame Ermächtigungsgrundlage für die BsGaV in Betracht kommt, muss die Ermächtigung den vom Bundesverfassungsgericht entwickelten Konkretisierungen des Bestimmtheitsgebots aus Art. 80 Abs. 1

---

[1] Verordnung zur Anwendung des Fremdvergleichsgrundsatzes auf Betriebsstätten nach § 1 Absatz 5 des Außensteuergesetzes – Betriebsstättengewinnaufteilungsverordnung vom 13.10.2014, BGBl I 2014, 1603.

© Der/die Autor(en), exklusiv lizenziert durch Springer Fachmedien Wiesbaden GmbH, ein Teil von Springer Nature 2021
S. Glatz, *Abgrenzungsmaßstäbe im Abkommensrecht*, PwC-Studien zum Unternehmens- und Internationalen Steuerrecht 10,
https://doi.org/10.1007/978-3-658-34006-3_20

Satz 2 GG (Selbstentscheidungsformel[2], Programmformel[3] und Vorhersehbarkeitklausel[4]) genügen.

Dabei verlangt das BVerfG nicht, dass die Ermächtigungsgrundlage „so genau wie möglich" formuliert sein muss. Vielmehr lässt es genügen,

> *„wenn die Grenzen der Ermächtigung durch Auslegung anhand der allgemein anerkannten Auslegungsgrundsätze bestimmbar sind; dabei sind Zielsetzung des Gesetzes, Sinnzusammenhang mit anderen Bestimmungen und Entstehungsgeschichte des Gesetzes von Bedeutung"*[5].

Diesen Voraussetzungen dürfte § 1 Abs. 6 AStG genügen. Die Ermächtigung verdeutlicht hinsichtlich der Einzelheiten des Fremdvergleichs durch den Verweis auf die Absätze 1, 3 und 5 des § 1 AStG an welchen Eckpunkten (Legaldefinition in § 1 Abs. 1 Satz 1, Verrechnungspreise als Regelbeispiel der zugrunde gelegten Bedingungen, Selbstständigkeitsfiktion der Betriebsstätte) sich die Rechtsverordnung inhaltlich zu orientieren hat und ergänzt den Konkretisierungsauftrag durch den Aspekt der angestrebten Vereinheitlichung des Fremdvergleichsgrundsatzes für sämtliche genannten Absätze der Norm. Die separate Ermächtigung zur Festlegung der Grundsätze zur Bestimmung des Dotationskapitals ergibt sich zum einen daraus, dass diese Bestimmung nur im Rahmen der Betriebsstättengewinnabgrenzung und damit im Rahmen des § 1 Abs. 5 AStG und nicht zwischen verbundenen Unternehmen Bedeutung entfaltet. Zum anderen verdeutlicht sie, dass die Bestimmung des Dotationskapitals kein Unterfall oder Teilaspekt der Anwendung des Fremdvergleichsgrundsatzes ist.[6]

Das Ziel der auf der Grundlage von § 1 Abs. 6 AStG zu erlassenen Rechtsverordnung ist somit die Konkretisierung der fremdvergleichskonformen

---

[2] *BVerfG*, Beschluss v. 10.6.1953 – 1 BvF 1/53, *BVerfGE* 2, 307; Beschluss v. 11.1.1966 – 2 BvR 424/63, *BVerfGE* 19, 354; Beschluss v. 30.1.1968 – 2 BvL 15/65, *BVerfGE* 23, 62.

[3] *BVerfG*, Beschluss v. 13.6.1956 – 1 BvL 54/55, 1 BvL 17/56, *BVerfGE* 5, 71; Beschluss v. 12.11.1958 – 2 BvL 4/56, 2 BvL 26/56, 2 BvL 40/56, 2 BvL 1/57, 2 BvL 7/57, *BVerfGE* 8, 274; Beschluss v. 20.10.1981 – 1 BvR 640/80, *BVerfGE* 58, 257.

[4] *BVerfG*, Urt. v. 23.10.1951 – 2 BvG 1/51, *BVerfGE* 1, 14; Beschluss v. 27.1.1976 – 1 BvR 2325/73, *BVerfGE* 41, 251; Beschluss v. 8.1.1981 – 2 BvL 3/77, 2 BvL 9/77, *BVerfGE* 56, 1.

[5] *BVerfG*, Urt. v. 3.3.2009 – 2 BvC 3/07, 2 BvC 4/07, *BVerfGE* 123, 39 unter B.II.4.a) unter Verweis auf Beschluss v. 12.11.1958 – 2 BvL 4/56, 2 BvL 26/56, 2 BvL 40/56, 2 BvL 1/57, 2 BvL 7/57, *BVerfGE* 8, 274; Beschluss v. 30.1.1968 – 2 BvL 15/65, *BVerfGE* 23, 62; Beschluss v. 25.11.1980 – 2 BvL 7/76, 2 BvL 8/76, 2 BvL 9/76, *BVerfGE* 55, 207; Beschluss v. 14.3.1989 – 1 BvR 1033/82, 1 BvR 174/84, *BVerfGE* 80, 1.

[6] Zu dem Verhältnis von Fremdvergleichsgrundsatz und Dotationskapitalbestimmung vgl. auch die Ausführungen unter 20.11.

Gewinnabgrenzung sowie der Bestimmung des Dotationskapitals als Vorfrage der Gewinnabgrenzung bei Betriebsstätten. Unter Einbeziehung der Entstehungsgeschichte des AOA[7] dürfte das Programm der Verordnung daher gesetzgeberisch hinreichend vorgezeichnet sein.

Die BsGaV hält den Rahmen dieser Verordnungsermächtigung jedoch nicht vollständig ein. So ist die Zuordnung der Außentransaktionen gemäß § 9 BsGaV wohl nicht von der Ermächtigungsgrundlage abgedeckt. Sicherlich können auch die in § 9 BsGaV getroffenen Regelungen im weitesten Sinne noch unter „Einzelheiten des Fremdvergleichsgrundsatzes im Sinne der Absätze 1, 3 und 5 und Einzelheiten zu dessen einheitlicher Anwendung" gefasst werden.

Dennoch ist zweifelhaft, ob Geschäftsfälle im Sinne des § 1 Abs. 4 Satz 1 Nr. 1 AStG von dem Zuordnungskatalog des § 1 Abs. 5 Satz 3 AStG abgedeckt sind. Hier wäre allenfalls eine Erfassung im weitesten Sinne als „Vorteil" im Sinne eines Vermögenswerts denkbar. Angesichts der Tatsache, dass die Zuordnung von Vermögenswerten aber eher mit der Zuordnung von „Bilanzposten" vergleichbar ist, die Zuordnung von „ertragswirksamen" Geschäftsvorfällen aber die Ertrags- und Aufwandrechnung betrifft, erscheint eine derartige Erfassung nicht systemgerecht. Da der Zuordnungskatalog wohl als abschließend aufgefasst werden muss, ist die insoweit weitergehende untergesetzliche BsGaV nicht von ihrer Ermächtigungsgrundlage gedeckt.

Die Überschreitung der Ermächtigungsgrundlage manifestiert sich darüber hinaus noch in einem weiteren Aspekt. So bezieht sich die Regelung des § 1 Abs. 5 AStG nur auf die Korrektur von „Geschäftsbeziehungen im Sinne des Absatzes 4 Satz 1 Nummer 2". Die Korrektur von Außentransaktionen im Sinne des § 1 Abs. 4 Satz 1 Nr. 1 AStG ist davon gerade nicht erfasst. Da auch nicht ersichtlich ist, dass diese Außentransaktionen, wenn sie der Betriebsstätte zuzuordnen sind, in direktem Zusammenhang mit den Bedingungen der von § 1 Abs. 5 AStG erfassten schuldrechtlich anzunehmenden Beziehungen stehen, sind sie nicht in die Anwendung des Fremdvergleichsgrundsatzes im Sinne des § 1 Abs. 5 AStG mit einzubeziehen. Damit sind die Regelungen des § 9 BsGaV auch diesbezüglich nicht von der Ermächtigungsgrundlage für die BsGaV in § 1 Abs. 6 AStG abgedeckt.

Schließlich kann die Ermächtigung auch nicht daraus abgeleitet werden, dass § 1 Abs. 6 AStG u. a. auf die einheitliche Anwendung des Fremdvergleichs im Sinne des Abs. 1 abzielt. Denn die fremdvergleichskonforme Korrektur der Geschäftsvorfälle im Sinne des § 1 Abs. 4 Satz 1 Nr. 1 AStG, also der Außentransaktionen, betrifft im Rahmen der direkten Anwendung des § 1 Abs. 1 AStG

---

[7]Vgl. oben Kapitel 12 (nationale Diskussion) und Kapitel 13 (OECD-Ebene).

(also nicht über den Verweis in § 1 Abs. 5 AStG) nur die Bedingungen der Höhe nach. Eine Zuordnung dem Grunde nach, wie sie § 9 BsGaV vorsieht, wird gerade nicht von § 1 Abs. 1 AStG geregelt.[8]

Auch die Regelungen zur Zuweisung der Passivposten (§§ 12 ff. BsGaV) werfen die Frage auf, ob sie das durch § 1 Abs. 5 AStG vorgegebene Programm, das in die Verordnungsermächtigung hineinzulesen ist, hinreichend berücksichtigen. Zur Vermeidung von Wiederholungen wird an dieser Stelle auf den Abschnitt zur Eigenkapitalzuweisung[9] verwiesen.

20.2   Die asymmetrische Umsetzung des AOA durch § 1 Abs. 5 Satz 1 a. E. AStG

Durch das Tatbestandsmerkmal des § 1 Abs. 5 Satz 1 a. E. wird die Rechtsfolge der Einkünftekorrektur nur dann ausgelöst, wenn die fremdvergleichswidrigen Bedingungen, die der Gewinnaufteilung zugrunde gelegt wurden, zu einer Minderung der inländischen Einkünfte des beschränkt Steuerpflichtigen oder einer Erhöhung der ausländischen Einkünfte des unbeschränkt Steuerpflichtigen geführt haben.

Durch dieses Erfordernis der Minderung des inländischen Besteuerungssubstrats wird die Regelung des § 1 Abs. 5 AStG zu einer rein profiskalisch wirkenden Norm. Fremdvergleichswidrige Bedingungen, die sich zugunsten des deutschen Fiskus auswirken, ziehen keine Einkünftekorrektur nach sich.

Sofern ein Doppelbesteuerungsabkommen mit dem anderen Staat besteht, kann sich die „umgekehrte", d. h. nicht von § 1 Abs. 5 AStG abgedeckte Korrekturrichtung aus der abkommensrechtlichen Schrankenwirkung ergeben.[10] Diese abkommensrechtliche Schrankenwirkung setzt aber ein Doppelbesteuerungsabkommen voraus, das eine Korrektur dem Grunde und der Höhe nach gestattet. Besteht schon kein Abkommen, so scheidet eine abkommensrechtliche Schrankenwirkung bereits dem Grunde nach aus und es verbleibt letztlich bei der unausgewogenen Aufteilung der Einkünfte.

Und selbst wenn ein Abkommen mit dem anderen Staat besteht, so kann dieses nur insoweit seine Schrankenwirkung entfalten, wie seine Regelungswirkung reicht. Insbesondere bei Abkommen, die den AOA nicht implementiert haben, kann diese Schrankenwirkung dabei eingeschränkt sein.

---

[8]Vgl. hierzu auch die Ausführungen oben unter 11.2.2.2.

[9]Vgl. hierzu auch unten unter 20.11.

[10]*Girlich/Müller*, ISR 2015, 169, 170.

Bei derartigen Abkommen ohne AOA ist weiter zu differenzieren: Abkommen, die vor dem 18. Juli 2008 abgeschlossen wurden („Alt-DBA"), legen der Betriebsstättengewinnabgrenzung in der Regel nur die eingeschränkte Selbstständigkeitsfiktion zugrunde. Die von ihnen ausgehende Schrankenwirkung gestattet daher auch nur eine sehr eingeschränkte Korrektur. Bei Abkommen, die nach dem 18. Juli 2008 abgeschlossen wurden, kann – insoweit sie auf dem OECD-Musterabkommen beruhen – zur Abkommensauslegung auf die durch das Update 2008 aktualisierte Fassung des OECD-Musterkommentars zu Art. 7 OECD-MA zurückgegriffen werden. Diese berücksichtigt zwar schon einige Aspekte des Betriebsstättenberichts 2008 und geht insofern von einer „erweiterten"[11] Selbstständigkeitsfiktion aus, bleibt aber hinsichtlich wichtiger Aspekte des AOA (insbesondere, was die steuerliche Berücksichtigung von Innentransaktionen angeht) immer noch deutlich hinter dem AOA zurück. Auch insoweit entfaltet das Abkommen seine Schrankenwirkung im Vergleich zu § 1 Abs. 5 AStG in sehr stark reduziertem Maße.

Bei Doppelbesteuerungsabkommen, die dem AOA folgen, entfaltet sich die abkommensrechtliche Schrankenwirkung vollumfänglich. Ergibt sich somit aufgrund der lediglich einseitigen innerstaatlichen Korrekturnorm, dass der deutsche Fiskus sein Besteuerungsrecht über das durch den AOA vorgegebene abkommensrechtliche Maß hinaus ausdehnt, so wird das deutsche Besteuerungsrecht über den Methodenartikel unmittelbar aus dem Abkommen auf das abkommensrechtlich zulässige Maß beschränkt.

Zur Quantifizierung dieses abkommensrechtlich zulässigen Maßes kann, auch wenn die innerstaatlichen Normen einer rein profiskalischen Korrektur dienen, auf die gemäß § 3 BsGaV aufzustellende Hilfs- und Nebenrechnung zurückgegriffen werden. Denn diese umfasst sämtliche für die Betriebsstättengewinnabgrenzung relevanten Geschäftsvorfälle. Auch die mit den Daten der Hilfs- und Nebenrechnung angestellte Vergleichbarkeitsanalyse im Sinne des § 1 Abs. 5 Sätze 3 und 4 AStG wird zunächst erstmal ergebnisoffen durchgeführt. Denn § 1 Abs. 5 Sätze 2 bis 4 AStG sowie die Regelungen der BsGaV konkretisieren die Anwendung des Fremdvergleichsgrundsatzes allgemein und damit ohne profiskalische Ausrichtung.

Die profiskalische Natur des § 1 Abs. 5 AStG schlägt sich allein in dem zusätzlichen (für die vorgelagerte Durchführung des Fremdvergleichs auf Tatbestandsebene[12] unmaßgeblichen) Tatbestandsmerkmal des § 1 Abs. 5 AStG a. E.

---

[11] Vgl. *Hentschel/Kraft/Moser*, Ubg 2016, 144, 146.

[12] Zu der Durchführung des Fremdvergleichsgrundsatzes sowohl auf Tatbestands- als auch auf Rechtsfolgenebene vgl. oben unter 15.2.

nieder. Dies hat zur Folge, dass das auf Basis der Hilfs- und Nebenrechnung ermittelte Ergebnis auch in dem Fall, in dem dieses auf eine fremdvergleichswidrige Gewinnaufteilung zugunsten des deutschen Fiskus hinweist, für die Quantifizierung der abkommensrechtlichen Schrankenwirkung verwendet werden kann.

Damit hilft die abkommensrechtliche Schrankenwirkung ausschließlich im Fall eines Abkommens, das dem AOA folgt, über die asymmetrische Umsetzung des AOA in § 1 Abs. 5 AStG hinweg. In allen anderen Fällen, d. h. wenn kein Abkommen existiert oder das bestehende Abkommen bei der Betriebsstättengewinnabgrenzung eine eingeschränkte oder lediglich erweiterte Selbstständigkeitsfiktion zugrunde legt, bleibt es hingegen bei einer – jedenfalls teilweise – unausgewogenen Aufteilung der Einkünfte.

Darüber hinaus ist die abkommensrechtliche Schrankenwirkung eine Frage der Gewinnabgrenzung. Aufgrund seiner derzeitigen Ausgestaltung als Korrekturvorschrift der zweiten Gewinnermittlungsstufe führt die rein profiskalische Ausgestaltung des § 1 Abs. 5 Satz 1 AStG dazu, dass die Korrektur zugunsten des deutschen Fiskus gemäß § 1 Abs. 5 AStG auf zweiter Gewinnermittlungsebene stattfindet, der Korrekturumfang zu dessen Lasten gemäß der abkommensrechtlichen Schrankenwirkung hingegen auf der Gewinnabgrenzungsebene bestimmt wird. Diese Verortung auf unterschiedlichen Ebenen kann im Verhältnis zur Entstrickung von Bedeutung sein.[13]

Ungeachtet der unterschiedlichen Regelungsebenen weist die konkrete Ausgestaltung des § 1 Abs. 5 AStG als profiskalische Norm, wie *Leonhardt* und *Tscherveniachki* anschaulich darstellen,[14] zusätzlich Unstimmigkeiten innerhalb der asymmetrischen Umsetzung auf, wenn sich Ertrag und Aufwand einer anzunehmenden schuldrechtlichen Beziehung nicht in demselben Veranlagungszeitraum ertragswirksam niederschlagen.

In dem von den Autoren angeführten Beispiel[15] erbringt eine inländische oHG, an der der unbeschränkt Steuerpflichtige A zu 60 % und der beschränkt Steuerpflichtige B zu 40 % beteiligt sind, eine Leistung mit Fremdvergleichspreis 1.000 an ihre in einem DBA-Staat gelegene Betriebsstätte. Die Leistung steht in Zusammenhang mit einem Wirtschaftsgut, das erst im Folgejahr fertiggestellt wird.

Da der für die Leistung zu berechnende fiktive Aufwand im Leistungsjahr als „Vorauszahlung" auf die Herstellung des Wirtschaftsguts erfolgsneutral bei der

---

[13] Vgl. zum Verhältnis von AOA und Entstrickung auch die Ausführungen in Kapitel 19.

[14] *Leonhardt/Tscherveniachki*, in: F/W/B/S, Außensteuerrecht, § 1 AStG Rn. 2856.

[15] Vgl. *Leonhardt/Tscherveniachki*, in: F/W/B/S, Außensteuerrecht, § 1 AStG Rn. 2856.

Betriebsstätte behandelt wird, bleiben die ausländischen Einkünfte von A und B von dem Geschäftsvorfall unberührt. Die inländischen Einkünfte der Mitunternehmer würden bei Nichtberücksichtigung des Geschäftsvorfalls indes für A in Höhe von 600 (60 % von 1.000) und für B 400 (40 % von 1.000) zu niedrig ausfallen. Da für den beschränkt Steuerpflichtigen B die Minderung der inländischen Einkünfte maßgeblich ist, liegen für ihn die Korrekturvoraussetzungen vor. Anders verhält es sich hingegen bei der Einkünfteermittlung des A: Als unbeschränkt Steuerpflichtiger unterliegen seine Einkünfte nur dann der Korrektur nach § 1 Abs. 5 Satz 1 AStG, wenn seine ausländischen Einkünfte fremdvergleichswidrig erhöht sind. Dies ist hier aber – jedenfalls im Veranlagungszeitraum der Leistung – nicht der Fall. Denn auch der fremdvergleichskonforme Ansatz des Geschäftsvorfalls wäre im Veranlagungszeitraum erfolgsneutral.

Umgekehrt würde die Abschreibung für Abnutzungen bei dem Wirtschaftsgut nach seiner vollendeten Herstellung in den Folgejahren bei dem beschränkt Steuerpflichtigen B mangels Einfluss auf die inländischen Einkünfte keine Einkünftekorrektur nach § 1 Abs. 5 AStG auslösen, während die Voraussetzungen des § 1 Abs. 5 Satz 1 AStG für den unbeschränkt Steuerpflichtigen vorlägen.

Sofern man der asymmetrischen Ausgestaltung des § 1 Abs. 5 AStG die Absicht des Gesetzgebers entnimmt, das inländische Besteuerungssubstrat abzusichern, so wäre eine tatbestandliche Anknüpfung an das inländische Steuersubstrat oder aber eine Totalperiodenbetrachtung zielführender gewesen. Denn entgegen der von *Leonhardt* und *Tcherveniachki* vertretenen Auffassung[16] lässt sich dieses Problem auch nicht dadurch beheben, dass man die Leistungen aus den anzunehmenden schuldrechtlichen Beziehungen bereits auf Ebene der Steuerbilanz abbildet. Für ein derartiges Vorgehen stellt § 1 Abs. 4 und 5 AStG keine hinreichende Rechtsgrundlage dar. Die Fiktion der anzunehmenden schuldrechtlichen Beziehungen gilt nur für die ausdrücklich als Korrekturnorm der zweiten Gewinnermittlungsstufe ausgestaltete Regelung des § 1 Abs. 5 AStG. Sie wirkt nicht in den § 5 EStG hinein und kann daher auch keinen Niederschlag in der Steuerbilanz finden.

20.3   Die unterschiedlichen Betriebsstättenbegriffe

Nach der h. M. ist der inländische Betriebsstättenbegriff des § 12 AO in der Regel weiter als ein an Art. 5 OECD-MA orientierter abkommensrechtlicher

---

[16]*Leonhardt/Tcherveniachki*, in: F/W/B/S, Außensteuerrecht, § 1 AStG Rn. 2856.

Betriebsstättenbegriff.[17] Als Regel des innerstaatlichen Rechts knüpft § 1 Abs. 5 AStG an den inländischen Betriebsstättenbegriff des § 12 AO an.[18] Soweit der konkret erfasste Sachverhalt unter ein Doppelbesteuerungsabkommen fällt, kann von diesem Schrankenwirkung ausgehen: Denn für die abkommensrechtliche Gewinnabgrenzung ist der abkommensrechtliche Betriebsstättenbegriff zugrunde zu legen. Führt dies zu einer Einschränkung des deutschen Besteuerungsrechts gegenüber der Zugrundelegung des Betriebsstättenbegriffs des § 12 AO, so setzt sich der abkommensrechtliche Betriebsstättenbegriff insoweit durch.

Dabei dürfte die sich daraus ergebende Divergenz jedoch in der Regel kein quantitativ relevantes Ausmaß annehmen. Denn soweit die in der Betriebsstätte ausgeübte Geschäftstätigkeit nicht das Mindestmaß an Aktivität[19] erreicht, das sie über die Hilfs- und Nebentätigkeitsschwelle des Art. 5 Abs. 4 OECD-MA hebt, dürften der Betriebsstätte im Rahmen des § 1 Abs. 5 AStG auch keine maßgeblichen Personalfunktionen als Ausgangspunkt der Betriebsstättengewinnabgrenzung zuzuordnen sein.

Damit würde sich der dieser Betriebsstätte, die zwar nach §12 AO, nicht aber nach Art. 5 OECD-MA existiert, gemäß § 1 Abs. 5 AStG (bzw. einer entsprechenden innerstaatlichen Vorschrift auf Gewinnabgrenzungsebene) zuzuordnende Gewinn auf die fiktiven Betriebseinnahmen aus anzunehmenden schuldrechtlichen Beziehungen für nicht-maßgebliche Personalfunktionen beschränken. Da der Geschäftseinrichtung dann aber mangels maßgeblicher Personalfunktionen auch keine Ressourcen (wie beispielsweise Personal oder Wirtschaftsgüter) zugeordnet würden, würde diesen fiktiven Betriebseinnahmen wohl fiktive Betriebsausgaben aus schuldrechtlichen Beziehungen für die Überlassung dieser eingesetzten Ressourcen in gleicher Höhe gegenüberstehen.

20.4 Die Überführung von Wirtschaftsgütern

Angesichts der Anerkennung von Innentranskationen für Zwecke der Gewinnabgrenzung nach dem AOA, stellt sich die Frage, inwieweit die Aussagen der Rechtsprechung zur Überführung von Wirtschaftsgütern[20] fortgelten. Dabei

---

[17]Vgl. hierzu oben unter 3.1.

[18]*Leonhardt/Tcherveniachki*, in: F/W/B/S, Außensteuerrecht, § 1 AStG Rn. 2819; *Kramer*, in: Lipross/Seibel, Basiskommentar, § 1 AStG Rn. 153.

[19]Damit ist nicht die Aktivität im Sinne der abkommensrechtlichen Aktivitätsvorbehalte gemeint.

[20]Vgl. *BFH*, Urt. v. 17.7.2008 – I R 77/06, *BFHE* 222, 402.

wird unter einer Überführung für die Zwecke dieses Abschnitts die dauerhafte Überführung verstanden, die zu einer Innentransaktion in Gestalt einer fiktiven Veräußerung zum Fremdvergleichspreis führt.

Unter dem AOA (bzw. dessen innerstaatlicher Umsetzung) resultiert die Überführung in einer Aufdeckung der stillen Reserven und einem „Step Up" des Wirtschaftsguts in der Hilfs- und Nebenrechnung als „Gewinnabgrenzungsbilanz". Die Anerkennung von Innentransaktionen für die Zwecke der Gewinnabgrenzung schafft einen innerstaatlichen Realisationstatbestand, der nach Maßgabe der innerstaatlichen Gewinnermittlungsvorschriften in den abzugrenzenden Betriebsstättengewinn einfließt.

Damit dürfte die Aussage aus dem Urteil vom 17. Juli 2008[21] – auch ungeachtet des § 4 Abs. 1 Sätze 3 und 4 EStG – nicht länger aufrechterhalten werden können. Denn durch die Anerkennung der Innentransaktion – und sei es auch nur für Zwecke der Gewinnabgrenzung – existiert nun ein innerstaatlicher Realisationstatbestand, der den Sofortzugriff auf die stillen Reserven gestattet.

Anders als man vermuten könnte, beinhaltet diese Sofortbesteuerung jedoch keine Absage an das Veranlassungsprinzip. Art. 7 Abs. 2 OECD-MA verdrängt nicht das innerstaatliche Zurechnungskonzept des Veranlassungsprinzips. Denn der funktionsgetriebene veranlassungsbasierte Maßstab bleibt auch unter dem AOA erhalten.[22] Es ändert sich lediglich der Referenzrahmen: Infolge der Selbstständigkeitsfiktion wird – statt an das Gesamtunternehmen – für Zwecke der Gewinnabgrenzung nun an die Betriebsstätte als selbstständigen Unternehmensteil angeknüpft. Anstelle von (Außen-)Realisationsvorgängen legitimieren deshalb bereits Innentransaktionen einen Besteuerungszugriff.

Da sich der Realisationsvorgang auf Gewinnabgrenzungsebene abspielt, spiegelt er sich auch nicht in der Steuerbilanz wider, d. h. ein „Step Up" des Wirtschaftsguts in der Steuerbilanz unterbleibt. Denn die Steuerbilanz betrifft ausschließlich die Gewinnermittlungsebene. Um die im Wege der Gewinnabgrenzung erfassten stillen Reserven aber nicht doppelt zu erfassen, ist ein außerbilanzieller Merkposten in Höhe der durch die Überführung aufgedeckten stillen Reserven zu bilden, der beim Ausscheiden des Wirtschaftsguts aus dem Gesamtbetriebsvermögen entsprechend aufzulösen ist.[23]

---

[21] *BFH*, Urt. v. 17.7.2008 – I R 77/06, *BFHE* 222, 402.

[22] Vgl. insoweit die Ausführungen zur Fortgeltung des Veranlassungsprinzips unter dem AOA oben unter 17.2.1.

[23] Vgl. zu dem Zusammenhang von Steuerbilanz und Hilfs- und Nebenrechnung bei Rückführung des Wirtschaftsguts auch 18.2.3.

20.5 Das Erfordernis einer Stundungsregelung für die Gewinne aus Innentransaktionen

Nach dem hier vertretenen Verständnis vom Verhältnis von Gewinnermittlung und Gewinnabgrenzung unter einem abkommensgerecht auf Gewinnabgrenzungsebene (*de lege ferenda* Regelung) umgesetzten AOA treten die Entstrickung und der AOA hinsichtlich der Überführung von Wirtschaftsgütern nicht in Konkurrenz zueinander, da sie unterschiedliche Ebenen betreffen.[24] Dies hat aber auch zur Konsequenz, dass die zeitliche Gewinnstreckung über die Bildung des Ausgleichspostens nach § 4g EStG für die Zwecke der Betriebsstättengewinnabgrenzung keine Wirkung zeigt.

Aus diesem Grund ist die Frage zu stellen, ob es für die Unionsrechtskonformität der Betriebsstättengewinnabgrenzung einer § 4g EStG vergleichbaren Regelung bedarf und inwieweit eine derartige Regelung aus unionsrechtlichen Gründen (20.5.1) oder aus abkommensrechtlichen Gründen (20.5.2) von § 4g EStG abweichen müsste.

20.5.1 Unionsrechtliches Erfordernis einer Stundungsregelung und erforderliche Anpassungen

Wie dargelegt[25] hat die Regelung des § 4g EStG ihren Ursprung in der EuGH-Rechtsprechung zur (sofortigen) Wegzugsbesteuerung.[26] Später wurde diese auch auf die Entstrickungsregelungen ausgedehnt.[27] Gemäß dem dieser Rechtsprechung zugrunde liegenden Gedanken könne je nach den Umständen des Einzelfalls entweder von der sofortigen Besteuerung oder aber von dem mit der zeitlich gestreckten Erhebung einhergehenden Verwaltungsaufwand eine Beschränkung der Niederlassungsfreiheit ausgehen.[28] Aus diesem Grund gehe der geringste Eingriff in die Grundfreiheiten von einer Regelung aus, die dem Steuerpflichtigen die

---

[24]Vgl. die *de lege ferenda* Ausführungen unter 19.2.1.3, 19.2.2.3, 19.3.1.2 und 19.3.2.2.

[25]Vgl. Oben 15.2.4.

[26]*EuGH*, Urt. v. 11.3.2004 – C-9/02, Slg. I 2004, 2409 – *De Lasteyrie du Saillant*; Urt. v. 7.9.2006 – C-470/04, Slg. I 2006, 7409 – *N*; später auch bestätigt in Urt. v. 29.11.2011 – C-371/10, Slg. I 2011, 12273 – *National Grid Indus*.

[27]*EuGH*, Urt. v. 23.1.2014 – C-164/12, ABl EU 2014, Nr C 93, 6 – *DMC*; Urt. v. 21.5.2015 – C-657/13, ABl EU 2015, Nr C 236, 11 – *Verder LabTec*.

[28]*EuGH*, Urt. v. 29.11.2011 – C-371/10, Slg. I 2011, 12273 – *National Grid Indus*, Rn. 65 ff.

Wahl zwischen der sofortigen Zahlung und der Aufschiebung der Zahlung des Steuerbetrags lasse.[29]

Es stellt sich nun aber die Frage, ob der AOA in seiner Konzeption nach dem OECD-Musterabkommen mit den der EuGH-Rechtsprechung zugrunde liegenden Sachverhalten vergleichbar ist. Denn anders als bei den Wegzugskonstellationen oder bei den allgemeinen Entstrickungssachverhalten geht es bei der Betriebsstättengewinnabgrenzung nach dem AOA nicht um singuläre Ereignisse (wie Wegzug, Umwandlungen oder einzelne Überführungen von Wirtschaftsgütern), sondern vielmehr um die *laufende* fremdvergleichskonforme Gewinnabgrenzung zwischen verschiedenen Unternehmensteilen. So ist es gerade die wesentliche Neuerung, die aus der Einführung des AOA resultiert, dass künftig als Ausdruck des Fremdvergleichsgrundsatzes auch der laufende Lieferungs- und Leistungsaustausch zwischen den Unternehmensteilen in die Gewinnabgrenzung miteinbezogen wird.

Dies verdeutlicht zunächst, dass, wenn es überhaupt einer mit § 4g EStG vergleichbaren Regelung bedarf, diese alle Innentransaktionen und nicht lediglich die Überführung von Wirtschaftsgütern des Anlagevermögens erfassen muss. Denn im Vergleich zu den rein innerstaatlichen Sachverhalten unterscheiden sich die bisher von § 4g EStG erfassten Überführungen nicht von den übrigen Innentransaktionen. Sie alle fingieren Realisationstatbestände, die zwischen im Inland belegenen Unternehmensteilen steuerlich keine Rolle spielen würden.

Anders als bei den „isolierten" Entstrickungs- oder Wegzugskonstellationen dürfte der zeitliche Staffelungseffekt bei einer auf mehr als fünf Jahre angelegten Betriebsstätte auch entfallen, wenn der grenzüberschreitende unternehmensinterne Lieferungs- und Leistungsverkehr nicht wesentlichen Schwankungen unterliegt. Dies dürfte die „Abschreckungswirkung", von der letztlich die Beschränkung der Niederlassungsfreiheit ausginge, jedenfalls bei längerfristig angelegten grenzüberschreitenden Unterfangen deutlich verringern. In diesem Fällen wäre der Verwaltungsaufwand, der mit einer zeitlich gestreckten Erfassung der Innentransaktionen einherginge, vermutlich im Vergleich zu der dadurch erlangten Entlastung unverhältnismäßig hoch.

Dennoch steht auch hier zu befürchten, dass der EuGH ein Wahlrecht zwischen sofortiger und zeitlich gestreckter Zahlung der Steuer als ein weniger eingriffsintensives Mittel einstufen würde. Daher ist auch für die Betriebsstättengewinnabgrenzung an der hinter § 4g EStG stehenden Grundidee eines Wahlrechts festzuhalten.

---

[29] *EuGH*, Urt. v. 29.11.2011 – C-371/10, Slg. I 2011, 12273 – *National Grid Indus*, Rn. 73.

Aufgrund der unionsrechtlich zu kurz greifenden Umsetzung dieses Wahlrechts in § 4g EStG – zur Vermeidung von Wiederholungen wird auf die zahlreich in der Literatur geäußerten unionsrechtlichen Zweifel an § 4g EStG verwiesen[30] – erfordert ein derartiges Wahlrecht aber Erweiterungen des persönlichen und sachlichen Anwendungsbereichs: Es müsste auch beschränkt Steuerpflichtigen offenstehen und aus den bereits dargelegten Gründen sämtliche Innentransaktionen zwischen rechtlich unselbstständigen[31] Unternehmensteilen erfassen.[32]

20.5.2 Abkommensrechtlich zu fordernde Abweichungen von § 4g EStG

Das Erfordernis, auch beschränkt Steuerpflichtige in den Anwendungsbereich des Wahlrechts miteinzubeziehen, folgt zudem abkommensrechtlich aus dem Betriebsstättendiskriminierungsverbot des Art. 24 Abs. 3 OECD-MA. Danach darf die Besteuerung einer Betriebsstätte, die ein Unternehmen eines Vertragsstaats im anderen Vertragsstaat hat, in dem Betriebsstättenstaat nicht ungünstiger sein als die Besteuerung von im Betriebsstättenstaat ansässigen Unternehmen, die die gleiche Tätigkeit ausüben. Versagt ein Staat aber einem beschränkt Steuerpflichtigen, der ein Wirtschaftsgut gewinnerhöhend in einen Unternehmensteil im EU-Ausland überführt, die zeitliche Streckung des daraus resultierenden steuerlichen Gewinns, während er diese einem Unternehmen, das in diesem Staat ansässig ist, gestattet, so verletzt dies den Grundsatz des Art. 24 Abs. 3 OECD-MA.

Darüber hinaus erscheint es auch abkommensrechtlich geboten, die derzeitige „Rücküberführungsklausel" des § 4g EStG in einer angepassten Variante bei der Ausgestaltung des Wahlrechts zu berücksichtigen. § 4g Abs. 3 EStG in seiner derzeitigen Fassung hat eine partielle „Rückgängigmachung" der gewinnerhöhenden Überführung des Wirtschaftsguts zur Folge.[33] Denn wird das Wirtschaftsgut

---

[30] *Endert*, in: Frotscher/Geurts, EStG, § 4g Rn. 4 ff.; *Crezelius*, in: Kirchhof, EStG, § 4g Rn. 9; *Deussen*, in: Bordewin/Brandt, EStG, § 4g Rn. 50 ff.; *Kolbe*, in: H/H/R, EStG/KStG, § 4g EStG Rn. 5.

[31] Kritisch zur Beschränkung des Anwendungsbereichs auf unselbstständige Betriebsstätten *Crezelius*, in: Kirchhof, EStG, § 4g Rn. 7; wohl auch – wenngleich differenzierend – *Kolbe*, in: H/H/R, EStG/KStG, Art. 4g EStG Rn. 15; der Beschränkung unter Verweis auf den gewinnrealisierenden Rechtsträgerwechsel zustimmend *Holzhäuser*, in: K/S/M, EStG, § 4g Rn. A41.

[32] So auch *Kahle/Eichholz*, FR 2015, 7, 17.

[33] Ungeachtet der berechtigten steuersystematischen Kritik an der vermeintlichen steuerlichen Rückwirkung (vgl. *Crezelius*, in: Kirchhof, EStG, § 4g Rn. 16; *Wied*, in: Blümich,

vor Ablauf seiner verbleibenden Nutzungsdauer und innerhalb von fünf Jahren nach der ursprünglichen Überführung wieder in einen in Deutschland belegenen Unternehmensteil zurücküberführt, so wird der verbleibende Ausgleichsposten gewinnneutral aufgelöst und es gilt eine besondere, von § 6 Abs. 1 Nr. 5a EStG abweichende Bewertungsregel[34] für den Ansatz in der deutschen Steuerbilanz. In gewisser Weise wird das Entgelt für die Überführung des Wirtschaftsguts wegen der kurzen Dauer der Überführung nachträglich auf die zwischenzeitlich berücksichtigten Auflösungsbeträge reduziert. Dadurch wird die eigentlich dauerhafte Überlassung nachträglich quasi zu einer vorübergehenden Nutzungsüberlassung. Diese Rechtsfolge ist aus mehreren Gründen nicht mit dem AOA gemäß Art. 7 OECD-MA vereinbar und dürfte damit, soweit dies zu einer Ausweitung des deutschen Besteuerungsrechts führt, der abkommensrechtlichen Schrankenwirkung unterfallen. Zunächst ist die faktische *ex-post*[35]-Umdeutung der Innentransaktion von einem fiktiven Kaufvertrag in einen fiktiven Mietvertrag problematisch, wenn sie den Aufzeichnungen im Sinne des § 90 Abs. 3 AO widerspricht.

Auch wenn man angesichts der *Bewertungs*regelung in § 4g Abs. 3 Satz 1 EStG davon ausgeht, dass es nicht zu einer derartigen Umdeutung kommt,[36] so dürfte der rückwirkende pauschale Ansatz der Innentransaktion (der ersten Überführung) mit den zwischenzeitlich berücksichtigten Auflösungsbeträgen – im Übrigen würde der Ausgleichsposten ja gewinnneutral aufgelöst – in der Regel nicht dem Fremdvergleichsgrundsatz entsprechen. Daher ist von einer gewinnneutralen Auflösung des Ausgleichpostens abzusehen und stattdessen an der (gestreckten) gewinnerhöhenden Auflösung festzuhalten.

Schließlich spiegelt auch der durch § 4g Abs. 3 Satz 1 EStG angeordnete Wertansatz keine fremdvergleichskonforme Behandlung der Innentransaktion wider, wenn man davon ausgeht, dass sich dieser (auch) auf den Ansatz in der Hilfs- und Nebenrechnung auf Gewinnabgrenzungsebene erstreckt. Denn für den dortigen

---

EStG/KStG/GewStG, § 4g EStG Rn. 21; *Kolbe*, in: H/H/R, EStG/KStG, § 4g EStG Rn. 38; *Heinicke*, in: Schmidt, EStG, § 4g Rn. 15; *Endert*, in: Frotscher/Geurts, EStG, § 4g Rn. 38; *Deussen*, in: Bordewin/Brandt, EStG, § 4g Rn. 135) verdeutlicht sich dieser „rückgängig machende Charakter" auch in der Regelung des § 4g Abs. 3 Satz 2 EStG.

[34] Vgl. hierzu ausführlich *Endert*, in: Frotscher/Geurts, EStG, § 4g Rn. 34 ff.

[35] Vgl. auch den Price-Setting- bzw. den Outcome-Testing-Ansatz i. R. d. allgemeinen Verrechnungspreisbestimmung (*Baumhoff/Liebchen*, in: F/W/B/S, Außensteuerrecht, § 1 AStG Rn. 272 ff.), die sich aber nur auf die Preisbestimmung und nicht eine Umqualifizierung der Geschäftsbeziehung beziehen.

[36] Bei einer Nutzungsüberlassung würde die Rückgabe der Mietsache nicht zu einer Anpassung des Wertansatzes führen.

Ansatz ist der Fremdvergleichswert der Innentransaktion (aus Sicht des Anwenderstaats, also nach deutschem Steuerrecht) maßgeblich.[37] „Nach oben" ist dieser Ansatz durch die Beschränkung auf den gemeinen Wert in § 4g Abs. 3 Satz 1 EStG wohl regelmäßig abgesichert, „nach unten" gilt dies, insbesondere wenn der andere Staat von einer längeren Nutzungsdauer und damit von geringeren Abschreibungen ausgegangen ist,[38] aber nicht.

20.6 Vorweggenommene Betriebsausgaben/nachträgliche Betriebseinnahmen

Hinsichtlich der Behandlung der vorweggenommenen Betriebsausgaben und der nachträglichen Betriebseinnahmen bringt die Umsetzung des AOA vor allem eine Veränderung dadurch, dass künftig Innentransaktionen in Gestalt von anzunehmenden schuldrechtlichen Beziehungen im Sinne des § 1 Abs. 4 Satz 1 Nr. 2 AStG nicht mehr von der Betriebsstättengewinnabgrenzung ausgenommen sind.

Damit ergeben sich folgende Konsequenzen für die Zuordnung von vorweggenommenen Betriebsausgaben und nachträglichen Betriebseinnahmen:

20.6.1 Behandlung der vorweggenommenen Betriebsausgaben unter dem AOA

An der hier vertretenen[39] Zuordnung der vorweggenommenen Betriebsausgaben zum Stammhaus in dem Zeitpunkt, in dem sie anfallen, ändert sich durch die Einführung des AOA nichts. Denn bei den den Aufwendungen zugrunde liegenden Sachverhalten handelt es sich um Außentransaktionen, die von der Regelung des § 1 Abs. 5 AStG nicht umfasst werden und daher nach wie vor nach allgemeinen

---

[37]Vgl. auch *Hoffmann*, in: L/B/P, EStG, § 4g Rn. 106; *Crezelius*, in: Kirchhof, EStG, § 4g Rn. 16; *Benecke/Schnitger*, IStR 2007, 22, 23; *Kahle/Eichholz*, FR 2015, 7, 16, die daher vorschlagen, i. R. d. Rücküberführung gemäß § 4g Abs. 3 Satz 1 EStG den im Zeitpunkt der Rückführung noch bestehenden Ausgleichsposten bei dem Ansatz des gemeinen Werts in Abzug zu bringen, und damit Überführung und Rücküberführung quasi fremdvergleichskonform „saldieren".

[38]Vgl. *Crezelius*, in: Kirchhof, EStG, § 4g Rn. 16; *Wied*, in: Blümich, EStG/KStG/GewStG, § 4g EStG Rn. 20; *Kolbe*, in: H/H/R, EStG/KStG, § 4g EStG Rn. 37; *Endert*, in: Frotscher/Geurts, EStG, § 4g Rn. 37; *Benecke/Schnitger*, IStR 2007, 22, 23 f.

[39]Vgl. hierzu oben unter 9.3.12.

Veranlassungsgesichtspunkten zugeordnet werden.[40] Für eine veranlassungsbasierte Zuordnung zum Stammhaus spricht auch die Regelung des § 3 Abs. 4 Satz 1 BsGaV, nach der die erste Hilfs- und Nebenrechnung der Betriebsstätte erstmalig zum Zeitpunkt ihrer Gründung aufzustellen ist. Vor diesem Zeitpunkt stehen die Dokumentationsinstrumente für die Erfassung des Betriebsstättengewinns also nicht zur Verfügung. Scheitert die Gründung der Betriebsstätte verbleibt es deswegen auch bei der Zuordnung zum Stammhaus. Insoweit kann auf die Ausführungen zur steuerlichen Behandlung der vorweggenommenen Betriebsausgaben nach der alten Rechtslage verwiesen werden.[41]

Änderungen ergeben sich aber hinsichtlich der Frage der Weiterbelastung dieser Aufwendungen im Zeitpunkt der erfolgreichen Betriebsstättengründung. Die aktivierungspflichtigen Aufwendungen, die sich bis zur Betriebsstättengründung in dem Buchwert eines für die Betriebsstätte bestimmten Wirtschaftsguts widergespiegelt haben, werden nun durch die Fiktion einer anzunehmenden schuldrechtlichen Beziehung an die Betriebsstätte weiterbelastet (vgl. § 3 Abs. 4 Satz 3 BsGaV). Die Aufwendungen sind, insoweit sie nicht bereits bei dem Stammhaus (gegebenenfalls auch außerordentlich) abgeschrieben wurden, in dem der Betriebsstätte im Rahmen der Überführung fiktiv zu berechnenden Fremdvergleichspreis enthalten, der fortan durch die Betriebsstätte abgeschrieben wird.

Zudem können nun auch die nicht-aktivierungspflichtigen, sofort abziehbaren Betriebsausgaben durch die Annahme einer schuldrechtlichen Beziehung an die erfolgreich gegründete Betriebsstätte weiterbelastet werden. Das ergibt sich zwar nicht unmittelbar aus der Sonderregelung des § 3 Abs. 4 Satz 3 BsGaV für die Betriebsstättengründung, da diese nur den Übergang von Vermögenswerten, Passivposten und Chancen und Risiken erfasst, sondern direkt aus der Durchführung des Fremdvergleichs, wie er im Unterabschnitt 4 der BsGaV (§§ 16 f. BsGaV) zu den anzunehmenden schuldrechtlichen Beziehungen konkretisiert ist. Denn unter Fremdvergleichsgesichtspunkten kann nicht grundsätzlich davon ausgegangen werden, dass ein fremder Dritter ohne die Aussicht auf jedwede künftige Gegenleistung die im Vorfeld der Gründung eines selbstständigen Unternehmens anfallenden Aufwendungen trägt.[42]

Vielmehr dürfte eine derartige Übernahme der Gründungskosten durch den Unternehmensträger nur in dem Umfang fremdüblich sein, in dem die Geschäftsvorfälle mit gesellschaftsrechtlichen „Grundlagengeschäften" vergleichbar sind.

---

[40]Vgl. hierzu bereits oben unter 15.2.2.1.2.5.

[41]Vgl. die Ausführungen oben unter 9.3.12.

[42]So auch *Wassermeyer*, in: Wassermeyer, DBA, Art. 7 MA (2000) Rn. 296.

Denn diese dürften als Geschäftsvorfälle, die das Verhältnis des Unternehmensträgers zu seinem Unternehmen betreffen, von der Öffnungsklausel des § 1 Abs. 5
Satz 2 Hs. 2 AStG umfasst sein.[43]

Im Übrigen ist davon auszugehen, dass die Übernahme der Gründungskosten durch das Stammhaus unter unabhängigen Unternehmen zur Geltendmachung
von Rechtspositionen führen würde (vgl. § 16 Abs. 1 Nr. 2 lit. b BsGaV).[44]
Ein solcher, fiktiver Anspruch auf Aufwendungsersatz könnte sich beispielsweise aus der analogen Anwendung der § 677, § 683 Satz 1, § 670 BGB
wegen Geschäftsführung ohne Auftrag ergeben, soweit die mit den Aufwendungen zusammenhängende Geschäftsführung durch das Stammhaus dem Interesse
und tatsächlichen oder mutmaßlichen „Willen" der Betriebsstätte entsprochen
hat. Da es sich hier nur um einen (fiktiven) Anspruch auf *Aufwendungsersatz*
handelt, dürfte die Weiterbelastung der angefallenen nicht-aktivierungspflichtigen
Aufwendungen aber lediglich ohne Gewinnaufschlag erfolgen.

20.6.2 Behandlung der nachträglichen Betriebseinnahmen unter dem AOA

Auch für die Beendigung einer Betriebsstätte hält § 3 Abs. 4 Satz 3 BsGaV
eine Sonderregelung bereit. Wie in dem Fall der Gründung wird bei Beendigung
der Betriebsstätte der Übergang der Vermögenswerte und Passivposten sowie der
Chancen und Risiken von der zu beendenden Betriebsstätte auf das übrige Unternehmen durch anzunehmende schuldrechtliche Beziehungen im Sinne des § 16
BsGaV begründet.

Im Fall der Vermögenswerte dürfte es sich dabei in der Regel um fiktive Veräußerungen handeln, hinsichtlich der Passivposten dürften eher fiktive
Schuldübernahmen vorliegen.

Dies führt im Ergebnis dazu, dass die Zuordnung von nachträglichen Betriebseinnahmen zu der aufgelösten Betriebsstätte, wie sie der BFH in seiner Entscheidung vom 20. Mai 2015[45] vorgenommen hatte, unter dem AOA nicht länger

---

[43]Vgl. zum Anwendungsbereich dieser Regelung bereits ausführlicher oben unter 15.2.3.

[44]Die nach § 16 Abs. 1 Nr. 2 lit. a BsGaV daneben existierende Fiktion für den Fall, dass
unabhängige Unternehmen den wirtschaftlichen Vorgang durch eine schuldrechtliche Vereinbarung geregelt hätten, erscheint hingegen im Weiterbelastungszeitpunkt weniger geeignet,
da der Abschluss einer derartigen Vereinbarung für die Betriebsstätte keine Anreize böte. Für
den Zeitpunkt, in dem die Betriebsausgaben angefallen sind, scheidet die Anwendung des
§ 16 Abs. 1 Nr. 2 lit. a BsGaV bereits mangels Existenz der Betriebsstätte aus.

[45]*BFH*, Urt. v. 20.5.2015 – I R 75/14, *BFH/NV* 2015, 1687.

möglich sind. Durch den umfassenden Vermögens- und Risikoübergang im Zeitpunkt der Beendigung der Betriebsstätte werden die bis zur Beendigung in der Betriebsstätte gebildeten stillen Reserven erfasst und dem „Betriebsstättenauflösungsgewinn" abschließend zugeordnet. Sämtliche danach anfallenden Betriebseinnahmen sind aufgrund ihres Zusammenhangs mit nun entweder dem übrigen Unternehmen zugewiesenen Wirtschaftsgütern oder den ebenfalls übergegangenen Chancen und Risiken dem übrigen Unternehmen zuzuordnen.

20.7 Personallose Betriebsstätten – Die Relevanz der menschlichen Tätigkeit für die Einkünftezuordnung

Die Frage, wie personallose Betriebsstätten unter dem personalfunktionsbasierten § 1 Abs. 5 AStG zu behandeln sind, steht in engem Zusammenhang mit der Frage, ob der abkommensrechtliche Betriebsstättenbegriff menschliches Tätigwerden in der festen Geschäftseinrichtung voraussetzt. Verneint man Letzteres mit der wohl herrschenden Auffassung[46], erscheint es nicht konsequent, dann im Rahmen der Betriebsstättengewinnabgrenzung eine Gewinnzuordnung unter Verweis auf die Relevanz der Personalfunktionen zu verweigern.[47] Denn die Anerkennung der hinreichenden Verwurzelung im Betriebsstättenstaat führt dazu, dass dieser dem Grunde nach das Besteuerungsrecht an dem der Betriebsstätte zugewiesenen Gewinnanteil erhält. Eine pauschale Reduzierung dieses Rechts der Höhe nach auf Null unter Verweis auf die fehlenden Personalfunktionen wird dem Anspruch auf gerechte Gewinnzuordnung nicht gerecht.

Dennoch kann nicht geleugnet werden, dass dem eindeutigen Wortlaut der Legaldefinition in § 1 Abs. 5 Satz 3 Nr. 1 AStG zufolge die Gewinnzuordnung nach der innerstaatlichen Umsetzung des AOA anhand von Personalfunktionen erfolgt, die gemäß der Konkretisierung in § 2 Abs. 3 BsGaV eine Geschäftstätigkeit voraussetzen, die von eigenem Personal des Unternehmens für das Unternehmen ausgeübt wird. Da die Zuordnung der Personalfunktion grundsätzlich aber an den Ort ihrer Ausübung anknüpft, hat dies zwingend zur Konsequenz, dass den personallosen Betriebsstätten kein Gewinn zugeordnet werden kann.[48]

Obwohl eine derartige Absage an die Gewinnzuordnung zu personalfunktionslosen Betriebsstätten dem ausdrücklichen Willen des Verordnungsgebers[49],

---

[46]Vgl. hierzu die Ausführungen oben unter 3.1.3.

[47]So aber *Hruschka*, in: Schönfeld/Ditz, DBA, Art. 5 Rn. 60.

[48]So auch *Nientimp/Ludwig/Stein*, IWB 2014, 815, 817.

[49]BR-Drs. 401/14, S. 46.

der sich seinerseits auf die Ausführungen der *OECD*[50] beruft, entspricht,[51] ist es ebenso bemerkenswert, dass ein entsprechender Hinweis in den Verwaltungsgrundsätzen fehlt.[52] Obwohl man in diese Auslassung wohl keine Abkehr von den Ausführungen der Verordnungsbegründung sehen kann, erscheint es aber angemessen, die gesetzliche Zuordnungsregelung um allgemeine, nicht zwingend personalgebundene Unternehmensfunktionen zu ergänzen.[53]

Denn eine Anknüpfung ausschließlich an menschliche Tätigkeit ist angesichts der stetig fortschreitenden Technologisierung nicht mehr zeitgemäß. Die wirtschaftliche Dominanz der Technologiekonzerne[54] verdeutlicht, dass auch vollautomatisierte Prozesse erhebliche Wertschöpfung generieren können. Dass dies auch international anerkannt ist und eine steuerliche Berücksichtigung angestrebt wird, verdeutlichen u. a. die Bemühungen der *OECD*[55], ein angemessenes Besteuerungssystem für die Erfassung digitaler Geschäftsmodelle zu entwickeln. Zudem spricht für eine Erweiterung auf personallose Funktionen, dass auch nach dem derzeitigen Konzept der Betriebsstättengewinnabgrenzung nur die Personalfunktion und nicht das Personal selbst zugeordnet wird[56] und der Mensch somit nur das Vehikel für die Funktionsfeststellung ist. Dies vermeidet auch etwaige „Entstrickungsproblematiken", wenn eine bislang von Menschen ausgeübte (Personal-)Funktion im Zuge des technischen Fortschritts fortan von einer Maschine übernommen wird.

Soweit die wertschöpfende, aber personallose Unternehmensfunktion also in einer festen Geschäftseinrichtung ausgeübt wird, besteht ein hinreichender örtlicher Nexus zum Staat der festen Geschäftseinrichtung, der eine Gewinnzuweisung

---

[50] *OECD*, Betriebsstättenbericht 2010, Part I Tz. 66. Dabei verneint die *OECD* nicht die Möglichkeit personalloser Funktionen als Anknüpfungspunkt für die Zuordnung, sondern führt lediglich aus, dass diese Funktionen für die Zuordnung von wirtschaftlichem Eigentum (und damit mittelbar für die Zuordnung eines nennenswerten Gewinnanteils) nicht von Relevanz sein dürften.

[51] *Leonhardt/Tcherveniachki*, in: F/W/B/S, Außensteuerrecht, § 1 AStG Rn. 2938; *Kahle/Baschnagel/Kindich*, FR 2016, 193, 201.

[52] Zu Recht sprechen sich zudem *Kahle*, *Baschnagel* und *Kindich* dagegen aus, die Nichterfassung personalloser Betriebsstätten sei ein Anwendungsfall der Öffnungsklausel des § 1 Abs. 5 Satz 2 Hs. 2 AStG, *Kahle/Baschnagel/Kindich*, FR 2016, 193, 201 f.

[53] Sich gegen eine Ausweitung des Betriebsstättenprinzips bei Server-Betriebsstätten aussprechend *Görl*, in: Vogel/Lehner, DBA, Art. 5 Rn. 29.

[54] Vgl. *Kofler/Mayr/Schlager*, BB 2017, 1751.

[55] Bspw. *OECD*, BEPS Action 1, Final Reports 2015.

[56] Vgl. BMF, Schreiben v. 22.12.2016 (VWG BsGa), BStBl I 2017, 182, Tz. 2.2.3 Rn. 35.

nach Art. 7 Abs. 1 und 2 OECD-MA rechtfertigt. Die Personalfunktion als maßgebliches Zuordnungskriterium im Rahmen der Betriebsstättengewinnabgrenzung nach dem AOA ist somit um eine nicht personalgebundene Unternehmensfunktion, die sich aus der Haupttätigkeit des Unternehmens ableitet, zu ergänzen. Zwar ist die angemessene Bepreisung einer solchen personallosen Unternehmensfunktion eine gesonderte Herausforderung.[57] Sie dürfte sich aber nicht grundsätzlich von der allgemeinen Problematik der fremdvergleichskonformen Verrechnungspreisbestimmung[58] unterscheiden, die sich stellte, wenn das Unternehmen die personallose Funktion nicht in einer Betriebsstätte, sondern in einer rechtlich selbstständigen Tochtergesellschaft ausüben würde.[59]

Dabei ist zu betonen, dass sich diese Ausweitung des Betriebsstättenprinzips aber auch weiterhin nur auf die Fälle erstrecken sollte, in denen die eigentliche Existenz einer abkommensrechtlichen Betriebsstätte zweifelsfrei ist. Dies bedeutet insbesondere, dass die personallose Funktion örtlich fixiert, d. h. in einer festen Geschäftseinrichtung, ausgeübt wird und in Hinblick auf Art. 5 Abs. 4 OECD-MA als Haupt- und nicht lediglich als Hilfs- oder Nebentätigkeit des Unternehmens zu qualifizieren ist.[60]

Eine Ausweitung des Betriebsstättenprinzips auf digitale Geschäftsmodelle, die ohne jegliche örtliche Verwurzelung in einem anderen als dem Ansässigkeitsstaat Wertschöpfung generieren, durch die Einführung von „virtuellen" Betriebsstätten[61] erscheint hingegen nicht sachgerecht. Dabei soll nicht in Abrede gestellt werden, dass die durch derartige Geschäftsmodelle dort generierte Wertschöpfung einer Besteuerung (beispielsweise durch Erhebung einer Verkehrssteuer) auch in diesen anderen Staaten zugeführt werden sollte. Mangels örtlicher Verwurzelung des Wertschöpfungsprozesses ist der Weg über das Betriebsstättenprinzip in diesen Fällen jedoch nicht der richtige.

---

[57] Aus diesem Grund plädiert *Görl* für eine Aufnahme der Server-Betriebsstätte in den Negativkatalog des Art. 5 Abs. 4 OECD-MA, *Görl*, in: Vogel/Lehner, DBA, Art. 5 Rn. 30.

[58] Zur Durchführung des Fremdvergleichs bei Server-Betriebsstätten vgl. *Pinkernell/Ditz*, FR 2001, 1271, 1273, 1277 f.

[59] Vgl. auch *Kahle/Baschnagel/Kindich*, FR 2016, 193, 201.

[60] Vgl. hierzu auch *Geurts*, Intertax 2000, 173 f.

[61] Hierzu ausführlich *Kofler/Mayr/Schlager*, BB 2017, 1815.

20.8   These von der Zentralfunktion des Stammhauses

Die These von der Zentralfunktion des Stammhauses wurde schon unter der alten Rechtslage vor Einführung des AOA stark kritisiert,[62] da die pauschalisierende Zuordnung von Beteiligungen und Finanzmitteln zur Geschäftsleitungsbetriebsstätte nicht der ansonsten tatsächlich-funktionalen Zuordnung im Rahmen des Art. 7 OECD-MA entsprach, wenn die Holding- oder Finanzierungsfunktionen nicht auch tatsächlich in der Geschäftsleitungsbetriebsstätte ausgeübt wurden.

Gemäß der von der Verwaltung entwickelten und vertretenen These von der Zentralfunktion des Stammhauses waren die dem Gesamtunternehmen dienenden Finanzmittel und die Beteiligungen, die nicht einer in der Betriebsstätte ausgeübten Tätigkeit dienen, stets dem Stammhaus zuzuordnen. Davon ausgenommen waren Finanzmittel, die zum Betriebsvermögen der Betriebsstätte gehören. Das sind die von einer Betriebsstätte erwirtschafteten Finanzierungsmittel, soweit sie zur Absicherung der Geschäftstätigkeit der Betriebsstätte erforderlich sind oder bei ihr zur Finanzierung von beschlossenen oder in absehbarer Zeit vorgesehenen Investitionen dienen sollen.[63] Die These von der Zentralfunktion des Stammhauses basierte damit auf der Vermutung, dass dem Stammhaus eine Art Auffangfunktion für neutrale Wirtschaftsgüter beikomme.[64]

Das erste Problem der These von der Zentralfunktion des Stammhauses lag darin, dass der Begriff des Stammhauses nicht legaldefiniert ist.[65] Im Allgemeinen verbirgt sich hinter dem Begriff „Stammhaus" daher die sog. Geschäftsleitungsbetriebsstätte,[66] d. h. die Stätte (§ 12 AO) bzw. der Ort (Art. 5 Abs. 2 lit. a) OECD-MA), in der die Geschäftsleitungsfunktionen wahrgenommen werden. Als solche unterscheidet sich die Geschäftsleitungsbetriebsstätte für die Frage der Gewinnabgrenzung nicht von anderen Betriebsstätten.[67] Für die Zuordnung zur Geschäftsleitungsbetriebsstätte gilt somit der gleiche Maßstab wie für die übrigen Betriebsstätten auch. Dementsprechend hatte der BFH mit Urteil vom 19. November 2003 entschieden, dass auch einer Geschäftsleitungsbetriebsstätte nur diejenigen Einkünfte zugerechnet werden können, die speziell auf die

---

[62]Vgl. *Frotscher*, GS Krüger, S. 95, 97 ff.; *Breuninger*, FS Schaumburg, S. 587, 596 ff.; *Kessler/Jehl*, IWB 2007, 833, 835 ff.; *Kessler/Arnold*, FG Wassermeyer, S. 271; *Blumers*, DB 2006, 856, 857 f.; *Kumpf/Roth*, DB 2000, 741, 746 f.

[63]Vgl. BMF, Schreiben v. 24.12.1999, BStBl I 1999, 1076, Tz. 2.4.

[64]*Breuninger*, FS Schaumburg, S. 587, 589 f.; *Kessler/Arnold*, FG Wassermeyer, S. 271, 272.

[65]*Kessler/Jehl*, IWB 2007, 833, 835; *Frotscher*, GS Krüger, S. 95, 98.

[66]Ausführlich *Frotscher*, GS Krüger, S. 95, 98 f.; *Breuninger*, FS Schaumburg, S. 587, 588 f.; vgl. auch *Kessler/Jehl*, IWB 2007, 833, 835 unter Verweis auf *Kumpf*, FR 2001, 449, 452.

[67]*Frotscher*, GS Krüger, S. 95, 98 ff.

Geschäftsleitungstätigkeit zurückgehen,[68] und der These von der Zentralfunktion des Stammhauses bereits implizit eine Absage erteilt.[69]

Durch die Umsetzung des AOA hat diese funktionsbasierte Zuordnung in Gestalt der Abgrenzung anhand der Personalfunktionen (§1 Abs. 5 Satz 3 Nr. 1 AStG) eine ausdrückliche gesetzliche Grundlage erhalten. Gemäß § 7 Abs. 1 BsGaV ist die für die Zuordnung von Beteiligungen und Finanzanlagen maßgebliche Personalfunktion in der Regel ihre Nutzung, die sich gemäß § 7 Abs. 1 Satz 2 und 3 BsGaV aus dem (überwiegenden) funktionalen Zusammenhang zur Geschäftstätigkeit ergibt.[70] Dies hat zur Konsequenz, dass diejenigen Beteiligungen und Finanzmittel, die nach Ansicht der Finanzverwaltung von der Zentralfunktion des Stammhauses erfasst wurden (s. o.) unter der neuen Rechtslage nur dann der Geschäftsleitungsbetriebsstätte zugeordnet werden können, wenn sie nach den tatsächlichen Verhältnissen in funktionalem Zusammenhang zu der in der Geschäftsleitungsbetriebsstätte ausgeübten Geschäftstätigkeit stehen.[71] Dies ist insbesondere dann zu bejahen, wenn zu diesen Tätigkeiten die Ausübung von Holding- oder Finanzierungsfunktionen gehört.

Werden derartige Funktionen hingegen nicht in der Geschäftsleitungsbetriebsstätte, sondern in einer anderen Betriebsstätte ausgeübt, so würde eine Zuordnung nach der These von der Zentralfunktion des Stammhauses § 7 BsGaV widersprechen. Jedenfalls nach der Einführung des § 1 Abs. 5 AStG und der auf Grundlage von § 1 Abs. 6 AStG erlassenen BsGaV ist die These von der Zentralfunktion des Stammhauses damit nicht länger haltbar.[72]

Soweit man der hier vertretenen Auffassung folgt, dass § 1 Abs. 5 Sätze 1 bis 4 AStG insgesamt und damit auch § 7 BsGaV gemäß § 1 Abs. 5 Satz 7 AStG auf Personengesellschaftsbetriebstätten nicht anwendbar sind, weil sich

---

[68]*BFH*, Urt. v. 19.11.2003 – I R 3/02, *BFHE* 204, 145 unter II.5.b).

[69]*Kessler/Arnold*, FG Wassermeyer, S. 271, 274 f. In Bezug auf die Holdingfunktion deutete sich eine Ablehnung der These von der Zentralfunktion des Stammhauses auch später in den Entscheidungen *BFH*, Urt. v. 17.12.2003 – I R 47/02, *BFH/NV* 2004, 771; Beschluss v. 19.12.2007 – I R 66/06, *BFHE* 220, 173 an, vgl oben 9.2.1.7.

[70]Wie sich der Verordnungsbegründung (BR-Drucks. 401/14, S. 64) entnehmen lässt, sieht der Verordnungsgeber in dem funktionalen Zusammenhang eine Art mittelbarer Nutzung der Beteiligung oder Finanzanlage; hierzu kritisch *Häck*, ISR 2015, 113, 119.

[71]*Kessler/Arnold*, FG Wassermeyer, S. 271, 277 f.

[72]So auch *Kessler/Arnold*, FG Wassermeyer, S. 271, 278; *Häck*, ISR 2015, 113, 118; *Kraft/Dombrowski*, FR 2014, 1105, 1109; *Kraft/Poley*, FR 2014, 1, 5; *Kraft/Poley*, FR 2013, 1113, 1120 f.; Adrian/Franz, BB 2013, 1879, 1882; *Ditz*, ISR 2012, 48, 53; *Wassermeyer*, IStR 2012, 277, 280; *Baldamus*, IStR 2012, 317, 321.

die Bereichsausnahme des § 1 Abs. 5 Satz 7 AStG auf die Betriebsstättengewinnabgrenzung zwischen der Personengesellschaft und ihrem Gesellschafter
insgesamt erstreckt,[73] ergibt sich die Zuordnung der Beteiligung zu einer Holding-
Personengesellschaftsbetriebsstätte wiederum aus dem funktionalen Zusammenhang zu der Holding- bzw. Finanzierungtätigkeit im Rahmen der allgemeinen
veranlassungsbasierten Zuordnung.

Eine Ablehnung der funktionalen Zuordnung von Beteiligungen zu Holdings-
und Finanzierungstätigkeiten von Betriebsstätten in Übereinstimmung mit der
These von der Zentralfunktion des Stammhauses sähe sich andernfalls auch der
Kritik ausgesetzt, dass sie sowohl einen Verstoß gegen das abkommensrechtliche Diskriminierungsverbot darstellte als auch eine unzulässige Beschränkung
der unionsrechtlichen Niederlassungsfreiheit beinhielte. Insoweit kann auf die
Ausführungen der Literatur[74] vor Einführung des AOA verwiesen werden.

20.9   Holdingbetriebsstätten & die Zuordnung von Beteiligungen

Führt man die Überlegungen, mit denen die These von der Zentralfunktion des
Stammhauses abgelehnt wurde, konsequent fort, so beinhaltet dies zugleich die
grundsätzliche Anerkennung einer Holdingfunktion als wesentliche Personalfunktion. Denn nur dann ist eine positive Zuordnung der Beteiligungen überhaupt
denkbar. In der Rechtsprechung des BFH war diese Möglichkeit bereits in den
Entscheidungen vom 17. Dezember 2003[75] und vom 19. Dezember 2007[76]
angeklungen.[77]

Unabhängig davon, ob sich die Zuordnung der Beteiligung nach § 7 Abs. 1
Satz 2 BsGaV oder wegen § 1 Abs. 5 Satz 7 AStG nach dem allgemeinen Veranlassungsprinzip richtet, ist für beide Varianten zu klären, welche Anforderungen
vorliegen müssen, damit eine Beteiligung in dem maßgeblichen funktionalen
Zusammenhang zu der Geschäftätigkeit der Betriebsstätte steht.

Dabei ist im Wesentlichen zu differenzieren zwischen Betriebsstätten, die
außer der Holdingfunktion keine weiteren Personalfunktionen ausüben, und

---

[73] Vgl. hierzu bereits oben unter 15.2.5.1.

[74] *Kessler/Jehl*, IWB 2007, 833, 841 ff.

[75] *BFH*, Urt. v. 17.12.2003 – I R 47/02, *BFH/NV* 2004, 771.

[76] *BFH*, Beschluss v. 19.12.2007 – I R 66/06, *BFHE* 220, 173.

[77] Vgl. hierzu auch oben unter 9.2.1.7.

Betriebsstätten, bei denen das Halten der Beteiligungen neben andere Personalfunktionen tritt.

20.9.1 Reine Holdingbetriebsstätten („unmittelbare" Nutzung der Beteiligung)

Beschränkt sich die Tätigkeit der Betriebsstätte auf das Halten von Beteiligungen, so kommt es für die abkommensrechtliche Zuordnung der Beteiligung zu der Betriebsstätte letztlich darauf an, ob die Holdingaktivität als originär gewerbliche (= unternehmerische) Tätigkeit einzustufen ist.[78] Denn wenn sich die Holdingaktivitäten auf die reine Vermögensverwaltung beschränken, so liegt definitionsgemäß schon keine abkommensrechtliche Betriebsstätte vor, der die Beteiligung zugeordnet werden könnte.

Die Rechtsprechung hat sich – jenseits der zitierten Entscheidungen vom 17. Dezember 2003[79] und vom 19. Dezember 2007[80] – mit den Anforderungen an die sog. geschäftsleitende Holdingsfunktion bislang nur im Kontext mit den Voraussetzungen für die ertragsteuerliche Organschaft auseinandergesetzt. In diesem Zusammenhang hatte der BFH mit Urteil vom 17. Dezember 1969 ausgeführt, dass ein herrschendes Unternehmen unter bestimmten Voraussetzungen auch dann die (für seine Organträgerstellung) erforderliche originär gewerbliche Tätigkeit entfalte, wenn es die einheitliche Leitung im Konzern ausübe.[81]

Dazu müsse das herrschende Unternehmen zunächst eine eigene unternehmerische Tätigkeit ausüben, die sich in Abgrenzung zur bloßen Vermögensverwaltung nicht lediglich in der Geltendmachung der aus der Beteiligung fließenden Rechte erschöpfe.[82] Der unter die einheitliche Leitung gestellte Konzern müsse als Einheit am Markt auftreten. Dies beinhalte zum einen, dass die abhängigen Unternehmen in ihrer Willensbildung der Konzernleitung unterworfen seien, und zum anderen, dass das herrschende Unternehmen die Absicht habe, aus ihrer Holdingaktivität Gewinne zu erzielen.[83] Letzteres werde dadurch verwirklicht, dass

---

[78] Vgl. *Hruschka*, IStR 2016, 437, 439 f.

[79] *BFH*, Urt. v. 17.12.2003 – I R 47/02, *BFH/NV* 2004, 771.

[80] *BFH*, Beschluss v. 19.12.2007 – I R 66/06, *BFHE* 220, 173.

[81] *BFH*, Urt. v. 17.12.1969 – I 252/64, *BFHE* 98, 152 unter 3; diese Rechtsprechung bestätigend Urt. v. 15.4.1970 – I R 122/66, *BFHE* 99, 123; Urt. v. 9.2.2011 – I R 54-55/10, *BFHE* 232, 476 unter 5.

[82] *BFH*, Urt. v. 17.12.1969 – I 252/64, *BFHE* 98, 152 unter 3.a).

[83] *BFH*, Urt. v. 17.12.1969 – I 252/64, *BFHE* 98, 152 unter 3.b); *Zur Schulze Wiesche*, DB 1988, 252.

das herrschende Unternehmen sich über die einheitliche Leitung der Ressourcen der abhängigen Unternehmen bediene und diese im Wirtschaftsleben koordiniert einsetze, um schließlich deren Gewinne über die Ergebnisabführungsverträge an sich zu ziehen.[84] Schließlich müsse die Ausübung der einheitlichen Leitung auch nach außen erkennbar sein. Eine Erkennbarkeit sei insbesondere dann zu bejahen,

> *„wenn das herrschende Unternehmen Richtlinien über die Geschäftspolitik der abhängigen Unternehmen aufstellt und den abhängigen Unternehmen zuleitet oder wenn es den abhängigen Unternehmen schriftliche Weisungen erteilt. Auch Empfehlungen des herrschenden Unternehmens, gemeinsame Besprechungen und Beratungen können genügen, wenn sie schriftlich festgehalten werden. Dagegen reicht es nicht aus, daß sich - was handelsrechtlich möglich ist - die einheitliche Leitung stillschweigend aus einer weitgehenden personellen Verflechtung der Geschäftsführungen der Konzernunternehmen ergibt. Auch irgendwelche Vermutungen, wie sie neuerdings § 18 Abs. 1 Satz 2 und 3 AktG 1965 aufstellt, können mangels einer entsprechenden gesetzlichen Vorschrift im Steuerrecht nicht gelten."*[85]

In einer späteren Entscheidung[86] stellte der BFH dann weiter klar, dass die Ausübung der einheitlichen Leitung im Konzern zudem voraussetze, dass die Holdinggesellschaft mehr als ein abhängiges Unternehmen beherrsche, da ansonsten nicht von einer wirtschaftlichen Einheit gesprochen werden könne.

Obgleich die Rechtsprechung zur Organschaft, insbesondere insoweit sie an die Ergebnisabführungsverträge und die resultierende Möglichkeit anknüpft, unmittelbar am Gewinn der abhängigen Unternehmen zu partizipieren, nicht uneingeschränkt auf die Holdingaktivitäten einer Betriebsstätte übertragen werden kann, so hat die Literatur[87] die angesprochenen Kriterien zu Recht auch für die abkommensrechtliche Zuordnungsfrage herangezogen.[88] Denn die genannten Punkte entsprechen den allgemein zur Abgrenzung der Gewerblichkeit von der Vermögensverwaltung bemühten Kriterien.[89] Den Anforderungen an eine

---

[84]*BFH*, Urt. v. 17.12.1969 – I 252/64, *BFHE* 98, 152 unter 3.b).

[85]*BFH*, Urt. v. 17.12.1969 – I 252/64, *BFHE* 98, 152 unter 3.c).

[86]*BFH*, Urt. v. 15.4.1970 – I R 122/66, *BFHE* 99, 123; vgl. auch Urt. v. 9.2.2011 – I R 54-55/10, *BFHE* 232, 476 unter 5; diese Frage noch offen lassend Urt. v. 17.12.1969 – I 252/64, *BFHE* 98, 152 unter 5.

[87]*Hruschka*, IStR 2016, 437, 438 ff.; *Wiese/Lukas*, GmbHR 2016, 803; *Zur Schulze Wiesche*, DB 1988, 252 f.

[88]Die Frage der Übertragbarkeit offenlassend *FG Münster*, Urt. v. 15.12.2014 – 13 K 624/11 F, EFG 2015, 704 unter I.2.b.cc.(1).

[89]*Wiese* und *Lukas* verweisen in diesem Zusammenhang auch auf die Äußerungen der Finanzverwaltung in BMF, Schreiben v. 24.1.2012, BStBl I 2012, 171 und in BMF, Schreiben v. 16.12.2003, BStBl I 2004, 40, *Wiese/Lukas*, GmbHR 2016, 803, 805.

Betriebsstätte als feste Geschäftseinrichtung Rechnung tragend ergänzt die Literatur die Rechtsprechungskriterien um das Erfordernis einer eigenen kaufmännisch eingerichteten Organisation.[90]

Die zuordnungsbegründende Holdingfunktion bestehe demnach in einer Vermögensmehrung durch aktives[91] Handeln und erfolgt durch eine Tätigkeit des Personals der Holdingbetriebsstätte „an" der Beteiligung.[92] Dies entspricht der grundsätzlichen Zuordnungsregelung des § 7 Abs. 1 Satz 1 BsGaV, der die Nutzung der Beteiligung als maßgebliche Personalfunktion für ihre Zuordnung benennt sowie auch der Rechtsprechung des BFH, der für die Zuordnung fordert, dass die Beteiligungseinkünfte „durch die Betriebsstätte" erzielt werden.[93] Da die Beteiligung unmittelbarer Gegenstand der Betriebsstätten-, nämlich der Holdingtätigkeit ist, kann man insofern von einer „unmittelbaren"[94] Nutzung der Beteiligung in der Betriebsstätte sprechen.

Konkrete Beispiele für die Ausübung der Holdingfunktion sind Führungsentscheidungen, die sich durch ihre langfristige Natur, Grundsätzlichkeit und Bedeutung auszeichnen.[95] Zudem dürften auch die vom BFH in der Entscheidung vom 17. Dezember 2003[96] genannten Kriterien (Kontrolle und Koordinierung der einzelnen Arbeitsabläufe, Nutzung von Synergieeffekten insbesondere durch „Bündelung" der Marktmacht der Konzerngesellschaften beim Wareneinkauf, Wahrnehmung von Personalangelegenheiten, Fragen der Preispolitik, der Werbung, der Öffentlichkeitsarbeit, des Vertriebs sowie der Unternehmensstrategie) trotz der Tatsache, dass sie im konkreten Fall nicht imstande gewesen waren, eine Holdingfunktion zu begründen, bei der Gesamtschau der Umstände zu berücksichtigen sein.

Da sich eine derart verstandene Holdingfunktion gerade dadurch auszeichnet, dass sie eine Unternehmensgruppe einer einheitlichen Leitung unterstellt, dürfte

---

[90]*Wiese/Lukas*, GmbHR 2016, 803, 805; *Zur Schulze Wiesche*, DB 1988, 252, 253.

[91]Passive Beteiligungsverwaltung (bspw. beschränkt auf die Ausübung von reinen Gesellschafterrechten oder Aufsichtsratsfunktionen) genügt hingegen nicht, vgl. *Hruschka*, IStR 2016, 437, 438.

[92]So *Hruschka*, IStR 2016, 437, 438.

[93]*BFH*, Urt. v. 17.12.2003 – I R 47/02, BFH/NV 2004, 771 unter II.2.a).

[94]Zu dem Konzept der „unmittelbaren" oder lediglich „mittelbaren" Nutzung der Beteiligung vgl. auch die Verordnungsbegründung zur BsGaV, BR-Drucks. 401/14, S. 64.

[95]*Hruschka*, IStR 2016, 437, 439; vgl. auch *Kaeser*, ISR 2012, 63, 67; vgl. auch *Häck*, ISR 2015, 113, 117.

[96]*BFH*, Urt. v. 17.12.2003 – I R 47/02, BFH/NV 2004, 771.

sich die Zuordnung auf strategische Beteiligungen beschränken. Im Streubesitz gehaltene Beteiligungen erscheinen einer derartigen „unmittelbaren" Nutzung
hingegen nicht zugänglich.

20.9.2 Betriebsstätten mit anderer Tätigkeit („mittelbare" Nutzung der Beteiligung)

Ist die Tätigkeit der Betriebsstätte nicht ausschließlich auf das Halten von
Beteiligungen beschränkt und lässt sich keine eigenständige Holdingfunktion im
Unternehmen identifizieren, erfolgt die Zuordnung von Beteiligungen gemäß § 7
Abs. 1 Satz 2 BsGaV bzw. nach dem allgemeinen Veranlassungsprinzip anhand
des (vorrangigen) funktionalen Zusammenhangs zu der Betriebsstättentätigkeit.

Dazu ist zu fragen, ob die Beteiligung der Betriebsstättentätigkeit dient. Dies
wird insbesondere bei strategischen Beteiligungen dann gegeben sein, wenn
zwischen der Betriebsstättentätigkeit einerseits und der Tätigkeit der Beteiligungsgesellschaft andererseits ein funktionaler Zusammenhang der Gestalt besteht, dass
die Beteiligungsgesellschaft eine wesentliche Funktion für die Betriebsstätte oder
umgekehrt erfüllt.[97] Diese Betrachtungsweise ignoriert die (steuer-)rechtliche
Eigenständigkeit der Beteiligungsgesellschaft gänzlich. Es wird genau genommen nicht die Beteiligung, sondern die Tätigkeit der Beteiligungsgesellschaft
zugeordnet.

Entgegen der von *Hruschka* vertretenen Auffassung[98] kommt es dabei für die
Zuordnung der funktional zugehörigen Beteiligung auch nicht darauf an, ob diese
aktiv oder passiv durch die Betriebsstätte verwaltet wird. Denn (mit Ausnahmen
von geringen Streubesitzbeteiligungen) dürfte durch den funktionalen Zusammenhang stets der vorrangige Zusammenhang zu der eigentlichen Geschäftstätigkeit
der Betriebsstätte bestehen, so dass ein etwaig daneben bestehender Zusammenhang zu der in der Betriebsstätte ausgeübten (oder auch gerade nicht ausgeübten)
Verwaltungsfunktion ohnehin zurücktreten würde.

Lediglich bei Streubesitzbeteiligungen, denen jeglicher funktionale Bezug
zum Unternehmen fehlt[99] oder deren Bezug nur unwesentlich ist, dürfte die

---

[97]Vgl. *Hruschka*, IStR 2016, 437, 441.

[98]*Hruschka*, IStR 2016, 437, 442.

[99]*Hruschka*, IStR 2016, 437, 441.

Verwaltungs-, Erwerbs- oder Veräußerungsfunktion als maßgeblicher Anknüpfungspunkt in den Vordergrund treten.[100] Diesem Umstand trägt auch die Zuordnungsregelung des § 7 Abs. 2 BsGaV Rechnung.

Da sich die abkommensrechtliche Zuordnung von Vermögenswerten nur auf solche erstreckt, die sich im Betriebsvermögen des Unternehmens im Sinne des Art. 3 Abs. 1 lit. c OECD-MA befinden, können Beteiligungen des Sonderbetriebsvermögens in DBA-Fällen allenfalls über den Treaty Override des § 50d Abs. 10 EStG einer (Holding-)Betriebsstätte zugeordnet werden.[101] Diese Zuordnung reicht indes nur so weit wie die Zuordnungsfiktion des § 50d Abs. 10 EStG.[102] In Nicht-DBA-Fällen ergibt sich die Zuordnung des Sonderbetriebsvermögens zu den Holdingbetriebsstätten aus dem innerstaatlichen Gewerbebetriebsverständnis, das auch den Sonderbetrieb umfasst. In den gesetzlichen Regelungen der § 34d Nr. 2 lit. a, § 49 Abs. 1 Nr. 2 lit. a EStG hat dies durch den jeweiligen Klammerzusatz in Form des Verweises auf § 15 EStG Niederschlag gefunden.[103]

20.10 Vertreterbetriebsstätten

Der ständige Vertreter im Sinne des § 13 AO ist gemäß § 49 Abs. 1 Nr. 2 lit. a EStG bzw. § 34d Nr. 2 lit. a EStG selbstständiges Anknüpfungsmerkmal für die Besteuerung. Das Abkommensrecht wählt in Art. 5 Abs. 5 OECD-MA hingegen einen anderen Weg:[104] Es fingiert[105] eine Betriebsstätte eines Unternehmens unter gewissen Einschränkungen[106] auch in den Fällen, in denen eine Person in einem anderen Staat für das Unternehmen tätig wird und ihre Vollmacht, für das Unternehmen Verträge abzuschließen, gewöhnlich ausübt.

---

[100]*Kaeser*, ISR 2012, 63, 67. So auch *Häck*, ISR 2015, 113, 117.

[101]So für im SBV I gehaltene Beteiligungen *Hruschka*, IStR 2016, 437, 443.

[102]Vgl. hierzu die Ausführungen oben unter 9.3.14.

[103]Vgl. zuletzt *BFH*, Urt. v. 29.11.2017 – I R 58/15, BFHE 260, 209 unter II.2.b.bb.aaa).

[104]Zum Vergleich der Begriffe in § 13 AO und Art. 5 Abs. 5 OECD-MA vgl. *Wassermeyer/Kaeser*, in: Wassermeyer, DBA, Art. 5 MA Rn. 191.

[105]Hingegen von einer definitorischen Erweiterung des Betriebsstättenbegriffs ausgehend *Wassermeyer/Kaeser*, in: Wassermeyer, DBA, Art. 5 MA Rn. 193.

[106]Die Person darf nicht unabhängiger Vertreter i. S. d. Art. 5 Abs. 6 OECD-MA sein und ihre Tätigkeiten dürften, wenn sie in einer festen Geschäftseinrichtung ausgeübt würden, nicht unter die Bereichsausnahme des Art. 5 Abs. 4 OECD-MA fallen.

Dabei stellt sich die Frage, ob und inwieweit die bislang in der Literatur als herrschend angesehene Nullsummentheorie auch unter dem AOA für die Vertreterbetriebsstätte fortgilt.

20.10.1 Die Nullsummentheorie unter dem AOA

Als (wenngleich fiktive) abkommensrechtliche Betriebsstätte unterfällt die Vertreterbetriebsstätte dem Gewinnabgrenzungsregime des Art. 7 OECD-MA. Bei der Umsetzung ins innerstaatliche Recht wurde diesem Umstand durch § 1 Abs. 5 Satz 5 AStG Rechnung getragen. Der AOA findet auch auf die Gewinnabgrenzung zwischen der Vertreterbetriebsstätte und dem übrigen Unternehmen Anwendung.[107]

Damit ist auch bei der Gewinnzuordnung zu der Vertreterbetriebsstätte die umfassende Funktions- und Risikoanalyse Ausgangspunkt der Betrachtung. Beschränkt sich die Tätigkeit des Vertreters für das Unternehmen auf die bloße Ausübung der Vollmacht, übt der Vertreter also lediglich eine Geschäftsvermittlungsfunktion aus, so dürfte diese Personalfunktion in der Regel nicht die Wesentlichkeitsschwelle des § 2 Abs. 5 BsGaV überschreiten.[108]

Dieses Szenario der „funktionsschwachen"[109] Vertreterbetriebsstätte dürfte eher die Regel denn die Ausnahme darstellen. Dass der Vertreterbetriebsstätte keine maßgeblichen Personalfunktionen zugeordnet werden können, führt aber nicht dazu, dass die durch den Vertreter ausgeübten nicht-maßgeblichen Personalfunktionen steuerlich ohne Bedeutung blieben.[110] Denn für ihre Ausübung ist gemäß § 16 BsGaV eine anzunehmende schuldrechtliche Beziehung zwischen dem Unternehmen und seiner Vertreterbetriebsstätte zu fingieren.[111]

Der für die anzunehmende schuldrechtliche Beziehung anzusetzende Fremdvergleichspreis dürfte im Fall eines unabhängigen Vertreters in der Regel der ihm

---

[107]*Kroppen/van der Ham*, IWB 2017, 257, 262; *Rasch/Müller*, ISR 2014, 418, 420; *Ditz/Bärsch*, IStR 2013, 411, 414.

[108]Vgl. auch die Ausführungen der *OECD* zum „*mere sales agent*", *OECD*, Betriebsstättenbericht 2010, Part I Tz. 233; zustimmend *Kaeser*, in: Wassermeyer, DBA, Art. 7 MA (2010) Rn. 597.

[109]*Ditz/Bärsch*, IStR 2013, 411, 414; *Ditz*, SWI 2017, 282, 286.

[110]Zur Relevanz auch der nicht-maßgeblichen Personalfunktionen vgl. auch BMF, Schreiben v. 22.12.2016 (VWG BsGa), BStBl I 2017, 182, Tz. 2.2.5 Rn. 48.

[111]Insoweit übersehen *Ditz* und *Bärsch*, dass auch die Vertreterbetriebsstätte als fiktives Rechtsgebilde über die vom Vertreter übernommenen Vertriebstätigkeiten an einem unternehmensinternen Leistungsaustausch teilnimmt, *Ditz/Bärsch*, IStR 2013, 411, 413.

gezahlten Provision entsprechen, so dass der Vertreterbetriebsstätte im Ergebnis ein Gewinn von Null zuzuweisen wäre.[112] Denn der Preis, den unabhängige Dritte für die reine Geschäftsvermittlungsleistung zahlen würden, entspricht in diesen Fällen gerade der Vertreterprovision.[113] Insoweit stimmt die Gewinnabgrenzung unter dem AOA mit der Nullsummentheorie überein.

Abweichungen können sich indes ergeben, wenn der Vertreter ein Arbeitnehmer des Unternehmens ist.[114] Da das Arbeitsverhältnis hier dazu führen kann, dass die Vertretertätigkeit des Arbeitnehmers nicht fremdvergleichskonform vergütet wird, verbleibt der Vertreterbetriebsstätte in diesen Fällen ein Betriebsstättenergebnis in Höhe der Differenz von Fremdvergleichspreis und Gehalt.[115]

Sind der Vertreterbetriebsstätte ausnahmsweise doch maßgebliche Personalfunktionen zuzuordnen,[116] beispielsweise weil der Vertreter neben der reinen Geschäftsvermittlungsfunktion eine Risikofunktion verwaltet,[117] so führt dies gemäß § 1 Abs. 5 Satz 5 i. V. m. § 1 Abs. 5 Sätze 1 bis 4 AStG zu einer Zuordnung der damit verbundenen Wirtschaftsgüter, Chancen und Risiken sowie eines angemessenen Dotationskapitals. Für die erstmalige „Überführung" der Wirtschaftsgüter sind gemäß § 3 Abs. 4 Satz 3 BsGaV anzunehmende schuldrechtliche Beziehungen zu berücksichtigen.

Neben den „ertragsneutralen" Vorgängen wie der Einbuchung der zugeordneten Wirtschaftsgüter dürfte der wesentliche Posten auf der Ertragsseite der Hilfs- und Nebenrechnung der Vertreterbetriebsstätte der Erlös aus den Außenumsätzen, d. h. den Vertriebsgeschäften, sein. Dem stehen auf Aufwandseite vornehmlich die Provisionszahlung an den Vertreter als zugeordneter Außenumsatz

---

[112] *Wassermeyer/Kaeser*, in: Wassermeyer, DBA, Art. 5 MA Rn. 217.

[113] So machen *Ditz* und *Bärsch* zu Recht geltend, dass darin gerade kein Anteil an dem Vertretererlös enthalten ist, *Ditz/Bärsch*, IStR 2013, 411, 415.

[114] *Kaeser*, in: Wassermeyer, DBA, Art. 7 MA (2010) Rn. 597.

[115] *Ditz/Bärsch*, IStR 2013, 411, 414 f. *Wassermeyer* und *Kaeser* gehen hingegen davon aus, dass eine über die Ausübung der Abschlussvollmacht hinausgehende Tätigkeit und der daraus resultierende Gewinn nicht der Vertreterbetriebsstätte, sondern der Geschäftsleitungsbetriebsstätte zuzuordnen sei, *Wassermeyer/Kaeser*, in: Wassermeyer, DBA, Art. 5 MA Rn. 196, 216.

[116] *Loukota*, SWI 2017, 70, 72; *Ditz/Bärsch*, IStR 2013, 411, 414; anders das Beispiel bei *Rasch/Müller*, ISR 2014, 418, 421.

[117] Kritisch gegenüber der Anknüpfung der maßgeblichen Personalfunktion an die Verwaltungstätigkeit, *Tenberge*, IWB 2016, 742, 743.

sowie gegebenenfalls auf Wirtschaftsgüter des Anlagevermögens vorzunehmende Abschreibungen gegenüber.[118]

Dabei ist in den Fällen, in denen der Vertreter die Verwaltung einer Risikofunktion (beispielsweise das Forderungsmanagement gegenüber den Kunden)[119] für das Unternehmen übernimmt, sorgfältig zwischen der zivilrechtlichen und der steuerrechtlichen Lage zu differenzieren. Zivilrechtlich trägt weiterhin das Unternehmen das jeweilige Risiko (hier das Risiko eines Forderungsausfalls). Für Zwecke der steuerrechtlichen Betriebsstättengewinnabgrenzung folgt die Zuordnung des Risikos hingegen der Zuordnung der Personalfunktion „Verwaltung".[120] Mangels zivilrechtlicher Übernahme des Risikos entspricht die an den Vertreter in diesen Fällen gezahlte Provision auch nicht dem, was ein fremder Dritter für die vertragsmäßige Übernahme des Risikos verlangen würde. Denn sie gilt gerade nur die Tätigkeit des Vertreters, d. h. die Vermittlungs- und Verwaltungsleistung, ab.[121]

Anders als in den Fällen, in denen der Vertreter eine nicht-maßgebliche Personalfunktion ausübt, erscheint es in diesem Szenario nicht zwingend, dass der Vertriebserlös der Höhe nach mit der Vertreterprovision übereinstimmt. Denn anders als die Bepreisung der Innentransaktion für die Übernahme der Geschäftsvermittlungsfunktion steht der Erlös aus dem Vertriebsgeschäft nicht in einem unmittelbaren inneren Zusammenhang zu der Provisionszahlung. Wiederum dürfte sich auch in diesem Szenario die Abweichung vergrößern, wenn der Vertreter ein abhängiger Arbeitnehmer des Unternehmens ist.

Soweit die Literatur[122] geltend macht, dass die Nullsummentheorie auch unter dem AOA fortgilt, so kann diese Aussage lediglich für den Grundfall der funktionsschwachen Vertreterbetriebsstätte gelten, wenn ein unabhängiger Vertreter lediglich als Geschäftsvermittler für das Unternehmen tätig wird und sich auf die reine Ausübung seiner Vollmacht zum Vertragsabschluss beschränkt.[123]

---

[118] *Ditz/Bärsch*, IStR 2013, 411, 416 m. w. N.

[119] Vgl. auch das Beispiel bei *Rasch/Müller*, ISR 2014, 418, 421.

[120] Vgl. auch *OECD*, Betriebsstättenbericht 2010, Part I Tz. 236. Dies übersieht *Griemla*, IStR 2005, 857, 862.

[121] So auch *Kaeser*, in: Wassermeyer, DBA, Art. 7 MA (2010) Rn. 598.

[122] *Ditz/Bärsch*, IStR 2013, 411; *Ditz*, SWI 2017, 282, 286.

[123] *Ditz*, SWI 2017, 282, 285, der die von *Loukota*, SWI 2017, 70, 73 vertretene Auffassung kritisiert, nach der der Vertreterbetriebsstätte Vermögenswerte und Risiken zuzuordnen sind, ist daher nur insoweit beizupflichten, als dass *Loukota* nicht deutlich macht, dass die in seinem Beispielsfall gebildete funktionsstarke Vertreterbetriebsstätte die Ausnahme und nicht den Regelfall bildet.

Im Übrigen hängt die Höhe des Betriebsstättenergebnisses von dem konkreten Funktionsprofil des Vertreters und der Angemessenheit seiner Provision ab.[124]

Dies deckt sich auch mit der Absage der *OECD* an den *„single taxpayer approach"*,[125] da dieser auch in den Fällen, in denen der Vertreterbetriebsstätte maßgebliche Personalfunktionen zuzuordnen sind, abweichend vom AOA zu einem Betriebsstättenergebnis von Null kommt.

20.10.2 Die Regelung des § 39 Abs. 2 BsGaV

Insbesondere lässt sich eine Entscheidung des Gesetzgebers zugunsten der Nullsummentheorie auch nicht aus der Regelung des § 39 Abs. 2 BsGaV ableiten.[126] Diese besagt für den Fall, dass es sich bei dem Vertreter um ein rechtlich selbstständiges Unternehmen handelt, dass alle Personalfunktionen, die vom Personal des Vertreters für den Vertretenen ausgeübt werden, als eigene Personalfunktionen des Vertretenen zu behandeln sind.

Die Regelung ist keine Zuordnungs-, sondern eine Qualifikationsnorm[127] und formuliert damit letztlich die Konsequenz der Fiktion aus Art. 5 Abs. 5 OECD-MA aus. Danach fingiert das Tätigwerden eines selbstständigen Rechtssubjekts („Person") in einem anderen Staat eine Betriebsstätte und damit zugleich auch, dass die durch diese Person ausgeübten Funktionen als Personalfunktionen der Vertreterbetriebsstätte anzusehen sind.[128] Gemäß § 39 Abs. 2 BsGaV gilt dies auch, wenn der Vertreter selbst keine natürliche Person, sondern ein rechtlich selbstständiges Unternehmen ist, das wiederum nur durch Personal tätig werden kann.

---

[124]*Rasch/Müller*, ISR 2014, 418, 422.

[125]*OECD*, Betriebsstättenbericht 2010, Part I Tz. 235.

[126]So hatten Teile der Literatur der Verordnungsbegründung zu § 39 Abs. 2 BsGaV entnommen, dass der deutsche Gesetzgeber die Nullsummentheorie nun zulasse und ausdrücklich hervorhebe, *Rasch/Müller*, ISR 2014, 418, 422.

[127]Andernfalls wäre auch fraglich, ob § 39 Abs. 2 BsGaV noch von der Verordnungsermächtigung („einheitliche Anwendung des Fremdvergleichsgrundsatzes") abgedeckt wäre.

[128]*Ditz/Bärsch*, IStR 2013, 411, 412; *Rasch/Müller*, ISR 2014, 418, 421. Durch die Regelung des Art. 5 Abs. 5 OECD-MA werden „alle in einem Staat von einem Vertreter für ein Unternehmen ausgeübten Tätigkeiten zu einer Betriebsstätte zusammengefasst", *Wassermeyer/Kaeser*, in: Wassermeyer, DBA, Art. 5 MA Rn. 205. Vgl. auch *Loukota*, SWI 2017, 70, 71: „Denn [...] es sind die Personen (natürliche oder juristische), die [die] fiktive Betriebsstätte für das vertretene ausländische Unternehmen bilden [...]."

Dabei dürfte § 39 Abs. 2 BsGaV nur deklaratorische Wirkung haben, die vor dem Hintergrund der Legaldefinition des § 2 Abs. 3 BsGaV zu sehen ist. Danach setzt eine Personalfunktion das Tätigwerden von *eigenem* Personal voraus. Dennoch dürfte diese Definition auch ohne § 39 Abs. 2 BsGaV nicht einer Zurechnung der für das Unternehmen, aber durch das Personal des Vertreters ausgeübten Personalfunktionen zu dem Vertretenen entgegenstehen. Denn genau diese Zurechnung ist Gegenstand der Fiktion des Art. 5 Abs. 5 OECD-MA. Ansonsten wäre die Frage aufzuwerfen, wieso keine entsprechende Zurechnungsregel für denjenigen Vertreter existiert, der als natürliche Person, nicht aber als Arbeitnehmer des Unternehmens für das Unternehmen tätig wird. Auch er zählt nämlich nicht zum eigenen Personal des Unternehmens.

Schließlich steht § 39 Abs. 2 BsGaV auch nicht einer einheitlichen Anwendung des Fremdvergleichsgrundsatzes, die die Verordnungsermächtigung (§ 1 Abs. 6 AStG) anordnet, entgegen, indem die Regelung eine Zurechnung außerhalb des § 1 Abs. 5 AStG vornimmt. Vielmehr gilt das oben Gesagte auch für die Fälle, in denen der Vertreter selbst ein rechtlich selbstständiges Unternehmen ist.

Auch hier ist, falls das Personal des Vertreters lediglich Personalfunktionen unter der Wesentlichkeitsschwelle des § 2 Abs. 5 BsGaV ausübt, eine anzunehmende schuldrechtliche Beziehung zu fingieren. Anders als in dem Grundfall entspricht hier aber für Zwecke des Art. 7 OECD-MA stets die Vertreterprovision dem Fremdvergleichspreis, da die Provision sonst im Fall eines Auseinanderfallens bereits vorrangig nach Art. 9 OECD-MA korrigiert worden wäre.[129] Insoweit ist erneut eine Übereinstimmung mit der Nullsummentheorie zu verzeichnen.

Geht das Personal des Vertreters hingegen Tätigkeiten für das Unternehmen nach, die als maßgebliche Personalfunktionen zu qualifizieren sind, sind die in Zusammenhang mit der Personalfunktion (bzw. den zugeordneten Wirtschaftsgütern) im Außenverhältnis erwirtschafteten Erträge und der angefallene Aufwand der Vertreterbetriebsstätte auf Basis der maßgeblichen Personalfunktion (und nicht zwingend nullsummentheoriekonform) originär zuzuordnen.

---

[129] *Wassermeyer/Kaeser*, in: Wassermeyer, DBA, Art. 5 MA Rn. 596, 598; vgl. auch *Loukota*, SWI 2017, 70, 71 f., 74 f. unter Verweis auf das Schlussprotokoll zu Art. 5 DBA-Österreich (BGBl I 2002, 745); *OECD,* Betriebsstättenbericht 2010, Part I Tz. 230.

20.11   Die Eigenkapitalausstattung der Betriebsstätte

Des Weiteren erscheint es zweifelhaft, dass die durch §§ 12, 13 BsGaV angeordnete Bestimmung des Dotationskapitals mit dem allgemeinen Gleichheitsgrundsatz des Art. 3 Abs. 1 GG in seiner steuerrechtlichen Ausprägung durch das Gebot der Folgerichtigkeit vereinbar ist.[130]

Als Regelungen zur Bestimmung des Dotationskapitals einer rechtlich unselbstständigen Betriebsstätte regeln §§ 12, 13 BsGaV vergleichbare Sachverhalte. Insbesondere steht die Tatsache, dass sich aus dem Ort der Betriebsstätte (Inland vs. Ausland) unterschiedliche steuerrechtliche Konsequenzen ergeben (Begründung und in der Regel auch Ausübung des Besteuerungsrechts vs. Freistellung der ausländischen Betriebsstätteneinkünfte oder Anrechnung der im Ausland erhobenen Steuern) der Vergleichbarkeit der Sachverhalte nicht entgegen.

Durch die tendenziell profiskalische Ausrichtung der §§ 12, 13 BsGaV werden diese vergleichbaren Sachverhalte unterschiedlich behandelt. Die Kapitalaufteilungsmethode des § 12 BsGaV maximiert das der inländischen Betriebsstätte zuzuordnende Dotationskapital, während § 13 BsGaV zu einer minimalisierenden Zuweisung des Dotationskapitals zu der ausländischen Betriebsstätte führt. Beides reduziert über die Wechselwirkung mit der Fremdkapitalzuordnung den im Inland abzugsfähigen Fremdfinanzierungsaufwand. Dass dies auch ausdrücklich vom Verordnungsgeber beabsichtigt war, verdeutlichen die Ausführungen in dem maßgeblichen BMF-Schreiben.[131]

Ein Rechtfertigungsgrund für diese Ungleichbehandlung ist indes nicht ersichtlich. Weder der Fremdvergleichsgrundsatz als übergeordnetes Prinzip der Betriebsstättengewinnabgrenzung noch die allgemeine Missbrauchsprävention können hierfür herangezogen werden.

Eine Rechtfertigung durch den Fremdvergleichsgrundsatz käme nur in Betracht, wenn die in §§ 12, 13 BsGaV enthaltene Ungleichbehandlung durch diesen geboten und daher Ausfluss des Gebots der Folgerichtigkeit wäre. Betrachtet man die §§ 12, 13 BsGaV, so fällt auf, der Fremdvergleichsgrundsatz in beiden Regelungen an unterschiedlichen Stellen in Erscheinung tritt. Während die Regelung zur Bestimmung des Dotationskapitals im Inboundfall den Fremdvergleichsgrundsatz als maßgebliches Prinzip für die Bestimmung der

---

[130] So auch *Kraft/Dombrowski*, FR 2014, 1105, 1112; *Kußmaul/Delarber/Müller*, IStR 2014, 466, 473.

[131] BMF, Schreiben v. 22.12.2016 (VWG BsGa), BStBl I 2017, 182, Tz. 2.12.1 Rn. 129; Tz. 2.13.1 Rn. 144.

Kapitalquote heranzieht,[132] legen die Regelungen für den Outboundfall den Fremdvergleichsgrundsatz nur ausnahmsweise der Bestimmung des Dotationskapitals zugrunde.[133] Während die Öffnungsklausel des § 13 Abs. 2 BsGaV möglicherweise noch dafür zu sorgen vermag, dass die Regelungen zur Dotationskapitalzuweisung insgesamt von der Verordnungsermächtigung abgedeckt bleiben, kann sie aber nicht die Ungleichbehandlung rechtfertigen.

Im Outboundfall obliegt die Beweislast für die Anwendung des Fremdvergleichsgrundsatzes somit dem Steuerpflichtigen, der eine höhere Dotationskapitalzuweisung anstrebt. Leitendes Prinzip der Dotationskapitalbestimmung ist der Optimierungsgedanke aus Sicht des Fiskus, nicht aber die – mit Blick auf die Verordnungsermächtigung eher gebotene – einheitliche Anwendung des Fremdvergleichsgrundsatzes. Ein derartiger rein fiskalischer Zweck staatlicher Einnahmeerhöhung taugt jedoch nach der Rechtsprechung des BVerfG gerade nicht als sachlicher Grund für eine Ungleichbehandlung.[134]

Darüber hinaus erscheint es höchst zweifelhaft, ob sich der Fremdvergleichsgrundsatz überhaupt dazu eignet, als Maßstab für die angemessene Zuweisung von Dotationskapital herangezogen zu werden.[135] Das Dotationskapital einer Betriebsstätte entspricht dem gezeichneten Kapital bei einem selbstständigen Unternehmen in Form einer Kapitalgesellschaft. Nach dem Grundsatz der Finanzierungsfreiheit ist es dabei – in den Grenzen der Mindestkapitalisierungsanforderungen[136] – der freien Entscheidung des Unternehmensträgers überlassen, in welchem Umfang er sein Unternehmen mit Eigenkapital ausstattet.[137]

Denn wie *Beiser*[138] sehr überzeugend anbringt, lässt die Selbstständigkeitsfiktion die Person des Unternehmensträgers unberührt. Sowohl das „Eigenkapital des Stammhauses" als auch das „Eigenkapital der Betriebsstätte" sind damit eigentlich als Eigenkapital des Unternehmers zu qualifizieren. Dabei steht es

---

[132]Gemäß § 12 Abs. 3 Satz 1 BsGaV sind die Vermögenswerte bei der Bestimmung der Kapitalquote grundsätzlich mit Fremdvergleichswerten anzusetzen. Auch die Voraussetzungen für die Sonderregelungen für Konzerne (§ 12 Abs. 4 BsGaV) knüpfen über den Maßstab des ordentlichen und gewissenhaften Geschäftsleiters an Fremdvergleichsprinzipien an.

[133]§ 13 Abs. 2 BsGaV lässt eine von der Mindestkapitalisierung abweichende Zuweisung von Dotationskapital nur ausnahmsweise aus Fremdvergleichsgründen zu.

[134]*BVerfG*, Beschluss v. 29.3.2017 – 2 BvL 6/11, *BVerfGE* 145, 106 unter C.I.2.c.aa).

[135]*Ditz*, ISR 2012, 48, 53; a. A. wohl *OECD*, Betriebsstättenbericht 2010, Part I Tz. 28 ff.

[136]*A. Weber/Werra*, FS Ritter, S. 285, 289.

[137]*BFH*, Urt. v. 5.2.1992 – I R 127/90, *BFHE* 166, 356; Urt. v. 20.03.2002 – II R 84/99, *BFH/NV* 2002, 1017 unter II.3; Urt. v. 25.6.1986 – II R 213/83, *BFHE* 147, 264; Urt. v. 1.4.1987 – II R 186/80, *BFHE* 150, 65.

[138]*Beiser*, IStR 1992, 7, 9.

dem Unternehmer frei, dieses durch fiktive Entnahmen und fiktive Einlagen zwischen seinen beiden fiktiv verselbstständigten Unternehmensteilen nach Belieben aufzuteilen.[139] Eine Suspendierung des Grundsatzes der Finanzierungsfreiheit zugunsten von Mindest- und Höchstkapitalisierungsanforderungen ist dem OECD-Musterabkommen nicht zu entnehmen.[140] Aus diesem Grund ist der Grundsatz der Finanzierungsfreiheit daher schon konzeptionell nicht mit dem Fremdvergleichsgrundsatz vereinbar.[141]

Vor diesem Hintergrund erscheint es angemessener, die Zuweisung des Dotationskapitals zu einer Betriebsstätte als Anwendungsfall des § 1 Abs. 5 Satz 2 Hs. 2 AStG zu betrachten und dementsprechend eine Ausnahme von der Selbstständigkeitsfiktion der Betriebsstätte zu machen, weil und soweit die Zugehörigkeit der Betriebsstätte zum Unternehmen eine andere Behandlung erfordert. Dagegen spricht auch nicht der von der *OECD* im Zusammenhang mit der Dotationszuweisung als maßgeblich ausgegebene Grundsatz von „*capital follows risk*", der letztlich eine haftungsorientierte Ausprägung des Gläubigerschutzes ist:[142] Risiken, insbesondere Haftungsrisiken, sollen durch ein hinreichendes haftendes Kapital abgedeckt sein. Diese streng risikogetriebene Sichtweise übersieht aber, dass gerade für Haftungsfragen die zivilrechtliche Rechtslage maßgeblich ist. Aus Sicht der Gläubiger hat die allein den Zwecken der steuerlichen Gewinnabgrenzung dienende Selbstständigkeitsfiktion der Betriebsstätte aber keine Bedeutung. Für sie ist das Gesamtunternehmen der maßgebliche Referenzrahmen. Die Argumentation kann diesbezüglich nicht anders verlaufen als hinsichtlich der einheitlichen Kreditwürdigkeit des Unternehmens, da die Interessenlage insoweit identisch ist.[143]

Versteht man den Anwendungsbereich der Öffnungsklausel aber als nur „insoweit" eröffnet, als die Zugehörigkeit der Betriebsstätte zum Unternehmen eine andere Behandlung erfordert, so sollte diese abweichende Behandlung in der

---

[139]*Beiser*, IStR 1992, 7, 10.

[140]*Beiser*, IStR 1992, 7, 10 f.

[141]Ebenso *Ditz*, ISR 2012, 48, 54 unter Verweis auf *Ditz,* Intl Gewinnabgrenzung 2004, S. 364 ff.; *Beiser*, IStR 1992, 7; so wohl auch *Becker*, DB 1989, 10; a. A. *Buchner*, der den Grundsatz der Finanzierungsfreiheit als Ausdruck des Fremdvergleichsgrundsatzes ansieht, *Buchner*, IStR 2013, 228, 231 f.

[142]Vgl. auch *Becker*, DB 1989, 10 zu den der Gläubigersicherung dienenden gesetzlichen Sondervorschriften zur Mindestkapitalisierung von Bank- und Versicherungsbetriebsstätten.

[143]Vgl. *Beiser*, IStR 1992, 7, 9; *Kaeser*, in: Wassermeyer, DBA, Art. 7 MA (2010) Rn. 498; siehe auch in etwas anderem Zusammenhang *Kraft/Dombrowski*, FR 2014, 1105, 1112, die in der Mindestkapitalausstattungsmethode einen Widerspruch zum Grundsatz der einheitlichen Kreditwürdigkeit sehen.

Gesamtschau wegen der grundsätzlich am Fremdvergleichsgrundsatz orientierten Ausrichtung des § 1 Abs. 5 AStG so fremdvergleichsverträglich wie möglich sein. Eine Möglichkeit wäre es daher, die Reihenfolge der Zuordnung der Passiva umzukehren und zunächst die „übrigen Passivposten" im Sinne des § 14 BsGaV, also alle Passiva, die kein Dotationskapital darstellen, direkt oder (bei lediglich mittelbarem Zusammenhang mit den der Betriebsstätte zugeordneten Vermögenswerten sowie mit den ihr zugeordneten Chancen und Risiken) indirekt zuzuordnen und die „Auffüllung" der Passivseite der Hilfs- und Nebenrechnung sodann mit dem Dotationskapital vorzunehmen.[144]

Anders als bei dem Dotationskapital, das eher die Funktion einer Grundausstattung der Betriebsstätte einnimmt, lässt sich das übernommene Fremdkapital nämlich auf der Basis von Personalfunktionen, Vermögenswerten und Risiken unmittelbar oder mittelbar der Betriebsstätte zuordnen. Auch die Quantifizierung ist leichter, da dem Fremdkapital zivilrechtlich tatsächlich existente Rechtsbeziehungen zugrunde liegen, die hierzu herangezogen werden können.

Auf diese Weise würde die Zuordnung der Passiva insgesamt vom Fremdvergleichsgedanken getragen sein.[145] Denn auch ein ordentlicher und gewissenhafter Geschäftsleiter würde nie eine Eigenkapitalzuordnung hinnehmen, die ihm wegen der Wechselwirkung mit der Zuordnung des Fremdkapitals den Abzug von Finanzierungsaufwendungen dauerhaft verwehrt. Die Finanzierungsentscheidung des Unternehmers, in welchem Umfang er sein fiktives Unternehmen, die Betriebsstätte, mit Eigenkapital ausstattet, manifestiert sich somit als Komplementärgröße[146] zu dem direkt oder indirekt der Betriebsstätte zuordenbaren Fremdkapital.

Gleichzeitig verdeutlicht dieser alternative Zuordnungsvorschlag auch, dass der Rechtfertigungsgrund der Missbrauchsabwehr, der grundsätzlich geeignet ist,

---

[144] Sich für eine Behandlung des Eigenkapitals als Residualgröße aussprechend auch *Kaeser*, in: Wassermeyer, DBA, Art. 7 MA (2010) Rn. 494 ff.

[145] A. A. die *OECD*, die gemäß dem Grundsatz „*capital follows risks*" (vgl. *OECD*, Betriebsstättenbericht 2010, Part I Tz. 29, 108) aus den der Betriebsstätte zugeordneten Risiken eine fremdvergleichskonforme Bestimmung der Höhe des erforderlichen Dotationskapitals ableitet (a. a. O., Tz. 28 ff.). Dabei übersieht die *OECD*, dass der Grundsatz der Finanzierungsfreiheit (vorbehaltlich etwaiger Mindestkapitalisierungserfordernisse) grundsätzlich losgelöst von der Risikostruktur der Betriebsstätte besteht. Der Zusammenhang zwischen der Risikostruktur und der Unternehmensfinanzierung schlägt sich lediglich in den Kosten für das Fremdkapital nieder.

[146] *Kaeser* spricht in diesem Zusammenhang von einer „Residualgröße", *Kaeser*, in: Wassermeyer, DBA, Art. 7 MA (2010) Rn. 499.

eine steuerliche Ungleichbehandlung zu rechtfertigen,[147] in der vorliegenden Konstellation nicht einschlägig ist, da die vorgenommene einseitige Typisierung zugunsten des deutschen Fiskus nicht zulässig sein dürfte. Denn die Unternehmensentscheidung, einer inländischen Betriebsstätte nur in eingeschränktem Maße Dotationskapital zuzuordnen, wenn andernfalls der Abzug von direkt zuordnungsfähigem Finanzierungsaufwand steuerlich nicht möglich wäre, ist nicht typischerweise von Missbrauchsgedanken geprägt, sondern vielmehr eine legitime Ausübung unternehmerischer Entscheidungsfreiheit.

Eine derartige Gestaltung der Zuordnung der Passiva wäre auch vor dem Hintergrund des Europarechts vorzugswürdiger. Der EuGH-Entscheidung *Gerritse*[148] ist zu entnehmen, dass die Dienstleistungsfreiheit einer nationalen Regelung des Steuerrechts entgegensteht, wonach bei Gebietsfremden die Bruttoeinkünfte ohne Abzug der unmittelbar in Zusammenhang stehenden Betriebsausgaben besteuert werden, während bei Gebietsansässigen lediglich die Nettoeinkünfte, d. h. nach Abzug dieser Betriebsausgaben, der Besteuerung unterworfen werden.

Der gleiche Gedanke dürfte auch für die im Fall der grenzüberschreitenden Betriebsstättenfälle einschlägige Niederlassungsfreiheit greifen. Dementsprechend würden Regelungen wie §§ 12, 13 BsGaV, die faktisch dazu führen, dass Finanzierungsaufwendungen, die in unmittelbarem Zusammenhang mit im Inland ausgeübten Personalfunktionen, Vermögensgegenständen oder Chancen und Risiken stehen, steuerlich nicht abzugsfähig sind, eine Beschränkung der Niederlassungsfreiheit darstellen. Denn bei einem rein inländischen Fall bliebe eine Dotationskapitalkorrektur aus, so dass die Finanzierungsaufwendungen in voller Höhe abzugsfähig blieben.

20.12 Die Finanzierungsfunktion im Sinne des § 17 BsGaV

Schließlich sollen noch die Regelungen des AOA zur Behandlung der sogenannten Finanzierungsfunktion kritisch beleuchtet werden. Dazu wird zunächst ihr Anwendungsbereich dargestellt (20.12.1) und sie sodann im Spannungsfeld zwischen dem Fremdvergleichsgrundsatz und dem Grundsatz der einheitlichen Kreditwürdigkeit verortet (20.12.2).

---

[147] Vgl. *BVerfG*, Beschluss v. 29.3.2017 – 2 BvL 6/11, *BVerfGE* 145, 106 unter C.II.3.b.bb) m. w. N.

[148] *EuGH*, Urt. v. 12.06.2003 – C-234/01, Slg. I 2003, 5933 – *Gerritse*.

20.12.1 Anwendungsbereich des § 17 BsGaV

Gemäß § 17 Abs. 1 Satz 1 BsGaV umfasst die Finanzierungsfunktion innerhalb eines Unternehmens die Liquiditätssteuerung durch eine Betriebsstätte. Dabei gehören zur Liquiditätssteuerung gemäß § 17 Abs. 1 Satz 2 BsGaV insbesondere die Mittelbeschaffung, die Mittelzuweisung sowie die externe Anlage von Liquiditätsüberhängen.

Hinsichtlich der sich aus einer Finanzierungsfunktion ergebenden Rechtsfolgen ist nach dem Umfang der Funktion zu differenzieren:

20.12.1.1 Regelfall: Unternehmensinterne (risikoarme) Finanzierungsfunktionen

Der Regelfall, die Behandlung der risikoarmen Finanzierungsfunktion, bestimmt sich nach § 17 Abs. 1 bis 6 BsGaV. Danach stellt die Ausübung der Finanzierungsfunktion innerhalb eines Unternehmens eine anzunehmende schuldrechtliche Beziehung in Gestalt einer Dienstleistung, nicht aber in Form der Zurverfügungstellung eigener finanzieller Mittel der Finanzierungsbetriebsstätte dar (§ 17 Abs. 2 Satz 1 BsGaV). Die Anknüpfung an das Risikoprofil ergibt sich dabei im Umkehrschluss aus der Öffnungsklausel des § 17 Abs. 7 Nr. 1 BsGaV als Ausnahmeregelung. Eine Finanzierungsfunktion dürfte als risikoarm einzustufen sein, wenn sie sich (fast) ausschließlich auf unternehmensinterne Finanzierungsverhältnisse (beispielsweise Cash Pool Vereinbarungen) beschränkt und nicht mit externen Risiken verbunden ist.[149]

Vor dem Hintergrund des § 2 Abs. 5 BsGaV dürfte die (risikoarme) Finanzierungsfunktion dabei insbesondere nicht die Wesentlichkeitsschwelle zu einer maßgeblichen Personalfunktion überschreiten.[150] Dementsprechend erscheint es konsequent, dass die aus dieser lediglich unterstützenden Personalfunktion resultierende anzunehmende schuldrechtliche Beziehung als Dienstleistung qualifiziert wird, deren Entgelt sich nach einer kostenorientierten Verrechnungspreismethode (§ 17 Abs. 3 BsGaV) bestimmt. Mangels Maßgeblichkeit der Finanzierungsfunktion unterbleibt ebenso konsequent eine Zuordnung der aus den externen Anlagen resultierenden Vermögenswerte sowie der damit in Zusammenhang stehenden Erträge zu der Finanzierungsbetriebsstätte (§ 17 Abs. 4 Satz 1 BsGaV).

---

[149]BMF, Schreiben v. 22.12.2016 (VWG BsGa), BStBl I 2017, 182, Tz. 2.17.2 Rn. 180 f.; BR-Drucks. 401/14, S. 91.

[150]BR-Drucks. 401/14, S. 92.

Stattdessen sind die entstehenden Vermögenswerte der Betriebsstätte zuzuordnen, mit deren Vermögenswerten die Finanzierungsbetriebsstätte die Finanzierungsfunktion ausübt.[151] Denn die Finanzierungsfunktion unterstützt deren maßgebliche Personalfunktionen. Die Zuordnung der Erträge im Sinne des § 17 Abs. 4 Satz 1 BsGaV folgt letztlich der Zuordnung der Vermögenswerte. Vor dem Hintergrund der grundsätzlichen (veranlassungsbasierten) Zuordnungsentscheidung des § 9 Abs. 1 BsGaV hätte es dieser separaten Anordnung in § 17 Abs. 4 Satz 1 BsGaV nicht zwingend bedurft. Wegen der gegebenenfalls erfolgenden anteiligen Zuordnung zu mehreren anderen Betriebsstätten (§ 17 Abs. 4 Satz 2 BsGaV) präzisiert die Regelung aber die anderweitige Zuordnung im Sinne des § 9 Abs. 4 BsGaV unter Konkretisierung des Aufteilungsmaßstabs in § 17 Abs. 4 Satz 3 BsGaV. Aus Gründen der Rechtssicherheit ist diese Klarstellung zu begrüßen.

Die im Zuge der Finanzierungsfunktion entstehenden Passivposten sind veranlassungsgerecht denjenigen Betriebsstätten zuzuordnen, deren Vermögenswerte im Rahmen der Finanzierungsfunktion eingesetzt wurden und die so die Entstehung der Passivposten veranlasst haben.[152] Abweichend von der grundsätzlich direkten Zuordnung von Finanzierungsaufwendungen[153] ordnet § 17 Abs. 5 Satz 2 BsGaV die indirekte Zuordnung der Finanzierungsaufwendungen zu den nämlichen Betriebsstätten an. Diese Regelung hat zur Konsequenz, dass jeder von der Finanzierungsfunktion profitierenden Betriebsstätte anteilig Finanzierungsaufwendungen in dem Umfang zugeordnet werden, in dem ihnen Passivposten zugewiesen wurden, unabhängig davon, ob diese Aufwendungen konkret in einem direkten Veranlassungszusammenhang mit den ihnen zugewiesenen Passiva standen. Diese Abweichung von der grundsätzlich vorrangigen direkten Zuordnung lässt sich mit dem Grundsatz der einheitlichen Kreditwürdigkeit des Unternehmens erklären. Dieser rechtfertigt es, die Finanzierungsaufwendung gleichmäßig auf die aus der Finanzierungsfunktion resultierenden Passivposten aufzuteilen.

Die Vorschrift des § 17 Abs. 6 BsGaV, wonach positive Salden der Verrechnungskonten, die aus der Finanzierungsfunktion entstehen, keine Vermögenswerte darstellen und demnach nicht verzinst werden dürfen, hat lediglich klarstellenden Charakter. Denn die Einstufung der anzunehmenden schuldrechtlichen Beziehung als Dienstleistung und nicht als Überlassung von Finanzierungsmitteln hat zur Folge, dass die anderen Betriebsstätten ihr fiktives „wirtschaftliches

---

[151] BR-Drucks. 401/14, S. 92.

[152] Die Verordnungsbegründung spricht insoweit von den „die Finanzierungsfunktion nutzen[den]" Betriebsstätten, vgl. BR-Drs. 401/14, S. 93.

[153] Vgl. § 15 Abs. 1 BsGaV.

Eigentum" an den Mitteln nie verloren haben. Daher sind sie aus Sicht der Finanzierungsbetriebsstätte nur fiktive „Durchlaufposten", an denen die Finanzierungsbetriebsstätte ihre Dienstleistung erbringt. Diese Durchlaufposten können dann aber erst recht nicht bei saldierender Betrachtung als Vermögenswert der Finanzierungsbetriebsstätte angesehen werden. Mangels Vermögenswertcharakter hat daher auch eine Verzinsung des Saldos zu unterbleiben.

20.12.1.2 Ausnahme: Finanzierungsfunktion als maßgebliche Personalfunktion

Etwas anderes gilt, wenn sich die in der Finanzierungsbetriebsstätte ausgeübte Finanzierungsfunktion ausnahmsweise nicht auf rein unternehmensinterne Finanzierungsverhältnisse beschränkt, sondern mit externen Risiken verbunden ist.[154] Dies ist beispielsweise dann der Fall, wenn das Personal der Finanzierungsbetriebsstätte eigenständig, d. h. ohne Rücksprache mit den die Finanzierungsfunktion nutzenden Betriebsstätten, Entscheidungen hinsichtlich der aus der Finanzierungsfunktion entstehenden Vermögenswerte trifft.[155] In diesem Fall ist die Finanzierungsfunktion abweichend von den voranstehenden Ausführungen als maßgebliche Personalfunktion im Sinne des § 2 Abs. 5 BsGaV einzustufen. Die in den Verwaltungsgrundsätzen genannten Kriterien[156] sind dabei als Konkretisierung der Wesentlichkeitsschwelle im Kontext des § 17 Abs. 7 BsGaV zu werten.

Die Einstufung als maßgebliche Personalfunktion führt dazu, dass die im Zusammenhang mit der Finanzierungsfunktion entstehenden Vermögenswerte und Passivposten nebst Erträgen und Aufwendungen nun abweichend von § 17 Abs. 4 und 5 BsGaV der Finanzierungsbetriebsstätte zuzuordnen sind. Dies hat wiederum zur Konsequenz, dass die Überlassung der überschüssigen liquiden Mittel durch die anderen Betriebsstätten an die Finanzierungsbetriebsstätte als anzunehmende schuldrechtliche Beziehungen in Gestalt von fiktiven Darlehensverhältnissen zu qualifizieren sind. Als solche sind sie gemäß § 16 Abs. 1 Nr. 2 lit. a, Abs. 2 Satz 1 BsGaV fremdvergleichskonform zu verzinsen. Gleiches gilt für die Salden auf den Verrechnungskonten.

---

[154]Vgl. BMF, Schreiben v. 22.12.2016 (VWG BsGa), BStBl I 2017, 182, Tz. 2.17.7 Rn. 191.

[155]Vgl. Beispiel „Fallvariante – Finanzierungsrisiko" in BMF, Schreiben v. 22.12.2016 (VWG BsGa), BStBl I 2017, 182, Tz. 2.17.7 Rn. 191.

[156]BMF, Schreiben v. 22.12.2016 (VWG BsGa), BStBl I 2017, 182, Tz. 2.17.7 Rn. 190.

20.12.2 § 17 BsGaV als Ausprägung des Fremdvergleichsgrundsatzes in Abgrenzung zum Grundsatz der einheitlichen Kreditwürdigkeit

Die dargestellten Regelungen zur Finanzierungsfunktion machen eine Ausnahme von der Regelung des § 16 Abs. 3 Satz 1 BsGaV, wonach die Nutzung von finanziellen Mitteln des übrigen Unternehmens durch eine Betriebsstätte keine anzunehmende schuldrechtliche Beziehung begründet. Die Regelung des § 16 Abs. 3 Satz 1 BsGaV, die als Ausprägung des auch von der *OECD*[157] anerkannten Grundsatzes der einheitlichen Kreditwürdigkeit gilt,[158] konkretisiert die Öffnungsklausel des § 1 Abs. 5 Satz 2 Hs. 2 AStG.[159] Denn insoweit es nur um die Durch- oder Weiterleitung von Eigen- oder Fremdkapital geht, macht der Unternehmensträger (gegebenenfalls durch fiktive Entnahme und fiktive Einlage) gegenüber seinem Unternehmen von seiner Finanzierungsfreiheit Gebrauch, indem er einzelne Unternehmensteile mit Eigen- oder Fremdkapital ausstattet.[160] Wegen der einheitlichen Kreditwürdigkeit des Unternehmens begründet diese Finanzierungsentscheidung keine anzunehmenden schuldrechtlichen Beziehungen.

Werden die Finanzmittel aber nicht lediglich durch- oder weitergeleitet, sondern reichert die Finanzierungsbetriebsstätte den „Überlassungsprozess" durch eigene Aktivitäten im Bereich der Liquiditätssteuerung an, so führt diese Ausübung der Personalfunktion, der Finanzierungsfunktion, dazu, dass die Überlassung nicht mehr Ausdruck der Finanzierungsentscheidung des Unternehmensträgers gegenüber seinem Unternehmen ist, sondern es um die Interaktion zwischen den verschiedenen Unternehmensteilen geht. Diese Unternehmensteile unterliegen aber der Selbstständigkeitsfiktion, so dass die Öffnungsklausel des § 1 Abs. 5 Satz 2 Hs. 2 AStG nicht greift.[161] Aufgrund dieser Selbstständigkeitsfiktion begründet die Überlassung der Finanzmittel auch eine schuldrechtliche Beziehung, deren Inhalt sich im Einzelnen nach dem Umfang und insbesondere dem Risikoprofil der Finanzierungsfunktion richtet.[162]

Die Regelung zur Finanzierungsfunktion in § 17 BsGaV setzt somit den Fremdvergleichsgrundsatz um. Durch die Rückausnahme zu § 16 Abs. 3 BsGaV

---

[157] *OECD,* Betriebsstättenbericht 2010, Part I Tz. 30, 33, 99 ff.

[158] *Kußmaul/Delarber/Müller,* IStR 2014, 466, 471.

[159] *Leonhardt/Tcherveniachki,* in: F/W/B/S, Außensteuerrecht, § 1 AStG Rn. 2883.

[160] Vgl. hierzu auch *Beiser,* IStR 1992, 7.

[161] Zum Anwendungsbereich der Öffnungsklausel siehe oben unter 15.2.3.

[162] Siehe dazu die Ausführungen oben unter 20.12.1.

wird sichergestellt, dass die Öffnungsklausel des § 1 Abs. 5 Satz 2 Hs. 2 AStG nicht über ihren intendierten Anwendungsbereich hinaus eine Ausnahme vom Fremdvergleichsgrundsatz gestattet.

20.13 Zusammenfassung

Durch die Einführung des AOA wird die Betriebsstättengewinnabgrenzung abkommensrechtlich auf ein völlig neues Fundament gestellt. Mit der Entscheidung zugunsten des „*Functionally Separate Entity Approach*" setzt die *OECD* einen Schlusspunkt unter eine langjährige Diskussion zum Umfang der Selbstständigkeitsfiktion. Der neu gestaltete Art. 7 Abs. 2 OECD-MA enthält mit seiner ausdrücklichen Bezugnahme auf die ausgeübten Funktionen, eingesetzten Wirtschaftsgüter und übernommenen Risiken erstmals abkommensrechtliche Kriterien für die Gewinnabgrenzung, die jedenfalls formal gemäß Art. 3 Abs. 2 OECD-MA das allgemeine Veranlassungsprinzip als subsidiären innerstaatlichen Zurechnungsmaßstab verdrängen.

Trotz der Nennung dieser maßgeblichen Zurechnungskriterien wirkt der Art. 7 Abs. 2 OECD-MA n.F. nicht *self-executing*. Er bedarf vielmehr einer innerstaatlichen Umsetzungsvorschrift. Der deutsche Gesetzgeber hat den AOA durch die Anpassung des § 1 AStG innerstaatlich umgesetzt. Flankiert wird die gesetzliche Regelung durch die auf § 1 Abs. 6 AStG basierende BsGaV sowie ein dazu ergangenes BMF-Schreiben.

Ausgangspunkt der Betriebsstättengewinnabgrenzung unter dem AOA ist die Personalfunktion als Referenzrahmen für die Zuordnungsentscheidung. Dadurch erhält auch die neue Betriebsstättengewinnabgrenzung ein ausdrücklich funktionales Element.

Im Ergebnis dürfte der personalfunktionenbasierte Zuordnungsmaßstab des AOA mit dem allgemeinen Veranlassungsprinzip übereinstimmen. Beiden liegt ein zweistufiges Konzept zugrunde, nach dem zunächst die maßgebliche Tätigkeit bzw. Personalfunktion identifiziert und diese sodann einem Unternehmensteil zugeordnet wird. Der Tätigkeit als Bezugspunkt der Zurechnung nach dem Veranlassungsprinzip entspricht die Personalfunktion im Rahmen der Betriebsstättengewinnabgrenzung unter dem AOA.

Gleichwohl gelangt die Anwendung dieser eigentlich identischen Abgrenzungs*maßstäbe* im Einzelfall zu unterschiedlichen Zuordnungs*ergebnissen* (beispielsweise bei der Überführung von Wirtschaftsgütern oder bei der Behandlung der vorweggenommenen Betriebsausgaben). Der Grund hierfür liegt in den unterschiedlichen Bezugspunkten der Zuordnung.

Während im Rahmen der Betriebsstättengewinnabgrenzung nach altem Recht auf die in dem jeweiligen Unternehmensteil ausgeübte Geschäftstätigkeit abgestellt wird, „verfeinert" der AOA den Referenzrahmen, indem er auf die einzelne (maßgebliche) Personalfunktion abstellt. Das Maßgeblichkeitskriterium bei der Anzahl der Personalfunktionen verhindert dabei eine zu kleinteilige Betrachtung. Der funktionsbasierte Ansatz gestattet aber zugleich (bei Überschreitung der Maßgeblichkeitsschwelle) die *grundsätzliche* Anerkennung von Holding- und Finanzfunktionen als Bezugspunkte für eine Gewinnzurechnung und erteilt damit auch der von der Finanzverwaltung vertretenen Zentralfunktion des Stammhauses eine Absage.

Der Übereinstimmung der Maßstäbe steht auch nicht entgegen, dass das Veranlassungsprinzip international eher ein „Schattendasein" führt und stattdessen der *„dealing at arm's length"*-Grundsatz als der maßgebliche Abgrenzungsgrundsatz anerkannt wird. Denn obschon die *OECD* wie auch der deutsche Gesetzgeber den Fremdvergleichsgrundsatz als grundsätzliches Leitkriterium für die Betriebsstättengewinnabgrenzung hervorheben, sind auch die Ausnahmen, die sowohl die *OECD* als auch der deutsche Gesetzgeber von dem Fremdvergleichsgrundsatz zulassen, in die Betrachtung mit einzubeziehen.

Zu diesen Ausnahmen gehören die Annahme von der einheitlichen Kreditwürdigkeit des Gesamtunternehmens, die lediglich eingeschränkte Anerkennung von Finanzierungsfunktionen sowie – nach der hier vertretenen Auffassung – auch die Ausstattung der Betriebsstätte mit Dotationskapital. Ihnen ist gemein, dass sie sich allesamt einer Fremdvergleichsbetrachtung entziehen, da sie (typischerweise) das Verhältnis zwischen dem Unternehmensträger und den einzelnen Unternehmensteilen betreffen und damit definitionsgemäß auf dem Markt keine Vergleichsgrößen für derartige Sachverhalte zwischen fremden Dritten existieren. Diese Ausnahmen sind insofern mit den Konstellationen vergleichbar, in denen auch der innerstaatliche Fremdvergleichsgrundsatz an seine Grenzen stößt und durch eine konkrete Veranlassungsprüfung ersetzt wird.

Im Ergebnis verdeutlichen die genannten Ausnahmen, dass der AOA keine Abkehr von der veranlassungsbasierten Betriebsstättengewinnabgrenzung beinhaltet, sondern vielmehr dem Veranlassungsprinzip – als dem Fremdvergleichsmaßstab übergeordneten Zuordnungsmaßstab – auch auf (internationaler) Abkommensebene (wenngleich nur versteckt) zur Anwendung verhilft. Denn die Ausnahmen betreffen gerade die Bereiche, in denen der Fremdvergleichsgrundsatz das Veranlassungsprinzip nicht auszufüllen vermag. Ihrer Behandlung durch den AOA lässt sich daher eine implizite grundsätzliche Entscheidung zugunsten des Veranlassungsprinzips als eigentlich maßgeblichem Zuordnungsmaßstab entnehmen.

Die innerstaatliche Umsetzung des AOA de lege ferenda

Obgleich die personalfunktionenbasierte (und damit letztlich veranlassungsbasierte) Zuordnung des Art. 7 OECD-MA n.F. erkennbar ihren Niederschlag in der innerstaatlichen Umsetzungsvorschrift des § 1 Abs. 5 AStG gefunden hat, sieht sich letztere teilweise erheblicher Kritik ausgesetzt. Aus den erlangten Erkenntnissen zu der gegenwärtigen Umsetzungsvorschrift des AOA lassen sich die folgenden systematischen Änderungsanregungen ableiten:

- Der AOA sollte im innerstaatlichen Recht durch eine Gewinnabgrenzungsvorschrift umgesetzt werden.
- Eine entsprechende Anwendung des innerstaatlichen Gewinnermittlungsrechts auf die Hilfs- und Nebenrechnung, soweit sich nicht aus der Besonderheit ihres Gewinnabgrenzungscharakters etwas anderes ergibt, sollte ausdrücklich angeordnet werden.
- Um der teilweise phasenverschobenen Berücksichtigung einzelner Geschäftsvorfälle (und des damit einhergehenden fehlenden Komplementärverhältnisses von Stammhaus- und Betriebsstättengewinn) Rechnung zu tragen, sollte die abkommensrechtliche Freistellung des Betriebsstättengewinns in Outbound-Betriebsstätten nicht durch den Abzug des Betriebsstättengewinns auf der 2. Stufe der Gewinnermittlung, sondern durch die positive Bestimmung des Stammhaus-Gewinns anhand der Hilfs- und Nebenrechnung ins innerstaatliche Recht umgesetzt werden.
- Zudem sollte der Anwendungsbereich der Vorschrift auf Abgrenzungsfälle beschränkt werden, die unter Doppelbesteuerungsabkommen fallen, die dem *Functionally Separate Entity Approach* folgen.

© Der/die Autor(en), exklusiv lizenziert durch Springer Fachmedien Wiesbaden GmbH, ein Teil von Springer Nature 2021
S. Glatz, *Abgrenzungsmaßstäbe im Abkommensrecht*, PwC-Studien zum Unternehmens- und Internationalen Steuerrecht 10,
https://doi.org/10.1007/978-3-658-34006-3_21

- Die Gewinnabgrenzungsregelung sollte anders als § 1 Abs. 5 Satz 1 AStG nicht einseitig profiskalisch, sondern symmetrisch wirken.[1]
- Das Verhältnis zu § 4g EStG sollte dahingehend überarbeitet werden, dass die (entsprechende) Anwendung des § 4g EStG auf die Gewinne aus den Innentransaktionen in der Gewinnabgrenzungsrechnung angeordnet wird. Dabei sollten auch beschränkt Steuerpflichtige in den persönlichen Anwendungsbereich mit aufgenommen werden. Der sachliche Anwendungsbereich für die Bildung des Ausgleichspostens sollte sich zudem auch auf die Wirtschaftsgüter des Umlaufvermögens erstrecken. Die entsprechende Anwendung sollte sich nicht auf die Anwendung des § 4g Abs. 3 EStG erstrecken.

Ferner spricht vieles dafür, die Zuordnungsgrundsätze des § 1 Abs. 5 Sätze 2 bis 5 AStG (sowie die dazu gehörigen Konkretisierungen in der BsGaV) größtenteils entsprechend in eine Umsetzungsvorschrift auf Gewinnabgrenzungsebene zu übernehmen.

Inhaltlich sollten jedoch zudem die folgenden Ergänzungen und Änderungen erwogen werden:

- Der Vollständigkeit halber sollte die Vorschrift auch die veranlassungsbasierte Zuordnung der Außentransaktionen regeln.
- Der Begriff der Personalfunktion sollte dahingehend modifiziert werden, dass er nicht mehr ausschließlich an menschliche Tätigkeiten, sondern allgemein an Unternehmensfunktionen anknüpft. In Anbetracht der zunehmenden Relevanz der digitalen Wirtschaft sollte die BsGaV um Sonderregelungen für Serverbetriebsstätten ergänzt werden.
- Die Öffnungsklausel sollte (entweder gesetzlich oder in der BsGaV) dahingehend konkretisiert werden, dass sich ihr Anwendungsbereich auf die Beziehungen zwischen dem Unternehmensträger und den einzelnen Betriebsstätten als Unternehmensteilen beschränkt. Denn diese Beziehungen können schon ihrer Art nach nicht zwischen fremden Dritten bestehen.
- Die Zuweisung der Passiva zu der Betriebsstätte sollte in umgekehrter Reihenfolge zu der erfolgen, die derzeit durch die BsGaV angeordnet ist: Das bedeutet, dass zuerst das Fremdkapital mit unmittelbaren

---

[1] Sollte vor dem Hintergrund der unmittelbar wirkenden abkommensrechtlichen Schrankenwirkung an der profiskalischen asymmetrischen innerstaatlichen Umsetzung des AOA festgehalten werden, so sollte in dieser einseitig wirkenden Regelung aber einheitlich an eine Minderung des inländischen Besteuerungssubstrats angeknüpft und nicht je nach Inbound- oder Outbound-Konstellation auf die inländischen oder ausländischen Einkünfte abgestellt werden.

(Veranlassungs-)Zusammenhang, gefolgt von dem Fremdkapital mit mittelbarem (Veranlassungs-)Zusammenhang zu der Betriebsstätte und erst zum Schluss das Dotationskapital als Komplementärgröße zur „Bilanzsumme" zuzuordnen ist.[2]

- Eine Konkretisierung der Anforderungen an Holdingfunktionen als maßgebliche Personalfunktionen durch die BsGaV wäre zu erwägen.

Darüber hinaus sollte die Regelung des § 50d Abs. 10 EStG gestrichen werden, da das innerstaatliche Konzept des Sonderbetriebs, das auf der Gleichstellungsthese fußt, nicht mit der fremdvergleichskonformen Betriebsstättengewinnabgrenzung auf Basis einer uneingeschränkten Selbstständigkeitsfiktion vereinbar ist.

---

[2]Dabei ist jedoch zuzugestehen, dass sich eine derartige Vorgehensweise in Widerspruch zu dem Betriebsstättenbericht 2010 der *OECD* begibt. Nimmt man vor diesem Hintergrund von dieser umgekehrten Zuordnungsreihenfolge Abstand, so sollte aber jedenfalls eine einheitliche Methode für die Bestimmung des Dotationskapitals sowohl in Inbound- wie auch in Outbound-Konstellationen verwendet werden.

Teil VI
Gesamtergebnis

Zusammenführung der Ergebnisse 22

Ziel der vorliegenden Arbeit war die Herausarbeitung der Abgrenzungsmaßstäbe bei der abkommensrechtlichen Betriebsstättengewinnabgrenzung vor der
Einführung des AOA und die Beantwortung der Frage, inwieweit diese Abgrenzungsmaßstäbe auch nach der Einführung des AOA fortgelten.
   Im Folgenden sollten die Ergebnisse dieser Untersuchung zusammengetragen
werden.

22.1 Verhältnis von Gewinnermittlung und Gewinnabgrenzung

- Bei der Untersuchung der Betriebsstättengewinnabgrenzung ist sorgfältig zwischen der Ebene der Gewinnermittlung und der Ebene der Gewinnabgrenzung
  zu unterscheiden.[1]
- Die Gewinnabgrenzung ist der Gewinnermittlung weder vor- noch nachgelagert. Vielmehr verläuft sie parallel zu dieser Gewinnermittlung.[2]
- Die Gewinnabgrenzung greift dabei auf dieselbe „Sachverhaltsvorauswahl"
  wie die Gewinnermittlung, nämlich in Gestalt der laufenden Buchführung,
  zurück.[3]
- Bei dem Ansatz in der Gewinnabgrenzungsrechnung bzw. bei den „außerbilanziellen" Korrekturen des aus der Gewinnabgrenzungsrechnung abgeleiteten

---

[1] Vgl. Kapital 4.
[2] Vgl. 4.4.1.4.
[3] Vgl. 4.4.1.4 (dort bei Fn. 79 ff.).

© Der/die Autor(en), exklusiv lizenziert durch Springer Fachmedien
Wiesbaden GmbH, ein Teil von Springer Nature 2021
S. Glatz, *Abgrenzungsmaßstäbe im Abkommensrecht*, PwC-Studien zum
Unternehmens- und Internationalen Steuerrecht 10,
https://doi.org/10.1007/978-3-658-34006-3_22

Unterschiedsbetrags finden die Regelungen der Gewinnermittlung entsprechende Anwendung, soweit sich nicht aus der Natur der Gewinnabgrenzung
etwas anderes ergibt (vgl. hierzu für die innerstaatliche Gewinnabgrenzung
insbesondere, aber nicht abschließend, § 50 Abs. 1 EStG).[4]

- Das Bedürfnis für eine entsprechende Anwendung des innerstaatlichen Gewinnermittlungsrechts ergibt sich im Fall der abkommensrechtlichen Betriebsstättengewinnabgrenzung bereits aus Art. 24 Abs. 3 OECD-MA.[5]
- Bei Inbound-Konstellationen fallen Gewinnermittlung und Gewinnabgrenzung
häufig zusammen. Unterfällt das nach innerstaatlichem Gewinnermittlungsrecht (= Gewinnabgrenzungsrecht) ermittelte Ergebnis der abkommensrechtlichen Schrankenwirkung, so tritt das abkommensrechtliche Gewinnabgrenzungsergebnis an dessen Stelle.[6]
- Bei Outbound-Konstellationen ist zu differenzieren: Vor Einführung des AOA
floss das Gewinnabgrenzungsergebnis für die Betriebsstätte in der Regel als
Abzugsposten „Freistellung nach DBA" in die 2. Stufe der allgemeinen Gewinnermittlung mit ein.[7] Unter dem AOA erscheint es angesichts des aus der
Selbstständigkeitsfiktion folgenden fehlenden Komplementärverhältnisses von
Stammhaus- und Betriebsstättengewinn sachgerechter, den Stammhausgewinn
originär mit Hilfe der Hilfs- und Nebenrechnung zu ermitteln.[8]

22.2 Innerstaatliche Zuordnungsmaßstäbe

Vor dem Hintergrund des Art. 3 Abs. 2 OECD-MA waren mangels ausdrücklicher
abkommensrechtlicher Zurechnungsdefinition in Art. 7 OECD-MA a.F. zunächst
das innerstaatliche Verständnis des Zurechnungsbegriffs zu untersuchen:

- Die betrachteten innerstaatlichen Zuordnungsmaßstäbe lassen sich allesamt auf
das in § 4 Abs. 4 EStG allgemeine Veranlassungsprinzip zurückführen.[9]
- Dies gilt nicht nur für die Zuordnung von Aufwendungen und Erträgen,
sondern auch für die Zuordnung von Wirtschaftsgütern.[10] In Bezug auf die

---

[4]Vgl. 4.4.1.4 (dort bei Fn. 80).
[5]Vgl. 4.4.1.4.
[6]Vgl. 4.4.1.4 (dort bei Fn. 87 ff.).
[7]Vgl. 4.4.1.4 (dort bei Fn. 91 f.).
[8]Vgl. 18.2.3.
[9]Vgl. Teil II.
[10]Vgl. Kapitel 6.

Zuordnungssphären findet das allgemeine Veranlassungsprinzip nicht lediglich bei der Abgrenzung der betrieblichen von der außerbetrieblichen (zumeist privaten) Sphäre Anwendung, sondern wird als Grundprinzip für die Abgrenzungsfragen des deutschen Steuerrechts herangezogen.[11]

- Das allgemeine Veranlassungsprinzip ist tätigkeitsbezogen zu verstehen.[12] Dazu ist zunächst zu fragen, welche Tätigkeit das auslösende Moment für das Zuordnungsobjekt bildet. In einem weiteren Schritt ist diese Tätigkeit dann einer der voneinander abzugrenzenden Sphären zuzuordnen.[13]

- Während für die Bestimmung des auslösenden Moments vornehmlich auf Kausalitätszusammenhänge abgestellt wird,[14] spielen auf der zweiten Ebene der Sphärenzuordnung sowohl subjektive als auch objektive Merkmale eine Rolle.[15]

- Über den Tätigkeitsbezug wird zugleich der Referenzrahmen für die Zuordnung abgesteckt. Je weiter der Betriebsbegriff und damit der Umfang der vom Betrieb umfassten Tätigkeiten ist, desto umfangreicher kann die Zuordnung zur betrieblichen Sphäre ausfallen.[16]

- Beispiele für die gesetzlichen Erweiterungen der Grundform des Gewerbebetriebs (§ 15 Abs. 2 EStG) finden sich in § 15 Abs. 1 Satz 1 Nr. 2 Satz 1 Hs. 2 EStG, § 15 Abs. 3 Nr. 1 und 2 EStG. Davon zu unterscheiden ist die Zusammenfassung einzelner betrieblicher Tätigkeiten unter den Gewerbebetriebsbegriff, die isoliert betrachtet (d. h. außerhalb des betrieblichen Zusammenhangs) unter die subsidiären Einkunftsarten fallen würden (vgl. § 20 Abs. 8, § 21 Abs. 3, § 22 Nr. 1 Satz 1 und Nr. 3 Satz 1, § 23 Abs 2 EStG). § 8 Abs. 2 KStG nimmt insoweit eine Sonderrolle ein, als die Regelung sowohl Erweiterungs- wie Umqualifizierungsfunktion hat.[17]

- Waren mehrere Handlungen gemeinsam das ursächlich für das Zuordnungsobjekt (Handlungspluralität), so ist die maßgebliche Handlung im Wege einer wertenden Beurteilung zu ermitteln. Diese wertende Beurteilung weist gewisse Parallelen zu der Theorie der wesentlichen Bedingung aus dem Unfallversicherungsrecht auf. Dabei ist der Wertung das für die jeweilige Abgrenzungsfrage maßgebliche steuerliche Grundprinzip (beispielsweise die

---

[11]Vgl. 5.2 (dort bei Fn. 177 ff.).

[12]Vgl. 5.1.1 (dort bei Fn. 83 ff.).

[13]Vgl. 5.1.1 sowie 5.2 (dort bei Fn. 156 ff.), 5.3.

[14]Vgl. 5.1.1 (dort bei Fn. 47 ff.).

[15]Vgl. 5.1.1 (dort bei Fn. 51 ff.).

[16]Vgl. 6.1 (dort bei Fn. 6), 6.2.1 sowie 6.3.

[17]Vgl. 6.2.1 (dort Fn. 30), 6.2.2 sowie 6.2.3.

wirtschaftliche Leistungsfähigkeit oder der Verwurzelungsgedanke) zugrunde zu legen.[18]

- Kann eine Handlung mehreren Sphären zugeordnet werden (Auslöserpluralität), ist zunächst eine qualitative Vorrangigkeitsprüfung vorzunehmen.[19] Ist der Veranlassungszusammenhang zu den beiden Sphären qualitativ gleichwertig, erfolgt die Zuordnung bei Teilbarkeit des Zuordnungsobjekts anteilig und bei Unteilbarkeit nach dem quantitativ überwiegenden Zusammenhang.[20]

- Der im innerstaatlichen Recht verwendete Begriff des wirtschaftlichen Zusammenhangs ist begriffsidentisch mit dem allgemeinen Veranlassungszusammenhang.[21] So stellt beispielsweise § 34c Abs. 1 Satz 4 EStG klar, dass der Veranlassungszusammenhang von Aufwendungen zu einer ausländischen Tätigkeit nicht durch die Zusammenfassung von subsidiären Einkunftsarten unter den Begriff der Einkünfte aus Gewerbebetrieb (vgl. § 20 Abs. 8, § 21 Abs. 3, § 22 Nr. 1 Satz 1, Nr. 3 Satz 1, § 23 Abs. 2 EStG, § 8 Abs. 2 KStG) verdrängt wird.[22]

- Die innerstaatliche Betriebsstättengewinnabgrenzung v. a. im Rahmen des § 49 Abs. 1 Nr. 2 lit. a EStG folgt ebenso dem allgemeinen Veranlassungsprinzip. Wie dem Klammerzusatz „(§§ 15 bis 17)" in § 49 Abs. 1 Nr. 2 EStG zu entnehmen ist, wird dabei der innerstaatliche (rechtlich erweiterte) Betriebsbegriff als Referenzrahmen für die Bestimmung des Veranlassungszusammenhangs zugrunde gelegt.[23]

22.2.1 Abkommensrechtliche Betriebsstättengewinnabgrenzung vor der Einführung des AOA

Bei der Herausarbeitung der abkommensrechtlichen Abgrenzungsmaßstäbe in der bisherigen Rechtsprechung des BFH wurde zwischen den Abgrenzungsmaßstäben im Rahmen des Art. 7 OECD-MA a.F. und bei den Betriebsstättenvorbehalten unterschieden.

---

[18]Vgl. 5.1.2 sowie 5.2 (dort bei Fn. 158 f.).

[19]Vgl. 5.2 (dort bei Fn. 177 ff.).

[20]Vgl. 5.1.2 (dort bei Fn. 115 ff.), 5.3 (dort bei Fn. 185).

[21]Vgl. 8.2.

[22]Vgl. 8.2.2 (dort bei Fn. 57).

[23]Vgl. 8.1, insbesondere 8.1.4.

22.2.2 Der Abgrenzungsmaßstab im Rahmen des Art. 7 OECD-MA a.F.[24]

- Vor der Einführung des AOA folgte auch die abkommensrechtliche Gewinnabgrenzung im Rahmen des Art. 7 OECD-MA a.F. nach ganz h. M. dem innerstaatlichen Veranlassungsprinzip.[25] Dabei war diese abkommensrechtliche Abgrenzung insbesondere nicht auf einen reinen Verursachungszusammenhang beschränkt.[26] Wie nach dem innerstaatlichen Verständnis des Veranlassungsprinzips wurden auch subjektive Merkmale berücksichtigt, wenn diese nicht im Widerspruch zu den objektiven Merkmalen stehen.[27] Denn ein abweichender Abgrenzungsmaßstab ergab sich weder aus Art. 7 OECD-MA a.F. selbst noch aus dem Zusammenhang des Abkommens.

- Etwas anderes gilt für den Unternehmensbegriff. Dieser ist deutlich enger als der innerstaatliche, durch gesetzliche Fiktionen erweiterte Gewerbebetriebsbegriff. Der abkommensrechtliche Unternehmensbegriff umfasst damit alle originär unternehmerischen Geschäftätigkeiten (einschließlich derer, die unter das innerstaatliche Subsidiaritätsprinzip in § 20 Abs. 8, § 21 Abs. 3, § 22 Nr. 1 Satz 1 und Nr. 3 Satz 1, § 23 Abs. 2 EStG fallen), aber nicht die Tätigkeiten, die erst durch die gesetzlichen Fiktionen der § 15 Abs. 1 Satz 1 Nr. 2 Satz 1 Hs. 2 oder § 15 Abs. 3 Nr. 1 und Nr. 2 EStG zu gewerblichen gemacht wurden.[28]

- Da der Unternehmensbegriff mit dem ihm zugrunde liegenden Tätigkeitsspektrum den Referenzrahmen für die veranlassungsbasierte Zuordnung bildet, weichen die abkommensrechtlichen Zuordnungsergebnisse trotz identischer Maßstäbe von den innerstaatlichen ab.[29]

- Dem Konzept der veranlassungsbasierten Zuordnung von vorweggenommenen Betriebsausgaben zu einer noch nicht existenten Betriebsstätte ist in der von der Rechtsprechung vertretenen Allgemeinheit nicht zuzustimmen. Der (Fremd-)Vergleich mit der innerstaatlichen Anerkennung von vorweggenommenen Betriebsausgaben zeigt, dass deren Berücksichtigung bei dem späteren

---

[24]Vgl. 9.1.

[25]Vgl. 9.1.8.

[26]Vgl. 9.1.8 (dort bei Fn. 88 ff.).

[27]Vgl. 9.1.1 (dort bei Fn. 11 f.), 9.1.8.

[28]Vgl. 3.2.1.

[29]Vgl. 9.3.9.

Steuerzurechnungssubjekt dessen Existenz (bzw. zumindest die Existenz seines Rechtsvorgängers) im Entstehungszeitpunkt der Aufwendungen voraussetzt.[30] Aus diesem Grund können allenfalls aktivierungspflichtige Betriebsausgaben nach erfolgreicher Gründung der Betriebsstätte über die Zuordnung der verbleibenden Abschreibungen für Abnutzung „weiterbelastet" werden. Der Aufwand für eine gescheiterte Betriebsstättengründung verbleibt vielmehr beim Stammhaus.[31]

• Soweit die BFH-Rechtsprechung betriebsstättenlose Einkünfte pauschal nicht anerkennt, ist dieser Auffassung ebenfalls nicht zuzustimmen. Bei fehlendem positiven tatsächlich-funktionalen Veranlassungszusammenhang der Einkünfte zu einer Betriebsstättentätigkeit im anderen Vertragsstaat (= dem Betriebsstättenstaat) bleibt es bei der Grundzuordnung des Art. 7 Abs. 1 OECD-MA.[32] Die Einkünfte und Wirtschaftsgüter werden dann dem Unternehmen in seinem Ansässigkeitsstaat zugeordnet. Einer örtlichen Verwurzelung in Gestalt einer Betriebsstätte bedarf es dort nicht. Das die Ansässigkeit vermittelnde tatsächliche Merkmal bietet einen hinreichenden „*genuine link*".[33]

22.2.3 Die Abgrenzung im Rahmen der Betriebsstättenvorbehalte

• Auch im Rahmen der Betriebsstättenvorbehalte (Art. 10 Abs. 4, Art. 11 Abs. 4, Art. 12 Abs. 3 und Art. 21 Abs. 2 OECD-MA) sowie im Rahmen des Art. 13 Abs. 2 OECD-MA erfolgt die Abgrenzung nach Maßgabe des allgemeinen Veranlassungsprinzips. Für die gesamte Betriebsstättengewinnabgrenzung herrscht damit ein einheitlicher Maßstab.[34]

• Auch hier ergibt sich aus der Auslegung des Abkommenswortlauts („tatsächlich zu dieser Betriebsstätte gehört") kein abweichendes Ergebnis. Denn auch das allgemeine Veranlassungsprinzip folgt den tatsächlichen und funktionalen Zusammenhängen und ist insoweit mit den Tatbestandsvoraussetzungen der Betriebsstättenvorbehalte vereinbar.[35]

---

[30]Vgl. 9.3.12.
[31]Vgl. 9.3.12 (dort bei Fn. 560 ff.).
[32]Vgl. 9.3.7.
[33]Vgl. 9.3.7 (dort bei Fn. 459 ff.).
[34]Vgl. 9.3.9.
[35]Vgl. 9.3.9 (dort Fn. 491 ff.).

- Daher gilt der genannte einheitliche Maßstab auch dann, wenn die Betriebsstättenvorbehalte in ihren konkreten Formulierungen von dem OECD-Musterabkommen abweichen.[36]
- Der Eindruck, dass der Veranlassungszusammenhang im Rahmen des Art. 7 Abs. 1 OECD-MA a.f. weiter sei, als der Maßstab der tatsächlichen Zugehörigkeit der Betriebsstättenvorbehalte, täuscht. Diese Täuschung wird begünstigt durch den erweiterten Referenzrahmen der Zuordnung, den der BFH seinen Entscheidungen zur tatsächlichen Zugehörigkeit zugrunde legte. Die behandelten Fälle betrafen nämlich größtenteils den Sonderbereich von Personengesellschaften.[37] Dass die Wirtschaftsgüter des Sonderbetriebsvermögens indes nicht als „tatsächlich zu der Betriebsstätte gehörig" behandelt wurden, war nicht Resultat eines engeren Maßstabs, sondern Ausfluss des im Vergleich zum innerstaatlichen Gewerbebetriebsbegriffs engeren Unternehmensbegriffs als Ausgangspunkt der Zuordnung. Dieses engere Unternehmensverständnis gilt aber nicht nur für die Zwecke der Betriebsstättenvorbehalte, sondern auch im Rahmen des Art. 7 Abs. 1 OECD-MA.[38]

- Dies hat zur Konsequenz, dass die Sondervergütungen und die Wirtschaftsgüter des Sonderbetriebsvermögens nebst Sonderbetriebseinnahmen und -ausgaben bei rein abkommensrechtlicher Betrachtung nicht der Personengesellschaftsbetriebsstätte zugeordnet werden können.[39] Lediglich hinsichtlich des eigenkapitalbezogenen Sonderbetriebsvermögens II und den damit einhergehenden Sonderbetriebsausgaben besteht ein Gleichlauf mit der Behandlung nach der innerstaatlichen Betriebsstättengewinnabgrenzung. Dieser Gleichlauf ist jedoch nicht der Zugehörigkeit dieses besonderen Sonderbetriebsvermögens II zum Sonderbereich der Personengesellschaft, sondern vielmehr dessen unmittelbarem Veranlassungszusammenhang mit der unternehmerischen Geschäftstätigkeit geschuldet, der über den Eigenkapitalbezug vermittelt wird.[40]
- Hinsichtlich des Verhältnisses von Art. 21 zu Art. 7 OECD-MA erscheint es sachgerechter Art. 21 OECD-MA den Vorrang vor Art. 7 OECD-MA einzuräumen. Andernfalls liefe die in Art. 21 Abs. 2 Satz 1 OECD enthaltenen

---

[36]Vgl. 9.3.6.
[37]Vgl. 9.3.9.
[38]Vgl. 9.3.4, 9.3.5 (dort bei Fn. 432), 9.3.9 (dort bei Fn. 507 ff.).
[39]Vgl. 9.3.4, 9.3.5, 9.3.9 (dort bei Fn. 504 ff.).
[40]Vgl. 6.2.4, 9.3.4 (dort bei Fn. 419), 9.3.5 (dort bei Fn. 432).

Bereichsausnahme für unbewegliches Vermögen leer, da bereits der Anwendungsbereich der Grundverteilungsnorm des Art. 21 Abs. 1 OECD-MA nicht eröffnet wäre.[41]

- Dass der tatsächlich-funktionale Veranlassungszusammenhang auch bei der Abgrenzung gemäß Art. 13 Abs. 2 OECD-MA maßgeblich sei, klang bereits in der BFH-Entscheidung zur Aufgabe der finalen Entnahmetheorie[42] an, die die veranlassungsbasierte Zuordnung des Art. 7 OECD-MA in den Art. 13 Abs. 2 OECD-MA hineinlas.[43]

Sofern man die Aussage in der BFH-Entscheidung vom 13. Februar 2008[44] zum Verhältnis der Maßstäbe in Art. 7 und Art. 13 OECD-MA einerseits und in den Betriebsstättenvorbehalten andererseits als allgemeingültig (und nicht lediglich auf monopolare Zuordnungsfragen beschränkt[45]) ansieht, ist ihr nicht zuzustimmen. Die Anerkennung einer durch die innerstaatlichen Vorschriften des Sonderbereichs begründeten lediglich allgemeinen „wirtschaftlichen" Zugehörigkeit widerspräche dem Fremdvergleichsgrundsatz.[46] Denn ein unabhängiges selbstständiges Unternehmen dürfte das Wirtschaftsgut, das dem Leistungsentgelt (hier der Sondervergütung) zugrunde liegt, auch nicht allein deswegen aktivieren, weil die dafür geleistete (Sonder-)Vergütung betrieblich veranlassten Aufwand darstellt.[47]

Die Erstreckung des einheitlichen Maßstabs auch auf die Abgrenzung nach Art. 13 Abs. 2 OECD-MA hat zudem den Vorteil, dass die Zuordnung der Gewinne aus der Veräußerung von Betriebsstättenvermögen der Zuordnung der aus ihm fließenden laufenden Erträge folgt.[48]

- Dieser genannte einheitliche abkommensrechtliche Zuordnungsmaßstab wird auf innerstaatlicher Ebene jedoch durch den *Treaty Override* des § 50d Abs. 10 EStG partiell wieder ausgehebelt, soweit dieser die Umqualifizierung der Sondervergütungen und der (in Zusammenhang mit dem entgeltlich überlassenen Sonderbetriebsvermögen I stehenden) Sonderbetriebseinnahmen und

---

[41]Vgl. 9.3.8.

[42]Vgl. 9.1.5 (dort bei Fn. 56 ff.).

[43]Vgl. 9.1.8 (dort Fn. 92 ff.).

[44]*BFH*, Urt. v. 13.2.2008 – I R 63/06, *BFHE* 220, 415.

[45]Vgl. selbst für monopolare Zurechnungskonstellationen 9.3.11 (dort bei Fn. 540 ff.).

[46]Vgl. 9.3.11 (dort bei Fn. 546).

[47]Vgl. 9.3.9 (dort bei Fn. 514).

[48]Vgl. 9.3.11 (dort bei Fn. 547 ff.).

-ausgaben in Unternehmensgewinne und deren Zuordnung zu der Personenge-sellschaftsbetriebsstätte anordnet.[49]
Die Regelung des § 50d Abs. 10 EStG erfasst jedoch weder die Zuordnung der Wirtschaftsgüter des Sonderbetriebsvermögens noch die Zuordnung der aus ihrer Veräußerung resultierenden Gewinne.[50] Folgt man nicht der von der Rechtsprechung in dem Urteil vom 13. Februar 2008[51] geäußerten Auffassung, hat dies ein Auseinanderfallen der laufenden Erträge und der Veräußerungsge-winne hinsichtlich des entgeltlich überlassenen Sonderbetriebsvermögens I zur Folge.[52]

22.3   Das Veranlassungsprinzip vor dem Hintergrund des Fremdvergleichsgrundsatzes

Eine Zuordnung nach dem innerstaatlichen Veranlassungsprinzip steht der abkom-mensrechtlichen Ausprägung des „dealing at arm's length"-Prinzips im Rahmen der Betriebsstättengewinnabgrenzung im Sinne des Art. 7 OECD-MA a.F. nicht entgegen.

22.3.1   Der innerstaatliche Fremdvergleichsmaßstab als Ausgangspunkt der abkommensrechtlichen Begriffsauslegung

Der Fremdvergleichsmaßstab spielt im innerstaatlichen Recht v. a. im Rahmen der verdeckten Gewinnausschüttung und im Rahmen des § 1 AStG eine Rolle. Für die Systematisierung der Fremdvergleichskriterien im Rahmen der verdeckten Gewinnausschüttung gilt Folgendes:

- Das Üblichkeitskriterium ist die ‚Grundausprägung' des Maßstabs des ordent-lichen und gewissenhaften Geschäftsleiters in Gestalt des hypothetischen Fremdvergleichs.[53]

---

[49]Vgl. 9.3.14.
[50]Vgl. 9.3.14 (dort bei Fn. 586 ff.).
[51]Vgl. Fn. 44.
[52]Vgl. 9.3.14 (dort bei Fn. 590).
[53]Vgl. 11.2.1.3 (dort bei Fn. 204 ff.).

- Zur Konkretisierung hat der BFH Hilfskriterien entwickelt, die den Fremdvergleich dem Grunde nach und den Fremdvergleich der Höhe nach betreffen.[54]
- Das Ernsthaftigkeitskriterium ist das maßgebliche Hilfskriterium des Fremdvergleichs dem Grunde nach.[55] Die Sonderbedingungen für beherrschende Gesellschafter und der doppelte Fremdvergleich sind Unterfälle des Ernsthaftigkeitskriteriums.[56]
- Der Fremdvergleich der Höhe nach betrifft die Frage der Angemessenheit (der Höhe nach).[57] Die Angemessenheitprüfung ist zwar grundsätzlich gleichberechtigt neben dem Ernsthaftigkeitskriterium. Liegt aber bereits eine gesellschaftliche Veranlassung dem Grunde nach vor, kommt es auf die Angemessenheit nicht mehr an.[58]
- Sämtliche Hilfskriterien sind widerlegbare Vermutungen.[59] Daneben bleibt stets die Möglichkeit, den Gegenbeweis im Rahmen einer konkreten Veranlassungsbetrachtung vorzunehmen. In diesem Kontext kann u. U. auch auf den konkreten Fremdvergleich zurückgegriffen werden.[60]
- Der Umfang der gesellschaftlichen Veranlassung bestimmt den Umfang der verdeckten Gewinnausschüttung. D. h. die gesellschaftliche Veranlassung dem Grunde nach führt zu einer verdeckten Gewinnausschüttung dem Grunde nach, die gesellschaftliche Veranlassung der Höhe nach führt auch zu einer verdeckten Gewinnausschüttung der Höhe nach.[61]

Für den Fremdvergleichsmaßstab im Rahmen des § 1 Abs. 1 AStG ist festzuhalten:

- Die Definition des Fremdvergleichsgrundsatzes im § 1 Abs. 1 Satz 1 AStG stimmt vom Wortlaut her im Wesentlichen mit dem *„dealing at arm's length"*-Prinzip überein.[62]

---

[54]Vgl. 11.2.1.1.1, 11.2.1.1.2, 11.2.1.1.4, 11.2.1.1.5.

[55]Vgl. 11.2.1.1.2.

[56]Vgl. 11.2.1.3 (dort bei Fn. 212).

[57]Vgl 11.2.1.1.1.

[58]Vgl. 11.2.1.3 (dort bei Fn. 241 f.).

[59]Vgl. 11.2.1.3 (dort bei Fn. 206 f.).

[60]Vgl. 11.2.1.3 (dort bei Fn. 245 ff.).

[61]Vgl. 7.1 (dort bei Fn. 20).

[62]Vgl. 11.2.2 (dort bei Fn. 254 f.).

- Zur Konkretisierung des Fremdvergleichsgrundsatzes greift § 1 AStG auf den (verdoppelten) Maßstab des ordentlichen und gewissenhaften Geschäftsleiters zurück.[63]
- Dieser Maßstab des ordentlichen und gewissenhaften Geschäftsleiters stimmt in der einfachen (d. h. unverdoppelten) Form mit dem Fremdvergleichsmaßstab der verdeckten Gewinnausschüttung überein.[64]
- Die Konkretisierung des Fremdvergleichsgrundsatzes durch den Maßstab des ordentlichen und gewissenhaften Geschäftsführers ergänzt durch die Transparenzfiktion führt letztlich – und trotz formal umgekehrten Verhältnisses – zu einem de-facto-Vorrang des hypothetischen Fremdvergleichs. Denn nur der hypothetische Fremdvergleich lässt sich üblicherweise mit dem Maßstab des ordentlichen und gewissenhaften Geschäftsleiters vereinbaren.[65]
- Der Begriff der Bedingung im Sinne des § 1 Abs. 1 Satz 1 AStG ist so zu verstehen, dass er lediglich solche Umstände erfasst, die gewinnverlagernde Wirkung haben. Die zwischenzeitlich ergangene entgegenstehende Rechtsprechung[66] überzeugt nicht.[67]

22.3.2 Das Verhältnis des innerstaatlichen Fremdvergleichsmaßstabs zum abkommensrechtlichen „dealing at arm's length"-Prinzip

- Der Maßstab des ordentlichen und gewissenhaften Geschäftsleiters entspricht im Wesentlichen dem internationalen „dealing at arm's length"-Prinzip.[68]
- Hinsichtlich des Korrekturumfangs wurde bislang unterschieden: Während das innerstaatliche auch eine Gewinnkorrektur dem Grunde nach kannte, war sie dem Abkommensrecht fremd. Vielmehr ist die Gewinnkorrektur in abkommenseigener Auslegung des Fremdvergleichsgrundsatzes auf eine Korrektur der Höhe nach zu beschränken.[69]

---

[63]Vgl. 11.2.2.1.1 (dort bei Fn. 281 ff.), 11.2.2.1.2 (dort vor Fn. 301).

[64]Vgl. 11.2.2.1.1 (dort bei Fn. 281).

[65]Vgl. 11.2.2.1.2 (dort bei Fn. 301).

[66]*BFH*, Urt. v. 27.2.2019 – I R 73/16, *BFHE* 263, 525; vgl. 11.5.2.

[67]Vgl. 11.5.3.3.

[68]Vgl. 11.3 (dort bei Fn. 359).

[69]Vgl. 11.3 (dort bei Fn. 362 ff.).

- Weder der Nichtanwendungserlass des BMF vom 30. März 2016[70] noch die mit dem Urteil vom 27. Februar 2019[71] eingeläutete Änderung der bisherigen Rechtsprechung[72] überzeugen.
- Gleichwohl entspricht die Vorstellung einer zweistufigen Fremdvergleichsprüfung dem „post-BEPS"-Verständnis der OECD. Mangels normativer Bindungswirkung des OECD-Abschlussberichts bedarf es für die Übertragung dieser Grundsätze in das nationale Recht aber jedenfalls für Altabkommen einer noch zu schaffenden Rechtsgrundlage.[73]

22.3.3 Das Verhältnis der beiden Fremdvergleichsmaßstäbe zum Veranlassungsprinzip

- Beide Fremdvergleichsmaßstäbe dienen der Sphärenabgrenzung.[74]
- Der Fremdvergleichsgrundsatz ist eine Konkretisierung des Veranlassungsprinzips.[75] Das „*dealing at arm's length*"-Prinzip ist damit die abkommensrechtliche Manifestation des Veranlassungsprinzips.[76]
- Das Veranlassungsprinzip und der Fremdvergleichsgrundsatz begrenzen sich jedoch auch gegenseitig: Das Üblichkeitskriterium als Grundausprägung des Maßstabs des ordentlichen Geschäftsleiters ist Beweisanzeichen für die Frage der betrieblichen Veranlassung. Der Fremdvergleichsgrundsatz hat keinen Selbstzweck, weswegen auch im innerstaatlichen Recht über das Ernsthaftigkeitskriterium hinaus keine Überprüfung der Rechts- und Geschäftsbeziehungen dem Grunde nach stattfindet.[77]
- Der im Rahmen der BEPS-Initiative in die Verrechnungspreis-Richtlinien integrierte Umqualifizierungsgedanke geht jedoch in seiner Wirkungsweise über das Ernsthaftigkeitskriterium hinaus. Seine Implementierung würde den Fremdvergleichsgrundsatz von dem Veranlassungsprinzip entkoppeln. Der

---

[70]Vgl. 11.3 (dort bei Fn. 373).

[71]*BFH*, Urt. v. 27.2.2019 – I R 73/16, *BFHE* 263, 525, vgl. 11.5.2.

[72]Vgl. 11.5.3.

[73]Vgl. 11.3 (dort bei Fn. 422 ff.).

[74]Vgl. 11.7 (dort bei Fn. 523 f.).

[75]Vgl. 11.7.

[76]Vgl. 11.7 (dort vor Fn. 533).

[77]Vgl. 11.7 (dort bei Fn. 529).

Fremdvergleichsgrundsatz würde damit zu einem Instrument der Sollgewinn-besteuerung unter erheblicher Einschränkung der unternehmerischen Dispositionsfreiheit.[78]

22.4   Der Einfluss des AOA auf die bisherigen Grundsätze der Betriebsstättengewinnabgrenzung

Durch die Einführung des AOA wird die Betriebsstättengewinnabgrenzung abkommensrechtlich auf völlig neues Fundament gestellt. Mit der Entscheidung zugunsten des „*Functionally Separate Entity Approach*" setzt die *OECD* einen Schlusspunkt unter eine langjährige Diskussion zum Umfang der Selbstständigkeitsfiktion. Der neu gestaltete Art. 7 Abs. 2 OECD-MA enthält mit seiner ausdrücklichen Bezugnahme auf die ausgeübten Funktionen, eingesetzten Wirtschaftsgüter und übernommene Risiken erstmals abkommensrechtliche Kriterien für die Gewinnabgrenzung, die jedenfalls formal gemäß Art. 3 Abs. 2 OECD-MA das allgemeine Veranlassungsprinzip als subsidiären innerstaatlichen Zurechnungsmaßstab verdrängen.[79]

22.4.1 De lege lata

Trotz dieser Konkretisierung der abkommensrechtlichen Zurechnung anhand der genannten Kriterien kommt der Regelung des Art. 7 Abs. 2 OECD-MA 2010 keine unmittelbare innerstaatliche Wirkung zu. Vielmehr bedarf es für die Anwendung der AOA-Grundsätze einer innerstaatlichen Umsetzungsvorschrift. Eine solche hat der Gesetzgeber mit § 1 Abs. 5 AStG und der auf § 1 Abs. 6 AStG basierenden Betriebsstättengewinnaufteilungsverordnung geschaffen.[80]

Die gegenwärtige innerstaatliche Umsetzung des AOA durch § 1 Abs. 5 AStG und deren Konkretisierung durch die BsGaV orientieren sich inhaltlich in weiten

---

[78]Vgl. 11.7 a. E.

[79]Vgl. 17.2.1.

[80]Vgl. 15.1.3.

Teilen an dem Betriebsstättenbericht 2010. Die Ermittlung des Betriebsstättenergebnisses vollzieht sich auch danach zweistufig[81] über die Selbstständigkeitsfiktion der Betriebsstätte und die darauf angewandte Vergleichbarkeitsanalyse. Ausgehend von den maßgeblichen Personalfunktionen[82] werden Vermögenswerte[83], Chancen und Risiken[84] sowie ein angemessenes Dotationskapital[85] zugeordnet und auf deren Basis sodann sog. anzunehmende schuldrechtliche Beziehungen zur Bepreisung des unternehmensinternen Leistungsaustauschs fingiert.[86]

Dennoch weicht § 1 Ab. 5 AStG in maßgeblichen Punkten von dem Konzept der OECD ab:

- Zunächst ist § 1 Abs. 5 AStG als Korrekturvorschrift ausgestaltet, die die Gewinnabgrenzung voraussetzt, diese aber nicht anordnet.[87] Die eigentliche Gewinnabgrenzung erfolgt somit auch nach der Einführung des § 1 Abs. 5 AStG weiterhin nach Maßgabe des tatsächlich-funktionalen Maßstabs des Veranlassungsprinzips.[88] Die Regelungen des § 1 Abs. 5 AStG sowie des § 50d Abs. 10 EStG machen diese veranlassungsbasierte Zuordnung jedoch teilweise auf der Korrekturebene wieder rückgängig.[89]
- Die asymmetrische Ausgestaltung des § 1 Abs. 5 Satz 1 AStG führt zu einer rein profiskalischen Wirkung der Norm. Der unmittelbar geltende Grundsatz der abkommensrechtlichen Schrankenwirkung kompensiert dies in den Fällen der umgekehrten Korrekturrichtung – er wirkt dennoch nicht vollumfänglich spiegelbildlich.[90]
- Zudem gilt der § 1 Abs. 5 AStG grundsätzlich für alle Fälle der Betriebsstättengewinnabgrenzung – vorbehaltlich der Regelung des § 1 Abs. 5 Satz 8 AStG – ungeachtet dessen, ob mit dem anderen Staat ein Doppelbesteuerungsabkommen besteht oder ob ein solches dem AOA folgt.[91]

---

[81]Vgl. 15.2.2.

[82]Vgl. 15.2.2.1.1.

[83]Vgl. 15.2.2.1.2.

[84]Vgl. 15.2.2.1.3.

[85]Vgl. 15.2.2.1.4.

[86]Vgl. 15.2.2.2.

[87]Vgl. 15.2 (dort bei Fn. 40), Kapitel 16 sowie 17.1.

[88]Vgl. Kapitel 16 (dort bei Fn. 14 ff.), 17.1.

[89]Vgl. 15.2.5.2, 17.1.

[90]Vgl. 20.2.

[91]Vgl. 15.2.6.

- Anders als der Betriebsstättenbericht lässt die BsGaV nur durch menschliches Personal ausgeübte Funktionen als Ausgangspunkt der Zuordnungsbetrachtung zu. Im Ergebnis dürfte sich dieser Unterschied jedoch kaum auswirken, da auch nach Auffassung der OECD einer personallosen Betriebsstätte mit Blick auf diese Funktionsschwäche allenfalls ein geringer, wenn nicht sogar gar kein Gewinn zuzurechnen ist.[92]
- Durch die Anknüpfung an Vermögenswerte statt Wirtschaftsgüter bezieht die innerstaatliche Umsetzungsregelung auch nicht bilanzierbare Vorteile in die Gewinnabgrenzung mit ein. Dies führt zu Rechtsunsicherheiten bei der entsprechenden Anwendung der innerstaatlichen Gewinnermittlungsvorschriften in der Hilfs- und Nebenrechnung.[93]
- Die unterschiedlich anwendbaren Methoden zur Bestimmung des Dotationskapitals im Inbound- bzw. im Outbound-Fall decken sich nicht mit den Vorgaben des Betriebsstättenberichts. Darüber hinaus gehört die Mindestkapitalausstattungsmethode nicht zu den dort aufgeführten Standardmethoden.[94]
- Die gesetzliche Vermutung des § 1 Abs. 4 AStG hat eine Beweislastumkehr hinsichtlich des Bestehens einer anzunehmenden schuldrechtlichen Beziehung zur Konsequenz, deren Vereinbarkeit mit dem allgemeinen Untersuchungsgrundsatz des § 88 AO zumindest fragwürdig ist.[95]

Darüber hinaus ergab die Bestandsaufnahme zur innerstaatlichen Umsetzung des AOA die folgenden Aspekte und daraus resultierenden Kritikpunkte:

- Die Ausgestaltung als Korrektur- statt einer Gewinnabgrenzungsvorschrift ist für die Frage der Abkommenskonformität zwar irrelevant. Für die Frage der abkommenskonformen Besteuerung kommt es nur darauf an, *dass* Deutschland sein Besteuerungsrecht nicht über das abkommensrechtlich zulässige Maß hinaus ausübt. Gleichwohl führt die Umsetzung auf der 2. Stufe der Gewinnermittlung zu Kollisionen mit anderen Korrekturvorschriften. Besonders deutlich wird dies im Verhältnis zu dem Entstrickungs- bzw. Verstrickungsregime.[96]
- Die Regelungen zur Zuordnung der Außentransaktionen und der Passiva dürften nicht von der Verordnungsermächtigung abgedeckt sein.[97]

---

[92] Vgl. 20.7.

[93] Vgl. 15.2.2.1.2.

[94] Vgl. 15.2.2.1.4.

[95] 15.2.1 (dort bei Fn. 69 ff.), 15.2.2.2.1 (dort bei Fn. 233 ff.).

[96] Vgl. Kapitel 19 sowie 4.4.3.

[97] Vgl. 15.2 (dort bei Fn. 48), 15.2.2.1.2.5.

- Mit der Einführung der anzunehmenden schuldrechtlichen Beziehungen wurde ein innerstaatlicher Realisationstatbestand für die Überführung von Wirtschaftsgütern in einen ausländischen Unternehmensteil geschaffen. Die Rechtsgrundsätze aus der Entscheidung zur Aufgabe der finalen Entnahmetheorie dürften damit nicht weiter fortgelten.[98]

- Die damit zusammenhängende Möglichkeit zur Bildung eines Ausgleichspostens nach § 4g EStG ist dem Grunde und dem Umfang nach daran gekoppelt, dass die Voraussetzungen der Entstrickungsbesteuerung vorliegen. Liegen diese Voraussetzungen nicht vor, droht in einigen Fällen eine die Niederlassungsfreiheit gefährdende Betriebsstättengewinnabgrenzung.[99]

- Die These von der Zentralfunktion des Stammhauses lässt sich unter dem § 1 Abs. 5 AStG nicht aufrechtrechterhalten.[100]

- Auch eine Holdingfunktion kann die Schwelle zu einer maßgeblichen Personalfunktion überschreiten.[101] Bei ausschließlicher Holdingtätigkeit kommt es darauf an, dass die Holdingsaktivität als originär gewerbliche Tätigkeit einzustufen ist.[102] Sie dürfte in der Regel nur die Zuordnung von strategischen Beteilungen, nicht aber auch von Beteiligungen im Streubesitz begründen. Beschränkt sich die Betriebsstätte nicht allein auf Holdingsaktivität kommt es für die Zuordnung der Beteiligungen auf den vorrangigen funktionalen Zusammenhang zu der Betriebsstättentätigkeit an.[103]

- Die Nullsummentheorie gilt unter dem AOA nur für den Grundfall der funktionsschwachen Vertreterbetriebsstätte fort.[104] Im Übrigen hängt die Höhe des Betriebsstättenergebnisses von dem konkreten Funktionsprofil des Vertreters und der Angemessenheit seiner Provision ab.[105]

- Der (aus dem Betriebsstättenbericht 2010) übernommene Versuch, die Bestimmung des Dotationskapitals an dem Fremdvergleichsgrundsatz auszurichten kann nicht gelingen, da die Unternehmensfinanzierung vor dem Hintergrund des Grundsatzes der Finanzierungsfreiheit einem Fremdvergleich entzogen ist.

---

[98]Vgl. 20.4.

[99]Vgl. 15.2.4 sowie 20.5.

[100]Vgl. 20.8.

[101]Vgl. 20.9.

[102]Vgl. 20.9.1.

[103]Vgl. 20.9.2.

[104]Vgl. 20.10.1 (dort bei Fn. 108 ff.).

[105]Vgl. 20.10.1 (dort bei Fn. 116 ff.).

Anderes gilt für die Zuordnung des Fremdkapitals. Im Sinne einer möglichst fremdvergleichskonformen Ausgestaltung der Betriebsstättengewinnabgrenzung erscheint es sachgerechter, die Passiva in umgekehrter Reihenfolge zuzuordnen.[106]

• Mit Blick auf den Grundsatz der Finanzierungsfreiheit erscheinen die Regelungen zu den Finanzierungsfunktionen hingegen sachgerecht.[107]

22.4.2 De lege ferenda

Sachgerechter erscheint es, den AOA nicht durch eine Korrekturvorschrift, sondern durch eine Gewinnabgrenzungsregelung in das innerstaatliche Recht umzusetzen. Diese sollte inhaltlich neben den in § 1 Abs. 5 Sätze 2 bis 4 AStG enthaltenen Zuordnungselementen die in Kapitel 21 genannten Kritikpunkte berücksichtigen.

Die Verortung der den AOA umsetzenden Betriebsstättengewinnabgrenzung auf der Gewinnabgrenzungsebene erlaubt sodann auch einen direkten Vergleich mit der bisherigen veranlassungsbasierten Betriebsstättengewinnabgrenzung:

• Der personalfunktionenbasierte Zuordnungs*maßstab* des AOA stimmt im Wesentlichen mit dem Veranlassungsprinzip überein: Die beiden Zuordnungsschritte im Rahmen des AOA (Identifikation der maßgeblichen Personalfunktionen für das maßgebliche Zuordnungsobjekt; Zuordnung dieser maßgeblichen Personalfunktionen zu einem Unternehmensteil) entsprechen der hier vertretenen zweigliedrigen Veranlassungsprüfung.[108]

• Gleichwohl können die Zuordnungs*ergebnisse* der beiden Methoden der Betriebsstättengewinnabgrenzung im Einzelfall voneinander abweichen. Der Grund für diese Abweichungen liegt in den unterschiedlichen Bezugspunkten, an die der (identische) Maßstab anknüpft: Während im Rahmen der Betriebsstättengewinnabgrenzung nach altem Recht auf die in dem jeweiligen Unternehmensteil ausgeübte Geschäftstätigkeit abgestellt wird, „verfeinert" der AOA den Referenzrahmen, indem er auf die einzelnen maßgeblichen Personalfunktionen abstellt, aus denen sich die Geschäftstätigkeit zusammensetzt.[109]

---

[106] Vgl. 20.11 (dort bei Fn. 135 ff.).

[107] Vgl. 20.12.

[108] Vgl. 17.2.1 (dort bei Fn. 9 ff.).

[109] Vgl. 17.2.1 (dort bei Fn. 29 ff.), 20.13.

- Diese unterschiedlichen Zuordnungsergebnisse manifestieren sich u. a. in der steuerlichen Behandlung der Überführung von Wirtschaftsgütern sowie der Behandlung der vorweggenommenen Betriebsausgaben und der nachträglichen Betriebseinnahmen.[110]
- Die Übereinstimmung der beiden Maßstäbe wird besonders deutlich in den Bereichen, in denen sowohl die OECD als auch – dieser folgend – der deutsche Gesetzgeber Ausnahmen von dem Fremdvergleichsgrundsatz bei der Zuordnung machen (Grundsatz der einheitlichen Kreditwürdigkeit[111], eingeschränkte Anerkennung von Finanzierungsfunktionen[112]).
  Diese Bereiche der Betriebsstättengewinnabgrenzung, die richtigerweise auch die Bestimmung des Dotationskapitals umfassen sollten,[113] betreffen nämlich sämtlich das Verhältnis zwischen dem Unternehmensträger und einem Unternehmensteil.[114]
  Dieses Verhältnis ist indes bereits begrifflich einem Fremdvergleich nicht zugänglich. Während die Zurechnungsregelungen in diesen Bereichen zwar eine Ausnahme von der fremdvergleichsbasierten Zuordnung machen, sind sie dennoch mit dem Veranlassungsprinzip vereinbar. Sie betreffen nämlich den Bereich des Veranlassungsprinzips, der nicht durch den Fremdvergleichsgrundsatz ausgefüllt wird.[115]
- Im Ergebnis beinhalten die Zuordnungsregelungen des AOA damit keine Abkehr von einer veranlassungsbasierten Zuordnung. Sie verhelfen dem Veranlassungsprinzip vielmehr – wenngleich nur implizit und unter dem Label des neu interpretierten „*dealing at arm's length*"-Prinzips – auch auf abkommensrechtlicher Ebene zur Anwendung.[116]

---

[110]Vgl. 20.4 sowie 20.6.

[111]Vgl. 15.2.3 sowie 20.12.2.

[112]Vgl. 20.12.1.2.

[113]Vgl. 20.11 (dort bei Fn. 135 ff.).

[114]Vgl. 15.2.3 sowie 20.13.

[115]Vgl. 20.13 sowie 11.6.

[116]Vgl. 20.13.

Literaturverzeichnis

Andresen, Ulf, in: Franz Wassermeyer, Ulf Andresen, Xaver Ditz (Hrsg.), Betriebsstätten Handbuch, Gewinnermittlung und Besteuerung in- und ausländischer Betriebsstätten, 2. Auflage, Köln 2017 (zitiert als *Andresen*, in: Wassermeyer/Andresen/Ditz, Betriebsstätten Handbuch).

Andresen, Ulf, Missverstandener Authorised OECD Approach bei inländischer Bankbetriebsstätte mit mehrjährigen Verlusten, DB 2012, 879 (zitiert: *Andresen*, DB 2012, 879).

Atilgan, Erdogan, Die bilanziellen Auswirkungen der Steuerentstrickung – Besteuerungsrisiken bei Überführung von Wirtschaftsgütern, NWB 2016, 936 (zitiert: *Atilgan*, NWB 2016, 936).

Baldamus, Ernst-August, Neues zur Betriebsstättengewinnermittlung, IStR 2012, 317 (zitiert: *Baldamus*, IStR 2012, 317).

Bareis, Peter, Außerhalb der Steuerbilanz? Vom unklaren Denken zur Besteuerung nach Gutdünken, BB 2005, 354 (zitiert: *Bareis*, BB 2005, 354).

Baumhoff, Hubertus, Plädoyer für einen einheitlichen Fremdvergleichsmaßstab im deutschen Außensteuerrecht zur Beurteilung internationaler Verrechnungspreise, in: Franz Klein, Hans Peter Stihl, Franz Wassermeyer (Hrsg.), Unternehmen Steuern, Festschrift für Hans Flick zum 70. Geburtstag, Köln 1997, S. 633–646 (zitiert: *Baumhoff*, FS Flick).

Baumhoff, Hubertus/Ditz, Xaver/Greinert, Markus, Angemessenheit von Verrechnungspreisen gegenüber inländischen Vertriebsgesellschaften – Anmerkungen zum BFH-Urt. vom 6.4.2005, I R 22/04, IStR 2005, 592 (zitiert: *Baumhoff/Ditz/Greinert*, IStR 2005, 592).

Bauschatz, Peter, Verdeckte Gewinnausschüttung und Fremdvergleich im Steuerrecht der GmbH, §§ 8 Abs. 3 S. 2; 8a KStG, Zugl.: Augsburg, Univ., Diss., 2000, Schriften zum Steuerrecht 71, Berlin 2001 (zitiert: *Bauschatz*, Verdeckte Gewinnausschüttung und Fremdvergleich 2001).

Bayer, Hermann-Wilfried, Das Völkerrecht in der Rechtsprechung des Bundesfinanzhofs, StuW 1981, 61 (zitiert: *Bayer*, StuW 1981, 61).

Becker, Helmut, Der ordentliche Geschäftsleiter – Ist sein Grab schon geschaufelt?, DB 1996, 1439 (zitiert: *Becker*, DB 1996, 1439).

© Der/die Herausgeber bzw. der/die Autor(en), exklusiv lizenziert durch Springer Fachmedien Wiesbaden GmbH, ein Teil von Springer Nature 2021
S. Glatz, *Abgrenzungsmaßstäbe im Abkommensrecht*, PwC-Studien zum Unternehmens- und Internationalen Steuerrecht 10,
https://doi.org/10.1007/978-3-658-34006-3

Becker, Helmut, Die Besteuerung von Betriebsstätten, DB 1989, 10 (zitiert: *Becker*, DB 1989, 10).

Becker, Helmut, Die Gewinnermittlung bei Betriebsstätten, in: Gabriele Burmester, Dieter Endres (Hrsg.), Aussensteuerrecht, Doppelbesteuerungsabkommen und EU-Recht im Spannungsverhältnis, Festschrift für Helmut Debatin zum 70. Geburtstag, München 1997, S. 25–33 (zitiert: *Becker*, FS Debatin).

Becker, Helmut, Funktionsnutzen oder Erwirtschaftungsgrundsatz – Wege zur Ermittlung des zutreffenden Betriebsstättenergebnisses, DB 1990, 392 (zitiert: *Becker*, DB 1990, 392).

Beiser, Reinhold, Die grenzüberschreitende Finanzierung von Betriebsstätten aus der Sicht des Arm's length'Prinzip, IStR 1992, 7 (zitiert: *Beiser*, IStR 1992, 7).

Beiser, Reinhold, Finanzierungsfreiheit und arm's-length-Prinzip im Licht der Rechtsprechung des EuGH, DStZ 2019, 37 (zitiert: *Beiser*, DStZ 2019, 37).

Bendlinger, Stefan, Anlagenerrichtung und Bauausführungen in DBA-Staaten, SWI 1995, 303 (zitiert: *Bendlinger*, SWI 1995, 303).

Bendlinger, Stefan, „Dealing at arm's length" bei temporären DBA-Betriebsstätten, SWI 1997, 104 (zitiert: *Bendlinger*, SWI 1997, 104).

Benecke, Andreas/Schnitger, Arne, Letzte Änderungen der Neuregelungen des UmwStG und der Entstrickungsnormen durch das SEStEG, IStR 2007, 22 (zitiert: *Benecke/Schnitger*, IStR 2007, 22).

Berner, Ingo, Betriebsstättenbesteuerung nach dem AOA, Dissertation, Veröffentlichungen zum Steuerrecht 2 (zitiert: *Berner*, Betriebsstättenbesteuerung 2015).

Bilsdorfer, Peter, Der Fremdvergleich im Bereich der Körperschaftsteuer: Mittel zur Annahme bzw, Vermeidung einer verdeckten Gewinnausschüttung – Teil I , INF 1996, 705 (zitiert: *Bilsdorfer*, INF 1996, 705).

Bilsdorfer, Peter, Der steuerliche Fremdvergleich bei Vereinbarungen unter nahestehenden Personen, Einkommensteuer, Körperschaftsteuer, Umsatzsteuer, Zugl.: Saarbrücken, Univ., Diss., 1995/96, Grundlagen und Praxis des Steuerrechts 34, Bielefeld 1996 (zitiert: *Bilsdorfer*, Fremdvergleich 1996).

Blumers, Wolfgang, Betriebsstätten und Doppelbesteuerung, BB 2017, 1118 (zitiert: *Blumers*, BB 2017, 1118).

Blumers, Wolfgang, DBA-Betriebsstätten-Zurechnungen in der jüngsten BFH-Rechtsprechung, DB 2008, 1765 (zitiert: *Blumers*, DB 2008, 1765).

Blumers, Wolfgang, Die Europarechtswidrigkeit der Betriebsstättenzurechnung im Betriebsstättenerlass, DB 2006, 856 (zitiert: *Blumers*, DB 2006, 856).

Blumers, Wolfgang, Familienunternehmen im internationalen Kontext, BB 2016, 2777 (zitiert: *Blumers*, BB 2016, 2777).

Böhmer, Julian, Die Neuregelung des Verhältnisses der nationalen Einkünftekorrektur zu Art. 9 OECD-MA entsprechenden Abkommensbestimmungen durch § 1 Abs. 1 Satz 5 AStG-Entwurf, FR 2016, 877 (zitiert: *Böhmer*, FR 2016, 877).

Boller, Tino/Eilinghoff, Karolina/Schmidt, Sebastian, § 50d Abs. 10 EStG i.d.F. des JStG 2009 – ein zahnloser Tiger?, IStR 2009, 109 (zitiert: *Boller/Eilinghoff/Schmidt*, IStR 2009, 109).

Boller, Tino/Schmidt, Sebastian, § 50d Abs. 10 EStG ist doch ein zahnloser Tiger, Replik zu Frotscher (IStR 2009, 593), IStR 2009, 852 (zitiert: *Boller/Schmidt*, IStR 2009, 852).

Borstell, Thomas, Kapitel B: Internationales Recht, in: Alexander Vögele, Thomas Borstell, Gerhard Engler (Hrsg.), Verrechnungspreise, Betriebswirtschaft, Steuerrecht, 4.

Auflage, München, München 2015 (zitiert als *Borstell,* in: Vögele/Borstell/Engler, Verrechnungspreise).

Breuninger, Gottfried, Die „Zentralfunktion des Stammhauses" bei grenzüberschreitenden Verschmelzungen, in: Wolfgang Spindler, Klaus Tipke, Thomas Rödder (Hrsg.), Steuerzentrierte Rechtsberatung – Festschrift für Harald Schaumburg zum 65. Geburtstag, Berlin, Köln 2009, S. 587–608 (zitiert: *Breuninger,* FS Schaumburg).

Briese, André, Zur Nutzungseinlage in Kapitalgesellschaften aus körperschaftsteuer- und einkommensteuerlicher Sicht, Replik auf Jacobsen/Schwechel DStR 2018, 2653 und DStR 2018, 2716, DStR 2019, 236 (zitiert: *Briese,* DStR 2019, 236).

Broemel, Karl/Endert, Volker, Überführung von Wirtschaftsgütern in ausländische Betriebsstätten, BBK 2013, 208 (zitiert: *Broemel/Endert,* BBK 2013, 208).

Brunsbach, Stefan/Endres, Dieter/Lüdicke, Jürgen, Deutsche Abkommenspolitik, Trends und Entwicklungen 2011/2012, IFSt-Schrift 480, Berlin 2012 (zitiert: *Brunsbach/Endres/Lüdicke,* ifst-Schrift Nr. 480).

Brunsbach, Stefan/Endres, Dieter/Lüdicke, Jürgen et al., Deutsche Abkommenspolitik, Trends und Entwicklungen 2012/2013, 31. Aufl., IFSt-Schrift 492, Berlin 2013 (zitiert: *Brunsbach et al.,* ifst-Schrift Nr. 492).

Buchner, Markus, Die Ansicht der OECD zur Zurechnung von Kapital und Zinsaufwendungen zu einer Betriebsstätte: Vergleichende Gegenüberstellung vor und nach Inkrafttreten des AOA und steuerliche Gestaltungsmöglichkeiten, IStR 2013, 228 (zitiert: *Buchner,* IStR 2013, 228).

Buciek, Klaus, Aktuelle Entwicklungen zur Betriebsstättenbesteuerung, DStZ 2003, 139 (zitiert: *Buciek,* DStZ 2003, 139).

Buciek, Klaus, Grenzüberschreitender Betriebsvermögenstransfer, in: Detlev Jürgen Piltz, Harald Schaumburg (Hrsg.), Internationale Betriebsstättenbesteuerung, Forum der internationalen Besteuerung Bd. 20, Köln 2001, S. 43–64 (zitiert als *Buciek,* in: Piltz/Schaumburg, Forum Int Besteuerung Bd. 20).

Busch, Oliver, Fiktive Transaktionen im Authorised OECD Approach – Sprengstoff für zukünftige Betriebsprüfungen, BB 2012, 2281 (zitiert: *Busch,* BB 2012, 2281).

Busl, Peter, Steuerpflicht von Zinszahlungen einer US-Limited-Partnership an inländische Gesellschafter, RIW 1991, 847 (zitiert: *Busl,* RIW 1991, 847).

Cloer, Adrian/Keilhoff, Jörn/Leich, Franziska, Sondervergütungen und Sonderbetriebserträge im Inboundfall – auf ein Neues!, PIStB 2014, 199 (zitiert: *Cloer/Keilhoff/Leich,* PIStB 2014, 199).

Crezelius, Georg, Ertragsteuerliche Entwicklungen und Gestaltungen im Leben der Personengesellschaften, in: Klaus-Dieter Drüen (Hrsg.), Aktuelle steuerrechtliche Beiträge, Referate und Diskussionen der 62. Steuerrechtlichen Jahresarbeitstagung, Wiesbaden, vom 30. Mai bis 1. Juni 2011, Jahrbuch der Fachanwälte für Steuerrecht 2011/12, Herne 2012, S. 433–505 (zitiert als *Crezelius,* in: Drüen, JbFSt 2011/12).

Debatin, Helmut, Das Betriebsstättenprinzip der deutschen Doppelbesteuerungsabkommen – Teil I, DB 1989, 1692 (zitiert: *Debatin,* DB 1989, 1692).

Debatin, Helmut, Das Betriebsstättenprinzip der deutschen Doppelbesteuerungsabkommen – Teil II, DB 1989, 1739 (zitiert: *Debatin,* DB 1989, 1739).

Debatin, Helmut, Der doppelte Wohnsitz im internationalen Steuerrecht, AWD 1966, 313 (zitiert: *Debatin,* AWD 1966, 313).

Debatin, Helmut, Doppelbesteuerungsabkommen und innerstaatliches Recht, DStR-Beih 1992, 1 (zitiert: *Debatin*, DStR-Beih 1992, 1).

Debatin, Helmut, Zur Auslegung von Doppelbesteuerungsabkommen, in: Lutz Fischer, Kuno Barth (Hrsg.), Unternehmung und Steuer, Festschrift zur Vollendung des 80. Lebensjahres von Peter Scherpf, Wiesbaden 1983, S. 305–317 (zitiert: *Debatin*, FS Scherpf).

Debatin, Helmut, Zur Behandlung von Beteiligungen an Personengesellschaften unter den Doppelbesteuerungsabkommen im Lichte der neueren Rechtsprechung des Bundesfinanzhofes, BB 1992, 1181 (zitiert: *Debatin*, BB 1992, 1181).

Ditz, Xaver, Betriebsstättengewinnabgrenzung nach dem „Authorized OECD Approach" – Eine kritische Analyse, ISR 2012, 48 (zitiert: *Ditz*, ISR 2012, 48).

Ditz, Xaver, Der „Authorized OECD Approach" wird Wirklichkeit – Kritische Analyse des § 1 Abs. 5 AStG i.d.F. AmtshilfeRLUmsG, ISR 2013, 261 (zitiert: *Ditz*, ISR 2013, 261).

Ditz, Xaver, Die Fehlentwicklungen bei der Vertreterbetriebsstätte, SWI 2017, 282 (zitiert: *Ditz*, SWI 2017, 282).

Ditz, Xaver, Die Grenzen des Fremdvergleichs – Zugleich Plädoyer für ein Festhalten am Fremdvergleichsgrundsatz, FR 2015, 115 (zitiert: *Ditz*, FR 2015, 115).

Ditz, Xaver, Internationale Gewinnabgrenzung bei Betriebsstätten, Ableitung einer rechtsformneutralen Auslegung des Fremdvergleichsgrundsatzes im internationalen Steuerrecht, Management, Rechnungslegung und Unternehmensbesteuerung 20, Berlin 2004 (zitiert: *Ditz*, Intl Gewinnabgrenzung 2004).

Ditz, Xaver, Internationale Gewinnabgrenzung bei Betriebsstätten und nationale Gewinnermittlungsvorschriften im Lichte aktueller Entwicklungen bei der OECD, IStR 2005, 37 (zitiert: *Ditz*, IStR 2005, 37).

Ditz, Xaver/Bärsch, Sven-Eric, Gewinnabgrenzung bei Vertreterbetriebsstätten nach dem AOA – ein Plädoyer für die Nullsummentheorie, IStR 2013, 411 (zitiert: *Ditz/Bärsch*, IStR 2013, 411).

Ditz, Xaver/Bärsch, Sven-Eric/Quilitzsch, Carsten, Betriebsstätteneinkünfte und Gewinnabgrenzung zwischen verbundenen Unternehmen nach der deutschen Verhandlungsgrundlage für Doppelbesteuerungsabkommen, ISR 2013, 156 (zitiert: *Ditz/Bärsch/Quilitzsch*, ISR 2013, 156).

Ditz, Xaver/Liebchen, Daniel, Zur Anwendung des Betriebsstättenvorbehalts im Ansässigkeitsstaat – Der BFH rückt mit Urt. vom 24.8.2011 die Verhältnisse wieder gerade, IStR 2012, 449 (zitiert: *Ditz/Liebchen*, IStR 2012, 449).

Ditz, Xaver/Luckhaupt, Hagen, Betriebsstättengewinnaufteilungsverordnung – Neues Gewinnermittlungsrecht für Betriebsstätten, ISR 2015, 1 (zitiert: *Ditz/Luckhaupt*, ISR 2015, 1).

Ditz, Xaver/Schönfeld, Jens, Abzug von umrechnungsbedingten Währungsverlusten, DB 2008, 1458 (zitiert: *Ditz/Schönfeld*, DB 2008, 1458).

Ditz, Xaver/Tcherveniachki, Vassil, Abzugsfähigkeit von Teilwertabschreibungen auf eigenkapitalersetzende Darlehen – Eine Analyse des BFH-Urt.s vom 14.1.2009 unter besonderer Berücksichtigung des § 1 AStG, IStR 2009, 709 (zitiert: *Ditz/Tcherveniachki*, IStR 2009, 709).

Dombrowski, Martin/Sommer, Christoph/Dahle, Claudia, Die Pflicht zur Erstellung der Hilfs- und Nebenrechnung für Betriebsstätten, IStR 2016, 109 (zitiert: *Dombrowski/Sommer/Dahle*, IStR 2016, 109).

Dorn, Katrin, Sondervergütungen im Abkommensrecht, Führt der „neue" § 50d Abs. 10 EStG endlich ans gewünschte Ziel?, BB 2013, 3038 (zitiert: *Dorn*, BB 2013, 3038).

Ebel, Thomas, Anrechnungsbegrenzung des § 34c Abs. 1 Satz 4 EStG – Regelungsreichweite eines fiskalisch motivierten Systembruchs, FR 2016, 241 (zitiert: *Ebel*, FR 2016, 241).

Eggert, Andreas, Einkünftekorrekturen bei Finanzierungen in internationalen Konzernen – Anmerkungen zum BFH-Urt. I R 73/16, BB 2019, 2327 (zitiert: *Eggert*, BB 2019, 2327).

Eisgruber, Thomas, Die finalen Änderungen im internationalen Steuerrecht durch das AmtshilfsRLUmsG, ISR 2013, 229 (zitiert: *Eisgruber*, ISR 2013, 229).

Endres, Dieter/Oestreicher, Andreas/van der Ham, Susann, Die neue Betriebsstättenge-winnaufteilung – 5 Musterfälle zur Auslegung (Teil 1), PIStB 2014, 276 (zitiert: *Endres/Oestreicher/van der Ham*, PIStB 2014, 276).

Endres, Dieter/Oestreicher, Andreas/van der Ham, Susann, Die neue Betriebsstättenge-winnaufteilung – 5 Musterfälle zur Auslegung (Teil 2), PIStB 2014, 303 (zitiert: *Endres/Oestreicher/van der Ham*, PIStB 2014, 303).

Falterbaum, Hermann, Buchführung und Bilanz, Unter besonderer Berücksichtigung des Bilanzsteuerrechts und der steuerrechtlichen Gewinnermittlung bei Einzelunternehmen sowie Personen- und Kapitalgesellschaften, 22. Aufl., Grüne Reihe Band 10, Achim 2015 (zitiert: *Falterbaum*, Buchführung 2015).

Fischer-Zernin, Justus, Sondervergütungen und DBA, RIW 1991, 493 (zitiert: *Fischer-Zernin*, RIW 1991, 493).

Flick, Hans/Wassermeyer, Franz, Die funktionale Betrachtungsweise im Außensteuerreform-gesetz, BB 1973, 857 (zitiert: *Flick/Wassermeyer*, BB 1973, 857).

Förster, Guido, SEStEG, Rechtsänderungen im EStG, DB 2007, 72 (zitiert: *Förster*, DB 2007, 72).

Förster, Hartmut, Veröffentlichung der OECD zur Revision des Kommentars zu Artikel 7 OECD Musterabkommen, IStR 2007, 398 (zitiert: *Förster*, IStR 2007, 398).

Förster, Hartmut/Naumann, Manfred/Rosenberg, Oliver, Generalthema II des IFA-Kongresses 2006 in Amsterdam: Gewinnabgrenzung bei Betriebsstätten, IStR 2005, 617 (zitiert: *Förster/Naumann/Rosenberg*, IStR 2005, 617).

Franz, Einiko B./Voulon, Marcel, Abkommensrechtliche Behandlung von Sondervergütungen – Status Quo und Perspektiven, BB 2011, 1111 (zitiert: *Franz/Voulon*, BB 2011, 1111).

Frischmuth, Markus, UntStRefG 2008 und Verrechnungspreise nach § 1 AStG n.F, IStR 2007, 485 (zitiert: *Frischmuth*, IStR 2007, 485).

Frotscher, Gerrit, Gedanken zur Zentralfunktion der Geschäftsleitungs-Betriebsstätte, in: Günther Strunk, Franz Wassermeyer, Bert Kaminski (Hrsg.), Unternehmensteuerrecht und Internationales Steuerrecht, Gedächtnisschrift für Dirk Krüger, Stollfuß 2006, S. 95–112 (zitiert: *Frotscher*, GS Krüger).

Frotscher, Gerrit, Tendenzen im Recht der Verdeckten Gewinnausschüttung, GmbHR 1998, 23 (zitiert: *Frotscher*, GmbHR 1998, 23).

Frotscher, Gerrit, Treaty Override und § 50d Abs. 10 EStG, IStR 2009, 593 (zitiert: *Frotscher*, IStR 2009, 593).

Früchtl, Bernd, Anmerkung zu BFH vom 19.12.2007, I R 66/06, BB 2008, 1209 (zitiert: *Früchtl*, BB 2008, 1209).

FW, Anmerkung zu BFH vom 28.07.1993, I R 15/93, IStR 1994, 28 (zitiert: FW, IStR 1994, 28).

FW, Die Erzielung von Lizenzgebühren innerhalb einer schweizerischen Personengesellschaft, IStR 2001, 187 (zitiert: *FW*, IStR 2001, 187).

Gebel, Hans-Joachim, Die (nunmehr eingeschränkte) Sperrwirkung des Art. 9 Abs. 1 OECD-MA, DStR 2019, 1896 (zitiert: *Gebel*, DStR 2019, 1896).

Gebhardt, Roland, Zur Anwendung von § 50d Abs. 10 EStG im Hinblick auf aktives und passives Sonderbetriebsvermögen (II), IStR 2015, 808 (zitiert: *Gebhardt*, IStR 2015, 808).

Gebhardt, Ronald, Die atomisierende Betrachtungsweise nach § 50d Abs. 9 S. 4 EStG-E und die Lösung des „wenn vs. soweit"-Problems in § 50d Abs. 9 S. 1 EStG-E, IStR 2016, 1009 (zitiert: *Gebhardt*, IStR 2016, 1009).

Gebhardt, Ronald, Ist § 1 Abs. 5 S. 8 AStG-E i. d. F. des JStG 2013 ein Treaty Override?, BB 2012, 2353 (zitiert: *Gebhardt*, BB 2012, 2353).

Gebhardt, Ronald/Glatz, Solvejg, Anmerkungen zum Nichtanwendungserlass des BMF v. 30.03.2016 zur Sperrwirkung von Art. 9 OECD-MA gegenüber der Anwendung von § 1 AStG auf Teilwertabschreibungen von Darlehensforderungen gegen ausländische Tochtergesellschaften, IStR 2016, 787 (zitiert: *Gebhardt/Glatz*, IStR 2016, 787).

Geurts, Matthias, Server as a permanent establishment?, Intertax 2000, 173 (zitiert: *Geurts*, Intertax 2000, 173).

Girlich, Gerhard/Müller, Siegfried, Betriebsstätte und Authorised OECD Approach, ISR 2015, 169 (zitiert: *Girlich/Müller*, ISR 2015, 169).

Girlich, Gerhard/Philipp, Moritz, Entstrickungsaspekte bei der Hinausverschmelzung von Kapitalgesellschaften, Ubg 2012, 150 (zitiert: *Girlich/Philipp*, Ubg 2012, 150).

Goldacker, Marcus von, Gewinnverlagerung zwischen Schwesterbetriebsstätten – eine Analyse des AOA, BB 2013, 87 (zitiert: *Goldacker*, BB 2013, 87).

Görlich, Wolfgang, Zur Systematik der Begriffe Betriebsausgaben, Werbungskosten und Aufwendungen für die Lebensführung, DB 1979, 711 (zitiert: *Görlich*, DB 1979, 711).

Gosch, Dietmar, Altes und Neues, Bekanntes und weniger Bekanntes zur sog. isolierenden Betrachtungsweise, in: Rudolf Gocke, Dietmar Gosch, Michael Lang (Hrsg.), Körperschaftsteuer, internationales Steuerrecht, Doppelbesteuerung, Festschrift für Franz Wassermeyer zum 65. Geburtstag, München 2005, S. 263–288 (zitiert: *Gosch*, FS Wassermeyer).

Gosch, Dietmar, Bedeutung des OECD-Kommentars für die Auslegung des DBA Österreich-Deutschland, SWI 2015, 505 (zitiert: *Gosch*, SWI 2015, 505).

Gosch, Dietmar, Der BFH und der Fremdvergleich, DStZ 1997, 1 (zitiert: *Gosch*, DStZ 1997, 1).

Gosch, Dietmar, Seminar D „Judges' Seminar", Abkommensrecht vor Gericht – Stichworte zu zehn gängigen Streitpunkten, IStR 2014, 698 (zitiert: *Gosch*, IStR 2014, 698).

Gosch, Dietmar, Über das Treaty Overriding, IStR 2008, 413 (zitiert: *Gosch*, IStR 2008, 413).

Gosch, Dietmar, Über die Auslegung von Doppelbesteuerung, ISR 2013, 87 (zitiert: *Gosch*, ISR 2013, 87).

Gosch, Dietmar, Über die Zeit im Abkommensrecht, IStR 2015, 709 (zitiert: *Gosch*, IStR 2015, 709).

Gosch, Dietmar, Über Entstrickungen – Stand des unnötig komplexen „Entstrickungssteuerrechts" und absehbare Entwicklungen, IWB 2012, 779 (zitiert: *Gosch*, IWB 2012, 779).

Gosch, Dietmar, Überstunden-, Nacht-, Sonn- und Feiertagszuschläge an Geschäftsführer von Kapitalgesellschaften, StBp 1998, 53 (zitiert: *Gosch*, StBp 1998, 53).

Gosch, Dietmar, Von Äpfeln und Birnen – Ein steuerjuristischer Essay zum Maß des „Fremdvergleichens" im Konzern, DStR 2019, 2441 (zitiert: *Gosch*, DStR 2019, 2441).

Graw, Christian, § 1 AStG – Folgerungen aus dem EuGH-Urt. in der Rs. Hornbach-Baumarkt, DB 2018, 2655 (zitiert: *Graw*, DB 2018, 2655).

Greil, Stefan/Wargowske, Lars, Nichtanwendungserlass vom 30.3.2016 betreffend die Nichtanwendung der Urt.sgrundsätze der BFH-Urt.e vom 17.12.2014 – I R 23/13 und vom 24.6.2015 – I R 29/14 in vergleichbaren Fällen – Eine erste Würdigung, ISR 2016, 157 (zitiert: *Greil/Wargowske*, ISR 2016, 157).

Griemla, Stefan, Welcher Gewinn ist einer Vertreterbetriebsstätte zuzuordnen ?, IStR 2005, 857 (zitiert: *Griemla*, IStR 2005, 857).

Groß, Bernhard, Anpassung der Ergebnisse von Verrechnungspreisen an die Wertschöpfung, IStR 2016, 233 (zitiert: *Groß*, IStR 2016, 233).

Grotherr, Siegfried, Zweifelsfragen zur Ausgabenberücksichtigung bei der Ermittlung ausländischer Einkünfte, in: Rudolf Gocke, Dietmar Gosch, Michael Lang (Hrsg.), Körperschaftsteuer, internationales Steuerrecht, Doppelbesteuerung, Festschrift für Franz Wassermeyer zum 65. Geburtstag, München 2005, S. 303–321 (zitiert: *Grotherr*, FS Wassermeyer).

Grübel, Sven/Schnabel, Nicole, Das Verhältnis von § 1 AStG zur verdeckten Gewinnausschüttung bzw. zur verdeckten Einlage, ISR 2019, 368 (zitiert: *Grübel/Schnabel*, ISR 2019, 368).

Gruppe Viadrina, Verdeckte Gewinnausschüttung, BFH-Definition und Ansätze zur Behandlung des Tigerfalls, BB 1996, 2436 (zitiert: Gruppe Viadrina, BB 1996, 2436).

Günkel, Manfred/Lieber, Bettina, Abkommensrechtliche Qualifikation von Sondervergütungen, FR 2000, 853 (zitiert: *Günkel/Lieber*, FR 2000, 853).

Günkel, Manfred/Lieber, Bettina, Auslegungsfragen im Zusammenhang mit § 50d Abs. 10 EStG i.d.F. des JStG 2009, Ubg 2009, 301 (zitiert: *Günkel/Lieber*, Ubg 2009, 301).

Haase, Florian, in: Florian Haase, Katrin Dorn (Hrsg.), Vermögensverwaltende Personengesellschaften, Zivilrecht, Steuerrecht, national, international, München 2013 (zitiert als *Haase*, in: Haase/Dorn, Vermögensverwaltende Personengesellschaften).

Haase, Florian/Brändel, Katrin, Überlegungen zur Theorie der betriebsstättenlosen Einkünfte, StuW 2011, 49 (zitiert: *Haase/Brändel*, StuW 2011, 49).

Haase, Florian/Steierberg, Daniela, Personengesellschaften im internationalen Kontext, Der Entwurf zur Änderung des BMF-Schreibens vom 16. 4. 2010, IWB 2014, 4 (zitiert: *Haase/Steierberg*, IWB 2014, 4).

Habammer, Christoph, Die Sperrwirkung des Art. 9 OECD-MA, IStR 2016, 525 (zitiert: *Habammer*, IStR 2016, 525).

Häck, Nils, Abkommensrechtliche Zuordnung von Beteiligungen zur Betriebsstätten nach BFH, OECD und Finanzverwaltung, ISR 2015, 113 (zitiert: *Häck*, ISR 2015, 113).

Häck, Nils, Zur Auslegung des § 50d Abs. 10 EStG durch den BFH, IStR 2011, 71 (zitiert: *Häck*, IStR 2011, 71).

Hagemann, Tobias, Betriebsstättenlose Unternehmensgewinne im DBA-Recht?, StuW 2017, 89 (zitiert: *Hagemann*, StuW 2017, 89).

Hagemann, Tobias, Kehrtwende in der BFH-Rechtsprechung zur grenzüberschreitenden Konzernfinanzierung, BB 2019, 2800 (zitiert: *Hagemann*, BB 2019, 2800).

Hagemann, Tobias, Veranlassungsgerechte Zuordnung von Einkünften auch bei ehemaligen Betriebsstätten, IWB 2016, 75 (zitiert: *Hagemann*, IWB 2016, 75).

Hagemann, Tobias, Wider die No-Floating-Income-Theorie im Abkommensrecht, Eine (wissenschaftstheoretische) Kritik der Rechtspraxis, StuW 2016, 172 (zitiert: *Hagemann*, StuW 2016, 172).

Hagemann, Tobias/Kahlenberg, Christian/Kudert, Stephan, Sonderbetriebseinnahmen im Abkommensrecht – und wie der Wind sich dreht!, Ubg 2014, 80 (zitiert: *Hagemann/Kahlenberg/Kudert*, Ubg 2014, 80).

Hagemann, Tobias/Luhmann, Inken/Meger, Marvin, Einkünftekorrektur nach § 1 Abs. 1 AStG bei gewinnmindernder Ausbuchung einer unbesicherten konzerninternen Darlehensforderung, StuB 2019, 621 (zitiert: *Hagemann/Luhmann/Meger*, StuB 2019, 621).

Haiß, Uta, Gewinnabgrenzung bei Betriebsstätten im internationalen Steuerrecht, Vermögens-, Aufwands- und Ertragszuordnung nach OECD-Musterabkommen und neuem Betriebsstättenerlass, Neuwied 2000 (zitiert: *Haiß*, Gewinnabgrenzung 2000).

Hallerbach, Dorothee, Gleichstellungsthese – Wann ist der Mitunternehmer ein Einzelunternehmer?, FR 2016, 1117 (zitiert: *Hallerbach*, FR 2016, 1117).

Hansen, Arne F., Die Zuordnung von Wirtschaftsgütern zu Betriebsstätten im Recht der Doppelbesteuerungsabkommen, Ein funktionaler Ansatz unter Berücksichtigung der Fiktion der uneingeschränkten Selbstständigkeit der Betriebsstätte, Europäische Hochschulschriften. Reihe II, Rechtswissenschaft 5676 2014 (zitiert: *Hansen*, Zuordnung von Wirtschaftsgütern 2014).

Haverkamp, Lars, in: Jörg Manfred Mössner (Hrsg.), Steuerrecht international tätiger Unternehmen, 5. Auflage, Köln 2018 (zitiert als *Haverkamp*, in: Mössner, Steuerrecht intl tätiger Unternehmen).

Heene, Tobias, Die Umsetzung des Authorized OECD Approach in Deutschland – ausgewählte Problembereiche, Hefte zur Internationalen Besteuerung, Heft 201, Masterarbeit, Hamburg, Universität Hamburg, 2015 (zitiert: *Heene*, Umsetzung des AOA 2015).

Heerdt, Tobias, Die Änderung von § 50d Abs. 9 EStG durch das BEPS-I-Umsetzungsgesetz, IWB 2017, 166 (zitiert: *Heerdt*, IWB 2017, 166).

Heinsen, Oliver/Wendland, Jan, Die steuerliche Behandlung von Gründungsaufwand im Zusammenhang mit der Etablierung einer ausländischen Betriebsstätte, GmbHR 2014, 1033 (zitiert: *Heinsen/Wendland*, GmbHR 2014, 1033).

Hemmelrath, Alexander/Kepper, Philipp, Die Bedeutung des „Authorized OECD Approach" (AOA) für die deutsche Abkommenspraxis, IStR 2013, 37 (zitiert: *Hemmelrath/Kepper*, IStR 2013, 37).

Hentschel, Sven/Kraft, Gerhard/Moser, Till, Klassifizierung und Systematisierung von Abkommenstypen als Anwendungshilfe der Escape-Klausel des § 1 Abs. 5 Satz 8 AStG, Ubg 2016, 144 (zitiert: *Hentschel/Kraft/Moser*, Ubg 2016, 144).

Herbort, Marcel, Die Auswirkung des Authorized OECD Approach auf die Entstrickungsbesteuerung, FR 2013, 781 (zitiert: *Herbort*, FR 2013, 781).

Herbort, Marcel/Sendke, Thomas, Entstrickung durch die Revision des DBA-Spanien, IStR 2014, 499 (zitiert: *Herbort/Sendke*, IStR 2014, 499).

Hils, Michael, Neuregelung internationaler Sondervergütungen nach § 50d Abs. 10 EStG, DStR 2009, 888 (zitiert: *Hils*, DStR 2009, 888).

Hoffmann, Wolf-Dieter, Aufgabe der Theorie der finalen Entnahme in der BFH-Rechtsprechung, DB 2008, 2286 (zitiert: *Hoffmann*, DB 2008, 2286).

Hoffmann, Wolf-Dieter, Der Ausgleichsposten nach § 4g EStG i.d.F. des SEStEG, DB 2007, 652 (zitiert: *Hoffmann*, DB 2007, 652).

Hoffmann, Wolf-Dieter, Der wirtschaftliche Vorteil für die Kapitalgesellschaft als verdeckte Gewinnausschüttung – Anmerkungen zur neuen Definition der verdeckten Gewinnausschüttung, DStR 1996, 729 (zitiert: *Hoffmann*, DStR 1996, 729).

Hölscher, Sebastian, Weiterentwicklung der Rechtsprechung zur abkommensrechtlichen Behandlung von Sondervergütungen, IWB 2007, 647 (zitiert: *Hölscher*, IWB 2007, 647).

Hruschka, Franz, Das neue BMF-Schreiben zur Anwendung von DBA auf Personengesellschaften, DStR 2014, 2421 (zitiert: *Hruschka*, DStR 2014, 2421).

Hruschka, Franz, Das neue BMF-Schreiben zur Anwendung von DBA auf Personengesellschaften, IStR 2014, 785 (zitiert: *Hruschka*, IStR 2014, 785).

Hruschka, Franz, Die Entstrickung und Verstrickung stiller Reserven nach dem SEStEG, StuB 2006, 584 (zitiert: *Hruschka*, StuB 2006, 584).

Hruschka, Franz, Die Zuordnung von Beteiligungen zu Betriebsstätten von Personengesellschaften, IStR 2016, 437 (zitiert: *Hruschka*, IStR 2016, 437).

Hruschka, Franz, Die Zuordnung von Beteiligungen zu Betriebsstätten von Personengesellschaften, IStR 2016, 437 (zitiert: *Hruschka*, IStR 2016, 437).

Hruschka, Franz, Sondervergütungen und der AOA i.d.F. des AHiRlUmsG, Das Verhältnis von § 1 AStG zu § 50d Abs. 10 EStG, IStR 2013, 830 (zitiert: *Hruschka*, IStR 2013, 830).

Hruschka, Franz/Lüdemann, Peter, Das Veranlassungsprinzip als Maßstab zur innerstaatlichen Betriebsstättengewinnermittlung, IStR 2005, 76 (zitiert: *Hruschka/Lüdemann*, IStR 2005, 76).

IDW, Stellungnahme zur Ermittlung des Betriebsstättengewinns, DB 1988, 309 (zitiert: IDW, DB 1988, 309).

Ismer, Roland/Kost, Sebastian, Sondervergütungen unter dem DBA-USA, Zugleich Anm. zum Urt. des FG Baden-Württemberg, EFG 2006, 677, IStR 2007, 120 (zitiert: *Ismer/Kost*, IStR 2007, 120).

Jacobs, Otto H., Internationale Unternehmensbesteuerung, Deutsche Investitionen im Ausland ; ausländische Investitionen im Inland, 7. Aufl., München 2011 (zitiert: *Jacobs*, Intl Unternehmensbesteuerung 2011).

Jacobsen, Hendrik/Schwechel, Sören, Die Korrektur inländischer Nutzungseinlagen – ein Gebot des Art. 3 Abs. 1 GG, Reformvorschlag nach „Hornbach-Baumarkt AG" (Teil I), DStR 2018, 2653 (zitiert: *Jacobsen/Schwechel*, DStR 2018, 2653).

Jacobsen, Hendrik/Schwechel, Sören, Die Korrektur inländischer Nutzungseinlagen – ein Gebot des Art. 3 Abs. 1 GG, Reformvorschlag nach „Hornbach-Baumarkt AG" (Teil II), DStR 2018, 2716 (zitiert: *Jacobsen/Schwechel*, DStR 2018, 2716).

Janssen, Bernhard, Verdeckte Gewinnausschüttungen, Systematische Darstellung der Voraussetzungen und Auswirkungen, 10. Aufl., Gesellschaftsrechtliche Unternehmenspraxis, Herne 2010 (zitiert: *Janssen*, vGA).

Kaeser, Christian, Betriebsstättenvorbehalte und AOA: Der Begriff der „tatsächlichen Zugehörigkeit" nach dem OECD-MK 2010, ISR 2012, 63 (zitiert: *Kaeser*, ISR 2012, 63).

Kaeser, Christian, Verfassungs- und Gemeinschaftsrechtliche Probleme der Umsetzung des „Authorized OECD Approaches" (AOA) in deutsche Recht, in: Jürgen Lüdicke, Arne Schnitger, Christoph Spengel (Hrsg.), Besteuerung Internationaler Unternehmen, Festschrift für Dieter Endres zum 60. Geburtstag, C.H. Beck OHG 2016, S. 179–186 (zitiert: *Kaeser*, FS Endres).

Kahle, Holger, Entstrickung einzelner Wirtschaftgüter des Betriebsvermögens, StuB 2011, 903 (zitiert: *Kahle*, StuB 2011, 903).

Kahle, Holger/Baschnagel, Matthias/Kindich, Aaron, Aktuelle Aspekte der Ertragsbesteuerung von Server-Betriebsstätten, FR 2016, 193 (zitiert: *Kahle/Baschnagel/Kindich*, FR 2016, 193).

Kahle, Holger/Eichholz, Meik, Ausgewählte Aspekte der Bildung und Auflösung eines Ausgleichspostens nach § 4g EStG, FR 2015, 7 (zitiert: *Kahle/Eichholz*, FR 2015, 7).

Kahle, Holger/Eichholz, Meik, Entstrickung nach § 4 Abs. 1 Satz 3 und 4 EStG – Ausgewählte Aspekte und Zweifelsfragen, StuB 2014, 867 (zitiert: *Kahle/Eichholz*, StuB 2014, 867).

Kahle, Holger/Eichholz, Meik/Kindich, Aaron, Das Verhältnis der allgemeinen Entstrickungstatbestände zu der Einkünftekorrektur nach § 1 Abs. 5 AStG, Ubg 2016, 132 (zitiert: *Kahle/Eichholz/Kindich*, Ubg 2016, 132).

Kahle, Holger/Franke, Verona, Überführung von Wirtschaftsgütern in ausländische Betriebsstätten, IStR 2009, 406 (zitiert: *Kahle/Franke*, IStR 2009, 406).

Kahle, Holger/Kindich, Aaron, Die finalen Verwaltungsgrundsätze Betriebsstättengewinnaufteilung als (vorläufiger) Abschluss der Umsetzung des „Authorized OECD Approach", GmbHR 2017, 341 (zitiert: *Kahle/Kindich*, GmbHR 2017, 341).

Kahle, Holger/Mödinger, Jörg, Betriebsstättenbesteuerung: Zur Anwendung und Umsetzung des Authorised OECD Approach, DStZ 2012, 802 (zitiert: *Kahle/Mödinger*, DStZ 2012, 802).

Kahle, Holger/Mödinger, Jörg, Die Neufassung des Art. 7 OECD-MA im Rahmen der Aktualisierung des OECD-MA 2010, IStR 2010, 757 (zitiert: *Kahle/Mödinger*, IStR 2010, 757).

Kahle, Holger/Mödinger, Jörg, Vermeidung von Doppelbesteuerung im Bereich der Unternehmensgewinne nach Art. 7 Abs. 3 OECD-MA 2010, IStR 2011, 821 (zitiert: *Kahle/Mödinger*, IStR 2011, 821).

Kahle, Holger/Schulz, Sebastian, Steuerliche Verrechnungspreise, Der Grundsatz des Fremdvergleichs, StuB 2016, 534 (zitiert: *Kahle/Schulz*, StuB 2016, 534).

Kahlenberg, Christian/Hagemann, Tobias, Ausgewählte Fragestellungen um die Zuordnung von Sonderbetriebsvermögen im Abkommensrecht, BB 2014, 215 (zitiert: *Kahlenberg/Hagemann*, BB 2014, 215).

Kahlenberg, Christian/Kempelmann, Goetz/Rieck, Jan, Kehrtwende des BFH in Sachen Konzernrückhalt und DBA-Sperrwirkung, DB 2019, 1752 (zitiert: *Kahlenberg/Kempelmann/Rieck*, DB 2019, 1752).

Kahlenberg, Christian/Melkonyan, Satenik, Novellierung des Regelwerks zur Besteuerung grenzüberschreitender Einkünfte aus dem Sonderbetriebsvermögensbereich, ISR 2013, 340 (zitiert: *Kahlenberg/Melkonyan*, ISR 2013, 340).

Kaminski, Bert, Anrechnung ausländischer Steuern, in: Jürgen Lüdicke (Hrsg.), Aktuelle Problemfelder im internationalen Steuerrecht, Forum der internationalen Besteuerung Bd. 45, Köln 2016, S. 169–197 (zitiert als *Kaminski*, in: Lüdicke, Forum Int Besteuerung Bd. 45).

Kammeter, Roland, Anmerkung zu BFH vom 08.09.2010, I R 74/09, IStR 2011, 35 (zitiert: *Kammeter*, IStR 2011, 35).

Kessler, Wolfgang/Arnold, Nils, Zentralfunktion des Stammhauses, Nr. 36, in: Franz Wassermeyer (Hrsg.), Doppelbesteuerung, Zum 75. Geburtstag von Prof. Dr. Dr. h.c. Franz Wassermeyer, München 2015, S. 271–278 (zitiert: *Kessler/Arnold*, FG Wassermeyer).

Kessler, Wolfgang/Dietrich, Marie-Louise, Praxis- und Zweifelsfragen bei der Anrechnung ausländischer Steuern, IWB 2012, 544 (zitiert: *Kessler/Dietrich*, IWB 2012, 544).

Kessler, Wolfgang/Huck, Friederike, Der (zwangsweise) Weg in den Betriebsstättenkonzern am Beispiel der Hinausverschmelzung von Holdinggesellschaften, IStR 2006, 433 (zitiert: *Kessler/Huck*, IStR 2006, 433).

Kessler, Wolfgang/Huck, Friederike, Grenzüberschreitender Transfer von Betriebsvermögen – Die Verlagerung von Einzelwirtschaftsgütern, Betriebsstätten und Betrieben ins Ausland, StuW 2005, 193 (zitiert: *Kessler/Huck*, StuW 2005, 193).

Kessler, Wolfgang/Jehl, Melanie, Kritische Analyse der Zentralfunktion des Stammhauses, IWB 2007, 833 (zitiert: *Kessler/Jehl*, IWB 2007, 833).

Kinzl, Ulrich-Peter, Zuordnung von Kapitalgesellschaftsbeteiligungen zu ausländischen Betriebsstätten und Grundfreiheiten, IStR 2005, 693 (zitiert: *Kinzl*, IStR 2005, 693).

Kippenberg, Johannes, Territorialitäts- und Ansässigkeitsprinzip, Nr. 28, in: Franz Wassermeyer (Hrsg.), Doppelbesteuerung, Zum 75. Geburtstag von Prof. Dr. Dr. h.c. Franz Wassermeyer, München 2015, S. 195–207 (zitiert: *Kippenberg*, FG Wassermeyer).

Kirchhof, Paul, Gesetzlich nicht abzugsfähige Betriebsausgaben und Werbungskosten, – Begriff, Rechtfertigung, Grenzen -, in: Hartmut Söhn (Hrsg.), Die Abgrenzung der Betriebs- oder Berufssphäre von der Privatsphäre im Einkommensteuerrecht, Betriebsausgaben/Werbungskosten, Privatausgaben, Betriebsvermögen, Privatvermögen ; mit einem rechtsvergleichenden Teil, Veröffentlichungen der Deutschen Steuerjuristischen Gesellschaft e. V Bd. 3, Köln 1980, S. 201–226 (zitiert als *Kirchhof*, in: Söhn, DStJG Bd. 3).

Klein, Manfred, Verdeckte Gewinnausschüttungen bei Lieferbeziehungen im internationalen Konzern, BB 1995, 225 (zitiert: *Klein*, BB 1995, 225).

Kleineidam, Hans-Jochen, Die abkommensrechtliche Behandlung von Erträgen aus Beteiligungen im ausländischen Betriebsstättenvermögen oder: Ist der Betriebsstättenvorbehalt gerechtfertigt?, IStR 2004, 1 (zitiert: *Kleineidam*, IStR 2004, 1).

Kleineidam, Hans-Jochen, Zur veranlassungsorientierten Steuerentstrickung bei grenzüberschreitenden Vorgängen im Unternehmensbereich, IStR 2000, 577 (zitiert: *Kleineidam*, IStR 2000, 577).

Kluge, Volker, Betriebsstättenvorbehalt und Methodenartikel, Ein Beitrag zur autonomen Ankommensauslegung, in: Rudolf Gocke, Dietmar Gosch, Michael Lang (Hrsg.), Körperschaftsteuer, internationales Steuerrecht, Doppelbesteuerung, Festschrift für Franz Wassermeyer zum 65. Geburtstag, München 2005, S. 663–679 (zitiert: *Kluge*, FS Wassermeyer).

Kluge, Volker, Das internationale Steuerrecht, Gemeinschaftsrecht, Außensteuerrecht, Abkommensrecht, 4. Aufl., München 2000 (zitiert: *Kluge*, Intl Steuerrecht).

Kluge, Volker, Zur unmittelbaren Anwendung von DBA-Vorschriften bei der Gewinnermittlung, StuW 1975, 294 (zitiert: *Kluge*, StuW 1975, 294).

Kofler, Georg/Mayr, Gunter/Schlager, Christoph, Digitalisierung und Betriebsstättenkonzept, BB 2017, 1815 (zitiert: *Kofler/Mayr/Schlager*, BB 2017, 1815).

Kofler, Georg/Mayr, Gunter/Schlager, Christoph, Digitalisierung und Betriebsstättenkonzept, BB 2017, 1751 (zitiert: *Kofler/Mayr/Schlager*, BB 2017, 1751).

Köhler, Franz, Das Betriebsstättenprinzip im Recht der deutschen Doppelbesteuerungsabkommen bei Mitunternehmerschaftsgebilden, RIW 1991, 1024 (zitiert: *Köhler*, RIW 1991, 1024).

Köhler, Stefan, Neue Entwicklung der Konzernfinanzierung – Neuorientierung der Rechtsprechung dringend erforderlich, DStR 2020, 829 (zitiert: *Köhler*, DStR 2020, 829).

Kollruss, Thomas, Analyse des deutschen Sondervergütungskonzepts bei der internationalen Personengesellschaftsbesteuerung, FR 2015, 351 (zitiert: *Kollruss*, FR 2015, 351).

Korn, Christian, Grenzen des Einflusses innerstaatlichen Rechts auf die Anwendung von Doppelbesteuerungsabkommen, Erläutert am Beispiel von § 50d Abs. 10 EStG, IStR 2009, 641 (zitiert: *Korn*, IStR 2009, 641).

Körner, Andreas, Ent- und Verstrickung, IStR 2009, 741 (zitiert: *Körner*, IStR 2009, 741).

Körner, Andreas, Neue Erkenntnisse zu Ent- und Verstrickung, IStR 2010, 208 (zitiert: *Körner*, IStR 2010, 208).

Krabbe, Helmut, Abkommensrechtliche Behandlung von Sondervergütungen – Eine Replik, FR 2001, 129 (zitiert: *Krabbe*, FR 2001, 129).

Kraft, Gerhard/Dombrowski, Martin, Die Folgen der Einführung des AOA für den Steuerpflichtigen – Im Spannungsfeld zwischen internationaler Genese und nationaler Umsetzung, IWB 2015, 87 (zitiert: *Kraft/Dombrowski*, IWB 2015, 87).

Kraft, Gerhard/Dombrowski, Martin, Die praktische Umsetzung des „Authorized OECD Approach" vor dem Hintergrund der Betriebsstättengewinnaufteilungsverordnung, FR 2014, 1105 (zitiert: *Kraft/Dombrowski*, FR 2014, 1105).

Kraft, Gerhard/Poley, Katja, Steuerliche Problembereiche im Kontext der Hinausverschmelzung von Kapital- auf Personengesellschaften, FR 2013, 1113 (zitiert: *Kraft/Poley*, FR 2013, 1113).

Kraft, Gerhard/Poley, Katja, Zweifelsfragen bei der Hereinverschmelzung von Kapital- auf Personengesellschaften – eine Fallstudien-gestützte Analyse, FR 2014, 1 (zitiert: *Kraft/Poley*, FR 2014, 1).

Kramer, Jörg-Dietrich, Die bilanzielle Behandlung der Entstrickungsbesteuerung nach § 4 Abs. 1 Satz 3 EStG und nach § 12 Abs. 1 KStG, DB 2008, 433 (zitiert: *Kramer*, DB 2008, 433).

Kramer, Jörg-Dietrich, Die Frage nach der Relevanz einer Betriebsstätte im Wohnsitzstaat für die Besteuerung im Quellenstaat, IStR 2004, 672 (zitiert: *Kramer*, IStR 2004, 672).

Kramer, Jörg-Dietrich, Die Spezialitätsklausel und der Betriebsstättenvorbehalt im Abkommensrecht, IStR 2013, 285 (zitiert: *Kramer*, IStR 2013, 285).

Kramer, Jörg-Dietrich, Gewinnabgrenzung und Gewinnermittlung bei Verbringung von Wirtschaftsgütern zwischen Betriebsstätten im Internationalen Steuerrecht, StuW 1991, 151 (zitiert: *Kramer*, StuW 1991, 151).

Kramer, Jörg-Dietrich, Noch einmal: Der Ausgleichsposten nach § 4g EStG – Stellungnahme zu dem Beitrag von Hoffmann, DB 2007, 652, DB 2007, 2338 (zitiert: *Kramer*, DB 2007, 2338).

Kramer, Jörg-Dietrich, Nochmal, Das Darlehen des ausländischen Mitunternehmers an seine deutsche Personengesellschaft und § 50d Abs. 10 EStG, IStR 2010, 239 (zitiert: *Kramer*, IStR 2010, 239).

Kreft, Volker, Vorab veranlasste Erwerbsaufwendungen im Einkommensteuerrecht, Berlin, Heidelberg 2000 (zitiert: *Kreft*, Erwerbsaufwendungen 2000).

Kröger, Horst, Zum Veranlassungsprinzip im Einkommensteuerrecht, StuW 1978, 289 (zitiert: *Kröger*, StuW 1978, 289).

Kröner, Michael, Differenzierende Betrachtungen zum Betriebsausgaben- und Werbungskostenbegriff, StuW 1985, 115 (zitiert: *Kröner*, StuW 1985, 115).

Kroppen, Heinz-Klaus, Betriebsstättengewinnermittlung, IStR 2005, 74 (zitiert: *Kroppen*, IStR 2005, 74).

Kroppen, Heinz-Klaus, Der „Authorized OECD Approach" zur Gewinnaufteilung zwischen Stammhaus und Betriebsstätte, in: Wolfgang Kessler, Guido Förster, Christoph Watrin (Hrsg.), Unternehmensbesteuerung, Festschrift für Nobert Herzig zum 65. Geburtstag, München 2010, S. 1071–1094 (zitiert: *Kroppen*, FS Herzig).

Kroppen, Heinz-Klaus, Neue Rechtsentwicklungen bei der Betriebsstätte nach Abkommensrecht, in: Rudolf Gocke, Dietmar Gosch, Michael Lang (Hrsg.), Körperschaftsteuer, internationales Steuerrecht, Doppelbesteuerung, Festschrift für Franz Wassermeyer zum 65. Geburtstag, München 2005, S. 691–708 (zitiert: *Kroppen*, FS Wassermeyer).

Kroppen, Heinz-Klaus/van der Ham, Susann, Neue OECD-Richtlinien zur Gewinnaufteilung bei Vertreterbetriebsstätten, IWB 2017, 257 (zitiert: *Kroppen/van der Ham*, IWB 2017, 257).

Kuckhoff, Harald, Ausgewählte Betriebsstättenprobleme – Entgeltsprinzip versus Veranlassungsprinzip; grenzüberschreitende Realisationstatbestände –, in: Rudolf Gocke, Dietmar Gosch, Michael Lang (Hrsg.), Körperschaftsteuer, internationales Steuerrecht, Doppelbesteuerung, Festschrift für Franz Wassermeyer zum 65. Geburtstag, München 2005, S. 681–689 (zitiert: *Kuckhoff*, FS Wassermeyer).

Kudert, Stephan/Kahlenberg, Christian, Die Neufassung des § 50d Abs. 10 EStG, IStR 2013, 801 (zitiert: *Kudert/Kahlenberg*, IStR 2013, 801).

Kumpf, Wolfgang, Betriebsstätte: Prinzip und Definition, in: Wilhelm Haarmann, Georg Crezelius (Hrsg.), Die beschränkte Steuerpflicht, Aktuelle Schwerpunkte in der Diskussion: Betriebsstätte, grenzüberschreitende Betriebsaufspaltung, Diskriminierung, Treaty-Shopping, Künstler und Sportler, Zinsabschlagsteuer, Verfahrensprobleme, Forum der internationalen Besteuerung Bd. 2, Köln 1993 (zitiert als *Kumpf*, in: Haarmann/Crezelius, Forum Int Besteuerung Bd. 2).

Kumpf, Wolfgang, Betriebsstättenfragen nach Steuersenkungsgesetz und Betriebsstättenerlass, FR 2001, 449 (zitiert: *Kumpf*, FR 2001, 449).

Kumpf, Wolfgang, Ergebnis- und Vermögenszuordnung bei Betriebsstätten, in: Steuerberater-Jahrbuch 1988/89, zugleich Bericht über den 40. Fachkongreß der Steuerberater, Köln, 3. bis 5. Oktober 1988 ; mit Registern für die Bände 26–40 (1974/75–1988/89), Köln 1989, S. 399–422 (zitiert als *Kumpf*, in: StbJb 1988/89).

Kumpf, Wolfgang/Roth, Andreas, Gewinnabgrenzung bei internen Leistungen zwischen deutschen und ausländischen Betriebsstätten, in: Paul Kirchhof, Karsten Schmidt, Wolfgang Schön et al. (Hrsg.), Festschrift für Arndt Raupach zum 70. Geburtstag, Berlin, Köln 2006, S. 579–600 (zitiert: *Kumpf/Roth*, FS Raupach).

Kumpf, Wolfgang/Roth, Andreas, Grundsätze der Ergebniszuordnung nach den neuen Betriebsstätten-Verwaltungsgrundsätzen, DB 2000, 741 (zitiert: *Kumpf/Roth*, DB 2000, 741).

Kußmaul, Heinz/Delarber, Christian/Müller, Florian, Betriebsstättengewinnaufteilungsverordnung-Entwurf – Ein allgemeiner Überblick, IStR 2014, 466 (zitiert: *Kußmaul/Delarber/Müller*, IStR 2014, 466).

Lampert, Steffen, Die dynamische Auslegung von Doppelbesteuerungsabkommen unter besonderer Beachtung des Kommentars zum OECD-Musterabkommen, IStR 2012, 513 (zitiert: *Lampert*, IStR 2012, 513).

Lang, Michael, Art. 3 Abs. 2 OECD-MA und die Auslegung von Doppelbesteuerungsabkommen, IWB 2011, 281 (zitiert: *Lang*, IWB 2011, 281).

Lang, Michael, Betriebsstättenvorbehalt und Ansässigkeitsstaat, in: Paul Kirchhof, Karsten Schmidt, Wolfgang Schön et al. (Hrsg.), Festschrift für Arndt Raupach zum 70. Geburtstag, Berlin, Köln 2006, S. 601–611 (zitiert: *Lang*, FS Raupach).

Lang, Michael, Ist der Betriebsstättenvorbehalt bloß im Quellenstaat anwendbar?, SWI 2003, 319 (zitiert: *Lang*, SWI 2003, 319).

Lang, Michael, Zeitliche Zurechnung bei der DBA-Anwendung, in: Franz Klein, Hans Peter Stihl, Franz Wassermeyer (Hrsg.), Unternehmen Steuern, Festschrift für Hans Flick zum 70. Geburtstag, Köln 1997, S. 895–904 (zitiert: *Lang*, FS Flick).

Lange, Gabriele, Die abkommensrechtliche Behandlung von Sondervergütungen, GmbH-StB 2009, 128 (zitiert: *Lange*, GmbH-StB 2009, 128).

Lange, Joachim, Kausalität und Verschulden im Steuerrecht, BB 1971, 405 (zitiert: *Lange*, BB 1971, 405).

Lange, Joachim, Schuldhaft verursachte Unfallkosten als Betriebsausgaben oder Werbungskosten, DB 1978, 1854 (zitiert: *Lange*, DB 1978, 1854).

Lehner, Moris, Das Territorialitätsprinzip im Licht des Europarechts, in: Rudolf Gocke, Dietmar Gosch, Michael Lang (Hrsg.), Körperschaftsteuer, internationales Steuerrecht, Doppelbesteuerung, Festschrift für Franz Wassermeyer zum 65. Geburtstag, München 2005, S. 241–261 (zitiert: *Lehner*, FS Wassermeyer).

Leidel, Sebastian, Zur Bedeutung des Art. 3 Abs. 1 Buchst. c OECD-MA für die Auslegung des abkommensrechtlichen Unternehmensbegriffs, IStR 2017, 348 (zitiert: *Leidel*, IStR 2017, 348).

Lieber, Bettina, Anmerkung zu BFH vom 13.02.2008, I R 63/06, jurisPR-SteuerR 2008 (zitiert: *Lieber*, jurisPR-SteuerR 2008).

Lieber, Bettina, Neues BMF-Schreiben vom 16.4.2010, IWB 2010, 351 (zitiert: *Lieber*, IWB 2010, 351).

Lohbeck, Allit/Wagner, Thomas, § 50d Abs. 10 EStG – Uneingeschränktes Besteuerungsrecht für Sondervergütungen im Inbound-Fall?, DB 2009, 423 (zitiert: *Lohbeck/Wagner*, DB 2009, 423).

Lohmann, B./Rengier, Ch, Anmerkung zu BFH vom 19.12.2007, I R 66/06, FR 2008, 727 (zitiert: *Lohmann/Rengier*, FR 2008, 727).

Loukota, Helmut, Die „Vertreterbetriebsstätte" – das unbekannte Wesen, SWI 2017, 70 (zitiert: *Loukota*, SWI 2017, 70).

Löwenstein, Ulrich/Looks, Christian/Heinsen, Oliver, Betriebsstättenbesteuerung, Inbound-investitionen, Outboundinvestitionen, Steuergestaltungen, Branchenbesonderheiten, 2. Aufl., München 2011 (zitiert: *Löwenstein/Looks/Heinsen*, Betriebsstättenbesteuerung 2011).

Luckhaupt, Hagen/Overesch, Michael/Schreiber, Ulrich, Objektivierung der steuerlichen Erfolgsabgrenzung bei internationaler Geschäftstätigkeit, StuW 2012, 359 (zitiert: *Luckhaupt/Overesch/Schreiber*, StuW 2012, 359).

Lüdicke, Jürgen, Neue Entwicklungen der Besteuerung von Personengesellschaften im internationalen Steuerrecht, in: Steuerberater-Jahrbuch, zugleich Bericht über den 49. Fachkongreß der Steuerberater Köln, 21. und 22. Oktober 1997, Fachkongreß der Steuerberater Bd. 49, Köln 1998, S. 449–492 (zitiert als *Lüdicke*, in: StbJb 1997/98).

Maetz, Philipp, Steuerrechtliche Behandlung grenzüberschreitender Konzerndarlehen, IStR 2019, 481 (zitiert: *Maetz*, IStR 2019, 481).

Meilicke, Heinz/Hohlfeld, Klaus, Der Bundesfinanzhof und die Bundesregierung – Neue Steuergesetzgeber im Außensteuerrecht?, BB 1972, 505 (zitiert: *Meilicke/Hohlfeld*, BB 1972, 505).

Meilicke, Wienand, Doppelbesteuerung: Keine „Steuerentstrickung" bei Überführung von Wirtschaftsgütern in eine ausländische Betriebsstätte – Aufgabe der sog. Theorie der finalen Entnahme, GmbHR 2009, 48 (zitiert: *Meilicke*, GmbHR 2009, 48).

Melhem, Younes/Dombrowski, Martin, Die unbestimmten Grenzen der Selbstständigkeitsfiktion des AOA, IStR 2015, 912 (zitiert: *Melhem/Dombrowski*, IStR 2015, 912).

Mellinghoff, Rudolf, Heranziehung von OECD-Musterabkommen und -Musterkommentar, Nr. 6, in: Franz Wassermeyer (Hrsg.), Doppelbesteuerung, Zum 75. Geburtstag von Prof. Dr. Dr. h.c. Franz Wassermeyer, München 2015, S. 35–47 (zitiert: *Mellinghoff*, FG Wassermeyer).

Meretzki, Ayk, Weshalb der neue § 50d Abs. 10 EStG sein Ziel verfehlt und neue Probleme schafft, Mitunternehmer-Betriebsstätten, floating income und weitere Streitfragen, IStR 2009, 217 (zitiert: *Meretzki*, IStR 2009, 217).

Merten, Henning, Die einkommensteuerliche Abgrenzung des Betriebsvermögens vom Privatvermögen beim Einzelunternehmer, FR 1979, 365 (zitiert: *Merten*, FR 1979, 365).

Mitschke, Wolfgang, Abkommensrechtliche Behandlung von Lizenzzahlungen als Sondervergütungen nach § 50d Abs. 10 Satz 1 EStG 2002 n.F, Anmerkung zu BFH vom 08.09.2010, I R 74/09, FR 2011, 182 (zitiert: *Mitschke*, FR 2011, 182).

Mitschke, Wolfgang, Aufgabe der „finalen Entnahmetheorie", FR 2008, 1144 (zitiert: *Mitschke*, FR 2008, 1144).

Mitschke, Wolfgang, Nochmals, Aufgabe der „finalen Entnahmetheorie" – Nachlese zum BFH-Urt. – I R 77/06, FR 2008, 1149, FR 2009, 326 (zitiert: *Mitschke*, FR 2009, 326).

Mitschke, Wolfgang, Streitpunkt § 50d Abs. 10 EStG – ein Tiger mit scharfen Zähnen, DB 2010, 303 (zitiert: *Mitschke*, DB 2010, 303).

Moritz, Joachim, Einkünftekorrektur nach § 1 Abs. 1 AStG bei gewinnmindernder Ausbuchung sowie Teilwertabschreibung unbesicherter Forderungen aus Konzernlieferbeziehungen, DB 2019, 2323 (zitiert: *Moritz*, DB 2019, 2323).

Mössner, Jörg Manfred, Anmerkung zu FG Bremen vom 14.06.2012, 1 K 122/10 (6), IStR 2013, 888 (zitiert: *Mössner*, IStR 2013, 888).

Mössner, Jörg Manfred, Wird § 1 AStG noch durch Doppelbesteuerungsabkommen begrenzt?, in: Jürgen Lüdicke (Hrsg.), Internationale Geschäftstätigkeiten in der Nach-BEPS-Welt, Forum der internationalen Besteuerung Bd. 46, Köln 2017, S. 49–84 (zitiert als *Mössner*, in: Lüdicke, Forum Int Besteuerung Bd. 46).

Müller, Marion, Grenzüberschreitende Sondervergütungen und Sonderbetriebsausgaben im Spannungsfeld des Abkommensrechts, BB 2009, 751 (zitiert: *Müller*, BB 2009, 751).

Müller, Michael A., Double-Dip-Modelle bei deutschen Personengesellschaften, IStR 2005, 181 (zitiert: *Müller*, IStR 2005, 181).

Müller-Dott, Johannes Peter, Zur Rechtsänderung des § 34c EStG zur Anrechnung ausländischer Steuern durch das StVergAbG, DB 2003, 1468 (zitiert: *Müller-Dott*, DB 2003, 1468).

Mutscher, Axel, Die Kapitalstruktur von Betriebstätten im internationalen Steuerrecht, Methoden zur Bestimmung der Kapitalausstattung im Rahmen der internationalen Einkunftsabgrenzung unter Berücksichtigung der Regelungen in der Bundesrepublik Deutschland und in den USA, Univ. der Bundeswehr, Diss.–Hamburg, 1997, Management, Rechnungslegung und Unternehmensbesteuerung 7, Bielefeld 1997 (zitiert: *Mutscher*, Kapitalstruktur von Betriebsstätten 1997).

Neubauer, Heinz, Korreferat zum Referat Ritter: Grenzüberschreitende Gewinnabgrenzung bei Betriebsstätten, in: Aktuelle steuerrechtliche Beiträge, Referate und Diskussionen der 27. Steuerrechtlichen Jahresarbeitstagung, Wiesbaden vom 10. bis 12. Mai 1976, Jahrbuch der Fachanwälte für Steuerrecht 1976/77, Herne, Berlin 1976, S. 312–321 (zitiert als *Neubauer*, in: JbFSt 1976/77).

Neumann-Tomm, Axel, Die bloße Einkünftekorrekturfunktion des § 1 Abs. 5 AStG, IStR 2015, 907 (zitiert: *Neumann-Tomm*, IStR 2015, 907).

Nientimp, Axel/Ludwig, Christoph/Stein, Stefan, Die finale Betriebsstättengewinnaufteilungsverordnung (BsGaV), Anwendung des Authorized OECD Approach in Deutschland, IWB 2014, 815 (zitiert: *Nientimp/Ludwig/Stein*, IWB 2014, 815).

Nientimp, Axel/Schwarz, Christian/Stein, Stefan, Einkünfteermittlung nach dem AOA – Plädoyer für eine einheitliche Anwendung des Fremdvergleichsgrundsatzes, IStR 2016, 487 (zitiert: *Nientimp/Schwarz/Stein*, IStR 2016, 487).

Nitzschke, Dirk, Abzug von Sonderbetriebsausgaben beschränkt steuerpflichtiger Mitunternehmer, Ubg 2015, 523 (zitiert: *Nitzschke*, Ubg 2015, 523).

Nürnberg, Philip, Änderung der BFH-Rechtsprechung zur abkommensrechtlichen Sperrwirkung, NWB 2019, 1648 (zitiert: *Nürnberg*, NWB 2019, 1648).

Offerhaus, Klaus, Zur steuerrechtlichen Abgrenzung zwischen betrieblich (beruflich) veranlaßten und durch die Lebensführung veranlaßten Aufwendungen, Teil I: Begriffserläuterungen, BB 1979, 617 (zitiert: *Offerhaus*, BB 1979, 617).

Oppenländer, Steffen, Verdeckte Gewinnausschüttung, Zur Systematik und Stellung des § 8 Absatz 3 Satz 2 KStG bei der Gewinnermittlung von Kapitalgesellschaften, Zugl.: Bonn, Univ., Diss, 2003 u.d.T.: Oppenländer, Steffen: Zur Systematik und Stellung der verdeckten Gewinnausschüttung nach § 8 Absatz 3 Satz 2 Körperschaftsteuergesetz bei der Gewinnermittlung von Kapitalgesellschaften, Steuerfragen der Wirtschaft 20, Köln 2004 (zitiert: *Oppenländer*, Verdeckte Gewinnausschüttung 2004).

Pezzer, Heinz-Jürgen, Der Fremdvergleich als Prüfungsmaßstab für Verträge zwischen nahestehenden Personen – Sachverhaltswürdigung oder rechtliche Subsumtion?, DStZ 2002, 850 (zitiert: *Pezzer*, DStZ 2002, 850).

Pezzer, Heinz-Jürgen, Zur Dogmatik der verdeckten Gewinnausschüttung – Anmerkungen zum BFH-Urt. vom 6.12.1995, FR 1996, 379 (zitiert: *Pezzer*, FR 1996, 379).

Piltz, Detlev Jürgen, Grenzüberschreitende Sondervergütungen bei Personengesellschaften, in: Jürgen Lüdicke (Hrsg.), Besteuerungspraxis bei grenzüberschreitender Tätigkeit, Forum der internationalen Besteuerung Bd. 25, Köln 2003, S. 137–162 (zitiert als *Piltz*, in: Lüdicke, Forum Int Besteuerung Bd. 25).

Pinkernell, Reimar/Ditz, Xaver, Betriebsstättenbegriff, Einkünftequalifikation und Gewinnabgrenzung beim Online-Vertrieb elektronischer Produkte (Teil II), FR 2001, 1271 (zitiert: *Pinkernell/Ditz*, FR 2001, 1271).

Pohl, Carsten, Abkommensrechtliche Sondervergütungsregelungen im Lichte aktueller Rechtsprechung, IWB 2012, 120 (zitiert: *Pohl*, IWB 2012, 120).

Pohl, Carsten, Besteuerung grenzüberschreitender Sondervergütungen gem. § 50d Abs. 10 EStG i.d.F. des AmtshilfeRLUmsG, DB 2013, 1572 (zitiert: *Pohl*, DB 2013, 1572).

Prinz, Ulrich, Der bilanzielle Betriebsvermögensvergleich als Grundform leistungsfähigkeitsentsprechender Gewinnermittlung, FR 2010, 917 (zitiert: *Prinz*, FR 2010, 917).

Prinz, Ulrich, Gesetzgeberische Wirrungen um Grundsätze der Betriebsstättenbesteuerung, DB 2009, 807 (zitiert: *Prinz*, DB 2009, 807).

Prinz, Ulrich, Grundfragen und Anwendungsbereiche des Veranlassungsprinzips im Ertragsteuerrecht, StuW 1996, 267 (zitiert: *Prinz*, StuW 1996, 267).

Prinz, Ulrich, Grundsatzbetrachtungen zum Werbungskostenbegriff, FR 1986, 397 (zitiert: *Prinz*, FR 1986, 397).

Puls, Michael, Die Betriebsstätte im Abgaben- und Abkommensrecht, Zugl.: Bonn, Univ., Diss., 2004, Abhandlungen zum Steuer- und Abgabenrecht 11, Köln 2005 (zitiert: *Puls*, Betriebsstätte 2005).

Puls, Michael/Schmidtke, Richard/Tränka, Patrick, Der Nichtanwendungserlass des BMF v. 30.3.2016, „Substance over Form" bei der Prüfung von Verrechnungspreisen in Gefahr, IStR 2016, 759 (zitiert: *Puls/Schmidtke/Tränka*, IStR 2016, 759).

Rasch, Stephan, Verdeckte Gewinnausschüttung wegen Nichteinhaltung formaler Anforderungen?, IWB 2012, 198 (zitiert: *Rasch*, IWB 2012, 198).

Rasch, Stephan/Müller, Clarisse, BsGaV, Der ständige Vertreter und die „Nullsummentheorie", ISR 2014, 418 (zitiert: *Rasch/Müller*, ISR 2014, 418).

Rasch, Stephan/Wenzel, Benedikt, Die Entstrickungsbesteuerung in der BsGaV und ihre europarechtliche Würdigung, ISR 2015, 128 (zitiert: *Rasch/Wenzel*, ISR 2015, 128).

Reiss, Wolfram, Gesellschaftsrechtlich unzulässige Gewinnausschüttungen und ihre Rückabwicklung, StuW 1996, 337 (zitiert: *Reiss*, StuW 1996, 337).

Reiter, Peter, Entstrickung durch Abschluss oder Revision eines DBA, IStR 2012, 357 (zitiert: *Reiter*, IStR 2012, 357).

Richter, Lutz/Heyd, Steffen, Neujustierung der Betriebsstättengewinnabgrenzung durch die Implementierung des Authorized OECD-Approach, Ubg 2013, 418 (zitiert: *Richter/Heyd*, Ubg 2013, 418).

Richter, Stefan/John, David, Mitunternehmer und Betriebsstätten, FR 2015, 142 (zitiert: *Richter/John*, FR 2015, 142).

Ritter, Wolfgang, Grenzüberschreitende Gewinnabgrenzung bei Betriebsstätten, Ein systematischer Versuch, in: Aktuelle steuerrechtliche Beiträge, Referate und Diskussionen der 27. Steuerrechtlichen Jahresarbeitstagung, Wiesbaden vom 10. bis 12. Mai 1976, Jahrbuch der Fachanwälte für Steuerrecht 1976/77, Herne, Berlin 1976, S. 288–311 (zitiert als *Ritter*, in: JbFSt 1976/77).

Rödder, Thomas, Globalisierung und Unternehmenssteuerrecht: Wie ist das ertragsteuerliche Besteuerungssubstrat multinationaler Unternehmen sachgerecht auf dei betroffenen Fisci aufzuteilen?, in: Klaus Tipke, Roman Seer, Johanna Hey et al. (Hrsg.), Festschrift für Joachim Lang zum 70. Geburtstag, Gestaltung der Steuerrechtsordnung, Köln 2011, S. 1147–1166 (zitiert: *Rödder*, FS Lang).

Rödder, Thomas/Schumacher, Andreas, Das kommende SEStEG, DStR 2006, 1481 (zitiert: *Rödder/Schumacher*, DStR 2006, 1481).

Rogall, Matthias/Schwan, Tobias, Sonderbetriebsvermögen und Sondervergütungen im Inbound-Fall und bei Inbound-Akquisitionen, DStR 2015, 2633 (zitiert: *Rogall/Schwan*, DStR 2015, 2633).

Rosenberg, Oliver/Farle, Valentina, in: Franz Wassermeyer, Stefan Richter, Helder Schnittker (Hrsg.), Personengesellschaften im internationalen Steuerrecht, Köln 2010 (zitiert als *Rosenberg/Farle*, in: Wassermeyer/Richter/Schnittker, Personengesellschaften im intl Steuerrecht).

Rosenberg, Oliver/Placke, Kirsten, Verbliebene Zweifelsfragen zu § 50d Abs. 10 EStG nach dem BMF-Schreiben zur Anwendung von DBA auf Personengesellschaften, DB 2014, 2434 (zitiert: *Rosenberg/Placke*, DB 2014, 2434).

Ruppe, Hans Georg, Die Abgrenzung der Betriebsausgaben/Werbungskosten von den Privatausgaben, in: Hartmut Söhn (Hrsg.), Die Betriebs- oder Berufssphäre von der Privatsphäre im Einkommensteuerrecht, Betriebsausgaben/Werbungskosten, Privatausgaben, Betriebsvermögen, Privatvermögen ; mit einem rechtsvergleichenden Teil, Veröffentlichungen der Deutschen Steuerjuristischen Gesellschaft e. V Bd. 3, Köln 1980, S. 103–147 (zitiert als *Ruppe*, in: Söhn, DStJG Bd. 3).

Ruppe, Hans Georg, Möglichkeiten und Grenzen der Übertragung von Einkunftsquellen als Problem der Zurechnung, in: Klaus Tipke (Hrsg.), Übertragung von Einkunftsquellen im Steuerrecht, Möglichkeiten und Grenzen der Einkommensverlagerung durch Nießbrauch, Beteiligung und Darlehen ; mit einem rechtsvergleichenden Teil, 2. Auflage, Veröffentlichungen der Deutschen Steuerjuristischen Gesellschaft e. V Bd. 1, Köln 1979, S. 7–40 (zitiert als *Ruppe*, in: Tipke, DStJG Bd. 1).

Salzmann, Stephan, § 50d Abs. 10 EStG – ein fiskalischer Blindgänger?, IWB 2009, 165 (zitiert: *Salzmann*, IWB 2009, 165).

Salzmann, Stephan, Zinsen einer inländischen Personengesellschaft an ihre ausländischen Gesellschafter im Abkommensrecht, IStR 2008, 399 (zitiert: *Salzmann*, IStR 2008, 399).

sch, Anmerkung, DStR 1997, 1163 (zitiert: -sch, DStR 1997, 1163).

Schauhoff, Stephan, Der Umfang der erweitert beschränkten Einkommensteuerpflicht bei gewerblich tätigen Handelsvertretern, Unternehmensberatern, Fotomodellen, Sportlern und anderen umherreisenden Unternehmern, IStR 1995, 108 (zitiert: *Schauhoff*, IStR 1995, 108).

Schaumburg, Harald, Grenzüberschreitende Einkünftekorrektur bei Betriebsstätten – Verfassungs- und europarechtliche Aspekte, ISR 2013, 197 (zitiert: *Schaumburg*, ISR 2013, 197).

Schaumburg, Harald, Internationales Steuerrecht, 3. Aufl., Köln 2011 (zitiert: *Schaumburg*, Internationales Steuerrecht 2011).

Schaumburg, Harald, Spezielle Gewinnrealisierungsprobleme im außensteuerlichen Kontext, in: Hans Georg Ruppe (Hrsg.), Gewinnrealisierung im Steuerrecht, Theorie und Praxis der Gewinnverwirklichung durch Umsatzakt und durch Steuerentstrickung sowie des Besteuerungsaufschubs, Veröffentlichungen der Deutschen Steuerjuristischen Gesellschaft e. V Bd. 4, Köln 1981, S. 247–257 (zitiert als *Schaumburg*, in: Ruppe, DStJG Bd. 4).

Schmidt, Christian, Sondervergütungen auf Abkommensebene – Was nun, Finanzverwaltung und Gesetzgeber?, Zugleich Anmerkung zum BFH-Urt. vom 8. 9. 2010, I R 74/09, DStR 2010, 2436 (zitiert: *Schmidt*, DStR 2010, 2436).

Schmidt, Christian, Sondervergütungen im Abkommensrecht, DStR 2013, 1704 (zitiert: *Schmidt*, DStR 2013, 1704).

Schmidt, Christian, Zinsen einer inländischen Personengesellschaft an ihre ausländischen Gesellschafter im Abkommensrecht – Anmerkung zum BFH-Urt. vom 17.10.2007, I R 5/06, in diesem Heft S. 300, IStR 2008, 290 (zitiert: *Schmidt*, IStR 2008, 290).

Schnitger, Arne, Änderungen des § 1 AStG und Umsetzung des AOA durch das JStG 2013, IStR 2012, 633 (zitiert: *Schnitger*, IStR 2012, 633).

Schön, Wolfgang, Gewinnabgrenzung bei Betriebsstätten, in: Jürgen Lüdicke (Hrsg.), Besteuerung von Unternehmen im Wandel, Internationale Umwandlungen – Funktionsverlagerungen – Betriebsstätten., Forum der internationalen Besteuerung Bd. 32, Köln 2007, S. 71–113 (zitiert als *Schön*, in: Lüdicke, Forum Int Besteuerung Bd. 32).

Schön, Wolfgang, Zur Zuknunft des Internationalen Steuerrechts, StuW 2012, 213 (zitiert: *Schön*, StuW 2012, 213).

Schönfeld, Jens, Besteuerungsrecht für Drittstaatdividenden, IStR 2008, 370 (zitiert: *Schönfeld*, IStR 2008, 370).

Schönfeld, Jens, Entstrickung über die Grenze aus Sicht des § 4 Abs. 1 Satz 3 EStG anhand von Fallbeispielen – Zugleich Besprechung der jüngsten BFH-Rechtsprechung zur Aufgabe der „Theorie der finalen Entnahme" sowie zur „finalen Betriebsaufgabe", IStR 2010, 133 (zitiert: *Schönfeld*, IStR 2010, 133).

Schreiber, Rolf/Greil, Stefan, EuGH-Urt. ‚Hornbach‘, Wirtschaftliche Gründe für marktunübliche Verrechnungspreise – „Mach es zu deinem Projekt!", DB 2018, 2527 (zitiert: *Schreiber/Greil*, DB 2018, 2527).

Schuck, Stephan, Der Veranlassungszusammenhang als die Frage nach der im Ertragsteuerrecht geltenden Kausalitätstheorie :, auf der Grundlage einer Analyse der höchstrichterlichen Rechtsprechung zu den Betriebsausgaben, den Werbungskosten, den (Betriebs-) Einnahmen, dem Betriebsvermögen, der verdeckten Gewinnausschüttung und der „Liebhaberei", Diss., 1991, Bonn 1991 (zitiert: *Schuck*, Veranlassungszusammenhang 1991).

Schuhmann, Helmut, Zum Verständnis des BFH von der verdeckten Gewinnausschüttung, FR 1994, 309 (zitiert: *Schuhmann*, FR 1994, 309).

Schulz-Trieglaff, Kai, Änderung der Rechtsprechung zur Sperrwirkung nach Art. 9 Abs. 1 OECD-MA und zum Konzernrückhalt, IWB 2019, 667 (zitiert: *Schulz-Trieglaff*, IWB 2019, 667).

Schulz-Trieglaff, Kai, Erträge aus dem Sonderbetriebsvermögen II als Betriebsstätteneinkünfte, Ansässigkeitsfiktion und Maßnahme 6 des BEPS-Aktionsplans 2013, IStR 2015, 155 (zitiert: *Schulz-Trieglaff*, IStR 2015, 155).

Siegers, Dirk, Betriebsstättenvorbehalte und funktionale Zuordnung von Wirtschaftsgütern, Nr. 42, in: Franz Wassermeyer (Hrsg.), Doppelbesteuerung, Zum 75. Geburtstag von Prof. Dr. Dr. h.c. Franz Wassermeyer, München 2015, S. 319–324 (zitiert: *Siegers*, FG Wassermeyer).

Sieker, Klaus, Betriebsstättengewinn und Fremdvergleichsgrundsatz, DB 1996, 110 (zitiert: *Sieker*, DB 1996, 110).

Söhn, Hartmut, Betriebsausgaben, Privatausgaben, gemischte Aufwendungen, Entwicklung einer einkommensteuerlichen Kausaltheorie am Beispiel umstrittener Abgrenzungsfälle, wie PKW-Unfallkosten, Aufwendungen für Telefon, Reisen, Fachtagungen, Arbeitszimmer, in: Hartmut Söhn (Hrsg.), Die Abgrenzung der Betriebs- oder Berufssphäre von der Privatsphäre im Einkommensteuerrecht, Betriebsausgaben/Werbungskosten, Privatausgaben, Betriebsvermögen, Privatvermögen ; mit einem rechtsvergleichenden Teil, Veröffentlichungen der Deutschen Steuerjuristischen Gesellschaft e. V Bd. 3, Köln 1980, S. 13–102 (zitiert als *Söhn*, in: Söhn, DStJG Bd. 3).

Söhn, Hartmut, Werbungskosten wegen doppelter Haushaltsführung und allgemeiner Werbungskostenbegriff, StuW 1983, 193 (zitiert: *Söhn*, StuW 1983, 193).

Srebne, Tino, Bilanzielle oder außerbilanzielle Erfassung der Steuerentstrickung und des Ausgleichspostens i.s. des § 4g EStG?, StB 2008, 317 (zitiert: *Srebne*, StB 2008, 317).

Stapperfend, Thomas, Über Betriebsausgaben und Werbungskosten, in: Walter Drenseck, Roman Seer (Hrsg.), Festschrift für Heinrich Wilhelm Kruse zum 70. Geburtstag, Köln 2001, S. 533–554 (zitiert: *Stapperfend*, FS Kruse).

Stein, Stefan/Schwarz, Christian, Neuorientierung der BFH-Rechtsprechung zur Fremdüblichkeit der Bedingungen von Konzerndarlehen, Ubg 2019, 403 (zitiert: *Stein/Schwarz*, Ubg 2019, 403).

Steiner, Natalie/Ullmann, Robert, Neuausrichtung des Fremdvergleichsmaßstabs bei grenzüberschreitenden konzerninternen Gesellschafterdarlehen, DStR 2019, 2385 (zitiert: *Steiner/Ullmann*, DStR 2019, 2385).

Strothenke, Stephan/Holtrichter, Thore, Zuordnungsregeln im Entwurf einer Betriebsstättengewinnaufteilungsverordnung (BsGaV), StuB 2013, 730 (zitiert: *Strothenke/Holtrichter*, StuB 2013, 730).

Strunk, Günther/Kaminski, Bert, Aktuelle Entwicklungen bei der Besteuerung von ausländischen Betriebsstätten und Personengesellschaften in Abkommensfällen, IStR 2003, 181 (zitiert: *Strunk/Kaminski*, IStR 2003, 181).

Tenberge, Maximilian, Zuordnung von Risikoprämien zu einer Vertreterbetriebsstätte, IWB 2016, 742 (zitiert: *Tenberge*, IWB 2016, 742).

Thiel, Jochen, Die verdeckte Gewinnausschüttung im Spannungsfeld zwischen Zivil- und Steuerrecht, DStR 1993, 1801 (zitiert: *Thiel*, DStR 1993, 1801).

Tiedtke, Klaus, Unfallkosten als Betriebsausgaben und Werbungskosten, FR 1978, 493 (zitiert: *Tiedtke*, FR 1978, 493).

Tiedtke, Klaus/Hils, Frank, Das Sonderbetriebsvermögen nach dem Steuerentlastungsgesetz 1999/2000/2002, DStZ 2004, 482 (zitiert: *Tiedtke/Hils*, DStZ 2004, 482).

Tipke, Klaus, Rechtfertigung der Themenwahl; Ziel der Tagung, in: Hartmut Söhn (Hrsg.), Die Abgrenzung der Betriebs- oder Berufssphäre von der Privatsphäre im Einkommensteuerrecht, Betriebsausgaben/Werbungskosten, Privatausgaben, Betriebsvermögen, Privatvermögen ; mit einem rechtsvergleichenden Teil, Veröffentlichungen der Deutschen Steuerjuristischen Gesellschaft e. V Bd. 3, Köln 1980, S. 1–12 (zitiert als *Tipke,* in: Söhn, DStJG Bd. 3).

Tipke, Klaus, Über die Grenzen der Auslegung und der Analogie, behandelt am Beispiel der Entstrickung, StuW 1972, 264 (zitiert: *Tipke*, StuW 1972, 264).

Tipke, Klaus, Zur Abgrenzung der Betriebssphäre oder Berufssphäre von der Privatsphäre im Einkommensteuerrecht, StuW 1979, 193 (zitiert: *Tipke*, StuW 1979, 193).

Töben, Thomas, Private Equity Fonds, Ausländische Beteiligungserträge deutscher und ausländischer Personengesellschaften mit ausländischen Gesellschaftern, ISR 2013, 350 (zitiert: *Töben*, ISR 2013, 350).

Vogel, Wolfram, Finanzverwaltung erkennt Schranken- und Sperrwirkung des Fremdvergleichsgrundsatzes der DBA nicht an, StuB 2016, 462 (zitiert: *Vogel*, StuB 2016, 462).

von Bornhaupt, Kurt Joachim, Der Begriff der Werbungskosten unter besonderer Berücksichtigung seines Verhältnisses zum Betriebsausgabenbegriff, in: Hartmut Söhn (Hrsg.), Die Abgrenzung der Betriebs- oder Berufssphäre von der Privatsphäre im Einkommensteuerrecht, Betriebsausgaben/Werbungskosten, Privatausgaben, Betriebsvermögen,

Privatvermögen ; mit einem rechtsvergleichenden Teil, Veröffentlichungen der Deutschen Steuerjuristischen Gesellschaft e. V Bd. 3, Köln 1980, S. 149–199 (zitiert als *von Bornhaupt*, in: Söhn, DStJG Bd. 3).

von Bornhaupt, Kurt Joachim, Zur Problematik des Werbungskostenbegriffs, FR 1982, 313 (zitiert: *von Bornhaupt*, FR 1982, 313).

Wacker, Roland, Anmerkung zu BFH vom 12.10.2016, I R 92/12, IStR 2017, 286 (zitiert: *Wacker*, IStR 2017, 286).

Wacker, Roland, Ausfall grenzüberschreitender Konzerndarlehen – Neuorientierung der BFH-Rechtsprechung, FR 2019, 449 (zitiert: *Wacker*, FR 2019, 449).

Wacker, Roland, Begriff „Wirtschaftlicher Zusammenhang" in § 34c Abs. 1 Satz 4 EStG – Umfang der gesonderten und einheitlichen Feststellung der von den Gesellschaftern einer Personengesellschaft erzielten Einkünfte, IStR 2016, 671 (zitiert: *Wacker*, IStR 2016, 671).

Wagner, Siegfried, Die Anwendung des Methodenartikel eines DBA auf Dividen-, Zins- und Lizenzeinkünfte einer ausländsichen Betriebsstätte, IWB 2003, 699 (zitiert: *Wagner*, IWB 2003, 699).

Wanner, Eva, Der einkommensteuerrechtliche Zurechnungszusammenhang steuerbarer Wertabgänge, StuW 1987, 302 (zitiert: *Wanner*, StuW 1987, 302).

Wassermeyer, Franz, in: Wolfgang Kessler, Siegbert Albers (Hrsg.), Konzernsteuerrecht, National – international, 2. Auflage, München 2008 (zitiert als *Wassermeyer*, in: Kessler/Albers, Konzernsteuerrecht).

Wassermeyer, Franz, in: Franz Wassermeyer, Ulf Andresen, Xaver Ditz (Hrsg.), Betriebsstätten Handbuch, Gewinnermittlung und Besteuerung in- und ausländischer Betriebsstätten, 2. Auflage, Köln 2017 (zitiert als *Wassermeyer*, in: Wassermeyer/Andresen/Ditz, Betriebsstätten Handbuch).

Wassermeyer, Franz, Abgrenzungsfragen zwischen dem Abkommens- und dem innerstaatlichen Recht, in: Jens Blumenberg, Georg Crezelius, Dietmar Gosch et al. (Hrsg.), Festschrift für Wilhelm Haarmann, Düsseldorf 2015, S. 973–989 (zitiert: *Wassermeyer*, FS Haarmann).

Wassermeyer, Franz, Betriebsstättengewinnermittlung bei sogenannten Metageschäften, IStR 2003, 391 (zitiert: *Wassermeyer*, IStR 2003, 391).

Wassermeyer, Franz, Das Erfordernis objektiver und subjektiver Tatbestandsmerkmale in der ertragsteuerlichen Rechtsprechung des BFH – Ein Beitrag zu der im Ertragsteuerrecht maßgeblichen „Kausalitäts" lehre, StuW 1982, 352 (zitiert: *Wassermeyer*, StuW 1982, 352).

Wassermeyer, Franz, Das System der zweistufigen Gewinnermittlung in der Rechtsprechung des BFH, in: Paul Kirchhof, Karsten Schmidt, Wolfgang Schön et al. (Hrsg.), Festschrift für Arndt Raupach zum 70. Geburtstag, Berlin, Köln 2006, S. 565–576 (zitiert: *Wassermeyer*, FS Raupach).

Wassermeyer, Franz, Das Veranlassungsprinzip als Maßstab zur innerstaatlichen Betriebsstättengewinnermittlung, IStR 2005, 84 (zitiert: *Wassermeyer*, IStR 2005, 84).

Wassermeyer, Franz, Dealing at arm's length bei der Betriebsstättengewinnermittlung, in: Michael Lang (Hrsg.), Praxis des Internationalen Steuerrechts, Festschrift für Helmut Loukota zum 65. Geburtstag, Wien 2005, S. 651–670 (zitiert: *Wassermeyer*, FS Loukota).

Wassermeyer, Franz, Dealing-at-arm's-length Prinzip, in: Detlev Jürgen Piltz, Harald Schaumburg (Hrsg.), Internationale Betriebsstättenbesteuerung, Forum der internationalen

Besteuerung Bd. 20, Köln 2001, S. 25–42 (zitiert als *Wassermeyer*, in: Piltz/Schaumburg, Forum Int Besteuerung Bd. 20).

Wassermeyer, Franz, Der Fremdvergleich als Tatbestandsmerkmal der verdeckten Gewinnausschüttung, DB 1994, 1105 (zitiert: *Wassermeyer*, DB 1994, 1105).

Wassermeyer, Franz, Der wirtschaftliche Zusammenhang i.s. des § 34c Abs. 1 S. 4 EStG, in: Jürgen Lüdicke, Rudolf Mellinghoff, Thomas Rödder (Hrsg.), Nationale und internationale Unternehmensbesteuerung in der Rechtsordnung, Festschrift für Dietmar Gosch zum Ausscheiden aus dem Richteramt, München 2016, S. 439–448 (zitiert: *Wassermeyer*, FS Gosch).

Wassermeyer, Franz, Der Zeitbezug bei der Anwendung von DBA, IStR 1997, 395 (zitiert: *Wassermeyer*, IStR 1997, 395).

Wassermeyer, Franz, Die Abgrenzung des Betriebsvermögens vom Privatvermögen, in: Hartmut Söhn (Hrsg.), Die Abgrenzung der Betriebs- oder Berufssphäre von der Privatsphäre im Einkommensteuerrecht, Betriebsausgaben/Werbungskosten, Privatausgaben, Betriebsvermögen, Privatvermögen ; mit einem rechtsvergleichenden Teil, Veröffentlichungen der Deutschen Steuerjuristischen Gesellschaft e. V Bd. 3, Köln 1980, S. 315–338 (zitiert als *Wassermeyer*, in: Söhn, DStJG Bd. 3).

Wassermeyer, Franz, Die abkommensrechtliche Aufteilung von Unternehmensgewinnen zwischen den beteiligten Vertragsstaaten, IStR 2012, 277 (zitiert: *Wassermeyer*, IStR 2012, 277).

Wassermeyer, Franz, Die Anwendung der Doppelbesteuerungsabkommen auf Personengesellschaften, IStR 2007, 413 (zitiert: *Wassermeyer*, IStR 2007, 413).

Wassermeyer, Franz, Die Besteuerung für nachträgliche Einkünfte im internationalen Steuerrecht, IStR 2010, 461 (zitiert: *Wassermeyer*, IStR 2010, 461).

Wassermeyer, Franz, Die Betriebsstätte – ein in vieler Hinsicht unbekanntes Wesen, in: Walter Drenseck, Roman Seer (Hrsg.), Festschrift für Heinrich Wilhelm Kruse zum 70. Geburtstag, Köln 2001, S. 589–603 (zitiert: *Wassermeyer*, FS Kruse).

Wassermeyer, Franz, Die BFH-Rechtsprechung zur Betriebsstättenbesteuerung vor dem Hintergrund des § 1 Abs. 5 AStG und der BsGaV, IStR 2015, 37 (zitiert: *Wassermeyer*, IStR 2015, 37).

Wassermeyer, Franz, Die bilanzielle Behandlung der Entstrickungsbesteuerung nach § 4 Abs. 1 Satz 3 EStG und nach § 12 Abs. 1 KStG, DB 2008, 430 (zitiert: *Wassermeyer*, DB 2008, 430).

Wassermeyer, Franz, Die Übertragung von Einkunftsquellen zwischen nahestehenden Personen, StuW 1979, 209 (zitiert: *Wassermeyer*, StuW 1979, 209).

Wassermeyer, Franz, Die weder einer inländischen noch einer ausländischen Betriebsstätte zuzurechnenden Einkünfte, IStR 1995, 230 (zitiert: *Wassermeyer*, IStR 1995, 230).

Wassermeyer, Franz, Diskriminierungsfreie Betriebsstättengewinnermittlung, IStR 2004, 733 (zitiert: *Wassermeyer*, IStR 2004, 733).

Wassermeyer, Franz, Einige grundsätzliche Überlegungen zur verdeckten Gewinnausschüttung, DB 1987, 1113 (zitiert: *Wassermeyer*, DB 1987, 1113).

Wassermeyer, Franz, Einige Grundüberlegungen zur verdeckten Gewinnausschüttung, GmbHR 1998, 157 (zitiert: *Wassermeyer*, GmbHR 1998, 157).

Wassermeyer, Franz, Einkünftekorrekturnormen im Steuersystem, IStR 2001, 633 (zitiert: *Wassermeyer*, IStR 2001, 633).

Wassermeyer, Franz, Entstrickung versus Veräußerung und Nutzungsüberlassung steuerrechtlich gesehen, IStR 2008, 176 (zitiert: *Wassermeyer*, IStR 2008, 176).

Wassermeyer, Franz, Kosten eines Unfalls auf der Fahrt zur Essenseinnahme, Rezension des BFH-URteils vom 18.12.1981, VI R 201/78, DStR 1982, 557 (zitiert: *Wassermeyer*, DStR 1982, 557).

Wassermeyer, Franz, Mehrere Fremdvergleichsmaßstäbe im Steuerrecht?, in: Steuerberater-Jahrbuch 1998/99, zugleich Bericht über den 50. FAchkongreß der Steuerberater Köln, 13. und 14. Oktober 1998, Fachkongreß der Steuerberater Bd. 50, Köln 1999, S. 157–172 (zitiert als *Wassermeyer*, in: StbJb 1998/99).

Wassermeyer, Franz, Modernes Gesetzgebungsniveau am Beispiel des Entwurfs zu § 1 AStG, DB 2007, 535 (zitiert: *Wassermeyer*, DB 2007, 535).

Wassermeyer, Franz, Nachträgliche „ausländische" Einkünfte, IStR 2011, 361 (zitiert: *Wassermeyer*, IStR 2011, 361).

Wassermeyer, Franz, Nochmal: Das Darlehen des ausländischen Mitunternehmers an seine deutsche Personengesellschaft und § 50d Abs. 10 EStG, Kritik an den Ausführungen von Kramer, IStR 2010, 241 (zitiert: *Wassermeyer*, IStR 2010, 241).

Wassermeyer, Franz, Podiumsdiskussion: Internationales Steuerrecht, in: Steuerberater-Jahrbuch, zugleich Bericht über den 49. Fachkongreß der Steuerberater Köln, 21. und 22. Oktober 1997, Fachkongreß der Steuerberater Bd. 49, Köln 1998, S. 493–536 (zitiert als *Wassermeyer*, in: StbJb 1997/98).

Wassermeyer, Franz, Rechtsprechungstendenzen zur Besteuerung der GmbH, GmbHR 1986, 26 (zitiert: *Wassermeyer*, GmbHR 1986, 26).

Wassermeyer, Franz, Rechtssystematische Überlegungen zum Werbungskostenbegriff, StuW 1981, 245 (zitiert: *Wassermeyer*, StuW 1981, 245).

Wassermeyer, Franz, Replik auf Hoffmann (Der wirtschaftliche Vorteil für die Kapitalgesellschaft als verdeckte Gewinnausschüttung), DStR 1996, 733 (zitiert: *Wassermeyer*, DStR 1996, 733).

Wassermeyer, Franz, Sondervergütungen und Sonderbetriebsvermögen im Abkommensrecht, in: Markus Achatz, Tina Ehrke-Rabel, Johannes Heinrich et al. (Hrsg.), Steuerrecht, Verfassungsrecht, Europarecht, Festschrift für Hans Georg Ruppe, Wien 2007, S. 681–694 (zitiert: *Wassermeyer*, FS Ruppe).

Wassermeyer, Franz, Stellungnahme zu dem vorstehenden Beitrag von Kramer über die Frage nach der Relevanz einer Betriebsstätte im Wohnsitzstaat für die Besteuerung im Quellenstaat, IStR 2004, 676 (zitiert: *Wassermeyer*, IStR 2004, 676).

Wassermeyer, Franz, Veranlassung im Gesellschaftsverhältnis: Grundproblem der verdeckten Gewinnausschüttung, in: Steuerberater-Jahrbuch, zugleich Bericht über den 49. Fachkongreß der Steuerberater Köln, 21. und 22. Oktober 1997, Fachkongreß der Steuerberater Bd. 49, Köln 1998, S. 79–96 (zitiert als *Wassermeyer*, in: StbJb 1997/98).

Wassermeyer, Franz, Veranlassung und Fremdvergleich, in: Paul Kirchhof, Wolfgang Jakob, Albert Beermann (Hrsg.), Steuerrechtsprechung, Steuergesetz, Steuerreform, Festschrift für Klaus Offerhaus zum 65. Geburtstag, Köln 1999, S. 405–418 (zitiert: *Wassermeyer*, FS Offerhaus).

Wassermeyer, Franz, Verdeckte Gewinnausschüttung: Veranlassung, Fremdvergleich und Beweisrisikoverteilung – Zugleich eine Rezension zu zwei Dissertationen und Anmerkungen zu dem BFH-Urt. vom 17.10.2001 I R 103/00, DB 2001, 2465 (zitiert: *Wassermeyer*, DB 2001, 2465).

Wassermeyer, Franz, Verliert Deutschland im Fall der Überführung von Wirtschaftsgütern in eine ausländische Betriebsstätte das Besteuerungsrecht?, DB 2006, 1176 (zitiert: *Wassermeyer,* DB 2006, 1176).

Wassermeyer, Franz, Zur neuen Definition der verdeckten Gewinnausschüttung, GmbHR 1989, 298 (zitiert: *Wassermeyer,* GmbHR 1989, 298).

Weber, Alfred/Werra, Matthias, „Auf den Spuren eines unbekannten Wesens", Zum Stand der Diskussion über die Betriebsstättenbesteuerung, in: Max Dietrich Kley, Eckart Sünner, Arnold Willemsen (Hrsg.), Festschrift für Wolfang Ritter zum 70. Geburtstag, Steuerrecht, Steuer- und Rechtspolitik, Wirtschaftsrecht und Unternehmensverfassung, Umweltrecht, Schmidt 1997, S. 285–303 (zitiert: *Weber/Werra,* FS Ritter).

Weber, Guido, Die Abgrenzung zwischen Erwerbs- und Privatsphäre nach dem Veranlassungsprinzip, StuW 2009, 184 (zitiert: *Weber,* StuW 2009, 184).

Weerth, Jan de, Berücksichtigung von Währungsverlusten auf das Dotationskapital einer EU-Auslandsbetriebsstätte im Inland, IStR 2008, 226 (zitiert: *Weerth,* IStR 2008, 226).

Wellmann, Richard, Die Gewinnallokation der Betriebsstätte nach AOA, Nr. 32, in: Franz Wassermeyer (Hrsg.), Doppelbesteuerung, Zum 75. Geburtstag von Prof. Dr. Dr. h.c. Franz Wassermeyer, München 2015, S. 235–242 (zitiert: *Wellmann,* FG Wassermeyer).

Werra, Matthias/Teiche, Andreas, Das SEStBeglG aus der Sicht international tätiger Unternehmen, DB 2006, 1455 (zitiert: *Werra/Teiche,* DB 2006, 1455).

Wichmann, Michael, Entwicklungstendenzen der Doppelbesteuerungsabkommen, Auswirkungen der neueren Revisionen des OECD-Musterabkommens, in: Jürgen Lüdicke, Clemens Fuest (Hrsg.), Wo steht das deutsche internationale Steuerrecht?, Steuerwettbewerb, Schranken der Verfassung, Revisionen des OECD-Musterabkommens, Missbrauchsvorschriften, internationale Personengesellschaften, Forum der internationalen Besteuerung Bd. 35 2009, S. 103–120 (zitiert als *Wichmann,* in: Lüdicke/Fuest, Forum Int Besteuerung Bd. 46).

Wiese, Götz Tobias/Lukas, Philipp, Betriebsvermögen und Einkünfte von Holding-Personengesellschaften, GmbHR 2016, 803 (zitiert: *Wiese/Lukas,* GmbHR 2016, 803).

Wilke, Kay-Michael, Die geplanten Änderungen in § 1 AStG, IWB 2012, 271 (zitiert: *Wilke,* IWB 2012, 271).

Winnefeld, Robert, Bilanz-Handbuch, Handels- und Steuerbilanz, rechtsformspezifisches Bilanzrecht, bilanzielle Sonderfragen, Sonderbilanzen, IAS/US-GAAP/, 4. Aufl., München 2006 (zitiert: *Winnefeld,* Bilanzhandbuch 2006).

Wissenschaftlicher Beirat Steuern der Ernst & Young GmbH, Anrechnung ausländischer Steuern: Der „wirtschaftliche Zusammenhang" bei § 34c Abs. 1 Satz 4 EStG, IStR 2016, 922 (zitiert: Wissenschaftlicher Beirat Steuern der Ernst & Young GmbH, IStR 2016, 922).

Wissenschaftlicher Beirat Steuern der Ernst & Young GmbH, Das BEPS-Projekt – Babylonische Sprachverwirrung zum Fremdvergleichsgrundsatz, DB 2016, 2078 (zitiert: Wissenschaftlicher Beirat Steuern der Ernst & Young GmbH, DB 2016, 2078).

Woerner, Lothar, Das gewerbliche Betriebsvermögen, insbesondere bei Personengesellschaften und ihren Gesellschaftern, BB 1976, 220 (zitiert: *Woerner,* BB 1976, 220).

Wolff, Ulrich, Auslegungsfragen zu DBA-Regelungen über Unternehmensgewinne, in: Rudolf Gocke, Dietmar Gosch, Michael Lang (Hrsg.), Körperschaftsteuer, internationales Steuerrecht, Doppelbesteuerung, Festschrift für Franz Wassermeyer zum 65. Geburtstag, München 2005, S. 647–662 (zitiert: *Wolff,* FS Wassermeyer).

Wolff-Diepenbrock, Johannes, Überlegungen zum sogenannten Fremdvergleich bei Verträgen unter Angehörigen, in: Wolfgang Dieter Budde, Adolf Moxter, Klaus Offerhaus (Hrsg.), Handelsbilanzen und Steuerbilanzen, Festschrift zum 70. Geburtstag von Heinrich Beisse, Düsseldorf 1997, S. 581–597 (zitiert: *Wolff-Diepenbrock*, FS Beisse).

Wulf, Martin, Änderungen im Außensteuerrecht und Sonderregelungen zu Funktionsverlagerungen nach dem Unternehmensteuerreformgesetz 2008, DB 2007, 2280 (zitiert: *Wulf*, DB 2007, 2280).

Zur Schulze Wiesche, Dieter, Die Personengesellschaft als Holdinggesellschaft, DB 1988, 252 (zitiert: *Zur Schulze Wiesche*, DB 1988, 252).

Kommentare

Abgabenordnung, §§ 1 bis 368; Kommentar, 3. Aufl., hrsg. von Ulrich Koenig, Thilo Cöster, München 2014 (zitiert als Bearbeiter, in: Koenig, AO).

Abgabenordnung, einschließlich Steuerstrafrecht, 15. Aufl., hrsg. von Franz Klein, München 2020 (zitiert als Bearbeiter, in: Klein, AO).

Abgabenordnung, Finanzgerichtsordnung, Kommentar, hrsg. von Walter Hübschmann, Ernst Hepp, Armin Spitaler, Köln 1981 (zitiert als Bearbeiter, in: H/H/Sp, AO/FGO).

Abgabenordnung, Finanzgerichtsordnung, Kommentar zur AO (ohne Steuerstrafrecht) und FGO, hrsg. von Klaus Tipke, Heinrich Wilhelm Kruse, Saarbrücken, Köln 2003 (zitiert als Bearbeiter, in: Tipke/Kruse, AO/FGO).

Abgabenordnung/Finanzgerichtsordnung, hrsg. von Dietmar Gosch, Stollfuß Medien GmbH & Co. KG 2018 (zitiert als Bearbeiter, in: Gosch, AO/FGO).

Aktiengesetz, Kommentar, 3. Aufl., hrsg. von Wolfgang Hölters, München 2017 (zitiert als Bearbeiter, in: Hölters, AktG).

Aktiengesetz, 14. Aufl., hrsg. von Uwe Hüffer, Jens Koch, München, München 2020 (zitiert als Bearbeiter, in: Hüffer/Koch, AktG).

Außensteuergesetz, 2. Aufl., hrsg. von Gerhard Kraft, München 2019 (zitiert als Bearbeiter, in: Kraft, AStG).

Außensteuergesetz, Doppelbesteuerungsabkommen, Kommentar, hrsg. von Günther Strunk, Bert Kaminski, Stefan Köhler, Bonn (zitiert als Bearbeiter, in: Strunk/Kaminski/Köhler, AStG/DBA).

Außensteuergesetz, Doppelbesteuerungsabkommen, 3. Aufl., hrsg. von Florian Haase, Heidelberg 2016 (zitiert als Bearbeiter, in: Haase, AStG/DBA).

Außensteuerrecht, Kommentar; Außensteuergesetz, Außensteuerrechtliche Vorschriften des Einkommensteuergesetzes und des Körperschaftsteuergesetzes, hrsg. von Hans Flick, Franz Wassermeyer, Hubertus Baumhoff u. a., Köln 1999 (zitiert als Bearbeiter, in: F/W/B/S, Außensteuerrecht).

Basiskommentar Steuerrecht, hrsg. von Otto-Gerd Lippross, Wolfgang Seibel, Köln 1999 (zitiert als Bearbeiter, in: Lipross/Seibel, Basiskommentar).

Beck'scher Online-Kommentar Grundgesetz, 44. Aufl., hrsg. von Volker Epping, Christian Hillgruber, München (zitiert als Bearbeiter, in: BeckOK GG).

Brennpunkte der Besteuerung von Betriebsstätten, hrsg. von Thomas Lübbehüsen, Holger Kahle 2016 (zitiert als Bearbeiter, in: Lübbehüsen/Kahle, Brennpunkte Betriebsstätte 2016).

Das Einkommensteuerrecht, Kommentar zum Einkommensteuergesetz, 15. Aufl., hrsg. von Eberhard Littmann, Horst Bitz, Hartmut Pust, Stuttgart 1988 (zitiert als Bearbeiter, in: L/B/P, EStG).

DBA-Kommentar, Doppelbesteuerungsabkommen, hrsg. von Dietmar Gosch, Heinz-Klaus Kroppen, Siegfried Grotherr, Herne 2008 (zitiert als Bearbeiter, in: G/K/G, DBA).

Die Körperschaftsteuer, Kommentar zum Körperschaftsteuergesetz und zu den einkommensteuerrechtlichen Vorschriften des Anrechnungsverfahrens, hrsg. von Ewald Dötsch, Alexandra Pung, Rolf Möhlenbrock, Stuttgart (zitiert als Bearbeiter, in: D/P/M, KStG).

Doppelbesteuerung, Kommentar zu allen deutschen Doppelbesteuerungsabkommen, hrsg. von Franz Wassermeyer, Christian Kaeser, Michael Schwenke u. a., München (zitiert als Bearbeiter, in: Wassermeyer, DBA).

Doppelbesteuerungsabkommen, Kommentar, 2. Aufl., hrsg. von Jens Schönfeld, Xaver Ditz, Köln 2019 (zitiert als Bearbeiter, in: Schönfeld/Ditz, DBA).

Doppelbesteuerungsabkommen der Bundesrepublik Deutschland auf dem Gebiet der Steuern vom Einkommen und Vermögen, Kommentar auf der Grundlage der Musterabkommen, 5. Aufl., hrsg. von Klaus Vogel, Moris Lehner, München 2008 (zitiert als Bearbeiter, in: Vogel/Lehner, DBA (5. Aufl.)).

Doppelbesteuerungsabkommen der Bundesrepublik Deutschland auf dem Gebiet der Steuern vom Einkommen und Vermögen, Kommentar auf der Grundlage der Musterabkommen, 6. Aufl., hrsg. von Klaus Vogel, Moris Lehner, München 2015 (zitiert als Bearbeiter, in: Vogel/Lehner, DBA).

Doppelbesteuerungsabkommen Deutschland-Schweiz, Steuern vom Einkommen und Vermögen, Nachlaß- und Erbschaftsteuern; Kommentar, hrsg. von Hans Flick, Franz Wassermeyer, Michael Kempermann, Köln (zitiert als Bearbeiter, in: F/W/K, DBA-Schweiz).

Einkommensteuer- und Körperschaftsteuergesetz, Kommentar, hrsg. von Carl Herrmann, Gerhard Heuer, Arndt Raupach, Köln 2018 (zitiert als Bearbeiter, in: H/H/R, EStG/KStG).

Einkommensteuergesetz, Kommentar, hrsg. von Paul Kirchhof, Hartmut Söhn, Rudolf Mellinghoff, Heidelberg 1986 (zitiert als Bearbeiter, in: K/S/M, EStG).

Einkommensteuergesetz, Kommentar, 16. Aufl., hrsg. von Paul Kirchhof, Köln 2017 (zitiert als Bearbeiter, in: Kirchhof, EStG).

Einkommensteuergesetz, bearb. von Ludwig Schmidt, 37. Aufl., München 2018 (zitiert als Bearbeiter, in: Schmidt, EStG).

Einkommensteuergesetz, Körperschaftsteuergesetz, Gewerbesteuergesetz, Kommentar, hrsg. von Walter Blümich, München 2016 (zitiert als Bearbeiter, in: Blümich, EStG/KStG/GewStG).

Finanzgerichtsordnung, mit Nebengesetzen; Kommentar, 9. Aufl., hrsg. von Fritz Gräber, München, München 2019 (zitiert als Bearbeiter, in: Gräber, FGO).

Gesellschaftsrecht, BGB, HGB, PartGG, GmbHG, AktG, GenG, UmwG, InsO, AnfG, IntGesR, 4. Aufl., hrsg. von Martin Henssler, Lutz Strohn 2019 (zitiert als Bearbeiter, in: Henssler/Strohn, GesR).

GmbHG, 21. Aufl., hrsg. von Adolf Baumbach, Alfred Hueck, München 2017 (zitiert als Bearbeiter, in: Baumbach/Hueck, GmbHG).

GmbHG, Kommentar, 10. Aufl., hrsg. von Holger Altmeppen, München 2021 (zitiert als Bearbeiter, in: Altmeppen, GmbH).

Kommentar Körperschaftsteuer KStG, 2. Aufl., hrsg. von Arne Schnitger, Oliver Fehrenbacher, Wiesbaden 2018 (zitiert als Bearbeiter, in: Schnitger/Fehrenbacher, KStG).

Kommentar zum Aktiengesetz, 4. Aufl., hrsg. von Gerald Spindler, Eberhard Stilz, München 2019 (zitiert als Bearbeiter, in: Spindler/Stilz, AktG).

Kommentar zum Einkommensteuergesetz – EStG -, hrsg. von Gerrit Frotscher, Matthias Geurts (zitiert als Bearbeiter, in: Frotscher/Geurts, EStG).

Kommentar zum Einkommensteuergesetz EStG, Loseblattwerk, hrsg. von Arno Bordewin, Jürgen Brandt, Walter Bode, Heidelberg 1975 (zitiert als Bearbeiter, in: Bordewin/Brandt, EStG).

Kommentar zum Körperschaft-, Gewerbe- und Umwandlungssteuergesetz, hrsg. von Gerrit Frotscher, Klaus-Dieter Drüen, Freiburg im Breisgau 2018 (zitiert als Bearbeiter, in: Frotscher/Drüen, KStG).

Körperschaftsteuergesetz, hrsg. von Thomas Rödder, Andreas Herlinghaus, Ralf Neumann, Köln 2015 (zitiert als Bearbeiter, in: Rödder/Herlinghaus/Neumann, KStG).

Körperschaftsteuergesetz, Kommentar, 9. Aufl., hrsg. von Michael Streck, München 2018 (zitiert als Bearbeiter, in: Streck, KStG).

Körperschaftsteuergesetz, Kommentar, 4. Aufl., hrsg. von Dietmar Gosch, München 2020 (zitiert als Bearbeiter, in: Gosch, KStG).

Münchener Kommentar zum Aktiengesetz, 5. Aufl., hrsg. von Wulf Goette, Mathias Habersack, Susanne Kalss, München 2019 (zitiert als Bearbeiter, in: MüKo zum AktG).

Münchener Kommentar zum Gesetz betreffend die Gesellschaften mit beschränkter Haftung – GmbHG, 3. Aufl., hrsg. von Holger Fleischer, Wulf Goette, München 2019 (zitiert als Bearbeiter, in: MüKo zum GmbHG).

OECD-Dokumente

OECD, 2010 Report on the Attribution of Profits to Permanent Establishments, OECD 2010, https://www.oecd.org/ctp/transfer-pricing/45689524.pdf (zitiert: Betriebsstättenbericht 2010).

OECD, Addressing the Tax Challenges of the Digital Economy, Action 1 – 2015 Final Report, OECD/G20 Base Erosion and Profit Shifting Project, http://dx.doi.org//10.1787/978926 4241046-en (zitiert: BEPS Action 1, Final Reports 2015).

OECD, Aligning Transfer Pricing Outcomes with Value Creation, Actions 8–10 – 2015 Final Reports, OECD/G20 Base Erosion and Profit Shifting Project, https://doi.org//10.1787/ 9789264241244-en (zitiert: BEPS Actions 8–10, Final Reports 2015).

OECD, Discussion Draft On The Attribution Of Profits To Permanent Establishment, Part I (General Considerations), OECD 2004, www.oecd.org/tax/transfer-pricing/33637685. pdf (zugegriffen am 19.5.2018) (zitiert: Discussion Draft 2004).

OECD, Discussion Draft on the Attribution of Profits to Permanent Establishments 2001, https://www.oecd.org/ctp/transfer-pricing/1923028.pdf (zugegriffen am 29.7.2018) (zitiert: Discussion Draft 2001).

OECD, OECD Transfer Pricing Guidelines for Multinational Enterprises and Tax Administrations 2010, https://doi.org/10.1787/tpg-2010-en (zitiert: Transfer Pricing Guidelines 2010).

OECD, OECD Transfer Pricing Guidelines for Multinational Enterprises and Tax Administrations 2017, http://dx.doi.org/10.1787/tpg-2017-en (zitiert: Tranfer Pricing Guidelines 2017).

OECD, Report On The Attribution Of Profits To Permanent Establishments, OECD 2008, www.oecd.org/tax/transfer-pricing/41031455.pdf (zugegriffen am 19.5.2018) (zitiert: Betriebsstättenbericht 2008).

OECD, The 2008 Update to the OECD Model Tax Convention 18.7.2008 (zitiert: 2008 Update).

OECD, The 2010 Update to the Model Tax Convention 22.7.2010, https://www.oecd.org/tax/treaties/45689328.pdf (zugegriffen am 29.7.2018) (zitiert: 2010 Update).

OECD, The Application of the OECD Model Tax Convention to Partnerships, http://dx.doi.org/10.1787/9789264173316-en (zitiert: Partnership Report 1999).

Zitierte Rechtsprechung

BFH, 19.12.2007 – I R 66/06, BFHE 220, 173 = BStBl II 2008, 510.

BFH, 4.12.2006 – GrS 1/05, BFHE 216, 168 = BStBl II 2007, 508.

BFH, 21.9.2009 – GrS 1/06, BFHE 227, 1 = BStBl II 2010, 672.

BFH, 19.10.1970 – GrS 1/70, BFHE 101, 62 = BStBl II 1971, 177.

BFH, 7.10.1974 – GrS 1/73, BFHE 114, 189 = BStBl II 1975, 168.

BFH, 27.11.1989 – GrS 1/88, BFHE 158, 563 = BStBl II 1990, 160.

BFH, 8.12.1997 – GrS 1–2/95, BFHE 184, 7 = BStBl II 1998, 193.

BFH, 19.10.1970 – GrS 2/70, BFHE 100, 309 = BStBl II 1971, 17.

BFH, 21.11.1983 – GrS 2/82, BFHE 140, 50 = BStBl II 1984, 160.

BFH, 26.10.1987 – GrS 2/86, BFHE 151, 523 = BStBl II 1988, 348.

BFH, 28.11.1977 – GrS 2–3/77, BFHE 124, 43 = BStBl II 1978, 105.

BFH, 4.7.1990 – GrS 2–3/88, BFHE 161, 290 = BStBl II 1990, 817.

BFH, 25.2.1991 – GrS 7/89, BFHE 163, 1 = BStBl II 1991, 691.

BFH, 27.11.1978 – GrS 8/77, BFHE 126, 533 = BStBl II 1979, 213.

BFH, 22.11.1960 – I 103/60 S, BFHE 72, 259 = BStBl III 1961, 97.

BFH, 27.7.1965 – I 110/63 S, BFHE 84, 69 = BStBl III 1966, 24.

BFH, 29.1.1964 – I 153/61 S, BFHE 78, 428 = BStBl III 1964, 165.

BFH, 27.3.1968 – I 154/65, BFHE 92, 217 = BStBl II 1968, 522.

BFH, 18.12.1962 – I 158/61 U, BFHE 76, 279 = BStBl III 1963, 99.

BFH, 10.5.1967 – I 187/64, BFHE 88, 518.

BFH, 15.12.1965 – I 193/62 S, BFHE 84, 557 = BStBl III 1966, 202.

BFH, 26.4.1966 – I 216/63, BFHE 85, 460 = BStBl III 1966, 465.

BFH, 17.12.1969 – I 252/64, BFHE 98, 152 = BStBl II 1970, 257.

BFH, 16.3.1967 – I 261/63, BFHE 89, 208 = BStBl III 1967, 626.

BFH, 16.7.1969 – I 266/65, BFHE 97, 342 = BStBl II 1970, 175.

BFH, 4.9.1956 – I 63/56 U, BFHE 63, 277 = BStBl III 1956, 304.

BFH, 15.2.1966 – I 95/63, BFHE 85, 171 = BStBl III 1966, 274.

BFH, 24.3.2015 – I B 103/13, BFH/NV 2015, 1009.

BFH, 27.4.1954 – I B 136/53 U, BFHE 58, 705 = BStBl III 1954, 179.

BFH, 19.5.2010 – I B 191/09, BFHE 229, 322 = BStBl II 2011, 156.

BFH, 20.12.2006 – I B 47/05, BFHE 216, 276 = BStBl II 2009, 766.
BFH, 14.10.2008 – I B 48/08, BFH/NV 2009, 213.
BFH, 3.3.2009 – I B 51/08, BFH/NV 2009, 1280.
BFH, 12.1.1983 – I B 53/82, juris.
BFH, 10.11.1998 – I B 80/97, BFH/NV 1999, 665.
BFH, 8.10.2014 – I B 96/13, BFH/NV 2015, 237.
BFH, 17.12.1997 – I B 96/97, BFHE 185, 24 = BStBl II 1998, 321.
BFH, 7.8.2002 – I R 10/01, BFHE 199, 547 = BStBl II 2002, 848.
BFH, 23.10.1996 – I R 10/96, BFHE 182, 51 = BStBl II 1997, 313.
BFH, 17.4.1985 – I R 101/81, BFHE 143, 563 = BStBl II 1985, 510.
BFH, 17.10.2001 – I R 103/00, BFHE 197, 68 = BStBl II 2004, 171.
BFH, 14.7.2004 – I R 106/03, BFH/NV 2005, 154.
BFH, 9.6.2010 – I R 107/09, BFHE 230, 35.
BFH, 4.5.1977 – I R 11/75, BFHE 122, 279 = BStBl II 1977, 679.
BFH, 30.7.1975 – I R 110/72, BFHE 117, 36 = BStBl II 1976, 74.
BFH, 28.10.1987 – I R 110/83, BFHE 152, 74 = BStBl II 1988, 301.
BFH, 21.7.1999 – I R 110/98, BFHE 190, 118 = BStBl II 1999, 812.
BFH, 30.4.1975 – I R 111/73, BFHE 115, 500 = BStBl II 1975, 582.
BFH, 30.8.1995 – I R 112/94, BFHE 179, 48 = BStBl II 1996, 563.
BFH, 16.5.1990 – I R 113/87, BFHE 161, 358.
BFH, 24.3.1999 – I R 114/97, BFHE 188, 315 = BStBl II 2000, 399.
BFH, 29.4.1987 – I R 118/83, BFHE 149, 508 = BStBl II 1988, 168.
BFH, 3.10.1984 – I R 119/81, BFHE 142, 433 = BStBl II 1985, 245.
BFH, 17.9.2003 – I R 12/02, BFHE 203, 400 = BStBl II 2004, 396.
BFH, 15.4.1970 – I R 122/66, BFHE 99, 123 = BStBl II 1970, 554.
BFH, 24.11.1982 – I R 123/78, BFHE 137, 59 = BStBl II 1983, 113.
BFH, 5.2.1992 – I R 127/90, BFHE 166, 356 = BStBl II 1992, 532.
BFH, 12.10.1995 – I R 127/94, BFHE 179, 258.
BFH, 9.10.1974 – I R 128/73, BFHE 114, 47 = BStBl II 1975, 203.
BFH, 13.9.1972 – I R 130/70, BFHE 107, 158 = BStBl II 1973, 57.
BFH, 2.6.1976 – I R 136/74, BFHE 119, 414 = BStBl II 1976, 668.
BFH, 12.4.1978 – I R 136/77, BFHE 125, 157 = BStBl II 1978, 494.
BFH, 29.6.1994 – I R 137/93, BFHE 175, 347 = BStBl II 2002, 366.
BFH, 17.12.2003 – I R 14/02, BFHE 204, 263 = BStBl II 2004, 260.
BFH, 27.3.2013 – I R 14/12, BFH/NV 2013, 1768.
BFH, 14.8.2019 – I R 14/18, BFH/NV, 755.
BFH, 16.12.1981 – I R 140/81, BFHE 135, 278 = BStBl II 1982, 465.
BFH, 17.5.1995 – I R 147/93, BFHE 178, 203 = BStBl II 1996, 204.
BFH, 24.9.1976 – I R 149/74, BFHE 120, 208 = BStBl II 1977, 69.
BFH, 14.8.1985 – I R 149/81, BFHE 144, 548 = BStBl II 1986, 86.
BFH, 10.6.1987 – I R 149/83, BFHE 150, 524 = BStBl II 1988, 25.
BFH, 27.2.1991 – I R 15/89, BFHE 164, 38 = BStBl II 1991, 444.
BFH, 28.7.1993 – I R 15/93, BFHE 172, 301 = BSTBl II 1994, 148.
BFH, 29.5.1996 – I R 15/94, BFHE 180, 410 = BStBl II 1997, 57.
BFH, 29.3.2000 – I R 15/99, BFHE 191, 521 = BStBl II 2000, 577.
BFH, 4.8.1976 – I R 152–153/74, BFHE 119, 470 = BStBl II 1976, 662.

BFH, 30.8.1995 – I R 155/94, BFHE 178, 371.
BFH, 15.10.1975 – I R 16/73, BFHE 117, 164 = BStBl II 1976, 188.
BFH, 16.5.1990 – I R 16/88, BFHE 161, 495 = BStBl II 1990, 1049.
BFH, 17.10.1990 – I R 16/89, BFHE 163, 38 = BStBl II 1991, 211.
BFH, 21.2.1974 – I R 160/71, BFHE 111, 506 = BStBl II 1974, 363.
BFH, 23.5.1979 – I R 163/77, BFHE 128, 213 = BStBl II 1979, 757.
BFH, 11.12.1985 – I R 164/82, BFHE 146, 126 = BStBl II 1986, 469.
BFH, 2.12.1992 – I R 165/90, BFHE 170, 224 = BStBl II 1993, 577.
BFH, 29.5.1996 – I R 167/94, BFHE 180, 415 = BStBl II 1997, 60.
BFH, 16.10.2002 – I R 17/01, BFHE 200, 511 = BStBl II 2003, 631.
BFH, 14.10.1992 – I R 17/92, BFHE 169, 343 = BStBl II 1993, 352.
BFH, 26.4.1989 – I R 172/87, BFHE 157, 138 = BStBl II 1989, 673.
BFH, 8.11.1989 – I R 174/86, BFHE 158, 540 = BStBl II 1990, 91.
BFH, 9.4.1997 – I R 178/94, BFHE 183, 114 = BStBl II 1997, 657.
BFH, 5.12.1979 – I R 184/76, BFHE 129, 169 = BStBl II 1980, 119.
BFH, 17.3.1982 – I R 189/79, BFHE 136, 120 = BStBl II 1982, 624.
BFH, 19.12.2007 – I R 19/06, BFHE 220, 160 = BStBl II 2010, 398.
BFH, 19.2.2020 – I R 19/17, juris.
BFH, 28.3.1984 – I R 191/79, BFHE 141, 244 = BStBl II 1984, 664.
BFH, 2.5.1974 – I R 194/72, BFHE 112, 476 = BStBl II 1974, 585.
BFH, 30.1.1980 – I R 194/77, BFHE 130, 265 = BStBl II 1980, 449.
BFH, 18.7.1979 – I R 199/75, BFHE 128, 516 = BStBl II 1979, 750.
BFH, 7.8.2002 – I R 2/02, BFHE 200, 197 = BStBl II 2004, 131.
BFH, 10.2.1972 – I R 205/66, BFHE 105, 15 = BStBl II 1972, 455.
BFH, 14.8.2019 – I R 21/18, BFH/NV 2020, 759.
BFH, 29.5.1996 – I R 21/95, BFHE 180, 422 = BStBl II 1997, 63.
BFH, 23.7.1975 – I R 210/73, BFHE 117, 144 = BStBl II 1976, 180.
BFH, 17.10.1984 – I R 22/79, BFHE 142, 276 = BStBl II 1985, 69.
BFH, 28.10.1987 – I R 22/84, BFH/NV 1989, 131.
BFH, 21.7.1976 – I R 223/74, BFHE 119, 453 = BStBl II 1976, 734.
BFH, 25.6.1975 – I R 225/73, BFHE 116, 537 = BStBl II 1975, 850.
BFH, 12.10.1977 – I R 226/75, BFHE 123, 500 = BStBl II 1978, 111.
BFH, 16.12.2008 – I R 23/07, juris.
BFH, 17.12.2014 – I R 23/13, BFHE 248, 170 = BStBl II 2016, 261.
BFH, 5.7.1972 – I R 230/70, BFHE 107, 108 = BStBl II 1972, 928.
BFH, 29.10.1997 – I R 24/97, BFHE 184, 480 = BStBl II 1998, 573.
BFH, 13.10.1976 – I R 261/70, BFHE 120, 225 = BStBl II 1977, 76.
BFH, 5.9.2001 – I R 27/01, BFHE 196, 293 = BStBl II 2002, 155.
BFH, 11.9.2013 – I R 28/13, BFHE 244, 241 = BStBl II 2014, 726.
BFH, 5.6.1985 – I R 289/81, BFHE 144, 57 = BStBl II 1985, 619.
BFH, 24.6.2015 – I R 29/14, BFHE 250, 386 = BStBl II 2016, 258.
BFH, 23.5.1984 – I R 294/81, BFHE 141, 266 = BStBl II 1984, 673.
BFH, 19.11.2003 – I R 3/02, BFHE 204, 145 = BStBl II 2004, 932.
BFH, 4.6.2008 – I R 30/07, BFHE 222, 14 = BStBl II 2008, 922.
BFH, 16.1.2014 – I R 30/12, BFHE 244, 354 = BStBl II 2014, 721.
BFH, 22.8.2007 – I R 32/06, BFHE 218, 523 = BStBl II 2007, 961.

BFH, 19.6.2019 – I R 32/17, BFHE 266, 142.
BFH, 9.11.1988 – I R 335/83, BFHE 155, 101 = BStBl II 1989, 510.
BFH, 7.12.2005 – I R 34/05, BFH/NV (2006), 1068.
BFH, 14.8.2019 – I R 34/18, BFH/NV 2020, 757.
BFH, 17.12.1997 – I R 34/97, BFHE 185, 216 = BStBl II 1998, 296.
BFH, 19.5.1998 – I R 36/97, BFHE 186, 226 = BStBl II 1998, 689.
BFH, 20.10.2004 – I R 4/04, BFH/NV 2005, 723.
BFH, 11.12.2013 – I R 4/13, BFHE 244, 1 = BStBl II 2014, 791.
BFH, 9.8.1989 – I R 4/84, BFHE 158, 510 = BStBl II 1990, 237.
BFH, 27.3.2001 – I R 40/00, BFHE 195, 243 = BStBl II 2001, 655.
BFH, 28.6.1989 – I R 40/84, BFH/NV 1990, 130.
BFH, 12.4.1989 – I R 41/85, BFHE 156, 481 = BStBl II 1989, 612.
BFH, 16.3.1994 – I R 42/93, BFHE 174, 509 = BStBl II 1994, 799.
BFH, 13.7.1994 – I R 43/94, BFH/NV 1995, 548.
BFH, 16.2.1996 – I R 43/95, BFHE 180, 286 = BStBl II 1997, 128.
BFH, 28.11.2001 – I R 44/00, BFH/NV 2002, 543.
BFH, 22.11.1995 – I R 45/95, BFH/NV 1996, 645.
BFH, 24.8.2011 – I R 46/10, BFHE 234, 339 = BStBl II 2014, 764.
BFH, 17.12.2003 – I R 47/02, BFH/NV 2004, 771.
BFH, 22.12.2010 – I R 47/10, BFH/NV 2011, 1019.
BFH, 12.6.2013 – I R 47/12, BFHE 242, 107 = BStBl II 2014, 770.
BFH, 28.1.2004 – I R 48/03, BFH/NV 2004, 1075.
BFH, 26.6.2013 – I R 48/12, BFHE 242, 195 = BStBl II 2014, 367.
BFH, 15.1.2015 – I R 48/13, BFHE 248, 535 = BStBl II 2015, 713.
BFH, 21.1.2016 – I R 49/14, BFHE 253, 115 = BStBl II 2017, 107.
BFH, 20.7.1988 – I R 49/84, BFHE 154, 465 = BStBl II 1989, 140.
BFH, 11.12.1991 – I R 49/90, BFHE 166, 545 = BStBl II 1992, 434.
BFH, 17.10.2007 – I R 5/06, BFHE 219, 518 = BStBl II 2014, 764.
BFH, 7.12.2011 – I R 5/11, BFH/NV (2012), 222.
BFH, 11.11.2015 – I R 5/14, BFHE 252, 353 = BStBl II 2016, 491.
BFH, 19.6.2019 – I R 5/17, BFH/NV 2020, 183.
BFH, 18.5.1983 – I R 5/82, BFHE 138, 548 = BStBl II 1983, 771.
BFH, 5.6.2012 – I R 51/11, BFH/NV 2012, 1800.
BFH, 27.2.2019 – I R 51/17, BFHE 264, 292 = BStBl II 2020, 440.
BFH, 23.2.2011 – I R 52/10, BFH/NV 2011, 1354.
BFH, 18.12.1986 – I R 52/83, BFHE 149, 440 = BStBl II 1988, 521.
BFH, 13.11.1996 – I R 53/95, BFH/NV 1997, 622.
BFH, 19.6.2019 – I R 54/17, juris.
BFH, 2.12.1992 – I R 54/91, BFHE 170, 119 = BStBl II 1993, 311.
BFH, 9.2.2011 – I R 54–55/10, BFHE 232, 476 = BStBl II 2012, 106.
BFH, 28.4.1971 – I R 55/66, BFHE 102, 374 = BStBl II 1971, 630.
BFH, 16.12.2009 – I R 56/08, BFHE 228, 356 = BStBl II 2010, 492.
BFH, 26.2.2014 – I R 56/12, BFHE 245, 143 = BStBl II 2014, 703.
BFH, 23.9.2008 – I R 57/07, BFH/NV 2009, 390.
BFH, 15.11.1978 – I R 57/76, BFHE 126, 530 = BStBl II 1979, 257.
BFH, 29.11.2017 – I R 58/15, BFHE 260, 209.

BFH, 20.9.2006 – I R 59/05, BFHE 215, 130 = BStBl II 2007, 756.
BFH, 18.9.1996 – I R 59/95, BFHE 181, 419.
BFH, 23.7.1975 – I R 6/73, BFHE 117, 141 = BStBl II 1976, 179.
BFH, 14.3.1990 – I R 6/89, BFHE 160, 459 = BStBl II 1990, 795.
BFH, 19.5.1993 – I R 60/92, BFHE 171, 293 = BStBl II 1993, 714.
BFH, 6.4.2016 – I R 61/14, BFHE 253, 348 = BStBl II 2017, 48.
BFH, 23.7.2003 – I R 62/02, BFH/NV 2004, 317.
BFH, 26.10.1983 – I R 62/79, juris.
BFH, 13.2.2008 – I R 63/06, BFHE 220, 415 = BStBl II 2009, 414.
BFH, 4.12.1991 – I R 63/90, BFHE 166, 279 = BStBl II 1992, 362.
BFH, 25.5.2016 – I R 64/13, BFHE 254, 33 = BStBl II 2017, 1185.
BFH, 19.5.1993 – I R 64/92, BFH/NV 1994, 11.
BFH, 31.5.1995 – I R 64/94, BFHE 178, 321 = BStBl II 1996, 246.
BFH, 21.12.1994 – I R 65/94, BFHE 176, 571.
BFH, 19.12.2007 – I R 66/06, BFHE 220, 173 = BStBl II 2008, 510.
BFH, 2.4.2014 – I R 68/12, BFHE 245, 98 = BStBl II 2014, 875.
BFH, 20.5.2015 – I R 68/14, BFHE 250, 96 = BStBl II 2016, 90.
BFH, 11.11.1987 – I R 7/84, BFHE 152, 84 = BStBl II 1988, 424.
BFH, 17.11.1999 – I R 7/99, BFHE 191, 18 = BStBl II 2000, 605.
BFH, 23.2.2005 – I R 70/04, BFHE 209, 252 = BStBl II 2005, 882.
BFH, 7.12.1983 – I R 70/77, BFHE 140, 221 = BStBl II 1984, 384.
BFH, 17.12.1997 – I R 70/97, BFHE 185, 224 = BStBl II 1998, 545.
BFH, 8.11.2000 – I R 70/99, BFHE 193, 422 = BStBl II 2005, 653.
BFH, 10.7.2002 – I R 71/01, BFHE 200, 184 = BStBl II 2003, 191.
BFH, 14.7.1993 – I R 71/92, BFHE 172, 422 = BStBl II 1994, 91.
BFH, 23.10.1996 – I R 71/95, BFHE 181, 328 = BStBl II 1999, 35.
BFH, 21.7.1999 – I R 71/98, BFHE 190, 111 = BStBl II 2000, 336.
BFH, 18.12.2019 – I R 72/17, BFH/NV 2020, 1049.
BFH, 27.2.2019 – I R 73/16, BFHE 263, 525 = BStBl II 2019, 394.
BFH, 1.12.1976 – I R 73/74, BFHE 121, 135 = BStBl II 1977, 315.
BFH, 8.9.2010 – I R 74/09, BFHE 231, 84 = BStBl II 2014, 788.
BFH, 31.5.1995 – I R 74/93, BFHE 178, 74 = BStBl II 1995, 683.
BFH, 11.10.2012 – I R 75/11, BFHE 239, 242 = BStBl II 2013, 1046.
BFH, 20.5.2015 – I R 75/14, BFH/NV 2015, 1687.
BFH, 19.3.1997 – I R 75/96, BFHE 183, 94 = BStBl II 1997, 577.
BFH, 15.12.1971 – I R 76/68, BFHE 104, 530 = BStBl II 1972, 436.
BFH, 17.7.2008 – I R 77/06, BFHE 222, 402 = BStBl II 2009, 464.
BFH, 11.10.1989 – I R 77/88, BFHE 158, 499 = BStBl II 1990, 166.
BFH, 28.4.2010 – I R 78/08, BFHE 229, 234 = BStBl II 2013, 41.
BFH, 1.7.1992 – I R 78/91, BFHE 168, 293 = BStBl II 1992, 975.
BFH, 10.6.2015 – I R 79/13, BFHE 250, 110 = BStBl II 2016, 326.
BFH, 19.5.1993 – I R 80/92, BFHE 171, 297 = BStBl II 1993, 655.
BFH, 3.2.1993 – I R 80–81/91, BFHE 170, 263 = BStBl II 1993, 462.
BFH, 28.4.2010 – I R 81/09, BFHE 229, 252 = BStBl II 2014, 754.
BFH, 27.2.2019 – I R 81/17, BFHE 264, 297 = BStBl II 2020, 443.
BFH, 29.11.2000 – I R 84/99, juris.

BFH, 26.2.1992 – I R 85/91, BFHE 168, 52 = BStBl II 1992, 937.
BFH, 29.11.2000 – I R 85/99, BFHE 194, 53 = BStBl II 2002, 720.
BFH, 25.6.2014 – I R 88/12, BFH/NV 2015, 57.
BFH, 6.12.1995 – I R 88/94, BFHE 179, 383 = BStBl II 1996, 383.
BFH, 22.2.1989 – I R 9/85, BFHE 156, 428 = BStBl II 1989, 631.
BFH, 25.10.1995 – I R 9/95, BFHE 179, 270 = BStBl II 1997, 703.
BFH, 29.11.2000 – I R 90/99, BFHE 194, 64 = BStBl II 2001, 204.
BFH, 15.5.2002 – I R 92/00, BFHE 199, 217.
BFH, 18.12.2002 – I R 92/01, BFHE 201, 447.
BFH, 28.6.2006 – I R 92/05, BFHE 214, 295 = BStBl II 2007, 100.
BFH, 8.12.2010 – I R 92/09, BFHE 232, 137 = BStBl II 2011, 488.
BFH, 12.10.2016 – I R 92/12, BFHE 256, 32.
BFH, 18.12.2002 – I R 93/01, BFH/NV 2003, 946.
BFH, 25.5.2011 – I R 95/10, BFHE 234, 60 = BStBl II 2014, 760.
BFH, 24.2.1988 – I R 95/84, BFHE 153, 101 = BStBl II 1988, 663.
BFH, 24.02.1988 – I R 95/84, BFHE 153, 101 = BStBl II 1988, 663.
BFH, 17.12.1997 – I R 95/96, BFHE 185, 16 = BStBl II 1998, 260.
BFH, 27.2.1991 – I R 96/89, BFH/NV 1992, 385.
BFH, 20.12.2017 – I R 98/15, BFHE 260, 169.
BFH, 18.7.1990 – I R 98/87, BFHE 162, 107 = BStBl II 1990, 1073.
BFH, 28.10.2009 – I R 99/08, BFHE 227, 83 = BStBl II 2011, 1019.
BFH, 13.12.1989 – I R 99/87, BFHE 159, 338 = BStBl II 1990, 454.
BFH, 30.10.1996 – II R 12/92, BFHE 181, 356 = BStBl II 1997, 12.
BFH, 1.4.1987 – II R 186/80, BFHE 150, 65 = BStBl II 1987, 550.
BFH, 25.6.1986 – II R 213/83, BFHE 147, 264 = BStBl II 1986, 785.
BFH, 29.10.1986 – II R 226/82, BFHE 148, 72 = BStBl II 1987, 99.
BFH, 17.2.1993 – II R 25/90, BFHE 171, 311 = BStBl II 1993, 584.
BFH, 29.7.1992 – II R 39/89, BFHE 168, 431 = BStBl II 1993, 63.
BFH, 10.8.2006 – II R 59/05, BFHE 214, 518 = BStBl II 2009, 758.
BFH, 20.03.2002 – II R 84/99, BFH/NV 2002, 1017.
BFH, 8.4.1960 – III 129/57 U, BFHE 71, 190 = BStBl III 1960, 319.
BFH, 15.7.1983 – III B 43/82, juris.
BFH, 7.11.1995 – III B 66/93, BFH/NV 1996, 327.
BFH, 31.5.1989 – III R 154/86, BFHE 157, 172.
BFH, 21.12.1978 – III R 20/77, BFHE 127, 423 = BStBl II 1979, 466.
BFH, 15.12.2005 – III R 35/04, BFH/NV 2006, 1262.
BFH, 21.1.1972 – III R 57/71, BFHE 104, 471 = BStBl II 1972, 374.
BFH, 12.5.1989 – III R 68/85, BFHE 157, 284 = BStBl II 1989, 666.
BFH, 13.3.1964 – IV 158/61 S, BFHE 79, 605 = BStBl III 1964, 455.
BFH, 17.3.1966 – IV 186/63, BFHE 86, 21 = BStBl III 1966, 350.
BFH, 13.10.1960 – IV 196/59 S, BFHE 71, 699 = BStBl III 1960, 511.
BFH, 4.4.1968 – IV 210/61, BFHE 92, 15 = BStBl II 1968, 411.
BFH, 29.9.1966 – IV 308/64, BFHE 87, 419 = BStBl III 1967, 180.
BFH, 5.2.1965 – IV 334/63 U, BFHE 82, 290 = BStBl III 1965, 352.
BFH, 24.9.1959 – IV 38/58 U, BFHE 69, 550 = BStBl III 1959, 466.
BFH, 3.12.1964 – IV 419/62 U, BFHE 81, 254 = BStBl III 1965, 92.

BFH, 22.12.1955 – IV 537/54 U, BFHE 62, 172 = BStBl III 1956, 65.
BFH, 8.10.2010 – IV B 46/10, BFH/NV 2011, 244.
BFH, 30.11.2000 – IV B 47/00, BFH/NV 2001, 597.
BFH, 20.11.2014 – IV R 1/11, BFHE 248, 28 = BStBl II 2017, 34.
BFH, 12.5.2016 – IV R 1/13, BFHE 255, 65 = BStBl II 2017, 489.
BFH, 19.7.2011 – IV R 10/09, BFHE 234, 212 = BStBl II 2012, 93.
BFH, 22.1.2015 – IV R 10/12, BFH/NV 2015, 317.
BFH, 29.3.1979 – IV R 103/75, BFHE 127, 530 = BStBl II 1979, 512.
BFH, 28.7.1983 – IV R 103/82, BFHE 139, 376 = BStBl II 1984, 60.
BFH, 22.1.1981 – IV R 107/77, BFHE 133, 168 = BStBl II 1981, 564.
BFH, 8.3.1990 – IV R 108/88, BFH/NV 1991, 436.
BFH, 19.9.2012 – IV R 11/12, BFHE 239, 76.
BFH, 17.4.1986 – IV R 115/84, BFHE 146, 419 = BStBl II 1986, 607.
BFH, 28.4.1983 – IV R 122/79, BFHE 138, 366 = BStBl II 1983, 566.
BFH, 11.10.1979 – IV R 125/76, BFHE 129, 40 = BStBl II 1980, 40.
BFH, 2.10.2003 – IV R 13/03, BFHE 203, 373 = BStBl II 2004, 985.
BFH, 15.11.1967 – IV R 139/67, BFHE 90, 399 = BStBl II 1968, 152.
BFH, 25.1.1980 – IV R 159/78, BFHE 129, 502 = BStBl II 1980, 275.
BFH, 11.9.1969 – IV R 160/67, BFHE 98, 144 = BStBl II 1970, 317.
BFH, 18.3.1976 – IV R 168/72, BFHE 118, 404 = BStBl II 1976, 365.
BFH, 5.12.1985 – IV R 182/84, BFH/NV 1986, 452.
BFH, 18.7.1974 – IV R 187/69, BFHE 113, 222 = BStBl II 1974, 767.
BFH, 22.5.1975 – IV R 193/71, BFHE 116, 328 = BStBl II 1975, 804.
BFH, 19.7.1984 – IV R 207/83, BFHE 142, 42 = BStBl II 1985, 6.
BFH, 14.4.1988 – IV R 271/84, BFHE 153, 125 = BStBl II 1988, 667.
BFH, 3.7.1997 – IV R 31/96, BFHE 183, 509 = BStBl II 1997, 690.
BFH, 15.1.1970 – IV R 32/69, BFHE 98, 343 = BStBl II 1970, 379.
BFH, 28.10.1976 – IV R 35/76, BFHE 121, 35 = BStBl II 1977, 238.
BFH, 23.10.1986 – IV R 352/84, BFHE 148, 49 = BStBl II 1988, 128.
BFH, 29.11.2012 – IV R 37/10, BFH/NV 2013, 910.
BFH, 9.9.2010 – IV R 38/08, BFH/NV 2011, 423.
BFH, 28.2.2013 – IV R 4/11, BFH/NV 2013, 1081.
BFH, 29.1.1976 – IV R 42/73, BFHE 118, 176 = BStBl II 1976, 372.
BFH, 31.5.2001 – IV R 49/00, BFHE 195, 386 = BStBl II 2001, 828.
BFH, 6.11.1980 – IV R 5/77, BFHE 132, 241 = BStBl II 1981, 307.
BFH, 20.1.1983 – IV R 52/80, juris.
BFH, 21.12.1972 – IV R 53/72, BFHE 107, 564 = BStBl II 1973, 298.
BFH, 20.3.1980 – IV R 53/77, BFHE 130, 316 = BStBl II 1980, 450.
BFH, 30.8.2012 – IV R 54/10, BFHE 238, 198 = BStBl II 2012, 927.
BFH, 24.2.2000 – IV R 6/99, BFHE 191, 307 = BStBl II 2000, 297.
BFH, 24.4.1997 – IV R 60/95, BFHE 183, 150 = BStBl II 1997, 567.
BFH, 10.11.1983 – IV R 62/82, BFHE 141, 12 = BStBl II 1984, 605.
BFH, 6.7.1989 – IV R 62/86, BFHE 157, 551 = BStBl II 1989, 890.
BFH, 17.12.2008 – IV R 65/07, BFHE 224, 91 = BStBl II 2009, 371.
BFH, 2.12.1982 – IV R 72/79, BFHE 137, 323 = BStBl II 1983, 215.
BFH, 18.10.1990 – IV R 72/89, BFHE 162, 316 = BStBl II 1991, 92.

BFH, 28.10.1982 – IV R 73/81, BFHE 137, 32 = BStBl II 1983, 106.
BFH, 27.8.1998 – IV R 77/97, BFHE 186, 422 = BStBl II 1999, 279.
BFH, 6.5.1976 – IV R 79/73, BFHE 119, 156 = BStBl II 1976, 560.
BFH, 28.3.1985 – IV R 80/82, BFHE 143, 284 = BStBl II 1985, 405.
BFH, 21.4.1988 – IV R 80/86, BFHE 153, 555 = BStBl II 1988, 883.
BFH, 28.7.1994 – IV R 80/92, BFH/NV 1995, 288.
BFH, 18.3.2010 – IV R 88/06, BFHE 228, 519 = BStBl II 2010, 991.
BFH, 17.7.2007 – IX R 2/05, BFHE 218, 353 = BStBl II 2007, 941.
BFH, 6.4.2011 – IX R 28/10, BFHE 233, 439 = BStBl II 2011, 814.
BFH, 25.6.2009 – IX R 42/08, BFHE 225, 445 = BStBl II 2010, 220.
BFH, 8.4.2014 – IX R 45/13, BFHE 244, 442 = BStBl II 2015, 635.
BFH, 15.10.2002 – IX R 46/01, BFHE 200, 372.
BFH, 28.6.2002 – IX R 68/99, BFHE 199, 380 = BStBl II 2002, 699.
BFH, 7.5.1996 – IX R 69/94, BFHE 180, 377 = BStBl II 1997, 196.
BFH, 14.7.2009 – IX R 8/09, BFH/NV 2010, 399.
BFH, 15.7.1960 – VI 10/60 S, BFHE 71, 625 = BStBl III 1960, 484.
BFH, 16.12.1960 – VI 166/60 U, BFHE 72, 169 = BStBl III 1961, 63.
BFH, 2.3.1962 – VI 79/60 S, BFHE 74, 513 = BStBl III 1962, 192.
BFH, 24.2.1961 – VI 84/60 U, BFHE 72, 515 = BStBl III 1961, 188.
BFH, 21.2.1969 – VI R 113/66, BFHE 95, 104 = BStBl II 1969, 316.
BFH, 7.8.1981 – VI R 113/78, juris.
BFH, 4.12.2002 – VI R 120/01, BFHE 201, 156 = BStBl II 2003, 403.
BFH, 22.7.1993 – VI R 122/92, BFHE 171, 558 = BStBl II 1994, 510.
BFH, 17.7.1992 – VI R 125/88, BFHE 169, 148 = BStBl II 1993, 111.
BFH, 17.12.2002 – VI R 137/01, BFHE 201, 211 = BStBl II 2003, 407.
BFH, 29.2.1980 – VI R 165/78, BFHE 130, 282 = BStBl II 1980, 395.
BFH, 23.3.1984 – VI R 182/81, BFHE 141, 18 = BStBl II 1984, 557.
BFH, 1.10.1982 – VI R 192/79, BFHE 136, 488 = BStBl II 1983, 17.
BFH, 28.11.1980 – VI R 193/77, BFHE 132, 431 = BStBl II 1981, 368.
BFH, 20.11.1979 – VI R 25/78, BFHE 129, 149 = BStBl II 1980, 75.
BFH, 19.3.1982 – VI R 25/80, BFHE 135, 479 = BStBl II 1982, 442.
BFH, 16.2.1970 – VI R 254/68, BFHE 99, 300 = BStBl II 1970, 662.
BFH, 21.7.1967 – VI R 307/66, BFHE 89, 520 = BStBl III 1967, 734.
BFH, 11.7.1986 – VI R 39/83, BFHE 147, 331 = BStBl II 1986, 866.
BFH, 14.5.1991 – VI R 48/88, BFHE 164, 431 = BStBl II 1991, 758.
BFH, 28.7.2011 – VI R 5/10, BFHE 234, 262 = BStBl II 2012, 553.
BFH, 27.4.1990 – VI R 54/88, BFH/NV 1991, 85.
BFH, 20.12.1988 – VI R 55/84, BFH/NV 1990, 23.
BFH, 9.5.1984 – VI R 63/80, BFHE 141, 50 = BStBl II 1984, 560.
BFH, 11.4.2002 – VII R 1/02, BFH/NV 2002, 950.
BFH, 20.5.1994 – VIII B 115/93, BFH/NV 1995, 101.
BFH, 8.12.1995 – VIII B 51/95, BFH/NV 1996, 474.
BFH, 30.5.1972 – VIII R 111/69, BFHE 106, 198 = BStBl II 1972, 760.
BFH, 30.11.2004 – VIII R 15/00, juris.
BFH, 2.12.1997 – VIII R 15/96, BFHE 184, 571 = BStBl II 2008, 174.
BFH, 6.5.1986 – VIII R 160/85, BFHE 147, 313 = BStBl II 1986, 838.

BFH, 4.3.1986 – VIII R 188/84, BFHE 146, 151 = BStBl II 1986, 373.
BFH, 21.10.2014 – VIII R 21/12, BFHE 247, 538 = BStBl II 2015, 638.
BFH, 27.3.2007 – VIII R 23/06, BFH/NV 2007, 1842.
BFH, 21.8.1990 – VIII R 271/84, BFHE 162, 256 = BStBl II 1991, 126.
BFH, 12.11.1985 – VIII R 286/81, BFHE 145, 62 = BStBl II 1986, 55.
BFH, 16.12.1975 – VIII R 3/74, BFHE 117, 563 = BStBl II 1976, 246.
BFH, 5.2.2002 – VIII R 31/01, BFHE 198, 101 = BStBl II 2002, 464.
BFH, 27.6.2006 – VIII R 31/04, BFHE 214, 256 = BStBl II 2006, 874.
BFH, 18.9.1984 – VIII R 324/82, BFHE 142, 251 = BStBl II 1985, 92.
BFH, 12.1.2010 – VIII R 34/07, BFHE 228, 212 = BStBl II 2010, 612.
BFH, 14.6.1988 – VIII R 387/83, BFHE 154, 309 = BStBl II 1989, 187.
BFH, 13.5.1980 – VIII R 63/79, BFHE 131, 212 = BStBl II 1981, 295.
BFH, 16.4.1991 – VIII R 63/87, BFHE 164, 513 = BStBl II 1991, 832.
BFH, 20.4.1999 – VIII R 63/96, BFHE 188, 358 = BStBl II 1999, 466.
BFH, 3.3.1998 – VIII R 66/96, BFHE 185, 422 = BStBl II 1998, 383.
BFH, 19.3.1991 – VIII R 76/87, BFHE 164, 260 = BStBl II 1991, 635.
BFH, 30.3.1993 – VIII R 8/91, BFHE 172, 19 = BStBl II 1993, 864.
BFH, 5.3.1991 – VIII R 93/84, BFHE 164, 46 = BStBl II 1991, 516.
BFH, 27.1.1995 – X B 144/94, BFH/NV 1995, 784.
BFH, 11.3.2008 – X B 259/07, BFH/NV 2008, 958.
BFH, 13.10.2005 – X B 96/05, BFH/NV 2006, 112.
BFH, 10.10.2017 – X R 1/16, BFHE 259, 511 = BStBl II 2018, 181.
BFH, 13.9.2000 – X R 140/97, BFH/NV 2001, 431.
BFH, 26.6.1996 – X R 155/94, BFH/NV 1997, 182.
BFH, 27.01.2016 – X R 2/14, BFHE 253, 89 = BStBl II 2016, 534.
BFH, 9.8.1989 – X R 20/86, BFHE 158, 316 = BStBl II 1990, 128.
BFH, 22.9.1993 – X R 37/91, BFHE 172, 354 = BStBl II 1994, 172.
BFH, 13.10.1993 – X R 49/92, BFHE 172, 315 = BStBl II 1994, 86.
BFH, 6.3.1991 – X R 57/88, BFHE 164, 246 = BStBl II 1991, 829.
BFH, 13.10.1993 – X R 63/92, juris.
BFH, 25.10.1989 – X R 69/88, BFH/NV 1990, 553.
BFH, 18.10.1989 – X R 99/87, BFH/NV 1990, 424.
BFH, 19.2.1997 – XI R 1/96, BFHE 182, 567 = BStBl II 1997, 399.
BFH, 18.12.1996 – XI R 52/95, BFHE 182, 204 = BStBl II 1997, 351.
BFH, 6.3.2002 – XI R 9/01, BFHE 198, 480 = BStBl II 2002, 737.
BGH, 24.10.1968 – II ZR 216/66, BGHZ 51, 30.
BGH, 12.7.1956 – II ZR 218/54, BGHZ 21, 242.
BVerfG, 10.6.1953 – 1 BvF 1/53, BVerfGE 2, 307.
BVerfG, 13.6.1956 – 1 BvL 54/55, 1 BvL 17/56, BVerfGE 5, 71.
BVerfG, 14.3.1989 – 1 BvR 1033/82, 1 BvR 174/84, BVerfGE 80, 1.
BVerfG, 22.12.1992 – 1 BvR 1333/89, juris.
BVerfG, 27.1.1976 – 1 BvR 2325/73, BVerfGE 41, 251.
BVerfG, 15.7.1969 – 1 BvR 457/66, BVerfGE 26, 327.
BVerfG, 20.10.1981 – 1 BvR 640/80, BVerfGE 58, 257.
BVerfG, 3.3.2009 – 2 BvC 3/07, 2 BvC 4/07, BVerfGE 123, 39.
BVerfG, 23.10.1951 – 2 BvG 1/51, BVerfGE 1, 14.

BVerfG, 30.1.1968 – 2 BvL 15/65, BVerfGE 23, 62.
BVerfG, 8.1.1981 – 2 BvL 3/77, 2 BvL 9/77, BVerfGE 56, 1.
BVerfG, 12.11.1958 – 2 BvL 4/56, 2 BvL 26/56, 2 BvL 40/56, 2 BvL 1/57, 2 BvL 7/57, BVerfGE 8, 274.
BVerfG, 29.3.2017 – 2 BvL 6/11, BVerfGE 145, 106 = BGBl I 2017, 1289.
BVerfG, 25.11.1980 – 2 BvL 7/76, 2 BvL 8/76, 2 BvL 9/76, BVerfGE 55, 207.
BVerfG, 25.4.1991 – 2 BvR 1549/90, juris.
BVerfG, 11.1.1966 – 2 BvR 424/63, BVerfGE 19, 354.
BVerfG, 22.3.1983 – 2 BvR 475/78, BVerfGE 63, 343.
BVerfG, 7.11.1995 – 2 BvR 802/90, BStBl II 1996, 34.
BVerfG, 15.12.2015 – 2 BvL 1/12, BVerfGE 141, 1.
EuGH, 11.3.2004 – C-9/02, Slg. I 2004, 2409.
EuGH, 28.2.2008 – C-293/06, Slg. I 2008, 1147.
EuGH, 23.1.2014 – C-164/12, ABl EU 2014, Nr C 93, 6.
EuGH, 12.06.2003 – C-234/01, Slg. I 2003, 5933.
EuGH, 31.5.2018 – C-382/16, ABl EU 2018, Nr C 259, 5.
EuGH, 7.9.2006 – C-470/04, Slg. I 2006, 7409.
EuGH, 29.11.2011 – C-371/10, Slg. I 2011, 12273.
EuGH, 21.1.2010 – C-311/08, Slg. I 2010, 487.
EuGH, 21.5.2015 – C-657/13, ABl EU 2015, Nr C 236, 11.
FG Hamburg, 15.6.2006 – 2 K 267/04, EFG 2006, 1652.
FG Hamburg, 9.2.2017 – 5 K 9/15, EFG 2017, 763.
FG Münster, 22.3.1995 – 13 K 97/93 E, EFG 1995, 794.
FG Münster, 17.9.2014 – 10 K 1310/12 K, EFG 2015, 303.
FG Münster, 15.12.2014 – 13 K 624/11 F, EFG 2015, 704.
FG Rheinland-Pfalz, 28.6.2016 – 1 K 1472/13, EFG 2016, 1678.
FG Rheinland-Pfalz, 14.5.2014 – 2 K 1454/13, EFG 2015, 1685.
FG Saarland, 29.9.2009 – 1 K 2247/06, EFG 2010, 117.
RFH, 28.07.1937 – VI A 432/37, RFHE 42, 35 = RStBl 1938, 851.
RFH, 30.11.1938 – I 42/38, RStBl 1933, 544.
RFH, 16.1.1923 – I A 236/22, RFHE 11, 249.
RFH, 9.1.1927 – VI A 60/27, RFHE 20, 208.